RENAISSANCE LATINE
sous la direction d'Hélène Casanova-Robin
4

L'Amour juriste

Cupido iurisperitus

Étienne Forcadel

L'Amour juriste

Cupido iurisperitus

Édition critique par Anne Teissier-Ensminger

PARIS
CLASSIQUES GARNIER
2018

Anne Teissier-Ensminger, ancienne élève de l'École normale supérieure, agrégée de lettres et docteur d'État en histoire du droit, est chargée de recherche au CNRS et rattachée à l'Institut d'histoire du droit de l'université Panthéon-Assas – Paris 2. Spécialiste de l'histoire culturelle du droit dans ses rapports avec la littérature et les arts, elle a publié une dizaine d'ouvrages.

© 2018. Classiques Garnier, Paris.
Reproduction et traduction, même partielles, interdites.
Tous droits réservés pour tous les pays.

ISBN 978-2-406-06755-9 (livre broché)
ISBN 978-2-406-06756-6 (livre relié)
ISSN 2267-540X

INTRODUCTION

Écrit quatre ans plus tard que *La Sphère du Droit*[1], *L'Amour juriste* a connu aussitôt une célébrité, sinon une approbation[2], incomparablement plus grande. Il est vrai que son intitulé le faisait bénéficier d'un effet d'attraction fondé sur la surprise, et même, quelque peu, sur la provocation : rien n'étant, *a priori*, plus antithétique au Droit que la passion amoureuse, un *Cupidon juriste* avait, certes, de quoi stimuler la curiosité[3]. Comment l'auteur entendait-il relever la gageure de ce rapprochement audacieux, et fonder en raison ce qui avait tout pour apparaître comme une incongruité ? Mieux : comment avait-il réussi à mettre cette paradoxale qualification en récit, au point de donner à son ouvrage trois fois plus d'ampleur qu'à la *Sphaera* ? On verra qu'à la faveur d'un radical changement de genre, puisqu'il ne s'agit plus d'un récit dialogué mais d'un roman, ou plus exactement d'un conte, Forcadel s'est montré capable de moduler d'une manière originale les ressorts du merveilleux fictionnel sur lesquels il appuie son inlassable glorification du Droit.

Mais loin de laisser le texte du *Cupido*, à l'instar de celui de la *Sphaera*, faire cavalier seul, il a pris soin de l'encadrer de paratextes, au point même de l'avoir présenté comme le premier volet d'un étonnant diptyque épistolaire. C'est que, déçu et échaudé par les sarcasmes dont il avait été abreuvé à la parution de ses deux premiers ouvrages jurisfictionnels, la *Nekyomantia iurisperiti*[4] *et la Sphaera*, et manifestement soucieux de

---

1   Voir mon édition bilingue et annotée de ce texte, paru aux éditions Garnier en 2011.
2   Par exemple, Giuseppe Aurelio di Gennaro, son confrère en jurislittérature, se fait encore, au XVIIIᵉ siècle, l'écho des moqueries qui accueillirent les œuvres et, notamment, les intitulés atypiques de Forcadel (voir mon ouvrage *Fabuleuse juridicité, la littérarisation des genres juridiques*, Paris, Garnier, 2015).
3   Surtout que ce titre était beaucoup plus immédiatement lisible, pour les non-hellénistes, que celui de la *Nekyomantia iurisperiti* (*Le juriste nécromancien*), bâti sur le même modèle, mais assorti d'un clin d'œil érudit au *Ménippe* de Lucien.
4   Rappelons que la deuxième édition de la *Necyomantia iurisperiti* (l'*editio princeps* est de 1544) paraît la même année que la *Sphaera*, en 1549.

ne pas laisser trop entamer sa crédibilité professionnelle, Forcadel a
cuirassé son nouvel ouvrage non seulement d'une courte préface, mais
également d'une consistante postface[5], qui est une vigoureuse « défense
et illustration » de ses choix en matière d'écriture doctrinale, et dans
laquelle, en humaniste conséquent, il pose, pour la première fois[6], les
bases d'une histoire et d'une théorisation de la jurislittérarité. Le *Cupido*
avait donc tout pour représenter, dans son œuvre, le point culminant
d'un itinéraire de pionnier en *elegans iurisprudentia*, même si, de toute
évidence, le processus de remaniement que son auteur avait entrepris,
comme pour tous ses textes, en vue d'une édition complète augmentée,
et que sa mort a laissé en suspens, n'a pas été entièrement mené à terme.
On pense moins ici aux consistantes retouches didactiques[7] qu'aux
nombreux défauts de « lissage » consécutifs aux ajouts et variantes[8],
et surtout à une foule de bévues typographiques qui déparent le texte
publié en 1595, alors que, dans l'ensemble, cette nouvelle version renforce en général avec talent les intuitions diégétiques de celle de 1553.
Reste qu'à presque tous égards le *Cupido* est une réussite jurislittéraire
aussi brillante que novatrice, dont il importe d'analyser, en détail, la
facture et la signification.

---

5   Elle est intitulée *Epistola ad calumniatores* et n'a pas été reproduite dans l'édition posthume,
    sans que l'on puisse évidemment en conclure que Forcadel l'avait lui-même délibérément
    écartée.
6   Du moins sous la forme didactico-polémique d'un mini-traité, car la *Sphaera* était bel et
    bien déjà, en elle-même, un éloge allégorique de la démarche jurislittéraire. Mais cette
    argumentation fictionnelle avait, de toute évidence, laissé insensible le milieu universitaire
    qui était la principale cible communicationnelle de Forcadel.
7   Forcadel, qui a bien senti le risque de ces développements, s'est en effet employé avec
    beaucoup de soin à en justifier la pertinence, par exemple au chapitre ii, fin du § 4, ou
    au chapitre 3, fin du § 6, ou encore au chapitre v, § 2.
8   Voir par exemple VII, 1, l'intrication des références à Strabon et Élien. Ou encore, XVII,
    8 (fin), la référence à Horace qui se retrouve au beau milieu des mentions de lois ajoutées.

L'AMOUR ET LE DROIT :
UN RAPPROCHEMENT INGÉNIEUX

D'entrée de jeu, puisqu'il s'agit bien de *serio ludere*, la préface tient tellement à mettre l'accent sur le sérieux doctrinal de l'ouvrage qu'elle le désigne, avec affectation, comme étant un « traité »[9] : il en présente, du reste, les principaux marqueurs coutumiers, avec, en ouverture, un index des références au *Corpus iuris ciuilis*[10], et, pour chacun de ses vingt-deux chapitres, une liste d'« observations » numérotées, qui en indiquent méthodiquement, par avance, le contenu. Il est clair que Forcadel s'est efforcé, pour ne pas trop indisposer, d'emblée, ses pairs juristes, d'aligner son *Cupido*, à première vue, sur ses productions, beaucoup moins audacieuses, de Droit lettré, comme le *Penus iuris ciuilis* ou l'*Auiarium iuris ciuilis*[11], plutôt que d'afficher son caractère de fiction narrative, déliée, au surplus, de toute allégeance aux genres « nobles » de l'Antiquité : en somme, il abandonne la forme classique du dialogue fictionnel, qu'il avait adoptée dans la *Sphaera*, pour en revenir prudemment à une démarche masquée, comme dans la *Nekyomantia*, qu'il avait précédemment « déguisée » aussi en traité, au moyen des mêmes marqueurs. Pourtant, des trois œuvres jurislittéraires de Forcadel, le *Cupido* est de loin la plus débridée en termes de merveilleux fictionnel : elle transporte le lecteur dans un véritable « royaume de féérie », sauf que les créatures qui le peuplent sont issues de la mythologie gréco-romaine plutôt que du folklore médiéval[12].

---

9   Cependant, seul l'intitulé de la préface (*Stephani Forcatuli Iurisconsulti in* **tractatum** *Cupidinis iurisperiti*) utilise ce terme : dans le sous-titre du *Cupido* lui-même, c'est le mot plus neutre d'*opus* qui prend le relais.

10   Cet index n'apparaît pas dans l'édition de 1595, sans doute parce que Forcadel n'a pas eu le temps de le refondre pour le mettre en conformité avec les modifications apportées à son texte.

11   Respectivement édités pour la première fois en 1542 (le *Penus* est la première publication juridique de Forcadel) et en 1550.

12   Il n'empêche qu'on y trouve encore le réflexe révélateur des juristes qui les pousse toujours à se justifier, y compris juridiquement, de leurs inventions « fabuleuses ». Ainsi, au début du chapitre XXII, le narrateur défend-il, avec de sérieux arguments empruntés au *Corpus iuris ciuilis*, son choix d'avoir mis en scène un Centaure. De même, dans la première fin du chapitre VII, il tient à donner à son invention d'une « Table de Cupidon » le garant historique de la Table du Soleil, mentionnée par Pomponius Mela.

Quoi qu'il en soit, la dénomination de « traité » autorise le préfacier à se défendre par avance, avec humour, des procès d'intention que son sujet risquait de lui valoir. Il distingue ainsi deux principaux griefs, dont l'un renverrait au proverbe « Qui trop embrasse mal étreint », c'est-à-dire à une prétentieuse boulimie de connaissances, et l'autre au soupçon de mauvaises mœurs, voir d'exhibitionnisme, car derrière l'amour, le sexe n'est pas loin, avec son cortège d'inconvenances qui ruineraient, immanquablement, la *grauitas* chère aux juristes. Aussi Forcadel se réclame-t-il d'abord, mais sans plus de précisions, de l'exemple d'autres érudits[13], puis surtout, par l'entremise de la fameuse formule horatienne *miscere utile dulci*, d'une puissante tradition pédagogique[14]. Il n'en revendique pas moins, et l'on verra que c'est à juste titre, une grande originalité d'invention, qui doit empêcher de le confondre avec les commentateurs serviles, dépourvus de toute créativité. Mais surtout, pour évoquer l'hostilité à laquelle il s'attend de la part de ses collègues juristes, il leur parle, humoristiquement, par métaphores juridiques : on voudra, à coup sûr, l'accuser du crime qui consiste à déplacer les bornes[15]. Il les invite donc à dépasser les préjugés et les simples apparences : loin d'enfreindre, en l'espèce, les limites qui séparent les domaines de savoir et de compétence, il a trouvé et révélé, tout au contraire, quelles affinités profondes permettent de considérer que l'Amour et le Droit possèdent en commun un même territoire, puisqu'ils sont l'un et l'autre, entre les hommes, de puissants instigateurs de concorde[16]. Pour finir, comme il l'avait déjà fait dans la préface de la *Nekyomancia*, il affirme s'en remettre, avec confiance et détermination, à la postérité, qui jugera plus impartialement que ses détracteurs envieux, et il ne manque pas d'ironiser sur le fait que ce travers, trop humainement répandu, n'a pas épargné Dieu lui-même, dont certains philosophes n'ont pas hésité à dénigrer la Création.

---

13 Il fait probablement allusion ici aux interprètes du *Corpus iuris ciuilis*, depuis les Glossateurs jusqu'aux premiers juristes humanistes, dont il citera les commentaires aux lois qui intéressent directement son sujet. Il cherche ainsi à faire relativiser la hardiesse de la *coniunctio* qu'il propose, en faisant remarquer que si les deux thèmes avaient rencontré séparément un grand succès auprès des savants, il n'y a pas de raison pour que leur rapprochement déplaise.

14 Assez significativement, cette référence (*id summopere curaui ut* **suauissimae uoluptati utillitatem coniungerem** *mediocrem*) est le résultat d'un ajout au texte de 1553.

15 En référence à D. 47, 21, *De termino moto*.

16 Voir la Préface : *Spes est uisum iri, Amorem et ius, quo perducuntur homines ad* **concordiam**, *iisdem finibus contineri*.

Mais dès les premières lignes du *Cupido*, on constate que Forcadel
ne s'est pas contenté de remettre en question les bornes qui dressaient
une barrière intimidante entre l'Amour et le Droit : il s'est également
joué des limites traditionnellement établies entre les genres, en situant
son récit au carrefour d'au moins trois d'entre eux. Pour commencer,
il a réalisé, du point de vue de la jurislittérarité, un parfait équilibre,
en l'inscrivant à l'entre-deux d'un genre juridique, le traité, et d'un
genre littéraire, le conte merveilleux. Ensuite, il a donné à sa fiction,
écrite à la première personne, et qui assume explicitement une exacte
équivalence entre son auteur et son Narrateur, la forme d'une longue
lettre à un ami. De fait, en professeur attaché à une transmission orale
du savoir, il a toujours opté, dans ses œuvres jurislittéraires, soit pour
le dialogue, soit pour le genre épistolaire, qui privilégient l'un et l'autre
la mise en scène d'un lien quasi physique avec autrui[17]. Enfin, il s'est
joué des automatismes génériques en écartant délibérément, même si le
caractère fabuleux de son récit avait de quoi l'engager à le faire, le cadre
narratif du songe, dont il s'était déjà servi dans sa *Nekyomantia*. Il est
impossible d'en douter, puisqu'au début du chapitre XII, un songe est
très précisément mentionné : Vénus est en effet apparue au Narrateur,
dans son sommeil, pour l'empêcher de révéler par écrit tous les mystères
dont il a eu la connaissance au cours de sa visite dans le royaume de
l'Amour[18]. Il faut donc bel et bien se rendre à l'évidence : bien plutôt
que comme un songe, le *Cupido* doit être considéré comme une version
surdimensionnée de cette grandiose « vision » d'Accurse qui constitue
l'un des moments forts de la *Sphaera*. Sauf que, dans le cas de la *Sphaera*,
la vision merveilleuse se situe à l'intérieur du dialogue fictionnel, alors
que, dans le *Cupido*, elle constitue l'embrayeur même de l'auto-fiction.
Beaucoup plus audacieusement utilisé, le procédé ne contribue pas
peu, on y reviendra, à imposer et confirmer la dignité de juriste-poète
revendiquée par Forcadel. Mais en tout cas, dans l'un et l'autre texte,
la vision ou « ravissement »[19], dont les affinités avec l'allégorie ont été

---

17 Que l'on pense au *topos* de l'Antiquité gréco-romaine, qui définissait la lettre comme la moitié
    d'un dialogue. Aussi jouait-elle un rôle important dans la préservation des liens d'amitié :
    Cicéron parlait à son propros de *amicorum colloquia absentium* (*Philippiques*, 2, 4, 7).

18 *Religione impedior ne cuncta quae ad Venerem et Amorem spectant sacra et mystica prorsus recitem :
    nam me plura refferre conantem* **Deae ipsius imago per somnum terruit**.

19 Voir, à propos de ses représentations picturales, M. Massin, *Figures du ravissement, enjeux
    philosophiques et esthétiques*, Paris, 2001.

judicieusement soulignées[20], s'affirme comme le moyen le plus sûr de donner une dimension esthétique à une réflexion jurisphilosophique. Le *Cupido* met donc en œuvre un régime diégétique aussi subtil que composite, adapté à la radicale nouveauté de son écriture jurislittéraire : à la fois didactique et truffé de péripéties, raisonneur et imagé, l'ouvrage fait, de plus, simultanément appel aux paradigmes de l'écrit et de la parole, en conjuguant à l'étude minutieuse des textes une posture d'élocution doublement intersubjective, puisqu'à l'adresse au lecteur qu'implique toute publication, il a ajouté le choix d'un genre narratif proche de la frontière avec l'oralité : ainsi l'adresse directe à l'un de ses amis donne-t-elle sans coup férir à son exposé « féérique » un ton de vécu familier et de témoignage intime.

Au total, Forcadel a donc opté, dans sa troisième œuvre jurislittéraire, pour une personnalisation extrême du genre dialogique : au lieu d'utiliser la fiction comme un instrument de distanciation, en imaginant des dialogues entre juristes, comme dans sa *Nekyomantia*, ou entre un juriste et un critique littéraire, comme dans sa *Sphaera*, il n'hésite pas, cette fois, *via* une autofiction épistolaire, à la manier comme un outil de projection pour valoriser sa trajectoire personnelle, les valeurs qu'il défend et des prises de position intellectuelles qu'il revendique hautement, et même, à l'occasion, hautainement[21]. Rien ne le montre mieux que le couplage de cette lettre-conte avec la lettre-postface : les deux textes sont habilement liés par leur complémentarité, le premier ayant pour destinataire un ami cher, et le second, tout au contraire, des ennemis acharnés. Le merveilleux fictionnel du premier est rétrospectivement éclairé par le plaidoyer polémique qui fait la matière du second, sans préjudice de confidences et d'un nouvel acte de foi dans le jugement de la postérité. Autant dire qu'il convient de lire le *Cupido* proprement dit comme le volet central d'un triptyque interpellatif et défensif, qui, par le biais d'adresses successives au lecteur, à un ami et à des ennemis, modèle, avec ténacité, l'auto-portrait d'un jurisécrivain.

---

20   Voir M. Fumaroli, *L'École du silence. Le sentiment des images au XVIIᵉ siècle*, Paris, 1998 (1994), p. 115-116.

21   Voir, par exemple, XI, 1 : *Haec attingo altius, ideo quod multi tractauere lambentes illum locum quem non perspexere.* Ou encore XI, 7 : *ita omnis scrupulus sublatus est, nec est cur obganniat aduersarius.*

En effet, plus encore que la présence constante, en tête de chapitre, de « sommaires » circonstanciés[22], c'est cet enracinement de la fiction dans une existence bien réelle, celle du juriste Étienne Forcadel[23], et le garant d'authenticité dont elle est ainsi dotée au départ, qui explique sans doute pourquoi la relativement très haute teneur en merveilleux du *Cupido* n'a pas eu besoin d'être compensée par un recours narrativisé au genre du songe. Parce qu'il était arrimé à un référent d'une fiabilité incontestable, et qu'il évoluait, de surcroît, dans un décor qui bénéficiait d'une prestigieuse patine culturelle, c'est-à-dire dans ce monde de la mythologie depuis longtemps aussi familier aux lettrés que le monde terrestre, dont il constituait pour ainsi dire une doublure poétique, le récit a été jugé suffisamment lesté de vrai-semblance pour emmener le lecteur faire, en toute sérénité, une promenade instructive au royaume de Cupidon.

LA MISE EN RÉCIT D'UNE *CONIUNCTIO*

La matière et le fil conducteur de ce « conte de fée », c'est tout simplement, en effet, l'itinéraire que suit le narrateur entre son arrivée et son départ de ce monde surnaturel : il permet d'évoquer, en maximalisant la vraisemblance référentielle, à la fois un environnement délectable, d'instructives rencontres et de passionnantes péripéties.

Les paysages répondent, dans leur totalité, aux canons du *locus amoenus*, mais le paradigme est pour l'occasion haussé jusqu'à la perfection divine, ce qui lui confère les dimensions supplémentaires d'une immuable éternité et d'un luxe opulent. De plus, ils mêlent harmonieusement les productions de la nature et celles de l'industrie humaine, soit qu'elles soient intégrées au sein d'un seul et même ensemble, comme ces parcs merveilleux qui servent d'écrin à un palais, un temple ou une fontaine[24],

---

22   Ils font en effet, à leur manière, partie intégrante du processus narratif, car les allusions aux *data* mythologiques y voisinent, de plain-pied, avec les références au *Corpus iuris ciuilis*, et visent à stimuler tous azimuts la curiosité du lecteur. On sait, du reste, que le procédé qui consiste à annoncer le contenu du chapitre subséquent a été délibérément et ingénieusement exploité à des fins de stratégie narrative, notamment dans les romans du XVIIIe siècle.

23   Le caractère auto-fictionnel du récit est formellement attesté au dernier chapitre, quand le Centaure mentionne et commente le prénom du narrateur. On reviendra sur cet épisode important.

24   Voir par exemple, au chapitre 10, les jardins de Vénus, avec fontaine et Nymphée, puis, au chapitre 16, le tribunal de Cupidon avec ses arbres précieux, et enfin, au chapitre 22,

soit que leur alternance contribue à la *uarietas* de la progression diégétique[25]. Au total, des jardins, une forêt, une rivière, des vignes et
des champs de blé, une prairie où paissent des moutons, une saussaie,
un vallon fleuri animé d'abeilles, autant d'éléments qui composent
une atmosphère littérairement consacrée depuis les bucoliques grecs
et Virgile. De fait, ce royaume de l'Amour, qu'il convie à parcourir la
campagne méditerranéenne ou à contempler une architecture fortement
inspirée des monuments antiques, est dépeint comme un univers à peine
décalé par rapport aux réalités terrestres. En somme, comme auparavant dans l'œuvre d'Homère, le monde et le cadre de vie des dieux de
la mythologie, ce sont tout simplement les nôtres, mais en beaucoup
plus beau. Ce n'est donc pas un hasard si, pour décrire les jardins de
Cupidon, Forcadel se réfère d'abord à ceux d'Alcinoos, c'est-à-dire à un
espace dont l'existence est exclusivement littéraire, et qui, décrit dans
l'*Odyssée* comme composé d'un verger et d'un potager, se trouve associé
non seulement à la beauté, mais aussi à l'utilité et à la fécondité[26]. Il
n'y a là rien d'anodin, car, tout au contraire, ce décor sert à installer
d'emblée une passerelle symbolique fondamentale, à partir de laquelle
seront développées toutes les affinités de l'Amour et du Droit. En effet,
le monde du Droit n'est finalement rien d'autre que la société en plus
beau, c'est-à-dire ordonnancée, rationalisée, et, à tous égards, si l'on
peut dire, optimisée.

De la même façon, les rencontres successives avec des personnages
mythologiques servent moins à introduire des créatures fantastiques qu'à
modéliser esthétiquement des situations humaines et sociales : Vénus y
discourt du mariage, Cupidon y préside un tribunal, et un Centaure s'y
fait l'avocat de la ruse et de la violence. Autour de ces trois personnages
de première importance, gravitent des divinités subalternes, Satyres et
Sylvains, Grâces et Nymphes, mais aussi des Sphinges et une troupe
de femmes à la sensualité débordante, qui mettent respectivement

---

son vallon arboré avec sa colonne triomphale.

25 Ainsi le narrateur passe-t-il des jardins de Cupidon (chapitre 1) à une forêt (chapitres 2 à
4), puis des bords de la rivière (chapitre 11) au temple de Vénus (chapitre 12), et enfin de
l'hippodrome de Cupidon (chapitre 20) à des champs qui jouxtent la forêt (chapitre 21).

26 D'où aussi la référence au domaine des Cyclopes, spontanément productif : on se rapproche
ici du mythe de l'Âge d'or, pour mieux introduire un paradoxe spirituel : comment le
Droit aurait-il sa place dans ce jardin où tout est parfait ? mais justement, c'est parce
qu'il est le royaume du plus puissant des Empereurs, l'Amour.

à l'épreuve le savoir et la vertu du narrateur, avant qu'il ne pénètre enfin au centre sacro-saint du domaine de Cupidon. Ces voisinages de plain-pied entre créatures divines, semi-divines et humaines confortent clairement le parti-pris d'installer l'intrigue à la frontière de la réalité la plus familière, et favorisent l'aisance avec laquelle le narrateur côtoie, en toute simplicité, une population qui doit essentiellement son existence aux textes littéraires.

Quant aux péripéties, elles sont pour la plupart constituées, au fil des diverses étapes paysagères, par une série de découvertes quasiment touristiques : ce sont, en réalité, autant de confirmation des enseignements délivrés par la littérature ancienne et les lois romaines, car elles font systématiquement appel aux savants acquis de cette double culture. Néanmoins, le *Cupido* contient aussi la trame d'une véritable histoire, qu'il conviendra d'interpréter comme l'allégorie d'un parcours personnel, et qui donne lieu, dans ses dernières lignes, à un coup de théâtre, sur lequel se referme la parenthèse enchantée du bref séjour chez Cupidon. C'est que le narrateur, mal conseillé par le Centaure, ose une tentative qui s'avère représenter une gravissime transgression, et si, en raison de la protection que lui avait accordée le dieu, il échappe à un plus rude châtiment, il n'en est pas moins renvoyé aussitôt à son existence ordinaire. Son voyage, cependant, est loin d'être infructueux, et l'on verra quelle importante signification Forcadel a su, discrètement, lui conférer.

Tout tourne donc, de bout en bout, autour du narrateur, et c'est sa progression à travers une série de lieux enchanteurs, et ses rencontres successives avec des personnages de plus en plus importants, qui lui donne l'opportunité de mettre en évidence, au fur et à mesure, de multiples correspondances entre l'Amour et le Droit. Ce parti-pris d'articuler la narration sur un défilement spatial ne va pas sans un choix complémentaire, qui est celui d'envisager le Droit de manière exclusivement synchronique. Autrement dit, alors qu'une partie substantielle de la *Sphaera* était consacrée à mettre en correspondances les sept principales planètes et les diverses époques du Droit romain, pour en proposer une relecture méthodique, en engrenant une originale symbolique spatiale sur l'Histoire du Droit, le *Cupido*, de son côté, a volontairement gommé toute dénivellation temporelle dans ses références doctrinales, pour donner aux lieux et aux *realia* de toutes sortes qui s'offrent au narrateur le constant et unique contrepoint des textes du *Corpus iuris ciuilis*, mais sans entrer systématiquement dans leur chronologie propre. C'est que, dans la *Sphaera*, il s'agissait de critiquer et de défendre les lois, ce qui ne pouvait se faire sans prendre en compte leur évolution historique, alors qu'en traitant de l'Amour, Forcadel envisage cette fois une facette particulièrement stable de la nature humaine, ce qui, logiquement, le conduit à considérer le Droit sous les espèces d'un corps de savoir solidement fixé et capable de fournir des solutions durables aux défis que lui lance la vie en société.

En définitive, si la narration se réduit à un scénario simple et sobre, c'est qu'elle vise surtout à étayer, en les organisant de manière convaincante, des grappes de considérations descriptives et argumentées, destinées à expliciter par le menu ces affinités de l'Amour et du Droit que le sous-titre du *Cupido* vante comme inouïes autant que surprenantes. Bref, l'essentiel de ce qui rend ce conte palpitant réside moins dans les aventures du narrateur que dans l'ingéniosité avec laquelle elles viennent illustrer à point nommé la *coniunctio* qui lui a donné naissance.

Il s'agit en effet d'un parallèle inattendu, qui repose, à bien y regarder, sur un mécanisme similaire à celui sur lequel se fonde le fonctionnement de l'humour juridique, c'est-à-dire une transposition calculée, qui aboutit à l'application insolite d'un domaine de compétence à une réalité avec laquelle, *a priori*, il n'est pas couramment mis en relation, comme lorsqu'une situation triviale est décrite avec les mots spécialisés du Droit, et interprétée en termes d'institutions ou de procédures juridiques. Le comique surgit de la collision ainsi provoquée entre la familiarité d'un vécu et la singularité du filtre au travers duquel il est brusquement appréhendé. Sauf qu'ici, loin de prêter à la plaisanterie, le décryptage de l'amour à la lumière inédite de la juridicité ambitionne, au contraire, d'en dévoiler la véritable nature et, par suite, de faire mieux pénétrer les secrets de son bon usage. Il est certain, en tout cas, que mener à bien cet exercice de longue haleine, tout au long d'un récit qui n'a rien de commun avec un bref clin d'œil, suppose non seulement une grande aisance doctrinale, et la capacité d'exploiter en virtuose les moindres recoins des textes-sources, mais également une extrême agilité d'esprit, et une immense inventivité. Bref, pour reprendre une métaphore tennistique volontiers utilisée par les juristes d'outre-Atlantique, Forcadel démontre, dans le *Cupido*, à quel point il s'entend à « jouer dans les angles ». Aussi effectue-t-il l'exposé suivi et argumenté de ces correspondances en tablant simultanément sur plusieurs paliers discursifs, dont la mise en synergie répond, de toute évidence, à une stratégie jurislittéraire mûrement réfléchie.

À un premier niveau, proprement jurisphilosophique, c'est sur leurs caractéristiques conceptuelles que se fonde, et se justifie, le rapprochement analogique de l'Amour et du Droit. La première d'entre elles est évoquée dans la préface, il s'agit de leur semblable capacité à créer la concorde, c'est-à-dire à instaurer entre les êtres humains des relations pacifiées et harmonieuses. Juridiquement, cela se traduit dans l'ouvrage par une réflexion approfondie sur les contrats, les pactes, les conventions et les obligations. La deuxième caractéristique est explicitée avec minutie dans le premier chapitre, et va infiniment plus loin, jusqu'à une quasi assimilation des deux notions : en effet, le Droit compris comme « véritable philosophie », c'est-à-dire comme l'art de cultiver le juste, s'avère finalement coextensif à l'Amour parfait, qui consiste à observer la réciprocité, en traitant son prochain aussi bien que soi-même[27]. Au principe de ces mirifiques équivalences, qui font effectivement coïncider, selon les termes de la préface, les territoires de l'Amour et du Droit, Forcadel ne cache pas qu'il existe – elle est, de fait, omniprésente d'un bout à l'autre du *Cupido* –, une puissante inspiration platonicienne, et tout particulièrement les célébrissimes analyses de l'Amour qui figurent dans le *Banquet*. L'idée de la concorde est en effet bien présente dans les discours d'Érixymaque et d'Agathon, tout comme les relations entre Amour, beauté et sagesse sont fermement établies dans celui de Socrate. Au total, l'Amour, qui sert de boussole au Chrétien accompli, et le sens du Juste, qui est la pierre de touche du bon juriste, sont des forces puissantes et convergentes qui divinisent, en quelque sorte, les êtres humains. Mais à condition d'admettre au préalable l'ambivalence de l'Amour, et de rejeter ce qui en lui est corrupteur ou funeste au profit de ce qui ennoblit et qui élève[28]. Juridiquement, cela débouche sur une valorisation énergique des *iustae nuptiae* et des trois biens qui sont canoniquement attachés au mariage[29].

---

[27] Très significativement, cette argumentation juristhéologique constitue un important ajout au texte de 1553, et se ressent fortement de l'étude du titre *De iustitia et* iure (D. 1, 1) que Forcadel avait effectuée par la suite.

[28] Voir I, 3 : *amandum est moderate intra terminum naturae*. Ce passage, dans lequel Forcadel fait ingénieusement converger la théorie platonicienne des deux Amours (le céleste et le vulgaire) et le concept romain de Droit naturel, est également un ajout au texte de 1553.

[29] À savoir : la procréation (*proles*), la fidélité entre époux (*fides*), et l'indissolubilité de l'union des volontés et des chairs, qui est sacrement (*sacramentum*).

À un deuxième niveau, celui de la fiction narrative, l'Amour est un personnage, un dieu et un roi que l'on rencontre sur ses terres, et qui, à l'instar d'un monarque absolu, héritier des seigneurs féodaux, est entouré non seulement de serviteurs, mais d'une foule de sujets, qui lui ont prêté allégeance. C'est en effet, comme à propos de Jupiter dans la *Sphaera*, avec une réflexion sur le pouvoir qu'est introduite la présentation de Cupidon. De fait, bien avant d'apparaître en tant que juge suprême, il est évoqué comme un potentat, et la première rencontre que fait le narrateur, avec un héraut chargé de convoquer les amoureux pour qu'ils renouvellent le serment qui les lie à ce dieu, atteste de sa domination, politique autant que juridique[30]. Un autre puissant personnage réside dans ce fief, il s'agit de la Reine-mère, Vénus, qui fait au narrateur l'honneur de le recevoir et de l'entretenir, avant qu'il n'accède au cœur même de la cité de Cupidon, et à ses somptueux édifices. La conjonction de l'Amour et du Droit s'inscrit ainsi dans l'intrigue à la faveur de personnages qui possèdent de fortes compétences juridiques, et c'est le sens le plus obvie de l'intitulé *Cupido iurisperitus*, dont il convient de ne pas dissocier, de ce point de vue, Vénus, qui se fait l'avocate et de son fils, puis du mariage, ni le Centaure, qui plaide, lui, de manière plus ambiguë, pour le *dolus bonus*.

Enfin, à un troisième niveau, doctrinal et volontiers philologique, car il donne lieu à une critique minutieuse des textes juridiques, le récit se prête constamment à l'association, pour ainsi dire terme à terme, des êtres et des choses de ce royaume de l'Amour, que le promeneur-narrateur met sur le tapis à point nommé, avec les citations des deux Droits et de leurs grands commentateurs. Effectuées sur le modèle des références aux textes-sources dans les commentaires juridiques, auxquelles, de proche en proche, par adroites associations d'idées, s'agglutinent une foule de considérations érudites et aussi de minutieuses résolutions d'antinomies, ces bijections systématiques concourent à tricoter serré les fils de l'Amour et du Droit, en donnant, comme dans la *Sphaera*, une prodigieuse démonstration de vitalité panjuriste[31]. Ainsi, au fur et à

---

30 Du point de vue des analogies antiquisantes, on notera que Forcadel, fervent monarchiste, tend peu ou prou à assimiler le royaume de son Cupidon juriste à la Rome impériale, alors que Gennaro a préféré imaginer son État peuplé de juristes sur le modèle de la Rome républicaine (voir *Fabuleuse juridicité, op. cit.*).

31 Le mot a été forgé par Jean Carbonnier (voir *Flexible Droit*, 5ᵉ édition, Paris, 1983, p. 22-23 : « Le *panjuriste* est, à sa façon, un poète : il a la chance de voir le droit rayonner au contour des choses familières (…). Un tel regard est capable de faire jaillir uen gerbe

mesure qu'il admire les édifices et les équipements raffinés sur lesquels il tombe presqu'à chaque pas au royaume de Cupidon, le narrateur pense d'abord immanquablement aux mentions qui en sont faites dans les compilations des deux Droits : le procédé, propice à la multiplication d'effets d'abysme, contribue ainsi à l'élaboration d'un texte jurislittéraire sophistiqué, qui mime sa propre démarche discursive, car même si la relation entre le Droit et l'Amour s'y trouve, à l'occasion, quelque peu distendue, la poïétique de la juridicité, de son côté, n'y perd jamais rien : or c'est bien à son instauration et à sa valorisation que s'emploie avant tout − sa postface en fait foi −, l'écriture de Forcadel.

Aussi, pour commencer, le *Cupido* s'offre-t-il le luxe de souligner à quel point la *coniunctio* qu'il met en œuvre va à l'encontre des automatismes intellectuels et des idées reçues : le narrateur s'étonne de trouver des lois et une forte culture juridique dans une contrée aussi délicieuse, où il n'y a guère de malfaisants à réprimer. Mais c'était faute d'avoir suffisamment réfléchi à l'étroite proximité de l'Amour, pris en son sens chrétien de Charité, et de la Justice, qui fait de l'Amour le vecteur par excellence de ce « Droit divin » par lequel l'être humain se rend semblable à Dieu[32]. Forcadel fait donc d'une pierre deux coups : en défendant, de ce point de vue, la pertinence de son rapprochement analogique, il récuse une conception étriquée et uniquement répressive du Droit, pour y substituer sa propre vision d'une discipline qui contribue à l'épanouissement et au perfectionnement de la personne humaine. Ensuite, comme, au premier rang des attributs qui distinguent la puissance souveraine de Cupidon, auxquels se soumettent tous les êtres vivants, et jusqu'au roi des dieux, figure le pouvoir législatif, Forcadel n'hésite pas à revisiter audacieusement les traditions mythologique et biblique, en affirmant que par conséquent, à l'origine, les lois n'ont été données aux humains ni par Moïse, ni par Cérès, ni par Minos, mais bien par l'Amour, qui est au principe même du genre humain, puisque c'est lui qui l'incite

---

de droit hors des faits les plus sèchements factuels. Ainsi, pour le *panjurisme*, le droit est indéfiniment expansible, de même qu'il est absolument homogène : il tend à emplir tout l'univers social sans y laisser aucun vide ».

32   Voir I, 1 : *Ius autem diuinum illud appello, quo (…) Deo similes efficimur, amantes ipsum imprimis ex totis uiribus et tota anima (…). At **proximus diligendus est ea charitate qua se quisque diligit**, ut ita lex impleatur et omne facinus uitetur (…) et **certum est nihil amitti iustitiae, si alii non fecerimus quod nobis fieri nolumus**, ut Christus alibi dicit, cui proximus est quilibet homo homini, cum natura cognationem quamdam inter homines fecerit, prohibentem mutuas insidias.*

à se rassembler et à se reproduire[33]. De même, le mariage représente aussi bien la première des institutions que le premier des sacrements, puisque son existence remonte aussi haut que le jardin d'Éden[34]. Le rapprochement de l'Amour et du Droit sur la base des liens entre les hommes débouche donc sur un notable bouleversement des principaux *loci* relatifs à l'un et à l'autre : d'un côté, une complète réécriture de la genèse des lois, et, de l'autre, la remise en cause de ces figurations artistiques qui se plaisent à représenter Cupidon comme un bambin avec des ailes. Or, loin de devoir être considéré comme chose légère, l'Amour mérite de voir reconnue, à sa juste valeur, son omnipotence, dont le caractère de gravité est tel qu'il confine souvent à la tyrannie. Exactement comme le Droit, par conséquent, il possède une énorme puissance, qui peut s'avérer salvatrice ou destructrice, suivant qu'elle est ou non guidée par la raison et la juste mesure.

Ce chapitre liminaire lance également une amorce référentielle[35] dont la suite du texte confirmera la portée décisive : c'est l'allusion à un passage du *Cratyle*[36] qui propose, pour le mot « héros », pas moins d'une triple étymologie, d'abord le mot « amour », et ensuite les mots « parler » ou « interroger », ce qui ferait de ces demi-dieux de savants rhéteurs ou d'habiles dialecticiens. Or Forcadel, pour les besoins de sa propre démonstration, amalgame immédiatement les deux registres ainsi suggérés, en s'autorisant très probablement de ce passage du *Banquet* (179 d), dans lequel Phèdre réutilise le rapprochement étymologique entre « héros » et « amour ». Attentif à ce texte qui constitue sa source principale, Forcadel fait complètement abstraction des sarcasmes contre les sophistes dont les propos de Socrate, dans le *Cratyle*, étaient empreints, mais il ne trahit absolument pas la pensée de Platon, qui, d'un dialogue à l'autre, érige l'Amour en médiateur du divin et de l'humain, et en inspirateur de parfaite vertu. En effet, si le *Cupido* invite donc le lecteur à considérer,

---

33 Voir I, 5 : *legum originem neque ad Mosem, aut Cererem aut Minoem, sed ad Amorem quis debeat merito referre, tanquem ad principem humani generis, Augusto quouis augustiorem, et re uera perpetuum.*

34 Voir I, 3 : *matrimonium, quod amori debetur, multo ante fuit quam sacra reliqua, utpote in Elysio, autore Deo Optimo Maximo, conditum.*

35 Il s'agit d'un passage ajouté, que ne contient pas la première édition, comme si Forcadel, en reprenant son texte, avait voulu mieux mettre en évidence ce qui constitue un acquis diégétique de première importance.

36 Voir 398 d-e.

sous ce prestigieux garant philosophique, les héros comme des « rhéteurs amoureux », c'est pour mieux les assimiler aussitôt à ces orateurs, poètes et sages, qui, dans les récits mythiques consacrés à l'origine des lois, sont censés, juste après la naissance du monde, avoir initié les hommes à la vie en société et à la civilisation[37]. Ainsi Forcadel peut-il établir, en toute logique, cette idée que l'Amour (de son prochain) et le Droit sont, à la réflexion, les deux faces d'une même médaille, ce qui lui fournit, une fois pour toutes, l'embrayeur fondamental de sa jurisfiction.

Au total, en matière de jurislittérarité, le premier chapitre donne magistralement le ton, puisque, pour justifier le rapprochement ingénieux de l'Amour et du Droit, il met simultanément en œuvre et articule entre eux les trois niveaux discursifs qui ont été précédemment distingués, et qui permettent à Forcadel d'élaborer, en souplesse, une texture narrative aussi dense que sophistiquée. Ainsi, les références à la philosophie platonicienne (la théorie de l'Amour dans le *Banquet*), combinées au démarrage du récit (la rencontre du héraut dans les jardins de Cupidon) et à des connexions doctrinales pointues (le titre d'Auguste, la perpétuité du mariage en Droit canonique, ou encore les distinctions que le statut du destinataire introduit dans les legs faits sous condition de ne pas se marier), assorties elles-mêmes de considérations philologiques (par exemple sur la signification souvent approximative du mot *omnis*), enclenchent-elles une synergie textuelle profondément novatrice, capable d'instaurer et de maintenir un parfait équilibre diégétique entre les matériaux juridiques et extra-juridiques dont l'émulsion fait précisément la réussite jurislittéraire du *Cupido*.

LE DROIT DE L'(A)AMOUR : UNE MÉDITATION SUR LE LIEN SOCIAL

Il y avait eu pourtant, près d'un siècle auparavant, un ouvrage qui avait déjà fortement contribué au rapprochement de l'Amour et du Droit : c'était, au croisement des productions littéraires de l'amour courtois, et des exercices parodico-didactiques de la Basoche[38], le recueil d'arrêts

---

37 Voir I, 5 : *cum homines sint propensi ad dissentiendum* (…), **extitere olim uiri facundi et boni, qui eos docuerunt inter se amare et in unum conuenire**, *ciuitates condere et moenibus ac legibus saepire et stabilire*. Pour la résurgence infatigable de ce *topos* dans les œuvres jurislittéraires, voir *Fabuleuse juridicité, op. cit.*

38 Voir Marie Bouhaïk-Gironès, *Les clercs de la Basoche et le théâtre comique* (Paris, 1420-1550), Paris, 2007.

fictif imaginé par Martial d'Auvergne pour rendre compte de l'activité
du tribunal ou Cour d'Amour[39]. Les démêlés entre les amants y étaient
en effet présentés sous la forme d'autant de minutes des procès préten-
dument engagés par devant le « Prévôt de deuil », le « Bailli de joie »
ou le « Viguier d'amour », et jugés en dernière instance par le « noble
Parlement d'Amour ». Mais c'est surtout à partir du moment où, entre
les lignes de ces plaisantes causes, sont intercalés les commentaires
juridico-littéraires de Benoît de Cour, qui se conforment aux toutes
nouvelles méthodes de l'humanisme juridique[40], que le précédent est
devenu au plus haut point notable. Néanmoins, si le succès de ce bien-
nommé *Processus iuris iocoserius*[41] n'a pas pu ne pas peser sur la conception
du *Cupido*, il ne met que d'autant mieux en relief sa libre originalité, et
ses avancées considérables dans la maîtrise de la jurislittérarité.

De fait, le tribunal de Cupidon et la publication de ses arrêts ne fournissent pas, chez Forcadel, la matière de plus d'un ou deux chapitres[42] :
c'est que l'analogie du Droit et de l'Amour, loin d'être confinée dans la
judiciarisation de la relation amoureuse, est envisagée de la manière la plus
complète et la plus élevée, tant dans une perspective jurisphilosophique
que sous toutes les facettes de la juridicité. Non seulement, en effet,
l'amour, et surtout le mariage, qui est explicitement reconnu comme son
expression la plus noble, relèvent à la fois du Droit naturel – puisqu'ils sont
enracinés dans l'instinct de procréation –, du Droit des gens – puisqu'ils
conduisent les êtres humains à des accords et à des pactes – et enfin du
Droit civil – qui régit les modalités précises de ces conventions, avant de
sanctionner, éventuellement, leur rupture –, mais ils autorisent aussi à
convoquer, avec la plus grande précision, les concepts et les catégories de

---

39   Les *Cinquante et un arrêts d'amour* de Martial d'Auvergne ont été publiés pour la première
     fois vers 1460. Accompagnés des commentaires latins de Benoît Court (voir *Arresta
     amorum*, Lyon, 1533), ils demeureront un véritable best-seller jusqu'au XVIIIe siècle.

40   Ce style de commentaires est tout à fait semblable, par exemple, à celui qu'adopte Jean
     de Coras, en 1561, dans les annotations dont il assortit l'*Arrest mémorable* relatif à l'affaire
     de Martin Guerre.

41   C'est en effet sous ce titre qu'un recueil réunit, en 1611, les *Arrêts d'amour* à d'autres
     fictions judiciaires, comme le procès entre la Vierge et le Diable composé par Bartole.

42   En effet, au chapitre 16, on reste à l'extérieur du tribunal, où le narrateur se fait inter-
     peller par un sbire. C'est seulement au chapitre 17 que l'on voit Cupidon en train de
     siéger, et que l'on prend connaissance d'un seul de ses arrêts. Quant aux édits qui sont
     affichés sous le portique du tribunal, ils ne sont pas du tout détaillés, et il est beaucoup
     plus longuement question du statut de Cupidon et de son titre à exercer sa juridiction
     que du contenu de ses décisions.

nombreuses branches de Droit. Ainsi le *Cupido* renouvelle-t-il la seule partie du sujet qui avait été abordée avant lui, tout en conférant au parallèle du Droit et de l'amour une extension et une profondeur jusque-là inédites. Du reste, même dans les deux chapitres où il semble les serrer de plus près, Forcadel creuse la différence avec ses prédécesseurs, moins parce qu'il substitue la fiction d'un dieu-juge à une imitation plus réaliste des procès terrestres, que parce qu'il réussit une véritable émulsion narrative entre les deux couches de texte qui composent les *Arrêts d'Amour*. En effet, si les « causes » fictives de Martial d'Auvergne ressortissent à ce que j'ai nommé le Droit en Lettres, c'est-à-dire à la juridicisation d'une intrigue ou d'un genre littéraire, les annotations de Benoît Court procèdent au contraire à la littérarisation du commentaire juridique par injections massives de références littéraires, mais sans aller plus loin que le niveau de ce que j'ai nommé le Droit lettré, car il se contente de donner aux arrêts, en les criblant de remarques fragmentées, le garant, drolatique en l'occurrence, mais parfaitement authentique, des deux Droits. Le *Cupido*, en revanche, a réussi à faire fusionner l'érudition juridico-littéraire et le processus narratif, pour atteindre à une pleine et entière jurislittérarité, sur le versant de ce que j'ai nommé les Lettres en Droit.

Ainsi l'articulation des trois niveaux discursifs dont l'efficacité a été signalée à propos du premier chapitre se confirme-t-elle pleinement au second, où, par le biais de l'adage *pacta sunt seruanda*, le niveau jurisphilosophique, c'est-à-dire le fondement de Droit naturel qui caractérise l'amour, se trouve fortement relié au niveau doctrinal, puisqu'il est introduit par une mise au point approfondie sur son statut et sa qualification. L'amour y est en effet défini comme un pacte entre deux personnes qui échangent leur consentement. Mais auparavant, le niveau narratif, c'est-à-dire l'évocation des sentiments contradictoires qui agitent les groupes d'amoureux rencontrés par le narrateur dans un bois de myrtes, avait lui aussi été relié à des considérations doctrinales, qui venaient ingénieusement étayer, *pro* et *contra*, le parallèle entre l'amour et le Droit : de même, en effet, que l'amour est source simultanément de joie et de tristesse, il existe des statuts juridiques hybrides, et même des dispositions législatives qui mêlent pragmatiquement le juste et l'injuste[43] ; en revanche, alors que l'amour est au plus haut point exposé

---

43   Voir le début du deuxième chapitre qui fait allusion, d'un côté, aux *munera mixta* (D. 50, 4, 18, 1), et, de l'autre, à la responsabilité imputée aux co-auteurs d'une infraction (D. 9,

à l'instabilité, le Droit, gardien de la *fides*, pose en principes la loyauté et le respect de la parole donnée.

On pourrait détailler, tout au long du *Cupido*, ce qui représente sa principale technique diégétique, et qui donne parfaitement à voir comment fonctionne la mise en œuvre de la jurislittérarité. D'un côté des assertions jurisphilosophiques sont justifiées à grand renfort de démonstrations doctrinales et, de l'autre, diverses péripéties, voire même de simples associations terminologiques, introduisent avec aisance à de nombreuses illustrations doctrinales : voilà en effet les deux leviers grâce auxquels, doublement et simultanément rehaussées, les références juridico-littéraires du Droit lettré accèdent au niveau de la jurislittérarité. Quoiqu'omniprésente, la doctrine échappe en effet d'autant mieux à un fastidieux didactisme qu'elle apparaît non seulement comme l'expression stimulante de principes fondamentaux, mais aussi comme un grandiose réceptacle de la diversité du monde, jusque dans ses plus insolites *mirabilia*. Aussi les sommaires placés en tête des chapitres, parsemés de sentences philosophiques et de quelques allusions à l'intrigue, peuvent-ils, sans dommage pour la dynamique narrative, réserver aux problématiques juridiques la plus belle part, et serrer au plus près la méthode d'exposition qui caractérise les traités[44].

C'est que l'accent est mis, de bout en bout, sur la présentation inédite d'une matière juridique qui n'avait jamais fait jusque-là l'objet d'un regroupement thématique. Forcadel s'était déjà distingué par ce type de « coupes » originales effectuées dans les textes des deux Droits, mais dans son *Penus iuris*, comme dans son *Auiarium iuris*, il en était resté au niveau du Droit lettré. Cette fois, en s'appliquant à explorer l'interface du Droit et de l'amour, il innove donc doublement : non seulement il identifie un secteur juridique dont il théorise de façon argumentée la possible autonomisation, mais, de surcroît, il en narrativise la description avec un maximum d'audace, sous les espèces d'un conte merveilleux.

En effet, ce Droit de l'amour s'avère couvrir un domaine assez vaste, non seulement parce que Forcadel y inclut toutes les dispositions relatives au mariage et à la famille, patrimoine et successions compris, mais

---

2, 11, 1), ainsi qu'au processus d'*usucapio* (D. 41, 3, 1).

44   Voir notamment les formules qui mentionnent l'explication méthodique de telle ou telle loi : *Explicatur lex* (etc., chapitre 1, n° 3) ou *Interpretatio legis* (etc., chapitre 2, n° 9), ou encore *Intellectus legis* (etc., chapitre 3, n° 6).

aussi parce qu'il n'hésite pas à leur adjoindre, par le biais d'associations terminologiques ou d'analogies doctrinales, et non parfois sans arrière-pensées thématiques, des références aux branches du Droit les plus diverses. Il n'en trahit pas pour autant son sujet, car il prend toujours soin de justifier ces extensions fugitives et purement méthodologiques, destinées à compléter son argumentation sur les questions de typologie, de définitions, de compétences et de statuts.

On ne s'étonnera donc pas, pour commencer, que soient massivement présents, d'un bout du *Cupido* à l'autre, le Droit de la famille et celui des obligations. Le chapitre premier, largement consacré à la puissance de l'amour, y touche déjà en évoquant les legs soumis à la condition de ne pas se marier. Aux considérations philologico-juridiques du chapitre 2 sur les pactes d'amour, parmi lesquels Forcadel a fait figurer les promesses de dot, succède, au chapitre 3, une minutieuse investigation qui vise à établir à quels types de contrats on peut identifier les relations amoureuses, soit sincères, soit vénales, et quels types d'actions sont ouvertes aux plaignants en cas de dol et de litige. Enchaînant sur le versant sombre des dangers et des abus que l'amour entraîne souvent à sa suite, le chapitre 4 propose d'ajouter l'état amoureux, considéré comme une maladie handicapante, aux causes qui autorisent la rescision d'une vente d'esclave, approuve les restrictions dont sont frappés les testaments des militaires, considérés comme une catégorie particulièrement exposée aux risques amoureux, et, avant tout, insiste sur la condamnation des pratiques de magie qui sont censées susciter les passions ou contraindre les sentiments. Le chapitre 5 poursuit dans la même veine, en s'étendant sur la répression de l'adultère et du rapt, à propos desquels il est rigoureusement interdit de transiger, et le chapitre 6 y ajoute la captation testamentaire, tout en examinant la question des clauses ambiguës en matière de tutelle et de testament, et en insistant sur la réprobation juridique de l'adultère et de l'amour excessif. Au chapitre 7 sont évoqués les délicats problèmes de la restitution dotale et des donations entre époux, ainsi que des acquisitions de l'épouse. Tout en se livrant à un magnifique éloge des femmes, créditées d'être au principe même de l'Amour, et par conséquent des lois, le chapitre 8 souligne qu'elles sont à la fois protégées par le Droit et ordinairement exclues de son exercice. De son côté, le chapitre 9, qui reproduit un important discours de Vénus, revient sur les questions de pouvoir souverain qui étaient entamées dans le premier chapitre, en comparant l'Amour, la seconde puissance du monde après Dieu, au Pape, qui est le vicaire de Christ, et peut priver les rois de leurs royaumes. Mais ce rapprochement, loin de tourner à l'avantage du Pape et, moins encore, de l'Empereur, est l'occasion pour Forcadel d'affirmer, comme dans la *Sphaera*, ses profondes convictions gallicanes.

Au chapitre 10, on voit se confirmer, comme pour donner un indice supplémentaire d'esthétisation diégétique, une espèce de recourbement de la deuxième moitié du *Cupido* sur la première, car le deuxième discours de Vénus porte, cette fois, sur l'institution du mariage, et développe, à mi-chemin du Droit public et du Droit privé, des idées qui étaient également en germe dans le premier chapitre[45]. Pour finir, le rapt, *a contrario* du cas de figure le plus commun, y est envisagé comme l'enlèvement d'un jeune homme par une femme. Dans ce sillage, le chapitre 11 s'étend assez longuement sur le sujet brûlant des mariages clandestins et la nécessité légale du consentement paternel[46]. Le chapitre 12 revient sur les donations des militaires et s'intéresse aux obligations que l'on contracte en faisant des vœux, ainsi qu'aux suicides provoqués par l'amour. Le chapitre 13 traite à nouveau des acquisitions de la femme pendant le mariage, et des pactes sous condition de non-aliénation de la chose reçue. Au chapitre 14, l'amour est rapproché de la possession, ce passionnant hybride de fait et de Droit. Le chapitre 15 détaille divers états de la séparation amoureuse, de la petite brouille au divorce, avant de s'interroger sur la restitution de la dot à la femme

---

45   Autres exemples : la remarque du chapitre IV, selon laquelle les soldats bénéficient d'une sollicitude particulière de la part du législateur, parce qu'ils sont plus exposés que d'autres catégories de la population aux préjudices causés par l'amour, est reprise au chapitre XIV ; ou encore, le rappel, au chapitre VII, des dispositions relatives aux acquisitions de la femme mariée, qui est autorisée à jouir des fruits de son industrie personnelle, est de nouveau évoqué au chapitre XIII.

46   Il convient ici de souligner que le *Cupido* propose une interprétation du Droit canonique remarquablement orientée, pour en gommer le plus possible les divergences d'avec la législation royale : sa prise de position place clairement Forcadel à l'avant-garde de la doctrine gallicane, car elle anticipe non seulement sur l'édit décisif promulgué par Henri II en 1556, et par conséquent sur le commentaire que Jean de Coras y consacre l'année suivante, mais aussi sur le Décret *Tametsi* par lequel, en 1563, sous la pression des gallicans, le concile de Trente fera également du consentement des parents, ainsi que des bans et de la célébration à l'église, une condition de validité du mariage. Ce n'est sans doute pas un hasard si Forcadel a défendu cette thèse très politique exactement au centre de son ouvrage.

stérile et, pour finir, Forcadel y réprouve énergiquement le mariage des vieillards avec de jeunes femmes. Enfin, au chapitre 16, il examine l'influence des affects en matière de contrats, et commente longuement deux importantes lois, l'une de Droit civil, l'autre de Droit pénal : la loi Falcidia, qui intéresse le Droit des successions, et la loi Aquilia, relative à la responsabilité pénale.

La distance qui sépare le *Cupido* des *Arrêts d'Amour* de Martial d'Auvergne se manifeste de manière éclatante au chapitre 17, où le domaine de compétence de Cupidon, présenté comme chef de juridiction, est assimilé à celui du préfet du prétoire, et où l'on se demande si les aveugles et les sourds, ainsi que les mineurs de 18 ans, peuvent rendre la justice. Quant à la mention des édits de Cupidon, comparés au fameux Édit du préteur romain, ils donnent surtout l'opportunité de se pencher sur la formule qui désigne le processus de l'assignation judiciaire. Le chapitre 18, de son côté, décrit les règles édictées par Cupidon législa-teur, et notamment ses lois sur le parjure et le serment, que le narrateur approuve avec vigueur, en confiant au lecteur avoir été lui-même victime de ce type de déloyauté. Au chapitre 19, Forcadel considère que l'action ouverte à celui qui a cessé d'aimer ne peut être que celle qui est accordée aux affranchis, car l'amour est un esclavage, et il revient sur les pactes amoureux, avant de conclure à la non validité des jugements inspirés par l'amour passionnel. À ce propos, il évoque significativement, deux fois de suite, la figure sulfureuse d'Appius Claudius, et l'épouvantable injustice infligée à la jeune Virginie, qui avait eu le malheur d'exciter sa lubricité[47]. Le chapitre 20 aborde l'amour par le biais de la musique, parce qu'elle peut, effectivement, s'avérer un très efficace moyen de séduction, et il réaffirme au passage les affinités de la musique et de la loi qu'avait déjà fermement posées le chapitre 18. Quant au chapitre 21, il traite de la question des enfantements légitimes et de l'institution d'héritier pour les enfants posthumes. Enfin, le chapitre 22, renouant avec le Droit public, s'intéresse, *a contrario* des pactes amoureux, aux pactes que l'on conclut, en temps de guerre, avec les ennemis.

On voit que ce Droit de l'amour est un ensemble cohérent, soumis à une progression thématique habilement agencée, et soigneusement

---

47 Cet épisode hautement symbolique fera l'objet d'une ample reprise poétique, deux siècles plus tard, dans la *Nomothesia* de la *Respublica Iurisconsultorum* (voir *Fabuleuse juridicité*, *op. cit.*).

construit autour de la complémentarité de deux grands concepts juridiques : d'une part l'*imperium*, qui touche aux questions de domination traitées en Droit public, et d'autre part la *fides*, dont le Droit privé a fait le concept-clé des pactes et, en général, des obligations. Les chapitres 1, 9, 17, 18 et 22 mettent plus particulièrement l'accent sur le premier versant, mais c'est le second qui, sans surprise, alimente les trois autres quarts du texte.

Cependant, la réussite jurislittéraire du *Cupido* tient largement au fait que les dispositions juridiques relatives à l'amour n'en constituent pas à elles seules la matière, mais s'y trouvent entrelacées à ce que l'on appellerait aujourd'hui le Droit rural, voire le Droit de l'environnement, et que les juristes de l'Ancien Régime nommaient joliment le « Droit géorgique ». C'est ainsi qu'au chapitre 4, il est question de législation forestière, au chapitre 5 de la mention de l'art topiaire dans le *Corpus iuris ciuilis*, et au chapitre 8, de celle du bois de citronnier. Le chapitre 9 évoque la loi *Rhodia de iactu* et le Droit de la mer, des ports, des fleuves et des îles, tandis que le chapitre 10 traite de la législation sur les thermes et les *caducae aquae*. Le chapitre 11 s'intéresse à l'extraction des pierres précieuses, le chapitre 13 à la répression du vol de troupeaux, et le chapitre 16 à celle de l'abattage clandestin des arbres. Le chapitre 19 creuse la question, en distinguant entre les végétaux selon qu'ils sont susceptibles ou non d'être considérés, en Droit, comme des arbres. Au chapitre 20, les abeilles sont envisagées sous leur statut de *res nullius*, et enfin le chapitre 21 mentionne les interdits relatifs à l'irrigation.

Même si elle reste quantitativement secondaire, cette deuxième thématique juridique joue un rôle doublement décisif dans l'accession du *Cupido* à la jurislittérarité, parce que d'une part, elle est liée, aussi étroitement que la précédente, au développement narratif (en effet, elle a pour tremplin le décor qui se déploie devant le narrateur au fur et à mesure des rencontres qu'il fait dans le royaume de l'Amour) et contribue donc utilement à l'émulsion des éléments littéraires (le conte merveilleux) et des éléments juridiques (la doctrine), et parce que, d'autre part, elle renforce la jonction entre le niveau doctrinal et le niveau jurisphilosophique du texte, en permettant de traduire concrètement, par une systématique juridicisation de l'espace, cet enracinement de l'amour dans le Droit naturel qui est au fondement même du parallèle constitutif du *Cupido*[48]. Aussi, dès le premier chapitre, des références poétiques soulignaient-elle, à point nommé, que l'Amour était censé être né du Chaos en même temps que la Terre[49]. Certes, c'est une Nature aimable, cultivée, et rehaussée par tous les raffinements de la civilisation, que les jardins et les palais de Cupidon donnent à admirer. Mais justement, Forcadel prend bien soin de distinguer entre un Droit naturel animal, qui ne donne voix qu'aux instincts, et un Droit naturel plus proprement humain, piloté par la raison et l'équité[50] : cela lui permet de réserver à l'amour mesuré et décent l'honneur d'être rapproché du Droit, en excluant de ces affinités l'amour excessif, considéré comme quasiment bestial.

L'identification et la description d'un Droit de l'amour dépendent, en effet, d'un ensemble de positions théoriques, non seulement sur les concepts du Droit romain, à commencer par celui de Droit naturel, mais plus largement sur les origines et sur le fonctionnement des sociétés humaines. L'inspiration de Forcadel, en la matière, est puisée à deux sources, entre lesquelles, avant lui, les penseurs humanistes s'étaient appliqués à établir de rassurantes concordances : d'un côté, la philosophie antique, et de l'autre les Écritures. À la lumière du *Banquet* et du *Nouveau testament*, la terminologie et les classifications du Droit romain ne prennent pas seulement une dimension anthropologique d'envergure, elles viennent aussi cautionner un décalage jurisphilosophique de première importance, puisque, dans l'appréhension et l'écriture de la doctrine, la référence fondamentale du *Cupido* n'est plus tant Aristote que Platon, dont on sait que la pensée s'était avérée assez facilement christianisable. Cette inflexion est aussi étroitement liée à la volonté de littérariser la doctrine, sans que l'on puisse déterminer au juste si c'est le parti-pris jurislittéraire de Forcadel qui l'a conduit à invoquer de préférence le patronage platonicien, ou si c'est plutôt son adhésion aux thèses du fondateur de l'Académie qui l'a poussé vers l'*elegans iurisprudentia*.

---

48 C'est par le biais du « naturel » que cette thématique peut d'ailleurs s'appuyer sur une très ancienne métaphorisation de l'amour par l'agriculture : le « labour » amoureux précédant, chez les poètes, la fécondation du champ riant et plein de charmes qu'est le corps de l'aimée.

49 Voir I, fin du § 2 : allusions à la *Théogonie* d'Hésiode et à Parménide.

50 Voir chapitre 10 (discours de Vénus, 2ᵉ partie) : c'est de ce Droit naturel spécifique aux hommes, et qui en fait les images de Dieu, que relèvent le mariage et l'amour conjugal. Au chapitre 15, c'est ce même Droit naturel qui est invoqué pour critiquer vertement le vieillard qui épouse une jeune femme.

Quoi qu'il en soit, tout en faisant de la concorde la finalité commune de l'amour et du Droit, il pose en principe, dans la mesure où il ratifie la définition platonicienne de l'amour, dans le *Banquet*, comme désir du Beau, que cette concorde n'est qu'un autre nom de l'harmonie, ce qui lui permet de s'appuyer, en soulignant les affinités peïstiques entre le Droit et la musique, sur l'importante théorie du *nomos* que Platon met en œuvre dans ses *Lois*[51]. Cela revient, au bout du compte, à justifier, en amour comme dans l'art, la recherche persévérante de la Beauté par sa profonde utilité psycho-sociale. Le platonisme du *Cupido* va si loin que, tout en bouleversant la tradition mythologique, c'est-à-dire en attribuant l'origine des lois à Cupidon, et non plus à la déesse Cérès, Forcadel, qui ne donne pas pour rien, dans son récit, un rôle important à Vénus, finit par affirmer qu'il convient de porter l'origine des lois, et donc des sociétés civilisées, au crédit exclusif du sexe féminin, dont la beauté stimule puissamment l'Amour, qui est lui-même à l'origine de la reproduction humaine, donc de la vie en société et de sa régulation normative. Sans pour autant remettre en cause une organisation sociale profondément marquée par le patriarcat romain, il aboutit ainsi, par la logique de sa *coniunctio* jurisphilosophique, à un féminisme paradoxal, comme lorsque Platon, dans les *Lois*, se refuse à exclure la moitié de l'humanité de la défense d'une cité, afin de ne pas stupidement diviser ses forces par deux[52].

Autant dire qu'en mettant au premier plan les liens familiaux et les liens contractuels, le *Cupido* mène une investigation approfondie sur la manière dont le Droit appréhende et tend à optimiser les rapports sociaux, de la sphère privée à la sphère publique, et en particulier sur sa gestion des sentiments et des passions qui justifient son existence, mais le mettent aussi, par leurs excès, constamment en péril[53]. D'où la part importante accordée aux dispositions répressives, aux actions pénales et aux sanctions qui frappent les comportements destructeurs

---

51　Voir mon ouvrage : *L'enchantement du Droit, légistique platonicienne*, Paris, 1999.

52　Sur la décision de Platon d'exercer militairement les femmes, voir l'ouvrage cité à la note précédente. De la même façon, au chapitre 10, Forcadel affirme que le législateur a bien raison de préférer aux célibataires les gens mariés, et des les gratifier d'allocations familiales, car les couples ont, par définition, deux fois plus de capacités que les individus isolés.

53　Voir au chapitre 4 : *Quid non cogit Amor ? leges certe uiolari iubet*. La formule s'applique, en l'occurrence, à l'interdiction légale des pratiques magiques pour susciter l'amour, mais on peut l'étendre aux lois en général.

de ce lien social que l'amour et le Droit tissent de concert, le premier en incitant les humains à se rapprocher, et le second en leur imposant, dans cette proximité comme dans l'éloignement qui, éventuellement, peut s'y substituer, de respecter la modération et la juste mesure.

Aussi, dans son ensemble, le *Cupido* peut-il être considéré, avant tout, comme un hymne à la gloire de la *fides*, cette vertu qui recouvre aussi bien la loyauté contractuelle que la fidélité sentimentale. Or ces accords et conventions que Forcadel décrit sous le nom de pactes d'amour, qu'ils soient des « pactes nus » ou qu'ils reçoivent pleinement forme et substance juridique, se situent, précisément, à l'intersection délicate de la morale et du Droit, dont ils relativisent l'autonomie face aux exigences éthiques. Aussi, tout en rappelant, à juste titre, que les lois n'interdisent et ne punissent pas tout ce qui mériterait d'être réprouvé[54], Forcadel ne cesse-t-il de démontrer que l'esprit de justice commande de respecter ses engagements avec scrupule, quand bien même on pourrait échapper à leur sanction légale. Car le Droit serait impuissant à restaurer la confiance, qui est le ciment fondamental des relations humaines, et c'est bien pourquoi l'un des plus importants adages juridiques énonce que *pacta sunt seruanda*, ou encore qu'« on lie les bœufs par les cornes et les hommes par les paroles ». Rien d'étonnant, par conséquent, si, au dernier chapitre du *Cupido*, dans lequel le Centaure justifie que, dans certaines circonstances, l'on commette la perfidie, avant de la mettre lui-même en pratique, l'on trouve un énergique rappel de ces formules, pour en souligner les cruciales implications sociétales : « si les pactes n'étaient pas loyalement respectés, c'en serait quasiment fait de tout le genre humain »[55].

Du reste, l'expression « l'amour de ses semblables » dit assez qu'*a contrario* l'être humain se détruit lui-même, à plus ou moins long terme, lorsqu'il renie ce principe relationnel de base, exprimé par l'Antiquité comme par le Christianisme, selon lequel il en faut pas infliger à autrui ce que l'on ne voudrait pas subir pour son propre compte. Ce n'est donc pas un hasard si le *Cupido* a construit son éloge de la *fides* en bouclant, pour commencer et pour finir, la boucle, antithétique, de la perfidie, par l'évocation de personnages qui, dans la mythologie, incarnent l'*hybris*, c'est-à-dire la prétention à une totale impunité, fondée sur l'exercice

---

54 Voir XV, 5 : *nec enim lex quiduis illicitum prohibet, aut punit.*
55 Voir XXII, 3 : *de toto humanum genere pene actum esset, si fides pactis non seruaretur.*

de la puissance et de la violence. Ainsi, symboliquement, les Cyclopes sans foi ni loi mentionnés au premier chapitre annoncent-ils le Centaure violeur, menaçant et menteur des deux derniers. Ce sont autant de demi-dieux, qui se prévalent de leur ascendance divine pour mépriser les lois communes. Leur présence dans le récit sert donc d'efficace contr'épreuve à la théorie des deux amours, dans la mesure où Cupidon est lui aussi un demi-dieu, et toujours prompt à basculer dans la déloyauté ou dans le crime. Aussi la toute-puissance et le caractère véritablement divin ne sont-ils reconnus qu'à cet amour parfait qui s'identifie à l'esprit de justice, et qui est dit juriste, ou jurisphilosophe, parce qu'il est animé par la constante volonté d'attribuer à chacun son dû, c'est-à-dire de se comporter, en public comme en privé, d'une façon irréprochable. À ce compte, l'amour est bien, ainsi que le décrivait Socrate dans le *Banquet*, un précieux médiateur, capable d'insuffler aux humains cette parcelle de divinité qui se nomme raison, ou vertu. Et de même qu'il leur octroie aussi, en leur permettant de se reproduire, une espèce d'immortalité, il leur concède une forme de pouvoir symbolique, qui consiste à s'auto-réguler par de justes lois.

Autrement dit, l'éloge de la *fides*, loin d'être l'expression d'un idéalisme naïf, repose sur une conscience aiguë des ambivalences et des fluctuations qui composent le lot ordinaire de l'humanité[56]. Tout a deux faces, tout est réversible, le Droit comme l'amour, et c'est toujours à la raison naturelle de faire en sorte que l'équité l'emporte sur l'injustice, la douceur sur la violence, et le Bien sur le Mal. C'est alors que la *fides* tiendra pleinement ces promesses de paix qui sont inscrites, étymologiquement, dans les pactes[57], et qui représentent la finalité primordiale des législations. Voilà pourquoi, au bout du compte, l'Amour mutuel, sincère et parfaitement légitime[58], peut être assimilé au meilleur et au plus élégant des contrats les plus prestigieux du Droit romain, à savoir les contrats nommés, alors que l'amour vénal n'est assimilable qu'à des formes contractuelles inférieures, les contrats inommés, dont le respect

---

56   Voir, au chapitre VI, la rencontre symbolique avec des Sphinges, qui posent au narrateur toutes sortes d'énigmes, selon une gradation qui conduit, significativement, de l'Amour au Droit, et notamment à l'évocation du problème des clauses ambiguës en matière de tutelles ou de testaments.

57   Voir le rappel de ce rapprochement étymologique en II, 7.

58   Voir, à la fin du chapitre V, l'explication de l'expression *iniusta uxor*, qui désigne celle que l'on a épousée sans respecter toutes les prescriptions légales.

est néanmoins garanti par des actions civiles ou pénales, à condition qu'ils n'enfreignent pas à l'excès les bonnes mœurs. Car la réciprocité, qu'elle soit affective ou marchande, est absolument essentielle pour qu'il y ait véritablement, entre deux individus, un échange ou un contrat, et non une relation inique et dolosive. C'est pourquoi, à l'instar de Socrate qui voyait dans la Beauté une tyrannie temporaire, Forcadel définit l'amour passionnel, à la suite de Plutarque, comme une folie momentanée, ou un poison de l'âme, susceptible de conduire aux pires aberrations ou aux infractions les plus graves, contre lesquelles le Droit a prudemment dressé quelques gardes-fous, par exemple au bénéfice des soldats ou des fils de famille.

De même, les lois jouent un rôle préventif de première importance en proscrivant toute transaction en matière d'adultère ou de rapt, infractions qui compromettent trop gravement l'ordre social pour pouvoir être soustraites à la vindicte publique. C'est aussi dans l'intérêt de l'État, en vue de favoriser la natalité, qu'ont été édictés le versement d'une dot, pour compenser les charges du ménage, et, à la mort de la femme, l'attribution de la dot au mari, quand il y a des enfants, aux besoins desquels il lui faut subvenir. Néanmoins, même en l'absence d'enfants, le mari pourra garder la dot, si un pacte a été expressément conclu en ce sens. Enfin, un dédale de dispositions législatives prend en compte que, si la générosité est particulièrement bienvenue en amour, elle risque toujours d'être abusivement détournée : d'où l'interdiction des donations entre époux, sauf dans des limites modestes, comme lors des sacrifices que les hommes faisaient, aux calendes de Mars, pour demander aux dieux de préserver leur mariage, et dans le respect de la réciprocité, puisque les femmes en faisaient autant au moment des Saturnales[59].

En commentant le Droit du mariage au profit du narrateur, Vénus insiste en effet sur le fait que la « femme est l'image de son mari comme il est lui-même l'image de Dieu »[60], qu'elle lui obéit sans être pour autant son esclave, et qu'elle partage avec lui toutes les réalités, humaines et divines, de cette maison dont elle est la maîtresse, si bien qu'au passage, en allusion aux troubles qui agitaient alors son pays, Forcadel exprime sa préférence pour les mariages religieusement assortis[61]. En revanche, le

---

59   Voir la fin du chapitre 7.
60   Voir X, 5 : *Certe ut uir Dei, sic mulier hominis imago.*
61   Voir au chapitre 10.

Droit exige de la femme une pudicité parfaite, et sanctionne sa conduite immorale en l'empêchant, dans ce cas, de récupérer sa dot. Enfin, si le Droit civil, appliquant le principe de précaution, exige le consentement des parents pour conclure un mariage valide, c'est afin de garantir au mieux une union harmonieuse, car il présume que les parents seront assez raisonnables pour comprendre que l'intérêt de la famille passe nécessairement par l'assentiment que leurs enfants, et surtout leurs filles, donneront aux mariages dont ils voudront pour eux[62]. À ce compte, l'amour conjugal, tirant sa force d'un consentement mutuel et d'une volonté partagée, participera de l'Amour parfait, ou encore de la Charité parfaite et, à l'image de la lanterne de Vénus, ne s'éteindra jamais[63]. *A contrario*, les parents pourront méditer sur la fin tragique de ces amant(e)s de la mythologie, que le chagrin d'être privé de leur amour a conduits au suicide. Et même si le Droit civil ne punit pas, en général, ce crime contre soi-même, la religion le réprouve et l'État subit de ce fait un grave préjudice.

Dans la seconde moitié du *Cupido*, l'entrelacement systématique des deux principaux axes du Droit de l'Amour, à savoir les pactes et le mariage, est relancé, en jurislittérarité, par le développement d'une analogie secondaire, et complémentaire de l'analogie-cadre entre Droit et Amour : c'est celle qu'aurait établie un jurisconsulte romain[64] entre l'Amour et le concept juridique de possession, et qui se justifie par l'idée que l'amour, à l'instar de la possession, a prise, sur autrui ou sur une chose, essentiellement par les yeux. On aurait tort de croire, en effet, que parce qu'il prône un amour raisonnable au sein de justes noces, Forcadel réduit ou sous-estime la dimension charnelle de la relation amoureuse. Rien ne montre mieux le contraire que ce rapprochement de l'amour et de la possession, qui s'effectue sur une double

---

62   Voir chapitre 11.
63   Voir chapitre 12 : ce qui ne signifie pas qu'il demeurera identique à celui du premier jour. Une deuxième comparaison, cette fois avec le navire dont on remplace petit à petit les planches abîmées, applique à un mariage durable le principe philosophique de la fiction identitaire, qui a d'ailleurs ses références juridiques : D. 8, 2, 33 et D. 46, 3, 98, 8. La question du consentement, de son côté, est étendue à celle des vœux qui lieraient le fils de famille ou l'esclave : ils doivent impérativement recueillir l'agrément du père ou du maître.
64   Voir au chapitre 14. Forcadel attribue en effet cette analogie à un certain Eudemus Celer, que je n'ai pas réussi à identifier. S'il ne s'agit pas d'une malicieuse invention de Forcadel, peut-être une coquille d'imprimerie a-t-elle défiguré ce nom.

base, d'une part, leur origine, et, de l'autre, leur définition. D'abord, l'amour, comme la possession, bénéficie de deux possibilités étymologiques : le verbe « s'écouler » ou le mot « ailes » pour le premier, le fait de « s'installer » ou « les pieds » pour le second. Autant de vocables qui se réfèrent à une dimension physique, et qui révèlent, dans ces deux notions, le rôle important joué par le corps. À l'inverse, leur définition met au premier plan l'activité intellectuelle, puisque l'amour est un désir (d'un beau corps), et que la possession est un droit (de s'installer quelque part). Par conséquent, ce sont deux concepts qui se situent à la croisée du corps et de l'esprit, et dans lesquels le corps agit comme l'exécutant et l'interprète de l'esprit, si bien que gagner ou perdre l'amour, comme la possession, se fait, indissociablement, par le corps et l'esprit. Néanmoins, c'est bien sur le corps que l'étymologie, qui est censée saisir la vérité profonde d'un vocable, met avant tout l'accent, et il est indubitable que le Droit a égard au fait que, dans la possession, comme dans le mariage, le corps est plus puissant que l'esprit, et que, sans l'évincer, il lui impose sa prééminence[65].

Cette analogie secondaire présente donc un énorme avantage sur le plan de la jurislittérarité : c'est qu'elle permet de juridiciser élégamment, parce que la possession est reconnue comme un hybride de droit et de fait, d'intention et d'acte corporel, la description platonicienne de l'amour comme un mixte paradoxal, qui allie richesse et pauvreté, douceur et amertume, vice et vertu. Et voilà pourquoi l'amour résume si bien l'être humain, qui est, lui aussi, composé d'une âme immortelle et d'un corps périssable. On voit donc ici, à nouveau, interagir discursivement le niveau philosophique et le niveau doctrinal du *Cupido* : loin d'être simplement un prélude ou un cadre général, et de n'intervenir qu'au premier chapitre, le discours philosophique nourrit activement, d'un bout du texte à l'autre, une doctrine imprégnée d'humanisme.

Enfin, lorsque le narrateur parvient enfin au plus près du Maître des lieux, et dans l'espace où s'inscrit le plus manifestement sa puissance souveraine, l'espèce d'amour que Cupidon est censé porter aux arbres splendides qui décorent l'entrée de son tribunal donne l'occasion de souligner que l'*affectus*, c'est-à-dire, ici, l'attachement que les personnes manifestent pour certaines choses, est bel et bien pris en compte par

---

65   Voir, au chapitre 15, comment par exemple le Droit tient pour acquise la réconciliation d'un couple, quand la femme revient au foyer après une courte séparation.

le Droit contractuel. Mieux encore : quand il s'agit d'estimer un dommage matériel, l'impact affectif de la perte peut conduire le juge à considérablement alourdir la sanction prévue[66].

À ce point, il est clair que le texte a fait méthodiquement le tour de toutes les facettes du Droit de l'amour, compris au sens des dispositions du Droit positif qui régissent les relations humaines inspirées par une forme ou une autre de l'affectivité[67]. Il en a, en effet, balayé largement le domaine, à partir de la confiance (*fides*) que les êtres humains se font « par nature », et qui est à la base des pactes, des contrats et des serments, jusqu'à l'*affectus* qui les lient à leurs objets familiers, en passant évidemment par le noyau dur des sentiments amoureux, et des liens matrimoniaux et familiaux.

Mais, lorsque le narrateur se trouve finalement en présence de Cupidon lui-même, c'est à une tout autre acception de la *coniunctio* que le récit donne consistance : cette fois, il s'agit du Droit dont l'Amour lui-même est l'auteur, le responsable et le fabricateur[68]. Les chapitres 17 et 18 développent en effet une amorce thématique soigneusement placée par le narrateur dès son entrée dans le royaume de l'Amour, et mise en attente jusqu'au point culminant de son parcours de découverte. Le héraut qui proclame, à l'intention des amoureux, un édit comminatoire de Cupidon, annonçait déjà son statut, et sa stature, de juge et de législateur. Car, présenté, par le relais de plusieurs paradigmes du pouvoir normatif[69], comme la plus grande puissance après le Tout-puissant, Cupidon cumule sans partage, en son royaume, les fonctions de l'exécutif, du législatif et du judiciaire. D'ailleurs, le seul de ses jugements dont la teneur est détaillée, au chapitre XVII, tend à prouver que son pouvoir judiciaire concourt efficacement à conforter sa souveraineté, puisque la jeune fille qui a refusé d'agréer un jeune amoureux est doublement et cruellement sanctionnée pour ce qui apparaît comme un crime de lèse-majesté à l'encontre de Cupidon : frappée d'infamie, elle est, de surcroît, condamnée à tomber amoureuse d'un hideux vieillard.

---

66   Voir chapitre 16.
67   En latin, on dirait que dans ce *ius Amoris* il faut comprendre le génitif en son sens « objectif » : le Droit qui a pour objet l'amour.
68   En latin, le génitif est alors compris en son sens « subjectif » : le Droit qui est produit par l'Amour.
69   Successivement, au chapitre IX, se succèdent une figure romaine, le Préfet du prétoire, et une autre, chrétienne, le Souverain Pontife.

Quant à l'activité proprement législative de l'Amour, le chapitre suivant en donne deux échantillons. Le premier est relatif au Droit patrimonial du mariage et s'inspire manifestement d'une recommandation de Platon[70] : il s'agit de favoriser, à l'intérieur des couples, les mixtes chrématistiques, et comme il importe que le mari ait à tous égards la haute main sur le ménage, il lui est interdit de viser au-dessus de lui-même : il a donc l'obligation d'épouser une femme d'une condition inférieure à la sienne. Le deuxième édit est relatif au parjure, et par conséquent en lien direct avec le Droit des obligations et la *fides* qui lui sert de socle. Ainsi, par un effet d'abysme ingénieux qui contribue à la force et à la cohésion jurislittéraire du texte, le Droit dont l'Amour est l'auteur, au niveau de la fiction narrative, est-il structuré en fonction des deux mêmes grands axes, familial et contractuel, que le Droit positif qui, au niveau doctrinal, a l'amour pour objet. D'ailleurs, cette co-extensivité est aisément perceptible, du fait que le chapitre XIX, dans une continuité implicite avec l'édit de Cupidon sur le parjure, mentionné mais non détaillé dans le chapitre précédent, enchaîne sur les recours que le Droit positif peut offrir à l'encontre de ceux qui ne respectent plus leur engagement amoureux. Le même chapitre, en liaison antithétique avec celui qui imagine l'Amour en président de tribunal, rappelle que, eu égard à l'exigence d'impartialité, le Droit positif autorise la cassation des jugements inspirés par l'amour passionnel.

Par conséquent, loin de la maladresse qui aurait consisté à compartimenter son récit autour, d'un côté, du Droit de l'amour et de l'autre côté, du Droit de l'Amour, Forcadel s'est ingénié, au contraire, à construire toutes sortes de passerelles entre l'un et l'autre, à grand renfort de rappels thématiques, et, pour commencer, il a su construire une intrigue propre à présenter le Droit de l'Amour comme le point culminant, mais non pas final, du cheminement effectué par son narrateur, de sorte que la rencontre avec Cupidon juge et législateur serve opportunément de tremplin à l'ultime segment de la fiction, et en particulier à la péripétie inattendue sur laquelle elle s'interrompt. Les deux derniers chapitres montrent en effet, symboliquement, qu'au cœur même de son royaume, et à deux pas des lieux les plus emblématiques de son pouvoir, les lois de l'Amour sont toujours menacées, et cyniquement bafouées, par la violence et par l'intempérance.

---

70   Voir *Lois*, VI, 733 a-c.

La rencontre avec le Centaure, en effet, plonge brusquement le narrateur non seulement dans ce qui est le contraire de la légalité et de la civilité (le rapt), mais aussi dans ce qui représente la perversion du Droit compris comme « véritable philosophie », c'est-à-dire un Droit radicalement étranger à la morale, et plus proche de la chicane que de l'art du Juste. À l'image de son ancêtre Chiron, puni par les dieux pour son *hybris*, Celenus s'attache effectivement à défendre l'idée selon laquelle le concept oxymorique de *dolus bonus* ouvre une énorme brèche dans la *fides* qui régit aussi, en principe, les pactes conclus avec les ennemis et le Droit de la guerre. Néanmoins, l'explication minutieuse des dispositions du Droit positif, en la matière, suffit à convaincre le lecteur qu'il faut considérablement relativiser l'interprétation du Centaure, et considérer qu'en matière de ruse, le descendant de Nessus plaide un peu trop évidemment *pro domo*. Mais Forcadel laisse, très auto-ironiquement, son narrateur devenir la dupe de son interlocuteur, qui, tout en dissertant de la perfidie, la met simultanément en pratique aux dépens de celui qui l'écoute lui prodiguer encouragements, cajôleries et conseils. Aussi le candide promeneur, à qui le Centaure a perversement insufflé un peu de sa *libido dominandi*[71], s'expose-t-il à commettre le crime suprême contre Cupidon, celui de lèse-majesté, en cherchant à s'emparer des insignes du dieu, qui emblématisent son pouvoir invincible. Le charme est aussitôt rompu, et si l'imprudent échappe à la punition divine, parce qu'il a, de toute évidence, été manipulé et trompé[72], il n'en est pas moins expulsé sans ménagements du royaume de Cupidon. Le récit se referme donc comme il s'est ouvert, sur une affirmation solennelle de l'omnipotence de l'Amour, qui a été mandaté par Dieu même pour régner sur le monde et lui donner ses lois.

---

71 Significativement, le Centaure commence en effet à rapporter l'origine des lois à son ancêtre Chiron, ce qui va non seulement à l'encontre de la tradition mythologique qui en crédite Déméter, mais aussi et surtout de la thèse défendue dans le *Cupido* lui-même, qui l'attribue à l'Amour. C'est donc un indice intratextuel de constestation, voire d'usurpation du pouvoir de Cupidon, qui aurait dû éveiller la méfiance du narrateur. De même, en effet, que son ancêtre Nessus s'est perfidement vengé d'Héraklès en se servant de l'innocente Déjanire, le rusé Centaure, après avoir délibérément enfreint les lois de Cupidon en commettant un rapt, tente d'utiliser le naïf narrateur pour dépouiller l'Amour de sa puissance.

72 Son « innocence » se traduit dans le fait qu'il invoque pieusement le dieu juste avant d'essayer de se saisir de son épée.

LA BEAUTÉ ET LE DROIT :
UN PARI SUR LA JURISLITTÉRATURE

Mais il ne faut pas s'y méprendre : s'il importe tant à Forcadel de souligner le pouvoir souverain de l'Amour, c'est avant tout parce qu'il est lui-même révélateur de la puissance de la Beauté. En effet, en réélaborant la théorie platonicienne, qui met les deux notions en relation directe, le *Cupido* réussit à faire constamment déchiffrer, derrière la *coniunctio* de l'Amour et du Droit, celle de la Beauté et du Droit, qui représente un enjeu essentiel pour sa démarche jurislittéraire. Le lecteur est habilement embarqué, dès le premier chapitre, dans ce raisonnement par transitivité, puisque l'Amour y est simultanément défini comme le désir de la Beauté et présenté comme originellement dispensateur de Droit. Autant dire que la Beauté et le Droit ont des affinités profondes, et c'est ce que le récit s'emploie immédiatement à rendre sensible, car l'appréhension de la beauté s'effectue d'abord au travers de formes concrètes, qu'il s'agisse de corps magnifiques, de paysages enchanteurs ou d'admirables œuvres d'art. Voilà pourquoi le royaume de l'Amour, dans lequel la Beauté est déclinée sous ces trois principaux aspects, est censé faire à la fois le bonheur des juristes et celui des esthètes. Il parvient en effet à combler tous les sens en même temps que l'intellect, car si la vue se trouve, sans surprise, la première à la fête, les autres sens, et au premier chef l'ouïe et l'odorat, ne sont pas oubliés. Mieux : ils participent activement à la mise au point d'une symbolique, moteur elle-même de la narration et constituent, par là-même, des ressorts importants de jurislittérarité.

Aussitôt qu'il pénètre dans les jardins de Cupidon, le narrateur est en effet submergé par l'exquise senteur qui s'en dégage, et qui ne le cède en rien au charme du spectacle dont ses yeux se délectent. Le parfum est d'ailleurs intimement lié au paysage, puisqu'il émane des arbres en fleurs, dont les pétales, éparpillés par un vent printanier, pleuvent délicieusement sur le visiteur. Cette entrée en matière n'a rien d'anodin : symbolique-ment très dense, elle engage d'ores et déjà la signification que Forcadel entend donner à son récit. Tout d'abord, conformément à un *topos* de la littérature antique, cette odeur merveilleuse signale la présence d'une divinité, et son association à une douce brise confirme qu'il s'agit bien là d'un lieu où, dans tous les sens du terme, on sentira souffler l'Esprit. Ensuite, l'odeur, à la fois enivrante et insaisissable, moyen terme entre matérialité et spiritualité, exprime symboliquement la possibilité d'une médiation entre l'humain et le divin, par la capacité de sublimation que, précisément, confère l'amour. Enfin, connotant à la fois la mémoire et l'imagination, le secret et la révélation, le parfum offre une ambivalence analogue à celle de l'amour : d'un côté, il fait accéder au culte des dieux et de la plus haute vertu, de l'autre, à la séduction charnelle, avec tous ses dangers. Du reste, le chapitre 12, dans lequel un parfum d'encens conduit le narrateur jusqu'au temple de Vénus, renouera avec le versant divin de la fragrance, tandis que le chapitre 19, qui s'attarde sur les roses de Cupidon et l'aura mythologique de la myrrhe, développera au contraire les harmoniques troublantes de son versant libidineux. C'est donc avec un sens très sûr de la littérarité que Forcadel, pour plonger immédiatement le lecteur dans la « vision » qu'il lui raconte, commence par le placer au centre d'une espèce de sphère olfactive, qui lui impose tout d'un coup l'évidence d'un environnement surnaturel.

On constate la même habileté dans l'introduction progressive d'un autre élément sensoriel : si le plaisir de l'ouïe occupe une place aussi importante dans la description du monde enchanteur de l'Amour, c'est en effet pour souder de plus en plus solidement le Droit à la Beauté. La musicalité se manifeste à pas moins de cinq tournants du récit, et principalement sous la forme du chant, c'est-à-dire d'une esthétisation de la parole : ainsi la dynamique de l'accession à la beauté se trouve-t-elle incrustée au plus près non seulement du tissu narratif, mais aussi de ce matériau langagier dont le Droit a toujours fait son principal outil. Dès le chapitre 2, la présence de la déesse Vénus est annoncée par le chant mélodieux et divinatoire de quelques cygnes, qui, conformément à l'exégèse platonicienne[73], connote ici la joie et non pas la tristesse. Ensuite, au chapitre 6, la difficulté d'interpréter les textes juridiques, semés d'embûches et d'ambiguïtés, est symbolisée par la voix mélodieusement chantante[74] des Sphinges, qui proposent au narrateur plusieurs

---

73   Dans le *Phédon* (84 d-85 b) Socrate s'élève en effet contre l'idée que les cygnes chante-raient parce qu'ils seraient tristes de mourir ; selon lui, ils se réjouissent au contraire du bonheur qu'ils pressentent dans l'au-delà.

74   Voir l'expression : *uoce dulci et prope canora* : on est presque dans le chant. Il faut sans doute imaginer une espèce de récitatif.

énigmes sous forme de poèmes, c'est-à-dire un état musicalisé de la langue. Il y a là un premier rapprochement significatif entre le Droit et la Beauté, par l'entremise de la poésie, sous les auspices de l'art herméneutique. Autant dire, en effet, que les textes juridiques et les textes poétiques offrent deux états du langage dont les subtilités sémantiques, quasi oraculaires, exigent, pour être éclaircies, des interprètes tout aussi fins que rigoureux[75]. La musique vocale apparaît pour la première fois, en tant que telle, au chapitre 13, lorsque le narrateur rencontre, dans la prairie de Cupidon, le berger Damon qui, installé à côté de sa belle, et manifestement à son intention, chante des vers d'amour en français. Or il s'avère que le bucolique personnage s'y connaît assez bien en Droit pour gratifier le narrateur d'une espèce de consultation juridique, sur un point de Droit rural qui relève de sa spécialité. Pour la deuxième fois, le Droit est donc associé à la poésie autant qu'à l'amour, et c'est à un moment décisif de l'intrigue : en effet, à mi-chemin de son parcours, le narrateur reçoit alors de ce berger un splendide cadeau, un agneau à la toison d'or, qui témoigne de la faveur dont il jouit auprès du divin Maître des lieux.

Enfin, au chapitre 18, cette subtile progression atteint son plein épanouissement : en effet, la parfaite fusion du Droit et de la Beauté y est mise en œuvre par Cupidon en personne, qui propose ses lois en musique. Quatre de ses appariteurs accompagnent ainsi leur énoncé à la cithare, et même s'il n'est pas explicitement question de chant ni de prosodie, les références helléniques montrent déjà que, de toute évidence, Forcadel narrativise ici avec beaucoup d'habileté le fameux *topos* des lois en vers[76]. Cependant, pour saisir l'intégralité de son raisonnement, il faut se reporter au début du chapitre XX, dans lequel le narrateur fait valoir que la force persuasive de la musique opère efficacement pour le Droit autant que pour l'amour, en détaillant cette fois les affinités des lois et de la musique, dont il précise bien qu'elle est, selon la tradition antique, inséparablement vocale et instrumentale[77]. Cette continuité entre les deux chapitres est un excellent

---

75 Finesse qui peut d'ailleurs se traduire par la sagesse de ne pas se laisser perturber par ces ambiguïtés, à l'exemple de Justinien lui-même. Voir VI, 2.

76 Référence aux Grecs accentuée par un ajout de 1595 qui cite les Crétois. On notera que ces références ne comprennent pas le passage du pseudo-Aristote qui constitue la référence quasi rituelle en la matière.

77 Voir XX, 1 : *tanta prorsus affinitas corporum et animorum est **cum cantu et tibiis***.

moyen d'indiquer au lecteur, à ce point culminant du récit, que le théâtre de Cupidon, où sont réunis, très significativement, des amoureux-poètes et des juristes-poètes, n'est pas sans relation avec le tribunal de Cupidon, et qu'il est par conséquent aussi important que lui pour circonscrire la *coniunctio* de l'amour et du Droit. En vérité, on constate même un savant entrelacement qui fait des chapitres de 17 à 20 une espèce de bloc ou de socle argumentatif fondamental pour mettre en relation les deux principaux aspects de la pratique juridique avec la Beauté : en effet, les chapitres 17 et 19 ont trait à l'activité judiciaire, tandis que les chapitres 18 et 20 sont plutôt centrés sur le pouvoir législatif. Et de fait, rien n'est plus efficace que le recours à la musique pour associer étroitement la juridicité d'une part au divin, comme en témoigne cette musique des sphères célestes dont Forcadel avait déjà si bien tiré parti dans sa *Sphaera legalis*, et d'autre part à cette harmonie entre l'âme et le corps, ou entre les passions et la raison, qui permet aux humains de vivre selon les principes essentiels de la Justice (*honeste uiuere, neminem laedere, suum cuique tribuere*).

À ce point, grâce aux relais narratifs et symboliques du parfum et de la musique, Forcadel est donc parvenu à réaliser avec talent cette commutation conceptuelle qui constitue la visée primordiale de son auto-fiction : le beau Droit de l'Amour, qu'il a mis ingénieusement en scène dans ce royaume de fiction, n'est en effet que le *recto* d'une feuille de texte dont le *uerso* lui tient immensément à cœur, car il porte la justification de sa démarche jurislittéraire et la riposte *in actu* qu'il destine à tous ses détracteurs, c'est-à-dire l'affirmation de son profond et indéfectible amour du beau Droit.

L'AMOUR DU DROIT ET L'HUMOUR EN DROIT

On prend toute la mesure de la qualité jurislittéraire du *Cupido* en constatant qu'il a réussi à effectuer de manière suivie une espèce transition discursive entre les deux grandes acceptions, objective et subjective, du Droit de l'Amour, qui ont été précédemment distinguées, et cela grâce à ce qui en constitue, finalement, une troisième et non moins intéressante acception : au Droit positif qui a l'amour pour objet, et au Droit fiction-nel qui est produit par l'Amour, il ajoute en effet ce que l'on pourrait appeler le Droit positif appliqué fictionnellement à l'Amour, qu'il instille tout au long du texte, en tirant systématiquement profit des moindres éléments qui donnent sa consistance à la fiction, comme les allusions aux divers attributs de Vénus et de Cupidon, ou la description de tout ce qui fait partie de leur environnement, naturel et artificiel. Mais en réalité, ce Droit de l'amour-là, il vaut mieux l'appeler, tout simplement, l'amour du Droit, car il a pour ressorts essentiels les réflexes intellectuels que Jean Carbonnier a identifiés sous le nom de panjurisme, c'est-à-dire l'aptitude à déchiffrer le monde exclusivement au moyen d'une grille de lecture juridique. Sans du tout y borner la texture narrative du *Cupido*, Forcadel utilise avec doigté cette espèce de « déformation professionnelle » des juristes, qui lui est précieuse pour raccorder constamment le niveau de l'intrigue à celui de la science du Droit. Au total, c'est le va-et-vient incessant entre ces trois facettes du Droit de l'A(a)mour qui aboutit à la confection d'un texte pleinement et spécifiquement jurislittéraire, un conte juridique merveilleux, dans lequel Forcadel rend manifeste non seulement le vibrant amour qu'il porte à sa spécialité, dont il célèbre les affinités avec la beauté langagière, mais également l'aisance exceptionnelle avec laquelle il la maîtrise, au point d'être capable de pénétrer l'esprit du Droit en l'appliquant spirituellement aux choses de l'amour. C'est par là, en effet, que, dépassant le simple panjurisme, il est capable d'accéder à cette distanciation que requiert la sublimation esthétique.

Ainsi le *Cupido*, affichant un effet d'abysme primordial, consacre-t-il l'union indissoluble des grands textes, on ne peut plus réels, qui sont aux sources des deux Droits, avec une histoire inventée, non sans respecter scrupuleusement une *summa diuisio* juridique. D'un côté, en effet, la *coniunctio* s'effectue au niveau du *de lege lata*, qui est celui du panjurisme ordinaire, quand tel ou tel élément du royaume de Cupidon, par exemple les tableaux, le mobilier, les pierres précieuses ou les insignes, est aussitôt référencé par citations des deux grandes compilations, et de l'autre côté, au niveau du *de lege ferenda*, elle met en œuvre un panjurisme beaucoup plus sophistiqué, qui, délibérément, manie avec humour les procédures, les concepts et les raisonnements des juristes pour en faire plaisamment une application inattendue, et c'est précisément ce volet-là qui nourrit abondamment l'aspect humoristique de la jurisfiction. Bref, dans le premier cas, le *Cupido* met à profit le fait que les textes juridiques s'agrègent une collection impressionnante de savoirs spéciaux, ainsi que le berger Damon le rappelle à point nommé[78], et, dans le second cas,

---

78   Voir au chapitre XIII : Damon rappelle que Marcien maîtrisait le vocabulaire technique utilisé par les éleveurs, et Ulpien celui qui désignait les onguents tirés de la laine.

il illustre les prodigieuses capacités d'adaptation et de renouvellement de la science juridique, dont la plasticité n'a d'égale que la créativité.

Mais il n'y aurait pas jurislittérarité dans le sens plein du terme si le texte ne mettait pas en évidence une parfaite réversibilité entre les deux éléments de la *coniunctio*. Or l'une des clés de la réussite du *Cupido*, c'est justement que la lecture juridique des choses de l'amour y va de pair avec une lecture « amoureuse » ou « aimante » de la doctrine, scellant ainsi définitivement la coextensivité que Forcadel s'est appliqué à suggérer entre Droit de l'amour et amour du Droit. Voilà pourquoi l'évocation des disputes herméneutiques entre juristes, comme les antinomies qu'ils repèrent entre les lois, et enfin, *last but not least,* les célèbres querelles qui ont opposé, à la Renaissance, les juristes aux grammairiens, se fait dans les termes mêmes employés pour les relations amoureuses, même si c'est la plupart du temps *a contrario*, puisqu'il s'agit surtout de désaccords, de discorde et de *reprehensionis libido*[79]. Cependant, les efforts que déploie constamment le narrateur pour concilier autant qu'il est possible les lois ou les interprétations de ses pairs relèvent bel et bien de cet idéal de pacification et de concorde qui caractérise l'amour.

Bien évidemment, du point de vue de la jurislittérarité, le *Cupido* est un récit « plié », c'est-à-dire que le trajet de la lecture n'y reproduit pas celui de la composition, mais, au contraire, le déroule à l'envers. Autrement dit, c'est en vue d'exploiter le plus grand nombre possible de ces références juridiques qu'il est capable d'invoquer avec virtuosité, que Forcadel a organisé son récit dans les moindres détails, mais son narrateur semble découvrir en toute naïveté, au fur et à mesure de son exploration, les éléments qui stimulent sa mémoire et sa culture de juriste. Il en résulte une synergie efficace entre les niveaux doctrinal et narratif, grâce à laquelle les textes-sources des deux Droits apparaissent non seulement comme une gigantesque et fascinante encyclopédie[80], mais aussi comme la meilleure carte possible pour se repérer à l'intérieur d'un royaume qui met le Droit à l'honneur tout autant que l'amour, et surtout comme un véritable sésame pour communiquer sans la moindre

---

79   Expression employée au détriment de Laurent Valla (chapitre 11), ainsi accusé d'être un détracteur intempérant.

80   On peut déduire que Forcadel ne donne pas sérieusement dans un panjurisme « totalitaire » du fait qu'au lieu de penser que « tout se trouve dans le *Corpus iuris* », il souligne, au chapitre 1, puis, de nouveau, au chapitre 9, que justement, dans le *Corpus iuris*, le mot « tout » doit en réalité être compris comme signifiant « presque tout ».

difficulté avec ses habitants : autrement dit, parler le Droit romain couramment, c'est le meilleur moyen de se sentir comme chez soi au pays de l'Amour, peuplé de fins juristes.

En premier lieu, donc, les passages descriptifs du récit, qui bénéficient presque systématiquement de contrepoints référentiels empruntés aux deux Droits, permettent d'entrelacer doublement littérarité et juridicité au niveau le plus basique de la scripturalité, d'une part en reliant la fiction narrative à la doctrine, et d'autre part en assurant la convergence de ces références juridiques avec des citations littéraires. Mais, mieux encore, ils contribuent à faire (re)découvrir les textes-sources sous un angle original et séduisant, qui valorise leur ancrage dans tous les aspects de la réalité, insolite comme familière, et précieuse autant que banale. Il s'agit en effet de montrer que, réputée abstraite et rébarbative, la législation, qui est censée ne s'intéresser qu'à ce qui se produit couramment, fourmille en réalité de dispositions relatives aux éléments les moins communs et les plus pittoresques de l'expérience humaine, dont le Droit tient le plus grand compte, même si, ou plutôt justement parce qu'ils constituent des exceptions aux règles ordinaires.

C'est ainsi qu'en raison des enjeux d'argent et de prestige qui leur confèrent une énorme importance sociale, les œuvres d'art et les objets de luxe, pourtant relativement rares, figurent en bonne place dans le *Corpus Iuris*, soit par le biais des contrats auxquels ils donnent lieu, soit par celui des legs dont ils ont fait l'objet. Et comme le royaume de Cupidon est un modèle de luxe autant que de volupté, on trouve mention de l'art topiaire, au chapitre 5, et du bois d'ébène, au chapitre 7, puis, dès que le narrateur accède au somptueux palais de Vénus, au chapitre 8, c'est une débauche de références aux métaux précieux, aux vases en or ou inscrustés de pierres précieuses et à des tables en bois de citronnier, auxquels s'ajoute, au chapitre 10, le raffinement d'un nymphea, et, au chapitre 12, les tableaux et les statues qui ornent le temple de la déesse. Quant à Cupidon lui-même, il n'est pas en reste, avec un troupeau dont les toisons mêlent à l'or la pourpre et l'écarlate (chapitre 13), et des arbres dont les feuilles et les fruits sont autant de joyaux (chapitre 16), sans compter sa fleur-symbole, la rose, qui, à l'instar de l'iris, entre dans la composition de remèdes et de précieux onguents (chapitre 19). Enfin, les musiciens et le chœur qu'abrite son théâtre, ainsi que les athlètes qui participent à ses Jeux sacrés, et jusqu'aux chevaux de son hippodrome, ornés de couvertures dites « babyloniennes », portent à son apogée l'évocation d'un monde à la fois féérique et minutieusement répertorié dans les lois du *Corpus iuris*. Le décor bucolique participe de la même logique du parallélisme, dès l'instant que les plantes ou les animaux mentionnés permettent de coupler références juridiques et symbolique littéraire : ainsi du myrte, au chapitre 17, qui est voué à Vénus et couronne les magistrats, ou des abeilles, emblème poétique et paradigme de ces *res nullius* que l'on peut s'approprier librement.

Si frustes que puissent sembler ces espèces de « coutures » référentielles, que Forcadel s'amuse d'ailleurs à pousser jusqu'à la limite du procédé, en reliant étymologiquement, au chapitre 4, la rencontre de quelques Satyres aux lois dites « satyréennes », elles engagent efficacement le récit dans une dynamique jurislittéraire, car les citations des textes juridiques sont autant d'extraits qui convoquent une immense construction systématique, et, derrière la mention de tel ou tel élément matériel, se profile non seulement l'aspect encyclopédique du *Corpus iuris*, mais surtout ce qui fait le génie spécifique de la *mens iuridica*, c'est-à-dire, essentiellement, l'art des distinctions et des hiérarchisations. Par exemple, les nymphéas n'intéressent en réalité les juristes que par différenciation avec les aqueducs, et en relation avec les priorités accordées à telles ou telles utilisations des eaux publiques. Si bien qu'au-delà de simples effets de correspondances référentielles, les rapprochements entre les *realia* du royaume de Cupidon et les citations des textes-sources juridiques servent le plus souvent d'embrayeurs à des développements consacrés aux problématiques de Droit qui ont été alimentées par les plus modestes objets. Il peut s'agir de situations amoureuses, comme lorsque les statues de Mars, Vénus et Vulcain, au chapitre 5, conduisent à disserter longuement des lois relatives à la répression de l'adultère puis, par extension, de la transaction. De même, les gestes aguicheurs des femmes galantes amènent à s'interroger sur les signes, qui sont au cœur de la problématique de l'interprétation (chapitre 6). Le vin, qui favorise l'abandon érotique, ou les cadeaux, que se font volontiers les amoureux, permettent de revenir largement sur les questions de la dot et des donations, entre époux ou non (chapitre 7). La description d'un temple dédié à Vénus et Mercure, dont est issu l'hermaphrodite, et la légende selon lequel il aurait été violé par une Nymphe, introduisent des considérations sur le rapt commis par une femme (chapitre 10).

Le feu inextinguible de Vénus évoque, *a contrario*, le feu indéfiniment renouvelé du temple de Vesta, et, à sa suite, le problème philosophique de la fiction identitaire dont le Droit romain s'était emparé[81], tandis que la décision de se vouer à Vénus est l'occasion de rappeler les dispositions des lois relatives aux vœux. L'amour malheureux, de son côté, permet d'entamer une réflexion sur le suicide, que le Droit civil s'abstient délibérément de sanctionner (chapitre 12). Enfin, toujours *a contrario*, la fidélité amoureuse entraîne à traiter du divorce, et même de la vieillesse, qui, naturellement antithétique à l'amour et au mariage, est l'une des plus fréquentes causes de la séparation (chapitre 15).

Mais il peut également s'agir de problématiques techniques ou rurales, comme lorsque les tableaux du temple de Vénus sont l'occasion de rappeler la passionnante dialectique qu'entretiennent, en raison de leurs valeurs marchandes respectives, l'œuvre d'art et son support matériel, (chapitre 12), ou lorsque le troupeau de Cupidon donne l'occasion de s'interroger sur la loi *de abigeatu*, qui réprime le vol du bétail (chapitre 13), ou même lorsqu'à propos d'une simple saussaie, il est fugitivement question des éléments naturels qui marquent juridiquement les limites entre les fonds de terres (chapitre 14). Au chapitre 19, les nuisances causées par les charançons conduisent jusqu'aux lois qui répriment l'empoisonnement ; au chapitre 20, on constate que le Droit envisage surtout les musiciens sous l'angle de la condamnation à l'infamie, et les athlètes vainqueurs aux Jeux sous l'angle des dispenses de tutelle ou de l'or dit « coronaire », de même que les Jeux apparaissent dans les lois essentiellement pour les accidents dont ils sont la cause et pour les interdictions que justifient leur dangerosité. Là encore, Forcadel ne boude pas les rapprochements humoristiques et ingénieux, comme lorsqu'au chapitre 15 il expose son admiration pour la fleur de chicorée, parangon de fidélité, parce qu'elle est plus diligente à suivre le soleil que le plus fidèle des affranchis ne s'attache à son patron. Enfin, au dernier chapitre, par un dernier et magistral effet d'abysme, les insignes de Cupidon autorisent le narrateur à mentionner le célébrissime traité que Bartole avait consacré, le premier, à cette importante question de symbolique juridique[82].

---

81   Voir XII, 1 : allusion à D. 46, 3, 98, 8.
82   Voir *Bartolo da Sassoferrato, Tractatus de insigniis et armis*, édition bilingue par M. Cignoni, Florence, 1998.

Une dernière facette de ce Droit de l'amour, considéré au sens objectif et du point de vue *de lege lata*, est habilement introduite par le biais des personnages, qui sont tous soit savants en Droit, soit étroitement reliés par l'intrigue à la matière juridique, si bien que, tout en étant censés être les interlocuteurs du narrateur, ils apparaissent, presque sans exception, comme autant de porte-parole de Forcadel lui-même, qui, sous le couvert de cette originale diffraction narrative, ne se prive ni de déployer ses compétences ni d'affirmer ses prises de position doctrinales. Au total, en dehors de la foule des amoureux qui, par définition, sont la clientèle ou les hommes-lige de Cupidon, et représentent, pour l'évocation de ce royaume, un fond de tableau obligé, onze rencontres personnalisées rythment le récit, dont pas moins de huit se font avec des juristes avérés, mais dont seulement trois débouchent sur un dialogue quelque peu consistant. D'une part, en effet, le narrateur croise quatre sortes de créatures auxquelles la mythologie n'a pas spécialement reconnu de compétences juridiques, et c'est lui qui prend l'initiative de les mettre diégétiquement en relation, d'une manière ou d'une autre, avec un contenu doctrinal : ainsi des Satyres, des Charites et des Nymphes, respectivement associés à un type de lois, à la réglementation sur les nymphéas et au signe juridique matérialisé par un anneau d'or[83]. D'autre part, il écoute révérentiellement la parole des deux grandes divinités qui règnent en ces lieux, c'est-à-dire Cupidon et sa mère Vénus, dont l'une l'éclaire sur la puissance de l'Amour et la sainteté du mariage, tandis que l'autre lui donne en acte, comme juge suprême puis en tant que législateur, un double échantillon de beau Droit.

On trouve enfin trois personnages ou groupes de personnages qui sont dotés de connaissances juridiques, mais avec lesquels le narrateur n'engage pas véritablement la conversation : ce sont le héraut du chapitre 2, qui, en rappelant aux amoureux le pacte par lequel ils se sont liés au dieu de l'Amour, permet d'introduire un important exposé de Droit contractuel, puis le Sylvain du chapitre 4, qui, chargé par Cupidon de faire respecter le Droit forestier, se rend lui-même coupable, en mettant la magie noire au service de sa passion amoureuse, d'une gravissime infraction[84], et enfin les Sphinges du chapitre 6, expertes

---

83   Voir les chapitres II, X et XV.
84   Ce personnage ambigu finit certes par se faire justice à lui-même, puisqu'il se suicide peu après, mais il annonce déjà cette trahison du Droit et de l'Amour qu'incarne, en fin

en énigmes amoureuses et juridiques, qui sont prétexte à disserter de
la notion d'ambiguïté en Droit, dans la mesure où ce type d'obscurité
langagière, qui prend souvent l'aspect oxymorique d'une coexistence
des contraires, est considéré par le narrateur comme la principale source
de ces antinomies dont les juristes ont la hantise. Dans tous ces cas,
on notera l'ingéniosité jurislittéraire avec laquelle Forcadel parvient à
constamment entrelacer thématiques amoureuse et juridique. Pour les
Sphinges, en particulier, il importe de souligner que cette émulsion
caractéristique ne se présente pas sous la forme d'une simple et largement
insuffisante juxtaposition de registres, avec des « énigmes » juridiques
succédant à des « énigmes » littéraires, mais qu'au contraire l'acception
ici un peu inhabituelle de l'énigme, comprise bien moins comme une
devinette que comme une ambiguïté oxymorique[85], trouve sûrement sa
source la plus directe dans le traité *Sur l'Amour* du pseudo-Plutarque,
longuement cité par Stobée dans un passage dont Forcadel a tiré profit
à plusieurs reprises[86], et prolonge donc, en toute pertinence, les affir-
mations inaugurales du chapitre 2, qui rapprochent les contradictions
des amoureux de la question juridique des mixtes entre deux branches
de Droit différentes, ou entre des aspects contradictoires d'un même
concept, et qui les illustrent avec des textes relatifs aux charges du
mariage, à la responsabilité partagée et à l'*usucapio*.

Restent, pour finir, les trois experts en science juridique avec lesquels
le narrateur engage véritablement un dialogue : d'abord, au chapitre 13,
le berger Damon, qu'il interroge sur un *distinguo* qui l'intrigue dans la
loi *de abigeatu* et avec lequel, dans un superbe effet d'abysme, il conclut

---

de récit, la figure maléfique du Centaure.

85   Nathalie Dauvois se réfère seulement à Alciat pour expliquer cette acception. Voir
son article « Paroles de sphynx : énigmes poétiques, énigmes juridiques dans le *Cupido
iurisperitus* d'Étienne Forcadel » in *L'énigmatique à la Renaissance : formes, significations,
esthétiques*, Paris, 2008, p. 445-458.

86   Le *Sermo* LXI de Stobée, intitulé *De Venere et amore*, est cité pas moins de trois fois dans le
Cupido (VI, 8 ; IX, 1 ; XI, 2) et il précède immédiatement le discours intitulé *Vituperatio
Veneris et amoris*, que Forcadel a manifestement lu de près aussi, et qui contient cet intéressant passage sur les énigmes (voir *Stobaei Sententiae* (…), Bâle, 1549, p. 401). Plutarque
y affirme en effet que l'amour ne propose pas des énigmes, mais en est une lui-même,
et finalement beaucoup moins approximative que la célèbre énigme proposée à Œdipe :
*Amantium autem affectus ueri sunt : amant, oderunt, eumdem absentem desiderant, praesentem
metuunt ; adulantur, conuicia dicunt ; pro amato moriuntur, occidunt ; optant non amare, abstinere
amore nolunt ; emendant et obcaecant ; docent ac perdunt ;* **imperare uolunt et seruitutem
tolerant. Haec est causa cur hic affectus maxime pro insania reputetur.**

un pacte avec condition, en s'engageant à ne jamais céder le mouton de Cupidon, qu'il reçoit de lui en cadeau, à quelqu'un qui aurait démérité de l'amour ; ensuite, au chapitre 16, le sbire qui l'empêche de porter la main sur un arbre précieux dont Cupidon a voulu décorer l'entrée de son tribunal, et qui lui rappelle à quel point la valeur affective pèse lourd lorsqu'il s'agit d'apprécier le préjudice occasionné par la dégradation ou la soustraction frauduleuse du bien d'autrui ; enfin, aux chapitres 21 et 22, comme à l'entre-deux de ces relations de confiance puis de prohibition juridiques, il y a cette rencontre, décisive pour le dénouement, avec un Centaure qui fait primer la violence et la ruse sur le Droit, et qui, sous couleur de conseils amicaux, engage perfidement le narrateur à s'attirer une terrible sanction de la part du dieu de l'Amour.

Si Forcadel s'était contenté de donner à ses descriptions et à ses personnages de fiction ce contrepoint systématique de textes-sources, il serait encore resté plus proche du Droit lettré que d'une jurislittérarité accomplie. Mais, on l'a dit, il a su faire accéder sa littérarisation de la doctrine au niveau, plus sophistiqué, du *de lege ferenda*, ce qui lui permet de perfectionner considérablement l'émulsion fictionnelle entre juridicité et littérarité. De fait, en entreprenant de prolonger les concepts et les raisonnements du Droit positif bien au-delà de ces aspects de la matière amoureuse qui sont pris traditionnellement en compte par les textes juridiques relatifs aux obligations et aux successions, il conforte doublement sa jurisfiction : d'une part, il prouve ainsi que la *coniunctio* qui la fonde s'avère non seulement pertinente, mais même hautement stimulante pour des avancées doctrinales, et d'autre part surtout, il évite à son récit l'écueil d'un didactisme trop pesant, dans la mesure où toutes ses suggestions en la matière confinent, forcément, à l'humour juridique. En dépit du ton imperturbable sur lequel elles sont avancées, l'intrigue de fantaisie qui leur sert de support doit suffire en effet à les faire appréhender *cum grano salis*, car elles ont moins pour objet de proposer sérieusement des solutions nouvelles que de montrer avec insistance la délectable vitalité de la science du Droit.

Ainsi, au chapitre 3, s'interroger longuement sur la nature et la sanction du contrat amoureux revient à vérifier et illustrer de manière originale le génie classificateur du Droit, tout en le mettant efficacement au service de l'émulsion jurislittéraire, puisque la distinction philosophique entre les deux Amours, qui est discursivement fondamentale, trouve ainsi sa correspondance juridique, entre contrats nommés et inommés. Au chapitre 4, c'est le processus de la qualification et le raisonnement par analogie qui trouvent une application inattendue : à partir du moment où l'on considère la passion amoureuse comme une manifestation de folie, elle devrait être ajoutée aux causes légales qui permettent la rescision d'un acte de vente. Dans le même chapitre, en s'intéressant au pénal aussi bien qu'au civil, Forcadel propose d'abord plaisamment que le dieu Cupidon soit soumis à l'action aquilienne parce qu'il brandit dangeureusement, et à l'aveuglette, une torche enflammée, puis qu'il soit interdit *in bonis*, à l'instar des prodigues. Mieux : cette dernière incrimination est l'occasion d'illustrer la spécificité du débat contradictoire qui fait le fond du processus de juridicité, car elle est équitablement, et tout aussi drolatiquement, assortie d'un exposé des arguments que pourrait invoquer, devant un tribunal, la défense de Cupidon, à savoir qu'il ne s'est jamais comporté autrement depuis le commencement du monde, et que de plus, il a, d'une certaine façon, déjà purgé une assez lourde peine, sous la forme des griefs et des diffamations dont il est, depuis si longtemps, la cible. Pour finir, on est invité à conclure, sous l'égide d'Accurse, que ce type de situations litigieuses ne relève pas tant de la loi que du juge, auquel doit revenir, en fonction des cas et des circonstantces, l'ultime décision.

Au chapitre 6, la logique oblige à considérer que l'amour, étant une chose incorporelle dont l'on ne saurait se procurer l'acquisition à force de temps, n'est pas susceptible d'*usucapio* : car, *a contrario*, on obtiendrait sans coup férir l'amour d'une femme au bout du délai légal, qui est de trois ans pour les meubles, mais de toute manière, s'agissant d'une femme libre, que son statut protège, cette acquisition resterait impossible, et la bonne foi n'y ferait rien. L'humour parodique éclate ici à plein, lorsque le *topos* misogyne qui taxe la femme de mobilité impénitente est mis, par plaisanterie étymologique, au service de l'argumentation juridique. On trouve, à la fin du chapitre 8, un autre exemple de transposition par analogie, cette fois de la vente au mariage, pour lequel il y a lieu d'appliquer semblablement le *distinguo* entre erreur sur la qualité, qui entraîne la nullité, et qualité déficiente, qui ne remet rien en cause. Au chapitre 9, pour analyser la nature du pouvoir de l'Amour, la double comparaison avec celui du Pape et celui de Dieu fournit une convaincante distinction entre mandat de gestion et véritable *dominium*. Le chapitre 13, en écho au chapitre 3, applique à la matière amoureuse la théorie juridique des pactes avec condition, et très précisément les deux grandes règles qui régissent leur articulation avec un contrat préalable. Le chapitre 14 établit minutieusement une analogie entre les deux mixtes que sont l'amour et la possession, fondée, dans les deux cas, sur une dialectique similaire entre corps et esprit ou entre fait et droit. Au chapitre 19, ce sont les conditions requises pour intenter l'action de dol qui sont discutées à propos de la femme aimée, et, en raison de l'assimilation de l'amour à un esclavage, conduisent à écarter cette voie de recours au profit de l'action accordée à un affranchi pour agir contre sa patronne. Enfin, le chapitre 22 s'offre un très ironique effet d'abysme, en utilisant la rencontre avec le Centaure pour rappeler qu'il ne serait pas concevable de fonder une stipulation pénale sur l'apparition improbable de ce genre de créatures.

Dès lors que la *coniunctio* du Droit et de l'amour est fondamentalement justifiée par une commune visée de paix et de concorde, comment mieux manifester son amour du Droit, compris comme le goût indéfectible pour une certaine manière d'appréhender méthodiquement le monde, qu'en exerçant son activité doctrinale en fonction du principe de la conciliation ? Une des grandes forces du *Cupido*, c'est précisément d'avoir récusé les traditionnelles métaphores « guerrières » qui prévalent pour évoquer non seulement les réalités judiciaires mais aussi les partages d'opinions entre jurisprudents, pour leur substituer, tout au contraire, les connotations beaucoup plus positives de l'amour, qui s'affirme en effet comme un désir persévérant de rapprochement et d'entente. Cette lecture qu'on peut dire en quelque sorte « amoureuse » des lois et de la doctrine se traduit par la mise en valeur résolue de l'inanité qui, presque toujours, caractérise, en dernière analyse, à la fois les antinomies que les commentateurs décèlent à l'intérieur du *Corpus iuris ciuilis*, certaines de leurs querelles, aussi violentes qu'infondées, et enfin les procès en interprétation que des grammairiens humanistes s'étaient autorisés à faire aux juristes médiévaux, dont ils prétendaient démontrer la médiocre *latinitas*. Dans les trois cas, son amour du Droit pousse Forcadel à défendre ardemment l'idée que le secret de l'*elegantia* juridique réside dans la détermination à trouver le chemin doctrinal de la concorde, en s'inspirant de la démarche de l'amour, parce que le contraire de l'élégance interprétative s'appelle la *frigiditas*[87], et que l'amour est, on le sait, tout feu tout flamme. D'où ses remarques à

---

87   Voir XI, 7 : à propos d'une interprétation d'Alciat, qui est dit pour l'occasion *frigidior quam par sit.*

l'emporte-pièce, et dans lesquelles l'ironie le dispute à l'indignation, lorsqu'il s'emploie à justifier d'apparentes antinomies[88], ou qu'il refuse d'entrer dans de stériles divagations sophistiques[89], ou encore qu'il met toute sa finesse critique à réhabiliter, pour leur justesse juridique, glossateurs et postglossateurs[90]. De ce point de vue, son analyse de la possession, au chapitre 14, est particulièrement emblématique, car, d'un côté, elle présente ce mixte de fait et de Droit comme une union aussi fructueuse qu'indissoluble, à l'image de ce mixte d'esprit divin et de corps animal qu'est l'être humain lui-même, et, en même temps, elle illustre, en se démarquant des controverses qui tendent à exclure l'un des deux termes du tandem, une prise de position doctrinale faite de modération et de capacité à atteindre le juste milieu.

Car tel est bien le but ultime que Forcadel poursuit dans son *Cupido* : montrer comment le juriste lettré est non seulement le mieux armé pour satisfaire aux finalités de justice et d'équité qui sont inhérentes à la science du Droit, mais aussi pour faire comprendre qu'elles ne pourront être atteintes sans un esprit d'amour, entendu au sens noble d'altruisme et de générosité. Cela suppose qu'on ne se trompe pas sur la nature du véritable amour, et c'est pourquoi le *Cupido* accorde tant d'importance à la vision platonicienne qui fait de lui un médiateur de choix vers la Beauté et la Sagesse. Fort de cette compétence jurisphilosophique, le narrateur n'hésite pas à critiquer, avec un humour qui n'efface pas la sévérité de son propos, les représentations que les poètes et les peintres ont, le plus communément, données de l'Amour, parce qu'ils ont, de la sorte, contribué à sensibiliser le public à l'Amour vulgaire, passionnel et destructeur, plutôt qu'à cet Amour céleste qui présente, avec le Droit, de sublimes affinités.

Ainsi, dès le premier chapitre, qui combine talentueusement le substrat théorique du *Banquet* avec les axiomes de la *uera philosophia*, éclate une réprobation toute platonicienne contre les figurations plastiques

---

88   Voir par exemple aux chapitres VI, X et XX, où la résolution des apparentes antinomies est chaque fois assortie d'une acerbe critique d'Accurse. Ou encore, au chapitre XVIII, où il se moque des Docteurs qui ont sué sang et eau sur une prétendue antinomie.

89   Voir par exemple, au chapitre III, la polémique, que Forcadel juge bien vaine, pour savoir si c'est l'engagement ou l'accomplissement qui fait la distinction entre les contrats.

90   Voir, au chapitre XI, c'est-à-dire, là encore, significativement, au centre même du *Cupido*, le rappel de deux célèbres querelles entre grammairiens et juristes, l'une et l'autre lancées par Laurent Valla dans ses *Elegantiae linguae latinae* (Rome, 1471) : la première à propos du mot *uersicolor* (§ 5) et la deuxième à propos de la signification des mots *gemmae* et *lapilli* (§ 7).

d'un Cupidon avec des ailes : en suggérant légèreté et inconstance, elle trahit en effet aussi bien la puissance suprême du dieu Amour que sa *grauitas*, attestée par le rôle décisif que l'argumentation vient de lui reconnaître dans la régulation et la perpétuation des sociétés humaines. Ainsi encore, plus loin, à propos des Grâces, servantes de Vénus, que les artistes ont d'abord représentées vêtues, avant de les dénuder, le narrateur défend résolument la supériorité du premier parti-pris, qui associe le véritable amour à la décence et à la pudeur[91]. Mieux : cette rectification de l'iconographie traditionnelle est habilement intégrée à la progression narrative, car c'est lorsque le narrateur a pénétré plus avant dans le royaume de l'Amour, jusqu'à pouvoir contempler, dans son tribunal, le dieu lui-même siégeant en majesté, qu'il est capable de formuler sa dernière et sa plus radicale critique. En effet, alors qu'au chapitre 4, où il proposait plaisamment de soumettre Cupidon à l'action aquilienne, le narrateur avait, sans chercher plus loin, pris argument de sa figuration en aveugle, pour insister sur la dangerosité aggravée de la torche qu'il brandissait, il corrige, au chapitre 17, cette vision banale, parce qu'elle n'est pas cohérente avec la vision qu'il a eue d'un être parfaitement beau. Ainsi la jurisfiction, grâce à sa propre dynamique, donne-t-elle progressivement vie et consistance, de façon aussi convaincante que cohérente, à l'argumentation jurisphilosophique du premier chapitre.

LA CONSÉCRATION DU JURISTE LETTRÉ

On sait que la teneur en littérarité d'un texte fictionnel est d'autant plus élevée qu'il montre une capacité plus grande à mimer allégoriquement, dans sa trame narrative, le mouvement même de son écriture. Or le *Cupido* satisfait au moins doublement à ce critère : en effet, de même que les différents chapitres consacrés au Droit de l'A(a)mour allégorisent, on l'a vu, l'amour du Droit qui est au principe de sa composition et qui irrigue de part en part le champ de sa démonstration, de même le voyage du narrateur au royaume de Cupidon allégorise non seulement sa conception du juriste « parfait », mais aussi, en particulier, cette étape-clé du parcours universitaire qui consacre définitivement les compétences et l'autorité d'un professeur de Droit. Déjà, dans la *Sphaera*, on a vu que

---

91   Voir chapitre VIII.

Forcadel, à l'aube de sa vie de juriste, avait brillamment entrepris de camper, sous les traits d'un Accurse devenu lettré et poète, la percée d'un nouveau type de jurisprudent, le juriste humaniste, figurant le modèle insurpassable qu'il entendait à la fois imiter et défendre. Quelques années plus tard, davantage aguerri, il n'hésite pas à se modéliser lui-même, sur le mode de l'autofiction, en juriste digne de ce nom : se montrant à son tour capable de connaître l'une de ces « visions » qui attestent d'une impressionnante expertise en « choses divines et humaines », il conte symboliquement la reconnaissance éclatante dont il a fait l'objet de la part du dieu de l'Amour, comme pour mieux persuader les hommes, et en l'occurrence ses pairs, de lui accorder les mêmes honneurs.

Contrairement, en effet, à ce qui se passe dans *Le Songe de Poliphile*, dont l'influence, si elle existe, me semble tout au plus limitée à une imprégnation culturelle de motifs et de thèmes que favorisait l'actualité de la mode italiano-antiquisante[92], on n'a pas affaire dans le *Cupido* à un parcours initiatique, mais à la consécration par le dieu de l'Amour et du Droit de la même double compétence chez le narrateur, qui est explicitement proclamé déjà parfaitement instruit en Droit et en Amour[93], étant bien entendu que c'est en tant que juriste lettré, épris de la Beauté du Droit, qu'il est devenu, très platoniciennement, un adepte apprécié des dieux de l'Amour. C'est précisément pour cela qu'il peut entrer dans ce royaume enchanté, et en ressortir indemne, malgré son malencontreux impair. C'est aussi pour cela qu'il n'y rend compte d'aucune découverte fracassante[94], et si, après cette vision divine, il sera capable de rectifier quelques erreurs propagées par les peintres, il aura surtout largement vérifié la véracité de ce qu'ont transmis les poètes sur les attributs, les

---

92 Il me semble en effet que Nathalie Dauvois, en traitant simultanément des trois œuvres jurislittéraires de Forcadel, a surestimé l'importance et la portée de ce qu'elle considère comme une source du *Cupido*. Voir son article : « *Iura sanctissima fabulis et carminibus miscere*. La concorde de la poésie et du droit dans quelques traités d'Étienne Forcadel : *Necyomantia* (1544), *Sphæra legalis* (1549), *Cupido jurisperitus*(1553) » in *L'Humanisme à Toulouse*, Paris, 2006, p. 91-106.

93 C'est Vénus qui le dit, au chapitre IX. Et, au chapitre XIV, le don de l'agneau à toison d'or le confirme pleinement, puisqu'il ne pouvait être accordé qu'à un digne serviteur de l'Amour. Du reste, au début de ce même chapitre, le Narrateur fait clairement allusion à la femme qu'il aime, en la désignant sous le nom mythologique de Clytia, dont le chapitre XV rappellera qu'il symbolise l'amour fidèle et durable.

94 Certes, au début du chapitre XII, le narrateur fait état de l'obligation à la discrétion qui lui a été imposée par Vénus, mais en vérité, ce qu'il révèle est, on va le voir, amplement suffisant pour le but qu'il poursuit.

pouvoirs ou les insignes de l'Amour, et surtout, il pourra confirmer et théoriser la tradition de sa déroutante ambivalence.

Ce qui importe, en effet, c'est qu'au cours de cette incursion mystique au royaume de Cupidon, il aura considérablement approfondi le sens de sa vocation de jurispoète, qui supposait de remonter à la source même de la *uera philosophia*. Il pourra dès lors expliquer méthodiquement à ses pairs et à tous ses lecteurs, parmi lesquels il vise, n'en doutons pas, les étudiants en Droit, à quel point le juriste lettré comprend et pratique mieux que tous les autres la science juridique, car il se montre incomparablement plus fidèle à la vérité originelle du « don divin » que sont les lois. Bref, on saisit alors d'autant mieux les raisons qui ont poussé Forcadel à placer le *Cupido* en tandem avec ce qui se présente, d'une certaine manière, comme son application personnalisée, l'*Epistola ad Calumniatores*. Car la dénonciation de ces envieux calomniateurs, qui pèchent deux fois contre le Droit en péchant contre l'amour du prochain, vaut comme ratification *a contrario* du double auto-portrait de jurisécrivain qu'ont successivement tracé d'abord l'autofiction puis l'esquisse autobiographique contenue dans l'*Epistola*. Avant d'y venir, toutefois, il importe de rappeler comment c'est la trame narrative, prise dans son ensemble, et pas uniquement les quelques propos flatteurs mis dans la bouche de Vénus, qui rend manifeste, avec insistance, le fait que le narrateur incarne effectivement, à son niveau de simple mortel, cet idéal dont le dieu de l'Amour lui offre le plus bel acccomplissement.

Même si les premiers chapitres ne laissent aucun doute au lecteur ni sur la virtuosité juridique du narrateur, ni sur le culte éclairé qu'il voue à l'Amour céleste, qu'il distingue soigneusement de son « jumeau » aux postulations criminelles, c'est au chapitre VI que sa double compétence commence à trouver une éclatante confirmation, lorsqu'il est confronté non seulement aux énigmes des Sphinges mais aussi aux avances de quelques femmes de petite vertu. Or, sur le plan moral comme sur le plan intellectuel, le narrateur fait preuve alors d'une impeccable rectitude : d'une part, grâce à sa culture littéraire, il élucide sans peine les devinettes qui portent sur l'amour, et, face aux énigmes juridiques les plus ardues, manifeste qu'il dispose d'une méthode d'interprétation inébranlable ; d'autre part, il résiste vertueusement aux invites lubriques et à la tentation de l'adultère, ce qui montre qu'il n'y a aucune contradiction entre sa vénération de l'Amour « honnête » et sa propre conduite : seul l'Amour vertueux est compatible avec la *grauitas* juridique, et l'Amour passionnel ne rencontre le Droit que pour être réprouvé et sanctionné par lui. Du reste, comme pour exprimer symboliquement le fait que de tels actes lui valent une pleine approbation divine, le chapitre suivant, consacré à la générosité que l'amour suscite et par laquelle, à son tour, il est entretenu, s'achevait sur un sobre repas que le narrateur prenait, avec la permission tacite du dieu, à la table de Cupidon : il était même autorisé à boire du nectar, la boisson réservée aux divinités. Mais, dans la version ultérieure du texte, cet épisode a été supprimé, sans doute pour au moins deux raisons narratives. D'un côté, en effet, l'absorption du nectar venait redoubler, un peu inutilement, celle de l'eau du fleuve Éros, qu'au chapitre précédent le narrateur avait opportunément trouvé sur son chemin pour calmer ses désirs charnels intempestifs. Et de l'autre côté, surtout, l'espèce de divinisation dont il était ainsi gratifié pouvait paraître marquée au coin d'une excessive *hybris*[95].

Quoi qu'il en soit, c'est avec une gratitude et une humilité parfaites qu'au chapitre IX, le Narrateur reçoit, comme une espèce de viatique pour continuer son parcours, le premier des trois cadeaux dont l'Amour l'honorera : c'est la ceinture de Vénus, qu'on aurait tort de prendre seulement pour un objet doté d'une grande capacité de séduction. Les précisions érudites sur l'emploi du ceinturon ou baudrier comme distinction pour les hauts dignitaires, les magistrats et aussi les nouvelles recrues militaires, soulignent à dessein qu'il s'agit aussi, inséparablement, d'un signe juridique d'habilitation et de pouvoir, et rapprochent d'ailleurs, de manière révélatrice, cette *militia Amoris*, dont le Narrateur a été reconnu par Vénus comme membre à part entière, de la *militia forensis* qui désigne métaphoriquement, dans le *Digeste*, la corporation des avocats[96]. Porteur, avec la bénédiction de Cupidon, du baudrier de Vénus, le Narrateur arbore donc un insigne qui matérialise son adhésion à la *coniunctio* fondamentale de l'Amour et du Droit, tandis que le récit s'offre un superbe effet d'abysme avec la thématique doctrinale, puisque les cadeaux de l'Amour illustrent à point nommé l'importance des donations, legs et autres gratifications consentis par amour, à propos

---

95   On sait que, dans la mythologie, le seul mortel autorisé à boire le nectar à la table des dieux était Tantale, et que cela ne lui porta pas bonheur : Forcadel a certainement voulu éviter de solliciter d'aussi funestes connotations.

96   Voir la fin du chapitre IX.

desquels le Narrateur ne cesse de rappeler que les lois et leurs interprètes ont eu beaucoup à dire. Cependant, rien ne dément sa parfaite piété, qui s'exprime au chapitre IX par un sacrifice aux Charites, et au chapitre XII, par une fervente prière au temple de Vénus.

Immédiatement après, au chapitre XIII, le berger Damon lui remet un deuxième cadeau, un agneau à toison d'or du troupeau de Cupidon, qui atteste de la confiance dont il jouit auprès du dieu de l'Amour : on compte sur lui, en effet, pour respecter le pacte selon lequel cet animal ne devra jamais être cédé à quelqu'un d'indigne, c'est-à-dire ignorant du véritable amour. On voit donc que le texte s'emploie, ici encore, à mettre narrativement le cadeau en étroite relation avec la juridicité, même si, cette fois, il ne s'agit pas à proprement parler d'un signe juridique. Quant à la valeur symbolique de la toison d'or, on sait que la mythologie avait fait de sa conquête le glorieux moyen pour Jason de faire réparer l'injustice dont il était victime, d'évincer l'usurpateur Pélias et de faire reconnaître sa légitimité royale.

Enfin, le troisième cadeau fait au Narrateur lui tombe littéralement du ciel, puisqu'il est lâché par un oiseau en vol. Il suit de près sa rencontre avec une vingtaine de Nymphes chasseresses, et c'est d'ailleurs l'une d'entre elles, appelée Blanira, qui lui ordonne de ramasser ce don des dieux. Il s'agit cette fois d'un anneau d'or, agrémenté d'un saphir dans lequel a été ciselé le portrait de Cupidon : l'objet matérialise encore la *coniunctio* de l'Amour et du Droit, et d'autant mieux qu'il est un signe juridique à part entière, indicateur de statut social dans la Rome antique, où il est de plus le support du sceau, qui permet d'authentifier la signature, mais aussi bijou qui vaut présomption de mariage ou sert à transférer la souveraineté, et enfin signe d'habilation lorsqu'il est remis aux Docteurs en Droit lors de leur solennelle intronisation, qu'on l'interprète, avec Alciat, comme la preuve de leur capacité à signer leurs *responsa*, ou, avec Forcadel, de leur parfaite maîtrise du *circulus disciplinarum*.

Même si le narrateur prend soin de préciser qu'à Toulouse les insignes doctoraux ne comprenaient pas spécifiquement un anneau d'or, il est manifeste que les cadeaux de Cupidon ont tout pour évoquer les objets-signes qui attestaient, sous l'Ancien Régime, des plus hautes compétences juridiques et pédagogiques. En effet, la ceinture de Vénus et la bague de Cupidon sont aisément rapprochables, respectivement, de la ceinture, ou chaîne d'or, et de l'anneau d'or dont on parait généralement les professeurs, lors de la cérémonie d'investiture qui sanctionnait leur nomination au concours[97]. Pour l'agneau à toison d'or, on peut considérer sans difficulté qu'il évoque en même temps, à cause de la peau qui servait de support aux manuscrits, le livre que l'on remettait symboliquement au nouveau Maître, et, à cause de la laine dont on tissait les vêtements, le costume, composé de la robe, du chaperon et du bonnet, dont il se revêtait à la même occasion[98].

Mieux encore : compte-tenu de la date du *Cupido*, il est possible de considérer qu'à travers ces trois épisodes Forcadel s'employait à faire passer discrètement un message codé à ceux dont il espérait un jour sa promotion au grade enviable de Docteur-régent. En effet, Docteur en Droit depuis 1544, il n'avait réussi à obtenir une chaire professorale ni au concours de cette année-là, ni lors de celui qui eut lieu, par la suite, en 1547. Lorsqu'il écrit le *Cupido*, il est déjà l'auteur de plusieurs ouvrages pleins d'originalité et donc dans la meilleure des positions possibles pour briguer une troisième fois avec succès un poste de Professeur titulaire : l'opportunité s'en présentera dès 1554, et il obtiendra effectivement une chaire, trois ans plus tard, à la fin de l'interminable concours qui était venu à bout de la patience de Cujas. C'est ainsi qu'en 1553, quand il se sent en pleine possession de ses moyens de juriste lettré, digne d'exercer une autorité magistrale, et qu'il cherche à se donner les meilleures chances pour se faire distinguer, Forcadel compose cette ingénieuse jurisfiction, dans laquelle les récompenses octroyées généreusement par Cupidon allégorisent, par anticipation, celles qu'il compte bien obtenir des autorités universitaires. Le Narrateur laisse d'ailleurs clairement entendre que son récit a un double sens symbolique, lorsqu'au début du chapitre XIII, il compare le pré magnifiquement bien tenu dans lequel Damon fait paître le troupeau de l'Amour au corps de Droit civil que l'Empereur Justinien a expurgé et remanié avec soin. Autant dire que les trois cadeaux « magistraux » valent comme approbation du sens

---

97   Voir par exemple le compte-rendu de l'installation de Jacques Chenu à Bourges le 15 mai 1645 (Arch. Dép. Cher D 5, f° 60-62 v°) et de Pierre de La Chappelle, *ibidem*, le 5 novembre 1652. Voir aussi le *Dictionnaire universel de la France ancienne et moderne*, de C. Marin Saugrain (1726), tome II, v° Paris, l'Université, col. 1017. Et sur la symbolique de l'anneau du Docteur, « marié » à sa discipline, voir infra les *Nuptiae* de Jean Broé.

98   Pour l'analogie (étymologiquement fondée) entre les textes et les tissus, voir l'*Analogia iuris ad uestem* de François Broé (voir mon édition de ce texte dans *Du droit lettré à la jurislittérature, sept opuscules de François Broé et de Jean Broé*, Paris, Garnier, 2013).

critique et de la doctrine élégantissime dont le Narrateur donne de si nombreuses preuves en relatant son séjour au royaume de Cupidon.

On conviendra que ces marques d'estime, si gratifiantes qu'elles soient, n'ont cependant rien à voir avec l'espèce de « divinisation » que supposait la consommation de nectar, et que Forcadel n'a pas eu tort, pour la cohérence et la portée signifiante de sa narration, de supprimer un épisode qui risquait de le faire taxer d'immodestie. Bien au contraire, le dénouement relativise à point nommé les forces et le savoir humains du Narrateur au regard de la toute-puissance et de l'omniscience divines, tout en l'opposant, autant qu'il est possible, à l'*hybris* blasphématoire du Centaure Celenus. Si bien que la trame mythologique laisse ici transparaître, à dessein, le scénario biblique du Paradis et de la Chute imputable au Démon tentateur.

De la même façon, Forcadel, par un effet d'abysme profondément original, inscrit sa fiction elle-même dans une posture de piété et de modération, lorsqu'au chapitre 4 il s'élève avec véhémence contre les pratiques magiques du Sylvain, marquées, là encore, au coin de l'*hybris* et de la prétention à rivaliser avec la puissance divine[99]. Et quand son Narrateur, à la fin du chapitre 19, rappelle que Suidas rationalisait une fiction célèbre, celle du jugement de Pâris, en y voyant l'allégorie du vibrant éloge de Vénus qu'avait composé un jeune érudit[100], il semble implicitement proposer que le lecteur fasse de son récit une lecture similaire, et interprète les cadeaux qu'il reçoit au royaume de Cupidon comme l'éclatante reconnaissance de l'œuvre d'un parfait juriste. Enfin, lorsque Forcadel, au dernier chapitre, signe élégamment son livre en y inscrivant une référence à sa propre personne, c'est dans la bouche du perfide Centaure qu'il met, pour préserver une distanciation critique de bon aloi, les propos qui rappellent l'étymologie flatteuse de son prénom[101], et tendraient à le consacrer, implicitement, comme roi des

---

99 Voir IV, 3 : la seule magie qui vaille, dit-il, est la fiction littéraire : **Nulla enim magis syncera magisque seria magia est, quam quae prorsus fabulosa.**

100 Le mot Πάριον, dit-il, est le nom d'une localité, appelée auparavant Amandros, et qui aurait pris ce nom parce que Pâris y avait été envoyé par son père Priam pour y être élevé. C'est après y avoir passé trente ans, et reçu une éducation parfaite, que Pâris aurait composé son éloge d'Aphrodite, dans lequel il la disait supérieure à Athéna et à Héra, parce qu'elle est le désir, qui apporte aux humains ce qu'il y a de meilleur.

101 Voir XXII, 4. Étienne, en grec, c'est en effet *Stephanos*, la couronne. Le Centaure le mentionne à propos des *stemmata* (les arbres généalogiques) qu'il rattache à la même

juristes. Aussi sa prudente fiction s'est-elle révélée d'un excellent augure :
car de même que le piège tendu par Celenus ne parvient pas à aliéner
trop gravement au narrateur la faveur du dieu de l'amour, qui le chasse
de son royaume mais s'abstient de le foudroyer, de même les intrigues
de ses ennemis n'ont pas à tout jamais empêché Forcadel de faire une
carrière à l'Université.

C'est d'ailleurs également aux deux ressorts complémentaires de la
piété et de l'ironie que l'auteur de l'*Epistola ad Calumniatores* a l'habileté
de recourir lorsqu'il entreprend, pour riposter aux attaques dont il est la
cible, d'assurer énergiquement son auto-promotion. D'une part, en effet,
il affecte de remercier ses calomniateurs avec la plus grande chaleur,
parce qu'ils mettent sa vertu à l'épreuve et lui donnent ainsi l'occasion
d'en manifester aussi bien la profondeur que la sincérité. D'autre part,
au lieu de l'amener à rendre coup pour coup, sa piété, qui l'empêche de
se laisser attirer sur le terrain de la polémique, favorise de toute évidence
l'expression de deux autres registres, celui de la confidence émue sur sa
propre vie, et, ce qui importe encore davantage à l'efficacité de son propos,
celui de la sublimation jurislittéraire. L'évocation d'un père admiré et
chéri vient ainsi achever de susciter l'empathie du lecteur, déjà largement
séduit par la culture et la sensibilité esthétique dont témoignent les
références imagées avec lesquelles celui qui se présente comme victime
d'une longue injustice assume avec constance et conviction les choix
intellectuels qu'on s'acharne à lui reprocher. Bref, comme c'est le cas
dans le *Cupido*, la défense et l'illustration de sa posture jurislittéraire,
précisément parce qu'elle est ancrée au premier chef dans la philosophie
platonicienne, passe, sans préjudice de solides fondements théoriques,
par la pratique assidue d'une écriture empreinte de littérarité. Si, en
effet, le patronage de Platon a été préféré par Forcadel à celui d'Aristote,
beaucoup plus traditionnel chez les juristes, c'est qu'il autorise non
seulement en théorie mais aussi *in actu*, comme chez l'auteur des *Lois*,
l'ouverture sur le beau Droit, c'est-à-dire une appréhension et une
écriture philosophico-littéraire de la doctrine juridique. Il ne faut donc
pas s'y tromper : les métaphores « éloquentes » et les figures historiques
érigées en modèles, loin de se substituer à l'argumentation rigoureuse
qui soustend cette plaidoirie fictive, viennent lui conférer encore plus
de force persuasive.

étymologie. *Ab eodem uerbo* στέφω, lui dit-il, *descendit dulce nomen tuum*, στέφανος, *id est corona.*

C'est ainsi qu'après avoir clairement formulé le crime de lèse-juridicité dont on prétend l'accuser – « introduire dans le sanctuaire du Droit la fiction et la poésie revient à le violer » –, et annoncé que ses deux défenseurs seront, en tout et pour tout, l'équité et l'innocence, Forcadel démontre ironiquement, en recourant à un arsenal référentiel bien fourni, que ses adversaires font surtout la preuve de leur ignorance ou de leur flagrante infidélité aux jurisconsultes romains, qui n'ont pas eu, pour leur part, la sottise de mépriser la rencontre du Droit et de la poésie. Lui, en revanche, se montre cohérent avec sa culture juridique et sa doctrine de juriste humaniste en allant repuiser aux sources de la *uera philosophia* des garants pour la *coniunctio* qu'il prône infatigablement. Interprètes, législateurs, avocats et même décideurs politiques de l'Antiquité gréco-romaine sont cités tour à tour pour en témoigner, et, non sans arrière-pensées auto-promotionnelles, Forcadel revendique expressément, pour son propre compte, l'exemple du célébrissime Labéon[102].

Il revient ensuite, pour les balayer avec dédain, sur les deux princi-paux arguments, néanmoins destinés à un succès pérenne, qu'avancent les juristes rétifs à cette bivalence juridico-littéraire : c'est d'abord qu'ils refusent, à tort, de voir la poésie comme une activité virile, et considèrent donc qu'un juriste-poète sera incapable de produire une doctrine autre qu'« efféminée »[103]. Or même s'il ne s'agissait que d'un passe-temps destiné à se délasser de l'étude du Droit, la poésie ne serait-elle pas préférable aux jeux ou aux festins abrutissants ? Ensuite, c'est qu'ils ont une idée préconçue, suivant laquelle on ne saurait mener à bien, de front, deux activités à la fois, ce qui impliquerait qu'un juriste sérieux et efficace ne pourrait se consacrer à rien d'autre qu'à sa disci-pline. Or ils ne font ainsi que projeter leur propre insuffisance et leurs propres limites, car, ainsi que Forcadel le leur rappelle ironiquement, les musiciens, que l'Antiquité ne dissociait jamais des poètes, ne cessent précisément jamais de faire, dans leur pratique même, différentes choses en même temps. Bien au contraire, donc, c'est plutôt la marque d'une âme bien née et d'un esprit aux aptitudes supérieures que de n'être pas

---

102 Non seulement parce que sa rectitude en a fait la victime d'une injustice politique, mais aussi et surtout parce qu'il a obtenu une éclatante revanche posthume, en étant l'un des auteurs les plus cités du *Corpus iuris cuilis*.

103 Ainsi, deux siècles plus tard, Martin Chladni (voir *Fabuleuse* juridicité, *op. cit.*) doit-il encore lutter pour faire reconnaître la supériorité de l'*elegans iurisprudentia* sur la *mascula iurisprudentia*.

confiné dans une seule activité. Mieux encore : poussant son avantage grâce au raisonnement *a fortiori*, Forcadel entreprend de montrer que les compétences juridiques peuvent se trouver singulièrement amoindries par l'ignorance de la poésie et, en l'espèce, des règles de la prosodie latine[104].

Dès lors, il devient clair que par la bouche de ses calomniateurs, ce sont surtout l'envie et la jalousie qui s'expriment, car il n'est pas donné à tout le monde de maîtriser la poésie, savoir prestigieux et sacré entre tous. D'où un rebond d'ironie, qui fait encore mouche : Forcadel assure en effet qu'il n'aurait jamais eu spontanément l'arrogance de se dire poète, mais que ce sont les attaques de ses adversaires qui l'ont, *de facto*, fait indubitablement reconnaître pour tel. Et il en profite, avec, une fois encore, l'appui de Platon, relayé par Archiloque et par Lucien, pour leur signifier qu'ils ont sous-estimé sa capacité de résilience et leur propre faiblesse : de fait, grâce à l'écriture, qui est une arme bien plus puissante qu'ils ne le croient, il se sent capable, à l'instar des cigales dont l'Antiquité avait fait le symbole des poètes, de couvrir leurs voix avec la sienne[105]. Il est temps alors, pour Forcadel, d'aborder un registre plus intime, afin de mieux dévoiler la perversité de ses détracteurs : en s'en prenant à son activité de poète, ils cherchaient en effet, sous couleur d'arguments de principe, à le blesser cruellement dans sa piété filiale, car ils n'ignoraient pas qu'il avait été initié à la poésie par son père, qu'il vénérait et regrettait d'avoir perdu trop tôt. Mais, loin de manifester le moindre reniement, la plongée dans son histoire familiale donne alors au juriste-poète l'occasion de faire le vibrant éloge de celui qu'il n'hésite pas à dépeindre comme un autre Solon[106], et de parachever le manifeste moral et littéraire contenu dans sa *Lettre* par un logique

---

104 Il prend en effet l'exemple d'une épigramme d'Ovide contre une certaine Furia, qui, à première vue, échappe par sa finesse à la loi Cornelia sur les injures, sauf si l'on sait que le sens de certains mots change en fonction de la quantité des syllabes : il est clair, dans ce cas, que le juriste ne pourra pas faire prospérer la plainte de sa cliente s'il ignore les règles de la composition du distique élégiaque, en fonction desquelles on peut prouver que telle syllabe, dans telle position, est forcément longue ou brève.

105 Citation à triple fond : Platon, Archiloque et Lucien dans son *Pseudologiste*.

106 Son père, en effet, tout en étant poète, musicien et mathématicien, exerçait le métier de commerçant. Or Solon avait montré beaucoup d'estime pour les voyages commerciaux, qui permettait de nouer des amitiés entre les peuples et de se familiariser avec les mœurs les plus diverses. Cette référence à Solon est devenue un *topos* de la jurislittérature, comme on le voit bien, notamment, dans le *Parallela legis et nummi* de François Broé (voir mon édition de ce texte dans *Du Droit lettré à la jurislittérature, op. cit.*).

et significatif appel devant le tribunal le plus compétent en la matière, celui de l'impartiale Postérité[107].

C'est sans doute que Forcadel était pleinement conscient d'avoir surtout pâti de l'avance considérable qu'il avait prise sur ses pairs, en s'étant placé doublement à l'avant-garde des intellectuels de son temps, tant pour la science juridique que pour la poésie : n'avait-il pas en effet embrassé d'enthousiasme à la fois les positions novatrices de l'humanisme, qui conduisaient en Droit à une audacieuse réinterprétation du métier d'interprète, et celles de la poésie en langue française, qui luttait pour faire reconnaître sa légitimité face à ses modèles antiques ? Or non seulement il avait harmonieusement concilié, dans sa propre culture, une solide connaissance des classiques gréco-romains et une émulation créatrice avec les poètes ou écrivains de langue française, mais, inspiré par l'exemple de Platon, il avait pressenti des affinités prometteuses entre la *uera philosophia* et l'écriture poétique, et mis en œuvre la littérarisation du Droit pour mieux lui ouvrir la voie d'un fécond renouvellement. Audaces qu'il a, de fait, durement payées : d'abord de son temps, par la dérision et les calomnies dont il a été la cible, mais aussi, jusque de nos jours, par un déficit persistant de reconnaissance intellectuelle, qui se traduit notamment, on va le voir, dans la tendance qu'ont encore les commentateurs à créditer de ses idées les plus originales tel ou tel de ses contemporains qui, selon toute apparence, les lui avait empruntées.

En 1554, par exemple, soit à peine un an après la sortie du *Cupido*, Louis Le Caron publie *La Claire, ou de la prudence du Droit*, dialogue consacré à la philosophie du Droit, et, à sa suite, un ensemble de poèmes de style pétrarquiste, intitulé *La clarté amoureuse*, le tout dédié au souvenir de la femme aimée, morte prématurément, avec laquelle il s'était entretenu de la science juridique, et à qui il avait adressé des vers d'amour. Le Caron ne manque pas, dans sa préface, de se réclamer à la fois de Platon et de Cicéron, ni d'invoquer l'autorité du fameux Duaren, tout en se justifiant d'avoir traité à la fois amoureusement et poétiquement du Droit. Une étude récemment consacrée à cet ouvrage[108] tente, d'abord,

---

107　Ce recours insistant à la Postérité, qui encadre le *Cupido*, dit assez que Forcadel, au fond de lui-même, ne se faisait pas trop d'illusions : d'où sa paradoxale devise, « Espoir sans espoir ».

108　Voir l'article de Nicolas Lombart : « La philosophie du droit chez Louis Le Caron, du dialogue amoureux au canzoniere » dans *Discours juridique et amours littéraires*, Paris, 2013, p. 121-148.

d'interpréter comme un diptyque la juxtaposition du dialogue et des poèmes, mais l'auteur est bien obligé d'admettre que l'histoire de ces textes, c'est-à-dire leurs rééditions séparées, dément sans équivoque l'existence d'une telle intention architecturale. En réalité, si les deux ensembles sont indubitablement reliés par leur thématique commune, à savoir la sublimation de la relation amoureuse, ils restent diégétiquement indépendants l'un de l'autre, de même que le dialogue juridique entre les deux amoureux ne s'aventure jamais au-delà d'un assez frileux didactisme. Bref, contrairement au *Cupido*, qui propose une ambitieuse jurisfiction, *La Claire* en resterait, pour l'essentiel, à du Droit lettré, n'était, et l'auteur de l'article n'a pas eu tort d'y insister, qu'au niveau du cadrage discursif, un véritable tropisme de jurislittérature perce dans la manière dont la thématique amoureuse est explicitement présentée comme la métaphorisation de l'amour de la Loi. Or cette trouvaille analogique, dont une commune inspiration platonicienne ne suffit pas à rendre compte, même si elle l'a incontestablement portée, c'est précisément l'idée-force que Forcadel avait exposée, un an auparavant, avec une créativité et une ingéniosité époustouflantes, dans la préface et le premier chapitre de son *Cupido*. C'est lui en effet qui, le premier, avait magistralement rapproché la *uera philosophia* de la théorie platonicienne de l'Amour, et surtout avait développé une démonstration argumentée de leurs affinités.

Il ne fait aucun doute que Le Caron avait lu de très près l'ouvrage en latin de son collègue[109], et que, sans le suivre dans ses audaces jurislittéraires, il avait su en retenir la thèse fondamentale, cette originale *coniunctio*, qui lui ouvrait effectivement d'immenses perspectives en matière de doctrine élégante. Aussi son auto-fiction dialoguée, quoique timidement rabattue sur les seuls *topoï* de la philosophie du Droit, porte-t-elle de nombreuses traces de la flamboyante auto-fiction romanesque dans laquelle Forcadel avait montré que l'amour et la justice participaient de la même harmonie cosmique, dans laquelle l'intersection décisive du politique et du poétique se faisait sous les auspices de la notion centrale de concorde, et dans laquelle

---

109 Ce n'est pas le cas, semble-t-il, de Nicolas Lombart : il se contente en effet de mentionner en passant le *Cupido* et paraît n'en avoir eu qu'une connaissance de seconde main, par l'intermédiaire d'un article de Nathalie Dauvois, qui ne faisait qu'en effleurer la matière. Ce qui, en l'occurrence, l'a empêché de reconnaître et de signaler l'importance de la dette conceptuelle que, dans ce texte, Le Caron avait contractée vis-à-vis de Forcadel.

enfin le « juriste parfait » avait été expressément décrit comme à la fois savant en Droit, poète et amant fidèle. Il n'est évidemment pas question de nier les différences entre les deux œuvres, dont la seconde n'est aucunement un plagiat de la première, mais d'établir clairement que, pour ce qui est du socle des raisonnements jurisphilosophiques et des métaphorisations, en dépit du silence observé par Le Caron, l'antécédence et par conséquent le statut de modèle reviennent bel et bien à l'auteur du *Cupido*.

S'il est encore tellement difficile de faire reconnaître l'énorme avance qu'à tous égards le talentueux Forcadel avait su prendre sur les juristes humanistes de sa génération, c'est probablement parce que la littérarisation de la doctrine passe chez lui non seulement par des fictions, qui suscitent traditionnellement les réticences des juristes, mais également volontiers par la fantaisie et l'humour, qui leur paraissent de nature à compromettre la sacro-sainte *grauitas* de leur discipline. C'est à coup sûr un étrange paradoxe, car en cela il se montrait, mieux que certains de ses collègues, profondément fidèle à Platon, qui, non content de théoriser, le premier, l'esthétisation du Droit, avait constamment joué en virtuose de l'ironie et du jeu de mots, mais son imagination et ses traits de malice semblent encore occulter, aux yeux de beaucoup, la force jurisphilosophique de ses analyses. Et pourtant, Forcadel avait pris soin, en la matière, de se réclamer d'un jurisconsulte[110]. Bref, alors que dans chacune de ses œuvres jurislittéraires, il a su combiner à un savoir on ne peut plus solide la capacité de distanciation et d'approfondissement que lui donnait son exceptionnelle agilité intellectuelle, tout se passe comme si cette dimension supplémentaire avait, tout au contraire, tourné au détriment de son propos, et en avait ruiné la crédibilité, autrement dit comme si la subtilité ajoutée à la vigueur, et mise au service d'une persévérante volonté de bousculer, par la surprise ou même la provocation, les pesanteurs de la routine doctrinale, lui avaient injustement aliéné les tenants de la componction académique, tout juste capables de proposer ou d'apprécier les fausses audaces du Droit lettré. À coup sûr, en effet, ni les textes d'un Louis Le Caron, ni non plus ceux d'un Jean de Coras, ne pétillent de cette hardiesse imaginative qui confère au *Cupido*, pour une bonne part, sa force novatrice et sa pertinence critique.

---

110 Voir XIV, 2 (et ci-dessus note 64) : il s'agit de ce mystérieux (apocryphe ?) Eudemus Celer, qui, selon Forcadel, avait imaginé de dresser un parallèle plaisamment instructif entre possession et amour.

NOTE SUR L'ÉTABLISSEMENT
DU TEXTE

Comme c'est le cas pour la majorité des ouvrages de Forcadel, nous disposons seulement de l'édition originale – le *Cupido iurisperitus* parut pour la première fois en 1553 – et du texte modifié, inclus dans l'édition posthume de 1595, dont il faut redire à quel point elle regorge de fautes de lecture de la part de l'imprimeur, à partir du moment où il était obligé de s'écarter du texte de l'*editio princeps*, qui, elle, avait bénéficié d'une relecture attentive de l'auteur et, dans l'ensemble, se trouve très exactement reconduite. Il est donc à peu près certain que Forcadel avait porté ses ajouts et modifications manuscrits directement sur un exemplaire de l'édition originale, tantôt en remplissant les marges, tantôt en surchargeant les interlignes, avec probablement des renvois qui ont souvent été mal interprétés par l'imprimeur, de même qu'il a éprouvé des difficultés manifestes à déchiffrer l'écriture cursive.

Mais, dans la mesure où il s'agit du dernier état du *Cupido*, tel que Forcadel a voulu le retravailler et le transmettre à la postérité, l'établissement du texte doit, de toute évidence, lui accorder une absolue priorité. Tout en restant fidèle au principe fondamental de la *lectio difficilior*, j'ai donc proposé ponctuellement des corrections de termes, dûment signalées dans l'apparat critique, chaque fois qu'elles s'avéraient indispensables à la compréhension correcte de la phrase, et je n'ai pas hésité à déplacer quelques blocs de texte afin de rétablir, au besoin, la cohérence des développements[1]. De plus, la ponctuation a été clarifiée et mise en conformité avec les habitudes des lecteurs actuels. Enfin, au moyen d'astérisques, j'ai attiré l'attention sur des références déroutantes, soit parce que Forcadel n'en avait pas une mémoire exacte, soit parce que les repères actuels ne sont plus tout à fait les mêmes.

---

1   Voir, notamment, au chapitre XIX.

Lorsqu'il a retravaillé cette jurisfiction, composée dans la période de sa maturité, l'auteur s'est d'ailleurs contenté de retouches relativement modestes, essentiellement en étoffant des passages de références, de sorte que, contrairement au parti pris que j'avais adopté en éditant quelques années plus tôt la *Sphaera legalis*, j'ai jugé inutile de présenter séparément les deux états du texte. Les passages modifiés de l'*editio princeps*, non traduits à une exception près[2], figurent donc uniquement dans l'apparat critique, après la mention « 1553 » ou « 1553 *adiiciebat* », pour les rares fois où des références ont été supprimées par la suite, mais tous les ajouts et les variantes présents dans l'édition posthume sont signalés, à la fois dans le texte et dans la traduction, par l'insertion de chevrons, assortis d'un décrochement typographique, de manière à les mettre plus commodément en évidence[3]. Le sigle *T*, enfin, renvoie soit globalement aux deux imprimés, quand le texte de 1595 n'a fait que reconduire celui de 1553, soit au texte de l'édition posthume, quand il a introduit des ajouts ou des variantes, c'est-à-dire dans les passages entre chevrons.

Enfin, l'*editio princeps* comportait deux types d'annexes absentes de l'édition posthume, dont il est certes difficile de savoir si Forcadel lui-même les avait volontairement supprimées, mais que, dans le doute, j'ai renoncé à reproduire. D'une part, en tête du *Cupido*, figurait la liste des lois romaines visées et commentées au fil de la jurisfiction. Il était d'autant plus aisé d'en faire l'économie que ma propre édition offre un index complet des références juridiques. On trouvait d'autre part, à la suite du *Cupido*, la virulente *Epistola ad calumniatores*, à la fois plaidoyer *pro domo* et manifeste de jurislittérarité, dans laquelle le juriste toulousain repoussait avec âpreté les critiques et les procès d'intentions dont il s'estimait victime. J'ai finalement considéré, au regard de mon hypothèse de lecture, selon laquelle le *Cupido* avait notamment pour objet de légitimer et de promouvoir avec ingéniosité une nouvelle candidature de Forcadel aux fonctions prestigieuses de Docteur-régent, que le caractère à la fois polémique et très personnel de ce texte, qui, somme toute,

---

2   Voir IV, 1 (note 24 du texte et note 317 de la traduction).

3   Les notes qui détaillent ces variantes (il n'en est pas besoin, en effet, dans le cas des simples ajouts) ont été placées avant l'ouverture des chevrons (avec la mention « 1553 »), pour bien les différencier des notes, placées après tel ou tel mot, qui signalent mes propres corrections ou, plus rarement, des références présentes dans le texte de 1553 mais supprimées dans l'édition posthume (avec la mention « 1553 *adiiciebat* »).

s'avérait clairement tributaire des circonstances, avait justifié sa mise à l'écart ultérieure. D'autant que la brève *Praefatio*, demeurée comme seul paratexte, et, du reste, légèrement remaniée entre les deux éditions, pouvait suffire à défendre et à valoriser l'inventivité dont témoigne, à tous égards, cette brillante autofiction.

L'AMOUR JURISTE

TEXTE ET TRADUCTION

STEPHANI FORCATVLI IVRISCONSVLTI IN TRACTATVM CUPIDINIS IVRISPERITI PRAEFATIO

Scripturo mihi de iure et amoribus, uerendum, opinor, fuit, ne uel onus duplex temere susciperem, uel de moribus meis quicquam uiderer confiteri, eoque magis dubitandum, quod utrumque audere adeo magnum est, ut alterum per se periculosum haberi possit. Sed cum de his ipsis rebus eruditi atque sapientes uiri feliciter permulta scripserint, ac partim nos iiuuerint sententiis, partim autem elocutione oblectauerint, feci libentius, et pene cum fiducia, interim meus, et iam liber, ut simul haec conferrem, quae alioquin separata mirifice placuissent.

Nec in congerendis aut eligendis aliorum inuentis curae testimonio contentus fui, cum possit esse locus ingenio.

[1] < Proinde id summopere curaui, ut suauissimae uoluptati utilitatem coniungerem mediocrem, et plus tandem >

in perpetuitate gloriae ponerem quam in celeritate, et ne quorumdam more facerem, qui copiosis commentariis alienas opes uerius profundunt quam suas largiuntur, dum liberales uideri putant et cupiunt; sed uanissima existimatione longe falluntur. Nam Dis pater, qui olim diuitiarum deus habitus est, nunquam ueterum consensu immortalitatem illam quaesiuisset, si non aurum inuenisset ipse, sed sumpsisset mutuum.

---

[1]   1553 : Nam inuentioni, a quo uix destituor, nonnullam dedi operam, ut magis.

PRÉFACE DE STÉPHANE FORCADEL
À SON TRAITÉ *L'AMOUR JURISTE*

En projetant d'écrire sur l'amour et le Droit, je devais craindre, à mon sens, soit de me charger étourdiment d'un double fardeau, soit d'avoir l'air de faire quelques confidences sur mes mœurs. Et il y avait d'autant plus de quoi hésiter qu'oser aborder ces deux sujets en même temps est une tâche gigantesque, dans la mesure où l'on peut considérer que chacun, en lui-même, offre d'immenses difficultés. Mais comme des auteurs sages et érudits ont copieusement écrit sur ces matières, et nous ont, d'un côté, enrichis par leurs pensées et, de l'autre, charmés par leur style, j'ai préféré, presque en toute confiance, puisqu'entretemps j'étais devenu autonome et enfin libre, traiter simultanément de ces deux thèmes qui avaient remporté, séparément, un extraordinaire succès.

Et je ne me suis pas contenté de témoigner de mon zèle à entasser ou à choisir les inventions d'autrui, dès lors qu'il y avait une place pour la créativité.

< J'ai donc mis un soin extrême à mêler une bonne dose d'utilité au plaisir le plus suave >,

à miser sur une gloire durable plutôt que sur la rapidité d'exécution, et à ne pas imiter certains auteurs qui, en vérité, surchargent de commentaires prolixes les ouvrages des autres au lieu d'en produire de leur cru : ils croient et ils désirent paraître généreux, mais ils se bercent d'une bien vaine illusion. En effet, le vénérable Dis, qui était considéré comme le dieu de la richesse, n'aurait jamais, de l'avis unanime des Anciens, prétendu à l'immortalité, si, au lieu d'avoir lui-même inventé l'or, il s'était contenté de l'emprunter à d'autres.

Nec deerunt tamen nonnulli, ut suspicari conuenit, qui nostrum institutum uehementer accusent potius forsitan quam despiciant, et me indicta causa ideo condemnent, quia res adeo seiunctas, uelut termino moto, coniunxerim. Verum si ad peritos et bonos uiros ius prouocandi fuerit, si iudicium suum tantisper sustineant, donec ego consilii mei rationem detexero, spes est uisum iri, Amorem et Ius, quo perducuntur homines ad concordiam, iisdem finibus contineri. Proinde nec maleuolos metuo, qui prosperis studiorum alienorum successibus magis angi solent, quam aduersis suis, cum arbitrer hunc laborem nostrum non ingratum posteritati fore, ad quam, nisi fallor, industriae commendatio peruenit, non durabit inuidia.

Nec est quare nos ab incepto quisquam deterreat iniqua suggillatione, uel reuocet, cum summus ille rerum opifex, et maximus operum autor, Deus, coelum et sydera ultro creauerit, quamuis certo sciret futurum Diagoram Melium, Epicurum, et reliquos, qui obloquerentur, et magna cum impietate detraherent. Quod si nos inuidentium suasionibus pridem credidissemus, nulla nunc extarent a nobis edita uolumina, nulla omnino legerentur. Id uero nobis curae potissimum fuit, ut hic liber,
[2] < qui Amoris legumque promiscuam causam complecteretur, idem iustis rationibus amabilis in publicum >
exiret.

---

2   1553 : si non maior, aut ceteris melior, amabilior certe et purior.

On peut s'attendre, néanmoins, à ce beaucoup préfèrent, plutôt que simplement mépriser notre ouvrage, s'en prendre violemment à lui, et me condamnent sans m'avoir laissé plaider ma cause, au motif qu'à l'instar de ceux qui déplacent les bornes, j'ai mélangé ce qui était jusqu'ici nettement séparé. Mais si j'ai le droit d'en appeler aux gens honnêtes et compétents, et s'ils veulent bien suspendre leur jugement jusqu'à ce que je leur aie expliqué les raisons de mon choix, on peut espérer leur montrer que l'Amour et le Droit, qui fournissent aux êtres humains les voies de la concorde, ont exactement les mêmes frontières. C'est pourquoi les gens malveillants, qui sont ordinairement moins affectés par leurs propres échecs que par les succès qu'obtiennent les efforts des autres, ne me font pas peur, car je pense que notre présent travail ne sera pas mal accueilli par la postérité, à laquelle parvient, si je ne m'abuse, la recommandation du labeur, tandis que l'envie qu'il suscite sera passagère.

Et il n'y a pas de raison pour que, par d'injustes sarcasmes, on nous détourne de notre projet ou qu'on nous fasse y renoncer, dès lors que Dieu, le suprême architecte de l'univers et le sublime auteur de toutes œuvres, s'est plu à créer le ciel et les astres, bien qu'il sût parfaitement qu'il y aurait un Diagoras de Mélos[1], un Épicure et tous leurs semblables, qui y trouveraient à redire et seraient assez impies pour les vilipender. Si, précédemment, nous nous étions laissé persuader par les envieux, aucun de nos livres existants n'aurait vu le jour, et personne ne les lirait. Nous avons donc par-dessus tout veillé à ce que ce livre-ci, < qui défend les causes entremêlées du Droit et de l'Amour, donne au public de bonnes raisons d'apprécier sa publication >.

---

1 L'un des plus célèbres athées de l'Antiquité, disciple de Démocrite. Cicéron le mentionne à plusieurs reprises dans son *De Natura deorum* (notamment en III, 37).

CUPIDO IURISPERITVS

Hoc in opere amor et ius ciuile sic coniunguntur,
ut mira prope ac singularia quaedam
de utroque recitentur

OBSERVATA IN CAPVT PRIMVM

1. Amoris ditioni supposita regio; iura et leges plurimi facit;
   < Iustitiam complectitur; quid sit Iustitia >.
2. Dii, homines et ferae Cupidini obediunt.
3. Explicatur l. 1. § ius naturale ff. de iustit. et iure.
4. *Omnis* plerumque *praecipuum* significat, ut l. 1. ff. de leg. 1.
5. Cupido merito se Augustum uocari uult; < et cur ita? quod sit
   optimus legislator et perpetuus >.
6. Amor etiam in mortuos ius habet.
7. Explanatur Auth. cui relictum C. de indict. uiduit. toll.
8. In uirgine durior est non nubendi conditio quam in uidua.

L'AMOUR JURISTE

Ouvrage dans lequel l'Amour et le Droit sont réunis,
de manière à faire l'un et l'autre l'objet
de remarques surprenantes et originales

CONTENU DU CHAPITRE 1

1. Il existe une contrée soumise à l'autorité de l'Amour ; lui-même fait le plus grand cas du Droit et des lois ; < il englobe la Justice ; ce que c'est que la Justice >.
2. Dieux, hommes et bêtes obéissent à Cupidon.
3. Explication de D. 1, 1, 1, 3.
4. Le mot « tous » signifie souvent « la plupart », comme en D. 30, 1.
5. Cupidon exige à bon droit d'être appelé Auguste ; < et pourquoi cela ? parce qu'il est, à perpétuité, un excellent législateur >.
6. L'Amour étend sa juridiction jusqu'aux morts.
7. Explication de la Novelle *cui relictum*, en C. 6, 40, 1.
8. La condition de ne pas se marier présente plus de dureté dans le cas d'une jeune fille que dans celui d'une veuve.

CAPUT PRIMUM

Verebar ego, mi Hephaestion, ne hos hortos tamquam suos sibi uendicaret rex ille Alcinous, adeo pomariis laetissimis abundabant; et cum ex arboribus aliae uix dum florescerent, aliae suis iam fructibus uincebantur. Certe Fauonius, qui solus eam regionem perflat, paulo tunc uehementius respirans, totum me uariis floribus oppleuit, et odore pene cinnameo et suauissimo perfudit. De ingenio, temperie et amoenitate loci plura dicerem, nisi audienti molestum putarem, quod uidenti mihi fuit iucundissimum. Nam ora ipsa caelo soloque iuxta felix, Cyclopum agros mihi referebat, in quibus fructus, fruges etiam, sponte naturae ac sine cultura uberrime proueniunt. Vnum illud interest, quod his, ut Homerus ait,
Οὔτ᾽ ἀγοραὶ βουληφόροι οὔτε θέμιστες,
id est, neque conciones consiliariae sunt, neque leges.

1. Atqui leges ipsae et legum disceptationes nusquam libentius audiuntur quam in hac regione, quae cum incolis admodum fructuosa sit, mihi quoque iuris ciuilis studioso non parum fructus et emolumenti attulit. Caeterum fuit quod mirarer leges ibi constitutas inueniri, ubi minimum mali homines legum seueritate non egeant. Cumque iucundo et insueto itinere inter lilia et uiolas progrederer, magis atque magis cogitans, me ipsum interrogabam, num ad alteram mundi oram peruenissem, quam Graeci uocant ἀντάξωνα, in quam Venus omnes Cypri Paphique delicias transtulisset.

Nec me penitus fefellit opinio. Nam hic magnus ille Veneris puer et filius, Amor, rerum potitur,

CHAPITRE 1

Je craignais, mon cher Héphaestion, que le fameux roi Alcinoos ne revendiquât la propriété de ces jardins[2], tant ils regorgeaient d'arbres fruitiers extrêmement prospères ; et tandis que certains arbres fleurissaient à peine, d'autres ployaient déjà sous les fruits. Le Favonius, qui est le seul vent à parcourir cette région[3], se mit alors, assurément, à souffler un peu plus fort, car il me recouvrit tout entier de différentes fleurs, et m'inonda d'un parfum délicieux, proche de la cannelle. J'en dirais davantage sur la nature, le climat et le charme du lieu si je ne pensais pas qu'il serait fastidieux d'entendre ce que j'eus le plus grand plaisir à regarder. En effet, cette contrée, au sol tout aussi riant que le ciel, me rappelait les champs des Cyclopes, dans lesquels les fruits et même les récoltes viennent spontanément et naturellement en abondance, sans qu'il soit besoin de les cultiver. La seule différence c'est qu'au dire d'Homère, « ils n'ont ni assemblées délibérantes ni législation »[4].

1. Or il n'y a pas d'endroit où les lois elle-mêmes, et les controverses qu'elles suscitent, se fassent plus volontiers entendre que dans cette région : féconde, à cet égard, pour ses propres habitants, elle se montra aussi extrêmement fructueuse et profitable pour le civiliste que je suis. Néanmoins j'avais de quoi m'étonner de trouver une législation établie en ce lieu qui, n'étant pas peuplé de méchants, n'avait guère besoin de la sévérité des lois. Pendant que je suivais, au milieu de lys et de violettes, un chemin agréable et tout nouveau pour moi, je réfléchissais de plus en plus intensément et je me demandais si je n'étais pas parvenu à cette autre extrémité du monde, que les Grecs appellent les Antipodes, et où Vénus avait transporté toutes les délices de Chypre et de Paphos.

Et je n'avais pas tort, car c'est bien ici que règne ce grand personnage qu'est le fils de Vénus, l'Amour.

---

2   Voir *Odyssée*, VI, 112-133.
3   Le Favonius, vent d'Ouest doux et chaud, associé au printemps, est le pendant romain du Zéphyr grec.
4   Voir *Odyssée*, IX, 112-115.

[3] < et tantum exercet imperium quantum decet eum cui quicumque paruerit ius omne diuinum humanumque complectetur et absoluet et coelestis prorsus efficietur. Ius autem diuinum illud appello, quo nihil potest esse perfectius, et quo Deo similes efficimur, amantes ipsum imprimis ex totis uiribus et tota anima, ut praecipitur *Lucae* cap. 10, idque euenit cum mandata Dei seruamus, iustitiam colentes, ut D. Joannes explicat in epistola cap. 4 ; et Hic quidem amandus est longe supra nos ipsos, etiam cum uitae humanae dispendio, ut coelestem et perennem assequamur. At proximus diligendus est ea charitate, qua se quisque diligit ut ita lex impleatur, et omne facinus uitetur, ut percurrit apostolus *Ad Romanos*, cap. 13. Et certum est nihil amitti Iustitiae, si alii non fecerimus quod nobis fieri nolumus, ut Christus alibi dicit, cui proximus est quilibet homo homini, cum natura cognationem quandam inter homines fecerit, prohibentem mutuas insidias, l. ut uim ff. de iustitia. Hoc uocat uerum ius naturale Isidorus, in can.1 dist. Nam hoc ius naturae feris non est commune, sed Deo et hominibus, et semper aequum et bonum est, l. pen. ff. eod.

---

3   1553 : et longe lateque dominatur.

< Il y exerce l'immense pouvoir de celui dont tous les sujets se voient conférer la maîtrise absolue du Droit dans sa totalité, c'est-à-dire aussi bien divin qu'humain, ce qui en fait des êtres véritablement divins. J'appelle en effet « Droit divin » celui dont la perfection est insurpassable et qui nous rend semblables à Dieu, quand nous L'aimons par-dessus tout, de toutes nos forces et de tout notre cœur, ainsi qu'il est prescrit dans *Luc*, chap. 10[5], et c'est le cas lorsque nous obéissons aux commandements de Dieu en cultivant la Justice, comme Saint Jean l'explique dans sa [première] lettre, chapitre 4[6] ; nous devons, effectivement, L'aimer beaucoup plus que nous-mêmes, jusqu'au sacrifice de notre vie terrestre, pour obtenir celle qui est céleste et éternelle. Quant à notre prochain, il faut l'aimer comme nous nous aimons nous-mêmes, afin d'accomplir la loi et de se garder de tout crime, ainsi que l'expose l'Apôtre dans l'*Épître aux Romains*, chap. 13[7]. Et il est certain que nous satisfaisons pleinement à la Justice, si nous nous abstenons de faire à autrui ce que nous ne voulons pas qu'il nous fasse, comme le dit ailleurs[8] le Christ, pour qui n'importe quel homme est le prochain de n'importe quel autre, puisque la nature a institué une sorte de parenté entre tous les hommes, en leur interdisant les trahisons mutuelles (D. 1, 1, 3[9]). C'est ce Droit qu'Isidore appelle le véritable « Droit naturel » (*Décret de Gratien* I, 1, 7[10]). Car ce Droit naturel ne réunit pas les animaux, mais Dieu et les hommes, et il coïncide toujours avec le bon et l'équitable (D. 1, 1, 11[11]).

---

5   Versets 25-37.

6   Aux § 8, 16 et 21. Pour le respect des commandements de Dieu, voir aussi chapitre 5, § 2-3.

7   Versets 8-10.

8   Voir *Matthieu* 7, 12 et *Luc*, 6, 31.

9   [...] *et cum inter nos **cognationem quandam** natura constituit, consequens est hominem homini **insidiari nefas esse.***

10 *Ius naturale est commune omnium nationum, eo quod ubique instinctu naturae, non constitutione aliqua habetur, ut uiri et feminae coniunctio, liberorum successio et educatio, communis omnium possessio et omnium una libertas, acquisitio eorum, quae celo, terra marique capiuntur ; item depositae rei uel commendatae pecuniae restitutio, uiolentiae per uim repulsio.*

11 *Ius pluribus modis dicitur : uno modo, cum **id quod semper aequum ac bonum est** ius dicitur, ut est **ius naturale** [...].*

Quare puto aram Amoris, quam Pausanias, in *Atticis*, in primo Academiae aditu locatam notat, eo respicere ut uera philosophia in Amore perfecto uersetur, sicut et Iustitia, quae definitur *constans et perpetua uoluntas ius suum cuique tribuens*. Quod sit uoluntas, et quare, explicat Cicero 1 lib. *Officior.* : *hoc ipsum*, inquit, *ita iustum est, quod recte fit, si est uoluntarium* ; et ab eodem, in lib. 2 *De inuentione*, iustitia definitur *habitus animi, communi utilitate conseruata*, suum *cuique tribuens*, quod non abhorret ab Vlpiani definitione. Nam qui suum cuique tribuit certe tribuit Reipublicae, eamque peramat supra se ac liberos suos, l. minime ff. de religios. ; l. 1 § fi C. de caduc. tollen. Ceterum Vlpianus desiderat constantiam in uoluntate iusti. Quia uirtus certantium est, palma uictorum et, ut habetur *Prouerbiorum* 4 cap. : *Iustorum semita quasi lux splendens procedit et crescit usque ad perfectum diem*, et *qui perseuerat bene inceptis saluus est*, ex Christi oraculo *Matthaei* cap. 10. Nam et desertores militiae laudabilis seuere plectuntur in l. 3 ff. de re milit. Vulgatum est illud Aristotelis, *una hirundine uer non fieri*, sic nec uirum bonum ac beatum unico actu uirtutis, aut unica felicitate.

Aussi cet autel de l'Amour qui était situé à l'entrée de l'Académie, ainsi que Pausanias le signale dans l'*Attique*[12], visait-il, selon moi, à faire comprendre que la véritable philosophie réside dans l'Amour parfait, à l'instar de la Justice, qui est définie comme « une ferme et perpétuelle volonté d'accorder à chacun son droit »[13]. La définition et l'explication de cette « volonté », Cicéron les donne au livre I du *Des devoirs*[14] : « l'action droite elle-même, dit-il, n'est véritablement juste que si elle est le fruit de la volonté » ; et le même auteur, au livre II du De l'invention oratoire[15], définit la justice comme « une disposition de l'âme qui, sans préjudice de l'intérêt général, accorde à chacun son dû », ce qui ne cadre pas mal avec la définition d'Ulpien[16]. En effet celui qui accorde à chacun son dû l'accorde aussi à l'État, et l'aime plus que lui-même et que ses propres enfants (D. 11, 7, 35[17] ; C. 6, 51, 1, 14 a[18]). D'autre part, Ulpien exige la constance dans la volonté de justice. Car si le courage est le propre de tous les combattants, la palme n'appartient qu'aux vainqueurs et, comme il est dit au chapitre 4 des *Proverbes*[19] : « le chemin des Justes est comme la lumière replendissante, qui va croissant jusqu'au faîte du jour », et, selon l'oracle du Christ (*Matthieu*, chap. 10[20]) : « celui qui persévère dans le Bien est sauvé ». De la même façon, ceux qui, à l'armée, abandonnent une garde honorifique sont sévèrement punis (D. 49, 16, 3, 6[21]). On connaît ce mot d'Aristote, selon lequel « une hirondelle ne fait pas le printemps »[22]. Ainsi un seul acte vertueux, ou un unique coup de chance, ne font pas un homme de bien ni un homme heureux.

---

12 Voir *Description de la Grèce*, livre I, chapitre 30.

13 C'est la définition d'Ulpien en D. 1, 1, 10, pr : *Iustitia est constans et perpetua uoluntas ius suum cuique tribuendi.*

14 Voir *De Officiis*, I, 9.

15 Citation légèrement inexacte : *uoir De inuentione*, II, 53 : *Iustitia est habitus animi, communi utilitate conseruata, **suam cuique tribuens dignitatem***. Forcadel a été manifestement influencé par le texte d'Ulpien.

16 Voir ci-dessus, note 13.

17 *Minime maiores lugendum putauerunt eum, qui ad patriam delendam et parentes et liberos interficiendos uenerit : quem **si filius patrem** aut pater filium **occidisset, sine scelere, etiam praemio adficiendum** omnes constituerunt.*

18 [...] *quod communiter omnibus prodest, hoc rei priuatae nostrae utilitati praeferendum esse censemus* [...].

19 Verset 18.

20 Verset 22 : « Vous serez détestés de tous à cause de mon nom ; mais celui qui aura persévéré jusqu'à la fin, celui-là sera sauvé ».

21 *Si praesidis uel cuiusuis praepositi ab excubatione quis desistat, **peccatum desertionis subibit**.*

22 Voir *Éthique à Nicomaque*, I, 6 (1098 a) : μία γὰρ χελιδὼν ἔαρ οὐ ποιεῖ.

Vnde qui amorem alatum pinxere, digniores fuere qui hirundinem pingerent quam perfectum numen, et summum regem >,

ut mox cognoui ex praecone procero, et mirum in modum audaci, qui de luco myrteo exiliens uoce satis imperiosa, ita fere proclamauit :

Iubet Cupido, aethereus, marinus, plutonicus, deum atque hominum uictor et triumphator semper Augustus, turbae populoque amantium, uti adsint pridie Calendas Maias, et sacramento se quotquot sunt denuo adigant, foedusque recens feriant dominum salutaturi, ni male multari quisque maluerit.

Postquam haec uox uiolauit aures meas, quamprimum horrui, admirans tanti dei, ne dicam tyranni inuictissimi, titulos, qui sibi in deos mortalesque imperium assereret, forsitan iure et merito.

2. Quem enim deorum non ipse uicit ? aut de quo non magnifice triumphauit ? testis citetur Iuppiter,

Cum se formas uertit in omnes
Dominus coeli, Diuumque pater,

idque quo potiretur optatis amoribus, ut dicit Seneca tragicus in *Octauia* ; et Accursius in l. unic. in uerb. « capta », C. de senatusc. claud. De Neptuno et Plutone taceo, quorum ille in medio arsit Oceano cum Nereidibus, hic Proserpinae desiderio pene confectus est. At Hercules, qui tot monstra superauit, ab hoc uno molliter uictus, Omphalae puellae, Lydorum reginae, seruire coactus est.

Voilà pourquoi les peintres qui ont représenté l'Amour avec des ailes étaient plus qualifiés pour représenter une hirondelle qu'un dieu accompli et un grand roi >.

C'est en effet ce que j'appris bientôt d'un héraut de grande taille, et d'une hardiesse admirable, qui, sortant d'un bois de myrtes, fit, avec une intonation assez impérieuse et à peu près en ces termes, la proclamation suivante :

« Ordre de Cupidon, qui, dans les airs, les mers et les Enfers, est le vainqueur et le triomphateur toujours auguste des dieux comme des hommes : que, la veille des Calendes de mai, la foule des amants se rassemble, qu'ils se lient à nouveau, tous tant qu'ils sont, par un serment, et concluent un pacte tout neuf avant d'aller rendre hommage à leur Maître, à moins qu'ils ne préfèrent être mis individuellement à l'amende ».

Dès que cette voix m'eut déchiré les oreilles, je fus saisi d'effroi et d'admiration devant les titres honorifiques d'un dieu si important, pour ne pas dire d'un tyran invincible, qui revendiquait, sans doute à bon droit et avec raison, le pouvoir absolu sur les dieux et les hommes.

2. Sur quel dieu, en effet, n'a-t-il pas remporté la victoire ? et duquel n'a-t-il pas magnifiquement triomphé ? Témoin Jupiter,
Quand le Maître du ciel, père de tous les Dieux,
Se métamorphose à plaisir,
afin de pouvoir jouir des amours qu'il convoite, comme le dit Sénèque le Tragique dans son *Octavie*[23] ; voir également Accurse, lorsqu'il commente le mot *capta*, en C. 7, 24, 1, pr.[24] Je ne dis rien de Neptune et de Pluton, dont l'un brûla de désir, en plein Océan, pour les Néréides, et l'autre fut presqu'anéanti par celui que lui inspira Proserpine. Seule, la douceur de l'amour vint à bout d'Hercule, qui vainquit tant de monstres : il fut réduit en esclavage par la jeune Omphale, reine de Lydie.

---

23 Vers 2003-2004.

24 Il s'agit du senatusconsulte claudien, selon lequel, si une femme s'était livrée à un esclave étranger et persistait dans sa passion, en dépit des réclamations du maître de l'esclave, elle devenait aussi son esclave ; Justinien explique qu'il abroge ce texte, afin qu'aucune femme libre ne se trouve asservie par amour (*infelici cupidine capta*). Effectivement, Accurse glose ce mot ainsi : *Nil enim est amoris furore uehementius* [...]. *Habet sua tela Cupido* [...]. *Spicula figit amor.* **Item, Amor trahit Superos.** (voir l'édition par Antoine Le Conte du *Codicis Iustiniani*, Lyon, 1584, col. 1581).

< Miloni Athletae malum tenenti nemo digitum corrigere poterat, inquit Plinius; at, ut ait Aelianus, puella illi malum extorsit manu, libro *Variae historiae* 2, cap 24 >.

Amoris igitur imperium ubique latissimum est, et perantiquum : nam Hesiodus in *Theogonia* ex Chao simul cum terra genitum tradit, nec dissentit Parmenides. Proinde ab initio ubi creati fuere homines, amare nouerunt et liberorum procreationi operam dare, l. 1 § ius naturale ff. de iustit. et iure.

3. Quinetiam matrimonium, quod amori debetur, multo ante fuit quam sacra reliqua, ut pote in Elysio, autore Deo Optimo Maximo, conditum, can. sicut. 32, q. 2; idque cum nondum criminis aliqua labes hominem contaminasset, can. tollite*, de poenit. dist. 2. Propterea Aegyptii homini nascenti quatuor deos praestites adesse uoluerunt, δαίμονα, τύχην, ἔρωτα, ἀνάγκην, id est : genium, fortunam, amorem et necessitatem.

< Personne, dit Pline[25], ne pouvait desserrer les doigts de l'athlète Milon quand il tenait une pomme, mais, d'après Élien, au livre II, chapitre 24 de ses *Histoires diverses*[26], une jeune fille la lui fit lâcher >.

Le pouvoir de l'Amour est donc partout très étendu, et extrêmement ancien : Hésiode[27] rapporte dans la *Théogonie* qu'il est né du Chaos en même temps que la terre, et Parménide[28] n'en disconvient pas. C'est pourquoi, dès que les humains eurent été créés, ils se montrèrent capables d'aimer et de se mettre à procréer (D. 1, 1, 1, 3[29]).

3. Bien plus : le mariage, que l'on doit à l'amour, fut bien antérieur à tous les autres sacrements, puisqu'il fut fondé, au Paradis même, par Dieu très bon et très grand (*Décret de Gratien* II, 32, 2, 2, 2e partie[30]), et cela alors qu'aucune souillure criminelle n'avait encore entaché l'être humain (*Décret* II, 33, 3, 2, 30[31]). C'est pourquoi les Égyptiens voulaient que tout être humain, à sa naissance, fût assisté de ces quatre divinités : son génie personnel, la chance, l'amour et la nécessité[32].

---

25   *Histoire naturelle*, VII, 19, 3 : « Quand Milon l'athlète avait ancré ses pieds dans le sol, personne ne pouvait le faire bouger d'un pas ; quand il tenait une pomme dans la main, personne ne pouvait lui faire dresser un doigt ».

26   « On a dit autrefois, pour rabaisser la force tant vantée de Milon de Crotone : "Quand Milon tient dans sa main une grenade, aucun de ses adversaires ne peut la lui arracher ; mais si sa maîtresse la lui dispute, elle la lui enlève sans peine". J'en conclurai que Milon avait un corps vigoureux, et une âme faible ».

27   Vers 116-120 : « Au commencement exista le Chaos, puis la Terre à la large poitrine, demeure toujours sûre de tous les Immortels qui habitent le faîte de l'Olympe neigeux ; ensuite le sombre Tartare, placé sous les abîmes de la Terre immense ; enfin l'Amour, le plus beau des dieux, l'Amour, qui amollit les âmes, et, s'emparant du cœur de toutes les divinités et de tous les hommes, triomphe de leur sage volonté ».

28   Fragment XIII. Ces références à Hésiode et à Parménide avaient déjà été réunies par Platon dans son *Banquet* (178 b-c, discours de Phèdre) et par Aristote dans sa *Métaphysique* (livre A, chap. 4, 924 b, 23-28).

29   Il s'agit du célébrissime passage relatif au Droit naturel : [...] *Hinc descendit* **maris atque feminae coniunctio**, *quam nos matrimonium appellamus, hinc* **liberorum procreatio**, *hinc* **educatio** [...].

30   [...] **Prima institutio coniugii in Paradyso facta est**, *ut esset immaculatus thorus, et honorabiles nuptiae, ex quibus sine ardore conciperent, sine dolore pararent* [...].

31   Le premier mot du canon est *Tolle*, non *tollite*. Voir fin du § 2 : [...] **Adam, ante quam peccaret, caritatem habuit**, *sine qua iustus et innocens esse non potuit*.

32   Voir Macrobe, *Saturnales*, I, 19, 17 (à propos du symbolisme du caducée) : « Ils disent qu'il y a quatre dieux qui président à la naissance de l'homme : le génie individuel, la fortune, l'amour, et la nécessité. Par les deux premiers, ils entendent le soleil et la lune. Le soleil, étant le principe de la chaleur et de la lumière, est l'auteur et le conservateur de la vie humaine : c'est pourquoi il est regardé comme le démon, c'est-à-dire le dieu du

< Quod si aliquis obiiciat, amore nimio iri saepe in mala et cladem priuatorum ac Reipublicae, ut Troiano docemur excidio, idque Deo Iustitiaeque minime conuenire, respondebo uulgato prouerbio, *summum ius summam fieri iniuriam*, et perniciose errare nos praetextu aequi et boni, si rigide et nimia cura seruetur, l. si seruum § sequitur ff. de uerb. oblig. Hoc docet illa aequitas Deo debita, qui, si nimis colatur anxietate, transit in superstitionem l. quae sub ff. de condic. instit. Propterea creditus est sapiens Cleobulus, qui ἄριστον μέτρον, *optimum modum*, dixit. Itaque amandum est moderate intra terminum naturae, § 1 de incest. nuptiis col 2. Vnde Hieronymus ex Pythagorei cuiusdam sententia admonet, ne uel uxorem perdite amemus, ut saltem amando pecudes imitemur, alterna uenere utentes, can. origo 32 q. 4. Nam intra fines a natura praescriptos amandum est. Nec audiendus Cicero 4 lib. *Tuscul.* : *si*, inquit, *amor esset a natura, amarent idem omnes et semper.*

< Si l'on m'objecte que l'amour excessif fait souvent tomber dans le malheur et cause la ruine des particuliers et des États, comme nous l'apprend la chute de Troie, et que cela ne s'accorde aucunement avec Dieu et avec la Justice, je répondrai par un adage bien connu, selon lequel « le Droit, porté à son comble, devient un comble d'injustice »[33], et j'ajouterai que nous commettons de graves erreurs, sous couleur de respecter le bon et l'équitable, si nous nous y conformons rigidement et avec trop de zèle (D. 45, 1, 91, 3[34]). C'est la leçon que nous donne cette équité dont nous sommes redevables envers Dieu : car si le culte que nous Lui vouons se caractérise par une excessive inquiétude, il dégénère en superstition (D. 28, 7, 8, pr.)[35]. Il faut donc se fier au sage Cléobule, qui affirmait : « la mesure est ce qu'il y a de meilleur »[36]. Aussi faut-il aimer avec modération, dans les limites de la nature (*Novelle* 12, chapitre 1[37]). Voilà pourquoi Saint Jérôme, en reprenant une maxime de Pythagore, nous conseille, pour éviter d'aimer à la folie même notre propre épouse, d'imiter au moins en amour les animaux, dont le désir amoureux change souvent d'objet (*Décret* II, 32, 4, 5[38]). C'est qu'il convient d'aimer sans franchir les limites de la nature. Et il ne faut pas écouter Cicéron qui nous dit, au livre IV des *Tusculanes* que si l'amour était une chose naturelle, tout le monde aimerait toujours la même chose[39].

---

nouveau-né. La lune est appelée la fortune, parce qu'elle est la divinité des corps, lesquels sont sujets aux chances fortuites des événements. L'amour est figuré par le baiser des serpents ; la nécessité, par le nœud qu'ils forment ».

33 Cicéron y fait allusion comme à un proverbe bien connu dans le *De Officiis*, I, 10.

34 [...] *esse enim hanc quaestionem de bono et aequo : in quo genere plerumque sub auctoritate iuris scientiae perniciose, inquit, erratur.*

35 Il s'agit des legs sous condition de serment, que le préteur désapprouve. Son édit dispense donc les héritiers de satisfaire à cette exigence, en tenant compte du fait que certaines personnes jurent avec trop de facilité, tandis que d'autres s'interdisent le moindre serment à cause de leur crainte excessive de la divinité (*perquam timidi metu diuini numinis usque ad superstitionem*).

36 Voir Diogène Laërce, *Vies des philosophes de l'Antiquité*, I, 6, § 91 : Ἀπεφθέγξατο· μέτρον ἄριστον.

37 [...] *quatenus discat caste uiuere et intra naturam se continere, non autem delectari et amare ultra terminum et traditis nobis a natura etiam his legibus repugnare* [...].

38 [...] *Nihil est foedius quam uxorem amare quasi adulteram. § 2 Certe, qui dicunt se causa reipublicae et generis humani uxoribus iungi et filios procreare, imitentur saltem pecudes, et postquam uenter uxoris intumuerit, non perdant filios, nec amatores se uxoribus exhibeant, sed maritos.*

39 Citation approximative de *Tusculanes*, IV, 76 : *si naturalis amor esset, et amarent omnes et semper amarent et idem amarent.*

Ceterum ratio, naturae excellens foetura, saepe in homine silet, infuscatur, in furiosis quoque extinguitur. Proinde >

nec ferae ceteraque animalia amoris expertia sunt, sed omnia eius peritia censentur, quod elegantissime Poeta ostendit :

Omne adeo genus in terris hominumque ferarumque
Et genus aequoreum, pecudes, pictaeque uolucres,
In furias ignemque ruunt, amor omnibus idem.

Hoc secutus est Vlpianus in d. l. 1, § ius naturale.

4. Vbi « omnia » animalia solitus sum exponere pro « praecipuis », ut tollam Accursii obiectiunculam, quia apes et purpurae, et aquatilia pleraque non amant inter se, uel certe prolem non edunt, nec Phoenix, nam

Mors illi Venus est,

inquit Lactantius, cui obuiat l. quoniam ff. de legib. Sic in l. si quando § 1 ff. si seruit. uendic. : « omnes » iurisperiti consilium dederunt, id est, « clariores » reliquis ; < l. 1 de aethlet. lib 10 C. > ; et Varro libro quarto *Rerum diuinarum* uictorem Herculem putat dictum, quia « omne » animal uicerit : hoc est, ut interpretor, « saeuissimum quodque » : refert Macrobius, lib. 3 *Saturnaliorum*, cap. 6.

Du reste, la raison, qui est excellemment enfantée par la nature, se tait ou s'obscurcit souvent chez l'être humain, et même, chez les fous, elle disparaît complètement. En conséquence, >

ni les bêtes sauvages, ni tous les autres animaux n'échappent à l'amour : au contraire, tous sont censés en avoir l'expérience. C'est ce que montre très élégamment le poète[40] :

Tous les hommes et tous les animaux de la terre
Les poissons, les troupeaux, et les oiseaux aux couleurs vives
Brûlent furieusement : l'amour les touche tous de la même manière ;
et Ulpien y a souscrit en D. 1, 1, 1, 3[41], loi déjà citée.

4. Dans ce passage, j'explique d'habitude que « tous » les animaux est mis pour « la plupart » d'entre eux, afin de balayer une petite objection énoncée par Accurse, puisqu'en effet les abeilles et les pourpres, et la plus grande partie des animaux aquatiques ne se font pas l'amour et ne mettent pas bas, pas plus que le Phénix, car, selon Lactance[42],

Son amour, c'est la mort.

Mais D. 1, 3, 6[43] va à son encontre. De même, en D. 8, 5, 17, 1[44] : « Tous » les jurisconsultes ont donné leur avis, c'est-à-dire les plus illustres d'entre eux. Voir aussi C. 10, 54, 1[45]. Et Varron au livre IV des *Choses divines*, pense qu'Hercule a été nommé « le victorieux » parce qu'il a triomphé de « tous » les animaux, c'est-à-dire, selon moi, de « tous les plus » féroces : Macrobe en fait état au livre III des *Saturnales*, chap. 6[46].

---

40 Voir Virgile, *Géorgiques*, III, 242-244.

41 Voir ci-dessus, note 29. Allusion au début de la loi : *Ius naturale est, quod natura omnia animalia docuit : nam ius istud non humani generis proprium, sed **omnium animalium, quae in terra, quae in mari nascuntur, auium quoque commune est** […]. À omnia animalia*, Accurse glose : *fallit, secundum quosdam, in uermibus, qui non ex aliis, sed ex terra, gignuntur ; idem in cuculo ; et dicunt quod hic loquitur in generibus singulorum animalium et non in singulias generum […] sed puto hoc, quod sic fit, naturae esse instinctum ; nec hic dicitur quod omnia animalia per coitum procreantur, sed iure naturali regi […].*

42 Voir le *Carmen de aue Phoenice*, v. 165.

43 ***Quod enim semel aut iterum fit**, ut ait Theophrastus, **praetermittunt legislatores*** (traduction du grec).

44 […] *consilium **omnes iuris periti** dederunt, ut cum eo ageret ius* […]. Il s'agit d'agir contre quelqu'un qui n'a pas respecté les termes d'une servitude.

45 *Athletis ita demum, si **per omnem aetatem** certasse, coronis quoque non minus tribus certaminis sacri, in quibus **uel semel Romae** seu antiquae Graetiae, merito coronati non aemulis corruptis ac redemptis probentur, **ciuilium munerum tribui solet uacatio**.*

46 *Saturnales*, III, 6, 10 : *Varro Diuinarum libro quarto uictorem Herculem putat dictum, quod omne genus animalium uicerit.*

Eodem modo accipiendum uenit quod Iurisconsultus scribit in l. 1. ff. de legat. 1 : per « omnia » exaequata esse legata fideicommissis, quasi dixerit, in omnibus fere, ut explicat quam euidentissime Imperator in § 1 de donatio. Hinc est illud eiusdem Vergilii in *Cyri* :
Omnia uincit Amor. Quid enim non uinceret ille ?

Inde Lacedaemoniorum procinctus exercitus priusquam manus cum hoste consereret, Amori rem diuinam faciebat uictoriae causa, et Epicharmum comicum Amori dicere Fulgentius ait, δαμάστης ἔρως λεοντείᾳ δυνάμει θαλερός, id est : domitor Cupido leonina uirtute uirentior.

In summa, nihil est Amore ipso uehementius, § illud, quib. mod. natur. effic. legit. col VI, adeo ut ne plantis ac lapidibus parcat, quominus utrosque implicet et metalla etiam nonnulla : ut cum ulnus uitem diligit, eiusque complectu laetatur. Ferrum ad se Magnes auide rapit, cui propterea Thales animam inesse autumauit. Aurum aere adeo misceri cupit, ut aegre hodie diducatur, olim nullo modo, l. 5 § sed si plumbum ff. de rei uendica., unde, cum duorum utrumuis dominorum misceretur, iudicio communi diuidundo secari necesse fuit, nullis aquis amorem tunc dissoluere ualentibus, inanimatis quoque a natura insitum.

C'est ainsi qu'il faut comprendre ce que le jurisconsulte écrit en D. 30, 1[47] : « les legs ont été égalés en tout aux fideicommis » ; il veut dire en « presque tout », comme l'Empereur l'explique très clairement dans les *Institutes*, II, 7, 1, 10[48]. D'où la formule du même Virgile dans *Ciris* : *L'amour triomphe de tout. De quoi, en effet, ne triompherait-il pas ?*[49]

Voilà pourquoi l'armée lacédémonienne, quand elle marchait au combat, faisait, avant d'en venir aux mains avec les ennemis, un sacrifice à l'Amour pour qu'il lui donnât la victoire[50] ; et d'après Fulgence[51], Épicharme, l'auteur comique, s'adressait à l'Amour en l'appelant : « Cupidon le dompteur, animé d'un courage léonin ». Bref, il n'y a rien de plus violent que l'Amour (*Novelle* 89, chap. 9[52]) : c'est au point qu'il impose son emprise jusqu'aux plantes et aux pierres, et même à certains métaux ; de la même manière, l'ormeau aime la vigne et se délecte de son étreinte[53]. La pierre de Magnésie attire avidement le fer à elle[54], et, pour cette raison, Thalès a osé lui prêter une âme[55]. L'or désire tellement s'unir au bronze qu'encore aujourd'hui on l'en sépare difficilement, et jadis c'était absolument impossible (D. 6, 1, 5, 1[56]). Aussi, quand les métaux de deux propriétaires différents se trouvaient mélangés, fallait-il, de l'avis général, couper dans la masse pour faire le partage, car l'eau ne servait à rien pour venir à bout de cet amour que la nature insuffle même aux choses inanimées.

47　*Per omnia exaequata sunt legata fideicommissis.*

48　*Hae mortis causa donationes ad exemplum legatorum redactae sunt per omnia.* **Nam cum Prudentibus ambiguum fuerat, utrum donationis an legati instar eam obtinere oporteret,** *et utriusque causae quaedam habebat insignia et alii ad aliud genus eam retrahebant,* **a nobis constitutum est, ut per omnia fere legatis connumeretur.**

49　Pseudo-Virgile, Ciris, v. 437.

50　Voir Athénée, XIII, 561, E-F : « Les Lacédémoniens offrent à Éros des sacrifices préliminaires avant de se ranger en ordre de bataille, parce qu'ils pensent que leur salut et leur victoire reposent sur l'amitié des hommes mis en ligne ».

51　*Mythologies,* livre III, fable de Bellérophon (p. 61 de l'édition de Bâle, 1536). Fulgence a écrit *praesumptior* au lieu de *uirentior.*

52　À propos de la légitimation des enfants naturels par rescrit du Prince, il est effectivement question de la *concupiscentia* qui a provoqué la différence de statut entre enfants légitimes et naturels.

53　Voir Ovide, *Les Amours,* II, 16, v. 41 : *Vlmus amat uitem, uitis non deserit ulmum.*

54　Voir Pline, *Histoire naturelle,* XXXVI, 25, 1.

55　Voir Diogène Laërce, *Vie de Thalès,* 25 : « Aristote (voir *De l'âme,* A, II, 405, a 19) et Hippias disent qu'il croyait les choses inanimées douées d'une âme, en se fondant sur les phénomènes de l'ambre et de l'aimant ».

56　*Sed si deduci, inquit, non possit, ut puta si aes et aurum mixtum fuerit, pro parte esse uindicandum : nec quaquam erit dicendum, quod in mulso dictum est, quia utraque materia etsi confusa manet tamen.*

5. Itaque Augustum amorem praeco appellauit, ob potestatis amplitudinem : nam et Octauius, secundus Romanorum imperator, Augustus ex Munatii Planci sententia appellari coepit, ut magnus et sacer, ad imperium augendum idoneus. Ouidius primo lib. *Fastorum* :
Sancta[4] *uocant Augusta patres,*
et mox
Huius et augurium dispendet origine uerbi,
Et quodcumque sua Iuppiter auget ope,
quia si ab augendo Augusti origo est, hic honos ad Amorem maxime pertinet, cuius ope et auxilio genus humanum augetur et ampliatur, l. II C. de indict. uiduit.; l. unic. § si plures ff. de portion. quae liber. Est igitur et sacer propter coniunctionem animorum, l. 1 de rit. nuptiar. ff., et magnus ac mirificus Heros, nempe diuinitatis particeps, ut ibi a iurisconsulto dicitur, et humanitatis propagator, ita ut eam immortalem reddat suffecta sobole, l. lege C. de legiti. haeredib. Plato quoque in *Cratylo* Heroas dictos putat ἀπὸ τοῦ ἔρωτος, id est : « ab amore », quod semidei geniti sint ex amore deorum erga mulieres, uel dearum erga homines. Quod aliquis rideret, nisi *Genesis* cap. 6 filii dei filias hominum peramasse dicerentur.

---

4   sancta *correxi* : sacra *T* //

5. Ainsi le héraut qualifiait-il l'Amour d'Auguste, en raison de son vaste pouvoir. Car si, sur le conseil de Munatius Plancus[57], l'on se mit à donner à Octave, le second Empereur des Romains, le surnom d'Auguste, c'était pour mettre en évidence cette grandeur sacrée qui le rendait capable d'augmenter l'étendue de l'Empire. Voir Ovide, au premier livre des *Fastes*[58] :

Les Anciens appellent augustes les choses sacrées

et, un peu plus loin,

Et l'origine du mot vaut comme oracle
Pour tout ce que Jupiter fait croître.

Car si Auguste vient du verbe « augmenter », ce nom honorifique convient parfaitement à l'Amour, grâce à qui le genre humain s'accroît et se multiplie (C. 6, 40, 2, 1[59] ; D. 48, 20, 7, 3[60]).

< Il est donc également sacré, parce qu'il préside à une union en esprit (D. 23, 2, 1[61]), et il est également un grand et merveilleux héros, qui, effectivement, a part au « divin », comme le dit ici le jurisconsulte, et qui propage l'espèce humaine, à laquelle il confère l'immortalité en lui faisant assurer sa descendance (C. 6, 58, 14, pr.)[62]. Platon aussi, dans le *Cratyle*[63], pense qu'étymologiquement, le mot « héros » vient de « l'amour », parce que ces demi-dieux étaient nés de l'amour des dieux pour les mortelles, ou des déesses pour les mortels. On pourrait s'en moquer si la *Genèse*, au chap. 6, ne disait pas que les fils de Dieu ont aimé les filles des hommes[64].

---

57 Voir Suétone, *Vie d'Auguste*, 7, 4. Une version différente figure dans l'*Histoire romaine* de Dion Cassius (53, 16, 7-8).

58 *Fastes*, I, vers 609 et 610-611.

59 *Cum enim **mulieres ad hoc natura progenuit, ut partus ederent**, et maxima eis cupiditas in hoc constituta est* [...].

60 Il s'agit de l'attribution exceptionnelle de tous les biens d'un condamné à ses nombreux enfants : [...] *diuus Hadrianus in hac sententia rescripsit :* « ***Fauorabilem apud me causam liberorum** Albini **filiorum numerus facit**, cum ampliari imperium hominum adiectione potius quam pecuniarum copia malim.*

61 C'est la célébrissime définition du mariage : *Nuptiae sunt coniunctio maris et feminae et consortium omnis uitae, **diuini et humani iuris communicatio**.*

62 *Lege duodecim tabularum **bene Romano generi prospectum est**, quae unam consonantiam tam in maribus quam in feminis legitimis et in eorum successionibus nec non libertis obseruandam esse existimauit, nullo discrimine in successionibus habito, **cum natura utrumque corpus edidit, ut maneat suis uicibus immortale** et alterum alterius auxilio egeat, ut uno semoto et alterum corrumpatur.*

63 Voir 396 d-398 e.

64 Verset 2 : « les fils de Dieu virent que les filles des hommes étaient belles, et ils en prirent pour femmes parmi toutes celles qui leur plurent ».

Addit Plato Heroes dictos quod sapientes rhetoresque fuerint, ac facundi εἴρειν, namque est : « dicere ». Sunt itaque Heroes amatorii rhetores, inquit, quia, ut ego puto, cum homines sint propensi ad dissentiendum, l. item si § fin. ff. de recept. arb., extitere olim uiri facundi et boni, qui eos docuerunt inter se amare, et in unum conuenire, ciuitates condere, et moenibus ac legibus saepire et stabilire, quae a ciuitatibus conditis ortum habent, § singulorum, de rerum diuisi. ; unde lex a Demosthene dicitur ciuitatis compositio communis l. 2 ff. de legib. ; est enim ipsa arctissimum amicitiae uinculum inter homines.

Vnde legum originem neque ad Mosem, aut Cererem, aut Minoem, sed ad Amorem quis debeat merito referre, tanquam ad principem humani generis, Augusto quouis augustiorem, et re uera perpetuum. Nam uerus amor nunquam desinit. Exemplo sint prisci Germani, apud quos, ut Corn. Tacitus scripsit, tantum uirgines nubebant uni marito, tanquam uni corpori iunctae. Neque ultra cogitatio erat uiduis, quod et Apostolus praecepisset, nisi expediret aliud malum urgentius uitari, et nisi satius fuisset nubere quam uri. Cum enim uox diuina coniugia duos carne una conglutinet, difficile est nodum tantum dissoluere, et ut in elementis semel mistis, metallis itidem et coloribus, ex quibus una imago componitur, utque aliud ab alio secernere. Iure itaque dicitur, ne morte quidem coniugum uinculum dissolui can. 2. 35. q. 10.

Platon ajoute qu'on les appelait « héros » parce qu'ils étaient des sages et des rhéteurs doués d'une grande éloquence. C'est pourquoi, dit-il, les héros sont des rhéteurs d'amour : c'est que, selon moi, comme les êtres humains sont enclins aux dissensions (D. 4, 8, 17, 6[65]), il y eut jadis des hommes de bien, doués d'éloquence, qui se manifestèrent pour leur apprendre à s'aimer les uns les autres et à s'unir pour fonder des cités, les ceindre de remparts et les fortifier avec des lois : car elles apparurent avec la fondation des cités (*Institutes*, II, 1, 11[66]) ; voilà pourquoi Démosthène appelle la loi « le pacte commun de la cité » (D. 1, 3, 2)[67] ; et, de fait, elle relie les hommes par la plus étroite amitié.

Aussi n'est-ce pas à Moïse, ni à Cérès, ni à Minos, que l'on devrait en toute justice rapporter l'origine des lois, mais à l'Amour, en tant que générateur du genre humain, plus auguste que n'importe quel Auguste, et, en vérité, éternel, car le véritable Amour ne s'éteint jamais. On en veut pour exemple les anciens Germains, chez qui, comme l'écrit Tacite[68], les jeunes filles ne se mariaient qu'à un seul homme, avec lequel elles s'unissaient comme en un seul et même corps. Et les veuves ne pensaient pas plus loin, comme l'avait prescrit l'Apôtre, sauf s'il fallait parer à un mal plus pressant, et s'il avait mieux valu se marier que brûler de désir[69]. En effet, quand, selon la parole divine, le mariage fait de deux personnes une seule chair, il est difficile de dénouer un lien si fort, comme c'est le cas quand il faut séparer des éléments que l'on a mélangés, métaux ou couleurs, qui se fondent dans une seule et même apparence. On dit donc, à bon droit, que la mort même ne rompt pas le lien conjugal (*Décret* II, 35, 10, 2[70]).

---

65 [...] *propter naturalem hominum ad dissentiendum facilitatem.*

66 [...] *ciuilia enim iura tunc coeperunt esse, cum et ciuitates condi et magistratus creari et leges scribi coeperunt.*

67 *Nam et Demosthenes orator sic definit :* καὶ τοῦτ' ἔστι νόμος. Ὦ. πάντας πείθεσθαι προσήκει διὰ πολλά, καὶ μάλισθ' ὅτι πᾶς ἐστι νόμος εὕρημα μὲν καὶ δῶρον θεῶν, δόγμα δ' ἀνθρώπων φρονίμων, ἐπανόρθωμα δὲ τῶν ἑκουσίων καὶ ἀκουσίων ἁμαρτημάτων, πόλεως δὲ συνθήκη κοινή, καθ' ἣν πᾶσι προσήκει ζῆν τοῖς ἐν τῇ πόλει [...]. Dans cette célébrissime définition de la loi, issue du *Contre Aristogiton*, I, 16, Forcadel fait tout particulièrement allusion ici à l'expression : πόλεως δὲ συνθήκη κοινή.

68 Voir *Germanie*, 19.

69 Voir la *première lettre* de Saint Paul *aux Corinthiens*, chap. 7, § 8 et 9 : « À ceux qui ne sont pas mariés et aux veuves, je déclare qu'il est bon pour eux de rester comme je suis. Mais s'ils ne peuvent pas se maîtriser, qu'ils se marient, car mieux vaut se marier que brûler de désir ».

70 *Si cuius patruus uel auunculus uxoratus obierit, et illa uirum alium postea duxerit, filios filiasue ex illo genuerit, cum his modis omnibus conmisceri prohibemus, **quia uir et mulier una caro est.***

Ideoque Christus, amoris et charitatis assertor excellens, repudia et
diuortia substulit inter coniuges, nisi ex causa fornicationis, quae fidem
irritam facit, *Ad Timotheum epistola prima*, capite 5.

6. Vsqueadeo autem amoris [5]< perennitas > ubique magna est, ut
mortuos etiam sequi compertum sit ; inde uxore post mortem uiri
secundo nubente, mariti ipsius anima contumelia affici et maerore angi
censetur, § quae nunc[6] uero in Auth. de nupt. col IV.

7. Idcirco si quispiam maritus uxori legauerit, sub conditione si
non nupserit, iure nouo pareri conditioni oportet, aut legatum amitti.
Auth. cui relictum C. de indict. uiduit. Nubente enim rursus coniuge
superstite, dolent coniugis emortui manes nec amare desinunt, l. fin.
C. de inf. poen. coelib.
< Non immerito ius pontificium statuit uiuam uxorem cum uiro
lares et honores mutare, et mortuam uiduam uiri tumulo sepeliri, cap.
18*, is qui § fin. de sepultur. lib 6. >. Ecquis nescit, quam infeliciter
Didoni iterum nupsisse cesserit, et
Non seruata fides cineri promissa Sichaeo.

---

5   1553 : uis.
6   nunc *suppleui* : quae uero *T* //

Voilà pourquoi le Christ, cet excellent défenseur de l'amour et de la charité, supprima les répudiations et les divorces entre conjoints, sauf dans le cas de l'adultère, qui anéantit la confiance (*Épître à Timothée*, I, 5[71]) >.

6. La < pérennité > de l'amour est partout si grande qu'il subsiste, c'est certain, même chez les morts. Ainsi, lorsqu'une femme se remarie après la mort de son époux, l'âme du mari est-elle censée en être douloureusement affligée (*Novelle* 22, chap. 43[72]).

7. C'est pourquoi si un mari a fait un legs à sa femme à la condition qu'elle ne se remarie pas, le Droit nouveau veut que l'on se conforme à cette condition, ou qu'on perde le legs (C. 6, 40, 1)[73]. En effet, quand le conjoint survivant se remarie, les mânes du conjoint mort souffrent, car elles ne cessent pas d'aimer (C. 8, 57, 2)[74].

< Le Droit canonique n'a pas eu tort de décider que la femme, durant sa vie, fait siens les lares et les honneurs de son mari, et qu'à sa mort la veuve est ensevelie dans le tombeau de son époux (*Sexte*, 3, 12, 3)[75] >.

Qui ignore à quel point Didon se trouva mal d'avoir voulu une seconde union, et

D'avoir trahi la promesse donnée aux cendres de Sichée[76] ?

---

71 C'est dans *Matthieu* 19, 9 que l'on trouve la célèbre formule : « Or Je vous dis que quiconque renvoie sa femme, si ce n'est pour infidélité, et en épouse une autre, commet un adultère ». Cette référence à la lettre de Saint Paul semble motivée par les considérations sur la souhaitable chasteté des veuves.

72 [...] *Si enim diceremus oportere mulierem omnino uiro praecipiente non nubere hoc custodire, prae amaritudine habuisset hoc merito lex ; nunc autem, cum secundum praesto sit, id est ut, si uoluerit nubere, <non> accipiat quod relictum est,* **nouissimi sceleris est despicere uoluntatem defuncti ita fluctuantem, ut ei detur licentia nubendi et accipiendi quod relictum est et per omnia contristandi priorem maritum.**

73 *Legatum alii sub condicione sic relictum, si uxor nuptui se post mortem mariti non collocauerit,* **contractis nuptiis condicione deficit ideoque peti legatum nequaquam potest.**

74 *Inter uirum et uxorem rationem cessare ex lege Papia decimarum et,* **quamuis non interueniant liberi,** *ex suis quoque eos solidum capere testamentis, nisi forte lex alia minuerit derelicta, decernimus.* **Tantum igitur post haec maritus uel uxor sibi inuicem derelinquant, quantum superstes amor exegerit.**

75 *Mulier mortua, quae pluribus nupsit, cum uiro ultimo sepelitur.* La référence la plus courante en la matière est le canon Hébron, *Décret*, II, 13, 2, 2, § 1 : *Quos coniunxit unum coniugium coniungat unum sepulcrum, quia una caro sunt, et quos Deus coniunxit homo non separet.*

76 *Énéide* IV, v. 552.

Nam prioris uiri Sichaei oblita, Aeneam hospitem amauit inconsulta
Regina, eiusque gladio semet trucidauit, mox adiuit Inferos,
Coniux ubi pristinus illi
Respondet curis, aequatque Sichaeus amorem,
ut idem poeta prodidit. Possunt autem defuncti aliud uxoris matri-
monium rescire, atque intellegere ab iis, qui postea decesserunt, uel ab
Angelis id denuntiantibus, can. fatendum. 13, q. 2.

At in uirgine sanior opinio eo reducta est, ut in ea conditio « si
non nupserit », improbetur, cum nihilominus legatum consequatur.
Diuersitatis illa ratio est, quod qui moriens de uxore charissima sollicitus est, amoris uiolentia de sancto matrimonii uinculo aequissime
quaeritur, propter indiuiduam uitae consuetudinem, quam initio prae-
sumpserat, § 1 de pat. potest. Ex quo si alius quiuis Maeuiae, quae
olim Titii amici uxor fuit, sic legauerit ne nubat, pietatis gratia legasse
creditur, ne defuncto fiat iniuria, quam uindicari cuiusque interest l.
III § si nemo ff. de sepulch. uiol. Hoc aperte cautum est in d. Auth.
cui relictum, in princip. Iure igitur laudetur Theseus, qui ad inferos
descenderit, ut Pirithoi amici Hippodamiam uxorem educeret. Atsi
testator nonnihil uirgini reliquerit, ita ne nubat, uoluntate nimium
anxia et improba nititur, de re nondum ad suam uel alterius iustam
affectionem pertinente sollicitus.

8. Praeterea in uirgine durior est huiusmodi conditio, quae pluris
eam uoluptatem facit, quam nescit,

En effet, oublieuse de son premier mari, Sichée, la reine tomba étourdiment amoureuse d'Énée, son invité, dont elle prit le glaive pour se
suicider, et elle parvint bientôt aux Enfers où, comme l'a dit le même
poète :

Son premier mari, Sichée, partage ses tourments
Et lui rend son amour[77].

Les morts peuvent savoir en effet que leur femme se remarie, en
l'apprenant de ceux qui sont morts après eux ou des Anges qui le leur
annoncent (*Décret* II, 13, 2, 29[78]).

Mais s'agissant d'une vierge, l'opinion la plus sensée conduit à faire
invalider la condition « si elle ne se marie pas », tout en délivrant le
legs. La raison de cette différence, c'est que, dans le cas du mourant qui
s'est soucié du sort de sa femme chérie, la violence de son amour exige
à très bon droit le respect du lien sacré du mariage, à cause de cette vie
commune indivisible qu'il avait impliquée dès le début (*Institutes*, I, 9,
1[79]). De sorte que si quelqu'un d'autre a fait un legs à Maevia, qui fut
jadis la femme de son ami Titus, à condition qu'elle ne se remarie pas, il
est présumé avoir fait ce legs par piété, pour qu'il ne soit pas fait injure
au défunt, car il est de l'intérêt de tous d'en réclamer vengeance (D. 47,
12, 3, pr.[80]). Précaution qui est clairement prise en C. 6, 40, 1[81]. On a
donc raison de louer Thésée parce qu'il descendit aux Enfers pour en faire
sortir Hippodamie, la femme de son ami Pirithous. Mais si le testateur
a fait un legs à une vierge à condition qu'elle ne se marie pas, il est mû
par une volonté malhonnêtement tyrannique, en se préoccupant d'une
chose qui n'affecte encore ni sa légitime affection ni celle d'un autre.

8. En outre, ce type de condition est plus cruel dans le cas d'une
vierge, qui accorde plus de valeur à une volupté qu'elle ignore,

---

77   *Énéide* VI, v. 473-474.
78   *Fatendum est, nescire quidem mortuos quid hic agatur, sed dum hic agitur ; postea uero audire*
     ab eis, qui hinc ad eos moriendo pergunt, non quidem omnia, sed quae sinuntur
     etiam isti meminisse et quae illos quibus haec indicant, oportet audire. Possunt et
     ab angelis, qui rebus, quae hic aguntur, presto sunt, audire aliquid mortui, quod
     unumquemque illorum audire debere iudicat cui cuncta subiecta sunt.
79   *Nuptiae autem siue matrimonium est* **uiri et mulieris coniunctio, indiuiduam consuetudinem**
     uitae continens.
80   Il s'agit des sanctions prévues contre les violations de sépultures.
81   Voir ci-dessus, note 73.

< ut illa uestalis apud Senecam, lib. *Declamationum* 6 cap. 8, cuius est ille uersiculus :

Felices nuptae, moriar nisi nubere dulce est.

Probatur illud in >

can. uiduas § si uirgines 27 q. 1. Proinde diis habetur uirgo gratior quam quae uidua permanet, § optimum, de non elig. secund. col. 1.

Cum ergo, ut ad superiora regrediar, ne morte quidem ipsa, amor uiuere desinat, cur, quaeso, sit ut in amore nullum uotum morte sit frequentius ?

< Et quid, inquam, aliud superest, nisi ut fateamur Amorem merito perpetuum esse Augustum potius Iustiniano, § fi, prooem. ff.; § 1 de patr. potest., idque uoto nubentium et animos nedum corpora iungentium, l. 1 de iure doti. ff. ? ex his dependet enarratio legis hoc genus ff. de condici. et demonstr., de qua tempestiuius posthac loquemur, et de l. 3 de donati. inter uir. >.

< comme cette Vestale chez Sénèque, au livre VI, chapitre 8 de ses *Déclamations*, où l'on trouve cette ligne :
Les épouses ont bien de la chance ! que je meure s'il n'est pas bien doux de se marier.
On en a la preuve avec >
Décret II, 27, 1, 2, § 2[82]. C'est pourquoi les dieux préfèrent une vierge à une veuve non remariée (*Novelle* 2, chap. 3)[83].

Mais, pour en revenir à ce que je disais, comme l'amour ne cesse donc de vivre, même après la mort, pourquoi, je le demande, ne souhaite-t-on jamais aussi souvent de mourir que lorsque l'on est amoureux ?

< Et que nous reste-t-il d'autre à faire, sinon de reconnaître que l'Amour mérite, bien plus que Justinien, d'être considéré à jamais comme un Auguste (fin de la *Constitutio Omnem*[84]) ? C'est ce que souhaitent ceux qui se marient et unissent leurs âmes en même temps que leurs corps (*Institutes*, I, 9, 1[85] ; D. 23, 3, 1[86]). D'où l'exposé de D. 35, 1, 106[87], dont nous parlerons plus opportunément par la suite, comme aussi de D. 24, 1, 3, pr.[88] >.

---

82   Il s'agit de la pénitence infligée à celles qui ont renoncé à se consacrer à Dieu pour se (re)marier : *Si uirgines nondum uelatae taliter penitencia publica puniuntur, et a coetu fidelium usque ad satisfactionem excluduntur,* **quanto magis uiduae,** *quae perfectioris aetatis et maturioris sapientiae atque consilii existunt, uirorumque consortio multociens usae sunt, et habitum religionis assumpserunt* [...].

83   *Optimum itaque est atque laudabile et dignum oratione, ut mulieres ita se honeste tractent, quatenus quae semel ad uirum uenerunt, seruent inuiolatum morientium torum :* **et huiusmodi mulierem et miramur pariter et laudamus et non procul a uirginitate ponimus.**

84   [...] *domino nostro Iustiniano* **perpetuo Augusto** *ter consule.*

85   Voir ci-dessus, note 79. J'ai fait figurer cette référence juste après le membre de phrase qu'elle concerne directement, alors que, dans le texte de 1595, elle est placée avant.

86   *Dotis causa perpetua est, et* **cum uoto eius qui dat** *ita contrahitur, ut semper apud maritum sit.*

87   *Hoc genus legati « si Titio non nupserit »* **perinde habendum est, ac si post mortem Titii legatum fuisset,** *et ideo nec Muciana satisdatione interposita capere legatum potest. Sed et alii nubendo nihilo minus legatum consequitur.*

88   [...] *Maiores nostri* **inter uirum et uxorem donationes prohibuerunt,** *amorem honestum solis animis aestimantes, famae etiam coniunctorum consulentes, ne concordia pretio conciliari uiderentur* **neue melior in paupertatem incideret,** *deterior ditior fieret.*

OBSERVATA IN CAPUT SECUNDUM

1. Amantium gaudium luctu plenum esse, [7]< et an duo contraria simul in iure coalescant >.
2. An in l. 1 ff. de pact. uera sit pacti definitio; < recipiens epistolam an assentiatur >.
3. Pactum a pactione non differre.
4. Quod iurisconsulti et alii autores quaedam in definitionibus consulto omittant.
5. Amoris definitio an recte a Platone tradita.
6. Pulchrum esse in amore semper, et iurisconsultos et uulgari opinione definitionibus inseruire.
7. Pactum an a pace descendat, uel contra.
8. Promissio dotis in genere facta, ualet.
9. Interpretatio l. 1 C de dot. promiss.
10. Satyri de Nympharum perfidia quaeruntur; et quid sit lex per Satyram lata.

CAPUT SECUNDUM

Postea quam in lucum myrteum ueni, frondibus multis opacum, et solis radiis inacessum, uidi turbam amantium qui uarie gaudium cum luctu agitabant, atque emittebant frequenter has uoces, *eia heu*[8], quae partim luctum, partim laetitiam significant, in Thesei sacris olim usitatissimae, quoniam a Minotauro Cretensi uictor Athenas rediens, certior factus de morte Aegei patris, tales ludos instituit, in quibus moestitia cum gaudio permiscue misceretur.

7　　1553 : praesertim ob puellarum perfidiam.
8　　1553 *adiiciebat* : ὦ εἶα, εἶα μάλα ὦ.

CONTENU DU CHAPITRE 2

1. La joie des amants est pleine de tristesse ; < et le Droit peut-il donner simultanément consistance à deux éléments contraires ? >.
2. En D. 2, 14, 1, la loi donne-t-elle une authentique définition du pacte ? < et celui qui reçoit une lettre donne-t-il par là-même son consentement ? >.
3. *Pactum* et *pactio* sont synonymes.
4. Les jurisconsultes et d'autres auteurs omettent délibérément certains éléments dans leurs définitions.
5. Platon a-t-il donné une définition rigoureuse de l'amour ?
6. L'être aimé est toujours beau, et les juristes sont réputés être assujettis aux définitions.
7. Le mot pacte vient-il du mot paix, ou est-ce l'inverse ?
8. Une promesse de dot faite en termes généraux est valable.
9. Interprétation de C. 5, 11, 7, 5.
10. Des Satyres se plaignent de la perfidie des Nymphes ; et l'on explique ce que c'est qu'une loi satyréenne.

CHAPITRE 2

Une fois entré dans un bois de myrtes que d'épais feuillages rendaient très obscur, et impénétrable aux rayons du soleil, je vis une foule d'amants qui manifestaient diversement une joie mêlée de tristesse, et qui poussaient fréquemment les exclamations suivantes : « alléluïa, hélas ! », exprimant une gaieté mélangée de morosité ; elles furent jadis très employées dans le culte de Thésée, puisque, de retour à Athènes après sa victoire sur le Minotaure Crétois, et une fois informé de la mort de son père, il institua des jeux dans lesquels, en effet, la tristesse se mêlait intimement à la joie.

< Ita ut minimum crude iurisperiti accipiant id, quod uulgo dici
solet, duo contraria simul non consistere, nec rem eamdem diuerso iure
censeri, l. eum qui ff. de usucap. Sed penitus inspicienti non solum
res una diuerso iure censetur in mistis omnibus, ut in coniunctis re et
uerbis, in muneribus mistis, quae personae laborem et pecuniae ero-
gationem continent, l. fi § mista ff. de munerib., sed etiam in prorsus
contrariis, ut liquet medio ex iure ciuili et intima iurisprudentia, cum
res eadem atque sanctio iniquitatem habebit et aequitatem simul, ut
cum homo a pluribus occiditur in tenebris nec scitur quis praecipue
occiderit : iniquum est omnes teneri, sed aequum est potius innoxios
puniri, quam uerum homicidam inultum manere, l. item Mela § 1 ff. ad
legem Aquil.; euidentius in l. si ita § pen. ff. eo.; idem in usucapione,
qua res a uero domino auellitur contra munus iustitiae, sed tamen eidem
haeret aequitas, ut sit aliquis litium finis, et ne sint in incerto rerum
dominia, l. fin. ff. pro suo; l. 1 de usucap.

< Aussi les juristes ne doivent-ils pas comprendre trop abruptement cette assertion courante, selon laquelle les contraires ne sauraient coexister, pas plus qu'il ne serait possible d'envisager une seule et même chose en fonction de Droits différents (D. 41, 3, 23, pr.[89]). Or, à y regarder de près, une seule et même chose est envisagée en fonction de Droits différents non seulement dans tous les mixtes, comme par exemple dans ceux qu'unissent à la fois le fond et la forme, notamment dans les charges mixtes, qui recouvrent à la fois le travail d'une personne et le prélèvement d'une somme d'argent (D. 50, 4, 18, 26[90]), mais aussi dans de parfaits contraires, comme on le voit clairement, au cœur même du Droit civil et de la science du Droit, quand une seule et même chose, par exemple une sanction, comporte à la fois de l'inéquité et de l'équité ; il en est ainsi lorsqu'un homme est tué par plusieurs autres dans l'obscurité et que l'on ne sait pas qui est l'auteur du coup mortel : il est injuste de les rendre tous responsables, mais il est juste de préférer punir des innocents plutôt que de laisser impuni le véritable meurtrier (D. 9, 2, 11, pr.[91]) ; c'est encore plus clair en D. 9, 2, 51, 1[92] ; il en va de même pour la prescription acquisitive, qui ôte injustement un bien à son véritable propriétaire, mais comporte tout de même une certaine équité, puisque cela vise à ne pas prolonger indéfiniment les litiges, et à ne laisser subsister aucune incertitude sur le droit de propriété (D. 41, 10, 5, pr.[93] ; D. 41, 3, 1[94]).

---

89 *Eum, qui aedes mercatus est, non puto aliud quam ipsas aedes possidere;* **nam si singulas res possidere intellegetur, ipsas non possidebit : separatis enim corporibus, ex quibus aedes constant, uniuersitas aedium intellegi non poterit.** *Accedit eo, quod, si quis singulas res possidere dixerit, necesse erit dicat possessione superficiei tempori de mobilibus statuto locum esse, solum se capturum esse ampliori :* **quod absurdum et minime iuri ciuili conueniens est, ut una res diuersis temporibus capiatur,** *ut puta cum aedes ex duabus rebus constant, ex solo et superficie, et uniuersitas earum possessionem temporis immobilium rerum omnium mutet.*

90 Il s'agit des curiales collecteurs d'impôts : *nam decaproti et icosaproti tributa exigentes et corporale ministerium gerunt et pro omnibus defunctorum fiscalia detrimenta resarciunt, ut merito inter mixta hoc munus numerari debeat.*

91 [...] **cum pila quidam luderent, uehementius quis pila percussa** *in tonsoris manus eam deiecerit et sic serui, quem tonsor habebat, gula sit praecisa adiecto cultello :* **in quocumque eorum culpa sit, eum lege Aquilia teneri.**

92 La référence est mieux appropriée : *Idque est consequens auctoritati ueterum, qui,* **cum a pluribus idem seruus ita uulneratus esset, ut non appareret cuius ictu perisset,** *omnes lege Aquilia teneri iudicauerunt.*

93 *Vsucapio rerum* [...] *instituta est,* **ut aliquis finis litium esset.**

94 *Bono publico usucapio introducta est,* **ne scilicet quarumdam rerum diu et fere semper incerta dominia essent.**

Sic in matrimonio onus est, siue quis careat liberis tanquam fructu,
siue liberos sustulerit, l. penul. ff. de liber. agnosc. Ideo apud Musaeum
Ero a Leandro amante persuasa, γλυκύπικρον ἐδέξατο κέντρον ἐρώτων,
id est, dulcem amarum suscepit stimulum amoris. Verum ut id quod
aequum est iniquo praepollet, sic dulcedo amariciei in amore >.

1. Haec erat sors amantibus aptissima, quorum alii puellae prae-
claram faciem, alii insignem perfidiam per tumultum decantabant,
et inconstantiam subinde arguentes uociferabantur. Nam cum uita
hominum uariis casibus et fluxis mutationibus sit exposita[9], < et, ut
Iustinianus ait, nihil sit inter homines quod non subinde mutuetur, §
ut autem, de non alien. rebus ecclesiae col. 2 >,
    nullibi tamen tantae comperiuntur rerum uices, et fortunae quasi
aestus, quam in amore, cum mutabile mulierum genus sit, cap. forus, de
uerb. signific. Debuerunt saltem hae conuersiones rerum in amore propter
perfidiam quiescere, cum Amor deus sit, et dii nudam promissionem
tanti faciant quanti iusiurandum, can. iuramenti 22, q. 5. Deinde cum
amor a iure naturae omnibus insitus sit, ut paulo ante dixi, humanae
fidei nihil magis congruit quam pacta seruare l. 1 ff. de pact.

---

9   1553 *adiiciebat* : l. inter C. de usufr.

De même le mariage comporte des charges, et cela que l'on soit privé du fruit d'une descendance, ou que l'on élève des enfants (D. 25, 3, 8[95]). Voilà pourquoi enfin, chez Musée, Éro, persuadée par l'amoureux Léandre, « a ressenti l'aiguillon doux-amer de l'amour »[96]. Mais de même que l'élément d'équité l'emporte sur celui d'injustice, de même, en amour, la douceur prévaut sur l'amertume >.

1. Tel était le destin réservé aux amants : les uns célébraient le visage ravissant de l'aimée, d'autres dénonçaient bruyamment son insigne perfidie, et hurlaient qu'ils avaient des preuves de son inconstance. En effet, si la vie humaine est exposée à divers coups du sort et à d'incessantes modifications,
< et si, comme le dit Justinien, il n'y a rien d'humain qui ne soit sujet à de fréquents changements (*Novelle* 7, 2, pr. [97]) >,
nulle part cependant on ne trouve autant de vicissitudes et de fluctuations de la fortune qu'en amour, car les femmes sont changeantes (*Décrétales de Grégoire IX*, V, 40, 10[98]). Mais ces revirements amoureux pour cause de déloyauté auraient dû, à tout le moins, s'assoupir, puisque l'Amour est un dieu, et que les dieux font autant de cas d'une simple promesse que d'un serment (*Décret* II, 22, 5, 12[99]). Ensuite, puisque l'amour, ainsi que je l'ai dit un peu auparavant, est implanté chez tous les êtres par le Droit naturel, rien ne sied mieux à la bonne foi qui doit régner entre les hommes que le respect des pactes (D. 2, 14, 1, pr.[100]).

---

95 *Id quod filia parit* [...] **patri suo esse oneri.**

96 Vers 166.

97 *Quid enim erit stabile inter homines et ita immobile, ut nullam patiatur mutationem,* **cum omnis noster status sub perpetuo motu consistat** *?*

98 Il s'agit de justifier que les femmes ne sont pas admises à témoigner : **nam uarium et mutabile testimonium semper femina producit.**

99 *Et ideo* **Dominus inter iuramentum et loquelam nostram nullam uult esse distantiam,** *quia, sicut in iuramento nullam conuenit esse perfidiam, ita quoque in uerbis nostris nullum debet esse mendacium, quia utrumque, et periurium et mendacium, diuini iudicii poena damnatur, dicente Scriptura :* « *Os, quod mentitur, occidit animam* ».

100 *Quid enim tam* **congruens fidei humanae,** *quam ea quae inter eos placuerunt seruare ?*

Amor enim ut pactum in duorum consensu uersatur, eumque tantum desiderat, l. sufficit. ff. de sponsal.; l. mulierem ff. de rit. nupt., quibus in locis apparet inter absentes quoque, ut pactum quodlibet iniri, l. Labeo ff. de pact., utique uel per nuntium uel per epistolam. Quocirca Propertius lib. 3 ita de suis tabulis amissis inquit :

Illae iam sine me norant placare puellas.

Et Mercurii nuntii opera Iovem in Alcmenae complexum uenisse, Plautus lepide narrauit in Amphitruone sua.

2. < Sane mulier recipiens ab amante epistolam, protinus lacerare debet, alioquin tacens praesumitur adnuere, l. 18* ff. ad Macedoni. Nam licet taciturnitas non sit mera confessio, l. qui tacet ff. de regul. iur., tamen ipso facto retentae epistolae exaequat consensum, sicut etiam cum ab amico praesente sollicitatur, argumento l. sed ea* quae ff. de sponsalib. >.

Non desunt qui in d. l. 1 ff. de pact. minus perfecte pactum definiri sentiant, quia duorum pluriumue consensus in idem, uelut consensus ut Romam, uerbi gratia, eatur[10], pactum non sit, cum nullus promissionis tractatus intercesserit, argumento l. ut sit ff. pro socio ; ex quo factum est ut non indocti uiri, non pactum in d. l. 1, sed pactionem definiri existimarint.

---

10 eatur *scripsi* : datur *T* //

L'amour en effet, comme les pactes, repose sur le consentement de deux personnes, et n'a besoin que de cet accord (D. 23, 1, 4, pr. et 1[101] ; D. 23, 2, 5[102]) : car dans ces passages, il est clair que n'importe quel pacte peut également se conclure entre des absents (D. 2, 14, 2, pr.[103]), notamment par l'intermédiaire d'un messager ou d'une lettre. C'est pourquoi Properce, au livre III[104], dit à propos de ses tablettes perdues : *Elles savaient apaiser sans moi la colère des belles.*

Et c'est grâce au messager Mercure que Jupiter parvint jusque dans les bras d'Alcmène, comme Plaute l'a conté avec talent dans son *Amphytrion*.

2. < À coup sûr, la femme mariée qui reçoit la lettre d'un amoureux doit aussitôt la déchirer, sans quoi son silence fait présumer de son assentiment (D. 14, 6, 16[105]). Car bien que le silence ne constitue pas un aveu pur et simple (D. 50, 17, 142[106]), néanmoins, du fait même que l'on garde la lettre, il équivaut à un consentement : c'est comme quand l'amoureux est présent et réclame l'accord de sa belle (D. 23, 1, 12, pr.[107]) >.

Les commentateurs sont nombreux à considérer que la définition du pacte dans la loi déjà citée, D. 2, 14, 1, 2[108], est imparfaite, parce que l'accord de deux ou plusieurs personnes sur une même chose, comme par exemple si l'on se met d'accord pour aller à Rome, n'est pas un pacte, dès lors qu'il n'y a pas eu de promesse effective : pour preuve D. 17, 2, 31[109]. C'est pourquoi d'estimables savants ont considéré que dans cette loi[110], on ne trouve pas une définition du pacte, mais d'un simple accord.

---

101 *Sufficit **nudus consensus** ad constituenda sponsalia. 1. Denique constat et absenti absentem desponderi posse, et hoc cottidie fieri.*

102 ***Mulierem absenti per litteras eius uel per nuntium posse nubere** placet, si in domum eius deduceretur* [...] *deductione enim opus esse **in mariti**, non in uxoris **domum, quasi in domicilium matrimonii**.*

103 *Labeo ait **conuenire** posse uel re, uel per epistulam uel per nuntium **inter absentes quoque** posse. Sed etiam **tacite consensu conuenire** intelligitur.*

104 *Élégies* III, 23, v. 5.

105 *Si filius familias absente patre, quasi ex mandato eius pecuniam acceperit, cauisset et ad patrem litteras emisit, ut eam pecuniam in prouincia solueret, **debet pater, si actum filii sui improbat**, continuo testationem interponere contrariae uoluntatis.*

106 ***Qui tacet, non utique fatetur :** sed tamen uerum est eum non negare.*

107 *Quae patris uoluntati non repugnat, **consentire intelligitur**.*

108 ***Et est pactio duorum pluriumue in idem placitum et consensus.*** Un autre paragraphe de la même loi a effectivement déjà été cité : voir ci-dessus, note100.

109 *Vt sit pro socio actio, societatem intercedere oportet : **nec enim sufficit rem esse communem**, nisi societas intercedit* [...].

110 Voir ci-dessus note 108.

3. Quod quam parum uerum sit ostenditur, tum ex l. pactum ff. de pollicit., tum ex crebra usurpatione Iurisconsultorum, qui sine differentia et delectu uerbo « pacti » et « pactione » usi sunt, maxime in illo titulo de pactis, ut l. iurisgentium § sed cum nulla et § seq. et § pen. ; l. si unus § illud ff. eod. ; l. 1 C. de iur. emph. ; l. si quis maior C. de transact. ; l. 1 ff. de resc. uend.[11] ; l. sed si uir § si uir ff. de donat. inter uirum et uxo. ; nec oberit, quod pactum a pactione dicitur, d. l. 1 ff. de pact. Nam et donatio quasi doni datio appellata est, l. senatus ff. de donat. caus. : nihil tamen differunt.

< Quod si quis obiiciat pactum in pactionibus* scribi, l. fin. § pen. ff. de condit. indeb., respondebo tunc pactionem in genere accipi pro conuentione seu contractu, ut ibidem subiungit iurisconsultus, et l. 3 de usufr. ; sic poterat dixisse pactionem pactis inseri, cum et pactum generaliter sumi queat, l. traditionibus C. de pact. ; l. iurisgentium § ait praetor. ff. eodem >.

---

11   1553 *adiiebat* : l. 1 § sed an uiae ff. de pig.

3. Or l'on peut montrer à quel point cette assertion est inexacte, tant à partir de D. 50, 12, 3, pr.[111], qu'en se fondant sur l'usage commun des jurisconsultes, qui ont utilisé tout à fait indifféremment les mots *pactum* et *pactio*, en particulier dans le titre qui s'appelle justement « Des pactes » : voir D. 2, 14, 7, 4[112] ; D. 2, 14, 7, 5[113] ; D. 2, 14, 7, 18[114] et D. 2, 14, 27, 3[115] ; C. 4, 66, 1[116] ; C. 2, 4, 41, pr.[117] ; D. 18, 5, 1[118] ; D. 24, 1, 31, 4[119] ; et le fait que la loi déjà citée D. 2, 14, 1, 1[120] fasse dériver le mot *pactum* du mot *pactio* ne constituera pas un obstacle. En effet, la donation (*donatio*) aussi a tiré son nom du don d'un cadeau (*donum*) (D. 39, 6, 35, 1[121]), sans qu'il y ait entre les deux termes la moindre différence.

< Mais si l'on m'objecte que le *pactum* est ajouté aux *pactiones* (D. 12, 6, 67, 3[122]), je répondrai qu'en l'occurrence le mot *pactio* est pris dans le sens générique de convention ou de contrat, comme le jurisconsulte le précise dans le même passage, ainsi qu'en D. 7, 1, 3, pr. [123] ; il aurait pu aussi bien dire que la *pactio* est insérée dans les *pacta*, puisque le mot *pactum* peut également être pris dans un sens très général (C. 2, 3, 20[124] ; D. 2, 14, 7, 7[125]) >.

---

111 **Pactum est duorum consensus atque conuentio, pollicitatio uero offerentis solius promissum.**

112 *Sed cum nulla subest causa, propter conuentionem hic constat non posse constitui obligationem : igitur nuda* **pactio** *obligationem non parit, sed parit exceptionem.*

113 [...] *hoc non ualebit, ne* **ex pacto** *actio nascatur* [...].

114 [...] *quod in* **pacti** *exceptione admittendum est* [...].

115 *Illud nulla* **pactione** *effici potest, ne dolus praestetur, quamuis si quis paciscatur ne depositi agat, ui ipsa id pactus uideatur, ne de dolo agat ; quod* **pactum** *proderit.*

116 [...] *cuncta, quae inter utrasque contrahentium partes super omnibus uel etiam fortuitis casibus* **pactionibus** *scriptura interueniente habitis placuerint, firma illibataque perpetua stabilitate modis omnibus debeant custodiri : ita ut, si interdum ea, quae fortuitis casibus sicut eueniunt,* **pactorum** *non fuerint conuentione concepta* [...].

117 *Si quis maior annis aduersus* **pacta** *uel transactiones* [...].

118 [...] *pro una parte contrahentium abiri* **pacto** *ab emptione non possit ; et ideo si ab una parte renouatus sit contractus, dicitur non ualere eiusmodi* **pactionem** [...].

119 [...] *an uero ut ea sola* **pactio** *irrita sit, quemadmodum irrita esset, si post contractam emptionem nouo consilio inito id* **pacti** *fuisset actum* [...].

120 **Pactum autem a pactione dicitur** [...]. C'est un autre paragraphe d'une loi effectivement déjà citée (voir ci-dessus, notes 100 et 108).

121 **Donatio dicta est a dono quasi dono datum** [...].

122 [...] **pactum, quod in pactionibus* adscribi solet** *in hunc modum* « **ex hoc contractu nullam** *inter se controuersiam amplius esse* » [...]. On ne lit plus aujourd'hui la leçon *pactionibus* mais, avec le manuscrit de Florence, *pariationibus.*

123 [...] *sine testamento autem si quis uelit usum fructum constituere,* **pactionibus et stipulationibus** *id efficere potest.*

124 *Traditionibus et usucapionibus* **dominia rerum, non nudis pactis transferuntur.**

125 *Ait praetor :* **pacta conuenta,** *quae neque dolo malo, neque aduersus leges plebis scita senatus consulta decreta edicta principum, neque quo fraus cui eorum fiat facta erunt,* **seruabo.**

Restat iam, ut disquiramus quare Vlpianus, perquam liberalis in uerbis et edictorum interpretatione, promissionis mentionem nullam fecerit in pacti definitione, sine qua tamen nullum pactum esse exploratum est. Nam alias, aut dictum, aut quiduis aliud potius dici meretur quam pactio, l. sciendum § dictum ff. de aedilit. edict.

4. In hoc quaestionis genere animaduertendum puto solere iurisprudentes, et si qui alii non inferiores sunt, in definitionibus persaepe omittere ea quae necessario commode ac euidenter decet subintelligi. Itaque promissionis non meminit Vlpianus, quia cuique persuasum duxit sine promissione nullam pactionem inueniri posse. Consensum tantum duorum in idem expressit, ut a pollicitatione discrepare ostenderet, quae, licet promissionem habeat, tamen consensu duorum caret, l. pactum ff. de pollicit., ideoque imbecilla est. Ita M. Tullius li. 2 *De inuentione* : *pactum*, inquit, *est quod inter aliquos conuenit*, id est, quod promittendo conuenit ; alioquin non omnis conuentio pactum est, l. 1 § 1* ff. de pact., et Paulus in l. item si pretio ff. locat. : *quoties autem*[12] *faciendum aliquid datur locatio est* ; tacuit de mercede, sine qua nulla locatio est. Idem Tullius lib. 3 *Officiorum* : *est* autem *iusiurandum affirmatio religiosa* ; omisit numen diuinum in testem adduci debere, ut iuretur. Alias si quis affirmet Amorem esse deum, uel Deum esse aeternum, non continuo iurat.

---

12   autem *correxi* : etiam **T** //

Il nous reste à nous demander pourquoi Ulpien, qui n'est pourtant pas avare de paroles quand il s'exprime ni quand il interprète les édits, n'a pas, dans sa définition du pacte, mentionné la promesse, sans laquelle cependant, c'est bien connu, il n'y a pas de pacte. Car en l'absence de promesse, il vaut mieux parler d'assertion, ou de n'importe quoi d'autre, plutôt que de *pactio* (D. 21, 1, 19, 2[126]).

4. Dans ce genre de question, il faut signaler, je pense, que les juristes, et, éventuellement, d'autres qui ne leur sont pas inférieurs, omettent plus d'une fois, quand ils rédigent des définitions, ce que la commodité et l'évidence obligent à sous-entendre. Voilà pourquoi Ulpien ne mentionne pas la promesse : il a pensé que tout le monde savait parfaitement qu'on ne saurait trouver de *pactio* sans promesse. Il n'a expressément mentionné que l'accord de deux personnes sur un même point, pour bien marquer ce qui différencie le pacte de l'offre, qui contient bien une promesse, mais non pas l'accord de deux personnes (D. 50, 12, 3, pr.[127]) et, pour cette raison, n'a pas de force juridique. Voici ce que dit Cicéron, au livre II du *De l'invention*[128] : « un pacte est une convention conclue entre plusieurs personnes », c'est-à-dire, ce sur quoi on s'est mis d'accord avec promesse à l'appui ; une convention, au demeurant, n'est pas forcément un pacte (D. 2, 14, 1, 2[129]). Et Paul, en D. 19, 2, 22, 1[130] : « chaque fois, dit-il, que l'on donne un ouvrage à faire, il y a louage ». Mais il n'a pas mentionné le paiement, sans lequel il n'existe pas de louage. Cicéron encore, au livre III du *Des devoirs*[131] : « un serment, dit-il, est un acte religieux d'affirmation » : il a omis de dire que l'on doit absolument prendre à témoin la puissance divine pour qu'il y ait serment[132]. Autrement, si quelqu'un se contente d'affirmer que l'Amour est un dieu, ou même que Dieu est éternel, il ne fait pas pour autant un serment.

---

126 *Dictum a promisso sic discernitur : **dictum accipimus, quod uerbo tenus pronuntiatum est nudoque sermone finitur ; promissum autem potest referri et ad nudam promissionem siue pollicitationem uel ad sponsum.***

127 Voir ci-dessus note 111.

128 *De inuentione*, II, 54.

129 Voir ci-dessus note 108.

130 *Quotiens autem faciendum aliquid datur, locatio est.*

131 *De Officiis*, III, 29. Cicéron a écrit *enim* et non *autem*.

132 Cicéron écrit en effet : *est enim ius iurandum affirmatio religiosa ; quod autem affirmate **quasi deo teste** promiseris, id tenendum est.*

< Sic in l. 1 de seruit. rustic. : *iter est ius eundi, actus ius agendi* ; tacuit Vlpianus ibi, per alienum praedium, quod in aquae ductum non omisit >.

Quapropter nemo nouum esse arbitretur aliqua suppleri definitionibus, cum euidentissime requiruntur, l. honor. § munus ff. de munerib., ubi Accurs. in uerbo « cum sumptu », et in l. 1 ff. de furt. in uerbo « rei ».

< Vel consensus pactionem solam respiciet, ut colloquium, nam « loqui » cum aliquo, pro « pacisci » inuenio, l. ab accusatione ff. ad Turpili. ; et certe dici potest consensum in definitione angustari ad illum qui habet promissionem tantum, ut in l. haeredes § non tantum ff. famil. hercisc., ubi, cum duobus res eadem legatur, hi non consensu coniunguntur, sed re, id est, non pacto sed re legata acceptaque una a consentientibus. Et quare consensus non stringetur, cum conuentio, qua nihil spectet[13] amplius, siue ad corpus siue ad animum transferatur, pactionem seu contractum peculiariter inferat, l. 1 § 1 ff. de pact. ;

---

13   spectet *scripsi* : pactet *T* //

< De même en D. 8, 3, 1, pr.[133] : « la servitude de passage est le droit de passer ; la servitude de chemin est le droit de faire cheminer des bêtes de somme ». Ici Ulpien a omis d'ajouter « à travers le fonds d'autrui », alors qu'il l'a précisé à propos de la servitude d'aqueduc[134] >.

C'est pourquoi personne ne trouve étrange de suppléer quelques éléments dans les définitions, quand, de toute évidence, ils sont indispensables : voir Accurse en D. 50, 4, 14, 1[135], à l'expression « avec engagement de dépenses », et en D. 47, 2, 1, 3[136], au mot « de la chose ».

< Ou bien[137] le mot *consensus* ne visera que la seule *pactio*, comme dans le cas des pourparlers : en effet, je trouve l'expression « parler avec quelqu'un » au sens de « conclure un pacte » (D. 48, 16, 6, pr.[138]) ; et assurément, l'on peut dire que ce mot, dans la définition (du pacte), est pris en un sens restrictif et concerne le seul bénéficiaire d'une promesse ; ainsi, en D. 10, 2, 25, 16[139] : quand une même chose est léguée à deux personnes différentes, elles ne sont pas réunies par un *consensus*, mais par la chose elle-même, c'est-à-dire, non pas par un pacte, mais par le legs qu'elles ont simultanément consenti à accepter. Et c'est pourquoi le mot *consensus* ne sera pas pris en un sens restreint dès lors qu'une convention, qui constitue son indépassable horizon, et cela qu'elle porte sur une chose corporelle ou incorporelle, donne lieu spécifiquement à un pacte ou à un contrat (D. 2, 14, 1, 1[140]) ;

133 **Iter est ius eundi** *ambulandi homini, non etiam iumentum agendi.* **Actus est ius agendi** *uel iumentum uel uehiculum* [...].
134 *Ibidem :* [...] *Aquae ductus est ius aquam ducendi* **per fundum alienum.**
135 *Publicum munus dicitur, quod in administranda re publica* **cum sumptu** *sine titulo dignitatis subimus.* Accurse glose en effet : *haec uerba quidam* **abundare** *putant.*
136 **Furtum est contractatio rei** *fraudulosa lucri faciendi gratia uel ipsius rei uel etiam usus eius possessionisue.* La glose indique qu'après *rei*, il faut suppléer : *mobilis, alienae* et *corporalis.*
137 Dans ce passage, rédigé après le première édition, Forcadel creuse la question de savoir pourquoi Ulpien n'a pas mentionné la promesse dans sa définition du pacte, et il envisage méthodiquement deux raisons possibles, et antithétiques, introduites chaque fois par la particule *uel* : la première, qui fait ici l'objet de l'argumentation la plus développée, c'est que le mot *consensus* a été employé dans un sens restrictif qui impliquerait donc l'idée de promesse réciproque, la seconde, c'est qu'au contraire, il l'a été dans un sens large, qui entendrait alors profiter des connotations de promesse réciproque contenues dans l'idée même de convention. Il affine donc considérablement son approche antérieure, au terme de laquelle il se contentait de rappeler qu'une convention n'est pas forcément un pacte.
138 *Ab accusatione destitit,* **qui cum aduersario suo** *de compositione eius criminis quod intendebat* **fuerit locutus.**
139 [...] *si duobus res legata sit : nam et* **hos coniunxit ad societatem non consensus, sed res.**
140 Voir ci-dessus, note 110.

ideo loco placiti ponitur in lege pactum de pollicit. ff. Sic nemo nescit placitum dici de eo, quod generaliter libuerit : tamen restringitur ad pactionis uoluntatem, l. diuisionis ff. de pact. ; l. cum te C. de transact. Nec ob aliud « placitum » et « consensus » copulantur in d. l. 1 de pact., aut « consensus » et « conuentio » in d. l. pactum de pollicit., quam ut res magis explicaret, l. 1 § sed sciend. ff. de aedil. edict. ; sic « uis » et « potestas » in l. 1 ff. de tutel., ubi Accursius perperam putat esse figuram endyadim. Vel forte opportune consensus exprimitur in pacti definitione, ut complectatur tam promissionis effectum, sicut dixi, quam confessionem, sine euidenti promissione, natura tamen conuentionis fretam, in lege tale pactum ff. de pact. Sicut etiam cum res, de qua est controuersia, sequestro datur : ubi nulla est promissio, sed tamen est depositum l. proprie ff. deposit. >.

il est donc employé à la place du mot « décision » en D. 50, 12, 3, pr.[141] De la même façon, personne n'ignore que le terme « décision » désigne, en général, ce qu'il nous a plu de faire ; et cependant, le mot désigne restrictivement la volonté de conclure un pacte en D. 2, 14, 45[142] ou en C. 2, 4, 5[143]. C'est uniquement pour plus de clarté (voir D. 21, 1, 1, 7[144]) que les termes « décision » et « accord » figurent conjointement dans la loi déjà citée D. 2, 14, 1, 1[145], ou encore « accord » et « convention » dans la loi déjà citée D. 50, 12, 3 pr.[146] ; il en est de même pour les mots « force » et « pouvoir » en D. 26, 1, 1, pr.[147], où Accurse considère, à tort, qu'il s'agit d'une figure, c'est-à-dire d'un hendyadin. Ou peut-être le mot *consensus* est-il opportunément employé, dans cette définition du pacte, pour recouvrir aussi bien, comme je l'ai dit, le résultat d'une promesse, que l'aveu de son existence : sans qu'elle soit mise en évidence, la promesse est néanmoins fondée sur la nature même de la convention (D. 2, 14, 40, pr.[148]). De même, aussi, quand une chose litigieuse est mise sous séquestre : il n'y a là aucune promesse, et pourtant, bel et bien, un dépôt (D. 16, 3, 6[149]) >.

---

141 Voir ci-dessus, note 111.

142 *Diuisionis **placitum**, nisi traditione uel stipulatione sumat effectum, ad actionem, ut nudum pactum, nulli prodesse poterit.*

143 *Cum te transegisse cum herede quondam tutoris tui profitearis, si id post legitimam aetatem fecisti, frustra desideras, **ut a placitis recedatur** [...].*

144 *Ego puto aediles **tollendae dubitationis gratia bis** κατὰ τοῦ αὐτοῦ **idem dixisse**, ne qua dubitatio superesset.*

145 Voir ci-dessus note 110.

146 Voir ci-dessus note 111.

147 *Tutela est, ut Seruius definit, **uis ac potestas** in capite libero ad tuendum eum, qui propter aetatem sua sponte se defendere nequit, iure ciuili data ac permissa.* Accurse glose : *id est, uiolenta potestas, quia datur inuitus et inuito.* Cujas stigmatisera aussi cette interprétation : *qua interpretatione nihil insulsius, et dedignor hic addere plura.*

148 *Tale **pactum** « **profiteor** te non teneri » non in personam dirigitur, sed cum generale sit, locum inter heredes quoque litigantes habebit.*

149 *Proprie autem **in sequestre est depositum**, quod a pluribus in solidum certa condicione custodiendum reddendumque traditur.*

5. De his ego parcius dixissem, nisi ad amoris definitionem quoddammodo exspectarent, qui apud Platonem nihil est aliud quam pulchri desiderium. Nam profusior uidetur haec definitio, eo quod amicitiam complectitur, quae ab amore denominata est, ut scribit Cicero in *Laelio*. Praeterea desiderium sapientiae et diuitiarum rei pulchrae est, sed non ideo amor uocabitur, et oportet suppleri definitioni desiderium tale, ad sobolem edendam facere. Quodquidem in eiusdem Platonis *Conuiuio* Socrates se ex Diotima fatidica didicisse fatetur, dum ait pulchrius nihil esse liberorum generatione, per quam mortale genus successione immortale efficiatur, l. liberorum § fin. de uerbor. signif., cum propterea animantia quaeque prolis sollicitudine teneantur, quo opere quid potest esse dulcius, diuinius aut pulchrius,

[14] < siue faciem spectes humanam coeli pulchritudini accedentem, l. si quis C. de poenis, siue mentem in capite tanquam in arce locatam : qua sit, ut homo ad imaginem et similitudinem Dei creatus dicatur, *Genesis* 1 cap. >.

---

14   1553 : Nam pulchri nomen sic restringi docet, ut poetae, quod proprie factorem significat, et in iure uerbum lego, l. uerbis ff. de uerb. signif., est creditum pro mutuo, l. 1 ff. de reb. cred., l. si uentri § in bonis ff. de priuil. credit.

5. Je me serais moins étendu sur ces questions, si elles n'avaient pas trait, d'une certaine manière, à la définition de l'amour, qui, chez Platon, n'est rien d'autre que le désir du Beau[150]. Or cette définition semble trop extensive, car elle inclut aussi l'amitié, qui tire son nom de l'amour, comme l'écrit Cicéron dans *Laelius*[151]. En outre, le désir de la sagesse et des richesses est bien celui d'une belle chose, mais on ne l'appellera pas pour autant « amour » ; aussi faut-il suppléer dans cette définition le désir de procréer, et c'est précisément ce que, dans le *Banquet* du même Platon[152], Socrate dit avoir appris de la prophétesse Diotime : elle lui explique en effet qu'il n'y a rien de plus beau que la procréation, qui, par la succession des générations, rend le genre humain immortel (D. 50, 16, 220, 3[153]), puisqu'elle oblige tous les êtres vivants à prendre soin de leurs rejetons, et qu'aucune tâche ne pourrait être plus douce, plus divine ou plus belle,

< que l'on considère le visage de l'être humain, qui évoque la beauté céleste (C. 9, 47, 17[154]), ou son intelligence, qui est logée dans sa tête comme dans une citadelle ; et c'est pourquoi, au premier chapitre de la *Genèse*[155], il est dit que l'homme a été créé à l'image et à la ressemblance de Dieu >.

---

150 *Banquet*, 205 d : Τὸ μὲν κεφάλαιόν ἐστι πᾶσα ἡ τῶν ἀγαθῶν ἐπιθυμία [...].

151 Chapitre 8 : *Amor enim, ex quo amicitia nominata est* [...].

152 Voir 206 e : « Par conséquent, Socrate, l'objet de l'amour, ce n'est pas la beauté, comme tu l'imagines. Et qu'est-ce donc ? C'est la génération, et la production dans la beauté ».

153 *Praeter haec omnia natura nos quoque docet parentes pios, qui liberorum procreandorum animo et uoto uxores ducunt, **filiorum appellatione omnes qui ex nobis descendunt continere** : nec enim dulciore nomine possumus nepotes nostros quam filii appellare. Etenim idcirco filios filiasue concipimus atque edimus, **ut ex prole eorum earumue diuturnitatis nobis memoriam in aeuum relinquamus**.*

154 Il s'agit de l'interdiction de marquer au visage les condamnés aux travaux forcés : ***facies, quae ad similitudinem pulchritudinis caelestis est figurata**, minime maculetur.*

155 Verset 27 : « Dieu créa l'homme à son image [...] ».

6. Vel adhuc licebit dicere in amore semper pulchrum desiderari opinione amantis scilicet. Placuit Perseo nigra illa Andromeda, Aethiopum regis filia, quam ante a Cupidine ipso dilectam Caesar Germanicus tradit : quia forte candidi esset animi, et utriusque amantis existimatione pulcherrima, ut l. miles § mulier ff. de adult., Accursius in uerbo « nuptiis » ; l. actionum § ex contractu ff. de action. ; et ius praetorium, quia iustum esse solet uel debet, l. pen. ff. de iustit. et iure ; et Theocritus in *Ecloga* 6, ἔρωτι […] τὰ μὴ καλὰ, καλὰ πέφανται, id est, *Amori non pulchra esse pulchra apparuerunt.*

7. Pactum a pace deduxit Isodorus, cap. pactum de uerb. signifi., ne mirum sit pacta amantium non seruari, cum pax eorum paruo ducet tempore, uigent bella, et quaedam induciae, mox utcumque redeunt in gratiam et, ut Publilius[15] dicebat,

---

15   Publilius *scripsi* : Publius *T* //

6. Ou bien encore, on pourra dire que l'amour est invariablement le désir du Beau, si du moins l'on en croit les amoureux. Ainsi Persée fut-il séduit par Andromède, la fille du roi d'Éthiopie, qui avait la peau noire, et, auparavant, Cupidon lui-même en était tombé amoureux, comme l'empereur Germanicus le rapporte dans ses *Phénomènes d'Aratos*[156], peut-être parce que son âme était parfaitement candide ; en tout cas, aux yeux de ses deux amants, elle était très belle : voir, de même, dans la loi D. 48, 5, 12, 12[157], la glose d'Accurse au mot « mariage » ; D. 44, 7, 25, 1[158] ; et aussi le Droit prétorien, parce qu'il est ordinairement juste ou qu'il doit l'être (D. 1, 1, 11[159]), et enfin Théocrite dans l'*Élégie* 6[160] : *Aux yeux de l'amour, la laideur est beauté.*

7. Isidore fait venir le mot « pacte » du mot « paix » (*Décrétales de Grégoire IX*, V, 40, 11[161]) : rien d'étonnant, donc, si les amoureux ne respectent pas leurs pactes, puisqu'ils ne sont jamais longtemps en paix, mais qu'ils se font activement la guerre, avec cependant quelques trêves ; quoi qu'il en soit, ils rentrent vite en grâce, et, comme le disait Publilius[162],

---

156 La référence est surprenante (sauf à la déplacer pour qu'elle porte uniquement sur le membre de phrase « Persée […] peau noire », car Germanicus, lorsqu'il évoque Andromède aux v. 199 *sq.*, ne parle absolument pas de Cupidon. Du reste, les *Ephemerides sacrae et profanae* […] du bénédictin Emmanuel de Villaroel (Madrid, 1730, p. 166) réservent la mention, entre autres, de Germanicus, au récit beaucoup plus connu du sauvetage d'Andromède par Persée, après avoir rapporté, sans précision de sources, le récit relatif à Andromède et Cupidon : *De constellatione Andromedae etiam fabula : igitur cum a **Cupidine adamata esset**, et repulisset (imo dolo superasset, cum puer esset et caecus, quippe surripuit sagittas, quas oscitantem in ipsum retorsit*. Suit la référence à un emblème d'Achille Bocchi (voir ses *Symbolicae quaestiones*, Bologne, 1555, image VI, intitulée *Riualitas Cupidinis durissima*), et la citation du poème qui suit la gravure et rappelle qu'Andromède s'était jouée de Cupidon, lui dérobant ses flèches et en lui retournant contre lui.

157 Il s'agit de la femme qui, s'étant crue veuve, s'est remariée, et dont le mari revient. Le sort qui lui est réservé dépend de la bonne foi avec laquelle elle a contracté ce nouveau mariage. Si la bonne foi est établie, *fama publica excusat a dolo*, mais Accurse exige pour cela que le premier époux ait été réputé mort pendant au moins dix ou vingt ans.

158 *Ex contractu actio est, quotiens quis sui lucri causa cum aliquo contrahit, ueluti emendo uendendo locando conducendo et ceteris similibus. Ex facto actio est, quotiens ex eo teneri quis incipit, quod ipse admisit, ueluti furtum uel iniuriam commisit uel damnum dedit. In factum actio dicitur, qualis est exempli gratia actio, quae datur patrono aduersus libertum, a quo contra edictum praetoris in ius uocatus est.*

159 Voir ci-dessus note 11. Suite de la loi : […] *Praetor quoque ius reddere dicitur etiam cum inique decernit, relatione scilicet facta non ad id quod ita praetor fecit, sed ad illud **quod praetorem facere conuenit**.*

160 v. 18-19.

161 *Pactum dicitur inter partes ex pace conueniens scriptura, legisbus ac moribus comprobata ; (et) **dictum pactum, quasi ex pace factum.***

162 Voir les *Sentences* de Publilius Syrus.

Discordia fit charior concordia.

Sane Vlpianus maluit a pactione pacem deducere, l. 1 ff. de pact. : *Pactum*, inquit, a *pactione dicitur*, unde et *pacis nomen appellatum est* ; nisi sic intelligas, pactum esse appellatum nomen pacis, id est, nomen ad pacem faciens, siue pacificum, quia pacto et foedere saepissime a bello disceditur. Vt cum

[16] < apud Aelium Spartianum, Verus imperator, obiurgatus ab uxore propter exteros amores, respondit >,

uxorem esse nomen dignitatis, non uoluptatis. Et plenae sunt sacrae literae hoc genere locutionis : ut « labium ueritatis » *Prouerbiorum* 12 cap. pro « labio ueraci », et, cap. 4, « panis impietatis », pro « impie quaesito ». Vel forte nomen pactionis ante pacem fuit, quia quo primum tempore pax esse coepit, conuentione ducum facta est, l. conuentionum ff. de pact., quamuis postea per uictoriam in pacem itum sit. Pacem, inquit Festus Pompeius, a pacis condicione putat dictam Asinius Capito, quae utrique inter se populo sit obseruanda. Cicero lib. 10 *Epistolarum* : *aut*, inquit, *positis armis pacem petere debent, aut, si pugnantes eam postulant, uictoria pax, non pactione parienda est.* Sic a iustitita ius dicitur, l. 1 ff. de iustit et iur., quia prius fuit iustitia quam ius ciuile, quod eam imitatur.

---

16   1553 : dicimus.

La discorde rend plus précieux le retour de la concorde.

Ulpien a eu raison de préférer faire dériver le mot « paix » du mot *pactio* (D. 2, 14, 1, 1[163]) : « Le *pactum*, dit-il, tire son nom de la *pactio*, qui donne également son nom au mot paix » ; à moins qu'on ne comprenne[164] que le pacte est appelé « nom de paix », c'est-à-dire un nom créateur de paix, ou pacificateur, car le plus souvent c'est par un pacte et un traité qu'on met fin à la guerre. Ainsi,

< selon Aelius Spartanus[165], l'Empereur Verus, à qui sa femme reprochait ses aventures amoureuses, lui répondit que >

le nom d'épouse était un « nom d'honneur » et non pas de plaisir. Et les Saintes Écritures sont remplies d'expressions de ce type, comme « lèvre de vérité » pour « lèvre véridique » (*Proverbes*, chap. 12), ou « pain d'impiété » pour « pain obtenu de façon impie » (*ibidem*, chap. 4). Ou peut-être, si le nom de pactisation a précédé celui de paix, c'est parce que la première fois que la paix se manifesta, elle résulta d'une convention entre chefs de guerre (D. 2, 14, 5, 1[166]), même si, par la suite, ce fut par la victoire que l'on arriva à la paix. « Asinius Capito, dit Festus[167], pense que la paix est appelée ainsi à cause de la convention de paix que chacun des peuples contractants a l'obligation de respecter ». Quant à Cicéron, au livre X de sa *Correspondance*[168] : « de deux choses l'une, dit-il : ou il leur faut déposer les armes avant de demander la paix, ou, si l'on veut continuer le combat, c'est par la victoire, et non par une pactisation, qu'il faut obtenir la paix ». De même, le Droit tire son nom de la Justice (D. 1, 1, 1, pr.[169]), car la Justice a précédé le Droit civil, qui se modèle sur elle.

---

163 Voir ci-dessus note 120. [...] (*inde etiam pacis nomen appellatum est*).

164 La phrase latine peut en effet être comprise de deux manières. Soit on considère que *inde* renvoie à *pactione*, et que *pacis nomen* est le sujet de *appellatum est* (c'est la traduction ordinaire), soit (c'est la suggestion, justifiée par le modèle des hébraïsmes, mais sans doute trop ingénieuse, de Forcadel) on considère que *pactum* est le sujet du verbe *appellatum est*, et *nomen pacis* l'attribut de ce sujet.

165 Voir *Histoire Auguste, Vie d'Aelius Verus*, chapitre 5.

166 *Publica conuentio est quae fit per pacem, quotiens inter se duces belli quaedam paciscuntur.*

167 *De significatione uerborum*, livre XIV, vº PAX : **Pacem a pactione conditionum putat dictam Sinnius Capito, quae utrique inter se populo sit observanda.**

168 X, 6, lettre à Plancus.

169 < Ius > [...] *est autem a **iustitia** appellatum* [...].

Hactenus pacta tractasse sufficere uidebatur, cum perdulcis et mellitus aliquot cygnorum in ripa florenti stantium cantus me cogit diuertere, quem, licet non morituri, iuxta aquas perspicuas labentis fluuii simul ediderunt. Eos esse suspicor qui Horatii testimonio, Venerem in Paphum et Gnidum uehere consuerunt.

8. Sed non erit alienum ab instituto, quoniam de pactis amatoriis propositum est, explicare l. 1 C. de dot. promissio., in qua interpretes errant diligentissime, dum illam l. cum post § genere ff. de iure dotium, in concordiam redigere conantur. Probatur hic ita faueri dotibus, per quas optimi amores, hoc est matrimonia, iuuantur, ut promissio dotis in genere ualeat ; at non ualere mauult d. l. 1 C de dot. promissi. Fuere qui existimarent § gener. de patre dotem promittente intelligi, cui incumbit filiam dotare, l. fin. C. de dot. promiss., sed d. l. 1 de filia loqui, quae cum nubit dotem pollicetur. Hoc displicuit Accursio, mihi etiam placere non potest. Quis enim pater tam tenetur filiae, quam filia sibi, potissimum in dote, l. cum is § si in ea ff. de condic. indeb. ? Euripides in *Medea* :
Ὡς πᾶς τις αὑτὸν τοῦ πέλας μᾶλλον φιλεῖ,
id est, *quod se ipsum quiuis plus amat quam proximum.*

À ce point, j'en avais, me semblait-il, dit suffisamment sur les pactes, quand le chant doux et suave de quelques cygnes qui se tenaient sur la rive fleurie vint détourner mon attention. Ce chant, les cygnes l'entonnèrent ensemble au bord de l'eau transparente de la rivière, et pourtant ils n'étaient pas du tout à l'agonie. J'imagine qu'il s'agissait de ceux qui, au témoignage d'Horace[170], avaient l'habitude de conduire Vénus à Paphos et à Gnide.

8. Mais, puisque je me suis proposé de traiter des pactes amoureux, je ne m'éloignerai pas de mon sujet en expliquant la loi C. 5, 11, 1[171], sur l'interprétation de laquelle les commentateurs se trompent consciencieusement, en tentant de la concilier avec D. 23, 3, 69, 4[172]. Cette loi prouve que le législateur encourage les constitutions de dots – parce qu'elles favorisent les amours de la meilleure qualité, c'est-à-dire les mariages –, au point de rendre valide une promesse générale de dot, tandis que la loi citée du *Code* préfère l'invalider. Certains ont considéré que la loi du *Digeste* concerne la promesse de dot faite par le père, à qui il incombe de doter sa fille (C. 5, 11, 7, 2)[173], tandis que la loi déjà citée C. 5, 11, 1[174] parle de la fille, qui, au moment de son mariage, promet de verser une dot. Cette interprétation a déplu à Accurse, et ne peut pas non plus m'agréer. Quel père est en effet attaché aux intérêts de sa fille autant que la fille à ses propres intérêts, surtout lorsqu'il s'agit de sa dot ? Voir Euripide dans *Médée*[175] :
Comme chacun se préfère lui-même à son prochain.

---

170 Voir *Odes* III, 28, v. 13-15 : *Quae Cnidon / fulgenrisque tenet Cycladas et Paphum / Iunctis uisit oloribus.*

171 *Frustra existimas actionem tibi competere, quasi promissa dos tibi nec praestita sit, cum neque species ulla nec quantitas promissa sit, sed hactenus nuptiali instrumento adscriptum, quod ea quae nubebat dotem dare promiserit.*

172 *Gener a socero dotem arbitratu soceri certo die dari, non demonstrata re uel quantitate, stipulatus fuerat : arbitrio quoque detracto stipulationem ualere placuit, nec uideri simile, quod fundo non demonstrato nullum esse legatum uel stipulationem fundi constaret, cum inter modum constituendae dotis et corpus ignotum differentia magna sit : dotis etenim quantitas pro modo facultatium patris et dignitate mariti constitui potest.*

173 *[...] Neque enim leges incognitae sunt, quibus cautum est omnimodo paternum esse officium dotes uel ante nuptias donationes pro sua dare progenie [...].*

174 Voir ci-dessus note 171. Au mot *dotem*, Accurse glose en effet : *uel tertio ibi pater promisit, cuius officium est dotare, hic extraneus ; quae non placet : nam et hic mulier ipsa promittebat.*

175 Vers 86.

Insuper in d. § gener de tutore in genere dotem promittente agitur, non modo de patre. Accedit illud, quod, tametsi paterni officii sit dotem assignare filiae, hoc quidem maxime uerum est cum dos promittenda uenit, at cum semel promissa est, perinde extraneus quilibet tenetur, l. si donaturus, § fi. ff. de condic. caus. dat. ; denique, in d. § gener., nihil prorsus discriminis assignatur inter patrem et reliquos, sed inter promissionem fundi in genere, quae inutilis est, et dotis, quae modum capit dignitate et opibus uiri.

< Alii modestiores, sed post Accursium, dixere id cautum in d. l. 1 C. de dot. promiss. ne duo specialia concurrerent, nempe nuda promissio actioni pariendae sufficiens, et incertitudo quantitatis. Caeterum nemo nescit duo circa idem posse concurrere specialia, siue ut pactum ad agendum sufficiat, siue ut, scriptum cum fuerit, sit loco stipulationis, aut quidlibet aliud singulare, ut liquet in l. cum duae ff. de captiuis, et in hanc ipsam dotem, ut praesumpta stipulatio de restitutione eius, l.1 C. de rei uxor. act. ; et ibidem, quod sit bonae fidei contra naturam stipulationis ; utque mariti bona hypothecae sint, legis raro priuilegio ;

De plus, dans la loi D. 23, 3, 69, il est question du tuteur qui fait une promesse générale de dot, et pas seulement du père[176]. Ensuite, bien que le père ait le devoir de fournir une dot à sa fille, c'est surtout vrai quand il s'agit encore d'une promesse à venir : car, une fois que la dot a été promise, n'importe qui d'autre que le père est tenu de la fournir (D. 12, 4, 9, 1[177]). Enfin, la loi déjà citée D. 23, 3, 69, 4[178] ne fait absolument aucune différence entre le père et les autres, mais entre la promesse générale d'un fonds de terre, qui n'est pas valide, et celle d'une dot, dont le montant dépend du rang et des ressources du mari.

< D'autres, plus raisonnablement, mais ils venaient après Accurse, ont dit que la loi C. 5, 11, 1[179] se préoccupe d'éviter le cumul de deux spécifications, à savoir, d'un côté, une simple promesse qui, effectivement, suffit pour fonder une action, et, de l'autre, l'incertitude sur le montant promis. Personne n'ignore, cependant, que deux spécifications peuvent être cumulées sur un même objet, soit pour que le pacte permette à lui seul d'engager une action, soit pour qu'une fois mis par écrit, il donne lieu à une stipulation, ou à tout autre disposition particulière, comme il apparaît clairement dans la loi D. 49, 15, 14, pr.[180], et, s'agissant de la dot elle-même, pour que soit présumée une stipulation relative à sa restitution (C. 5, 13, 1, pr.[181]) ; et, dans cette même loi, pour que l'action issue de la stipulation soit considérée comme une action de bonne foi, ce qui va à l'encontre de la nature de la stipulation[182], et aussi pour qu'en vertu d'un rare privilège législatif, les biens du mari soient hypothéqués en garantie[183] ;

---

176   Voir, en effet, au § 5 de la loi déjà citée à la note 172 : *Nuptiis ex uoluntate patris puellae cum filio tutoris iure contractis* **dos** *pro modo facultatium et dignitate natalium* **recte per tutorem constitui potest.**

177   *Si quis indebitam pecuniam per errorem iussu mulieris sponso eius promisisset et nuptiae secutae fuissent, exceptione doli mali uti non potest : maritus enim suum negotium gerit et nihil dolo facit nec decipiendus est* [...].

178   Voir ci-dessus note 172.

179   Voir ci-dessus note 171.

180   *Cum* **duae species postliminii** *sint, ut aut nos reuertamur, aut aliquid recipiamus : cum filius reuertatur,* **duplicem in eo causam esse oportet postliminii,** *et quod pater eum reciperet et ipse ius suum.*

181   [...] *Rei uxoriae itaque actione sublata sancimus,* **omnes dotes per ex stipulatu actionem exigi,** *siue scripta fuerit stipulatio, siue non,* **ut intellegatur re ipsa stipulatio esse subsecuta** [...].

182   Voir le § 2 de C. 15, 3, 1 : *Sed* **etsi non ignoramus ex stipulatu actionem stricto iure esse uallatam et non ex bona fide descendere,** *tamen, quia nouam naturam de dote stipulatio sibi inuenit, accommodetur ei a natura rei uxoriae etiam* **bonae fidei beneficium.**

183   Voir le § 1b de C. 15, 3, 1 : *Et ut plenius dotibus subueniatur* [...] **tacitas hypothecas inesse accipimus,** *ita et in huiusmodi actione damus ex utroque latere hypothecam, siue* **ex parte**

sed et quarto, ut antiquioribus creditoribus praeferatur, § fuerat, de actionib. >.

9. Mihi, quod aliorum pace fiat, uidetur in l. 1 C. de dot. promissio. non dubitari quin dotem metiamur pro uiri natalibus et fortunis, sed dubitari de muliere, quae dotem spoponderat in genere, a qua uir ipse omnes omnino facultates dotis nomine petebat, dicens nulla lege prohiberi quominus omnia mulieris bona doti esse possint, l. nulla C. de iur. dot. ; proinde hac spe se allectum ad mulierem ducendam, cuius deformissimae pulcherrimis diuitiis inhiabat. Contra diues mulier arctari generalem promissionem uolebat ad dotem uiro dignam, ut l. si ex causa § 1 ff. de minorib. ; l. quaero ff. de iur. dot., et haec obtinuit, cui Imperator respondit frustra factam dotis promissionem, non quia ad uirum aliquam dotem ferre non obligetur, sed quia modum aliquem dotis praescribi oporteat. Itaque promissio dotis uel nuda ualet, l. ad exactionem C. de dot. promiss., sed nimis diffuse eam accipi aequum non est. Hoc innuit, cum ait : *frustra existimas tibi actionem competere, quasi promissa dos nec praestita sit.* Hoc est, de promissione quin ualeat dubium non est, sed frustra nimiam dotem tibi praestandam esse opinaris.

enfin, en quatrième lieu, pour que la femme ait la priorité sur les créanciers antérieurs (*Institutes*, IV, 6, 29[184]) >.

9. Quant à moi, avec la permission des autres interprètes, je suis d'avis que la loi C. 5, 11, 1[185] ne met pas en doute le fait que la dot doit être calculée en fonction du rang et de la fortune du mari, mais que le doute porte sur le cas de la femme qui avait fait une promesse générale de dot, et à laquelle le mari lui-même demandait de lui donner, à titre de dot, la totalité de ses ressources, en disant qu'aucune loi n'empêchait d'affecter à la dot tous les biens de la femme (C. 5, 12, 4[186]). Et c'était cette espérance qui l'avait engagé à épouser une femme très laide, mais dont il convoitait la très belle fortune. Au contraire, la femme riche voulait que la promesse générale de dot fût restreinte à un montant convenable pour le mari, comme dans D. 4, 4, 9, 1[187], ou D. 23, 3, 60[188], et elle obtint gain de cause, car l'Empereur lui répondit qu'elle avait fait une promesse inutile, non qu'elle ne fût tenue de d'apporter une dot à son mari, mais parce qu'il convenait d'assigner une limite au montant dû. Ainsi, la promesse de dot, même toute simple, est valable (C. 5, 11, 6)[189], mais il n'est pas équitable de lui donner une acception trop extensive. C'est ce que l'Empereur a voulu dire, en affirmant[190] : « vous avez tort de croire, en arguant du fait que la dot promise ne vous a pas été donnée, que vous disposez d'une action », autrement dit, « il est indubitable que cette promesse est valide, mais vous avez tort de croire que l'on doit vous fournir une dot d'un montant excessif ».

---

mariti pro restitutione dotis siue ex parte mulieris pro ipsa dote praestanda [...].

184 *Fuerat antea et rei uxoriae actio ex bonae fidei iudiciis : sed cum, pleniorem esse ex stipulatu actionem inuenientes, omne ius quod res uxoria ante habebat cum multis diuisionibus in ex stipulatu actionem, quae de dotibus exigendis proponitur, transtulimus, merito rei uxoriae actione sublata, ex stipulatu, quae pro ea introducta est, naturam bonae fidei iudicii tantum in exactione dotis meruit ut bonae fidei sit ; sed et tacitam ei dedimus hypothecam : praeferri autem aliis creditoribus in hypothecis tunc censuimus, cum ipsa mulier de dote sua experiatur, cuius solius prouidentia hoc induximus.*

185 Voir ci-dessus note 171.

186 *Nulla lege prohibitum est uniuersa bona in dotem marito feminam dare.*

187 *In dotis quoque modo mulieri subuenitur, si ultra uires patrimonii uel totum patrimonium circumscripta in dotem dedit.*

188 *Quaero, quantae pecuniae dotem promittenti adultae mulieri curator consensum accommodare debeat. Respondit : modus ex facultatibus et dignitate mulieris maritique statuendus est, quousque ratio patitur.*

189 *Ad exactionem dotis, quam semel praestari placuit, qualiacumque sufficere uerba censemus, siue scripta fuerint, siue non, etiamsi stipulatio in pollicitatione rerum dotalium minime fuerit subsecuta.*

190 Citation de C. 5, 11, 1. Voir ci-dessus, note 171.

< Ideoque non protinus ergo[17] posse aduersus constituentem ulla in rem actione, seu hypothecaria, imo personali, ut congrua dos assignetur, ne ludificari sponsum promissor uideatur, ut in l. fi. C. de sententiis quae sine certa quantit., ubi de dote huiusmodi tractatur. Sic prope euenit in seruitutibus praediorum. Nam primo promittuntur, uel legantur, deinde constituuntur in quam partem agri seruientis cogantur, l. si cui ff. de seruitutib. ; l. si sub una § fin. de uerb. obligat. Sic emancipatus petit, praeuiam quamdam bonorum possessionem ut ea instructus mox idoneus sit ad agendum de inofficioso patris testamento, l. 2 C. de inoffic. testam. >.

Eodem modo multoties frustra uel inutiliter factum aliquid dicimus, quod utique ualet, sed secus atque quispiam credebat, l. Mela § fi. ff. de alim. leg. ; cap. quia frustra, ubi [18]< interpretes explanant >, de usur.

---

17   ergo *scripsi* : ego **T** //
18   1553 : interpres explanat.

< Voilà pourquoi, pour obliger celui qui constitue la dot à donner un montant convenable, il est impossible d'agir directement contre lui en usant d'une action réelle, ou hypothécaire : on ne peut intenter qu'une action personnelle, pour éviter que celui qui a fait la promesse ne se joue du fiancé : voir C. 7, 46, 4[191], où il est également question d'une dot. Il se passe à peu près la même chose en matière de servitudes. En effet, on commence par les promettre, ou les léguer ; ensuite on décide quelle partie du fonds servant y est assujettie (D. 8, 1, 9[192] et D. 41, 1, 136, 1[193]). Il est est de même pour le fils émancipé, qui demande à être mis préalablement en possession des biens, pour être ensuite habilité à agir en cassation du testament paternel (C. 3, 28, 2)[194] >.

De la même manière, nous disons souvent que l'on a fait pour rien ou inutilement une démarche qui est tout à fait valable, mais pas de la manière que l'on imaginait (voir D. 34, 1, 14, 3[195], et < les interprètes > aux *Décrétales de Grégoire IX*, V, 19, 14)[196].

---

191 *Haec sententia :* « *quae bona fide accepisti, solue* », **cum incertum esset** *quid accepisset* **quantumque ab eo peteretur,** *praesertim cum ipse qui extra ordinem iudicabat interlocutus* **sit dotem datam quae repeteretur non liquidam esse,** *iudicati auctoritate non nititur. Cum igitur is qui postea iudicabat contra te* **certam sententiam protulit** *neque ab statutis prouocaueris, ipsa tuo facto confirmasti iudicatum.*

192 *Si cui simplicius uia per fundum cuiuspiam cedatur uel relinquatur, in infinito, uidelicet per quamlibet eius partem, ire agere licebit, ciuiliter modo : nam quaedam in sermone tacite excipiuntur. Non enim per uillam ipsam nec per medias uineas ire agere sinendus est, cum id aeque commode per alteram partem facere possit minore seruientis fundi detrimento.* **Verum constitit, ut qua primum uiam direxisset, ea demum ire agere deberet nec amplius mutandae eius potestatem haberet** [...].

193 *Si, qui uiam ad fundum suum dari stipulatus fuerit, postea fundum partemue eius ante constitutam seruitutem alienauerit, euanescit stipulatio.*

194 *Quamuis* **de inofficioso testamento acturum te bonorum possessionem accepisse proponas,** *tamen scriptis heredibus auferre possessionem inciuile est.*

195 *Quidam libertis suis ut alimenta, ita aquam quoque per fideicommissum reliquerat : consulebar de fideicommisso. Cum in ea regione Africae uel forte Aegypti res agi proponebatur, ubi aqua uenalis est, dicebam igitur esse emolumentum fideicommissi, siue quis habens cisternas id reliquerit siue non, ut sit in fideicommisso, quanto quis aquam sibi esset comparaturus.* **Nec uideri inutile esse fideicommissum quasi seruitute praedii non possessori uicinae possessionis relicta :** *nam et haustus aquae ut pecoris ad aquam adpulsus est seruitutes personae, tamen ei, qui uicinus non est, inutiliter relinquitur : in eadem causa erunt gestandi uel in tuo uuas premendi uel areae tuae ad frumenta ceteraque legumina exprimenda utendi.* **Haec enim aqua personae relinquitur.**

196 *Quia* **frustra legis auxilium inuocat qui committit in legem,** *statuimus ut, si quis usurarius a nobis literas impetrauit super restituendis usuris, uel fructibus computandis in sortem, nisi prius ipse restituerit usuras, quas ab aliis noscitur recepisse, auctoritate literarum ipsarum nullatenus audiatur.*

Nihil dissimile Vlpianus notat in l. si conuenerit ff. pro socio. Sic, e
conuerso, cum uir plus se accepisse dotis instrumento quam re uera
accipit, cauerit, uelut ex pacto de reliquo petendo mulierem conueniet,
l. si uoluntate C. de dot. promissio.; porro tam hic quam in d. l. 1
instrumenti mentio fit, nec ideo necessarium est scribi promissionem,
sed uerisimile contigisse ut instrumento promissum sit, ut l. fin. ff. de
crim. stellion.,

< maxime cum inter nobiles personas dos instrumento constitueretur,
l. 1 § sed et si quis C. de latin. libert. >.

In utroque uero loco de perfidia astuque mulierum controuertitur,
nec est cur miremur si, ut Catullus ait :
Mulier cupido quod dicit amanti
In uento et rapida scribere oportet aqua.

10. Sane in hac sylua Sileni, Tityri, et Satyri passim ob Nympharum
inconstantiam lamentabantur, et quaerimonia ac planctu lucum
complebant. Erant autem Satyri homunculi simis naribus, fronte cornibus aspera, et caprinis pedibus.

Et Ulpien est exactement du même avis dans la loi D. 17, 2, 14[197]. Ainsi, à l'inverse, lorsque le mari aura reconnu dans le contrat de mariage qu'il a reçu en dot un montant supérieur à celui qu'il a effectivement reçu, il pourra assigner la femme pour demander le reste, comme s'il avait conclu un pacte (C. 5, 11, 4)[198]. Bien plus, dans cette loi comme dans la loi déjà citée C. 5, 11, 1, il est question du contrat dotal[199], et par conséquent il n'est pas nécessaire d'écrire la promesse car, selon toute vraisemblance, elle a été incorporée au contrat, comme en D. 47, 20, 4[200], < surtout quand la dot était constituée par contrat entre personnes de la noblesse (C. 7, 6, 1, 9[201]) >.

Dans les deux passages[202], on discute de la déloyauté et de la fourberie des femmes, et il ne faut pas s'étonner si, comme le dit Catulle[203] :
Ce que la femme dit à son amoureux plein de désir
Mérite d'être écrit sur les ailes du vent et sur l'eau qui s'écoule.

10. Dans cette forêt, en tout cas, les Silènes, les Tityres et les Satyres se lamentaient de toutes parts sur l'inconstance des Nymphes, et faisaient résonner le bois de leurs récriminations et de leurs plaintes. Les Satyres étaient de petits hommes au nez camus, au front hérissé de cornes, et aux pieds de chèvres.

---

197 *Si conuenerit inter socios ne intra certum tempus communis res diuidatur, non uidetur conuenisse ne societate abeatur. Quid tamen si hoc conuenit, ne abeatur, an ualeat ? Eleganter Pomponius scribit* **frustra hoc conuenire** : *nam et si non conuenit, si tamen intempestiue renuntietur societati, eum pro socio actionem. Sed et si conuenit, ne intra certum tempus societate abeatur, et ante tempus renuntietur, potest rationem habere renuntiatio. Nec tenebitur pro socio qui ideo renuntiauit, quia conditio quaedam, qua societas erat coita, et non praestatur : aut quid si ita iniuriosus et damnosus socius sit, ut non expediat eum pati ?*

198 *Si uoluntate dotantis in dotali instrumento plura tibi tradita scripsisti quam suscepisti,* **intellegis de his quae desunt petendis pactum esse consecutum.**

199 Voir ci-dessus, note 171, spécialement les mots : *nuptiali instrumento.*

200 *De periurio, si sua pignora esse quis* **in instrumento iurauit**, *crimen stellionatus fit, et ideo ad tempus exulat.*

201 *Sed et si quis homini libero suam ancillam in matrimonio collocauerit et dotem pro ea conscripserit, quod solitum est in liberis personis solis procedere, ancilla non Latina, sed ciuis efficiatur Romana.* **Si enim hoc, quod frequentissime in ciues Romanas et maxime in nobiles personas fieri solet, id est dotalis instrumenti conscriptio,** *et in hac persona adhibita est, necessarium est consentaneum effectum huiusmodi scripturae obseruari.*

202 C'est-à-dire (voir ci-dessus) C. 5, 11, 4 et C. 5, 11, 1.

203 Poème 70, v. 3-4.

Inde factum ut leges ex uariis dissimilibusque negotiorum tractatibus factas per Satyram compositas appellemus, a diuersitate formae Satyrorum, prooem. ff § et primo, et can. satyra, distinctio 2 ; Sallustius in *Iugurthino* : deinde, inquit, *postero die, quasi per Satyram legem, sententiis exquisitis, in deditionem accipitur.* Vel quia Satyri pedum leuitate insignes, Nymphas sequi solent, quas lasciui depereunt. Ouidius libro primo *Fastorum* :
Panes, et in Venerem Satyrorum prona iuuentus.
Et Horatius libro primo *Carminum* :
Me gelidum nemus,
Nympharumque leues cum Satyris chori,
Secernunt populo.
Incerta igitur Satyrorum uestigia legi incertae et uaria comprehendenti nomen dederunt, l. 1 C. de Latin. libert. toll. Satyrum qualem descripsimus uisum in solitudine fuisse a D. Antonio Hieronymus tradit.

C'est à cause de leur aspect multiforme que nous appelons « satyréennes » les lois traitant de matières variées et très différentes les unes des autres (*Constitutio Omnem*, § 1[204], et *Décret* I, 2, 7[205]). Voir aussi Salluste, dans *Jugurtha*[206] : « le lendemain, on vote en bloc et sa soumission est acceptée ». Ou bien c'est parce que les Satyres, qui ont le pied remarquablement léger, ont l'habitude de poursuivre les Nymphes, pour lesquelles ces créatures lascives se consument d'amour. Ovide, au premier livre des *Fastes*[207] :

Les Pans et les jeunes Satyres, enclins à l'amour

et Horace, au premier livre des *Odes*[208] :

Le bois plein de fraîcheur
Et les chœurs légers des Nymphes accompagnées par les Satyres
Me séparent de la populace.

Les pas erratiques des Satyres ont donc servi à nommer une loi hétérogène, qui englobe diverses matières (C. 7, 6, 1, 9[209]). Au dire de Saint Jérôme[210], Saint Antoine a bel et bien vu, dans son désert, un Satyre conforme à notre description.

---

204 [...] *hoc opus legentibus tradebatur non secundum edicti perpetui ordinationem, sed passim* **et quasi per saturam** *collectum et utile cum inutilibus mixtum* [...].

205 *Satyra uero lex est, quae de pluribus simul rebus eloquitur,* **dicta a copia rerum et quasi a saturitate** [...].

206 *Jugurtha*, 29, 2.

207 *Fastes*, I, 397.

208 *Odes*, I, 1, 30-32.

209 Voir ci-dessus, note 201.

210 *Vie de Saint Paul ermite*, 231.

OBSERVATA IN CAPUT TERTIUM

1. An amor contractus nominatus sit.
2. Dignitas conuentionum ex nomine tantum colligitur.
3. Amor qui pecunia fit, innominata est conuentio.
4. Contractus innominatus neque a principio suo, neque a fine censetur.
5. In omnibus innominatis contractibus praescriptis uerbis et de dolo agi potest.
6. Intellectus l. 4 § quod si faciam ff. de praesc. uerb.
7. In conuentionibus innominatis negatiue conceptis, praescriptis uerbis actioni locus non est.

CAPUT III

1. Grauis et utilis est illa contentio, cum dubitatur utrum amoris contractus nomen suum habentibus inseri debeat, an non. Contractum appello, quia ultro citroque obligat,
[19] < si quidem perfecte inter duos >
     initus est.
     < Quod si puella non redamet, contractus tamen dicetur, ut stipulatio et donatio, l. non solum ff. de actionib. ; l. si quis C. de praescript. 30 uel 40 annor ; imo etiam proprie ex amantium opinione qui, ut ait Ausonius, ipsi sibi somnia fingunt, et amorem mutuum esse putant. Sic dominus dicitur is qui putatur in l. si quis, cum ff. pro emptor.

---

19   1553 : cum uere.

CONTENU DU CHAPITRE 3

1. L'amour est-il un contrat nommé ?
2. Le prestige des diffférentes conventions se déduit de leur seul nom.
3. L'amour vénal est une convention inommée.
4. Un contrat n'est pas considéré comme inommé en considération de son commencement ou de sa fin.
5. Tous les contrats inommés permettent d'engager les actions *de praescriptis uerbis* et *de dolo*.
6. Explication de la loi D. 19, 5, 5, 3.
7. Dans les conventions inommées à formulation négative, il n'y a aucune place pour l'action *de praescriptis uerbis*.

CHAPITRE 3

1. Il est sérieux et utile, le débat qui porte sur la question de savoir si le contrat d'amour doit être rangé ou non parmi ceux qui ont un nom spécifique. Je le nomme « contrat », car il implique une obligation réciproque, quand il a été véritablement conclu
< entre deux personnes. Et si la jeune fille n'aime pas en retour, on l'appellera néanmoins « contrat », comme on le fait pour la stipulation et la donation (D. 44, 7, 31[211] et C. 7, 39, 8, pr.[212]) ; ce sera même parfaitement approprié, à en croire les amants qui, selon Ausone[213], se forgent des rêves, et s'imaginent que leur amour est partagé. Ainsi, en D. 41, 4, 8[214], on appelle « propriétaire » celui qui est réputé l'être.

---

211 *Non solum* **stipulationes** *impossibili condicioni applicatae nullius momenti sunt, sed etiam* **ceteri quoque contractus** [...].

212 *Si quis emptionis uel* **donationis uel alterius cuiuscumque contractus** [...].

213 *Lettres*, 24, *à Paulin de Nole*, vers 132 : c'est en fait une citation de Virgile, *Bucoliques*, VIII, 108 (*qui amant ipsi sibi somnia fingunt*). Voir D. Magni Ausonii Burdigalensis *Opera omnia ex editione Bipontina* [...], Londres, 1823, vol. 2, p. 758.

214 *Si quis, cum sciret uenditorem pecuniam statim consumpturum, seruos ab eo emisset, plerique responderunt eum nihilo minus bona fide emptorem esse, idque uerius est :* **quomodo enim mala**

Sic haeres, id est putatiuus, inquit Accursius, l. si nauis ff. de rei uendic., uel certe cum puella obliget miserum amantem nec obligatur, contractus claudicat, l. Iulianus § si quis a pupillo ff. de actionib. empt. Proinde Amorem contractum libet asserere >,

et [20] < quidem nominatum >, cum tam elegans nomen habeat, quam quod maxime desiderari potest, l. iuris gentium ff. de pact. Nam quotusquisque amorem a generali conuentionis uel contractus nomine non separauerit ? Quin etiam conuentionum excellentissima merito haberi debet, et actione sua non minus quam nomine donari, si quidem dubitat nemo iure gentium omnes peraeque conuentiones obligasse absque differentia, simul atque promissio intercesserat, et ubi fidem alterius aliquis sequebatur, protinus obstringebat obligatione, l. cum amplius § is natura ff. de regul. iur. Nam tunc nihil esse turpius ducebatur quam fidem frangere, l. 1 ff. de const. pecun., sed perfidi pudor tantum modo onerabatur. Quae uero remedia promissum seruare cogerent, nondum ipsi legumlatores induxerant, qui tandem indignati ob multorum singularem impudentiam et perfidiam, actiones composuere, per quas promissor stare pacto adigeretur, argumento § 1 de fideic. haeredit.,

---

20   1553 : et Doctoribus nominatum dicere licebit.

Il en est de même pour l'héritier putatif, de l'avis d'Accurse en D. 6, 1, 62, pr.[215] Et à coup sûr, quand la jeune fille lie son malheureux amant par une obligation sans se lier elle-même, le contrat est boiteux (D. 19, 1, 13, 29[216]). On peut donc bien affirmer que l'amour est un contrat >, et même un contrat nommé, puisqu'il a un nom aussi élégant que l'on peut le souhaiter (D. 2, 14, 7, pr. et 1[217]). Or peu nombreux sont les juristes qui n'ont pas exclu l'amour de la catégorie des conventions ou des contrats ! Bien mieux : on doit le considérer, avec raison, comme le plus éminent des contrats, et lui accorder tout à la fois une action et un nom spécifiques, si du moins personne ne s'avise de mettre en doute le fait qu'en vertu du Droit des gens, toutes les conventions obligeaient également et indifféremment, dès l'instant qu'une promesse était intervenue, et que, lorsque quelqu'un se fiait à la parole d'un autre, il le liait aussitôt par une obligation (D. 50, 17, 84, 1[218]). Car alors rien n'était considéré comme plus ignoble que de manquer à sa parole (D. 13, 5, 1, pr.[219]). Mais cela ne pesait que sur la conscience du perfide, car les législateurs n'avaient pas encore introduit les remèdes destinés à faire respecter un engagement. Indignés enfin par l'extraordinaire impudence et la déloyauté dont faisaient preuve une foule de gens, ils mirent en place des actions grâce auxquelles celui qui s'engageait était forcé de respecter le pacte : pour preuve *Institutes*, II, 23, 1[220].

---

fide emisse uidetur, qui a domino emit ? Nisi forte et is, qui a luxurioso et protinus scorto daturo pecuniam seruos emit, non usucapiet. Les mots *a domino emit* est glosé ici par *secundum credulitatem suam.*

215 *Si nauis a malae fidei possessore petatur, et fructus aestimandi sunt, ut in taberna et area quae locari solent. Quod non est ei contrarium, quod de pecunia deposita, quam **heres** non attingit, usuras praestare non cogitur* [...]. Le mot *Heres* est en effet glosé par l'adjectif *putatiuus.*

216 *Si quis a pupillo sine tutoris auctoritate emerit, **ex uno latere constat contractus** : nam qui emit, obligatus est pupillo, pupillum sibi non obligat.*

217 Pr. *Iuris gentium conuentiones quaedam actiones pariunt, quaedam exceptiones. 1. Quae pariunt actiones, **in suo nomine non stant, sed transeunt in proprium nomen contractus** : ut emptio uenditio, locatio conductio, societas, commodatum, depositum et ceteri similes contractus.*

218 **Is natura debet,** *quem iure gentium dare oportet,* **cuius fidem secuti sumus.**

219 *Hoc edicto praetor fauet naturali aequitati : qui constituta ex consensu facta custodit,* **quoniam graue est fidem fallere.**

220 *Sciendum itaque est,* **omnia fideicommissa primis temporibus infirma esse quia nemo inuitus cogebatur praestare id de quo rogatus erat** *: quibus enim non poterant hereditates uel legata relinquere, si relinquebant, fidei committebant eorum qui capere ex testamento poterant : et ideo* **fideicommissa appellata sunt, quia nullo uinculo iuris, sed tantum pudore eorum qui rogabantur, continebantur.** *Postea primus diuus* **Augustus** *semel iterumque gratia personarum motus,* **uel quia per ipsius salutem rogatus quis diceretur, aut ob insignem**

quia nemini sibi ius dicere licuit, aut in iudicium uenire sine actione,
l. extat ff. de eo* quod met. ; l. si pupilli* § uideamus ff. de neg. gest.
Ceterum non passim pro quibuscumque conuentionibus actiones dederunt, non utique pro pacto nudo, tametsi ei non stare pudendum sit
et graue, l. 1 ff. de const. pecu., quia non quiduis improbum a lege
plectitur, l. et si quis § idem Labeo ff. de relig. Itaque actio parata non
est pro omnibus commerciis temere nisi pro claris et excellentibus.

2. Eorum autem claritatem metiti sunt ex solo nomine cuique peculiari, non ex consensu, quoniam perspicuum est tantumdem consensus
esse in contractu *do ut des*, quantum prorsus in emptione atque uenditione ;
item in contractu *facio ut des*, quantum in locatione et conductione, l. 1
§ item emptio ff. de rerum permut. ; l. pen. C. eod. ; l. 4* § at cum do
ff. de praesc. uerb. Soli igitur nomini gratificari debemus uim ac potestatem natae actionis, quippe cum nomine proprio carentes contractus,
tamquam inermes et degeneres pro nullis fere censentur, arg. cap. 3
de uerb. signifi. Sic uideas in magni ducis exercitu nobilissimorum
militum nomina in omnium ore uersari, de abiectis et gregariis dicebat
Ennius in *Alexandro* :

Car personne n'a le droit de se faire justice à lui-même, ni de se pourvoir en justice s'il ne dispose pas d'une action (D. 4, 2, 13[221] et D. 3, 5, 5, 14[222]). Néanmoins, ils n'ont pas accordé des actions tous azimuts, en faveur de n'importe quelles conventions, et par exemple, ils n'en ont pas prévu pour le pacte nu, bien qu'il soit honteux et grave de ne pas le respecter (D. 13, 5, 1, pr.[223]). Car la loi ne punit pas tout ce qui est malhonnête (D. 11, 7, 14, 13[224]). Aussi n'a-t-on pas étourdiment accordé une action pour sanctionner tous les échanges, mais seulement ceux qui sont prestigieux et importants.

2. Le seul critère de ce prestige a été le fait qu'ils avaient un nom spécifique, et non qu'ils étaient consensuels, puisqu'il est clair que le consentement intervient tout autant dans le contrat *do ut des*, que dans la vente ; et de même, autant dans le contrat *facio ut des*, que dans le louage : voir D. 19, 4, 1, 2[225] ; C. 4, 64, 7[226] ; D. 19, 5, 5, 2[227]. Par conséquent, c'est son nom seul qui confère à un contrat la force et le pouvoir de faire naître une action ; car les contrats dépourvus de noms spécifiques, considérés comme faibles et dégénérés, sont comptés quasiment pour rien : pour preuve, les *Décrétales de Grégoire IX*, V, 40, 3[228]. Ainsi peut-on constater que, dans l'armée d'un grand général, ce sont les noms des militaires les mieux nés qui sont dans toutes les bouches ; à l'inverse, des simples soldats, de basse extraction, Ennius disait dans son *Alexandre*[229] :

---

quorundam perfidiam iussit consulibus auctoritatem suam interponere. Quod, quia *iustum uidebatur et populare erat, paulatim conuersum est in adsiduam iurisdictionem : tantusque fauor eorum factus est, ut paulatim etiam praetor proprius crearetur, qui fideicommissis ius diceret, quem fideicommissarium appellabant.*

221 [...] *Optimum est, ut, si quas putas te habere petitiones, actionibus experiaris. Cum Marcianus diceret : uim nullam feci, Caesar dixit : Tu uim putas esse solum, si homines uulnerentur ? Vis est et tunc, quotiens quis id, quod deberi sibi putat, non per iudicem reposcit* [...].

222 [...] *Quamquam enim hoc ei imputari non possit, cur alios debitores non conuenerit, quoniam conueniendi eos iudicio facultatem non habuit, qui nullam actionem intendere potuit : tamen a semet ipso cur non exegerit, ei imputabitur* [...].

223 Voir ci-dessus, note 219.

224 [...] *Et generaliter puto iudicem iustum non meram negotiorum gestorum actionem imitari, sed solutius aequitatem sequi, cum hoc ei et actionis natura indulget.*

225 *Item emptio ac uenditio nuda consentientium uoluntate contrahitur* [...].

226 *Emptionem rebus fieri non posse pridem placuit* [...].

227 *At cum do ut facias* [...] *pecunia data locatio erit* [...]. C'est au § 3 qu'il est question du contrat *facio ut des*, mais il n'est pas mis en rapport avec le louage.

228 [...] *ille mox, natus sine nomine, quasi numquam esset de uita decessit.*

229 Macrobe (*Nuits attiques*, VI, 1) cite ce vers d'Ennius parmi ceux que, selon lui, Virgile aurait imités.

Multi alii aduentant, paupertas quorum obscurat nomina.
Adeamus et coelum, in quo, ut M. Manilius libro quinto *Astronomicôn* dixit :
Sunt stellae procerum similes, sunt proxima primis
Sydera, suntque gradus.

Quae maxime splendent nomine non destituuntur, eoque notissimo appellantur : ut Sol, Venus, et ex astris Arctos maior, a Iove olim adamata, Corona Ariadnes, Andromeda, et si qua sunt alia sydera, quae propter amorem potissimum nobilitantur. Nec Luna sileatur, quae suum Endymionem, licet uirgo, peramauit, tam caelo quam nomine ab aliis distincto illustrata est. Atqui multa sydera, minimum fulgentia, sicut Aratus in *Phenomenis* cecinit :
Πάντα μάλ᾽ ἠερόεντα, καὶ οὐκ ὀνομαστὰ φέρονται
Id est, ut uertimus,
Valde obscura suo sine nomine cuncta feruntur.

3. Quod diximus Amorem nomine a generali contractus separato excellere, ad syncerum et legitimum dumtaxat referre conuenit. Qui enim pecunia tamquam mercede contrahitur, nomine certe deficit, tametsi constet in uulgaribus amoribus magnam esse uim pecuniae,
< ut non immerito Venerem auream Homerus dixerit lib. 19 *Ilia.*, cum ait Briseidem similem χρυσῇ Ἀφρωδίτῃ >.
De [21]< eadem > Euripidem in quadam fabula in hanc sententiam locutum Seneca refert :
Pecunia ingens generis humani bonum et deinde
Tam dulce si quid Veneris in uultu micat
Merito illa amores coelitum atque hominum mouet.
His uersibus pronunciatis in scena, actor exibilatus, et pene a populo eiectus est.

---

21 1553 : De qua re.

Beaucoup d'autres s'avancent, dont la pauvreté obscurcit les noms.

Allons aussi au ciel, dans lequel, selon Manilius au livre V des *Astronomiques*[230] :

Il est des étoiles semblables aux Grands, des astres qui touchent aux premiers rangs
Il existe entre eux une hiérarchie.

Et les étoiles les plus brillantes, loin d'être privées de noms, sont dotées des plus prestigieux, comme le Soleil, Vénus, et, parmi les astres, la Grande Ourse, aimée jadis de Jupiter, la Couronne d'Ariane, Andromède, et d'autres, que l'amour surtout a rendu célèbres. Et n'omettons pas la Lune, qui, quoique vierge, aima passionnément son Endymion, qu'elle rendit illustre en lui donnant un astre et un nom particuliers. Mais il existe pourtant beaucoup d'astres très peu brillants, comme l'a chanté Aratos dans ses *Phénomènes*[231] :

Tous très obscurs, ils ne sont pas distingués par des noms particuliers.

3. Ce que nous avons dit, à savoir que l'amour brille par son nom, qui le distingue des contrats en général, doit s'entendre uniquement de l'amour sincère et légitime. Car celui qui s'achète est à coup sûr dépourvu de ce nom, même s'il est établi que le pouvoir de l'argent est immense dans les amours vulgaires,

< de sorte qu'Homère, au livre 19 de l'*Iliade*, n'a pas eu tort de dire que Vénus est « en or », quand il affirme que Briséis ressemble à l'Aphrodite d'or[232] >.

À propos de la même déesse, Sénèque[233] rapporte un mot d'Euripide dans une de ses pièces :

L'argent est pour le genre humain un immense bienfait,

Et plus loin :

Si le visage de Vénus brille d'un éclat aussi doux,
Il est normal qu'elle suscite l'amour et des dieux et des hommes.

Lorsqu'il récita ces vers sur scène, l'acteur fut sifflé et faillit être chassé par le public.

---

230 v. 740-741.
231 v. 385.
232 v. 282 : Βρισηῒς δ' ἄρ' ἔπειτ' ἰκέλη χρυσέηι Ἀφροδίτηι.
233 *Lettres à Lucilius*, 115.

Cum autem quatuor sint contractus quos innominatos doctores uocitant, l. 4* ff. de praesc. uerb., hic uenalis amor ad contractum *facio ut des* proxime accedit, ex quo non praescriptis uerbis actionem, sed de dolo nasci sensisse uidetur Iurisconsultus in d. l. 4* § quod si faciam. Cui ualde obstat l. cum mota C. de transact. et l. solent de praesc. uerb., aliaque prudentum responsa, tanto tamque uetere dissidio cum d. § quod si faciam pugnantia, ut nullo amore componi posse persuadeatur.

< Nouimus uulgo dici solere, tunc de dolo agi, cum ex facto nihil utilitatis consecutus est aduersarius, ut si aliquid promisi, ut in foro saltares, et tu saltasti ; sed haec sententia nihil utile, nihil uerisimile continet, cum acrior sit actio doli quam praescriptis uerbis : illa enim infamat. At certum est, eum qui lucrum ex aliqua re assequitur magis obligari, l. apud ff. de praescript. uerb., praeterea in dolo esse potius praesumitur, qui lucrum habet ex facto, quam qui non habet, l. 3 § qui de sepulchri ff. de sepulchr. uiol. ; l. quod si cum ff. de dolo.

Puisqu'il existe quatre contrats que les docteurs appellent inommés (D. 19, 5, 5, pr.[234]), cet amour vénal se rapproche le plus du contrat *facio ut des*, dont naît non pas l'action *de praescriptis uerbis*, mais l'action *de dolo*, de l'avis du jurisconsulte dans la loi déjà citée D. 19, 5, 5, au paragraphe 3[235]. Cependant, C. 2, 4, 6, pr. et 1[236] et D. 19, 5, 15[237] la contredisent nettement, ainsi que d'autres réponses des Prudents, qui combattent le paragraphe déjà cité D. 19, 5, 5, 3[238], au sein d'une controverse si étendue et si invétérée, que l'amour semble absolument incapable de les réconcilier.

< Nous savons bien qu'on dit communément qu'on intente l'action *de dolo* quand notre adversaire n'a retiré aucun bénéfice de ce qu'il a fait : par exemple, si j'ai promis de vous donner quelque chose pour que vous dansiez sur la place publique, et que vous l'ayez fait [sans rien obtenir en échange]. Or cet aphorisme n'est pas plus utile que vraisemblable, puisque l'action *de dolo*, étant infamante, est plus violente que l'action *de praescriptis uerbis*. Mais il est sûr que celui qui tire profit de quelque chose est davantage lié par une obligation (D. 19, 5, 20, pr.[239]), et en outre, on présume plus facilement le dol chez celui qui tire profit de ce qu'il a fait que chez celui qui n'en retire aucun bénéfice (D. 47, 12, 3, 8[240] et D. 4, 3,

---

234 […] *in his competit speciebus : aut enim do tibi ut des, aut do ut facias, aut facio ut des, aut facio ut facias* […].

235 Voir ci-dessus note 227. Voici le texte du § 3 : *Quod si faciam ut des et, posteaquam feci, cessas dare, nulla erit ciuilis actio, et ideo de dolo dabitur.*

236 *Cum, mota inofficiosi querella, matrem uestram cum diuersa parte transegisse ita ut partem bonorum susciperet et a lite discederet, proponatis, instaurari quidem semel omissam querellam per uos, qui matri heredis extitistis, iuris ratio non sinit. 1. Verum si fides placitis praestita non est, in id quod interest diuersam partem recte conuenietis : aut enim, si stipulatio conuentioni subdita est, ex stipulatu actio competit, aut, si omissa uerborum obligatio est, utilis actio, quae praescriptis uerbis rem gestam demonstrat, danda est.*

237 *Solent, qui nouerunt seruos fugitiuos alicubi celari, indicare eos dominis ubi celentur : quae res non facit eos fures. Solent etiam mercedem huius rei accipere et sic indicare, nec uidetur illicitum esse hoc quod datur* […]. *Quod si solutum quidem nihil est, sed pactio intercessit ob indicium, hoc est ut, si indicasset adprehensusque esset fugitiuus, certum aliquid daretur, uideamus, an possit agere. Et quidem conuentio ista non est nuda, ut quis dicat ex pacto actionem non oriri, sed habet in se negotium aliquod : ergo ciuilis actio oriri potest, id est praescriptis uerbis. Nisi si quis et in hac specie de dolo actionem competere dicat, ubi dolus aliquis arguatur.*

238 Voir ci-dessus note 235.

239 *Apud Labeonem quaeritur, si tibi equos uenales experiendos dedero, ut, si in triduo displicuissent, redderes, tuque desultor in his cucurreris et uiceris, deinde emere nolueris, an sit aduersus te ex uendito actio. Et puto uerius esse praescriptis uerbis agendum : nam inter nos hoc actum, ut experimentum gratuitum acciperes, non ut etiam certares.*

240 *Qui de sepulchri uiolati actione iudicant, aestimabunt, quatenus intersit, scilicet ex iniuria quae facta est, item ex lucro eius qui uiolauit, uel ex damno quod contigit, uel ex temeritate eius qui fecit* […].

Sunt complures, qui dari de dolo putant in contractu *facio ut des*, quia factum infectum fieri nequeat, ideoque nec condici. Sed si hoc uerum esset, iam pro contractu *facio ut facias* dumtaxat de dolo ageretur, quod refellitur in l. 5 § pe. de praescr. uerb. Item factum repetitur in l. 4 ff. de condict. caus. dat. ; l. si instituta ff. de inoffic. testa. ; l. siue apud C. de transact. >.

Non defuere qui assererent in d. l. cum mota non esse contractum *facio ut des*, sed contractum *do ut facias*, unde materia prolixae et insulsae disputationis, an contractus ab ineundi forma, uel desinendi dignoscantur.

4. Qua quid potest esse uanius ? Nam si innominati ad nominatorum similitudinem effinguntur, l. 4 § pen. de praesc. uerb., ridiculum fuerit dubitare an emptio cum uenditione, locatio cum conductione, ab initio uel a fine nomen habeant, cum eodem momento perficiantur, neque usquam locatio dari possit, ubi conductio non sit, aut e contrario. Sicut et cum do ut facias, una facere tu promittis ut dem ; et ita contractus absolutus est.

8[241]). De nombreux interprètes pensent que le contrat *facio ut des* autorise à intenter l'action *de dolo*, parce que ce qui a été fait ne peut pas ne pas avoir été fait, et ne peut pas non plus, par conséquent, être réclamé en justice. Mais si c'était vrai, le contrat *facio ut facias* ne bénéficierait que de l'action *de dolo*, ce qui est contredit par D. 19, 5, 5, 4[242]. De même, en D. 12, 4, 4[243] ; D. 5, 2, 27, pr.[244], et C. 2, 4, 28 pr.[245], l'on peut revendiquer en justice ce que l'on a fait >.

Il n'a pas manqué non plus d'interprètes pour affirmer que dans la loi déjà citée C. 2, 4, 6, 1[246], il ne s'agit pas du contrat *facio ut des*, mais du contrat *do ut facias*, d'où matière à une controverse aussi prolixe qu'insipide, pour savoir si l'on distingue les contrats en raison de la forme qu'ils ont quand on les conclut ou quand on y met fin.

4. Que peut-il y avoir de plus vain ? Car si les contrats inommés sont créés à la ressemblance des contrats nommés (D. 19, 5, 5, 4[247]), il est ridicule de se demander si l'achat et la vente, ou le louage et l'exécution d'ouvrage, tirent leur nom de leur commencement ou de leur fin, puisqu'ils se réalisent au même instant, et qu'il ne saurait y avoir louage sans exécution d'ouvrage, ou l'inverse. De même, quand « je donne pour que tu fasses », tu t'engages en même temps à faire pour que je donne. Et c'est ainsi que le contrat est parfait.

---

241 *Quod si cum scires eum facultatibus labi,* **tui lucri gratia** *adfirmasti mihi idoneum esse, merito aduersus te, cum mei decipiendi gratia alium falso laudasti,* **de dolo iudicium dandum est**.

242 [...] *tutius erit et in insulis fabricandis et in debitoribus exigendis* **praescriptis erbis dari actionem** [...].

243 *Si quis accepto tulerit debitori suo, cum conueniret, ut expromissorem daret, nec ille det,* **potest dici condici posse** *ei, qui accepto sit liberatus.*

244 *Si instituta de inofficioso testamento accusatione de lite* **pacto transactum est nec fides ab herede transactioni praestatur, inofficiosi causam integram esse placuit.**

245 Pr. *Siue apud acta rectoris prouinciae, siue sint actis, scriptura intercedente uel non, transactio interposita est, hanc seruari conuenit. 1. Sed quoniam, ut certum quid accipias, conuenisse te, licet sine scriptura, proponis nec huius rei causa stipulationem secutam esse,* **quamuis ex pacto non potuit nasci actio,** *tamen rerum uindicatione pendente, si exceptio pacti opposita fuerit,* **doli mali uel in factum replicatione usa poteris ad obsequium placitorum aduersariua urguere.**

246 Voir ci-dessus note 236.

247 Voir ci-dessus, note 242.

Imo cum do ut facias, prius hoc habui in mente ut tu faceres, sed quod magis faceres, dare promisi, et in conventionibus prius animum sensumque contrahentium, deinde uerba contemplari decet, l. fin. C. quae res pig. oblig. Plane illud uerum est, in utriusque generis contractibus ei qui citius impleuit actionem competere, l. Iulian. § offerri de action. empt. ; l. 4* § 1 de praesc. uerb.

    < Praeterea interdum in contractu innominato uterque impleuit, atque ita proculdubio est, *do ut facias*, et *facio ut des*, sicuti cum do tibi pecuniam, ut seruum manumittas, et tu manumisisti. Atque ita superuacuum esset de origine uel implemento disceptare, tamen utraque actio praescriptis, uel de dolo competit utriuis, l. 5 § at cum do ff. de praescrip. uerb. >.

    Non ero nimius in recensendis aut refellendis duarum factionum opinionibus in d. § quod si faciam. Nam altera interpretum pars multum ineptiarum, altera parum judicii conjecit et habuit.

Mieux : en « donnant pour que tu fasses », j'ai d'abord pensé à ce que tu ferais, mais pour que tu le fasses plus volontiers, j'ai promis de te donner quelque chose, et en matière de conventions, il convient d'avoir égard à l'intention et la volonté des contractants avant de s'attacher aux mots (C. 8, 16, 19, pr.[248]). Il est tout à fait vrai que, dans ces deux genres de contrats, l'action appartient à celui qui s'est acquitté le plus vite (D. 19, 1, 13, 8[249] ; D. 19, 5, 5, 1[250]).

< En outre, il arrive que, dans un contrat inommé, les deux contractants se soient acquittés de leur obligation, et c'est le cas, sans aucun doute, dans les contrats *do ut facias* et *facio ut des*, si par exemple je t'ai donné de l'argent, pour que tu affranchisses un esclave, et que tu l'as effectivement affranchi. Aussi serait-il superflu de discuter du moment de la conclusion ou de l'accomplissement des contrats. Néanmoins, les deux actions, *de praescriptis uerbis* et *de dolo*, appartiennent à chacun des deux contractants (D. 19, 5, 5, 2[251]) >.

Je ne m'étendrai pas sur la recension ou la réfutation des opinions des deux camps qui s'opposent sur le paragraphe déjà cité D. 19, 5, 5, 3[252]. Car une partie de ces interprètes a formulé beaucoup d'inepties, et l'autre a fait preuve dans ses conjectures de trop peu de bon sens.

---

248 [...] *cum sit iustum* **uoluntates contrahentium magis quam uerborum conceptionem** *inspicere.*

249 *Offerri pretium ab emptore debet, cum ex empto agitur, et ideo etsi pretii partem offerat, nondum est ex empto actio : uenditor enim quasi pignus retinere potest eam rem quam uendidit.*

250 *Et si quidem pecuniam dem, ut rem accipiam, emptio et uenditio est : sin autem rem do, ut rem accipiam, quia non placet permutationem rerum emptionem esse, dubium non est nasci ciuilem obligationem, in qua actione id ueniet, non ut reddas quod acceperis, sed ut damneris mihi, quanti interest mea illud de quo conuenit accipere : uel si meum recipere uelim, repetatur quod datum est, quasi ob rem datum re non secuta. Sed si scyphos tibi dedi, ut Stichum mihi dares, periculo meo Stichus erit ac tu dumtaxat culpam praestare debes. Explicitus est articulus ille do ut des.*

251 Voir ci-dessus note 227, suite de la loi : [...] *condici ei potest uel* **praescriptis uerbis agi** : *quod his quae diximus conuenit. Sed* **si dedi tibi seruum, ut seruum tuum manumitteres, et manumisisti** *et is quem dedi euictus est, si sciens dedi,* **de dolo in me dandam actionem** *Iulianus scribit, si ignorans, in factum ciuilem.*

252 Voir ci-dessus note 235.

5. Itaque perpetuum hoc esse uolo in omnibus innominatis contractibus, ut tam praescriptis uerbis actio, quam de dolo dari possit, si dolus aliquis arguatur, modo de dolo agere malim, l. solent ff. de praescript. uerb. ; l. 4 § sed si dedi eod. ; l. cum proponas C. de dol.,

< ubi de dolo indistincte agitur pro contractu *facio ut des* uel pro *do ut des,* nempe cum manumisi meam ancillam, ut aliud mancipium dares, uel tibi tradidi, ut ipsam manumitteres, et sic dedi : quia traditio sequens iustum contractum operatur translationem dominii et sic datione, l. traditionibus C. de pact. ; § sic itaque de action. ; poterat agere de dolo, quem passus erat dator, uel, si mallet, dissimulare tantisper et mitius praescriptis uerbis agere, l. 2 de praecario ff. ; nec obest l. ideoque de dolo, ubi deceptus collusione non agit de dolo contra tutorem, quia tutor habet praetextum officii, l. tres de administr. tutor.,

5. C'est pourquoi, selon moi, il est absolument constant que dans tous les contrats inommés, on accorde aussi bien l'action l'action *de dolo* que l'action *de praescriptis uerbis*, si l'on peut arguer d'un dol, et pourvu que l'on préfère agir en vertu de l'action *de dolo* : voir D. 19, 5, 15[253] ; D. 19, 5, 5, 2[254], et C. 2, 20, 4[255],

< où l'on peut agir *de dolo* aussi bien en faveur du contrat *facio ut des* que du contrat *do ut des*, quand, effectivement, j'ai affranchi ma servante pour que tu me donnes un esclave mâle, ou que je te l'ai remise pour que tu l'affranchisses, et qu'ainsi je te l'ai donnée[256] : parce que la remise de la chose qui suit un juste contrat opère un transfert de propriété et cela du fait que l'on procède à une *datio* (C. 2, 3, 20[257] ; *Institutes* IV, 6, 14[258]) ; ici[259], le donateur pouvait intenter l'action *de dolo*, parce qu'il avait effectivement subi un dol, ou, s'il aimait mieux, il pouvait procéder moins brutalement en engageant l'action *de praescriptis uerbis* (D. 43, 26, 2, 2[260]), nonobstant la loi D. 4, 3, 5[261], dans laquelle celui qui a été trompé par une entente frauduleuse n'agit pas *de dolo* contre son tuteur, parce qu'un tuteur est protégé par sa fonction (voir D. 26, 7, 55, 1[262]),

---

253 Voir ci-dessus, note 237, la fin de la loi.

254 Voir ci-dessus, note 251, la fin de la loi.

255 *Cum proponas inter te et eum, quem in contubernio ancillam tuam sibi coniunxisse memorasti, placuisse, ut tibi pro eadem daret mancipium, intellegis, quod, si manumisisti uel ei tradidisti et ille manumisit, reuocandae libertatis potestatem non habes, sed solum, si necdum statutum tempus excesserit et fidem placiti rumpat, desiderare debes de dolo tibi decerni actionem* [...].

256 Forcadel commente ici les deux hypothèses évoquées en C. 2, 20, 4 : en effet, dans le cas où j'affranchis un esclave pour que tu m'en donnes un autre, nous concluons un contrat *facio ut des*, et dans le cas où je te le remets pour que ce soit toi qui l'affranchisses avant de m'en donner un autre, il s'agit d'un contrat *do ut des*, parce qu'on prend ici les mots *do* (ou *datio*) dans leur sens technique de remise de la chose, laquelle, dans le cadre de l'échange, opère le transfert du droit de propriété.

257 Voir ci-dessus note 124.

258 *Sic itaque discretis actionibus certum est non posse actorem rem suam ita ab aliquo petere « si apparet eum dare oportere »* : *nec enim quod actoris est, id ei dari oportet, quia scilicet dari cuiquam id intellegitur quod ita datur ut eius fiat, nec res quae iam actoris est, magis eius fieri potest* [...].

259 Renvoie à C. 2, 20, 4 (voir ci-dessus, note 255).

260 [...] *Itaque cum quid precario rogatum est, non solum hoc interdicto uti possumus, sed etiam praescriptis uerbis actione, quae ex bona fide oritur.*

261 *Ideoque si quis pupillus a Titio, tutore auctore colludente, circumscriptus sit, non debere eum de dolo actionem aduersus Titium habere, cum habeat tutelae actionem, per quam consequatur quod sua intersit. Plane si tutor soluendo non sit, dicendum erit de dolo actionem dari ei.*

262 [...] *tutores, propter admissam administrationem, non tam inuito domino contrectare eam uidentur quam perfide agere* [...].

sed in d. l. 1 ideo tertius doli arguitur >.

Sane in l. cum mota C. de transact., ideo nulla de dolo fit mentio, uel quia aduersus cognatum actori famosa actione experiri non libuit, uel quia qui dare promiserat, in mora non fuit, nec fraude distulit donationem, sed ingenue se non teneri ex conuentione arbitrabatur. Miretur nemo has actiones concurrere, cum alias actionum quatuor optio tribuatur, l. 1, 2, et pen. ff. arbo. furt. caes. ; l. cum ex uno ff. de action.

6. Vrgebit nunc in hunc modum quispiam : quis, o bone, detexit tibi, in § quod si faciam, dolum interuenisse ? a Sibylla forsitan hoc didicisti. Respondeo in hoc contentioso § quod si faciam : qui dare promiserat, ei a quo iam factum erat, postea cessabat dare. Hoc est,

< non ut in l. si tibi decem ff. eod., sed >

mais, dans la loi 1 citée[263], le troisième [tuteur], pour la même raison, est convaincu de dol >.

Par conséquent, si, dans la loi C. 2, 4, 6, 1[264], le dol n'est pas mentionné, c'est soit parce que le demandeur ne voulait pas intenter une action infamante contre un proche parent, soit parce que celui qui s'était engagé à donner n'avait pas encore pris de retard dans l'exécution, ni n'avait frauduleusement différé sa *datio*, mais pensait sincèrement qu'il n'était pas lié par une convention. Et il n'y rien d'étonnant à ce que ces actions soient toutes deux possibles, puisque par ailleurs on a le choix entre quatre actions différentes (D. 47, 7, 1 ; D. 47, 7, 2 et D. 47, 7, 11[265] ; D. 44, 7, 3, 2[266]).

6. À présent, quelqu'un me pressera peut-être de la sorte : qui t'a révélé, mon cher, qu'en D. 19, 5, 5, 3[267] il y a eu dol ? tu le tiens sans doute de la Sibylle. À propos de ce paragraphe litigieux, voici ma réponse : celui qui avait promis de donner tardait ensuite à donner à celui qui, déjà, avait fait [ce qu'il s'était engagé à faire]. C'est-à-dire qu' < à la différence de ce qui se passe en D. 19, 5, 7[268] >,

---

263 Il ne peut s'agir que de la loi D. 26, 7, 55, dont le § 1 vient dêtre cité (voir ci-dessus note 262). Cette loi pose effectivement dans son préambule le cas de trois tuteurs donnés à un pupille : le premier est insolvable, le second a délégué la tutelle et le troisième n'a rien fait. Le § 1 établit que si les tuteurs volent le pupille, ils ne sont pas, en raison même de leur fonction, tenus par l'action de vol, mais qu'ils peuvent en ce cas être accusés de dol. Ensuite, la loi précise qu'alors les trois tuteurs resteront solidairement responsables, y compris le troisième, celui qui n'a rien fait (voir le § 3 : *Item in eo quod nemo gessit non utique eius periculum est, qui quaedam gessit, sed communiter omnium*). Et c'est à ce *tertius* que Forcadel fait ici un peu elliptiquement allusion.

264 Voir ci-dessus, note 236.

265 Loi 1 : *Si furtim arbores caesae sint, et ex lege Aquilia et ex duodecim tabularum dandam actionem* Labeo ait [...] ; loi 2 : *Sciendum est autem eos, qui arbores et maxime uites ceciderint, etiam tamquam latrones puniri.* Loi 11 : *Sed si de arboribus caesis ex lege Aquilia actum sit, interdicto quod ui aut clam reddito absoluetur, si satis prima condemnatione grauauerit reum, manente nihilo minus actione ex lege duodecim tabularum.*

266 *Cum ex uno delicto plures nascuntur actiones, sicut euenit cum arbores furtim caesae dicuntur, omnibus experiri permitti post magnas uarietates optinuit.*

267 Voir ci-dessus, note 235.

268 *Si tibi decem dedero, ut Stichum manumittas, et cessaueris, confestim agam praescriptis uerbis, ut soluas quanti mea interest : aut, si nihil interest, condicam tibi, ut decem reddas.*

dicebat quidem dari oportere praescriptis uerbis agendi, sed insigniter negligens et morosus culpam dolo similem habebat, l. quod Nerva ff. de pos. ; l. magna ff. de uerb. signif. Proinde uerbum hoc, « cessat », non id significat quod omnino non facit, sed id, quod in mora est : differtque dationem, et eam interrumpit, quam inceperat, ut l. cum quidam ff. de usur. ; l. 3 § Nerua ff. de acq. poss. ; l. dedi 1 ff. de cond. caus. dat. [22] ;

< huc spectat, l. unic. de suffragio C., ubi is cuius gratia factum erat aliquid, id quod dare promiserat, praestare cunctabatur : ideo cogitur ibi, ac dicitur moras nectere artibus, id est, dolis, l. 1 C. de his qui ad statuas confug. Quid si is qui dare debuit, in id temporis distulit, quo promissum accepturo inutile foret ?

---

22 1553 *adiiciebat* : l. si oleum, in uerbo « nondum », ff. de dol. ; l. 4 ff. de religio.

il reconnaissait assurément qu'il devait y avoir *datio*, conformément aux termes de la convention, mais son excessive négligence et son retard lui faisaient commettre une faute assimilable au dol (D. 16, 3, 32[269] ; D. 50, 16, 226[270]). Par conséquent, le mot *cessat* ne signifie pas qu'il ne fait pas du tout, mais qu'il tarde à faire : il diffère sa *datio*, et interrompt celle qu'il avait entamée, comme en D. 22, 1, 17, pr.[271] ; D. 41, 2, 3, 13[272] ; D. 12, 4, 16[273] ;

< c'est ce que vise la loi C. 4, 3, pr.[274], dans laquelle celui en faveur de qui une chose avait été faite tardait, de son côté, à remettre de ce qu'il avait promis de donner : c'est pourquoi on l'y contraint, et l'on dit qu'il diffère artificieusement, c'est-à-dire de manière dolosive (C. 1, 25, 1[275]). Mais qu'en est-il si celui qui aurait dû donner a différé de le faire jusqu'au moment où sa promesse ne serait plus d'aucune utilité pour celui qui devait en bénéficier ?

---

269 *Quod Nerua diceret, **latiorem culpam dolum esse**, Proculo displicebat, mihi uerissimum uidetur. Nam **et si quis non ad eum modum quem hominum natura desiderat diligens est, nisi tamen ad suum modum curam in deposito praestat, fraude non caret** : nec enim salua fide minorem is quam suis rebus diligentiam praestabit.*

270 ***Magna neglegentia culpa est*** : *magna culpa dolus est.*

271 *Cum quidam cauisset se quotannis quincunces usuras praestaturum et, si quo anno non soluisset, tunc totius pecuniae ex die qua mutuatus est semisses soluturum, **et redditis per aliquot annos usuris mox stipulatio commissa esset**, diuus Marcus Fortunato ita rescripsit : « Praesidem prouinciae adi, qui stipulationem, de cuius iniquitate questus est, ad modum iustae exactionis rediget ». Haec constitutio ad finitum modum excedit : quid ergo ? sic temperanda res est, **ut in futurum dumtaxat ex die cessationis crescat usura**.*

272 *Nerua filius res mobiles excepto homine, quatenus sub custodia nostra sint, hactenus possideri, id est quatenus, si uelimus, naturalem possessionem nancisci possimus. Nam pecus simul atque aberrauerit aut uas ita exciderit, ut non inueniatur, protinus desinere a nobis possideri, licet a nullo possideatur : **dissimiliter atque si sub custodia mea sit nec inueniatur, quia praesentia eius sit et tantum cessat interim diligens inquisitio**.*

273 *Dedi tibi pecuniam, ut mihi Stichum dares : utrum id contractus genus pro portione emptionis et uenditionis est, an nulla hic alia **obligatio est quam ob rem dati re non secuta** ? In quod procliuior sum : et ideo, si mortuus est Stichus, repetere possum quod ideo tibi dedi, ut mihi Stichum dares. Finge alienum esse Stichum, sed te tamen eum tradidisse : repetere a te pecuniam potero, quia hominem accipientis non feceris : et rursus, si tuus est Stichus et pro euictione eius promittere non uis, **non liberaberis, quo minus a te pecuniam repetere possim**.*

274 *Si qui desideria sua explicare cupientes ferri sibi a quoquam suffragium postulauerint et ob referendam uicem se sponsione constrinxerint, promissa restituant, cum ea quae optauerint consequantur : si **artibus moras nectent, ad solutionem debiti coartandi sunt**.*

275 *Qui ad statuas uel uitandi metus uel creandae inuidiae causa confugerint, si certas habuerint causas, quibus confugere ad imperatoria simulacra debuerint, iure ac legibus uindicentur. **Si uero probati fuerint artibus suis inuidiam inimicis creare uoluisse**, ultrix in eos sententia proferatur.*

idem iuris est : cum datum quidem est sedulo, sed minus perfecte datum a sciente et prudente, ob dolum obstricto, l. 5 § at cum do ff. de praescr. uerbis ; in diuersum aliquis obiiciet d. l. 5 § sed si facio, ubi qui cessat conuenitur actione praescriptis uerbis. Verum iam dixi uerbum « cessat » sumi pro eo quod non est, non facit omnino, et extinguitur, l. humanitatis C. de impub. Vel secundo, iam dixi de dolo agi posse, nisi qui dolum passus est, benigne praescriptis uerbis experiri eligat ; tertio, noti iuris est magis obstringi qui dare tenetur, quam qui facere >.

Praeterea, in d. § quod si faciam, non uideo negari quin praescriptis uerbis ciuili actione persequi tam concessum sit quam in l. cum mota. C. de transactio. Sed nulla est, inquit Paullus, ciuilis actio, id est, minimum effectus habitura, < l. nam is, de dolo ff. >, nempe contra illum, qui se quidem daturum fatetur, interim tamen moratur et perendinat. Quoties enim haec praescriptis uerbis actio solet competere, cum paruo tamen effectu, protinus ad de dolo actionem commodissime itur, ut Labeoni uisum est, l. si oleum ff. de dol., praesertim cum dationem traxit promissor, quod non minus euidenter probat Vlpianus, l. si mensor ff. si mens. fals. mod., la solution juridique est la même : quand quelqu'un s'est empressé de donner, mais l'a fait, en toute connaissance de cause, de manière incorrecte, il est passible de l'action de dol (D. 19, 5, 5, 2[276]) ; à l'inverse, on objectera la loi D. 19, 5, 5, 4[277], où celui qui prend du retard est assigné en vertu de l'action *de praescriptis uerbis*. Mais j'ai déjà dit que le terme « prend du retard » est pris, à tort, au sens de « il ne fait pas du tout », et « il n'y a rien de fait » (voir C. 6, 26, 9, pr.[278]). Ou, en deuxième lieu, j'ai déjà dit qu'on pouvait engager une action *de dolo*, sauf si la victime du dol choisit, par bienveillance, l'action *de praescriptis uerbis*. En troisième lieu, on sait bien qu'en Droit celui qui est obligé de donner est davantage contraint que celui qui est obligé de faire >.

De plus, en D. 19, 5, 5, 3[279], je ne vois personne nier qu'il soit permis de poursuivre par l'action civile *de praescriptis uerbis*, aussi bien que dans la loi C. 2, 4, 6, 1[280] ; mais, dit Paul, « l'action civile est inexistante », c'est-à-dire qu'elle ne mènera à rien < voir D. 4, 3, 6[281] >, effectivement, à l'encontre de celui qui assure qu'il va bien donner, mais qui, en attendant, diffère et procrastine. Chaque fois, en effet, que cette action *de praescriptis uerbis* est normalement applicable, mais avec peu d'effet, on recourt aussitôt, très commodément, à l'action *de dolo* : telle fut l'opinion de Labéon (D. 4, 3, 9, 3[282]) surtout quand celui qui a promis de donner fait traîner sa *datio* en longueur, ce qu'Ulpien prouve non moins clairement : voir D. 11, 6, 5, pr.[283],

---

276 Voir ci-dessus, note 251.

277 Voir ci-dessus, note 242. Au début de la loi, il est dit en effet : *Nam si pacti sumus [...] ut tu in meo, ego in tuo solo aedificem,* **et ego aedificaui et tu cessas** *[...].*

278 *[...] ut occasione huiusmodi substitutionis ad exemplum pupillaris nulla querella contra testamentum eorum oriatur, ita tamen, ut, si postea resipuerit uel resipuerint,* **talis substitutio cesset** *[...].*

279 Voir ci-dessus, note 235.

280 Voir ci-dessus, note 236.

281 *Nam is* **nullam** *uidetur* **actionem** *habere, cui propter inopiam aduersarii inanis actio est.*

282 *Si oleum tuum quasi suum defendat Titius, et tu hoc oleum deposueris apud Seium, ut is hoc uenderet et pretium seruaret, donec inter uos deiudicetur cuius oleum esset, neque Titius uelit iudicium accipere : quoniam neque mandati neque sequestraria Seium conuenire potes nondum impleta condicione depositionis,* **de dolo aduersus Titium agendum.** *Sed Pomponius libro uicensimo septimo* **posse cum sequestre praescriptis uerbis actione agi, uel si is soluendo non sit, cum Titio de dolo.** *Quae distinctio uera esse uidetur.*

283 *Si mensor* **non falsum modum renuntiauerit, sed traxerit renuntiationem** *et ob hoc euenerit ut uenditor liberetur, qui adsignaturum se modum intra certum diem promisit, haec actio locum non habet : sed nec dari utilem debere Pomponius ait.* **Erit ergo ad actionem de dolo decurrendum.**

< ubi inde dolus magis incessitur, quod post longam cessationem res danda forte erit petenti inutilis >.

Quod uero in huiusmodi contractibus tempora faciendi considerentur, testis est locuples idem Paulus in d. 4 § at cum do, non multo ante § quod si faciam, in quo « nullam » ciuilem actionem explico pro « minus idonea, nec satis commoda », l. et eleganter § seruus ff. de dol. : quasi nulla actio, inquit, sit, quae exceptione repellitur, l. 3 § si iter ff. de act. empt., et apud Plautum Syra ancilla Dorippae iram metuens sic ait : *Nulla sum, adest hera, me quaerit.*

Hoc est, misera sum, perii.

< Terentius in *Phormione* : *Nullus es, Geta, nisi aliquod iam tibi consilium celere reperis.*

Sic nulla est conditio ad praesens uel praeteritum relata tempus, id est, quae effectum habeat suspendendi, leg. institutio § fin. ff. de condition. instit., et nulla solemnitas, id est, parua, § fin. de codicillis >.

Quemadmodum doli actio in neglegentissimum conceditur, sic et in eum qui sciens et prudens perperam dedit, d. l. 4 § sed si dedi de praesc. uerb. ;

< où, si l'on préfère arguer d'un dol, c'est parce qu'après un long retard, la chose qui devait être donnée n'aura plus aucune utilité pour celui qui la réclame en justice >.

Et le même Paul témoigne abondamment de ce que, dans ce type de contrats, on prend en considération les délais d'exécution : voir D. 19, 5, 5, 2[284], peu avant D. 19, 5, 5, 3[285], où je comprends « nulle » action civile dans le sens de « peu pertinente, et pas assez commode » (voir D. 4, 3, 7, 8[286]) : c'est comme si, dit-il, une action qui peut être repoussée par une exception n'existait pas (D. 19, 1, 3, 2[287]) ; ainsi, chez Plaute[288], Syra, craignant la colère de sa maîtresse Dorippe, s'exprime ainsi :
C'en est fait de moi, ma maîtresse est là qui me cherche,
c'est-à-dire : « Malheureuse que je suis, me voilà morte ».

< Et Térence dans *Phormion*[289] :
Te voilà mort, Geta, si tu ne trouves vite quelque moyen de te tirer d'affaire.

De la même manière on appelle « nulle » une condition qui porte sur le présent ou le passé, c'est-à-dire qui a un effet suspensif : voir D. 28, 7, 10, 1[290] ; et l'on dit « aucune » solemnité au sens de solemnité « limitée » (*Institutes*, II, 25, 3[291]) >.

De même qu'elle est accordée à l'encontre de celui qui se montre négligent à l'extrême, l'action *de dolo* est accordée aussi à l'encontre celui qui, en toute connaissance de cause, s'est délibérément mal conduit (voir la loi déjà citée D. 19, 5, 5, 2[292]) ;

---

284 Voir ci-dessus, note 251.

285 Voir ci-dessus, note 235.

286 *Seruus pactionis pro libertate reum domino dedit ea condicione, ut post libertatem transferatur in eum obligatio : manumissus non patitur in se obligationem transferri.* **Pomponius scribit locum habere de dolo actionem.** *Sed si per patronum stabit, quo minus obligatio transferatur, dicendum ait patronum exceptione a reo summouendum. Ego moueor : quemadmodum de dolo actio dabitur, cum sit alia actio ? Nisi forte quis dicat, quoniam exceptione patronus summoueri potest, si agat cum reo,* **debere dici, quasi nulla actio sit quae exceptione repellitur, de dolo decernendam** *: atquin patronus tunc summouetur, si nolit expromissorem ipsum manumissum accipere. Expromissori plane aduersus manumissum dari debebit de dolo : aut si non sit soluendo expromissor, domino dabitur.*

287 *Si iter actum uiam aquae ductum per tuum fundum emero,* **uacuae possessionis traditio nulla est** *: itaque cauere debes per te non fieri quo minus utar.*

288 *Mercator*, v. 856.

289 Vers 179.

290 *[...]* **cum nulla sit condicio, quae in praeteritum confertur uel quae in praesens,** *ueluti* « *si rex Parthorum uiuit* », « *si nauis in portu stat* ».

291 *Codicillos autem etiam plures quis facere potest : et* **nullam sollemnitatem** *ordinationis desiderant.*

292 Voir ci-dessus, note 251.

plerumque enim non dedisse praestitit, cum uitiose datum est, l. Iulianus ff. de actio. empt.; l. Neratius ff. de condict. indeb. Cum haec se sic habeant in contractu *facio ut des*, nihil secus in contractu *do ut des* statuendum puto, et in hanc partem capio l. cum proponas C. de dol., ubi

< praeterquam quod dolo sibi ancillam alienam contubernio iunxerat is qui dare mox aliam promisit, et quod lex ex titulo doli explicatur l. imperator, de in diem addicti. >

[23]differebat desidiose ac astute per dolum : dilatam ibi nec fingo nec mentior, sed inde explorate colligo, cum Imperator dubitet an tempora ad excludendam de dolo actionem praestitura elapsa fuissent, l. fin C. eod.; quamobrem actio praescriptis uerbis, qualis qualis sit, non est inutilis, quae actione famosa uiuacior est.

---

23   1553 : datio differebatur.

la plupart du temps, en effet, quand la *datio* a été mal faite, il aurait mieux valu qu'elle n'ait pas eu lieu du tout (D. 19, 1, 13, pr.[293] ; D. 12, 6, 63[294]). Comme cela se passe ainsi s'agissant du contrat *facio ut des*, on doit considérer, à mon sens, qu'il n'en va pas autrement dans le cas du contrat *do ut des*, et c'est ainsi que je comprends la loi C. 2, 20, 4[295], dans laquelle,

< outre que celui qui avait promis de donner bientôt une autre esclave avait dolosivement couché avec la servante d'un autre, et que cette loi, qui figure dans le titre *Du dol*, est expliquée par la loi D. 18, 2, 16[296] >, l'homme différait dolosivement, par paresse et par ruse : ici je n'imagine pas faussement ou mensongèrement que la remise de l'esclave a été différée, mais je tire de ce texte des conclusions en toute certitude, puisque l'Empereur se demande si le délai de prescription pour l'action *de dolo* a été dépassé (voir C. 2, 20, 8[297]) ; c'est pourquoi l'action *de praescriptis uerbis*, vaille que vaille, n'est pas sans utilité, car ses délais sont plus longs que ceux d'une action infamante.

---

293 *Iulianus libro quinto decimo inter eum, qui sciens quid aut ignorans uendidit, differentiam facit in condemnatione ex empto : ait enim, qui pecus morbosum aut tignum uitiosum uendidit, si quidem ignorans fecit, id tantum ex empto actione praestaturum, quanto minoris essem empturus, si id ita esse scissem :* **si uero sciens reticuit et emptorem decepit, omnia detrimenta, quae ex ea emptione emptor traxerit, praestaturum ei** *[...].*

294 *Fideicommissum in stipulatione deductum tametsi non debitum fuisset, quia tamen* **a sciente fidei** *explendae causa promissum esset, debetur.*

295 Voir ci-dessus, note 255.

296 *Imperator Seuerus rescripsit :* « *Sicut* **fructus** *in diem addictae domus, cum melior condicio fuerit allata, uenditori restitui necesse est, ita rursus quae prior emptor medio tempore necessario probauerit erogata, de reditu retineri uel, si non sufficiat, solui aequum est* ». *Et credo sensisse Principem de empti uenditi actione.* Cette loi explique en effet la fin de C. 2, 20, 4 (*Quod si penes te dominium eius remansit, adito Praeside prouinciae* **cum natis hanc potes recuperare**, *si nulla moueatur status quaestio*), puisqu'il y est question de la restitution des fruits (c'est-à-dire des enfants) de l'esclave.

297 *Optimum duximus non ex eo die, quo se quisque admissum dolum didicisse memorauerit, neque intra anni utilis tempus, sed potius* **ex eo die, quo adseritur commissus dolus, intra continuum biennium de dolo actionem moueri***, siue afuerit siue praesto est is, qui dolum se passum esse conqueratur. Omnes igitur sciant neque incipiendae post biennium neque ante completum biennium coeptae, post biennium finiendae doli actionis concessam licentiam.*

< Placet adhuc spatiari in campum d. § quod si faciam, et osten-
dere nihil illum differre a precedente articulo *do ut des*, aut reliquis
contractibus innominatis, pro quibus praescriptis uerbis agitur, tum de
dolo, modo arguatur dolus, scilicet ne impunita fraus maneat, l. ita de
recept. arbitr. ff. Verum quia dolus et scientia aegre probantur, l. dolum
C. de dolo, nec decet in doli actione uagari, aut temere famam alterius
perstringere, commodissimum est patere nobis actionem praescriptis
uerbis. Nec aliud innuitur in d. § quod si faciam. Nam licet dicat nullam esse actionem, puta, certi negotii, non tamen reiicit praescriptis
uerbis actionem uagam, et, more Polypi piscis, colores hos illosque
assumentem. Hoc patefacio ex l. interdictam cum l. 2 ff. de precari.,
ubi nulla pro praecario ciuilis actio est, inquit, sed interdictum : tandem praescriptis uerbis competebat. Ita in l. permisisti § fi. de praescr.
uerb., ubi te permittente seui in agro tuo, nec sinis fructus me tollere,
nulla est actio, inquit ; tamen dubitatur an in factum actio detur, sed
de dolo dabitur. Igitur licet dictum sit nullam esse actionem, in factum
continuo non denegebatur. Plane cum fraus aperte pateret, doli actione
experiar. Vterque hic dolus statera rationis perpensus liquet, eo magis
quod actio de dolo non reiicitur altera extraordinaria, et ideo datur >.

< J'ai envie de parcourir encore le champ de la loi déjà citée D. 19, 5, 5, 3[298] et de montrer qu'il ne diffère en rien d'un précédent article de la même loi, relatif à la convention *do ut des*[299], ni des autres contrats inommés, en faveur desquels on peut intenter l'action de *praescriptis uerbis*, mais aussi l'action *de dolo*, à condition qu'on puisse arguer de dol : c'est, sans doute, pour que la fraude ne demeure pas impunie (D. 4, 8, 31[300]). Mais comme le dol et la préméditation sont difficiles à prouver (voir C. 2, 20, 6[301]), et qu'il ne faut pas intenter au hasard l'action *de dolo*, ni compromettre étourdiment la réputation d'autrui, c'est une grande commodité que de pouvoir disposer de l'action *de praescriptis uerbis*. La loi déjà citée D. 19, 5, 5, 3 ne dit pas autre chose. Car même si elle affirme qu'il n'y a pas d'action civile, comprenez : d'action pour chose certaine, elle ne rejette pas cependant l'action *de praescriptis uerbis* qui est très souple et qui, à la manière d'un caméléon, est capable de s'adapter à différentes situations. Je le démontre clairement à partir de D. 43, 26, 14[302] et de D. 43, 26, 2, 2[303] : il n'y a, dit le jurisconsulte, aucune action civile en faveur de la précaire, mais seulement un interdit ; néanmoins, pour finir, l'action *de praescriptis uerbis* est parfaitement applicable. Il en est de même en D. 19, 5, 16, 1[304] : j'ai ensemencé ton champ, avec ta permission, mais tu ne m'autorises pas à emporter la récolte ; il n'y a pas d'action [civile], dit le jurisconsulte ; on se demande pourtant si l'on dispose de l'action *in factum*, mais c'est l'action *de dolo* qui sera accordée. Par conséquent, même si l'on disait qu'il n'y avait pas d'action [civile], l'action *in factum* n'était pas pour autant refusée. Mais comme la fraude était évidente, c'est bien sûr à l'action *de dolo* que l'on aura recours. Dans les deux cas, après réflexion, le dol est manifeste, d'autant plus que l'action *de dolo* n'est pas rejetée au profit d'une autre, extraordinaire, et, de ce fait, se trouve bel et bien accordée >.

---

298 Voir ci-dessus, note 235.

299 Il s'agit de D. 19, 5, 5, 1, dont la dernière phrase est : **Explicitus est articulus do ut des**.

300 *Ita demum autem committetur stipulatio, cum aduersus eam quid fit, si sine dolo malo stipulantis factum est : sub hac enim condicione committitur stipulatio,* **ne quis doli sui praemium ferat** [...].

301 **Dolum ex insidiis perspicuis probari conuenit.**

302 **Interdictum de precariis merito introductum est, quia nulla eo nomine iuris ciuilis actio esset** : *magis enim ad donationes et beneficii causam, quam ad negotii contracti spectat precarii condicio.*

303 [...] *est enim natura aequum tamdiu te liberalitate mea uti, quamdiu ego uelim, et ut possim reuocare, cum mutauero uoluntatem. Itaque cum quid precario rogatum est,* **non solum hoc interdicto uti possumus, sed etiam praescriptis uerbis actione, quae ex bona fide oritur.**

304 *Permisisti mihi, ut sererem in fundo tuo et fructus tollerem : seui nec pateris me fructus tollere.* **Nullam iuris ciuilis actionem esse Aristo ait ; an in factum dari debeat, deliberari posse ; sed erit de dolo.**

7. Iam persuasum opinor amanti actionem paratam esse aduersus puellam quae amare promisit, ubi iam ipse dederit, foedissimo amoris genere. Quod demum uerum est si conuentio innominata affirmando concepta est. Nam si quis puellae det ne alium amet, et ita ne faciat, praescriptis uerbis actioni locus non est, quia non differunt haec, do ne facias et do ut moriaris ; tum enim non faceres cum uiuere desiisses, cum sit ea conuentionum natura, ut Mutiana cautione pro impletis non habeantur, ut uult receptior interpretum sententia, § si quis ita, de uerb. oblig. Quicquid uero uotum captandae mortis inducit, reprobatur legibus, in pactis potissimum, l. fi. C. de pact. ; succurrit l. dedi 1 ff. de condict. caus. dat., ubi nulla praestatur cautio in his contractibus, « do ne alium ames », « do ne me uoces in ius », nisi ut praestetur nominatim conuenerit. Plane in testamentis Mutii cautionem utilissimam esse nemo ignorat, l. Mutianae ff. de condict. et demonst.

7. Je suis donc absolument persuadé que celui qui recherche le genre d'amour le plus ignoble dispose d'une action à l'encontre de la fille qui a promis de lui faire l'amour, dès lors qu'il en a lui-même déjà acquitté le prix. Mais cela n'est vrai que si le contrat inommé a été passé sous forme affirmative. En effet, si quelqu'un payait la fille pour qu'elle ne fasse pas l'amour à un autre, c'est-à-dire donnait pour qu'elle ne fasse pas[305], l'action *de praescriptis uerbis* n'aurait pas lieu d'être, car il n'y a aucune différence entre les deux propositions suivantes : « je te donne pour que tu ne fasses pas » et « je te donne pour que tu meures », car ce n'est qu'une fois mort que tu ne pourrais plus faire. Il est effectivement de l'essence même des contrats que leur exécution ne puisse donner lieu à la caution Mutienne, ainsi que le veut l'interprétation la plus communément reçue (*Institutes*, III, 15, 4[306]). Car les lois réprouvent tout ce qui implique le souhait de maîtriser la mort, surtout quand il s'agit des pactes (C. 2, 3, 30[307]), et l'on en trouve confirmation dans la loi D. 12, 4, 3, pr.[308] : on ne fournit pas de caution pour des contrats du genre « je te donne pour que tu n'en aimes pas un autre », ou « je te donne pour que tu ne me cites pas en justice », sauf s'il a été expressément convenu qu'on en fournirait une. Mais personne n'ignore que c'est en matière de testaments que la caution Mucienne est extrêmement utile (D. 35, 1, 7, pr.[309]).

---

305 Autrement dit, au lieu d'être dans le cas d'un contrat *do ut facias* (forme affirmative), on se trouve dans celui d'un *do ne facias* (forme négative).

306 [...] *Si quis ita stipuletur « si in Capitolium non ascendero, dare spondes ? »* **perinde erit, ac si stipulatus esset cum morietur dari sibi.** *Ex condicionali stipulatione tantum spes est debitum iri, eamque ipsam spem transmittimus, si, priusquam condicio existat, mors nobis contigerit.*

307 Il y est question, en effet, des pactes sur succession future. [...] *Sed nobis omnes huiusmodi pactiones odiosae uidentur et plenae tristissimi et periculosi euentus. Quare enim quodam uiuente et ignorante de rebus eius quidam paciscentes conuenerunt ? Secundum ueteres itaque regulas* **sancimus omnimodo huiusmodi pacta quae contra bonos mores inita sunt, repelli** *et nihil ex his pactionibus obseruari,* **nisi ipse forte, de cuius hereditate pactum est, uoluntatem suam eis accommodauerit et in ea usque ad extremum uitae spatium perseuerauerit** *: tunc etenim sublata acerbissima spe licebit eis illo sciente et iubente huiusmodi pactiones seruare* [...].

308 *Dedi tibi pecuniam, ne ad iudicem iretur : quasi decidi.* **An possim condicere, si mihi non caueatur ad iudicem non iri ?** *Et est uerum multum interesse, utrum ob hoc solum dedi, ne eatur, an ut et mihi repromittatur non iri ;* **si ob hoc, ut et repromittatur, condici poterit, si non repromittatur** *; si ut ne eatur, condictio cessat quamdiu non itur.*

309 **Mucianae cautionis utilitas consistit in condicionibus, quae in non faciendo sunt conceptae,** *ut puta « si in Capitolium non ascenderit », « si Stichum non manumiserit », et in similibus : et ita Aristoni et Neratio et Iuliano uisum est : quae sententia et constitutione diui Pii comprobata est. Nec solum in legatis placuit, uerum in hereditatibus quoque idem remedium admissum est.*

OBSERVATA IN CAPUT QUARTUM

1. Sylvarum custodia penes quem sit ; tum philtris et amatoriis potionibus amorem conciliari.
2. Furor amorem sequitur ; [24]< et redhibitio ; et an amans potest testari ; quid si sit miles ; et poculi amatoris prohibitio >.
3. Explicatur l. ex senatusconsulto ff. de sicar. et magiae vanitas.
4. Item l. quidam ignauiae, de decur. X C.
5. Accusatur Amor, ut causa magnorum scelerum, < quoque sit ueneficus >.
6. Smyrna iurisconsulto quid ; et eius amor nefarius, ac transformatio in arborem, ex qua natus Adonis.
7. Declaratur l. si diutino ff. de poenis ; < an temporis cursus excuset a delicto >.
8. Reus et reatus dupliciter accipiuntur.
9. Amori tyranno et prodigo bonis interdici oportere ; < et quod sit duplex Cupido ; quoque manifeste prodigo non sit opus interdictione >.

CAPUT QUARTUM

1. Quo in loco lucus myrteus arboribus fuit cumulatior, stabat uir admodum senex et seuerus, ipso pene loco horridior : toto corporis habitu et cultu unum ex illis referens, qui solitariam quamdam religionem uulgo profitentur. Is neque caedi syluam neque cingi sinebat, cui custodiendae, et coniectura assequor, Amor ipsum praefecerat. Syluanus ab Accursio nominatur, l. in lege ff. locat. ;

---

24   1553 : et quid sit Hippomanes.

CONTENU DU CHAPITRE 4

1. À qui est dévolue la garde des forêts ? On provoque l'amour par des philtres et des potions.
2. La folie accompagne l'amour ; < la reprise d'une chose vendue ; et un amoureux a-t-il le droit de tester ? qu'en est-il s'il est soldat ? et les philtres d'amour sont frappés d'interdiction >.
3. Explication de la loi D. 48, 8, 13.
4. De même pour C. 10, 32, 26, pr.
5. L'Amour est accusé d'être la cause de grands crimes ; < et aussi d'être un empoisonneur >.
6. Ce que le jurisconsulte entend par « Smyrna » ; ses amours criminelles, et sa métamorphose en arbre, dont naquit Adonis.
7. Élucidation de la loi D. 48, 19, 25, pr. ; < un délit trouve-t-il une excuse dans sa pérennité ? >
8. Les mots *Reus* et *reatus* ont un double sens.
9. Il faut interdire à l'Amour d'administrer ses biens, parce qu'il est tyrannique et prodigue ; < Cupidon a une double nature ; et aussi : il n'est pas besoin d'interdire formellement l'administration de ses biens à quelqu'un qui est manifestement prodigue >.

CHAPITRE 4

1. À l'endroit le plus épais du bois de myrtes se tenait un homme d'un âge avancé, au visage sévère, plus rébarbatif encore que le lieu : tout, dans son physique et sa tenue, évoquait un ermite solitaire. Il interdisait de couper ou d'écorcer les arbres, dont l'Amour, je suppose, lui avait confié la garde. À D. 19, 2, 29[310], Accurse appelle ce genre d'individus « Sylvain » ;

---

310 *In lege locationis scriptum erat :* « **Redemptor siluam ne caedito** *neue cingito neue deurito neue quem cingere caedere urere sinito* ». Le mot *redemptor* est en effet glosé : *id est conductor, qui dicitur* **syluanus**, mais la glose est attribuée à Azon.

Syluanum uero et Faunum ueteres Syluarum numina dixerunt. Plane uniuersam syluarum et collium iurisdictionem et tuitionem ad Consules Romanos pertinuisse animaduertit Caelius Rhodiginus, lib. 14 cap. 5 ; ex quo in Iulio Caesare Tranquillus ait eam curam Consulibus demandatam, et Vergilius :
Si canimus syluas, syluae sunt Consule dignae.

Quod si ita est, de syluis agri Romani uel Italici accipi oportet. Nam aliis in prouinciis praesides uel alii similes magistratus hanc functionem suscipiebant, l. 2 de cupress. lib XI C., et Tranquilli locus non obscure indicat syluarum procurationem minorem fuisse prouinciam quam ut Consule digna esset, at in Caesaris consulis designati inuidiam, optimates dedisse operam quo prouinciae, id est munera minimi negotii, ut syluae et colles, futuris Consulibus decernerentur. Quae res maxime Caesarem irritauit. Sane uero Virgilius in *Ecloga* sic dignas syluas consule cecinit per figuram, ut aliis arbusta et frutices.

Senex huius syluae custos, ut ad eum se recipiat oratio, in loco solis splendori minime peruio, ob multam frondum congeriem, dextra manu scyphum aureum habuit, laeua polion, herbam non ita noxiam et Musaei carminibus decantatissimam, uelut ad omnia utilem : hanc adspiciebat[25].

---

25   1553 *restitui post* adspiciebat *usque ad* traheret.

les Anciens, eux, disaient que les Sylvains et les Faunes étaient des dieux des forêts. Caelius Rhodiginus, au chapitre 5 du livre XIV[311], signale que c'étaient les consuls romains qui avaient toutes compétences de juridiction et de protection sur les forêts et les collines. C'est pourquoi dans la *Vie de Jules César*, Suétone[312] dit que l'on attribua cette charge aux consuls, et Virgile[313] : *Si nous célébrons les forêts – car les forêts sont dignes d'occuper un consul.*

S'il en est ainsi, il faut comprendre : les forêts du territoire romain ou italique. En effet, dans les autres provinces, c'étaient les gouverneurs, ou d'autres magistrats de même rang, qui assumaient ces fonctions (C. 11, 78, 2, pr.[314]), et le passage cité de Suétone[315] indique clairement que l'administration des forêts était une charge indigne d'un consul et que c'était par inimitié pour César, consul désigné, que les Grands s'étaient arrangés pour faire attribuer aux futurs consuls des départements, c'est-à-dire des charges, de moindre importance, comme les forêts et les collines ; ce qui mit César au comble de l'irritation. À coup sûr, si Virgile, dans sa *Bucolique*, a célébré les forêts comme dignes d'occuper un consul, c'était une figure de rhétorique, pour signifier qu'en revanche les arbustes et les buissons convenaient à d'autres.

Mais revenons-en au vieillard qui surveillait cette forêt : à un endroit que l'épaisseur des frondaisons rendait impénétrable à l'éclat du soleil, il tenait dans sa main droite un vase en or, et, dans la gauche, du polion, une herbe qui n'est pas franchement vénéneuse et qui a été célébrée comme une panacée par le poète Musée[316] : il avait les yeux fixés dessus[317].

---

311 *Lectionum antiquarum libri XVI*, Bâle, 1517, livre XIV, chap. 5 : après avoir cité le vers de Virgile (voir ci-dessous, note 313), l'auteur commente : *Qua in parte scientissimus Poeta morem respicit ueterem, quo Consulibus sylvarum et collium iniungebatur cura, ne compingendis nauibus materia unquam deesset ; quae sane prouincia minor dicebatur, ut a maioribus distingueretur, quas Consulares dicebant.* Puis il cite le passage de Suétone (voir ci-dessous, note 312).

312 Chapitre XIX.

313 *Bucoliques*, IV, 3. Le texte original est **sint dignae**.

314 *Omnes iudices cuiuscumque dignitatis sciant posthac absque permissu magnitudinis tuae arborem ex Daphnensi luco Antiochenae ciuitatis praecidendi uel quolibet modo lapsas transferendi licentiam sibimet denegandam.*

315 Voir ci-dessus, note 312. En effet, Suétone relate que, lorsque César fut nommé consul avec Bibulus, et que, par crainte de son ambition, on lui attribua ce département sans importance, il en fut ulcéré.

316 Voir Pline l'Ancien, *Histoire naturelle*, XXI, 21, 1 : « Il en est de même chez les Grecs du polion, plante célébrée par Musée et Hésiode, qui la disent bonne à tout, et propre spécialement à faire acquérir la renommée et les dignités ».

317 Ici, par extraordinaire, un passage du texte de 1553 a été supprimé dans l'édition posthume sans faire l'objet d'une variante (voir ci-contre la note à *adspiciebat*). C'est probablement une erreur, car on y apprenait justement pourquoi le vieillard se livrait à cette magie noire. Je

Vultum autem auertebat a scypho aureo, Medeae imitatione, quam Sophocles describit in tragoedia quae inscribitur Ῥιζοτόμοι, falce aenea maleficas herbas secuisse auersam, ne ui noxii odoris interficeretur. Protinus uociferari coepit, obsecrans ipsam Hecaten, syluis, Erebo coeloque potentissimam, uti puellam, aduersus cuius superbiam iam moriturus contumaci erat animo, in mutuum amorem pelliceret aut traheret.

Quid non cogit Amor? leges certe uiolari iubet, quae uetant ne pudici animi philtris uel incantationibus ad libidinem deflectantur, l. eorum C. de malefic.; et lege Cornelia de sicariis plectitur, qui poculum amatorium dederit, l. 3 ff. de sicar., grauius quidem, si qui accepit, decesserit, l. siquis § qui abortionis ff. de poen.

2. Nam frequentissime furor philtra sequitur, quippe cum amor furor merus sit, § illud quoque, quib. mod. nat. effic. leg. col. VI; unde mulier amore percita bacchari dicitur, § fi. de sucess. sublat., hoc est, caput iactare, et Maenadum more in Bacchi sacris insanire, l l § apud ff. de aedil. edict. Idcirco, in *Medaea*, hoc modo loquentem chorum Seneca introducit :

* Il détournait cependant son visage du vase en or, à l'imitation de Médée dont Sophocle, dans sa tragédie intitulée *Les magiciennes*, dit qu'elle tournait la tête quand elle coupait ses herbes maléfiques avec une faucille de bronze, pour ne pas être tuée par la violence nocive de leurs exhalaisons. Aussitôt, il se mit à vociférer, en adressant ses supplications à Hécate elle-même, qui règne sur les forêts, l'Érèbe et le firmament, dans le but de persuader – ou de forcer à partager son amour – la jeune fille contre le dédain de laquelle il se rebellait obstinément, alors même qu'il était tout près de mourir *.

À quoi l'amour ne contraint-il pas ? il conduit, assurément, à violer les lois qui interdisent d'inspirer le désir amoureux à des esprits pudiques au moyen de philtres ou d'incantations (C. 9, 18, 4, pr.[318]) ; celui qui a fait boire à quelqu'un un philtre d'amour est sanctionné par la loi Cornelia sur l'assassinat (D. 48, 8, 3, pr. et 2[319]), et avec plus de sévérité encore si la mort s'en est ensuivie (D. 48, 19, 38, 5)[320].

2. Très souvent, en effet, les philtres rendent fou, pour la bonne raison que l'amour est pure folie (*Novelle* 74, 4, pr.)[321] : c'est la raison pour laquelle on dit qu'une femme éprise « se comporte comme une Bacchante » (*Institutes*, III, 12, 1[322]), c'est-à-dire qu'elle secoue la tête et délire comme les Ménades dans le culte de Bacchus (D. 21, 1, 1, 9[323]). Voilà pourquoi, dans sa *Médée*[324], Sénèque fait ainsi s'exprimer le Chœur :

---

l'ai donc rétabli et traduit, en signalant la bizarrerie par des astérisques. On n'a plus que des fragments de cette tragédie de Sophocle, littéralement intitulée *Les cueilleuses de simples*.

318 *Eorum est scientia punienda et seuerissimis merito legibus uindicanda, **qui magicis adcincti artibus aut contra salutem hominum moliti aut pudicos animos ad libidinem deflexisse detegentur**.*

319 *Pr. Eiusdem legis Corneliae de sicariis et ueneficis capite quinto, qui uenenum necandi hominis causa fecerit uel uendiderit uel habuerit, plectitur. § 2 : Adiectio autem ista « ueneni mali » ostendit esse quaedam et non mala uenena. Ergo nomen medium est et tam id, quod ad sanandum, quam id, quod ad occidendum paratum est, continet, sed **et id quod amatorium appellatur**.*

320 *Qui abortionis aut amatorium poculum dant, etsi dolo non faciant, tamen quia mali exempli res est, humiliores in metallum, honestiores in insulam amissa parte bonorum relegantur. **Quod si eo mulier aut homo perierit, summo supplicio adficiuntur**.*

321 *[...] Nouimus etenim et **castitatis sumus amatores** et haec nostris sancimus subiectis ; sed nihil est furore amoris uehementius, **quem retinere philosophiae est perfectae** [...].*

322 *[...] cum libera mulier seruili amore **bacchata** ipsam libertatem per senatus consultum amittebat et cum libertate substantiam [...].*

323 *Apud Viuianum quaeritur, si seruus inter fanaticos non semper **caput iactaret** et aliqua profatus esset, an nihilo minus sanus uideretur. Et ait Vivianus nihilo minus hunc sanum esse [...]. Interdum tamen, inquit, uitium corporale usque ad animum peruenire et eum uitiare.* C'est au paragraphe suivant qu'il est expressément question d'un comportement de Bacchante : *[...] quis circa fana **bacchatus sit** [...].*

324 v. 849-852.

Quoniam cruenta Maenas
Praeceps amore saeuo
Rapitur ? quod impotenti
Facinus parat furore ?

   < Vnde putem seruo amante uendito locum esse redhibitioni. Nam etsi aediles morbum tantum respexerint corporis, non animi, qualis est amor d. l. 1 § fi. de aedil. aedi. ; l. 1 § fin. de seruo corr. ff., tamen affectus ille uehemens animi corpus afficit, ut Antiochus rex declarauit, quem amore Stratonices nouercae aegrum agnouit Erasistratus medicus apud Suidam, manu cordi admota palpitanti utique, quoties Stratonicem uidisset, atque, ut febrienti uitiatur animus simul phrenesi d. l. 1 § pe de aedil. edict., sic ex amoris furore corpus.

   Saepe itaque in controuersiam id ducitur, an furiosi instar, is qui amat non possit facere testamentum ; et putem posse dilucidis interuallis, § praeterea quib. non est permissum facere testam. Nemo enim tam amore perditus est, quin taedio identidem capiatur amicae etiam lepidissimae, ob fraudes crebras uel zelotypiam, uel fastum pulchris familiarem. Scite namque Socrates, ut est apud Laërtium in *Vita Aristotelis*, pulchritudinem uocauit modici temporis tyrannidem. Sed est quaestionis an amicam[26] metipsam possit haeredem instituere. Quid ni ? siue honeste ametur, siue inhoneste. Nam et concubinae, et meretrici, donare licet inter uiuos, l. affectionis ff. de donationib.

---

26 amicam *scripsi* : animam *T //*

Où est-elle emportée, la tête la première,
Par son amour cruel, la sanglante Ménade ?
Et quel forfait prépare sa fureur déchaînée ?

< Je pense donc qu'il y a lieu à reprise en cas de vente d'un esclave amoureux. En effet, même si les édiles n'ont eu égard qu'aux maladies du corps et non à celles qui, comme l'amour, affectent l'esprit (D. 21, 1, 1, 10[325] ; D. 11, 3, 1, 5[326]), néanmoins cette violente affection de l'âme retentit sur le corps, comme on le voit par l'exemple du roi Antiochus, que le médecin Érasistrate, chez Suidas[327], reconnut malade d'amour pour sa belle-mère Stratonice en lui prenant le pouls, qui s'emballait chaque fois qu'il avait vu Stratonice ; et de même que celui qui a de la fièvre en a l'esprit troublé comme s'il était fou (D. 21, 1, 1, 10[328]), de même le corps est détérioré par la folie amoureuse.

Aussi est-ce un fréquent sujet de controverse que de se demander si, à l'instar du fou, l'amoureux est incapable de tester ; et je croirais volontiers qu'il en est capable pendant ses intervalles de lucidité (*Institutes*, II, 12, 1[329]). Personne, en effet, n'est éperdu d'amour au point de ne pas se lasser, parfois, de sa bienaimée, si charmante qu'elle soit, en raison de ses fréquentes tromperies, ou de sa jalousie, ou de son goût du luxe, très répandu chez les belles filles. Aussi Socrate, comme on le lit chez Diogène Laërce dans sa *Vie d'Aristote*[330], a-t-il finement appelé la beauté : une tyrannie temporaire. Mais la question se pose de savoir si un amoureux peut instituer comme héritière sa bien-aimée elle-même. Pourquoi pas ? et cela, qu'il l'aime ou non d'un amour vertueux. En effet, les donations entre vifs sont autorisées au bénéfice de la concubine et de la prostituée (D. 39, 5, 5[331]).

---

325 [...] *quoniam aediles de corporalibus uitiis loquuntur* [...].

326 *Is quoque deteriorem facit, qui seruo persuadet, ut iniuriam faceret uel furtum uel fugeret uel alienum seruum ut sollicitaret uel ut peculium intricaret, **aut amator existeret** uel erro uel malis artibus esset deditus uel in spectaculis nimius uel seditiosus* [...].

327 Vᵒ Ἐρασίστρατος.

328 Voir ci-dessus, note 325. Il est en effet question dans ce paragraphe de celui qui a de la fièvre : *sicuti si aliquando febrem habuit.*

329 [...] *Furiosi autem si per id tempus fecerint testamentum quo furor eorum intermissus est iure testati esse uidentur, certe eo quod ante furorem fecerint testamento ualente* [...].

330 § 19.

331 ***Affectionis gratia neque honestae neque inhonestae donationes sunt prohibitae***, *honestae erga bene merentes amicos uel necessarios, **inhonestae circa meretrices**.*

Multo magis supremo iudicio, ut liquet ex eo, quod pubescens libere testatur, non autem donat, quin possit restitui, et ex l. uiuus ff. si quid in fraud. patron. Accedit quod testamentum faciens, mortis et coeli cogitatione fieri creditur temperatior. Iuuat l. miles ita § mulier ff. de milit. testam., ubi singulari iure receptum est, ne a milite institui possit mulier, in quam turpis suspicio cadat inhonesti uidelicet concubitus. Aliud ergo iuris in pagano admittetur. Coercenda etenim fuit in militibus amoris uis, ne fortes ab adulatrice muliercula spolientur, l. 2 C. de donati. inter uirum. Nescio quomodo milites amore procliuius uincantur. Vnde poetae Venerem Marti iunxerunt, et reticulo aureo uinctum finxerunt, non admodum mentis compotem >.

Proinde potione amatoria Caesonia C. Caligulae crudelissimo imperatori mentem ademisse ferebatur, quod sentit Iuvenalis :
Et furere incipies[27]*, ut auunculus ille Neronis,*
Cui[28] *totam tremuli frontem Caesonia pulli*
Infudit.

Hippomanes Satyricus intelligit, quod sit ex caruncula in fronte equini pulli nata, colore nigro, praesens ueneficium ad amorem, si quis ante praeripiat quam a matre deuoretur. Est et alterum Hippomanes, de quo Tibullus lib. 2 :
Et quod, ubi indomitis gregibus Venus afflat amores,
Hippomanes cupidae stillat ab inguine equae.

---

27   incipies *correxi* : incipias ***T*** //
28   Cui *correxi* : Qui ***T*** //

A fortiorti quand il s'agit de la suprême volonté, comme on le voit par le fait qu'à peine pubère, on peut tester librement, alors qu'on ne peut rien donner qui ne soit restituable, et par D. 38, 5, 9[332] ; à cela s'ajoute le fait que celui qui fait son testament, en pensant à la mort et au Ciel, est censé se montrer plutôt modéré. On en trouve confirmation en D. 29, 1, 41, 1[333], où il a été admis, en vertu d'une disposition juridique particulière, qu'un soldat ne peut instituer comme héritière une femme sur laquelle pèse un soupçon d'immoralité, c'est-à-dire de relations sexuelles déshonnêtes. On admettra que les civils relèvent d'un Droit différent. Mais c'est qu'il avait fallu contenir, chez les soldats, la puissance de l'amour, pour éviter à des hommes courageux d'être victimes des cajôleries d'une fille (C. 5, 16, 2[334]). Je ne sais pas comment il se fait que les militaires soient plutôt enclins à se laisser vaincre par l'amour. C'est pour cette raison que les poètes ont associé Vénus à Mars, et ont imaginé que, n'étant plus tout à fait dans son bon sens, il fut capturé au moyen d'un filet en or[335] >.

Voilà pourquoi l'on disait que Caesonia, avec un philtre d'amour, avait fait perdre la raison au cruel empereur Caligula : c'est ce que veut dire Juvénal[336] :

Et tu deviendras fou, comme l'oncle de Néron,
À qui Caesonia fit boire tout le front d'un poulain tremblant.

Le Satyrique fait allusion à l'hippomane, qui vient d'une protubérance située sur le front d'un poulain : de couleur noire, il donne un puissant philtre d'amour si l'on s'en empare avant que la mère ne le dévore. Il existe un autre hippomane, dont parle Tibulle[337] :

Et, à la saison où Vénus inspire l'amour aux troupeaux indomptés,
Ce que l'hippomane fait couler de l'aine de la jument en chaleur.

---

332 *Viuus libertus* **donare** *bene merentibus amicis potest :* **legare** *uero nec bene merentibus amicis potest, quo patroni partem minuat.*

333 *Mulier,* **in qua turpis suspicio cadere potest,** *nec ex testamento militis aliquid capere potest, ut diuus Hadrianus rescripsit.*

334 *Si ancillam nummis tuis comparatam esse praesidi prouinciae probaueris donationisque causa* **focariae tuae** *nomine instrumentum emptionis esse conscriptum, eam tibi restitui iubebit. Nam licet cessante iure matrimonii donatio perfici potuerit, milites tamen meos a* **focariis suis** *hac ratione fictisque adultationibus spoliari nolo.*

335 Allusion à un épidode bien connu de la mythologie, raconté notamment dans l'*Odyssée* VIII, v. 266-342.

336 *Satires* VI, 461-463.

337 *Élégies* II, 4, 57-58.

Solo quoque carmine noceri solitum fuit, et malo sacrificio pudicitiam labefactari. Quod probat Augustinus, can. nec mirum § magi. 26
q. 5 ; citat illud Lucani :
Mens hausti nulla sanie polluta ueneni
Incantata perit.

3. Huc spectare puto l. ex senatusconsulto ff. de sicar., ubi qui mala
sacrificia fecerit, habuerit, pro homicida censetur.
    < Sane Plinius lib. 30 cap. 1 meminit cuiusdam senatusconsulti facti,
Corn. Lentulo et P. Licinio Crasso consulibus, ne homo immolaretur ;
palam, inquit, *in tempus illud sacra prodigiosa celebrata.* Forte etiam eo
respexit Iurisconsultus, senatusconsulti mentione facta, quo tam impia
sacrificia inhiberentur >.
    Quae enim peiora esse possunt, quam quibus furor amoris, morte
saeuior, inducitur, cap. si aliquis, de homicid. ? Quapropter plus admi-
rationis quam uoluptatis accepi ex hoc sene multo nequissimo, ut
qui fretus arte omnium deterrima et uanisssima amari se speraret et
cuperet. Nulla enim magis syncera magisque seria magia est, quam
quae prorsus fabulosa, qualem nos in nostris *De occulta iurisprudentia*
dialogis clarissimorum scriptorum exemplo effinximus. Quid ? quod et
huic malefico ueteratori sua pessime cessit : uitam enim finiuit miseram
suspendio postridie Idus Iul.

On savait aussi faire du mal avec une seule incantation, et ébranler la pudeur avec un sacrifice maléfique : ce dont atteste Saint Augustin (au *Décret* II, 26, 5, 14, § 1[338]) ; il cite ces vers de Lucain[339] :
Sans qu'il soit besoin d'avoir absorbé du poison,
On perd l'esprit sous l'effet des incantations.

3. C'est cela que vise, je pense, la loi D. 48, 8, 13[340], en vertu de laquelle l'on considère comme homicide celui qui aura fait, ou détenu de quoi faire, des sacrifices maléfiques.

< Assurément, au chapitre 1 du livre XXX, Pline mentionne un sénatusconsulte, promulgué sous le consulat de Corn. Lentulus et de P. Licinius, qui interdisait d'immoler un être humain ; « à cette époque, dit-il, on célébrait donc en public des sacrifices monstrueux »[341]. Sans doute le jurisconsulte y a-t-il pensé aussi, puisqu'il fait mention du sénatusconsulte qui empêchait de commettre ces impiétés >.

Peut-il, en effet, exister des actes pires que ceux auxquels incite la folie amoureuse, plus cruelle que la mort (*Décrétales de Grégoire IX*, V, 12, 5[342]) ? Aussi la vue de ce vieillard extrêmement malfaisant, qui, en utilisant le pire et le plus vain des savoir-faire, espérait et désirait se faire aimer, me causa-t-elle plus d'étonnement que de plaisir. La plus sincère et la plus sérieuse des magies, c'est celle qui est toute de fiction, et que j'ai mise en œuvre, à l'exemple des plus grands auteurs, dans mes dialogues *Sur la science cachée du Droit*[343]. Mais quoi ? même ce maléfique vieux roué ne tira aucun profit de sa magie : mettant un terme, en effet, à sa misérable existence, il se pendit le lendemain des Ides de juillet[344].

---

338 *Magi sunt qui uulgo malefici ob facinorum magnitudinem nuncupantur. Hi sunt qui permissu Dei elementa concutiunt, mentes hominum turbant minus confidentium in Deo, ac sine ullo ueneni haustu uiolentia tantum carminis interimunt. Vnde et Lucanus [...].*

339 *Pharsale*, VI, 457-458. Le texte originel est *excantata*.

340 ***Ex senatus consulto*** *eius legis poena damnari iubetur, qui* ***mala sacrificia*** *fecerit, habuerit.*

341 *Histoire naturelle*, XXX, 1, 3 : « Ce n'est que l'an 657 de Rome, sous le consulat de Cn. Cornélius Lentulus et de P. Licinius Crassus, qu'il fut défendu par un sénatus-consulte d'immoler un homme ; ce qui prouve que jusqu'à cette époque on faisait de ces horribles sacrifices ».

342 *Si aliquis causa explendae libidinis uel odii meditatione homini aut mulieri aliquid fecerit, uel* ***ad potandum dederit, ut non possit generare aut concipere,*** *uel nasci soboles,* ***ut homicida teneatur.***

343 Allusion à sa *Nekyomantia iurisperiti, siue de occulta iurisprudentia*, parue en 1544.

344 C'est-à-dire le 16 juillet.

4. Imperatores Valentinus et Valens huiusmodi sectatores ignauiae redarguunt, l. quidam de decurio, libro 10 C., qui sub religionis praetextu latebras et solitudinem petunt.

[29]< Fuit autem Valens Caesar, a Valentiniano fratre imperii consors factus, Arianae uaesaniae assertor, quique tum Graecis, tum iis qui sub Christiano nomine ab Euangelio dissidentia praedicarent, licentiam et impunitatem concesserit, ut Theodoricus scripsit, lib. *Ecclesiasticae historiae* 4, cap. 24, sed et monachorum contubernia disiecit. Sozomenus, lib. 6 cap. 35, refert Valentem ethnicis quoque philosophis infestissimum, postquam diuinando praedixissent ex tripode, Theodorum quemdam splendide in palatio militantem futurum imperii successorem. Valentis tamen lex, mali quidem autoris, ab ipso pro Caesare Iustiniano probata est, ut senatusconsultum temporibus Neronis teterrimi factum l. 1 ff. ad Trebell. >.

Nec lex iniqua uideri debet, quae nihili homines negligit, ulciscitur, qui otium magis quam religionem ambire deteguntur.

[30]< Nisi forte Valentis dissimulatio latuit Iustinianum : sub illo enim Lucius, Arianae sectae episcopus, tria milia hominum emisit, qui uiros sanctos in deserto perderent, Suida teste. Vidit Deo operantes satis laboriosos, et cum plantis et apibus ac aquis ductilibus rusticari >,

can. nunquam, de consecrat. distin 5.

---

29   1553 : Alciatus notauit Imperat. Valentem Christianis fuisse infestissimum, at Greg. Nazianzenus Arianae sectae comitem illum scribit, et qui in Magnum Basilium saeuire constituerit. Sed lex nihilominus Iustiniano probata est, ut senatusconsultum temporibus Neronis teterrimi factum, l. 1. ff. ad Trebell.

30   1553 : Quod quantam perniciem desidibus animis afferat, abunde ostenditur a Hieronymo, rusticum monachum admonente.

4. Les Empereurs Valentinien et Valens réprouvent ceux qui s'adonnent à ce genre de paresse (C. 10, 32, 26, pr.)[345] et qui, sous prétexte de religion, recherchent la solitude et les ténèbres.

< Mais l'Empereur Valens, que son frère Valentinien fit régner à ses côtés, était un sectateur de la folie arienne, et, comme l'écrit Théodoret dans son *Histoire de l'Église*, livre IV, chapitre 24[346], il accorda la liberté et l'impunité de leurs cultes tant aux Grecs qu'aux prétendus Chrétiens dont les prédications tournaient le dos à l'Évangile. Cependant, il dispersa les communautés de moines. Sozomène[347], au livre VI, chapitre 35, rapporte que Valens fut également très hostile aux philosophes païens, lorsqu'ils eurent prédit, en faisant de la divination, qu'un certain Théodore, qui se battait magnifiquement dans l'armée impériale, serait le prochain empereur. La loi de Valens, qui était assurément l'œuvre d'un méchant homme, fut pourtant confirmée par Justinien lui-même, alors vice-Empereur, et il en fit autant pour un sénatusconsulte promulgué du temps de l'épouvantable Néron (D. 36, 1, 1)[348] >.

Or l'on ne doit pas considérer comme injuste une loi qui méprise des vauriens dont elle dévoile les visées, d'inaction plus que de religion, et qui en tire vengeance.

< À moins que Justinien n'ait été trompé par l'hypocrisie de Valens, sous le règne duquel en effet, d'après Suidas[349], un évêque arien, Lucius, envoya trois mille soldats pour anéantir les saints hommes dans leur désert. Il vit les serviteurs de Dieu fort occupés à vivre en paysans, au milieu des plantes, des abeilles et des canaux d'irrigation >, (*Décret* III, 5, 33)[350].

---

345 *Quidam **ignauiae sectatores**, desertis ciuitatium muneribus, **captant solitudines ac secreta** et specie religionis cum coetibus monazonton congregantur.*

346 Ἐν Ἀντιοχείᾳ δὲ ὁ Βάλης χρόνον διατρίψας ὅτι μάλιστα πλεῖστον, ἅπασι μὲν ἄδειαν ἐδεδώκει καὶ Ἕλλησι καὶ Ἰουδαίοις καὶ τοῖς ἄλλοις ὅσοι τὸ Χριστιανῶν ὄνομα περικείμενοι τἀναντία ταῖς εὐαγγελικαῖς διδασκαλίαις κηρύττουσι.

347 *Histoire ecclésiastique*, VI, 35 : p. 693-694 de l'édition bilingue de 1677, à Mainz. L'historien raconte en effet qu'à la suite de cette séance de divination, Valens, fou de rage, ordonna d'assassiner ce Théodoric et de livrer aux flammes tous les philosophes païens, et même ceux qui ne portaient que l'habit de philosophe. Il fit même éliminer tous ceux dont le nom contenait les mêmes quatre premières lettres que celui de Théodoric.

348 ***Factum est enim senatus consultum temporibus Neronis*** *octauo calendas septembres Annaeo Seneca et Trebellio Maximo consulibus* […].

349 νʹ Οὐάλης : […] ἐπὶ τοῦ βδελυροῦ Οὐάλεντος Λούκιός τις ἐπίσκοπος τῆς τῶν Ἀρειανῶν αἱρέσεως παραχρῆμα ὡς λύκος τῇ ἐκκλησίᾳ ἐπεπήδησεν […] ὁ δὲ Λούκιος τοσαῦτα ἐνεδείξατο, οἷα οὐδὲ ἐν τοῖς διωγμοῖς τῶν Ἑλλήνων ἐγένετο : τρεῖς γὰρ χιλιάδας ἀπέστειλε κατὰ τὴν ἔρημον ἀναιροῦντας καὶ πορθοῦντας τοὺς θεοσεβεῖς ἄνδρας.

350 Le canon s'intitule : *De cottidianis operibus monachorum*. Il est fait allusion ici aux passages suivants : *sarriatur humus ; areolae equo limite diuidantur, in quibus cum holerum iactata*

5. Non potui[31] temperare quin Amorem audacter accusarem, uelut causam multorum magnorumque scelerum. Res non eget prolixis testimoniis, praesertim cum, illo suadente, Myrrha, quam Smyrnam uocat Hyginius, Cinyrae Assyriorum regis filia, patris concubitum appetierit, et eo tandem temulento ac ignorante contra fas et leges turpissime potita sit, l. nuptiae; l. quinetiam, ff. de rit. nuptiar., quamquam nec culpa uacauit Cinyras uino obrutus, sicut nec Lot ebrius, ex cuius nefario complexu duae filiae liberos Moab et Ammon peperere, *Genes.* 19 cap. Nam Lot, si non ex incestu, ex ebrietate tamen incusandus est remissius, can. inebriauerunt, 15 quaest.; l. perspiciendum § impetu ff. de poen.

< Sed et Amor quoque inebriat, aut ueneficio mentes abducit, l. 1 C. de naturalib. lib.; sic plusquam occidit, l 1. C. de maleficis. Nam uenenum datum asperius punitur, eo quod saepe praetextu officii inditur ab amicis simulatis et sic maior dolus arguitur, l. data C. de donati. Non mirum[32] si occidisse gladio quam toxico leuius sit, cum uim apertam et probatu ac uindicatu facilem habeat, l. 1 § occisorum ad Syllania. >.

---

31   1553 *adiiciebat* : tunc mihi.
32   mirum *scripsi* : nurum **T** //

5. Je n'ai pu m'empêcher d'accuser hardiment l'Amour d'être responsable d'une multitude de grands crimes. Inutile de multiplier, à ce propos, les témoignages : c'est notamment à son instigation que Myrrha – Hygin la nomme Smyrna[351] –, la fille du roi des Assyriens, Cinyras, voulut coucher avec son père, et y parvint enfin, pour sa plus grande honte et contre toutes les lois divines et humaines, un jour qu'il était ivre et ne se rendait compte de rien (D. 23, 2, 53[352] et D. 23, 2, 55 pr.[353]) ; il avait néanmoins sa part de responsabilité, puisqu'il s'était gorgé de vin, tout comme Lot qui, dans son ivresse, s'unit à ses deux filles dans une étreinte impie, à la suite de laquelle elles enfantèrent Moab et Ammon : voir *Genèse*, chapitre 9[354]. Lot, en effet, mérite d'être mis en accusation, sinon pour son inceste, du moins pour son ébriété, qui est une faute moins grave (*Décret* II, 15, 1, 9[355] ; D. 48, 19, 11, 2[356]).

< Mais l'Amour lui aussi enivre, ou empoisonne les âmes (C. 5, 27, 1[357]) ; et, ce faisant, commet pire qu'un meurtre (C. 9, 18, 1[358]). En effet, si l'empoisonnement est plus sévèrement puni, c'est parce que le poison est souvent administré par de faux amis, sous couleur de rendre service, et révèle donc une plus grande fourberie (C. 8, 53, 27, pr.[359]). Rien d'étonnant si le meurtre par le fer est moins grave que l'empoisonnement, puisque la violence manifeste est facile à prouver et à punir (D. 29, 5, 1, 17[360]) >.

---

fuerint semina, uel **plantae per ordinem positae, aquae ducantur irriguae** [...] *Apum* **fabricare aluearia,** *ad quas te mittunt Salomonis prouerbia,* **monasteriorum ordinem ac regiam disciplinam in paruis disce corporibus.**

351 Voir *Fable* LVIII.

352 *Nuptiae consistere non possunt inter eas personas quae in numero parentium liberorumue sunt, siue proximi siue ulterioris gradus sint usque ad infinitum.*

353 *Quin etiam nefas existimatur eam quoque uxorem ducere, quae per adoptionem filia neptisue esse coeperit, in tantum, ut et, si per emancipationem adoptio dissoluta sit, idem iuris maneat.*

354 § 30-38.

355 *Inebriauerunt Loth filiae eius, et se nescienti miscuerunt.* **Quapropter culpandus est quidem, non tamen quantum ille incestus, sed quantum ebrietas illa meretur.**

356 *Delinquitur autem aut proposito aut impetu aut casu. Proposito delinquunt latrones, qui factionem habent;* **impetu autem, cum per ebrietatem ad manus aut ad ferrum uenitur;** *casu uero, cum in uenando telum in feram missum hominem interfecit.*

357 [...] *ipsas etiam,* **quarum uenenis inficiuntur animi perditorum** [...].

358 **Plus est hominem ueneno extinguere quam occidere gladio.**

359 [...] *inter necessarias coniunctissimasque personas conuenit custodiri,* **si quidem clandestinis ac domesticis fraudibus facile quiduis pro negotii opportunitate configi potest** [...].

360 *Occisorum appellatione eos contineri Labeo scribit, qui per uim aut caedem sunt interfecti, ut puta iugulatum strangulatum praecipitatum uel saxo uel fuste uel lapide percussum uel quo alio telo necatum.*

6. Myrrha uero puella in arborem uersa proditur quae tum in Arabiae, tum in his Cupidinis syluis mistim ac passim prouenit. Smyrnam maluit Graeco nomine dicere Vlpianus, l. fin. § diui ff. de publica, pro guttis odoratissimis, quae ex ea manant, tanquam lacrymae puellae ob pudorem latebram quaerentis[33]. Sutrius uetus comoediae auctor sic Glyceram loquentem induxit, teste Planciade[34] :

Myrrhinum mihi adfer[35], quo uirilibus armis occursem fortiuscula,

ut doceat ex myrrha fieri pocula amatoria iure uetita, l. III ff. de sicar.; nisi forsitan myrrhinum uas est potorium quod et myrrheum dicitur, uinum reddens suauius, l. uas ff. de supel. leg.

Taceo hic quicquid a diis amore prouocatis scelerate admissum est. Quod si qui oppidum incendunt uiui exuruntur, l. capitalium § incendiarii ff. de poen., si Phaëton propter coelum sine dolo accensum miserrime interiit, quid obest quominus Amor puniatur, qui coelum, terras et maria pergit accendere? Potissimum cum ipse iudex adeo iniquus sit, ut oculis delinquentibus cor affligat, aduersus l. sancimus C. de poen.

< Eo magis culpandus, quod caecus facem ferat accensam, obuium quiduis sine delectu exurentem. Debuit enim intelligere caecitatem suam aliis periculosam.

---

33 1553 : Nam, ut canit Ouidius lib. 10 *Metam.*, *Est honor et lacrymis stillataque cortice Myrrha / Nomen herile tenet* / Eaque ipsa arbor existens, Adonin peperit, Veneri gratissimum, at improprie eam peperisse Paulus sentit, l. anniculus in fi. ff. de uerbor. signific., etsi Adonis Myrrhae filius recte appelletur, l. etiam ea ff. eod.

34 Planciade *correxi* : Placiade *T* //

35 adfer *correxi* : adfers *T* //

6. On raconte donc que la jeune Myrrha fut métamorphosée en un arbre qui pousse abondamment, au milieu d'autres essences, tant dans les forêts d'Arabie que dans celles de Cupidon, dont il est question ici. Ulpien a préféré employer le nom grec *smyrna* (D. 39, 4, 16, 7[361]) pour désigner les gouttes odorantes qui suintent de son écorce, semblables aux larmes d'une jeune fille qui, par pudeur, cherche à les cacher. L'ancien auteur comique Sutrius a, d'après Fulgence[362], fait ainsi parler sa Glycère[363] : « Apporte-moi de la myrrhe, pour que je sois de force à affronter les armes de la virilité ». Il veut dire que la myrrhe servait à confectionner ces philtres d'amour qui sont illégaux (D. 48, 8, 3, 2[364]) ; à moins que *myrrhinum* ne désigne un vase à boire, qu'on appelait aussi « myrrhe », et qui bonifiait le vin (D. 33, 10, 11[365]).

Je ne dis rien ici de toutes les scélératesses commises par les dieux en proie à l'excitation de l'amour. Mais si ceux qui incendient une place forte sont brûlés vifs (D. 48, 19, 28, 12[366]), si Phaëton a péri misérablement, pour avoir embrasé le ciel sans le vouloir, qu'est-ce qui empêche de punir l'Amour, qui s'acharne à mettre le feu au ciel, aux terres et aux mers ? Surtout quand le juge lui-même est assez injuste pour imputer au cœur le délit des yeux, allant ainsi à l'encontre de C. 9, 47, 22, pr.[367]

< Et l'Amour est d'autant plus coupable que, tout en étant aveugle, il transporte une torche allumée, dont il brûle indifféremment le premier qu'il rencontre. Il aurait dû comprendre, en effet, que sa cécité mettait les autres en danger.

---

361 Cette loi, qui énumère toutes sortes de matières de luxe assujetties à l'impôt, mentionne effectivement la myrrhe sous le nom de *smyrna*.

362 Voir *Mythologies*, III, 8 : la fable de Myrrha et Adonis, dernière phrase.

363 Fulgence précise que Glycère est une prostituée, et les commentateurs expliquent généralement ce vers en se référant à un autre passage de Fulgence (voir fragment VII : *Petronius Arbiter ad libidinis concitamentum myrrhinum se poculum bibisse refert*) qui mentionne les vertus aphrodisiaques de la myrrhe. Dans cette interprétation on sous-entend le mot *poculum*. La deuxième interprétation proposée par Forcadel, en sous-entendant cette fois le mot *uas*, renvoie à la question difficile et controversée des précieux vases murrhins (voir le *Mémoire sur les vases murrhins* du citoyen Mongez, lu le 18 messidor an IV et accessible en ligne), réputés notamment pour le bon goût qu'ils communiquaient aux vins (voir Martial, *Épigrammes*, XIV, 113).

364 La loi mentionne en effet parmi les *uenena*, *id quod amatorium appellatur*.

365 [...] *Murrea autem uasa et uitrea, quae ad usum, edendi et **bibendi causa**, parata essent, in supellectili dicuntur esse*.

366 *Incendiarii capite puniuntur, qui ob inimicitias uel praedae causa incenderint intra oppidum ; et plerumque uiui exuruntur* [...].

367 *Sancimus **ibi esse poenam, ubi et noxa est***.

Proinde tenetur ex lege Aquilia, maxime cum casum incendii culpa praecedat, l. idem iuris § 1 ff. ad legem Aq. et l. item si § fi. eod. >.

7. Tuebitur se reus, opinor, eo quod usque a mundi origine id iniqui iuris sibi usurpauerit, quo minus habeat inuidiae, l. si diutino ff. eod. Modestinus ait : *si diutino tempore aliquis in reatu fuerit, poena eius subleuanda erit. Sic etiam constitutum est, non eodem modo puniendos eos esse, qui longo tempore in reatu agunt, quo eos qui in recenti sententiam excipiunt.* Haec illae. Hinc Doctores mitius agendum censent cum eo, qui pridem deliquit, et recens accusatur. Ita reatum pro delicto capiunt. Budaeus et Alciatus non item, nec extenuari crimen poenamue existimant longo tempore, nisi delinquens diu accusatus fuerit, ob molestias accusationis longissimae, et hi duo reatum pro accusatione et rei statu explicant.

Par conséquent, il est passible de la loi Aquilia, surtout que la faute est antérieure à l'événement de l'incendie (D. 9, 2, 8[368] et D. 9, 2, 9 pr.[369]) >.

7. Pour s'attirer moins de haine, l'accusé fera valoir, je pense, que c'est depuis l'origine du monde qu'il s'est arrogé le droit de commettre cette injustice; en D. 48, 19, 25, pr.[370], Modestin dit en effet : « si quelqu'un est resté très longtemps en situation d'accusé, sa peine devra être allégée, car il a été décidé qu'il ne fallait pas punir de la même manière ceux qui restent longtemps en situation d'accusé et ceux qui sont rapidement jugés ». Voilà ses mots. Les Docteurs en concluent qu'il faut traiter avec plus d'indulgence celui qui a commis une infraction longtemps auparavant et qui n'est mis en accusation que depuis peu. Ils comprennent donc *reatus* au sens d'« infraction ». Alciat[371] et Budé[372] ne sont pas de cet avis et ils n'estiment pas que le chef d'accusation ou la peine sont effacés par la longue durée, sauf si le délinquant est resté longtemps en situation d'accusé, à cause des souffrances endurées pendant cette interminable mise en accusation; tous deux donnent donc à *reatus* le sens de « mise en accusation » et de « situation d'accusé ».

---

368 [...] *nec uidetur iniquum, si infirmitas culpae adnumeretur, cum affectare quisque non debeat, in quo uel **intelligit uel intellegere debet infirmitatem suam alii periculosam futuram.***

369 *Item si obstetrix medicamentum dederit et inde mulier perierit, Labeo distinguit, ut, si quidem suis manibus supposuit, uideatur occidisse; sin uero dedit, ut sibi mulier offerret, in factum actionem dandam, quae sententia uera est : magis enim causam mortis praestitit quam occidit.*

370 ***Si diutino tempore aliquis in reatu fuerit, aliquatenus poena eius subleuanda erit :*** *sic etiam constitutum est non eo modo puniendos eos, qui longo tempore in reatu agunt, quam eos qui in recenti sententiam excipiunt.*

371 Voir ses *Parerga*, II, 10 (*Quid sit reus; quid reatus, et aliqua ueterum responsa explicata*). Après avoir expliqué comment le mot *reus* s'est spécialisé dans le sens de *qui capitali crimine delatus, receptus est*, Alciat rappelle que *reatus* est un terme *Ciceroni et aliis antiquis inusitatae*, et le définit ainsi : *significat autem **qualitatem ipsam et statum rei**, quod eleganter Budaeus docuit*, puis plus loin *status enim et conditio accusati*, et enfin ***reatus etiam pro facto ipso rei dicitur***. C'est de toute évidence à ce texte que Forcadel pense ici (voir plus loin), mais on peut y ajouter le passage suivant, tiré de *Alciati* [...] *Commentarii ad titulum Digesti De uerborum significatione*, Lyon, 1589, p. 544 : *Is quoque qui patrato facinore toleratus, diuque impune agit, si ad poenam trahatur, mitius plectetur, aliquatenusque subleuabitur : quod eius legis argumento admissum est, quae poenam eius temperari mandat, qui diutino tempore in reatu fuit, l. si diutin., poen.* ***Est autem reatus, habitus ipse reorum, cum squallidi, promissa barba, de salute litigant, et rerum suarum anxii satagunt.***

372 Voir *Annotationes reliquae in Pandectas*, 2ᵉ édition, Paris, 1535, volume 2, p. 76 : *Accursius et Bartolus, Latini uocabuli ignorantia, sensum huius responsi peruerterunt* [...]. ***Nos uero reatum esse dicimus statum et conditionem reorum, hoc est habitum demissum, pannosum, squallidum et misericordiae aucupatorem.*** *Sensus igitur huius capitis hic est : in eum mitius animaduertendum qui diu sordidatus fuerit* [...]. ***Pars enim poenae esse uisa est, longa temporis intercapedo in conspicua calamitate et miseranda.***

8. Caeterum uerius est reatum utroque modo accipi, d. l. si diutino.
« Reus » enim, ex quo « reatus » descendit, saepe « accusatum » significat,
l. 1 ff. de sicar., et rubr. de req. reis, multoties etiam eum qui deliquit,
nec dum postulatur, l. III § 1 ff. de bon. eor. ; l. sancimus C. de poen.
[36] < « Reatum » uero primus Messala dixit, teste Quintiliano lib. 8
cap. 3, et post eum capitur dupliciter ut et reus. Vno quidem >
modo pro crimine, l. 1 C. ubi senat. ; l. fin. ff. ad leg. Iul. maiest.
Iulius Solinus, cap.18*, de amore delphinis loquens, puerum Hermiam
nomine, per maria similiter insidentem, cum undosior fluctus necasset,
delphin ad terram reuexit, et uelut fateretur reatum, poenitentiam suam
morte multauit.

< Sic in l. unic ff. de portionib. quae liber., ubi *fraudis causa adoptio*
uidetur *facta, etiamsi non in reatu, sed in desperatione rerum per conscientiam,
metu imminentis accusationis quis adoptet.*

---

36   1553 : Itidem reatus dupliciter usurpatur.

8. Mais il est plus vrai de dire que *reatus* prend les deux acceptions dans la loi déjà citée D. 48, 19, 25, pr.[373] En effet, le mot *reus*, dont dérive *reatus*, signifie souvent « accusé » (D. 48, 8, 1, 1[374] et C. 9, 40, 1[375]), mais plus d'une fois aussi « celui qui a commis une infraction et n'est pas encore mis en accusation » (D. 48, 21, 3, pr.[376] ; C. 9, 47, 22, 1[377]).

< C'est Messala qui, d'après Quintilien, au chapitre 3 du livre VIII[378], a été le premier à employer le mot *reatus*, et après lui on l'a pris, comme *reus*, en deux sens. Pour commencer >,

au sens de crime (C. 3, 24, 1[379] ; D. 48, 4, 11[380]). Solin, au chapitre 12[381], parle de l'amour des dauphins pour les hommes : un enfant du nom d'Hermias, qui traversait la mer assis sur un dauphin, succomba sous les flots agités ; le dauphin le ramena à terre et, comme s'il se reconnaissait coupable, il se punit lui-même en se condamnant à mort.

< De même, en D. 48, 20, 7, 2[382], une adoption apparaît comme frauduleuse, « même si l'adoptant n'est pas encore mis en accusation, mais plongé dans le désespoir par sa conscience et la peur d'une condamnation imminente ».

---

373   Voir ci-dessus note 370.

374   *Praeterea tenetur, qui hominis necandi causa uenenum confecerit dederit, quiue falsum testimonium dolo malo dixerit, quo quis publico iudicio rei capitalis damnaretur, quiue magistratus iudexue quaestionis ob capitalem causam pecuniam acceperit ut publica lege* **reus** *fieret.*

375   *Cum absenti* **reo** *grauia crimina intentantur, sententia festinari non solet, sed adnotari, ut requiratur, non utique ad poenam, sed ut potestas ei sit purgandi se, si potuerit.*

376   [...] *qui* **rei criminis non postulati** *manus sibi intulerint, bona eorum fisco non uindicentur* [...].

377   *Propinquos notos familiares procul a calumnia submouemus, quos* **reos** *sceleris societas non facit ; nec enim adfinitas uel amicitia nefarium crimen admittunt.*

378   § 34 : [...] *ut Messala primus* **reatum** [...]. Cette référence est donnée par Alciat dans *Parerga* II, 10.

379   *Quicumque non illustris, sed tantum clarissima dignitate praeditus uirginem rapuerit uel fines aliquos inuaserit uel* **in aliqua culpa seu crimine fuerit deprehensus**, *statim intra prouinciam in qua facinus perpetrauit publicis legibus subiugetur nec fori praescriptione utatur. Omnem enim huiusmodi honorem* **reatus** *excludit.* Alciat (*Parerga* II, 10) alléguait cette loi pour justifier la deuxième acception de *reatus*.

380   *Is qui in* **reatu** *decedit, integri status decedit : extinguitur enim* **crimen** *mortalitate.*

381   Voir *Polyhistor*, XII : *Iuxta eamdem urbem, ut Hiegesidemus auctor est, alium puerum Hermian nomine, per maria similiter insidentem, cum undosior fluctus necauisset, delphin ad terram reuexit et, uelut fateretur reatum, pœnitentiam suam morte multauit, nec reuerti uoluit amplius in profunda.*

382   *Ex bonis damnatorum portiones adoptiuis liberis, si non fraudis causa facta est adoptio, non minus quam naturalibus concedi aequum est.* **Fraudis autem causa adoptio facta uidetur, etiamsi non in reatu, sed desperatione rerum per conscientiam, metu imminentis accusationis quis adoptet in hoc, ut ex bonis, quae se amissurum cogitat, portio detrahatur.** Acccurse glose en effet *in reatu* par *id est post accusationem reatus.*

Vbi Accursius male intellexit post accusationem in adoptionem itum cum Iurisconsultus dicat accusationem, non praesentem sed imminentem fuisse, ut fiscus deciperetur >.

Atqui pro accusati statu usus est Iurisconsultus, l. fin. § de illo ff. de bon. eor., et utroque modo in l. si diutino de poen. Proinde fit ut olim deliquisse praestet latente homines flagitio, quod demum in lucem apertissimam ueniat necesse est, quia scite Pindarus in *Olimpiacis* :
Ἡμέραι δι'ἐπίλοιποι, μάρτυρες σοφώτατοι,
id est, dies posteri, testes sapientissimi sunt ;

et *Matth.* 10 cap. : *nihil opertum, quod non reuelabitur.* Et quamuis tempore crimen non aboleatur, l. palam § non solum ff. de ritu nupt., tamen ideo quia qui deliquit, multis annis moribus sobriis et honestis usus est, minuitur aequissime, § sancimus, de monach. col.1 ; l. si creditores § plane ff. de priuil. cred. ; l. peculatus crimen ff. ad leg. Iul. pecul.

Accurse comprend, à tort, que l'adoption a eu lieu après la mise en accusation de l'adoptant, alors que le jurisconsulte dit expressément qu'il a cherché à frauder le fisc à un moment où sa mise en accusation n'était pas encore effective, mais seulement imminente >.

Pourtant, le jurisconsulte a employé le même mot pour désigner le statut d'accusé en D. 48, 21, 3, 8[383], et il a les deux sens en D. 48, 19, 25, pr.[384]

En conséquence, il vaut mieux avoir commis dans le passé, en dissimulant son déshonneur, un délit qui, nécessairement, finit par être mis en lumière, parce que Pindare a remarqué avec pertinence, dans ses *Olympiques*[385], que :

Le futur est le plus sage des témoins.

Voir aussi *Matthieu*, chapitre 10[386] : « rien n'est caché qui ne sera connu. ». Et bien qu'un crime ne soit pas effacé par l'écoulement du temps (D. 23, 2, 43, 4[387]), néanmoins, quand le délinquant a montré, pendant de nombreuses années, un comportement exemplaire, il est tout à fait équitable qu'il soit moins sévèrement puni (voir *Novelle* 5, chap. 2, pr.[388] ; D. 42, 5, 31, 2[389] ; D. 48, 13, 9[390]).

---

383 *De illo uideamus,* **si quis conscita morte, nulla iusta causa praecedente, in reatu deces-serit,** *an, si parati fuerint heredes causam suscipere et innocentem defunctum ostendere, audiendi sint nec prius bona in fiscum cogenda sint, quam si de crimine fuerit probatum* […].

384 Voir ci-dessus, note 370.

385 *Olympiques* I, v. 34-35.

386 § 26.

387 *Non solum autem ea quae facit, uerum ea quoque quae fecit, etsi facere desiit, lege notatur :* **neque enim aboletur turpitudo, quae postea intermissa est.**

388 *Sancimus igitur sacras sequentes regulas, eos qui singularem conuersationem profitentur,* **non prompte mox** *a reuerentissimis praesulibus uenerabilium monasteriorum habitum percipere monachilem,* **sed per triennium totum** *(siue liberi forte siue servi sint) tolerare, nondum mona-chicum habitum promerentes, sed tonsura et ueste eorum qui laici uocantur uti, et manere diuina discentes eloquia* […] *discentes ab eis, quia nulla maligna occasio ad hoc eos adduxit, habere eos inter eos qui docentur adhuc atque monentur, et* **experimento percipere eorum tolerantiam et honestatem. Non enim.** *facilis est uitae mutatio, sed cum animae fit labore.*

389 *Plane in recenti aditae hereditatis audiendi erunt, qui suspectum postulant : ceterum si probentur passi eum in hereditate morari nec quicquam possint obicere criminis quasi dolose uersato eo,* **non debebit post multum temporis ad hanc necessitatem compelli.**

390 *Peculatus* **crimen ante quinquennium admissum obici non oportet.**

Plinius iunior, lib. 10 *Epistolarum*, Traiano sic scripsit : *nam et reddere poenae post longum tempus plerosque iam senes, et, quantum affirmatur, frugaliter modesteque uiuentes, non satis honestum putabam.*

Rursus diutius pertulisse accusationis molestiam, carceris paedorem, iudicii ancipitem aleam, quaedam poena est, l. diuus ff. de cust. reo. Tranquillus in *Augusto* : *diuturnorum,* inquit, *reorum, et ex quorum sordibus nihil aliud quam uoluptas inimicis quaereretur, nomina aboleuit, conditione proposita, ut si quis repetere uellet, periculum poenae subiret.* Huc aspicit posterior pars l. si diutino, ne quid in ea sit superflui.

Ita se defendit Cupido. Nam quia diu delinquere coeperit, parum ipsi prodesset, qui perseuerat, quique in dies crudelitatem suam nobilitat, exemplis prope infinitis, cap. fin. de consuetud. (*Décrétales de Grégoire IX*, I, 4, 11),

Au livre X de sa *Correspondance*, Pline le Jeune[391] s'adresse à Trajan en ces termes : je ne pensais pas, en effet, qu'il fût convenable de « renvoyer à leur peine, très longtemps après, des hommes dont la plupart sont déjà vieux, et qui, à ce que l'on m'assure, vivent dans la discrétion et la frugalité ».

En revanche, le fait d'avoir été soumis assez longtemps aux souffrances d'une mise en accusation, à la saleté de la prison et à l'incertitude d'un futur jugement, constitue bel et bien une espèce de peine (D. 48, 3, 3[392]).

Suétone[393], dans la *Vie d'Auguste* : « Quant aux accusés dont l'affaire était ancienne, et dont les ennuis ne pouvaient servir qu'à réjouir leurs ennemis, il effaça leurs noms, imposant à quiconque voudrait les poursuivre le risque d'une peine égale à celle qui menaçait le coupable ». C'est cela que vise la dernière partie de la loi déjà citée D. 48, 19, 25, pr.[394], car elle ne contient absolument rien de superflu.

Voilà ce que Cupidon fait valoir pour sa défense. En effet, avoir commencé depuis longtemps à commettre des infractions ne saurait lui servir à grand-chose, puisqu'il persévère dans son comportement[395] et que, par une infinité d'exemples, sa cruauté éclate tous les jours davantage (*Décrétales de Grégoire IX*, I, 4, 11[396]) ;

---

391 Lettre XL, § 3. À la fin de la phrase citée, Pline a écrit *nimis seuerum arbitrabar*. C'est un peu plus loin qu'arrive l'expression *non satis honestum putabam*. Il s'agissait de condamnés aux mines ou à d'autres peines semblables qu'on avait indûment libérés et qui servaient comme esclaves publics. L'Empereur répondit qu'il fallait mettre fin à ces abus et appliquer les condamnations, sauf quand elles avaient été prononcées plus de dix ans auparavant.

392 *Diuus Pius ad epistulam Antiochensium Graece rescripsit non esse in uincula coiciendum eum, qui fideiussores dare paratus est, nisi si tam graue scelus admisisse eum constet, ut neque fideiussoribus neque militibus committi debeat, uerum* **hanc ipsam carceris poenam ante supplicium sustinere**.

393 XXXII, 5. La citation devrait compter deux mots de plus : *diuturnorum reorum et ex quorum sordibus nihil aliud quam uoluptas inimicis quaereretur nomina aboleuit condicione proposita, ut si* **quem** *quis repetere uellet,* **par** *periculum poenae subiret.*

394 Voir ci-dessus, note 370.

395 Les Docteurs distinguaient en effet entre le crime (ou délit) *momentaneum*, commis une seule fois, come l'homicide ou le sacrilège, et le crime (ou délit) *successiuum* (ou *reiterabile*), perpétré de manière réitérée, comme l'adultère ou l'inceste. C'est même sur cette base que les commentateurs ont souvent concilié la position des Anciens et celle des Modernes, en disant que les premiers parlaient des crimes isolés, pour lesquels on pouvait envisager de réduire la peine quand ils avaient eu lieu longtemps auparavent et que le coupable avait mené depuis une vie vertueuse (voir Forcadel, ci-dessus), tandis que les seconds parlaient des crimes réitérés, pour lesquels au contraire la peine devait être aggravée par une longue impunité. Pour un résumé de la question, voir par exemple L. Matthaeus et Sanz, *Tractatus de re criminali*, 4ᵉ éd. Lyon, 1738, Controuersia LXVIII, n° 5-6, p. 315.

396 *Cum* **tanto sint grauiora peccata quanto diutius** *infelicem animam detinent alligatam* [...].

sed quia iampridem in accusatione et moesto reatu fuit. Nam in hunc coram diis omnibus inuehuntur, Myrrha, Phaedra, priuigni amore saucia, Leander undis obrutus, et complures alii in loco,
Myrteus amentes ubi lucus opacat amantes
ut refert Ausonius, in ecloga in qua Cupido cruciatur. Sed dissimulat Amor, tyrannis similis, non omnibus, sed pessimis omnium : qui non modo hospitum litat sanguine, ut Busiris, sed et amantium et amicorum : oditque supplicii parsimoniam.

< Quod si quis nos increpet, quia in Cupidinem inuehamur tanquam impium, qui ante iustitiae cultorem eundem descripsimus, meminerit Pausaniam apud Platonem duas Veneres, unam coelestem, alteram vulgarem, et totidem Amores ponere >.

9. Quid si bonis interdicere huic expediat, uelut insano et prodigo, qui quo aliquid suum magis est, eo urit uehementius ? futurum namque est ut egeat. Diotima Platonica facit amorem Poro, affluentiae deo, genitum, conceptum matre Penia, inopiae dea. Ita parentibus dissimilibus natus, mendicus, ad fores puellae cubans, facundus, prudens, etiam ueneficus est, sed eo deterior, quia partus uentrem sequi solet, l. et seruorum ff. de statu hom.

< Quod si quis obiiciat Cupidini a nullo iudicum bonis interdictum, ideoque quaeri ac dubitari an iam prodigus manifestus habeatur : quod magis est, tanquam ei abunde a lege interdictum sit,

en revanche, il a intérêt à alléguer qu'il a, depuis très longtemps, été mis en accusation et placé dans la pénible situation d'un accusé. Car, devant l'assemblée des dieux, se déchaînent contre lui Myrrha, Phèdre, tourmentée par l'amour qu'elle porte à son beau-fils, Léandre, mort noyé, et une foule d'autres :
Là où un bois de myrtes abrite la folie des amants,
comme le rapporte Ausone[397] dans son *Idylle sur l'Amour crucifié.*

Mais l'Amour est hypocrite, lui qui ressemble aux tyrans, et pas à n'importe lesquels, mais bien aux pires d'entre eux, puisqu'il ne se contente pas de boire, comme Busiris, le sang des étrangers, mais qu'il s'en prend aussi aux amoureux et aux amis : car il déteste ne supplicier qu'à moitié.

< Au cas où l'on nous reprocherait d'attaquer Cupidon sur son impiété, alors que nous l'avons décrit auparavant comme un adorateur de la Justice, que l'on n'oublie pas ce dont, chez Platon, Pausanias fait état : il y a deux Vénus, l'une céleste et l'autre vulgaire[398], et également deux Amours >.

9. Et s'il était de son intérêt d'être interdit de biens, en qualité de fou et de prodigue, lui qui consume ce qui est tout à lui avec d'autant plus de violence ? Car il sera forcément réduit à l'indigence. Diotime, chez Platon, présente l'Amour comme engendré par Poros, le dieu de l'abondance, et enfanté par Penia, la déesse de l'indigence[399]. Ainsi, né de parents très dissemblables, il est un mendiant, qui couche devant la porte de sa belle ; il est bavard, avisé, et c'est aussi un empoisonneur ; bref, il se montre d'autant plus mauvais que l'enfant suit, ordinairement, le sort de la mère (D. 1, 5, 5, 2[400]).

< Si quelqu'un m'objecte que Cupidon n'a jamais été interdit de biens par aucun juge, et que l'on peut donc hésiter, et se demander s'il est un prodigue avéré, je dirai qu'il y a mieux : il a, en quelque sorte, été suffisamment interdit par la loi :

---

397 *Idylle* VI, « L'Amour crucifié », v. 2.
398 *Banquet* 180 c–182 a.
399 *Banquet* 203a – 204 a.
400 *Ingenui sunt, qui ex matre libera nati sunt* [...]. Voir aussi D. 1, 5, 24 : *Lex naturae haec est, ut qui nascitur sine legitimo matrimonio matrem sequatur, nisi lex specialis aliud inducit.*

l. is cui ff. de testament., ubi Accursius in casu tantum dubio iudicis decreto opus esse uult, quippe cum notorium non egeat accusatione, l. 7 C. de accus. Alioquin certe dissimulatione iudicum uel ignoratione, plerique prodigi perditum irent : aut nemine dilapidationem bonorum prodente. Quod si quae iura dicant prodigo bonis interdicendum, uel curatorem dandum, cum furiosi exitum faciat, negabit nemo tutius esse, autore praetore id fieri, ut in l. his qui § fi. de tutorib. et l. Iulianus de curatorib. Ita explicat Vlpianus in l. 7 § si pupillus ff. de reb. eor. Proinde cum prius is qui sua dissipat, amisit, quam illi interdictum sit, postea iudex ea rescindit, et retroagit decretum suum, ut semper pupillo retro comparetur, l. certi § quoniam ff. de rebus credit. Vel lex artificiose hoc facit postquam semel iudex esse aliquem prodigum pronunciauit, l. 1 ff. de curator. Ideo, opinor, dicitur lege interdictum bonis in d. l. is cui de testam., ubi ante interdictionem luxuria detecta non fuit palam : ideo testamentum quod antea fecit, ualet ;

voir D. 28, 1, 18, pr.[401], où Accurse affirme que l'on a besoin d'une décision du juge seulement lorsque le cas est douteux, puisqu'un fait notoire n'a pas besoin de faire l'objet d'une accusation (C. 9, 2, 7[402]). Autrement, il est certain qu'à cause de la négligence ou de l'ignorance des juges, ou si personne ne révélait leurs dilapidations, la plupart des prodigues iraient à leur perte. Mais si certaines règles de Droit obligent à interdire de biens le prodigue ou à lui donner un curateur, puisqu'il se comporte finalement comme un fou, personne, néanmoins, ne niera qu'il est plus sûr que cela fasse l'objet d'une décision du préteur, comme en D. 26, 5, 12, 2[403] et en D. 27, 10, 10, pr.[404] Et c'est bien ce qu'explique Ulpien en D. 27, 9, 7, 1[405]. En conséquence, comme celui qui dissipe ses biens les a perdus avant d'être interdit, le juge casse ensuite ces aliénations, et, pour continuer la comparaison avec le pupille (D. 12, 1, 9, 7[406]), donne à sa décision une valeur rétroactive. Ou bien la loi y procède adroitement, une fois que le juge a déclaré quelqu'un prodigue : voir D. 27, 10, 1, pr.[407] C'est pourquoi, à mon avis, on trouve l'expression « interdit de biens par la loi » en D. 28, 1, 18, pr.[408], où la dissipation n'avait pas été mise en évidence avant l'interdiction ; aussi le testament, fait antérieurement, est-il valide ;

---

401 *Is cui lege bonis interdictum est testamentum facere non potest et, si fecerit, ipso iure non ualet ; quod tamen interdictione uetustius habuerit testamentum, hoc ualebit* [...].

402 *Ea quidem, quae per officium praesidibus nuntiantur, et citra sollemnia accusationum posse perpendi incognitum non est. Verum falsis nec ne notoriis insimulatus sit, perpenso iudicio dispici debet.*

403 *Diuus Pius matris querellam de filiis prodigis admisit, ut curatorem accipiant, in haec uerba :* « *Non est nouum quosdam, etsi mentis suae uidebuntur ex sermonibus compotes esse, tamen sic tractare bona ad se pertinentia, ut, nisi subueniatur iis, deducantur in egestatem. Eligendus itaque erit, qui eos consilio regat : nam aequum est prospicere nos etiam eis, qui quod ad bona ipsorum pertinet, furiosum faciunt exitum* ».

404 *Iulianus scribit eos quibus per praetorem bonis interdictum est* [...].

405 *Si pupillus dedit pignori ex permissu praetoris, nonnulla erit dubitatio, an alienatio possit impediri. Sed dicendum est posse creditorem ius suum exsequi : tutius tamen fecerit, si prius praetorem adierit.*

406 *Sed et si ei numerauero, cui postea bonis interdictum est, mox ab eo stipuler, puto pupillo eum comparandum, quoniam et stipulando sibi adquirit.*

407 *Lege duodecim tabularum prodigo interdicitur bonorum suorum administratio, quod moribus quidem ab initio introductum est. Sed solent hodie praetores uel praesides, si talem hominem inuenerint, qui neque tempus neque finem expensarum habet, sed bona sua dilacerando et dissipando profudit, curatorem ei dare exemplo furiosi* [...].

408 Voir ci-dessus, note 401. Forcadel fait allusion ici à la deuxième partie de la phrase.

secus in manifeste prodigo, l. imperator ad Trebell. ff., nisi instituisset proximos agnatos, ut l. 1 C. de his qui sibi ascri. Scio Iasoni secus placuisse : sed illi placere non studeo adeo, ut displiceam iurisconsultis. Nec obest locus quem ille citat, in l. si quis, cum sciret ff. pro emptor., ubi ita demum emptor seruos a luxurioso emptos non usucapit, si sciuerit eum pecuniam protinus scorto daturum ; igitur is qui luxuriosi meditationem infamem ignorat, recte emit. Verum ibi non tam erat prodigus manifesto, quam callidus, cum rem alienam, non suam, uenderet. Accedit quod ex uno actu prodigendae pecuniae prodigus nemo censebitur manifestus >.

il en va autrement dans le cas d'un prodigue manifeste (D. 36, 1, 52[409]), sauf si le testament a institué comme héritiers des parents proches, ainsi qu'en C. 9, 23, 1[410]. Je sais que Jason n'est pas du tout du même avis[411] : mais je n'ai pas envie, pour lui complaire, de déplaire aux autres jurisconsultes. On ne doit pas considérer comme un obstacle le passage qu'il cite, en D. 41, 4, 8[412], où celui qui a acheté des esclaves à un dissipateur ne bénéficie pas de la prescription acquisitive, s'il savait que son vendeur donnerait aussitôt l'argent à une prostituée ; par conséquent, si l'acheteur ignore le dessein déshonorant du dissipateur, la vente est valable. Mais dans ce cas il ne s'agissait pas tant d'un prodigue manifeste que d'un escroc, puisqu'il vendait le bien d'autrui, non le sien propre. À cela s'ajoute que personne ne sera considéré comme un prodigue manifeste en raison d'un seul acte de prodigalité >.

---

409 *Imperator Hadrianus, cum Viuius Cerealis filio suo Viuio Simonidi, si in potestate sua esse desisset, hereditatem restituere rogatus esset ac* **multa in fraudem fideicommissi fieri probaretur, restitui hereditatem filio iussit** *ita, ne quid ea pecunia, quamdiu filius eius uiueret, iuris haberet. Nam quia cautiones non poterant interponi conseruata patria potestate, damnum condicionis propter fraudem inflixit. Post decreti autem auctoritatem in ea hereditate filio militi comparari debuit, si res a possessoribus peti uel etiam cum debitoribus agi oporteret [...].*

410 *Quamquam ita interpretentur iuris periti, ut contra legem Corneliam uideatur se scribere heredem filius emancipatus patre dictante, tamen cum et, si testamentum non esset scriptum, iustus successor futurus esset accepta bonorum possessione filius patri, perinde habebitur, atque si sua manu pater tuus te heredem scripsisset functus dulci officio.*

411 En effet, dans son commentaire à cette loi, Jason, comme Bartole, est d'avis que ce n'est pas la prodigalité en elle-même, mais seulement le prononcé de l'interdiction qui rend incapable de tester. Pour un résumé de la controverse, voir par exemple A. Reiffenstuel, *Ius canonicum uniuersum*, 2ᵉ édition, tome III, Ingolstadt, 1729, livre III, titre 26 (*De testamentis*), nᵒ 317-318.

412 Voir ci-dessus note 214.

OBSERVATA IN CAPUT QUINTUM

1. Quatuor statuae amatoriae describuntur : < explicatur l. transigere C. de transacti. >
2. An de adulterio transigere liceat, < et quare non >.
3. [37] < Immania delicta sequi adulterium >.
4. Leuius ob adulterium puniuntur uiri quam mulieres.
5. An de raptu uel stupro transactio permittatur.
6. Haec particula, *citra*, uarie sumitur : < et qualiter in d. l. transigere >.
7. De crimine falsi potest transigi : < et impune pecuniam saepe dari in causa adulterii >.
8. Myrtus arbor topiariis apta : quid sit opus topiarium.
9. Iniusta uxor quaenam sit in l. si uxor ff. de adult.

CAPUT QUINTUM

Quemadmodum Socrates cum de re parum pudica dicturus esset, caput inuoluit pallio, ita nobis faciundum existimo, cum uerecunde, sed utiliter, pauca de extremis syluae finibus referenda ueniunt, pudoris argumento, can. nec illud 30 q. 5.

---

37 1553 : Exponitur l. transigere C. de transact.

CONTENU DU CHAPITRE 5

1. Description de quatre statues qui ont trait à l'amour ; < explication de C. 2, 4, 18 >.
2. Peut-on transiger sur l'adultère ? < et pourquoi c'est impossible >.
3. L'adultère est à l'origine de monstrueux délits.
4. Les hommes adultères sont moins lourdement sanctionnés que les femmes.
5. Est-il permis de transiger sur l'enlèvement ou le viol ?
6. Les différents sens que l'on donne à la préposition *citra* ; < et le sens qu'elle a dans la loi déjà citée C. 2, 4, 18 >.
7. Il est licite de transiger sur le crime de faux ; < et l'on donne souvent de l'argent en toute impunité dans un procès pour adultère >.
8. Le myrte se prête bien à la taille décorative ; ce que c'est que l'art topiaire.
9. Quel est le sens, en D. 48, 5, 14, de *iniusta uxor*.

CHAPITRE 5

Quand il s'apprêtait à tenir des propos un peu indécents, Socrate se couvrait la tête de son manteau : il me semble que je dois en faire autant, par pudeur (*Décret* II, 30, 5, 8[413]), au moment où il me faut aborder quelques points concernant la lisière de la forêt : c'est gênant, mais utile.

---

413 *Nec illud otiosum, quod cum Rebecca ueniret, uidit Ysaac deambulantem, et cum interrogasset quis esset, cognito, quod ipse esset, cui duceretur uxor, descendit et caput suum obnubere cepit, docens uerecundiam nuptiis preire debere. Inde enim et* **nuptiae dictae, quod pudoris gratia se puellae obnuberent.**

1. Nondum penitus syluam egressus, uidi quatuor statuas totidem basibus et stylobatis impositas, ex eo iaspidis genere, qui roseum nitorem habet et ad crystallum accedit, uocaturque *gemma Veneris. Prima ad uiuam eiusdem deae effigiem sculpta fuit, multo certe expressior illa quam de marmore fecit Praxiteles, ob quam uidendam multi ex toto orbe Gnidum nauigarunt, quae ab adolescente etiam amata narratur. Secunda, Martis, militem audacem et manu promptum referens, cum hac breuissima inscriptione HORRENDO MARTI. Tertia rudius laborata, a Prometheo ebrio, suspicor, Priapi fuit, frutetisque pene occultabatur, et helxines herbae ramulis complectentibus, ac foliis instar heredae, floribus autem lilii in punicum desinentis : herbam Latini conuoluulum nominant, quae plurimum gratiae addebat tum Priapi statuae, tum Vulcani. Sed haec ultima altero pede breuior irascenti et lacessitae similis, rete aureum in dextra habebat, Martem aegris oculis aspiciens, quem in adulterio cum Venere uxore deprehenderat. Omnes enim coniuges iste dolor solet afficere, l. si uxor ff. ad leg. Iul. de adult. Nam et maritus uxoris probrum dissimulans lenocii tenetur, l. mariti ff. eod.

1. En effet, je n'étais pas encore tout à fait sorti de la forêt quand je vis quatre statues, posées chacune sur un piédestal mouluré, et faites de cette espèce de jaspe, qui brille d'un éclat purpurin et ressemble au cristal : on l'appelle pierre de Vénus[414]. La première avait été sculptée à la parfaite ressemblance de cette même déesse, et elle était assurément beaucoup plus expressive que la statue en marbre réalisée par Praxitèle, qui attirait jusqu'à Gnide des foules du monde entier, et dont un jeune homme, à ce qu'on raconte, était tombé amoureux. La deuxième était celle de Mars ; elle représentait un soldat intrépide et prompt à frapper, avec cette laconique inscription : « À Mars le terrible ». La troisième, de facture plus fruste, que je soupçonne être l'œuvre d'un artiste pris de boisson, était celle de Priape ; elle était presque dissimulée par les fourrés, et par les tiges entrelacées de la pariétaire, dont les feuilles ressemblent à celles du lierre, et les fleurs à celles d'un lys qui s'achève en forme en grenade : les Latins l'appellent liseron[415] ; elle ajoutait beaucoup de charme à la statue de Priape, et aussi à celle de Vulcain. Cette dernière représentait un homme dont une jambe était plus courte que l'autre, qui avait l'air exaspéré de colère et tenait dans la main droite un filet en or : il fusillait des yeux le dieu Mars, qu'il avait surpris en train de commettre l'adultère avec sa femme Vénus. C'est une douleur qui affecte, ordinairement, tous les maris (D. 48, 5, 14, 1)[416]. Car le mari qui dissimule le déshonneur de sa femme est convaincu de proxénétisme (D. 48, 5, 30, pr.[417]).

---

414 Il s'agit de l'améthyste. Voir Pline, *Histoire naturelle*, XXXVII, 40 : *refulgens quidam leniter in purpura **roseus nitor**. tales aliqui malunt paederotas uocare, alii anterotas, multi **Veneris genam***. Y a-t-il eu substitution malencontreuse de *gemma Veneris* (pierre de Vénus) à la métaphore *gena Veneris* (joue de Vénus, à cause de sa couleur rose) ?

415 Voir Pline, *Histoire naturelle*, XXI, 11 : après avoir parlé du lys, il ajoute : *est flos non dissimilis illi in herba, **quam conuoluulum uocant**, nascens per frutecta, nullo odore nec crocis intus, candorem tantum referens **ac ueluti naturae rudimentum lilia facere condiscentis***.

416 *Plane siue iusta uxor fuit siue iniusta, accusationem instituere uir poterit : nam et Sextus Caecilius ait, **haec lex ad omnia matrimonia pertinet**, et illud homericum adfert : nec enim soli, inquit, Atridae uxores suas amant*. Voir *Iliade* IX, v. 340-341.

417 *Mariti lenocinium lex coercuit, qui deprehensam uxorem in adulterio retinuit adulterumque dimisit : debuit enim uxori quoque irasci, quae matrimonium eius uiolauit. Tunc autem puniendus est maritus, **cum excusare ignorantiam suam non potest uel adumbrare patientiam praetextu incredibilitatis** : idcirco enim lex ita locuta est « adulterum in domo deprehensum dimiserit », quod uoluerit in ipsa turpitudine prehendentem maritum coercere.*

2. Proinde de quouis capitali crimine transigere concessum est, excepto adulterio, l. transigere C. de transact., in cuius legis interpretatione Doctores errarunt diligentissime. *Transigere uel pacisci*, inquit Imperator, *de crimine capitali, excepto adulterio, prohibitum non est : in aliis autem publicis criminibus, quae sanguinis poenam non ingerunt, transigere non licet, citra falsi accusationem.*

< Sustinemus parumper de adulterio sententiam, et inclyti rescripti sensum persequamur. Ait itaque Imperator, de omni crimini capitali transigi posse excepto adulterio, item et gratis pactum fieri, atqui de crimine non capitali transigi non posse impune, pacisci igitur posse, cum id crimen sit leuius falsi delicto et supplicio, siue publicum sit, id est, a quouis populari accusabile, § 1 de public. iudic., siue priuatum, ut furtum, iniuria, l. furti § pactusue ff. de iis qui not in fam ; nam in publicis capitalibus timetur a reo mors, atque ita licet redimere caput et sanguinem quouismodo, siue si quid est sanguine charius, ut cum deportatio sequeretur, adimens patriam et facultates d. § 1 de public. iudic. ; l. 2 ff. eod. ; sic ponitur ratio in l. 1 ff. de bonis eor. qui ante sentent. mort. sibi consci.

2. C'est pourquoi il a été permis de conclure une transaction pour n'importe quel crime passible de la peine capitale, sauf pour l'adultère : voir la loi C. 2, 4, 18[418], sur le sens de laquelle les Docteurs se sont consciencieusement trompés. « Il n'est pas interdit, dit l'Empereur, de conclure une transaction ou un pacte pour tout crime passible de la peine capitale, excepté l'adultère ; il n'est pas permis, en revanche, de transiger sur les autres crimes publics qui ne sont pas passibles de la peine de mort, *citra* l'accusation de faux ».

< Arrêtons-nous un peu sur cette décision relative à l'adultère, et cherchons la signification de ce célèbre rescrit. L'Empereur affirme donc que l'on peut transiger, et aussi conclure un pacte à titre gratuit, sur tout crime passible de la peine capitale, excepté l'adultère, mais qu'il est impossible de transiger impunément (on peut donc, en revanche, conclure impunément un pacte) sur un crime qui n'est pas passible de la peine capitale, si ce crime est moins grave que le délit de faux et la peine qu'il suppose, qu'il s'agisse d'un crime public, c'est-à-dire dont la poursuite peut être engagée par n'importe qui (*Institutes*, IV, 18, 1[419]), ou d'un crime privé, comme le vol ou les violences (D. 3, 2, 6, 3[420]) : en effet, dans les crimes publics passibles de la peine capitale, l'accusé risque la mort, aussi lui est-il permis de racheter sa tête et son sang par n'importe quel moyen ; ou encore s'il s'agit de quelque chose qui lui est plus précieux que la vie, comme quand sa peine serait la déportation, qui le priverait de sa patrie et ses biens (*Institutes* IV, 18, 2[421] ; D. 48, 1, 2[422]) : ainsi l'explique-t-on en D. 48, 21, 1[423].

---

418 *Transigere uel pacisci de crimine capitali* **excepto adulterio** *non prohibitum est. In aliis autem publicis criminibus, quae sanguinis poenam non ingerunt, transigere non licet citra falsi accusationem.*

419 *Publica iudicia neque per actiones ordinantur nec omnino quidquam simile habent ceteris iudiciis de quibus locuti sumus, magnaque diuersitas est eorum et in instituendis et in exercendis. 1.* **Publica autem dicta sunt, quod cuiuis ex populo exsecutio eorum plerumque datur.**

420 *« Pactusue, inquit, erit » : pactum sic accipimus, si cum pretio quantocumque pactus est ; alioquin et qui precibus impetrauit ne secum ageretur erit notatus* **nec erit ueniae ulla ratio, quod est inhumanum** *[...].*

421 *Publicorum iudiciorum quaedam capitalia sunt, quaedam non capitalia ; capitalia dicimus quae ultimo supplicio adficiunt uel aquae et ignis interdictione* **uel deportatione** *uel metallo.*

422 *[...]* **Capitalia sunt, ex quibus poena mors aut exilium est, hoc est aquae et ignis interdictio : per has enim poenas eximitur caput de ciuitate** *[...].*

423 *In capitalibus criminibus a principibus decretum est non nocere ei qui aduersarium corrupit, sed in his demum, quae poenam mortis continent :* **nam ignoscendum censuerunt ei, qui sanguinem suum qualiterqualiter redemptum uoluit.**

In publicis non capitalibus, item in priuatis, pactio gratuita recipitur, ut sit ueniae locus, ut Iurisconsultus ex Christiana aequitate loquitur in d. § pactus ; non autem transactio recipitur uenalis plena concordiae.

Quod si quis obiiciat, in publicis capitalibus illicitam, prima facie, uideri transactionem ex parte actoris, quia desistens ab accusatione Turpilliano plectatur tanquam calumniator, fisco ita obnoxius, l. 6 et l. destitisse ff. ad senatusc. Turpili., ex parte acccusati, deterior erit transactio, quia corrumpens delatorem, fisci lucro confessus creditur si uel modicum pretium uendit, l. in fisci, l. eius ff. de iure fisc., respondeo : quod ad actorem seu accusatorem attinet, minime ipsum Turpiliano teneri, qui ex causa destitit, ut paret in d. l. destitisse. Plane nulla uidetur causa melior consensu accusati, ut continetur l. 3 C. de abolitionib. Consentit uero quisque transigens, nec potest uideri calumniam iniuriamue passus, l. 1 § 1 ff. de pact. Potest enim accidere, ut prudenter et bona fide a lite desistat, fretus bonis testibus accusator, sed ante productionem fato mortuis. Haec omnia iudici perpendenda ueniunt, l. 2 et 3 C. de abolitio.

Mais pour les crimes publics non passibles de la peine capitale, comme pour les crimes privés, on admet les pactes à titre gratuit, afin de laisser une place au pardon, ainsi que le dit le jurisconsulte, inspiré par l'équité chrétienne, dans le paragraphe *pactus* déjà cité (D. 3, 2, 6, 3[424]). En revanche, on n'admet pas les transactions à titre onéreux comme pourvoyeuses de concorde.

Si quelqu'un objecte que, dans les crimes publics, la transaction dont l'accusateur prend l'initiative semble, au premier abord, illicite, parce qu'en se désistant de son accusation, il tombe, en tant que calomniateur, sous le coup du senatusconsulte Turpillien, et se trouve ainsi redevable au fisc (D. 48, 16, 6, pr.[425] et D. 48, 16, 13[426]), mais que si l'accusé en prend l'initiative, ce sera pire, parce qu'en achetant son dénonciateur, il passe pour avoir avoué, au bénéfice du fisc, même s'il n'est versé qu'une somme modique (D. 49, 14, 4[427] et D. 49, 14, 29, pr.[428]) : je lui réponds que pour ce qui est de l'accusateur ou de l'accusé, celui qui se désiste de son accusation ne tombe absolument pas sous le coup du senatusconsulte Turpillien, comme il apparaît dans la loi déjà citée D. 48, 16, 13[429]. Assurément, il n'est pas de meilleure cause que celle qui obtient le consentement de l'accusé, ainsi que l'indique la loi C. 9, 42, 3, 1 et 2[430]. Or quiconque transige donne son consentement, et ne peut être considéré comme victime de calomnie ou d'injustice (D. 2, 14, 1, pr.[431]). Il peut en effet arriver que l'on se désiste d'un procès par prudence et en toute bonne foi, comme quand l'accusateur s'appuie sur d'excellents témoins, mais que la mort les frappe avant qu'ils aient été cités. Il appartient au juge de peser tous ces éléments (C. 9, 42, 2, pr.[432] et C. 9, 42, 3[433]).

---

424 Voir ci-dessus, note 420.

425 Voir ci-dessus, note 138.

426 *Destitisse eum accipiemus, qui in totum animum agendi deposuit, non qui distulit accusationem* [...].

427 *In fisci causis **pacti cum delatoribus pro confessis habentur, si modo pretium uel modicum dederunt.***

428 ***Eius, qui delatorem corrupit, ea condicio est, ut pro uicto habeatur** : nam in fiscalibus causis id constitutum est* [...].

429 Voir ci-dessus, note 426.

430 1. *Sin autem sincera mente accusationem instituerit et reus aliquid iniuriae inscriptionis illatae tolerauerit* [...], *abolitio non petetur, **nisi forte ille qui haec passus est suum consensum ad petendam abolitionem accommodauit.** 2. Quando autem reus nihil tale passus est, postquam fuerit officii custodia traditus, intra dies triginta accusatori petenti, etiam inuito reo, dari permittitur. Post hoc uero tempus, **nisi reus consentiat**, censemus non esse tribuendam* [...].

431 Voir ci-dessus, note 100.

432 *Abolitio praesentibus partibus causa cognita **non a Principe, sed a competenti iudice postulari debet**, id est si per errorem seu temeritatem seu calorem ad accusationem prosiluerit : hoc enim accusator explanans abolitioni locum faciet.*

433 Voir ci-dessus, note 430.

Reus uero transigens non corrumpit iudicem, cum transactio fiat in re dubia, l. 1 de transact., et in dubio accusatus praesumitur innocens, l. absentem de poenis. Secus si crimen esset manifestum uulgo, aut liquido probatum in iudicio, aut publicum non capitale, uel mere priuatum, ut dixi. Non est igitur in transactione corruptio, l. 1 § pen. ff. de calumniat. Persequar pluscula, si prius examinauero causam adulterii >.

Plerique censuerunt de adulterio non transigi < pacisciue > posse, propter lenocinium mariti, quod quidem transigendo committeret. Mihi haec ratio nunquam placuit, cum transactio de re dubia et lite incerta fiat. At marito licebit patientiam suam adumbrare credulitate, uel penuria probationum, l. mariti in princ. et uers. quia* quod si ff. de adulter. Deinde lex pacisci quoque prohibet, atqui marito gratis dimittere adulterium fas est, modo ne uxorem domi retineat, d. l. mariti § plectitur.

3. Putem igitur ei et transigere et pacisci impune sic licere, ut supra dictum est, sed transactionem et pactum pro uxore et adultero non consistere, argum. l. Iulianus § si quis a pupillo ff. de act. empt.,

Quant à l'accusé qui transige, il n'achète pas le juge, puisque l'on transige quand la situation est douteuse (D. 2, 15, 1[434]) et que, dans le doute, l'accusé est présumé innocent (D. 48, 19, 5[435]). Il en irait tout autrement si le crime était manifeste aux yeux de tous, ou clairement prouvé devant le tribunal, ou s'il s'agissait, comme je l'ai dit, d'un crime public non passible de la peine capitale, ou d'un crime purement privé. Transiger, en effet, n'est pas acheter (D. 3, 6, 1, 3[436]). Je continuerai encore un peu sur ce point, mais pas avant d'avoir examiné la question de l'adultère >.

La plupart des commentateurs ont considéré que s'il est impossible de transiger < ou de conclure un pacte > en matière d'adultère, c'est qu'en transigeant le mari se rendrait coupable de proxénétisme. Cette explication ne m'a jamais satisfait, puisque la transaction n'intervient que si les faits sont douteux et l'issue du procès incertaine. Mais le mari pourra toujours dissimuler sa complaisance en invoquant sa crédulité, ou l'absence de preuves (D. 48, 5, 30, pr.[437] et 4[438]). Ensuite, la loi interdit aussi de conclure un pacte, mais il est permis au mari de laisser partir l'amant adultère sans le faire payer, à condition qu'il ne garde pas sa femme chez lui (D. 48, 5, 30, 2[439]).

3. Je penserais donc volontiers qu'il est permis de transiger et de conclure un pacte impunément, ainsi que cela a été précisé plus haut, mais qu'il n'y a pas de transaction ou de pacte qui tienne en faveur d'une épouse et de son amant adultère : voir pour preuve D. 19, 1, 13, 29[440] ;

---

434 *Qui transigit, quasi de re dubia et lite incerta neque finita transigit. Qui uero paciscitur, donationis causa rem certam et indubitatam liberalitate remittit.*

435 *Absentem in criminibus damnari non debere Diuus Traianus Iulio Frontoni rescripsit. Sed nec de suspicionibus debere aliquem damnari Diuus Traianus Adsidio Seuero rescripsit : satius enim esse impunitum relinqui facinus nocentis quam innocentem damnari.*

436 *Sed et constitutio Imperatoris nostri, quae scripta est ad Cassium Sabinum, prohibuit iudici uel aduersario in publicis uel priuatis uel fiscalibus causis pecuniam dare, et ex hac causa litem perire iussit. Nam tractari potest, si aduersarius non per calumniam transigendi animo accepit, an constitutio cessat ? Et puto cessare sicuti hoc quoque iudicium : neque enim transactionibus est interdictum, sed sordidis concussionibus.*

437 Voir ci-dessus, note 417.

438 [...] *Quod si patiatur uxorem delinquere non ob quaestum, sed neglegentiam uel culpam uel quandam patientiam uel nimiam credulitatem, extra legem positus uidetur.*

439 *Plectitur et qui pretium pro comperto stupro acceperit ; nec interest, utrum maritus sit qui acceperit an alius quilibet ; quicumque enim ob conscientiam stupri accepit aliquid, poena erit plectendus. Ceterum si gratis quis remisit, ad legem non pertinet.*

440 Voir ci-dessus note 216.

ex quo sequitur l. transigere non ut mariti lenocinium arceatur editam, sed magis ut mulieres terreantur et adulteri.

Ratio igitur illa sit cur transactione uti non liceat, uel alia pactione, in causa adulterii, quoniam innumera alia facinora, et quidem atrocia, ad se trahit adulterium et uelut catena quadam ferrea complectitur, et inde, in can. quid in omnibus 32 q. 7, Clemens ait adulterio nullum peccatum inueniri grauius, idque in poenis secundum obtinere locum, id est, post delicta quibus maiestas diuina offenditur, dum forte dii alieni coluntur. Hinc homicidia puta mulieris in crimine deprehensae, et adulteri, l. nihil ff. de adult., l. Gracchus C. eod., quia zelus et furor uiri non parcet in die uindictae, nec acquiescet cuiusquam precibus, nec suscipiet pro redemptione dona plurima, ut admonet sapiens Hebraeus *Prouerbiorum* 6 cap.

< Iustissimus namque impetus ipsum exagitat in adulterum, qui ex alieno moerore delicias capit, corruptelam et liberorum confusionem inducens, magno crudelitatis inter uoluptates impuras argumento >.

Necantur plerumque etiam mariti, uel ferro, uel ueneno. Probat hoc Agamemnonis exitus, de quo sic loquitur in tragoedia Electra flebilis : *Pater peremptus scelere materno iacet.*

< Vnde Orestes, qui improbam matrem Clytemnestram occidit, in Areopago est absolutus, ut refert Pausanias, lib. 1 >.

d'où il s'ensuit que la loi C. 2, 4, 18[441] n'a pas été promulguée pour empêcher le mari de se comporter en proxénète, mais bien plutôt pour faire peur aux femmes et à leurs amants adultères.

On a donc bien raison d'interdire, en matière d'adultère, de conclure une transaction ou quelque pacte que ce soit, puisque l'adultère entraîne à sa suite d'innombrables autres crimes, assurément épouvantables, qui lui sont liés comme par une chaîne de fer. Aussi le pape Clément assure-t-il (*Décret* II, 32, 7, 16[442]) que l'on ne saurait trouver de péché plus grave que l'adultère, qui vient en deuxième position dans la répression pénale, après les offenses à la majesté divine, quand par exemple on rend un culte à des dieux étrangers. D'où l'impunité accordée à l'homicide de la femme prise en flagrant délit et de son amant adultère (D. 48, 5, 33, pr.[443] ; C. 9, 9, 4, pr.[444]) parce que le mari, dans sa fureur jalouse, ne fera pas de quartier au jour de la vengeance, ne se rendra aux prières de personne, et n'accordera pas son pardon en échange d'une multitude de cadeaux, ainsi qu'en prévient le Sage hébreu (*Proverbes*, chapitre 6[445]).

< Il est en effet parfaitement justifié, l'emportement qui l'anime à l'encontre de l'amant adultère, lequel tire sa jouissance de la souffrance d'autrui, introduit la corruption dans la famille et brouille la légitimité des enfants, ce qui prouve bien la cruauté inhérente à ces plaisirs impurs >.

Le plus souvent aussi, les maris sont assassinés, par le fer ou par le poison. Preuve en est la mort d'Agammemnon, dont Électre, en larmes, parle ainsi dans une tragédie[446] :

Mon père est mort sous les coups de ma criminelle de mère.

< Voilà pourquoi Oreste, après avoir tué sa mère, la déloyale Clytemnestre, fut acquitté devant l'Aréopage, comme le rapporte Pausanias au livre 1[447] >.

---

441 Voir ci-dessus, note 418.

442 ***Quid in omnibus peccatis est adulterio grauius ?*** *Secundum namque in poenis obtinet locum, quem quidem primum illi habent, qui aberrant a Deo, etiamsi sobrie uixerint.*

443 [...] *quia lex parem in eos, qui deprehensi sunt, indignationem exigit et seueritatem requirit.*

444 [...] *si eius condicionis fuit, ut per legem Iuliam impune occidi potuerit, quod legitime factum est, nullam poenam meretur : idemque filiis eius qui patri paruerunt praestandum est.*

445 Versets 34-35 : « car un mari jaloux devient fou de rage, il est sans pitié au jour de la vengeance : nul dédommagement ne l'apaisera ; de multiples cadeaux ne le fléchiront pas ».

446 Sénèque, *Agammemnon*, v. 925.

447 Voir *Description de la Grèce*, I, 28, 5 : Κριθῆναι δὲ καὶ ὕστερον Ὀρέστην λέγουσιν ἐπὶ τῷ φόνῳ τῆς μητρός. Καὶ βωμός ἐστιν Ἀθηνᾶς Ἀρείας, ὃν ἀνέθηκεν ἀποφυγὼν τὴν δίκην.

Propter idem Dauidis flagitium constituitur Vrias moriturus in acie confertissima, 2 *Reg.* cap. 11 et Sapiens, cap. 18 *Prouerbiorum.* Qui expellit mulierem bonam, expellit bonum : qui autem tenet adulteram, stultus est et insipiens. Nam alit necem et dedecus, opinor.

Hic Thessala uendit, inquit Satyricus,

Philtra, quibus ualeant mentem uexare mariti.

Hoc sentit de Romanis mulieribus, et M. Cato dixit omnem adulteram esse ueneficam : refert Quintilianus lib. 5 cap. 11. *Necesse* enim *est eam quae corpus turpissimae cupiditati* addixit, *timere permultos.*

4. Ex his pendet ratio, quare in uiris lenior adulterii poena sit, < et quare adulteri[38] esse potius liceat quam[39] uxorem mactare, can. si quod 33 q. 2 >.

Nam hos *ad unumquodque maleficium singulae cupiditates impellunt,* mulieres ad multa et immania scelera, ut notauit M. Tullius libro 4 *Ad Herennium.*

---

38 adulteri *correxi* : adulteris *T //*
39 quam *correxi* : quando *T //*

C'est pour perpétrer ce même crime que David décida d'envoyer Urias à la mort en le faisant placer au plus fort du combat (*Rois* II, chapitre 11[448] et *Proverbes*, chapitre 18[449]). Celui qui chasse une femme de bien chasse le Bien de chez lui : mais celui qui garde une adultère est aussi fou que sot. Car, à mon avis, elle ne médite que sa mort et son déshonneur. Le Satirique[450] ne dit-il pas :
Un autre lui vend des philtres de Thessalie,
Avec lesquels on peut troubler la raison d'un mari ?
Voilà ce qu'il pensait des femmes romaines. Caton, de son côté, affirme, selon Quintilien au chapitre 11 du livre V[451], que toute les femmes adultères sont des empoisonneuses. « Car il est inévitable que celle qui s'est physiquement abandonnée à la plus honteuse passion redoute de nombreuses personnes »[452].

4. C'est ce qui explique que l'on punisse moins sévèrement les hommes quand ils sont adultères
< et qu'on leur permette plus volontiers de commettre l'adultère que de tuer leur femme (*Décret* II, 33, 2, 9[453]) >.
En effet, les hommes ne sont entraînés par chacune de leurs passions qu'à une seule mauvaise action, tandis que les femmes le sont à une foule de crimes monstrueux, comme l'a noté Cicéron, au livre IV de la *Rhétorique à Herennius*[454].

---

448 C'est plus précisément au livre II de *Samuel* qu'est relaté cet épisode : voir chapitre 11, § 15 : « Placez Urie au plus fort du combat, et retirez-vous de derrière lui, afin qu'il soit frappé et qu'il meure ».

449 Allusion probable au § 5 : « Il n'est pas bon d'avoir égard à la personne du méchant, Pour faire tort au juste dans le jugement. ».

450 Voir Juvénal, *Satires* VI, 610-611. On adopte parfois la leçon *ualeat* (en sous-entendant comme sujet *mulier*) mais le pluriel se justifie, puisqu'il est question de ces magiciens qui fournissent des incantations ou des philtres capables de troubler la raison du mari.

451 *Institution oratoire*, V, 11, 39 : *si causam ueneficii dicat adultera, non M. Catonis iudicio damnanda uideatur, qui **nullam adulteram non eandem esse ueneficam dixit** ?*

452 C'est une citation presque exacte d'un passage de la *Rhétorique à Herennius* (IV, 16) qui sera explicitement invoqué plus loin (voir ci-dessous note 454) : *quia necesse est eam quae suum corpus addixerit turpissimae cupiditati timere permultos.*

453 [...] *Si enim facturus est quod non licet, iam **faciat adulterium et non faciat homicidium**, ut uiuente uxore aliam ducat, non humanum sanguinem fundat.*

454 § 16 : *Quia uiros **ad unum quodque maleficium singulae cupiditates inpellunt**, mulieris ad omnia maleficia cupiditas una ducit.*

Tum quia pudor mulieribus a natura innatus est potius quam uiris, l. palam § fi. de ritu nupt., ubi Accursius. Denique quia sexus horum nobilior est, mitiorem poenam expectat, l. in multis ff. de statu hom. ; l. III § fin. de sicar. ; et mulierem pene uiri famulam esse leges uolunt, can. satis 33 q. 5. Vnde Romulus, qui aliquot leges tulit, l. II ff. de orig. iur., apud Plutarchum illam non omisit, quae uolebat diuertere uiro licere ab uxore adultera : contra uirum deprehensum in adulterio, diis inferis tantum sacrificare. Postea uero Romae lex lata est, quae occidi uxorem adulteram permittebat, cum tamen ipsa uirum adulterantem digito contingere non auderet, A. Gellius lib. 10 cap. 23 ; perinde atque innuat uirum in ius eo nomine uocari posse, quo iudicantis arbitrio puniatur, si coniugi uidebitur, l. si uxor § iudex ff. de adult.

C'est aussi parce que la nature a doté les femmes, plus que les hommes, d'une pudeur innée (voir la glose d'Accurse à D. 23, 2, 43, 12[455]). Enfin, parce que le sexe masculin jouit d'un prestige supérieur, il peut s'attendre à une peine moins sévère (D. 1, 5, 9[456]; D. 48, 8, 3, 5[457]); et les lois ont voulu que la femme fût pour ainsi dire la servante de son mari (*Décret* II, 33, 5, 14[458]). C'est pourquoi Romulus, qui fit promulguer quelques lois (D. 1, 2, 2, 2[459]), se garda bien d'omettre, selon Plutarque[460], celle qui permet à un homme de se séparer de sa femme adultère; si au contraire, c'était le mari qui était convaincu d'adultère, il lui suffisait de sacrifier aux dieux inférieurs. Plus tard, on promulgua à Rome une loi qui permettait au mari de tuer sa femme adultère, alors qu'elle-même n'osait toucher, même du bout du doigt, son époux adultère : voir Aulu-Gelle, livre X, chapitre 23[461]; c'est comme s'il laissait entendre que le mari pourrait, pour cette raison, être cité en justice, si sa femme le jugeait bon, afin d'être puni sur décision du juge (D. 48, 5, 14, 5[462]).

---

455 *Quae in adulterio deprehensa est, quasi publico iudicio damnata est* [...]. *Ego puto,* **etsi absoluta sit post deprehensionem, adhuc tamen notam illi obesse debere,** *quia uerum est eam in adulterio deprehensam, quia factum lex, non sententiam notauerit.* Accurse glose en effet : *Quia* **maior castitas,** *etiam secundum mores hominum,* **exigitur in feminas.**

456 *In multis iuris nostri articulis* **deterior est condicio feminarum quam masculorum.**

457 *Legis Corneliae de sicariis et ueneficis poena insulae deportatio est et omnium bonorum ademptio. Sed solent hodie capite puniri,* **nisi honestiore loco positi fuerint,** *ut poenam legis sustineant :* **humiliores** *enim solent uel bestiis subici,* **altiores** *uero deportantur in insulam.*

458 [...] *uiris feminas subditas, et* **pene famulas lex esse uoluerit uxores** [...].

459 [...] *leges quasdam et ipse curiatas ad populum tulit* [...].

460 *Vie de Romulus,* XXII, 3 : Ἔθηκε δὲ καὶ νόμους τινάς, ὧν σφοδρὸς μέν ἐστιν [...] γυναῖκα δὲ διδοὺς ἐκβάλλειν [...] μοιχευθεῖσαν [...]; τὸν δ' ἀποδόμενον γυναῖκα θύεσθαι χθονίοις θεοῖς.

461 L'auteur y cite le discours de Caton *Sur les dots* : « Caton nous apprend dans ce même discours que le mari pouvait tuer sa femme surprise en adultère : *Si tu surprenais ta femme en adultère, tu pourrais impunément la tuer sans jugement. Si tu commettais un adultère, elle n'oserait pas te toucher du bout du doigt. Ainsi le veut la loi* ».

462 *Iudex adulterii ante oculos habere debet in inquirere, an maritus pudice uiuens mulieri quoque bonos mores colendi auctor fuerit :* **periniquum enim uidetur esse, ut pudicitiam uir ab uxore exigat, quam ipse non exhibeat ;** *quae res potest et uirum damnare, non rem ob compensationem mutui criminis inter utrosque communicare.*

< Alciatus lib. *Paradoxorum* 5 cap. 8 notat ideo non receptum olim super adulterio transactionem, quia non inferret poenam sanguinis, l. si quis uiduam de quaestionib., postea ex l. quamuis in 2* C. ad legem Iuliam de adult. gladii poenam inductam, nihilhominus rationem pristinam manere. Ceterum iam ostendi, deportationem, de qua in d. l. si quis, qua quisque, uelut longa morte, in insula uiuet exutus bonis, capitalem esse, et morti similem, l. 4 § pen. de bonis libert. ; l. licet de uerb. significat. Quod si perlegatur l. 1 ff. de extraordin. crimin. in fi., patebit moechum, interpellatorem puellae seu mulieris impudicitiae, poenam habere deportationem, nondum perfecto scelere, postea ultimum supplicium, et ibi hoc euidentius patet, quam in d. l quamuis C. de adulter., uel in l. castitati eod., ubi sacrilegi alienarum nuptiarum gladio capitali maxime feriuntur,

< Alciat, au livre V, chapitre 8, de ses *Paradoxes*[463], note que si l'on n'admettait pas jadis de transaction sur l'adultère, c'est qu'il n'emportait pas une peine de sang (D. 48, 18, 5[464]) et que même si, en vertu de C. 9, 9, 29, 4[465], il fut plus tard sanctionné par la peine du glaive, l'ancienne justification resta néanmoins valable. J'ai du reste déjà montré que la déportation, dont il est question dans la loi déjà citée D. 48, 18, 5[466], et qui obligeait chaque condamné à vivre dans une île, comme d'une interminable mort, dépouillé de ses biens, était une peine capitale, tout à fait comparable à la mort (D. 38, 2, 4, 2[467] ; D. 50, 16, 103[468]). Et si on lit de près D. 47, 11, 1, 2[469], on verra que le débauché qui attente à la pudeur d'une jeune fille ou d'une femme mariée, est puni de la déportation, s'il n'a pas encore consommé son crime, et de la peine de mort, s'il l'a fait, et cela apparaît ici plus clairement que dans la loi déjà citée C. 9, 9, 29, 4[470] (ou qu'en C. 9, 9, 9[471]), où les atteintes sacrilèges au mariage d'autrui sont punies par le glaive, peine capitale par excellence ;

---

463 Voir la fin du chapitre : [...] *sciendum est iure ueteri adulteros poena sanguinis non coerceri, sed potius deportari solitos* [...]. *Igitur eo iure cum poena sanguinis non irrogaretur, transactio locum non habebat.* [...] *Cessauit enim,* **cum posteribus legibus capitalis poena adulteris irrogata sit : at non idcirco prior ipsa dispositio fuit tollenda** ; *animaduerten-dum tamen est, quamuis praescripto casu pacisci nemini licet, odium tamen ultro citroque remittere litigatores permittuntur, et ex pace inimicitias modum statuere* [...].

464 *Si quis uiduam uel alii nuptam cognatam, cum qua nuptias contrahere non potest, corruperit, in* **insulam deportandus est,** *quia duplex crimen est et* **incestum,** *quia cognatam uiolauit contra fas, et adulterium uel stuprum adiungit* [...].

465 **Sacrilegos autem nuptiarum gladio puniri oportet.**

466 Voir ci-dessus, note 464.

467 *Si* **deportatus** *patronus sit, filio eius competit bonorum possessio in bonis liberti nec impedimento est ei talis patronus,* **qui mortui loco habetur** [...].

468 *Licet « capitalis » Latine loquentibus omnis causa existimationis uideatur, tamen* **appellatio « capitalis » mortis uel amissionis ciuitatis intellegenda est.**

469 *Qui puero stuprum abducto ab eo uel corrupto comite persuaserit* **aut mulierem puellamue interpellauerit quidue impudicitiae gratia fecerit,** *domum praebuerit pretiumue, quo is persuadeat, dederit : perfecto flagitio punitur* **capite,** *imperfecto* **in insulam deportatur :** *corrupti comites summo supplicio adficiuntur.*

470 Voir ci-dessus, note 465.

471 *Castitati temporum meorum conuenit lege Iulia de pudicitia damnatam in poenis legitimis per-seuerare. Qui autem adulterii damnatam,* **si quocumque modo poenam capitalem euaserit,** *sciens duxit uxorem uel reduxit, eadem lege* **ex causa lenocinii punietur.**

cum Imperator forsan eos ibi uocet sacrilegos, qui cum extranei sint, nefarie calumniantur, et castam uxorem alterius insimulant adulterii et tres una calumnia molestant : nam ea res etiam marito moerori et pudori est, sit licet insons femina >.

5. De raptu quoque transigi nequibit, tum quia raptus legis Iuliae de adulter. potestatem excedit, l. qui coetu § fi. ff. ad leg. Iul. de ui pub., tum quod raptum ut adulterium homicidia comitantur, l. 1 C. de rapt. uirg. Bis rapta Helena, Tyndarei filia, testis sit
< et quamuis per raptum non mens sed corpus inquinetur mulieris, ut Lucretia Romana patefecit, tamen audacia raptoris, quam sollicitatoris maior est, § 1 de ui bon. rapt., et l. 1 § pen. C. de rapt. uirgin., ubi qui pactione raptum dissimulant, deportantur. E diuerso, praemium habent, qui tam immane scelus detegunt, l. pen. C. quibus ex causis serui pro praemio accipiunt libert. ; quod de adulterio non est similiter constitutum, cum sit remissius, l. 3 C. de episcop. audien. >.

peut-être en effet, dans cette loi, l'Empereur appelle-t-il sacrilèges ceux qui, étant extérieurs à la famille[472], profèrent de monstrueuses calomnies, et, en accusant à tort d'adultère la femme d'autrui, blessent trois personnes avec une seule calomnie, car même si sa femme est innocente, cette accusation accable le mari de chagrin et de honte >.

5. Il ne sera pas possible non plus de transiger sur le rapt, tant parce que le rapt sort du champ de la loi Julia sur l'adultère (D. 48, 6, 5, 2[473]), que parce que les homicides accompagnent le rapt comme l'adultère (C. 9, 13, 1, pr.[474]). Témoin Hélène, la fille de Tyndare, qui fut enlevée deux fois ; < et quoique le rapt souille le corps, mais non pas l'esprit de la femme, comme on le voit avec la Romaine Lucrèce, néanmoins l'audace de l'auteur du rapt est bien plus grande que celle du séducteur : voir *Institutes* IV, 2, pr.[475] et C. 9, 13, 1, 3c[476], où ceux qui dissimulent un enlèvement en concluant un pacte sont punis de déportation. Tout au contraire, on récompense ceux qui dévoilent un crime aussi monstrueux (C. 7, 13, 3[477]) ; concernant l'adultère, les dispositions sont différentes, puisque moins rigoureuses (C. 1, 4, 3[478]) >.

---

472 Allusion à C. 9, 9, 29, 3 (c'est le paragraphe qui précède celui qui a déjà été cité, et qui en constitue donc le contexte immédiat) : *Extraneos autem procul arceri ab accusatione censemus : nam etsi omne genus accusationis necessitas inscriptionis adstringat, nonnulli tamen proterue id faciunt et falsis contumeliis matrimonia deformant.* Il est plus probable qu'au § 4 *sacrilegos* désigne les seuls adultères.

473 *Qui uacantem mulierem rapuit uel nuptam, ultimo supplicio punitur et, si pater iniuriam suam precibus exoratus remiserit, tamen extraneus sine quinquennii praescriptione reum postulare poterit, cum raptus crimen legis Iuliae de adulteris potestatem excedit.*

474 *Raptores uirginum honestarum uel ingenuarum, siue iam desponsatae fuerint siue non, uel quarumlibet uiduarum feminarum, licet libertinae uel seruae alienae sint, pessima criminum peccantes capitis supplicio plectendos decernimus, et maxime si Deo fuerint uirgines uel uiduae dedicatae […] et merito mortis damnantur supplicio, cum nec ab homicidii crimine huiusmodi raptores sint uacui.*

475 *Qui res alienas rapit, tenetur quidem etiam furti (quis enim magis alienam rem inuito domino contrectat quam qui ui rapit ? ideoque recte dictum est, eum improbum furem esse)* […].

476 *Parentibus, quorum maxime uindicta intererat, si patientiam praebuerint ac dolorem remiserint, deportatione plectendis.*

477 *Si quis seruus raptus uirginis facinus dissimulatione praeteritum aut pactione transmissum detulerit in publicum, libertate donetur.*

478 […] *Vbi primum dies paschalis extiterit, nullum teneat carcer inclusum, omnium uincula soluantur. Sed ab his secernimus eos, quibus contaminari potius gaudia laetitiamque communem, si dimittantur, animaduertimus. Quis enim sacrilego diebus sanctis indulgeat ? quis adultero uel stupri uel incesti reo tempore castitatis ignoscat ? quis non raptorem uirginis in summa quiete et gaudio communi persequatur instantius ?* […].

De stupro in uirgine uel uidua non aliud statuendum puto, propter uim quam uisceribus suis inferunt, dum partum abigere conantur poculis, l. si quis § qui abortionis ff. de poen.; et in l. transigere C. de transact. adulterii appellatione stuprum contineri potest, l. inter § lex Iul. ff. de adul.; < l. 10 C. eo. >.

Prosequamur nunc secundum legis particulam, in qua de quouis publico crimine, quod poenam sanguinis non ingerit, prohibetur transactio.

< Idem diximus in priuatis delictis, cum paciscens, pretio accedente, confitetur, l. quoniam ff. de iis qui notant. infam.; l. furti § pactus eod. Subiungit Imperator, id quidem obtinere in publicis sanguinis poenam non ingerentibus, nimirum altera ratione, quod transactio haec sapit corruptionem, eamque non perinde tolerabilem. *In omnibus causis*, inquit Vlpianus, *praeterquam in sanguine, qui delatorem corruperit pro uicto habetur*, l. fi. de preuaricator. Quod si uerum amamus, ille locus non pertinet ad transactionem, ut dixi super iurgio dubio factam, sed ad redemptum, iam pene crimine detecto, accusatorem, l. 2 C. de aboliti., ubi eiusmodi corruptioni iudex resistere debet, praesertim ubi delictum non expectat capitis poenam. Vbi uero capitale est, similiter quidem resistet corruptori, sed paulo indulgentius.

Je pense qu'il ne faut pas en décider autrement en cas de relations coupables avec une jeune fille ou une veuve, en raison des violences qu'elles infligent à leur propre ventre en essayant de se débarrasser du fœtus au moyen de potions abortives (D. 48, 19, 38, 5[479]); et en C. 2, 4, 18[480], on peut inclure ces relations coupables dans la qualification de l'adultère (D. 48, 5, 6, 1[481]; < C. 9, 9, 10[482] >).

Poursuivons, à présent, en examinant la partie de la loi[483] dans laquelle il est interdit de transiger sur tout crime de Droit public qui n'emporte pas la peine de mort.

< Nous avons dit que c'était la même chose pour les délits privés : celui qui conclut un pacte à titre onéreux est censé avouer (voir D. 3, 2, 5[484] et D. 3, 2, 6, 3[485]); l'Empereur ajoute que le résultat est le même s'agissant des délits de Droit public qui n'emportent pas la peine de mort, sans doute pour une autre raison : c'est que ce genre de transaction sent la corruption, qui n'est pas davantage tolérable. « Dans toutes les causes, dit Ulpien, sauf lorsqu'il y a risque de mort, celui qui a acheté son dénonciateur est censé avoir perdu » (D. 47, 15, 7[486]). À dire vrai, ce passage ne concerne pas la transaction, puisque, celle-ci, je l'ai dit, n'intervient qu'en cas de contestation douteuse, mais le fait de se débarrasser d'un accusateur, quand le crime est déjà quasiment découvert : voir C. 9, 42, 2, 1[487], où le juge doit résister à ce genre de corruption, surtout quand le délit n'expose pas à la peine capitale. Lorsque c'est le cas, il doit également résister à la corruption, mais avec un peu moins de rigidité.

---

479 Voir ci-dessus, note 320.

480 Voir ci-dessus, note 418.

481 *Lex stuprum et adulterium promiscui et* καταχρηστικότερον (*id est abusiue*) *appellat. Sed* **proprie adulterium in nupta committitur**, *propter partum ex altero conceptum composito nomine;* **stuprum uero in uirginem uiduamue committitur**, *quod Graeci* φθοράν *appellant.*

482 **De crimine adulterii pacisci non licet** *et par delictum accusatoris praeuaricatoris et refugientis ueritatis inquisitionem est.* **Qui autem pretium pro comperto stupro accepit**, *poena legis Iuliae de adulteriis tenetur.*

483 Il s'agit toujours de C. 2, 4, 18.

484 *Quoniam* **intellegitur confiteri crimen qui paciscitur**.

485 Voir ci-dessus, note 420.

486 *In omnibus causis, praeterquam in sanguine, qui delatorem corrupit, ex senatus consulto pro uicto habetur.*

487 *Sin autem per depectionem uel* **pecuniis a reo corruptus** *ad postulandam abolitionem uenit, redemptae miserationis uox minime admittatur, sed aduersus nocentem reum inquisitione facta poena competens exseratur* [...].

Nam propterea ipsum non habebit pro conuicto, sed censebit metu mortis aut deportationis ad corruptelam eum descendisse. Sic, opinor, intelligendus est Vlpianus, et hoc scire expedit, propterea quod nulla transactio super delicto impedit uindictam publicam, sed aduersarium priuatum arcet tantummodo l. iurisgentium § si paciscar ff. de pact. Atqui potius inconsulte facta transactio super crimine iuuat fisci causam, et inducit corruptionis coniecturam, nisi seruetur suprascripta distinctio, uel nisi a principe uel iudice abolitio rite impetretur, d. l. 2 C. de abolitionib. Sane nec transactio uetita nocebit accusato, si datam innocens pecuniam ostenderit, non propter sceleris, sed propter uexationis redemptionem, licet de adulterio instituta fuerit accusatio uexatrix, l. serui C. ad legem Iul. de adult. Nam tales transactiones non prohibentur ut prematur innocentia, sed ne cum detrimento reipublicae impunitas delictum sequatur et exstimulet; ex quo cum semel de adulterio mulier supplicium tulit, fas est marito cum ea componere § si quando, ut nulli iudicum, col 9. Idem etiam ante supplicium sumptum, si maritus suspicax detulerit uxorem non urgentibus argumentis, ac mox sine pecunia eam reconciliauerit, § fi. ut liceat matri et auiae co. 8.

En effet, il ne considèrera pas pour autant l'accusé comme convaincu du délit, mais il estimera qu'il a eu recours à la corruption par peur de la mort ou de la déportation. C'est ainsi, à mon sens, qu'il faut comprendre le texte d'Ulpien, et il est utile de le savoir, parce qu'aucune transaction au sujet d'un délit n'empêche la vindicte publique : elle protège seulement d'un accusateur privé (D. 2, 14, 7, 13[488]). Mais, étourdiment conclue, une transaction au sujet d'un crime favorise plutôt le fisc et induit le soupçon de corruption, si l'on n'observe pas la distinction susmentionnée, ou si l'on n'obtient pas formellement l'abolition de la part du Prince ou du juge (voir la loi déjà citée C. 9, 42, 2, 1[489]). Certes, une transaction interdite ne nuira pas à l'accusé s'il a montré qu'il a donné de l'argent non pour cacher un crime dont il est innocent, mais pour éviter la flétrissure de l'accusation, même si elle portait sur l'adultère (C. 9, 9, 23, 1[490]). En effet, si les transactions de ce genre sont interdites, ce n'est pas pour accabler l'innocence, mais pour éviter qu'au détriment du bien public l'impunité ne suive et n'encourage les délits ; aussi, une fois que la femme a subi la peine de son adultère, le mari a-t-il le droit de s'arranger avec elle (*Novelle* 134, chap. 10, 1[491]). C'est la même chose avant l'accomplissement de la peine, si le mari qui a des soupçons a dénoncé sa femme sans avoir des preuves accablantes et si, peu après, il s'est réconcilié avec elle sans avoir versé d'argent (*Novelle* 117, chapitre 15, pr.[492]).

---

488 *Si paciscar, ne pro iudicati uel incensarum aedium agatur, hoc pactum ualet.*

489 Voir ci-dessus, note 487.

490 *Is autem, qui post dissociatum matrimonium uxorem licito iure duxerit obque intentatae accusa-tionis ac potentis patrocinii metum **ei qui accusationem instituerat aurum et argentum dedit**, ad recipiendum id ulciscendamque turpis lucri cupiditatem adire praesidem potest, qui examinatis partium adlegationibus et inquisita fide ueri, si quid ab eo qui innocens est ob illati criminis timorem datum esse cognouerit, quemadmodum sententiam formare debeat, euidentibus iuris placitis instruetur.*

491 *Adulteram uero mulierem competentibus uulneribus subactam in monasterio mitti. **Et si quidem intra biennium recipere eam uir suus uoluerit, potestatem ei damus hoc facere** et copulari ei, nullum periculum ex hoc metuens, nullatenus propter ea quae in medio tempore facta sunt nuptias laedi.*

492 [...] *si quis forsan suspicatur aliquem uelle suae uxoris illudere castitati et contestationes ei ex scripto tres destinauerit habentes testimonia uirorum fide dignorum, et post has tres ex scripto contestationes inuenerit cum conuenientem suae uxori, si quidem in sua domo aut ipsius uxoris aut adulteri aut in popinis aut in suburbanis, esse licentiam marito propriis manibus talem perimere nullum periculum ex hoc formidanti. Si autem in alio loco talem inuenerit cum sua uxore loquentem, non minus tribus testibus fide dignis conuocatis, per quos probare possit quia eum cum sua coniuge comperit, **iudici tradere crimina examinanti**, illum uero pro ueritate cognoscentem, post*

A diuerticulo iam ad l. transigere reuersi, uideamus reprobatam in non capitalibus transactionem >.

6. Citra falsi accusationem : hoc est, inquiunt, excepto falsi crimine et ita « citra » pro « praeter » explicant, ut comperi ego accipi in l. fi. ff. de calumniat. Hic laborandum in eo est, ut falsi crimen non sit capitale, quo exceptio tuta sit. Sed cum constet esse capitale, et diffuse, et proprie, non sequor hanc expositionem, l. quicunque ff. de fals. ; l. 1 § fin. eo. ; l. licet ff. de uerb. signif., quamuis fateri necesse sit de falso iure transigi, l. ipse C. de fals. Adde quod « citra » pro « praeter » non excipit, sed addit, in l. fi. de calumniat. ff.

Alii, quorum est Alciatus, particulam « citra » accipiunt ita ut uelint falsi argui illum qui de crimine non capitali pepigerit, quasi censuerit Imperator non transigi de eo, nisi transigens falsi accusari eligat, ut in l. II § has itaque C. de ueter. iur. et l. cotem ff. de publican.[40]

---

40   1553 *adiiciebat* : l. si pacto C. de pact.

Après cette petite digression, j'en reviens à C. 2, 4, 18[493] : examinons à présent l'interdiction de transiger sur les crimes qui ne sont pas punis de la peine capitale >.

6. Mais c'est *citra* l'accusation de faux, ce qui signifie, dit-on, abstraction faite de l'accusation de faux, et ainsi donne-t-on à *citra* le sens de *praeter*, comme j'ai trouvé que c'était le cas en D. 3, 6, 9[494]. Ici, pour considérer l'exception comme incontestable, il faut s'inquiéter de savoir si le crime de faux n'est pas l'un de ceux qu'on punit de la peine capitale. Or comme il est avéré qu'il l'est, aussi bien au sens large qu'à proprement parler, je ne peux me ranger à cette explication (D. 48, 10, 8[495] ; D. 48, 10, 1, 13[496] ; D. 50, 16, 103[497]), quoiqu'il faille bien reconnaître que l'on a le droit de transiger sur le crime de faux (C. 9, 22, 7[498]). À cela il faut ajouter qu'en D. 3, 6, 9 *citra*, pris au sens de *praeter*, n'introduit pas une exception, mais un ajout.

D'autres, dont Alciat[499], comprennent la préposition *citra* comme s'ils voulaient que soit convaincu de faux celui qui a conclu un pacte au sujet d'un crime non puni de la peine capitale, comme si l'Empereur avait été d'avis qu'il ne fallait pas transiger sur ce crime, sauf à vouloir, ce faisant, être accusé de faux, comme en C. 1, 17, 2, 19[500] et D. 39, 4, 11, 2[501].

---

tres ex scripto contestationes cum tali muliere eum inuentum, talem quidem tamquam ex hoc sol⟩ *adulterii crimini subiacentem nulla alia ratione quaesita punire,* **licentiam autem esse uiro quomodo uoluerit suam uxorem accusare et secundum leges exequi crimen.**

493 Voir ci-dessus, note 418.

494 *De seruo qui accusatur, si postuletur, quaestio habetur : quo absoluto in duplum pretium accusato*⟩ *domino damnatur : sed et* **citra pretii aestimationem** *quaeritur de calumnia eius* [...].

495 *Quicumque nummos aureos partim raserint, partim tinxerint uel finxerint : si quidem liberi sunt, ad bestias dari,* **si serui, summo supplicio adfici debent.**

496 *Poena falsi uel quasi falsi deportatio est et omnium bonorum publicatio :* **et si seruus eorum quid admiserit, ultimo supplicio adfici iubetur.**

497 Voir ci-dessus, note 468.

498 *Ipse significas, cum primo aduersarii instrumenta protulerunt, fidem eorum te habuisse suspec-tam.* **Facta igitur transactione** *difficile est, ut is qui prouinciam regit uelut falsum, cui seme*! *adquieuisti, tibi accusare permittat.*

499 Voir *D. And. Alciati* [...] *Ad rescripta Principum commentarii,* Lyon, 1535, p. 364. Alciat y signale qu'il avait déjà abordé la question dans ses *Paradoxes,* V, 9.

500 [...] *Nec in iudicio nec in alio certamine, ubi leges necessariae sunt, ex aliis libris, nisi ab isdem Institutionibus nostrisque Digestis et Constitutionibus a nobis compositis uel promulgatis aliquid uel recitare uel ostendere conetur,* **nisi temerator uelit falsitatis crimini subiectus** *una cum iudice, qui ei audientiam accommodabit, poenis grauissimis laborare.*

501 *Dominus nauis si* **illicite** *aliquid in naue uel ipse uel uectores imposuerint, nauis quoque fisc*• *uindicatur : quod si absente domino id a magistro uel gubernatore aut proreta nautaue aliquo i*⟩

< Sic explicuit ipsemet Iuriconsultus, l. cum hi § fi. ff. de transact. Verum >
haec explicatio magis ieiuna est quam superior. Vbi, amabo, falsum est ? ubi impostura ? ubi calumnia ? ubi suppositio, cum de lite incerta uel transigo, uel alias gratis paciscor ? neque enim, etsi mendacium esset, quod tamen abest, temere falsum dicimus, l. quid sit ff. de fals.,
   < licet alicubi falsi poena sine falso sit, l. VI eod. sed hic de accusatione agitur >.
   Optimum ergo est hoc loco « citra » exponere uulgari modo et perquam proprio, cum praepositioni « ultra » repugnat, sicuti in l. bona ff. de iure fisc. ; § ad hoc prohibemus de collator. col. IX, in uerbo « citra ultimum supplicium » et in l. 4 ff. de const. pecu.[41] Itaque de omni non capitali crimine minime transigitur, dum sit leuius et inferius quam quod falsi accusationem mereatur.

   7. Igitur de falso recte pacisci et impune conuenit, quamuis interdum capitale non sit, l. diuus ff. de fals., neque publicum, l. lege II eod., quia qui accusatur, euentum fortuitum iudicii timet :

---

41   1553 *adiiciebat* : l. sed etsi ff. de const. pecu.

< Ainsi le jurisconsulte lui-même l'a-t-il expliqué en D. 2, 15, 8, 25[502]. Mais >
cette explication est encore plus pitoyable que la précédente. En quoi, je le demande, y a-t-il là un faux ? en quoi une imposture ? en quoi une calomnie ? en quoi une substitution frauduleuse, quand je transige ou que je conclus un pacte à titre gratuit, en cas de procès incertain ? en effet, on ne pose pas à la légère la qualification de faux (D. 48, 10, 23[503]), même s'il y avait mensonge, ce qui n'est pas le cas ;
< bien qu'ailleurs, la peine de faux soit mentionnée alors qu'il n'y a pas de faux (D. 48, 10, 1, 6[504]), mais ici, il s'agit de l'accusation de faux >.

La meilleure solution, à cet endroit, consiste donc à prendre *citra* dans son sens ordinaire et qui lui est tout à fait propre, c'est-à-dire comme l'opposé de la préposition *ultra*, ainsi qu'en D. 49, 14, 39, pr.[505], dans la *Novelle* 128, chap. 20[506], dans l'expression *citra ultimum supplicium*, et en D. 13, 5, 4[507]. Par conséquent, on ne transige sur aucun crime non puni de la peine capitale, pourvu qu'il soit moins grave que celui qui justifie l'accusation de faux.

7. Il est donc admis de conclure un pacte, à bon droit et en toute impunité, sur le crime de faux, bien que, parfois, il ne soit pas puni de la peine capitale (D. 48, 10, 15[508]), et ne soit pas non plus un crime public (D. 48, 10, 30, pr.[509]) : c'est parce que l'accusateur redoute les aleas du jugement

---

factum sit, ipsi quidem **capite puniuntur** *commissis mercibus, nauis autem domino restituitur.*

502 *Si ad habitationem certa quantitas sit annua relicta et ita sit transactum sine praetore, ut habitatio praestetur, ualet transactio, quia fructus habitationis praestatur, licet ruinae uel incendio subiecta transactio est. Per contrarium quoque si pro habitatione, quae erat relicta, placuerit certam quantitatem praestari, transactio rata est* **et citra praetorem.**

503 *Quid sit falsum, quaeritur : et uidetur id esse,* **si quis alienum chirographum imitetur** *aut libellum uel rationes intercidat uel describat,* **non qui alias in computatione uel in ratione mentitur.**

504 *Is, qui deposita instrumenta apud alium ab eo prodita esse aduersariis suis dicit,* **accusare eum falsi** *potest.*

505 *Bona fisco* **citra poenam exilii perpetuam** *adiudicari sententia non oportet.*

506 [...] *Antequam uero in prouinciis ueniant iudices, damus licentiam eis uices agentes suos instituere, qui omnia debeant usque ad sui praesentiam agere quae possint ipsi iudices facere,* **citra tamen nouissimum supplicium aut membri incisionem** [...].

507 *Sed et si* **citeriore die** *constituat se soluturum, similiter tenetur.*

508 Cette loi passe effectivement en revue les cas dans lesquels est admise une *honesta excusatio*, qui vaut une certaine indulgence à l'auteur du faux.

509 *Lege Cornelia testamentaria obligatur, qui* **signum adulterinum** *fecerit sculpserit.*

< nam fortuna pollet in capitali ac ciuili iudicio, l. 13 ff. de statu. hom. >

l. quod debetur ff. de pecul., et forsitan iusta poena legis Corneliae, arbitrio iudicis, condemnari posset, exaggerato facto et flagitio, quod quidem in manu iudicantis plerumque positum est, ut scilicet falsi reum uel calumniae Titium pronuntiet, et magni sceleris conuictum, l. 1 § sed non ff. ad Turpil.

< Sed nec respiciendum est quod aliquando iudicatur de crimine aliquo, ut cum homicidium leuiter castigatur, l. 1 § fi. ff. de sicariis; idem in laesa maiestate, l. 1 C. si quis imperat. maledix. : imo communis poena iuris inspicitur, non iudicantis facilitas. Ideo transigenti utile esset consulere iurisperitum, l. qui, cum maior natu § si tamen ff. de bonis libert. Sane falsi crimen natura sui capitale est, l. falsi C. ad legem Corn. de falsis >.

8. Redibo mox ad institutum, postquam dixero quanta solertia quidam topiarius, cui Philino nomen fuit, circa syluae ultima myrtos plurimas illustrasset :

< car le hasard prévaut dans un procès civil où l'on risque la peine capitale (D. 1, 5, 15[510]) >

(D. 15, 1, 51[511]), et peut-être pourrait-il être condamné à la peine prévue par la loi Cornélia, par la décision du juge, parce qu'il aurait exagéré les faits, et donc l'infamie : on s'en remet en effet généralement au juge, pour qu'il déclare que c'est un tel qui est coupable de faux ou de calomnie, et qui est donc convaincu d'un grand crime (D. 48, 16, 1, 3[512]).

< Mais il ne faut pas tenir compte du jugement qui est porté sur un crime de temps en temps, comme quand l'homicide est puni sans rigueur (D. 48, 8, 1, 5[513]) ; et il en est de même pour le crime de lèse-majesté (C. 9, 7, 1, pr.[514]) : au contraire, on a égard à la peine ordinairement prévue par le Droit, non à la bienveillance du juge. Aussi celui qui transige aurait-il intérêt à consulter un juriste (D. 38, 2, 14, 4[515]). Assurément, par nature, le crime de faux est puni de la peine capitale (C. 9, 22, 5[516]) >.

8. Je vais revenir à mon propos, mais pas avant d'avoir signalé la grande habileté avec laquelle un paysagiste, nommé Philinus, avait embelli un très grand nombre de myrtes dans la partie la plus reculée de la forêt.

---

510 *Seruus **in causa capitali fortunae iudicio** a domino **commissus**, etsi fuerit absolutus, non fit liber.*

511 *Quod debetur seruo ab extraneis, agenti de peculio non omnimodo dominus ad quantitatem debiti condemnandus est, **cum** et sumptus in petendo et **euentus exsecutionis possit esse incertus** et cogitanda sit mora temporis quod datur iudicatis, aut uenditionis bonorum, si id magis faciendum erit […].*

512 *Sed non utique qui non probat quod intendit protinus calumniari uidetur : nam **eius rei inquisitio arbitrio cognoscentis committitur**, qui reo absoluto **de accusatoris incipit consilio quaerere**, qua mente ductus ad accusationem processit, et si quidem iustum eius errorem reppererit, absoluit eum, si uero in euidenti calumnia eum deprehenderit, legitimam poenam ei irrogat.*

513 *Sed et in eum, qui uxorem deprehensam in adulterio occidit, diuus Pius **leuiorem poenam irrogandam esse scripsit**, et humiliore loco positum in exilium perpetuum dari iussit, in aliqua dignitate positum ad tempus relegari.*

514 *Si quis modestiae nescius et pudoris ignarus improbo petulantique maledicto nomina nostra crediderit lacessenda ac temulentia turbulentus obtrectator temporum fuerit, **eum poenae nolumus subiugari neque durum aliquid nec asperum sustinere**, quoniam, si id ex leuitate processit, contemnendum est, si ex insania, miseratione dignissimum, si ab iniuria, remittendum.*

515 *Si tamen quis libertum eo crimine accusauerit, cuius poena non est capitis, uerumtamen **iudicanti placuit augere poenam**, non obest hoc patroni filio : **neque enim imperitia aut seueritas iudicantis obesse debet patroni filio**, qui crimen leuius importauit.*

516 *Falsi quidem crimen **uel aliud capitale** mouere uos matri uestrae secta mea non patitur […]*

nam primum quasdam tonsiles fecerat, in aliis sequaci et flexili materia pauos, et alia animalia finxerat ; legi ego quoque ex myrto literas artificis nomen referentes, et amoris symbola, quia myrtus operi huic topiario accommodatissima est, Plinius lib. 15 cap. 29 ; inde topiarius, qui huius artis peritus est, uiridariaque exornat, l. instrumento ff. de fund. instru. ; l. cum quaereretur § fin. ff. de lega III. Vtuntur et pictores opere topiario, dum obiter arbusti, uel fruticis, uel herbae imagines addunt, et agrestes res inserunt ad ornamentum picturae. Topia haec Vitruuius appellat, lib. 7 cap 5.

Inuiti facimus ut laetissimam syluam egressi, denuo triste recordemur adulterium,

< quod non homines sancti tantummodo insectantur, sed etiam apes, studiose pungentes aculeo pollutos stupro uiros atque uetito omni coitu, propter castitatem et munditiem naturalem, ut Plutarchus tradit in *Causis naturalibus* ca. 36. Quare Salomon, ut puto, in *Prouerbiis* : *uade*, inquit, *ad apem, et disce quomodo operatrix sit, et castum opus faciat*, can. nunquam, de consecra. dist. 5, ubi Hieronymus apis exemplo inuitat homines ad uirtutem >.

D'abord, il en avait tondu certains, et sur d'autres il avait sculpté, dans ce matériau souple et flexible, des paons et d'autres animaux ; je pus lire également, tracé en lettres de myrte, le nom de l'artiste, et les symboles de l'amour, car le myrte se prête admirablement à cet art topiaire : voir Pline, au chapitre 29* du livre XV[517]. D'où le nom donné au paysagiste, qui est expert en cet art et décore les parcs (D. 33, 7, 8, 1[518] ; D. 32, 60, 3[519]). Les peintres aussi ont recours à l'art topiaire, quand ils ajoutent çà et là l'image d'un arbuste, d'un arbre fruitier ou d'une plante, et introduisent dans leur tableau, à des fins d'ornement, des réalités agrestes. En effet, Vitruve, au chapitre 5 du livre VII[520], appelle cela des fresques à paysages.

C'est donc à contrecœur que nous sortons de cette forêt si plaisante pour en revenir à l'attristant adultère,

< que réprouvent non seulement les hommes vertueux, mais aussi les abeilles, qui piquent assidûment de leur dard les hommes souillés par la fornication, et, à cause de leur chasteté et de leur pureté naturelle, leur interdisent tout accouplement, ainsi que Plutarque le rapporte dans les *Causes naturelles*, chapitre 36[521]. Voilà pourquoi, je pense, Salomon dit dans les *Proverbes*[522] : « Va voir l'abeille, et apprends à quel point elle est laborieuse, et comme elle accomplit un travail respectable » ; voir aussi *Décret* III, 5, 33[523], où Saint Jérôme exhorte les hommes à la vertu en leur disant de suivre l'exemple de l'abeille >.

---

517 *Histoire naturelle*, XV, 37 : « Les topiaires distinguent le myrte cultivé en myrte de Tarente à la feuille petite, en myrte du pays à la feuille large, en myrte hexastiche à feuilles très touffues et disposées sur six rangs ».

518 *Quibusdam in regionibus accedunt instrumento, si uilla cultior est, ueluti atrienses scoparii, si etiam uiridaria sint, topiarii* [...].

519 *Praediis legatis et quae eorum praediorum colendorum causa empta parataque essent, neque topiarium neque saltuarium legatum uideri ait : topiarium enim ornandi, saltuarium autem tuendi et custodiendi fundi magis quam colendi paratum esse* [...].

520 § 2 : [...] *ambulationes uero, propter spatia longitudinis, uarietatibus topiorum ornarent* [...].

521 *Préceptes de mariage*, XL : καθάπερ ταῖς μελίτταις (ὅτι δοκοῦσι δυσχεραίνειν καὶ μάχεσθαι τοῖς μετὰ γυναικῶν γενομένοις), ἁγνοὺς καὶ καθαρεύοντας ἑτέρων συνουσίας προσιέναι ταῖς γυναιξίν : « comme ceux qui ont à s'approcher des abeilles, lesquels s'abstiennent de toucher mesmes à leurs propres femmes, pour ce que l'on dit que les abeilles les haïssent, et leur font plus la guerre qu'aux autres, aians le cœur si lasche, que de se venir coucher aupres de leurs femmes estans souillez et pollus de la compagnie d'autres quelconques » (traduction Amyot).

522 Chapitre VI, verset 8 (version des Septante) : πορεύθητι πρὸς τὴν μέλισσαν καὶ μάθε ὡς ἐργάτις ἐστὶν τήν τε ἐργασίαν ὡς σεμνὴν ποιεῖται [...].

523 Voir ci-dessus note 350.

9. Sed necessarium ducimus tradere quaenam sit iniusta uxor Vlpiano, l. si uxor de adult. Citat ille Caecilium sentientem maritum de adulterio accusare, siue iusta uxor sit, siue iniusta, et illud Homericum asserentem ex 9 lib. *Iliad.* :

Ἦ μοῦνοι φιλέουσι ἀλόχους μερόπων ἀνθρώπων
Ἀτρεΐδαι;

id est, *an soli amant uxores mortalium hominum Atridae ?*

Sic loquitur Achilles, legatis Graecorum ad se missis, Briseida captiuam sibi ab Agamemnone ademptam dolens; quae res effecit, ut Budaeus iniustam uxorem interpretetur pro pallaca seu concubina, uxoris loco habita. Quod neque Iurisconsultus uoluit, neque ante ipsum Achilles : sed dicit solum captiuam Briseida non minus amari a se quam uxorem a Menelao. Addit idem Budaeus hodie iustae uxoris aut nullam appellationem esse, aut eam esse quae iustis sponsalibus et palam in uiri manum coiit, non occulto consensu. Accursius iniustam accipit, eam quae facto sit uxor, iure prohibita; quod ineptum est : nam si quis incestas nuptias contraxerit, iure prohibitam uxorem retinet, nec ut maritus accusationem de adulterio instituere potest, d. l. si uxor § sed si ea, quod utique faceret si duntaxat iniusta fuisset; nimirum ubi incestum interuenit, ibi plus quam iniustae nuptiae sunt.

< Idem dicendum iure ciuili, si filia famillias patre non consentiente nupserit, non iniuste tantum, sed illicite, contra ciuilem et natura-lem rationem, § 1 de nuptiis. Tantisper enim non est uxor, nec tum commissi adulterii potest accusari, licet pater postea consenserit : nec enim is consensus retroagitur, l. si uxor § si quis uxorem ff. de adulter.

9. Mais nous croyons nécessaire d'exposer ce qu'Ulpien entend par *iniusta uxor* en D. 48, 5, 14, 1[524]. Il cite Caecilius, qui est d'avis que le mari peut intenter l'accusation d'adultère, que la femme soit *iusta* ou *iniusta*, et qui utilise la formule d'Homère, tirée du livre IX de l'*Iliade* : *Les Atrides seraient-ils les seuls des mortels à aimer leurs femmes ?*

Ainsi parle Achille, après avoir reçu les envoyés des Grecs, dans sa douleur d'avoir vu Agamemnon lui enlever sa prisonnière Briséis. C'est ce qui a incité Budé[525] à comprendre qu'une femme *iniusta* est une prostituée, ou concubine, qui occupe la place d'une épouse. Or ce n'est pas ce que le jurisconsulte a voulu dire, ni Achille avant lui : il dit seulement qu'il aime autant sa prisonnière Briséis que Ménélas son épouse. Le même Budé ajoute que, de nos jours, épouse « juste » ne veut rien dire, ou désigne celle qui est passée sous la puissance de son mari après de justes noces, c'est-à-dire publiquement, et non pas clandestinement. Pour Accurse, « injuste » signifie celle qui est épouse de fait, non de Droit, ce qui est stupide. Car si quelqu'un a contracté un mariage incestueux, il garde une femme qu'il lui est interdit d'avoir, mais il ne peut, en tant que mari, intenter l'accusation d'adultère (D. 48, 5, 14, 4[526]), ce qu'il pourrait faire sans difficulté si elle n'avait été qu'« injuste » ; mais assurément, quand il y a inceste, les noces sont bien plus qu'« injustes ».

< Il faut dire le même chose en Droit civil, dans le cas où une fille de famille s'est mariée sans le consentement de son père, non seulement « injustement », mais de manière illicite, contre toute raison naturelle et civile (*Institutes*, I, 10, pr.)[527]. En effet, dans ce cas, elle n'est pas une épouse, et ne peut être accusée d'adultère, même si son père a donné par la suite son consentement, car ce consentement-là n'est pas rétroactif (D. 48, 5, 14, 6[528]).

---

524 Voir ci-dessus note 416.

525 Voir *Annotationes priores et posteriores* [...] *in Pandectas*, Lyon, 1562, p. 61-62.

526 *Sed et si ea sit **mulier, cum qua incestum commissum est**, uel ea, quae, quamuis uxoris animo haberetur, uxor tamen esse non potest, dicendum est **iure mariti accusare eam non posse, iure extranei posse**.*

527 ***Iustas** autem **nuptias** inter se ciues Romani contrahunt, qui secundum praecepta legum coeunt, masculi quidem puberes, feminae autem uiripotentes, siue patresfamilias sint siue filiifamilias, dum tamen filiifamilias et consensum habeant parentum, quorum in potestate sunt. Nam hoc fieri debere **et ciuilis et naturalis ratio suadet in tantum ut iussum parentis praecedere debeat**.*

528 *Si quis uxorem suam uelit accusare dicatque eam adulterium commisisse antequam sibi nuberet, iure uiri accusationem instituere non poterit, quia non, cum ei nupta est, adulterium commisit. Quod et in concubina dici potest, quam uxorem quis postea habuit, uel **in filia familias, cuius coniunctioni pater postea concessit**.*

Sane in d. l. si uxor. uers. sed et mulier, primo uulgaris fuit ac prostituti pudoris, quae postea nupserit. Qui talem duxit, ut fecit propheta Osaee, tunc accusabit cum rursus ad illicitos complexus illa redierit, quia coniugii litura et sacramento deleuerat praecedentem turpitudinem, si modo eam non ignorauit, ut innuitur d. l. si uxor § fin. de adulter. >.

Itaque iniusta uxor est, quae secundum praecepta legis data non est, quamuis iustam et legitimam fieri posse certum sit, < uel sperari queat >, ut eam, quae sine patris consensu nupsit, uel aetatis illegitimae, quantumuis haec palam ducta sit, l. quod Seruius ff. de condic. caus. dat.; § 1 de nupt.; l. minorem, de rit. nupt.

< Iuuat l. eos qui, eo tit., ubi aliud exemplum est iniustae uxoris, ac mox iustae, et retroactae, l. filius § si quis eo, de liber. et posth. >.

Certes, dans la loi déjà citée D. 48, 5, 14, 4[529], celle qui s'est mariée par la suite était préalablement une fille publique et de mauvaises mœurs. Mais celui qui l'a épousée en connaissance de cause, comme fit le prophète Osée, ne l'accusera d'adultère que quand elle aura recommencé à entretenir des relations illicites, car le rite et le sacrement de mariage avaient effacé sa précédente souillure, si du moins le mari n'en avait pas ignoré l'existence, ainsi que l'affirme D. 48, 5, 14, 10[530] >.

Par conséquent, une épouse « injuste » est celle qui n'a pas été remise au mari conformément aux prescriptions légales, bien qu'il soit certain qu'elle puisse devenir « juste » et légitime, < ou espérer le devenir >, comme celle qui s'est mariée sans le consentement paternel, ou celle qui n'avait pas l'âge légal, quoique le mariage ait été public (D. 12, 4, 8[531] ; *Institutes*, I, 10, pr.[532] ; D. 23, 2, 4[533]).

< C'est confirmé par D. 23, 2, 65, pr. et 1[534], où l'on trouve un autre exemple d'une épouse « injuste », mais bientôt devenue « juste » par effet rétroactif, comme en D. 28, 2, 28, 3[535] >.

---

529 Voir ci-dessus, note 526.

530 *Idem dicendum est, si stupri uelit accusare eam quam postea duxit uxorem : **sero enim accusat mores, quos uxorem ducendo probauit**.*

531 *Quod Seruius in libro de dotibus scribit, **si inter eas personas, quarum altera nondum iustam aetatem habeat, nuptiae factae sint**, quod dotis nomine interim datum sit, repeti posse, sic intellegendum est, ut, si diuortium intercesserit, priusquam utraque persona iustam aetatem habeat, sit eius pecuniae repetitio, donec autem in eodem habitu matrimonii permanent. non magis id repeti possit, quam quod sponsa sponso dotis nomine dederit, donec maneat inter eos adfinitas ; quod enim ex ea causa nondum coito matrimonio datur, cum sic detur tamquam in dotem peruenturum, quamdiu peruenire potest, repetitio eius non est.*

532 Voir ci-dessus, note 527.

533 *Minorem annis duodecim nuptam **tunc legitimam uxorem fore**, cum apud uirum explesset duodecim annos.*

534 Pr. *Eos qui in patria sua militant, non uideri contra mandata ex eadem prouincia uxorem ducere idque etiam quibusdam mandatis contineri. 1. Respondit mihi placere, etsi contra mandata contractum sit matrimonium in prouincia, tamen post depositum officium, si in eadem uoluntate perseuerat, **iustas nuptias effici** ; et ideo postea liberos natos ex iusto matrimonio legitimos esse.*

535 *[…] Nemo certo dubitabit ex Titia, quae tunc propter tenorem aetatis uxor duci non potuit, quando testamentum fiebat, natum postea **ea uxore ducta** heredem esse posse.*

Hoc satis indicat Iurisconsultus in d. l. si uxor § diuusi, cum ait, nec matrimonium uiolari oportere, nec spem matrimonii : nam qui impuberem duxit, aetate iusta ipsius puellae tandem perficiet matrimonium, et forsitan Achilles futurum sperabat ut captiuam suam, nobilem foeminam, aliquando pro iusta uxore duceret, arg. l. si quis in et l. si Senatoris. ff. de rit. nupt.

Le jurisconsulte l'indique suffisamment, en D. 48, 5, 14, 3[536], quand il affirme qu'« il ne faut porter atteinte ni à un mariage, ni à un espoir de mariage » : en effet, celui qui a épousé une impubère finira par en faire une épouse à part entière dès qu'elle aura atteint l'âge légal, et peut-être Achille espérait-il faire un jour de sa prisonnière, qui était de race noble, une épouse « juste » (pour preuves, voir D. 23, 2, 27[537] et D. 23, 2, 42, 1[538]).

---

536 *Diui Seuerus et Antoninus rescripserunt etiam in sponsa hoc idem uindicandum, quia neque matrimonium qualecumque* **nec spem matrimonii uiolare permittitur.**

537 *Si quis in senatorio ordine agens libertinam habuerit uxorem, quamuis interim uxor non sit attamen in ea condicione est, ut, si amiserit dignitatem,* **uxor esse incipiat.**

538 *Si* **Senatoris filia** *neptis proneptis* **libertino** *uel qui artem ludicram exercuit cuiusue pater materue id fecerit,* **nupserit, nuptiae non erunt.**

OBSERVATA IN CAPUT SEXTUM

1. Sphinges amatoria quaedam aenigmata proponunt : < et lex plerumque >.
2. Pro non scripto haberi quod est ambiguum.
3. Captatoria uoluntas pro non scripta, et duarum legum conciliatio.
4. Quid *captare* significat. < Et an ex suspicionibus in adulterio iudicetur >.
5. Quae sint argumenta Veneris, quae signa.
6. Explicatur l. sacrilegii § is autem ff. ad leg. Iul. pecul.
7. Nomen accipi ab eo qui impugnatur.
8. [42]< An in amore sit locus usucapioni, et an errans in iure usucapiat >.

CAPUT VI

1. Fuere in laeua palmarum arbusta, a quibus pleraeque Sphinges egrediebantur, qua forma uulgo pingi solent, sed innocuae, quae uaria mihi aenigmata proferebant, et confestim effugiebant uelocissime, aliis atque aliis succedentibus. Illud certe protinus intellexi, quod Sphinx hilariter uoce dulci et prope canora ex Catullo pronuntiauit :
Non est dea nescia nostri,
Quae dulcem curis miscet amariciem.

Et ad moestum amoris gaudium spectare cognoui, ut et illud Plauti in *Cistellaria* :
Vbi sum, ibi non sum ; ubi non sum, ibi est animus [...]
Quod lubet, non lubet, iam id continuo.

---

42   1553 : Nimii amoris reprobatio.

CONTENU DU CHAPITRE 6

1. Des sphinges proposent des énigmes relatives à l'amour ; < et la loi, la plupart du temps, est énigmatique >.
2. On répute non-écrit ce qui est ambigu.
3. La volonté captatrice est réputée non écrite ; conciliation de deux lois.
4. Ce que signifie le mot *captare* ; < et, en matière d'adultère, juge-t-on sur le fondement de simples soupçons ? >.
5. Ce que sont les preuves d'amour, et quels en sont les signes.
6. Explication de la loi D. 48, 13, 8, 1.
7. On prend le nom de ce que l'on combat.
8. < On se demande si, en amour, il y a possibilité de prescription acquisitive, et si l'erreur de Droit permet d'en profiter >.

CHAPITRE 6

1. À gauche, il y avait des palmiers, d'où sortaient une foule de sphinges, telles qu'on a coutume de les représenter en peinture, mais inoffensives : elles me proposaient différentes énigmes avant de s'enfuir à toute vitesse, en se succédant les unes aux autres. Certes, je compris immédiatement cette énigme, tirée de Catulle[539], qu'une sphinge articula en riant, d'une voix douce et assez mélodieuse :
Je ne suis pas un inconnu pour la déesse
Qui mêle aux peines d'amour une douce amertume.
Car je savais qu'il s'agissait de la joie d'amour, mêlée de tristesse, comme dans ce passage de Plaute dans *La cassette*[540] :
Je ne suis pas là où je suis, c'est là où je ne suis pas que je suis en esprit [...].
Ce qui me plaît, me déplaît aussitôt après.

---

539 LXVIII, v. 17-18.
540 *Cistellaria*, v. 211 et 213.

De amante dictum est, cuius mens cum puella uersatur, ipsamque sibi praesentem fingit, et frustra ludificatur. Lucretius, lib. IV :
Namque si abest quod ames presto simulacra tamen sunt
Illius, et nomen dulce obuersatur ad aures.

2. Non pauca superioribus longe obscuriora Sphinges proposuere, [43]< in quibus optaui Imperatorem interpretem, iuxta l. fi. C. de legib., cum nullus sit purior interpres autore legis perplexae. Non pauca uero eiusmodi aenigmata spreui non minore animo, quam Iustinianus aenigma in dotis aequalitate fallax, cum uteruis coniugum dotem et donationem propter nuptias diuersas quantitate conferret, et tamen in mortis casum aequabilem portionem lucrifaceret, non re uera, sed inita proportione quotae, § 1 de aequalit. dotis col 7. Alia ita abstrusa aenigmata Sphinges obiecere, ut ego ualde perterrerer, sicut et iuvenum animi eisdem solent consternari, § 1 C. de nudo iure quirit., sed >, cum percipi nequirent pro nullis habui, l. II ff. de his quae pro non script. At ubi uerba quaedam erant ambigua, ex iuris praecepto et amantium consuetudine, in meliorem partem accepi, l. quoties ff. de reb. dub. Id autem ambiguum est, cum idem uerbum duo significat, ut, qui uult amari, amari cupit nonnihil,

---

43   1553 : quae.

Cela s'applique à l'amoureux, dont l'esprit est toujours avec sa belle, imagine qu'elle est là en personne, et se berce de vaines illusions. Voir Lucrèce, au livre IV[541] :
Car si l'être aimé est absent, nous voyons pourtant son image,
Et son nom délicieux occupe nos oreilles.

2. Mais les Sphinges me proposèrent un bon nombre d'autres énigmes, beaucoup plus obscures que les précédentes,
< qui me firent souhaiter d'avoir l'Empereur Justinien pour interprète, conformément à C. 1, 14, 12, 5[542], puisqu'il n'est pas d'interprète plus fiable que celui qui est l'auteur d'une loi ambiguë. Cependant, je traitai par le mépris un bon nombre d'énigmes de ce genre, avec autant de résolution que Justinien en montra à propos d'une fausse énigme, relative à l'égalité de la dot : alors que chacun des conjoints apportait soit une dot soit une donation nuptiale quantitativement inégales, ils profitaient pourtant, en cas de mort, d'une part égale : seulement, cette égalité ne portait pas sur la quantité réelle, mais sur la proportion stipulée (*Novelle* 97, pr.[543]). Les Sphinges m'opposèrent d'autres énigmes tout aussi absconses, au point de m'inspirer de l'épouvante, comme aux étudiants, qu'ordinairement elles plongent dans la panique (C. 7, 25, 1[544]) >,
mais je n'en tins aucun compte dès lors qu'elles étaient insolubles (D. 34, 8, 2[545]). En revanche, lorsque l'ambiguïté ne portait que sur certains mots, je les pris, selon les préceptes du Droit et l'habitude des amants, dans le sens le plus favorable (D. 34, 5, 12[546]). Il y a en effet ambiguïté quand le même vocable revêt deux significations, comme dans « qui veut être aimé, désire éprouver de l'amertume »[547] :

---

541 *De natura rerum*, IV, 1061.
542 [...] *tam conditor quam **interpres legum solus Imperator** iuste existimabitur.*
543 [...] *antiqua lex super dotis instrumentis mensuram* [...] *permisit* [...] ***ut aequalitas in uerbis solis et litteris puris, sed non in rebus ipsis quaereretur.***
544 [...] *quod nihil aenigmate discrepat nec umquam uidetur neque in rebus apparet, sed est uacuum et superfluum uerbum, **per quod animi iuuenum,** qui ad primam ueniunt legum audientiam, **perterriti** ex primis eorum cunabulis inutiles legis antiquae dispositiones accipiunt.*
545 *Quae in testamento scripta essent neque intellegerentur quid significarent, **ea perinde sunt ac si scripta non essent** : reliqua autem per se ipsa ualent.*
546 *Quotiens in actionibus aut in exceptionibus ambigua oratio est, **commodissimum est id accipi,** quo res de qua agitur magis ualeat quam pereat.*
547 Jeu sur le double sens grammatical de *amari* : infinitif présent passif du verbe *amare* (c'est-à-dire « être aimé ») et génitif (masculin ou neutre) singulier de l'adjectif *amarus*, « amer ».

l. ubi ff. eod. Male fecerunt Pelasgi, qui audito in sylua Dodonea oraculo, quo iubebantur Diti φῶτα sacrificare, cum ea uox tam uirum quam lumen significet, homine mactato non accensis luminibus sacrum fecerunt. Sic tradit Macrobius, lib. *Saturnal.* 1 cap 7. Duo philosophi, ut est autor A. Gellius, lib. 11 cap. 12, mihi mire desipiunt, nempe Chrysippus et Cronus, quorum ille omne uerbum natura esse asserit ambiguum, hic nullum, sed obscurum tantummodo. Mihi quidem obscurum non est, quin iactationis causa hoc effuderint, et deteriora fecerint, l. si quis § eius ff. de iniust. test. Relego ipsos ad l. Labeo in fin. ff. de supel. leg. et 1. duo ff. de testa. tutel.,

voir D. 34, 5, 21, pr.[548]. D'après le récit de Macrobe, au livre I, chapitre 7 de ses *Saturnales*[549], les Pélasges, qui avaient reçu dans la forêt
de Dodone un oracle leur ordonnant de sacrifier un φῶτα à Zeus, firent
une lourde erreur, en mettant à mort un homme au lieu d'allumer
des lumières, car le mot φῶτα signifie aussi bien « lumière » qu'« être
humain ». Ils me semblent incroyablement déraisonnables ces deux
philosophes, Chrysippe et Cronus, qui, à en croire Aulu-Gelle, livre XI,
chapitre 12[550], affirmaient, le premier, que tout mot, par nature, est
ambigu, et, le second, qu'aucun mot n'est ambigu, mais tout au plus
obscur. Pour moi, en tout cas, il est clair qu'ils ont prétendu cela par
vantardise, et qu'ils ont eu tort (D. 28, 3, 6, 7[551]). Je les renvoie à D. 33,
10, 7, 2[552] et à D. 26, 2, 30[553],

548 *Vbi est uerborum ambiguitas, ualet quod acti est, ueluti cum Stichum stipuler et sint plures Stichi,
uel hominem, uel Carthagini, cum sint duae Carthagines* [...].

549 « On rapporte qu'ils crurent longtemps honorer Dis en lui offrant des têtes d'hommes,
et Saturne en lui offrant des victimes humaines, à cause de ces mots de l'oracle : Κοὶ
κεφαλὰς Ἅιδῃ, καὶ τῷ πατρὶ πέμπετε φῶτα : Offrez des têtes à Adès, et à son père des
hommes, (φῶτα). Mais Hercule, passant par l'Italie en ramenant le troupeau de Géryon,
persuada à leurs descendants de changer ces sacrifices funestes en d'autres plus propices,
en offrant à Pluton, non des têtes d'hommes, mais de petits simulacres de têtes humaines,
et en honorant les autels de Saturne, non par des sacrifices humains, mais en y allumant
des flambeaux ; attendu que le mot φῶτα signifie non seulement homme, mais aussi
flambeau. De là vint la coutume de s'envoyer, pendant les Saturnales, des flambeaux de
cire ».

550 « Tout mot, dit Chrysippe, est ambigu par sa nature, puisqu'il peut avoir deux sens et
même davantage. » Diodore, surnommé Cronus dit au contraire : « Il n'y a pas de mot
ambigu ; il ne peut y avoir d'ambiguïté ni dans la parole ni dans la pensée, et l'on ne
doit voir dans la parole que la pensée de celui qui parle. Cependant, ajoute-t-il, j'ai pensé
une chose, et vous en avez compris une autre ; mais cela provient de l'obscurité, non de
l'ambiguïté. En effet, jamais un mot ne peut être de sa nature ambigu, autrement on
aurait dit à la fois deux choses ou davantage ».

551 [...] *uel iactationis, ut quidam philosophi* [...].

552 [...] *Equidem non arbitror quemquam dicere, quod non sentiret, ut maxime nomine usus sit, quo
id appellari solet ; nam **uocis ministerio utimur : ceterum nemo existimandus est dixisse,
quod non mente agitauerit.** [...] Nam etsi **prior atque potentior est quam uox mens
dicentis,** tamen **nemo sine uoce dixisse existimatur.***

553 *Duo sunt Titii, pater et filius : datus est tutor Titius nec apparet, de quo sensit testator ; quaero,
quid sit iuris. Respondit : is datus est, quem dare se testator sensit ; si id non apparet, **non ius
deficit, sed probatio,** igitur neuter est tutor.*

< ubi duo sunt Titii, pater et filius, et Titius datus est tutor : in proposito neuter erit tutor, non iuris sed probationis defectu, quia si pater aeuo maturus esset, filius uero non, sine dubio patri tutela incumberet, tametsi in causa tutelae facilius obscuritas seu ambiguitas nocere debeat, quia si non detur recte a testatore, poterit suppleri a iudice. At in haerede aut legatario acriori examine perpendum esset, utrum magis uoluisse censeretur testator, ne uoluntas pessum omnino iret, aut quia lucro esset relictum alterutri duorum Titiorum, consulendum ipsis esset, ne se mutuo impedirent, l. 25 ff. de rebus dubi., l. huiusmodi § fin. ff. de legat.1 >.

Quod si natura effecisset, uti pectora hominum translucerent et legerentur, sicuti fertur optasse Socrates, non esset Cronus ridiculus, nec dubitaret Vlpianus de ambiguo bibliothecae nomine, l. librorum § chartis ff. de legat. III.

Transeo ad aliud quod pro non scripto habetur et in testantis captata uoluntate consistit. Hoc magis, ut extricem antinomiam, quae plurimum ex aenigmate gignitur, ut Iustinianus ait, l. 1 § fin. C. de ueter. iur. enucl. Captatoriae institutionis exemplum est in l. 1 in fin. ff. de his quae non pro scrip., ubi quidam Titium ea ex parte instituit,

< où il est question de deux Titius, le père et le fils, et où l'on nomme
« Titius » tuteur : en l'espèce, aucun des deux ne sera tuteur, faute de
preuve et non de Droit, parce que si le père avait la maturité requise, mais
le fils non, la tutelle, à coup sûr, incomberait au père, même si, forcément,
l'obscurité ou l'ambiguïté en matière de tutelle constitue plus aisément une
cause d'annulation [des dispositions testamentaires], parce que si le testateur
ne l'a pas correctement conférée, le juge pourra toujours y suppléer. Mais
en matière d'héritage ou de legs, il aurait fallu procéder à un examen plus
approfondi, pour savoir auquel des deux le testateur était censé avoir voulu
donner la préférence, de manière à ce que sa dernière volonté ne fût pas
nulle et non avenue ; ou bien, parce qu'il y avait un legs au profit de l'un
ou de l'autre des deux Titius, il leur aurait fallu se concerter pour ne pas
se porter mutuellement préjudice (D. 34, 5, 25[554] et D. 30, 84, 13)[555] >.

Si la nature avait fait en sorte que la poitrine des hommes fût transparente et qu'on pût lire en elle, selon le souhait qu'en aurait fait Socrate[556],
Cronus ne se serait pas ridiculisé[557], et Ulpien n'hésiterait pas sur le sens
ambigu du mot « bibliothèque » (D. 32, 52, 7[558]).

J'en viens à un autre élément réputé non écrit : c'est quand la volonté
du testateur a fait l'objet d'une captation. Je le fais pour mieux extirper
l'antinomie qui, le plus souvent, a pour origine une énigme, ainsi que
le dit Justinien en C. 1, 17, 1, 13[559]. On a un exemple de captation en
institution d'héritier dans la loi D. 34, 8, 1[560], où quelqu'un n'a institué
Titius comme héritier

---

554 [...] *Testatoris uoluntas, si quibusdam argumentis apparebit, de quo dixit, adimplenda est.*

555 *Si is cui legatum fuerat antequam constitueret, qua actione uti uellet, decessit duobus heredibus
relictis, legatum accipere simul uenientes, **nisi consenserint, non possunt** : quare quamdiu alte-
rem uindicare uult, alter in personam agere non potest. Sed **si consenserint, rem communiter
habebunt** ; consentire autem uel sua sponte debent uel iudice imminente.*

556 Voir Vitruve, *De l'Architecture* III, pr. *Delphicus Apollo Socratem omnium sapientissimum Pythiae
responsis est professus. Is autem memoratur prudenter doctissimeque dixisse, **oportuisse hominum
pectora fenestrata et aperta esse**, uti non occultos haberent sensus sed patentes ad considerandum.*

557 Allusion à la ruse de Rhéa, qui fit avaler à Cronos une pierre à la place de Zeus.

558 *Sed si bibliothecam legauerit, utrum armarium solum uel armaria continebuntur
an uero libri quoque contineantur, quaeritur. Et eleganter Nerua ait interesse id quod
testator senserit : nam et locum significari bibliothecam eo, alias armarium, sicuti dicimus « eboream
bibliothecam emit », alias libros, sicuti dicimus « bibliothecam emisse ».*

559 [...] *iubemus non per siglorum captiones et **compendiosa aenigmata, quae multas per se et
per suum uitium antinomias induxerunt**, eiusdem codicis textum conscribi.*

560 [...] *« qua ex parte me Titius heredem scriptum in tabulis suis **recitauerit**, ex ea parte here-
esto », ut perinde **haberentur, ac si insertae testamento non fuissent**.*

qua Titius haeredem illum tabulis suis recitauerit. Hoc, inquit Iulianus, perinde habetur ac si testamento insertum non fuisset.

3. Repugnat lex mulier § fin. ff. de condicio. instit. : nam hic ualet institutio, cum quis te haeredem instituerit, si tu eum instituisses. Non probo Accursii sententiam qui uerbum « recitauerit » in d. l. putat esse futuri temporis, idcirco reprobari hanc captationem, secus si praeteriti, l. illae ff. de hered. instit., quia et praeteriti esse potest, immo nec de futuro scriptum accipi necesse est, cum in dubiis pro testamento respondere melius sit, l. quoties ff. de rebus dub. Aut libenter quaesierim ab Accursio, cur potius illa condicio futurum quam praeteritum respiciat, ut in d. l. illae ff. de haer. instit. et l. uerbum erit ff. de uerb. signif. Putem ego, propter naturam huius uerbi « recitauerit », institutionem uelut captatoriam pro non scripta esse, quod significat non solum in tabulis scripsisse, sed palam omnibus legisse apertoque testamento declarasse, l. ita ff. de iure fisc., l. si quis § si alius ff. ad Sylla., et iura uiuentis testamentum praepropere resignari non facile, citra poenam, patiuntur, l. si quis § qui uiui ff. de poen. Itaque hic captator apud Iulianum et uolebat se institui

que dans l'exacte mesure où Titius lui-même l'aura institué comme héritier dans son propre testament. Julien affirme que cette clause testamentaire est réputée non écrite.

3. Cependant, la loi D. 28, 7, 20, 2[561] dit le contraire, puisqu'ici l'institution d'héritier est valable, lorsque quelqu'un t'a institué héritier à condition que tu en aies fait toi-même autant. Je n'approuve pas l'interprétation d'Accurse qui pense que, dans la loi déjà citée D. 34, 8, 1[562], le verbe *recitauerit* est au futur, que c'est pour cette raison que l'institution d'héritier est réprouvée, et qu'il en irait autrement si le verbe était au passé (D. 28, 5, 72, pr.[563]), parce qu'il peut aussi être au passé[564]; bien mieux : il n'est pas nécessaire de comprendre qu'il est au futur, puisque, dans le doute, il vaut mieux conclure de manière à sauver le testament (D. 34, 5, 12[565]). Ou alors, je demanderais volontiers à Accurse pourquoi cette condition viserait le futur plutôt que le passé, comme en D. 28, 5, 72, pr. [566] et en D. 50, 16, 123[567]. Pour ma part, je pense que si l'institution d'héritier est réputée non écrite, parce que captatrice, c'est à cause de la spécificité de ce verbe *recitauerit*, qui signifie non seulement avoir écrit sur ses tablettes, mais aussi avoir lu en public et avoir révélé le contenu du testament (voir D. 49, 14, 40, pr.[568]; D. 29, 5, 3, 28[569]). Or, afin de préserver les droits du vivant, on ne permet pas facilement de décacheter un testament avec trop de précipitation, sous peine de sanction (D. 48, 19, 38, 7)[570]. Par conséquent, dans le texte de Julien, ce captateur désirait être institué

561 *Si quis te heredem ita instituit, si se heredem instituisses aut quid sibi legasses, nihil interest, quo gradu is a te heres institutus uel quid ei legatum sit, dummodo aliquo gradu id ie fecisse probes.*

562 Voir ci-dessus note 560.

563 *Illae autem institutiones captatoriae non sunt, ueluti si ita heredem quis instituat : « Qua ex parte Titius me heredem instituit, ex ea parte Maeuius heres esto »,* **quia in praeteritum, non in futurum institutio collata est.**

564 En effet, la forme *recitauerit* peut être analysée aussi bien comme le parfait du subjonctif (passé) que comme le futur antérieur du verbe *recitare*.

565 Voir ci-dessus note 546.

566 Voir ci-dessus note 563.

567 *Quemadmodum autem* **hoc uerbum « est » non solum praesens, sed et praeteritum tempus significat, ita et hoc uerbum « erit » non solum futurum, sed interdum etiam praeteritum tempus demonstrat.**

568 [...] *non enim est palam relinquere, quod ex testamento sciri non potest,* **cum recitatum est.**

569 *Si alius aperuit, alius* **recitauit,** *alius descripserit, omnes in edictum incident, qui singula eorum fecerunt.*

570 *Qui uiui testamentum aperuerit* **recitauerit** *resignauerit, poena Corneliae tenetur.*

et recitari testamentum, ut inuitaret Titium ad instituendum in posterum, uel ad mutandum praecedens testamentum, quod apertum semel recitari oportebat. Nihil diuersum accidit in l. illae in fin., ubi ostendi probarique institutionem petitum est.

Duabus igitur breuissimis regulis quaestio dirimetur : altera est, non uidetur captatoria institutio collata in praeteritum, d. l. illae in princip. ; altera sic habet : cum uerbum idem in utrumuis tempus explicari potest, si recitatio declaratioque testamenti desideretur, de futuro accipitur, d. l. illae in fin., et l. 1 ff. de his quae pro non. Addamus et tertiam, quae uult captatoriam quidem esse illam institutionem, quae alium ad instituendum prouocat in futurum, sed nihilomagis reprobari, modo non conferatur in secretum alienae uoluntatis, l. captatorias ff. de haered. inst., hoc est, modo non sit necessarium aperire et manifeste institutionem recitare. Quod quidem mirum in modum conuenit cum iis quae supra diximus.

< Hic enim Iurisconsultus admittit institutiones, inter duos testatores mutuis affectionibus prouocatas ; quae quidem inter milites etiam in pactione recte ineuntur, l. licet C. de pact., inter reliquos autem testamento. Adeo propterea quod reciproque aliquid conficitur, quodam genere compensationis toleratur, l. de fideicommiss. C. de trans.

comme héritier et, en même temps, il voulait que le testament fût lu en public, pour inciter Titius à l'instituer comme héritier dans l'avenir, ou à modifier un précédent testament, qu'on ne pouvait lire en public qu'une seule fois, dès lors qu'il avait été ouvert. C'est exactement ce qui se passe à la fin de D. 28, 5, 72[571], où il est demandé de déclarer et de prouver une institution d'héritier.

La question sera donc résolue au moyen de deux règles très brèves : la première, c'est que l'institution d'héritier à caractère captateur ne semble pas renvoyée au futur (voir le début de la loi déjà citée D. 28, 5, 72[572]) ; la deuxième, c'est que, lorsque le même verbe peut être compris comme étant au futur ou au passé, on comprend qu'il est au futur si une récitation publique du testament est exigée (voir D. 34, 8, 1[573]). Ajoutons une troisième règle, selon laquelle l'institution d'héritier est assurément à caractère captateur quand elle incite quelqu'un à faire de même dans le futur, mais elle n'est pas, néanmoins, réprouvée, si elle ne cherche pas à s'immiscer dans le secret de la volonté d'autrui (D. 28, 5, 71[574]), c'est-à-dire, pourvu qu'il ne soit pas nécessaire d'ouvrir le testament et de proclamer publiquement l'institution d'héritier. Ce qui est en parfaite cohérence avec ce que nous avons dit plus haut.

< Ici, en effet, le jurisconsulte admet que deux testateurs mus par une affection réciproque s'instituent mutuellement comme héritiers ; assurément, entre soldats, ces institutions d'héritiers prennent même la forme juridique d'un pacte (C. 2, 3, 19[575]), et, pour tous les autres, celle d'un testament. Ainsi, dans la mesure où la disposition prise organise la réciprocité, on la tolère, du fait qu'elle met en œuvre une espèce de compensation (C. 2, 4, 11[576]).

---

571 Il s'agit du § 1 : *Sed illud quaeri potest, an idem seruandum sit quod senatus censuit, etiamsi in aliam personam captionem direxerit, ueluti si ita scripserit : « Titius, si Maeuium tabulis testamenti sui heredem a se scriptum* **ostenderit probaueritque**, *heres esto », quod in sententiam senatus consulti incidere non est dubium.*

572 Voir ci-dessus note 563. Il s'agit du pr. de la loi.

573 Voir ci-dessus, note 560.

574 *Captatorias institutiones non eas senatus improbauit, quae* **mutuis affectionibus** *iudicia prouocauerunt, sed quarum* **condicio confertur ad secretum alienae uoluntatis.**

575 [...] *cum* **uoluntas militum, quae super ultimo uitae spiritu deque familiaris rei decreto quoquo modo contemplatione mortis in scripturam deducitur, uim postremi iudicii obtineat** [...]

576 *De fideicommisso a patre inter te et fratrem uicissim dato, si alter uestrum sine liberis excesserit uita,* **interposita transactio rata est,** *cum fratrum concordia* **remoto captandae mortis**

Itaque, licet promissio faciendi aliquem haeredem non ualeat, l. 61 ff.
de uerb. oblig., tamen si prompto consensu tu me haeredem instituis,
et ego inuicem te, non tam uidetur alter alterius captare mortem, quam
prouidere mortalitati, et conditioni humanae mortem neutiquam eua-
surae. Proinde superstes fruetur successione >.

4. Captare illi dicuntur, qui blande et dolose deliniunt, et frequenter
beneficii specie decipiunt orbos senes, aut eos, a quibus plus sperant
quam eis dent. Ausonius :
Et captatoris praeda est heredis egenus.
Plinius, lib. 1* *Epistolarum,* Caluisio scribit in hunc modum : *Velleius*
Blaesius ille locuples consularis nouissima ualetudine conflictabatur, cupiebat
mutare testamentum. Regulus, qui speraret aliquid ex nouis tabulis, quia nuper
eum captare coeperat, medicos rogare quo *modo homini spiritum* prorogare
possent. Sic l. 1 ff. si quis ali. test. prohib.
    < At in l. fi eiusdem tit., non dicitur captare testatricem, qui blando
sermone offensam ipsius placat ; secus si uerborum lenocinio mutare
testamentum adigeret, uel mutaturae tabellionem adesse uetaret >.

C'est pourquoi, bien que la promesse d'instituer quelqu'un comme héritier ne soit pas valable (D. 45, 1, 61)[577], cependant, si nous sommes manifestement d'accord pour que tu m'institues comme héritier et que je fasse de même pour toi en retour, on ne considère pas que l'un cherche à capter, la mort de l'autre, mais plutôt qu'ils se prémunissent tous deux contre la mortalité, c'est-à-dire l'humaine condition qui les empêche absolument d'échapper à la mort. Ainsi celui qui vit le plus longtemps profitera-t-il de la succession >.

4. On appelle « captateurs » les gens rusés qui cajôlent, en les flattant, et qui dupent souvent, sous prétexte de leur rendre service, les vieillards sans enfants, ou tous ceux dont ils espèrent recevoir bien plus qu'ils ne leur donnent. Voir Ausone[578] :
Ceux qui n'ont pas d'héritiers sont des proies pour les captateurs d'héritage.

Au livre I* de sa *Correspondance*, Pline écrit à Calvisius[579] : « Velleius Blaesius, cet ancien consul richissime, souffrait de sa dernière maladie et souhaitait modifier son testament. Regulus, qui espérait tirer quelque profit de cette nouvelle rédaction, parce qu'il avait, depuis peu, entrepris de se concilier ses bonnes grâces, demande aux médecins comment ils pourraient prolonger sa vie à tout prix ». Il en est de même en D. 29, 6, 1[580].

< Mais en D. 29, 6, 3[581], on ne dit pas que la testatrice est victime de captation de la part de celui qui, avec un discours enjôleur, apaise son ressentiment ; il en serait autrement s'il la forçait par un discours douceureux à modifier son testament, ou si, dans le cas où elle voudrait le modifier, il empêchait le notaire de l'assister >.

---

alterius uoto improbabili retinetur.

577 *Stipulatio hoc modo concepta : « si heredem me non feceris, tantum dare spondes ? »* **inutilis est, quia contra bonos mores est haec stipulatio.**

578 *Ecloga* 19, v. 47.

579 *Correspondance*, II, 20, 7-9. Citation un peu inexacte à la fin : Pline écrit *medicos hortari, rogare*, puis *quoquo modo*, et enfin *prorogarent* au lieu de *prorogare possent*.

580 *Qui* **dum captat hereditatem** *legitimam uel ex testamento, prohibuit testamentarium introire uolente eo facere testamentum uel mutare, diuus Hadrianus constituit denegari ei debere actiones denegatisque ei actionibus fisco locum fore.*

581 *Virum, qui* **non per uim nec dolum,** *quo minus uxor, contra eum mutata uoluntate, codicillos faceret, intercesserat, sed ut fieri adsolet, offensam aegrae mulieris maritali sermone placauerat,* **in crimen non incidisse respondi, nec ei quod testamento fuerat datum auferendum.**

Captarunt me in uia mulieres aliquot non satis pudicae, ut me retardarent, rogaruntque ne a se discederem. Formam et bombycinas uestes pertenues molli et lasciuo incessu ostentarunt, quae magis mentem detegebant, quam corpus ornabant. Spreui earum mellitam suasionem, quae saepissime perditorum inquinat et inficit animum, l. 1 C. de nat. lib., et uelut Circe quaepiam, Vlissis socios mutat in quadrupedes, can. nec mirum 26 q. 5. Tale uoluptatis genus contemnere perfectae philosophiae est, § nouimus quib. mod. nat. effic. leg. col VI. Praetereo uerecundius multa alliciendi et assentiendi genera, et signa quibus me rursus prouocarunt : taceo oculorum uolubilem inconstantiam, oblatum ultro osculum, opportunitatem nemoris uirescentis et palmiferi.

[44]< Nusquam enim maiores artes et doli nectuntur ad facinus, quam ob amorem et libidinem, unde poetae furta Veneris dixerunt et singulari iure ex suspicionibus maritus uxorem adulterii accusabit sine metu talionis, l. quamuis 2 C. ad leg. Iul. de adult., ubi Accursius addit tam uiolentas fieri suspectae notas, ut condemnatio sequatur, Auth. si quis ei et l. si qui eo. tit. Sed etiam ex uulgari suspicione adulteri in Venerem propensioris, fit praeiudicium et bona mulieri auelluntur, l. miles § mulier. ff. de milit. test., alibi secus iure recepto, l. absentem ff. de poenis.

---

44   1553 : Haec signa.

Quelques femmes excessivement impudiques m'interceptèrent en chemin, pour me retenir et me demander de rester auprès d'elles. Une démarche alanguie et lascive leur permit de faire étalage de leurs appâts et de leurs habits en soie très fine, qui révélaient leurs intentions plus encore qu'ils ne paraient leur corps. Je méprisai leur séduisante invitation, qui, le plus souvent, souille et corrompt les âmes, en les conduisant à leur perte (C. 7, 25, 1[582]), et, telle une Circé, métamorphose en quadrupèdes les compagnons d'Ulysse (*Décret* II, 26, 5, 14, pr.[583]). Mépriser ce genre de volupté est la marque d'un parfait philosophe (*Novelle* 74, chapitre 4[584]). J'omets, par pudeur, de décrire toutes les aguicheries, les flatteries et les signes avec lesquels elles me provoquèrent à nouveau. Je ne dis rien des regards éloquents dont elles me parcouraient, de leurs offres de baisers, ni de l'opportunité qu'offrait la verdoyante palmeraie.

< C'est en effet sous l'effet de l'amour et du désir que se trament, pour inciter au crime, les plus grands artifices et les pires des ruses ; voilà pourquoi les poètes parlent des « larcins de Vénus », et, exceptionnellement, le mari aura le droit d'accuser sa femme d'adultère sur de simples soupçons, sans redouter qu'on lui applique la loi du talion : voir C. 9, 9, 29, 2[585], où Accurse ajoute que ces soupçons qui pèsent sur la femme doivent être assez forts pour pouvoir entraîner sa condamnation (*Novelle* 117, chap. 15[586], et C. 9, 9, 33, pr.[587]). Mais même un niveau de soupçon ordinaire, à l'encontre d'une femme portée sur la luxure, vaut comme présomption d'adultère et la prive de ses biens (D. 29, 1, 41, 1[588]) ; ailleurs, au contraire, conformément au Droit en vigueur, voir D. 48, 19, 5, pr.[589]

---

582 Voir ci-dessus note 544 ; autre passage de la loi : [...] *ipsas etiam, quarum* **uenenis inficiuntur animi perditorum** [...].

583 *Nec mirum de magorum prestigiis, quorum in tantum prodiere maleficiorum artes, ut etiam Moysi in illis signis resisterent, uertentes uirgas in dracones, aquam in sanguinem, cum fertur in Gentilium etiam libris, quod* **quaedam maga Circe socios Ulixis mutauit in bestias** [...].

584 Voir ci-dessus note 321.

585 *In primis maritum genialis tori uindicem esse oportet, cui quidem* **ex suspicione ream coniugem facere licet**, *uel eam, si tantum suspiciatur, penes se detinere non prohibetur* [...]. Le mot *suspicione* est glosé par : *sed certe illa non dicitur suspicio, sed* **legis praesumptio, quare condemnatur**.

586 Voir ci-dessus, note 492.

587 *Si qui adulterii fuerint accusati et obtentu proximitatis intentata depulerint, per commemorationem necessitudinis fidem crimini derogando, dum existimatur non debere credi quod adlegatur, non potuisse committi, hi si postmodum in nuptias suas consortiumque conuenerint,* **facinus illud**, *in quo fuerint accusati, manifesta fide atque* **indiciis euidentibus** *publicabunt* [...].

588 Voir ci-dessus note 533.

589 Voir ci-dessus note 435..

5. Signa amoris idem > Accursius, post Tullium, Veneris «argumenta» uocat, in l. quod ait ff. de adult., quia arguant magna praesumptione quid factum futurumue sit, l. ob carmen § fin. ff. de testib. Signum uocat Cicero, libro secundo *ad Herennium, per quod ostenditur idonea perficiendi ratio et facultas esse quaesita*; id diuidit *in partes sex, in locum, tempus, spatium, occasionem, spem perficiendi et celandi spem*.

6. Signum ita capio in l. sacrilegii qui, cum § is autem ff. ad leg. Iul. pecul., ubi is qui furanti aurum uel argentum ex metallo Caesaris signum praebuerit, ut manifesti furti reus famosus efficitur : id est is qui iuuit furem, qui opem et opportunitatem praestitit, l. 1 ff. ad leg. Iul. maiest. Alii signum interpretabuntur pro eo quo pecunia signatur, ut l. lege II ff. ad leg. Corn. de fals. ; d. l. sacrilegii § qui cum. Nihil tamen mea refert, dum dicam quod uerum est.

5. Dans sa glose à D. 48, 5, 24, pr.[590], le même Accurse, à la suite de Cicéron[591], appelle les signes amoureux « indices » de Vénus, parce qu'ils font présumer avec une quasi certitude de ce qui est arrivé ou arrivera (D. 22, 5, 21, 3[592]). Selon Cicéron, au livre II de la *Rhétorique à Herennius*[593], le signe est « ce qui sert à montrer qu'on a cherché la bonne méthode et les moyens appropriés pour agir » ; il les classe « en sept catégories : lieu, temps, durée, occasion, espoir de la réussite et espoir du secret ».

6. Je comprends ainsi le mot « signe » en D. 48, 13, 8, 1[594], où celui qui a procuré un *signum* à un voleur d'or ou d'argent dans les mines impériales, encourt l'infamie comme le coupable de vol manifeste : c'est-à-dire celui qui a favorisé un voleur, qui lui a procuré une aide et une opportunité (D. 48, 4, 1, 1[595]). D'autres interprèteront ce « signe » comme celui qui authentifie la monnaie (D. 48, 10, 30, pr.[596] ; D. 48, 13, 8, 1[597]). Mais cela m'est indifférent, pourvu que je sois dans le vrai.

---

590 *Quod ait lex « in filia adulterum deprehenderit », non otiosum uidetur : uoluit enim ita demum hanc potestatem patri competere, si in ipsa turpitudine filiam de adulterio deprehendat. Labeo quoque ita probat, et Pomponius scripsit* **in ipsis rebus Veneris** *deprehensum occidi.* Les mots *in ipsis rebus* sont glosés par *Sunt enim res Veneris antecedentia ipsum scelus : scilicet apparatus, colloquia,* [...] *locus constitutus, conuiuia, basia, tactus. Nam ab ipsis* **argumentum sceleris** *inducitur, ut in Topicis Marci Tullii.*

591 Voir en effet (par exemple dans le *Thesaurus linguae latinae* de Robert Estienne, v° *Argumentum*) le scholiaste de Cicéron au mot *argumenta* dans *Action contre Verrès*, II, 4, chapitre 56 : **Argumenta eodem modo dicuntur ut signa, quibus res aliqua significatur, et de re quapiam fit existimatio.**

592 [...] *non enim ad multitudinem respici oportet, sed* **ad sinceram testimoniorum fidem et testimonia, quibus potius lux ueritatis adsistit.**

593 Pseudo-Cicéron, *Rhétorique à Herennius*, II, 4. Citation quasi exacte : *Signum est,* **per quod ostenditur idonea perficiendi facultas** *esse quaesita.* **Id diuiditur in partes sex : locum, tempus, spatium, occasionem, spem perficiendi, spem celandi.**

594 *Si quis ex metallis Caesarianis aurum argentumue furatus fuerit, ex edicto diui Pii exilio uel metallo, prout dignitas personae, punitur.* **Is autem, qui furanti signum praebuit, perinde habetur, atque si manifesti furti condemnatus esset, et famosus efficitur** [...].

595 [...] *quiue hostibus populi Romani nuntium litterasue miserit* **signumue dederit feceritue dolo malo,** *quo hostes populi Romani consilio iuuentur aduersus rem publicam* [...].

596 Voir ci-dessus note 509.

597 Voir ci-dessus note 594.

Effugi turbam minime sobriam, ne dum mulieribus obsequi uellem, me esse uirum obliuiscerer. Discessi maxima sedulitate, donec traieci fluuium, qui ab accolis Eroticus nuncupatur ; ex eo bibi, qui ad leniendum amoris impetum ualde pertinet. Non tamen obliuionem affert, quemadmodum Selemnus fluuius, ex quo potantes amorem, teste Pausania, II, 7*, obliuiscuntur ; et Mutianus credidit ex fonte Cyzico bibentes nunquam postea amare, unde « fons Cupidinis » a Plinio appellatur, quasi Cupidini contrarius, nomen accipiens ab eo, quem ipse impugnat, ut passim in iure l. 1 ff. ad Macedon.

7. Adde, si placet, rubricas legis Corneliae de iniuriis, de sicariis, de falsis, et « latrunculator » iudex, l. solemus § fin. ff. de iudic., ab execratis latronibus nomen retinet. Iustinianus a uictis hostibus triumphales sibi arrogat titulos[45],
< se Gothicum aut Vandalicum nuncupans. Addatur bonorum possessio contra tabulas, quae ex testamento dicitur, cum id ipsum impugnet, § sunt autem de bonor. poss. : nempe ob praeteritionem filii emancipati >.
Theriaca quoque sic dicta est, quod ferarum et uiperarum morsibus medeatur, nam θηρίον Graecis feram significat, de theriaca in l. quaesitum § idem respondit ff. de fund. inst., ne miremur ἐρωτίκῳ, id est amatorio flumine amorem paululum mitescere et leuari, quod amore dignissimum est, nempe mediocriter amare, et cum quadam parsimonia.

---

45   1553 *adiiciebat* : Prooem. ff et C.

Cette troupe intempérante me fit prendre la fuite, pour éviter d'oublier, en voulant suivre des femmes, mon identité virile. Je m'éloignai donc avec le plus grand empressement, jusqu'à ce que j'aie traversé un fleuve que les riverains appellent fleuve d'amour ; j'en bus, car il est parfait pour calmer les ardeurs amoureuses. Il ne procure pourtant pas l'oubli, comme le fleuve Sélemne, dont les eaux, d'après Pausanias, II, 7*[598], font oublier leur amour à ceux qui en boivent ; Mucien croyait que si l'on buvait de la source Cyzique, on ne pouvait plus jamais tomber amoureux : c'est pourquoi Pline[599] l'appelle « source de Cupidon », pour signifier « défavorable à Cupidon » ; elle reçoit en effet le nom de cela même qu'elle combat, comme très souvent en Droit (voir D. 14, 6, 1[600]).

7. Ajoutez-y, s'il vous plaît, les rubriques des lois Cornelia sur les injures, sur les assassinats, sur les faux, et ce « juge banditicide » (D. 5, 1, 61, 1[601]) qui tire son nom des bandits qu'il voue à l'exécration. Justinien se donne des titres de triomphe à partir du nom des ennemis qu'il a vaincus,
< en se disant « vainqueur » des Goths ou des Vandales. Ajoutons la succession prétorienne infirmative du testament, que l'on appelle aussi testamentaire, alors même qu'elle va à l'encontre du testament (*Institutes*, III, 9, 3[602]) parce qu'il passe effectivement sous silence le fils émancipé >.
La thériaque aussi tire son nom de sa capacité à soigner les morsures des bêtes sauvages et des vipères. En effet, en grec, θηρίον signifie « bête sauvage » ; il est question de la thériaque en D. 33, 7, 12, 41[603]. Il ne faut donc pas s'étonner si ce fleuve d'amour adoucit et affaiblit un peu l'amour, car rien, effectivement, ne fait davantage honneur à l'amour qu'une passion modérée, et quelque peu retenue.

---

598 Voir *Le Tour de la Grèce* VII, 23, 3 : τὸ ὕδωρ τοῦ Σελέμνου σύμφορον καὶ ἀνδράσιν εἶναι καὶ γυναιξὶν ἐς ἔρωτος ἴαμα, λουομένοις ἐν τῷ ποταμῷ λήθην ἔρωτος γίνεσθαι.

599 Voir *Histoire naturelle*, XXXI, 16 : « À Cyzique est la source de Cupidon, qui guérit de l'amour ceux qui en boivent, à ce que croit Mucianus ».

600 Effectivement, le sénatusconsulte macédonien, qui interdit, en pratique, de prêter aux fils de famille, tire son nom des abus dont l'usurier Macedo s'était rendu coupable. Voir ci-dessous note 1245.

601 *Latrunculator de re pecuniaria iudicare non potest.*

602 *Sunt autem bonorum possessiones ex testamento quidem hae : prima quae praeteritis liberis datur* **uocaturque contra tabulas** *; secunda quam omnibus iure scriptis heredibus praetor pollicetur, ideoque uocatur secundum tabulas.*

603 [...] **theriacam** *quoque et cetera medicamenta* [...].

8. Inde Afranius :

Amabit sapiens, cupient ceteri.

Est quidem honesta amoris origo, sed multitudo turpissima, can. origo 32 q. 4,

< ubi etiam in coniugio taxatur, ut in l. si, cum dotem § eo autem ff. solut. matrim. >.

[46]*Nec Veneris fructu caret is qui uitat amorem,* < teste Lucretio >.

Quamobrem amator nimius pro corruptissimo habetur, l. 1 § fi. ff. de seru. corr. Cuius rei me admonuit

< Agnus herba uehementiam amoris inhibens. Vnde matronae Athenis eadem herba cubilia substernebant in Thesmophoriis, id est sacris Cereri legum latrici dicatis, teste Aeliano; nam et Graece *agnos* castum significat. Castitatis quoque Deo pergratae memor fui quia >

herba Nymphaea huic flumini innatans, flore candido, circa medium croceo, Venerem compescit, uel, si quis frequentius utatur, adimit, testimonio Dioscoridis, lib. 3, cap. 126. Nomen habet a Nympha, quae Herculis amore et zelotypia intabuit. Nihil enim est quod magis mulieres lacessat et exasperet, l. consensu C. de repud.. Seneca Tragicus :

---

46   1553 : Lucretius.

8. D'où ce vers d'Afranius[604] :

Le sage éprouvera de l'amour, et tous les autres seulement du désir.

L'amour, en effet, a une origine tout à fait noble, mais sa surabondance l'avilit à l'extrême : voir *Décret* II, 32, 4, 5[605]

< où, même entre époux, l'amour excessif est réprouvé, comme en D. 24, 3, 22, 6 [606] >.

Et, < selon Lucrèce >[607] :

En se gardant de l'amour, on ne se prive pas pour autant des plaisirs de Vénus.

Voilà pourquoi quelqu'un qui aime trop est considéré comme extrêmement corrompu (D. 11, 3, 1, 5[608]). C'est ce dont m'avertit

< l'agnus-castus, une herbe qui inhibe l'amour trop violent. Aussi, selon Élien[609], à Athènes, les femmes mariées jonchaient-elles leur lit de cette herbe pendant les Thesmophories, c'est-à-dire les sacrifices dédiés à Cérès la législatrice. Car en grec ἅγνος veut dire « chaste ». Je me souvins aussi que la chasteté est chère à Dieu parce que >

le nénuphar, qui flottait sur ce fleuve, avec ses fleurs blanches au cœur jaune, émousse le désir amoureux, et même, si l'on en abuse, le supprime, à en croire Dioscoride[610], livre 3, chapitre 126. Il tire son nom de la Nymphe qui se consuma d'amour et de jalousie pour Hercule. Il n'est rien en effet qui tourmente et exaspère davantage les femmes (C. 5, 17, 8, 2[611]). Voir Sénèque le Tragique[612] :

---

604 Voir Apulée, *Apologie*, 12, passage dans lequel est reprise la distinction platonicienne des deux Vénus, source du *Songe de Poliphile*. Voir M. Furno, *Une fantaisie sur l'Antique*, Genève, 2003, p. 183.

605 *Origo quidem honesta erat amoris, sed magnitudo deformis.* [...]. **Nihil est foedius quam uxorem amare quasi adulteram.**

606 [...] *Quod si filia leuis mulier uel admodum iuuenis uel nimia circa maritum non merentem dicendum est patri potius adquiescere praetorem oportere dareque ei actionem.*

607 *De natura rerum*, IV, 1073.

608 Voir ci-dessus note 326.

609 *De natura animalium*, IX, 26. Voir l'édition bilingue de Londres, 1744, p. 508 : *In Atheniensium thesmophoriis Attiacae mulieres* **agni foliis cubilia substernunt**; *quae et serpentibus sit infesta, et simul* **existimetur ab appetione Veneris prohibere, unde nomen** *traxisse uidetur.*

610 *De materia medica*, III, 131. Voir l'édition bilingue de Lyon, 1554, p. 303-304 : *radix* [...] **contra Veneris insomnia** *bibitur*; *siquidem ea prorsus adimit*; **pota assidue aliquot diebus** *genitale infirmat.*

611 *Si qua igitur maritum suum* [...] *uel ad contemptum sui domi suae ipsa inspiciente* **cum impudicis mulieribus (quod maxime etiam castas exasperat) coetum ineuntem** [...] *probauerit, unc repudii auxilio uti necessariam ei permittimus libertatem* [...].

612 *Médée*, v. 579-582.

Nulla uis flammae tumidique uenti
Tanta, nec teli metuenda torti,
Quanta cum coniunx uiduata taedis,
Ardet et odit.

< Ignotus poeta apud Stobaeum extinguendi amoris triplex remedium tradidit inquiens : Ἔρωτα παύει λιμὸς, εἰ δὲ μὴ, χρόνος, id est, amorem tollit fames, sin minus, tempus.

Subdit extremum esse suspendium, et haec quidem ad tollendum amorem pertinent.

Ad acquirendum usucapiendumque nullum est praestitutum tempus, cum amor sit res incorporalis, ideoque usucapionem non recipiat, cum possideri non possit, nisi instar seruitutum, quae cum praediis usucapi queunt, non per se, l. si aliena § 1 de usucapi. ff. Quod si uerum esset, triennio acquireretur amor, cum accederet mulieri, rei[47] maxime mobili, § 1 de usucapion. ; sed haec haberent locum in ancilla ingenuae faciei : nam libera usucapi nequit, l. 9 ff. de usucapi ; nec bona fides, si qua in amore reperitur, iuuaret, resistente lege, l. ubi lex ff. eod. ;

---

47   rei *correxi* : ei T //

Ni la flamme, ni les vents impétueux, ni le redoutable javelot brandi
N'ont autant de force que les désirs l'épouse délaissée qui se consume de haine.

< Un poète inconnu, chez Stobée[613], a donné un triple remède pour éteindre l'amour, en disant :

L'amour ne résiste pas à la faim et, en tout cas, pas au temps.

Le troisième remède est le suicide par pendaison. Ces trois éléments sont assurément efficaces pour supprimer l'amour.

En revanche, pour l'acquérir à force de temps, il n'existe aucun délai de prescription, puisque l'amour est une chose incorporelle, et qu'en conséquence il ne saurait être obtenu par prescription, dès lors qu'il ne peut pas être possédé, si ce n'est à l'exemple des servitudes, qui peuvent être prescrites en même temps que les fonds sur lesquels elles portent, mais non pas en elles-mêmes (D. 41, 3, 10, 1[614]). Or si c'était possible, l'amour se prescrirait en trois ans, puisqu'il porterait sur une femme, qui est un bien extrêmement noble (*Institutes*, II, 6, 1[615]). Mais cela ne pourrait avoir lieu que s'agissant d'une servante dotée d'un noble visage : car une femme libre ne peut être obtenue par prescription (D. 41, 3, 9[616]) ; et la bonne foi, à supposer qu'il s'en trouve en amour, ne servirait à rien, dès lors que la loi s'y oppose (D. 41, 3, 24, pr.[617]) ;

---

613 *Ioanis Stobaei sententiae*, Bâle, 1549, p. 391 : sermo LXI, *De Venere et Amore* : *Amorem tollit fames, sin minus tempus / At si neutrum istorum flammam extinxerit / Reliqua tibi cura est suspendium* ; voir *Adages* d'Erasme, v° *Sine Cerere et Baccho friget Venus* et Laertius, lib. 6 cap. 5 : *Amori medetur fames ; sin aliter, tempus ; sin non loc, laqueus.*

614 *Hoc iure utimur, ut **seruitutes per se nusquam longo tempore capi possint, cum aedificiis possint.***

615 *Sed aliquando **etiamsi maxime quis bona fide rem possederit, non tamen illi usucapio ullo tempore procedit**, ueluti si quis **liberum hominem** uel rem sacram uel religiosam uel seruum fugitiuum possideat.*

616 ***Vsucapionem recipiunt maxime res corporales**, exceptis rebus sacris, sanctis, publicis populi Romani et ciuitatium, item liberis hominibus.*

617 ***Vbi lex inhibet usucapionem, bona fides possidenti nihil prodest.***

sed nec bona fides succurrit ei qui ius ignorat, l. nunquam ff. eo, nisi
errori concurreret ueritas, ut cum uir donat rem alienam uxori, existimans donatum ualere falso, sed ualuit, quia pauperior non est effectus ea
liberalitate, l. si uir ff. pro donato ; l. si sponsus § concessa ff. de donati.
inter uir ; nec obest l. sed et si lege § scire ff. de petit. haeredit., ubi
qui errore iuris putat haereditatem quam possidet suam fieri, in bona
fide est, quoniam in usucapione, in qua agitur de dominio rei prorsus
acquirendo, seuerius definiendum fuit quam in possessa hereditate, ut
fructus tantum erranti quaererentur ; si modo fructus uere sunt, ut ex
uinea, aut olea, foeturaue gregis : secus si errore iuris putetur fructus
qui non est, ut ancillae partus, l. potest ff. de usucapion. >.

et même la bonne foi n'excuse pas l'ignorance en Droit (D. 41, 3, 31, pr.[618]), sauf si la vérité se rencontrait avec l'erreur, comme lorsqu'un mari fait donation à sa femme de la chose d'autrui, en estimant à tort que la donation est valable, mais elle l'est effectivement, parce qu'il ne s'est pas appauvri par cette libéralité (D. 41, 6, 3[619]; D. 24, 1, 5, 8[620]); nonobstant D. 5, 3, 25, 6[621], où quelqu'un qui, par erreur de Droit, croit que l'héritage qu'il possède lui appartient, profite de sa bonne foi, puisque, forcément, on a posé des limites plus rigoureuses à la prescription, qui permet d'acquérir la propriété de quelque chose, qu'à la possession d'hérédité : aussi ne réclame-t-on que les fruits à celui qui a fait erreur ; à condition que ce soient vraiment des fruits, comme les produits d'une vigne, d'une oliveraie, ou d'un troupeau : il en serait autrement si, par erreur de Droit, on prenait pour des fruits ce qui n'en est pas, comme l'enfant de l'esclave (D. 41, 3, 36, 1[622]) >.

---

618 **Numquam in usucapionibus iuris error possessori prodest** [...].

619 *Si uir uxori uel uxor uiro donauerit, si aliena res donata fuerit, uerum est, quod Trebatius putabat,* **si pauperior is qui donasset non fieret, usucapionem possidenti procedere.**

620 [...] *sepulturae causa locum marito ab uxore uel contra posse donari constat et si quidem intulerit, faciet locum religiosum. Hoc autem ex eo uenit, quod* **definiri solet eam demum donationem impediri solere, quae et donantem pauperiorem et accipientem faciet locupletiorem :** *porro hic non uidetur fieri locupletior in ea re quam religioni dicauit* [...].

621 « *Scire ad se non pertinere* » *utrum is tantummodo uideatur, qui factum scit, an et is* **qui in iure errauit ?** *Putauit enim recte factum testamentum, cum inutile erat : uel cum eum alius praecederet adgnatus, sibi potius deferri. Et* **non puto hunc esse praedonem qui dolo caret, quamuis in iure erret.**

622 *Item si quis aliqua existimatione deceptus crediderit ad se hereditatem pertinere, quae ad eum non pertineat, et rem hereditariam alienauerit, aut si is, ad quem* **usus fructus ancillae pertinet, partum eius existimans suum esse,** *quia et fetus pecudum ad fructuarium pertinet, alienauerit.*

OBSERVATA IN CAPUT SEPTIMUM

1. Sine Cerere et Baccho Venus friget ; < uino auferri adulterii poenam ; et an paupertas excuset a delicto >.
2. An dos a patre profecta, filia in matrimonio, liberis superstitibus, decedente, patri reddatur.
3. Liberi an sint felicitas matrimonii, < cum dos lucratiua non sit >.
4. Aperitur sensus legis inter § cum inter, de pact. dot. ; < quae sint additamenta dotis >.
5. Donatio inter uirum et uxorem prohibita an transferat possessionem ; < quid de heredis institutione >.
6. An mulier amico donare possit, l. fi. de actio. ff. < et an uicissim ei donetur >.
7. Calendis Martiis munera mittebantur mulieribus < teste iurisconsulto ; et an mulier impudica priuetur donatis, dote >.
8. [48] < An ad uirum pertineat id quod mulier acquirit >.
9. <An donatio sine traditione subsistat. >

CAPUT VII

Volarunt ex proxima arbore columbae duae, quarum omen secutus ueni in locum superiore aliquanto laetiorem ; nulli inuiderem Elysium, si mihi in illo liceret commorari : terra ubique culta, omni flatu noxio carens, nulli ui majori, nulli coelesti iniuriae exposita, arata uidebatur ab amante boue, qui Europam rapuit ; bubulcum uerisimile est fuisse Magonem Poenum, qui de re rustica duodetriginta libros punica lingua scripsit.

48　　1553 : Mensa Cupidinis ex hebeno perpetuis epulis referta.

CONTENU DU CHAPITRE 7

1. Sans Cérès et Bacchus, Vénus est sans chaleur ; < l'ivresse dispense de la peine infligée pour adultère ; et la pauvreté peut-elle servir d'excuse à un délit ? >.
2. Quand sa fille meurt pendant le mariage, en laissant des enfants, le père récupère-t-il la dot qu'il a fournie ?
3. Les enfants font-ils le bonheur du mariage < lorsque la dot est maigre ? >.
4. Explication de D. 23, 4, 26, 2 ; < ce que sont les « augments de dot » >.
5. Les donations entre époux, qui sont interdites, transfèrent-elles la possession ? ; < qu'en est-il de l'institution d'héritier ? >.
6. Une femme peut-elle faire une donation à son bien-aimé (D. 44, 7, 61, 1) ? ; < et, en retour, peut-elle en recevoir une de lui ? >.
7. Aux calendes de Mars, < selon le jurisconsulte >, les maris faisaient des cadeaux à leurs femmes ; < et une femme dévergondée peut-elle être privée de ses cadeaux ou de sa dot ? >.
8. Le mari a-t-il un droit de regard sur les acquêts de sa femme ?
9. < Y a-t-il encore donation si la remise de la chose n'est pas effectuée ? >.

CHAPITRE 7

Deux colombes s'envolèrent de l'arbre le plus proche, et, obéissant au présage qu'elles m'offraient, je parvins à un endroit plus élevé et un peu plus riant ; s'il m'était permis d'y demeurer, je n'envierais aucun habitant des Champs Élyséens : la terre y était partout cultivée, elle jouissait d'un air parfaitement salubre, n'était exposée à aucune catastrophe naturelle, ni à aucune intempérie : on aurait dit qu'elle avait été labourée par le taureau énamouré qui enleva Europe[623] ; selon toute vraisemblance, son bouvier devait être Magon de Carthage[624], qui écrivit en langue punique 28 livres sur l'agriculture.

---

623 Allusion mythologique à l'enlèvement d'Europe par Zeus, métamorphosé en taureau.
624 Nous ne connaissons ce traité en 28 livres que par Pline l'Ancien, Varron et Columelle Il était extrêmement réputé, de sorte que ce fut le seul ouvrage que, sur l'ordre du Sénat les Romains rapportèrent de Carthage après la destruction de la ville en 146 avant J.-C

1. Multa illic seges, at in collibus, quae Orientem aspiciunt, erant uineae Aminaei uini feraces, de quo in l. fi. § fi. ff. de triti. leg., quoniam sine Cerere et Libero Venus solet frigescere, ex quo ab Aristophane apud Athenaeum, Ἀφροδίτης γάλα, id est, *Veneris lac* uocatur, quia nutrit Venerem, incitat etiam, can. luxuriam 35 distinct.

< Ideoque mulier circa pateras et uinum uersans in caupona, tanquam ministra intemperentiae, laesae pudicitiae, quam seruare non praesumitur, uindictam nullam poscere potest, l. quae adulterium C. ad legem Iul. de adult. Gn. Domitius iudex, ut Plinius lib. 14 cap. 13 scripsit, pronunciauit mulierem plus uideri uini bibisse quam ualetudinis causa, inscio uiro, et dote multauit, exemplo adulterae, l. cum mulier ff. solut. matrim. Apud Philostratum lib. 6 cap. 17*, Apollonius, audito Domitiani edicto, quo eunuchos desinere et uites amputari iussisset, scite dixit, parcitum esse hominibus, sed terram eunucham esse factam >.

1. Le blé y poussait en abondance, mais, sur les collines orientées à l'Est, on trouvait des vignes sauvages du cépage amminéen[625], dont il est question en D. 33, 6, 16, 2[626], puisque sans Cérès et Bacchus, Vénus, on le sait, manque de chaleur : aussi, selon Athénée[627], Aristophane appellait-il le vin « lait de Vénus », parce qu'il entretient l'ardeur amoureuse, et même la suscite (*Décret* I, 35, 7, 3[628]).

< C'est la raison pour laquelle une femme qui passe sa vie dans une taverne, au milieu du vin et des verres, ne peut réclamer en justice pour atteintes à sa pudeur que, du fait qu'elle incite à l'intempérance, elle n'est pas présumée faire respecter (C. 9, 9, 28[629]). Pline a rapporté, au livre XIV, chapitre 13[630], la décision du juge Gn. Domitius, selon laquelle une femme qui avait manifestement absorbé, à l'insu de son mari, plus de vin qu'il ne lui en fallait à titre de remède, fut punie par la confiscation de sa dot, à l'exemple de la femme adultère en D. 24, 3, 47[631]. Chez Philostrate, au livre 6, chapitre 17[632], Apollonius, après avoir pris connaissance de l'édit de Domitien qui ordonnait de ne plus mutiler les eunuques mais d'arracher les vignes, dit finement qu'on avait épargné les hommes, mais châtré la terre >.

---

625 Voir Pline, *Histoire naturelle*, XIV, 5, 2 « Le premier rang est donné aux vignes amminéennes (gros plant), à cause de la fermeté et de la vitalité du vin, qui gagne en vieillissant ».

626 *Quod si ita esset legatum :* « **Vinum amphorarium aminaeum Graecum** » [...].

627 *Deipnosophistes*, livre X, 444 d.

628 *Laesa pietas est, dum irridetur ebrietas. Non illis itaque solis nocent uina, quos temptant* [...].

629 *Quae adulterium commisit, utrum domina cauponae an ministra fuerit, requiri debebit, et ita obsequio famulata seruili, **ut plerumque ipsa intemperantiae uina praebuerit** ; ut, si domina tabernae fuerit, non sit a uinculis iuris excepta, **si uero potantibus ministerium praebuit, pro uilitate eius quae in reatum deducitur accusatione exclusa** liberi qui accusantur abscedant, cum ab his feminis pudicitiae ratio requiratur, quae iuris nexibus detinentur et matris familias nomen obtinent, **hae autem immunes ab iudiciaria seueritate praestentur, quas uilitas uitae dignas legum obseruatione non credidit.***

630 § 2 : « Le juge Cn. Domitius prononça qu'une femme lui paraissait avoir bu plus que n'exigeait sa santé, à l'insu de son mari ; et il la condamna à la perte de sa dot ».

631 Raisonnement *a contrario* : cette loi précise que la femme ne perd rien de sa dot si elle a commis l'adultère sur l'instigation ou avec l'approbation de son mari. *Cum mulier uiri lenocinio adulterata fuerit, **nihil ex dote retinetur*** [...].

632 *Vie d'Apollonios de Tyane*, VI, 42 : « Vers ce temps, l'empereur Domitien défendit par décret de faire des eunuques, et de planter des vignes, avec ordre d'arracher celles qui étaient déjà plantées. Apollonius, qui arrivait chez les peuples de l'Ionie, leur dit : Ces décrets ne me concernent pas : car je suis peut-être le seul homme qui ne sente le besoin ni des parties génitales, ni du vin. Mais ce prince merveilleux ne voit pas qu'il épargne les hommes, et châtre la terre. ».

Idcirco ne uinum gustare, nec panem esse uoluit D. Ioannes Deum
annuntians, can. sexto die in fin. ead. dist. Certe si campus hic frumen-
tarius, si haec uineta autumno perpetuo uirentia aquis salientibus non
strepuissent, tacita omnino credi poterant ; quare cum sint scatebris
fontium commode irrigua, bis anno fructus ferunt, ut uitis illa bifera,
quam se Smyrnae uidisse Varro commemorat, et Papinianus in l. diuortio
§ ob donationes ff. solut. mat., ubi male Accursius locum *irriguum* pro
aquoso, explicuit : nam palustris locus non est irriguus.

< Quaesitum est, an paupertas ab adulterio alioue delicto excuset,
et utique excusat ad famem usque mortiferam ingruens, et furtum
impunitum facit, cap. si quis de furt., et filios distrahi a patre sinit,
l. 2 C. de patrib. qui filios dist. Talis enim necessitas famis diuiti
accidere potest in bello, aut uinculis, ut *Regum** lib. 1 cap **XXI**, cum
Dauid comedit panes sanctos propositionis ; secus si esset paupertas
diuturna, quae uitam tantum cogeret traducere frugalem et anxiam ; ea
enim penuria non excusat mulierem, l. palam ff. de ritu nupt. Si enim
famescentibus amara est Venus, ut Cynulcus[49] dixit apud Athenaeum,
iam non faciet ad excusandam libidinem quam sedare solet,

---

49   Cynulcus *correxi* : Cynicus **T** //

C'est pourquoi, Saint Jean, annonçant la venue du Seigneur, ne voulut ni boire de vin, ni manger de pain (*Décret* I, 35, 8, 6[633]). Assurément, ce champ de blé et ces vignes, qui prospéraient grâce à un automne éternel, auraient joui d'un silence parfait, si elles n'avaient été bruissantes d'un jaillissement d'eaux ; mais justement parce qu'elles sont commodément irriguées par ces cascades, elles donnent deux récoltes par an, comme ces vignes doublement productrices, que Varron[634] raconte avoir vues à Smyrne, et aussi Papinien, en D. 24, 3, 7, 6[635], où Accurse a eu tort d'interpréter un « lieu irrigué » comme un « lieu humide » : car un marais n'est pas un endroit irrigué.

< On s'est demandé si la pauvreté fait pardonner l'adultère, ou un autre délit, car, assurément, lorsqu'elle provoque une faim qui met en danger de mort, elle constitue une excuse en conférant l'impunité pour un vol (*Décrétales de Grégoire IX*, V, 18, 3[636]), et en autorisant un père à se séparer de ses enfants (C. 4, 43, 2, pr.[637]). C'est qu'un homme riche peut être en proie à une faim aussi pressante en temps de guerre, ou quand il est prisonnier, comme dans *Samuel*, I, 21[638], lorsque David mangea les pains consacrés disposés devant le Seigneur ; il en serait autrement s'il s'agissait d'une pauvreté constante, obligeant seulement à mener une vie frugale et précaire ; et, de fait, ce genre d'indigence ne sert pas d'excuse à la femme en D. 23, 2, 43, 5[639]. En effet, si Vénus se montre amère à ceux qui souffrent de la faim, comme le dit Cynulcus chez Athénée[640], elle ne pourra servir à excuser cette lubricité qu'ordinairement elle calme :

---

633 *Denique annuntiauit Dominum Iohannes*, « **non manducans panem, neque bibens uinum** ». *Qui enim Christum annuntiat, ab omni uitiorum incentiuo praestare se debet alienum.*

634 *De Agricultura* I, 7 : « C'est encore par la même raison que beaucoup d'arbres portent des fruits deux fois par an, comme les vignes de Smyrne près de la mer, et les pommiers dans les champs de Consentinum ».

635 *Quod in anno dicitur, potest dici et in sex mensibus,* **si bis in anno fructus capientur, ut est in locis irriguis.** Accurse glose en effet : *irriguis, id est aquosis.*

636 **Si quis propter necessitatem famis** *aut nuditatis* **furatus fuerit** *cibaria, uestem uel pecus, poeniteat hebdomadas tres, et, si reddiderit, non cogatur ieiunare.*

637 **Si quis propter nimiam paupertatem egestatemque** *uictus causa filium filiamue sanguinolentos uendiderit,* **uenditione in hoc tantummodo casu ualente** *emptor obtinendi eius seruitii habeat facultatem.*

638 Versets 4-7 : « Le prêtre lui donna alors du pain consacré. En effet, il n'y avait là pas d'autre pain que le pain disposé devant le Seigneur, celui que l'on retire, pour le remplacer, le jour même, par du pain chaud ».

639 **Non est ignoscendum ei, quae obtentu paupertatis turpissimam uitam egit.**

640 *Deipnosophistes* VI, 270 c : πεινῶσιν γὰρ ἡ Κύπρις πικρά.

arg. § fi. de replicationibus. Post delictum autem paupertas corporis poenam auget, l. 1 § fi. ff. de poenis ; l. 2 de term. mot. ; non in stupro aut adulterio : nam uilitas extenuat supplicium mulieris et strupratoris, d. l. quae adulterium C. de adulteris ; l. si uxor § sed et in ff. eodem >.

Nutritur, imo etiam gignitur creberrime Amor muneribus, donis, dotibus, quarum gratia nonnulli meras lamias ducunt, moresque et formam ex sola dote metiuntur. Ridet interim Satyricus :

Bis quingena[50] *dedit, tanti uocat ille pudicam.*

Frugalitatem Massiliensium Strabo lib. 4 commendauit, quibus maxima dos centum aureorum fuit.

< Plane Lacedemonum lex uetuit dotem intercedere coniugii, ut Aelianus refert in *Varia historia* lib. VI cap. VI >.

---

50   quingena *correxi* : quingenta *T* //

pour preuve, voir *Institutes*, IV, 14, 4[641]. Après commission d'un délit, la pauvreté augmente les peines corporelles (D. 48, 19, 1, 3[642] ; D. 47, 21, 2[643]), mais ce n'est pas le cas s'il s'agit de débauche ou d'adultère : en effet, la la bassesse de leur condition fait adoucir la peine infligée à la femme adultère et à son séducteur (C. 9, 9, 28[644] ; D. 48, 5, 14, 2[645]) >.

Très souvent, l'amour est entretenu, et même suscité, par les cadeaux, les donations, et les dots, qui incitent certains hommes à épouser de vraies Lamies[646], parce qu'ils évaluent leurs qualités physiques et morales à l'aune de leur seule dot. Le Satyrique[647] s'en moque :
Elle lui a apporté un million de sesterces : à ce prix, il la trouve d'une irréprochable vertu.

Strabon[648], au livre IV, a loué la frugalité des Marseillais, chez qui les dots ne dépassaient jamais cent pièces d'or.

< Une loi des Lacédémoniens interdisait formellement de se marier en apportant une dot, comme Élien le rapporte dans ses *Histoires diverses*, au livre VI, chapitre 6[649] >.

---

641 [...] *Sane quaedam exceptiones non solent his accommodari : ecce enim debitor si bonis suis cesserit et cum eo creditor experiatur, defenditur per exceptionem « nisi bonis cesserit » ; sed **haec exceptio fideiussoribus non datur, scilicet ideo quia, qui alios pro debitore obligat hoc maxime prospicit, ut, cum facultatibus lapsus fuerit debitor, possit ab his quos pro eo obligauit suum consequi**.*

642 *Generaliter placet, in legibus publicorum iudiciorum uel priuatorum criminum qui extra ordinem cognoscunt praefecti uel praesides, **ut eis, qui poenam pecuniariam egentes eludunt, coercitionem extraordinariam inducant**.*

643 [...] *De poena tamen modus **ex condicione personae et mente facientis** magis statui potest.* [...].

644 Voir ci-dessus, note 629.

645 *Sed **et in ea uxore potest maritus adulterium uindicare, quae uulgaris fuerit**, quamuis, si uidua esset, impune in ea stuprum committeretur.*

646 Allusion à un passage de Ménandre sité par Aulu-Gelle, *Nuits attiques*, II, 23 : « J'ai épousé une riche héritière, Lamia : ne te l'ai-je pas déjà dit ? À la maison, aux champs, tout lui obéit. Elle me fait bien payer sa dot. Par Apollon, une telle femme est le plus terrible des fléaux. Elle est insupportable à tout le monde, comme à moi ; à son fils, bien plus encore à sa fille ». Il y a un jeu sur le sens symbolique de ce prénom : une Lamie, dans la mythologie gréco-romaine, est un monstre femelle, dont la séduction est mortelle.

647 Juvénal, *Satires* VI, v. 137.

648 *Géographie*, IV, 1, 5.

649 « Les femmes y devaient être mariées sans dot ».

Nec amplius doti dicere licebat, quamquam suspicari conuenit matrimonium sine patrimonio difficilem rem esse. Menander :

Ὦ τρὶς κακοδαίμων, ὅς τις ὢν πένης γαμεῖ

id est : ter est infelix, qui pauper uxorem ducit. Nam cuique patet magnas accidere molestias in coniugio. Idcirco pro matrimonii oneribus dotem dari expedire, eaque maritum subire, acceptis dotis redditibus, l. dotis ff. de iur. dot.

< Merito dotis titulus inter lucratiuos non habetur, quamuis post solutum matrimonium susceptaque onera accidat ut maritus superstes dotem lucretur, l. 1 § lucratiuas, de impon. lucratiua descripti., libri 10 C., quod est utile cognitu, propterea ne dos constituta immense, a genero qui accepit reuocetur per soceri creditores, nisi gener conscius fraudis fuerit, l. pe. C. de reuocand. iis quae in fraud cred. ; l. fi § 1 ff eod. >.

2. Ideo mortua uxore, et cessantibus oneribus, pater mulieris dotem repetit in orbitatis solatium, l. iure ff. eod. ; l. dos C. sol. matrim.,

< et ne patrum liberalitas retardetur, l. 2 C. de bonis quae lib. >.

Et il n'était pas davantage permis de promettre à titre de dot, bien qu'il soit malaisé, on s'en doute, de conclure un mariage quand on ne dispose pas du moindre patrimoine. Voir Ménandre[650] :
Il connaît une triple malchance, l'homme pauvre qui se marie.
Tout le monde sait, en effet, que le mariage occasionne de grands frais. C'est pourquoi il est utile qu'une dot soit fournie pour subvenir aux charges du ménage : ainsi le mari peut-il les assumer, tout en ayant accepté de rendre la dot (D. 23, 3, 3[651]).

< C'est à bon droit que la dot n'est pas comptée au nombre des libéralités, même s'il arrive qu'après la dissolution du mariage et la fin des charges qu'il suppose, le mari survivant profite de la dot (C. 10, 36, 1, 3[652]) ; il est utile de le savoir, pour éviter qu'une dot constituée avec une grande générosité ne soit reprise au gendre qui l'a reçue par les créanciers de son beau-père, à moins que le gendre n'ait été complice de la fraude (C. 7, 75, 5[653] ; D. 42, 8, 25, 1[654]).

2. Aussi, après la mort de la femme, et la fin des charges du ménage, le père de la femme récupère-t-il la dot en guise de consolation pour son deuil (D. 23, 3, 6, pr.[655] ; C. 5, 18, 4[656])

< et pour éviter que le père ne mette un frein à sa libéralité (C. 6, 61, 2[657]) >.

---

650 Cité par Aulu-Gelle, *Nuits attiques*, II, 23. La citation est incomplète : καὶ παιδοποιεῖ « et qui donne le jour à des enfants » (c'est la troisième malchance).

651 *Dotis appellatio non refertur ad ea matrimonia quae consistere non possunt :* **neque enim dos sine matrimonio esse potest.** *Vbicumque igitur matrimonii nomen non est, nec dos est.*

652 [...] *Si uero uel socer futurus filii nepotis uel pronepotis sponsae adfinitatis coeundae causa donauerit, uel* **parens etiam filiam** *neptem uel proneptem curiali seu extraneo* **nubentem dotauerit,** *licet casus euentu res eius cui data est uertatur ad lucrum,* **nec inter lucratiuas numerabitur** *nec descriptionis oneri subiacebit. Nec* **enim iuris optimi est matrimonium, cum tot tantisque suis difficultatibus opprimatur, aduenticiis etiam cumulare ponderibus.**

653 *Ignoti iuris non est aduersus eum, qui sententia condemnatus intra statutum tempus satis non fecit nec defenditur, bonis possessis itemque distractis per actionem in factum contra emptorem, qui sciens fraudem comparauit, et* **eum, qui ex lucratiuo titulo possidet,** *scientiae mentione detracta creditoribus esse consultum.*

654 **Si a socero fraudatore sciens gener accepit dotem,** *tenebitur hac actione et, si restituerit eam, desinit dotem habere* [...].

655 *Iure succursum est patri,* **ut filia amissa solacii loco cederet, si redderetur ei dos ab ipso profecta,** *ne et filiae amissae et pecuniae damnum sentiret.*

656 **Dos a patre profecta,** *si in matrimonio decesserit mulier filia familias,* **ad patrem redire debet.**

657 [...] **prospiciendum est enim, ne hac iniecta formidine parentum circa liberos munificentia retardetur** [...].

Caeterum iure ciuili, nedum consuetudine, uerior apparet illa opinio, quae sentit superstitibus ex filia familias liberis, ibi dotem relinqui, ubi et liberos, hoc est, apud maritum. Nam onerum potissima pars in liberis educandis consistit, l. si is qui § ibi dos et sequen. ff. de iure dot.

3. Sed Anna Virgiliana non idem dicit, sororem alloquens :
Nec dulces natos, Veneris nec praemia noris.

Haec praemium et bonum maximum matrimonii liberos esse suadet, ut canon omne itaque 27, quest. 2. Atqui contra reputantibus, uoluptas haec laboriosissima est. Recordemur pueritiae inutiles et imbecillos annos, ac mox adolescentiae in luxum propensioris, can. omnis 12 quest. 1 ; angitur pater dum audit : *fores effregit* ; et per omnem aetatem sumptus magnos facere cogitur, quos « onera liberorum » Vlpianus eleganter appellauit, l. si quis § non tantum ff. de lib. agnosc., ita ut quibusdam spontanea molestia censeatur parare liberos,

[51]< Augustus Caesar nulla re magis felicitatem suam obscurauit quam liberis sublatis, habens in ore uersiculum :
Αἴθ'ὄφελον ἄγαμός τε ἔμμεν' ἄγενός τε ἀπολέσθαι.

Id est : utinam, ut debui, sine coniuge et sine liberis periissem. Sic notat Suetonius, cap. 65 >.

---

51   1553 : Graeco uersiculo, Αὐθαίρετος λύπ' ἐστίν ἡ τέκνων εὐπορία.

Par ailleurs, en vertu du Droit civil, et à plus forte raison de la coutume, l'opinion manifestement la plus conforme à la vérité est celle qui veut que la dot reste aux enfants, c'est-à-dire au mari, si la mère de famille a laissé des enfants survivants. Car l'éducation des enfants représente la plus large part des charges [du mariage] (D. 23, 3, 56, 1[658]).

3. Anne, chez Virgile[659], ne dit pas autre chose, en s'adressant à sa sœur : *Tu ne connais pas la douceur d'avoir des enfants, ces cadeaux de l'amour.*

Elle soutient que les enfants sont la récompense et le plus grand des biens du mariage, comme dans le *Décret* II, 27, 2, 10[660]. Pourtant, d'autres sont d'avis, au contraire, que ce plaisir est extrêmement pesant. Souvenons-nous des années de la petite enfance, toutes de faiblesse et d'inutilité, et bientôt après, de celles de l'adolescence, qui est trop encline à la prodigalité (*Décret* II, 12, 1, 1[661]) ; le père est dans l'angoisse quand il entend dire : « il a enfoncé une porte »[662] et à tout âge il est obligé à de grosses dépenses : c'est ce qu'Ulpien appelle élégamment « les charges qu'occasionnent les enfants » (D. 25, 3, 5, 12[663]), de sorte qu'aux yeux de certains, avoir des enfants passe pour une nuisance volontairement subie.

< Rien ne contribua plus à gâcher le bonheur de l'empereur Auguste que le fait d'avoir élevé des enfants ; aussi avait-il toujours à la bouche ce petit vers :
Ah si seulement j'avais vécu, comme j'aurais dû le faire, sans femme et sans enfants !
ainsi que Suétone le note au chapitre 65[664] >.

---

658 *Ibi dos esse debet, ubi onera matrimonii sunt.*

659 *Énéide*, IV, 33.

660 *Omne itaque nuptiarum bonum inpletum est in illis parentibus Christi, **fides, sacramentum, proles** [...].*

661 *[...] si qui inpuberes, aut adolescentes in clero existunt, omnes in uno conclaui atrii conmaneant ut **lubricae aetatis annos non in luxuria**, sed in disciplinis ecclesiasticis agant [...].*

662 Allusion à Térence, *Adelphes*, v. 88-91 (« Il a enfoncé une porte et pénétré de vive force dans une maison ; il a battu, laissé pour mort le maître du logis et tous ses gens ; et cela pour enlever une femme dont il était amoureux. », et v. 119-120 (« Il a enfoncé une porte ? on la remettra en état. Déchiré des habits ? on les raccommodera. J'ai, grâce aux dieux, de quoi suffire à ces dépenses, et jusqu'à présent elles ne m'ont pas gêné »).

663 *Non tantum alimenta, uerum etiam cetera quoque **onera liberorum** patrem ab iudice cogi praebere rescriptis continetur.*

664 *Vie d'Auguste*, LXV, 10 : « Toutes les fois qu'on lui parlait de lui et de l'une des Julies, il s'écriait : "Plût au ciel que je ne fusse pas marié et que je fusse mort sans descendance", et ne les appelait jamais que ses trois plaies ou ses trois chancres. »

Felicem Romulum, Numam, Vergilium, hi existimant, quod sobole nulla relicta obierint. Verum natura hoc uiderit, et Respublica cuius interest ciuitatem repleri liberis, eoque nomine dotes mulieribus conseruari, l. 1 ff. sol. matrim.

Regrediamur ubi desitum est, cum genero dotem pro liberis addiceremus, idque iure optimo : quamuis enim hi liberi familiam patris sui, non aui, sequantur, l. familiae ff. de uerb. sign., tamen ex eis sic se oblectabit, ut ex filia, cuius uice nepotes funguntur, l. liberorum § fi ff. de uerb. signif. Proinde cessat moeroris ratio, de quo in d. l. iure ff. de iure dot.

< Sucurrit l. si pater dotem ff. de pact. dotal., ubi si conuenit ut mortua in matrimonio filia dos penes generum sit, eam retinet nec socero reddit, etiam si liberi non supersint. Innuit utique iurisconsultus liberis extantibus non fuisse pacto opus ad retentionem dotis. Miror Accursium in d.l. dos non considerasse uim illius loci. Idem probatur in l. illam in fi C. de collat., ubi Accursius diuinare coactus est filiam fuisse emancipatam, cuius soboles superesset.

Ceux-là estiment heureux Romulus, Numa et Virgile, parce qu'ils moururent sans enfants. Mais en vérité, la nature y a veillé, ainsi que l'État, à qui il importe que la cité regorge d'enfants, et c'est en leur nom que l'on assure des dots aux femmes (D. 24, 3, 1[665]).

Revenons-en là où nous nous sommes arrêtés, quand nous accordions la dot au gendre en faveur des enfants, et à très juste titre : en effet, quoique ces enfants appartiennent à la famille de leur père et non à celle de leur grand-père maternel (D. 50, 16, 40, 2[666]), ils sont néanmoins pour lui une source de joie, exactement comme sa fille, dont ses petits-enfants lui tiennent lieu (D. 50, 16, 220, 3[667]). Par conséquent, il ne peut plus prétexter ce chagrin dont il est question en D. 23, 3, 6, pr.[668]

< On est conforté par D. 23, 4, 12, pr.[669], où, s'il a été convenu qu'en cas de mort de la fille pendant le mariage, la dot resterait au gendre, il la garde au lieu de la rendre à son beau-père, même en l'absence d'enfants survivants. Mais le jurisconsulte a laissé entendre qu'en présence d'enfants survivants il n'était pas besoin d'un pacte pour garder la dot. Je m'étonne qu'Accurse, dans la loi déjà citée C. 5, 18, 4[670], n'ait pas pris en compte l'importance de ce passage. La chose est encore prouvée par C. 6, 20, 19, 3[671], où Accurse a été forcé d'inventer que la fille pourvue d'enfants survivants avait été émancipée.

---

665 *Dotium causa semper et ubique praecipua est : nam et **publice interest dotes mulieribus conseruari, cum dotatas esse feminas ad subolem procreandam replendamque liberis ciuitatem maxime sit necessarium**.*

666 *« Familiae » appellatione liberi quoque continentur.*

667 Voir ci-dessus note 153.

668 Voir ci-dessus note 655.

669 *Si pater dotem dederit et pactus sit, ut mortua in matrimonio filia dos apud uirum remaneret, **puto pactum seruandum, etiamsi liberi non interueniant**.*

670 Voir ci-dessus, note 656.

671 *Talem igitur subtilem dubitationem amputantes **praecipimus tam filios uel filias defunctae personae dotem uel ante nuptias donationem a parentibus suis sibi datam conferre nepotibus uel neptibus mortuae personae, quam eosdem nepotes uel neptes patruis suis aut auunculis, amitis etiam et materteris dotem et ante nuptias donationem patris sui uel matris, quam pro eo uel ea mortua persona dedit, similiter conferre** [...].* Aux mots *similiter conferre*, Accurse glose en effet : *Sed respondeo quod hic erat filia emancipata ; unde non ad patrem, sed ad suos heredes transmisit petitionem dotis.* Puis il reconnaît que prévaut désormais l'opinion de Martinus, suivant laquelle, en présence d'enfants survivants, la dot ne doit pas être restituée au père.

Quarto hoc patet in l. dotem ff. de castrens. pecul., ubi dos marito data toti matrimonio uerius cohaeret, et confertur oneribus eius ac liberis communibus, id est, ad eorum usum utilitatemque datur, ut recte Interpres exposuit, utique licet mater moriatur, l. si mulier de usufr. accresc. >.

Accedat

< l. fi. § 1 ff. ut legat. seu fideicommiss. caueat., ubi Accursius refert gaudere Martinum, huius opinionis auctorem. Cui aemulus obuiat, detegens ibi filiam fuisse emancipatam, utpote quae testamentum fecerat. Ego uero tantomagis fuisse filiam patri obnoxiam retorqueo, propter beneficium emancipationis. Nec emancipatio aufert naturalis instinctus dolorem mortua filia, si desint ex illa liberi, l. 1 C. de offic. praetor. ; § emancipati de haeredit. quae ab intest. iuuat. Iuuat >

et uulgaris illa iuris regula : *dolo facit, qui petit quod redditurus est*, l. dolo ff. de dol. except. Sed si pater auocaret dotem a genero et nepotibus, qui in locum filiae suffecti sunt, eam iisdem redditurus esset, utpote qui dotem matri debitam, tamquam legitimam portionem uendicarent, l. quoniam 1 C. de inoffic. testam.

C'est évident, pour la quatrième fois, en D. 49, 17, 16, pr.[672], où la dot donnée au mari fait véritablement corps avec le mariage, pris dans son ensemble, et pourvoit à ses charges et aux enfants communs, c'est-à-dire qu'elle est donnée pour subvenir utilement à leurs besoins, comme l'Interprète l'a correctement expliqué, et cela même si leur mère décède (D. 7, 2, 8[673]) >.

Ajoutons-y

< D. 36, 3, 18, 1[674], où Accurse se gausse de Martinus, l'auteur de cette interprétation. Et il s'oppose à son rival, détectant ici que la fillle avait été émancipée, puisqu'elle avait testé. Mais moi je rétorque que la fille était d'autant plus redevable à son père, à cause du bienfait de l'émancipation. Et l'émancipation n'enlève rien à la douleur instinctive et naturelle causée par la mort de la fille, si elle ne laisse pas d'enfants (C. 1, 39, 1[675] ; *Institutes* III, 1, 9[676]). À l'appui, on trouve également > cette règle de Droit bien connue, selon laquelle « il agit de façon dolosive, celui qui réclame ce qu'il devra rendre » (D. 44, 4, 8, pr.[677]). Et si le père avait enlevé la dot à son gendre et à ses petits-enfants, qui ont été subrogés à sa fille, il aurait dû la leur rendre, car ils auraient revendiqué la dot qui était due à leur mère comme une part d'héritage qui leur revenait légitimement (C. 3, 28, 29, 1[678]).

---

672 [...] *dos autem matrimonio cohaerens oneribus eius ac liberis communibus, qui sunt in aui familia, confertur.* Au mot *confertur*, Accurse glose en effet : *id est ad usum datur uel subiicitur, ut caetera profecticia uel aduenticia, etiam hodie quantum ad usumfructum.*

673 *Si mulieri cum liberis suis usus fructus legetur, amissis liberis ea usum fructum habet : sed et matre mortua liberi eius nihilo minus usum fructum habent iure adcrescendi [...].*

674 *Idem quaesiit : testatricem apud maritum suum, ex quo filium reliquerat, res deposuisse non exacta cautione depositionis, an ea res patri heredi restitui debeat ? An uero quoniam emolumentum totius hereditatis ad filium defunctae reuerti deberet, apud maritum remaneret, apud quem dos remansisset ? Respondit, quod mulieris mansisset nec in dote fuisset, restituendum esse heredi.* Au mot *remansisset*, Accurse glose en effet : *Gaudet Martinus quod hic extantibus filiis remanet dos uiro. Sed Io. dicit quod sic fuerat pactum. Vel hic testatrix sic praecepit : erat enim emancipata, alias non poterat testari.*

675 [...] *Nec sane debita filiorum uotis patrum uota cessabunt, ut patente copia liberos suos exuant potestate, magis propriis obsequiis mancipatos, cum sese intellegant his obsequii plus debere, a quibus sese meminerunt uinculis sacris exutos.*

676 *Emancipati autem liberi iure ciuili nihil iuris habent : neque enim sui heredes sunt, quia in potestate esse desierunt parentis, neque alio ullo iure per legem duodecim tabularum uocantur. Sed praetor naturali aequitate motus dat eis bonorum possessionem unde liberi, perinde ac si in potestate parentis mortis tempore fuissent, siue soli sint siue cum suis heredibus concurrant [...].*

677 *Dolo facit, qui petit quod redditurus est.*

678 *Eodemque modo cum mater pro filia dotem uel pro filio ante nuptias donationem uel auus paternus uel maternus uel auia paterna aut materna pro sua nepte uel pro suo nepote uel proauus itidem uel proauia paterna aut materna pro sua pronepte uel pro suo pronepote dederit, non tantum eandem*

Iuuat l. post dotem ff. sol. matrim., in qua copiosissime turba interpretum ratiocinatur.

Aliqui ex his magis putant patrem dotem repetere, et nihilominus
liberos apud maritum ali, non ex dotis fructibus, sed ratione qua pater
alimenta naturaliter debet liberis ex propriis facultatibus, l. 1 § huius ff.
de iustit. et iure. Quod utique uerum esse fateor, si desit unde se alant
filii, sicuti euenit in quouis filio qui sine artificio est : nam si opificem
se esse dicat, et uictum parare sibi ex industria potest, non est cur uelit
ali a parentibus, l. si quis § sed si filius de liber agn. Ita euenit in his
liberis, qui dotem maternam habent : ex ea enim alimenta capient, non
impensa patris qui abunde angitur quod uxorem carissimam amiserit,
sed ex superstitibus liberis eam oblectationem capit, quam et capere
auum simile ueri est ; iuvat arg. l. quod si nulla ff. de relig. et sumpt. ;

À l'appui, enfin, la loi D. 24, 3, 40[679], sur laquelle de nombreux interprètes ratiocinent copieusement.

Certains d'entre eux sont plutôt d'avis que le père récupère la dot, et que néanmoins les enfants sont nourris par le mari, non sur les revenus de la dot, mais parce que le père doit naturellement nourrir ses enfants avec ses propres ressources (D. 1, 1, 1, 3[680]). Je reconnais que c'est vrai si les fils n'ont pas de quoi se nourrir, comme cela arrive lorsque l'un d'entre eux, quel qu'il soit, n'a pas de métier ; car s'il reconnaît qu'il travaille et que son labeur peut le nourrir, il n'y a pas de raison pour qu'il veuille être entretenu par ses parents (D. 25, 3, 5, 7[681]). Il en est de même pour ces enfants qui disposent de la dot de leur mère : ils seront nourris sur cette dot, et non aux frais de leur père, qui a beaucoup de chagrin d'avoir perdu sa femme affectionnée, mais à qui ses enfants encore bien vivants procurent autant de joie qu'en éprouve, vraisemblablement, leur grand-père maternel ; pour preuve, à l'appui, voir D. 11, 7, 28[682].

---

dotem uel donationem conferri, uerum etiam in quartam partem ad excludendam inofficiosi querellam tam dotem datam quam ante nuptias donationem praefato modo uolumus imputari, si ex substantia eius profecta sit, cuius de hereditate agitur.

679 *Post dotem datam et nuptias contractas stipulatus est pater **non ex filiae uoluntate** diuortio facto dotem dari. Si condicio stipulationis impleatur et postea filia sine liberis decesserit, non erit impediendus pater, quo minus ex stipulatu agat : uiua autem filia si agere uult, exceptione summouendus erit.* Il y a eu en effet un problème de texte dans cette loi : certains lisaient *filiae uoluntate*, ce qui posait des problèmes de conciliation avec D. 24, 3, 29, mais le texte des *Basiliques* a perlis de trancher en faveur de la formulation négative (*non ex filiae uoluntate*).

680 Voir ci-dessus note 29.

681 *Sed si filius possit se exhibere, aestimare iudices debent, ne non debeant ei alimenta decernere. Denique idem Pius ita rescripsit : « Aditi a te competentes iudices ali te a patre tuo iubebunt pro modo facultatium eius, **si modo, cum opificem te esse dicas, in ea ualetudine es, ut operis sufficere non possis** ».*

682 *Quod **si nulla dos esset, tunc omnem impensam patrem praestare debere** Atilicinus ait, aut heredes eius mulieris, puta emancipatae. **Quod si neque heredes habeat neque pater soluendo sit, maritum in quantum facere potest pro hoc conueniri**, ne iniuria eius uideretur quondam uxorem eius insepultam relinqui.*

< minime obest l. 1 § taceat C. de rei uxor. acti., ubi sileat reten-
tio dotis per maritum petita ob liberos. Nam ibi uiuebat mulier, et
matrimonium solutum fuerat diuortio : unde liberi communes a patre
potius quam a matre ali debent, ut Iustinianus ibi dicit, praeter lac et
castaneas, ut notat Interpres in l. si quis § si mater ff. de liber agnosc.
Ceterum quamdiu uiuit mulier et consultura pudicitiae rursus nubere
uult, dotem suam recipit. Quod adeo uerum est, ut si inter uirum et
sponsam sit pactum, ut liberorum nomine dotem ille retineat, ita demum
retineat si superuixerit, non si uxorem habuerit superstitem, quae sibi
ipsi charior est et amicitior quam liberis, l. 3 C. de pactis conuent., l.
2 ff. de pactis dotalib., l.1 de dote prae leg.

At in diuersum Accursius trahit, extraneum dotantem, pacto facto
ut post solutum matrimonium dotem recuperet, non obstantibus liberis,
recuperare. Esto[52], quid tum ? an non in extraneo cessat ratio charitatis
in prolem ex matrimonio genitam quae auum oblectatura est, et filiam
repraesentatura, l. liberorum § fin. de uerb. signif. ? Extraneus solam
intuetur mulierem et dotans donat, l. 1 § accedit de rei uxor acti. C. > ;

---

52   Esto *scripsi* : iesto *T* //

< Nonobstant C. 5, 13, 1, 5 c[683], où l'on ne veut pas entendre parler d'une rétention de la dot par le mari à cause des enfants. Car en l'espèce la femme était en vie, et il y avait eu dissolution du mariage par le divorce ; c'est pourquoi, comme le dit ici Justinien, les enfants communs doivent être nourris par le père plutôt que par la mère, exception faite « du lait et des châtaignes », comme le note l'Interprète en D. 25, 3, 5, 14[684]. Du reste, tant que la femme vit et qu'elle a l'intention de se conformer à la pudeur en décidant de se remarier, elle garde sa dot. C'est tellement vrai que s'il y a un pacte entre le mari et la femme prévoyant que le mari gardera la dot au nom des enfants, il ne la garde que s'il survit à sa femme, et non si sa femme est encore vivante, car elle est plus affectionnnée et attachée à sa propre personne qu'à ses enfants (C. 5, 14, 3[685] ; D. 23, 4, 2[686] ; D. 33, 4, 1, 1[687]).

Mais Accurse l'interprète autrement, disant qu'un étranger qui dote, s'il a conclu un pacte afin de récupérer la dot après la dissolution du mariage, la récupère effectivement même s'il y a des enfants. Soit : et après ? s'agissant d'un étranger, n'est-il pas normal que la générosité en faveur des enfants nés du mariage, qui feront la joie de leur grand-père maternel en lui montrant l'image de sa fille (D. 50, 16, 220, 3[688]), ne soit plus un motif pour retenir la dot ? C'est qu'en effet l'étranger n'a égard qu'à la femme elle-même, et, en la dotant, il lui fait une donation (C. 5, 13, 1, 13[689]) >.

---

683 *Sileat ob liberos retentio, cum ipse naturalis stimulus parentes ad liberorum suorum educationem hortatur.*

684 *Si mater alimenta, quae fecit in filium, a patre repetat, cum modo eam audiendam. Ita diuus Marcus rescripsit Antoniae Montanae in haec uerba* : « *Sed et quantum tibi alimentorum nomine, quibus necessario filiam tuam exhibuisti, a patre eius praestari oporteat, iudices aestimabunt, nec impetrare debes ea, quae exigente materno affectu* in filiam tuam erogatura esses, etiamsi a patre suo educaretur ». Accurse glose en effet à *quae exigente materno affectu* : *idem si modica, puta lac uel castaneas.*

685 *Quamuis pater tuus, cum te nuptui collocaret, pactus sit, ut, si maritus tuus superstitibus filiis communibus in matrimonio decessisset, pars dotis liberorum nomine retineatur. eiusmodi tamen conuentio, quominus actionem integrae dotis habeas, proficere non potest.*

686 *Si conuenerit, ut, quoquo modo dissolutum sit matrimonium, liberis interuenientibus dos apud uirum remaneret,* Papinianus Iuniano praetori respondit morte mariti finito matrimonio neque conueniisse uideri dotem remanere, et, si conuenisset, *non esse seruandum pactum contra dotem, cum mariti mortalitas interuenit.*

687 [...] *nam quod est admissum posse deteriorem condicionem dotis fieri interuenientibus liberis, totiens locum habet, quotiens ipsa in matrimonio decedit uel diuortium interuenit*

688 Voir ci-dessus note 153.

689 [...] *si non specialiter extraneus dotem dando in suam personam dotem stipulatus est uel pactum fecerit, tunc praesumatur mulier ipsa stipulationem fecisse, ut ei dos*

nec obstat l. si dotali ff. sol. matrim., ubi pactum conuentum intercesserat, ut filia in matrimonio mortua, iam susceptis liberis, dos liberorum nomine penes maritum resideret, quia et sine pacto similiter resedisset, sed expressa ibi dubitatio est, an liberorum uocabulo nepotes intelligantur, quod uerius est, l. 1 C. de cond. inser.

4. Nihil diuersum responderi decet aduersus capitalem Papiniani sententiam, l. inter § cum inter de pact. dot., qui speciem ponit, in qua puellae pater cum genero conuenerat, filia sine liberis decedente, dotem ad se redire : natis liberis, mauult actum inter contrahentes intelligi, ut dos a genero non repetatur. Ecce locus qui uelut uenenum bonum nocere simulat, et ualde prodest. Nam probat frequenter pacta a contrahentibus adiici solere, quae alioquin non expressa satis intelligerentur ex nudis legum constitutionibus. Videas licet in d § cum inter conuenisse, ut dos, mortua filia sine liberis, socero restitueretur : quid, quaeso, aliud sine pactione illa accidisset ? et in l. cum quaerebatur ff. de uerbor. significat. ;

< l. qui mutuam ff. mandati., ubi non laedunt ea quae adiiciuntur, ut dubitatio tollatur a contractu >.

Nonobstant D. 24, 3, 48[690], où avait été conclu un pacte selon lequel, si la fille mourait pendant le mariage et avait déjà mis des enfants au monde, la dot, en considération des enfants, resterait au mari, parce que même s'il n'y avait pas eu de pacte la dot lui serait restée ; et en l'espèce la seule hésitation porte sur la question de savoir si par le mot « enfants », on entend désigner aussi les « petits-enfants », ce qui est le plus vraisemblable (C. 6, 46, 1[691]).

4. On doit donner exactement la même réponse quand on est confronté à la très importante décision de Papinien (D. 23, 4, 26, 2[692]), qui expose l'espèce suivante : le père de la jeune fille était convenu avec son gendre que si sa fille mourait sans enfants, la dot lui serait rendue ; mais, s'il y a des enfants, Papinien préfère comprendre que cet acte empêchera de réclamer la dot au gendre. Voilà un passage qui, à l'instar d'un poison salvateur, paraît nuisible, et en réalité fait le plus grand bien. Car il prouve que, souvent, les contractants ajoutent des pactes là où les dispositions légales, à elles seules, seraient suffisamment claires. On peut donc voir qu'en D. 23, 4, 26, 2[693], il avait été convenu que la dot serait rendue au beau-père si la fille mourait sans enfants : mais, je vous le demande, que serait-il arrivé d'autre en l'absence de ce pacte ? voir aussi D. 50, 16, 240[694].

< et D. 17, 1, 56, pr.[695], où les clauses ajoutées à un contrat pour éviter toute ambiguïté ne lui causent aucun préjudice >.

---

ex huiusmodi casu accedat.

690 *Si dotali instrumento ita stipulatio interposita sit, ut **liberorum nomine** dos apud maritum resideat, **nepotum quoque nomine dos retinebitur**.*

691 *Cum testatorem fideicommissum Tralliano ab eo, quem pro parte heredem instituerat, ita reliquisse proponas, si **sine liberis** institutus diem obisset, isque **nepotem, quem ex filia susceperat**, heredem instituerat, **condicionem adscriptam fideicommisso defecisse manifestum est**, nisi alia defuncti uoluntas euidenter probabitur.*

692 *Cum inter patrem et generum conuenit, ut in matrimonio sine liberis defuncta filia dos patri restituatur, **id actum inter contrahentes intellegi debet, ut liberis superstitibus filia** defuncta dos retineatur, nec separabitur portio dotis additamenti causa data, si postea nihil aliud conueniat.*

693 Voir note précédente.

694 *Cum quaerebatur, an uerbum « soluto matrimonio dotem reddi » non tantum diuortium, sed et mortem contineret [...], hoc motus Imperator pronuntiauit id actum eo pacto, ut **nullo casu remaneret dos apud maritum**.*

695 *[...] etenim **quae dubitationis tollendae causa contractibus inseruntur, ius commune non laedunt**.*

Ergo hic non praecipue dubitabatur, utrum dos apud maritum maneret cum liberis, sed an una, quod additamenti gratia doti accessisset, maneret; sicut in l. si dotali sol. matr., an appellatione liberorum continerentur nepotes; et in utrouis responso ratione filiorum uel nepotum fauetur marito, quod aequius est, quoad uiuunt liberi : quia si uiuo auo decederent, cum cesset onus matrimonii, cessabit et emolumentum dotis, restitueturque dos auo, qui dederat, d. l. si dotali et d. l. inter in princ.

< Plane superioribus opitulatur, quod in omni tractatu iuris additamenta sequuntur principale, l. praediis § fin. ff. de legat. 3, leg. etiam C de jure dot. >.

Muneribus et donis gigni et nutriri amorem quiuis experitur, et Propertius testatur libro secundo :
Ergo muneribus quiuis mercatur amicam ?
Iupiter, indigna merce puella perit.

Quia cum inter omnes hactenus conuenerit rem sanctissimam et diuinam esse amorem, pretio dehonestanda non est, arg. l. 1 § proinde ff. de uar. cog. At displicet amator parcissimus, et auara mulier, quam prae oculis habere iubeo praeceptum Vlpiani, l. solent § fin ff. de offic. procons., ne omnia, nec sine delectu, nec ab omnibus accipiat. Interest tamen utrum de coniugibus intelligamus, an de aliis.

Par conséquent, ici[696], le doute ne portait pas principalement sur le point de savoir si la dot resterait au mari en même temps que les enfants, mais sur celui de savoir s'il garderait aussi l'augment de dot ; de même en D. 24, 3, 48[697], on se demandait si, par le terme « enfants », on désignait aussi les petits-enfants ; et dans l'une et l'autre réponse, eu égard aux enfants ou aux petits-enfants, on tranche en faveur du mari, ce qui est assez équitable, tant que les enfants sont vivants : parce que s'ils mouraient du vivant de leur grand-père, dès lors que la charge du mariage disparaîtrait, l'avantage de la dot disparaîtrait aussi, et la dot serait rendue à leur grand-père (D. 24, 3, 48[698] ; D. 23, 4, 26, 2[699]).

< Et ce qui vient d'être dit est largement conforté par le fait qu'en Droit, l'accessoire suit invariablement le principal (D. 32, 91, 5[700] ; C. 5, 12, 8[701]) >.

Tout le monde sait par expérience que l'amour est suscité et entretenu par des cadeaux et des dons, et Properce[702] en atteste au livre II :

Ainsi, avec des cadeaux, n'importe qui se paie une bonne amie ?
Par Jupiter, une fille s'avilit dans ce marché indigne !

C'est que, comme on est d'accord en général pour dire que l'amour est une chose très sainte et divine, il ne doit pas être déshonoré par l'argent (D. 50, 13, 1, 5[703]). Mais un amoureux sans générosité n'a rien pour plaire, ni non plus une femme trop cupide, à qui je recommande de ne pas perdre de vue ce qu'Ulpien conseille en D. 1, 16, 6, 3[704] : ne pas accepter tout de tous indifféremment. Néanmoins, il faut distinguer selon qu'on parle de conjoints ou d'autres personnes.

---

696 Voir ci-dessus note 692.

697 Voir ci-dessus note 690.

698 Voir ci-dessus note 690.

699 Voir ci-dessus note 692.

700 *Qui domum possidebat, hortum uicinum aedibus comparauit ac postea domum legauit. Si hortum domus causa comparauit, ut amoeniorem domum ac salubriorem possideret, aditumque in eum per domum habuit* **et aedium hortus additamentum fuit, domus legato continebitur.**

701 *Etiamsi non dotem reddi sibi mater, sed ea, quae in dotem data sunt, ut eam sequerentur uel ad se pertineant in matrimonio defuncta filia, stipulata sit, durante matrimonio filia decedente actionem ex stipulatu uideri quaesitam aequissimum esse iudicamus. Cui consequens est,* **ut etiam id, quod additamenti causa in dotem datum est, eadem actione repetatur.**

702 *Élégies,* II, 16, 15-16.

703 *Proinde ne iuris quidem ciuilis professoribus ius dicent :* **est quidem res sanctissima ciuilis sapientia, sed quae pretio nummario non sit aestimanda nec dehonestanda, dum in** *iudicio honor petitur, qui in ingressu sacramenti offerri debuit. Quaedam enim tametsi honeste accipiantur, inhoneste tamen petuntur.*

704 **Nam ualde inhumanum est a nemine accipere, sed passim uilissimum est et omnia auarissimum.**

5. Nam inter uirum et uxorem ne donatio ualeat moribus receptum est, ne profusa facilitate se inuicem spolient, l. 1 de don. inter uir., ne qui deterior esset, ditaretur, melior in paupertatem decideret, cum donare cogeretur, l. II et III ff. eod.

< Alias rationes adiunxit Plutarchus in *Problematis* : quarum illa, quod uiri et uxoris rem communem esse par sit, ideoque uelut ab alieno accipere neuter iure possit, nempe quod suum cuique non donetur, ut in l. 1 ff. rer. amotar. Solon dicebat coniugem donantem coniugi necessitate persuasioneque duci, aut uoluptate falli : id probat Iustinianus expressim in l. cum multae § simplices C. de donati. ante nupti. Nam illa, quod uir et uxor sint aeque domini communium rerum, fucum facit, cum in d. l. 1 rer. amot. addatur particula *quodammodo* ; nec ueritas dominii mutari potest, l. in rebus C. de iure dot.

5. En effet, il est communément admis qu'entre mari et femme les donations ne sont pas valables, pour éviter qu'ils ne se spolient mutuellement, à cause de l'excessive facilité qu'ils auraient à se faire des largesses (D. 24, 1, 1[705]), que le plus pauvre des deux ne devienne riche, et le plus riche pauvre, parce qu'il serait forcé de faire des cadeaux (D. 24, 1, 2 et 3[706]).

< Plutarque, dans ses *Problèmes*[707], a ajouté d'autres raisons, notamment celle-ci : qu'il est juste que tout soit commun entre le mari et la femme, et que par conséquent aucun d'entre eux ne peut légalement recevoir de l'autre comme d'un tiers, pour la bonne raison qu'on ne se fait pas de don à soi-même ; de même en D. 25, 2, 1[708]. Solon, lui, disait que le conjoint qui fait une donation à son conjoint y est incité par la nécessité et la persuasion, ou est trompé par la volupté ; et Justinien l'approuve expressément en C. 5, 3, 20, 4[709]). En effet, invoquer la raison mentionnée plus haut, selon laquelle le mari et la femme seraient également propriétaires des biens communs, c'est jeter de la poudre aux yeux, dès lors que dans la loi déjà citée, D. 25, 2, 1[710], est insérée l'expression « en quelque manière », et que l'on ne saurait modifier l'identité du véritable propriétaire (C. 5, 12, 30, pr.[711]).

---

705   *Moribus apud nos receptum est,* **ne inter uirum et uxorem donationes ualerent.** *Hoc autem receptum est,* **ne mutuo amore inuicem spoliarentur donationibus non temperantes, sed profusa erga se facilitate.**

706   § 2 : *Ne cesset eis studium liberos potius educendi. Sextus Caecilius et illam causam adiciebat, quia saepe futurum esset, ut discuterentur matrimonia, si non donaret is qui posset, atque ea ratione* **euenturum, ut uenalicia essent matrimonia.** § 3 : voir ci-dessus note 88.

707   *Questions romaines,* § 7 : « Ou plutôt [les Romains] n'ont-ils pas voulu signifier par là que tout doit être commun entre mari et femme ? En effet, lorsqu'on reçoit quelque chose, il semble qu'on regarde le reste comme étranger pour soi. Ainsi deux époux qui se font quelque don mutuel, paraissent s'ôter l'un à l'autre tout le reste ».

708   *Rerum amotarum iudicium singulare introductum est* **aduersus eam quae uxor fuit, quia non placuit cum ea furti agere posse,** *quibusdam existimantibus ne quidem furtum eam facere, ut Nerua Cassio,* **quia societas uitae quodammodo dominam eam faceret ;** *aliis, ut Sabino et Proculo, furto quidem eam facere, sicut filia patri faciat, sed furti non esse actionem constituto iure, in qua sententia et Iulianus rectissime est.*

709   *Sancimus itaque omnes licentiam habere siue priusquam matrimonia contraxerint siue postea donationes mulieribus dare propter dotis dationem, ut non simplices donationes intelligantur, sed propter dotem et propter nuptias factae.* **Simplices etenim donationes non propter nuptias fiunt, sed propter nuptias uetitae sunt** : *et propter alias causas* **et libidinem forsitan uel unius partis egestatem, non propter ipsam nuptiarum adfectionem efficiuntur.**

710   Voir ci-dessus note 708.

711   *In rebus dotalibus* […] *mulierem in his uindicandis omnem habere post dissolutum matrimonium praerogatiuam et neminem creditorum mariti, qui anteriores sunt, sibi potiorem causam in his per*

Insuper donatio eiusmodi permittitur, modo accipiens non locupletetur, l. si sponsus § concessa ff. de don. inter uir.; unde liquet differentiam seruari donantis et donatarii coniugis : nec *amare* accipiendam legis prohibitionem, id praecipue timendum ne donans fiat pauperior, l. si in quod § si quas ff. eod.; l. 1 ff. ad legem Iul. repet.; qui textus negari nequit, ubi uxor uiri in imperio constituti impune ei donat, nec amore, nec metu impediente munificentiam, sed quia non fiebat accipiens ditior, sed munere accepto dignitatem honestabat, l. nam et, cum l. seq., ff. de donati. inter uir.; l. si uir ff. pro donat.

Pernimius ergo coniugum amor pariebat inopiam ; acerba igitur fuit lex uetus quae prohibuit uxorem a uiro haeredem institui ; cuius meminit Quintilianus lib. 9 cap. 2, et quae abrogata est ab Augustis : qui plus legitimo amori coniugum tribuerunt quam repulerunt uersutias et fraudes, quae saepe nectuntur maritis morituris, iuxta legem Papiam, l. fi. C. de infirm. poenis coelibat., sed uidetur donatum uxori, ueluti etiam filiofamilias, ob causam consistere, ut « mercedem laboris eximii »,

De plus, une donation de ce genre est permise, pourvu que celui qui en bénéficie ne s'enrichisse pas (D. 24, 1, 5, 8[712]) ; d'où il apparaît clairement que l'on fait toujours la différence entre le conjoint qui donne et celui qui reçoit ; et qu'il ne faut pas interpréter « âprement » l'interdiction légale, mais surtout craindre que le donateur ne s'appauvrisse : voir D. 24, 1, 28, 2[713] et D. 48, 11, 1, pr. et 1[714] ; et l'on ne saurait nier l'existence du texte autorisant la femme d'un homme qui a été nommé à un poste de pouvoir à lui faire impunément une donation, sans que ni l'amour ni la crainte ne fassent obstacle à sa générosité, parce que le donataire n'en devenait pas plus riche, mais que sa nouvelle dignité se trouvait valorisée par ce cadeau (D. 24, 1, 41[715] ; D. 24, 1, 42[716] ; D. 41, 6, 3[717]).

Un amour conjugal démesuré conduisait donc à l'indigence ; d'où la dureté de cette ancienne loi, qui interdisait au mari d'instituer sa femme comme héritière ; Quintilien la mentionne au chapitre 2 du livre IX[718], et elle fut abrogée par les Empereurs, qui eurent égard à l'amour légitime entre époux plus qu'ils ne cherchèrent à repousser, conformément à la loi Papia (C. 8, 57, 2[719]), les ruses et les fraudes qui souvent se trament autour des maris moribonds. Mais il semble que le don fait à l'épouse, ou même au fils de famille, était motivé, comme étant par exemple « la récompense d'un service important »,

---

hypothecam uindicare, **cum eaedem res et ab initio uxoris fuerant et naturaliter in eius permanserunt dominio. Non enim quod legum subtilitate transitus earum in mariti patrimonium uidetur fieri, ideo rei ueritas deleta uel confusa est** [...].

712 [...] *definiri solet* **eam demum donationem impediri solere, quae et donantem pauperiorem et accipientem faciet locupletiorem** [...].

713 *Si quas serui operas uiri uxori praestiterint uel contra, magis placuit, nullam habendam earum rationem ;* **et sane non amare nec tamquam inter infestos ius prohibitae donationis tractandum est,** *sed ut inter coniunctos maximo affectu et solam inopiam timentes.*

714 *Lex Iulia repetundarum pertinet ad eas pecunias, quas quis in magistratu potestate curatione legatione uel quo alio officio munere ministerioue publico cepit, uel cum ex cohorte cuius eorum est.*l. **Excipit lex, a quibus licet accipere :** *a sobrinis propioreue gradu cognatis suis,* **uxore.**

715 *Nam et imperator Antoninus constituit, ut ad processus uiri uxor ei donare possit.*

716 *Nuper ex indulgentia Principis Antonini recepta est* **alia causa donationis, quam dicimus honoris causa** *: ut ecce si uxor uiro lati claui petenti gratia donet uel ut equestris ordinis fiat uel ludorum gratia.*

717 Voir ci-dessus note 619.

718 *Institution oratoire,* IX, 2, 70 : « les lois s'opposant à ce que cette femme fût instituée héritière, on avait eu recours à cet expédient pour lui faire passer les biens au moyen d'un fidéicommis ».

719 Voir ci-dessus note 74.

inquit Paulus, l. si pater § fin. de donation.; atqui uir uxori donat ob
« pudicitiae praemium », l. res C. de donati. inter uir.; quinimo nulla
iusta causa est uxoris remunerandae ex eo quod ultro facere tenetur,
laus eidem proderit >.

Quod si donauerit alteruter eorum alteri, possessionem quidem
amittit, postquam tradidit et iam possidere non uult, l. 1 § si uir ff. de
acq. poss.; sed possessionem reuocabit quoties lubuerit l. si eum ff. de
don. inter uir. Aliter sentiendum, cum quis ex iusto titulo possidere
desiit, l. 1 § per procuratorem ff. de acq. poss.;

< uel forte, in d § si uir, uxor rem alienam bona fide possessam uiro
donauerat, ut in l. 3 ff. pro donato; utcumque sit donatum iniuste, uxor
possidet cum uiro placuit, l. quod uxor ff. de acq. possess. >.

Ad alios igitur, qui coniugio copulati non sunt, pergamus et quidem uiris donare ac puellis accipere permissum est, l. affectionis ff. de
do., siue, inquit Iurisconsultus, honeste donetur, siue turpiter amicae.

dit Paul en D. 39, 5, 34, 1[720] ; ainsi un mari fait-il un cadeau à sa femme « en récompense de son comportement pudique » (C. 5, 16, 24, 1[721]) ; or, tout au contraire, il n'y a aucune bonne raison de rémunérer son épouse pour la conduite qu'elle est tenue d'observer spontanément : des félicitations seront tout aussi efficaces >.

Si l'un ou l'autre des époux a fait une donation à l'autre, il perd la possession de la chose une fois qu'il l'a cédée et qu'il n'a plus la volonté de posséder (D. 41, 2, 1, 4[722]). ; mais il révoquera cette possession chaque fois qu'il en aura envie (D. 24, 1, 26, pr.[723]) ; il faut cependant voir les choses autrement lorsque quelqu'un a cessé de posséder en vertu d'un juste titre (D. 41, 2, 1, 20[724]).

< Ou peut-être, dans la loi déjà citée D. 41, 2, 1, 4[725], la femme avait-elle donné au mari la chose d'autrui, qu'elle possédait de bonne foi, comme en D. 41, 6, 3[726] ; mais que la donation ait été ou non faite à tort, la femme obtient la possession quand le mari en a décidé ainsi (D. 41, 2, 16[727]) >.

Venons-en donc aux autres, ceux qui ne sont pas unis par le lien du mariage : il est assurément permis aux hommes de donner et aux filles de recevoir (D. 39, 5, 5[728]) ; et cela, dit le jurisconsulte, que l'on fasse une donation à sa bien-aimée pour des raisons honorables ou déshonorantes.

---

720   *Si quis aliquem a latrunculis uel hostibus eripuit et aliquid pro eo ab ipso accipiat, haec donatio inreuocabilis est : non* **merces eximii laboris** *appellanda est, quod contemplatione salutis certo modo aestimari non placuit.*

721   *Et* **donatio maritalis** *ante tempus criminis ac reatus collata in uxorem,* **quia pudicitiae praemio cessit,** *observanda est,* **tamquam si maritum eius natura, non poena subduxerit.**

722   *Si uir uxori cedat possessione* **donationis causa,** *plerique putant possidere eam,* **quoniam res facti infirmari iure ciuili non potest.** *Et quid attinet dicere non possidere mulierem, cum maritus,* **ubi noluit possidere, protinus amiserit possessionem** ?

723   *Si eum, qui mihi uendiderit, iusserim eam rem uxori meae donationis causa dare et is possessionem iussu meo tradiderit, liberatus erit, quia, licet illa iure ciuili possidere non intellegatur, certe tamen uenditor nihil habet quod tradat.*

724   *Per procuratorem tutorem curatoremue possessio nobis adquiritur.* **Cum autem suo nomine nacti fuerint possessionem, non cum ea mente, ut operam dumtaxat suam accommodarent, nobis non possunt adquirere** [...].

725   Voir ci-dessus note 722.

726   Voir ci-dessus note 619.

727   **Quod uxor uiro aut uir uxori donauit, pro possessore possidetur.**

728   Voir ci-dessus note 331.

Indagemus ne idem iuris statuendum de muliere sit, sine ulla differentia, et ut idem sit, uerius est, quoniam auarissima est minimumque liberalis, l. si a sponso C. de do. ant. nupt. ; itaque ultro lex sinit fieri, quod uix fieri posse coniicit l. nec in ea in fi. ff. de adult. Refellet hoc Accurs. ob l. fin. § Seia ff. de action. :

6. *Seia cui salarium constituere uellet ita epistolam misit : Lucio Titio salutem, si eodem animo et eadem affectione erga me es, qua semper fuisti, ex continuis acceptis literis meis, distracta re tua, ueni et tibi quamdiu uiuam praestabo annuos decem; scio enim quod ualde me bene ames. Quaero cum et rem suam distraxerit Lucius Titius, et ad eam profectus sit, et ex eo cum ea sit, an ei ex his epistolis salarium annuum debeatur ? Respondi, inquit Scaevola, ex personis causisque eum, cuius notio sit, aestimaturum an actio danda sit.*

Haec uerba si ipse interpretor, ut iudici considerandum non sit < necessario > an ex parum honesta causa mulier promiserit, quia etsi honesto amico uel cognato epistolam eamdem scripsisset, non obligaretur, iure potissimum antiquo, quo donatio solo consensu inermis fuit, l. si quis § fi. C. de donat. Verum illud considerari congruit, contractum hic fuisse innominatum, do ut facias, do ut rem tuam distrahas, uenias. Licuit sine dubio Seiae poenitere, l. si pecuniam ff. de condic. caus. dat.

Demandons-nous s'il ne faut pas décider qu'en Droit, il en va très exactement de même pour la femme mariée, et il est assez vraisemblable que c'est le cas, puisqu'elle est très cupide et rien moins que généreuse (C. 5, 3, 16, pr.[729]) ; aussi la loi laisse-t-elle faire ce qu'elle ne croit guère possible (D. 48, 5, 23, 4[730]). Mais Accurse s'y oppose, à cause de D. 44, 7, 61, 1[731] :

6. *À celui à qui elle voulait verser un salaire, Seia envoya la lettre suivante :* « *Bonjour Lucius Titius : si vous éprouvez toujours la même affection à mon égard, dès que vous aurez reçu ma lettre, vendez vos biens, venez, et aussi longtemps que je vivrai, je vous verserai dix écus d'or par an. Je sais en effet que vous m'aimez beaucoup* ». *Je demande si, dès lors que Lucius Titius a vendu ses biens, s'est rendu auprès d'elle, et y est resté depuis, on lui doit, sur le fondement de cette lettre, le salaire annuel. J'ai répondu, dit Scaevola, que celui qui connaîtrait de l'affaire estimerait, en tenant compte des personnes et de leurs motivations, s'il faudrait lui donner une action.*

Si j'interprète ces mots à mon tour, je dirai que le juge n'a pas < forcément > à examiner si la femme a fait cette promesse pour une raison immorale, parce que, même si elle avait écrit une lettre identique, en tout bien tout honneur, à un ami ou à un parent, elle n'aurait pas contracté une obligation, surtout en vertu du Droit ancien, selon lequel le consentement ne suffisait pas pour rendre la donation valable (C. 8, 53, 35, 5b[732]). Ce qu'en revanche il aurait fallu considérer, c'était qu'il s'agissait d'un contrat inommé, du type *do ut facias* : je te donne pour que tu vendes tes biens et que tu viennes me trouver. Seia aurait pu se raviser, cela ne fait aucun doute (D. 12, 4, 5, pr.[733]).

---

729 *Quod si sponsa, interueniente uel non interveniente osculo,* **donationis titulo (quod raro accidit) fuerit aliquid sponso largita** [...].

730 *Ideo autem patri, non marito mulierem et omnem adulterum remissum est occidere,* **quod plerumque pietas paterni nominis consilium pro liberis capit** : *ceterum mariti calor et impetus facile decernentis fuit refrenandus.*

731 Loi citée immédiatement après, au § 6.

732 [...] *liberalitatem plenam et secundum legem nostram perfectissimam constitutam* **necessarius traditionis effectus sequatur, et necessitatem habeat donator omnimodo res uel partem substantiae quam nominauerit uel totam substantiam tradere.**

733 *Si pecuniam ideo acceperis, ut Capuam eas, deinde parato tibi ad proficiscendum condicio temporis uel ualetudinis impedimento fuerit, quo minus proficiscereris, an condici possit, uidendum ; et cum per te non steterit, potest dici repetitionem cessare ; sed* **cum liceat paenitere ei qui dedit, procul dubio repetetur id quod datum est,** *nisi forte tua intersit non accepisse te ob hanc causam pecuniam. Nam si ita se res habeat, ut, licet nondum profectus sis, ita tamen rem composueris,* **ut necesse habeas proficisci,** *uel sumptus, qui necessarii fuerunt ad profectionem, iam fecisti, ut*

Sane uero tum demum licet poenitere, cum ex parte eius qui facere promisit, res adhuc integra est, id est, cum nondum sumptum aliquem, praeparans iter fecit ; quod si ob profectionem rem suam distraxit, equum emit, sedem mutauit, adeo ut necesse habeat proficisci, haec in notione iudicis sunt ; ex personis et causis diiudicabit num Titius is sit, qui tantum pecuniae impenderit, ut iam poenitere Seiae non permittatur, et an is familiam suam mutaturus alioquin fuisset, an iampridem migrare constituisset, d.l. si pecuniam et § quia* si ff. eod. Nostra opinio corroborari amplius potest ex l. et mulieri ff. de curat. furi., ubi mulieri luxuriosae, id est, sua prodigenti et lautius uiuenti, bonis interdicendum est ; prius ergo, quam interdicatur, donet, quis prohibuit ? non iurisconsultus in l. affectionis ff. de donat.

< Proinde si turpis causa promissionis probari possit, in pari iure potior erit is qui possidet, l. 2 C. de condic. ob turp. caus. Ita mulier non obligabitur ad dandum quod promisit, sicut nec datum praestitumue recuperaret, maxime si fuerit quaestui turpi addicta, quae et turpiter non accipit, l. 4 de condict. ob turp. caus.,

Car il est assurément permis de changer d'avis dès lors que, du côté de celui qui a promis de faire, rien n'a encore bougé, c'est-à-dire tant qu'il n'a pas engagé de dépense pour préparer son voyage ; mais si, en raison de son départ, il a vendu ses biens, acheté un cheval, déménagé, de sorte qu'il soit obligé de partir, ces éléments relèvent de la compétence du juge : en tenant compte des personnes et de leurs motivations, il jugera si Titius se trouve avoir dépensé tant d'argent qu'il n'est plus permis à Seia de se raviser, et si, par ailleurs, il avait eu l'intention de changer de domesticité, ou s'il avait, depuis longtemps, décidé de déménager : voir la loi déjà citée D. 12, 4, 5, pr.[734] et D. 12, 4, 5, 3[735]. Notre opinion peut être plus amplement confirmée par D. 27, 10, 15, pr.[736], où l'on doit interdire de biens une femme intempérante, c'est-à-dire qui prodigue son bien et mène une vie trop dispendieuse. Mais, en revanche, qui l'a empêchée de faire une donation avant qu'elle soit interdite ? pas le jurisconsulte (D. 39, 5, 5[737])

< Par conséquent, même si l'on pouvait prouver que la promesse avait eu un motif immoral, à Droit égal des deux côtés, c'est le possesseur qui aura l'avantage (C. 4, 7, 2[738]). Ainsi la femme ne sera-t-elle pas tenue de donner ce qu'elle a promis, de même qu'elle ne récupèrerait pas non plus ce qu'elle aurait donné ou prêté, surtout si elle gagnait sa vie de façon immorale, car elle ne fait rien d'immoral en recevant de l'argent pour cela (C. 4, 7, 4[739]) ;

---

manifestum sit te plus forte quam accepisti erogasse, condictio cessabit : sed si minus erogatum sit condictio locum habebit, ita tamen, ut indemnitas tibi praestetur eius quod expendisti.

734 Voir note précédente.

735 *Sed si accepit pecuniam ut seruum manumittat isque fugerit prius quam manumittatur uidendum, an condici possit quod accepit. Et si quidem distracturus erat hunc seruum et propter hoc non distraxit, quod acceperat ut manumittat non oportet ei condici [...] Quod si distracturus non erat eum, oportet id quod accepit restitui, nisi forte diligentius eum habiturus esset, si non accepisset ut manumitteret : tunc enim non est aequum eum et seruo et toto pretio carere.*

736 *Et mulieri, quae luxuriose uiuit, bonis interdici potest.*

737 Voir ci-dessus, note 331.

738 *Cum te propter turpem causam, contra disciplinam temporum meorum, domum aduersariae dedisse profitearis, frustra eam restitui tibi desideras, cum in pari causa possessoris melior condicio habeatur.* Ce « Droit égal » signifie ici que pour celui qui a reçu, aussi bien que pour celui qui a fait, la promesse avait un motif immoral. Voir aussi D. 12, 5, 8 : *si et dantis et accipientis turpis causa sit, possessorem potiorem esse, et ideo repetitionem cessare.*

739 *Quotiens accipientis, non etiam dantis, turpis inuenitur causa, licet haec secuta fuerit, datum condici tantum, non etiam usurae peti possunt.* Le cas de la prostituée, allusivement

Solone utique autore, qui prostitui iuuentuti puellas docuit, et publicae Veneri templum extruxit, Athenaeo autore, lib. 13 cap. 9 ; l. 30 ff. de petit. haered. Sic certe non turpiter dare dicetur et illi liberali esse permittetur, quae auara suopte genio et instituto sit, l. sed si ego ff. ad Velleian. ; nam lex magis permittit id quod absurdum est, si raro patrari posse suspicetur, l. nec in ea ff. ad leg. Iuliam de adul. >.

7. Solebant Romani mariti Calendis Martiis, quia hic mensis primus in anno decem mensium a Romulo fuit institutus, pro conseruatione coniugii supplicare, floribus et thure sacrum facere ; eo quaerit Horat. lib. 3 *Carminum* :

Martiis caelebs quid agam Calendis ?

Innuit litare non posse caelibem eo die, qui matrimoniis dicatus festusque erat, ut explicat Porphyrion.

< Non praetermitto liberalitatem in uxorem collatam, et morte uel alia ratione confirmari solitam, infirmari simul atque detectum fuerit eam impudicam fuisse, quippe cum imperator « pudicitiae praemio » confirmari tantum dicat, l. res uxoris C. de donat. inter uir. ;

Solon en est garant, lui qui montra comment fournir des prostituées aux jeunes gens et qui, selon Athénée, au chapitre 9 du livre XIII[740], éleva un temple à la Vénus publique ; voir aussi D. 5, 3, 30[741]. De même, assurément, on ne dira pas que la femme portée à la cupidité par son naturel et son éducation, fait une donation pour un motif immoral, et il lui sera permis d'être libérale (D. 16, 1, 4, 1[742]). Car la loi autorise plus volontiers une absurdité, si elle présume qu'il y a peu de chances de la voir se produire (D. 48, 5, 23, 4[743]) >.

7. Aux Calendes de Mars, parce que ce mois était le premier dans l'année de dix mois instituée par Romulus, les maris romains avaient coutume de prier les dieux pour la préservation de leur mariage, en leur sacrifiant des fleurs et de l'encens. D'où la question que pose Horace, au livre III de ses *Odes*[744] :

Moi qui suis célibataire, qu'ai-je à faire des Calendes de Mars ?

Il a voulu dire qu'un célibataire ne peut pas faire un sacrifice en ce jour de fête, qui était consacré au mariage, comme l'explique Porphyrion[745].

< Je n'omets pas de dire qu'une libéralité consentie à une épouse, et ordinairement ratifiée par la mort ou pour une autre raison, est révoquée aussitôt que l'on a découvert qu'elle s'était comportée de manière impudique, puisque l'Empereur dit qu'elle est ratifiée seulement « en récompense d'un comportement pudique » (C. 5, 16, 24, 1[746]) ;

mentionné ici, est explicité en D. 12, 5, 4, 3 : *quod meretrici datur, repeti non posset* [...] : **illam enim turpiter facere, quod sit meretrix, non turpiter accipere, cum sit meretrix**.

740 XIII, 25 : « Philémon, dans ses *Adelphes*, nous informe que ce fut Solon, soucieux de calmer les ardeurs des jeunes gens, qui prit l'initiative d'ouvrir des maisons de passe et d'y installer des jeunes femmes achetées. Nicandre de Colophon ne dit pas autre chose dans le troisième livre de son *Histoire de Colophon*, ajoutant que Solon fit édifier un temple d'Aphrodite Pandémos avec l'argent des impôts perçus sur les maquerelles dirigeant les bordels ».

741 [...] *Dicendum itaque est* **in bonae fidei possessore haec tantummodo eum praestare debere, id est uel sortem et usuras eius si et eas percepit, uel omnia cum eorum cessione in id facienda, quod ex his adhuc deberetur,** *periculo scilicet petitoris.*

742 [...] *Senatus enim obligatae mulieri succurrere uoluit, non donanti : hoc ideo,* **quia facilius se mulier obligat quam alicui donat.**

743 Voir ci-dessus note 730.

744 *Odes*, III, 8, 1.

745 Pomponius Porphyrion, grammairien et scoliaste d'Horace, peut-être originaire d'Afrique, vécut au IIe ou au IIIe siècle ap. J.-C.

746 Voir ci-dessus, note 721.

nec hoc solum a sensu contrario persuadetur, sed etiam ex eo, quod adultera dotem propriam amittit, nisi maritus leno consenserit probro, l. cum mulier ff. solut. matr. ; multo magis, amittet alienae erogationis compendium >.

Plane, ut ad institutum regrediar, eisdem Martiis calendis uiri uxoribus, uel cognatis, uel amicitia coniunctis mulieribus munera mittebant, nec improbabatur ea de causa mediocris inter coniuges donatio, modo festi Martii gratia, ut Paulus ait, non in fraudem legis immodica esset, l. sed si uir § pe. ff. de don. inter uir. ; l. ex annuo ff. eod. ; praesertim cum mense Decembri sacris Saturnalibus uiris mulieres quadem compensationis specie rependerent, unde donatio confirmatur, l. quod autem § si uir et uxor ff. eo.

< Eo pertinet lex Publicii, tribuni plebis, ne Saturnalibus nisi cerei ditioribus missitarentur ; de qua Macrobius lib. 1 *Saturnaliorum* cap. 7 ; plane >

morem antiquum nemo elegantius explicuit quam Martial. Lib. 5 *ad Gallam* :
Saturnalia transiere tota,
Nec munuscula parua, nec minora
Misisti mihi, Galla, quae solebas :
Sane sic abeat meus December.
Scis certe, puto, uestra iam uenire
Saturnalia, Martias Calendas,
Tunc reddam tibi, Galla, quod dedisti.

et on n'en sera pas seulement persuadé par le raisonnement *a contrario*, mais aussi du fait qu'une épouse adultère est privée de sa dot, à moins que son mari, se comportant en proxénète, n'ait consenti à se déshonorer (D. 24, 3, 47[747]); bien plus, elle perdra le bénéfice d'une libéralité consentie par un étranger à la famille >.

Pour en revenir à mon sujet, lors de ces mêmes Calendes de Mars, les maris offraient des cadeaux à leurs femmes, leurs parentes, leurs amies, et une modique donation entre époux, faite pour ce motif, n'était pas condamnable, pourvu que, sous le prétexte de la fête de Mars, comme dit Paul, elle ne fût pas d'un montant excessif, à dessein de contourner la loi (D. 24, 1, 31, 8[748]; D. 24, 1, 15, pr.[749]); d'autant qu'au mois de décembre, lors des fêtes de Saturne, les femmes rendaient leurs cadeaux aux hommes, comme par une espèce de compensation, ce qui confirme qu'il s'agissait d'une donation (D. 24, 1, 7, 2)[750].

< C'est cela qui est visé par la loi de Publicius, tribun de la plèbe, interdisant d'envoyer aux riches, pour les Saturnales, autre chose que des flambeaux de cire. Macrobe en parle au livre I, chapitre 7 de ses *Saturnales*[751] >.

Mais personne n'a plus élégamment expliqué cette ancienne coutume que Martial, au livre 5, dans une épître à Galla[752] :

Les Saturnales sont entièrement passées,
Et tu ne m'as pas envoyé comme d'habitude, Galla, de petits ni d'infimes cadeaux,
Soit ! que mon mois de décembre s'écoule ainsi.
Tu n'ignores pas, je pense, que vont bientôt venir
Vos propres Saturnales, les Calendes de Mars.
Je te rendrai alors, Galla, ce que tu m'as donné.

---

747 Voir ci-dessus note 631.

748 *Si uir uxori munus immodicum calendis Martiis aut natali die dedisset, donatio est ; sed si impensas, quas faceret mulier, quo honestius se tueretur, contra est.*

749 *Ex annuo uel menstruo, **quod uxori maritus praestat,** tunc quod superest **reuocabitur, si satis immodicum est, id est supra uires dotis.***

750 *Si uir et uxor quina inuicem sibi donauerint et maritus seruauerit, uxor consumpserit, recte **placuit compensationem fieri donationum** et hoc diuus Hadrianus constituit.*

751 « Je trouve aussi dans certains écrits que comme plusieurs personnes, à l'occasion des Saturnales, arrachaient par cupidité des présents à leurs clients, fardeau qui devenait onéreux pour les gens d'une modique fortune, le tribun du peuple Publicius décréta qu'on ne devait envoyer aux gens plus riches que soi que des flambeaux de cire ».

752 Voir V, 84, v. 6-12.

8. [53]< Notum est autem, donatione fundi facta, uxorem fructus industria sua quaesitos suos facere, l. fructus de usur., et usuras similiter partas solertia ex pecunia donata, l. ex annuo ff. de donat. inter uir., licet ipsi fructus directo donari nequeant, nec usurae, l. de fructibus ff. eod. Quinetiam mirum satis est, ex fundo uel numis quaesitum reditum ad mulierem pertinere, cum mulier negotiando operandoque quiduis uiro acquirat, l. sicut de oper. libert. ; l. Quintus ff. de donat inter uir., ubi ratio redditur, ut suspicio turpis quaestus uitetur, ne scilicet auaricies sexui ingenita promercalem faciat mulierem. Sed cum a marito sciente et prudente lucrum fructuum et usurae manauerit, cessat sinistra suspicio aliunde corrasi compendii, sicut cum ei obuenit haereditas, quae iusta ratione relicta praesumitur, l. nec adiecit ff. pro soci. ; l. si uxorem de conditi insert. C. >.

---

53   8. 1553 : Iam ex itinere fames creuerat, eam domui iuxta Hebenum arborem, quae quidem uigerrima est, in India alioquin tantum nascens, ex quo Hebenum Indicum uocatur a Iurisconsulto in l. fin. § diui ff. de publican. Illic mensa Cupidinis est, epulis apparatis semper referta, cum lancibus pretiosissimis. Lautitias uarias ciborum sobrie gustaui et nectaris florem potare licuit. Ne uideatur hoc cuiquam fabulosum, habent Aethiopes Meroën terram, et locum et Solis mensam, eiusdem cum superiore naturae, ut refert P. Mela, lib. 3, cap. 10.

8. < On sait d'autre part que l'épouse s'approprie les fruits qu'elle a gagnés par sa propre industrie quand on lui a fait donation d'un fonds de terre, (D. 22, 1, 45[753]) et, pareillement, les profits de l'usure qu'elle a obtenus, grâce à son habileté, sur une somme qu'on lui a donnée (D. 24, 1, 15, 1[754]), bien que les fruits et les gains usuraires eux-mêmes ne puissent être donnés directement (D. 24, 1, 17, pr.[755]). En vérité, il est assez étonnant que le revenu tiré d'un fonds ou d'une somme d'argent revienne à la femme, alors que la femme acquiert pour son mari, quand elle fait du commerce ou n'importe quel travail : voir D. 38, 1, 48, pr.[756] et D. 24, 1, 51[757], où l'explication en est donnée : c'est pour éviter qu'on ne la soupçonne d'un gain immoral, et, bien sûr, empêcher que la cupidité, qui est innée chez les femmes, ne les rende vénales. Mais lorsque le gain provenant des fruits ou de l'usure lui a été octroyé, en toute connaissance de cause et avec sagacité, par son propre mari, on ne la soupçonne plus d'un profit immoral obtenu par ailleurs ; il en est de même, quand elle reçoit un héritage, qu'on présume lui avoir été laissé pour une juste raison (D. 17, 2, 9[758] ; C. 6, 46, 5, pr.[759]).

---

753 **Fructus percipiendo uxor uel uir ex re donata suos facit, illos tamen, quos suis operis adquisierit,** *ueluti serendo : nam si pomum decerpserit uel ex silua caedit, non fit eius, sicuti nec cuiuslibet bonae fidei possessoris, quia non ex facto eius is fructus nascitur.*

754 **Si maritus uxori pecuniam donauerit eaque usuras ex donata pecunia perceperit, lucrabitur** […].

755 **De fructibus quoque uideamus,** *si ex fructibus praediorum quae donata sunt locupletata sit, an in causam donationis cadant. Et Iulianus significat fructus quoque ut usuras licitam habere donationem.*

756 *Sicut patronus, ita etiam patroni filius et nepos et pronepos, qui libertae nuptiis consensit, operarum exactionem amittit :* **nam haec, cuius matrimonio consensit, in officio mariti esse debet.**

757 *Quintus Mucius ait, cum in controversiam uenit, unde ad mulierem quid peruenerit, et uerius et honestius est quod non demonstratur unde habeat existimari a uiro aut qui in potestate eius esset ad eam peruenisse.* **Euitandi autem turpis quaestus gratia circa uxorem hoc uidetur** *Quintus Mucius probasse.*

758 *Nec adiecit Sabinus hereditatem uel legatum uel donationes mortis causa siue non mortis causa, fortassis haec ideo,* **quia non sine causa obueniunt, sed ob meritum aliquod accedunt.**

759 *Si uxorem tuam tempore nuptiarum in patria potestate fuisse monstretur, fideicommissi commodum ei relicti, cum nupserit, nullo alio diem eius cedere prohibente, patri quaesitum non ambigitur.* **Quod si a patre ante nuptias emancipata fuerit** *ac postea decesserit, superstite patre et marito ac liberis,* **actionem fideicommissi sibi competentem ad heredes suos transmisit.**

< 9. Multum uero prae se fert aequitatis, quod Papinianus sensit in l. 24 de donat. inter uir, donationem eiusmodi sine traditione per nudam stipulationem non perfici, et sane potius pacto nudo stare debuit quam praecedente interrogatione, cum pactum a motu proprio donantis prosi- liat; at interrogatio uiri seueri uel saeui uxorem cogit, uel amor saeuior; ecquid enim coniugi charae perditus coniunx abneget? praesertim cum uerba celeriter euolent. Tamen circa traditionem cunctabitur parumper; aut si res de qua agitur iam penes stipulantem sit, l. cum hic § siue autem de donati. inter uir., ubi de acceptilatione ualida agitur, sed ita et reuocabilis sit, exemplo aliarum donationum, l. 3 § sciendum eod. tit.

< 9.[760] Il est marqué au coin d'une grande équité, l'avis de Papinien en D. 24, 1, 23[761], selon lequel une donation de ce genre, faite sans remise de la chose, n'est pas réalisée de manière parfaite au moyen d'une simple stipulation, et, assurément, on aurait dû s'en tenir à un pacte nu plutôt que de le faire précéder d'une stipulation par interrogation, puisque le pacte découle de la propre initiative du donateur ; au contraire, l'interrogation est contraignante pour la femme d'un homme sévère ou violent, comme l'est aussi un amour trop violent : qu'est-ce qu'un époux moribond pourrait, en effet, refuser à une épouse chérie ? surtout que les paroles volent très vite. S'agissant de la remise de la chose, on aura néanmoins quelque hésitation ; ou encore si la chose en question se trouvait déjà chez celui qui stipule : voir D. 24, 1, 32, 23[762], où il est question d'une acceptilation valide, mais qui, dans ces conditions, serait révocable, à l'instar des autres donations (D. 24, 1, 3, 10[763]).

---

760 Quoiqu'annoncé dans les *Obseruata* de l'édition posthume, ce point ne figure pas à la fin du chapitre 7. En revanche, on s'explique mal qu'au début du chapitre 8, un passage, ajouté dans la même édition posthume, revienne sur la question des donations, et en particulier s'interroge sur leur validité en l'absence de remise de la chose (ce qui est l'intitulé exact du point 9 annoncé au chapitre précédent), non sans sectionner bizarrement l'énumération des Vénus. Convaincue que l'ajout de ce bloc de texte a été mal interprété par l'imprimeur, je l'ai donc reporté à son emplacement logique, en tant que 9ᵉ point, à la fin du chapitre 7.

761 *Papinianus recte putabat orationem Diui Seueri ad rerum donationem pertinere : denique si stipulanti spopondisset uxori suae, non putabat conueniri posse heredem mariti, licet durante uoluntate maritus decesserit.*

762 *Siue autem res fuit quae donata est siue obligatio remissa, potest dici donationem effectum habituram, ut puta uxori acceptum tulit donationis causa quod debeat ; potest dici pendere acceptilationem non ipsam, sed effectum eius. Et generaliter uniuersae donationes, quas impediri diximus, ex oratione ualebunt.*

763 *Sciendum autem est ita interdictam inter uirum et uxorem donationem, ut ipso iure nihil ualeat quod actum est : proinde si corpus sit quod donatur, nec traditio quicquam ualet, et si stipulanti promissum sit uel accepto latum, nihil ualet : ipso enim iure quae inter uirum et uxorem donationis causa geruntur, nullius momenti sunt.*

Et Papinianum iuuat Vlpianusmet, l. si stipulata eod., ubi speciatim
speculatio proficit sine traditione in annua modica pensione, eo quod in
ea etiam non secuta uiri morte donatio recipitur, non alibi, l. ex annuo
ff. eod. ; l. ex eo de testib., ne quis posthac existimet Papinianum ab
Vlpiano reprehendi ex D. Antonini Caracalli Seuero editi oratione :
nam uiuo patre eam in Senatu habuit, in d. l. cum hic ; proinde uiuo
Papiniano, qui Seuero superstes, iussu Antonini demum necatus est, ut
Aelius Spartianus scripsit in utriusque Augusti uita, multum detestatus
impietatem imperatoris, fratris Getae sanguinem sitientis, et eo tandem
saturi. Alibi etiam inter domesticas personas traditio desideratur, l non
statim ff. de pecul. et ita iure ab Vlpiano ipso laudatur Papinianus in
d. l. 24. >

Et Ulpien lui-même conforte Papinien en D. 24, 1, 33, pr.[764], où, en l'espèce, s'agissant d'une pension annuelle modique, la stipulation est valable sans remise de la chose du fait que, même si le mari n'était pas mort ensuite, c'est en cette rente que consiste la donation, ce qui n'est pas le cas ailleurs : voir D. 24, 1, 15, pr.[765], et D. 22, 5, 18[766] ; cela pour que personne n'aille s'imaginer qu'Ulpien, par la suite, a blâmé Papinien, sur le fondement de l'ordonnance d'Antonin Caracalla, le fils de Sévère, car c'est du vivant de son père que Caracalla fit son discours au Sénat (voir la loi déjà citée D. 24, 1, 32[767]) et, par conséquent, du vivant de Papinien qui, ayant survécu à Sévère, fut finalement assassiné sur l'ordre d'Antonin [Caracalla], parce que, comme l'écrit Aelius Spartianus[768] dans la vie de ces deux Augustes, il avait maudit l'impiété avec laquelle l'empereur, assoiffé du sang de son frère Géta, s'en était finalement rassasié. Ailleurs aussi la remise de la chose est requise entre personnes privées (D. 15, 1, 8[769]) et ainsi, c'est à bon droit qu'Ulpien lui-même félicite Papinien dans la loi déjà citée D. 24, 1, 23[770] >.

---

764 *Si stipulata fuerit mulier annuum, id ex stipulatu petere constante matrimonio non potest. Sed si manente matrimonio decessisse maritus proponatur, puto, quia in annuo quoque donatio uertitur, posse dici stipulationem confirmari ex senatus consulto.*

765 Voir ci-dessus note 749.

766 *Ex eo, quod prohibet lex Iulia de adulteriis testimonium dicere condemnatam mulierem, colligitur etiam mulieres testimonii in iudicio dicendi ius habere.* Cette référence justifie le raisonnement *a contrario*, qui permet de décider différemment, suivant que la rente qui fait l'objet de la donation est ou non modique.

767 Voir ci-dessus note 762. Mais c'est au tout début de la loi (D. 24, 1, 32, pr.) qu'il est fait ici allusion : *Cum hic status esset donationum inter uirum et uxorem, quem antea rettulimus, Imperator noster Antoninus Augustus, ante excessum Diui Seueri patris sui, oratione in senatu habita auctor fuit senatui censendi, Fuluio Aemiliano et Nummio Albino consulibus, ut aliquid laxaret ex iuris rigore.*

768 *Histoire Auguste, Vie de Septime Sévère, XXI et Vie d'Antonin Caracalla, II-IV.*

769 *Non statim quod dominus uoluit ex re sua peculii esse, peculium fecit, sed si tradidit aut, cum apud eum esset, pro tradito habuit : desiderat enim res naturalem dationem. Contra autem simul atque noluit, peculium serui desinit peculium esse.*

770 Voir ci-dessus, note 761.

OBSERVATA IN CAPUT OCTAVUM

1. Gratiae tres Venerem coelestem comitantur et < leges cantant moresque ; tum > quae sint cosmetae mulieres < iurisconsulto >.
2. Mulieres cur citius pubescant et sapiant quam uiri, et muliebris sexus dignitas < et cur fideiussione non obligetur omnino >.
3. Cur mulier nequit esse testis in testamento, < uel etiam in codicillis >.
4. Gemmis legatis quare uasa gemmea debeantur, aliter in marmore. Quid de crystallo et myrrhino.
5. Quae sint mensae citreae, in l. si sterilis § quamuis de act. empt. ; < an error impediat uenditionem uel matrimonium >.

CAPUT VIII

Auertit animum ab omni uoluptatis genere eximii cuiusdam aedificii contemplatio, quod dubium faciebat, pulchriusne esset an pretiosius, et ars cum mirabili materiae aestimatione luctabatur, incerta uictoria, maxime cogitantibus operis molem, atque ambitum unius fere stadii spatio, tum architectorum et pictorum industriam et manum cum laudatissimis quibuscumque certantem. Domum Venere ipsa dignissimam facile cognosceres.

CONTENU DU CHAPITRE 8

1. Trois Grâces accompagnent la Vénus céleste et < chantent les lois et les mœurs > ; ce que sont les *mulieres cosmetae* < pour le jurisconsulte >.
2. Pourquoi les femmes sont pubères et raisonnables plus vite que les hommes ; dignité du sexe féminin ; < et pourquoi on n'est absolument pas lié par un cautionnement >.
3. Pourquoi une femme ne peut pas être témoin à un testament, < ni même à des codicilles >.
4. Pourquoi, en cas de legs de pierres précieuses, on doit remettre les vases ornés de pierres précieuses, alors qu'il en va autrement pour le marbre. Ce qu'il en est du cristal et du murrhin.
5. Ce que sont les tables en citronnier à D. 19, 1, 21, 2 ; < l'erreur empêche-t-elle une vente ou un mariage ? >.

CHAPITRE 8

Je fus détourné de toute pensée de volupté par la vue d'un édifice extraordinaire, dont on ne savait s'il était plus beau que luxueux, ou l'inverse, car l'art y rivalisait avec la valeur des matériaux, sans que l'un l'emportât clairement sur l'autre, surtout si l'on réfléchissait à l'énormité de l'ouvrage, à sa circonférence d'environ un stade, et à l'habileté des architectes et des peintres, dont les mains s'étaient montrées les émules de celles des artistes les plus applaudis. On reconnaissait sans difficulté qu'il s'agissait d'une demeure éminemment digne de Vénus elle-même.

M. Tullius, in libro 3 *De Natura Deorum*, quatuor fuisse Veneres tradit : haec autem coelo et die nata est cuius in Elide delubrum fuit. Plato geminam, duntaxat Venerem faciens celestem illam sine matre progenitam testatur, posteriorem ex Ioue et Dione, quae uulgaris sit.

1. Coelestem igitur tres Gratiae comitabantur, uestitu ab ipsa Venere discrepantes : illam enim smaragdi et margaritae alterno contextu fulgentes ornabant : hae uero

[54]< nudae non sine decore aliquo apparuere >.

Fulgentius libro *Mythologicon* primo, nititur rationem adferre (si modo rei [55]< tam nouae > ulla est ratio) quare Charites Veneris comites nudae sint. At Pausanias in *Boeticis* miratur cur recentiores pictores nudas finxerint, cum ueteres, quorum est Pythagoras Parius et poetae, uelatas ponant, quod decentius et probabilius est, argum. § 1 quib. mod. tut. finiat. ;

< et eius quod Ennius uno uersu asserit :

Flagitii principium est nudare inter ciues corpora >.

---

54 1553 : aureis solum stolis amiciebantur.
55 1553 : uanissimae.

Au livre III du *De la nature des dieux*, Cicéron[771] rapporte qu'il y avait quatre Vénus différentes : celle qui naquit du Ciel et de la Terre est celle qui avait un sanctuaire en Élide. Platon[772] en nomme deux, l'une céleste, dont il assure qu'elle n'eut pas de mère, et l'autre issue de Zeus et de Dionè, qui est la Vénus vulgaire.

1. La Vénus céleste était donc escortée de trois Grâces, et contrastait avec elles par son habillement. En effet la déesse était parée d'un entrelacement d'émeraudes et de perles étincelantes, tandis que ses suivantes apparurent nues, mais non sans éclat. Fulgence, au premier livre de ses *Mythologies*[773], essaie d'expliquer (à supposer qu'un phénomène aussi nouveau ait une explication) pourquoi les Grâces qui escortent Vénus sont nues. Mais Pausanias dans sa *Béotie*[774], s'étonne de ce que les peintres les plus récents les aient représentées nues, alors que les anciens, dont Pythagoras et Parius, ainsi que les poètes, les figurent voilées, ce qui est plus décent et plus vraisemblable ; pour preuve : *Institutes*, I, 22, pr.[775],
< ainsi que cette affirmation d'Ennius[776], qui tient en un seul vers :
Se dénuder en public est le commencement du déshonneur >.

---

771 Voir III, 23 : « On tient que la première Vénus, celle qui a son temple en Élide, naquit du Ciel et de la Lumière. Que la seconde, sortie de l'écume de la mer, a eu de Mercure le second Cupidon. Que la troisième, fille de Jupiter et de Dioné, épousa Vulcain ; mais que de Mars et d'elle naquit Antéros. Que la quatrième est la Syrienne, née à Tyr, qui se nomme Astarté, et à qui l'on donne Adonis pour époux ».

772 *Banquet*, 180, d-e : « Qui doute qu'il y ait deux Vénus ? L'une ancienne, fille du Ciel, et qui n'a point de mère : nous la nommons Vénus Uranie. L'autre, plus moderne, fille de Jupiter et de Dionée : nous l'appelons Vénus Populaire ».

773 Livre II, « *De Venere* » : *ideo nudae sunt Carites, quod omnis gratia nescit subtilem ornatum.* « Et si les Grâces sont nues, c'est parce que tout bienfait ignore les ornements artificiels ».

774 Voir IX, 35, 6-7 : « Je n'ai pas pu découvrir quel a été le premier, soit peintre, soit sculpteur, qui a représenté les Charites nues ; mais elles sont vêtues dans les anciens tableaux et dans les anciens ouvrages de sculpture ; c'est ainsi en effet que sont les Charites en or sculptées par Bupalos, et placées au-dessus des statues des Némèses, dans le temple de ces déesses à Smyrne. Celle qu'Apelle a peinte dans l'Odéon de la même ville, celles qu'on voit à Pergame dans la chambre à coucher d'Attale, également de la main de Bupalos, sont aussi vêtues ; elles le sont de même dans le tableau de Pythagore de Paros, qu'on trouve dans l'édifice nommé le Python ; enfin Socrate, fils de Sophroniscos, qui a fait les statues des Charites qu'on voit à Athènes devant l'entrée de la citadelle, les a encore représentées vêtues, Les artistes plus récents ont changé leur costume, je ne sais pourquoi ; mais de mon temps les peintres et les sculpteurs les représentent nues ».

775 [...] *dignum esse castitate temporum nostrorum* [...] : il s'agit du refus d'examiner les jeunes gens tout nus pour les déclarer ou non pubères.

776 Cité par Cicéron, *Tusculanes*, IV, 33.

Quid magis indecorum quam almae Veneris famulas impudicas esse, hoc est, nudas in publico aspectu uersari, l. cum supra de re milit. XII C.; l. mimae C. de episc. audient.? Tantum abest ut uirginibus hoc dignum sit, ut impune etiam uiolari queant, l. item § si quis uirgines ff. de iniur.

< Ceterum non meum est, quid faciendum sit prolixius recensere, sed quid contigerit. Mirificae autem me recreauit trium Gratiarum melos et articulata ipsarum uox leges proferentium cantu dulcissimo, quod antea tamen fore ab Hesiodo didiceram, apud quem in *Theogonia* et Charites Μέλπονται πάντων τε νόμους, καὶ ἤθεα κεδνὰ
Ἀθανάτων κλείουσιν.
Id est, canunt omnium leges et mores pudicos immortalium celebrant >.

Antimachus certum Charitum numerum non praefiniuit; an de cosmetis puellis intelligat, addubitem, de quibus in l. item legato ff. de legat. III; nam complures deam sequebantur, et cotidie ornabant, unde et nomen accipiunt, quia κόσμος mundum significat, quo mulieres mundiores et elegantiores fiunt, continetque specula, unguenta uoluptatis causa parata, *et si qua similia dici possunt*, l. argumento § mundus ff. de aur. et* arg. Nulla fuit harum ornatricum quae XV annum peregisse uideretur, quamuis earum modestiae nihil adiici, nihil desiderari posset.

Y a-t-il rien de plus inconvenant que l'impudeur des suivantes de la vénérable Vénus, c'est-à-dire le fait qu'elles se montrent en public toutes nues ? (C. 12, 35, 12[777] ; C. 1, 4, 4[778]). Cela convient si peu à des vierges que l'on pourrait même les violer impunément (D. 47, 10, 15, 15[779]).

< Du reste, il ne m'appartient pas de m'étendre davantage sur ce qu'il faudrait faire, mais sur ce qui s'est réellement produit. Je tirai un extrême plaisir de la mélodie composée par ces trois Grâces, ainsi que des paroles qu'elles prononcèrent, car c'étaient les lois qu'elles récitaient, en les chantant avec une extrême douceur. Je savais cependant, par Hésiode, que cela existait depuis longtemps, car dans sa *Théogonie*[780], *les Grâces : Chantent les lois communes et célèbrent les chastes mœurs des Immortels* >.

Antimaque[781] n'a pas fixé avec certitude le nombre des Grâces. Je me demande s'il parle des suivantes chargées de la parure, dont il est question en D. 32, 49, pr.[782] En effet, plusieurs d'entre elles suivaient la déesse, et la paraient quotidiennement, d'où leur nom, car κόσμος signifie la parure, qui rend les femmes plus jolies et plus élégantes, et elle englobe les miroirs, les pommades utilisées pour se faire belle « et les objets du même genre » (D. 34, 2, 25, 10[783]). Aucune de ces suivantes chargées de la parure n'avait plus de quinze ans, et pourtant elles se comportaient à la perfection.

---

777 *Cum supra uirentes fluminum ripas omnis legionum multitudo consistit, id prouida auctoritate decernimus, ut nullus omnino immundo fimo sorditatis fluentis commune poculum polluat, neue abluendo equorum sudore* **deproperus publicos oculos nudatus incestet**, *sed procul a cunctorum obtutibus in inferioribus partibus fluuiorum hoc ipsum faciat.*

778 *Mimae et* **quae ludibrio corporis sui quaestum faciunt publice habitu earum uirginum, quae Deo dicatae sunt, non utantur.**

779 *Si quis uirgines appellasset, si tamen ancillari ueste uestitas, minus peccare uidetur : multo minus, si meretricia ueste feminae, non matrum familiarum uestitae fuissent.* **Si igitur non matronali habitu femina fuerit et quis eam appellauit uel ei comitem abduxit, iniuriarum non tenetur.**

780 v. 66-67.

781 Cité par *Pausanias*, dans le passage déjà mentionné (IX, 35).

782 *Item legato continentur mancipia, puta lecticarii, qui solam matrem familias portabant. Item iumenta uel lectica uel sella uel burdones. Item mancipia alia, puellae fortassis, quas sibi* **cosmatas mulieres** *exornant.*

783 [...] **Mundus mulieris est, quo mulier mundior fit : continentur eo specula** *matulae* **unguenta** *uasa unguentaria* **et si qua similia dici possunt**, *ueluti lauatio riscus. Ornamentorum haec : uittae mitrae semimitrae calautica acus cum margarita, quam mulieres habere solent, reticula crocyfantia. Sicut et* **mulier potest esse munda, non tamen ornata**, *ut solet contingere in his, quae se emundauerint lotae in balneo neque se ornauerint ; et contra est aliqua ex somno statim ornata, non tamen conmundata.*

2. Hoc enim natura sagax dedit mulieribus ut citissime pubescant et sapiant, uiri serius, § 1 quib. tut. fin. ; l. omnes C. de iis qui uen. aetat. imper. Hinc Hippocrates in libro *De Septimestri partu* : puellae, inquit, quam pueri serius discedunt, sed citius et sapiunt et pubescunt, et senescunt, corporum imbecillitate, uictusque[56] ratione ; huius interpres Galenus, lib. 14 *De Vsu partium*, foeminas esse ait uiris imbecilliores : argumento esse, quod quae partes in nobis magis sunt frigidae, minus efficaces existunt quae calidae, potentiores.

< Ideoque si una commoriantur coniuges, mulier praesumitur citius decessisse, l. qui duos § si maritus ff. de reb. dub., quia debilior est ; ut § fin. eadem l., ubi imbecillimus quisque prius uerisimiliter intercidit >.

Compensauit igitur natura ut prudentes mature faceret, quas citius abituras praeuidit. Quod non mediocre ornamentum huius sexus est : nam uasis crystallinis fragilitas addit pretium.

56　uictusque *correxi* : uitaeque *T //*

2. En effet, la Nature a sagement accordé aux femmes de devenir pubères et raisonnables très rapidement, plus vite en tout cas que les hommes (*Institutes*, I, 22, fin du pr.[784] ; C. 2, 44, 2, pr.[785]). C'est pourquoi Hippocrate, dans son livre sur *L'enfantement à sept mois*, dit que « les filles meurent plus tard que les garçons, mais deviennent raisonnables, sont pubères et vieillissent plus vite qu'eux, à cause de leur faiblesse physique et de leur alimentation »[786]. Son commentateur Galien[787], au livre XIV de *Les fonctions des parties du corps humain*, dit que les femmes sont plus faibles que les hommes : la raison, c'est que les parties qui chez nous les hommes sont plus froides se montrent moins efficaces que les parties chaudes, qui sont plus puissantes.

< C'est pourquoi, si deux époux meurent ensemble, la femme est présumée avoir rendu le dernier soupir avant son mari (D. 34, 5, 9, 3[788]), parce qu'elle est moins forte, comme on le voit au dernier paragraphe de cette loi (D. 34, 5, 9, 4[789]), où ce sont les plus faibles qui, selon toute vraisemblance, disparaissent les premiers >.

En guise de compensation, la Nature a donc rendu rapidement raisonnables celles dont elle savait qu'elles mouraient plus vite. Et cette faiblesse n'est d'ailleurs pas un médiocre ornement de ce sexe : leur fragilité ne rend-elle pas plus précieux les vases de cristal ?

---

784 Voir ci-dessus note 775. […] *et ideo sancta constitutione promulgata **pubertatem in** masculis post quartum decimum annum completum illico initium accipere disposuimus, antiquitatis norman. **in feminis personis** bene positam suo ordine relinquentes, ut **post duodecimum annum completum** uiripotentes esse credantur.*

785 Il y est question de la dispense d'âge pour administrer son patrimoine, qui est accordée aux garçons à partir de l'âge de vingt ans, et aux filles à partir de dix-huit ans.

786 *De Septimestri Partu* in *Opera* […] *omnia*, Lyon, 1555, Iano Cornario medico physico interprete, f° 50 v° F : *cum a matre segregatae fuerint, **filiae citius quam filii pubescant et sapiant** ac senescant, propter corporum imbecillitatem et **uictus** rationem.*

787 *De usu partium corporis humani libri* XVII, Lyon, 1550, Nicolao Regio Calabre interprete, chap. VI : *Quod foemina mare sit imperfectior*, p. 788-792.

788 *Si **maritus et uxor simul perierint**, stipulatio de dote ex capitulo « si in matrimonio mulier decessisset » habebit locum, si non probatur illa superstes uiro fuisse.*

789 […] ***Quod si impubes cum patre filius perierit, creditur pater superuixisse**, nisi et hic contrarium approbetur.*

Quod si nobilitatem ex loco quo quis natus fuerit metiri licet, ut l. quod si nolit § qui mancipia ff. de aedil. edict., iam mulier uiro probatur clarior, cum hic extra Paradisum in agro Damasceno, illa in ipso Elysio creata fuerit, canon illud 40 distinct.; atqui ex uiro editur, Genes. 2 cap. Sicuti ex terra sit aqua purior, ex aqua aër, ex aëre ignis purissimus,
     < ita ex uiro mulier iam defecata edita est >,
     ne posthac homines costam suam mulieribus exprobrent. Ecquis eas non laudauerit, quae legibus ferendis, amorique incipiendo principes fuerunt? quis ante Astraeam iura aequitatemque docuit? quis ante Cererem? quis sine muliere merito amauit? Imperator Antoninus, in l. III ff. de donat. inter uir., *meliorem* uiro satis aperte appellasse innuitur : cui tamen assentior; placet illud Hesiodi,
Ὁ μὲν γὰρ τοι γυναικὸς ἀνηρ ληίζετ'ἄμεινον
Τῆς ἀγαθῆς, τῆς δ'αὖτε κακῆς οὐ ῥίγιον ἄλλο
     Id est, neque enim muliere bona quicquam uir sortitur melius nec quicquam mala durius. Est namque Dei munus uxor bona, § haec autem*, ut iudic. sine quoq. suffr. col II.

S'il est permis d'apprécier l'honorabilité de quelqu'un en fonction de son lieu d'origine, comme en D. 21, 1, 31, 21[790], on a la preuve que la femme est plus brillante que l'homme, puisqu'il a été créé à l'extérieur du Paradis, dans le champ Damascène[791], tandis qu'elle l'a été au Paradis même (*Décret* I, 40, 9[792]). Pourtant, au chapitre 2 de la *Genèse*[793], elle est issue de l'homme. Mais de même que l'eau est plus pure que la terre dont elle est extraite, l'air que l'eau dont il est extrait, et que le feu, qui est extrait de l'air, est extrêmement pur,

< de même c'est une femme désormais plus pure que lui qui fut extraite de l'homme >,

afin que, par la suite, les hommes ne reprochent pas aux femmes la côte qui leur a été enlevée. Et qui refusera des louanges à celles qui furent au principe des législations et de l'amour ? qui, avant Astrée, a enseigné le Droit et l'équité ? qui, avant Cérès ? et qui, sans une femme, a réellement aimé ? En D. 24, 1, 3, pr.[794], l'Empereur Antonin laisse entendre que c'est elle qu'il a désignée assez ouvertement comme « meilleure » que l'homme. Je suis néanmoins d'accord avec lui, et j'approuve ce vers d'Hésiode[795] :

Il ne peut rien arriver de meilleur à un homme qu'une bonne épouse,
Et rien de pire qu'une mauvaise.

Une bonne épouse est en effet un don de Dieu (*Novelle* 8, chapitre 1[796]).

---

790 *Qui mancipia uendunt, nationem cuiusque in uenditione pronuntiare debent :* **plerumque enim natio serui aut prouocat aut deterret emptorem** *; idcirco interest nostra scire nationem : praesumptum etenim est quosdam seruos bonos esse,* **quia natione sunt non infamata,** *quosdam malos uideri, quia ea natione sunt, quae magis infamis est. Quod si de natione ita pronuntiatum non erit, iudicium emptori omnibusque ad quos ea res pertinebit dabitur, per quod emptor redhibet mancipium.*

791 Voir Anthony Hilhorst, « Ager Damascenus : views on the place of Adam's creation », *Warszawskie Studia Teologiczne* XX/2/2007, 131-144.

792 *Illud autem aduerte, quia* **extra paradisum uir factus est, mulier intra paradisum,** *ut aduertas, quod non loci, non generis nobilitate, sed uirtute unusquisque gratiam sibi comparat. Denique extra paradisum, hoc est in inferiori loco, uir factus melior inuenitur, et illa, quae in meliori loco, hoc est in paradiso, facta est, inferior inuenitur.*

793 *Genèse*, 2, 22-23 : « Avec la côte qu'il avait prise à l'homme, il façonna une femme et il l'amena vers l'homme. L'homme dit alors : "Cette fois-ci, voilà l'os de mes os et la chair de ma chair ! On l'appellera femme – Ishsha –, elle qui fut tirée de l'homme – Ish." »

794 Voir ci-dessus note 88.

795 *Les travaux et les jours*, v. 702-703.

796 *[...] Haec omnia apud nos cogitantes et* **hic quoque participem consilii sumentes, eam quae a Deo data nobis est reuerentissimam coniugem** *[...].*

< Certe simplicitas muliebris digna fauore uisa est, ut, postquam uiri robustiores legum condendarum munus illis extorsere, in quamplurimis casibus errantes in iure excusentur, quos recenset glossa in leg. fin. C. de iuris et fact. ignor. Certe si fideiusserit, Velleiano senatusconsulto mulier non obligatur, nec ipsius fideiussor, ne naturaliter quidem, improbata obligatione penitus, leg. si mulier contra § fin. ff. ad Velleian.; sed etsi soluerit, repetit, quia exceptio haec soluentis fauorem respicit.

Aliter atque in filiofamilias, qui contra Madedonianum senatusconsultum mutuam reddidit pecuniam, l. qui exceptionem ff. de condict. indeb.; nec quidem filiifamilias fideiussor iuuatur; fundamentum habuit a natura obligatio, cum mutuum fiat re accepta, l. sed et si § fin. cum l. sequent. ff. ad Macedon.; ideo ui Macedoniani non liberatur filiusfamilias a naturae uinculo, sed eximitur in poenam foeneratorum. Velleiano autem mulier omnino liberatur, quia nihil accepit pecuniae; alioquin plane obstringeretur, l. antiquae C. ad Velleian.;

< Assurément, on a considéré que la candeur féminine méritait d'être avantagée, si bien qu'après s'être fait arracher la fonction de législateur par le sexe fort, elles sont excusées pour leurs erreurs sur le Droit dans les très nombreux cas recensés par la glose en C. 1, 18, 13[797]. Assurément, si elle a donné un répondant, la femme, en vertu du sénatusconsulte velléien, n'est pas liée, pas plus que son répondant, et pas même au titre de l'obligation naturelle, parce que l'obligation se trouve complètement annulée (D. 16, 1, 16, 1[798]); et même si le paiement a été effectué, il peut être réclamé au titre de l'indû, parce que cette exception vise précisément à avantager le débiteur.

Et il en va autrement dans le cas du fils de famille, qui a rendu l'argent qu'on lui avait prêté en infraction au sénatusconsulte macédonien, (D. 12, 6, 40, pr.[799]), et celui qui lui a servi de répondant n'est pas davantage avantagé; l'obligation avait un fondement naturel, puisqu'il n'y a de prêt que lorsqu'on a reçu la chose (D. 14, 6, 9, 4[800] et D. 14, 6, 10[801]) : aussi le sénatusconsulte macédonien ne libère-t-il pas le fils de famille de l'obligation naturelle, car il ne bénéficie de l'exception qu'au détriment des usuriers. D'autre part, la femme n'est complètement libérée de cette obligation, en vertu du sénatusconsulte velléien, que du moment qu'elle n'a pas reçu d'argent; dans le cas contraire, elle serait complètement liée (C. 4, 29, 23, pr.[802]) :

---

797 *Ne passim liceat mulieribus omnes suos contractus retractare in his, quae praetermiserint uel ignorauerint, statuimus, si per ignorantiam iuris damnum aliquod circa ius uel substantiam suam patiantur,* **in his tantum casibus, in quibus praeteritarum legum auctoritas eis suffragatur, subueniri.**

798 *Si ab ea muliere, quae contra senatus consultum intercessisset, fideiussorem accepissem, Gaius Cassius respondit ita demum fideiussori exceptionem dandam, si a muliere rogatus fuisset. Iulianus autem recte putat fideiussori exceptionem dandam, etiamsi mandati actionem aduersus mulierem non habet,* **quia totam obligationem senatus improbat** *et a praetore restituitur prior debitor creditori.*

799 [...] *si filius familias contra Macedonianum mutuam pecuniam acceperit et pater familias factus soluerit, non repetit.*

800 *Et hi tamen, qui pro filio familias sine uoluntate patris eius intercesserunt, soluendo non repetent : hoc enim et Diuus Hadrianus constituit et potest dici non repetituros. Atquin perpetua exceptione tuti sunt; sed et ipse filius, et tamen non repetit, quia hi demum solutum non repetunt, qui ob poenam creditorum actione liberantur, non quoniam exonerare eos lex uoluit.*

801 *Quia naturalis obligatio manet.*

802 [...] *sancimus mulierem, si intercesserit, siue ab initio siue postea aliquid accipiens, ut sese interponat, omnimodo teneri et non posse senatus consulti Velleiani uti auxilio* [...].

igitur ignoscitur ei quae credula pro debitore, quem soluturum existimat, fragilitate sexus intercedit ; fallenti enim non parcitur, l. secund.
ff. eodem.

3. Nunc uideamus quare >

suspectum fuit Legislatori foeminarum silentium, dum earum testimonium non admittit in testamento, l. qui testamento § mulier ff.
de testa. An quia testantis interest secreto iudicium suum obsignari,
atque seruari, neque temere publicari, l. si quis § sed et si ff. ad leg.
Aquil., maxime quamdiu ipse uiuit, idque ut uel haeredis instituti insidias, uel praeteriti simultates et odia euitet, l. si quis § qui uiui ff. de
poen. ; § sinautem de pupill. subst. ? Atqui plerique mulieres loquaces
dicunt, l. 1 § sexum ff. de postul., et ad quiduis referandum paratas,
summo etiam cum suorum periculo, sicuti Papyrii Praetextati mater
euentu festiuissimo comprobauit, referente A. Gellio, lib. 1, cap. 23.

on pardonne donc à la crédulité de celle qui, à cause de sa fragilité de femme, s'est obligée en faveur d'un débiteur, qu'elle estime prêt à payer ; en revanche, on ne pardonne pas à celle qui cherche à frauder (C. 4, 29, 2[803]).

3. Voyons à présent pourquoi > le législateur n'a pas cru à la discrétion des femmes, puisqu'il n'a pas permis qu'elles servent de témoins à l'occasion d'un testament (D. 28, 1, 20, 6[804]). Est-ce parce qu'il importe au testateur de consigner et de garder sa décision dans le plus grand secret, sans la rendre étourdiment publique (D. 9, 2, 41, pr.[805]), surtout tant qu'il est encore en vie, et cela pour éviter soit les embûches de celui qu'il a institué héritier, soit les contestations et la haine de celui qu'il avait institué auparavant ? (D. 48, 19, 38, 7[806] ; *Institutes* II, 16, 3[807]). Assurément, la plupart des gens disent que les femmes sont bavardes (D. 3, 1, 1, 5)[808] et prêtes à divulguer n'importe quoi, même si cela leur fait courir les plus grands dangers, comme la mère de Papyrius Praetextatus le prouva, en une très plaisante occasion, selon le récit d'Aulu-Gelle, au chapitre 23 du livre I[809].

---

803 [...] *Eius enim senatus consulti exceptio tunc mulieri datur, cum principaliter ipsa nihil debet, sed pro alio debitore apud creditorem eius intercessit* : sin autem pro creditore suo aliis se obligauerunt uel ab eo se uel debitorem suum delegari passae sunt, huiusmodi senatus consulti auxilium non habent.

804 *Mulier testimonium dicere in testamento quidem non poterit, alias autem posse testem esse mulierem* argumento est lex Iulia de adulteriis, quae adulterii damnatam testem produci uel dicere testimonium uetat.

805 *Sed et si quis tabulas testamenti apud se depositas deleuerit uel pluribus praesentibus legerit, utilius est in factum et iniuriarum agi, si iniuriae faciendae causa secreta iudiciorum publicauit*

806 Voir ci-dessus, note 570.

807 *Sin autem quis ita formidolosus sit, ut timeret, ne filius eius pupillus adhuc ex eo quod palam substitutum accepit, post obitum eius periculo insidiarum subiceretur* : uulgarem quidem substitutionem palam facere et in primis testamenti partibus debet, illam autem substitutionem, per quam et si heres extiterit pupillus et intra pubertatem decesserit, substitutus uocatur, *separatim in inferioribus partibus scribere eamque partem proprio lino propriaque cera consignare, et in priore parte testamenti cauere ne inferiores tabulae uiuo filio et adhuc impubere aperiantur* [...].

808 *Secundo loco edictum proponitur in eos, qui pro aliis ne postulent* : in quo edicto excepit praetor sexum et casum, item notauit personas in turpitudine notabiles. Sexum : *dum feminas prohibet pro aliis postulare. Et ratio quidem prohibendi, ne contra pudicitiam sexui congruentem alienis causis se immisceant, ne uirilibus officiis fungantur mulieres* ; origo uero introducta est a *Carfania*, improbissima femina, quae inuerecunde postulans et magistratum inquietans causam dedit edicto.

809 *Nuits attiques*, I, 23 : « Un jour, le sénat ayant agité une question importante, et la suite de la délibération ayant été remise au lendemain, on décida que le silence serait gardé sur l'affaire dont on s'était occupé, jusqu'à ce que le décret fût rendu. Le jeune Papyrius avait accompagné son père à la curie. Sa mère, à son retour, lui demanda sur quoi on avait

Taxat Lactantius, lib. 3 cap. 22, Platonem, qui consiliis publicis mulieres admittendas censuit, contra l. foeminae ff. de regul. iur. Sane Iustinianus Theodoram uxorem a consiliis habuit, et legum ferendarum participem, in d. § haec autem* ut iudic. sine quoq. col II, ex quo elicias principis coniugem testem adhiberi posse testamentis, uelut priuatis legibus, cum publicis possit, caeteras repelli.

< Nimis enim loquax esset qui tam sublimes reginas garrulitatis argueret. De aliis mulieribus sic Eunomia ait apud Plautum in *Aulularia* :
Nam multum loquaces merito omnes habemur.
Nec mutam profecto repertam ullam esse
Hodie dicunt mulierem ullo in seculo.

Lactance, au chapitre 22 du livre III, blâme Platon parce qu'il était d'avis qu'il fallait admettre les femmes aux réunions publiques[810], à l'encontre de D. 50, 17, 2, pr.[811] Mais Justinien, on le sait, demandait conseil à sa femme Théodora et la faisait participer à la confection des lois (*Novelle* 8, 1[812]) : d'où l'on pourrait inférer que la femme de l'Empereur avait le droit d'être témoin lors des testaments, qui sont de Droit privé, puisqu'elle pouvait intervenir en Droit public, mais que c'était interdit à toutes les autres femmes.

< Car il serait lui-même trop bavard, celui qui convaincrait de bavardage d'aussi grandes reines. Eunomia, dans *La Marmite* de Plaute[813], parle ainsi des autres femmes :

C'est à juste titre que nous avons toutes une réputation de bavardes,
Et l'on dit qu'on n'a jamais trouvé à aucune époque une femme muette.

---

délibéré. Il lui répondit qu'il n'était pas permis de le dire, et qu'il devait se taire. Cette réponse ne fait qu'augmenter sa curiosité : excitée par le silence de son fils, impatiente de pénétrer ce.mystère, elle renouvelle ses questions avec plus de vivacité et d'acharnement. Alors le jeune homme, tourmenté par sa mère, imagine, pour se délivrer d'elle, un ingénieux et plaisant mensonge. Il lui dit que les sénateurs avaient discuté la question de savoir ce qu'il valait mieux pour la République, de donner deux femmes à un mari, ou deux maris à une femme. Cette nouvelle la frappe de terreur : aussitôt elle sort de sa maison, toute tremblante, et va redire aux autres dames romaines ce qu'elle a appris. Le lendemain, une troupe de matrones éplorées se rendait aux portes de la curie : là, pleurant et gémissant, elles demandaient qu'on donnât aux femmes deux maris, plutôt que de donner aux hommes deux épouses. Les sénateurs, en entrant dans la curie, se demandaient avec étonnement ce que signifiaient ce tumulte et ces prières. Alors Papirius, s'avançant au milieu d'eux, leur raconta les importunités de sa mère, et le mensonge qu'il lui avait fait. L'assemblée, charmée de sa discrétion et de son esprit, ordonna que désormais les fils ne suivraient plus leurs pères à la curie, et que cette faveur serait réservée au seul Papirius. Un autre honneur qu'on lui accorda fut le surnom de Prœtextatus, destiné à rappeler la prudence singulière avec laquelle il avait su, dans l'âge où l'on porte la prétexte, parler et se taire à propos ».

810 *Institutions divines*, III, 22 : « Ayant vu que les mâles et les femelles n'ont point de fonctions séparées parmi les bêtes, il a jugé que les hommes et les femmes n'en devaient point avoir, et que les femmes devaient manier les armes, entrer dans les conseils, exercer les charges, posséder la souveraine puissance. Il fallait qu'il mît entre les mains des hommes le fil et la laine, et qu'il les obligeât à porter les enfants entre leurs bras. Je m'étonne qu'il ne se soit pas aperçu que ces projets-là ne pouvaient être réduits en pratique, et qu'il n'y a jamais eu de nation qui se soit avisé de se conduire par une police si extravagante ».

811 ***Feminae ab omnibus officiis ciuilibus uel publicis remotae sunt*** *et ideo nec iudices esse possunt nec magistratum gerere nec postulare nec pro alio interuenire nec procuratores existere.*

812 Voir ci-dessus note 796.

813 *Aulularia*, II, 1, 124-126.

Xenarchus apud Atheneum felices cicadas dixit, quarum foeminae uocem non edant sed mares. Nec mihi obiicias testamentum clausum et obsignatum ex l. XXI C. de testam. ; curiosae enim sunt admodum : *cum latere uelis aliquod consilium,* inquit Antiphones apud Stobaeum, *mulieri ipsum aperies ?* >.

Quid si secundo existimemus testes ad supremas tabulas conficiendas uocari magis solemnitatis quam probationis causa, l. si unus C. de testam. ; d. l. qui testamento § fi. ff. eod. ? ideoque reiici foeminas, solosque masculos puberes interesse, l. nullum ff. de diuort. : quo in loco uideas in diuortio faciendo tales testes expeti uetere ritu, quales prorsus in testamento, l. hac consultissima, C. de test. ; § 1 *Inst.* eod. Vel postremo animaduertendum morte imminente crebrius de testamento cogitari, et tunc mulieres, quam sunt misericordes, lacrymis et eiulatu omnia complere, et per tumultum testatorem, tabularium, ac reliquos infestare, § illud de trient. et semiss.

Xénarque, chez Athénée[814], a dit que les cigales ont bien de la chance, car ce ne sont pas leurs femelles mais leurs mâles qui ont de la voix. Et ne m'objectez pas le fait que le testament est clos et scellé, en vertu de C. 6, 23, 21[815]. Elles sont, en effet, extrêmement curieuses : « dès lors que tu veux garder un projet secret, dit Antiphon chez Stobée[816], le révèleras-tu à une femme ? » >.

Mais qu'en est-il si, en second lieu, nous estimons que les témoins sont conviés à la rédaction des suprêmes volontés pour les solenniser, bien plus qu'à titre de preuve (C. 6, 23, 12, pr.[817] ; D. 28, 1, 20, 10[818]) ? et que c'est la raison pour laquelle on n'y admet pas les femmes, tandis que seuls les hommes pubères peuvent y participer : voir D. 24, 2, 9[819], où l'on peut constater que l'on va chercher des témoins, selon le rite ancien, pour un divorce exactement comme pour un testament (C. 6, 23, 21[820] ; *Institutes*, II, 10, 3[821]). Ou, en dernier lieu, il faut remarquer que, trop souvent, on ne pense à faire son testament que lorsqu'on est mourant, et qu'alors les femmes, qui sont tellement compatissantes, se répandent en larmes et en cris, et importunent de leur vacarmes le testateur, le rédacteur et le reste de l'assistance (*Novelle* 18, chapitre 6[822]).

---

814 *Deipnosophistes*, XIII, 7.

815 *Hac consultissima lege **sancimus licere per scripturam conficientibus testamentum, si nullum scire uolunt quae in eo scripta sunt, signatam uel ligatam uel tantum clausulam inuolutamque proferre scripturam** uel ipsius testatoris uel cuiuslibet alterius manu conscriptam, eamque **rogatis testibus septem numero ciuibus Romanis puberibus omnibus** simul offerre signandam et subscribendam [...] testibus uno eodemque die ac tempore subscribentibus et consignantibus **ualere testamentum nec ideo infirmari, quod testes nesciant quae in eo scripta sunt testamento** [...].*

816 Édition déjà citée de Bâle, 1549, Sermo LXXI, p. 437. Le texte porte *negotium* et non *consilium*.

817 *Si unus de septem testibus defuerit uel coram testatore omnes eodem loco testes suo uel alieno anulo non signauerint, **iure deficiat testamentum**.*

818 *Sed si detenti sint inuiti ibi testes, putant **non ualere testamentum**.*

819 *Nullum diuortium ratum est nisi septem ciuibus Romanis puberibus adhibitis praeter libertum eius qui diuortium faciet.*

820 Voir ci-dessus, note 815.

821 *[...] septem testibus adhibitis et subscriptione testium [...].*

822 *[...] aut **pro tumultu mortis** angustatus huius non est memoratus [...].*

Habent enim luctum exploratum in expedito, l. 1 § potuisse ff. ad Syllan.;
unde moriente Hercule in Oeta monte, Alcmena mater, Seneca scribit :
Impleuit omnem uoce foeminea locum.

　　Cui Hercules :
Deforme lethum, mater, Herculeum facis :
Compesce lacrymas, inquit, introrsus dolor
Foemineus abeat.

　　< Secundum has rationes, mulier nequiret esse testis in militis
testamento, si forte ea praelio et discrimini merito[57] intercederet, ut
olim Amazones, et Iana Gallica Anglis formidolosa, et similes multae
sexus sui oblitae, l. bello ff. de excus. tut., ubi est locus foeminis pro
Republica dimicantibus honorificus, sed loquacitatem illis non denegat
nec lachrymas et eiulatum ; nec uero ullorum magis interest quam
militum seria eorum inueniri testamenta, l. diuus ff. de milit testam.

　　Arcetur eisdem rationibus mulier ne sit testis in codicillis, et
consuetudine quidem, non ab Accursio in l. fi. C. de codicill. ; sed
interest secreto codicillos facere quibus haereditas et ingentia fideicommissa relinquuntur, l. asse toto ff. de haeredib. inst., et cum de reuelanda
testantium uoluntate lex metuit, eadem est ratio codicillorum quae
testamenti, l. 3 § si quis codicillos ff. ad Syllanian. >.

57　merito *scripsi* : marito *T* //

On sait parfaitement, en effet, qu'elles ont toujours des lamentations toutes prêtes (D. 29, 5, 1, 28[823]). Aussi au moment où Hercule meurt sur le mont Oeta, sa mère Alcmène, selon Sénèque[824] :
Emplit entièrement ce lieu de ses lamentations de femme.

Et Hercule de lui dire[825] :
Tu enlaidis, ma mère, le trépas d'Hercule;
Retiens tes larmes, que ta douleur de femme
Ne s'extériorise pas.

< Pour ces raisons, une femme ne saurait être témoin au testament d'un soldat, même si elle méritait de prendre part au combat et à ses dangers, comme autrefois les Amazones et Jeanne la Française, redoutée des Anglais, ainsi qu'une foule d'autres, oublieuses de leur sexe : voir D. 27, 1, 18[826], où l'on rend honneur aux femmes qui se battent pour l'État, mais sans nier leur bavardage, ni leurs larmes et leurs cris; or il n'importe à personne plus qu'aux soldats que l'on trouve leurs testaments authentiques (D. 29, 1, 24[827]).

Pour les mêmes raisons, l'on empêche une femme d'être témoin à des codicilles, et cela en vertu de la coutume, non à cause de ce que dit Accurse en C. 6, 36, 8, 3[828]. C'est que rédiger des codicilles en secret est important pour ceux à qui on laisse un héritage assorti d'énormes fideicommis (D. 28, 5, 78[829]), et comme la révélation de la volonté des testateurs a inspiré des craintes au législateur, le statut des codicilles est le même que celui du testament (D. 29, 5, 3, 25[830]) >.

---

823 [...] *potuisse autem ancillam, quae in eodem conclaui cum domina sua fuerat, auxilium rei ferre, si non corpore suo, at certe* **uoce plorantem**, *ut hi, qui in domo fuerant aut uicini audirent* [...].

824 *Hercule sur l'Oeta*, v. 1672.

825 *Ibidem*, v. 1673-1675.

826 [...] *Melius igitur probabitur eos solos, qui in acie amittuntur, prodesse debere,* **cuiuscumque sexus uel aetatis sint** : *hi enim pro re publica ceciderunt.*

827 [...] *Id priuilegium, quod militantibus datum est, ut quoquo modo facta ab his testamenta rata sint, sic intellegi debet, ut utique prius constare debeat testamentum factum esse* [...]. **Nec ullorum magis interest**, *quam ipsorum, quibus id priuilegium datum est, eiusmodi exemplum non admitti : alioquin non difficulter post mortem alicuius militis testes existerent, qui adfirmarent se audisse dicentem aliquem relinquere se bona cui uisum sit, et per hoc iudicia uera subuertuntur.*

828 *In omni autem ultima uoluntate excepto testamento* **quinque testes** *uel rogati uel qui fortuitu uenerint in uno eodemque tempore debent adhiberi, siue in scriptis siue in sine scriptis uoluntas conficiatur* [...]. Aux mots *quinque testes*, Accurse glose en effet *et etiam femina, cum non prohibetur.*

829 *Asse toto non distributo ita scriptum est* : « *Quem heredem codicillis fecero, heres esto* ». *Titium codicillis heredem instituit.* **Eius quidem institutio ualet ideo, quod, licet codicillis dari hereditas non possit, tamen haec ex testamento data uidetur** : *sed hoc tantum ex hereditate habebit, quantum ex asse residuum mansit.*

830 *Si quis codicillos aperuerit, testamentum non aperuerit, in edictum incidit : nam* **et codicilli ad causam testamenti pertinent.**

Quam libentissime me a conspectu Veneris et Charitum subduxissem, sed quo irem tutius ignorabam. Angebat me admodum lex Saturnia, quae magna mulcta damnat eum qui Deum inuitum aspexerit. Nec aliam ob causam captus fuit oculis Tiresias, quam quod nudam in lauacro Palladem uidisset : nimium seuero iudicio, cum Callimachus tradat id fecisse Tiresiam fortuito, non data opera, l. non contrahit ff. ad lege. Iul. maiest. Alterius igitur iactura factus ego cautior, in triclinio utcumque latitaui, stupens ad immensum totius supellectilis pretium :
Lucent genialibus altis
Aurea fulcra toris.

Nec mirandum, cum lectos aureos et argenteos aetas antiqua receperit, l. legata ff. de supel. leg.

In extremo triclinii quatuor statuae de marmore Lacedemonio uiridi et cunctis hilariori, tum Caryatides stolatae, sinistram manum altissime erigebant, qua uidebantur abacem argenteum sustinere, positis et collocatis in eo lancibus, scyphis phialisque aureis, gemmis et gemmatis.

4. Quae res effecere ut recordarer responsum Pauli, l. quaesitum § illud ff. de leg III, cui placuit legato marmore, statuas marmoreas legatario non deberi, quamuis legatis gemmis uasa gemmea praestentur, l. et si non sunt § fi. ff. de aur. et arg., sicut et auro legato, aurea, ut hic ait Pomponius ;

Je me serais bien volontiers soustrait à la vue de Vénus et des Grâces, mais je ne savais où aller pour être davantage en sécurité. J'étais tourmenté en pensant à la loi de Saturne[831], qui punit d'une lourde amende celui qui a regardé une divinité. Ainsi Tirésias devint-il aveugle pour la seule raison qu'il avait vu Pallas nue dans son bain : condamnation excessivement sévère, puisque Callimaque rapporte que Tirésias fit cela par hasard, et non pas exprès : voir D. 48, 4, 5, 1[832]). Quant à moi, le malheur d'autrui m'inspira plus de prudence ; je me cachai, en tout cas, dans la salle à manger, ébahi par le luxe de tout l'ameublement :
Sur de hauts lits de parade
Brillent des accoudoirs d'or[833].

Et il n'y a là rien d'étonnant, puisque l'Antiquité a connu des lits d'or et d'argent (D. 33, 10, 9, 1[834]).

À l'extrémité de la salle à manger, il y avait quatre statues en marbre de Lacédémone, qui est de couleur verte et plus riant que tous les autres ; des Caryatides revêtues d'une robe levaient très haut leur main gauche, que l'on voyait soutenir une crédence en argent, où étaient disposés des plats, des vases et des coupes en or, en pierres précieuses, et décorés de pierres précieuses.

4. Cela me fit me souvenir de la réponse donnée par Paul en D. 32, 78, 4[835] : il décida en effet que si on lui fait le legs du marbre, il ne faut pas remettre au légataire les statues en marbre, même si, lorsqu'on lui lègue les pierres précieuses, on lui remet les vases en pierres précieuses (D. 34, 2, 19, 20[836]), de même que, si c'est l'or qui lui est légué, on lui remet les vases en or, comme le dit ici Pomponius :

---

831 In Callimaque, *Hymnes*, 2, « Sur les bains de Pallas », Athéna explique à la mère de Tirésias que son fils a été puni en vertu de cette loi.

832 *Nec qui lapide iactato incerto* **fortuito** *statuam* **attigerit**, *crimen maiestatis* **commisit**.

833 *Énéide* VI, v. 603-604.

834 *Supellectilis* **mensas esse** *cuiuscumque materiae, scilicet uel argenteas uel argento inclusas placet : nam et argenteos* **lectos**, *item argentea candelabra supellectili cedere posterior aetas recepit.*

835 *Illud fortasse quaesiturus sit aliquis, cur argenti appellatione etiam factum argentum comprehendetur, cum, si marmor legatum esset, nihil praeter rudem materiam demonstratum uideri posset. Cuius haec ratio traditur, quippe ea, quae talis naturae sint, ut saepius in sua redigi possint initia, ea materiae potentia uicta numquam uires eius effugiant.*

836 *Auro legato uasa aurea continentur et gemmis gemmea uasa. Secundum haec siue gemmae sint in aureis uasis siue in argenteis, auro argentoue cedent,* **quoniam hoc spectamus, quae res cuius rei ornandae causa fuerit adhibita, non quae sit pretiosior.**

sed in aureis illa ratio est, quod rursus igni domita ad pristinam et rudem auri massam facile redeunt, secus in marmore, d. § illud ; quae ratio suadet, ne uasa gemmea cedere relictis gemmis oporteat.

Caeterum uarietatis rationem illam ponendam arbitror inter gemmas, lapidesue pretiosos, et alios, quale marmor est, quoniam appellationes rerum ex communi usu exaudiri conuenit, maxime in nomine supellectilis, l. Labeo ff. de supel. leg. ; sed consensus ueterum, et quidem probatissimorum, gemmam pro uase gemmeo usurpauit, sicut et aurum pro uase aureo ; igitur uerborum proprietati seruiendum, cui comes est testantis sententia, l. non aliter ff. de leg. III. Virgilius, lib. 1 *Aeneid.* :
Ille impiger hausit
Spumantem pateram et pleno se proluit auro.

Idem alibi :
Vt gemma bibat.

Sic Ouidius lib. 8 *Metamorph.* :
Dapibusque remotis,
In gemma posuere merum.

Martial. lib.10 « In Cottam » :
Propinas modo conditum sabinum
Et dicis mihi, Cotta, uis in auro ?
Quisquam plumbea uina uult in auro ?

Idem lib. 14 de ampulla potoria loquens :
Hac licet in gemma, quae seruat nomina Cosmi,
Luxuriose bibas, si foliata sitis.

dans le cas des objets en or, c'est pour la raison suivante : si on les fait
à nouveau fondre, ils retrouvent sans difficulté leur état primitif de
masse d'or brut, alors qu'il en va tout autrement pour le marbre : voir
la loi déjà citée D. 32, 78, 4[837] ; le même raisonnement incite, en cas de
legs des pierres précieuses, à refuser de remettre au légataire les vases
creusés dans des pierres précieuses.

Mais je pense qu'il faut faire une différence entre les pierres précieuses
ou les pierres de prix, et les autres matériaux, comme le marbre, puisqu'il
convient de comprendre les noms dans le sens que leur donne l'usage
commun, surtout en matière de décoration (D. 33, 10, 7, pr.[838]) ; or les
Anciens, et assurément les plus fiables d'entre eux, s'accordent pour dire
« pierre précieuse » au lieu de « vase en pierre précieuse », ou « or » au
lieu de « vase en or » : il faut donc se soumettre à la signification qui
a spécifiquement gouverné la décision du testateur (D. 32, 69, pr.[839])
Virgile, au livre I de l'*Énéide*[840] :
Avec empressement, il vida la patère fumante
Et s'abreuva dans l'or plein à ras bord.

Le même ailleurs[841] :
Pour boire dans une gemme

De même Ovide au livre VIII des *Métamorphoses*[842] :
Après avoir desservi
Elles mirent le vin pur dans une pierre précieuse.

Martial[843], au livre X, « À Cotta » :
Tu me verses seulement du vin nouveau de la Sabine
Et tu me dis, Cotta, « Le veux-tu dans de l'or ? »
Qui voudrait boire dans de l'or un vin aussi vil que le plomb ?

Le même[844], au livre XIV, parlant d'un flacon à boire :
Si tu as soif de parfums, buveur sybarite,
Bois dans ce brillant flacon qui porte le nom de Cosmus.

---

837 Voir ci-dessus note 835.
838 *Labeo ait originem fuisse* **supellectilis**, *quod olim his, qui in legationem proficiscerentur, locari*
     solerent, quae **sub pellibus** *usui forent.*
839 *Non aliter a significatione uerborum recedi oportet, quam* **cum manifestum est aliud sensisse**
     testatorem.
840 v. 738-739.
841 *Géorgiques* II, v. 506.
842 VIII, v. 571-572.
843 *Épigrammes*, X, 49.
844 XIV, 110.

< Foliatam sitim dixit, a foliato seu nardino unguento odoratissimo ; cuius concinnationem tradit Plinius lib. 13 cap. 1*. Notum est inter odores folium per excellentiam scribi, cuius meminit l. fi § diui de publican. ff. >.

Nec est alius autor qui in hoc locutionis genere sit frequentior Martiale, nec tantum in generali gemmae nomine hoc locum habet, sed et in speciali cuiusque.

Inde legato smaragdo, uel amethysto, uel onyche, uasa eiusdem materiae cedent. Nihil aliud dicendum in iis lapidibus, qui omnino pretiosi non sunt, sed propter eximium usum et ex communi existimatione, gemmarum uice funguntur, ut crystallum, alabastrum, myrrhinum, et similia. Horatius lib. 4 *Carminum* ode 12 « Ad Virgilium » :
Nardo uina merebere,
Nardi paruus onyx eliciet cadum.

Hoc est, inquit Porphyrion, si nardum unguentum in onyche ad me attuleris, uini cadum accipies. Ita uas onychinum, « onychen » dixit, qui gemma est unguis humani candorem referens ; cum uero Sardae quoque naturam mistam habet, sardonyx dicitur, l. fin. § diui species ff. de publica. Plin. lib. 37 cap. 2* uisum refert crystallum ex Inda sextariorum 4 ; id est, uas crystallinum. Ad propositum pertinet illud Matthaei 26 cap. : *Accessit mulier habens alabastrum unguenti pretiosi* : id est uas alabastrinum. Et quod Mart. lib. XI « In Tuccam » :

< Il parle de « soif de parfums », du nom du nard, un onguent très odorant, dont Pline rapporte la composition au livre XIII, chap. 8[845]. On sait que le nard, dont il est question en D. 39, 4, 16, 7[846], est célébré parmi les parfums pour son excellence >.

Martial est l'auteur qui a le plus fréquemment utilisé cette figure de style, et pas seulement pour le nom des pierres précieuses en général, mais aussi pour chacune de leurs variétés.

Par conséquent, en cas de legs d'émeraude, ou d'améthyste, ou d'onyx, on remettra au légataire les vases faits dans ces matériaux. Il faut dire la même chose quand il s'agit de ces pierres qui ne sont pas tout à fait précieuses, mais qui, en raison de leur utilisation privilégiée et de la grande valeur qu'en général on leur accorde, tiennent lieu de pierres précieuses, comme le cristal, l'albâtre, le murrhin, etc. Horace, dans la douzième ode du livre IV[847], adressée à Virgile :

Tu mériteras d'avoir du vin en échange de nard.
Un petit onyx de nard te vaudra un tonneau.

C'est-à-dire, dit Porphyrion, si tu m'apportes un onguent de nard dans de l'onyx, tu recevras en échange un tonneau de vin. Ainsi a-t-il dit un onyx pour un vase en onyx, qui est une pierre dont la blancheur évoque celle de l'ongle d'un être humain[848] ; quand il est à moitié composé de sardoine, on l'appelle sardoine-onyx (D. 39, 4, 16, 7[849]). Pline, au chapitre 2* du livre 37[850], dit qu'on a vu un cristal des Indes tenant quatre setiers : il veut dire un vase en cristal. C'est à cela que se rapporte ce qu'on lit au chapitre 26 de l'*Évangile selon Saint Matthieu*[851] : « Une femme arriva, qui portait un albâtre (c'est-à-dire un vase en albâtre) plein d'un onguent précieux ». Et aussi ce passage de Martial, au livre XI[852], qui s'adresse « À Tucca » :

845　« Le parfum de nard ou foliatum est composé d'ompltacium, d'huile de balan, de jonc, de costus, de nard, d'amome, de myrrhe, de baume ».

846　Voir ci-dessus note 361. *Species pertinentes ad uectigal* : […] *folium pentasphaerum, folium barbaricum* […] *onyx arabicus* […] ; *sardonyx* […].

847　v. 16-17.

848　Effectivement, le mot grec *onyx* signifie « ongle ».

849　Voir ci-dessus, note 846.

850　XXXVII, 10, 1 : « Le plus gros bloc que nous ayons encore vu est celui que l'Impératrice Livie consacra dans le Capitole : il pèse environ cent cinquante livres. Xénocrate dit avoir vu un vase de cristal qui tenait une amphore ; d'autres parlent d'un vase en cristal des Indes tenant quatre setiers ».

851　§ 7 : « Une femme s'approcha, portant un flacon d'albâtre contenant un parfum de grand prix. Elle le versa sur la tête de Jésus, qui était à table ».

852　*Épigrammes* XI, 70, v. 8-9.

Vende
Argentum, mensas, myrrhina, rura, domum.

Myrrhina, uasa intelligo, quae et murrhea, et murrhina nominantur, l. III et l. uasa ff. de supel. leg. A Parthico regno mittitur Myrrhinum, coloris uarii, gemmis etiam praelatum, ut crystallum, quo ad usum uasis potorii, teste Plinio, tamen longe uilius. Quamuis uero crystallo et alabastro uel, in specie, myrrhino legato, uasa debeant, non idem dicendum in genere, si gemmae legarentur, quia haec proprie gemmae non sunt, l. etsi non sunt § pen. ff. de aur. leg., et uilior est eorum materia. Gemmata uasa a gemmeis differunt, quod illa aliam materiam coniunctam habent; sic aurata ab aureis, l. III de supell. leg. Martialis de gemmatis calicibus in hunc modum loquitur, lib. 14 :
Gemmatum scythicis ut luceat ignibus aurum
Aspice, quot digitos exuit iste calix.

5. Erant et in hoc triclinio tres mensae citreae, de quibus Iurisconsultus in l. si sterilis § quamuis ff. de action. empt., ubi notatur non esse uenditionem, si ego errem in qualitate, quamuis in corpore consentiam : ut, inquit, si mihi citreas mensas uendas, quae non sunt. Suspicor exemplum in citreis mensis a Iurisconsulto subiectum, quoniam olim fuere in pretio, et de earum uera materia maxime dubitabatur, nec qualis fuerit quicquam hactenus pro certo habet ;

Vends ton argenterie, tes meubles, tes vases murrhins,
Tes maisons de campagne et de ville.

Il s'agit, à mon sens, des vases en murrhin, qu'on appelle aussi myrrhéens et myrrhinéens (D. 33, 10, 4[853] et D. 33, 10, 11[854]). Le murrhin vient du royaume des Parthes, il est de différentes couleurs, et on le préfère même aux pierres précieuses, à l'instar du cristal, qui cependant, au témoignage de Pline[855], est beaucoup plus prisé pour fabriquer les vases à boire. Bien qu'en cas de legs de cristal, d'albâtre ou, spécifiquement, de murrhin, on doive remettre les vases, ce n'est pas la même chose si le legs porte, en général, sur les pierres précieuses, parce qu'à proprement parler les vases en murrhin n'en font pas partie (D. 34, 2, 19, 19[856]) et que leur matière a moins de valeur. Les vases incrustés de pierres précieuses diffèrent des pierres elles-mêmes, parce qu'ils sont associés à une autre matière ; de même les vases dorés diffèrent des vases en or (D. 33, 10, 3[857]). Martial[858], au livre XIV, parle ainsi des coupes incrustées de pierres précieuses :
Vois combien d'émeraudes étincellent sur cette coupe d'or :
Que de doigts n'a-t-elle pas dépouillés !

5. Il y avait dans cette salle à manger trois tables en bois de citronnier ; le jurisconsulte en parle en D. 19, 1, 21, 2[859], où l'on note que, si je me trompe sur la qualité de la chose, bien que je sois d'accord sur sa substance, la vente est nulle : par exemple, dit-il, si tu me vends des tables comme étant en bois de citronnier, alors qu'il n'en est rien. Je suppose que le jurisconsulte a pris l'exemple des tables en bois de citronnier parce qu'elles étaient jadis très prisées, et que l'on se posait beaucoup de questions sur leur véritable matière, sans avoir la moindre certitude à son sujet.

---

853 **De murrinis** et crystallinis dubitari potest an debeant adnumerari supellectili **propter eximium usum et pretium** ; sed et de his idem dicendum est.

854 Voir ci-dessus note 365.

855 *Histoire naturelle*, XXXVII, 8, 1 : « Ils sont assez épais pour des vases à boire [...] ».

856 **Murrina** autem **uasa in gemmis non esse** Cassius scribit.

857 *Vitrea escaria et potoria in supellectili sunt sic ut fictilia, nec solum uulgaria, sed etiam quae in pretio magno sunt ; nam et pelues argenteas et aquiminalia argentae et mensas et **lectos inargentatos uel inauratos** atque gemmatos in supellectili esse non dubitatur, usque adeo, ut **idem iuris sit et si tota argentea uel aurea sint.***

858 *Épigrammes*, XIV, 109.

859 *Quamuis supra diximus, **cum in corpore consentiamus, de qualitate autem dissentiamus**, emptionem esse, tamen **uenditor teneri debet, quanti interest non esse deceptum**, etsi uenditor quoque nesciet : ueluti si mensas quasi citreas emat, quae non sunt.*

qua de re agit Macrobius, lib. *Saturnal.* 3 cap. 19*. Odoratissimam esse constat, unde Naeuius poeta, citrosam uestem pro odorata, a tineisque uindicata dixit. Mihi uero demum cognitu facile fuit, qui mensas propius aspexi et tractaui, et deinde extra Veneris palatium arborem citrum, ingentem, lauro satis similem, nihilque commune cum uulgari citro habentem, nisi quod omni tempore fere pomifera est, pomis aliis cadentibus, aliis subnascentibus. In prouincia Media quoque nascitur, Assyriam uocat Plinius, lib. 12 cap. 3 ; Vergilius felicem malum, li. 2 *Georgicorum.* Constat et apud Mauros citrum nasci, ex qua mensae citreae fiant, minus tamen pretiosae quam Medicae, minusque odoratae.

     < Itaque, in d. § quamuis, Iurisconsulto placuit, non errorem modo corporis sed etiam qualitatis eius corporis, quod praesens est, impedire uenditionem et uenditorem teneri quanti emptoris interest ; nam et si mensa esset lignea, nec uilis, tamen quia citrea non erat, non est uenditio, secus si esset citrea, sed deteriore citro facta, l. in uenditionibus cum l. seq. ff. de contrahen. empt.

Macrobe en parle au chapitre 19 du livre III des *Saturnales*[860]. Il est hors de doute que c'était un bois très parfumé, et c'est pourquoi le poète Naevius[861] dit d'un vêtement qu'il est « citronné » pour « parfumé » et ainsi protégé contre les mites. Je n'eus pour ma part aucun mal à m'en rendre compte, puisque je vis de près et que je touchai d'abord ces tables, puis, à l'extérieur du palais de Vénus, un citronnier immense, assez semblable à un laurier, et qui n'a rien de commun avec un vulgaire citronnier, sauf qu'il porte des fruits presque en toute saison, car de nouveaux fruits poussent pour remplacer ceux qui tombent. Cet arbre provient aussi du pays des Mèdes, que Pline appelle Assyrie au chapitre 3 du livre XII[862]. Virgile qualifie ce fruit de « bienheureux » au livre II des *Géorgiques*[863]. On sait que le citronnier pousse aussi chez les Maures : on en fait des tables en bois de citronnier, moins prisées cependant que celles de chez les Mèdes, car elles sont moins parfumées.

< C'est pourquoi, dans la loi déjà citée D. 19, 1, 21, 2[864], le jurisconsulte a décidé que l'erreur, quand elle a lieu non seulement sur la substance mais aussi sur la qualité de l'objet en présence, fait obstacle à la vente, et que le vendeur est lié pour autant qu'il y va de l'intérêt de l'acheteur ; en effet, même si la table était en bois, et d'une indéniable valeur, néanmoins, du fait qu'elle n'était pas en bois de citronnier, la vente est nulle ; il en irait tout autrement si elle était bien en bois de citronnier, mais d'une qualité inférieure (D. 18, 1, 9, pr.[865] et D. 18, 1, 10[866]).

---

860 Voir II, 15 sur le site de Ph. Remacle. Macrobe y cite Oppius, parlant d'un bois *odoratissiumum*, qui faisait office d'anti-mites. En réalité, on pense aujourd'hui que ce bois était plutôt celui du thuya.

861 Cité par Macrobe, ibidem : « Quand Névius, dans son poème sur la guerre Punique, parle de *citrosa uestis*, il veut dire : un habit parfumé au citron ».

862 *Histoire naturelle*, XII, 7 sur le site de Ph. Remacle.

863 *Géorgiques*, II, 127.

864 Voir ci-dessus, note 859.

865 [...] *nam cum in corpore dissentiatur, apparet nullam esse emptionem.*

866 *Aliter atque si aurum quidem fuerit, deterius autem quam emptor existimaret : tunc enim emptio ualet.*

Quod ad matrimonium transfertur : quod impeditur, si quis desponderit sibi Titiam, quae Naeuia putabatur ; uel si in sexus qualitate
erratum fuerit, uel in conditione : cum seruam pro libera duxisset,
non si corruptam pro uirgine, l. alioquin ff. eod. et canon 1. 29 q. 1.
Aliter, si libertina pro ingenua duceretur, l. a diuo ff. de ritu nupti., ubi
Accursius notat dolo alterius sponsorum initum matrimonium, non
propterea diuelli, quod circa qualitates morum opumue usitatissimum
est : nec usquam magis impune cedunt mendacia. Tales itaque libertinae
mulieris nuptiae constitissent si uir fuisset plebeius ; nam in senatore
lex eas infirmat, l. lege ff. eod. >.

On peut transposer cela au mariage : il est annulé, si quelqu'un a épousé Titia en croyant qu'il s'agissait de Naevia ; ou bien s'il y a eu erreur sur le sexe, ou sur le statut social, par exemple s'il a épousé une esclave en la prenant pour une femme libre, mais non si l'erreur porte sur la virginité (D. 18, 1, 11, 1[867] et *Décret* II, 29, 1, 2[868]). Il en irait autrement s'il avait épousé une affranchie en la prenant pour une femme libre de naissance : voir D. 23, 2, 58[869], où Accurse note que le mariage qui aurait été contracté parce que l'un des deux conjoints s'était montré déloyal, n'aurait pas été ultérieurement annulé, ce qui est très fréquent quand il s'agit d'une erreur sur la qualité des mœurs ou des ressources ; et il n'y a pas de domaine où l'on ment avec plus d'impunité. Ainsi le mariage de l'affranchie aurait-il été valide, si son mari avait été plébéien : car, s'il s'agit d'un sénateur, la loi l'annule (D. 23, 2, 44, pr.[870]) >.

---

867 *Quod si ego me uirginem emere putarem, cum esset iam mulier, emptio ualebit : in sexu enim non est erratum. Ceterum si ego mulierem uenderem, tu puerum emere existimasti, quia in sexu error est, nulla emptio, nulla uenditio est.*

868 [...] *Verum est, quod non omnis error consensum excludit, sed error alius est personae, alius fortunae, alius condicionis, alius qualitatis. Error personae est, quando hic putatur esse Virgilius, et ipse est Plato. Error fortunae, quando putatur esse diues qui pauper est, uel e conuerso. Error condicionis, quando putatur esse liber qui seruus est. Error qualitatis, quando putatur esse bonus qui malus est. Error fortunae et qualitatis coniugii consensum non excludit. Error uero personae et condicionis coniugii consensum non admittit.*

869 *A diuo Pio rescriptum est, si libertina senatorem deceperit quasi ingenua et ei nupta est, ad exemplum praetoris edicti dandam in eam actionem, quia ex dote nullum lucrum habet quae nulla est.* Au mot *actionem*, après avoir expliqué que ce type de mariage est nul, même si les deux conjoints sont d'accord, parce qu'il est interdit par la loi, Accurse glose en effet : *Secus ubi dolus unius dedit causam contractui.*

870 *Lege Iulia ita cauetur* : « *Qui senator est quiue filius neposue ex filio proneposue ex filio nato cuius eorum est erit, ne quis eorum sponsam uxoremue sciens dolo malo habeto libertinam aut eam, quae ipsa cuiusue pater materue artem ludicram facit fecerit.* [...] ».

OBSERVATA IN CAPUT NOVUM

1. Ad Veneris pulchrae conspectum uenitur, < et quis sit mundi dominus >.
2. [58]< Amor mundi dominus, et coeli claues habens instar Papae, an dominium acceperit >.
3. Declaratur l. deprecatio ff. ad leg. Rhod.
4. Maris dominium ad principem pertinet.
5. Terram esse insulam et occupanti concedi.
6. Totus orbis, pro maiori parte, usurpatur.
7. Ad Venerem maxime spectat de mundi dominio disputare.
8. Quid sit cestus Veneris, quid incestae nuptiae, < et militiae cingulum >.

CAPUT IX

Summum desiderium uehemensque studium uidendi singula quae in tam beata regione admirationem facere possunt, egit ne Veneris conspectum effugerim.

---

[58] 1553 : Disputat Venus de quatuor mundi dominis, quorum est Amor, et quid de Summo Pontifice.

CONTENU DU CHAPITRE 9

1. On contemple la beauté de Vénus ; < et qui est le vrai maître du monde >.
2. On se demande si l'Amour, qui est le maître du monde, et, à l'instar du Pape, le possesseur des clés du ciel, dispose du pouvoir suprême.
3. Élucidation de D. 14, 2, 9.4. Le pouvoir sur la mer appartient au Prince.
4. Une île est une terre, et l'on en reconnaît la propriété au premier occupant.
5. Le monde entier, pour sa plus grande part, fait l'objet d'une usurpation.
6. Il revient à Vénus plus qu'à personne de débattre du pouvoir suprême sur le monde.
7. Ce que c'est que le ceste de Vénus, ce que sont les noces incestueuses, < et le ceinturon militaire >.

CHAPITRE 9

Un très vif désir et une envie véhémente de voir tout ce qui, dans cette bienheureuse contrée, pouvait susciter l'admiration, m'empêchèrent de me soustraire à la vue de Vénus.

1. Talis illi sacra facies, qualis et eius matutinae stellae, qui Lucifer dicitur, cuius naturam et cursum primus deprehendit Samius ille Pythagoras, Olympiade circiter 42, per quam cuncta genitali rore conspersa, in terris generantur.

« Scio, inquit tum Dea, me caesiis oculis suauiter intuens, o hospes, quantum sis de amore et iure benemeritus : quo fit, ut locus hic a paucis accessus, tibi impune sit peruius. Nam ut Platonem proposuisse foribus, auditorii sui ferunt, se non admissurum quemquam, nisi Geometriae peritum, ita et nos, amoris et legum rudes arcemus, aut ingressos cum nota eiicimus. Caeterum age, ô hospes, iam animo confirma te, nocisne cuius filii mater ego sim ? Illius, inquam, quem praedico quique totius orbis imperium sibi uendicare audet et meretur. Proinde ne qua in re de orbis dominio posthac dubites,

[59]< moneo ne temere credas Iustiniano in l. 2 § fi. de ueteri iure enucl. C., ubi post Europam Asiamque Libyam sibi obuenisse gloriatur, non obscure se dicens mundi dominum : eique ius dat l. 1 § cum autem C. de usucap. transform. ;

---

59   1553 : quatuor tantae molis dominos inuenias licet, rationibus tamen disparibus.

1. Son visage sacré ressemblait à l'étoile du matin, que l'on appelle Lucifer, dont le Samien Pythagore[871] fut, aux environs de la 42ᵉ olympiade, le premier à saisir la nature et la trajectoire, et qui fait tout naître sur la terre qu'elle baigne de sa rosée fécondante.

« Je sais, ô mon hôte, me dit alors la déesse, en me regardant avec douceur de ses yeux pers, comme tu as bien mérité à la fois de l'Amour et du Droit : c'est la raison pour laquelle tu peux parcourir impunément ces lieux, accessibles à fort peu de gens. En effet, de même que, selon ses auditeurs, Platon avait écrit à l'entrée de son école qu'il y admettrait seulement ceux qui étaient bons géomères, de même nous écartons les ignorants en Amour et en Droit, ou, s'ils sont entrés, nous les chassons en les marquant d'infamie. Mais allons, mon hôte, rassure-toi. Sais-tu de qui je suis la mère ? C'est, je te le dis, de celui que je célèbre car il ose et mérite de revendiquer le pouvoir suprême sur l'ensemble du monde. Aussi, pour que tu n'aies pas le moindre doute sur ce qu'il en est de l'empire du monde,

< je t'engage à ne pas croire étourdiment Justinien, en C. 1, 17, 2, 23[872], où il se vante qu'après l'Europe et l'Asie, la Libye lui soit tombée entre les mains, et où il déclare expressément qu'il est le maître du monde : et C. 7, 31, 1, 2[873], lui en donne le droit ;

---

871 Voir Pline *Histoire naturelle*, II, 6, 7-9 : « Au-dessous du soleil tourne une grande planète appelée Vénus, qui a un mouvement alternatif, et qui, par ses surnoms, est la rivale du soleil et de la lune. Car, prévenant l'aurore et paraissant dès le matin, elle reçoit le nom de Lucifer, et, comme un autre soleil, hâte l'arrivée du jour ; d'autre part, brillant après le soir, elle est appelée Hespérus, prolonge la durée du jour, et remplace la lune. Pythagore de Samos est le premier qui ait reconnu cette particularité vers la 42ᵉ olympiade, qui répond à la 142ᵉ année de Rome : par sa grandeur elle dépasse tous les autres astres, et l'éclat en est tel, qu'elle est la seule des étoiles qui produise de l'ombre ; aussi lui a-t-on à l'envi donné des noms, appelée par les uns Junon, par les autres Isis, par d'autres Mère des dieux. C'est par son influence que tout s'engendre sur la terre : répandant, à son lever du matin comme à son lever du soir, une rosée féconde, non seulement elle fertilise la terre, mais encore elle stimule la fécondation des animaux. Elle parcourt le zodiaque en 348 jours, et ne s'écarte jamais du soleil de plus de 46 degrés, suivant Timée ».

872 [...] *quia maximi Dei et Domini nostri Ihesu Christi auxilium felicissimum eum nostrae rei publicae donauit, cum in hunc et bella Parthica abolita sunt et quieti perpetuae tradita, et tertia pars mundi nobis adcreuit (post Europam enim et Asiam et tota Libya nostro imperio adiuncta est).*

873 [...] *si quis alienam rem mobilem seu se mouentem in quacumque terra siue Italica siue prouinciali bona fide per continuum triennium detinuerit, is firmo iure eam possideat, quasi per usucapionem ei adquisitam.*

sic enim quisque sibi blanditur et, ut semel dicam, suum dicit quod est commune et cuius dominus tantum partis est, l. 1 § domini ff. ad Syllani. ; l. 5 § 1 de lega. 1. Ecquis nescit, ut barbaros omittam, Iustiniano neque amicum nec subditum Theodibertum Metensium, regis Clodouei Regis Francorum nothum, in Italiam traiecisse exercitum, Gothos Iustiniani hostes fregisse et Iustiniani copias fudisse, atque ita duorum exercituum castra cepisse, nec prius remeasse, quam lues grassans coegerit, ut refert Procopius lib. 2 *De bello Gothorum* ?

2. Proinde scito quatuor censeri mundi dominos, sed tales, qui priuatorum cuilibet suum non auferant nec aliter intelligitur l. bene C. de quadrien. praescript., ubi *omnia* sunt *principis*, id est, ut sensit Accursius, siue fiscalia, siue patrimonalia, siue quis addere uelit ea quae ex censibus et tributis percipiuntur. Caetera dominis priuatis iure dispensanda et distrahenda relinquit l. 8 C. de Iudaeis. Itaque >

primus dominus et praecipuus, est ipsius mundi summus artifex Deus, Iouem nominamus, non Diones desiderio perditum, sed Coelestis Veneris genitorem, cuius est terra et plenitudo eius, praeterquam quod coelum, quod inhabitat, creauit, can. quo iure 8 distin. Vergilius in lasciuo carmine :

ainsi chacun se flatte-t-il, et, je le dis une fois pour toutes, se dit propriétaire de ce qui est un bien commun, et dont il ne possède qu'une partie (D. 29, 5, 1, 1[874]; D. 30, 5, 2[875]). Qui ignore, sans parler des Barbares, que Théodebert, roi des Messins et bâtard de Clovis, le roi des Francs, ne fut ni l'ami ni le sujet de Justinien, qu'il fit traverser son armée en Italie, écrasa les Goths, ennemis de Justinien, et battit les troupes de Justinien lui-même, qu'il s'empara ainsi du camp de deux armées, et qu'il ne se retira pas avant d'y être contraint par une épidémie, comme le rapporte Procope au livre II de sa *Guerre des Goths*[876] ?

2. Sache donc que quatre personnes sont censées être maîtres du monde, sans néanmoins ôter son bien propre à aucun particulier, et c'est ainsi que l'on interprète C. 7, 37, 3, 1a[877], où « tout appartient au Prince », c'est-à-dire, comme l'a bien compris Accurse, les revenus fiscaux et patrimoniaux, auxquels s'ajoutent, si l'on veut, ceux qui proviennent des redevances et des tributs. Tout le reste, il laisse à bon droit les propriétaires privés le gérer et l'aliéner (C. 1, 9, 9[878]). Ainsi donc, >
le premier et le principal maître, c'est le suprême artisan du monde lui-même, Dieu, que nous appelons aussi Jupiter : non pas celui qui fut éperdu de désir pour Dionè, mais le père de la Vénus céleste, à qui appartient la terre dans toute sa plénitude, et qui de plus a créé le ciel, dans lequel il habite (*Décret* I, 8, 1[879]). Voir Virgile[880], dans son poème érotique :

---

874 **Domini appellatione continetur qui habet proprietatem**, *etsi usus fructus alienus sit.*

875 **Cum fundus communis legatus sit** *non adiecta portione, sed « meum » nominauerit,* **portionem deberi constat.**

876 Voir *De rebus Gothorum*, II, 25, 3 : « Les Français ayant ainsi vaincu, et dissipé tant les Goths que les Romains, demeurèrent maîtres du camp des uns et des autres, et y trouvèrent de grandes provisions : mais comme ils étaient une multitude prodigieuse, ils les consumèrent en peu de temps, et furent bientôt réduits à n'avoir plus que de la chair de bœuf, et de l'eau du Pô. Mais comme cette eau affaiblissait leur estomac, et empêchait la digestion, plusieurs en eurent des dévoiements et des dysenteries, dont ils eurent peine à guérir. On dit qu'ils perdirent de cette manière le tiers de leur armée ; ce qui les obligea de s'arrêter ».

877 [...] *Quae enim differentia intoducitur,* **cum omnia principis esse intellegantur**, *siue a sua substantia siue ex fiscali fuerit aliquid alienatum ?* [...].

878 *Nemo exterus religionis Iudaeorum Iudaeis pretia statuet, cum uenalia proponentur.* **Iustum est enim sua cuique committere** [...].

879 [...] *Nam iure diuino «* **Domini est terra** *et plenitudo eius »* [...].

880 Pseudo-Virgile, *Carmina Priapea* 9, v. 3-4 et 12.

Fulmen habet mundi dominus, tenet illud aperte.
Nec datur Aequoreo fuscina tecta deo.

   Et paulo post,
Quis te celata cum face uidit Amor ?

   Hoc in loco neque Neptunum, neque Amorem mundi dominum dixit, cum de Ioue fulmen quatiente agit. Quod si Cupidinem ad reliquos principes referas, quos omnes ad unum superauit, mundi secundus dominus iure optimo dicendus est ; nam si potior mundi principibus est, mundum ut sibi afferat necesse est, arg l. de creationibus* ff. de diuers. temp. praesc. Omitto quod nisi Amoris opera, elementorum dissidentium unanime foedus rumperetur, genus hominum deficeret, l. liberorum, § fin. ff. de uerb. significa. ; quare et quod de Amore Ouidius ait :
Regnat, et in dominos ius habet ille deos.

   Ad plebem deorum referendum est, non ad immensum illum, a quo omnis potestas est, ca. nouit de iudic. ; l. II de offic. praef. Aphr. C., qui a Sibylla αὐτογενὴς, id est, ex se genitus, ab Apolline αὐτοφυὴς id est, ex se ortus nuncupatur, de quo in l. IIII § omnes C. de summa trinit. Hunc sic alloquitur Lactantius, et pietatis et amoris memor, in quadam elegia *de Resurrectione domini.* :
Hinc tibi nunc auium resonant uirgulta susurro :
Has inter nimio passer amore canit,
Christe salus rerum.

   Subdit deinde :
Quo sumpsit mundus principe principium.

Le maître du monde possède la foudre : il la brandit ouvertement,
Et le dieu de la mer ne dissimule pas le trident qui est son apanage.
    Et peu après :
T'a-ton jamais vu, Amour, cacher ton flambeau ?
    À cet endroit, il n'a pas dit que Neptune ou l'Amour sont les maîtres
du monde, puisqu'il évoque Jupiter brandissant la foudre. Mais si tu
compares Cupidon aux autres princes, qu'il surpasse tous jusqu'au
dernier, il faut l'appeler, à très bon droit, deuxième maître du monde ;
car s'il est plus puissant que les princes du monde, nécessairement, il
s'attribue le monde : pour preuve D. 44, 3, 14[881]. Et je ne parle pas du
fait que, sans l'action de l'Amour, le lien entre les différents éléments
du monde se romprait d'un coup et le genre humain péricliterait (D. 50,
16, 220, 3[882]). Voilà pourquoi Ovide[883] dit de l'Amour :
Il règne, et il étend ses droits sur les dieux souverains.
    Mais il faut appliquer cela aux dieux de bas étage, non à ce Tout-
puissant qui est la source de tout pouvoir (*Décrétales Grégoire IX*, II,
1, 13[884] ; C. 1, 27, 2[885]), que la Sibylle appelle αὐτογενὴς, c'est-à-dire
« incréé », et Apollon αὐτοφυὴς, c'est-à-dire « né de lui-même »[886], et
dont il est question en C. 1, 1, 8, 14[887]. C'est pourquoi Lactance, qui
n'oublie ni la piété ni l'amour, s'exprime ainsi dans son élégie *De la*
Résurrection du Seigneur[888] :
De là pour toi, à présent, les buissons résonnent du pépiement des oiseaux
Et parmi eux, ivre d'amour, le moineau chante :
Christ, sauveur du monde.
    Il ajoute :
Par qui le monde a commencé d'exister.

---

881 *De accessionibus possessionum nihil in perpetuum neque generaliter definire possumus :*
     consistunt enim in sola aequitate.
882 Voir ci-dessus note 153.
883 *Héroïdes*, IV, 10, v. 3.
884 *Nouit ille, qui nihil ignorat, qui scrutator est cordium ac conscius secretorum* […].
885 *In nomine Domini nostri Ihesu Christi ad omnia consilia omnesque actus semper progredimur.*
886 Voir Lactance, *Institutions divines*, I, 6 et 7.
887 […] *Dominum nostrum Ihesum Christum, unigenitum Filium et Verbum Dei et Deum nostrum*
     […].
888 *Carmen de Resurrectione dominica* v. 45-47 et 52.

Cui sic Reges omnes parere et seruire pium est, ut populos Regibus, can. quae contra 8 distinct., idque potiori ratione. Ab hoc uno eiectus est is, qui se falso principem mundi iactabat, Daemon, can. pudor 32 quaest. 2 ; nec enim princeps, sed occupator pessimus erat. Sic seruum dicimus eum qui talis putatur, cum sit ingenuus, l. pen. ff. ne de stat. def.

[60] < Certe in l. si quis, cum ff. pro emptore, dominus uocatur rem alienam distrahens, atque putatiuus, ut ait Accursius. Atqui >

falsus dominus non est dominus, l. Paulus ff. de uerb. sign., et hic jampridem iudicatus est, Ioannis 16 cap.

Is uero qui Christi uices gerit, Romanus Pontifex, non obscure neque ambigue se mundi dominum fatetur.

[61] < Nescio an audiendum cuiquam sit, in re propria ius sibi dicenti ; alioquin quisque Regum pro tribunali suo dominum se mundi assereret. Inter se quidem et subditos iudicat Rex, l. pen. ff. de iis quae in testa. delent., non inter se et pares, l. 4 de recep. arb. ; sic et Papa, qui, quod dictionis multae dominus est, Constantino et Carolo Magno Augustis acceptum ferre debet et munificentiae aliorum, § si minus de non alienand. reb. eccles. col 2 >.

---

60 1553 : et.
61 1553 : tanquam Petri repetitis longe seculis haeres, cui dictum est Matthaei 16 cap. : tibi dabo claues regni coelorum, et quodcumque ligaueris super terram erit ligatum et in coelis.

Ainsi la piété veut-elle que tous les rois lui obéissent et le servent, comme les peuples doivent le faire avec les rois (*Décret* I, 8, 2[889]), et à bien plus forte raison. Lui seul a chassé celui qui se disait à tort le maître du monde, le Démon (*Décret* II, 32, 2, 1[890]) ; car il n'en était pas le maître, mais le détestable occupant. Ainsi disons-nous esclave celui qui est supposé tel, alors qu'il est né libre (D. 40, 15, 3[891]).

< À coup sûr, en D. 41, 4, 8[892], on appelle « maître » celui qui s'empare de la chose d'autrui, c'est-à-dire, « maître putatif », comme dit Accurse. Pourtant, >

un faux maître n'est pas un véritable maître (D. 50, 16, 221[893]) et c'est Lui qui a été reconnu pour tel depuis longtemps (*Évangile selon Saint Jean*, chapitre 16[894]).

Mais celui qui remplace le Christ, le Pontife romain, affirme clairement et sans ambiguïté qu'il est le maître du monde.

< Je ne sais pas s'il doit être écouté par qui que ce soit, puisqu'il est à la fois juge et partie ; autrement, chacun des rois se déclarerait maître du monde devant son propre tribunal. Le roi arbitre entre lui-même et ses sujets (D. 28, 4, 3[895]), non entre lui et ses pairs (D. 4, 8, 4[896]) ; et le Pape de même, qui, pour la propriété de ses nombreux territoires, doit se reconnaître redevable à Constantin et à Charlemagne, ainsi qu'à la munificence de bien d'autres (*Novelle* 7, pr.[897]) >.

---

889 […] *quanto magis Deo regnatori uniuersae creaturae suae, ad ea, que iusserit, sine dubitatione seruiendum est ? **Sicut enim in potestatibus societatis humanae maior potestas minori ad obediendum preponitur, ita Deus omnibus.***

890 […] *non mediocris causa est, ut uirginitas Mariae falleret principem mundi.*

891 *Ante quinquennium defuncto status honestior, quam mortis tempore fuisse existimabatur, uindicari non prohibetur. Idcirco et si quis in seruitute moriatur, post **quinquennium liber decessisse probari potest.***

892 Voir ci-dessus note 214, et note 215 pour la glose.

893 *Paulus respondit falsum tutorem eum uere dici, qui tutor non est, siue habenti tutor datus est siue non : sicut **falsum testamentum, quod testamentum non est,** et modius iniquus, qui modius non est.*

894 § 14 : À la vue du signe que Jésus avait accompli, les gens disaient : « C'est vraiment lui le Prophète annoncé, celui qui vient dans le monde. »

895 Arbitrage de l'Empereur entre un particulier et l'avocat du fisc.

896 *Nam **magistratus superiore aut pari imperio nullo modo possunt cogi** […].*

897 *Si uero minus fuerit quam quod datur a sanctissima Ecclesia illud, quod compensatur ei, cuius mox quidem percipiet proprietatem, sperat autem etiam usum accipere, **infirmum contractum et pro non facto ponit, datque licentiam uindicationis, utpote circumuentione contra ius sanctissimae Ecclesiae facta.***

Inde Gelasius Pontifex ab uniuerso mundo Romam appellandum suadet, idque ius a principatu Petri defluxisse, can. cuncta 9 quaest 3. Quin etiam huic Imperator dignitatem suam summittit, l. nos reddentes C. de summa trinit. In quo mihi uisus est semper Amori similis : nam et hic Amor diuinitatem habet, nec coeli modo fores aperit, sed et, si collibeat, effringit, deosque ludos facit, et delitias. Namque coelo sua porta non deest, ut placet Ouidio :
Dextra laeuaque, deorum
Atria nobilium, ualuis celebrantur apertis.

Hac, quoties uult, Cupido ingreditur : in coelum clarissima sydera et bene meritas de amore animas mittit, ut Perseum, et Taurum Europae. *Hinc clara Gemini signa Tyndaridae micant.*

[62]< Sed et in Tartara detrudit eos,
Quos secretus amor crudeli tabe peredit,
ut ait lib. 6 *Aeneidos* Virgilius.

Stobaeus ex Orphaeo non obscure claues coeli amori tribuit cap. 71 : fingit enim hunc colludentem diis et hominibus

---

62 1553 : De quibus quaeritur Iuno in tragoedia. Ad Tartara uero damnauit Phaedram, Procrin, moestamque Eriphylen, ut uerbo Poetae utar, ex lib. 6 *Aeneid.* Sichaeum et reliquos taceo, hic *quos durus amor crudeli tabe peredit.*

Aussi le pape Gélase assure-t-il que le monde entier doit faire appel des jugements devant l'Église de Rome, et que ce droit a découlé du pontificat de Saint Pierre (*Décret* II, 9, 3, 17, pr. et 1[898]). Mieux : un haut dignitaire comme l'Empereur se soumet au pape (C. 1, 1, 8, 8[899]). En quoi celui-ci m'a toujours paru semblable à l'Amour : en effet l'Amour aussi possède une nature divine, et il ne se contente pas d'ouvrir les portes du ciel, mais il les brise également, s'il lui plaît, et il se joue et se moque des dieux. C'est que le ciel aussi a une porte, comme en décide Ovide[900] :

À droite et à gauche, on se presse dans les vestibules,
Aux portes grandes ouvertes, des dieux les plus puissants.

Et Ennius[901] écrit que ses batailles et le sang des ennemis ont ouvert la porte du ciel à Scipion l'Africain. C'est par elle que passe Cupidon, chaque fois qu'il le veut : il envoie au ciel les astres les plus brillants et les âmes qui ont bien mérité de l'amour, comme Persée et le Taureau d'Europe.

Là-bas étincelle l'astre des Gémeaux, les fils de Tyndare[902].
< En revanche, il plonge au fin fond du Tartare ceux
Qu'un douloureux amour a rongés d'une langueur cruelle,
comme dit Virgile au livre VI de l'*Énéide*[903].

Au chapitre 71, Stobée[904], d'après Orphée, a clairement attribué les clés du ciel à l'Amour ; il l'imagine en effet jouant avec les dieux et les hommes,

---

898 *Cuncta per mundum nouit ecclesia, quod **sacrosancta Romana ecclesia fas de omnibus habet iudicandi**, neque cuiquam de eius liceat iudicare iudicio. Siquidem **ad illam de qualibet mundi parte appellandum est** : ab illa autem nemo est appellare permissus […] et hoc nimirum **pro suo principatu, quem B. Petrus apostolus Domini uoce et tenuit semper et tenebit**.*

899 Lettre de l'Empereur Justinien au pape Jean III : **Reddentes honorem apostolicae Sedi et uestrae sanctitati**, *quod semper nobis in uoto fuit et est (ut decet patrem), honorantes uestram beatitudinem, omnia **quae ad ecclesiarum statum pertinent, festinamus ad notitiam deferre uestrae sanctitatis**, quoniam semper magnum nobis fuit studium unitatem uestrae apostolicae Sedis et statum sanctarum Dei ecclesiarum custodiri […].*

900 *Métamorphoses* I, v. 171-172.

901 Voir *Anthologia ueterum latinorum Epigrammatum et poematum*, édition Henri Meyer, Leipzig, 1835, tome I, *Epitaphium P. Scipionis Africani*, fragment 17, v. 4 : *Mi soli caeli maxima porta patet.*

902 Sénèque, *Hercules furens*, I, v. 14.

903 *Énéide*, VI, 442.

904 Voir ci-dessus, note 613. Sermo LXI, *De Venere et Amore*, édition de Bâle, 1549, p. 388.

Πάντων κληῗδας ἔχοιτ'αἰθέρος οὐρανίου, πόντου, χθονὸς,
id est omnium claues, coelestis aetheris, ponti, terrae.

Ex quo uidetur Amor dominium mundi accepisse, clauibus a domino acceptis, l. clauibus ff. de contrah. empt. Sic etiam summus pontifex, cap. solitae, de maiorit. : nam quod D. Petro dictum est Matthaei cap. 16, ille ad se transtulit et ad successorem longa serie. Sed quid si Deus non dominium sed dispensationem coelestiam, clauibus traditis, transtulerit, ut l. cum pater § pater plurib. de leg. 2 ff. ? Nam traditio clauium operatur domini translationem, cum sequitur contractum idoneum dominio transferendo. Atqui in d. § pater testator in filiam maiorem nihil transcripserat, sed post filios institutos et dominos designatos filiae, ut propter aetatem consultae et cautae, tradiderat claues et anulum. Amplius dico : duos eiusdem rei non esse dominos in solidum, l. si ut § fi. ff. commod. ; ergo cum Deus sit coeli dominus, non habebit consortem sed uicarium >.

Quod uero Reges regno possit exigere et priuare Amor, probat Sextus, Tarquinii Superbi Romanorum Regis filius, Lucretia potitus, l. II § quod ad ff. de orig. iur., et Priami infelix exitus.

< Sic Romanus Pontifex priuat reges et Augustos imperio, cap. 2* de censib. lib. 6 >

Tenant les clés de tout : ciel, mer et terre.

On voit donc que l'Amour a reçu en partage le pouvoir suprême sur le monde, puisque c'est le propriétaire qui détient les clés (D. 18, 1, 74[905]).

Il en est de même pour le Souverain pontife (*Décrétales de Grégoire IX, V, 33, 6, 1*[906]), car il a transposé à sa personne et à la longue série de ses successeurs ce qui fut dit à Saint Pierre, au chapitre 16 de l'*Évangile selon Saint Matthieu*[907]. Mais si Dieu lui avait transféré, avec les clés, non la propriété mais la simple gestion des choses célestes, comme en D. 31, 77, 21[908] ? Car la remise des clés assure le transfert de propriété quand elle fait suite à un contrat propre à opérer ce transfert. Assurément, dans la loi déjà citée D. 31, 77, 21[909], le testateur n'avait fait cession d'aucun bien à sa fille aînée, mais, après avoir institué ses fils héritiers et les avoir désignés comme propriétaires, il avait remis ses clés et son sceau à sa fille, parce qu'en raison de son âge elle était réfléchie et prudente. Je vais plus loin : deux personnes ne peuvent être entièrement propriétaires d'une même chose (D. 13, 6, 5, 15[910]). Par conséquent, comme Dieu est le maître du ciel, il n'aura pas un associé mais un vicaire >.

Que l'Amour puisse chasser les rois et les priver de leur royaume, on en a la preuve avec Sextus, le fils du roi des Romains Tarquin le Superbe, qui viola Lucrèce (D. 1, 2, 2, 14[911]), et avec la fin tragique de Priam.

< De la même façon, le Pontife romain peut priver les rois et les empereurs de leur empire (*Sexte 3, 20, 2*[912]) >.

---

905 *Clauibus traditis ita mercium in horreis conditarum possessio tradita uidetur, si claues apud horrea traditae sint : quo facto* **confestim emptor dominium et possessionem adipiscitur,** *etsi non aperuerit horrea ; quod si uenditoris merces non fuerunt, usucapio confestim inchoabitur.*

906 [...] *praecellat imperator in temporalibus illos duntaxat, qui ab eo suscipiunt temporalia.* **Sed Pontifex in spiritualibus antecellit, quae tanto sunt temporalibus digniora, quanto anima praefertur corpori** [...].

907 Verset 19 : « Je te donnerai les clés du royaume des Cieux : tout ce que tu auras lié sur la terre sera lié dans les cieux, et tout ce que tu auras délié sur la terre sera délié dans les cieux ».

908 *Pater, pluribus filiis heredibus institutis, moriens* **claues et anulum custodiae causa maiori natu filiae tradidit** *et libertum eidem filiae, qui praesens erat, res quas sub cura sua habuit adsignare iussit. Commune filiorum negotium gestum intellegebatur nec ob eam rem apud arbitrum diuisionis praecipuam causam filiae fore.*

909 Voir note précédente.

910 [...] **duorum quidem in solidum dominium uel possessionem esse non posse** [...].

911 *Quod ad magistratus attinet, initio ciuitatis huius constat reges omnem potestatem habuisse.*

912 La référence est étrange, puisque ce chapitre règlemente les visites diocésaines afin de prévenir tout abus sur les avantages en matière d'hébergement qui sont dus aux prélats à cette occasion. Peut-être faut-il se référer plutôt au chapitre 4, dans lequel il est défendu,

Quid si committantur ille et hic, singulari certamine ? an neuter uincet alterum ? Vereor ne Cupido sit superior : nam quo suam potestatem summam esse prae caeteris ostendat Pontifex, omnes reges Lunae confert, se unum Soli, d. cap. solitae, de maior. et obedi. ; atqui Solem ab Amore uictum, cum multis euentibus, tum a Daphnè fugitiua probari et argui potest. Caeterum metuo ne hic Sol nimium igneus sit,

[63] < neue tamquam nouos Phaëtontos exerat et deiiciat eos, qui curiosi nimis sunt, qui in arduis et coelestibus indagandis non impune uersantur, l. nemo C. de summa trinit. Scio enim quosdam dicere in d. l. clauibus, requiri claues translaturas dominium apud horreum tradi oportere, nec coeli claues iuxta coelum, sed humi traditas a Deo fuisse, sed coelum undique sursum est, et undique uidetur >.

3. Vltimo itaque loco, Imperator Antoninus ait in l. deprecatio ff. ad leg. Rhod. : *ego quidem mundi dominus sum ; lex autem maris.* Hic est ille Antoninus, qui plurimi honestum amorem facit, in l. III ff. de donat. inter uir. ; nec obest dictio, autem, quominus se maris etiam dominum asserat, quoniam ne hic, nec perpetuo alibi aduersatur,

---

63 1553 : Omittamus iam eum, et litem totam dirimendam ad Minoem referamus, ut indaget et disquirat, num et facem superet Cupidinis ?

Qu'en est-il s'ils se rencontrent, ici et là, en combat singulier ? est-ce qu'aucun des deux ne vaincra l'autre ? Je crains que Cupidon ne l'emporte. En effet, pour montrer que son pouvoir l'emporte sur tous les autres, le Pape compare les rois à la lune, et se compare, lui seul, au Soleil (*Décrétales* de *Grégoire IX*, V, 33, 6, 4[913], chapitre déjà cité). Or on peut démontrer et prouver, par de nombreux événements et en particulier par la fuite de Daphné, que le Soleil a été vaincu par l'Amour. Je crains, du reste, que ce Soleil ne soit trop brûlant

< et qu'il ne découvre et ne mette à bas, tels de nouveaux Phaétons, ceux qui sont trop curieux, mais qui n'arpentent pas impunément les montagnes et les cieux (C. 1, 1, 4, pr.[914]). En effet certains disent, je le sais, qu'en D. 18, 1, 74[915], il faut absolument remettre sur le lieu même du grenier les clés qui en transfèreront la propriété, et que Dieu n'a pas remis les clés du ciel dans le ciel même, mais sur terre : cependant, le ciel surplombe tout et est visible de partout >.

3. C'est pourquoi, en dernier lieu, l'empereur Antonin déclare, en D. 14, 2, 9[916] : « Je suis, pour ma part, le maître du monde ; mais c'est la loi qui est la maîtresse de la mer ». C'est ce même Antonin qui, en D. 24, 1, 3, pr.[917], manifeste la plus haute estime pour l'amour vertueux ; mais ce qu'il dit n'empêche pas qu'il puisse s'affirmer aussi comme le maître de la mer, puisqu'on ne peut rien lui opposer, ni ici ni jamais ailleurs :

---

sous peine d'excommunication pour les particuliers, quelle que soit leur dignité, et d'interdiction pour les collectivités, d'exiger des ecclésiastiques certains droits féodaux, car ils ne sont pas soumis aux mêmes impôts que les laïcs. L'excommunication pouvait effectivement entraîner la déposition dans certains cas (notamment l'homicide, voir *Sexte*, V, 4, 1), mais la question était discutée. Pour affirmer la supériorité du pouvoir spirituel sur le pouvoir temporel, on aurait plutôt attendu, outre les références aux *Décrétales de Grégoire IX* (voir ci-dessus note 906 et ci-dessous note 913), la référence classique au livre I, chapitre 1 (*De maioritate et oboedentia*) des *Extravagantes communes*.

913   Voir ci-dessus, note 906. *Ad firmamentum igitur coeli, hoc est universalis ecclesiae, fecit Deus duo magna luminaria, id est, duas magnas instituit dignitates, quae sunt pontificalis auctoritas, et regalis potestas. Sed illa, quae praeest diebus, id est spiritualibus, maior est ; quae uero noctibus, id des carnalibus, minor,* **ut, quanta est inter solem et lunam, tanta inter pontifices et reges differentia cognoscatur.**

914   *Nemo clericus uel militans uel alterius cuiuslibet condicionis de fide christiana publice turbis coadunatis et audientibus tractare conetur in posterum, ex hoc tumultus et perfidiae occasionem requirens.*

915   Voir ci-dessus, note 905.

916   [...] **Ego orbis terrarum dominus sum, lex autem maris,** *lege Rhodia de re nautica res iudicetur, quatenus nulla lex ex nostris ei contraria est.*

917   Voir ci-dessus, note 88.

l. hoc amplius § Alphenus ff. de damno infect. et Psalmo 113 : *coelum coeli Domino, terram autem dedit filiis hominum.* Nam et terra Domini est, can. quo jure 8 dist. Plautus in *Mercatore* (v. 319-320) :
Humanum amare est, humanum autem ignoscere.

< l. de crimine C. de adulter., l. obligari ff. de actio. ; accedat l. si pupillus, de uerborum obligat. >.

Accedit quod ita demum lege Rhodia maritima iudicatur, si nulla principis lex ei aduersetur ; igitur haec praestantior, quippe quam Rhodia imitatur et obseruat, l. nauigia C. de furt.

< Vult etenim Imperator Rhodiae legi parendum, quatenus ipse eam roborauit tanquam aequitate et antiquitate praestantem, ut notat Strabo lib. 14 : *mira,* inquit, *est Rhodi iustitia, cum circa reliquam reipublicae administrationem, tum circa res nauales, quibus multo tempore mari dominata est, et piratas sustulit* ; addit liberam mansisse, Romanis permittentibus multo tempore >.

voir D. 39, 2, 9, 2[918], et le Psaume 113[919] : « Le ciel est au maître du ciel, et aux fils des hommes, il a donné la terre ». En effet, la terre aussi appartient au Seigneur (*Décret* I, 8, 1[920]). Voir Plaute dans *Le Marchand*[921] :
Il est humain d'aimer, humain aussi de pardonner.
< Voir C. 9, 9, 10[922] ; D. 44, 7, 43[923] ; et aussi D. 45, 1, 127[924]) >.

À cela s'ajoute que l'on juge en vertu de la loi Rhodia relative à la mer, seulement si on ne peut lui opposer aucune loi du Prince. Donc c'est cette loi-ci qui prédomine, puisque la loi Rhodia l'imite et la respecte (C. 6, 2, post 18[925]).

< L'Empereur veut en effet que l'on obéisse à la loi Rhodia, dans la mesure où il en a lui-même confirmé la supériorité, aussi bien pour son équité que pour son ancienneté, ainsi que le note Strabon au livre XIV[926] : « La justice rhodienne est admirable, dit-il, tant pour les mesures relatives au reste de l'administration publique que pour celles qui touchent aux affaires maritimes, et grâce auxquelles cette île a dominé longtemps la mer et en a extirpé les pirates » ; il ajoute qu'avec la permission des Romains, elle est restée encore longtemps indépendante >.

---

918 *Alfenus quoque scribit, si ex fundo tuo crusta lapsa sit in meum fundum eamque petas, dandum in te iudicium de damno iam facto, idque Labeo probat : nam arbitrio iudicis, apud quem res prolapsae petentur, damnum, quod ante sensi, non contineri, nec aliter dandam actionem, quam ut omnia tollantur, quae sunt prolapsa. Ita demum autem crustam uindicari posse idem Alfenus ait, si non coaluerit nec unitatem cum terra mea fecerit. Nec arbor potest uindicari a te, quae translata in agrum meum cum terra mea coaluit. Sed nec ego potero tecum agere ius tibi non esse ita crustam habere, si iam cum terra mea coaluit, quia mea facta est.*

919 Verset 16 : « Le ciel, c'est le ciel du Seigneur ; aux hommes, il a donné la terre ».

920 Voir ci-dessus note 879.

921 v. 319-320.

922 Voir ci-dessus note 482.

923 *Obligari potest pater familias suae potestatis pubes compos mentis ; pupillus sine tutoris auctoritate non obligatur iure ciuili ; seruus autem ex contractibus non obligatur.*

924 *Si pupillus sine tutoris auctoritate Stichum promittat et fideiussorem dedit, seruus autem post moram a pupillo factam decedat, nec fideiussor erit propter pupilli moram obligatus : nulla enim intellegitur mora ibi fieri, ubi nulla petitio est. Esse autem fideiussorem obligatum ad hoc, ut uiuo homine conueniatur uel ex mora sua postea.*

925 Il s'agit d'une constitution de l'Empereur Frédéric, citée sous le nom d'« Authentique Nauigia » : *Nauigia, quocumque loco peruenerint, si quo casu contingente rupta fuerint, uel ad terram peruenerint, tam ipsa nauigia quam nauigantium bona illis integra reseruentur ad quos spectabant, sublata penitus omnium locorum consuetudine quae huic aduersatur sanctioni.*

926 *Géographie*, XIV, 2, 5, à propos de Rhodes : « On ne peut admirer assez l'excellence de ses lois et le soin qu'elle a toujours apporté aux diverses branches de l'administration et à la marine en particulier, ce qui lui a assuré pendant longtemps l'empire de la mer et donné les moyens de détruire la piraterie et de mériter ainsi l'alliance du peuple romain et de ses amis les rois grecs d'Asie. Or, grâce à ces alliés, elle a pu maintenir son indépendance, en même temps qu'elle se voyait décorer par eux d'une foule de monuments ou d'objets d'art ».

Lactantius, in lib. *De falsa religione* cap. 11, Neptuni regnum tale fuisse perhibuit, quale illud M. Antonii, *cui*, inquit, *totius orae maritimae imperium et potestatem Senatus decreuerat, ut praedones persequeretur, et mare omne pacaret.* Citat ibidem Euhemeri testimonium qui in inscriptione perantiqua columnae aureae se haec legisse commemorat : *imperium Iuppiter Neptuno dat maris, ut insulis omnibus et locis secundum mare regnaret.* Porro huic inscriptioni antiquissimae fides accommodatur, l. in finalibus ff. finium reg. Insuper, quia direptio in naufragos facta erat, in d. l. deprecatio, a publicanis Cycladas insulas habitantibus, has Imperatori Romano tributum pendisse testis est Strabo, lib. 10 *Geographiae*, nec ergo Venus ignoro, de qua sic Horatius, lib. 3 *Carminum* :
Quae Gnidon,
Fulgentesque tenet Cycladas, et Paphum
Iunctis uisit oloribus.
« Fulgentes » utique uocat propter marmor Parium, ut ego quidem suspicor.

Au chapitre 11 de sa *Fausse religion*[927], Lactance a rapporté que le règne de Neptune fut comme celui de Pompée, à qui, dit-il, « le Sénat avait attribué les pleins pouvoirs sur toute la côte, afin qu'il pourchassât les pirates, et pacifiât la mer tout entière ». Il cite, au même endroit, le témoignage d'Évémère[928], qui rapporte avoir lu ceci dans la très ancienne inscription d'une colonne dorée : « Jupiter donne à Neptune le pouvoir suprême sur la mer, pour qu'il règne sur toutes les îles et sur les côtes ». On peut faire pleinement confiance à cette très ancienne inscription : voir D. 10, 1, 11[929]. De plus, parce que les publicains qui habitaient les Cyclades pillaient les naufragés (voir D. 14, 2, 9[930]), Strabon, au livre X de sa *Géographie*[931], témoigne qu'elles versaient un tribut à l'Empereur romain ; et naturellement, je n'oublie pas Vénus, dont Horace a dit, au livre III de ses *Odes*[932] :

Celle qui règne sur Cnide et sur les brillantes Cyclades,
Et qui se rend à Paphos avec son attelage de cygnes.

Il appelle les Cyclades « brillantes » à cause du marbre de Paros, je suppose.

---

927 *Institutions divines*, I, 11 : « La mer échut à Neptune, à peu près de la même manière qu'elle échut à Pompée, lorsque le sénat, par un décret, lui en donna le commandement, et lui enjoignit d'arrêter les courses des pirates et d'en nettoyer les côtes ».

928 « On nous demandera sans doute sur quoi nous fondons cette interprétation : nous répondrons que c'est sur d'anciens mémoires. Evhémère nous les fournira ; c'est un auteur digne de foi, et qui vivait il y a plusieurs siècles. Il a écrit l'histoire de Jupiter et des autres dieux, et il l'a composée des inscriptions et des autres monuments sacrés qui se voyaient de son temps dans de vieux temples, et particulièrement dans celui de Jupiter Triphyllien, où on lisait sur une colonne les exploits glorieux de ce roi du ciel. Il paraissait même par l'inscription qu'il se l'était lui-même dressée pour conserver la mémoire de ses belles actions, et les faire passer jusqu'à la postérité la plus éloignée ».

929 *In finalibus quaestionibus uetera monumenta, census auctoritas, ante litem inchoatam ordinati sequenda est, modo si non uarietate successionum et arbitrio possessorum fines additis uel detractis agris postea permutatos probetur.*

930 Voir ci-dessus note 916, passage précédent de la même loi : *Domine imperator Antonine, cum naufragium fecissemus in Icaria, direpti sumus a publicanis, qui in Cycladibus insulis habitant.*

931 X, 5, 3 : « Nous prîmes même à notre bord, en remettant à la voile, un de ces pêcheurs élu par eux à titre de représentant et qu'ils députaient à César (le vainqueur d'Actium était alors à Corinthe prêt à s'acheminer sur Rome pour la célébration de son triomphe). Interrogé par nous pendant la traversée, cet homme nous apprit que le but de son ambassade était d'obtenir de César un allégement d'impôt ; qu'ils s'étaient vus taxer à une somme de 150 drachmes, et qu'en réalité ils auraient grand'peine à en réunir cent ».

932 *Odes*, III, 28, v. 13-15. Voir ci-dessus, note 170.

< Idem Strabo li. 10 literis testatum prodit Minoem Regem, Cretae solertem legislatorem, tam foecundae insulae iura dantem, primum maris imperium uendicasse. Nihil enim uetat mare, omnibus commune, lege publica fieri principis eo dominio quo finitimum regnum tenet, cum et lege priuata fere idem eueniat, l. uenditor ff. commun. praedior. ; ideoque inter regalia portus numerantur et flumina publica quae quisque scit priuatorum usui destinata, cap. 1 quae sint regal. in *Feudis* ; uerum iurisdictio, uectigal, portorium, tuitio principis est, uel eius cui Rex permiserit.

4. Nam >

quodcumque de Imperatore Romano dictum est, transferre licet ad summos principes, qui superioris maiestatem conseruare non tenentur ; quorum est notionem decretumque interponere, si quid per insolentiam in mari uel littore committatur, etsi alioquin communia sint, l. quamuis ff. de acq. rer. dom. ; l. littora ff. ne quid in loc. public. Cuiusmodi est Gallorum felicissimus Rex, cuius ditio serie seculorum longe antiquior Romulo inuenitur ; nam id perridiculum est, quod multi dicunt, unum Imperatorem esse mundi dominum.

< Le même Strabon[933], au livre X, avance qu'il est historiquement attesté que le roi Minos, le subtil législateur de la Crète, qui rendait la justice sur cette île si prospère, fut le premier à avoir revendiqué la souveraineté de la mer. Rien n'empêche en effet que la mer, qui est chose commune, ne devienne par une loi de Droit public la propriété du Prince dont le royaume est limitrophe, puisqu'une loi de Droit privé parvient presque au même résultat (D. 8, 4, 13, pr.[934]). C'est pourquoi l'on compte au nombre des biens royaux des ports, et des fleuves publics, dont chacun sait qu'ils sont destinés à l'usage des particuliers (Constitution de Frédéric I, au *Livre des fiefs*[935]) ; mais les tribunaux, les impôts, les douanes, sont sous le contrôle du Prince, ou de celui à qui il a donné l'autorisation d'en disposer >.

4. Car l'on peut transposer tout ce qui a été dit de l'Empereur romain aux plus grands rois, qui ne sont pas tenus de respecter la majesté d'un supérieur, et à qui il appartient d'interposer leur compétence et leur volonté si un excès quelconque se produit sur la mer ou le rivage, et même si, par ailleurs, ce sont des choses communes (D. 41, 1, 50[936] ; D. 43, 8, 3, 1[937]). C'est à cette catégorie qu'a la très grande chance d'appartenir le roi de France, dont le pouvoir pluriséculaire s'avère être beaucoup plus ancien que celui de Romulus ; en effet, il est extrêmement ridicule de dire, comme beaucoup, qu'il n'y a qu'un maître du monde, l'Empereur.

---

933 X, 4, 8 ; « L'Histoire nous présente Minos à la fois comme un laborieux législateur et comme le premier maître ou souverain des mers ».

934 *Venditor fundi Geroniani fundo Botriano, quem retinebat, legem dederat, ne contra eum piscatio thynnaria exerceatur.* **Quamuis mari, quod natura omnibus patet, seruitus imponi priuata lege non potest, quia tamen bona fides contractus legem seruari uenditionis exposcit, personae possidentium aut in ius eorum succedentium per stipulationis uel uenditionis legem obligantur.**

935 *Livre des Fiefs*, II, 56, 1. Voir la *Disputatio iuridica* spécialement consacrée à ce titre *Quae sint regaliae* par Dieterich Helwig, Iena, 1672.

936 *Quamuis quod in litore publico uel in mari exstruxerimus, nostrum fiat, tamen decretum praetoris adhibendum est, ut id facere liceat :* **immo etiam manu prohibendus est, si cum incommodo ceterorum id faciat** ; *nam ciuilem eum actionem de faciendo nullam habere non dubito.*

937 **Maris communem usum omnibus hominibus, ut aeris,** *iactasque in id pilas eius esse qui iecerit :* **sed id concedendum non esse, si deterior litoris marisue usus eo modo futurus sit.**

5. Si quidem constat terram omnem nihil esse aliud quam insulam undique cinctam Oceano, ut uult Dionysius in lib. *De situ orbis,*

< a quo tota terra dicitur νῆσος ἀπείρατος, id est, insula sine termino, idem >

uult Strabo, lib. 1, quocumque enim ad ultima Terrae eatur, obuius fiet Oceanus. Plane insula maris occupanti conceditur, § insula de rer. diuis. nec maxima iure aliquo a minima discrepat, l. fin. ff. de fund. inst.

< Igitur mundus occupanti cessit : eximia profecto insula, sic deinde Britannia, Sicilia, Cyclades insignes, nec primi occupatores fuere Romani, sed aliis, gliscente uictoria, extorsere. Quippe cum ante Iulium Caesarem nemo Britanniam tentasset, ut scribit Corn. Tacitus in *Vita Agricolae,* unde patet ridiculum esse quod quidam aiunt, naturalem insulam non concedi occupanti, sed nuper datam ; nisi mundum ab aeterno fuisse falso suspicentur, nam ipse mundus natus est ; existens insula, ita occupari a quouis potuit ; praeterea multae insulae clarae et latae, natae feruntur multis a mundi exordio seculis, quae propter sui amplitudinem occupatorem senserunt, sed iustum et regem totius regionis maximum ;

5. Assurément, la terre tout entière n'est rien d'autre qu'une île cernée de tous côtés par l'Océan, ainsi que le veut Denys dans son livre *La description de l'univers*[938] :

< il appelle la terre « île illimitée » ; de même, >
Strabon, au livre I[939] : en effet, où qu'on aille, au bout de la terre, on trouvera l'Océan. Une île sur la mer est accordée en pleine propriété à son premier occupant (*Institutes*, II, 1, 22[940]) et, en Droit, on ne fait pas la moindre différence entre la plus petite et la plus grande (D. 33, 7, 29[941]).

< Le monde est donc échu à son premier occupant : c'est à coup sûr une île remarquable, et ainsi le furent par la suite la Grande-Bretagne, la Sicile, les Cyclades, dont les Romains ne furent pas les premiers occupants : grâce à leur brillante victoire, ils les extorquèrent à d'autres. Surtout que personne avant Jules César n'avait tenté de s'emparer de la Grande-Bretagne, comme l'écrit Tacite dans la *Vie d'Agricola*[942] ; il est donc clairement ridicule de dire, comme certains, qu'une île naturelle ne revient pas à son premier occupant, mais qu'il faut qu'elle lui ait été donnée récemment ; à moins qu'ils ne croient faussement que le monde a existé de toute éternité ; en effet le monde lui-même est né un jour ; en apparaissant, une île a pu ainsi être occupée par n'importe qui ; de plus, on raconte que nombre d'îles célèbres et vastes sont nées pendant les nombreux siècles qui ont suivi le commencement du monde, et ont été occupées à cause de leur belle superficie, mais par un juste occupant, c'est-à-dire le roi suprême de toute la région ;

---

938 Denys le Périégète. Voir *Dionysii Alexandrini de situ orbis liber, graece et latine ad uerbum* (Texte grec et traduction latine), Bâle, 1556 : v. 4 : *Tota terra uelut insula interminata* [...].

939 *Géographie*, I, 1, 8 : « Au surplus, que la terre habitée soit une île, la chose ressort tout d'abord du témoignage de nos sens, du témoignage de l'expérience. Car partout où il a été. donné aux hommes d'atteindre les extrémités mêmes de la terre, ils ont trouvé la mer, celle précisément. que nous nommons Océan, et, pour les parties où le fait n'a pu être vérifié directement par les sens, le raisonnement l'a établi de même ».

940 *Insula quae in mari nata est, quod raro accidit, occupantis fit : nullius enim esse creditur.*

941 *Si nauem cum instrumento emisti, praestari tibi debet scapha nauis. Paulus : immo contra. Etenim scapha nauis non est instrumentum nauis : **etenim mediocritate, non genere ab ea differt, instrumentum autem cuiusque rei necesse est alterius generis esse atque ea quaequae sit** : quod Pomponio libro septimo epistularum placuit.*

942 *Vie d'Agricola*, XIII, 2 : « Le divin Jules César fut donc le premier de tous les Romains à débarquer en Bretagne avec une armée. Toutefois, malgré sa terrifiante victoire et la conquête de la côte, il n'a, semble-t-il, fait que montrer aux générations futures l'accès à la Bretagne sans la leur avoir livrée ».

et quidem nobiles, ut Delos Cycladum excellentissima, quam Pindarus *stellam terrae* et *maris filiam* uocauit, Ortygia olim dicta, in mari natans, cum emersit, ideoque magis publica, l. penult. ff. de acquirendo rerum dom. ; Ouid. 15 *Metamorph.* :

Tempusque fuit, quo nauit in undis
Nunc sedet Ortygie.

Theram recenset Plinius, et alias, cum Thia, suo aeuo enatas[64], lib. 4 cap. 2 ; unde genus supplicii fuit in nouas insulas relegandi, in Egyptio pelago natas, l. 7 § est quoddam ff. de interdict. et relegat. ; quae simul utique cum Aegypto quoad iurisdictionem et securitatem erant illius cuius et littus proximum, id est Augusti Caesaris, quo permittente priuati aedificia ponebant iure dominii. Accedit superioribus quod >

ex occupatione eorum qui in uacua uenerunt, non unicum regnum, sed plura condita sunt, l. ex hoc ff. de iustitia et iure ; at licet in apibus commodissime unus sit rex, nihil tamen expeditius, quam plura esse apum examina : sic minime oberit can. in apibus 7 q. 1,

< ubi idem statuitur de episcopis cuiusuis ecclesiae quod de regibus : atqui plures Episcopos creari expedit ; sed et contra illum canonem tres Augusti saepe fuere simul, ut in l. 1 C. de summa Trinita. ; de quibus Ruffinus lib. 2 *Histor.* cap. 14 >,

---

64   enatas *correxi* : enatos *T* //

et assurément elles furent célèbres, comme Délos, la plus belle des Cyclades, que Pindare[943] a appelée « étoile de la terre et fille de la mer », et que l'on nommait jadis Ortygie : elle flottait sur la mer au moment où elle émergea des flots, et ainsi elle était, plus que d'autres, une chose publique (D. 41, 1, 65, 4[944]) ; Ovide, au livre XV des *Métamorphoses*[945] : *Il fut un temps où Ortygie, qui est à présent stabilisée, Naviguait sur les flots.*

Pline[946], au livre IV, chapitre 2, recense Théra et d'autres îles, avec Thia, qui ont émergé de son temps ; d'où le genre de peine qui consista à reléguer dans de nouvelles îles, apparues dans la mer d'Égypte (D. 48, 22, 7, 5[947]) ; elles suivaient le sort de l'Égypte pour la juridiction et la sécurité, et étaient la propriété de celui qui possédait le rivage le plus proche, c'est-à-dire Auguste, qui autorisait les particuliers à y construire des édifices en toute propriété. Il faut ajouter à ce qui précède que >

l'occupation de ceux qui étaient arrivés sur des territoires vides fut à l'origine de la fondation non pas d'un seul mais de plusieurs royaumes (D. 1, 1, 5[948]). Mais bien que, chez les abeilles, il n'y ait, pour leur plus grande commodité, qu'une seule reine, il est beaucoup plus utile que les essaims se multiplient, nonobstant, ainsi, *Décret* II, 7, 1, 41[949],

< où les évêques de n'importe quelle église sont mis sur le même plan que les rois ; pourtant il est commode d'introniser plusieurs évêques ; et, contrairement à ce qu'affirme ce canon, il y eut plus d'une fois trois Empereurs en même temps (C. 1, 1, 1[950]) : Ruffin en parle au livre 2, chapitre 14 de son *Histoire*[951] >.

---

943 *Prosodies*, 1.
944 *Si id quod in publico innatum aut aedificatum est, publicum est, **insula quoque, quae in flumine publico nata est, publica esse debet.***
945 v. 336-337.
946 IV, 23, 4.
947 *Est quoddam genus **quasi in insulam relegationis in prouincia Aegypto in oasin relegare.***
948 ***Ex hoc iure gentium** introducta bella, discretae gentes, **regna condita, dominia distincta,** agris termini positi, [...].*
949 ***In apibus princeps unus est** ; grues unam secuntur ordine litterato ; inperator unus, iudex unus prouinciae. Roma condita duos fratres simul habere reges non potuit et parricidio dedicatur. In Rebeccae utero Esau et Iacob bella gesserunt ; singuli ecclesiarum episcopi, singuli archiepiscopi, singuli archidiaconi, et omnis ordo ecclesiasticus suis rectoribus nititur.*
950 Loi romulguée en effet par les *Imperatores Gratianus, Valentinianus, Theodosius.*
951 Ruffin est le traducteur d'Eusèbe de Césarée ; il est fait allusion ici à sa *Vie de Constantin* IV, 68 : en effet, à la mort de l'Empereur, en 337, les soldats proclament simultanément Augustes les trois fils de Constantin.

et semper multi uariique fuere populi, a quibus principes regium dominatum accepere, l. 1 ff. de constit. et princ., et generale pactum societatis humanae est suis quemque regibus obtemperare, can. quae contra 8 distinct. Fabius Pictor tradit primum ex mortalibus Ninum Assyriorum regem aureos mores mutasse, ac finitimis bellum intulisse, Asiamque domuisse, infinito annorum numero antequam pastor ille Romulus extitisset, uel Roma urbs ;

< quod miror non uidisse Henricum 7 August. in cap. 1 quomod. in crim. laesae maiest. proced. in Feudum >.

6. Caeterum si alicubi legatur, **cunctos** populos ab Imperatore uictos, uel **totum** orbem a Romanis domitum fuisse, uel **omnes** nationes Senatui paruisse, ut l. 1 C. de summa Trinit. ; § omnes uero, proem. *Inst.* ; et apud Plinium lib. 7 cap. 26 ; tum in can. cuncta 9 q. 3 ; cap. 2 de re iudic. in VI ; in eam partem accipiendum est, ut « totus », « omnis », et similes dictiones, quae nihil excipiunt, pro maiori parte censeantur, saltem contemplatione caeterorum ; namque olim uix fuit alius princeps, cuius latius pateret imperium, quam qui Romanis imperaret, ut l. unic de Athl. 10 C. ; l. maiore ff. de uerb. signifi. ; acccedit illud Lucae 2 ca. :

Et il y eut toujours des peuples nombreux et divers qui conférèrent le pouvoir royal à leurs chefs (D. 1, 4, 1, pr.[952]). Car c'est le pacte fondamental de la société humaine que chacun obéisse à ses rois (*Décret* I, 8, 2, 2[953]). Fabius Pictor[954] rapporte que Ninus, le roi des Assyriens, fut le premier mortel à avoir dérogé aux mœurs de l'âge d'or, en déclarant la guerre à ses voisins et en soumettant l'Asie, des années et des années avant que Romulus et la ville de Rome n'aient fait leur apparition.

< Je m'étonne qu'au titre I du *Livre des Fiefs*[955] l'Empereur Henri VII ne l'ait pas mentionné >.

6. Du reste, si on lit quelque part que **tous** les peuples ont été vaincus par l'Empereur ou que le monde **entier** a été soumis par les Romains, ou que **toutes** les nations ont obéi au Sénat romain, comme en C. 1, 1, 1[956] ; *Institutes, Prélude*, § 1[957] ; Pline[958], VII, 26 ; *Décret* II, 9, 3, 17[959] ; *Sexte* 2, 14, 2[960], il faut comprendre que les mots comme « tout » ou « tout entier », qui ne souffrent aucune exception, signifient en réalité « la plus grande partie », au moins au regard du reste. En effet, jadis, aucun prince, ou presque, ne possédait un empire plus étendu que celui qui gouvernait les Romains, comme on voit en C. 10, 54, 1[961] ; D. 50, 16, 156[962]. À cela s'ajoute le chapitre 2 de l'*Évangile selon Saint Luc*[963] :

---

952 *Quod Principi placuit, legis habet uigorem : utpote cum lege regia, quae de imperio eius lata est, **populus ei et in eum omne suum imperium et potestatem conferat**.*

953 [...] *generale quippe pactum est societatis humanae, obtemperare regibus suis.*

954 Voir Justin, *Abrégé des Philippiques de Trogue-Pompée*, I, 1, 4-5 : « Le premier de tous, Ninus, roi des Assyriens pris d'une avidité neuve de pouvoir, changea ce qui était une vieille coutume quasi ancestrale pour les peuples. Il fut le premier à faire la guerre à ses voisins, et soumit, jusqu'aux confins de la Libye, des peuples encore malhabiles à résister ».

955 Cette constitution d'Henri VII (*Quomodo in crimine laesae maiestatis procedatur*) est placée à la fin des *Consuetudines Feudorum*, sous l'intitulé : *Extravagantes, quas nonnulli XI collationem appellant.* Elle en constitue le titre I.

956 Voir ci-dessus note 950. *Cunctos populos, quos clementiae nostrae regit temperamentum* [...].

957 *Omnes uero populi legibus iam a nobis uel promulgatis uel compositis reguntur.*

958 Chapitre 27 sur le site de Ph. Remacle : il y est question des exploits de Pompée et de César.

959 Voir ci-dessus note 898 (le premier mot).

960 [...] *pacem **per omnia** secum agere, necnon **cum omnibus hominibus** optabams parati sibi pacem, et tranquillitatem dare, ac mundo etiam **uniuerso** [...].*

961 Voir ci-dessus note 45. Allusion au fait que l'Empire romain englobait la Grèce.

962 *« Maiore parte anni » possedisse quis intellegitur, etiamsi duobus mensibus possederit, si modo aduersarius eius aut paucioribus diebus aut nullis possederit.*

963 § 1.

*exiit edictum a Caesare Augusto ut describeretur **uniuersus** orbis.* Sic Antoninus mundi dominus est in l. deprecatio ff. ad leg. Rhod. ; nimirum constat innumeras gentes, potissimum ultra Euphratem fluuium, a Romanis nunquam superatas fuisse,

< nec subditas, sed aut foederatas, aut ita exteras, ut in pace esset cum illis ius postliminii, aut prorsus hospites >,

l. non dubito ff. de captiuis,

[65]< l. 5 § in pace ; l. hostes eod. et l. 19 § postliminio, ubi de regibus exteris >.

7. Nemo, inquit Venus, hospes dulcissime, certiora de orbis terrarum dominio afferre poterit, quam tibi dii nunc audire concessere ; si nescis cur ita, ut certior fias, dicam quod Ausonius :
Orta salo, suscepta solo, patre edita Coelo
Aeneadum genitrix, hic habito alma Venus.

Hic, inquam, habito ubi regio neque pluuiam desiderat, nec admittit, sed tantum fragranti rore, quem Lucifer meus cum paucis astris selectioribus crepusculo iam sudauit, humectatur.

< Et mari me editam argumento est ingens animalium multitudo in mari degens : quae quoque maiora ac uegetiora sunt terrestribus ; his enim uis solis terram ambiens copiam detrahit alimenti >.

---

65   1553 : l. mercatores C. de commerc.

« En ces jours-là, parut un édit de l'empereur Auguste, ordonnant de recenser **toute** la terre ». Ainsi Antonin est-il le maître du monde en D. 14, 2, 9[964]. Or l'on sait bien que de nombreuses nations, surtout au-delà de l'Euphrate, ne furent jamais vaincues par les Romains
< ni soumises à eux, mais furent considérées comme confédérées ou tellement étrangères qu'en temps de paix, elles donnaient lieu au droit de retour, ou encore comme des nations amies >
voir D. 49, 15, 7, pr.[965] ; D. 49, 15, 5, 2[966] ; D. 49, 15, 23[967] et D. 49, 15, 19, 3[968], où il est question des rois étrangers.

7. Personne, mon cher hôte, ajouta Vénus, ne pourra rien t'apprendre de plus sûr au sujet de l'empire du monde que ce que les dieux t'ont permis d'entendre aujourd'hui ; et si tu ne sais pas pourquoi, je te dirai, afin que tu en sois persuadé, ces vers d'Ausone[969] :
Sortie de l'onde amère, élevée sur la terre, j'ai eu Cœlus pour père,
Des Romains je suis mère, et j'habite ces lieux : je suis Vénus la belle.
C'est ici, dis-je, que j'habite, en un lieu qui ne manque pas de pluie, sans pour autant en recevoir, mais qui est seulement humecté par la suave rosée que répandent, au crépuscule, mon étoile Lucifer ainsi qu'un petit nombre d'astres choisis.
< Et pour preuve que je suis née de la mer, il y a l'immense foule des animaux marins, plus nombreux et plus vigoureux que les animaux terrestres, à qui, en effet, la puissance du Soleil, qui baigne la terre, ôte une grande quantité de nourriture >.

---

964 Voir ci-dessus note 916.
965 *Non dubito, quin foederati et liberi nobis externi sint, nec inter nos atque eos post-liminium esse : etenim quid inter nos atque eos postliminio opus est, cum et illi apud nos et libertatem suam et dominium rerum suarum aeque atque apud se retineant et eadem nobis apud eos contingant ?*
966 *In pace quoque postliminium datum est : nam si cum gente aliqua neque amicitiam neque hospitium neque foedus amicitiae causa factum habemus, hi hostes quidem non sunt, quod autem ex nostro ad eos peruenit, illorum fit, et liber homo noster ab eis captus seruus fit et eorum : idemque est, si ab illis ad nos aliquid perueniat. Hoc quoque igitur casu postliminium datum est.*
967 *Si quis praegnante uxore relicta in hostium potestatem peruenerit, mox natus filius eius uxore ducta filium uel filiam procreauerit ac tunc postliminio auus reuersus fuerit : omnia iura nepotis nomine perinde capiet, ac si filius natus in ciuitate fuisset.*
968 *Postliminio redisse uidetur, cum in fines nostros intrauerit, sicuti amittitur, ubi fines nostros excessit. Sed et si in ciuitatem sociam amicamue aut ad regem socium uel amicum uenerit, statim postliminio redisse uidetur, quia ibi primum nomine publico tutus esse incipiat.*
969 *Épigrammes*, 33.

Videbis statim meliora, sed quo profectum tuum bene fortunet Cupido, inquit dea, sub quo iampridem militas et meres, cingi te cingulo meo rursus expetit : afferri cestum confestim iussit proferens Martialis uersiculum Venus :

Sume Cytheriaco medicatum nectare Ceston.

8. Vltro deae morem gessi, et cingi me a Charitibus passus sum, quibus postea sacrificaui, uelut cesto maximopere recreatus, et nouo sacramento ad perpetuam Amoris militiam addictus. A cesto Accursius in l. si quis C. de incest. nupt., incestas nuptias denominat, quae contra ius et fas cum cognatis contrahuntur, et nefariae appellantur, siue cum ascendentibus sint, siue cum gradu a latere, l. si quis uiduam ff. de quaest.; l. fi. ff. de ritu nupt.; Accursius in rubr. C. de incest. nupt.; can. inebria. 15 quaest. 1 ; < § ergo de nuptiis >.

Tu verras bientôt du meilleur, mais pour favoriser ton départ, Cupidon, que tu sers depuis longtemps et dont tu as bien mérité, demande que tu ceignes en retour ma ceinture : Vénus ordonna donc que l'on apportât immédiatement son ceste, en prononçant ce vers de Martial[970] :
Reçois ce ceste tout imprégné encore du nectar de Cythère.

8. Je m'empressai d'obéir à la déesse, et je fus ceint du ceste par les Grâces, auxquelles plus tard j'offris un sacrifice, parce que j'avais été extrêmement revigoré par le ceste, et consacré par un nouveau sacrement au service éternel de l'Amour. Accurse, en C. 5, 5, 6, pr.[971], fait venir du mot « ceste » les mariages incestueux, qui sont contractés avec de proches parents contre le Droit divin et humain, et qu'on qualifie de funestes, qu'il s'agisse d'ascendants ou de collatéraux (D. 48, 18, 5[972] ; D. 23, 2, 68[973] ; glose d'Accurse sur la rubrique de C. 5, 5[974] ; *Décret* II, 15, 1, 9[975] ; < *Institutes* 1, 10, 1[976] >.

---

970 *Épigrammes* XIV, 207.

971 *Si quis incesti uetitique coniugii sese nuptiis funestauit, proprias quamdiu uixerit teneat facultates sed neque uxorem neque filios ex ea editos habere credatur.* Aux mots *incesti uetitique*, Accurse glose en effet : *Et dicitur cestus, id est cingulum Veneris, unde incestus, id est, effraenata libido.*

972 Voir ci-dessus note 464.

973 *Iure gentium **incestum committit**, qui ex gradu ascendentium uel descendentium uxorem duxerit. Qui uero ex latere eam duxerit quam uetatur, uel adfinem quam impeditur, si quidem palam fecerit, leuius, si uero clam hoc commiserit, grauius punitur. Cuius diuersitatis illa ratio est : circa matrimonium quod ex latere non bene contrahitur palam delinquentes ut errantes maiore poena excusantur, clam committentes ut contumaces plectuntur.*

974 L'intitulé du titre est *De incestis et inutilibus nuptiis.* Il est glosé par *Large omnes dicuntur inutiles, sed nefariae proprie inter ascendentes et descendentes, incestae inter collaterales uel affine* [...].

975 Voir ci-dessus note 355.

976 ***Ergo non omnes nobis uxores ducere licet** : nam quarundam nuptiis abstinendum est ; inter eas enim personas quae parentum liberorumue locum inter se optinent nuptiae contrahi non possunt ueluti inter patrem et filiam uel auum et neptem uel matrem et filium uel auiam et nepotem et usque ad infinitum ; **et si tales personae inter se coierunt, nefarias atque incestas nuptias contraxisse dicuntur.***

Cingulum praeberi consuetum fuisse dignitatem aut magistratuum ineuntibus, Iustinianus ostendit, usurpans ita cingulum scilicet pro ipso munere forensis militiae, § quod autem in fin. ut iudic. sine quoque suffrag. col 2 ; § fin de mandat. princip. col 3 ; sic cingebantur tyrones balteo, ut militare inciperent, l. pen. ff. de milit. test.

C'était la coutume de donner un ceste à ceux que l'on revêtait d'une dignité ou d'une magistrature : Justinien nous le montre, en utilisant le mot « ceste » pour désigner la fonction militaire elle-même (*Novelle* 8, chapitre 12[977] ; *Novelle* 17, chapitre 17[978]). Ainsi les nouvelles recrues, pour commencer leur service dans l'armée, ceignaient-elles le ceinturon (D. 29, 1, 43[979]).

977 *Cum enim iudices provinciarum uniuscuiusque maximorum iudicum compleant officium et pro omni alio **cingulo** prouinciis sufficiant et ad ea, quae ex nostris legibus super eis decreta sunt, quis praesumat aut fori praescriptione aut huiusmodi aliquo apud eos uti ?*

978 *Haec conseruata apud te faciunt praesentem tibi **cingulum** diuturniorem et gloriosiorem : si quidem super alia neque armis uti non militantem aliquem permittes ; haec te et deo et legibus et nobis carissimum constituunt.*

979 *Filius familias equestri militia exornatus et in comitatu principum retentus **cingi confestim iussus** testamentum de castrensi facere potest.*

OBSERVATA IN CAPUT DECIMUM

1. Currus Veneris [66]< a Gratiis nudis paratur; an donatio obliget sapientem, an fiat inuito uel ab inuito >.
2. Nymphaum quod balneum sit, in l. si quis per de aquaeduc. lib 11 C.
3. Therma Achilleae cur sic dictae l. omnis C. eodem, et quid sit aqua superflua, et caduca.
4. Amorem perfectissimum in matrimonio esse; < de coelibatu et uirginitate >.
5. Matrimonium rem esse sacram explicatur, l. aduersus C. de cri. exp. haer.
6. Faces nuptiales quae, < et an matrimonium a iure naturae sit >.
7. Perpetua consuetudo in matrimonio; enodatur l. hoc genus ff. de condit. et demonstratio.
8. Ignis et aqua, adhibita nuptiis, [67]< foederibus, exilio >.
9. De fonte Salmaci et Hermaphrodito rapto < et an mulier ex ui illata teneatur >.

CAPUT X

1. Protinus Aglaïa et Euphrosyne, cum Thalia, tertia Charitum, currum Veneri pararunt et constituerunt, studiose quidem a Vulcano politum, multo auro multisque lapillis splendentem.

---

66   1553 : ad fontem in hortos ducitur, ubi de nuptiis disputatur.
67   1553 : Fuisse.

CONTENU DU CHAPITRE 10

1. Les Grâces, < nues, préparent le char de Vénus ; une donation oblige-t-elle celui qui la reçoit en toute connaissance de cause ? peut-elle être faite à quelqu'un malgré lui, ou par quelqu'un contre sa volonté ? >.
2. Quelle sorte de bain est un « nympheum », en C. 11, 43, 5.
3. Pourquoi la loi C. 11, 43, 6, 2, parle des « thermes d'Achille », et ce que sont les eaux « de superflu » et « de trop plein ».
4. L'amour atteint la perfection dans le mariage ; < le célibat et la virginité >.
5. La loi C. 9, 32, 4, pr. expose que le mariage est sacré.
6. Ce que sont les torches du mariage ; < et le mariage est-il de Droit naturel ? >.
7. Le mariage implique une continuelle communauté de vie ; élucidation de la loi D. 35, 1, 106.
8. L'eau et le feu, dans le contexte du mariage ; < des traités, de l'exil >.
9. La source Salmacis et l'enlèvement de l'Hermaphrodite ; < et une femme est-elle liée par une obligation, si on lui a fait violence ? >.

CHAPITRE 10

1. Cependant, Aglaïa et Euphrosyne, avec la troisième des Grâces, Thalie, préparèrent et équipèrent pour Vénus un char que Vulcain avait soigneusement poli et qui resplendissait d'or et d'une multitude de pierreries.

< Erant uero nudae Charites seu Gratiae, ideo quod fuco carere debent, inquit Seruius lib. 1 Aeneidos; quarum, inquit, una auersa pingitur, duae nos respiciunt, quia profecta a nobis gratia duplex solet reuerti; saltem uero donatarius obligatur ad antidora, non ita tamen, ut actione teneatur, sed pudore, si possit rependere, l. sed et si lege § consuluit de petit. haered. ff. Quomodo enim aget is qui largitus est munifice, ei qui gratias egit ut non redditurus necessario? proinde consensus deficit obligationi, l. 3 de action. ff.; quinimo ubi repensum est beneficium, incipit sapere permutationem, d. § consuluit, ideoque non est dubium donatum ut aliquid detur uicissim aut fiat, degenerare in contractum innominatum, l. 1 ff. de donation.; nec obest l. fin. C. de reuocand. donati., ubi simplex donatio reuocatur ex causis ingratitudinis, quarum una est, si is qui accepit non seruauit conditiones et pacta adiecta donationi; igitur ob causam fuerat donatum.

< Les Charites, autrement dit les Grâces, étaient nues, parce que, selon Servius au livre 1 de l'*Énéide*[980], elles doivent être dépourvues d'apprêt ; il ajoute que l'une d'entre elles est représentée de dos, tandis que les deux autres nous font face, parce que la grâce que nous accordons nous revient ordinairement doublée ; du moins le donataire est-il obligé de faire un contre-don, non qu'on puisse le lui réclamer en justice, mais par pudeur, s'il a la possibilité de donner en retour (D. 5, 3, 25, 11[981]). En effet, celui qui a bénéficié d'une magnifique largesse pourra-t-il faire autrement que retourner son bienfait à celui qui l'en a gratifié ? par conséquent, il n'y a pas ici d'obligation, parce que l'assentiment des deux parties fait défaut (D. 44, 7, 3, 1[982]) ; mieux : quand un bienfait a été rendu, cela commence à ressembler à un échange (voir la loi déjà citée D. 5, 3, 25, 11[983]) ; aussi n'est-il pas douteux que la donation faite pour obtenir en retour un don ou une réalisation, dégénère en contrat inommé (D. 39, 5, 1, pr.[984]), nonobstant C. 8, 55, 10, pr.[985], où une donation simple peut être révoquée pour cause d'ingratitude, notamment si le donataire n'a pas respecté les conditions et les accords dont la donation était assortie ; il s'agissait donc d'une donation sous condition.

---

980 Glose du scholiaste de Virgile au vers 720, v° « Acidalia », du nom de la source béotienne dans laquelle Vénus et les Grâces aimaient à se baigner.

981 *Consuluit senatus bonae fidei possessoribus, ne in totum damno adficiantur, sed in id dumtaxat teneantur, in quo locupletiores facti sunt. Quemcumque igitur sumptum fecerint ex hereditate, si quid dilapidauerunt perdiderunt, dum re sua se abuti putant, non praestabunt. Nec si donauerint locupletiores facti uidebuntur, quamuis ad remunerandum sibi aliquem naturaliter obligauerunt. Plane si* ἀντίδωρα *acceperunt, dicendum est eatenus locupletiores factos quatenus acceperunt : uelut genus quoddam hoc esset permutationis.*

982 *Non satis autem est dantis esse nummos et fieri accipientis, ut obligatio nascatur, sed etiam hoc animo dari et accipi, ut obligatio constituatur. Itaque si quis pecuniam suam donandi causa dederit mihi, quamquam et donantis fuerit et mea fiat, tamen non obligabor ei, quia non hoc inter nos actum est.*

983 Voir note 981.

984 *[...] cum quis ea mente dat, ut statim quidem faciat accipientis, si tamen aliquid factum fuerit aut non fuerit, uelit ad se reuerti, non proprie donatio dicitur, sed totum hoc donatio est quae sub condicione soluatur, qualis est mortis causa donatio.*

985 *Generaliter sancimus omnes donationes lege confectas firmas illibatasque manere, si non donationis acceptor ingratus circa donatorem inueniatur, ita ut [...] quasdam conuentiones siue in scriptis donationi impositas siue sine scriptis habitas, quas donationis acceptor spopondit minime implere uoluerit.*

Sed respondeo, causam adiectam, quae non uergeret in fauorem donantis neque in compendium eiusdem ut in pacto, ne donatum alienetur, l. 3 C. de condict. ob caus., nec uergebat causa in solius accipientis utilitatem, quia esset consilium sine obligatione, l. 2 in fi. ff. mandat. >.

Demum subiere Veneris iugum gemmeum quatuor columbae candidae, sed uersicoloria colla torquentes et leuibus incessibus suscepta domina laetae subuolarunt;

< nec extimuit canora familia Veneris accipitris uim, aut aquilae, et coelum ualde serenum laetitiae consentiebat. Adnotauit uero Plutarchus, in libro quo docet cum principibus philosophandum sapienter, Charitibus nomen inditum ab alacritate, laetitia et flosculis uirentibus, quod beneficium gaudio afficiat capientem, ut patet ex eius definitione, § fi. in quibus caus. feud. amitt., quodque numquam macrescere debeat obliuione accipientis aut ingratitudine, d. l. fin. C. de reuoc. donat., adeo ut simplex traditio facta uicissim donatori, credatur in dubio intercessisse animo remunerandi, l. si uero non § inde ff. mandat.

Mais je réponds : c'était une condition ajoutée qui n'était pas susceptible de tourner à l'avantage du donateur ou à son profit, comme dans le pacte interdisant l'aliénation du don (C. 4, 6, 3[986]), et une condition qui ne tendait pas non plus à favoriser le seul donataire, parce qu'il s'agissait d'un conseil, qui ne produit pas d'obligation (D. 17, 1, 2, 6[987]) >.

Alors quatre blanches colombes se placèrent sous le joug de Vénus, taillé dans une gemme ; elles firent ployer leurs cous versicolores, et, à pas légers, soulevant leur maîtresse, elles s'envolèrent gaiement ;

< et ces mélodieuses servantes de Vénus ne craignaient pas l'assaut de l'épervier ou de l'aigle, car la parfaite sérénité du ciel s'accordait à leur gaieté. Plutarque, dans le livre où il enseigne qu'il faut qu'un philosophe ait la sagesse de converser avec les Princes[988], a noté que les Charites tirent leur nom de leur vivacité, de leur joie et de leur florissante beauté, parce qu'un bienfait cause de la joie à celui qui le reçoit, comme, de toute évidence, sa définition le montre (*Livre des Fiefs*, II, 23[989]), et qu'il ne doit jamais être amoindri par la faute d'un donataire oublieux ou ingrat (C. 8, 55, 10, pr.[990]) ; aussi, dans le doute, considère-t-on qu'un simple présent fait en retour à un donateur l'a été pour lui témoigner de la reconnaissance (D. 17, 1, 12, 8[991]).

---

986 *Ea lege in uos collata donatio, ut neutri alienandae suae portionis facultas ulla competeret*, id efficit, ne alteruter eorum dominium prorsus alienaret, uel ut donatori uel heredi eius condictio, si non fuerit condicio seruata, quaeratur.

987 *Tua autem gratia interuenit mandatum*, ueluti si mandem tibi, ut pecunias tuas potius in emptiones praediorum colloces quam faeneres [...] : cuius generis mandatum *magis consilium est quam mandatum et ob id non est obligatorium*, quia nemo ex consilio obligatur, etiamsi non expediat ei cui dabatur, quia liberum est cuique apud se explorare, an expediat sibi consilium.

988 Voir *Œuvres morales*, « Qu'il faut qu'un philosophe converse avec les Princes », § 14.

989 « Quibus causis feudum amittatur », dernier § : *Beneficium nihil aliud est quam beneuola actio, tribuens gaudium capientibus*, capiensque tribuendo, in id quod facit prona et sponte sua parata, ut ait Seneca. Il s'agit en effet d'une citation approximative du *De beneficiis*, I, 6.

990 Voir ci-dessus note 985.

991 *Inde Papinianus quaerit, si patronus praedium quod emerat, pro quo pretii bessem exsoluerat, iusserit liberto suo tradi, ut ille residuum pretii redderet, deinde reddito pretio uendenti fundum patrono libertus consenserit, trientis pretium an libertus possit repetere. Et ait, [...] si donationem patronus in libertum contulit, uideri et postea libertum patrono donasse.*

Praeterea ex gaudio infert Accursius inuito beneficium non conferri, l. inuito ff. de regul. iur., nisi uergeret in utilitatem tertii, non solius accipientis : ita tertii gaudium sufficit, l. soluendo ff. de negot. gest. ; sicut etiam inuitus donat, [68]legis imperio punientis audaciam, l. si seruus § si oliuam ff. ad leg. Aquil. >.

Sisti iussit dea tam pulchram quadrigam in hortis delicatissimis, quos ipsa mihi commostrans, sic ait : « Vide hortos et his fruere, quibus similes nec Semiramis unquam, nex Rex Adonis habuit », cumque Adonidis fecisset mentionem, leniter, ut animaduerti, suspirauit.

Fuit illic fons illo purior qui Narcisso infelix praebuit speculum, totus lapide Ceraunio circuibatur, dein aqua leuis, salubris oculis, potui innoxia, hortos irrigabat, tandem riuum perennem faciebat, seu flumen, in quo pisces scammis aureis uestiebantur ; eisque in diuerticulo insidiabatur Protheus, hamo eiusdem metalli et fune purpureo : cantabat interim Cymothoes nymphae amorem, et fugam, repetens identidem Claudiani uersiculos :

---

68 legis *scripsi* : leg.1§ *T* //

Par ailleurs, Accurse infère de cette notion de joie que l'on ne saurait accorder un bienfait à quelqu'un contre sa volonté (D. 50, 17, 69[992]), à moins qu'il ne tende à l'utilité d'un tiers, et non du seul donataire : ainsi la joie d'un tiers est-elle suffisante (D. 3, 5, 38[993]) ; de même, la loi, pour punir un trait d'audace, ordonne que l'on fasse une donation même en dépit de sa volonté (D. 9, 2, 27, 25[994]) >.

La déesse fit arrêter ce si beau quadrige dans ses jardins extrêmement raffinés, qu'elle me désigna, en disant : « Regarde ces jardins, et profites-en : ni Sémiramis, ni le roi Adonis n'en eurent jamais de semblables » ; et au moment où elle avait mentionné Adonis, je remarquai qu'elle poussa un léger soupir.

Il y avait là une source plus pure que celle qui présenta à Narcisse un funeste miroir ; elle était complètement bordée de céraunie[995] ; son eau légère, salutaire pour les yeux et potable, irriguait ensuite les jardins ; enfin elle devenait une rivière pérenne, c'est-à-dire un cours d'eau, dans lequel les poissons étaient revêtus d'écailles d'or ; dans un méandre, Protée leur tendait une embuscade, muni d'un hameçon du même métal et d'une ligne en étoffe de pourpre, tout en chantant son amour pour la Nymphe Cymothoé qui l'avait fui : il répétait ces petits vers de Claudien[996] :

---

992 *Inuito beneficium non datur.* Le mot *inuito* est en effet glosé par *beneficium enim affert gaudium capienti, et inuitus nemo gaudebit* et assorti de la référence au *Livre des fiefs* (voir ci-dessus note 989).

993 *Naturalis enim simul et ciuilis ratio suasit alienam condicionem meliorem quidem etiam ignorantis et inuiti nos facere posse, deteriorem non posse.*

994 Effectivement, celui qui s'est permis de cueillir des récoltes parvenues à maturité ne sera pas poursuivi pour vol s'il les laisse sur place, car il sera alors présumé avoir voulu faire donation des frais de main d'œuvre au propriétaire. *Si oliuam immaturam decerpserit uel segetem desecuerit immaturam uel uineas crudas, Aquilia tenebitur ; quod si iam maturas, cessat Aquilia : nulla enim iniuria est, cum tibi etiam impensas donauerit, quae in collectionem huiusmodi fructuum impenduntur* [...].

995 Sur cette pierre, voir Pline, *Histoire naturelle*, XXXVII, 51 : « Au nombre des pierres blanches, il y a encore la pierre nommée céraunie, qui absorbe la lumière des astres. Elle est cristalline, d'un reflet bleu, et se trouve eu Carmanie. Zénothémis avoue qu'elle est blanche ; mais il dit qu'elle a à l'intérieur une étoile qui va de côté et d'autre. Suivant lui, il y a des céraunies de peu d'éclat, dans lesquelles on fait naître cette étoile par une macération de quelques jours dans le nitre et le vinaigre, étoile qui s'éteint au bout d'autant de mois que la macération a duré de jours. Sotacus distingue deux autres variétés de céraunies, une noire et une rouge. Il dit qu'elles ressemblent à des haches ; que parmi ces pierres celles qui sont noires et rondes sont sacrées ; que par leur moyen on prend les villes et les flottes, et qu'on les nomme bétules ; mais qu'on nomme céraunies celles qui sont longues. On prétend qu'il y a encore une autre espèce de céraunie extrêmement rare, et recherchée par les mages pour leurs opérations, attendu qu'elle ne se trouve que dans un lieu frappé de la foudre ».

996 Voir « In nuptiis Honorii Augusti et Mariae fescennina », *Poèmes politiques, Fescennina* IV, v. 10-12.

Armat spina rosas, mella tegunt apes.
Crescunt difficili gaudia iurgio.
Accenditque magis quae refugit Venus.

Pars aquae de fonte limpidissimo et perspicuo fluentis, per apertum sulcum et iuncis odoratis cinctum ducebatur in labrum ex iaspide, ut nymphaeo seruiret et uenam aquae percalidae temperaret, quae per auream fistulam in idem nymphaeo confluebat ; aquam enim frigidam in balneis calidae misceri solitam Palladius lib. 1 cap. 40 retulit et fistulam frigidariam appellauit ; alumen redolebat calida, quod στυπτηρίαν Vlpianus dixit, l. sed si § fin. ff. de reb. eor. ; nec mirum dissimiles aquas eo concurrere, cum in Macedonia ad Euripidis sepulchrum dextra ac sinistra duo riui sint, quorum alter aquae bonitate placet, alter bibentes perimit.

2. Nymphaeum a thermis, id est, balneis calidis discrepare ostendit l. si quis per C. de aquaeduc. lib. 11, ubi Praefectus curare iubetur ac diligenter prouidere, quantum aquae thermis, quantum nymphaeis pro abundantia ciuium deputari conueniat. Existimat Alciatus *fuisse locum in quo mulieres lauarentur* : ego uero non assentior
[69] < tametsi adiiciam, turpe fuisse mulieri cum exteris uiris lauacrum ingredi, et sufficiens ad repudium, l. fi. C. de repud. ; sed scio >

---

69   1553 : Non quod negem mulieribus in Nymphaeo lauari uetitum, sed quod putem.

L'épine arme la rose, l'essaim protège le miel,
L'âpreté de la lutte augmente le plaisir,
Et la Vénus qui fuit embrase davantage.

Une partie de l'eau qui s'écoulait de cette source extrêmement limpide et transparente était conduite par un canal à ciel ouvert et entouré de joncs odorants jusqu'à un bassin de jaspe, au bénéfice d'un nymphée, pour tempérer le courant d'eau très chaude qu'un tuyau d'or y déversait. Palladius, au chapitre 40 du livre I[997], rapporte en effet que dans les bains, on mélangeait ordinairement l'eau froide à l'eau chaude et il qualifie ce tuyau de « refroidissant » ; l'eau chaude sentait l'alun, qu'Ulpien appelle στυπτηρίαν (D. 27, 9, 3, 6[998]) ; et il n'y a rien d'étonnant à cette confluence d'eaux dissemblables, puisqu'en Macédoine, à droite et à gauche du tombeau d'Euripide, il y a deux ruisseaux, dont l'un offre une eau excellente, tandis que l'autre est mortel pour ceux qui en boivent[999].

2. Un nymphée est très différent des thermes, c'est-à-dire des bains chauds, comme le montre bien la loi C. 11, 43, 5[1000], dans laquelle le préfet reçoit l'injonction de mettre tout son soin à prévoir avec zèle, en fonction de l'affluence, quelle quantité d'eau il faut envoyer aux thermes, et quelle quantité aux nymphées. Alciat[1001] « pense qu'il s'agissait d'un endroit où se lavaient les femmes », mais je ne suis pas d'accord,
< même si j'ajoute qu'il était honteux pour une femme de se baigner avec des hommes qu'elle ne connaissait pas, et que c'était une cause suffisante de répudiation (C. 5, 17, 11, 2[1002]) ; mais je sais >

---

997 *Économie rurale*, I, 40, « Des bains » : « Un tuyau dirigé vers cette chaudière y conduira l'eau froide, et un autre de même calibre, dirigé vers le bain, y portera autant d'eau chaude que le premier tuyau aura porté d'eau froide dans la chaudière ».

998 *Si lapidicinas uel quae alia metalla pupillus habuit* **stypteriae** *uel cuius alterius materiae* [...].

999 Voir Pline *Histoire naturelle*, **XXXI**, 19, 2 : *In Macedonia non procul Euripidis poetae sepulcro duo riui confluunt, alter saluberrimi potus, alter mortiferi.*

1000 [...] *et amplissima tua sede disposita, quid in publicis* **thermis**, *quid in* **nympheis** *pro abundantia ciuium conuenit deputari* [...].

1001 Dans son commentaire à C. 11, 43, 5. Voir *Annotationes in tres posteriores libros Codicis*, Strasbourg, 1515, p. 12 vº : *Existimo autem fuisse locum in quo mulieres lauarentur.*

1002 *Inter culpas autem uxoris constitutionibus enumeratas et has addimus, si forte uxor sua ope uel ex industria abortum fecerit,* **uel ita luxuriosa est, ut commune lauacrum uiris libidinis causa habere audeat,** *uel, dum est in matrimonio, alium maritum fieri sibi conata fuerit.*

uiris etiam permissum exstitisse, separatim habere sua nymphaea. Est itaque nymphaeum lauacrum siue balneum aquam tepidam habens, non ualetudinis sed uoluptatis causa paratam; ideo prius consulitur thermis, mox nymphaeis, postremo aliis usibus, in d. l. si quis per. Strabo lib. 7 tradit in Apolloniatum finibus locum extare, quem nymphaeum uocant, ubi saxum est ignem uomens, cui fontes subsunt aquis tepidis, et bitumine scatentes. Pindarus *Olymp.* ode 12 [70]Ergotelem cursorem laudans :
Θερμὰ Νυμφᾶν λουτρὰ βαστάζεις
id est, calida Nympharum balnea frequentas.

Nomen inde sumptum est, quod per aestatem, pomeridiana hora, Nymphae sese fontibus abluerent, Dianae, puta, comites, in secretis nemorum fontibus, ut se oblectarent tantum. Quod et Romani seruarunt, in octauam diei horam lotionem differentes, quae est secunda post meridiem. Martialis lib. 10 :
Octauam poteris seruare, lauabimus una.
Scis, quam sint Stephani balnea iuncta mihi.

Vitruuius, lib. 5 cap. 10, in balneis ahena tria locat, nempe caldarium, tepidarium, et frigidarium, ita ut ex primo in secundum aqua fluat. A Nymphis non est nouum deduci nymphaeum, cum obseruatum sit, nec Alciatus omisit, ueteres consueuisse balnea nuncupare ex alicuius herois nomine : sed, ut annotaui, praesertim heroum nomen indebant, qui lauacris delectarentur; unde legimus Herculis balnea.

---

70   1553 : de uiro loquitur.

que les hommes aussi eurent la permission d'avoir leurs nymphées séparés. Un nymphée est donc une baignoire ou un bain d'eau tiède, préparé pour le plaisir et non pour la santé ; c'est pourquoi, dans la loi déjà citée C. 11, 43, 5[1003], on se préoccupe d'abord des thermes, puis des nymphées, et enfin des autres utilisations de l'eau. Strabon[1004], au livre VII, rapporte que sur le territoire des Apolloniates, il y a un endroit appelé nymphée, où l'on trouve un rocher qui vomit du feu, et, à son pied, des sources dont les eaux sont tièdes et sentent le bitume. Pindare[1005], dans la 12ᵉ *Olympique*, fait l'éloge du coureur Ergotèle en ces termes : *Tu honores de ta présence les bains chauds des Nymphes.*

Le nom tire son origine du fait que, les après-midis d'été, les Nymphes, c'est-à-dire les compagnes de Diane, se baignaient dans des sources, cachées au fond des bois, pour leur unique plaisir. Ce que les Romains aussi ont perpétué, en différant leur bain jusqu'à la huitième heure, c'est-à-dire la deuxième de l'après-midi. Voir Martial[1006], au livre 10* : *Ton heure, la huitième, sera la mienne ; nous nous baignerons ensemble. Tu sais à quel point je suis proche voisin des bains de Stéphanus.*

Vitruve, au chapitre 10 du livre V[1007], place dans les bains trois vases d'airain, l'un d'eau chaude, le second d'eau tiède et le troisième d'eau froide, placés de manière à ce que l'eau du premier s'écoule dans le second. Il n'y a rien d'étonnant à ce que le mot « nymphée » dérive de celui des « Nymphes », puisqu'on a remarqué, et Alciat n'y a pas manqué, que les Anciens avaient l'habitude de nommer les bains d'après le nom de quelque héros ; mais j'ai noté qu'ils choisissaient de préférence le nom des héros qui adoraient se baigner ; aussi dans leurs écrits est-il question des bains d'Hercule.

1003 Voir ci-dessus, note 1000.
1004 *Géographie*, VII, 5, 8 : « Les Apolloniates ont dans leur territoire un nymphaeum : c'est un rocher qui vomit du feu et du pied duquel s'échappent des sources d'eau tiède et d'asphalte, provenant apparemment de la combustion du sol, qui est bitumineux, comme l'atteste la présence sur une colline ici auprès d'une mine d'asphalte ».
1005 *Olympiques*, XII, 27 : « Tu vas rendre célèbres les bains chauds des Nymphes, près desquels tu as établi tes paisibles foyers ».
1006 *Épigrammes*, XI, 52, v. 3-4.
1007 « Sur le fourneau seront placés trois vases d'airain, le premier contenant l'eau chaude, le second l'eau tiède, le troisième l'eau froide. Leur disposition doit être telle que du second vase il passe dans le premier autant d'eau que celui-ci en aura perdu, et du troisième dans le second une quantité proportionnée ».

[71]< Aristoteles in *Problematis* sectione 24 notat : ideo dici olim consueuisse sacrari balnea, quod ex sulfure et fulmine, rebus plane sacris, prouenirent. Athenaeus, lib. 12 cap. 2, omnia calida lauacra ex terra scatentia antiquitus Herculi sacrata tradit. Plane Euphorbus et Ant. Musa, medici fratres, alter regis Iubae, alter Oct. Augusti, primum instituere astringi corpora pleraque frigidis balineis : ante Plinius obseruauit, et Homerus probat, non nisi calida uiguisse >.

3. Thermae Achilleae nuncupabantur Romae in l. omnis de aquaeduct 11 C. ab Achille, quem Thetis mater aqua Stygia abluisse memoratur praeter talum. Helenae balneas ponit Pausanias, lib. 2, in Cenchraeo nauali Choryntiorum, e regione, ubi aqua salsa tepida in mare influit. Post aquam igitur balneis necessariam superflua alios ad usus transfertur a praefecto. Iulius Frontinus lib. 2 de aquaeductibus : « impetrantur autem, inquit, et hae aquae, quae caducae uocantur, id est, quae aut ex castellis effluunt, aut ex manationibus fistularum » ; quod beneficium a principibus parcissime tribui solitum, sed fraudibus aquariorum obnoxium est.

71 1553 : quia fesso illi Minerua callidam suppeditauit, uel, ut Athenaeo placet, Vulcanus. Meminit horum in 2. Chiliade Erasmus. Hinc.

< Aristote, dans la section 24 de ses *Problèmes*[1008], observe que si les bains passent pour avoir été jadis ordinairement considérés comme sacrés, c'est parce qu'ils provenaient de l'alun et de la foudre, qui sont des choses extrêmement sacrées. Athénée, au livre XII, chapitre 2*[1009], rapporte que tous les bains chauds jaillissant des entrailles de la terre étaient anciennement consacrés à Hercule. Ce sont les frères Euphorbe et Antonin Musa, dont le premier était le médecin du roi Juba et l'autre celui d'Auguste[1010], qui introduisirent la pratique d'exercer sur le corps une action astringente en se baignant dans de l'eau froide; auparavant, comme Pline l'a noté, en invoquant le témoignage d'Homère[1011], on ne se baignait que dans de l'eau chaude >.

3. À Rome, il y avait les thermes d'Achille (C. 11, 43, 6, 2[1012]), du nom du héros dont sa mère Thétis, on s'en souvient, avait plongé le corps, à l'exception d'un talon, dans l'eau du Styx. Pausanias[1013], au livre II, situe les bains d'Hélène à Cenchrées, port des Corinthiens, dans une région où de l'eau salée se jette tiède dans la mer. Une fois réservée l'eau nécessaire aux bains, le préfet affecte à d'autres usages celle qui est en surplus. Frontin[1014], au livre II de ses *Aqueducs* dit qu'« on obtient aussi des concessions pour ces eaux qu'on appelle de trop plein, c'est-à-dire celles qui s'échappent des châteaux d'eau ou proviennent des fuites des tuyaux; cette faveur n'est d'ordinaire accordée par les Princes que très rarement, mais elle favorise les fraudes des fonteniers ».

1008 *Des eaux thermales*, XXIV, 19 : « Pourquoi les eaux chaudes où l'on se baigne sont-elles regardées comme sacrées ? N'est-ce pas parce qu'elles proviennent des choses les plus saintes du monde, le soufre et la foudre ? »

1009 *Deipnosophistes*, XII, 6.

1010 Voir Pline *Histoire naturelle*, XXV, 38 : « Ces deux frères ont introduit l'usage de se faire arroser après le bain chaud avec beaucoup d'eau froide, pour resserrer le corps. Autrefois on ne se baignait qu'à l'eau chaude, comme nous le voyons dans Homère même ».

1011 *Iliade*, XII, 444.

1012 *Praeterea de plumbeis fistulis ducentibus ad thermas, quae Achillis nuncupantur, quae prouidentia tuae magnificentiae factas esse cognouimus, eandem formam seruari censemus.*

1013 II, 2 : « Les bains d'Hélène sont vis-à-vis de Cenchrées; on donne ce nom à une source abondante d'eau salée qui sort d'un rocher et coule dans la mer; elle a le même degré de chaleur que l'eau qui est prête à bouillir ».

1014 II, 110.

Aquarii sunt custodes et curatores aquaeductus, quorum fraudes reprimuntur in l. usum C. eod. Quid sit castellum in proposito, explicatur in l. 1 § hoc interdictum ff. de aqu. cotid.

4. Ἀφροδίτης λουτρὸν egredior, ut ad aquae caput redeam, iuxta quod Dea sedens :

« De nuptiis, inquit, quibus obnixe faueo, pauca dictura sum, si semel manus in hoc sacro fonte lauero. Nam si Caius, in l. 1 ff. de orig. iur., de iure ciuili nihil illotis manibus tractari decere eleganter dixit, quanto magis idem nos facere conuenit, cum de iure diuino disserere auspicemur, hoc est, de coniugio : quod quidem iuris diuini aeque ut humani penitus communicationem continet, l. 1 ff. de rit. nupt., et in eo amor perfectissimus uersatur, l. III ff. de donat. inter uir. et uxor. »

< Vnde uero matrimonium originem acceperit ualde controuertitur. Iurisconsultus, in l. pen. § huius ff. de iustitia et iure, ab illo iure naturali reuocat quod est commune cum brutis similiter liberorum procreationi et foeturae studentibus. Hinc, inquit, descendit maris et foeminae coniugatio, quam appellamus matrimonium. Caeterum cum dicit, hinc « descendere », minime fallitur quoad extrinsecum amoris et coniunctionis uinculum, si in l. 1 de suspectis tutorib. ff. « descendit » suspecti crimen a lege XII tabularum, id est, primum detecta est ea lege suspecti tutoris accusatio. Inde sunt illa uerba summi Dei quae brutis pariter dicta sunt :

Les fonteniers sont ceux qui surveillent et entretiennent l'aqueduc : leurs fraudes sont punies par la loi C. 11, 43, 4[1015]. La loi D. 43, 20, 1, 39[1016] explique ce que c'est qu'un château dans ce contexte.

4. Mais je quitte le bain d'Aphrodite, pour revenir à la source, près de laquelle la déesse s'assit et me dit : « Je vais te parler un peu du mariage, que je favorise de toutes mes forces, mais pas avant de m'être lavé les mains dans cette source sacrée. Car si Gaius, dans la loi D. 1, 2, 1[1017], dit élégamment qu'il n'est pas convenable de traiter du Droit civil sans s'être purifié les mains, à plus forte raison devons-nous en faire de même, puisque nous nous apprêtons à traiter du Droit divin, autrement dit du mariage, qui implique effectivement une parfaite mise en commun du Droit divin aussi bien que du Droit humain (D. 23, 2, 1[1018]), et en lequel réside le plus parfait amour (D. 24, 1, 3, pr.[1019]).

< L'origine du mariage est extrêmement controversée. Dans la loi D. 1, 1, 1, 3[1020], le jurisconsulte le rapporte à ce Droit naturel qui nous est commun avec les animaux, puisque, comme nous, ils s'appliquent à procréer et à prendre soin de leur progéniture. « De là, dit-il, tire son origine l'union du mâle et de la femelle, que nous appelons mariage ». Du reste, quand il emploie l'expression « tirer son origine », il ne méconnaît pas la distance qui sépare le lien de l'amour et celui du coït, puisqu'en D. 26, 10, 1, 2[1021], la mise en cause d'un tuteur comme suspect « tire son origine » de la loi des XII Tables, c'est-à-dire que c'est dans cette loi que l'on a trouvé pour la première fois la mise en accusation d'un tuteur comme suspect. D'où ces mots du Dieu tout-puissant qui ont été adressés également aux bêtes :

1015 *Vsum aquae ueterem longoque dominio constitutum singulis ciuibus manere censemus nec ulla nouatione turbari, ita tamen, ut quantitatem singuli, quam ueteri licentia percipiunt, more usque in praesentem diem perdurante percipiant :* **mansura poena in eos, qui ad inrigationes agrorum uel hortorum delicias furtiuis aquarum meatibus abutuntur.**

1016 [...] *aequissimum uisum est ei quoque, qui ex* **castello** *ducit, interdictum dari.* **Id est ex eo receptaculo, quod aquam publicam suscipit. Castellum accipe.**

1017 [...] *inconueniens erit* [...] **illotis** *ut ita dixerim* **manibus** *protinus materiam interpretationis tractare* [...].

1018 Voir ci-dessus note 61.

1019 Voir ci-dessus note 88.

1020 Voir ci-dessus note 29.

1021 *Sciendum est suspecti crimen e lege duodecim tabularum* **descendere.**

« crescite et replete terram », et repetita post diluuium, *Genesis* 1 capit. et 9 : quae uerba ferarum sobolem ab humana, legitimam ab illegitima non separant, § liceat, quibus mod. natural. effi. legit., col 6. Sed quia est alterum ius naturale datum homini, id est, ratio uel aequitas, per quam dicitur imago Dei, *Genesis* cap. 1, l. pen. de iustitia ff., ab hoc iure simul institutum matrimonium, et dilectio mutua maris et foeminae, cum duo animi una carne conglutinentur ex Dei praecepto. Apostolus id enarrat *Ad Ephes.* ca. 5 et d. l. 3 de donati. inter uir. ff. ; l. 1 de ritu nuptiar. >.

Proinde Iuppiter, qui coelum uagis impleuit amoribus, *Iliad.* lib. 14 fatetur se nunquam ullius aut deae aut mortalis foeminae sic amore uictum, ac tum fuit Iunonis, cuius nomen Ἥρα ἀπὸ τοῦ ἔρωτος, id est, ab amore denominatur, quoniam Ioui sit amabilis, ut uult Socrates in *Cratylo*. Perfecit mutua coniugii affectio ut Alcestis, Pelei filia, pro Admeto mori praeoptauerit, atque ut Orpheus inferos adire non formidarit, quo Euryciden uxorem defunctam arcesseret et recuperaret. Haec est sancta sponsio et fides, quae inter tria selectissima bona matrimonii numeratur, canon omne 27 q. 2. Succedit secundo proles iusta, qua orbis totus, nedum ciuitas, repletur, l. 1 ff. sol. matrimon. Natura enim sagax et prouida dulcem uoluptatem amoris machinata est, ut per eam tandem homines deliniti, liberis studeant :

« croissez et remplissez la terre », et qui ont été répétés après le Déluge (voir, chapitres 1 et 9[1022]) : ils ne font aucune différence entre la progéniture des animaux et celle des êtres humains, ni entre celle qui est légitime et celle qui ne l'est pas (*Novelle* 89, chap. 6[1023]). Mais parce qu'il y a un autre Droit naturel, qui a été spécifiquement attribué à l'être humain, à savoir la raison ou l'équité, grâce à laquelle on dit que l'homme est l'image de Dieu (*Genèse*, 1[1024] ; D. 1, 1, 11[1025]), c'est de ce Droit que dérivent simultanément l'institution du mariage et l'amour mutuel entre les deux sexes, lorsque, selon le commandement divin, deux esprits sont soudés par le biais d'une seule chair. L'Apôtre en fait état au chapitre 5 de l'*Épître aux Éphésiens*[1026], ainsi que les lois déjà citées D. 24, 1, 3, pr.[1027] et D. 23, 2, 1[1028] >.

Aussi Jupiter, qui a rempli le ciel de ses amours désordonnées, reconnaît-il, au livre XIV de l'*Iliade*[1029], qu'il n'a jamais été amoureux d'aucune femme, déesse ou mortelle, autant que de Junon, dont le nom, de l'avis de Socrate dans le *Cratyle*[1030], est tiré du mot « amour », puisqu'elle est chérie de Jupiter. C'est cet amour mutuel entre époux qui a conduit Alceste, la fille de Pélée, à vouloir mourir pour Admète, et Orphée à ne pas craindre de se rendre aux Enfers, pour aller y chercher et en ramener sa défunte femme, Eurydice. C'est cet engagement sacré, cette fidélité conjugale qui est comptée parmi les trois plus grands biens du mariage (*Décret* II, 27, 2, 10[1031]). En second lieu sont mentionnés les enfants légitimes, qui peuplent le monde entier et, pour commencer, la cité (D. 24, 3, 1[1032]). En effet, la Nature, sage et prévoyante, a créé le ressort de la volupté amoureuse, pour que les êtres humains, emportés par son charme, s'appliquent à procréer :

1022 *Genèse*, 1, 22 et 9, 1.
1023 **Si quis autem legitimos quidem filios non habeat, naturales autem ei solummodo sint, liceat ei curiae onere scribere eos heredes,** *et scriptura pro omni oblatione consistat et non egeat hoc antiquarum legum alia adiectione, neque oblatione dum superstites essent* [...].
1024 Voir ci-dessus note 155.
1025 Voir ci-dessus note 11.
1026 Versets 28-31.
1027 Voir ci-dessus note 88.
1028 Voir ci-dessus note 61.
1029 Vers 315-328.
1030 Voir 404 c : Ἥρα δὲ ἐρατή τις, ὥσπερ οὖν καὶ λέγεται ὁ Ζεὺς αὐτῆς ἐρασθεὶς ἔχειν.
1031 Voir ci-dessus note 660.
1032 Voir ci-dessus note 665.

quod alioquin uix ratione facerent, sicut Claud. Galenus considerauit. Hoc modo genus hominum mortale et caducum fere aeternum redditur successione liberorum, l. liberorum § fin. ff. de uerbor. signific., et hi uitam a maioribus acceptam, tanquam facultates, debent posteris suis, qui rursus, quotquot agnascentur, damnabuntur statim ad ultimum supplicium, nec hactenus quisquam mortem uitauit, § deinceps de nupt. col. IV,

< nisi naturae artificio immortalitas simularetur, § 1 ead. col. et in l. lege C. de legit. haered. ; est itaque homo quidam mortalis deus >,

nec immerito Pyrrhoni Academico gratissimus fuit Homeri uersiculus, apud quem Glaucus, *Iliad.* lib. 6, ait :

Οἴη περ φύλλων γενεὴ τοίη δὲ καὶ ἀνδρῶν,

id est : Tale genus uero est hominum, quale et foliorum.

Nimirum uentus folia excutit ex arboribus, quibus alia ueris tempore reuirescunt, et sufficiuntur. Refert Iulius Pollux, libro 8, legem fuisse latam Lacadaemone in eos qui sero uxorem duxissent, non modo in caelibes, sed et lex Papia orbos duriuscule multauit, nunc obliterata, l. fin. C. de infir. poen. coelib. Itaque poenae coelibatus prorsus sublatae sunt, non eorum praemia qui liberos sustulerunt, qui in honoribus decernendis aequissime reliquis praeferuntur, l. in albo C. de decu. lib. 10.

ce qu'autrement, ils auraient du mal à faire sous l'empire de la seule raison, comme l'a fait observer Galien[1033]. De cette manière, le genre humain, qui est mortel et périssable, est rendu quasiment immortel par la succession des générations (D. 50, 16, 220, 3[1034]). La vie et les facultés qu'ils ont reçues de leurs ancêtres, ils doivent les transmettre à leurs descendants, qui, à leur tour, jusqu'au dernier, seront condamnés à l'ultime supplice, car jusqu'ici personne n'a pu éviter la mort (*Novelle* 22, chapitre 20[1035])

< l'immortalité est seulement simulée par cet artifice de la Nature (C. 6, 58, 14, pr.[1036]) ; aussi l'homme est-il, en quelque sorte, un dieu mortel >,

et l'académicien Pyrrhon n'avait pas tort d'afficher sa prédilection[1037] pour ce petit vers d'Homère, qui fait dire à Glaucus, au livre 6 de l'*Iliade*[1038] :

Les humains ressemblent aux feuilles des arbres.

De fait, le vent fait tomber les feuilles des arbres, mais, au printemps, d'autres verdissent et les remplacent. Iulius Pollux[1039], au livre VIII, rapporte qu'à Lacédémone on avait promulgué une loi non seulement à l'encontre des célibataires mais aussi de ceux qui s'étaient mariés tard ; et la loi Pappia, désormais abolie, avait la dureté de pénaliser aussi les gens sans enfants (C. 8, 57, 2[1040]). On a donc totalement supprimé les peines qui sanctionnaient le célibat, mais non les récompenses offertes à ceux qui avaient élevé des enfants, et que l'on préfère aux autres, en toute justice, lorsqu'il s'agit de décerner des honneurs (C. 10, 32, 9[1041]).

1033 *De usu partium corporis humani*, début du livre XIV ; voir la traduction latine de l'édition de Paris, 1528, p. 403 : *Omnibus animalibus organa conceptionis natura dedit, ipsisque organis* **specialem quemdam uirtutem ad generationem delectationem** *copulauit, ipsi uero animae ea usurae* **mirabilem quemdam et ineffabilem appetitum utendi.** *A quo usu excitata et stimulata animalia, etsi stulta, etsi iuuenilia, etsi irrationalia omnino fuerint,* **prouident tamen permanentiae generis ac si essent omnino prudentia** [...].

1034 Voir ci-dessus, note 153.

1035 *Deinceps autem* **matrimoniorum terminum** *: quae omnia similiter soluit expectata mors* [...].

1036 Voir ci-dessus note 62.

1037 Voir Diogène Laërce, IX, 67.

1038 Vers 146.

1039 Voir *Onomasticon* VIII, 40, Δίκη ὀψιγαμίου.

1040 Voir ci-dessus note 74.

1041 *In albo decurionum perscriptis* **patrem non habenti filios anteferri constitit.**

< Extat oratio Augusti apud Dionem Cassium, lib. 56, aduersus eos qui ducere uxores recusabant : tunc tempestiua cum bellis tum externis tum ciuilibus Respublica exhausta esset hominibus, cui gignuntur, l. 1 sol. matrim.; l. 1 § et generaliter ff. de uentre in poss., ubi illud Platonis exprimitur, neminem sibi soli nasci sed Reipublicae, ut etiam Metellus Numidicus docet apud Gellium lib. 1 cap. 6; neque, inquit, cum uxoribus satis commode, neque sine illis ullo modo uiui potest; nuptiis enim solis uere fiunt homines, § rursus, de restitutionib. et ea quae parit col. 4. Merito coelibibus conjuges praeferuntur : nam et ualentiores uidentur et perspicaciores, ut pote qui quatuor manibus et oculis totidem, contributa uxoris facultate, nituntur >.

Forsitan insurget aliquis, fretus autoritate Ambrosii, et coelum uirginibus impleri exclamabit, sicuti terram nuptis, can. nuptiae 32, q. 1, uerum scite Musaeus in *Leandro* :

παρθενικαῖς οὐ Κύπρις ἰαίνεται.

hoc est, uirginibus non delectatur Venus, sed potius sacris nuptiis, ex quibus uirgines gignuntur, non ut flosculi et poma mellita ex cariosa radice, quemadmodum uidetur Hieronymo in can. tunc salvabitur 33 q. 5, sed magis ut riui, quos deductos aspicis ex hoc fonte nitidissimo.

< On trouve chez Dion Cassius[1042], au livre LVI, un discours d'Auguste, dirigé contre ceux qui refusaient de prendre femme ; il arrivait alors à point nommé, au moment où l'État, en faveur de qui l'on procrée, avait été privé d'hommes par les guerres tant extérieures qu'intérieures : voir D. 24, 3, 1[1043] et D. 37, 9, 1, 15[1044], où l'on exprime l'idée de Platon, selon laquelle personne ne vient au monde pour lui seul mais naît aussi pour l'État, ainsi que Metellus Numidicus nous l'apprend, également chez Aulu-Gelle, au livre I, chapitre 6[1045] : « il est impossible, dit-il, de vivre agréablement avec les femmes, mais sans elles on ne peut pas vivre du tout » ; seul le mariage, en effet, fait de nous véritablement des êtres humains (*Novelle* 39, pr.[1046]). On a raison de préférer les gens mariés aux célibataires, car ils se montrent plus forts et plus avisés, dans la mesure où, grâce à leur conjoint, ils disposent de quatre mains et d'autant d'yeux >.

Peut-être quelqu'un protestera-t-il, en s'appuyant sur l'autorité de Saint Ambroise, et s'exclamera-t-il que le Ciel est rempli de vierges comme la terre l'est de gens mariés (*Décret* II, 32, 1, 12[1047]). Mais Musée, dans *Léandre*[1048], dit judicieusement :
Ce ne sont pas les vierges qui plaisent à Vénus,
mais bien les saintes noces qui font naître les vierges : et ce n'est pas à la ressemblance de fleurs et de fruits doux comme le miel qui naissent d'une racine pourrie, ainsi que le croit Saint Jérôme (*Décret* II, 33, 5, 7[1049]), mais plutôt comme des rivières, que l'on voit dériver de cette source très pure.

1042 § 4-9.
1043 Voir ci-dessus note 665.
1044 [...] *partus enim iste alendus est, qui et si non tantum parenti, cuius esse dicitur, uerum etiam rei publicae nascitur.*
1045 *Si sine uxore possemus, Quirites, omnes ea molestia careremus : sed quoniam ita natura tradidit, ut nec cum illis satis commode, nec sine illis ullo modo uiui possit ; saluti perpetuæ potius, quam breui uoluptati consulendum.*
1046 [...] *in nuptiis, quarum nihil est hominibus utilius, tamquam solis facere homines ualentibus.*
1047 *Nuptiae terram replent, uirginitas paradisum* [...].
1048 *Héro et Léandre*, v. 144.
1049 *Tunc saluabitur mulier, si illos genuerit filios, qui uirgines permansuri sunt ; si quod ipsa perdidit acquirat in liberis, et dampnum radicis et cariem flore conpenset et pomis.*

5. Habes iam duo nuptiarum bona, nempe fidem et prolem ; superest tertium, quod refertur in d. can. omne 27 quaest. 2, et consistit in occulta quadam diuinitate, quae inest matrimonio, quo idcirco sacrum appellatur

< estque sacramentum omnium antiquissimum>.

Hinc est quod uxor *humanae rei et diuinae domus socia* dicitur, aduersus quam famosa actione neque uiro neque haeredibus agere licet, l. aduersus C. de crim. expil. haered. 9 ; l. 1 et II ff. rer. amot. ; humanae, inquam, rei socia est, ut intelligatur pene uideri dominam rerum ipsius mariti d. l. 1,

< ut taceam pactionem, iureiurando non leuiorem, in aede sacra adiectam, qua coniuges uicturos se pariter obtestantur, et si res exigat, alterum pro altero mortem oppetiturum, sicut fecit Alcestis pro Admeto rege marito aegrotante ; nam quod tacta ara promittitur, plus habet uinculi et sacramenti, l. pen. C. si minor se maior. dix. >.

Et quamuis natura uiro parere mulierem praeceperit, non tamen usque adeo ut seruiat omnino, sed sic morem gerat dictoque audiat quomodo patri filius, can. est ordo 33 quaestio 5. Certe ut uir Dei, sic mulier hominis imago, can. cum caput ea quaest.

5. Nous avons vu les deux premiers biens du mariage que sont la fidélité et les enfants ; reste le troisième, dont il est question dans le canon déjà cité (*Décret*, II, 27, 2, 10[1050]), et qui consiste dans un mystérieux caractère divin, inhérent au mariage : d'où le fait qu'on le qualifie de « sacré »

< et qu'il est le plus ancien de tous les sacrements >.

Voilà pourquoi l'on dit que l'épouse est « associée à la maison de son mari, eu égard aux choses divines et aux choses humaines », et que ni son mari ni ses héritiers ne peuvent engager contre elle une action infamante (C. 9, 32, 4, pr.[1051] ; D. 25, 2, 1[1052] et 2[1053]) ; par « associée eu égard aux choses humaines », il faut comprendre qu'elle est quasiment considérée comme la maîtresse des biens de son mari lui-même (voir la loi déjà citée D. 25, 2, 1[1054]).

< Et je ne parle pas du pacte annexe passé dans le sanctuaire, qui est tout aussi contraignant qu'un serment, en vertu duquel les époux attestent qu'ils confondront leurs vies, et que, si les circonstances l'exigent, ils affronteront la mort l'un pour l'autre, comme le fit Alceste pour son mari, le roi Admète, lorsqu'il tomba malade ; car ce que l'on promet en touchant l'autel crée un lien plus fort et plus sacré (C. 2, 42, 3, 4[1055]) >.

Et bien que la nature ait prescrit à la femme d'obéir à l'homme, cela ne va pas jusqu'à un complet esclavage, mais suppose simplement qu'elle se montre aussi docile avec lui qu'un fils avec son père (*Décret* II, 33, 5, 12[1056]). Assurément, de même que l'homme est l'image de Dieu, la femme est celle de l'homme (*Décret* II, 33, 5, 15[1057]).

1050 Voir ci-dessus, note 660.

1051 *Aduersus uxorem, quae socia rei humanae atque diuinae domus suscipitur, mariti dien suum functi successores expilatae hereditatis crimen intendere non possunt.*

1052 Voir ci-dessus note 708.

1053 *Nam in honorem matrimonii turpis actio aduersus uxorem negatur.*

1054 Voir ci-dessus note 708.

1055 *[…] Huiusmodi autem sacramento corporaliter praestito nullum tibi superesse auxilium perspicui iuris est.*

1056 *Est ordo naturalis in hominibus, ut feminae seruiant uiris, et filii parentibus, quia in illis haec iusticia est, ut maiori seruiat minor.*

1057 *Cum caput mulieris uir sit, caput autem uiri Christus, quaecumque uxor non subicitur uiro, hoc est capiti suo, eiusdem criminis rea est, cuius et uir, si non subiciatur capiti suo. Verbum autem Domini blasphematur, uel cum contemnitur Dei prima sentencia, et pro nihilo ducitur, uel cum Christi infamatur euangelium, dum contra legem fidemque naturae ea, que Christiana est, et ex lege Dei subiecta, uiro inperare desiderat, cum gentiles etiam feminae uiris suis seruiant communi lege naturae.*

Quod autem habetur in d. l. aduersus, eam esse diuinae domus sociam, pertinere uerius est ad coelum ipsum, in quo Deus tanquam in solio residet, Matthaei 5 ca., ex quo animum demisit et amorem cuius uinculo coniuges nectuntur, can. foeminae 30 q 5 ; l. III ff. de don. int. uir. ; l. 1 de rit. nupt. Nam ab Homero libro primo *Iliad.*

θεοὶ [...] Ὀλύμπια δώματ' ἔχοντες

uocantur, id est Dii coelestes domos habentes,

et

Panditur interea domus omnipotentis Olympi,

libro nono* *Aeneidos.*

Vel diuina domus accipietur pro templo, ut l. absit de priuil. dom. lib. 11 C. ;

< tamen titulus praeiudicat ibi pro imperiali palatio, cap. l XII ff. ad Turpil. ; non in § si uero de alienati et emphy. col IX, imo in l. fin. de exactorib. trib. lib. X C. > ;

Quant à ce qui est dit dans la loi déjà citée C. 9, 32, 4, pr.[1058], à savoir qu'elle est « associée à la maison du mari eu égard aux choses divines », cela concerne plus véritablement le Ciel lui-même, qui est, pour ainsi dire, le trône de Dieu (*Matthieu*, chap. 5[1059]), du haut duquel Il a envoyé l'âme, et l'amour qui lie les conjoints (*Décret* II, 30, 5, 7[1060] ; D. 24, 1, 3, pr.[1061] ; D. 23, 2, 1[1062]). En effet, chez Homère, au livre 1 de l'*Iliade*[1063], les dieux sont appelés
Habitants des demeures de l'Olympe
Et, au livre IX* de l'*Énéide*[1064],
S'ouvre la demeure du tout-puissant Olympe.
Ou bien on entendra par *diuina domus* le « sanctuaire », comme en C. 11, 75, 4, 2[1065] ;
< néanmoins, l'intitulé[1066] incite ici à comprendre « palais de l'Empereur » (voir D. 48, 16, 12[1067]) ; ce n'est pas le cas dans la *Novelle* 120, chapitre 1, § 1[1068], mais cela l'est bien, au contraire, en C. 10, 19, 8[1069] >.

1058 Voir ci-dessus, note 1051.

1059 V, 34 : « Eh bien ! moi, je vous dis de ne pas jurer du tout, ni par le ciel, car c'est le trône de Dieu ».

1060 § 1 : *quod nubentes post benedictionem uitta inuicem, uno uinculo copulantur, uidelicet fit ideo, ne conpagem coniugalis unitatis disrumpant.* § 3 : *quod in primis annulus a sponso sponsae datur fit nimirumuel propter mutuae dilectionis signum, uel propter id magis, ut eodem pignore corda eorum iungantur.*

1061 Voir ci-dessus note 88.

1062 Voir ci-dessus note 61.

1063 Vers 17.

1064 *Énéide* X, 1.

1065 *Domos etiam diuinas tam laudabili titulo libenter adscribimus.* En fin connaisseur de la grammaire latine, Forcadel propose donc ici une autre interprétation de la loi C. 9, 32, 4, pr. (voir ci-dessus note 1051) : alors que l'interprétation courante met *humanae* et *diuinae* sur le même plan, comme deux épithètes de *rei*, et fait de *domus* le complément de nom de *rei*, il fait remarquer qu'on pourrait aussi bien considérer que *socia* a pour compléments au génitif, d'un côté *rei humanae* et de l'autre, sur le même plan, *diuinae domus*. C'est la forme du génitif pour ces deux mots qui crée en effet l'amphibologie.

1066 *De priuilegiis domus Augustae* […].

1067 *Si interueniente publica abolitione ex senatus consulto, ut fieri adsolet, uel ob laetitiam aliquam uel honorem domus diuinae uel ex aliqua causa, ex qua senatus censuit abolitionem reorum fieri nec intra dies praestitutos reum repetierit : dicendum est cessare Turpillianum senatus consultum* […].

1068 *Si uero contigerit quamlibet rem ex aliquo praedictorum uenerabilium locorum emphyteotico iure dato aut in imperialem domum aut in sacrum nostrum aerarium aut in ciuitatem aliquam aut in curiam aut in aliam aliquam uenerabilem domum peruenire* […].

1069 *Si diuina domus aut quilibet cuiuscumque dignitatis atque fortunae re uera fundos extra metrocomias non patrocinii gratia, sed emptionis iure uel quolibet alio titulo legitimo possederit* […].

⁷²< plane >

expedit coniuges eiusdem esse religionis, l. ne quis C. de iudae ; cap. gaudemus de diuort. ;

< cap. de illa, eod., si modo id curae iurisconsulto fuit >.

6. Vetus quoque mos sacrum nonnihil esse in matrimonio declarat, cum nouae nuptae facem de taeda praeferri solitam sciamus ; atqui taedam sacrorum luminibus expetitam Plinius testatur, lib. 16 cap. 10 ; nam faces quae lucis tantum causa praeferebantur de spina confectas Masurius autor est, in memoriam pastorum, qui talibus usi traduntur, dum Sabinas raperent duce Romulo,

< nec dubium est, quin nuptiae in templis ad aram celebrarentur, ut Lucretius ostendit lib. 1, de Iphigenia immolata a patre loquens :
Tremebundaque ad aras
Deducta est, non ut, solemni more sacrorum,
Perfecto posset claro comitari hymenaeo.

---

72   1553 : quoniam.

Il est clair que les conjoints ont tout intérêt à être de la même religion (C. 1, 9, 6[1070] ; *Décrétales de Grégoire IX*, IV, 19, 8[1071])

< et chapitre 6[1072] *ibidem*, si seulement c'est de cela que le jurisconsulte s'est soucié >.

6. Une ancienne coutume révèle aussi la sacralité inhérente au mariage, puisque nous savons que la torche offerte à la nouvelle mariée était ordinairement en pin : or Pline, au chapitre 10 du livre XVI[1073], atteste qu'on choisissait le pin pour illuminer les cérémonies religieuses ; en effet, d'après Masurius[1074], les torches qui ne servaient qu'à s'éclairer étaient en épine, pour commémorer les bergers qui, dit-on, les utilisèrent lorsque, sous la conduite de Romulus, ils enlevèrent les Sabines ;

< et il est hors de doute que les mariages se déroulaient dans les temples, près de l'autel, ainsi que Lucrèce le montre, au livre I[1075], lorsqu'il évoque Iphigénie immolée par son père :

Elle fut emportée toute tremblante à l'autel,
Non pour y être accompagnée, avec la solennité ordinaire,
Par le chant clair de l'hyménée...

1070 **Ne quis christianam mulierem in matrimonium Iudaeus accipiat neque Iudaeae Christianus coniugium sortiatur.** *Nam si quis aliquid huiusmodi admiserit, adulterii uicem commissi huius crimen obtinebit, libertate in accusandum publicis quoque uocibus relaxata.*

1071 Les trois principaux points réglés en détail par ce texte sont résumés en tête du chapitre : *Pagani, iuncti in gradu prohibito lege canonica tantum, conuersi ad fidem non separantur. Hoc primo. Si paganus prius plures uxores habeat, post fidem susceptam adhaerebit primae. Hoc secundo. Et, si repudiata uxore cum secunda contraxerit, etiam post baptismum dimittet secundam, et adhaerebit primae repudiatae, etiamsi repudiata cum alio contraxisset ; secus si fornicata fuisset. Hoc tertio.*

1072 *De illa uero, quae, **uiro suo labente in haeresim**, ipsius consortium sine iudicio ecclesiae declinauit, utrum, **reuertente illo ad catholicam unitatem**, ad redintegrandum matrimomium sit cogenda, uidetur nobis, quod mulier, maxime si ea intentione decessit, ut lapsus in haeresim taedio pariter et confusione affectus se ab errore suo conuerteret, ei, quum reuersus fuerit, est reddenda, quae, etiamsi reuerti noluerit, compellatur. **Si uero iudicio ecclesiae** ab eo sine spe matrimomii redintegrandi recessit, ad recipiendum eum nullatenus eam dicimus compellendam.*

1073 *Histoire naturelle*, XVI, 10, 2 : « La sixième espèce est la *taeda* proprement dite (*pinus mugho* ou *pinus cembro*), donnant plus de résine que les autres, moins que le *picea*, et une résine plus liquide, employée aussi pour les feux et les lumières dans les cérémonies religieuses ».

1074 *Ibidem*, XVI, 30, 3 : « Aux lieux froids appartient aussi l'épine, qui donne les torches nuptiales du meilleur augure, parce que les bergers qui enlevèrent les Sabines fabriquèrent des torches avec cette plante, au dire de Masurius ».

1075 vers 95-97.

Neque obest l. basilicam C. de operib. public., ubi in basilica prohibentur nuptiae celebrari, quoniam non ibi definitur de sanctissima caeremonia, quae rite per auspicem sacrificum, dum sponsi conueniunt ad aram, adhibetur, sed de reliqua festiuitate ac tripudio iubiloque nuptialis hilaritatis, uerbis obscaenis uix uacante. Neque sacramentum a matrimonio auellit, quod Vlpianus ait, id descendere a iure naturae cum brutis communi, l. 1 § pen. ff. de iustit. et iur., quia descendit quidem ab eo, sed non perficitur ab eodem sine altero iure naturae, quod semper iustum est et cum Deo commune, l. pen. eod., a quo adulteria puniuntur inulta feris, et brutis reliquis, nisi quis columbas Veneri sacras excipit, autore Plinio; igniculus ergo matrimonii et coniunctio descendit a iure illo naturae, non expolita consummatio, ut l. 1 de suspect. tutorib.; huic enim uis quaedam coelestis miscetur, l. 1 de rit. nuptiar. >.

7. Quantum uero iura fauent nuptiis inchoandis, tantum prorsus a diremptione abhorrent, l. consensu C. de repud.; ideo quia in eis est diuina illa coniunctio indiuiduam uitae consuetudinem retinens, § 1 de pat. potest., ex quo elicitur syncerus sensus legis hoc genus ff. de conditio. et demonstratio., ubi legatum Maeuiae, si Titio non nupserit, post mortem Titii solum cedit; sed et alii nubendo, inquit Iulianus, nihilominus legatum capere potest.

Nonobstant la loi C. 8, 11, 21[1076], où il est interdit de célébrer les mariages dans une basilique, car il n'est pas question ici de la très sainte cérémonie qui est célébrée, selon le rite, par un officiant, tandis que les fiancés se tiennent près de l'autel, mais des autres festivités, des danses et du joyeux vacarme des noces, qui vont rarement sans paroles obscènes. Et ce que dit Ulpien, à savoir que le mariage dérive du Droit naturel, qui nous est commun avec les animaux (D. 1, 1, 1, 3[1077]), ne lui ôte pas son caractère sacré, parce qu'il dérive bien de ce Droit naturel, mais qu'il n'atteint pas à sa perfection sans cet autre Droit naturel qui est toujours conforme à la Justice et qui nous est commun avec Dieu (D. 1, 1, 11[1078]) ; c'est en vertu de ce Droit-là que l'adultère est puni, alors qu'il ne l'est pas chez les bêtes sauvages et tous les autres animaux, à l'exception toutefois, selon Pline[1079], des colombes consacrées à Vénus. Ce sont donc le désir et l'accouplement qui, dans le mariage, dérivent du premier Droit naturel, comme en D. 26, 10, 1, 2[1080], mais non pas sa consommation raffinée ; car c'est à elle que se mêle une espèce de puissance céleste (D. 23, 2, 1)[1081] >.

7. Autant le Droit favorise la conclusion des mariages, autant il a horreur de les dissoudre (C. 5, 17, 8, pr.[1082]), justement parce qu'en eux réside cette union divine qui contient l'engagement indissoluble contracté pour toute la vie (*Institutes*, I, 9, 1[1083]) ; on en déduit le sens authentique de la loi D. 35, 1, 106[1084], dans laquelle legs fait à Maevia, à condition qu'elle n'épouse pas Titius, ne prend effet qu'après la mort de Titius ; mais, dit Julianus, si elle épouse quelqu'un d'autre, elle peut néanmoins recevoir ce legs.

1076 *Illud quoque decernimus, ne in eam* [*basilicam*] *equos liceat intromitti uel* **nuptias celebrari**.

1077 Voir ci-dessus note 29.

1078 Voir ci-dessus note 11.

1079 *Histoire naturelle*, X, 52, 1 : « Après les perdrix, c'est dans les pigeons qu'on remarque surtout l'ardeur amoureuse : mais la chasteté est la première de leurs qualités. L'adultère est inconnu chez eux ».

1080 Pour ce sens de *descendit*, voir ci-dessus, note 1021.

1081 Voir ci-dessus note 61.

1082 *Consensu licita matrimonia posse contrahi, contracta non nisi misso repudio solui praecipimus.* **Solutionem etenim matrimonii difficiliorem debere esse fauor imperat liberorum.**

1083 Voir ci-dessus note 79.

1084 Voir ci-dessus, note 87.

Hoc est, ut ego quidem sentio, sicut mortuo demum Titio, Maeuia caperet legatum, ita etiam nubendo alii, puta Seio, cum quo futurum perpetuo matrimonium praesumitur, d. § 1 de pat. pot., quare iam exploratum est Titio nunquam nupturam,

< l cum ita ff. eodem ; sic si fiat sacerdos aliquis, § quae uero, de nuptiis, collectio[73] quarta, licet accidat professionem deseri >.

Hoc amplius quod non nubendi conditio de primis intelligitur, l. dotis ff. de iur. dot., quam Accursius in eam legem hoc genus pro contraria adferre non ueretur, sic neutram se intelligere confitens. Hunc sequitur turba interpretum, qui uolunt magis esse, ne nisi mortuo uere Titio Maeuia legatum assequatur ; quod perquam iniquum est, cum semper Titium recusatura coniiciatur, quae alii nubere maluit, l. fi. ff. de diuor. ;

---

73   collectio *scripsi* : columna *T* //

C'est-à-dire, à mon sens : de même que Maevia n'obtiendrait le legs qu'une fois que Titius serait mort, elle l'obtiendrait également si elle se mariait à quelqu'un d'autre, par exemple Seius, avec qui elle est présumée mariée pour toujours (passage déjà cité des *Institutes*, 1, 9 1[1085]), parce qu'il devenait clair, dès lors, qu'elle ne se marierait jamais avec Titius < (D. 35, 1, 63, pr.[1086]) ; il en serait de même si quelqu'un entrait dans les ordres (*Novelle* 22, chapitre 44, § 7[1087]), bien qu'il arrive que l'on renie sa profession de foi >.

Cela d'autant plus que la condition de ne pas se marier s'entend « en premières noces » : voir la loi D. 23, 3, 68[1088], qu'Accurse de craint pas de considérer comme antinomique à la loi déjà citée D. 35, 1, 106[1089], en avouant ainsi qu'il ne comprend ni l'une ni l'autre. À sa suite, une foule d'interprètes préfèrent comprendre que Maevia ne doit pas recevoir le legs avant la mort avérée de Titius ; ce qui est parfaitement injuste puisque, dans la mesure où elle a préféré se marier à quelqu'un d'autre, on peut supposer qu'elle refusera toujours d'épouser Titius (D. 24, 2, 11, 2[1090]) :

1085 Voir ci-dessus, note1083.

1086 *Cum ita legatum sit « si Titio non nupserit » uel ita « si neque Titio neque Seio neque Maeuie nupserit » et denique si plures personae comprehensae fuerint, magis placuit, cuilibet eorum si nupserit, amissuram legatum,* **nec uideri tali condicione uiduitatem iniunctam, cum alii cuilibet satis commode possit nubere.**

1087 Le chapitre 43, dont les premiers mots sont *Quae uero nunc*, commence à traiter du remariage de la femme à qui un legs a été fait sous condition qu'elle ne se remarie pas. Mais c'est au chapitre suivant que l'on trouve une allusion à l'entrée dans les ordres comme signe clair qu'il n'y aura pas de remariage : [...] *donec aut secundas ille contrahat nuptias (quando et restitutio praestitarum usurarum suscipiet facultatem) aut* **fiat manifestum nullatenus posse istum ad nuptias peruenire, siue secundum modum sacerdotii** *(tunc enim ei dabit quod relictum est) siue morte* [...].

1088 [...] *Nam et si minor annis duodecim ut maior deducta sit, tunc primum petetur, cum maior annis apud eundem esse coeperit :* **quod enim uolgatum est dotis promissionem in primis dumtaxat nuptiis destinare** *neque durare obligationem, si post alterius matrimonium ei nubat cui dotem promiserat, tunc locum habet, cum intercesserunt aliae nuptiae.* Accurse cite en effet D. 35, 1, 106 parmi les lois qui *arg. contra* D. 23, 3, 68, et glose ainsi le mot *nuptiae : cum alio factae ; sed nec hae dicentur aliae, sed eaedem, cum et retro dicantur ualidae : secuta tamen ratihabitione.*

1089 Voir ci-dessus note 87, où le mot *nubendo* est ainsi glosé : *Sed nonne in hac prohibitione uidetur cogitatum de primis nuptiis* [...], *hoc est, si hodie contrahit cum alio, uideatur impleta conditio de non nubendo Titio ? Respondeo : non, quia prohibitio indistincte facta generaliter est accipienda.*

1090 [...] *Proinde si patronus sibi desponderit aliam uel destinauerit uel matrimonium alterius appetierit,* **credendus est nolle hanc nuptam** *: et si concubinam sibi adhibuerit, idem erit probandum.*

< idque ex natura matrimonii, quod, uoto eorum qui coeunt, est perpetuum sicut dotis datio, l. 1 ff. de iure dot. ; ideo alter sine alterius consensu castitatem uouere nequit, can. beata 27 q. 2 >.

8. Et quia perpetua erat coniugii coniunctio, ignis et aqua nuptiis adhibebantur, ut duo praecipua elementa, quibus uita continetur, l. pen. § fin. ff. de don. int. uir. ; Vergilius in *Diris* ad Lydiam :
Quamuis ignis ero, quamuis aqua, semper amabo.
Hoc est, etiam si moriar, redeuntibus ad sua principia elementis, amabo tamen.

< Nec ignotum est aquam et ignem summis foederibus adhiberi olim solita, ut idem poëta aperit libro 12 *Aeneid.* :
Alii fontemque ignemque ferebant,
Velati lino,
ubi Seruius ait, eos quos a nobis segregamus, aqua et igni priuari ; unde uetus aquae et ignis interdictio, cui successit deportatio, l. 2 § 1 de poenis. Hinc liquet arctissimum diuinumque uinculum nuptiis necti ; ex quo >

Artemisia Mausolum uirum, regem Cariae, fato perfunctum ardentius amauit, eiusque desiderio flagrans ossa et cinerem eius odoribus mixta contusaque ebibit, sepulcrumque ei aedificauit, quod inter septem orbis miracula nomen habet : iuxta quod est Mercurii et Veneris cuiusdam fanum.

< et cela, en vertu de la nature même du mariage, qui, comme le souhaitent ceux qui s'unissent, est perpétuel, à l'instar du don de la dot (D. 23, 3, 1[1091]); c'est la raison pour laquelle l'un des conjoints ne peut, sans le consentement de l'autre, faire vœu de chasteté (*Décret* II, 27, 2, 3, § 1[1092]) >.

8. Et parce que l'union matrimoniale était perpétuelle, on faisait intervenir dans le rite du mariage l'eau et le feu, parce que ce sont les deux principaux éléments à l'origine de la vie (D. 24, 1, 66, 2[1093]). Voir Virgile, dans ses *Imprécations*[1094], à l'adresse de Lydia :
Même si je suis transformé en feu ou en eau,
Je serai toujours amoureux.

C'est-à-dire, même si je meurs, si tous les éléments de mon corps reviennent à leur origine, j'aimerai tout de même.

< Et on n'ignore pas que que jadis on faisait ordinairement intervenir l'eau et le feu dans la conclusion des traités les plus importants, ainsi que le même poète le montre au livre XII de l'*Énéide*[1095] :
D'autres, sous un voile de lin,
Apportaient l'eau et le feu.

À cet endroit, Servius dit que l'on prive d'eau et de feu ceux que l'on veut exclure de notre société ; d'où l'ancienne interdiction de l'eau et du feu, à laquelle s'est substituée la déportation (D. 48, 19, 2, 1[1096]). Cela montre à l'évidence que le mariage est un lien très fort et d'un caractère divin >.

Aussi Artémise, qui aimait ardemment son mari Mausole, le roi de Carie, fut-elle consumée de regrets quand il mourut : elle but ses os et ses cendres, écrasés et mélangés à des aromates[1097], et lui éleva un tombeau qui est cité parmi les sept merveilles du monde ; à côté se trouve un sanctuaire de Mercure et d'une certaine Vénus.

1091 Voir ci-dessus note 86.

1092 [...] *absque consensu legitimi uiri* orationi aliquando **non posse uacare, nec continentiam profiteri.**

1093 [...] *priusquam aqua et igni acciperetur, id est nuptiae celebrentur* [...].

1094 Ce poème de Valerius Cato a été attribué quelquefois à Virgile. Forcadel cite ici le vers 102.

1095 Vers 119-120.

1096 *Constat, postquam* **deportatio in locum aquae et ignis interdictionis successit,** [...].

1097 Voir Aulu-Gelle, *Nuits Attiques*, X, 18 et Valère-Maxime, IV, 6, 1.

9. E quibus diis natus fertur Hermaphroditus utriusque sexus particeps, altero semper potentior, l. quaeritur ff. de stat. hom.,

< ut docet Aristoteles; quare non facit tertiam speciem, sed eius censetur sexus, quo praeualet, quare si masculo praeualeat, testis erit in testamento, l. 15 ff. de testib. >.

Est non procul a fano Salmacis fons, in quem conuersam accepimus nympham eiusdem nominis, quum hermaphrodito per uim potita esset; de qua loquitur sic Ouidius, lib. 4 *Metamorph.* :
Denique nitentem contra, elabique uolentem
Implicat ut serpens.

Merito notauit Accursius, l. 1 C. de rapt. uirg., poenam raptus in muliere locum sibi uendicare, si aliquando adolescentem rapuerit.

9. On dit que ces dieux-là ont donné naissance à l'hermaphrodite, qui appartient aux deux sexes, mais révèle toujours la prédominance de l'un des deux (D. 1, 5, 10[1098])

< ainsi que nous l'apprend Aristote[1099] ; de ce fait, il ne constitue pas un troisième sexe, mais est censé être du sexe qui prédomine en lui ; par conséquent, si c'est le sexe masculin qui prédomine, il pourra être témoin à un testament (D. 22, 5, 15, 1[1100]) >.

Non loin de ce sanctuaire, il y a la source Salmax : c'est en elle, dit-on, que fut métamorphosée la nymphe du même nom, parce qu'elle avait violé l'hermaphrodite ; au livre IV des *Métamorphoses*, Ovide[1101] parle d'elle en ces termes :

Alors qu'il résiste et veut lui échapper,
Elle l'enlace comme un serpent.

Accurse a eu raison de noter, en C. 9, 13, 1, 1[1102], que la peine prévue pour le rapt s'applique à une femme, s'il lui est arrivé d'enlever un jeune garçon.

1098 *Quaeritur : hermaphroditum cui comparamus ? Et **magis puto eius sexus aestimandum, qui in eo praeualet.***

1099 Voir *De la génération des animaux*, IV, 4, 20.

1100 *Hermaphroditus an ad testamentum adhiberi possit, qualitas sexus incalescentis ostendit.*

1101 Vers 361-362.

1102 *Ne igitur sine uindicta talis crescat insania, sancimus per hanc generalem constitutionem, ut hi qui **huiusmodi crimen commiserint** et qui eis auxilium tempore inuasionis praebuerint, **ubi inuenti fuerint in ipsa rapina et adhuc flagrante crimine comprehensi** a parentibus uirginum uel uiduarum uel ingenuarum uel quarumlibet feminarum aut earum consanguineis aut tutoribus uel curatoribus uel patronis uel dominis, conuicti **interficiantur**. Au § 1b, Quibus connumerabimus etiam eum, qui saltem sponsam suam per uim rapere ausus fuerit et aux mots sponsam suam, Accurse glose en effet : Idem e contra si sponsa uel mulier rapiat hominem, licet hoc raro contingat.*

Vitruuius, lib. 2 cap. 8, fabulosum putat, quod aiunt Salmacidis fontem
eos qui biberint, effoeminare,

    < atque ad eum fontem mansuefactos homines, et e ferinis moribus ad
comitatem traductos refert. Cephalum ab Aurora raptum nulli poëtae non
dicunt ; quod si libidinis causa rapuit etiam armis, ea sola causa inspicitur
et plectitur, l. uerum ff. de furt., ubi qui ancillam alienam quaestui turpi
expositam rapuit libidinis causa, de furto non tenetur, secus si meretrix
non esset, l. fullo § qui ancillam eodem ; nam cum haec sit uendibilis, censetur lucro quoque inhiasse, ut habet nostra coniectura. Hodie uero, cum
serui esse in Gallia desierint, si mulier adolescentem raperet, an dotem
amitteret ut ex quinque legibus enumeratis in l. 3 ff. de bonis damnat. ?

Vitruve, au chapitre 8 du livre II[1103], considère comme une fable ce que l'on raconte sur la source Salmax, à savoir que ceux qui ont bu de son eau deviennent des femmes ;

< et il rapporte que cette source avait adouci les mœurs des hommes et les avait arrachés à la sauvagerie en les rendant sociables. Quelques poètes disent que Céphale fut enlevé par l'Aurore : or si le rapt a pour cause la lubricité, même s'il est fait sous la menace des armes, on ne considère et on ne sanctionne que cette seule cause : voir D. 47, 2, 39[1104], où celui qui a enlevé par lubricité la servante d'autrui qui se prostituait, n'est pas incriminé de vol ; il en irait autrement si ce n'était pas une prostituée (D. 47, 2, 83, 2[1105]) ; en effet, comme, dans ce cas, il pourrait la vendre, son ravisseur est censé avoir également convoité le profit qu'il en tirerait : c'est en tout cas ce que je suppose. Mais aujourd'hui en France, où l'esclavage n'existe plus, si une femme enlevait un jeune garçon, perdrait-elle sa dot, comme cela arrive en vertu des cinq lois énumérées par D. 48, 20, 3[1106] ?

1103 *De l'Architecture*, II, 8, 12 : « C'est à tort qu'on attribue, aux eaux de cette fontaine le pouvoir de rendre malades d'amour ceux qui en boivent. Pourquoi cette fausse opinion s'est-elle répandue dans le monde ? On ne sera peut-être pas fâché de le savoir. Ce qu'on dit de la propriété que doit avoir cette fontaine, de rendre efféminés et lascifs ceux qui y boivent, ne peut être fondé que sur ce que les eaux en sont d'une grande limpidité et d'un goût délicieux. Or, lorsque Mélas et Arevanias emmenèrent d'Argos et de Trézéne des habitants pour fonder en ce lieu une colonie commune, ils en chassèrent les barbares cariens et lélègues. Ceux-ci, s'étant réfugiés dans les montagnes, se réunissaient par bandes pour faire des incursions dans le pays, et le ravageaient par leurs cruels brigandages. Plus tard, un des colons, dans l'espoir de faire quelques profits, pourvut de tout ce qui était nécessaire une taverne qu'il bâtit auprès de cette fontaine, des eaux de laquelle il avait reconnu la bonté. Par l'exercice de son métier, il réussit à avoir ces barbares pour pratiques. S'y rendant d'abord un à un, ils finirent par se mêler aux réunions des Grecs ; puis, s'étant insensiblement dépouillés de leur naturel dur et farouche, ils s'habituèrent sans contrainte à prendre la douceur de leurs moeurs. Ce ne fut donc pas à une prétendue corruption qu'on y aurait puisée, que cette fontaine dut sa renommée, mais bien aux relations auxquelles elle donna lieu, relations qui firent pénétrer dans l'âme adoucie des barbares les charmes de la civilisation ».

1104 *Verum est, **si meretricem alienam ancillam rapuit quis** uel celauit, furtum non esse ; nec enim factum quaeritur, sed causa faciendi : **causa autem faciendi libido fuit, non furtum.***

1105 ***Qui ancillam non meretricem libidinis causa subripuit, furti actione tenebitur** et, si subpressit, poena legis Fabiae coercetur.*

1106 *Quinque legibus damnatae mulieri dos publicatur : maiestatis, uis publicae, parricidii, uenefici, de sicariis.*

Certe una est uis publicae, id est armatae, § recuperandae de interdict., et non putem rapinam ac uim libidinis delicto aboleri, l. 1 uers. quae multo de raptu uirg. C.; igitur dos mulieris sine fraude mariti publicabitur, maxime cum ei a natura pudor innatus esse soleat, l. pe. contrahen. stipul. C.; unde impudentia procacitate exacerbatur, scelus naturae adeo repugnans et legi. Sicuti Aristoteles, *Problematum* sectione 29 § XI, notat, more maiorum iniquius fuisse mulierem occidere, quam uirum, sexu nobiliorem : cum illa sit imbecillior, et ad iniuriam faciendam minus potens, aut ad resistendum facienti >.

Assurément, l'une d'entre elles vise la violence publique, c'est-à-dire armée (*Institutes*, IV, 15, 6[1107]) et je ne pense pas, pour ma part, que l'enlèvement avec violence doive être effacé par le délit de lubricité (C. 9, 13, 1, 1a[1108]); en conséquence, la dot de la femme sera confisquée, sans qu'il y ait fraude de la part du mari, surtout qu'en général la pudeur est naturellement innée chez la femme (C. 8, 37, 14, 1[1109]); de sorte que le crime d'enlèvement, qui contrevient tellement à la nature et à la loi, est aggravé ici par la lubricité[1110]. De la même façon, dans la section XXIX, § 11, de ses *Problèmes*[1111], Aristote note que traditionnellement, c'était une iniquité plus grande de tuer une femme plutôt qu'un homme, dont le sexe a pourtant davantage de prestige : mais c'est parce que la femme est plus faible, et moins capable de faire du tort, ou de résister à qui lui en cause >.

1107 [...] *qui autem aliquem de possessione per uim deiecerit, tenetur lege Iulia de ui priuata aut de ui publica : sed de ui priuata, si sine armis uim fecerit,* **sin autem cum armis eum de possessione expulerit, de ui publica**; *« armorum » autem appellatione non solum scuta et gladios et galeas significari intellegimus, sed et fustes et lapides.*

1108 *Quae multo magis contra eos obtinere sancimus, qui nuptas mulieres ausi sunt rapere,* **quia duplici crimine tenentur tam adulterii quam rapinae** *et oportet acerbius* **adulterii crimen ex hac adiectione puniri.**

1109 [...] *mulieres, quas* **naturalis pudor** *non omnibus perperam sese manifestare concedit* [...].

1110 La juxtaposition des deux mots quasiment synonymes (*impudentia* et *procacitas*) résulte probablement d'une rature ou d'une surcharge mal interprétée par l'imprimeur, d'où la traduction par le seul terme de lubricité.

1111 La section est intitulée : « De la justice et de l'injustice ».

OBSERVATA IN CAPUT UNDECIMUM

1. Nullo iure nuptias sine patris consensu consistere.
2. An per omnia sacro iure censeatur matrimonium.
3. An liberi ad matrimonium a patre cogi possint.
4. An raptori quam rapuit ducere permittatur.
5. Versicoloria quae appellentur.
6. Quid sit nardum purum in iure, quid nardostachys.
7. Gemmae a lapillis an differant.

CAPUT XI

1. Non prius rerum mearum euentus Venerisque mellita colloquia omnino referam quam receptam iampridem sententiam refutauero, eorum qui existimant sine patris consensu liberorum matrimonia, iure saltem pontificio, consistere, quae hactenus seruata est, ut a me anus reprehenderetur. Quid enim durius ? quid usquam iniustius quam puellam patris inuiti inimico nubere ? cum ne quidem honesto uiro filiam inconsulto parente canones desponderi permittant ; nam iure ciuili quin sit hoc prohibitum nullus dubitat, l II ff. de rit. nupt., § 1 de nuptiis.

CONTENU DU CHAPITRE 11

1. Aucun des deux Droits ne reconnaît les mariages conclus sans l'accord du père.
2. Le Droit canonique tient-il compte de tous les aspects du mariage ?
3. Le père peut-il contraindre ses enfants à se marier ?
4. Est-il permis au ravisseur d'épouser celle qu'il a enlevée ?
5. Ce que l'on entend par l'adjectif *uersicoloria*.
6. Ce que c'est, en Droit, que le nard pur, et ce que c'est que le « nardostachys ».
7. Quelle est la différence entre les « pierres précieuses » et les « pierres » tout court ?

CHAPITRE 11

1. Mais avant de rapporter mes aventures et les discours de Vénus, aussi doux que le miel, j'entends réfuter une opinion qui est établie depuis longtemps : certains considèrent qu'au moins en Droit canonique, le mariage des enfants est valable sans le consentement du père, et cette opinion a été si bien suivie jusqu'ici que c'est comme si je me permettais de blâmer une vieille femme. Quoi de plus cruel, en effet, quoi de plus injuste, en quelque lieu que ce soit, que le mariage d'une jeune fille avec quelqu'un dont son père ne voulait pas, alors que les canons n'autorisent même pas une fille à se fiancer avec un homme honorable sans le consentement de son père ? Personne, en revanche, ne doute qu'en Droit civil cela soit interdit (D. 23, 2, 2[1112] ; *Institutes*, I, 10, pr.[1113]).

1112 **Nuptiae consistere non possunt nisi consentiant omnes,** *id est qui coeunt* **quorumque in potestate sunt.**
1113 Voir ci-dessus note 527.

< Nec tribuo hoc totum ius patriae potestati, cum uideam patre deficiente matris consensum desiderari, quae non habet in potestate liberos, l. in coniunctione C. de nupt.; l. nulla ff. de suis haeredib. >.

Accedit illud Euaristi summi Pontificis : *aliter non sit legitimum coniugium nisi a parentibus tradatur,* can. non omnis § fin. 32 q. 2 ; subdit can. honorantur Ambrosius, in quo negat parum pudentis esse uirginis maritum si eligat, fretus Euripidis testimonio, apud quem in *Andro.* Hermione, Menelai filia, cuius connubium Orestes petebat, respondet : Νυμφευμάτων μὲν τῶν ἐμῶν πατὴρ ἐμὸς μέριμναν ἕξει, κοὐκ ἐμὸν κρίνειν τόδε.

Id est, sponsaliorum meorum pater meus curam habebit, et non est meum haec statuere.

Quamobrem ingrata est filia et indigna successionis, quae nubit ante XXV annos inconsulto patre, § causas in fi. in Auth. ut cum de appell. cogn. col. 8.

< At, dices, ergo stat interim coniugium : nihil ibi lex aperit ; forte pater sinit, cum sit iam uitiata filia, aegre alii uiro collocabilis a concubitu ; secus si consensus fine stetisset solummodo, quia facile filiam a sponso auelleret ; uel in tanta re affectus punitur, l. eum qui, glossa ibi, C. de adulter.

< Et je n'attribue pas ce droit exclusivement à la puissance paternelle puique je constate qu'en l'absence du père, c'est de la mère, qui n'a pas pouvoir sur ses enfants, que le consentement est exigé (C. 5, 4, 20, pr.[1114] ; D. 38, 16, 13[1115]) >.

À cela s'ajoute la déclaration du Pape Évariste : « l'union ne saurait être légitime que si elle est conclue par les parents » (*Décret* II, 32, 2, fin du canon 12[1116]). Saint Ambroise inspire, au même endroit, le canon 13[1117], dans lequel il est dit que, si elle choisissait son mari, une jeune fille ferait montre d'une insuffisante pudeur ; et il s'appuie sur le témoignage d'Euripide, dans *Andromaque*[1118], où Hermione, la fille de Ménélas, qu'Oreste recherchait en mariage, lui répond :

Mon père aura soin de mon mariage : il ne m'appartient pas d'en décider.

C'est pourquoi la fille qui, avant vingt-cinq ans, se marie sans le consentement de son père est ingrate et indigne de lui succéder (*Novelle* 115, chapitre 3[1119]).

< Mais, direz-vous, l'union n'en existe pas moins, et la loi ne dit rien là-dessus ; peut-être le père donne-t-il son consentement, parce que sa fille a déjà été déshonorée, et qu'il serait difficile de la marier à un autre ; il en irait autrement si elle n'était pas allée au-delà du simple consentement, parce qu'en ce cas le père n'aurait pas de mal à séparer sa fille de son fiancé ; ou parce que, dans une affaire aussi importante, les sentiments sont punissables (voir C. 9, 9, 18, pr.[1120], et la glose à cet endroit).

1114 *Si patris auxilio destituta* [est filia], **matris** *et propinquorum et ipsius quoque* **requiratur** *adultae* **iudicium**.

1115 **Nulla femina aut habet suos heredes** *aut desinere habere potest propter capitis deminutionem.*

1116 *Cum dicitur :* « *paterno arbitrio feminae iunctae uiris* », *datur intelligi, quod* **paternus consensus desideratur in nuptiis, nec sine eo legitimae nuptiae habeantur, iuxta illud** *Euaristi* **Papae** *:* « *Aliter non fit legitimum coniugium, nisi a parentibus tradatur* ».

1117 *Décret* II, 32, 2, 13 : [...] *non est enim uirginalis pudoris eligere maritum* [...] *Vnde illud Euripideon, quod mirantur plerique, unde translatum sit manifestum est. Ait enim in persona mulieris, quae tamen maritum uolebat relinquere, et ad alias petebatur nuptias :* « *sponsaliorum meorum pater meus curam subibit. Hoc enim non est meum* ».

1118 Vers 987-988.

1119 *Causas iustas ingratitudinis,* § 11 : *Si alicui ex praedictis parentibus* **uolenti filiae suae uel nepti maritum dare** *et dotem secundum uires substantiae suae prae ea praestare* **illa non consenserit**, *sed luxuriosam degere uitam elegerit.*

1120 *Eum qui duas simul habuit uxores sine dubitatione comitatur infamia.* **In ea namque re** *non iuris effectus, quo ciues nostri matrimonia contrahere plura prohibentur, sed* **animi destinatio cogitatur** [...]. Le mot *cogitatur* est glosé par : *secuto conamine.*

Nec oberit l 1 § fi ff. de liber. exhib., ubi bene concordans matrimonium non debet temere a patre dirimi, quia hoc uerum cum a principio ei consensit, et postmodum morosae nurui infensus est, ac libellum ei mittit repudii, reluctante filio marito, ut in l. cum hic § si socer ff. de donat. inter uir., nisi ex magna causa, l. dissentientis C. de repud. ; at sponsalia pater sine delectu soluit, l. in potestate ff. de sponsal. Haec attingo altius, ideo quod multi tractauere lambentes illum locum quem non perspexere >.

Obiici audio, in sacris negotiis patris consensum non desiderari, ut si filia religionem profiteri uoluerit, can. puella 20 quaestio 2 ; quod quidem nihil obest, nam et patria potestas sacra est, simul cum tali religione nata, l. ueluti ff. de iustitia et iure. Inde filium in sacris esse dicimus, hoc est, in patria potestate, l. pen. C. de bon. mat. ; l. 1 C. de offic. praet. ;

Nonobstant la loi D. 43, 30, 1, 5[1121], où le père n'a pas le droit de rompre à la légère un mariage bien assorti, parce que cette disposition ne vaut que lorsque le père a consenti depuis le début, qu'ensuite il s'est fâché contre le caractère difficile de sa belle-fille, et qu'il lui envoie un libelle de divorce sans avoir l'accord de son fils marié, comme en D. 24, 1, 32, 19[1122]; à moins qu'il n'ait un motif grave (C. 5, 17, 5, pr.[1123]); mais le père peut rompre les fiançailles comme il lui plaît (D. 23, 1, 10[1124]). J'en parle de manière assez détaillée, parce que beaucoup d'interprètes ont traité superficiellement de ce passage dont ils n'ont pas pénétré le sens >.

J'entends objecter qu'en matière de religion, on ne demande pas le consentement du père, par exemple si une fille veut se faire religieuse (*Décret* II, 20, 2, 2[1125]) : mais cela n'est pas un obstacle, car la puissance paternelle aussi est sacrée, puisqu'elle a pris naissance en même temps que cette piété (D. 1, 1, 2[1126]). Aussi disons-nous que le fils est *in sacris*, c'est-à-dire sous la puissance paternelle (C. 6, 60, 3, 1[1127]; C. 1, 39, 1[1128]).

1121 [...] *Et certo iure utimur, ne bene concordantia matrimonia iure patriae potestatis turbentur.* Quod tamen sic erit adhibendum, ut patri persuadeatur, *ne acerbe patriam potestatem exerceat.*

1122 *Si socer nurui nuntium miserit,* donatio erit irrita, quamuis *matrimonium, concordantibus uiro et uxore,* secundum rescriptum imperatoris nostri cum patre, *comprobatum est :* sed quod ad ipsos, inter quos donatio facta est, finitum est matrimonium.

1123 *Dissentientis patris, qui initio consensit matrimonio, cum marito concordante uxore filia familias ratam non haberi uoluntatem* diuus Marcus pater noster religiosissimus imperator constituit, *nisi magna et iusta causa interueniente hoc pater fecerit.*

1124 *In potestate manente filia pater sponso nuntium remittere potest et sponsalia dissoluere. Enimuero si emancipata est, non potest neque nuntium remittere neque quae dotis causa data sunt condicere :* ipsa enim filia nubendo efficiet dotem esse condicionemque extinguet, quae causa non secuta nasci poterit. Nisi forte quis proponat ita dotem patrem pro emancipata filia dedisse, ut, si nuptiis non consentiret, uel contractis uel non contractis repeteret quae dederat : tunc enim habebit repetitionem.

1125 Puella, si ante XII aetatis annos sponte sua sacrum sibi assumpserit uelamen, possunt statim parentes eius uel tutores id factum irritum facere, si uoluerint. [...] *Si uero in fortiori aetate adolescentula uel adolescens seruire Deo elegerint, non est potestas parentibus prohibendi.*

1126 *Veluti erga Deum religio, ut parentibus et patriae pareamus.*

1127 *Si uero mulier moriens alios ex filiis emancipatos a patre, alios in patria potestate dimiserit, in casu* dispari utitur maritus defunctae beneficio, quod casui utrique praescripsimus, id est circa eorum quidem portionem, *quos adhuc in sacris retinet,* usum fructum ex legum auctoritate retinebit et praemium delatae, cum uolet, emancipationis accipiet [...].

1128 Voir ci-dessus note 675.

adde religionem quam filius filiaue optant, semper uideri praesumique iustam et sanctam, non perinde in sponsa sponsoue euenit, cum indigni plerumque inconsulto patre eligantur a liberis, praesertim a mulieribus, quae hac in re aduersus propria commoda laborare solent, l. si pater C. de sponsal. ;

< plane satius est nubere numquam alicui, quam indigno nubere, l. cum ita ff. de condi. et demonstratio. > ;

quamobrem pie et sancte parentes in hoc consulentur, ut sibi generos et nurus eligant, natalibus et facultatibus pares.

2. Nec adeo sacrum est matrimonium, quin pro illo munera licite ultra dotem accipiantur, d. can. honorantur 32 q. 2 ; praeterea arctius est uinculum patris et filii quam coniugii, l. non ut a patre ff. de capti. ; illud natura nectit, hoc eligitur.

< Cumque matrimonium solutu difficile sit, l. consensu C. de repudiis, quamuis fauorabile sit, praestat ab initio impediri quam post querimoniam de contracto institui ; exemplo libertatis quae cum sit irreuocabilis, facillime impeditur, l. ea quidem C. si mancipium ita fuerit alien. ; l. si ex causa § fi. de minorib ff.

Ajoutons que cette entrée en religion souhaitée par le fils ou la fille est toujours présumée juste et sainte, ce qui n'est pas le cas pour un époux ou une épouse, car le plus souvent, ce sont des gens indignes que les enfants choisissent sans consulter leur père, et surtout les femmes, qui, en la matière, travaillent ordinairement contre leur propre intérêt (C. 5, 1, 4, 1[1129]);

< or il vaut certainement mieux ne jamais se marier qu'épouser quelqu'un d'indigne (D. 35, 1, 63, 1[1130]) > ;

c'est pourquoi les parents veillent pieusement et saintement à se choisir des gendres et des brus qui aient le même rang et la même fortune qu'eux.

2. Et le mariage n'est pas sacré au point qu'on n'ait pas le droit, à ce titre, de recevoir des cadeaux en plus de la dot (*Décret* II, 32, 2, 13[1131] déjà cité); de plus, le lien entre père et fils est plus étroit que celui du mariage (D. 49, 15, 8[1132]); le premier est en effet noué par la nature, le second est le résultat d'un choix.

< Et puisque le mariage est difficile à rompre (C. 5, 17, 8, pr.[1133]), il vaut mieux, bien qu'il soit favorisé, en empêcher la conclusion, que porter plainte une fois qu'il a été conclu; il en va de même avec la liberté qui, bien qu'elle soit irrévocable, est très facilement entravée (C. 4, 57, 5, pr.[1134]; D. 4, 4, 9, 6[1135]).

1129 *Periniquum est enim, ut contra patriam uoluntatem redempti forsitan tutoris aut curatoris admittatur arbitrium,* **cum plerumque etiam ipsius feminae aduersus commoda propria inueniatur laborare consilium.**

1130 *Videamus et si ita legatum sit « si Titio nupserit ». Et quidem si honeste Titio possit nubere, dubium non erit, quin, nisi paruerit condicioni, excludatur a legato;* **si uero indignus sit nuptiis eius iste Titius, dicendum est posse eam beneficio legis cuilibet nubere.** *Quae enim Titio nubere iubetur, ceteris omnibus nubere prohibetur; itaque si Titius indignus sit, tale est, quale si generaliter scriptum esset « si non nupserit ». Immo si uerum amamus,* **durior haec condicio est quam illa « si non nupserit »** *: nam et ceteris omnibus nubere prohibetur et Titio, cui inhoneste nuptura sit, nubere iubetur.*

1131 Voir ci-dessus, note 1117. Allusion aux premiers mots du canon : *Honorantur parentes Rebeccae muneribus* [...].

1132 **Non ut a patre filius, ita uxor a marito iure postliminii recuperari potest,** *sed tunc, cum et uoluerit mulier et adhuc alii post constitutum tempus nupta non est; quod si noluerit nulla causa probabili interueniente, poenis discidii tenebitur.*

1133 Voir ci-dessus, note 1082.

1134 *Ea* **quidem mancipia, quorum uenditio eam legem accepit, ne ad libertatem perducantur, etiamsi manumittantur, nancisci libertatem non possunt.** *Neque enim condicio, quae personae eius cohaesit, immutari facto eius qui ea lege comparauit potest* [...].

1135 **Aduersus libertatem** *quoque minori a praetore* **subueniri impossibile est.**

Addit Iustinianus, § 1 de nuptiis, naturali et ciuili ratione factum, ut iussus parentis praecedere debeat liberorum nuptias, igitur hoc ius naturale uiolari nullo modo poterit, l. uenia C. de in ius uocand.; atqui Paulus, lib. 2 receptarum *Sententiarum* tit. de nuptiis, contractum inconsulto patre matrimonium non dissolui respondit, postea eo refragante; quod Iustinianus merito in libros *Digestorum* afferre fastidiuit; nam ita facile eluderetur paterna reuerentia. Quinimo contractae inscio patre nuptiae, eo postea consentiente, ita confirmantur, ne retroagatur consensus ad initium matrimonii, et ideo liberi interim nati iusti non fiunt : uelim hoc notari diligenter ex l. si uxor § si quis uxorem ff. de adulteris et hoc ciuili iure >.

Non obest quod ex Dei praecepto antiquissimo relinquit homo patrem et matrem, et adhaeret uxori, *Genes.* 1 cap., quia de uxore iusta praecepit Dominus, qui nuptias iniquas ratas non habet; sic in *Decalogo* iussit nos obedire parentibus, nimirum aequa imperantibus, can. si dominus 11 q. 1, non reipublicae uel principi insidiantibus, § causas, ut cum de appell. cog. col VII; l. minime ff. de relig. et sump.

Justinien ajoute (*Institutes* I, 10, pr.[1136]) que si l'autorisation du père doit précéder le mariage des enfants, c'est que la raison naturelle et civile l'a voulu ainsi : par conséquent, ce Droit naturel ne saurait en aucune façon être violé (C. 2, 2, 2[1137]). Pourtant Paul, au livre II de ses *Sentences*, dans le titre « Du mariage »[1138], répond qu'un mariage contracté sans qu'on ait consulté le père n'est pas rompu, lorsque c'est ultérieurement qu'il manifeste son opposition ; Justinien a eu bien raison de ne pas vouloir introduire cette disposition dans le *Digeste* : car dans ce cas, il serait facile d'éluder le respect dû au père. Mieux : si les mariages conclus à l'insu du père sont confirmés, lorsque celui-ci donne, par la suite, son consentement, c'est sans effet rétroactif depuis la conclusion du mariage : ainsi les enfants nés entre-temps ne sont-ils pas légitimes ; je voudrais que l'on note soigneusement cette disposition, issue de D. 48, 5, 14, 6[1139], et qui vaut en vertu du Droit civil >.

Nonobstant la très ancienne injonction divine, selon laquelle l'homme doit quitter son père et sa mère pour s'attacher à sa femme (*Genèse*, chapitre 1*[1140]), parce que c'est de la femme légitime que parle ici le Seigneur, qui ne reconnaît pas comme valables les mariages irréguliers ; ainsi dans le *Décalogue*, il nous ordonne d'obéir à nos parents, à condition évidemment que leurs ordres soient équitables (*Décret* II, 11, 3, 93, 1[1141]), et ne portent pas atteinte à l'État ou au Prince (*Novelle* 115, chapitre 3[1142] ; D. 11, 7, 35[1143]).

1136 Voir ci-dessus note 527.

1137 *Venia edicti non petita patronum seu patronam eorumque parentes et liberos, heredes insuper, etsi extranei sint, a libertis seu liberis eorum non debere in ius uocari ius certissimum est ; nec in ea re rusticitati uenia praebeatur,* **cum naturali ratione honor eiusmodi personis debeatur** [...].

1138 *Sentences de Paul*, II, 19, 2 : *Eorum qui in potestate patris sunt sine uoluntate eius matrimonia iure non contrahuntur,* **sed contracta non soluuntur** : *contemplatio enim publicae utilitatis priuatorum commodis praefertur.*

1139 Voir ci-dessus note 528.

1140 *Genèse* 1, 2, 24.

1141 [...] *Hoc ipsum et de seruis apud dominos, et de uxoribus apud uiros, et* **de filiis apud patres quod in illis tantum debeant** *dominis, uiris,* **parentibus esse subiecti, quae contra Dei mandata non sunt.**

1142 Voir ci-dessus note 1119 : autre passage de la loi. *Causas iustas ingratitudinis* § 3 : *Si eos in criminalibus causis accusauerit, quae non sunt aduersus Principem seu Rempublicam.*

1143 Voir ci-dessus, note 17.

< Nam pietatis ratio offenditur, si a patre nolente filius separetur, l. plerumque ff. de aedil. edict. ; secus si sequentur, ut Catullus ait : *Quod pepigere uiri, pepigerunt ante parentes.*

Igitur non adhaerebit coniux coniugi firma societate nisi etiam iusta ; sic utique >

iubet praetor pacta seruari, hoc est, legibus et moribus probata, l. iurisgentium § praetor ait ff. de pact.

< Eo spectat l. sufficit, l. seq., de sponsalibus ff., ubi perbelle explicatur id quod dicitur in can. sufficiat 27 q. 2 ; nempe sufficere matrimonio solum eorum qui coniunguntur consensum *secundum leges*, inquit, non simpliciter. Quid autem leges sentiant habetur in § 1 de nuptiis, et can. aliter 30 q. 5 ; praeterea in d. canone sufficiat ; solus coniugum consensus non excludit patris consentionem, sed concubitum ; atque ita mox declaratur iuxta l. nuptias ff. de regul. iur. ;

< En effet, séparer un fils de son père contre la volonté de celui-ci (D. 21, 1, 35[1144]), revient à blesser un juste attachement ; il en va autrement s'ils veulent la même chose, comme le dit Catulle[1145] :
Ce qu'arrêtent les maris, les parents l'ont arrêté auparavant.
Les époux ne seront donc pas solidement unis si leur union n'est pas également irréprochable > ;

de la même façon, le préteur ordonne de respecter tous les engagements, c'est-à-dire ceux qui sont approuvés par les lois et les mœurs (D. 2, 14, 7, 7[1146]).

< C'est à cela que se rapportent les lois D. 23, 1, 4[1147] et D. 23, 1, 5[1148], qui expliquent magnifiquement ce que l'on trouve au *Décret* II, 27, 2, 2[1149] ; effectivement, s'il y est dit que le seul consentement de ceux qui s'unissent suffit à faire le mariage, c'est lorsqu'il se manifeste « conformément aux lois », et non pas tout simplement. Or ce que veulent les lois, on le trouve dans *Institutes* I, 10, pr.[1150], et *Décret* II, 30, 5, 1[1151] et aussi dans le canon déjà cité (*Décret* II, 27, 2, 2[1152]). « Le seul consentement » des conjoints vaut par opposition au seul fait de coucher ensemble, et non à l'accord paternel. Et c'est, sans tarder, clairement exprimé en D. 50, 17, 30[1153] ;

1144 *Plerumque propter morbosa mancipia etiam non morbosa redhibentur, si separari non possint sine magno incommodo uel ad pietatis rationem offensam. Quid enim, si filio retento parentes redhibere maluerint uel contra ?* [...].

1145 LXII, 28.

1146 Voir ci-dessus note 125.

1147 Voir ci-dessus note 101.

1148 *Haec ita, si scientibus his qui absint sponsalia fiant aut si postea ratum habuerint.*

1149 *Sufficiat solus secundum leges consensus eorum, de quorum quarumque coniunctionibus agitur Qui solus si defuerit, cetera etiam cum ipso coitu celebrata frustrantur.*

1150 Voir ci-dessus, note 527.

1151 *Aliter legitimum non fit coniugium, nisi ab his, qui super ipsam feminam dominationem habere uidentur, et a quibus custoditur uxor petatur, et a parentibus propinquioribus sponsetur, et legibus dotetur, et suo tempore sacerdotaliter, ut mos est, cum precibus et oblationibus a sacerdote benedicatur, et a paranimphis, ut consuetudo docet, custodita et sociata. a proximis congruo tempore petita legibus dotetur, ac solemniter accipiatur, et biduo uel triduo orationibus uacent, et castitatem custodiant. Item : §. 1. Ita peracta legitima scitote esse conubia : aliter uero presumpta non coniugia, sed adulteria, uel contubernia, uel stupra, aut fornicationes potius, quam legitima coniugia esse non dubitate, nisi uoluntas propriæ suffragauerit, et uota succurrerint legitima.*

1152 Voir ci-dessus note 1149.

1153 *Nuptias non concubitus, sed consensus facit.*

ut tamen sciatur a uoto concubitum sequi ob sobolem, l. denique de ritu
nuptiar. ff. Sic dicimus stipulationem perfici consensu, l. continuus § 1
de uerbor oblig. ff., id est consensum esse praecipuum fundamentum
eiusdem sed et solemnia desiderari et continuam responsionem, d. l.
continuus. Scite igitur interrogatus Aristoteles Cyrenaeus an amor fieret
coitus gratia, apud Stobaeum respondit : neque eius gratia, neque sine eo.

At dicet quispiam : si tantopere patris consensus ad matrimonium
expetitur, cur est omissus in definitione matrimonii, § 1 de patria
potest. ? Respondeo satis ibi exprimitur, eo quod est maris et foemina
coniunctio indiuiduam uitae consuetudinem continens ; nam coniunctio quae
inscio patre facta est diuidua procul dubio censetur et illico separabi-
lis, si filius est in potestate ; nam pater emancipans filium consensisse
intelligitur ut libere quiduis agat, l. 25 de ritu nuptiar. ff. Nec quia
sublata est differentia patriae potestatis et emancipationis in § nullam
de haeredit. ab intestat. col 9, quoad respicitur intestati successio,
sublata creditur in contractibus, quorum sanctissimus est matrimonium.

il faut néanmoins savoir que la promesse de mariage entraîne le fait de coucher ensemble, pour faire des enfants (D. 23, 2, 6[1154]). Ainsi disons-nous qu'une stipulation est parachevée par le consentement (D. 45, 1, 137, 1[1155]), c'est-à-dire que le consentement est son principal fondement mais qu'elle requiert également un rituel et une suite de réponses (loi déjà citée, D. 45, 1, 137, pr.[1156]). Sachez donc qu'Aristote de Cyrène, à qui l'on demandait si l'amour doit son existence à la relation sexuelle, répondit, d'après Stobée[1157] : « ni à elle ni sans elle ».

Mais, dira-t-on, si le consentement du père est à ce point requis pour se marier, pourquoi n'est-il pas mentionné dans la définition du mariage (*Institutes*, I, 9, 1[1158]) ? Je réponds qu'il l'y est bien suffisamment, dans la mesure où il est question d'une « union de l'homme et de la femme qui emporte une vie commune indivisible » ; car, sans aucun doute, une union qui a été conclue à l'insu du père est censée être divisible et on peut aussitôt y mettre fin, si le fils est sous l'autorité du père ; l'on considère en effet que le père qui émancipe son fils a consenti à ce qu'il fasse librement ce qu'il veut (D. 23, 2, 25[1159]). Et ce n'est pas parce qu'on ne fait aucune différence entre puissance paternelle et émancipation dans la *Novelle* 118, chapitre 4[1160], où il s'agit de la succession de l'intestat, qu'il faut la croire inexistante en matière de contrats, dont le mariage est le plus sacré.

1154 *Denique Cinna scribit :* **eum, qui absentem accepit uxorem,** *deinde rediens a cena iuxta Tiberim perisset,* **ab uxore lugendum** *responsum est.*

1155 *Si hominem stipulatus sim et ego de alio sensero, tu de alio, nihil acti erit : nam* **stipulatio ex utriusque consensu perficitur.**

1156 Voir ci-dessus note précédente. Allusion ici au tout premier passage de la loi : **Continuus actus stipulantis et promittentis esse debet** *(ut tamen aliquod momentum naturae interuenire possit) et comminus responderi stipulanti oportet* [...].

1157 Voir ci-dessus note 613. *Sermo* LXI, *De Venere et Amore,* in *Stobaei Sententiae,* éd. de Bâle, 1549, p. 391.

1158 Voir ci-dessus note 79.

1159 **Filius emancipatus etiam sine consensu patris uxorem ducere potest** *et susceptus filius ei heres erit.*

1160 [...] *in omnibus successionibus agnatorum cognatorumque differentiam uacare praecipimus, siue per femineam personam* **siue per emancipationem** *uel per alium quemlibet modum prioribus legibus tractabatur, et* **omnes sine qualibet huiusmodi differentia** *secundum proprium cognationis gradum* **ad cognatorum successionem ab intestato uenire** *praecipimus.*

Quod si quis retorqueat in contractibus filium obligari tanquam patrem-familias, excepto mutuo et uoto, l. tam ex ff. de iudiciis; l. 2 de pol-licitation. ff., respondebo filium in iis quae personam suam spectant non obligari libere inuito patre, l. 1 ff. de liberali caus., cuiusmodi est matrimonii uinculum saneque sacrum nec uoto absimile. Si tamen bene sit concordans matrimonium et forte liberis subnixum, suadetur patri ne acerbe potestatem exerceat cum nepotum opprobrio, l. 1 § fin. de liberis exhib. ff. >.

Quod de filia dictum est, ad filium peraeque transfertur, cum d. l. II ff. de rit. nupt. sine differentia loquatur, et can. non omnis § fin.

3. Hoc interest tamen, quod filius se dignam puellam ducere a patre cogi nequit, filia cogetur nubere, nisi turpem indignumue moribus uirum obtulerit, l. sed ea* cum seq. ff. de sponsal. Meminerint tamen uiri, familiares ali inimicitias a muliere quae nolens ducitur, etsi parentes consentiant, sitque matrimonium cum uiolenter abducta, can. de rap-toribus § puellae 36 quaest 1.

Si l'on objecte qu'en matière de contrats, le fils est aussi bien obligé que le père, sauf dans les cas du prêt et de la promesse (D. 5, 1, 57[1161] ; D. 50, 12, 2, 1[1162]), je répondrai que le fils ne s'oblige pas librement, sans le consentement de son père, pour ce qui regarde sa propre personne (D. 40, 12, 1, pr. [1163]) : or c'est le cas pour le lien du mariage, qui est assurément sacré, et non sans quelque ressemblance avec la promesse. Cependant, si le mariage est bien assorti et, le cas échéant, consolidé par la présence d'enfants, on conseille au père de ne pas risquer de déshonorer ses petits-enfants en exerçant sa puissance paternelle avec trop de dureté (D. 43, 30, 1, 5[1164]) >.

Ce qui a été dit de la fille est également transposable au fils, puisque la loi déjà citée D. 23, 2, 2[1165], ne fait pas de différence, pas plus que le *Décret* II, 32, 2, 12[1166].

3. Il y a pourtant une différence : c'est que le fils ne peut être contraint par son père à épouser une jeune fille digne de lui, tandis que la fille peut être contrainte au mariage, à moins qu'on ne lui offre un époux méprisable et de mœurs indignes (D. 23, 1, 12, 1[1167]). Que les maris n'oublient pas, cependant, qu'une femme que l'on épouse malgré elle, même si c'est avec l'accord de ses parents, ou qui a été enlevée avec violence pour être contrainte au mariage, alimente la discorde dans la famille (*Décret* II, 36, 1, 3[1168]).

1161 *Tam **ex contractibus** quam ex delictis **in filium familias competit actio** sed mortuo filio post litis contestationem transfertur iudicium in patrem dumtaxat de peculio et quod in rem eius uersum est* [...].

1162 *Voto autem patres familiarum obligantur puberes sui iuris :* **filius enim familias** *uel seruus* **sine patris** *dominiæ* **auctoritate uoto non obligantur.**

1163 Si *quando is, qui in possessione seruitutis constitutus est, litigare de condicione sua non patitur,* **quod forte sibi suoque generi uellet aliquam iniuriam inferre,** *in hoc casu aequum est quibusdam personis dari licentiam pro eo litigare : ut puta parenti, qui dicat filium in sua potestate esse ;* **nam etiamsi nolit filius, pro eo litigabit. Sed et si in potestate non sit, parenti dabitur hoc ius, quia semper parentis interest filium seruitutem non subire.**

1164 Voir ci-dessus, note 1121.

1165 Voir ci-dessus, note 1112.

1166 Voir ci-dessus, note 1116.

1167 *Tunc autem solum dissentiendi a patre licentia filiae conceditur, si indignum moribus uel turpem sponsum ei pater eligat.*

1168 *Puellae autem et non parentibus uis infertur, cum uoluntate patris puella uiolenter abducitur, ut eius patiatur concubitum, cuius copulae numquam adhibuit consensum.*

4. Contra si puella raptori assensum praebeat, patre dissentiente et querente, puella patri redditur, d. can. de raptoribus in princip. Quod si pater rapinam iniuriamque talem dissimulet, qui antea reclamabat, iure ciuili non confirmatur matrimonium, l. unic. de rapt. uirg. C. < et in Auth. de raptis mulierib. col 9 >, sed pontificio, canone denique 36 q. 2. Hoc seruauit olim Romulus cum Sabinas a pastoribus adiutus rapuit, postea parentes reconciliauit ; in hanc partem accipio cap. cum causa de raptor., ubi dicitur parentes reclamasse, deinde matrimonium perfectum fuisse, parentibus tandem consentientibus, de quorum consensu tacuit, quia praecipua dubitatio in eo non uersabatur ; quare manifestius id in cap. seq. explicat et nobiscum facit.

His explicatis et, ni fallor, persuasis, uisamus denuo Venerem ac currus sui ductrices columbas, quarum[74] picta colla fonti subinde immergebantur, et, cum exirent, guttas unionibus similes huc atque illuc spargebant.

---

74   quarum *scripsi* : quae cum *T* //

4. Au contraire, si la jeune fille a consenti à son enlèvement, contre la volonté de son père, qui dépose plainte, elle est rendue à son père (début du canon cité, *Décret* II, 36, 1, 3[1169]). Mais si le père, après avoir porté plainte, dissimule l'enlèvement, parce que c'est un tel déshonneur, le mariage n'est pas confirmé en Droit civil (voir C. 9, 13, 1, 2[1170] ; < et la *Novelle* 143, pr.[1171] >), mais il l'est en Droit canonique (*Décret* II, 36, 2, 9[1172]). C'est le parti qu'adopta jadis Romulus, quand, aidé de ses bergers, il enleva les Sabines, puis se réconcilia avec leurs parents ; voilà comment je comprends le chapitre 6 dans les *Décrétales de Grégoire IX*, V, 17[1173], où il est dit que les parents avaient porté plainte, puis que le mariage avait été parachevé, parce que finalement ils avaient donné leur accord ; le rédacteur n'a pas fait mention, ici, de leur consentement, parce que ce n'était pas ce point qui faisait principalement difficulté ; voilà pourquoi il s'en explique plus clairement au chapitre suivant[1174], où il se montre du même avis que nous.

Après ces explications qui, si je ne me trompe, auront été convaincantes, revenons à Vénus et à son char tiré par des colombes, qui, de temps en temps, plongeaient dans la source leur cou coloré et, en le ressortant, répandaient çà et là des gouttes d'eau semblables à des perles.

1169 Voir note précédente. *Si uero quae rapitur patrem habere constiterit, et **puella raptori consenserit, potestati patris excusata reddatur.***

1170 *Nec sit **facultas raptae uirgini uel uiduae uel cuilibet mulieri raptorem suum sibi maritum exposcere**, sed cui parentes uoluerint excepto raptore, eam legitimo copulent matrimonio, quoniam nullo modo nullo tempore datur a nostra serenitate licentia eis consentire, qui hostili more in nostra re publica matrimonium student sibi coniungere.*

1171 *Illo quoque specialiter adiecto, ut **nulla sit mulieri uel uirgini raptae licentia raptoris eligere matrimonium, sed cui parentes uoluerint excepto raptore legitimo matrimonio copulari**, nullo modo nullo tempore licentia mulieri raptas permissa raptoris se coniungere matrimonio, sed parentes etiam, si tali consenserint matrimonio, deportari praecepimus.*

1172 *Denique et puellae illius pater, quae uim concubitus nulli desponsata pertulerit, quinquaginta drachmas argenteas accipiet ; **ipsa autem in coniugio permanebit.***

1173 *Raptus non dicitur, ubi uolens pro matrimonio abducitur ; **raptor tamen cum rapta matrimonium contrahere potest**, et post consummationem matrimonii alter sine consensu alterius religionem ingredi non potest. [...] iste raptor dici non debet, quum habuerit mulieris assensum, et prius eam desponsauerit, quam cognouerit ; **licet parentes forsitan reclamarent**, a quibus eam dicitur, rapuisse.*

1174 *Décrétales de Grégoire IX, V, 17, 7 : Rapta puella legitime contrahet cum raptore, **si prior dissensio transeat postmodum in consensum**, et quod ante displicuit tandem incipiat complacere, dummodo ad contrahendum legitimae sint personae.*

5. Picta uocat Apuleius, nos uersicoloria diximus, uel quia uarios colores referant simul, uel quod unum tantum colorem habentia, in alium atque alium mutare uideantur. Nam M. Tullio placuit, libro 2 *Academicarum quaestionum*, plures uideri in columbae collo colores, nec esse plus uno, et Hieronymus *columbarum*, inquit, *colla ad singulas conuersiones colorem mutant* : refert Rhodiginus libro 9 cap. 31. Arcus quoque coelestis multicolor et uersicolor saepissime uocatur, et Vergilio lib. 4 *Aeneid*. Iris deuolat :

Mille trahens uarios aduerso Sole colores.

De eadem loquens in 2 lib. *De raptu Proserpinae* Claudianus ait :

Nec sic innumeros arcu mutante colores
Incipiens redimitur hyems.

Recte igitur Vlpianus uoluit, in l. si cui § fin. de leg. III, uersicolorii appellatione uenire lanam tinctam, cuius natiuus color mutatus est. Grammaticus insurgit, et ait uersicoloribus proprie contineri, quae uarios colores habent, idque probat ex Cicerone, qui collum columbiae et pauonis caudam uersicolorem uocat. Id quod de collo columbae obiicit, nobis fauere iam ostendi :

5. Apulée emploie le terme « colorés » ; nous disons, nous, qu'ils sont « versicolores », soit parce qu'ils offrent plusieurs couleurs simultanément, soit parce que, tout en n'ayant qu'une seule couleur, ils semblent sans cesse en changer. En effet, Cicéron estime, au livre II de ses *Questions académiques*[1175], que l'on croit voir plusieurs couleurs sur le cou des colombes, mais qu'en réalité il n'y en a qu'une seule, et Saint Jérôme[1176] affirme qu'« à chaque mouvement, le cou des colombes change de couleur » : Rhodiginus le rapporte au livre IX, chapitre 31[1177]. On qualifie aussi très souvent l'arc-en-ciel de « multicolore » et « versicolore », et Virgile, au livre IV de l'*Énéide*[1178], montre Iris en train de voler :
Tirant, face au soleil, mille couleurs variées.

Et, au livre II de *L'Enlèvement de Proserpine*[1179], Claudien dit d'elle :
Et l'arc-en-ciel qui couronne l'orage à son début
N'offre pas autant de couleurs changeantes.

Ulpien a donc eu raison de vouloir, en D. 32, 70, 12[1180], que la qualification de « versicolore » désigne la laine teinte, dont la couleur d'origine a été modifiée. Le Grammairien[1181] proteste, et dit que par « versicolore » on entend à proprement parler « ce qui est de plusieurs couleurs », et il le prouve par l'autorité de Cicéron, qui appelle « versicolore » le cou des colombes et la queue des paons. Or ce qu'il dit du cou des colombes, j'ai déjà montré que cela va dans notre sens :

1175 II, 25 : *in columba plures uideri colores nec esse plus uno.*

1176 Voir *Contra Ioannem Hierosolymitanum, Ad Pammachium liber unus*, § 35 : *Scilicet nunc mihi philosophandum est, incertos esse sensus nostros, et maxime uisum.* [...] *Remum in aqua fractum uideri, porticus longius angustiores, rotundos procul turrium angulos,* **columbarum colla ad singulas conuersiones colorem mutantia.**

1177 Voir *Lectionum antiquarum libri triginta*, livre XVII, chap. 7, p. 904 D-F : *Columbini colli submutantis colores meminit Hieronymus aduersus Ioannem Origenis consectatorem.*

1178 Vers 701.

1179 II, 98-99.

1180 *Versicoloribus uidendum est. Et constabat apud ueteres lanae appellatione uersicoloria non contineri, sed ea omnia uideri legata, quae tincta sunt, et neta, quae neque detexta neque contexta sunt. Proinde quaeritur, an purpura appellatione uersicolorum contineatur. Et ego arbitror ea, **quae tincta non sunt, uersicoloribus non adnumerari** et ideo neque album neque naturaliter nigrum contineri nec alterius coloris naturalis : purpuram autem et coccum, quoniam nihil natiui coloris sunt, contineri arbitror, nisi aliud sensit testator.*

1181 Valla, *Elegantiae*, VI, 53.

tametsi passim usurpari uersicolorem pro multis coloribus picto
demonstret, nec nos diffiteamur; tamen non expendisse illum quid
Vlpianus uoluerit, ostendam in d. l. si cui, per cuius totum contextum
non quidem de ueste, sed de lana agitur, quae naturaliter unum tantum
colorem habet, seu album, seu nigrum, seu alium, ut sensit Vlpianus,
nec quisquam, nisi perraro, uariorum colorum lanam uidit in uellere,
quocirca uerba testatoris exponens de lana tantum loquentis, necesse
est uersicolorem eam interpretari, quae in aliam colorem uersa sit. Plane
Genes. 30 cap. recitatur astutia qua Jacob effecit ut oues Laban multicolores et maculosos agnos parerent, proponens gregi ad fontem appulso
uirgas dissimiles, quarum uarios colores matres, dum conciperent,
obseruabant; sed hoc inusitatum est, et locum habet l. ex his ff. de
legib. De lanae natiuo colore, praeter pullum et candidum, nonnulla
infra describemus, quae ipsi in re praesenti uidimus.

6. Hinc ergo abeundum est, quamuis id inuiti faciamus, ne lauantem
se Venerem contemplemur: loturam coniectura consecutus sum, eo quod
Aglaïa Charis uasculum attulit ex sardonyche, in quo, nasi mei iudicio,
erat unguentum pretiosissimum ad uoluptatem faciens, non ad sanitatem,
quod a iurisconsulto nardum purum nominatur, in l. in argento § 1 ff. de
aur. & argent., et nardum *pisticum,* quo Maria unxit pedes Iesu, *Ioannis* 12
cap., id est fidele, ad differentiam corrupti et adulterini, aut impuri, quoniam nardum facile adulterari ostendit Dioscorides, lib. 1 cap. 6, uocatur et
nardum *spicatum, Marci* 14 cap., quia hic frutex gemina dote commendatur,

même s'il montre que parfois on utilise le mot « uersicolore » pour « multicolore », ce que nous ne contestons pas, néanmoins il n'a pas bien pesé ce qu'Ulpien a voulu dire, et je vais le montrer à propos de la loi déjà citée[1182] : dans tout son contexte, il n'est pas, en effet, question d'un vêtement, mais de la laine, qui, par nature, n'est que d'une seule couleur, blanche, noire, ou d'une autre teinte, comme l'a bien vu Ulpien, car il est rarissime d'avoir vu une toison multicolore ; aussi, en se référant aux mots du testateur, qui ne parlait que de laine, il lui fallait nécessairement comprendre que « versicolore » désignait une laine dont on avait modifié la teinte d'origine. Certes, le chapitre 30 de la *Genèse* raconte la ruse imaginée par Jacob pour que les brebis de Laban mettent bas des agneaux multicolores et tachetés : il faisait voir au troupeau qui était conduit à l'abreuvoir des baguettes bariolées, que les brebis avaient sous les yeux en concevant leurs petits ; mais c'est là une pratique inusitée, et il y a donc lieu d'appliquer la loi D. 1, 3, 4[1183]. Je dirai quelques mots, ci-dessous, d'une laine, dont la couleur d'origine est autre que le blanc et le brun, et que j'ai vue à cet endroit même[1184].

6. Je dus donc m'en aller, quoique ce fût à contrecœur, pour ne pas voir Vénus faire sa toilette : je supposai en effet qu'elle s'apprêtait à la faire, parce que la Charite Aglaé apporta un vase en sardoine-onyx, qui contenait, j'en jugeai à l'odeur, un onguent très précieux, destiné à prendre du plaisir et non à se soigner, que le jurisconsulte appelle « nard pur » en D. 34, 2, 21, 1[1185] ; quant au nard *pisticum*, c'est-à-dire authentique, dont Marie oignit les pieds de Jésus (*Évangile selon Saint Jean*, chapitre 12) – par opposition à celui qui est impur et trafiqué, puisqu'il est facile de trafiquer le nard, comme le montre Dioscoride, au livre I, chapitre 6[1186] –, on l'appelle aussi nard *spicatum* (en forme d'épi) dans l'*Évangile selon Saint Marc*, chapitre 14, car cet arbuste bénéficie d'un double atout[1187] :

1182 Voir ci-dessus, note 1180.

1183 *Ex his, quae forte uno aliquo casu accidere possunt, iura non constituuntur.*

1184 Allusion aux moutons de Cupidon, dont la toison est d'or (voir le chapitre 13).

1185 *Vnguentis legatis non tantum ea legata uidentur,* **quibus unguimur uoluptatis causa, sed et ualetudinis,** *qualia sunt commagena glaucina crina rosa muracolum* **nardum purum** : *hoc quidem etiam quo elegantiores sint et mundiores, unguuntur feminae.*

1186 *Traité de la matière médicale,* I, 6 : chapitre intitulé Περὶ Νάρδου.

1187 Voir le *Commentaire sur l'Évangile de Matthieu* par Raban Maur (*Patrologie latine,* 107, 1100 D) : *Nardus uero est frutex aromaticus* [...], **folio paruo densoque, cuius cacumina in arista se spargunt. Ideoque gemina dote pigmentarii nardi spicas ac folia celebrant.** Le parfum apporté par Marie-Madeleine n'était, selon lui, pas uniquement composé de

nempe folio et spica, quae Graece nardostachys dicitur, l. fin. § diui ff. de publican. Lauacris Principum spica frequentius adhibebatur.

Iui, ut uerisimile est, moestus, quod nihil a tam celebri et dulci Veneris et Gratiarum coetu abeundum esset, quo uehementissime capiebar; perambulaui ripam amnis limpidi, cinctam populis succinum lacrymantibus, et gemmis multis ac lapillis plenam.

7. Gemmas et lapillos sic distinguit Vlpianus, l. et si non sunt § pen. ff. de aur. argent., ut illae sint pellucidae materiae, ut smaragdi et amethysti, hi contrariae superioris naturae, ut obsidiani. Hinc passim autores utrumque nominatim iungunt sicut diuersa, maxime Plinius : quo teste Grammaticus lib. 6 contra sentiens utitur; sic ait lib. 2 ca. 63 : *auri argentique uenas et aeris ac plumbi metalla fodientes, gemmas etiam et quosdam paruulos quaerimus lapides.* Tibullus lib. 1 :
Non lapis hanc gemmaeque iuuant;
    Martialis :
Gemma uel a digito, uel cadit aure lapis;
    Seneca libro *Declamationum* secundo :
Numquid gemmas, et ex alieno litore petitos lapillos?

ses feuilles et les extrémités de ses branches, qui se disent en grec ναρ-δόσταχυς (voir D. 39, 4, 16, 7[1188]). On mettait assez souvent ces épis de nard dans les bains des Princes.

Je m'en allai plein de tristesse, comme on peut s'en douter, parce que je n'aurais jamais voulu quitter une compagnie aussi flatteuse et douce que celle de Vénus et des Grâces, qui me captivait au plus haut point ; je longeai le bord d'une rivière limpide, entourée de peupliers qui pleuraient de l'ambre, et pleine de pierreries et de pierres précieuses

7. Ulpien différencie les pierres précieuses et les pierres fines (voir D. 34, 2, 19, 17[1189]) d'après le critère suivant : les premières sont trans-lucides, comme l'émeraude ou l'améthyste, tandis que pour les secondes, comme l'obsidienne, c'est tout le contraire. Aussi certains auteurs mentionnent-ils ensemble, constamment, les deux catégories, en considérant qu'elles recouvrent des pierres différentes : c'est, en particulier, le cas de Pline, et le Grammairien[1190], au livre VI, se sert de son témoignage pour exprimer son désaccord. Pline s'exprime ainsi au livre II, chapitre 63[1191] : « nous fouillons les veines d'or et d'argent, les mines de cuivre et de plomb, et même, au moyen d'excavations profondes, nous allons chercher des pierres précieuses et certains petits cailloux ». Voir aussi Tibulle, au livre I[1192] :

Les pierres fines et les pierres précieuses ne sont d'aucune aide [...] ;

Martial[1193] :

C'est une pierre précieuse qui tombe du doigt, une pierre fine de l'oreille ;

Sénèque, au livre II de ses *Déclamations*[1194] :

Des pierres précieuses et des pierres fines rapportées de rivages étrangers [...] ;

---

la racine du nard, mais aussi de ses feuilles et des extrémités de ses branches, ce qui lui donnait davantage de puissance.

1188 Voir ci-dessus note 361. *Species pertinentes ad uectigal* [...] **nardi stachys** [...].

1189 *Gemmae autem sunt perlucidae materiae, quas, ut refert Sabinus libris ad Vitellium,* **Seruius a lapillis eo distinguebat, quod gemmae essent perlucidae materiae, uelut smaragdi chrysolithi, amethysti, lapilli autem contrariae superioribus naturae, ut obsidiani, ueientani.**

1190 Allusion à Laurent Valla, *Elegantiae*, VI, 64.

1191 § 5.

1192 I, 8, 39.

1193 XI, 50, 4.

1194 *Controuersiae* II, 5, 7.

Plinius idem lib. 37 cap 1 : *Victoria illa Pompeii primum ad margaritas gemmasque mores inclinauit.* Nam margaritae proprie a gemmis et lapillis differunt, ut et Vlpiano uidetur, licet ille reprehensor lapillos, ex quibus mulierum inaures fiebant, margaritas semper fuisse arbitretur,

< quia saepissime, ut in l. pediculis § fin. ff. de auro argent., legitur, ubi elenchos commemorat, qui ex procerioribus margaritis fiebant, fastigiata longitudine, *alabastrorum figura in pleniorem orbem desinentes,* teste Plinio >.

Alciatus, frigidior quam par sit, adducit pro Vlpiano etymum duntaxat, quia gemma, quasi gemina appelletur, et ita pelluceat ; audiamus quaeso Macrum poëtam, non malum autorem, cuius uersus sequentes sunt :

Gemmis a gummi nomen posuere priores :
Quod translucerent gummi splendentis ad instar.
Nomine sed lapidis species signatur utraque.
Propterea lapidum titulo liber iste notatur.

Est ergo lapidis nomen generale et speciale, ut adoptionis, l. 1 ff. de adop. Cum speciale est, a gemma discrepat ; cum generale, ipsam comprehendit, ut l. fi. § diui ff. de publica. ; et forte etiam margaritam complectitur, ut l. argumento § margarita ff. de aur. argent.

et Pline encore, au livre 37, chapitre 1[1195] : « Mais c'est la victoire de Pompée qui mit à la mode les perles et les pierres précieuses ». De l'avis d'Ulpien également, les perles se distinguent, en effet, des pierres précieuses et des pierres fines, bien que notre fameux Critique pense que ces pierres dont on faisait des boucles d'oreilles étaient toujours des perles < parce que c'était très souvent le cas, comme on le voit en D. 34, 2. 32, 8[1196], où il est question des pendants piriformes que l'on fabriquait avec les perles les plus grosses et d'une extrême longueur ; Pline[1197] en témoigne : « ils se terminent par une boule arrondie, comme nos vases à essences » >.

Alciat[1198], avec plus de platitude qu'il n'est permis, n'invoque, en faveur d'Ulpien, que l'étymologie : *gemma* (pierre précieuse) viendrait de *gemina* (double), et serait ainsi translucide. Écoutons, je vous prie, les vers suivants de Marbode[1199], qui n'est pas un mauvais poète :

Les Anciens ont nommé les gemmes d'après la gomme,
Parce que, comme la gomme, elles étaient translucides ;
[Celles qui sont opaques, ils les ont surnommées « aveugles »].
Mais le nom de « pierres » recouvre à la fois les deux variétés :
C'est pourquoi j'ai intitulé mon livre « Lapidaire ».

Le terme « pierre » est donc à la fois générique et spécifique, comme celui d'« adoption » (voir D. 1, 7, 1, 1[1200]). Quand il est spécifique, il se différencie de celui de « pierre précieuse », quand il est générique, il l'englobe, comme en D. 39, 4, 16, 7[1201] ; et il arrive même qu'il recouvre celui de « perle », comme en D. 34, 2, 25, 11[1202].

1195 *Histoire naturelle*, XXXVII, 6.

1196 [...] *inaures, in quibus **duae margaritae elenchi** et smaragdi duo* [...].

1197 *Histoire naturelle*, IX, 56.

1198 Commentaire au *De uerborum significatione*, livre IV.

1199 Marbode de Rennes, *Lapidaire*, épilogue. La citation comporte une modification (*utraque* et *signatur* au lieu de *utraeque* et *signantur*) et l'omission d'un vers (ici le troisième) : *Gemmis a gummi nomen posuere priores / Quod translucerent gummi splendentis ad instar / Quae non tranlucent caecas uoluere uocari. / Nomine sed lapidis species signantur utraeque, / Propter quod Lapidum titulo liber iste notatur.* Je traduis.

1200 *Quod **adoptionis nomen est quidem generale, in duas autem species diuiditur**, quarum altera adoptio similiter dicitur, altera adrogatio. Adoptantur filii familias, adrogantur qui sui iuris sunt.*

1201 Voir ci-dessus note 361. [...] *lapis uniuersus ;* **margarita** ; [...].

1202 *Margarita si non soluta sunt uel qui alii lapides (si quidem exemptiles sint), dicendum est orna-mentorum loco haberi. Sed et si in hoc sint resoluti ut componantur, ornamentorum loco sunt. Quod si adhuc sint rudes lapilli uel margaritae uel gemmae, ornamentorum loco non erunt, **nisi alia***

Itaque disputat Vlpianus de mera uocabuli proprietate, iste de licentioso usu. Cauet ille testatori, qui legauerat alteri gemmas, alteri lapillos,

   < nempe mordicus nominum proprietatem retinens >.

Valla uero, reprehensionis libidine potius quam iurisconsulti odio incensus, aequitatis et ueritatis immemor redditur. Vt ecce, « Deus creauit hominem » : quis dubitat quin haec uoce et mulier ueniat, l. hominis de uerb. sign. ? Alius dicet se hominem et mulierem uidisse perquam proprie ;

   < sic mulierem et uirginem, l. alioquin de contrah. empt., cum mulierum deliciae sint uirgines >.

Exempla possum afferre innumerabilia, non discedam a gemmis. Reprehensor ait Murrhinum Plinio gemmam esse, Vlpiano non, d. § pen. ; cur tam uarie ? nisi quia hic de proprietate loquitur, ut Plinius etiam, lib. 37 cap. 2 : *proximum locum in delitiis, foeminarum tamen adhuc, succina* obtineat, eandem omnia haec quam gemmae autoritatem, sane maiorem aliquibus de causis crystallina et murrhina. Si lapis ex parte transluceat, ex parte non, qualem in hac ripa nactus quemdam sum, ut in Cypro inuentus est smaragdus, partim iaspis, tunc potiori cedet non pretiosiori, sed maiori, cui quod reliquum est accedat, l. quaeritur ff. de stat. hom. ; l. et si non § fin. de aur. leg. ;

Ulpien ne discute donc que de vocabulaire, tandis que Valla parle de licences d'usage. Le premier a égard au testateur, qui avait légué à l'un ses pierres précieuses, à l'autre ses pierres fines
< et s'en tient fermement au sens propre des mots >,
tandis que le second, par passion de critiquer plutôt que par inimitié pour le jurisconsulte, en oublie l'équité et la vérité. Il en est de même pour l'expression « Dieu créa l'homme » : qui peut croire que ce terme ne désigne pas aussi la femme (D. 50, 16, 152[1203])? Mais un autre dira qu'il a vu les termes « homme » et « femme » employés clairement au sens propre ;
< ainsi « femme » et « jeune fille », en D. 18, 1, 11, 1[1204], puisque les jeunes filles sont les plus délicieuses des femmes >.
Je pourrais donner d'innombrables exemples, mais je m'en tiens aux pierres précieuses. Notre Critique affirme que pour Pline le murrhin est une pierre précieuse, Ulpien soutient le contraire (D. 34, 2, 19, 19[1205]). Pourquoi des opinions à ce point divergentes? sinon parce qu'on parle ici du sens propre des termes, comme le fait également Pline, au livre 37, chapitre 2[1206] : « juste après [le cristal] se place, parmi les objets de luxe, l'ambre jaune, qui n'est pourtant recherché encore que des femmes » ; toutes ces matières ont autant de prestige que les pierres précieuses et même, pour certaines raisons, le cristal et le murrhin en ont davantage. Si une pierre n'est que partiellement translucide, comme certaines de celles que je trouvai sur cette rive, à l'instar de cette émeraude, composée en partie de jaspe, qui fut découverte à Chypre[1207], la partie prédominante n'est pas celle qui est la plus précieuse, mais celle qui occupe la plus grande place, et c'est à elle que l'on rattache tout le reste (D. 1, 5, 10[1208] ; D. 34, 2, 19, 20[1209]) ;

---

mens fuit testantis, qui haec quoque, quae ad ornamenta parauerat, ornamentorum loco et appellatione comprehendi uoluit.

1203 *« Hominis » appellatione* **tam feminam quam masculum contineri** *non dubitatur.*
1204 Voir ci-dessus note 867.
1205 Voir ci-dessus note 856.
1206 Voir *Histoire naturelle*, XXXVII, 11, sur le site de Ph. Remacle. La citation a omis le mot *tantum* après *adhuc.*
1207 Voir *Histoire naturelle*, XXXVII, 19, 3 : « on a vu à Chypre un bloc moitié émeraude, moitié jaspe, le liquide n'ayant pas encore été totalement transformé ».
1208 Voir ci-dessus, note 1098.
1209 Voir ci-dessus note 836.

si neutra materia ab altera superetur, neque gemmarum legatario debebitur, neque lapidum, l. quaesitum § si quis eodem ff. de fund. instr. ;
ita omnis scrupulus sublatus est, nec est cur obganniat aduersarius.

si aucun des deux matériaux ne l'emporte, le legs ne sera dû ni au titre des pierres précieuses, ni à celui des pierres fines (D. 33, 7, 12, 14[1210]); ainsi toute difficulté a-t-elle été levée et notre contradicteur n'a plus aucune raison de nous infliger son assommant bavardage.

1210 *Si quis eodem instrumento in plurimis agris utatur, cuius agri sit instrumentum, quaeritur. Et ego arbitror,* **si quidem apparet uoluntas patris familiae, cui potius agro destinauerat, eius esse instrumentum**; *ceteri enim agri ab hoc agro ueluti mutuantur;* **si non appareat, nullius instrumento cedet**; *neque enim pro parte diuidemus instrumentum.*

OBSERVATA IN CAPVT DVODECIM

1. Ara ignis[75] sempiterni Veneri Astarte sacra ; < de focaria et donatione militari ; quod nihil non sit perpetuum subrogatione in iure,
   etiam tota navis >.
2. Voto filius et seruus non obligantur, et quare.
3. An pictura cedat tabulae, uel contra.
4. Declaratur l. in rem § sed et id quod ff. de rei uendic.
5. Illustratur l. si qua de spectacul lib. II C < et Lucretia Romana
   an iure occisa >.
6. Mortem conciscere sibi, olim licitum amoris uehementia ; < ante
   tempus soluere uel petere an liceat >.
7. Infelix Cupido, quid in iure ; < de mensae et lecti symbolo, enar-
   ratio Virgiliani carminis >.

CAPUT XII

Religione impedior, ne cuncta quae ad Venerem et Amorem spectant
sacra et mystica prorsus recitem : nam me plura referre conantem Deae
ipsius imago per somnum terruit. Vnum, implorata uenia, non silebo,
quod me ab amnis amoenissima ripa diuertere impulit.

1. Occurrit igneus quidam odor, qui nihil redoleret aliud quam
amomum, lignum aloës, et casiam. Credidi ego ibi Phoenicem sua facere
incendia, quae centesimo quoque anno renouantur.

---

75 1553 *adiiciebat* : odorati *post* ignis.

CONTENU DU CHAPITRE 12

1. L'autel du feu perpétuel, consacré à Vénus Astarté ; < au sujet de la *focaria* et de la donation faite par le soldat ; grâce à ce que l'on appelle en Droit la subrogation, il n'y a rien qui ne soit éternel, y compris un navire dans son intégralité >.
2. Le fils de famille et l'esclave ne sont pas obligés par leur promesse, et pour quelle raison.
3. Le tableau d'un peintre le cède-t-il à son support, ou est-ce l'inverse ?
4. Élucidation de la loi D. 6, 1, 23, 3.
5. Explication de la loi C. 11, 41, 4 ; < peut-on dire, en Droit, que la Romaine Lucrèce fut assassinée ? >.
6. Le suicide commmis sous l'empire de la passion amoureuse était jadis licite ; < est-il permis de s'acquitter d'une dette, ou de revendiquer en justice, avant terme ? >.
7. Ce que signifie en Droit « malheureux Cupidon » ; < à propos du symbole du lit et de la table, commentaire d'un poème de Virgile >.

CHAPITRE 12

Le scrupule religieux m'empêche de relater en détail tous les rites sacrés et les mystères qui concernent Vénus et l'Amour. En effet, alors que je tentais d'en dire plus, l'image de la déesse elle-même vint, dans un songe terrifiant, m'en dissuader. Mais j'implore son indulgence pour le seul cérémonial que je ne passerai pas sous silence, car c'est lui qui m'engagea à m'éloigner du bord de la rivière, pourtant si plein de charme.

1. L'odeur d'une espèce de combustion, en effet, vint frapper mes narines : ce n'était rien d'autre qu'un parfum d'amome, de bois d'aloès et de cannelier. Je crus que le Phénix procédait en ces lieux, comme tous les cent ans, à son auto-embrasement.

Flagrantiam adeo suauem sensim secutus sum, donec ad aedem ueni Veneri Astarte sacram, Corynthio structurae genere, id est, florido et gracili aedificatam, de marmore Pario translucenti ;

[76]< nec dubitatur aqua acetoue ignem uulgarem extingui, l. quaesitum § acetum de fundo instr.

At contra hunc ignem Veneris, si non Venus ipsa,
Nulla est quae possit uis alia opprimere.

ut, apud Gellium, Valerius Aedituus recte scripsit. Vnde focariam uocat imperator amicam cuiusquam, l. 2 C. de donati. inter uir., ubi non sinit lex militem donare focariae suae et ab ea spoliari, quia sciat a poëtis non frustra Martem iunctum Veneri, et procliues in eam nimium qui sequuntur arma et castra, cum non ita donatio aliis uiris affectionis causa prohibeatur, ut superius iam patefactum est, l. affectionis ff. de donati. Inde, in l. 3 C. de conditi. insert., dubitatur an turpis sit conditio iniuncta alicui habitandi cum focaria testatoris et matre eius, et rescriptum est eam licitam esse, ac parendi necessitatem inducere, nimirum cum de legatarii senis persona dubitari nequit, nec de matre focariae a moribus filiae aliena ; plane >

haec Venus Astarte, alioquin Syria dicta est, et nupsit Adonidi, ut uult Cicero lib. 3 *De natura Deorum* ; huic rem diuinam fecit ualde addictus mulieribus Salomon, libro tertio *Regum*, cap. 11, ubi fertur coluisse Astartem deam Sidoniorum ; est enim Sidon urbs in Syria.

---

76   1553 : ubi erat ara eidem dicata de solido Adamante, lata quoquo uersum pedes XV ad quam XXVII gradibus ascendebatur, uidebaturque clarior illa ara quam Agamemnon XII diis iuxta Amaxistum urbem construxit.

Je suivis insensiblement cette délicieuse fragrance, jusqu'à ce que je parvienne à un autel qui était consacré à Vénus Astarté : il était construit en style corinthien, c'est-à-dire fleuri et fin, en marbre de Paros translucide.

< On sait que l'eau ou le vinaigre éteignent un feu ordinaire (D. 33, 7, 12, 18[1211]),

Mais en revanche, ce feu de Vénus, dont je brûle,
Aucune force au monde ne peut l'éteindre, sauf Vénus elle-même,
comme Valerius Aedituus, chez Aulu-Gelle[1212], l'a très justement écrit.

C'est pourquoi l'Empereur appelle la concubine *focaria* : voir C. 5, 16, 2[1213], où, s'il est défendu à un soldat de faire une donation à sa *focaria*, qui risque de le spolier, c'est parce que le législateur sait bien, grâce aux poètes, que Mars ne s'est pas pour rien uni à Vénus, et que ceux qui font métier des armes et de la vie des camps sont trop portés sur l'amour ; en revanche, on n'interdit pas à d'autres hommes de faire des donations par amour, ainsi qu'on l'a déjà montré ci-dessus (D. 39, 5, 5[1214]). Aussi, en C. 6, 46, 3[1215], se demande-t-on si la condition, qui est imposée à quelqu'un, d'habiter avec la concubine du testateur et sa mère est déshonorante, et on a répondu par rescrit que c'est une condition licite, à laquelle on est contraint d'obéir, surtout lorsqu'il est hors de doute que le légataire est un vieillard, et que la mère de la concubine n'a pas du tout les mêmes mœurs que sa fille >.

Cette Vénus Astarté est appelée, par ailleurs, « Syrienne », et, d'après Cicéron, au livre III de *La nature des Dieux*[1216], elle épousa Adonis. Salomon, qui aimait les femmes à la folie, lui voua un culte : voir le chapitre 11 du troisième livre des *Rois*[1217], où l'on dit qu'il sacrifiait à Astarté, divinité des Sidoniens ; Sidon est en effet une ville de Syrie.

1211 **Acetum quoque, quod exstinguendi incendii** *causa paratur*, [...].
1212 *Nuits attiques*, XIX, 9.
1213 Voir ci-dessus note 334.
1214 Voir ci-dessus, note 331.
1215 *Si ea condicione Auluzanus legata testamento praestari uoluit,* **si cum focaria sua matreque** **eius moraretur,** *et per eum stetit quominus uoluntati testatoris pareret, cum sponte scripturæ testamenti non obtemperauerit, ad petitionem non admittitur.*
1216 Voir ci-dessus, note 771 : il s'agit de celle qu'il distingue sous le nom de « quatrième Vénus ».
1217 *Rois* I, 11, 3. Rappelons que, dans la *Septante*, ce que nous connaissons aujourd'hui sous le nom de premier et deuxième livre des *Rois* faisait suite aux *Livres de Samuel*, et s'intitulait donc *Rois* 3 et 4.

Super eam ardebat ignis odoris eximii, nec aqua quidem extinguibi-
lis, quemadmodum ignis sacrificii, qui septuaginta annos Babylonicae
captiuitatis sub aqua in puteo uixerat.

[77]< Nam cum in Persidem uicti ducerentur Hebraei, tunc Sacerdotes
Dei ignem de altari sumptum occuluerunt in ualle, ubi erat puteus
siccus, tandem repertus ignis post aquam, *Machabaeorum* lib. 2 cap.
1 ; can. sicut 1 q. 1. Nam et charitas perfecta numquam deficit, ut ait
Apostolus *ad Corinth.* 1 cap. 3* ; nec amor perfectus, non magis quam
lucerna Veneris ex lapide asbesto intus apta, iugiter ardens, ut refert
D. Augustinus, lib. 21 *De ciuitate Dei* cap. 6. Sic et ignis Hephaestii
montis in Lycia aduersus aquas contumax >.

Quam disparem uim habuit ignis Vestae, Noe siue Iani, uxori
sacer[78], ut refert Myrsilus Lesbius in lib. *De origine Italiae*; de quo in
XII tabulis sic cautum fuit : *Virgines Vestales in urbe ignem foci publici
sempiternum custodiunto.*

---

77   1553 : can. sicut 2 q. 1 noctes et dies ardebat, ut ignis Hephaestii montis in Lycia, aduersus
       aquas contumax, aquae quidem uulgaris ignis cedit, / *At contra hunc ignem Veneris, si non
       Venus ipsa,* / *Nulla est quae possit uis alia opprimere,* / ut Valerius Aedituus apud A. Gellium
       dicebat.
78   1553 : quam Tyrrheni Labith Orchiam uocauere.

Sur cet autel brûlait un feu d'une odeur exquise, que l'eau n'aurait su éteindre, à l'instar du feu sacrificiel qui, pendant les soixante-dix ans de la captivité de Babylone, avait brûlé sous l'eau au fond d'un puits.

< En effet, quand les Hébreux, après leur défaite, furent emmenés en Perse, les prêtres cachèrent du feu pris sur l'autel de leur Dieu dans une vallée où se trouvait un puits à sec, et finalement on retrouva le feu après l'inondation du puits (*Macchabées*, livre II, chapitre 1[1218] ; *Décret*, II, 1, 1, 29[1219]). C'est que la parfaite charité n'est jamais défaillante, comme le dit l'Apôtre dans la première *Épître aux Corinthiens*, chapitre 3*[1220] ; l'amour parfait non plus, pas plus que la lanterne de Vénus, garnie à l'intérieur d'une mèche d'amiante, qui brûle sans interruption, comme le rapporte Saint-Augustin dans *La cité de Dieu*, au chapitre 6 du livre XXI[1221]. De même, le feu du mont Héphaestien, en Lycie[1222], qui résiste à l'eau >.

Mais le feu de Vesta, consacré à la femme de Noé, autrement dit Janus, comme le rapporte Myrsilus Lesbius dans son livre sur *L'origine de l'Italie*[1223], n'avait pas la même vertu ; d'où la précaution que prend, à son égard, la loi des XII Tables : « Que les vierges Vestales gardent toujours allumé, dans la Ville, le feu du foyer public ».

1218 Versets 19-22 : « Car, lorsque nos pères furent emmenés en Perse, les prêtres pieux de ce temps-là, ayant pris du feu de l'autel, le cachèrent en secret dans le creux d'un puits desséché, et ils l'y mirent si bien en sûreté, que ce lieu demeura ignoré de tous. Après beaucoup d'années écoulées, lorsque tel fut le bon plaisir de Dieu, Néhémie, renvoyé en Judée par le roi de Perse, fit rechercher le feu par les descendants des prêtres qui l'avaient caché ; mais, comme ils nous racontèrent qu'ils n'avaient pas trouvé de feu, mais une eau épaisse, il leur dit d'en puiser, et de lui en apporter ; puis, quand on eut mis sur l'autel les choses nécessaires au sacrifice, Néhémie ordonna aux prêtres d'asperger de cette eau le bois et ce qui était dessus. Cet ordre ayant été exécuté, et le moment étant venu où le soleil, jusque-là couvert de nuages, resplendit, un grand brasier s'alluma, en sorte que tous furent dans l'admiration ».

1219 *Sic quoque ignis sacrificii, qui per septuaginta annos Babilonicae captiuitatis sub aqua uixerat*, extinctus est, Antiocho Iasoni uendente sacerdotium, quod significauit ignem Spiritus sancti non lucere in symoniacis sacramentis.

1220 Chapitre 13, versets 4-8.

1221 « […] les mêmes auteurs racontent qu'il était ou qu'il est un temple de Vénus, et dans ce temple un candélabre surmonté d'une lampe qui brûle à l'air d'une flamme si vive, que ni tempête ni pluie ne peuvent l'éteindre, ce qui lui a valu comme à la pierre, le nom de λύχνος ἄσβεστος, lumière inextinguible ».

1222 Voir Pline, II, 110 : « Dans la Lycie encore, les monts Héphaestiens, à l'approche d'une torche enflammée, s'embrasent aussitôt, tellement que les cailloux et le sable des ruisseaux brûlent au sein des eaux mêmes : ce feu est alimenté par les pluies ».

1223 *Soli Tyrrheni colunt Ianum et Vestam, quos lingua sua uocant Ianib Vadymona et Labith Orchiam.*

< Nam cum de flamma nulla nascantur animalia, merito uirginibus conuenit >.

Sed ignis uestalis quotannis Calendis Martiis reficiebatur nouus, sic aeternus fingebatur, l. proponebatur ff. de iudiciis,

< ubi per subrogationem aliquid dicitur esse perpetuum, l. eum debere ff. de servitut. urban. ; non igitur erit impossibile promissum aeternum parietem praestandi, aut aeternam nauem traiiciendo flumini. Nam quemadmodum una et eadem nauis censetur, quae carina manente aliis atque aliis tabulis refecta est, l. qui res § aream ff. de solut., ita qui totam nauem perennem alii negotio spopondit, prorsus satisfacit crebra nauis integrae suffectione, si forte pristina nauis ui fluminis ablata sit, d. l. eum debere de seruit. urg. ; quod uix est alibi obseruatum >.

Sic aeternum eluxit ignis ex Dei iussu accensus, *Leuit.* 6 cap. Amoris uero igne nihil durabilius, nihil uehementius, qui feruor naturae appellatur in § si autem de non elig. sec. nub. col. 1, et mulieris pulchritudo quasi ignis exardescit[79], *Ecclesiastici* 19* cap.

Procliui iam graduum serie de ara descendisse me sensi, cum descendere non putarem, postquam de aliorum more litassem. Nam in ea nulla caedebatur hostia, sed tantum solemni prece deam uenerari decebat et cor sponte offerre et dedere, ut in ara Apollinis γενέτορος[80] Deli, quam Pythagoras ut inuiolatam adorauit ;

---

79 Exardescit *correxi* : exordescit *T* //
80 γενέτορος *correxi* : γενήτορος *T* //

< Puisqu'en effet aucun être vivant ne naît de la flamme, c'est à juste titre que l'on avait associé ce feu à des vierges >.

Chaque année, aux Calendes de Mars, on rallumait le feu des Vestales ; ainsi passait-il pour être éternel : voir D. 5, 1, 76[1224],

< où l'on dit qu'une chose peut être éternelle par subrogation (D. 8, 2, 33[1225]) : il ne sera donc pas impossible de promettre un mur éternel, ou un navire éternel pour traverser un fleuve. En effet, de même qu'il est censé être toujours un seul et même navire, celui dont la coque subsiste alors que ses planches n'ont cessé d'être remplacées (D. 46, 3, 98, 8[1226]), de même l'homme d'affaires qui a promis à un autre un navire entièrement pérenne satisfait à son obligation s'il remplace fréquemment toutes les pièces du navire, dans le cas où le navire primitif aurait été détruit par la violence du fleuve (voir la loi déjà citée D. 8, 2, 33[1227]) ; ce qui est quasiment unique >.

C'est ainsi que brûla éternellement le feu allumé sur l'ordre de Dieu, au chapitre 6 du *Lévitique*[1228]. Il n'y a rien de plus durable et de plus violent que le feu de l'amour, appelé « ardeur naturelle » dans la Novelle 2, chapitre 3[1229], et la beauté de la femme brûle comme une flamme (*Ecclésiastique*, chapitre 19*[1230]).

Je me rendis compte que, sans m'en apercevoir, j'étais descendu de l'autel par une volée de marches, après avoir sacrifié selon un rite étranger. En effet, on ne tuait pas de victime sur cet autel : il convenait de ne vénérer la déesse qu'avec une prière solennelle et de lui offrir spontanément son cœur, comme sur l'autel d'Apollon Géniteur, à Délos, que Pythagore choisit pour adorer le dieu parce qu'il était pur de toute souillure ;

1224 [...] *partibus commutatis eadem res esse existimaretur* [...].

1225 [...] *Nam cum in lege aedium ita scriptum esset : « paries oneri ferundo uti nunc est, ita sit », satis aperte significari in perpetuum parietem esse debere ; non enim hoc his uerbis dici, ut in perpetuum idem paries aeternus esset, quod ne fieri quidem posset, sed uti eiusdem modi paries in perpetuum esset qui onus sustineret* [...].

1226 [...] *si nauem, quam tu promisisti, dominus dissoluerit, deinde isdem tabulis compegerit, teneri te : hic enim eadem nauis est, quam te daturum spopondisti, ut uideatur magis obligatio cessare quam extincta esse* [...].

1227 Voir ci-dessus note 1225.

1228 Verset 6 : « Un feu perpétuel doit brûler sur l'autel sans s'éteindre ».

1229 Voir ci-dessus note 83 : allusion à cet autre passage [...] *nec possit contra feruorem naturae resistere* [...].

1230 Chapitre 9, verset 9 : « Beaucoup se sont perdus par la beauté d'une femme ; car la concupiscence s'y enflamme comme un feu ».

ita enim Cloatius Verus docuit *Ordinatorum* lib. 2. Nam Amor ex consensu potissimam efficaciam accipit, et ex mutua uoluntate, l. nuptias ff. de reg. iur.; l. III ff. de donat. inter uirum.

2. Porro uota concipere quiuis pubes poterat, praeter filiumfamilias et seruum, ut iure ciuili constitutum est, l. si quis § uoto ff. de pollicit. Quaerit ibi Accursius qui fit ut filiusfamilias per conuentionem homini potius obligetur quam Deo immortali, l. tam ex ff. de iudiciis[81]; respondet, cum Deo agi mitius; quae ratio non magis filiofamilias congruit quam cuiuis alii, nec uideo quare remissior sit Deus seruo quam libero, si non solet personas acceptare, § 1 de monach. col. 1. Quocirca scire debemus Deum, hominum summum creatorem ac principem, non semel hominis natura considerari et censeri, uti cum ait, *descendam et uidebo*, can. Deus 2 q. 1. Inde sit ut uotis et munerum promissione capi eum quodammodo suspicemur tamquam contractu do ut facias, can. magna de poenit. dist. 1. Euripides in *Medea* :

---

81   1553 : l. filiusfam. ff. de action.

c'est ce qu'en effet Cloatius Verus[1231] nous apprend, au livre 2 de ses *Origines* [*grecques des mots latins*]. Car l'amour tire essentiellement sa puissance du consentement et de la réciprocité (D. 50, 17, 30[1232] ; D. 24, 1, 3, pr.[1233]).

2. D'ailleurs, selon les dispositions du Droit civil (D. 50, 12, 2, 1[1234]), n'importe quel individu pubère pouvait adresser des vœux aux divinités, sauf le fils de famille et l'esclave. Accurse, à cet endroit, demande comment il se fait que le fils de famille puisse plus facilement contracter une obligation conventionnelle envers un être humain qu'envers le Dieu immortel (D. 5, 1, 57[1235]). Il répond qu'avec Dieu les relations sont plus douces ; mais ce motif n'est pas plus valable pour le fils de famille que pour n'importe qui d'autre, et je ne vois pas pourquoi Dieu montrerait plus d'indulgence pour un esclave que pour un homme libre, s'il est vrai qu'il n'a pas l'habitude de faire acception des personnes (*Novelle* 5, pr.[1236]). Aussi devons-nous savoir que Dieu, Créateur suprême qui est au principe de l'humanité, est plus d'une fois censé être doté d'une nature humaine, comme quand il dit « je descendrai et je verrai » (*Décret* II, 2, 1, 20[1237]). Nous supposons donc qu'il est, en quelque sorte, engagé par les vœux et les promesses de dons, comme par un contrat *do ut facias* (*Décret* III, 1, 5[1238]). Euripide, dans *Médée*[1239] :

1231 Voir Macrobe, *Saturnales*, III, 6, 2 : « car il est à Délos un autel, comme nous l'apprend Cloatius Vérus au second livre des *Origines (grecques)*, sur lequel on n'immole point de victime, mais où l'on honore le dieu seulement par des prières solennelles. Voici les expressions de Cloatius : *Il est à Délos un autel consacré à Apollon Géniteur, sur lequel on n'immole aucun animal, et sur lequel on dit encore que Pythagore voulut adorer le dieu, parce que l'autel n'avait jamais été souillé du sang d'aucun être vivant* ».

1232 Voir ci-dessus note 1153.

1233 Voir ci-dessus note 88.

1234 Voir ci-dessus note 1162. Les mots *non obligantur* sont en effet glosés ainsi : *quomodo tenetur filius homini mortali ciuiliter et naturaliter* [...] *et non Deo immortali ? Respondeo : mitius cum Deo agitur.*

1235 Voir ci-dessus note 1161.

1236 *Conuersationis monachilis uita sic est honesta, sic commendare nouit Deo ad hoc uenientem hominem,* **ut omnem quidem humanam eius maculam detergat,** *purum autem declaret ac rationabili naturae decentem et plurima secundum mentem operantem et humanis cogitationibus celsiorem* [...].

1237 *Deus omnipotens, ut nos a precipitandae sententiae prolatione conpesceret, cum omnia nuda et aperta sint oculis eius, mala tamen Sodomae noluit audita iudicare prius, quam manifeste cognoscerei quae dicebantur, unde ipse ait :* « **Descendam, et uidebo,** *utrum clamorem, qui uenit ad me, opere conpleuerint, an non est ita, ut sciam* ».

1238 *Magna pietas Dei, ut ad solam promissionem peccata dimiserit. §. 1. Nondum pronunciat ore, et tamen Deus iam audit in corde, quia ipsum dicere quasi quoddam pronunciare est.* **Votum enim pro opere reputatur.**

1239 Vers 964.

πείθειν δῶρα καὶ θεοὺς λόγος

argumento est, quod dii tutelares ciuitate euocabantur carmine, quo templa et ludi promittebantur ex uoto, si modo hostibus fauere desiissent, ut ostensum ex Furii libris apud Macrobium, et in l. sanctum ff. de rerum diuis. ; unde Herculi decimam bonorum partem uouebant diuites, quo patrimonium eorum bene fortunare pergeret, d. l. si quis ff. de pollicit.

< M Tullius, lib. 3 *De natura deorum* : nemo, inquit, *decimam Herculi uouit, si sapiens factus esset*, sed quod copiosus et opulens ; nam uotum est promissio, qua deo aliquid pietatis studio dedicatur >.

[82]< Plane >

Ioui praedatori templum Romae sacrum fuit, eo quod Romani bellum gesturi aliquid de praeda Ioui pollicerentur, ut inquit Seruius, exponens illud in 3 lib. *Aenei.* :

Et diuos, ipsumque uocamus
In praedam partemque Iouem.

Filiusfamilias una cum seruo a uoti obligatione eximebatur, propterea quod nimium ad uouendum propensus uterque est. Quid non promittit filiusfamilias si potiri puella liceat, quam sine patris consensu ducere nequit, si frui paternis opibus, ut l. 1 ff. ad Macedon. ?

---

82   1553 : quin etiam.

On dit que les cadeaux persuadent jusqu'aux dieux.

La preuve, c'est que l'on évoquait les dieux tutélaires d'une ville, en leur promettant, par une formule magique, des temples et des jeux, s'ils cessaient de favoriser les ennemis, comme on le voit dans les livres de Furias chez Macrobe[1240] et en D. 1, 8, 8, 2[1241] ; aussi les riches vouaient-ils le dixième de leurs biens à Hercule, pour qu'il continuât de faire prospérer leur fortune (voir la loi déjà citée D. 50, 12, 2, pr.[1242]).

< Au livre III du *De la nature des dieux*[1243], Cicéron déclare : « Personne n'a jamais promis la dîme à Hercule pour recevoir en échange la sagesse », mais pour devenir riche et fortuné. Ainsi un vœu est-il une promesse par laquelle on dédie pieusement quelque chose à un dieu >.

À Rome, il y avait un temple consacré à Jupiter faiseur de butin, parce que les Romains qui partaient à la guerre promettaient à Jupiter une part de butin, comme l'expose Servius au livre III de l'*Énéide*[1244] :
Nous invitons les dieux et Jupiter lui-même
À partager notre butin.

Le fils de famille et l'esclave se voyaient privés de la possibilité de s'obliger par des vœux parce que tous deux sont par trop enclins à en formuler. Que ne promet pas un fils de famille pour pouvoir jouir d'une jeune fille qu'il ne peut épouser sans le consentement de son père, ou pour pouvoir profiter de la fortune paternelle, comme on le voit en D. 14, 6, 1, pr.[1245] ?

1240 *Saturnales* III, 9 : « Mais prenons garde de ne pas tomber dans l'erreur qui en a égaré d'autres, en nous persuadant qu'il n'y eut qu'une seule et même formule et pour évoquer les dieux d'une ville, et pour la dévouer : car dans le livre V du traité Des choses cachées, de Sammonicus Serenus, je trouve ces deux formules, qu'il avoue avoir tirées d'un ouvrage très ancien d'un certain Furias ».

1241 *In municipiis quoque **muros esse sanctos** Sabinum recte respondisse Cassius refert, prohiberique oportere ne quid in his immitteretur.*

1242 Voir ci-dessus note 1162. Il s'agit du passage précédent : *Si quis rem aliquam uouerit, **uoto obligatur**. Quae res personam uouentis, non rem quae uouetur obligat. Res enim, quae uouetur, soluta quidem liberat uota, ipsa uero sacra non efficitur.*

1243 *De natura deorum*, III, 36.

1244 Vers 222-223.

1245 *Verba senatus consulti Macedoniani haec sunt : « Cum inter ceteras sceleris causas Macedo, quas illi natura administrabat, etiam aes alienum adhibuisset, et saepe materiam peccandi malis moribus praestaret, qui pecuniam, ne quid amplius diceretur incertis nominibus crederet, **placere, ne cui, qui filio familias mutuam pecuniam dedisset**, etiam post mortem parentis eius, cuius in potestate fuisset, actio petitioque daretur, ut scirent, qui pessimo exemplo faenerarent, nullius posse filii familias bonum nomen exspectata patris morte fieri ».*

Seruus etiam quicquid est deorum promissis locupletat, si seruitutem possit effugere, si natalibus restitui contingat. Plenae sunt Comoediae his pollicitationibus et uotis,

< maxime cum pleraque uota inconsulte concipiantur. Ideo quaerit Diuus Augustinus utrum Iephte uoto stare non debuerit, qui promiserat deo se immolaturum quidquid sibi a uictoria occurrisset : obuia uero fuit illi filia, can. si non licet 23 q. 5, ex cap XI *Iudicum* >.

Fecit itaque ius in huiusmodi personis quod in mulieribus, quippe quas iuramento ea in re abstinere iussit, in qua facillime iurantes peierabant, quamuis iurare ut uouere religiosum sit, l. II C. de indict. uiduit. et in Auth. ut sine prohibitio. matres debitrices § quia uero colla. VII. Nam quod creberrime fit, si id duriuscule fiat, iura prohibent, et profusam facilitatem coercent, l. 1 ff. de donat. inter uir. ; l. nec in ea ff. de adult. Patre autem consentiente, uel domino, filius et seruus uoto obstringuntur, d. l. si quis ; can. mulier 32 quaest. 2, quia non[83] ineptis uotis consentient.

---

83   1553 *adiiciebat* : temere *post* non.

De même, l'esclave n'est pas avare de toutes sortes de promesses aux divinités pour échapper à la servitude, ou pour retrouver son statut d'homme libre. Les comédies sont pleines de ces promesses et de ces vœux, < surtout que la plupart d'entre eux sont formulés étourdiment. C'est pourquoi Saint Augustin[1246] demande si Jephté n'aurait pas dû renier son vœu, lui qui avait promis à Dieu qu'il immolerait tout ce qui viendrait à sa rencontre après sa victoire : or ce fut sa propre fille (*Décret* II, 23, 5, 9[1247], à partir du chapitre 11 de *Juges*[1248]) >.

Le Droit traite donc ces deux catégories de personnes comme les femmes, à qui il ordonne de s'abstenir de jurer dans un domaine où elles avaient tendance à se parjurer, alors que prêter serment, comme faire un vœu, relève de la religion (C. 6, 40, 2, pr.[1249] et *Novelle* 94, chapitre 2[1250]). Car le Droit interdit une pratique courante, si elle s'avère choquante, et réprime l'excessive facilité à s'y livrer (D. 24, 1, 1[1251] ; D. 48, 5, 23, 4[1252]). Mais le fils de famille et l'esclave peuvent se lier par un vœu si leur père ou leur maître y consent (voir la loi déjà citée D. 50, 12, 2, 1[1253] et *Décret* II, 32, 2, 14[1254]), car ni l'un ni l'autre ne donnera son accord pour des vœux déraisonnables.

1246 Voir *Eiusdem diui Aurelii Augustini Hipponensis Episcopi liber septimus quaestionum super ludicum incipit, Quaestio XLIX : Quomodo fiat oblatio de filia Iepte*, in *Omnium operum diui… Augustini…Epitome*, Augsbourg, 1537, p. 75-79.

1247 *Et merito queritur, utrum pro iussu Dei sit habendum, quod Iephte filiam, quae patri occurrit, occidit, cum id uouisset se inmolaturum, quod ei uictori redeunti de prelio primitus occurrisset.*

1248 *Juges* XI, 29-40.

1249 *Ambiguitates legis Iuliae miscellae generali lege tollentes **nullum concedimus fieri iuramentum secundum praedictam legem**, sed penitus ea **cum muciana cautione** super hac causa quiescente licere mulieribus, etiam maritorum suorum interminatione spreta, quae uiduitatem eis indicit, et non dato sacramento procreandae subolis gratia, tamen ad secundas migrare nuptias, poena huiusmodi cessante, siue habeat liberos, siue non, et percipere ea, quae maritus dereliquit [… **ne ex necessitate legis et sacramento colorato periurium committatur** [...] **cum satis esse inhumanum uidetur per leges, quae periuria puniunt, uiam periuriis aperiri**.*

1250 ***Quia uero multam habemus formidinem, ne facile iusiurandum per magnum Deum detur et hoc praeuaricetur**, propterea credidimus oportere et hanc emendare legem, quae uult matres, dum suorum filiorum curam gesturae sint, iusiurandum iurare quia ad secundas nuptias non uenient [...]. Non enim eo quod aliquae seruauerunt iusiurandum, propterea oportet et eas quae exhonorant eum, **habere occasionem inpietatis in Deum** [...].*

1251 Voir ci-dessus note 705.

1252 Voir ci-dessus note 730.

1253 Voir ci-dessus note 1162.

1254 *Mulier, si quippiam uouerit, et se constrinxerit iuramento, quae est in domo patris sui, et in aetate adhuc puellari, si cognouerit pater uotum, quod pollicita est, et iuramentum, quo obligauit animam suam, et tacuerit, non rea erit, quicquid pollicita est et iurauit, opere conplebit. Sin autem statim, ut audierit, contradixerit pater, et uota et iuramenta eius irrita erunt, **nec obnoxia tenebitur sponsioni eo, quod contradixerit pater**.*

Corroboretur haec opinio Homeri iurisconsulto notissimi uersibus, apud quem lib. 3 *Iliados*, Menelaus singulare certamen initurus cum Paride, non ante sanctum foedus ferire uoluit, nec Telluri, Soli, ac Ioui rem diuinam facere quam Priamus autor sacramenti fuerit

Μή τις ὑπερβασίῃ Διὸς ὅρκια δηλήσηται.
Αἰεὶ δ' ὁπλοτέρων ἀνδρῶν φρένες ἠερέθονται·

id est, ne aliquis Iouis sacramentis transgressione obsistat. Semper uero iuniorum uirorum mentes leues sunt. Tandem, Priamo patre adstante, Paris filius se religione rite obstrinxit.

< Philo Iudaeus in libro *De specialibus legibus* ait, prisca lege uetitum quoque uotum uirginum et nuptiarum, eadem utique ratione, et quod alterae in patris, alterae in mariti manu essent; sed patris autoritate rite uouet atque obligatur, d. l. si quis de pollicit. Alciatus, lib. *Parerg.* 5 cap. 9, putat filium in patris sacris existentem sacra non habere, ergo nec sacris uinciri, uel quia uetitum sit ne quis supra facultates suas uoueat, ipsum uero nihil habere. Quae ex eo reprobantur quod saltem quoad peculium seruus filiusque tenetur, licet in sacris religiosisque, ut in iureiurando, respectu diuini numinis ubique intercedente, l. seruus; l. quidam de iureiur.; l. qui per, eadem.

Confirmons ce parti-pris avec des vers d'Homère, un auteur bien connu du jurisconsulte : au livre III de l'*Iliade*[1255], Ménélas, au moment de se battre en duel contre Pâris, refuse de conclure un engagement sacré, et de sacrifier à la Terre, au Soleil et à Jupiter, avant que Priam ne se soit porté garant de son serment :

Pour que personne ne détruise, en les transgressant, les serments de Zeus.
Toujours, chez les hommes jeunes, les âmes sont inconstantes.

Mais quand son père Priam fut enfin arrivé, Paris s'engagea religieusement, selon le rite.

< Philon le Juif, dans son livre *Sur les lois spéciales*[1256], affirme qu'une ancienne loi interdisait aussi aux jeunes filles et aux femmes mariées de faire des vœux, pour la même raison, parce que les unes étaient sous la puissance de leur père et les autres sous celle de leur mari ; mais avec le garant de leur père, elles peuvent faire rituellement un vœu et s'obliger (D. 50, 12, 2, 1[1257]). De l'avis d'Alciat, au livre V, chapitre 9, de ses *Parerga*[1258], c'est parce que le fils de famille, soumis aux dieux domestiques de son père, n'en possède pas pour son propre compte, et qu'il ne peut donc se lier en leur nom, ou bien, c'est parce qu'il est interdit de s'engager par un vœu au-delà de ses capacités personnelles, et que le fils de famille ne possède rien. Mais cette opinion est blâmable, car le fils et l'esclave sont tenus au moins jusqu'au montant de leur pécule, bien que, dans les sacrifices et les rites religieux, comme dans les serments, le respect dû à la puissance divine s'impose partout (D. 12, 2, 20[1259] ; D. 12, 2, 22[1260] ; D. 12, 2, 33[1261]).

1255 Vers 107-108.

1256 II, 24.

1257 Voir ci-dessus, note 1162.

1258 *Traditum est autem, quamuis filiusfamilias ex omnibus causis obligetur, **ex uoto tamen absque patris consensu non obligari**. Sed quae est ratio ? et alii aliter comminiscuntur. Ego, quia uotum non secundum ius gentium habet executionem, sed secundum ius publicum, quod in sacris consistit et sacerdotibus ; **filium autem pro integra persona non habent sacerdotes, cum ipse sacra non habeat, sed in paternis sacris sit**. An quia, ut Dion lib. III scribit, constituerat Augustus ne quisquam pro salute sua, imperiue publica fortuna quicquam uouere posset, quod supra facultates suas esset : **at filiisfamilias nullas habent facultates, cum patri suo omnia eo iure acquirant, merito absque parentum auctoritate uouere eis non licet**.*

1259 *Seruus quod detulit uel iurauit, seruetur, si peculii administrationem habuit.*

1260 *Quidam et de peculio actionem dandam in dominum, si actori detulerit seruus iusiurandum. **Eadem de filio familias dicenda sunt**.*

1261 *Qui per salutem suam iurat, licet per Deum iurare uidetur (**respectu enim diuini numinis ita iurat**), attamen, si non ita specialiter iusiurandum ei delatum est, iurasse non uidetur ; et ideo ex integro sollemniter iurandum est.*

Quinetiam in sacris minus curatur patria potestas, § nulla de sanctiss. episc. col. 9 in Auth. : Deo enim patri coelisti benignissimo praecipue obsequi decet >.

Pro aedium sacrarum parietibus pictas uidi expressas eorum, earumue imagines, qui quaeue uotum conceperant solennibus formulis. Adhibuerant artifices obiter ornamenta montium, arborum et columnarum, cum crispis foliis et uolutis. Hi fuerant Parrhasius, Euenoris filius, et Apelles, qui Venerem de mari exeuntem egregie depinxit, de quibus in § literae si quis de rer. diuis. Quod si in tabula pinxissent tam claras effigies, dubitari merito non posset quin picturae tabula cederet.

3. Controuersia haec nondum sedata est, et uulgo multum haesitari uideo, quid de ea re sentiendum. Arbitror ego facilitati consulendum, dicendum esse communi regula picturam cedere tabulae, eo quia sine illa esse nequeat, l. in rem § sed et id ff. de rei uendicat. Paulus ait : *sed et id quod in charta mea scribitur, aut in tabula mea pingitur, statim meum fit, licet de pictura quidam contra senserint, propter pretium picturae ; sed necesse est ei rei accedere id quod sine illa esse non potest.* Haec ille ex eodem § elicitur exceptio, quae habet, picturam pretiosam, auro forte et minio refulgentem, non cedere tabulae ; ratio est, quia communi aestimatione illi praeualet, et praeualentiae, ut sic dicam, standum, ut satis ostenditur § in omnibus, qui illi § sed id quod subiungitur.

Mieux : dans le domaine du sacré, on se préoccupe moins de la puissance paternelle (*Novelle* 123, chapitre 41[1262]). Car on doit obéir en priorité à Dieu, notre très bienveillant père céleste >.

Sur les murs des temples sacrés, je vis des tableaux représentant ceux ou celles qui avaient solennellement formulé un vœu quelconque. Les artistes y avaient placé un décor de montagnes, d'arbres et de colonnes, avec des feuillages ondulés et contournés. Il s'agissait de Parrhasios, fils d'Évenor, et d'Apelle, l'auteur du magnifique tableau qui représente Vénus sortant de la mer : il est question d'eux dans *Institutes*, II, 1, 34[1263]. S'ils avaient peint d'aussi magnifiques tableaux sur une toile, nul doute que le support eût dû le céder à la peinture.

3. La controverse à ce sujet n'est pas encore assoupie et je constate qu'en général on hésite beaucoup sur le parti à prendre. Je pense pour ma part qu'il faut aller au plus simple et dire qu'en règle générale, le tableau est l'accessoire de la toile, pour la bonne raison qu'il n'existerait pas sans elle (D. 6, 1, 23, 3[1264]). Paul dit en effet : « Ce que l'on écrit sur mon papier ou que l'on peint sur ma toile devient aussitôt ma propriété, bien qu'à propos du tableau, certains aient été d'un avis contraire, en raison de la valeur de la peinture ; mais une chose est nécessairement l'accessoire de celle sans laquelle elle n'existerait pas ». Dans le même paragraphe, il évoque une exception, qui concerne une peinture de prix, par exemple toute resplendissante d'or et de vermillon : celle-ci n'est pas l'accessoire de la toile ; la raison en est que, de l'avis général, elle vaut plus qu'elle, et qu'il faut, pour ainsi dire, s'en tenir à cette supériorité, comme il apparaît suffisamment en D. 6, 1, 23, 4[1265], qui suit immédiatement le paragraphe déjà cité D. 6, 1, 23, 3[1266].

1262 *Nullam uero licentiam damus aut parentibus filios aut filiis parentes saecularem uitam relinquentes uelut ingratos a sua excludere hereditate ministerium ante monachicam uitam subsecutos.* Interdicimus autem parentibus filios suos monachicam uitam eligentes ex uenerabilibus monasteriis abstrahere.

1263 *Si quis in aliena tabula pinxerit, quidam putant tabulam picturae cedere ; aliis uidetur pictura, qualiscumque sit, tabulae cedere. Sed nobis uidetur melius esse, tabulam picturae cedere ; ridiculum est enim picturam Apellis uel Parrhasii in accessionem uilissimae tabulae cedere.*

1264 *Sed et id, quod in charta mea scribitur aut in tabula pingitur, statim meum fit, licet de pictura quidam contra senserint propter pretium picturae ; sed necesse est ei rei cedi, quod sine illa esse non potest.*

1265 *In omnibus igitur istis, in quibus mea res per praeualentiam alienam rem trahit meamque efficit, si eam rem uindicem, per exceptionem doli mali cogar pretium eius quod accesserit dare.*

1266 Voir ci-dessus, note 1264.

4. Nec obest quod Paulus ait accedere picturam, quia sine tabula esse non possit. Nam hoc statuendum in uulgaribus coloribus ; *licet*, inquit ipse, *propter praetium picturae* aliqui contra et recte senserint.

< Ita haec particula « licet », interdum corrigit, ut particula « quamuis », l. 1 de aleae lusu ff. ; l. ubi § qui uero ff. de uerbor. oblig. >.

Ducit namque argumentum ab speciali, si in pretiosa pictura hoc locum habet ut uincat tabulam, uulgaris igitur et uilis uincitur. Sic accipio l. qua ratione § literae ff. de adq. rer. dom., ut pictura superet, cum aurea est, secus in literis quas paulo ante, licet aureas, dixerat superari. Idem de aliis aeque pretiosis coloribus. Annotauit Vitruuius, lib. 7 cap. 5, olim cautum, ut picturae pretiosae domini, non redemptoris, hoc est pictoris, impensa repraesentarentur, ut Minium, Crysocolla, Ostrum, Armenium.

4. Nonobstant ce que dit Paul, à savoir que la peinture est l'accessoire de la toile, sans laquelle elle ne saurait exister. Car c'est ce que l'on doit décider dans le cas des peintures ordinaires. « Bien que, ajoute-t-il, en raison de la valeur de la peinture », certains aient été, avec raison, de l'avis contraire.

< Ainsi la particule « bien que », introduit parfois une correction, à l'instar de la particule « quoique » (D. 11, 5, 1, 2[1267] ; D. 45, 1, 75, 6[1268]) >.

Il tire en effet argument d'un cas particulier : si, quand on a affaire à une peinture précieuse, il y a lieu de la faire prévaloir sur la toile, en conséquence une peinture ordinaire et sans valeur est l'accessoire de la toile. C'est ainsi que je comprends D. 41, 1, 9, 1[1269] : la peinture a la supériorité sur son support, quand elle est dorée, mais il en va autrement pour les lettres, dont il avait dit, un peu auparavant, que, même si elles étaient dorées, elles étaient l'accessoire de leur support. Il en est de même pour d'autres couleurs, tout aussi précieuses, qu'utilisent les peintres. Vitruve a noté, au chapitre 5 du livre VII[1270], qu'autrefois on prenait la précaution de faire payer les dépenses de minium, de chrysocolle, d'ostrum ou d'armenium, au propriétaire de la peinture précieuse, et non pas au soumissionnaire, c'est-à-dire au peintre.

1267 [...] *furtum factum domi et eo tempore quo alea ludebatur,* **licet** *lusor non fuerit qui quid eorum fecerit, impune fit* [...].

1268 *Qui uero a Titio ita stipulatur : « quod mihi Seius debet, dare spondes ? » et qui ita stipulatur : « quod ex testamento mihi debes, dare spondes ? », incertum in obligationem deducit,* **licet** *Seius certum debeat uel ex testamento certum debeatur* [...].

1269 **Litterae quoque licet aureae sint, perinde chartis membranisque cedunt,** *ac solo cedere solent ea quae aedificantur aut seruntur. Ideoque si in chartis membranisue tuis carmen uel historiam uel orationem scripsero, huius corporis non ego, sed tu dominus esse intellegeris. Sed si a me petas tuos libros tuasue membranas nec impensas scripturae soluere uelis, potero me defendere per exceptionem doli mali, utique si bona fide eorum possessionem nanctus sim.* En réalité, comme la suite du raisonnement le prouve, il est fait d'abord allusion, ici, au § 2 de la loi : *Sed* **non uti litterae chartis membranisue cedunt, ita solent picturae tabulis cedere, sed ex diuerso placuit tabulas picturae cedere** [...].

1270 *De l'architecture,* VII, 5, 7-8 : « Autrefois c'était du talent et de la perfection du travail que les peintres faisaient dépendre le succès de leurs efforts ; ceux d'aujourd'hui n'attachent de prix qu'à l'éclat des couleurs et à l'effet qu'elles produisent ; jadis c'était le talent de l'artiste qui seul donnait du prix à son travail ; maintenant les dépenses de celui qui fait travailler en tiennent lieu. 8. Les anciens n'employaient le minium, comme couleur, qu'en très petite quantité ; à présent on en voit presque partout peintes des murailles tout entières, aussi bien que de chrysocolle, d'ostrum, d'armenium. Ces couleurs, bien qu'appliquées sans art, ne laissent pas d'éblouir par leur éclat ; et c'est à cause de leur cherté que la loi a voulu qu'elles fussent fournies par celui qui fait travailler, et non par celui qui travaille ».

Altera exceptio sic se habet : ubicumque pretiosa quidem pictura non est, sed plurimum excellit artificio, trahit ad se tabulam. Idcirco ridiculum putat Iustinianus, in § literae uers. si quis de rer. diuis., Apellis uel Parrhasii manum uilissimae tabulae cedere ; nec ibidem aliam ob causam carpit eos qui tabulae nimis concesserunt, quam quia de qualicunque pictura sine exceptione et differentia locuti fuere ; expendamus, quaeso, dictionem illam, « qualiscunque », per quam id quod dicimus innuitur.

Vidi tragicas amantium imagines arte et ingenio mirabili elaboratas. Diu et multum aspexi Psychen, quae sese excruciabat ob lucernam accensam, quemadmodum Hero ob extinctam ; Hippolytus Phaedrae libidinem execrabatur, se merito exhaeredandum a patre attestans, si nouercae nefariam uoluptatem molienti consensisset, § causas ut cum de appel. cog. col. VIII ; Phaedra se contemni indignata adolescentis castitatem oderat, et aduersus eum machinabatur, Theseum instigatura, ut l. IV ff. de inoffic. Sed sagax pictor, is fuit Pamphilus, Apellis praeceptor, teste Plinio, cum in pinguendis Heroïdibus Heroibusque omnem iam maestitiae imaginem consumpsisset, et indignationis, Cauni faciem auersam pinxit, uelut tabulas ad se a Byblide sorore et amante missas exhorrescentis, ut incestum uitaret, l. et nihil ff. de ritu nupt.

Il existe une autre exception : lorsque la peinture ne comporte pas de matière précieuse, mais qu'elle est l'œuvre d'un excellent peintre, elle prévaut sur la toile. Voilà pourquoi Justinien juge ridicule (*Institutes*, II, 1, 34[1271]) que la main d'un Apelle ou d'un Parrhasios soit l'accessoire de la toile la plus grossière ; et au même endroit il critique ceux qui ont soutenu à l'excès la prévalence de la toile pour la seule raison qu'ils ont parlé de peinture en général, sans faire de différences ni d'exceptions : pesons soigneusement, je vous prie, cette expression « en général », qui conforte notre propos.

Je contemplai ces représentations tragiques d'amoureux, élaborées avec une habileté et un talent merveilleux. Je regardai beaucoup et longuement Psychè, qui se perdait à cause d'une lanterne allumée, comme Héro à cause d'une lanterne éteinte ; Hippolyte maudissait la concupiscence de Phèdre, en jurant que son père aurait eu raison de le déshériter s'il avait consenti au plaisir monstrueux que recherchait sa belle-mère (*Novelle* 113, chapitre 3[1272]) ; Phèdre, furieuse d'être méprisée, maudissait la chasteté du jeune homme, et ourdissait une ruse pour animer Thésée contre lui, comme il est dit en D. 5, 2, 4[1273]. Mais il fut un peintre bien perspicace, ce Pamphile, qui, selon Pline[1274], fut le maître d'Apelle : comme il avait déjà épuisé, en peignant des héroïnes et des héros de la mythologie, toutes les représentations possibles de la tristesse et de l'indignation, il peignit Caunos le visage détourné, comme s'il était pénétré d'horreur, parce qu'il ne voulait pas commettre un inceste (D. 23, 2, 54[1275]), à la vue des tablettes que lui avait envoyées sa sœur Byblis, amoureuse de lui[1276].

1271 Voir ci-dessus, note 1263.

1272 *Causas autem iustas ingratitudinis has esse decernimus* [...] 6ᵉ cause : ***Si nouercae suae aut concubinae patris filius sese miscuerit.***

1273 *Non est enim consentiendum parentibus, qui iniuriam aduersus liberos suos testamento inducunt : quod plerumque faciunt, maligne circa sanguinem suum inferentes iudicium, **nouercalibus delenimentis instigationibusue corrupti.***

1274 *Histoire naturelle*, XXXV, 36, 14.

1275 *Et nihil interest, ex iustis nuptiis cognatio descendat an uero non : nam et uulgo quaesitam **sororem quis uetatur uxorem ducere.***

1276 Pour l'histoire, voir Ovide, *Métamorphoses*, IX, 568 sq.

5. Optime artis decorum pictor seruauerat, quale in pictura potissimum praecepit Imperator, l. si qua de spectac. 11 C.; nam effigies amatorias loco ipso [84]< aptauerat >[85].

Inciderunt tandem oculi in tristissimum TERGILLAE PUPPIAE simulacrum, QUAE, ut continebatur elogio, INTEGRA AETATULA SUAVIUM DANS BLOSIO VINDIO ADOLESCENTI, ALLICIENTIBUS SE MUTUO OSCULIS AC ANIMIS INTERIERAT, et rursus aliud huiusmodi : HANC MACTAVIT DIRUS AMOR. SIC PERIT QUI FAMILIARI FIDIT INIMICO. Vidi non procul ab his pictum auro et atris coloribus T. MUSONIUM SCILLONEM P. F. QUI CUM PROBINA LYSANIA IN RUSCULUM CONVENTURUS EAM AB APRO MISERE INTEREMPTAM COMPERIT : MOX PUGIONE IN PECTUS TRAIECTO ABRUPTIS VITAE BLANDIMENTIS OCCUBUIT : SIC QUOS FELICITER LAETOS AMOR CONIUNXERAT, INFELIX FUNUS NON POSTEA [86]< DISPARUIT >.

< Cuinam uero eo tum fecit iniuriam quaeri potest : sibi enim ipsi nemo facit; igitur, inquit Aristoteles, fecit iniuriam Reipublicae, libro 5 *Ethicorum* cap. XI; quae ratio quam sit uana, quilibet expendere potest, qui scit plus noceri Reipublicae dum bonus uir perimitur, quam dum nefarius. Expedit enim Reipublicae puniri malos, l. si* ita § aestimatio ad legem Aquil.; atqui magis permittit lex bono uiro se ipsum perimere, quam sceleris conscio; ille enim taedio uitae fecisse praesumitur, hic damnationis ignominiam spontanea nece praeuenisse, l. 3 § 1 ff. de bonis eorum qui ante sententiam mort. sibi consciuer.

---

84 1553 : accommodarat.

85 1553 *adiiciebat* : Apte et festiue Licinius Mathematicus Alabandeos (gentis id nomen est) acutos ad omnes res ciuiles haberi dixit, sed propter non magnum uitium ualde insipientes esse iudicatos, quod in gymnasio eorum quae sunt imagines, omnes essent causas agentes, in foro autem, discos tenentes, aut pila ludentes. Quod reprehendi perdecet, d. l. si qua de spectacul. Et Vitruuius non omisit. (VII, 5, 6).

86 1553 : separauit.

5. Le peintre avait parfaitement respecté les convenances, conformément à ce que l'Empereur recommande par-dessus tout en matière picturale (C. 11, 41, 4, pr.[1277]) : il avait effectivement mis ses tableaux en harmonie avec le lieu, dédié à l'amour.

Mes yeux tombèrent finalement sur la figuration, entre toutes affligeante, de Tergilla Puppia, qui, comme le disait son éloge, « en tendant ses lèvres au jeune Blosius Vindius, était morte dans la fleur de l'âge, tandis qu'ils échangeaient de doux baisers et leurs souffles amoureux » : et encore sur une autre, dans le même style : « Elle fut victime du cruel Amour ; ainsi périssent ceux qui se fient à un ennemi intime ». Non loin de ces tableaux, je vis représenté, avec une peinture à l'or et dans des teintes sombres, le préfet Titus Musonius Scillon, qui, ayant rendez-vous avec Probina Lysania dans sa petite maison de campagne, la trouva pitoyablement massacrée par un sanglier ; aussitôt, s'étant vu arraché ce qui donnait tout son charme à sa vie, il succomba au coup de poignard dont il se transperça le cœur ; ainsi ceux que l'Amour avait réunis pour leur plus grand bonheur ne furent-ils pas séparés, par la suite, quand ils eurent le malheur de mourir.

< On peut se demander à qui le préfet fit du tort en agissant ainsi : car personne ne se fait du tort à lui-même ; par conséquent, dit Aristote au chapitre 11 du livre V de *l'Éthique à Nicomaque*[1278], c'est à l'État qu'il fit du tort ; mais à quel point cet argument est dépourvu de fondement, il est loisible d'en juger à quiconque sait que la perte d'un homme de bien est plus nuisible à l'État que celle d'un vaurien. C'est en effet l'intérêt de l'État de punir les méchants (D. 9, 2, 51, 2[1279]) ; aussi la loi permet-elle plus facilement le suicide à un homme de bien qu'au complice d'un crime ; car on présume que le premier s'est comporté ainsi par dégoût de la vie, mais que l'autre, en se tuant spontanément, a voulu anticiper une condamnation ignominieuse (D. 48, 21, 3, 1[1280]).

1277 *Si qua in publicis porticibus uel in his ciuitatum locis, in quibus nostrae solent imagines consecrari, pictura pantomimum ueste humili et rugosis sinibus agitatorem aut uilem offerat histrionem, ilico reuellatur **neque umquam posthac liceat in loco honesto inhonestas adnotare personas**.*

1278 Voir 1136 b.

1279 [...] ***cum neque impunita maleficia esse oporteat*** [...].

1280 *Vt autem Diuus Pius rescripsit, ita demum bona eius, qui in reatu mortem sibi consciuit, fisco uindicanda sunt, si eius criminis reus fuit, ut, si damnaretur, morte aut deportatione adficiendus esset.*

Idcirco D. Augustinus, lib. 1 *De ciuitate Dei* cap. 19, non probat factum
Lucretiae Romanae a Tarquinio uim passae; si enim non consensit
adulterio, homicida fuit, pudicam perimens mulierem, si uerum est
quod antiquo uersiculo ipsa dixit de se :
Testetur cunctis me non uiolasse pudorem
Ante uirum sanguis, spiritus ante deos.

   Vim passa non amittit[87] pudicitiam, uirtutem animi potius quam
corporis, l. uim ff. de adulter. ; can. non est 23 q. 5 >.

---

87   amittit *scripsi* : admittit *T* //

Pour cette raison, Saint Augustin, au chapitre 19 du livre I de *La cité de Dieu*[1281], n'approuve pas le geste de Lucrèce, violée par Tarquin le Superbe ; car n'ayant pas consenti à l'adultère, elle commit un homicide en tuant une femme pudique, s'il faut croire ce qu'elle dit d'elle-même dans un ancien distique[1282] :

Ils témoigneront devant tous que je n'ai pas enfreint la pudeur,
Mon sang devant mon mari, et mon âme devant les dieux.

C'est qu'une femme violée ne renonce pas à la pudeur, qui est vertu de l'âme plus que du corps (D. 48, 5, 40, pr.[1283] ; *Décret* II, 23, 5, 11[1284])

1281 « [...] S'il n'y a pas impudicité à subir la violence, y a-t-il justice à punir la chasteté ? C'est à vous que j'en appelle, lois et juges de Rome ! Vous ne voulez pas que l'on puisse impunément faire mourir un criminel, s'il n'a été condamné. Eh bien ! supposons qu'on porte ce crime à votre tribunal : une femme a été tuée ; non-seulement elle n'avait pas été condamnée, mais elle était chaste et innocente ; ne punirez-vous pas sévèrement cet assassinat ? Or, ici, l'assassin c'est Lucrèce. Oui, cette Lucrèce tant célébrée a tué la chaste, l'innocente Lucrèce, l'infortunée victime de Sextus. Prononcez maintenant. Que si vous ne la faites point, parce que la coupable s'est dérobée à votre sentence, pourquoi tant célébrer la meurtrière d'une femme chaste et innocente ? [...] il y a ici deux extrémités inévitables : veut-on l'absoudre du crime d'homicide ? on la rend coupable d'adultère ; l'adultère est-il écarté ? il faut qu'elle soit homicide ; de sorte qu'on ne peut éviter cette alternative : si elle est adultère, pourquoi la célébrer ? si elle est restée chaste, pourquoi s'est-elle donné la mort ? [...] ce n'est pas l'amour de la chasteté qui a armé son bras, mais bien la faiblesse de la honte. Oui, elle a senti la honte d'un crime commis sur elle, bien que sans elle. Elle a craint, là fière Romaine, dans sa passion pour la gloire, qu'on ne pût dire, en la voyant survivre à son affront, qu'elle y avait consenti. À défaut de l'invisible secret de sa conscience, elle a voulu que sa mort fût un témoignage écrasant de sa pureté, persuadée que la patience serait contre elle un aveu de complicité. Telle n'a point été la conduite des femmes chrétiennes qui ont subi la même violence. Elles ont voulu vivre, pour ne point venger sur elles le crime d'autrui, pour ne point commettre un crime de plus, pour ne point ajouter l'homicide à l'adultère ».

1282 Vers attribués à Virgile : voir *In Priapum lusus*, in *Œuvres de Virgile*, Venise, 1552, p. 587.

1283 ***Vim passam mulierem** sententia praesidis prouinciae continebatur : **in legem Iuliam de adulteriis non commisisse** respondi, licet iniuriam suam protegendae pudicitiae causa confestim marito renuntiari prohibuit.*

1284 *Non est nostrum mortem arripere, sed illatam ab aliis libenter excipere. **Vnde et in persecutionibus non licet propria perire manu (absque eo, ubi castitas periclitatur)**, sed percutienti colla submittere.*

6. Non defuit picturae Dido Aeneae ingratitudinem accusans morti proxima. Didus mentionem facit Accursius in l. si quis § eius ff. de iniust. testam., eam uitae taedio semet interfecisse referens, quod iure ciuili uetitum non est; nam uitae eius pertaesum est, ob discessum hospitis dilectissimi, cuius gladio se traiecit. Dolore quoque nimio sibi manus inferre iuriconsultus non prohibet, d. § ejus et l. III § si quis autem ff. de bon. eor. qui ant. Atqui dolor amoris familiarissimus est; Plautus in *Cistellaria* :

Iactor, crucior, agitor,
Stimulor, uersor
In amoris rota, miser.

Scripsit Corn. Tacitus, lib. 6, Neruam Cocceium, iuris diuini et humani peritum, Augusto Caesari amicissimum, uitae taedere coepisse ac se occidisse. Mirum certe, uirum tantopere laudatum nec infelicem habitum, sed Augusto gratum, l. II § post hunc ff. de orig. iur., tantum scelus admisisse, nisi forte iactationis causa id fecit, ut Empedocles et alii philosophi : ut est apud Ulpianum, d. l. si quis § eius. Quis scit utrum Nerua amaret ? Alioquin, qui saeuit in se ipsum sine causa, non impune audet, quia qui impius in se est, in alios non potest esse non crudelissimus, d. l. III § pe. de bon. eor. qui; l. cum autem § malus ff. de aedil. edict.

6. On ne manquait pas de trouver là une représentation de Didon mourante, qui accusait Énée d'ingratitude. Accurse mentionne Didon à D. 28, 3, 6, 7[1285], en disant qu'elle s'était tuée par dégoût de vivre, ce qui n'est pas interdit par le Droit civil ; elle s'était, en effet, dégoûtée de la vie en raison du départ d'un hôte très cher, et c'est de son épée qu'elle se transperça. Le jurisconsulte n'interdit pas non plus que l'on se suicide si l'on souffre trop (D. 28, 3, 6, 7[1286] ; D. 48, 21, 3, 4[1287]). Pourtant il n'y a rien de plus répandu que la douleur d'amour ; voir Plaute, dans *La Cassette*[1288] :

L'amour me tourmente, m'attache à la croix, me secoue,
Me pique de l'aiguillon, me tourne
Sur le chevalet. O misère !

Tacite, au livre VI des *Annales*[1289], écrit que Nerva Cocceius, expert en Droit divin et humain, et grand ami de l'Empereur Tibère, se dégoûta de la vie et se tua. Il est certes étonnant qu'un homme tant apprécié et qui ne passait pas pour être malchanceux, puisqu'il jouissait de la faveur du Prince (D. 1, 2, 2 48[1290]), ait perpétré un si grand crime, à moins qu'il ne l'ait fait par forfanterie, à l'instar d'Empédocle et d'autres philosophes, comme on voit chez Ulpien, dans la loi déjà citée D. 28, 3, 6, 7[1291]. Mais peut-être Nerva était-il amoureux ? Sinon, l'audace de celui qui sévit contre lui-même ne reste pas impunie, car celui qui fait preuve d'impiété envers lui-même ne peut pas ne pas se montrer d'une extrême cruauté envers autrui (D. 48, 21, 3, 8[1292] ; D. 21, 1, 23, 3[1293]).

1285 Voir ci-dessus note 551, autre passage de la loi [...] *quod si quis taedio uitae uel uale-*
tudinis aduersae impatientia [...] *in ea causa sunt, ut testamenta eorum ualeant.* À *taedio*
uitae, Accurse glose en effet : *ut fecit Dido.*

1286 Voir ci-dessus note 1285.

1287 *Si quis autem taedio uitae uel impatientia doloris alicuius uel alio modo uitam*
finierit, successorem habere Diuus Antoninus rescripsit.

1288 Vers 206-208. L'Amour y est en effet présenté comme le premier des bourreaux et des
tortionnaires.

1289 VI, 26.

1290 *Hic etiam Nerua Caesari familiarissimus fuit.*

1291 Voir ci-dessus note 551.

1292 Voir ci-dessus note 383.

1293 *Excipitur et ille, qui mortis consciscendae causa quid fecerit. Malus seruus creditus est,*
qui aliquid facit, quo magis se rebus humanis extrahat, [...] *tamquam non nihil in alium*
ausurus, qui hoc aduersus se ausus est.

< Quod si, ut paulo ante dixi, ut quisque uir optimus est, eo magis, seipsum perimendo, nocet Reipublicae, culpandus uehementer Nerua uenit et Cato Vticensis, et quiuis alius, maxime miles a malis Reipublicae arcendis dictus, l. 1 de milit. testam.; is igitur grauius ceteris punitur ob illatam in se uim et uulnera, nec ignoscatur omnino si taedio uitae uel pudore id patrarit, l. omne § qui se ff. de re milit.; l. 38 § fin. ff. de poenis; satius fuisset lacessito hoste necari, non incassum uitam prodigere >.

Enimuero lege sanctissima et naturae congrua nulli fas est se praepropere uita eximere, quasi ab statione discedere iniussu summi ducis, qui animum celestem in hoc corpore, tanquam in aliquo carcere, inclusit, cum effringendo carcerem delictum commitatur, l. 1 ff. de effract. Non arbitror tamen luendorum scelerum causa nasci homines, ut falso in principio libri *De consolatione* M Tullius asseruit, a Lactantio eleganter confutatus. Carcer enim ad custodiam, non ad poenam inuentus est, l. aut damnum § carcer ff. de poen.; sed pusilli est animi atque peruersi aerumnas huius saeculi morte effugere, uti Augustino placuit, can. si non § fi. 23 q. 5.

< Mais si, comme je l'ai dit un peu plus haut, plus un homme a de qualités, et plus il nuit à l'État en se supprimant, alors il faut blâmer avec force Nerva, Caton d'Utique, ou tout autre, mais surtout le soldat, ainsi nommé parce qu'il doit préserver l'État du malheur (D. 29, 1, 1[1294]) ; aussi est-il puni plus gravement que tous les autres s'il s'inflige des violences, et n'obtient-il aucune indulgence s'il l'a fait parce qu'il était las de vivre ou qu'il avait honte (D. 48, 19, 38, 12[1295]) ; car il aurait mieux valu qu'il se fît tuer par l'ennemi, au lieu de gaspiller sa vie >.

Et de fait, une loi, sacrée entre toutes et parfaitement conforme à la nature, veut que personne n'ait le droit de s'enlever précipitamment la vie, car c'est comme déserter son poste sans la permission du Chef suprême, qui a enfermé une âme céleste dans notre corps comme dans une prison, puisque l'on commet un délit si l'on sort de sa prison par effraction (D. 47, 18, 1, pr.[1296]). Je ne crois pas cependant que les hommes naissent pour expier leurs crimes, comme Cicéron l'a affirmé à tort au début de son livre La consolation[1297], que Lactance a élégamment réfuté[1298]. Car l'on a inventé la prison pour s'assurer des coupables, non pour les punir (D. 48, 19, 8, 9[1299]), et, de l'avis de Saint Augustin (Décret, II, 23, 5, 9, 5[1300]), c'est la marque d'un esprit mesquin et tordu que de fuir dans la mort les épreuves de cette vie.

1294 **Miles autem appellatur** uel a militia, id est duritia, quam pro nobis sustinent, aut a multitudine, aut **a malo, quod arcere milites solent** [...].

1295 **Miles, qui sibi manus intulit nec factum peregit**, nisi impatientia doloris aut morbi luctusue alicuius uel alia causa fecerit, capite puniendus est : alias cum ignominia mittendus est.

1296 **De his, qui carcere effracto euaserunt**, sumendum supplicium Diui fratres Aemilio Tironi rescripserunt [...].

1297 Cicéron écrivit, en 708, une Consolation sur la mort de sa fille Tullia, dont il parle ailleurs dans son œuvre, mais l'ouvrage est perdu. Lactance (voir notre suivante) nous en a conservé quelques fragments.

1298 Institutions divines, III, 18, 8 : « Que dirons-nous de Cicéron, qui, après avoir écrit au commencement de la Consolation : que les hommes ont été mis au monde pour y porter la peine due à leurs crimes, l'a encore répété, comme pour reprendre ceux qui ne croiraient pas que la vie de l'homme est toute remplie de misères ? il avait eu raison d'avouer dès le commencement qu'il était plongé dans l'erreur et dans une misérable ignorance de la vérité ».

1299 [...] **carcer enim ad continendos homines, non ad puniendos** haberi debet.

1300 Hoc dicimus, hoc asserimus, hoc modis omnibus approbamus, **neminem spontaneam mortem sibi inferre debere, uelut fugiendo molestias temporales, ne incidat in perpetuas.**

[88] < Atque ibidem ostendit sui cuiusque dilectionem mandatam esse precipue. Diliges, inquit Deus, proximum tuum sicut te ipsum ; unde si non licet proximum occidere, igitur nec se ipsum : itaque ita diuellere duas res amicissimas corpus et animam nobis a Deo creditam, ut suo tempore reddatur. Fateor quidem licere debitori ante tempus soluere creditori, sed hoc ubi solum tempus sine certo loco adiectus est, l. eum qui calendis § quotiens ; l. qui Romae de uerb. oblig. ff. At is qui se occidit, ante tempus quidem soluit, sed non loco diuinitus praestituto ; nam terra marique, pace ac bello, mors omnibus contingit, l. senatus § mortis ff. de donationib. caus. mort. ; nec dubium est Deum suum cuique diem, suum cuique locum mortis praescripsisse, nec delectare uelut creditorem coelestia appetentem. Considera, quaeso, quam mors cuique a natura impendeat, l. res C. de donati. inter uir., hoc quidem cum obuenit tempestiua, non cum praemature incessit ; si quidem est > onerosus, et molestus creditor, qui plus petit tempore, is profecto non ab re repellitur, § plus autem de act.

---

88   1553 : quam est.

< Et, au même endroit, l'auteur montre que s'aimer soi-même est, pour chacun d'entre nous, une mission prioritaire. Dieu ne nous dit-il pas : « Tu aimeras ton prochain comme toi-même » ? donc, s'il n'est pas permis de tuer son prochain, il ne l'est pas non plus de se tuer soi-même, ce qui revient à séparer deux choses extrêmement liées, notre corps et l'âme que Dieu nous a confiée pour que nous la Lui rendions au moment voulu. Je reconnais, bien sûr, que le débiteur est autorisé à s'acquitter envers son créancier avant le terme, mais c'est seulement lorsqu'on a fixé l'échéance sans préciser un lieu (D. 45, 1, 41, 1[1301] ; D. 45, 1, 122, pr.[1302]). Or celui qui se suicide paie bien avant terme, mais non pas à l'endroit fixé par la volonté divine ; en effet, la mort nous frappe tous aussi bien sur terre que sur mer, et en paix comme en guerre (D. 39, 6, 35, 4[1303]) ; Dieu, assurément, a fixé pour chacun d'entre nous l'heure et le lieu de sa mort, et Il n'apprécie guère qu'à l'instar d'un créancier, on Lui réclame le ciel. Considérez, je vous prie, comme la mort menace par nature chacun d'entre nous (C. 5, 16, 24, 1[1304]), en tout cas lorsqu'elle arrive à son heure, non lorsqu'elle est intervenue prématurément >.

Mais si le créancier qui réclame son dû avant terme se montre assurément pesant et importun, il n'est pas pour autant débouté de sa demande (*Institutes*, IV, 6, 33, a-b et e[1305]).

1301 *Quotiens autem in obligationibus dies non ponitur, praesenti die pecunia debetur, **nisi si locus adiectus spatium temporis inducat**, quo illo possit perueniri* [...].

1302 *Qui Romae mutuam pecuniam acceperat soluendam in longinqua prouincia per menses tres eamque ibi dari stipulanti spopondisset, post paucos dies Romae testato creditori dixit paratum se esse Romae eam numerare detracta ea summa, quam creditori suo usurarum nomine dederat. Quaesitum est, cum in integrum summam, qua stipulatione obligatus est, optulerit, an eo loco, in quo soluenda promissa est, sua die integra peti posset. Respondit **posse stipulatorem sua die ibi, ubi soluendam stipulatus est, petere**.*

1303 *Mortis causa donatio fit multis modis : alias extra suspicionem ullius periculi a sano et in bona ualetudine posito et cui ex humana sorte mortis cogitatio est ; alias ex metu mortis aut ex praesenti periculo aut ex futuro, **si quidem terra marique, tam in pace quam in bello et tam domi quam militiae multis generibus mortis periculum metui potest**.*

1304 Voir ci-dessus note 721.

1305 ***Plus autem quattuor modis petitur** : re, tempore, loco, causa* [...] ***Tempore : ueluti si quis ante diem uel ante condicionem petierit** ; qua ratione enim qui tardius soluit quam soluere deberet minus soluere intellegitur, eadem ratione **qui praemature petit plus petere uidetur** [...] **et si quidem tempore plus fuerit petitum**, quid statui oportet Zenonis diuae memoriae loquitur constitutio.* Cette constitution voulait qu'en cas de plus-pétition à raison du temps, le débiteur obtînt un délai double du délai primitif.

Quocirca coelum immatura morte expectare uanitas et infamia existimatur, fatis nimirum obstantibus, hoc est iure naturali; namque ita exponit Seruius illud Verg. 6 *Aeneid.* :
Proxima deinde tenent moesti loca, qui sibi lethum
Insontes peperere manu lucemque perosi
Proiecere animas
    subdit illico
Fata obstant.

Quippe cum principio generi animantium omni sit a natura tributum, ut corpus uitamque tueatur, qua nihil pretiosius, l. sancimus in fin C. de sacro sanct. eccles.

< Ideo inhumati ritu solemni manebant sibi uim inferentes, can. placuit 23 q. 5 >.

Quod uero Vlpiano placuit licere naturaliter se trucidare, l. peculium § si ipse ff. de pecul., hunc intellectum capit, ut non iure naturali cum Deo communi, uel cum feris, liceat, de quibus in l. 1 § huius et l. pen. ff. de iustitia et iure, sed iure gentium, per quod seruitus et astutia recipiuntur, l. ex hoc ff. eod.; l. in causae § pen. ff. de minor.; § singulorum de rer. diuis.

Ainsi espérer gagner le ciel à la suite d'une mort prématurée est-il considéré comme une vanité et une infamie, car la puissance divine, c'est-à-dire le Droit naturel, s'y oppose indubitablement ; c'est ainsi que Servius commente ces vers de Virgile, au livre VI de l'*Énéide*[1306] :
Puis, toutes proches, accablées, se tiennent les âmes des innocents
Qui se sont infligé la mort, et qui, par haine de la lumière,
Ont renoncé à vivre.
   Et, sur-le-champ[1307], le poète ajoute :
La puissance divine s'y oppose.
   C'est qu'en effet, à l'origine, la nature a chargé toutes les espèces d'êtres vivants de veiller sur leur corps et leur vie, qui est leur bien le plus précieux (C. 1, 2, 21, 2[1308]).
   < Aussi les suicidés n'étaient-ils pas inhumés selon le rite consacré (*Décret*, II, 23, 5, 12[1309]) >.
   Quant à l'avis d'Ulpien, selon lequel « la nature » nous autorise à nous tuer (D. 15, 1, 9, 7[1310]), il faut le comprendre ainsi : cela n'est pas permis en vertu de ce Droit naturel qui nous est commun avec Dieu ou avec les bêtes sauvages, et dont il est question en D. 1, 1, 1, 2 et 3[1311], mais en vertu du Droit des gens, qui fait admettre aussi l'esclavage et la ruse (D. 1, 1, 5[1312] ; D. 4, 4, 16, 4[1313] ; *Institutes*, II, 1, 11[1314]).

1306 Vers 434-436.
1307 Vers 438. Mais Virgile dit *Fas obstat.*
1308 [...] *cum non absurdum est animas hominum quibuscumque causis uel uestimentis praeferri* [...].
1309 *Placuit, ut hii qui sibi ipsis uoluntarie aut per ferrum, aut per uenenum, aut per precipitium aut per suspendium, uel quolibet modo inferunt mortem, nulla pro illis in oblatione conmemoratio fiat, neque cum psalmis ad sepulturam eorum cadauera deducantur.*
1310 *Si ipse seruus sese uulnerauit, non debet hoc damnum deducere, non magis quam si se occiderit uel praecipitauerit :* **licet enim etiam seruis naturaliter in suum corpus saeuire.**
1311 Voir ci-dessus notes 29 et 41.
1312 Voir ci-dessus note 948.
1313 *Idem Pomponius ait in pretio emptionis et uenditionis* **naturaliter** *licere contrahentibus se* **circumuenire.**
1314 Voir ci-dessus note 66 ; il s'agit ici d'un passage antérieur de la même loi : *Singulorum autem hominum multis modis res fiunt : quarundam enim rerum dominium nanciscimur* **iure naturali, quod, sicut diximus, appellatur ius gentium, quarundam iure ciuili** [...].

7. Proinde hoc genus mortis, amoris impatientia sibimet allatae, infelix Cupido nuncupari iure poterit, ex l. 1 C. de senat. Claud., quo suadente, se Pyramus et Thysbe amantes Babylonii necauerunt; nam hanc *Audacem faciebat amor.*

Nempe contra sexus naturam; nec mirum sit utriusque sanguine mori arboris poma tincta fabuletur Ouidius, quia μωρός Graece fatuum significat, et ipsi dementia insigni laborarunt; unde sycomorus, arbor Egyptia, id est ficus fatua, de qua in l. pen. § fi. de extr. crim.; Dioscorides lib. 1 cap. 144. Anteros uocitatus est ab Antiquis diuersus amori deus, quem Marte et Venere genitum tradit Cicero lib. 3 *De natura deorum*; eum Helei ut numen uenerabantur.

< Insulsi prorsus et digni tali numine, quod mihi uidetur perstrinxisse Virgilius, *Ecloga* 1*, ultimam Cumanae Sybillae aetatem enarrans :
Incipe parue puer : cui non risere parentes,
Nec deus hunc mensa, dea nec dignata cubili est.

Sibylla enim praedixerat fore ut, nascente Christo plausibili, insanus Amor abigeretur; qui etiam a poetis omnibus diis molestus fingitur, et Psychen mortalem uxorem habuit, non deam ullam in cubili suo.

7. À cause de ce genre de mort, que l'on s'inflige à soi-même parce que l'on est incapable de supporter la souffrance d'amour, Cupidon pourrait à bon droit être appelé porte-malheur (C. 7, 24, 1, pr.[1315]). C'est en effet sous son influence que se tuèrent Pyrame et Thisbé, les amants de Babylone ; car pour Thisbée :
Cette audace lui était inspirée par l'amour[1316].

Elle détonnait, effectivement, avec sa nature de femme. Rien d'étonnant, par conséquent, si les fruits du mûrier, selon la fable rapportée par Ovide, furent teints du sang de l'un et de l'autre, puisqu'en grec μωρός signifie insensé, et qu'ils manifestèrent une insigne folie ; d'où le nom du sycomore, arbre d'Égypte, qui signifie « figuier dément », et dont il est question en D. 47, 11, 10[1317] et chez Dioscoride, au chapitre 144 du livre 1[1318]. Les Anciens appelaient Antéros un dieu qui est à l'opposé de l'Amour, et qui, selon Cicéron au livre III de Sur la nature des dieux[1319], naquit de Mars et de Vénus ; les Héléens le vénéraient comme une divinité.

< Assurément, ils étaient fous et dignes d'un pareil dieu, auquel, à mon sens, Virgile a fait allusion dans la première* de ses *Bucoliques*[1320], en évoquant le dernier âge qu'avait prédit la Sibylle de Cumes :
Enfant commence [à reconnaître ta mère à son sourire] : *celui à qui ses parents n'ont point souri*
N'est digne ni d'approcher de la table d'un dieu, ni d'être admis au lit d'une déesse.

La Sibylle avait prédit, en effet, qu'à la naissance de celui qui, selon toute vraisemblance, est le Christ, l'Amour qui rend fou serait chassé ; les poètes aussi racontent que tous les dieux le trouvaient insupportable ; il épousa Psychè, une mortelle, car il n'eut pas le droit de s'unir à une déesse.

1315 Voir ci-dessus note 24.
1316 Voir Ovide, *Métamorphoses*, IV, 96.
1317 *Et metallo quidam secundum suam dignitatem,* **si quis arborem sycaminonem exciderit,** *nam et haec res uindicatur extra ordinem non leui poena, idcirco quod hae arbores colligunt aggeres niloticos, per quos incrementa nili dispensantur et coercentur* [...].
1318 Chapitre intitulé : *Propriétés des simples.*
1319 Voir ci-dessus note 771.
1320 Voir *Bucoliques* IV, 62-63. Pour comprendre le début du v. 62, il faut tenir compte de quelques mots du v. 60, ajoutés ici entre les chevrons.

Mensa enim amicitiae symbolum est et conuictus; unde Theocritus in *Hyla* :

οἳ μίαν ἄμφω ἑταῖροι ἀεί δαίνυντο τράπεζαν

hoc est, qui ad mensam eamdem semper conuiuabantur ut amici, seu collegae.

Hi enim sunt ἑταῖροι, l. fin. ff. de collegi. illicitis; ideoque is qui ab aliquo passus est iniuriam, mox in eadem mensa comedens simul, remisisse censebitur, § fi. de iniuriis, ubi Accursius; mensa quoque communis religionis eiusdem sanctum hodie insigne est et olim arae uicem praestitit, ut notat Macrobius li. 3 *Saturnal.* c. 11.

Non sum nescius uirgilianum carmen, Probo asserente, ad puerorum initia, Eduliae deae et Cubae referri fieri solita a lacte, apud Varronem, ut refert Terentii uetus interpres in *Phormione* actu 1 scena 1. Mensa et lectus in supellectile praecipua sunt, l. legata de suppell. legat. ff. ; sane legatis alimentis praestarentur utenda, quia sine his nemo commode uiuere potest, l. legatis de alim. leg. ; sane pro nostra et magis syncera consideratione matrimonii ex communi mensa lectoque compacti, et inde praesumpti, statque Ofilli iurisconsulti sententia lectum stratum uictui adscribentis, l. quos nos § fi. de uerbor. signifi.

La table est ici le symbole de l'amitié et des relations familières. D'où ce vers de Théocrite, dans *Hylas*[1321] :

Eux qui, comme amis ou compagnons d'armes, partageaient toujours la même table.

Les ἑταῖροι sont en effet des confrères (voir D. 47, 22, 4[1322]) ; par conséquent, celui qui a été offensé par quelqu'un sera censé lui avoir pardonné s'il mange par la suite à la même table que lui : voir la glose d'Accurse à *Institutes*, IV, 4, 12[1323] ; une table commune est également, de nos jours, un signe sacré d'appartenance à la même religion, et, jadis, la table tenait lieu d'autel, comme le note Macrobe au chapitre 11 du livre III des *Saturnales*[1324].

Je n'ignore pas le poème de Virgile, ni chez Varron, l'assertion de Probus, selon laquelle, dès que les enfants était sevrés, on avait coutume de les initier au culte des déesses Édulia et Cuba (les déesses de la nourriture et du lit), comme le rapporte l'ancien interprète de Térence au sujet de *Phormion*, acte 1, scène 1[1325]. La table et le lit font partie des principaux équipements domestiques (D. 33, 10, 9, 1[1326]) ; assurément, en cas de legs d'aliments, ils seraient fournis, parce qu'en leur absence, personne ne peut vivre dans de bonnes conditions (D. 34, 1, 6[1327]) ; voilà qui conforte l'exactitude supérieure de notre analyse du mariage, que l'on conclut en partageant le lit et la table, et dont on présume l'existence à partir de ces éléments ; il nous reste enfin l'avis du jurisconsulte Ofilius, qui place les couvertures du lit au nombre des biens vitaux (D. 50, 16, 234, 2[1328]) ;

1321 Voir *Idylles*, XIII, v. 38 : « tous deux compagnons d'armes, tous deux assis toujours à la même table » (il s'agit d'Hercule et de Télamon).

1322 *Sodales sunt, qui eiusdem collegii sunt : quam Graeci hetairian uocant* [...].

1323 [...] *ideo, si quis iniuriam dereliquerit, hoc est statim passus ad animum suum non reuocauerit, postea ex poenitentia* **remissam iniuriam non poterit recolere**.

1324 « Il est clairement énoncé, dans le droit Papirien, qu'une table consacrée peut tenir lieu d'autel ; [...] la table et les petits autels sont consacrés ordinairement le même jour que le temple. La table consacrée de la sorte sert d'autel, et reçoit les mêmes honneurs religieux que le temple lui-même ».

1325 Voir *Donati in Phormionem Terentii commentum*, 49, 3 : Donat, désigné ici comme *uetus interpres*, y cite Probus sur Virgile *Buc.* IV, 62-63 (vers déjà cités, dans lesquels il est effectivement question de la table et du lit : voir ci-dessus note 1320) et il mentionne également Varron.

1326 Voir ci-dessus note 834.

1327 *Legatis alimentis cibaria et uestitus et habitatio debebitur*, **quia sine his ali corpus non potest**

1328 *Verbum « uiuere » quidam putant ad cibum pertinere, sed* **Ofilius ad Atticum ait his uerbis et uestimenta et stramenta contineri, sine his enim uiuere neminem posse.**

Inde illa matrimonii coniectura in cap. illud de praesumpti. ; nec consuetudo illa uiri et mulieris solum concubinatum inducit, l. in lib. 9 de rit. nuptiar. Quod si quis obiiciat, in d. cap. illud, alia adminicula interuenisse, ultra mensam et annulum, ut matrimonium praesumeretur, dicam hoc receptum ibi propter disparilem coniugum conditionem, marito seruo existente, atque ita arguente uaesaniam uxoris, d. l. 1 C. de senatusc. Claud., ubi seruus a muliere abstrahitur ; sed non iure coeli, in sacris rebus seruum ab ingenuo non secernentis, si modo seruus ancillaue a domino redimi queat, can. si quis ingenuus 29 q. 2 >.

Desii ego demum lugubres picturas et tristissimos amorum euentus contemplari : ne, si diutius immorarer, in uitium venirem, quod taxat Iurisconsultus in l. animi ff. de aedil. edi. Egresso mihi obuiam uenit nonnihil multo iucundissimum, et pecus Amori sacrum.

d'où cette présomption de mariage que l'on trouve dans les *Décrétales de Grégoire IX* (II, 23, 11)[1329] ; car cette communauté de vie entre un homme et une femme implique bien plus que le seul fait de coucher ensemble (D. 23, 2, 24[1330]). Si l'on m'objecte que dans le texte déjà cité des *Décrétales*[1331], d'autres éléments de preuve que la table commune et les alliances sont intervenus pour établir la présomption de mariage, je répondrai : c'est que dans ce cas il y avait disparité de condition des conjoints, puisque le mari était un esclave, et arguait ainsi de la folie de son épouse : voir la loi déjà citée C. 7, 24, 1, pr.[1332], dans laquelle un esclave est séduit par une femme libre ; mais il n'en va pas ainsi dans le Droit canonique, qui, en matière de sacrements, ne fait aucune différence entre les esclaves et les hommes libres, pourvu que l'esclave, qu'il soit un homme ou une femme, puisse être affranchi par son maître (*Décret* II, 29, 2, 4[1333]) >.

Je cessai enfin de contempler ces images lugubres, évocatrices des plus grands malheurs de l'amour, de peur de donner, si je m'attardais davantage, dans le vice que réprouve le jurisconsulte en D. 21, 1, 65, pr.[1334] Et, une fois parti, je fis une rencontre extrêmement agréable, celle du troupeau consacré à l'Amour.

1329 [...] *si fama loci habet, quod* **uir ipsam in lecto et in mensa sicut uxorem tenuerit,** *cum matrimonium sit maris et feminae coniunctio, indiuiduam uitae consuetudinem retinens : cogenda est mulier, ut eidem uiro affectu seruiat coniugali* [...].

1330 *In liberae mulieris consuetudine* **non concubinatus, sed nuptiae intellegendae sunt,** *si non corpore quaestum fecerit.*

1331 Voir ci-dessus, note 1329.

1332 Voir ci-dessus note 24.

1333 *Si quis ingenuus homo ancillam uxorem alterius acceperit, et existimat, quod ingenua sit, si ipsa femina / fuerit postea in seruitute detecta,* **si eam a seruitute redimere potest, faciat** *; si non potest, si uoluerit, aliam accipiat. Si autem ancillam eam scierat et collaudauerat, post ut legitimam habeat. Similiter et mulier ingenua de seruo alterius facere debet.*

1334 **Animi potius quam corporis uitium est,** *ueluti si ludos adsidue uelit spectare* **aut tabulas pictas studiose intueatur** [...].

OBSERVATA IN CAPUT XIII

1. [89] < De grege Cupidinis, mulierum diligentia, et an uxor acquirat uiro >.
2. Quare in l. fin. ff. de abig. magis puniatur qui a stabulo pecus abducit quam qui a sylua.
3. Ab incustodito templo auferens mitius punitur.
4. Quid sit Vlpiano ex pecorum lana succus.
5. An prohibitio alienationis in contractu dominium transferri uetet.
6. Aperitur sensus l. si ita quis § ea lege ff. de uerb. oblig.
7. Iura magis fauent translationi dominii quam contra.
8. Quando per pactum dominii translatio non impediatur; < in manum conuentio, Daphnidis pactio et casus >.
9. Verus intellectus l. si creditor § fi ff. de dist. pign.

CAPUT XIII

1. In laeto solo uirens et floridum pratum riuulis undique rigabatur, quantumque graminis et trifolii longissimis diebus greges carperent, tantumdem ros noctis exiguae reponebat. Quod si pratum inde dictum est, quia ad fructum capiendum paratum sit, l. pratum ff. de uerb. sign., huic maxime hic debetur etymus. Vix quidem IX iugera continebat, sed herbis noxiis, rubis ac sentibus carentia,

---

89   1553 : Ad pratum uenitur, ubi grex Cupidinis pretiosam lanam habet.

CONTENU DU CHAPITRE 13

1. Le troupeau de Cupidon ; les acquisitions de la femme ; et la femme peut-elle acquérir pour son mari ?
2. Pourquoi, en D. 47, 14, 3, 1, on punit plus sévèrement celui qui enlève un troupeau d'une étable que celui qui l'enlève d'une forêt.
3. On punit moins sévèrement celui qui vole dans un temple laissé sans surveillance.
4. Ce qu'Ulpien entend par suc de la laine du petit bétail.
5. La défense contractuelle d'aliéner un bien empêche-t-elle d'en transférer la propriété ?
6. Explication de D. 45, 1, 155, 3.
7. Le Droit favorise plutôt qu'il n'empêche le transfert de propriété.
8. À quel moment on ne peut pas faire obstacle, par un pacte, au transfert de propriété ; < la convention qui fait passer la femme sous la puissance du mari ; le pacte conclu par Daphnis, et son malheur >.
9. La véritable signification de D. 20, 5, 7, 2.

CHAPITRE 13

1. Situé sur un sol fertile, un pré verdoyant et fleuri était irrigué de tous côtés par de petits ruisseaux, et, en dépit des nuits très courtes, la rosée faisait repousser autant d'herbe et de trèfle que les troupeaux en broutaient à longueur de journée. Si le « pré » est ainsi nommé parce qu'il est « prêt » pour qu'on puisse en tirer du revenu (D. 50, 16, 31[1335]), ce pré-là, tout particulièrement, motive cette étymologie. Il avait une superficie d'à peine neuf arpents, mais exempte de mauvaises herbes, de ronces et de buissons :

1335 *« Pratum » est, in quo ad fructum percipiendum falce dumtaxat opus est :* **ex eo dictum, quod paratum sit ad fructum capiendum.**

et, ut semel dicam, tale mihi pratum Cupidinis apparuit, quale iuris ciuilis, a Iustiniano expurgatum, l.1 § nulla C. de uet. iur.; nec riui, qui uarios sine nomine flores lauabant, ranarum conuitia patiebantur, at aurum satis abunde ferebant, ut Ganges, Indiae fluuius, et Phison, qui alluit regionem Heuilath, a delitiarum horto scatens, *Gene.* 2 cap.

Pascebant in medio prato oues et agni quam plurimi, quibus uellera partim auro splendebant, partim fulgebant cocco et purpura, quamuis nusquam alibi hi colores natiui sint, l. si cui § fin. ff. de leg. III; uidit utique Plinius cocco et conchylio infectum in oue uellus, sed artis luxuria, non naturae munere. Plura purpureae genera in d. § fin. memorantur; eam constat, ex maris uarietate et solis cursu, non sibi semper esse similem. Hic grex uiolacea clarus erat, exceptis aureis et coccineis ouibus, quas uulgo kermesinas dixeris. Arbitror ex bonitate aquae circumfluae sic tingi naturaliter, cum Aristoteles, lib. 3 *De natura animalium*, tradat Xanthum flumen prope Ilium oues flauas reddere, seu ruffas, unde et ξανθός dicitur, id est, ruffus, qui et Scamander uocitatur,

en un mot, le pré de Cupidon m'apparut tout semblable à celui du Droit civil, une fois expurgé par Justinien (C. 1, 17, 1, 9[1336]) ; quant aux ruisseaux qui baignaient différentes fleurs impossibles à nommer, ils ne souffraient pas du tapage des grenouilles, mais charriaient de l'or en abondance, comme le Gange, qui est un fleuve indien, et le Phison, qui, prenant sa source dans le jardin des délices (*Genèse*, chapitre 2[1337]), arrosait la région d'Hévilath.

Au milieu de ce pré, paissaient en grand nombre des brebis et des agneaux, dont les toisons étaient, pour certaines, brillantes d'or, et, pour d'autres, resplendissantes d'écarlate et de pourpre, même si, de naissance, les bêtes ne sont nulle part ailleurs de ces couleurs-là (D. 32, 70, 13[1338]). Certes, Pline[1339] a vu sur une brebis une toison teinte en écarlate et en pourpre, mais ce luxe était le résultat de l'art, et non un cadeau de la nature. Le paragraphe déjà cité de D. 32, 70, 13[1340] recense plusieurs variétés de la pourpre : on sait en effet qu'elle n'est pas toujours exactement la même, mais dépend des variations de la mer et de la course du soleil. Ce troupeau était d'un brillant violet, à l'exception des brebis dont les toisons étaient dorées ou écarlates, dites communément cramoisies. Je pense qu'elles étaient naturellement de cette couleur grâce à la bonne qualité de l'eau environnante, puisqu'Aristote, au livre 3 de l'*Histoire des animaux*[1341], rapporte que le fleuve Xanthe, près de Troie, rendait les toisons des brebis blondes ou rousses, d'où son nom de ξανθός, c'est-à-dire roux, car il s'appelle aussi le Scamandre ;

1336 La métaphore est employée en effet par Justinien lui-même, quand il recommande de citer le moins possible dans le *Digeste* les constitutions du *Code* : [...] *et hoc tamen perraro, ne ex continuatione huiusmodi lapsus* **oriatur aliquid in tali prato spinosum.**

1337 Versets 10-11 : « Un fleuve sortait d'Éden pour irriguer le jardin ; puis il se divisait en quatre bras : le premier s'appelle le Pishon, il contourne tout le pays de Havila où l'on trouve de l'or ».

1338 *Purpurae autem appellatione omnis generis purpuram contineri puto : sed coccum non continebitur, fucinum et ianthinum continebitur. Purpurae appellatione etiam subtemen factum contineri nemo dubitat : lana tinguendae purpurae causa destinata non continebitur.*

1339 *Histoire naturelle* VIII, 74, 3 : « Nous avons vu nous-même des toisons sur l'animal vivant, teintes en pourpre, en écarlate et en violet, une demi-livre de chaque, comme si la nature les produisait ainsi pour la satisfaction du luxe ».

1340 Voir ci-dessus note 1338.

1341 *Histoire des animaux*, III, 10, 19 : « Il paraît aussi que les eaux du Scamandre, à ce que l'on dit, rendent les moutons roux ; et voilà pourquoi, dit-on encore, Homère l'appelle le Xanthe (le Roux), au lieu de Scamandre ».

iuxta cuius ripam Anchises, Assaraci formosissimus filius, pecua-
riam faciens a Venere dilectus et ea potitus, Aeneam procreasse fertur,
Reipublicae Romanae principem, si respexeris ad antiqua secula, § 1
ut praepo. nom. imper. col. V. Verum Anchise fuit pulchrior Damon,
industrius Cupidinis opilio, eiusque gregem pascens, lupi securus, sub
lata ulmo residens, cui uitis complexu denupserat.

< Nec procul ab illo in umbraculis nebat puella uenustissima, lanam
delicatissimam qualem numquam torsit Tanaquil, Lucii Tarquinii
Prisci coniunx casta et frugi ; a qua regina mos fuit, Romae, ut uirgines
nubentes colus compta cum fuso et stamine comitaretur. Ea primum
texuit rectam tunicam, qua simul cum toga pura noua nupta et tyrones
induebantur ; eadem dicta est Caia Caecilia, ut ait Plinius lib. 8 c. 48*.
Proinde solebant Romani, cum sponsam domum introducerent mariti
tanquam in domicilium matrimonii, l. 5 ff. de ritu nuptiar. dicere :
ubi tu Caius, ego Caia ; quae uerba rite et iuste usurpata iniurius Cicero
ridet in oratione *Pro Murena*, quaenam Caia fuerit aperte se nescire
ostendens ; illa ipsa Caia, auguriorum perita, regnum marito portendit,
et successorem designauit Seruium Tullium, colu et lana se oblectans
inter tanti momenti negotia, ut exemplo esset popularibus utque ostenderet mulierem marito iugiter operari debere, non patrono, non patri,
l. sicut ff. de oper. libert.

Ideoque, cum esset controuersia unde mulier quid haberet, Quintus
Mutius respondit a marito profectum, uitandi turpis quaestus gratia,
l. Quintus ff. de donati. inter uir. ;

c'est près de sa rive que le bel Anchise, fils d'Assaracus, fut aimé de Vénus pendant qu'il faisait paître son troupeau : après l'avoir possédée, il avait engendré Énée, le fondateur de la République romaine, si l'on remonte à ses antiques origines (*Novelle* 47, pr.[1342]).

Mais Damon, le berger zélé de Cupidon, était plus beau qu'Anchise ; assis sous un vaste ormeau, auquel il avait marié une vigne, il faisait paître le troupeau du dieu hors de danger du loup.

< Et non loin de lui, sous l'ombrage, une ravissante jeune fille filait une laine extrêmement fine, telle que jamais n'en fila Tanaquil, la femme chaste et sobre de Tarquin l'Ancien ; or cette reine fut à l'origine de la coutume suivant laquelle, à Rome, on donnait aux jeunes filles, lors de leur mariage, une quenouille avec son fuseau et son fil. Tanaquil fut la première à tisser la tunique droite, que les nouvelles mariées et les jeunes gens revêtaient en même temps que la toge simple ; on l'appelait aussi Caia Cecilia, comme le dit Pline, au livre VIII, chapitre 48*[1343], et de là vient que les Romains, quand ils introduisaient leur épouse dans la maison maritale, où est domicilié le mariage (D. 23, 2, 5[1344]), disaient : *Là où tu es Caius, je suis Caia* ; Cicéron a tort de se moquer, dans le *Pro Murena*[1345], de ces mots rituels employés avec justesse, car il montre ainsi clairement qu'il ignorait qui fut cette Caia ; cette même femme, experte en divination, prédit à son mari qu'il règnerait et désigna son successeur, Servius Tullius ; mais, parmi des affaires d'une telle importance, elle se plaisait à filer la laine, pour donner l'exemple au peuple, et montrer que la femme mariée doit constamment œuvrer pour son mari, et non pour un patron ou un père (D. 38, 1, 48, pr.[1346]).

Aussi, dans la controverse sur l'origine des acquisitions de la femme, Quintus Mucius répondit-il, afin d'éviter tout soupçon de gain déshonorant (D. 24, 1, 51[1347]), que c'était de son mari qu'elle les tenait ;

1342 [...] *Si quis enim respexerit ad uetustissima omnium et antiqua Reipublicae*, Aeneas nobis Troianus rex Reipublicae princeps est nosque Aeneadae ab illo uocamur [...].

1343 *Histoire naturelle*, VIII, 74, 1.

1344 Voir ci-dessus note 102.

1345 § 12 : « En un mot, dans tout le droit civil ils ont négligé l'équité pour s'en tenir à la lettre ; à tel point que, pour avoir trouvé le nom de Caïa, cité comme exemple par un jurisconsulte, ils ont cru que le mariage par coëmption donnait à toutes les femmes ce même nom de Caïa ».

1346 Voir ci-dessus note 756.

1347 Voir ci-dessus note 757.

nisi, inquit, demonstretur unde habeat, quandoquidem ex consensu mariti sibi acquirere mulier potest manifesta sua industria. Quid enim si maritusmet donet mulieri ? nam pecuniam agrumue donare illi nequit, sed si nummos uxori uir donauerit, et mulier foenauerit, uel si ex agro donato fructus collegerit, suos mulier facit : non naturales, ut poma, sed industriales quos satione crebra percipit, exemplo usurarum, quae ex nummo non nascuntur, sed ex sedulitate mulieris creditricis bene pecuniam, uiro non dissentiente, collocantis, l. ex annuo, l. de fructibus ff. de donation. inter uir. ; l. fructus ff. de usur. Quod si aduentitium ex haereditate lucrum, uel ex legato mulieri obueniat, ita ut suspicio turpis quaestus absit, nec hoc uiro quaeritur, sed patri mulieris in cuius est potestate, saltem hodie quoad usumfructum, l. si uxorem C. de conditi. insertis ; l. cum oportet C. de bonis quae liber. >.

Oblectabat Damon se interim dulci et amatoria cantione, Gallicis edita uersiculis, tantisper dum arietes se inuicem gemmeis cornibus petebant et molliter prouocabant, parcentes ouibus ; et in idem proelium allicie-bant agnos, ut specimen aliquod uenerei certaminis praeberent nondum anniculi ; tunc enim agni dicuntur, l cum quaereretur ff. de leg. III.

sauf, dit-il, si l'on peut établir l'origine de ses acquisitions, dès lors qu'avec la permission de son mari, une femme peut acquérir pour elle-même, en exerçant ouvertement une activité. Qu'en est-il, en effet, si le mari donne lui-même à sa femme ? car il ne peut lui faire donation d'une somme d'argent ou d'une terre, mais s'il lui a donné de l'argent, et qu'elle ait pratiqué l'usure, ou si elle a perçu les fruits de la terre qu'il lui a donnée, ces biens deviennent la propriété de la femme : il ne s'agit pas de fruits naturels, comme ceux des arbres, mais de fruits industriels, qu'elle perçoit en multipliant, pour ainsi dire, les ensemencements ; par exemple, les fruits des usures, qui ne naissent pas de l'argent lui-même, mais de l'application de la femme créancière qui, avec l'accord de son mari, a su bien placer cet argent, (D. 24, 1, 15, 1[1348] et D. 24, 1, 17, pr.[1349] ; D. 22, 1, 45[1350]). Si la femme obtient un gain supplémentaire à partir d'un héritage ou d'un legs, de manière qu'on ne puisse la soupçonner d'un gain déshonorant, il n'est pas non plus acquis au mari, mais au père sous la puissance de qui elle se trouve, du moins, de nos jours, dans la limite de l'usufruit (C. 6, 46, 5, pr.[1351] ; C. 6, 61, 6, 1[1352]) >.

Damon se délectait d'une douce chanson d'amour, en vers français, pendant que les béliers se visaient de leurs cornes en pierres précieuses et se provoquaient mollement, en épargnant les brebis ; ils invitaient les agneaux à s'affronter aussi, pour donner un échantillon de combat amoureux, alors que ces jeunes avaient encore moins d'un an – c'est à cet âge, en effet, qu'ils portent le nom d'agneaux (D. 32, 60, pr.[1353]).

1348 Voir ci-dessus note 754.

1349 Voir ci-dessus note 755.

1350 Voir ci-dessus note 753.

1351 Voir ci-dessus note 759.

1352 *Si quis itaque filius familias uel patris sui uel aui uel proaui in potestate constitutus aliquid sibi adquisierit non ex eius substantia, cuius in potestate sit, sed ab aliis quibuscumque causis, quae ex liberalitate fortunae uel laboribus suis ad eum perueniant, ea suis parentibus non in plenum, sicut antea erat sancitum, sed usque ad solum usum fructum adquirat, et eorum usus fructus quidem apud patrem uel auum uel proauum, quorum in sacris sit constitutus, permaneat, dominium autem filiis familias inhaereat ad exemplum tam maternarum quam ex nuptialibus causis filiis familias adquisitarum rerum.*

1353 *Cum quaereretur, agni legati quatenus uiderentur, quidam aiebant **agnum dumtaxat sex mensum esse** : sed uerius est eos legatos esse, **qui minores anniculis essent**.*

« Heus, heus, inquit, postquam me uidit Damon, fistulam e proxima fronde arripiens, num tu es qui ouibus Amori sacratis insidias pares ? recordare, si sapis, quam misere cum Ulyssis sociis actum sit, quia gregem Solis uiolassent in insula Trinacria, ex quo fluctibus et maris tempestate comminuti sunt ; memineris etiam Solem Amore iubente Regis Admeti pecus pauisse in Thessalia et abigeatum gladio plerumque lui, l. 1 ff. de abige. ». Caeterum ego ad abigendi artem prorsus ineptus, nihil scelerate meditans, meliora eum dicere iussi.

2. Postmodum, quia iuris non ignarum cognoui, rogaui quidnam sibi Callistratus uoluerit in l. fi. ff. de abig., plenius coërcendum censens eum, qui domitum pecus de stabulo abegit quam e sylva uel grege, cum alioquin palam admissa delicta grauius plectantur, ut furtum manifestum, § poen. de oblig. quae ex delict., et abigeatus furtum sine dubio est, l. II ff. de abig. Tum Damon subridens : « Quam tu, inquit, non admodum bonus pastor es, qui ignoras facilius multo esse de stabulo pecus abducere quam indomitum de sylva uel grege. Nam sic accipio d. l. fin. : ut crimen quod saepius sit atque facilius, id amplius puniatur, quod uero rarius et difficilius, leuiorem poenam expectet, ut aequum est, l. aut facta § fin. et l. capitalium § grassatores ff. de poenis.

« Eh ! là, eh ! là, s'exclama Damon, dès qu'il m'eut aperçu, en arrachant une baguette au taillis le plus proche, n'es-tu pas celui prépare une embuscade contre les brebis consacrées à l'Amour ? Rappelle-toi, si tu as quelque bon sens, le malheur qui frappa les compagnons d'Ulysse parce qu'ils avaient fait violence aux bœufs du Soleil sur l'île de Trinacrie, et la terrible tempête qu'ils essuyèrent en mer ; rappelle-toi aussi que le Soleil, sur l'ordre de l'Amour, fit paître le troupeau du roi Admète en Thessalie, et que l'enlèvement de troupeau est sanctionné en général par la peine du glaive (D. 47, 14, 1, pr.[1354]). Mais comme j'étais tout à fait incapable de détourner un troupeau, et que je ne méditais aucune scélératesse, je l'invitai à me parler avec plus d'amabilité.

2. Ensuite, comme j'avais constaté qu'il s'y connaissait en Droit, je lui demandai ce que Callistrate a voulu dire, en D. 47, 3, 1[1355], quand il estime que « l'on doit punir celui qui a enlevé des bêtes d'une étable plus sévèrement que celui qui les a sorties d'une forêt ou d'un troupeau », alors que par ailleurs les délits commis ouvertement, comme le vol manifeste, sont punis avec plus de sévérité (*Institutes* IV, 1, 5[1356]) et que l'enlèvement de troupeau est, à n'en pas douter, un vol (D. 47, 14, 2[1357]). Alors, Damon me dit en souriant : « Vraiment, tu n'es pas près d'être un bon berger, puisque tu ignores qu'il est beaucoup plus facile d'enlever des bêtes d'une étable que d'une forêt ou d'un troupeau. C'est ainsi en effet que je comprends cette loi (D. 47, 3, 1[1358]) : plus un crime est fréquent et facile à commettre, plus il est sévèrement puni, plus il est rare et difficile à commettre, moins lourde est la sanction, ce qui est équitable (D. 48, 19, 16, 10[1359] et D. 48, 19, 28, 10[1360]).

1354 *De abigeis puniendis ita Diuus Hadrianus consilio Baeticae rescripsit :* « *Abigei cum durissime puniuntur,* **ad gladium damnari solent***. Puniuntur autem durissime non ubique, sed ubi frequentius est id genus maleficii : alioquin et in opus et nonnumquam temporarium dantur* ».

1355 **Eum quoque plenius coercendum, qui a stabulo abegit domitum pecus, non a silua nec grege.**

1356 *Poena manifesti furti quadrupli est tam ex serui persona quam ex liberi, nec manifesti dupli.*

1357 **Abigeatus** *crimen publici iudicii non est, quia* **furtum** *magis est.*

1358 Voir ci-dessus, note 1355.

1359 *Nonnumquam euenit, ut aliquorum maleficiorum supplicia exacerbentur, quotiens nimium multis personis grassantibus exemplo opus sit.*

1360 *Grassatores, qui praedae causa id faciunt, proximi latronibus habentur. Et si cum ferro adgredi et spoliare instituerunt, capite puniuntur, utique* **si saepius atque in itineribus hoc admiserunt** *: ceteri in metallum dantur uel in insulas relegantur.*

Atqui facilius quis de ouili et stabulo pecus domitum subtrahit quam de sylva uel de grege indomitum et ferum, sic potest non male indomiti qualitas subintelligi, ut l. pen. § fin. ff. de bon. poss. cont., ubi Accursius in fi. ad arg.; nec enim de domito agitur pecore, cum in siluis gregatim aut aliter pascat. M. Varro, in lib. 2 *De re rustica* cap. 1, prodidit fuisse in Phrygia pecudum ferarum genera aliquot, et greges ouium complures, ut in Samothrace caprarum sunt, inquit, et in Italia circum Fiscellinum et Tetricam montes; multi boues perferi, et tauri fieri in Epiro, saepe trium mensium spatio non apparent, sed in sylvis agunt, si Aristoteli creditur, lib. 6 *De natura animalium.* Vel dici potest, non ita facile de grege surripi propter canes pecuarios.

3. Alibi quoque mitius coërcetur admissum in eo quod minus custoditur, l. sacrilegi ff. ad leg. Iul. pecul., ubi qui aediculas incustoditas tentauerit, id est alicujus Dei sacellum, plus quam fur, minus quam sacrilegus punitur. Vel incustoditas expone, pro indignis quae custodiantur,

[90]< quia lignea et cariosa statua et iam numinis effoeti in illis adseruetur >;

---

90   1553 : Cum ligneus quidam et putris deus in eis tantummodo lateat.

Et assurément, il est plus facile d'enlever des bêtes domestiquées d'une bergerie ou d'une étable que de faire sortir des bêtes indomptées et sauvages d'une forêt ou d'un troupeau ; or ici, la qualification d'« indompté » peut être sous-entendue sans difficulté, comme en D. 37, 4, 20, 3[1361], où, pour preuve, voir la glose d'Accurse à la fin ; il ne s'agit pas, en effet, de bêtes domestiquées, puisqu'elles paissent, en troupeau ou non, dans les forêts. Varron, au livre II, chapitre 1 de *L'Agriculture*[1362], a rapporté qu'il y avait en Phrygie quelques espèces de bétail sauvage, notamment des troupeaux de brebis, de même, dit-il, qu'il y a des troupeaux de chèvres sauvages sur l'île de Samothrace et en Italie, autour des monts Fiscellinum et Tetrica ; en Épire, il y a nombre de bœufs et de taureaux totalement sauvages, qui disparaissent pendant trois mois pour aller paître en forêt, à en croire Aristote, au livre VI de *L'Histoire des animaux*[1363]. Mais on pourrait dire aussi que s'il n'est pas si facile de sortir des bêtes d'un troupeau, c'est à cause des chiens de bergers.

3. Dans d'autres domaines aussi, on punit moins sévèrement les méfaits commis contre ce qui est laissé sans surveillance : voir D. 48, 13, 1[1364], où celui qui s'est attaqué à « de petits édifices laissés sans surveillance » (c'est-à-dire au sanctuaire de quelque dieu), « est puni plus sévèrement qu'un voleur, mais moins qu'un sacrilège ». On peut aussi comprendre « laissés sans surveillance » au sens de « qui ne méritent pas d'être surveillés », < parce que l'on n'y conserve que la statue en bois, toute pourrie, d'une divinité qui est désormais sans aucun pouvoir > ;

1361 *Sed qui accepit contra tabulas bonorum possessionem, etiamsi non fuerit adita hereditas a scripto, praestat legata ea parte testamenti data, contra quam bonorum possessio accepta est. Erit ergo melior hoc casu condicio in familia relicti filii, quam foret, si exheredatus non esset.* Accuse glose en effet : *si exheredatus non esset,* **subaudi** *sed institutus.*

1362 « De nos jours encore on retrouve plusieurs espèces de bétail à l'état sauvage dans certaines contrées. Les brebis par exemple en Phrygie, où on les voit errer par troupeaux, et les chèvres dans l'île de Samothrace. Ces dernières, dont l'espèce s'appelle en latin *rota*, abondent en Italie, sur les monts Fiscellum et Tetrica ».

1363 VI, 12-13 : « Quand arrive la saison de l'accouplement, le taureau vient paître avec les vaches, et il se bat avec les autres taureaux, bien qu'auparavant ils vécussent ensemble. On dit alors d'eux qu'ils dédaignent le troupeau, et souvent les taureaux d'Épire restent trois mois de suite sans y reparaître. C'est qu'en général, dans toutes les espèces sauvages ou du moins dans la plupart, les mâles ne pâturent pas avec les femelles avant l'époque où ils doivent s'accoupler ; mais ils se séparent dès qu'ils en ont l'âge ».

1364 *Sunt autem sacrilegi, qui publica sacra compilauerunt. At **qui priuata sacra uel aediculas incustoditas temptauerunt, amplius quam fures, minus quam sacrilegi merentur.***

sic « insperatum » pro « indigno quod speretur » leges, l. unic. C. de iis qui an. aper., et, apud Vergilium, *illaudatus Busiris*, pro « illaudabili »[91].

4. Quis Vlpianus te istam iurisprudentiam docuit, o Damon ? Tum ille subridens : quis Tityrus Martiano pecorum appellationes aetatesque demonstrauit, l. legatis § fin. ff. de lega. 3, aut quis Vlpianum tuum sic erudiuit, ut medicinas ex lanis fieri scripserit, l. si cui ff. eod., uel, ut superior de pecorum lana succum nouerit, l. fin. § diui ff. de publican. : id est, succidarum lanarum pinguedinem, et sordes expressas ex alis ouium et feminibus ? Graeci Oesipum uocant, horum est Dioscorides, lib. 2, cap. 65 et 66 ; ex Atticis ouibus laudatissimum in uestro orbe, hic uero ex purpureis genitum palmam habet.

< Hoc docet Ouidius, lib. 3 *De arte amandi*, ostendens ad formae commendationem id plurimum facere :
Oesipa quid redolent, quamuis mittantur Athenis,
Demptus ab immundae uellere succus ouis ? >.
Interea
< dum haec Damon attento mihi narraret >,

---

ainsi trouve-t-on « inespéré » au sens de « qui ne mérite pas d'être espéré » en C. 6, 52, 1[1365] et chez Virgile[1366], « Busiris non couvert d'éloges » pour « qui ne mérite pas d'être couvert d'éloges ».

4. « Mais quel Ulpien t'a enseigné, Damon, cette jurisprudence ? ». Alors, en souriant, il me répondit : « Quel Tityre a expliqué à Marcien les différents noms que l'on donne au bétail en fonction de son âge (D. 32, 65, 7[1367]) ? Et qui a rendu ton cher Ulpien si savant, qu'il a pu mentionner les médicaments issus de la laine (D. 32, 70, 7[1368]) ; qui encore a fait connaître à Marcien le suc que l'on extrait de la laine du bétail (D. 39, 4, 16, 7)[1369], à savoir la graisse qui imprègne les laines, et les sécrétions issues des ailes et des cuisses des oiseaux ? Les Grecs, notamment Dioscoride[1370], aux chapitres 65 et 66 du livre II, l'appellent οἴσυπος (laine grasse) ; la plus prisée, dans votre monde, est celle des brebis de l'Attique, mais ici, c'est celle des brebis pourpres qui remporte la palme.

< Ovide nous l'apprend au livre III de l'*Art d'aimer*[1371], où il montre que c'est un très efficace produit de beauté :
Que dirai-je de l'odeur nauséabonde de l'oesype, quoiqu'on importe d'Athènes
Ce suc huileux, extrait de la toison d'une immonde brebis ? >
Cependant,
< tandis que j'écoutais attentivement les propos de Damon >,

1365 [...] *si quidem perindignum est fortuitas ob causas uel casus humanos nepotes aut neptes, pronepotes aut pronepotes auita uel proauita successione fraudari aliosque aduersus auitum uel proauitum desiderium uel institutum* **insperato legati commodo** *uel hereditatis gaudere* [...].

1366 *Géorgiques*, III, 5.

1367 *Ouibus legatis agni non continentur : quamdiu autem agnorum loco sunt, ex usu cuiusque loci sumendum est ; nam in quibusdam locis ouium numero esse uidentur, cum ad tonsuram uenerint.*

1368 *Ne ea quidem, quae fomentationis gratia parata sunt uel medicinae, lanarum appellatione continentur.*

1369 Voir ci-dessus note 361. La leçon actuellement reçue est la suivante : [...] *Marocorum lana ; fucus* [...]. Il s'agit ici d'un passage difficile et très controversé. Forcadel suit ici la leçon d'Estienne : *a pecorum lana succus*. Bynkershoek (voir *Opera omnia*, tome I, Cologne, 1761, p. 98) voulait lire *ombricorum lana*, c'est-à-dire la laine des brebis de l'Ombrie.

1370 Voir *Pedanii Dioscoridis Anazarbei De medicinali materia libri sex*, Lyon, 1550, p. 188-189, livre II, chapitres 65 (*Medicina lanarum*) et 66 (*Oesypum*). Mais dans l'édition bilingue, *Dioscoridis libri octo graece et latine*, Paris, 1549, p. 85 : les chapitres sont numérotés 83 (*Crematarum lanarum cinis*) et 84 (*Oesypum*). Ce dernier commence par la définition que reprend Forcadel : *Oesypum uocant Graeci succidarum lanarum pinguedinem* [...].

1371 Vers 213-214.

lasciuiebant inter prati genistas et flosculos agni, ex quibus unum
aurea lana pretiosum mihi Damon dono dedit, ea lege, ne unquam in
quemquam amoris rudem ego alienarem. Ita conuenimus, et rata fuit
huiusmodi pactio, per quam dominii translatio impediri solet,

< sicut uidemus impediri testamento, l. cum pater § libertis ff.
de legat. 2, et multomagis, cum contractus duorum uoluntate nixus
praepolleat, ut in proposito liquet. Nam prohibitio alienationis in testamento non afficit, nisi iusta ex causa fiat, l. filiusfam. § diui 2 ff. de
legat. 1 ; atqui in conuentionibus pactum non alienandi per se iusta
causa censetur, eo quod is forte qui donauit aut uendidit alias non
fuisset uenditurus aut donaturus, l. fi. C. de pactis inter empt., et in
uenditione pactum est pars pretii, l. si sterilis § si tibi de acti. empt. In
donatione pactum non seruatum ingratitudini et reuocationi exponit
perfidum accipientem, l. fi. C. de reuoc. donat. Itaque si pactum de non
alienando solum esset, et contractu praeuio destitutum, ut inuidiosum
reiiceretur, l. pen. ff. de pactis ; cum autem tale pactum iuxta contractum
est, impedit dominii translationem, licet pacto solo seu contractu non
possit transferri dominium, l. traditionibus C. de pactis ; sed hoc facit
pactum, ut cogatur quis tradere, et ita transferre.

les agneaux folâtraient dans le pré, parmi les arbrisseaux et les fleurettes. Damon en préleva un, à la précieuse toison dorée, pour m'en faire cadeau, à condition que je ne le vendrais jamais à quelqu'un qui ne saurait pas aimer. Voilà le contrat qui nous lia : nous conclûmes cette sorte de pacte qui, ordinairement, sert à empêcher le transfert de propriété ; < or nous constatons qu'un testament peut également l'empêcher (D. 31, 77, 27[1372]), et, à plus forte raison, un contrat qui, fondé sur la volonté des deux parties, est extrêmement puissant, ainsi qu'il apparaît clairement dans l'exemple donné. En effet, l'interdiction d'aliéner faite par testament n'est valable que si elle a une juste cause (D. 30, 114, 14[1373]), alors qu'en matière contractuelle le pacte de non aliénation est censé, par lui-même, avoir été conclu pour une juste cause, dans la mesure où celui qui a donné ou vendu n'aurait, autrement, ni vendu ni donné (C. 4, 54, 9[1374]), et qu'en matière de vente, le pacte fait comme partie du prix (D. 19, 1, 21, 4[1375]). S'agissant d'une donation, le non-respect du pacte expose le bénéficiaire déloyal à l'accusation d'ingratitude et à la révocation de la donation (C. 8, 55, 10, pr.[1376]). C'est pourquoi, si le pacte de non-aliénation était isolé, c'est-à-dire s'il n'était pas précédé d'un contrat, il serait rejeté comme détestable (D. 2, 14, 61[1377]).

1372 *Libertis praedium reliquit ac **petit, ne id alienarent** utque in familia libertorum retinerent* [...].

1373 *Diui Seuerus et Antoninus rescripserunt **eos, qui testamento uetant quid alienari nec causam exprimunt**, propter quam id fieri uelint, nisi inuenitur persona, cuius respectu hoc a testatore dispositum est, **nullius esse momenti scripturam, quasi nudum praeceptum reliquerint, quia talem legem testamento non possunt dicere** [...].*

1374 *Si quis ita paciscatur in uenditionis uel alienationis contractu, ut nouo domino nullo modo liceat in loco uendito uel alio modo sibi concesso monumentum extruere uel alio modo humani iuris eum eximere, sancimus, licet hoc apud ueteres dubitabatur, tale pactum ex nostra lege esse fouendum et immutilatum permanere. Forsitan enim multum eius intererat, ne ei uicinus non solum quem nollet adgregetur, sed et pro quo specialiter interdictum est. **Cum etenim uenditor uel aliter alienator non alia lege suum ius transferre passus est nisi tali fretus conuentione**, quomodo ferendum est aliquam captionem ex uaria pati eum interpretatione?*

1375 *Si tibi fundum uendidero, ut eum conductum certa summa haberem, ex uendito eo nomine mihi actio est, **quasi in partem pretii ea res sit**.*

1376 Voir ci-dessus note 985.

1377 *Nemo paciscendo efficere potest, ne sibi locum suum dedicare liceat aut ne sibi in suo sepelire mortuum liceat aut ne uicino inuito praedium alienet.*

Secus ubi pactum haeret contractui uel traditioni, l. in traditionibus ff. eod. ; ad hoc spectat l. ea lege C. de condict. ob caus. dator., si modo ibi uerbum « alteruter » pro « utroque » capiatur, ut l. uentre ff. de acqui. haered. ; nam et ibi donatio traditione roborata fuerat, eo quia tempore nondum dabat actionem solo consensu, l. si quis argentum § fi. C. de donat. ; l. 1 de donati. quae sub mod. Dici uero non potest quantum traditio mereatur uestire seu firmare pactum prope adglutinatum, cum tradere re ipsa plus sit quam sancte promittere, cum facta ipsa dictis praeferantur, l. si tamen § ei qui ff. de aedil. edict. ; atque ita, in d. l. ea lege, traditio secuta erat consensum liberalitatis, sed et iuxta ipsam conuentionem pactum sufficit, ut dominium reuocabile sit, ut in lege commissoria, l. commissoriae C. de pact. inter emptor.

5. Caeterum, in d. >
l. ea lege [92], collata donatio in duos ea lege, ut neuter partem suam alienet, dominium ne transferri possit prorsus efficit uel, si malit donator, alienatum, conditione non seruata, condicet et recuperabit ;

---

92 1553 *adiiciebat* : de condict. ob caus., C. ubi.

En revanche, quand un tel pacte est annexé à un contrat, il empêche le transfert du droit de propriété, bien que l'on ne puisse pas transférer la propriété par un pacte ou un contrat seul (C. 2, 3, 20[1378]), car le pacte a pour effet d'obliger à remettre la chose, et donc à transférer la propriété ; il en va autrement quand le pacte est étroitement lié à un contrat ou à la remise de la chose (D. 2, 14, 48[1379]) ; c'est ce que vise la loi C. 4, 6, 3[1380], à condition que l'on comprenne les mots « l'un ou l'autre » au sens de « l'un et l'autre », comme dans la loi D. 29, 2, 84[1381] : en effet, ici aussi[1382] la donation avait été confortée par la remise de la chose, parce qu'à cette époque, elle ne donnait pas encore une action du fait du seul consentement (C. 8, 53, 35, 5 b[1383] ; C. 6, 45, 1[1384]). Or on ne saurait dire à quel point la remise de la chose contribue à vêtir ou affermir un pacte quasiment collé à un contrat : en effet, la remise de la chose elle-même est plus efficace que la plus sainte des promesses, puisque les actes l'emportent sur les paroles (D. 21, 1, 48, 3[1385]) ; et ainsi, dans la loi déjà citée C. 4, 6, 3[1386], la remise de la chose avait-elle suivi le consentement à la libéralité ; enfin, quand il est annexé au contrat lui-même, le pacte suffit à rendre révocable le droit de propriété, comme dans le pacte commissoire (C. 4, 54, 4[1387]).

5. Du reste, dans la loi déjà citée C. 4, 6, 3[1388] >,
une donation effectuée au bénéfice de deux personnes, sous condition qu'aucune des deux n'aliène sa part, empêche absolument le transfert du droit de propriété, ou, en cas d'aliénation sans respect de la condition, le donateur pourra le récupérer, s'il préfère, au moyen d'une condiction ;

1378 Voir ci-dessus note 124.
1379 *In traditionibus rerum quodcumque pactum sit, id ualere manifestissimum est.*
1380 Voir ci-dessus note 986.
1381 [...] *Eademque ratio facit, ut emancipato quoque subueniri debeat, qui **alterutro** casu rem omnimodo habiturus est.*
1382 C'est-à-dire en C. 4, 6, 3.
1383 Voir ci-dessus note 732.
1384 *In legatis quidem et fideicommissis etiam **modus adscriptus pro condicione obseruatur** [...].*
1385 *Ei qui seruum uinctum uendiderit, aedilicium edictum remitti aequum est : **multo enim amplius est id facere, quam pronuntiare** in uinculis fuisse.*
1386 Voir ci-dessus notes 986 et 1380.
1387 *Commissoriae uenditionis legem exercere non potest, qui post praestitutum pretii soluendi diem non uindicationem rei eligere, sed usurarum pretii petitionem sequi maluit.*
1388 Voir ci-dessus notes 986 et 1380.

in quo obseruandum est, dominium non esse translatum per perfidum donatarium, qui legi non paruit, et tamen condici posse a donante qui etiam uindicare poterat, quia imputetur ipsi, qui maluit condicere, quam in rem agere, l. commissoriae C. de pact. inter empt. Nam in his pactis conuentis nemo suo iure uti cogitur, l. III ff. de leg. commiss.; arg. l. filio ff. de iniust. testam.

< et propius in l. si fratres § idem respondit ff. pro soc.; nec aliter is qui commodauit rem uel deposuit uendicare eam potest, l. officium ff. de rei uindica. Viderit ipse an malit in personam agere et condicere; nam licet alicui suam rem condicere, cum suam esse dissimulare potest altera uia; sic non obest l. fi. ff. de usufruct. quemadmod.; caueat ut l. 1 C. de rei uindicati.; l. ob res ff. rer. amotar.

et, à ce propos[1389], il faut noter que le droit de propriété n'a pas été transféré, au mépris de la règle, par un donataire déloyal, mais que pourtant il peut être récupéré au moyen d'une condiction par celui qui l'a cédé, et qui aurait pu, également, effectuer une vindication, parce que la propriété lui sera attribuée s'il a préféré la condiction à l'action réelle (C. 4, 54, 4[1390]). C'est que, s'agissant de ces sortes de pactes, personne n'est obligé d'user de son droit (D. 18, 3, 3[1391]) ; pour preuve, D. 28, 3, 17[1392] < et, plus proche, D. 17, 2, 52, 10[1393] ; de même, celui qui a fait un prêt ou un dépôt peut effectuer une vindication (D. 6, 1, 9[1394]). À lui de voir s'il préfère engager une action personnelle, c'est-à-dire faire une condiction ; car il est permis à quelqu'un d'effectuer une condiction pour récupérer son propre bien, quand il peut, d'une autre façon, dissimuler qu'il est à lui ; nonobstant, dans ces conditions, D. 7, 1, 74[1395] ; attention à C. 3, 32, 1[1396] et D. 25, 2, 24[1397].

1389 C'est-à-dire dans le cas du pacte commissoire inclus dans le contrat de vente (retour sur C. 4, 54, 4).

1390 Voir ci-dessus note 1387. La *condictio* est en effet une action personnelle, alors que la *uindicatio* est une action réelle.

1391 *Nam legem commissoriam, quae in uenditionibus adicitur, si uolet uenditor exercebit, non etiam inuitus.*

1392 *Filio praeterito qui fuit in patris potestate neque libertates competunt neque legata praestantur, si praeteritus fratribus partem hereditatis auocauit ; quod si bonis se patris abstinuit, licet subtilitas iuris refragari uidetur, attamen uoluntas testatoris ex bono et aequo tuebitur.*

1393 *Idem respondit : socius, qui cessantis cessantiumue portiones insulae restituerit, quamuis aut sortem cum certis usuris intra quattuor menses, postquam opus refectum erit, recipere potest exigendoque priuilegio utetur aut deinceps propriam rem habebit, potest tamen pro socio agere ad hoc, ut consequatur quod sua intererat. Finge enim malle eum magis suum consequi quam dominium insulae. Oratio enim Diui Marci idcirco quattuor mensibus finit certas usuras, quia post quattuor dominium dedit.*

1394 *[...] ubi enim probaui rem meam esse, necesse habebit possessor restituere, qui non obiecit aliquam exceptionem. Quidam tamen, ut Pegasus, eam solam possessionem putauerunt hanc actionem complecti, quae locum habet in interdicto uti possidetis uel utrubi. Denique ait ab eo, apud quem deposita est uel commodata uel qui conduxerit aut qui legatorum seruandorum causa uel dotis uentrisue nomine in possessione esset uel cui damni infecti nomine non cauebatur, quia hi omnes non possident, uindicari non posse. Puto autem ab omnibus, qui tenent et habent restituendi facultatem, peti posse.*

1395 *Si Sticho seruo tuo et Pamphilo meo legatus fuerit usus fructus, tale est legatum, quale si mihi et tibi legatus esset ; et ideo dubium non est, quin aequaliter ad nos pertineat.*

1396 *Etiam per alienum seruum bona fide possessum ex re qui eum possidet uel ex operis serui adquiri dominium uel obligationem placuit. Quare tu quoque si bona fide possedisti eundem seruum et ex nummis tuis mancipia eo tempore comparauit, potes secundum iuris formam uti defensionibus tuis.*

1397 *Ob res amotas uel proprias uiri uel etiam dotales tam uindicatio quam condictio uiro aduersus mulierem competit, et in potestate est, qua uelit actione uti.*

Is itaque solus non condicit, qui rem suam obstinate esse asseuerat, quia contractus nullus praecessit, sed tantum ius merum dominii naturalis, uel ciuilis usucapionis, secus aliter l. illud § fi. de donat. causa mortis. Condictio sane utilissima electu est ei qui potest uindicare, cum res[93] donata mobilis consumpta est, l. qui mortis eo. tit. >.

6. Obsistet quispiam ex l. si ita quis § ea lege ff. de uerb. oblig., ubi cum alienatio secuta est aduersus pactum conuentum donationi adiectum, nec uindicatur, nec condicitur, sed agitur ad id quod interest. Caeterum quaedam ibi concurrunt, quae alienantis perfidiam leniant : unum est, quod is donatricem, cui non alienare promiserat, haeredem ex parte instituit, et pro ea parte consumpta est actio ; pro altera, Seia donatrix agit contra cohaeredem quanti sua interest, quod quidem interdum nihil est, si non intersit ; adde quod alienatio facta fuit in testamento, ideo tolerabilior, l. ex hoc § 1* ff. de alien. iudic., et minus suspecta, cum per uniuersitatis alienationem obiter accidat, arg. l. 1 ff. de aut. tut. ; l. in modicis ff. de cont. empt. ;

---

93   res *scripsi* : rei **T** //

Par conséquent, n'effectue pas une condiction celui-là seul qui affirme obstinément que la chose est à lui parce que sa propriété ne découle pas d'un contrat antérieur, mais du simple droit naturel de propriété, ou de celui que donne la prescription, en Droit civil ; il en va tout autrement en D. 39, 6, 37, 1[1398]. Il est assurément très utile de choisir la condiction, même si on a la possibilité de faire une vindication, quand le bien meuble que l'on a donné a été détruit (D. 39, 6, 30[1399]) >.

6. On m'objectera la loi D. 45, 1, 135, 3[1400], où, à la suite d'une aliénation, faite au mépris d'un pacte annexé à la donation, il n'y a ni vindication, ni condiction, mais une action en dommages et intérêts. C'est qu'en l'espèce certains éléments concourent à adoucir la déloyauté de celui qui a aliéné : le premier, c'est qu'il a institué en partie comme son héritière la donatrice à qui il avait promis de ne pas aliéner, et que pour cette partie-là, l'action n'est plus valable ; pour l'autre partie, la donatrice Seia peut agir contre son cohéritier en dommages et intérêts, ce qui parfois, certes, n'est rien du tout, si l'on ne peut prouver son intérêt à agir ; il faut ajouter que l'aliénation a été faite par testament, et qu'elle est donc moins insupportable (D. 4, 7, 8, 3[1401]), et moins suspecte, puisqu'il arrive qu'elle se produise, par le biais d'une aliénation universelle, sans qu'on y prenne garde (pour preuves : D. 26, 8, 1[1402] et D. 18, 1, 24[1403]) ;

1398 *Iulianus ait : si quis seruum mortis causa sibi donatum uendiderit et hoc uiuo donatore fecerit,* **pretii condictionem donator habebit, si conualuisset et hoc donator elegerit.** *Alioquin et ipsum seruum restituere compellitur.*

1399 *Qui mortis causa donauit, ipse ex paenitentia* **condictionem uel utilem actionem habet.**

1400 *Ea lege donatum sibi esse a Seia seruum et traditum, ut ne ad fratrem eius aut filium aut uxorem aut socrum perueniret, scripsit et haec ita stipulante Seia spopondit Titius, qui post biennium heredes reliquit Seiam et fratrem, cui ne seruiret, expressum erat ; quaeritur an Seia cum fratre et coherede ex stipulatu agere possit.* **Respondit posse in id quod eius interest.**

1401 *Sed heredem instituendo uel legando si quis alienet, huic edicto locus non erit.*

1402 *Quamquam regula sit iuris ciuilis in rem suam auctorem tutorem fieri non posse, tamen potest tutor proprii sui debitoris hereditatem adeunti pupillo auctoritatem accommodare, quamuis per hoc debitor eius efficiatur : prima enim ratio auctoritatis ea est, ut heres fiat,* **per consequentias contingit, ut debitum subeat.** *Se tamen auctore ab eo stipulari non potest* [...].

1403 *In modicis autem ex empto esse actionem, quia* **non specialiter locus sacer uel religiosus uenit, sed emptioni maioris partis accessit.**

porro quanti interfuit agitur, quia crebro principales contractus fiunt ob talia pacta, alienari aliquid prohibentia, iustis rationibus, l. seruus ea ff. de seru. export. ; < l. 6 eod. >.

7. Vrgebit alius in hunc modum : iura saltem non minus fauent translationi dominii, quam conuentioni per quam, ne dominium transferatur, effici potest, imo uero illi plus etiam fauere aequum est, § per traditionem de rer. diuis., sed solo pacto uel contractu non transfertur dominium, nisi subsecuta traditione, l. traditionibus C. de pact., non igitur impedietur. Hoc genus obiectionis, nisi uerum sit, quid sit uerum non uideo. An praestat ut consideremus pacta conuenta, quae incontinenti iuxta contractum ponuntur, partem esse contractus, l. fundi ff. de cont. empt. ? Quocirca cum dono tradoque, profecto dominium transfero, eodem ergo iure censebitur pactum, quo conuenit ne donata res alienetur a te ; quod si fidem fregeris uindicabo, si non ego condicere uoluero,

de plus, on agit en dommages et intérêts, parce que les principaux contrats sont fréquemment assortis de pactes de cette sorte, qui interdisent, pour de justes raisons, une aliénation quelconque (D. 18, 7, 7[1404] ; < D. 18, 7, 6, pr.[1405] >).

7. Un autre me pressera de la façon suivante : du moins le Droit favorise-t-il autant le transfert du droit de propriété que la convention qui l'interdit ; or l'équité veut que l'on favorise plutôt le transfert (*Institutes* II, 1, 40[1406]) ; mais le droit de propriété ne se transfère pas par un pacte ou un contrat seul, à moins qu'il n'y ait ensuite remise de la chose (C. 2, 3, 20[1407]), et l'on ne pourra donc pas non plus, par un pacte ou un contrat seul, empêcher son transfert. Si ce genre d'objection n'est pas véridique, je ne sais pas ce qu'est la vérité. Est-il préférable de considérer les pactes qui sont annexés sur-le-champ à un contrat comme faisant partie intégrante du contrat (D. 18, 1, 79[1408]) ? Car quand je fais une donation, et que je remets la chose, je transfère assurément le droit de propriété, et on aura raison de conférer la même valeur juridique au pacte qui t'interdit d'aliéner la chose donnée ; et si tu ne tiens pas parole, je ferai une vindication, si je ne veux pas faire une condiction,

---

1404 **Seruus ea lege ueniit, ne in Italia esset** : *quod si aliter factum esset, conuenit citra stipulationem, ut poenam praestaret emptor. Vix est, ut eo nomine uindictae ratione uenditor agere possit, acturus utiliter, si non seruata lege in poenam quam alii promisit inciderit. Huic consequens erit, ut hactenus agere possit, quatenus alii praestare cogitur :* **quidquid enim excedit, poena, non rei persecutio est. Quod si, ne poenae causa exportaretur, conuenit, etiam affectionis ratione recte agetur.** *Nec uidentur haec inter se contraria esse,* **cum beneficio adfici hominem intersit hominis** : *enimuero poenae non irrogatae indignatio solam duritiam continet.*

1405 **Si uenditor ab emptore cauerit, ne serua manumitteretur neue prostituatur,** *et aliquo facto contra quam fuerat exceptum euincatur aut libera iudicetur, et ex stipulatu poena petatur, doli exceptionem quidam obstaturam putant, Sabinus non obstaturam. Sed ratio faciet, ut iure non teneat stipulatio, si ne manumitteretur exceptum est : nam incredibile est de actu manumittentis ac non potius de effectu beneficii cogitatum. Ceterum si ne prostituatur exceptum est,* **nulla ratio occurrit, cur poena peti et exigi non debeat, cum et ancillam contumelia adfecerit et uenditoris affectionem, forte simul et uerecundiam laeserit** : *etenim alias remota quoque stipulatione placuit ex uendito esse actionem, si quid emptor contra quam lege uenditionis cautum est fecisset aut non fecisset.*

1406 *Per traditionem quoque iure naturali res nobis adquiruntur :* **nihil enim tam conueniens est naturali aequitati, quam uoluntatem domini, uolentis rem suam in alium transferre, ratam haberi.**

1407 Voir ci-dessus note 124.

1408 *Fundi partem dimidiam ea lege uendidisti, ut emptor alteram partem, quam retinebas, annis decem certa pecunia in annos singulos conductam habeat. Labeo et Trebatius negant posse ex uendito agi, ut id quod conuenerit fiat.* **Ego contra puto, si modo ideo uilius fundum uendidisti, ut haec tibi conductio praestaretur : nam hoc ipsum pretium fundi uideretur, quod eo pacto uenditus fuerat, eoque iure utimur.**

[94]< ut bellissime tractatur in d. l. si fratres § idem respondit 2 ff. pro socio, qui potest subuenire, in specie, l. si ita quis § ea lege de uerbo oblig. ; ad id quod interest agitur, ex consilio Scaeuolae, sine necessitate ulla : potest, inquit, agere ad id quod interest ; de quo Scaeuolae loco paulo ante pluscula attuli > ;

l. si sterilis § si tibi ff. de act. empt., ubi fundum ita uendidi tibi, ne ipsum ulli quam mihi uenderes : si alii uendideris, eo nomine agam ex uendito, et ita actione personali, quamquam hic quoque dici potest, non conuenisse ne fundus alienaretur, sed ut potius in me quam in quemuis alium alienaretur, < l. qui Romae § cohaeredes de uerbo obligat. >.

8. Quo autem res satis prolixa, nullis interpretum ex integro cognita, paucis perstringatur, duae regulae notatu dignissimae ponendae sunt, quarum prior in hunc modum se habet : nunquam sola de non alienando pactio, nullus praecedentis contractus comes, dominium transferri uetat, ut si amanti amico puella non se amaturam alium promisisset, ut si fundum habens uicino promisisset, eum se non distracturum ; nam hoc pacto nihil agitur, l. pen. ff. de pact. ; nec obstat l. fi. C. de pact. pig., ut ex sequentibus apparebit.

Posterior regula hoc uult : ubicunque iuxta contractum, quo res alterius efficitur, pactio inserta est, ne qui rem accipit, postea diuendat, alienet, pactione dominii translatio excluditur, d. l. ea lege C. de cond. ob caus.,

---

94   1553 : d.l. ea lege C. de condict. ob caus.

< ainsi qu'il en est magnifiquement traité dans la loi déjà citée D. 17, 2, 52, 10[1409], qui, en l'espèce, peut venir en renfort de D. 45, 1, 135, 3[1410] ; on agit en dommages et intérêts, sur le conseil de Scévola, mais ce n'est pas une obligation : « il a la possibilité, dit-il, d'agir en dommages et intérêts ; j'ai commenté un peu plus longuement, ci-dessus, ce passage de Scévola[1411] > ;

voir D. 19, 1, 21, 4[1412], où je t'ai vendu une terre à condition que tu ne la revendes qu'à moi ; si tu la vends à quelqu'un d'autre, j'utiliserai, à ce titre, l'action de la vente, et par conséquent une action personnelle, quoiqu'ici l'on puisse également dire que le contrat n'a pas visé à empêcher l'aliénation de la terre, mais a fait en sorte qu'on me la vende à moi plutôt qu'à n'importe qui d'autre (D. 45, 1, 122, 3[1413]).

8. Pour éclaircir, en peu de mots, une question assez longue à traiter et qu'aucun interprète n'a complètement maîtrisée, il faut poser deux règles qui méritent d'être notées avec soin, et dont la première se formule ainsi : jamais un pacte de non-aliénation, s'il n'accompagne pas un contrat antérieur, n'empêche, à lui tout seul, le transfert de propriété ; par exemple, si une jeune fille avait promis à son bien-aimé qu'elle n'en aimerait jamais un autre, ou si le propriétaite d'une terre avait promis à son voisin qu'il ne s'en séparerait pas ; car ce pacte ne donne pas d'action (D. 2, 14, 61[1414]), nonobstant C. 8, 34, 3, 1[1415], comme il apparaîtra par ce qui suit.

La deuxième règle est la suivante : chaque fois qu'à un contrat qui fait d'une chose la propriété d'autrui, on annexe un pacte qui empêche le bénéficiaire de la vendre en partie ou en entier, ce pacte fait obstacle au transfert de propriété (loi déjà citée C. 4, 6, 3[1416]) ;

1409 Voir ci-dessus note 1393.
1410 Voir ci-dessus note 1400.
1411 Voir le § 6 et la note 1400.
1412 Voir ci-dessus note 1375.
1413 *Coheredes cum praedia hereditaria diuiserant,* **unum praedium commune reliquerunt sub hoc pacto, ut, si quis eorum partem suam alienare uoluisset, eam uel coheredi suo uel eius successori uenderet** [...].
1414 Voir ci-dessus, note 1377.
1415 La loi traite de la suppression des dispositions de la loi commissoire relative aux gages, en raison des abus qu'elle a engendrés. Mais, pour ne pas léser non plus les créanciers, elle conclut en ces termes : [...] *Creditores enim re amissa iubemus recuperare quod dederunt.*
1416 Voir ci-dessus note 986.

ut, uerbi gratia, sponsa sponso promisit perpetuum atque mutuum coniugii amorem futurum, et nulli alii uiro communicandum, stare iustissimae pactioni tenebitur, quia per matrimonium materfamilias in manum uiri uenit, et in mancipio, id est dominio eius esse incipit; ita A. Gellius lib. 18 cap. 6; Paulus *ad Corinthios* primae, cap. 7 : mulier potestatem sui corporis non habet, sed uir.

[95]< Proinde huius in manum conuentus, mentio est in l. uxorem ff. de ritu nupti.; l. ex ea § 1 de uerbor. oblig.; l. Titia ff. eod., ubi, licet matrimonia faciunda non possint metu poenae pecuniariae astringi, tamen poena queunt in officio continere, cum uir ducenta promisit mulieri, quae in manum conuenerat, si concubinae consuetudinem repeteret.

Extat apud Aelianum, lib. 10 *Variae historiae* cap. 18, Daphnidis bubulci historia, qui pauit in Sicilia boues cognatas boum Solis, quarum in *Odyssea* Homerus meminit; is pactus fuerat cum nympha amantissima, ne alii heroinae congrederetur, sub poena oculorum amittendorum; sed uino obrutus, ob regis filiam uiolauit fidem; inde ob incommodum speciosi Daphnidis cantari coepta bucolica.

---

95   1553 : Ad hoc spectat l. ea lege C. de cond. ob. caus., l. fin. C. de pact. pign.

par exemple si une fiancée a promis à son fiancé que leur amour conjugal serait perpétuel et réciproque, et ne devrait jamais être partagé avec un autre homme, elle sera tenue de respecter ce pacte qui est parfaitement légitime, parce que, par le mariage, la mère de famille passe sous la puissance de son mari, et devient son bien, c'est-à-dire sa propriété ; voir Aulu-Gelle, au chapitre 6 du livre 18[1417] ; et Paul, dans la première *Épître aux Corinthiens*, chapitre 7[1418] : « la femme n'a pas de pouvoir sur son propre corps, c'est son mari qui l'exerce ».

< Il est question de cette puissance maritale en D. 23, 2, 15[1419] et D. 45, 1, 121, 1[1420], où, bien qu'on ne puisse être contraint de se marier par crainte d'une pénalité pécuniaire (D. 45, 1, 134, pr.[1421]), néanmoins cette sanction peut retenir dans le devoir, quand le mari a promis de remettre deux cents [sesterces] à son épouse, s'il recommençait à fréquenter une concubine.

On trouve chez Élien, au chapitre 18 du livre X de ses *Histoires diverses*[1422], l'histoire du bouvier Daphnis, qui faisait paître en Sicile des bœufs apparentés aux bœufs du Soleil, dont parle Homère dans l'*Odyssée*[1423]. Il avait conclu, avec une nymphe qui lui était très chère, un pacte selon lequel il ne s'unirait pas à une autre femme, sous peine de perdre la vue ; mais, alors qu'il était sous l'emprise de la boisson, la fille d'un roi le rendit infidèle ; et c'est de cette infirmité du beau Daphnis que les chants bucoliques tirent leur origine.

1417 « Il est également probable qu'on n'appelait *materfamilias* que la femme qui tombait sous la puissance du mari, ou de la personne en la puissance de qui se trouvait le mari lui-même ».

1418 Verset 4.

1419 *Uxorem quondam priuigni coniungi matrimonio uitrici non oportet nec **in matrimonium conuenire** nouercam eius qui priuignae maritus fuit.*

1420 *Stipulationis utiliter interponendae gratia mulier ab eo, **in cuius matrimonium conueniebat**, stipulata fuerat ducenta, si concubinae tempore matrimonii consuetudinem repetisset. Nihil causae esse respondi, cur ex stipulatu, quae ex bonis moribus concepta fuerat, mulier impleta condicione pecuniam adsequi non possit.*

1421 [...] *quia **inhonestum uisum est uinculo poenae matrimonia obstringi siue futura siue iam contracta.***

1422 « Le berger promit d'être fidèle, et de regarder à jamais toute autre femme avec indifférence. De son côté, la nymphe l'avertit qu'il était arrêté par les destins que la perte de la vue serait la punition de son manque de foi. Des serments mutuels scellèrent leur engagement. Peu de temps s'était écoulé, lorsque la fille d'un roi, devenue amoureuse de Daphnis, parvint à le rendre infidèle, en l'enivrant. De là sont nés les poèmes bucoliques, dans lesquels on chantait la perte des yeux de Daphnis ».

1423 XIII, 239, *sq.*

Ad hanc post contractum prohibitam pacto alienationem spectat partim l. ea quidem C. si mancip. ita fuerit alienat. ; partim resistit, cum uetat poenam exigi, dum uenditus est seruus, ne alienetur, ac promissa pecunia, si paritum non sit ; nam emptor ibi frustra manumittere conatur ; sed ideo poenae non obstringitur, quippe cum manumissio non tenuerit irrito conatu ; quod uulgo receptum aiunt propter naturam libertatis, quae est irreuocabilis ; idcirco praestat eam ab initio impediri, l. si ex § fi. de minorib. ff., uel quia domino uendente seruum improbo ingenio perditum, par est eo pacto ulcisci, ne male meritus fiat liber ; eo magis quod uilius uendidit ob pactum, l. 41 de bonis libert. ff. >.

9. Ad praecedentem uero regulam pertinet l. si creditor § fin. de dist. pign. ; quo loco, pacto non fit quominus dominium libere transferatur, quia erat positum post contractum, per quem non mutatur dominium, nempe post contractum pignoris, in quo debitor permanet dominus, l. pignus C. de pign. actio. Martianus ait in d. § fi. : quaeritur si pactum sit a creditore, ne liceat debitori hypothecam uendere, uel pignus, quid iuris sit ? et an pactio nulla sit talis, quasi contra ius sit posita ? ideoque iure uaenisse posse. Et certum est, inquit, *nullam esse uenditionem ut pactioni stetur* ;

Il est pour partie question de ce pacte de non-alénation consécutif à un contrat en C. 4, 57, 5, pr.[1424] ; mais la loi s'oppose aussi, pour partie, à cette disposition, puisqu'elle interdit à la fois de stipuler une peine pour empêcher, lors de la vente, l'affranchissement de l'esclave, et de faire promettre de verser de l'argent si l'on ne respecte pas la condition : car ici l'acheteur tente en vain d'affranchir ; et par conséquent il n'est pas soumis à une peine, puisque l'affranchissement a été tenté en vain et n'a donc pas été durable ; ce que l'on explique communément par la nature de la liberté, qui est irrévocable ; c'est pourquoi il vaut mieux empêcher l'affranchissement dès le début (D. 4, 4, 9, 6[1425]) ; ou bien c'est parce que, quand le maître vend un esclave affligé d'un naturel malhonnête, il est juste qu'en représailles, ce pacte lui permette d'empêcher son esclave d'obtenir une liberté qu'il n'a pas méritée ; et d'autant plus que le maître l'a vendu moins cher à cause de l'existence de ce pacte (D. 38, 2, 41[1426]) >.

9. Mais c'est à la règle précédente que touche D. 20, 5, 7, 2[1427] ; à cet endroit, le pacte n'empêche pas le libre transfert du droit de propriété, parce qu'on l'avait conclu postérieurement à un contrat qui ne modifie pas ce droit, c'est-à-dire à un contrat de gage, qui ne fait pas perdre au débiteur son droit de propriété (C. 4, 24, 9[1428]). Voir Marcien, dans la loi déjà citée D. 20, 5, 7, 2[1429] : on demande, dans le cas où le créancier a interdit dans un pacte au débiteur de vendre une hypothèque ou un gage, ce qu'il en est en Droit, si ce pacte est nul, comme contraire au Droit, et si par conséquent on a le droit de vendre. « Il est certain, dit-il, qu'il n'y a pas de vente pour s'en tenir au pacte » ;

1424 Voir ci-dessus note 1134.
1425 Voir ci-dessus note 1135.
1426 [...] *ne seruum forte de se male meritum cogatur manumittere* [...].
1427 *Quaeritur, si pactum sit a creditore, ne liceat debitori hypothecam uendere uel pignus, quid iuris sit, et an pactio nulla sit talis, quasi contra ius sit posita, ideoque ueniri possit. Et certum est [non] nullam esse uenditionem ut pactioni stetur.* Au sujet de la leçon adoptée, voir le développement suivant.
1428 *Pignus in bonis debitoris permanere* *ideoque ipsi perire in dubium non uenit* [...].
1429 Voir ci-dessus note 1427.

< sic enim se habet uetus lectio, *non nullam esse conuentionem*, ut Bartolus tradit qui Pisas misit, quasi ueritatem fugientem quocunque persequeretur > ;

nec aliud in fine § uerba significant, quam nullibi inueniri uenditionem, siue a debitore ex causa uoluntaria fiat, siue ex necessaria, quae patiatur in contractu pignoris pactionem de non alienando ualere ; non autem, quod quidam perperam censent, significant uenditionem nullius esse momenti, ut l. inter ff. de cont. empt., ubi uenditio sine pretio nulla est, id est, nusquam reperitur ; nam effectum aliquem sine pretio habere potest, l. insulam ff. de praesc. uerb. ; et hoc aperte inferunt illa uerba, et constat *nullam esse uenditionem, ut pactioni stetur.* Phrasis certe frequens, et usitatior quam ut exempla adferre necesse sit, per quam particula « ut » pergit negare post negationem, et post affirmationem itidem affirmare, l. cum precario ff. de precar., ubi *conuentionis nulla uis est, ut rem alienam inuito domino possidere liceat.*

< mais une ancienne leçon porte que la convention n'est pas nulle, ainsi que le rapporte Bartole[1430], qui envoya quelqu'un à Pise [pour y consulter le manuscrit], comme s'il pourchassait la vérité partout où elle s'enfuit >.

Et, à la fin du paragraphe cité[1431], les mots n'ont pas d'autre sens que celui-ci : on ne trouvera nulle part une vente, qu'elle soit volontaire de la part du débiteur, ou qu'il ait été forcé de la faire, dans laquelle soit admise la validité d'un pacte de non-aliénation inséré dans un contrat de gage. Ils ne signifient donc pas, ce que certains pensent à tort, que la vente est nulle, comme en D. 18, 1, 2, 1[1432], où une vente sans prix est nulle, c'est-à-dire introuvable ; car elle peut avoir quelque effet, même sans prix (D. 19, 5, 6[1433]). Voilà ce que signifient clairement ces mots, et assurément « il n'y a pas de vente qui s'en tienne à ce pacte »[1434]. C'est en vertu d'une façon de parler assurément courante, et trop usuelle pour qu'il soit nécessaire d'en donner des exemples, que la conjonction *ut* reconduit l'idée négative après la négation, exactement comme elle reconduit l'idée affirmative après une affirmation : voir D. 43, 26, 12, pr.[1435], où « la convention ne permet absolument pas de posséder la chose d'autrui contre la volonté de son propriétaire ».

1430 Voir *Bartoli a Saxoferrato, secunda super Digesti ueteris* [...], Lyon, 1535 : *Semel, cum hoc dubium haberemus, missimus usque ad Pisas* [...] *ad uidendum Pandectas.* On sait qu'un exemplaire très ancien du *Digeste* fut découvert par les Pisans à Amalfi et transporté à Pise comme un trésor. C'est seulement en 1406, après la prise de Pise par les Florentins, qu'il fut transféré à Florence.

1431 Voir ci-dessus note 1427. Pour faire sentir la difficulté de l'interprétation, j'ai d'abord traduit à dessein la fin de cette loi de manière ambiguë. On peut en effet comprendre : « la vente est nulle, si l'on veut respecter ce pacte » ou bien, comme Forcadel (voir ci-dessous note 1434) : « il n'y a pas de vente qui puisse admettre le respect de ce pacte »

1432 *Sine pretio nulla uenditio est* [...].

1433 *Insulam hoc modo, ut aliam insulam reficeres, uendidi. Respondit **nullam esse uenditionem sed ciuili intentione incerti agendum est.***

1434 Autrement dit : il y aura valablement vente, en dépit de ce pacte, car, en Droit, il n'a aucune valeur.

1435 *Cum precario aliquid datur, si conuenit, ut in kalendas Iulias precario possideat, numquid exceptione adiuuandus est, ne ante ei possessio auferatur ? Sed **nulla uis est huius conuentionis, ut rem alienam domino inuito possidere liceat.***

Paulus, l. 2 ff. de procurat., de furioso loquens, *non est*, inquit, *habendus absentis loco, ut ratum habere possit*; refert Accursius quibusdam libris legi « non possit », sed sine negatione idem dicitur et Psalm. 36 : *noli aemulari, ut maligneris*; l. lege 2 < § de partu > ff. de falsis; < l. 82 de legat. 1 > ; l. solent ff. de praesc. uerbis[96].

Itaque persuasum esse uolo omnibus pactum de non alienando pignore, cum debitore initum, nihil omnino proficere, modo creditori probe ex pecunia satisfiat, l. si debitor C. de dist. pignor., et quodcumque pactum extra naturam pignoris adhibitum ad iuris communis regulas reducitur, l. 1 C. de pact. pign. ;

< et quia, ut dixi, pactum adiectum pignori, cuius non transfert dominium, non praepollebit contractui a quo iuuari debuit, l. si fratres, § idem respondit, 1 pro socio ff., sane pactum de non alienando iuxta pignoris contractum in fauorem debitoris, qui remanet dominus, non esset otiosum, l. 4 ff. de pigner. acti. ;

---

96   1553 *adiiciebat* : l. fin. uersic. neque C. de iudic. uid., l. si quis testamento, ff. de legat. 1.

En D. 3, 3, 2, 1[1436], Paul dit, en parlant du fou : « il ne faut pas le considérer comme un absent, comme s'il avait la capacité de consentir » ; Accurse signale que certains manuscrits portent la leçon « parce qu'il n'a pas la capacité », mais, en l'absence de la négation, le sens est identique. Voir le Psaume 36[1437] : « ne rivalise pas dans l'accomplissement du mal » ; D. 48, 10, 30, 1[1438] ; D. 30, 82, pr.[1439] ; D. 19, 5, 15[1440].

Je tiens donc à ce que tout le monde soit persuadé qu'un pacte, conclu avec le débiteur, qui interdit d'aliéner un gage, n'a aucune validité, pourvu que le créancier soit honnêtement payé (C. 8, 27, 12[1441]), et que tout pacte qui s'écarte de la nature propre du gage est ramené aux règles du Droit commun (C. 8, 34, 1[1442]) ;

< et parce que, comme je l'ai dit, un pacte annexé à un contrat de gage n'opère pas un transfert de propriété, et ne prévaudra donc pas sur le contrat qui, en toute logique, devait le conforter (D. 17, 2, 52, 10[1443]), un pacte de non-aliénation annexé à un contrat de gage au bénéfice du débiteur, qui garde son droit de propriété, ne serait pas superflu (D. 13, 7, 4[1444]) :

1436 *Furiosus **non est habendus absentis loco**, quia in eo animus deest, **ut ratum habere non possit**.* On retient aujourd'hui cette leçon, écartée par Forcadel. Au mot *possit*, Accurse glose en effet : *quidam libri habent non, et tunc plana, et refert se ad proximum dictum. Alii sine « non » : et tunc refertur ad primum, scilicet non est habendus loco absentis, scilicet ut ratum habere possit.*

1437 Verset 8.

1438 *De partu supposito soli accusant parentes aut hi, ad quos ea res pertineat, **non quilibet ex populo ut publicam accusationem intendat.***

1439 [...] *Ponamus rem, quae mihi pure legata sit, accipere me per traditionem die legati cedente ab eo herede, a quo eadem sub condicione alii legata fuerit : nempe agam ex testamento, quia **is status est eius, ut existente condicione discessurum sit a me dominium** [...].*

1440 Voir ci-dessus note 237.

1441 *Si debitor rem tibi iure pignoris obligatam te non consentiente distraxit, dominium cum sua causa transtulit ad emptorem.*

1442 *Qui pactus est, nisi intra certum tempus pecuniam quam mutuam accepit solueret, cessurum creditoribus, hypothecae uenditionem non contraxit, sed id comprehendit, quod iure suo creditor in adipiscendo pignore habiturus erat. **Communi itaque iure** creditor hypothecam uendere debet.*

1443 Voir ci-dessus note 1393.

1444 *Si conuenit de distrahendo pignore siue ab initio siue postea, non tantum uenditio ualet, uerum incipit emptor dominium rei habere. Sed etsi non conuenerit de distrahendo pignore, hoc tamen iure utimur, ut liceat distrahere, **si modo non conuenit ne liceat. Vbi uero conuenit ne distraheretur, creditor, si distraxerit, furti obligatur, nisi ei ter fuerit denuntiatum ut soluat et cessauerit.***

uerum fauendum fuit misero debitori, qui causae pecuniae ab acerbo creditore accipiendae nihil non promitteret ; potius quam iuxta uenditionis contractum, l. fin. C. de pactis pignor. ; utcumque sit, in d. l. 4, pactum ne pignus alienetur, debitoris causa, non impedit alienari post legitimas denunciationes creditoris >.

c'est qu'en vérité, on sentit la nécessité de favoriser le malheureux débiteur qui, pour obtenir de l'argent auprès d'un créancier intraitable, promettrait n'importe quoi, et cela valait mieux que l'annexion à un contrat de vente (C. 8, 34, 3, 1[1445]) ; mais, quoi qu'il en soit, dans la loi déjà citée D. 13, 7, 4[1446], le pacte qui, au bénéfice du débiteur, interdit d'aliéner le gage, n'empêche pas le créancier de l'aliéner, une fois qu'il aura procédé aux sommations légales >.

1445 Voir ci-dessus note 1415 (interdiction des pactes commissoires).
1446 Voir ci-dessus note 1444.

OBSERVATA IN CAPUT XIV

1. Amorem Graecis a uisu denominari ; < et sedem in oculis habere >.
2. Amorem possessioni similem, et duplicem habere etymum.
3. Possessionem, ut amorem, oculis quaeri ; < et an solo animo admittatur >.
4. Cur amor et possessio a parte corporis potius quam animi deducantur.
5. In amore, ut aliis in rebus, magnam esse oculorum uim ; < et matrimonium fieri inter absentes >.
6. Sintne iuris an facti amor et possessio, < quae definitur >.
7. Animus est iuris, in l. in bonae fidei de acq. rer. dom.
8. Amantem possideri a puella, et in dominio eius esse.

CAPUT XIV

  Qua parte pratum meridiem aspicit, interque ipsum et amnem, fuit salictum, uelut arbiter finium, uel si quid salicto, foliis et frondibus simillimum est ; nam ab Homero ἰτέαι ὠλεσίκαρποι, id est, salices cito fructum amittentes, uocantur. Qui ante maturitatem euanescit,

  < nec fructum edere uolentibus foeminis, innoxia arbor est, teste Dioscoride > ; atqui hoc in salicto fructum legeres cerasi baccarum instar, sed paulo suauiorem ;

CONTENU DU CHAPITRE 14

1. Les Grecs ont nommé l'amour d'après la vue < et il a son siège dans les yeux ».
2. L'amour, comme la possession, a deux étymologies possibles.
3. On cherche à obtenir la possession, comme l'amour, par l'intermédiaire des yeux ; < et peut-on prendre possession par la seule intention ? >.
4. Pourquoi l'amour et la possession tirent leur nom d'une partie du corps plutôt que de l'intellect.
5. En amour, comme en d'autres domaines, le pouvoir de la vue est immense ; < et le mariage peut être conclu entre des absents >.
6. L'amour et la possession sont-ils de Droit ou de fait ? < définition de la possession >.
7. L'intention est considérée comme de Droit en D. 41, 1, 48.
8. L'amoureux est possédé par sa belle, et il est sa propriété.

CHAPITRE 14

Entre le sud du pré et la rivière, il y avait, en guise de limite, une saulaie, ou quelque chose qui y ressemblait beaucoup, à en juger par l'aspect du feuillage ; Homère, au livre X de l'*Odyssée*[1447], dit que les saules « perdent précocement leurs fruits », car ils tombent avant d'être mûrs ;
< *et cet arbre, selon Dioscoride*[1448], *n'est pas sans nocivité pour les femmes qui veulent enfanter* > ;
pourtant, dans cette saulaie, on pouvait cueillir des fruits semblables à des cerises, en un peu plus sucré ;

1447 Vers 509.
1448 *De la matière médicale*, I, 117 : « [ses feuilles], prises simplement ou bues avec un peu d'eau, empêchent les femmes de concevoir ».

< nam et Aristoteles, in lib. *Mirabilium auscultationum*, scripsit alnos in Creta fructum ferre >.

Ex illo itaque egressae sunt nouemdecim Nymphae, quibus praeerat uigesima, muliere illa formosior quae Graecis laborem, Troianis excidium, utrisque famam dedit.

O quam te memorem, uirgo, namque haud tibi uultus
Mortalis.

Quod si aliquanto fuisses pulchrior, Clytiae meae poteras uideri similis.

Candidis uestibus amictae incedebant, quoniam munditiam hic color denotat, canon foeminae 30 q. 5. Omnes arcum ex hebeno humeris suspenderant ; caeterum ductricis Nymphae arcus utroque cornu aureus fuit.

Vt uidi, ut perii,

< et fascinum penetrare sensi in praecordia >,
et ne Dianae esset addubitaui.

1. Sane tunc uerum esse cognoui, quod aiunt ex uisu amorem nasci,
< et amoris sedem in oculis esse. Nam amator diffluit et liquatur instar uiui argenti, migrans in eam quam diligit ex uisu, et procul uritur, ut ea quae speculo ardenti ad solem obiiciuntur >.

< en effet, Aristote aussi, dans son livre sur L'exploration des Merveilles[1449], écrit qu'en Crète les aulnes portent des fruits >.

De cette saulaie, donc, surgirent dix-neuf nymphes, et, à leur tête, une vingtième, qui était encore plus belle que cette femme à laquelle les Grecs durent bien de la peine, les Troyens la destruction, et les deux peuples la gloire.

Comment dois-je t'appeller, ô vierge qui n'as pas le visage D'une mortelle ?[1450]

Mais si tu avais été encore un peu plus belle, tu aurais pu ressembler à ma chère Clytie.

Elles s'avançaient, vêtues de blanc, car cette couleur symbolise la pureté (*Décret* II, 30, 5, 7, § 2[1451]). Toutes portaient sur l'épaule un arc d'ébène ; mais celui de la Nymphe qui les dirigeait avait ses deux extrémités en or.

Dès que je la vis, c'en fut fait de moi[1452] :

< je sentis son charme pénétrer mon cœur >, et je me demandai s'il ne s'agissait pas de Diane en personne.

1. Je compris alors à quel point il est vrai de dire que l'amour naît de la vue,

< et qu'il a son siège dans les yeux. En effet, l'amoureux se liquéfie comme du vif-argent, il est transporté par la vue à l'intérieur de celle qu'il aime, et il est entièrement consumé, comme ce qui est exposé au soleil à l'aide d'un miroir ardent >.

1449 Pseudo-Aristote, *Mirabiles auscultationes*, chapitre LXX (voir l'édition bilingue de J. Beckmann, Göttingen, 1786, p. 141).

1450 *Énéide* I, 327-328. Cités par Macrobe *Saturnales*, V, 4, 6.

1451 *At uero, quod eadem uitta candido purpureoque colore permiscetur,* **candor quippe est mundicia uitae,** *purpura ad sanguinis posteritatem adhibetur,* **ut hoc signo et continentia et lex continendi ab utrisque ad tempus admoneatur,** *et posthec reddendum debitum non negetur.*

1452 *Bucoliques,* VIII, 41.

Vnde Plato ἔρωτα dictum uoluit, quia εἴσρει, hoc est influit ; nempe extrinsecus per oculos, et qui puellam uidet et concupiscit, mechatur, *Matthaei* 5 cap. ; can non solum 32 q. 7. Aliis placuit ἔρωτα quasi πτέρωτα, hoc est alatum, uocitari.

[97]< Forte haec fuit ratio quare Zaleucus, Locrensium legislator, edixerit adulterum deprehensum utroque oculo multandum, ut ait Aelianus lib. 13 *Variae historiae*, cap. 24 >.

2. Festiue, mediusfidius, Eudemus Celer, iurisconsultus suo seculo imprimis clarus, dicere solebat amorem esse possessioni similem, utrique duplicem esse etymum.

---

97   1553 : scribit Rhodiginus, lib. 12, cap. 36.

Voilà pourquoi Platon a voulu que l'«amour» vienne du verbe «couler»[1453] : c'est parce qu'il se répand à l'extérieur par le biais des yeux, et que celui qui voit une jeune fille et la désire commet déjà l'adultère (*Évangile selon saint Matthieu*, chapitre 5[1454] ; *Décret* II, 32, 7, 15[1455]). D'autres préfèrent que l'«amour» vienne du mot «ailé»[1456].

< Ce fut peut-être la raison pour laquelle Zaleucus, le législateur des Locriens, décréta que l'on crèverait les deux yeux à celui qui serait convaincu d'adultère, ainsi que l'affirme Élien au livre XIII, chapitre 24, de ses *Histoires diverses*[1457] >.

2. Eudème le Rapide, jurisconsulte parmi les plus brillants de son époque[1458], avait l'habitude de dire en plaisantant, ma foi, que l'amour est semblable à la possession, et qu'ils ont tous les deux une double étymologie.

1453 Voir *Cratyle*, 420 a-b : « Ἔρως » δέ, ὅτι εἰσρεῖ.

1454 Verset 28 : « tout homme qui regarde une femme avec convoitise a déjà commis l'adultère avec elle dans son cœur ».

1455 ***Est autem et spiritualis fornicatio***, *de qua Dominus ait* : « *Qui uiderit mulierem ad concupiscendum eam, iam mechatus est eam in corde suo* ».

1456 Voir Platon, *Phèdre*, 252 c : « Les mortels le nomment l'Amour (Éros) qui a des ailes ; mais les dieux l'appellent Ptèros, parce qu'il a la vertu d'en donner »

1457 « Suivant une loi de Zaleucus, législateur des Locriens, tout homme convaincu d'adultère devait avoir les yeux crevés. Cette loi, par une cruelle fatalité, devint pour lui la cause d'un malheur qu'il n'avait ni craint, ni prévu. Son fils surpris en adultère, allait subir la peine imposée par la loi : Zaleucus, pour maintenir un règlement que l'approbation générale avait ratifié, et dont il était lui-même l'auteur, racheta un des yeux de son fils en donnant un des siens en échange, afin qu'au moins ce jeune homme ne fût pas totalement privé de la vue ».

1458 On connaît un Eudème de Rhodes, l'historien des sciences et logicien disciple d'Aristote, qui ne semble d'ailleurs pas avoir été surnommé « le Rapide », mais aucun juriste de ce nom. Il faut supposer soit une faute d'imprimerie, soit une plaisanterie de Forcadel lui-même, avançant son ingénieux parallèle sous le couvert d'une autorité de fiction.

3. Nam possessionem alii a sedibus, alii uerius a pedibus denominant, l. 1 ff. de acquir. poss., et tam hanc quam illum oculis quaeri, inchoari, quia oculi pedum uice funguntur in acquirenda possessione, l. 1 § pen. et l. quod meo § si uenditorem, ff. de acquir. poss.. Sic in amoris initiis oculi mentem detegunt, cuius sunt nuntii, can. nec solo 32 q. 5. Deinde amor et possessio, in etymologia et origine, corporis actum intuentur, non animi ; in definitione contra : amor enim est pulchri desiderium, possessio autem ius insistendi. Denique in utroque acquirendo corpus et animus requiruntur, l. quemadmodum ff. de acquir. possess.

< Idem, inquit ibi Paulus, cum amittitur ; nam oportet actum esse utrumque : id est, conuentum, uel contractum, per consequentiam, l. cum quid ff. si cert. pet. ; l. certo ff. de seruit. rustic., quia animum sequitur corporis discessus praedio. Ergo in acquirenda possessione corpus et animum requirimus : corpus, inquam, animi ministrum et interpretem ;

3. En effet, certains font venir la possession du mot « installation »
(D. 41, 2, 1, pr.[1459]), et certains, avec plus de vraisemblance, du mot
« pieds », et la possession, aussi bien que l'amour, se recherche et commence
à être effective par l'intermédiaire des yeux, parce qu'ils ont le même
rôle que les pieds dans l'acquisition de la possession (D. 41, 2, 1, 21[1460]
et D. 41, 2, 18, 2[1461]). De même, au début de la relation amoureuse,
les yeux dévoilent les sentiments, dont ils sont les messagers (*Décret* II,
32, 5, 12[1462]). Ensuite, l'amour et la possession, dans leur étymologie
comme leur origine, visent un acte physique et non intellectuel ; mais,
dans leur définition, c'est tout le contraire : car l'amour est le désir du
beau, et la possession est le droit de s'installer. Enfin, pour obtenir l'une
et l'autre, on a besoin à la fois du corps et de l'intellect (D. 41, 2, 8[1463]).

< Il en va de même, dit Paul dans ce même passage, quand il s'agit de
perdre la possession ; car il faut que ses deux composantes ait eu la même
intention, c'est-à-dire, qu'elles aient conclu, en conséquence, une convention
ou un contrat (D. 12, 1, 3[1464] ; D. 8, 3, 13, pr.[1465]), parce que, lorsque notre
corps quitte un bien-fonds, il ne fait que suivre notre intention. Pour
acquérir la possession, nous avons donc besoin à la fois du corps et de
l'intellect : de ce corps, dis-je, qui est l'exécutant et l'interprète de l'esprit ;

1459 *Possessio appellata est, ut et Labeo ait,* **a sedibus quasi positio,** *quia naturaliter tenetur ab eo qui ei insistit, quam Graeci* κατοχὴν *dicunt.*

1460 [...] *Non est enim corpore et tactu necesse adprehendere possessionem, sed etiam* **oculis et affectu** *argumento esse eas res, quae propter magnitudinem ponderis moueri non possunt, ut columnas ; nam pro traditis eas haberi, si in re praesenti consenserint ; et uina tradita uideri, cum claues cellae uinariae emptori traditae fuerint.*

1461 *Si uenditorem quod emerim deponere in mea domo iusserim,* **possidere me certum est, quamquam id nemo dum attigerit** *; aut si uicinum mihi fundum mercato uenditor in mea turre demonstret uacuamque se possessionem tradere dicat,* **non minus possidere coepi, quam si pedem finibus intulissem.**

1462 *Nec solo tactu et affectu sed aspectu quoque concupiscentia appetitur et appetit feminarum. Nec dicatis uos habere animos pudicos, si habeatis oculo impudicos,* **quia impudicus oculus inpudici cordis est nuncius** [...].

1463 **Quemadmodum nulla possessio adquiri nisi animo et corpore potest, ita nulla amittitur,** *nisi in qua utrumque in contrarium actum est.*

1464 [...] *nam* **in contrahendo quod agitur pro cauto habendum est** [...].

1465 *Certo generi agrorum adquiri seruitus potest, uelut uineis, quod ea ad solum magis quam ad superficiem pertinet. Ideo sublatis uineis seruitus manebit ;* **sed si in contrahenda seruitute aliud actum erit,** *doli mali exceptio erit necessaria.*

idem etiam in amittenda, licet uideatur dissentire l. 3 § in amittenda ff. eod., ubi solo animo possessio amitti potest, licet non acquiri. Ibi Accursius, Iuriconsulto secutus, intelligit ut in amissione possessionis utrumque desideretur, dum incipimus a corpore, non dum ab animo, sine quo frustra esset corpus in possessione ; sed textus quem citat, in l. peregre § quibus, digressionem simul corporis a loco possesso expetit.

Itaque obiter, alio maturantes, dicamus, per l. si quis ui § fi. eod. tit., prima facie[98], uideri solo animo amitti possessionem sine corpore, quia corpus assecla animi ipsum sequitur, licet rem, quam amittit, teneat, l. quaedam ff. de rei uindicat. ; l. quod meo de acquir. posse., adeo ut per se corpus non consideretur, et tamen adsit, sed ut innobilius, atque ut accessorium : sic l. etsi non § fi. ff. de auro et argent. ; ut, cum maritus donat uxori, desinit possidere animo, l. 1 § si uir, de acq. poss. ; attamen maritus domui habebat rem donatam simul cum uxore ; sed ministerio sui corporis uxori possidebat, quia sibi non habebat uoluntatem possidendi, nisi expresse reuocaret sibi id quod donauit, l. si eum[99] ff. de donat. inter uir.

98　Facie *scripsi* : facit *T* //
99　eum *correxi* : dum *T* //

et il en va de même aussi pour la perdre, même si la loi D. 41, 2, 3, 6[1466] semble être d'un avis contraire, puisqu'elle dit que l'on peut perdre la possession par la seule intention, quoique l'on ne puisse l'acquérir de la sorte. Dans ce passage, Accurse, à la suite du jurisconsulte, comprend que, pour perdre la possession, on a besoin des deux composantes[1467], si l'on commence par le corps, et non si l'on commence par l'intention, puisque, sans elle, la possession physique est vaine ; mais le texte qu'il cite, en D. 41, 2, 44, 2[1468] demande qu'en même temps l'on quitte physiquement l'endroit possédé. Disons donc, sans nous y attarder, car nous avons hâte d'en venir à un autre point, qu'à première vue, en vertu de la loi D. 41, 2, 17, 1[1469], l'on perd manifestement la possession par la seule intention, sans avoir besoin du corps, parce que le corps, qui est le compagnon de l'esprit, ne fait que le suivre, bien qu'il détienne ce dont il perd la possession (D. 6, 1, 77[1470] ; D. 41, 2, 18, pr.[1471]), de sorte que l'on ne tient pas compte du corps en lui-même, quoiqu'il soit bien présent, mais c'est qu'il l'est avec moins de prestige, comme un simple accessoire (ainsi D. 34, 2, 19, 13[1472]) ; ainsi, quand un mari fait un cadeau à sa femme, cesse-t-il de posséder en intention (D. 41, 2, 1, 4[1473]) ; et pourtant le mari, tout comme sa femme, détenait à domicile ce qu'il lui avait donné ; mais par l'entremise de son corps, il possédait au bénéfice de sa femme, parce qu'il n'avait plus la volonté de posséder à son propre bénéfice, sauf s'il se faisait rendre, en termes exprès, ce qu'il avait donné (D. 24, 1, 26, pr.[1474]).

1466 *In amittenda quoque possessione affectio eius qui possidet intuenda est : itaque si in fundo sis et tamen nolis eum possidere, protinus amittes possessionem.* **Igitur amitti et animo solo potest, quamuis adquiri non potest.**

1467 Accurse glose en effet : *dic secundum iurisconsulto utrumque necesse in perdendo, si incipias a corpore, secus si ab animo,* avant de citer D. 41, 2, 44, 2.

1468 [...] *nam eius quidem,* **quod corpore nostro teneremus, possessionem amitti uel animo uel etiam corpore, si modo eo animo inde digressi fuissemus, ne possideremus** [...].

1469 *Differentia inter dominium et possessionem haec est, quod dominium nihilo minus eius manet, qui dominus esse non uult,* **possessio autem recedit, ut quisque constituit nolle possidere.** *Si quis igitur ea mente possessionem tradidit, ut postea ei restituatur, desinit possidere.*

1470 *Quaedam mulier fundum non marito donauit per epistulam et eundem fundum ab eo conduxit, posse defendi in rem ei competere, quasi per ipsam adquisierit possessionem ueluti per colonam. Proponebatur, quod etiam in eo agro qui donabatur fuisset, cum epistula emitteretur ; quae* **res sufficiebat ad traditam possessionem,** *licet conductio non interuenisset.*

1471 [...] *Nec idem est possidere et alieno nomine possidere ;* **nam possidet, cuius nomine possidetur ;** *procurator alienae possessioni praestat ministerium.*

1472 [...] *ut accessio cedat principali* [...].

1473 Voir ci-dessus note 722.

1474 Voir ci-dessus note 723.

Sic dicimus nuptias consensu fieri, non coitu, l. nuptias de regul. iur. ;
tamen scimus coitum sequi ob spem prolis, l. 1 ff. solut. matrim. >.

[100]Facti est in amore igitur aspectus, qui quoque longae manus instar
est, l. pecuniam ff. de solution. ; addatur colloquium, l. et si amici ff.
de adult. Ouidius, primo libro *Fastorum*, de Priapo Lotidem Nympham
amante, ait :
Hanc cupit, hanc optat, solam suspirat in illam,
Signaque dat nutu, sollicitatque notis.

4. Queramus cur possessio et amor etymum magis habeant ab
instrumento corporis, puta a pedibus et oculis, quam ab animo, qui
est *dux atque imperator uitae mortalium*, ut eleganter Sallustius, et utique
nobilior est, et tam in retinenda quam in amittenda possessione solus
sufficit, l. III § in amittenda ff. de acquir. posses. : sic in amore, Vergil.
li. 4 *Aeneid.* de Didone :
Absens absentem auditque uidetque.

Sed his responderi non inepte potest, iura non tam aspicere quae
nobiliora sunt quam quae fortiora, l. quaeritur ff. de statu hom.,

< ubi non sexus masculinus in Hermaphrodito aspicitur, quamuis
foemineo nobilior, l. in multis ff. eod., sed ille qui praepollet uiribus > ;

---

100   1553 : Nimirum aspectus facti est in amore, et colloquium, l. et si amici ff. de adult.

De la même façon, nous disons que le mariage se conclut par le consentement, non par l'union sexuelle (D. 50, 17, 30[1475]) ; et pourtant nous savons que l'union sexuelle en est la suite, parce qu'on espère avoir des enfants (D. 24, 3, 1[1476]) >.

Il y a donc dans l'amour un aspect de fait, qui ressemble aussi à la tradition de longue main (D. 46, 3, 79[1477]) ; ajoutons-y la conversation (D. 48, 5, 10, 2[1478]). Ovide dit, au livre I des *Fastes*[1479], à propos de Priape amoureux de la nuymphe Lotis :

Il la convoite, il l'appelle de ses vœux ; il ne soupire que pour elle ;
Mille gestes, mille mouvements de tête expriment son ardeur impatiente.

4. Demandons-nous pourquoi l'étymologie de l'amour et celle de la possession font référence aux ressources du corps, c'est-à-dire aux pieds et aux yeux, plutôt qu'à celles de l'esprit, qui pourtant, comme le dit élégamment Salluste[1480], est « le dirigeant et le chef suprême de la vie humaine », qui en tout cas est plus noble, et qui suffit, à lui tout seul, tant pour conserver que pour perdre la possession (D. 41, 2, 3, 6[1481]) ; il en est de même en matière d'amour : voir Virgile, au livre IV de l'*Énéide*[1482], à propos de Didon :

Loin de lui, elle le voit et l'entend en son absence.

Mais à cela on peut répondre assez judicieusement que le Droit n'a pas tant égard à ce qui a le plus de prestige qu'à ce qui a le plus de force : voir D. 1, 5, 10[1483],

< où ce n'est pas systématiquement au sexe masculin que l'on a égard chez l'hermaphrodite, bien qu'il soit plus prestigieux que le sexe féminin (D. 1, 5, 9[1484]), mais au sexe prédominant >,

---

1475 Voir ci-dessus note 1153.
1476 Voir ci-dessus note 665.
1477 [...] *nam tum, quod a nullo corporaliter eius rei possessio detinetur, adquisita mihi et quodammodo* **manu longa tradita** *existimanda est*. C'est-à-dire par les yeux, car la vue était considérée comme une tradition de longue main.
1478 *Sed et si in domum aliquam soliti fuerint conuenire ad tractandum de adulterio, etsi eo loci nihil fuerit admissum, uerum tamen uidetur is domum suam, ut stuprum adulteriumue committeretur, praebuisse, quia* **sine colloquio illo adulterium non committeretur**.
1479 Vers 417-418.
1480 *Bellum Iugurthinum*, § 1.
1481 Voir ci-dessus, note 1466.
1482 Vers 83.
1483 Voir ci-dessus note 1098.
1484 Voir ci-dessus note 456.

d. l. etsi non § fin. ff. de aur. leg. Proinde potentius esse corpus in possessione quam sit nobilis ille animus, praesertim cum de origine nominis agitur, quia origo possessionis ab ingressu et occupatione coepit, d. l. 1 ff. de acquir. posses., quo fit ut κατοχή, id est, detentio, dicta sit. Citat Accursius id quod legitur *Deuteron.* II cap. : quicquid calcauerit pes uester, uestrum erit. Merito, cum origo sit a corpore, ab eo denominari decentius est,

< sicut mancipia nunc uocamus quoslibet seruos, contemplati initium, quo serui bello manuque capti et seruati sunt, l. 4 ff. de stat. hom.

Fateor animum occupandi concurrisse corpori, sed non ita perspicue. Nam oculis corporeis corpus agnoscimus euidenter, animo uero cernimus animum occultiorem. Sic, ut ait Empedocles apud Aristotelem lib. 1 *De anima* : *terram terra, aquam aqua, aërem aëre, ignem igni*, qui in nobis est *percipimus*, et amorem denique amore. Sic enim ait Στοργῇ δὲ στοργὴν ὀπώπαμεν, quare corpori uisibili uulgus impensius fauet, sicut in nuptiis. Has enim nominauit a nuptu seu uelatu capitis, non a mente diuina capiti inclusa >.

et la loi déjà citée D. 34, 2, 19, 20[1485]. Ainsi, en matière de possession, le corps se montre plus puissant que l'esprit, malgré tout son prestige, surtout si l'on considère l'étymologie, car la possession commence par l'action de pénétrer à un endroit et de l'occuper (loi déjà citée D. 41, 2, 1, pr.[1486]), et c'est pourquoi on l'appelle κατοχή, c'est-à-dire l'action de détenir. Accurse cite ce passage du *Deutéronome*, chapitre 2 : « tout ce que votre pied aura touché, sera votre propriété ». Et puisque la possession commence avec le corps, il est légitime et plus convenable qu'il serve à la nommer ;

< de même, nous appelons certains esclaves « gens de main-prise », en considérant qu'au départ ils furent des prisonniers de guerre (D. 1, 5, 4, 3[1487]).

Je reconnais que l'intention d'occuper a rencontré l'occupation physique, mais elle n'a pas été aussi manifeste. Car, avec les yeux du corps, nous voyons le corps de manière évidente, mais par l'esprit nous ne saisissons l'intention que plus obscurément. Ainsi, comme le dit Empédocle chez Aristote, au livre I du livre *Sur l'âme*[1488] : Nous percevons la terre par la terre, l'eau par l'eau, l'air par l'air, le feu par le feu qui est en nous, et, enfin, l'amour par l'amour. Il dit en effet que « nous percevons l'amour par l'amour », parce qu'ordinairement on accorde plus d'importance au corps visible, comme dans le mariage, que l'on a nommé ainsi à partir du mot *nuptus*, c'est-à-dire le fait de se voiler la tête, et non à partir de l'esprit divin qui est contenu dans cette même tête >.

1485 Voir ci-dessus note 836.

1486 Voir ci-dessus note 1459. Aux mots *quia naturaliter*, Accurse glose en effet : [...] *antequam essent iura ciuilia, id est leges, fuit statutum ut quamcumque terram calcauerit pes tuus, tua sit* [...].

1487 Voir ci-dessus note.

1488 Chapitre 2 (404 b) : « Ainsi Empédocle voulait qu'elle < l'âme > vînt de tous les éléments et que chacun d'eux fût une âme, et il disait : Par la terre nous voyons la terre ; l'eau, par l'eau ; par l'air, l'air divin ; par le feu, le feu qui consume ; par l'amour, l'amour ; et la discorde par la discorde funeste. »

Nec obest quod tunc animus operabatur admodum, sine quo agrum ingredi non sufficit, l. possideri ff. de acquir. possess. Inde fieri ne furiosus, qui consensum non habet, possideat, l. quod meo § 1 eod., quoniam potior est semper causa corporis, cum quae agit uideantur, quae uero spectant ad animum prorsus uideri nequeunt, et ideo praecedere intelligitur actus corporeus, ut, uerbi gratia, animus lingua potior est in locutionibus, l. non aliter de lega. III ; attamen nemo praesumitur dixisse quod non mente agitauerit, et uocis ministerio utens ad mentis interpretationem, illam ut potiorem edit, emittitque ; quod perquam recte Celsus tradit, l. Labeo in fi. ff. de supel. leg. ; et pignus a pugno appellatum est, id est a traditione rei mobilis a principio, quamuis constet hodie immobilia pignori dari uel solo consensu, l. contrahitur ff. de pig. ; l. plebs § pignus ff. de uerb. signif.

5. Nihil secus in amore accidit : animo certe is constat, l. III ff. de don. inter uir., sed qui amat plus quam uidet, parum caute amat, ut caecus ille apud Iuvenalem :
Qui numquam uisae flagrabat amore puellae.

Nonobstant le fait qu'à ce moment-là l'esprit était bel et bien au travail, lui sans lequel pénétrer dans un champ ne suffit pas (D. 41, 2, 3, pr. et 1[1489]). D'où il s'ensuit que le fou, qui n'a pas la possibilité de consentir, ne saurait accéder à la possession (D. 41, 2, 18, 1[1490]), puisque le corps a toujours l'avantage, dans la mesure où ses actions sont très visibles, alors que ce qui concerne l'esprit est totalement invisible, et c'est en ce sens que s'entend la prévalence de l'acte corporel ; ainsi, par exemple, même si l'intention prévaut sur les mots utilisés pour s'exprimer (D. 32, 69, 1[1491]), on ne présume jamais, néanmoins, que quelqu'un ait dit quelque chose qu'il n'avait pas préalablement agité dans son esprit, car, en se servant de l'instrument de la parole pour expliciter sa pensée, c'est à lui qu'il donne la prévalence ; ce que Celse exprime parfaitement en D. 33, 10, 7, 2[1492] ; et le gage tire son nom du poing, parce qu'à l'origine on remettait à son créancier un bien meuble, bien qu'aujourd'hui, on le sait, l'on donne en gage des biens immobiliers et que pour cela le consentement suffise (D. 20, 1, 4[1493] ; D. 50, 16, 238, 2[1494]).

5. Il en va tout à fait de même en amour : il est à coup sûr l'affaire de l'esprit (D. 24, 1, 3[1495]), mais celui dont l'amour va plus loin que la vue n'aime pas avec suffisamment de prudence, à l'instar de cet aveugle dont parle Juvénal[1496] :
Qui brûlait d'amour pour une jeune fille qu'il n'avait jamais vue.

1489 Possideri autem possunt, quae sunt corporalia. 1. Et adipiscimur possessionem corpore et animo, **neque per se animo aut per se corpore.** Quod autem diximus et corpore et animo adquirere nos debere possessionem, non utique ita accipiendum est, ut qui fundum possidere uelit, omnes glebas circumambulet : **sed sufficit quamlibet partem eius fundi introire, dum mente et cogitatione hac sit, uti totum fundum usque ad terminum uelit possidere.**

1490 *Si furioso, quem suae mentis esse existimas, eo quod forte in conspectu inumbratae quietis fuit constitutus, rem tradideris,* **licet ille non erit adeptus possessionem,** *tu possidere desinis [...].*

1491 [...] *non enim in causa testamentorum ad definitionem utique descendendum est,* **cum plerumque abusiue loquantur nec propriis nominibus ac uocabulis semper utantur** [...].

1492 Voir ci-dessus note 552.

1493 Contrahitur hypotheca per pactum conuentum, cum quis paciscatur, ut res eius propter aliquam obligationem sint hypothecae nomine obligatae ; nec ad rem pertinet, quibus fit uerbis, **sicuti est et in his obligationibus quae consensu contrahuntur.** Et ideo et sine scriptura si conuenit ut hypotheca sit et probari poterit, res obligata erit de qua conueniunt.

1494 **« Pignus » appellatum a pugno,** quia res, quae pignori dantur, manu traduntur. Vnde etiam uideri potest uerum esse, quod quidam putant, pignus proprie rei mobilis constitui.

1495 Voir ci-dessus note 88.

1496 *Satires* IV, 114.

Sed huius oculis et mente capti amor extra regulas usitatas fuit, ut et possessio, l. raptores § sin autem C. de episc. et cler.,

< quia non consensit in amatae corpus, nisi eam ante caecitatem uidisset quandoque, l. alioquin de contrah. empt.; rursus ipse >

quanam ratione se amabilem fieri sperabat, pretiosissimo naturae ornamento deficiens, tum positionis opportunitate, tum coloris splendore, tum bonitate operimentorum? Innatum enim ei operimentum laeue, politum, lucidum, splendidum, quale speculum, ut Galenus considerauit lib. 10 *De usu partium.*

[101]< Vel considerari potest eum amorem esse perfectiorem, quo quis in absentem flagrat. Fit enim plerumque ut eos amemus quorum uirtus instillata est nostris auribus, nunquam uisos uisasue; etiam mortuos, ut cum imperator Adrianus Alcibiadem dilexit olim defunctum, et ex pario lapide sepulchro statuam erexit illi, quem Socrates sancte amauerat uiuum.

---

101 1553 : uix, hercule, uideo quare, si Laberio poetae creditur : / *Democrites Abderites, physicus philosophus, clypeum / Constituit contra exortum Hyperionis, oculos / Effodere ut posset splendore aereo.* / Nisi hoc philosopho falso obiectum suspicemur, qui naturam accusauit, quae uitam solo aspectu metitur, ex quo in lucem uenire, nasci significat, l. pen. C. de posthum. Est etiam fascini uis in oculis. Vergilius : / *Nescio quis teneros oculus mihi fascinat agnos.* / Et uicini inuidus oculus nocet, l. 1 C. de praescr. XXX; uel et oculorum acie laesus amantis uultus mutatur et erubescit uelut ictu gladii, adeo in utramque partem summam uim esse in oculis comperitur.

Et l'amour de cet homme, comme la possession en C. 1, 3, 53, 4[1497], échappait aux règles ordinaires : en l'espèce, celles de la séduction par les yeux et par l'esprit,

< parce qu'il n'avait pas pu donner son consentement à l'aspect du corps de sa bien-aimée, sauf s'il avait eu l'occasion de la voir avant de devenir aveugle (D. 18, 1, 11, pr.[1498]) ; et, de son côté, >

pour quelle raison espérait-il se faire aimer, alors qu'il était privé de ce qui est le plus bel ornement de la nature, tant par l'opportunité de l'emplacement que par la beauté du coloris et par l'excellence de ses protections ? Car l'être humain possède de naissance une protection qui est délicate, lisse, lumineuse et magnifique comme un miroir, ainsi que Galien l'a constaté au livre X de son livre *Sur les fonctions des parties du corps humain*[1499].

< Ou alors, on peut estimer que cet amour qui fait s'enflammer pour une personne absente offre une perfection supérieure. En effet, il est fréquent que nous tombions amoureux de ceux dont on nous a détaillé les qualités, alors que nous ne les avons jamais vu(e)s ; cela vaut même pour les morts, comme quand l'empereur Hadrien tomba amoureux d'Alcibiade, qui avait quitté depuis longtemps le monde des vivants, et qu'en son honneur, il fit dresser une statue en marbre de Paros sur le tombeau de celui que Socrate avait saintement aimé de son vivant[1500].

1497 *Sin autem diaconissa cuiuscumque ecclesiae sit, in nullo autem monasterio uel asceterio constituta est, sed per se degit, raptoris eius substantia ecclesiae, cuius diaconissa est, adsignetur, ut ex his facultatibus ipsa quidem usum fructum, dum superest, ab eadem ecclesia consequatur,* **ecclesia uero omnem proprietatem et plenam possessionem earundem rerum nostro habeat** [...].

1498 *Alioquin quid dicemus, si caecus emptor fuit uel si in materia erratur uel in minus perito discernendarum materiarum ? In corpus eos consensisse dicemus ? Et* **quemadmodum consensit, qui non uidit ?**

1499 Voir le chapitre 6 : *Des yeux et de leurs annexes* : il est question de la capsule du cristallin sur laquelle, comme sur un miroir, se fixe l'image de la pupille : « La nature a donc, en toutes ses parties, bien ordonné l'organe de la vision, pour le degré de la mollesse, l'opportunité de la position, l'éclat de la couleur et la force des enveloppes ».

1500 Voir Athénée, *Deipnosophistes*, XIII, 34 : « Moi-même, j'ai vu le tombeau d'Alcibiade à Mélissé, un jour que j'allais de Synnada à Métropolis. Tous les ans, on y sacrifie un bœuf, par la volonté de l'empereur Hadrien, le prince le plus noble qui soit. Ajoutons que c'est lui qui fit placer sur ce tombeau une statue d'Alcibiade en marbre de Paros ». Et ibidem, XIII, 20 : « Socrate lui-même, au-dessus pourtant de toutes choses, ne fut-il pas subjugué par la beauté d'Alcibiade ? ».

Nec dubium est sponsalia et matrimonium per procuratorem fieri, consummari tandem deducta puella in mariti domum, ca. fi. de procurato. lib. 6 ; l. sufficit de sponsalib. ff. ; l. mulierem cum l. seq. ff. de rit. nuptiar. Caeterum caecus quoque uxorem ducere poterit, sicut et filium sibi adsciscere adoptione, l. etiam ff. de adopti., si modo in corpore non erratum fuerit ; de caeco, muto surdoque testis adest Paulus, l. mutus ff. de iure doti. >.

6. Verum, ne penitus abeamus ab incepto, dispiciendum est sitne iuris an facti possessio, ut hoc ipsum de amore sentiamus similiter. Putant plerique eam iuris esse, cum passim legamus ius possessionis, l. peregre ff. de acq. poss. ; l. qui coe. § si de ui ff. ad leg. Iul. de ui pub., etsi alii existiment possessionem non esse ius, quia dicimus « ius possessionis » ut « iura praediorum »,

< et « ius fundi », l. fi. de itiner. ff. >.

Verum uidere licet bonorum possessionem esse ius, l. III § bonorum ff. de bon. poss.

Et il est hors de doute que l'on peut célébrer par procuration des fiançailles et des mariages, qui sont consommés une fois que la jeune fille a été amenée dans la maison de son mari (*Sexte* 1, 19, 9[1501] ; D. 23, 1, 4[1502] ; D. 23, 2, 5[1503] et D. 23, 2, 6[1504]). Du reste, un aveugle aussi pourra se marier, de même qu'il pourra adopter un fils (D. 1, 7, 9[1505]), si du moins il n'y a pas eu erreur sur la personne ; pour l'aveugle, le muet et le sourd, on a le témoignage de Paul (D. 23, 3, 73, pr.[1506]) >.

6. Mais, afin de ne pas nous écarter totalement de notre propos, il nous faut examiner si la possession est de fait ou de Droit, de manière à pouvoir procéder à la même évaluation en matière d'amour. Généralement, on estime qu'elle est de Droit, puisque nous lisons çà et là « le droit de possession » (D. 41, 2, 44, pr.[1507] ; D. 48, 6, 5, 1[1508]), même si d'autres interprètes estiment que la possession n'est pas un droit, parce que nous disons « droit de possession » comme nous disons « droit sur les biens-fonds »[1509], < et « droit sur le fonds » (D. 43, 19, 7[1510]) >.

Mais on peut constater que « la possession de biens »[1511] est un droit (D. 37, 1, 3, 2[1512]).

1501 **Procurator** *non aliter censetur* **idoneus ad matrimonium contrahendum** *quam si ad hoc mandatum habuerit speciale* […].

1502 Voir ci-dessus note 101.

1503 Voir ci-dessus note 102.

1504 Voir ci-dessus note 1154.

1505 *Etiam caecus adoptare uel adoptari potest.*

1506 **Mutus, surdus, caecus,** *dotis nomine obligantur, quia et* **nuptias contrahere possunt.**

1507 *Peregre profecturus pecuniam in terra custodiae causa condiderat ; cum reuersus locum thensauri memoria non repeteret, an desisset pecuniam possidere, uel, si postea recognouisset locum, an confestim possidere inciperet, quaesitum est. Dixi, quoniam custodiae causa pecunia condita proponeretur,* **ius possessionis** *ei, qui condidisset,* **non uideri peremptum,** *nec infirmitatem memoriae damnum adferre possessionis, quam alius non inuasit ; alioquin responsuros per momenta seruorum, quos non uiderimus, interire possessionem* […].

1508 *Si de ui et possessione uel dominio quaeratur, ante cognoscendum de ui quam de proprietate rei Diuus Pius* τῷ κοινῷ τῶν Θεσσάλων *Graece rescripsit ; sed et decreuit, ut prius de ui quaeratur quam* **de iure dominii siue possessionis.**

1509 Autrement dit, les servitudes.

1510 *Si per fundum tuum nec ui nec clam nec precario commeauit aliquis, non tamen tamquam id suo iure faceret, sed, si prohiberetur, non facturus, inutile est ei interdictum de itinere actuque ; nam ut hoc interdictum competat,* **ius fundi** *possedisse oportet.*

1511 Autrement dit, la succession prétorienne.

1512 **Bonorum** *igitur* **possessionem** *ita recte definiemus* **ius persequendi retinendique patrimonii siue rei,** *quae cuiusque cum moritur fuit.*

< Tamen dicimus ius bonorum possessionis, § 1 de bon. poss. >.

Praeterea hereditas est ius, obligatio ius, et nihilominus legimus ius haereditatis, ius obligationis, § unic de reb. incorpor.[102] ; est etiam possessio ius in l. possessio ff. de acq. poss.

< Sic ius seruitutis, l. 4 ff. de seruit. urban., ius dominii et possessionis, l. qui coetu ff. ad leg. Iuliam de ui publica, cum dominium sit ius libere disponendi >.

Insurgunt multi in aduersum, et facti esse asserunt, l. denique ff. ex quib. caus. maior., et origo possessionis a facto est, l. 1 ff. de acq. poss. ; ipsa quoque facti manifestissime res nominatur, l. 1 § adipiscimur et § si uir ff. eod. ; l. 1 § Scaeuola ff. si quis test. lib.

Hae controuersiae, hi opinionum fluctus, ad duo Pauli et Papiniani responsa tanquam ad saxum illiduntur. Alterum est in l. possessio ff. de acq. poss., alterum in l. denique ff. ex quib. caus. maio., ex quibus euidenter probatur possessionem simul iuris et facti esse. Si quidem, in d. l. possessio, ille ait possessionem *plurimum ex iure* mutuari, hic uero ipsam *plurimum facti* habere cauet ;

---

102 incorpor. *correxi* : corpor. *T* //

< Nous disons pourtant : « droit de la possession de biens » (*Institutes*, III, 9, pr.[1513]) >.

De plus, la succession est un droit, l'obligation est un droit, et néanmoins, nous lisons dans les textes : « droit de succession », « droit d'obligation » (*Institutes*, II, 2[1514]) ; la possession aussi est un droit en D. 41, 2, 1, 1[1515].

< De même, le droit de servitude (D. 8, 2, 4[1516]), ainsi que le droit de propriété et de possession (D. 48, 6, 5, 1[1517]), puisque la propriété est le droit de disposer librement d'une chose >.

Beaucoup protestent, et affirment au contraire que la possession est de fait (D. 4, 6, 19[1518]), parce qu'elle trouve son origine dans le fait (D. 41, 2, 1, 1[1519]) ; elle est aussi très explicitement désignée comme un élément de fait en D. 41, 2, 1, 3[1520] ; D. 41, 2, 1, 4[1521] ; D. 47, 4, 1, 15[1522].

Toutes ces controverses et ces fluctuations d'opinions butent, comme sur un rocher, sur deux réponses de Paul et de Papinien. L'une se trouve dans la loi D. 41, 2, 49, pr.[1523], et l'autre dans la loi D. 4, 6, 19[1524] : elles permettent de prouver à l'évidence que la possession est à la fois de Droit et de fait. Car si, dans la loi déjà citée D. 41, 2, 49, pr.[1525], Paul dit que « la possession emprunte presque tout au Droit », Papinien, de son côté, assure qu'« elle a presque tout du fait ».

1513 *Ius bonorum possessionis introductum est a praetore emendandi ueteris iuris gratia.*

1514 *Incorporales autem sunt quae tangi non possunt ; qualia sunt **ea quae in iure consistunt, sicut hereditas, usus fructus, obligationes** quoquo modo contractae.*

1515 ***Dominiumque rerum ex naturali possessione** coepisse Nerua filius ait eiusque rei uestigium remanere in his, quae terra mari caeloque capiuntur : nam **haec protinus eorum fiunt, qui primi possessionem eorum adprehenderint.** Item bello capta et insula in mari enata et gemmae lapilli margaritae in litoribus inuentae eius fiunt, qui primus eorum possessionem nanctus est.*

1516 *[...] cum autem seruitus imponitur, ne luminibus officiatur, hoc maxime adepti uidemur, **ne ius sit** uicino inuitis nobis altius aedificare atque ita minuere lumina nostrorum aedificiorum.*

1517 Voir ci-dessus note 1508.

1518 *[...] **possessio autem plurimum facti habet** [...].*

1519 Voir ci-dessus note 1515.

1520 *[...] Ofilius quidem et Nerua filius **etiam sine tutoris auctoritate possidere incipere posse pupillum aiunt ; eam enim rem facti, non iuris.** Quae sententia recipi potest, **si eius aetatis sint ut intellectum capiant.***

1521 Voir ci-dessus note 722.

1522 *[...] quia **possessionem hereditas non habet, quae facti est et animi.** Sed nec heredis est possessio, antequam possideat, quia hereditas in eum id tantum transfundit, quod est hereditatis, non autem fuit possessio hereditatis.*

1523 *[...] **plurimum ex iure possessio mutuetur.***

1524 Voir ci-dessus note 1518.

1525 Voir ci-dessus note 1523.

sic necessario sequitur iuris et facti esse, uti si quis dicat amorem plurimum maestitiae conciliare, alius plurimum laetitiae, cum iam sit ut moeror et laetitia in amore sint, ut in possessione ius et factum, l. nemo ambigit, C. de acq. poss., ubi duplex est possessionis causa, una iuris, altera corporis.

< Hoc probatur iurisconsultus in d. § adipiscimur, ubi Nerua ait pupillum sine tutore incipere possidere : *eam enim rem facti esse,* et scilicet pupillo utilem ; quod uerum est, inquit, si eius aetatis sit ut intellectum capiat, id est, si animum, et ita ius, facto coniungat. Et in eod. tit. Iabolenus ait, l. 23 : *Cum haeredes instituti sumus, adita haereditate omnia quidem iura ad nos transeunt ; possessio autem, nisi naturaliter comprehensa sit, ad nos non pertinet.* Ratio est quia possessio est non tantum iuris, sed etiam facti, d. l. possessio § pe., quare defectus facti impedit uim iuris, ut si quis alterum pedem habeat uelocissimi Ladae, uel Milonis, tamen ligneo altero crure non curret ; uel siquis mutus polleat consensu uerbis nobiliore, non tamen stipulabitur. Sic quamuis alicui ius adsit possessionis, deficiente tamen facto corporis alii forte seruientis, non possidebit, ut captus ab hostibus licet reuertatur, d. l. 23 § 1 de acq. poss., ubi reuersus noua apprehensione indiget.

Ainsi, nécessairement, elle est à la fois de Droit et de fait ; c'est comme si quelqu'un disait que l'amour a les plus grandes affinités avec la tristesse, et qu'un autre affirmait que c'est avec la joie, puisqu'il se trouve que l'amour est un mélange de joie et de tristesse, comme la possession un mélange de Droit et de fait : voir C. 7, 32, 10[1526], où il est dit que la possession a deux causes, l'une de Droit et l'autre de fait.

< Le jurisconsulte le prouve dans le paragraphe déjà cité D. 41, 2, 1, 3[1527], où Nerva affirme que le pupille peut commencer à posséder sans l'aval de son tuteur, parce que « la possession est une question de fait », et, de toute évidence, profitable au pupille ; mais c'est vrai, dit-il, si le pupille est en âge de comprendre, c'est-à-dire s'il est capable de joindre au fait l'intention, c'est-à-dire le Droit. Et dans le même titre, Javolenus dit (D. 41, 2, 23, pr.[1528]) : « Quand nous avons été institués héritiers, tous les droits nous sont transférés à l'ouverture de la succession ; mais nous n'avons la possession que si nous nous la sommes naturellement procurée ». La raison en est que la possession n'est pas seulement de Droit mais aussi de fait (D. 41, 2, 49, 1[1529]) ; c'est pourquoi, sans l'élément de fait, le Droit est sans force : comme, par exemple, quelqu'un qui aurait l'un des pieds de l'excellent coureur Ladas[1530], ou de Milon[1531], ne pourrait pourtant pas courir si, de l'autre côté, il avait une jambe de bois ; ou encore : un muet, qui pourrait valablement consentir, car le consentement prévaut sur les paroles, sera, néanmoins, incapable de procéder à une stipulation. Ainsi, quelqu'un qui disposerait du droit de possession, ne possèdera pourtant pas, s'il lui manque l'élément de fait, par exemple s'il est l'esclave d'un autre ; c'est le cas du prisonnier de guerre, même s'il retourne chez lui : voir la loi déjà citée D. 41, 2, 23, 1[1532], où, à son retour, il doit recommencer à posséder.

1526 *Nemo ambigit **possessionis duplicem esse rationem, aliam quae iure consistit, aliam quae corpore,** utramque autem ita demum esse legitimam, cum omnium aduersariorum silentio ac taciturnitate firmetur* [...].

1527 Voir ci-dessus note 1520.

1528 *Cum heredes institui sumus, adita hereditate omnia quidem iura ad nos transeunt, **possessio tamen nisi naturaliter comprehensa ad nos non pertinet.***

1529 [...] ***quia possessio non tantum corporis, sed et iuris est.***

1530 Ladas de Sicyone, le plus agile coureur de son temps, était le courrier d'Alexandre. Allusion ici à Martial (*Épigrammes*, X, 100) : « Tu aurais beau avoir, idiot, un des pieds de Lada, en vain essaieras-tu de courir, avec une jambe de bois ».

1531 L'allusion à Milon de Crotone est surprenante, car la spécialité de cet athlète n'était pas, on le sait, la course à pied, mais la lutte.

1532 Voir ci-dessus, note 1528. Paragraphe suivant de la loi : *In his, qui in hostium potestatem peruenerunt, in retinendo iura rerum suarum singulare ius est : **corporaliter tamen possessionem***

Proinde nihil uerius a iurisconsulto dici potuit, quam possessionem esse ius rem detinendi sibi. Sic enim detentio facti iuri copulatur in l. 1 ff. de acq. poss., ubi perperam ipsum reprehendit Bartolus >.

Quod si aliquando inueniamus iuris simpliciter dici, consideremus de animo possidentis ibi dumtaxat quaeri ; si uero nude facti appelletur, quaeri tantum de actu corporis, ut, uerbi gratia, Plato diuinum animal hominem uocat, alibi frequenter nihil esse tradit imbecillius homine, ut et Homerus :

Οὐδὲν ἀκιδνότερον [γαῖα τρέφει] ἀνθρώποιο.

Cur sic uarie ? nempe quia illic animum immortalem, hic caducum corpus aspicit. Sed homo utrumque simul est, id est, mortalis deus ;

< unde, *Ecclesiastici* cap. 17, *Deus creauit de terra hominem, et secundum imaginem suam fecit illum.*

Sic enim facile res controuersa ad medium aequalitatis redigitur, cum extrema utrimque similiter deprimuntur uel efferuntur, l. quicquid ff. de uerbor. oblig. >.

Par conséquent, en définissant la possession comme le droit de détenir une chose pour son propre compte, le jurisconsulte ne pouvait rien dire de plus vrai ; c'est ainsi que la détention, qui est de fait, s'unit au Droit en D. 41, 2, 1, 3[1533], où Bartole[1534] a tort de le blâmer) >.

S'il nous arrive de trouver que la possession est dite purement et simplement de Droit, considérons que l'on n'a égard, en l'occurrence, qu'à l'intention de celui qui possède ; si au contraire la possession est dite purement et simplement de fait, c'est qu'il n'est question que de l'acte physique ; c'est comme, par exemple, quand Platon, d'un côté, appelle l'homme « animal divin »[1535], et de l'autre, affirme[1536] souvent, à l'instar d'Homère[1537], qu'*Il n'y a rien de plus faible [au monde] que l'homme.*

Pourquoi tant de différences ? tout simplement, parce que l'auteur considère d'un côté l'âme immmortelle, et, de l'autre, le corps périssable. Or l'homme est les deux à la fois, c'est-à-dire un dieu mortel.

< Voilà pourquoi il est dit dans l'*Ecclésiastique*[1538], chapitre 17 : « Dieu a créé l'homme à partir de la terre et il l'a formé à son image ».

Ainsi résout-on sans difficulté une question controversée en ramenant ses termes à un juste milieu, une fois ses deux extrêmes pareillement amoindris ou supprimés (D. 45, 1, 99, pr.[1539]) >.

---

amittunt ; *neque enim possunt uideri aliquid possidere, cum ipsi ab alio possideantur*; sequitur ergo, ut **reuersis his noua possessione opus sit**, etiamsi nemo medio tempore res eorum possederit.

1533 Voir ci-dessus note 1520.

1534 Voir *Bartoli* [...] *Commentaria nunc recens, praeter omnia alia ad hanc diem in lucem edita, aureis adnotationibus* [...], Venise, 1596, tome V, p. 73 v°-76 r°.

1535 Voir *Phèdre*, 230 a.

1536 Voir *Protagoras*, 320-321 c.

1537 Voir *Odyssée*, XVIII, 130. Omission de deux mots dans le vers cité.

1538 Verset 1.

1539 *Quidquid adstringendae obligationis est, id nisi palam uerbis exprimitur, omissum intellegendum est, ac fere secundum promissorem interpretamur, quia stipulatori liberum fuit uerba late concipere. Nec rursum promissor ferendus est, si eius intererit de certis potius uasis forte aut hominibus actum.*

7. Animum autem in possessione ius esse censeo, siue detinendi intellectum, l. 1 § 1 ff. eod., et inde possessio naturalis, id est corporis, facti est, ciuilis et animi, iuris, l. III § Neratius; l. possessionem ff. de acquir. poss.; l. nemo C. eod., et possessio est facti et animi, l. 1 § Scaevola ff. si quis test. lib., hoc est, facti et iuris,

< l. pro haerede ff. de acquir. haered. et l. 3 § fi ff. ad exhibend.; l. 4 de seruit. urb. ff. Sane declaratio animi facti est per possessionem manifestam, l. bonae § pe. de acq. rer. dom., ubi quoque usucapio iuris est, constata utique ex possessione seu usu, l. quaestio ff. de uerb. signif.; l. sine ff. de usucapi. >.

7. Dans la possession, à mon avis, l'élément de Droit est l'intention, ou conscience de détenir (D. 41, 2, 1, 1[1540]), et, par conséquent, la possession naturelle, c'est-à-dire celle qui est effectuée par le corps, est de fait, tandis que la possession civile, celle qui est effectuée par l'intention, est de Droit (D. 41, 2, 3, 3[1541] et D. 41, 2, 29[1542] ; C. 7, 32, 10[1543]) ; et la possession est un mélange de fait et d'intention (D. 47, 4, 1, 15[1544]), c'est-à-dire de fait et de Droit

< (D. 29, 2, 20 pr.[1545] ; D. 10, 4, 3, 15[1546] ; D. 8, 2, 4[1547]). Certes, la déclaration d'intention est de fait, par l'intermédiaire de la possession manifeste : voir D. 41, 1, 48, 1[1548], où l'acquisition par prescription est aussi de Droit, du moins quand elle résulte de la possession ou de l'usage (D. 50, 16, 115[1549] ; D. 41, 3, 25[1550]) >.

1540 Voir ci-dessus note 1515.

1541 *Neratius et Proculus et **solo animo non posse nos adquirere possessionem, si non antecedat naturalis possessio**. Ideoque si thensaurum in fundo meo positum sciam, continuo me possidere, simul atque possidendi affectum habuero, quia **quod desit naturali possessioni, id animus implet** [...].*

1542 *Possessionem pupillum sine tutoris auctoritate amittere posse constat, non ut animo, sed ut corpore desinat possidere; quod est enim facti, potest amittere. Alia causa est, si forte animo possessionem uelit amittere : hoc enim non potest.*

1543 Voir ci-dessus note 1526.

1544 Voir ci-dessus note 1522.

1545 *Pro herede gerere uidetur is, qui aliquid facit quasi heres. Et generaliter Iulianus scribit eum demum pro herede gerere, qui aliquid quasi heres gerit; **pro herede autem gerere non esse facti quam animi**; nam hoc animo esse debet, ut uelit esse heres [...].*

1546 *Sciendum est aduersus possessorem hac actione agendum **non solum eum qui ciuiliter, sed et eum qui naturaliter incumbat possessioni**. Denique creditorem, qui pignori rem accepit, ad exhibendum teneri placet.*

1547 Voir ci-dessus note 1516.

1548 *In contrarium quaeritur, si eo tempore, quo mihi res traditur, putem uendentis esse, deinde cognouero alienam esse, quia perseuerat per longum tempus capio, an fructus meos faciam. Pomponius : uerendum, ne non sit bonae fidei possessor, quamuis capiat : **hoc enim ad ius, id est capionem, illud ad factum pertinere, ut quis bona aut mala fide possideat**, nec contrarium est, quod longum tempus currit, nam e contrario is, qui non potest capere propter rei uitium, fructus suos facit.*

1549 *Quaestio est : fundus a possessione uel agro uel praedio quid distet. « Fundus » est omne, quidquid solo tenetur. « Ager » est, si species fundi ad usum hominis comparatur. « **Possessio » ab agro iuris proprietate distat : quidquid enim adprehendimus, cuius proprietas ad nos non pertinet aut nec potest pertinere, hoc possessionem appellamus; possessio ergo usus, ager proprietas loci est**. « Praedium » utriusque supra scriptae generale nomen est ; nam et ager et possessio huius appellationis species sunt.*

1550 ***Sine possessione usucapio contingere non potest.***

Vltro quidem libentissime fatebor declarationem animi facti esse, cum quis possidet, detinet, usucapit, l. bonae fidei ff. de acq. rer. dom., at animus, ut saepe dixi, est iuris, ut amor est pulchri desiderium. Declaratio animi oculis, colloquio et aliis meris factis efficitur. Argumento est, quod in d. l. bonae fidei, usucapio sit ius et certum est usucapionem sine possessione et facto, quod usus dicitur, nunquam consistere, l. sine ff. de usucap.; quippe cum et possessio et usucapio in facto et iure coniunctim uersentur, d. l. denique ff. ex quib. caus.; l. in bello § facti[103] ff. de capti.; l. quaestio ff. de uerb. sign., ubi possessio est ius, et sic factum possidendi et ius quoque est, uelit nolit Alciatus; iuuerit nos l. qui tabernas ff. de cont. empt., et usus, cum est seruitus : nomen quidem factum intuetur, uis cuius ius est, § 1 de usu et habit.

---

103 facti *correxi* : factae *T* //

En allant plus loin, j'accorderai très volontiers que la déclaration d'intention est de fait, lorsqu'on possède, qu'on détient, qu'on acquiert par prescription (D. 41, 1, 48, 1[1551]), mais que l'intention, comme je l'ai souvent affirmé, est de Droit, de même que l'amour est le désir du Beau. La déclaration d'intention s'effectue par les yeux, la conversation et d'autres éléments de pur fait. La preuve, c'est que dans la loi déjà citée D. 41, 1, 48, 1[1552], l'acquisition par prescription est un droit, or il est certain que l'acquisition par prescription n'est jamais constituée en l'absence de possession et de cet état de fait qu'on appelle l'usage (D. 41, 3, 25[1553]). C'est que la possession et l'acquisition par prescription sont constituées, inséparablement, d'éléments de fait et d'éléments de Droit : voir D. 4, 6, 19[1554] ; D. 49, 15, 12, 2[1555] ; D. 50, 16, 115[1556], où la possession est un droit, de sorte que le fait de posséder est aussi un droit, qu'Alciat le veuille ou non[1557] ; en notre faveur, il y a D. 18, 1, 32[1558], et aussi l'usage, quand il s'agit d'une servitude : en effet son nom fait référence à l'élément de fait, mais elle a la puissance d'un droit (*Institutes*, II, 5, 1[1559]).

1551 Voir ci-dessus note 1548.

1552 Voir ci-dessus note 1548.

1553 Voir ci-dessus note 1550.

1554 Voir ci-dessus note 1521.

1555 [...] *eorum **quae usucapiebat per semet ipsum possidens**, qui postea captus est, interrumpitur usucapio, quia certum est eum possidere desisse. Eorum uero, quae per subiectas iuri suo personas possidebat usuque capiebat, uel si qua postea peculiari nomine comprehenduntur, Iulianus scribit credi suo tempore impleri usucapionem remanentibus isdem personis in possessione. Marcellus nihil interesse, ipse possedisset an subiecta ei persona. Sed Iuliani sententiam sequendum est.*

1556 Voir ci-dessus note 1549.

1557 Voir *D. Andreae Alciati Iurecons. Clarissimi De Verborum Significatione*, livre IV p. 171 de l'édition de Lyon (1550). Commentaire de D. 50, 16, 115.

1558 *Qui tabernas argentarias uel ceteras quae in solo publico sunt uendit, **non solum, sed ius uendit**, cum istae tabernae publicae sunt, quarum usus ad priuatos pertinet.*

1559 ***Minus autem scilicet iuris in usu est quam in usu fructu*** [...].

< Fatebor tamen esse quamdam possessionem, non iniustam quidem, sed facile reuocabilem quae, licet iuris non sit, facti uero sit, a iure tamen toleretur, ut precarii freta titulo, et quae defenditur interdicto de itinere ei qui eo anno saltem 30 diebus iuit egitue, l. quaecumque § 1 de publician. ff. ; l. 1* § fi. ff. si seruit. uendic. Nam de quasi possessione seruitutis incorporalis uerbum possessionis usurpare non erubesco, l. 2 ff. communia praedior., licet id quod nec tangitur nec uidetur, non satis uere possideatur, l. seruus qui ff. de acq. rer. domin. ; l. fi. de itiner. ff. >.

8. Illud praetermittendum non est, amantem hominem proprie possidere non posse, cum ab alia possideatur, l. cum haeredes § 1 ff. de acquir. poss. ; possidetur enim ab amica. Hinc Aristipus Cyrenaicus, cui cum Laide consuetudo fuit, dictitabat, se eam habere, alios uero amatores haberi a Laide[104]. Itaque, cum uerbum « habere » duobus modis explicetur, l. stipulatio ista § habere ff. de uerb. obl. − nam « habere » dicimus, tum nudum possessorem, tum uerum dominum −,

---

104 1553 *adiiciebat* : Firmianus lib. 3 retulit.

< Je reconnais cependant qu'il existe une espèce de possession, non dépourvue de légitimité, mais aisément révocable, qui, bien qu'elle ne soit pas de Droit, mais de fait, est néanmoins tolérée par le Droit, au titre de précaire, et qui est défendue par l'interdit de chemin, au profit de celui qui, en un an, a utilisé la servitude, pour lui ou ses troupeaux, pendant au moins trente jours (D. 6, 2, 13, 1[1560]; D. 8, 5, 2, 3[1561]). En effet, je n'hésite pas à utiliser le mot « possession » pour désigner la quasi possession d'une servitude incorporelle (D. 8, 4, 2[1562]), bien que ce qui ne se voit ni ne se touche ne puisse véritablement être possédé (D. 41, 1, 43, pr.[1563]; D. 43, 19, 7[1564]) >.

8. Il ne faut pas omettre le fait qu'un amoureux ne peut à proprement parler posséder, puisqu'il est lui-même la propriété d'une autre (D. 41, 2, 23, 1[1565]); car c'est sa bien-aimée qui le possède. Voilà pourquoi Aristippe de Cyrène, qui entretenait une liaison avec Laïs, avait l'habitude de dire qu'il la possédait, alors qu'elle possédait tous ses autres amants[1566]. Aussi, puisque le mot « posséder » peut se comprendre en deux sens (D. 45, 1, 38, 9[1567]) – nous disons en effet « posséder » tantôt pour le simple possesseur, et tantôt pour le véritable propriétaire –,

---

1560 *Interdum quibusdam nec ex iustis possessionibus competit publicianum iudicium; **namque pigneraticiae et precariae possessiones iustae sunt**, sed ex his non solet competere tale iudicium, illa scilicet ratione, quia neque creditor neque is qui precario rogauit eo animo nanciscitur possessionem, ut credat se dominum esse.*

1561 *Pomponius dicit **fructuarium interdicto de itinere uti posse, si hoc anno usus est**; alibi enim de iure, id est in confessoria actione, alibi de facto, ut in hoc interdicto, quaeritur [...].*

1562 *[...] rescripto imperatoris Antonini ad Tullianum adicitur, **licet seruitus iure non ualuit, si tamen hac lege comparauit seu alio quocumque legitimo modo sibi hoc ius adquisiuit, tuendum esse eum, qui hoc ius possidet.***

1563 *Incorporales res traditionem et usucapionem non recipere manifestum est.*

1564 Voir ci-dessus, note 1510.

1565 Voir ci-dessus, note 1532.

1566 Voir Lactance, *Institutions divines*, III, 15 : « Aristippe, chef des Cyrénéens, tâchait de justifier l'habitude criminelle qu'il avait avec la fameuse Laïs, en disant qu'il y avait grande différence entre lui et les autres amans de Laïs, parce qu'il la possédait, au lieu que les autres étaient possédés par elle.

1567 *« Habere » dupliciter accipitur; nam et eum habere dicimus, qui rei dominus est et eum, qui dominus quidem non est, sed tenet; denique habere rem apud nos depositam solemus dicere.*

uidere uideor amantem esse in amicae dominio, eique seruire, igitur non possidere, l. possessio ff. de acq. poss. Tibullus in quadam Elegia ad amicam :

Iam faciam quodcumque uoles, tuus usque manebo
Nec fugiam notae seruitium dominae.

Et Ouid. in Sapphûs epist. :

Nec o uos erronem tellure admittite nostrum
Nisiades matres.

Puella Phahonem suum « erronem » appellat, et a quaquam celari non sinit, tamquam seruum longius uagantem a uera domina, l. quis scit § erronem ff. de aedil. edict. ; Alciat, l. fugitiuus ff. de uerb. signif.

j'ai bien l'impression que l'amoureux est la propriété de sa bien-aimée, et même son esclave, et que par conséquent il ne saurait posséder (D. 41, 2, 1, 1[1568]). Voir Tibulle, dans une élégie adressée à sa bien-aimée[1569] : *Je ferai désormais tout ce que tu voudras, je serai à toi pour toujours, Et je ne fuirai pas le joug de ma maîtresse patentée.*

Et Ovide, dans la lettre de Sapho[1570] : *N'admettez pas mon infidèle sur votre territoire, ô femmes de Nisée.*

La jeune femme désigne Phaon comme son « infidèle », et interdit qu'on le cache, comme on le fait pour un esclave qui vagabonde trop loin de sa véritable maîtresse (D. 21, 1, 17, 14[1571]) ; voir Alciat[1572] à D. 50, 16, 225[1573].

1568 Voir ci-dessus note 1515.

1569 *Élégies*, III, 19, 21-22.

1570 *Héroïdes*, XV, vers 53-54. Citation inexacte. Le texte est en réalité : *O uos erronem tellure remittite uestra / Nisiades matres.*

1571 *Erronem ita definit Labeo pusillum fugitiuum esse, et ex diuerso fugitiuum magnum erronem esse. Sed proprie* **erronem sic definimus : qui non quidem fugit, sed frequenter sine causa uagatur** *et temporibus in res nugatorias consumptis serius domum redit.*

1572 Voir *D. Andreae Alciati Iurecons. Clarissimi De Verborum Significatione*, livre IV p. 80 de l'édition de Lyon (1550). L'erreur dans la citation d'Ovide vient de ce passage d'Alciat (voir ci-dessus, note 1567).

1573 *« Fugitiuus » est non is, qui solum consilium fugiendi a domino suscepit, licet id se facturum iactauerit, sed* **qui ipso facto fugae initium mente deduxerit.** *[...]* **Et ideo fugitiuum quoque et erronem non secundum propositionem solam, sed cum aliquo actu intelligi** *constat.*

OBSERVATA IN CAPUT XV

1. [105]< Amoris constantia patet floris exemplo, et coniuges, socios, fratres, non conueniri in plus quam facere possint >.
2. *Fribusculum* quid sit, et unde dictum.
3. Quid diuortium sit, quid repudium < et an religione separentur coniuges >.
4. Mulier sterilis an dotis gaudeat priuilegio.
5. Senex ab amore repellendus ; < de iure trium liberorum ; an senex ab honoribus publicis reiiciatur >.
6. De usu aurei annuli plura ad ius facientia.
7. Legum doctoribus[106] quare aureus annulus concessus, et cur sponsae detur < et de uaria annulorum facultate >.

CAPUT XV

1. Sextam diei horam iam exactam esse me admonuit intubi herbae flos qui, tinctus uiola, auream solis in Occidentem tum primum labentis faciem intuebatur ; in eum uersa fertur Clytia Nympha, Solis amatrix, quae etiamnum herba et flos existens,
Vertitur ad Solem, mutataque seruat amorem,
ut scribit Ouidius lib. 4 *Metamorph.*

---

105   1553 : Clytia Nympha Solem amans in florem uersa, et amoris diutini commendatio.
106   1553 *adiiciebat* : Italicis.

CONTENU DU CHAPITRE 15

1. L'exemple d'une fleur illustre la constance en amour ; et les époux, les associés et les frères ne peuvent s'engager au-delà de leurs possibilités.
2. Ce que c'est qu'un *fribusculum*, et d'où vient ce nom.
3. Ce que sont le divorce et la répudiation ; < et les époux sont-ils séparés par la religion ? >.
4. La femme stérile jouit-elle encore du privilège dotal ?
5. L'amour doit être déconseillé aux vieillards ; < du droit des trois enfants ; les vieillards doivent-ils être écartés des charges publiques ? >.
6. Plusieurs considérations juridiques sur l'usage de l'anneau d'or.
7. Pourquoi on remet un anneau d'or aux docteurs en Droit, pourquoi on en remet un à l'épousée ; < et à propos des diverses fonctions des anneaux >.

CHAPITRE 15

1. Je fus averti du fait que l'on avait déjà dépassé la sixième heure par la fleur violette de la chicorée sauvage qui regardait la face dorée du Soleil, alors qu'il commençait juste à s'incliner vers l'Ouest ; on raconte que la nymphe Clytia, amoureuse du Soleil, fut métamorphosée en cette fleur, qui, aujourd'hui encore,
Se tourne vers le Soleil et, sous sa nouvelle forme, en est toujours amoureuse,
comme l'écrit Ovide au livre IV des *Métamorphoses*[1574].

1574 Vers 270. Les fleurs de la chicorée sauvage, qui est de la même famille (les asteracées) que le tournesol, sont effectivement héliotropes.

Mirantur plerique aquilam solis aduersi radios non conniuentibus oculis aliquando aspicere, et ab elephanto eundem Orientem adorari, ac formicae sedulitatem cessare interlunio : tanta est in nonnullis animantibus syderum cognitio. Quanto mirabilius florem inanimum omnibus momentis se cum sole circumagere ? Interdiu hiscere, nocte comprimi, deinde solis ortu ad pristinum diurnumque redire officium, eamque die toto praestare diligentiam, quam nec molestus patronus ab optimo liberto accipere debuit, ut scilicet per orbem terrarum secum hunc uagare imperet, l. 1 et l. quod nisi ff. de oper. lib. Merito quis Clytiae in amore cum Sole ineundo fiduciam, in conseruando religionem et constantiam miris modis laudauerit, quia mentem mundi, solius Dei simulacrum aspicit,

[107]< quem aspicere >,

hominis, simul ac natus est, proprium censetur l. cum inter C. de fideic. libert., eo magis quod iura plurimi faciunt quaecunque diutissime perseuerant, l. sequitur § tunc* ff. de usucap., potissimum in amicitiis, l. latae § amicos ff. de uerb. signif., et placet senarius ab Aristotele relatus lib. 7 *Moralium Eudemiorum* :

οὐθεὶς [...] « ἐραστὴς ὅστις οὐκ ἀεὶ φιλεῖ »

hoc est : *Non est amicus hic, qui amare desinit,*

< ut etiam declarat « perpetua » illa « consuetudo » in definitione nuptiarum, § 1 de patria potest. Nam, etsi diuortio matrimonium dirimi ueteres permiserint, tamen fassi sunt adhuc superesse quaedam uestigia tam sacrae coniunctionis, cum a diuortio maritum pro dotis restitutione non sunt passi ultra quam facere posset conueniri, deducto ne egeret, § item si de dote, de actionib.

---

107 1553 : quod alioquin facere.

La plupart des gens s'étonnent qu'il arrive à l'aigle de regarder le soleil en face, sans fermer les yeux, que l'éléphant adore ce même soleil levant, et que les fourmis interrompent leur activité en l'absence de lune[1575] : tant certains animaux ont une bonne connaissance des astres. N'est-elle pas plus étonnante encore, cette fleur qui, bien que dépourvue d'intelligence, se règle à tout moment sur la course du Soleil ? Elle s'ouvre pendant la journée, se ferme la nuit, puis, dès que le soleil se lève, recommence son office diurne, et l'accomplit tout au long du jour avec un zèle qu'un patron exigeant ne saurait l'attendre du meilleur affranchi, si, par exemple, il lui ordonnait de le suivre pour faire le tour du monde (D. 38, 1, 1[1576] et D. 38, 20, 1[1577]). On aurait bien raison de louer l'amour fidèle de Clytie pour le soleil levant, sa scrupuleuse loyauté et sa merveilleuse constance, parce qu'elle regarde l'âme du monde, qui est l'image du seul Dieu que l'homme est spécifiquement censé contempler dès sa naissance (C. 7, 4, 14, pr.[1578]), et d'autant plus que le Droit accorde une valeur suprême à tout ce qui perdure très longtemps (D. 41, 3, 4, 22[1579]), surtout en amitié (D. 50, 16, 223, 1[1580]) ; aussi est-il digne d'approbation, ce vers cité par Aristote au livre VII de la *Morale à Eudème*[1581] ; *Il n'est pas un véritable ami, celui qui ne l'est pas pour toujours.*

< De même, dans la définition du mariage, « la vie commune » est dite « perpétuelle » (*Institutes* I, 9, 1[1582]). En effet, bien que les Anciens aient autorisé la dissolution du mariage par le divorce, ils ont néanmoins reconnu qu'il reste encore des vestiges d'une si sainte union, lorsqu'ils n'ont pas admis qu'après le divorce, le mari soit tenu à la restitution de la dot au-delà de ses possibilités, afin qu'il ne soit pas réduit à l'indigence (*Institutes* IV, 6, 37[1583]).

1575 Voir Pline, *Histoire naturelle*, II, 39, 3.

1576 *Operae sunt diurnum officium.*

1577 [...] *ceterum si uagari per orbem terrarum [patronus] uelit, non esse iniungendam necessitatem liberto ubique eum sequi.*

1578 [...] *libertatis fauore censemus et fideicommissariam nec non directam libertatem suam firmitatem habere siue in masculo siue in femina, quae adhuc in uentre uehatur materno, ut cum libertate solem respiciat, etsi mater sua adhuc in seruitute constans eum uel eam ediderit.*

1579 *Si tu me ui expuleris de fundi possessione nec adprehenderis possessionem, sed Titius in uacuam possessionem intrauerit, potest longo tempore capi res* [...].

1580 *« Amicos » appellare debemus non leui notitia coniunctos, sed quibus fuerint in iura cum patre familias honestis familiaritatis quaesita rationibus.*

1581 Chapitre II, § 2 (théorie de l'amitié). Omission de γὰρ après οὐθείς.

1582 Voir ci-dessus note 79.

1583 *Item si de dote iudicio mulier agat, placet, eatenus maritum condemnari debere quatenus facere possit, id est quatenus facultates eius patiuntur* [...].

Nihil mirum : nam et socius debitor eodem gaudet priuilegio, § sed
et si quis eod. tit. Est autem inter coniuges societas inita et bonorum
communicatio, l. 1 ff. de actione rer. amotar. Hac ratione utitur iurisconsultus in l. ex diuerso ff. solut. matrim., atque quemadmodum in
coniugio societas est, sic in societate fraternitas ; quae efficit ne socius
insolidum conueniatur, l. uerum ff. pro socio, ubi Azo asserit fratrem a
fratre omnino conueniri, tametsi Vlpianus ideo socio id permittat, quia
fratris instar sit, nec imitator exemplari potior esse possit ; nec iuvatur
Azo P. Nigidii ἐτύμῳ cui, apud Gellium, « frater » dicitur quasi « fere
alter ». Nec modica est iniuria fratri, si fratrem mendicantem habeat :
cuius utique testamentum interdum querela inofficiosi pulsare potest, l.
fratres C. de inoffici. testam. ; non idem in aliis cognatis dicerem, licet
communis sit omnium unius contumelia, l. 1 ff. de liberal. caus. Hoc
prodesset in causa duorum Cupidinum in praxi, de quibus Ouidius,
lib. 4 *Fastorum* :
Alma faue, dixi, geminorum mater Amorum.

Il n'y a là rien d'étonnant : en effet, l'associé débiteur jouit, lui aussi, du même privilège (*Institutes* IV, 6, 38[1584]). Or les époux sont des associés et mettent leurs biens en commun (D. 25, 2, 1[1585]). C'est le motif qu'invoque le jurisconsulte, en D. 24, 3, 17, 1[1586], et, de même que le mariage participe de la société, la société participe de la fraternité ; ce qui empêche que l'associé soit obligé au paiement en entier : voir D. 17, 2, 63, pr.[1587], où Azon affirme que, même si Ulpien acccorde ce bénéfice à l'associé parce qu'il est comme un frère, un frère est tenu d'indemniser son frère entièrement, parce que l'imitation ne saurait l'emporter sur l'original ; mais Azon est désavoué par P. Nigidius, assurant, chez Aulu-Gelle[1588], qu'on dit étymologiquement « frère » pour « quasiment un autre soi-même ». Et un frère ne subirait pas un mince tort, s'il avait un frère réduit à la mendicité : aussi un frère a-t-il parfois le droit d'attaquer pour lésion inique le testament d'un frère (C. 3, 28, 27[1589]) ; je n'en dirais pas autant pour les autres parents, bien que la honte d'un seul rejaillisse forcément sur tous (D. 40, 12, 1, pr.[1590]). Cela aurait été utile, en pratique, dans le cas des deux Cupidons, qu'Ovide mentionne au livre IV des *Fastes*[1591] :

Sois-moi favorable, vénérable mère des deux Amours.

1584 *Sed et si quis cum parente suo patronoue agat,* **item si socius cum socio iudicio societatis agat,** **non plus actor consequitur quam aduersarius eius facere potest** [...].

1585 Voir ci-dessus note 708.

1586 *Item si mulier ex promissione conueniatur, magis placuit defendendam eam per exceptionem ; idem et Proculus ait : sicuti* **cum socia fuit, dabitur ei exceptio,** *quamuis iure ciuili sit obligata.*

1587 *Verum est quod Sabino uidetur, etiamsi non uniuersorum bonorum socii sunt, sed unius rei, attamen* **in id quod facere possunt quodue dolo malo fecerint quo minus possint, condemnari** **oportere. Hoc enim summam rationem habet, cum societas ius quodammodo fraterni-** **tatis in se habeat.** Au mot *fraternitatis,* Azon est en effet cité pour la glose suivante : *An ergo fratres inter se uice mutua condemnantur in quantum facere possunt ? Respondeo non. Subest enim illa praecipua ratio in sociis : quia praecessit conuentio honesta, ob commodiorem usum et uberiorem quaestum ; ratione enim contractus datur hoc beneficium ; inter fratres uero incidenter, non ex conuentione, sunt bona communia, et praedicta ratione multis denegatur hoc beneficium quibus uidebatur dandum.*

1588 *Nuits attiques,* XIII, 10.

1589 *Fratres uel sorores uterini ab inofficiosi actione contra testamentum fratris uel sororis penitus arceantur ; consanguinei autem durante uel non agnatione contra testamentum fratris sui uel sororis de inofficioso quaestionem mouere possunt, si scripti heredes infamiae uel turpitudinis uel leuis notae macula adsparguntur uel liberti, qui perperam et non bene merentes maximisque beneficiis suum patronum adsecuti instituti sunt, excepto seruo necessario herede instituto.*

1590 Voir ci-dessus note 1163.

1591 Vers 1 *sq.*

Nisi frater, uel coniunx, uel socius dolo desiisset esse soluendo, uel crimine debitor effectus esset, l. si rerum ff. de re iudic.; d. l. uerum, pro socio, nec posset coniunx debitor renunciare huic fauori, l. alia § fi. solut. matrim. >.

Circa hunc Clytiae florem, thymum et triplicem uiolam, stridebat mellifer apium exercitus, et mellis largam recondebat uindemiam in alueariis pretiosissimis, quantam nec pastor Aristaeus, nec Philiscus Thasius, studiosissime collegerunt. Ab inertia et socordia me deterrebant apes, ad quas me mittunt prouerbia Salomonis : « Vade, inquit, ad apem, et uide quomodo operatrix sit, et castum opus faciat », can. nunquam de consec. distinct. 5. Inuidebam tamen huic uolucrum generi eo tantum quia cum damno sanctissimi Clytiae floris fauos fingerent, cuius quidem recordationem dulcissimam nec longissima tempora usucapient.

2. Fribuscula accidere in amore certe scio, solui eum nec spero nec cupio, non magis quam propter subitam aëris tempestatem mundum corruere. Fribusculum est breuis ira, maxime inter coniuges qui post redeunt in gratiam, l. cum hic § si diuortium ff. de donat inter uir. Quid *si*, inquit Vlpianus, *diuortium non intercessit, sed fribusculum ? profecto ualebit donatio, si fribusculum quieuit.*

Sauf si le frère, ou l'époux, ou l'associé, avait organisé frauduleusement son insolvabilité, ou était criminellement devenu débiteur (voir D. 42, 1, 52[1592], et la loi déjà citée D. 17, 2, 63, pr.[1593]), et l'époux débiteur ne pourrait pas renoncer à son privilège (D. 24, 3, 14, 1[1594]) >.

Tout autour de cette fleur de Clytie, de plants de thym et de pensées tricolores, bourdonnait une armée d'abeilles mellifères, qui cachait dans de très précieuses alvéoles une récolte de miel si abondante que ni le berger Aristée, ni Philiscus de Thasos[1595], malgré leur diligence, n'en firent de pareille. Les abeilles, auxquelles me renvoient en ces termes les *Proverbes* de Salomon[1596] : « Va voir l'abeille, et regarde comme elle est travailleuse, et comme elle réalise un ouvrage impeccable » (*Décret* III, 5, 33[1597]), me détournaient de la paresse et de l'inactivité. J'en voulais cependant à cette espèce de volatiles, dans la mesure où ils fabriquaient leurs gâteaux de miel au détriment de la très sainte fleur de Clytie, dont ils s'approprieront le très doux souvenir, et pas par une prescription de très long temps[1598].

2. Je sais bien qu'en amour se produisent de petites brouilles, mais je ne m'attends ni ne tiens à ce qu'elles le fassent disparaître, pas plus qu'à ce que le monde s'écroule à cause d'une brusque tempête. Une petite brouille est une colère de courte durée, surtout entre époux, qui ensuite se réconcilient (D. 24, 1, 32, 12[1599]). « Qu'en est-il, dit Ulpien, s'il n'y a pas eu de divorce, mais une petite brouille ? si elle s'est apaisée, la donation sera parfaitement valable ».

1592 *Si rerum amotarum cum uiro agatur, quamquam uideatur ea quoque actio praecedentis societatis uitae causam habuisse, **in solidum condemnari debet, quoniam ex male contractu et delicto oritur**.*

1593 Voir ci-dessus note 1587.

1594 *Eleganter quaerit Pomponius libro quinto decimo ex Sabino, **si paciscatur maritus, ne in id quod facere possit condemnetur, sed in solidum, an hoc pactum seruandum sit ?** Et negat seruari oportere, quod quidem et mihi uidetur uerum ; namque contra bonos mores id pactum esse melius est dicere, quippe cum contra receptam reuerentiam, quae maritis exhibenda est, id esse apparet.*

1595 Voir Pline *Histoire naturelle*, XI, 9, 1 : « Philiscus de Thasos, qui vécut dans les lieux déserts élevant des abeilles, et qui fut surnommé le Sauvage ».

1596 *Proverbes*, 6, 8-9.

1597 Voir ci-dessus note 350.

1598 Humour juridique : allusion à la prescription de long temps.

1599 *Quod si diuortium non intercesserit, sed fribusculum, **profecto ualebit donatio, si fribusculum quieuit**.*

Non sum nescius hanc ueterem ueramque lectionem a librariis aliter atque aliter deprauari et « frigusculum » pro « fribusculo » suffici, quasi uero calor iracundiae sit « frigus » in paruis diuortiis, l. III ff. de diuort., aut quasi non magis amantium ira accendatur amor quam frigeat. Dicitur a fibra, in qua est affectionis et irae sedes. Persius :
Nec enim mihi cornea fibra est.

Sic a coena coenaculum, a taberna tabernaculum, l. tabernae cum seq. ff. de uerbor. signif., luxata paulum significatione in diminutiuo. Dicitur uero fribusculum, non fibrusculum per literarum transpositionem, propter euphoniam, quod creberrime contingit ob literam « r ». Inde Quintilianus, lib. 1 cap. 9*, notat M. Tullium dixisse « Thrasumenum » pro « Tharsomeno » ; sic Graeci κραδίην pro καρδίην, ut Hesiodus in *Theogonia* dicit : eum qui impudicam uxorem nactus est, perpetuam habere maestitiam, θυμῷ καὶ κραδίῃ, id est, animo et corde.

3. Diuortium tunc est, cum maritus et uxor discedunt animo perpetuam constituendi diuisionem, l. III ff. de diuort. Ideoque per calorem misso repudio, si breui reuersa est uxor, nec diuertisse uidetur

Je n'ignore pas que cette ancienne et authentique leçon a été défigurée de diverses manières par les imprimeurs et que *frigusculum* (petit froid) a été substitué à *fribusculum* (petite brouille), comme si la chaleur de la colère était un « froid » dans les divorces de courte durée (D. 24, 2, 3[1600]), ou comme si la colère des amants n'attisait pas l'amour plus qu'elle ne le refroidit. Le mot vient de *fibra* (le foie) qui est le siège de l'affection et de la colère. Voir Perse[1601] :

Et je ne manque pas de sensibilité.

Ainsi forme-t-on *coenaculum* sur *coena*, *tabernaculum* sur *taberna* (D. 50, 16, 183 et 184)[1602] : le sens est un peu modifié par le diminutif. Et l'on dit *fribusculum* et non *fibrusculum*, parce qu'une métathèse est intervenue, au bénéfice de l'euphonie, ce qui arrive fréquemment dans le cas de la lettre « r ». Ainsi Quintilien, au chapitre 9* du livre I[1603], note-t-il que Cicéron a écrit « Thrasumène » pour « Tharsumène » ; de même les Grecs disent κραδίην pour καρδίην : ainsi Hérodote affirme-t-il, dans la *Théogonie*[1604], que celui qui est tombé sur une épouse sans pudeur a le cœur et l'esprit perpétuellement attristés.

3. Il y a divorce, quand le mari et la femme se séparent dans l'intention de pérenniser cette situation (D. 24, 2, 3[1605]). C'est pourquoi, si la séparation a été signifiée sur le coup de la colère et si la femme est revenue peu de temps après, elle est censée ne pas être partie,

---

1600 *Diuortium non est nisi uerum, quod animo perpetuam constituendi dissensionem fit. Itaque quidquid in calore iracundiae uel fit uel dicitur, non prius ratum est, quam si perseuerantia apparuit iudicium animi fuisse, ideoque per calorem misso repudio si breui reuersa uxor est, nec diuortisse uidetur.*

1601 *Satires*, 1, vers 47.

1602 Loi 183 : « *Tabernae* » *appellatio declarat omne utile ad habitandum aedificium, non ex eo quod tabulis cluditur.* Loi 184 : *Inde tabernacula et contubernales dicti sunt.*

1603 *Institution oratoire*, I, 5, 13. En réalité, Cicéron est mentionné juste avant, mais ce sont d'autres auteurs qui font cette métathèse. « On admet aussi en prose certaines modifications. Cicéron dit Canopitarum exercitum, quoique les gens du pays disent Canobos ; beaucoup d'écrivains ont autorisé Trasumennus pour Tarsumennus, quoiqu'il y ait là transposition ».

1604 vers 612.

1605 Voir ci-dessus, note 1600.

[108]< ex uulgari regula, l. quicquid ff. de reg. Iur. Itaque, in d. l. III >, « uxor », non « uox », legi debet, quia sola uoce non sit diuortium, sed multa solennitate, l. nullum ff. eod. Postquam si redierit, reconciliatur ipso facto, licet nihil rursus de redintegrando matrimonio conueniat, quia facta dictis praestare solent, l. si tamen § ei, qui ff. de aedil. edict. ; l. si paenituit ff. de diuort.,

< nec proprie dicitur uox « reuerti » quae semel euolauit, sed « retractari », petita uenia et composita tenui lite domestica aut iurgio, gratis, non concordia uenali, l. quod si non ff. de iure doti. ; l. si liberis ff. de pact. dotalib., ubi ostenditur post iurgium facili dissimulatione coagmentari matrimonium, ita ut perdurasse dos censeatur, non autem noue constitui. Similiter, in d. l. cum hic § si diuortium, quaestionis fuit an donatio facta per uirum uxori diuortio secuto reuocetur, sicut morte donatariae superstite uiro, quod in dubio praesumitur § si socer ead. l. ;

---

108   1553 : Haec dictio.

< en vertu de la règle courante (D. 50, 17, 48[1606]). Aussi, dans la loi déjà citée D. 24, 2, 3[1607] >,

doit-on lire *uxor* et non *uox*, parce que les paroles seules ne font pas le divorce, mais qu'il y faut beaucoup de solennité (D. 24, 2, 9[1608]). Une fois que la femme est revenue, la réconciliation intervient *ipso facto*, bien qu'aucune convention relative au renouvellement du mariage n'ait été conclue, parce qu'ordinairement les actes l'emportent sur les paroles (D. 21, 1, 48, 3[1609] ; D. 24, 2, 7[1610]) ;

< et il est impropre d'employer le mot « revenir », pour celle qui est partie une seule fois : il faudrait dire « se rétracter », quand le pardon a été demandé et que la petite dissension ou querelle domestique s'est apaisée, gracieusement, et non à la suite d'un accord vénal (voir D. 23, 3, 31[1611] et D. 23, 4, 27[1612], où l'on peut constater qu'après une brouille il est aisé de feindre que le mariage n'a pas été dissous, de sorte que la dot est censée avoir perduré, sans avoir besoin d'être à nouveau constituée. De même, dans la loi déjà citée D. 24, 1, 32, 12[1613], la question était de savoir si la donation d'un mari à sa femme était révoquée à la suite du divorce – comme elle l'est quand la donataire décède du vivant de son mari – ce qui, dans le doute, est présumé (D. 24, 1, 32, 19[1614]).

1606 *Quidquid in calore iracundiae uel fit uel dicitur, non prius ratum est, quam si perseuerantia apparuit iudicium animi fuisse.* **Ideoque breui reuersa uxor nec diuortisse uidetur.**

1607 Voir ci-dessus note 1605.

1608 Voir ci-dessus note 819.

1609 Voir ci-dessus note 1385.

1610 *Si paenituit eum, qui libellum tradendum diuortii dedit, isque per ignorantiam mutatae uoluntatis oblatus est,* **durare matrimonium dicendum,** *nisi paenitentia cognita is qui accepit ipse uoluit matrimonium dissoluere ; tunc enim per eum qui accepit soluitur matrimonium.*

1611 *Quod si non diuortium, sed iurgium fuit, dos eiusdem matrimonii manebit.*

1612 *Si liberis sublatis* **reuersa post iurgium** *per dissimulationem mulier ueluti* **uenali concordia** *ne dotata sit conueniat, conuentio secundum ordinem rei gestae moribus improbanda est.*

1613 Voir ci-dessus note 1599.

1614 Voir ci-dessus note 1122.

nisi cum magis fuit fribusculum aut iurgium bona gratia, inquit Vlpianus ; idque multis modis contingere potest, potissimum propter sterilitatem uel sacerdotium in l. uitricus cum l. seq. ff. de donati. inter uir., et hodie quidem matrimonium separatur, utroque coniuge ultro religionem profitente ; at sponsalia, alterutro profitente, cessant, can. scribit* 27 q. 2 ; Auth. quod hodie C. de repudiis >.

Videtur lege XII tabul. ad uerum diuortium trinoctio abesse coniugem opportuisse, ex Q. Mutii sententia, et dicebatur coniunx usurpari trinoctio, Macrob. lib. 1 *Saturn.* cap. 3, perinde ac dicas coniugium interrumpi, l. II ff. de usucap. Diuortium sic proprie inter uirum et uxorem appellatur, ut repudium inter sponsum et sponsam, l. inter § diuortium ff. de uerb. signific. Repudium tamen inter sponsos inuenies, l. II ff. de diuort. In diuortio haec uerba frequentabantur, « res tuas tibi habeto », « res tuas tibi agito » ; in sponsalibus haec, « conditione tua non utor », d. l. II ff. eod. ;

sauf, dit Ulpien, s'il s'agissait plutôt d'une petite brouille ou d'une querelle, apaisée à l'amiable ; or cela peut arriver de bien des manières, surtout pour cause de stérilité ou d'entrée dans les ordres (D. 24, 1, 60, pr. et 1[1615]), et aujourd'hui, assurément, le mariage est dissous quand les deux conjoints entrent dans les ordres, alors que les fiançailles le sont si c'est l'un des deux seulement qui le fait (*Décret* II, 27, 2, 26[1616] ; *Novelle* 117, 10 en C. 5, 17, 9[1617]) >

On voit par la loi des XII Tables que pour qu'il y eût véritablement divorce, il fallait, de l'avis de Q. Mucius, que l'épouse se fût absentée trois nuits de suite, et l'on disait qu'une épouse avait interrompu la prescription acquisitive en s'absentant trois nuits de suite (Macrobe, *Saturnales*, I, 3[1618]), autrement dit, que le mariage était rompu (D. 41, 3, 2[1619]). On parle ainsi proprement de divorce entre mari et femme, comme de répudiation entre fiancé et fiancée (D. 50, 16, 101, 1[1620]). On trouvera néanmoins le terme « répudiation » employé à propos des époux (D. 24, 2, 2[1621]). On utilisait fréquemment, en cas de divorce, les expressions « reprends tes affaires », « emporte tes affaires » (loi déjà citée D. 24, 2, 2[1622]), et dans les fiançailles celle-ci : « je ne veux plus de toi ».

1615 Pr. *Vitricus et priuignus inuicem sibi donare praetexto matrimonii non prohibentur.* 1. **Diuortii causa donationes inter uirum et uxorem concessae sunt ; saepe enim euenit, uti propter sacerdotium uel etiam sterilitatem.**

1616 *Scripsit nobis Theberga regina, se uelle dignitate seu copula exui, et sola uita priuata esse contentam desiderare. Cui nos scripsimus, non hoc aliter fieri posse, nisi eandem uitam coniux eius Lotharius elegerit. §. 1. Nam licet sit scriptum :* « *Quod Deus coniunxit homo non separet* », **Deus tamen, et non homo separat, quando diuini amoris intuitu ex consensu utriusque coniugis matrimonia dissoluuntur.** *Aliter autem fieri mutuam separationem uestram prohibemus. Gratian. Ecce, quod coniugati sine consensu alterius continentiam profiteri non possunt. Sponsi uero, etiam inconsultis quas sibi desponsauerunt, exemplis et auctoritate probantur continentiam posse seruare* […].

1617 *Quod* [le divorce par consentement mutuel] *hodie non licet,* **nisi castitatis concupiscentia hoc fiat, tam dote quam ante nuptias donatione, filiis conseruatis** […].

1618 « Le jurisconsulte Mucius soutenait encore qu'une femme n'aurait point accompli la formalité légale de l'usurpation, si, après avoir commencé aux calendes de janvier à cohabiter avec un homme pour cause de mariage, elle le quittait afin d'interrompre l'usurpation le 4 suivant des calendes de janvier ; car on ne saurait compléter dans cet espace de temps, les trois nuits que la femme devait passer, durant l'année, éloignée de son mari, d'après la loi des Douze Tables, pour faire acte d'usurpation ».

1619 **Vsurpatio est usucapionis interruptio** *: oratores autem usurpationem frequentem usum uocant.*

1620 « **Diuortium** » *inter uirum et uxorem fieri dicitur,* « **repudium** » *uero sponsae remitti uidetur. Quod et in uxoris personam non absurde cadit.*

1621 *In repudiis autem, id est renuntiatione, comprobata sunt haec uerba :* « *tuas res tibi habeto* », *item haec :* « *tuas res tibi agito* ».

1622 Voir ci-dessus, note 1621.

quare Lysiteles adolescens apud Plautum, multa questus de miseriis amantium, amori renunciaturus ait :

Apage sis, Amor, tuas res tibi habe,
Amor, mihi amicus ne fuas unquam.

[109]< De formula uetereque ritu repudii superuacuum est plura dicere, cum id substulerit Deus, *Matthaei* cap. 19, nisi ob adulterium, et hoc est quod uulgo dicitur, spiritualibus in negotiis non eodem modo aliquid dissolui quo ligatur, l. consensu C. de repudiis. Imo, si uerum sequimur, matrimonium soluitur, sed eodem autore quo maxime ligatur, id est, Deo ipso, et causa religionis obeundae, d. can. scribit 27 q. 2. Caeterum consensu solo initium, non perinde solo consensu, distrahitur, nec iure quidem prisco, l. nullum ff de diuortiis, quinetiam nec iure uulgari, quo dissoluuntur contractus eodem consensu quo facti fuere, l. prout ff. de solut., sed re integra, non cum ultra consensum itum est ad oscula et quid amplius, l. 2 quando liceat ab empti disced. Ferunt Romae pertinax fuisse matrimonium, quoad Carbilius, uir nobilis, anno urbis conditae DXXIII, uxorem dimisit, quoniam corporis uitio, ut A. Gellius notat, liberos non gigneret ;

---

109 1553 : Saepe interueniebat diuortium bona gratia, sine ulla animi offensa, d.l. cum hic § si diuortium ff. de don. inter, ut propter sterilitatem alterius coniugum, uel senectutem, l. uitricus cum seq. ff. eod. Plane Sp. Carbilius primum Romae fecit ab uxore diuortium, quia corporis uitio non conciperet. A. Gellius, lib. 4 cap. 3 sic prodidit. 4. Quo circa quaerunt.

C'est pourquoi le jeune Lysitélès, chez Plaute[1623], après s'être plaint abondamment des souffrances qu'endurent les amoureux, s'apprête à renoncer à l'amour en ces termes :

Arrière, arrière, Amour ! divorce entre nous ! ne soyons jamais amis.

< Il est inutile d'en dire davantage sur la formule et l'ancien rite du divorce, puisque Dieu l'a supprimé, sauf en cas d'adultère (*Évangile selon saint Matthieu*, chapitre 19[1624]) ; c'est pourquoi l'on dit communément que, dans les affaires spirituelles, on ne dissout pas un lien exactement comme on l'a noué (C. 5, 17, 8, pr.[1625]). Ou plutôt, à dire vrai, le mariage peut être dissous, mais par celui-là même qui contribue surtout à en nouer le lien, c'est-à-dire Dieu, pour cause d'entrée en religion (*Décret* II, 27, 2, 26[1626]). Du reste, s'il commence avec le seul consentement, il ne finit pas avec lui, même dans le Droit le plus ancien (D. 24, 2, 9[1627]), à plus forte raison dans le Droit ordinaire, où, si les contrats sont dissous comme ils ont été conclus, par le consentement (D. 46, 3, 80[1628]), c'est seulement quand on en est resté là, et non lorsqu'on est allé au-delà du consentement, avec des baisers et davantage (D. 18, 5, 2[1629]). On raconte qu'à Rome le mariage avait été très solide, jusqu'à ce qu'un noble, Carbilius, en l'an 523 de la fondation de la Ville, eut répudié sa femme parce qu'un vice de conformation la rendait stérile, ainsi que le note Aulu-Gelle[1630] ;

1623 *L'homme aux trois deniers*, v. 266-267. Le texte de Plaute porte *habeto* et non *habe*.

1624 Verset 6 : « Ce que Dieu a uni, que l'homme ne le sépare pas ! ».

1625 Voir ci-dessus note 1082.

1626 Voir ci-dessus, note 1616.

1627 Voir ci-dessus note 819.

1628 ***Prout quidque contractum est, ita et solui debet*** *: ut, cum re contraxerimus, re solui debet* [...]. *Aeque cum emptio uel uenditio uel locatio contracta est,* ***quoniam consensu nudo contrahi potest, etiam dissensu contrario dissolui potest.***

1629 *Si quam rem a te emi, eandem rursus a te pluris minorisue emero, discessimus a priore emptione (potest enim,* ***dum res integra est,*** *conuentione nostra infecta fieri emptio) atque ita consistit posterior emptio, quasi nulla praecesserit.* ***Sed non poterimus eadem ratione uti post pretium solutum emptione repetita,*** *cum post pretium solutum infectam emptionem facere non possumus.*

1630 *Nuits attiques*, IV, 3 : « Servius Sulpicius, dans son traité des Dots, a écrit que les conventions relatives aux biens de la femme avaient été jugées nécessaires, pour la première fois, lorsque Spurius Carvillus, surnommé Ruga, homme noble, eut divorcé avec sa femme, parce qu'un vice de conformation empêchait celle-ci de lui donner des enfants. Ce fait se passait cinq cent vingt-trois ans après la fondation de Rome, sous le consulat de M. Attilius et de P. Valérius. Ce Carvillus, dit-on, loin d'avoir de l'aversion pour la femme qu'il répudia, l'aimait beaucoup pour la pureté de ses mœurs mais il sacrifia son amour et ses affections à la religion du serment, parce qu'il avait juré devant les censeurs qu'il se mariait pour avoir des enfants ».

inde dicitur fieri diuortium bona gratia ob sterilitatem, non uero coactione, l. uitricus, l. et ideo ff. de donat. inter uir., ita ut consensu quoque uxoris fiat.

4. Quare inuestigant >

interpretes, an mulieri sterili dotis concedatur priuilegium, quod quam amplum sit atque multiplex, enumerat Accursius, l. 1 ff. sol. mat. Bartolus concedi asseruit, licet d. l. 1 innuat quodammodo contrarium, dum interest reipublicae dotes mulieribus conseruari sobolis causa, sed ipse expendit particulam « maxime », tamquam significet maxime propter liberos faueri doti : igitur alia quoque ratione fauebitur, nempe ut nubat tantum, ac uiuat pudice, l. II ff. de iur. dot. Verum quis non uidet, « maxime » pro « ualde », ibi exponi, uel Accursii sententia, quamuis ego fateor ingenue sterilem frui dotis pleno priuilegio, si cum ea sit matrimonium, cuius tria bona enumerantur, can. omne 27 quaest. 2. Nam et si proles desit, adest tamen fides et sacrum foederis uinculum ; sufficiunt itaque duae rationes, cessante tertia, l. liberorum § 1 ff. de iis qui not. inf. Accedit ex uoto coniuges sine liberorum spe continenter uiuere posse, can. sunt qui 27 quaest. 2, nec omitto quod frequenter arbores steriles frugiferis amoeniores sunt, l. competit ff. quod ui aut clam.

aussi dit-on qu'un divorce pour stérilité se fait à l'amiable, non par la contrainte, c'est-à-dire que la femme aussi y donne son consentement (D. 24, 1, 60[1631] et D. 24, 1, 62[1632]).

4. Aussi les interprètes se demandent-ils >
si l'on doit accorder à une femme stérile le privilège dotal, dont Accurse détaille l'ampleur et les multiples facettes à D. 24, 3, 1[1633]. Bartole[1634] affirme qu'il faut le lui accorder, quoique cette même loi (D. 24, 3, 1) laisse entendre, d'une certaine façon, le contraire, dans la mesure où c'est à cause des enfants qu'« il est de l'intérêt de l'État que l'on assure des dots aux femmes », mais il considère que la locution *maxime* signifie que l'octroi d'une dot est favorisé surtout à cause des enfants ; il pourra donc être favorisé pour une autre raison, par exemple seulement dans le but que la femme se marie et vive pudiquement (D. 23, 3, 2[1635]). Mais qui ne voit qu'ici, et même de l'avis d'Accurse, *maxime* est mis pour *ualde* (tout à fait) ? Néanmoins, pour ma part, je reconnais franchement que la femme stérile jouit pleinement du privilège dotal, si elle est dans l'état de mariage, dont les trois biens sont énumérés au *Décret* II, 27, 2, 10[1636]. Car même si les enfants font défaut, il subsiste la fidélité et le lien du sacrement ; or deux raisons suffisent, en l'absence d'une troisième (D. 3, 2, 11, pr.[1637]). À cela s'ajoute que, par suite d'un vœu, des époux peuvent vivre dans la continence, sans espoir d'avoir des enfants (*Décret* II, 27, 2, 19[1638]), et je n'omets pas le fait que souvent les arbres stériles sont plus avenants que ceux qui portent des fruits (D. 43, 24, 16, 1[1639]).

1631 Voir ci-dessus note 1615.

1632 *Et ideo **bona gratia matrimonium dissoluitur**.*

1633 Voir ci-dessus note 665. Accurse consacre effectivement une longue glose au mot *semper*.

1634 Voir *Bartoli* [...] *Commentaria nunc recens, praeter omnia alia ad hanc diem in lucem edita, aureis adnotationibus* [...], Venise, 1596, tome III, f° 3 v°.

1635 *Rei publicae interest mulieres dotes saluas habere, **propter quas nubere possunt**.*

1636 Voir ci-dessus note 660.

1637 *Liberorum autem et **parentium luctus impedimento nuptiis non est**.*

1638 [...] *Si uero utrisque conueniat continentem uitam ducere, hoc quis audeat accusare ?* [...].

1639 *Si quis ui aut clam arbores non frugiferas ceciderit, ueluti cupressos, domino dumtaxat competit interdictum. Sed si amoenitas quaedam ex huiusmodi arboribus praestetur, potest dici et fructuarii interesse **propter uoluptatem** et gestationem et esse huic interdicto locum.*

Lege antiqua scio sterilem notari solitam atque eiici, *Exodi* cap. 23, sed tunc cum foecunditate opus fuit ad augendum exiguum populum, can. recurrat § his ita 32 quaest. 4 ; nunc uirgines in pretio sunt, et fuerunt Romanis Vestales suae. Quapropter sterilis, dotem cum habeat, dotis assequetur iura et commoda, eo ipso quod initio uel modicam spem prolis habuit, uel praetextum spei, sicut et uirgo in l. denique cum seq. ff. de ritu nupti. Fauet huic sententiae l. 1* C. de infir. poen. coeli. Sunt qui putant sterilem excipi oportere, si talis naturaliter fuerit, l. sed est § 1 ff. de lib. et posth. ; quod displicet, cum haec sanior sit quauis alia, l. quaeritur, § de sterili ff. de aedil. edi. ; praeterea, d. l. sed est, aetas et sterilitas conferuntur, atqui constat senectute non impediri nuptias, l. sancimus C. de nupti. Adde rationem pudicitiae in ea uindicare locum : nubit enim, si non prolis causa, certe ne uaga libidine maculetur, quae ratio a Bartolo repellitur, non

< ab Vlpiano, in l. mulier § cum proponeretur ff. ad Trebellianum, nec >

Je sais qu'une ancienne loi stigmatise la femme stérile et la rejette (*Exode*, chapitre 23[1640]), mais c'était à une époque où on avait besoin de femmes fécondes pour faire croître un tout petit peuple (*Décret* II, 32, 4, 2[1641]). Aujourd'hui, ce sont les vierges qui sont prisées, et les Romains avaient leurs Vestales. C'est pourquoi la femme stérile, puisqu'elle a une dot, bénéficie des droits et des avantages dotaux, du seul fait qu'au départ elle avait un espoir, même modéré, d'enfanter, ou une raison d'espérer, comme la jeune fille en D. 23, 2, 6[1642] et D. 23, 2, 7[1643]. Cette interprétation est confortée par C. 8, 57, 2[1644]. Certains pensent qu'il faut faire une exception pour la femme qui est stérile de naissance (D. 28, 2, 6, pr.[1645]) ; ce n'est pas mon avis, puisqu'elle est en meilleure santé que n'importe quelle autre (D. 21, 1, 14, 3[1646]) ; de plus, dans la loi déjà citée D. 28, 2, 6, pr.[1647], l'âge et la stérilité sont mentionnés de pair, or l'on sait bien que la vieillesse n'empêche pas de se marier (C. 5, 4, 27[1648]). Ajoutons que la pudeur féminine exige ici d'être prise en compte : car si ce n'est pas pour enfanter, la femme se marie, assurément, afin d'éviter d'être souillée par une lubricité erratique ; et si ce motif est récusé par Bartole, il ne l'est pas

< par Ulpien, en D. 36, 1, 23, 4[1649], ni >

1640 Verset 26 : « Aucune femme de ton pays n'aura de fausse couche ou ne sera stérile, et je laisserai s'accomplir le nombre de tes jours ».

1641 Partie II : *Cum ergo, ceteris in idolatria relictis, Abraham et filios eius in peculiarem populum sibi Dominus elegisset,* **rite multarum fecunditate mulierum populi Dei multiplicatio querebatur, quia in successione sanguinis erat successio fidei.** *Vnde in lege dicebatur :* « *Maledicta sterilis, quae non reliquerit semen suum super terram* ».

1642 Voir ci-dessus note 1154.

1643 *Ideoque potest fieri, ut* **in hoc casu aliqua uirgo et dotem et de dote habeat actionem.**

1644 Voir ci-dessus note 74.

1645 *Sed est quaesitum, an is, qui generare facile non possit, postumum heredem facere possit, et scribit Cassius et Iauolenus posse : nam et uxorem ducere et adoptare potest ; spadonem quoque posse postumum heredem scribere et Labeo et Cassius scribunt : quoniam* **nec aetas nec sterilitas ei rei impedimento est.**

1646 *De sterili Caelius distinguere Trebatium dicit, ut,* **si natura sterilis sit, sana sit,** *si uitio corporis, contra.*

1647 Voir ci-dessus note 1645.

1648 *Sancimus nuptias, quae inter masculos et feminas maiores uel minores sexagenariis uel quinquagenariis lege Iulia uel Papia prohibitae sunt, homines uolentes contrahere et* **ex nullo modo uel ex nulla parte tales nuptias impediri.**

1649 *Cum proponeretur quidam filiam suam heredem instituisse et rogasse eam, ut, si sine liberis decessisset, hereditatem Titio restitueret, eaque dotem marito dedisse certae quantitatis, mox decedens sine liberis heredem instituisse maritum suum, et quaereretur, an dos detrahi possit, dixi non posse dici*

ab Augustino, can. solet 32 q. 2. Succurrit illud Lucretii lib. 4 *De rerum natura* :
Et multae steriles hymenaeis ante fuerunt
Pluribus, et nactae possunt tamen inde puellos
Suscipere, et partu possunt ditescere dulci.

< Quapropter sterili dabimus dotis priuilegium non minus quam ei, qui omnes liberos quos enixa fuerat, morte amisit, ita ut similiter creditoribus tempore prioribus praeferatur, l. assiduis § et ideo* C. qui potiores in pign. >.

5. Senectutis causa fieri commode diuortium antiquitati placuit, sicut et ualetudinis, cum propter alterutram matrimonium molestissime retineatur, l. uel senect. ff. de donat. int. Non enim est quid aliud senectus quam uia ad mortem, ut Claud. Galeno in lib. 2 *De temperamentis* uisum est. *Itaque*, inquit, *si mors naturalis caloris est extinctio, utique senium ueluti tabes quaedam eius fuerit.* Proinde a poëtis mors frigida, amor igneus, nuncupatur. Quapropter senem propediem moriturum non minus amori indulgere decet, quam mortuum, cum non sit dispar ratio eius qui proficiscitur, ab eo qui ad metam peruenit, l. qui mittuntur § fin. ff. ex quib. caus. maior. ; arg. l. pe. ff. de milit. test.

par Saint Augustin (*Décret* II, 32, 2, 6[1650]). Il est conforté par ce passage de Lucrèce, au livre IV de son *De la Nature*[1651] :
Maintes femmes sorties stériles de plusieurs mariages
Ont fini par trouver le moyen de porter des enfants
Et donc de s'enrichir de tendres rejetons.

< C'est pourquoi nous accorderons le privilège dotal à la femme stérile, exactement comme à celle qui a vu la mort lui enlever tous les enfants qu'elle avait mis au monde, de sorte qu'elle a pareillement priorité sur les créanciers antérieurs (C. 8, 17, 12, 6[1652]) >.

5. L'Antiquité a voulu faciliter le divorce pour raison de vieillesse ou de santé, parce que, dans l'un ou l'autre cas, le maintien de l'union est extrêmement pénible (D. 24, 1, 61[1653]). En effet, la vieillesse n'est rien d'autre que le chemin de la mort, comme l'a bien vu Galien, au livre II de *Les tempéraments*[1654]. « Aussi, dit-il, si la mort est l'extinction de la chaleur naturelle, la vieillesse a été en quelque sorte sa dégradation ». C'est pourquoi les poètes qualifient la mort de « froide » et l'amour de « brûlant ». Voilà pourquoi un vieillard, qui est à la veille de mourir, ne doit pas plus se complaire à l'amour qu'un mort, car il en est de celui qui prend le départ exactement comme de celui qui parvient à la ligne d'arrivée (D. 4, 6, 35, 9[1655] ; pour preuve : D. 29, 1, 43[1656]).

---

*in euersionem fideicommissi factum, quod et **mulieris pudicitiae et patris uoto congruebat** [...].*

1650 *Solet quaeri, **cum masculus et femina**, nec ille maritus, nec illa uxor alterius, **sibimet non filiorum procreandorum, sed pro incontinentia solius concubitus causa copulantur, ea** fide media, ut nec ille cum altera, nec illa cum altero id faciat, utrum nuptiae sint uocandae ? **Et potest quidem fortasse non absurde hoc appellari conubium**, si usque ad mortem alicuius eorum id inter eos placuerit, et prolis generationem, quamuis non ea causa coniuncti sint, non tamen uitauerint, ut uel nolint sibi nasci filios, uel etiam opere aliquo malo agant ne nascantur [...].*

1651 Vers 1251-1253. Citation approximative des vers 1252-1253. Le texte de Plaute est le suivant : *Pluribus, et nactae post sunt tamen unde puellos / Suscipere, et partu possent ditescere dulci.*

1652 *Ideo quod antiquitas quidem dare incepit, ad effectum autem non pertulit, nos pleno legis articulo consumauimus et, **siue liberos habet mulier siue ab initio non habuit siue progenitos amisit, hoc ei priuilegium indulgemus.***

1653 *Vel **senectutem aut ualetudinem** aut militiam **satis commode retineri matrimonium non possit.***

1654 *Et quid, quaeso, aliud est senium quam uia ad interitum ?* p. 29 de l'édition de Paris, Christian Wechel, 1545, *Claudii Galeni Pergameni de temperamentis libri III*, Thoma Linacro Anglo interprete.

1655 *Et **dum eat in castra et redeat, rei publicae causa abest**, quod et eundum sit in castra militaturo et redeundum [...].*

1656 Voir ci-dessus note 979.

Excipio tamen non inique senem qui cum pridem amare coepisset iuuenis, ad extremum usque perseuerasset, arg. l. patre ff. de iis qui sunt sui, uel l. 1 § quamuis ff. de postul.

< Nam et Suidas tradit Masinissam regem Numidiae quadrimum filium anno nonagesimo reliquisse >.

Sic Priamus Hecubam suam diutissime, nec sine laude, peramauit. Porro ab ineundo amore senem terrere uidetur Megadorus, qui in Plauti *Aulularia* in hunc modum sentit :

Post mediam aetatem qui uxorem duxit domum,
Si eam senex anum praegnantem fecerit fortuito,
Quid dubitas, quin fiet paratum nomen puero, Posthumus ?

[110] < Sed et Dionysius senior Rex Siculus matri quae consenuisset nupturienti, ut est in Plutarchi *Apophthematis* : « Ciuilia, inquit, iura uiolari possunt, naturae non possunt ». Euripides iratam Venerem senibus dixit his uerbis :

ἡ Ἀφροδίτη τοῖς γέρουσιν ἄχθεται.

---

110 1553 : At posthumus is proprie est, qui post patris humationem nascitur, l. nomen ff. de uerb. signif.

J'en excepte cependant, pour être juste, le vieillard qui, après avoir commencé à aimer quand il était jeune, a persévéré jusqu'au bout dans ses sentiments : pour preuves D. 1, 6, 8[1657] ou D. 3, 1, 1, 5[1658].

< Suidas[1659] aussi, en effet, rapporte que Massinissa, le roi de Numidie, mourut à 90 ans, en laissant un fils de quatre ans >.

Ainsi loue-t-on Priam d'avoir aimé très longtemps sa chère Hécube. On voit aussi Mégadore, dans *La Marmite* de Plaute[1660], faire peur à un vieillard qui devient amoureux, en lui disant :

Quand un homme est sur le déclin, et qu'il épouse une femme entre deux âges,
Si par hasard ces deux vieux donnent la vie à un enfant,
Quel nom crois-tu qu'il lui faudra porter : Posthume ?

< Et, ainsi qu'on le lit dans les *Apophtegmes* de Plutarque[1661], Denys l'Ancien, le roi de Sicile, dit à sa mère, qui, malgré son âge avancé, s'apprêtait à se marier : « On peut violer le Droit civil, pas le Droit naturel ». Euripide[1662] affirme en ces termes l'hostilité de Vénus à l'encontre des vieillards :

Vénus déteste les vieillards.

1657 *Patre furioso liberi nihilominus in patris sui potestate sunt : idem et in omnibus est parentibus, qui habent liberos in potestate.* **Nam cum ius potestatis moribus sit receptum nec possit desinere quis habere in potestate,** *nisi exierint liberi quibus casibus solent,* **nequaquam dubitandum est remanere eos in potestate.** *Quare non solum eos liberos in potestate habebit, quos ante furorem genuit, uerum et si qui ante furorem concepti in furore editi sunt. Sed et si in furore agente eo uxor concipiat, uidendum an in potestate eius nascatur filius :* **nam furiosus licet uxorem ducere non possit, retinere tamen matrimonium potest** *; quod cum ita se habeat, in potestate filium habebit* [...].

1658 Voir ci-dessus note 808. Passage suivant de la loi : [...] *Quamuis autem caecus pro alio postulare non possit, tamen et* **senatorium ordinem retinet** *et iudicandi officio fungitur. Numquid ergo et magistratus gerere possit ? Sed de hoc deliberabimus. Exstat quidem exemplum eius, qui gessit : Appius denique Claudius Caecus consiliis publicis intererat et in senatu seuerissimam dixit sententiam de Pyrrhi captiuis. Sed melius est,* **ut dicamus retinere quidem iam coeptum magistratum posse, adspirare autem ad nouum penitus prohiberi** *: idque multis comprobatur exemplis.*

1659 νʹ Μασσανάσσης : τετραετὲς δὲ παιδίον ἐνενηκοντούτης ἀπέλιπε.

1660 Vers 162-164. Citation approximative. Le texte de Plaute est le suivant : *Post mediam aetatem qui media ducit uxorem domum, / Si eam senex anum praegnatem fortuito fecerit, / Quid dubitas, quin sit paratum nomen puero : Postumus ?*

1661 Voir *Apophtegmes des rois et des capitaines célèbres*, 175 f : Τῆς δὲ μητρὸς αὐτοῦ παρήλικος μὲν οὔσης δοθῆναι δʹ ἀνδρὶ βουλομένης ἔφη τοὺς μὲν τῆς πόλεως βιάσασθαι νόμους δύνασθαι τοὺς δὲ τῆς φύσεως μὴ δύνασθαι.

1662 Cité par Plutarque, *Œuvres morales*, « Si un vieillard doit prendre part au gouvernement » § 5.

Nec illepide dixit quidam apud Atheneum, Archippen, quae cum sene Sophode congrederetur, uelut noctuam sepulchro insidere.

Sed haec potius admonent senem, ne uxorem temere ducat, quam persuadeant. Nam non uiolatur ius naturae senium nuptiis : aut si uioletur, alio simili iure id fit ; sic enim intelligitur § sed naturalia, de iure naturali, ut ius naturale non tollatur lege ciuili, sed alio iure naturali quod omnibus dominatur, id est ratione, de qua in l. cum ratio de bon. damnat. ff. ; l. pe de iustit. et iure. Sic obligatio naturalis et firma posteriore superatur, l. Stichum § naturalis. de soluti. ; l. bona ff. deposit.

Et, chez Athénée[1663], quelqu'un dit assez spirituellement qu'Archippè, qui vivait avec Sophocle devenu vieux, était comme une chouette qui habite dans un tombeau.

Mais ces propos mettent en garde les vieillards pour qu'ils ne se marient pas étourdiment, plutôt qu'ils ne les persuadent de s'abstenir. Car le mariage du vieillard ne viole pas le Droit naturel : ou, s'il le fait, c'est par le biais d'un autre Droit semblable ; c'est ainsi en effet qu'on comprend *Institutes* I, 2, 11[1664] : le Droit naturel n'est pas supplanté par la loi civile, mais par un autre Droit naturel qui domine tous les êtres humains, c'est-à-dire la raison, dont il est question en D. 48, 20, 7, pr.[1665] et en D. 1, 1, 11[1666]. Ainsi une solide obligation naturelle se fait-elle évincer par une obligation ultérieure (D. 46, 3, 95, 4[1667] ; D. 16, 3, 31, pr.[1668]).

1663 *Deipnosophistes*, XIII, 61 : « Au soir de sa vie, nous rapporte Hégésandros, Sophocle tomba amoureux de la courtisane Archippé et il fit d'elle son héritière. Le fait que Sophocle était déjà très vieux quand Archippé vécut avec lui, est attesté, non sans esprit, par l'ancien amant de la femme, à qui on demandait ce qu'elle pouvait bien faire avec le vieux Sophocle : *Elle se repose sur lui comme une chouette sur un tombeau* ».

1664 *Sed **naturalia quidem iura**, quae apud omnes gentes peraeque seruantur, diuina quadam prouidentia constituta, **semper firma atque immutabilia permanent** ; ea uero quae ipsa sibi quaeque ciuitas constituit, saepe mutari solent uel tacito consensu populi uel alia postea lege lata.*

1665 *Cum **ratio naturalis quasi lex quaedam tacita** liberis parentium hereditatem addiceret, uelut ad debitam successionem eos uocando (propter quod et in iure ciuili suorum heredum nomen eis indictum est ac ne iudicio quidem parentis nisi meritis de causis summoueri ab ea successione possunt) ; aequissimum existimatum est eo quoque casu, quo propter poenam parentis aufert bona damnatio, rationem haberi liberorum, ne alieno admisso grauiorem poenam luerent, quos nulla contingeret culpa, interdum in summam egestatem deuoluti* [...].

1666 Voir ci-dessus note 11.

1667 ***Naturalis obligatio** ut pecuniae numeratione, ita **iusto pacto uel iureiurando ipso iure tollitur**, quod uinculum aequitatis, quo solo sustinebatur, conuentionis aequitate dissoluitur ; ideoque fideiussor, quem pupillus dedit, ex istis causis liberari dicitur.*

1668 *Bona fides quae in contractibus exigitur aequitatem summam desiderat ; **sed eam utrum aestimamus ad merum ius gentium an uero cum praeceptis ciuilibus et praetoriis ?** Veluti reus capitalis iudicii deposuit apud te centum ; is deportatus est, bona eius publicata sunt ; utrumne ipsi haec reddenda an in publicum deferenda sint ? **Si tantum naturale et gentium ius intuemur, ei qui dedit restituenda sunt ; si ciuile ius et legum ordinem, magis in publicum deferenda sunt** ; nam male meritus publice, ut exemplo aliis ad deterrenda maleficia sit, etiam egestate laborare debet.*

Sic uotum naturalis iuris procreandi liberos uincitur uoto castitatis et lege quae illicitas prohibet nuptias, cuiquidem legi adest natura, § 1 de incest. nupt. col. 2, atque ita iubet amare intra terminum quem senex non uidetur egredi, utpote cum, ut Augustinus ait, nuptiae quibusdam sint *humanitatis solatium*, can. nuptiarum 27 q. 1. Quod si quis dicat, eadem ratione igitur castratos uxorem posse ducere, sed hic alia ratio est, quia de prole prorsus desperat, non senex uel aeger, l. si quis posthumos ff. de liber. et post., qui refocillari quandoque potest. Ideo nubendi tempus puellis ac pueris praestitutum est, non senibus, qui tamen prudenter ab his temperarent >.

Non ergo penitus iniuste lex Iulia et Papia sexagenariorum nuptias uetuerunt, l. sancimus C. de nupt. ; quod Seneca in libris *Moralis Philosophiae* attigit : *quid est*, inquit, *quare apud Poëtas sallacissimus*[111] *Iupiter desierit liberos tollere ? utrum sexagenarius factus est, et illi lex Papia fibulam*[112] *imposuit ? an impetrauit ius trium liberorum ?* Alludit ad antiquum morem Seneca, quo hi qui tres liberos non haberent, certis iuribus et successionibus priuabantur, aut contra, qui trium parentes essent, priuilegiis donati gaudebant, l. 1 C. de iur. liber. Inde Martialis lib. 2, ad uxorem :

---

111 Salacissimus *correxi* : fallacissimus *T* //
112 lex Papia fibulam *correxi* : fabula *T* //

Ainsi le vœu de procréer, qui est de Droit naturel, est-il surpassé par le vœu de chasteté et par la loi qui interdit les mariages illicites, car cette loi est fondée en nature (*Novelle* 12, chapitre 1[1669]), et elle ordonne d'aimer dans une limite que les vieillards ne semblent pas franchir puisque, comme le dit Saint Augustin, le mariage est pour certaines personnes la consolation des maux attachés à l'humanité (*Décret* II, 27, 1, 41[1670]). Et si l'on disait qu'en conséquence, pour la même raison, les castrats peuvent se marier, il faudrait répondre qu'on est ici dans un tout autre cas de figure, parce que le castrat n'a aucun espoir d'avoir des enfants, ce qui n'est pas le cas d'un vieillard ou d'un malade, qui peut parfois guérir (D. 28, 2, 9, pr.[1671]). Voilà pourquoi on a fixé l'âge de se marier pour les enfants des deux sexes, et non pour les vieillards, qui seraient pourtant prudents d'en user avec modération >.

Les lois Julia et Papia ne sont donc pas profondément injustes lorsqu'elles interdisent aux sexagénaires de se marier (C. 5, 4, 24[1672]), sujet que Sénèque aborde dans sa *Philosophie morale*[1673] : « D'où vient, dit-il, que Jupiter, qui est pourtant, chez les poètes, un dieu extrêmement lascif, a si tôt cessé d'être père ? est-il devenu sexagénaire et la loi Papia l'a-t-elle infibulé ? ou a-t-il bénéficié du privilège des trois enfants ? ». Sénèque fait ici allusion à un ancien usage, en vertu duquel ceux qui n'avaient pas trois enfants étaient privés de certains droits et de certaines successions, alors qu'au contraire ceux qui avaient trois enfants se voyaient conférer des privilèges (C. 8, 58, 1[1674]). D'où ces mots de Martial (livre II[1675]) à sa femme :

1669 Voir ci-dessus, note 37.

1670 **Nuptiarum bonum** *semper quidem est bonum, quod bonum semper in populo Dei fuit, sed aliquando fuit legis obsequium, nunc est infirmitatis remedium,* **in quibusdam uero humanitatis solatium.**

1671 *Si quis postumos, quos per aetatem aut ualetudinem habere forte non potest, heredes instituit, superius testamentum rumpitur,* **quod natura magis in homine generandi et consuetudo spectanda est quam temporale uitium aut ualetudo,** *propter quam abducatur homo a generandi facultate.*

1672 *Sancimus, si quis nuptiarum fecerit mentionem in qualicumque pacto, quod ad dandum uel faciendum uel non dandum uel non faciendum concipitur, et siue nuptiarum tempus dixerit siue nuptias nominauerit, non aliter intellegi esse condicionem adimplendam uel extenuandam, nisi ipsa nuptiarum accedat festiuitas, et non esse tempus inspiciendum, in quo nuptiarum aetas uel feminis post duodecimum annum accesserit uel maribus post quartum decimum annum completum, sed ex quo uota nuptiarum re ipsa processerint.* **Sic etenim et antiqui iuris contentio dirimetur** *et immensa librorum uolumina ad mediocrem modum tandem peruenient.*

1673 Il s'agit d'un fragment des *Questions Naturelles* rapporté par Lactance, *Institutions divines*, I, 16.

1674 *Nemo post haec a nobis* **ius liberorum** *petat, quod simul hac lege* **omnibus concedimus.**

1675 *Épigrammes* II, 92.

Natorum mihi ius trium roganti
Musarum pretium dedit mearum,
Solus qui poterat : ualebis, uxor,
Non debet domini perire munus.

Verum hoc desiit a principe impetrari, quasi cuique ultro concessum, d. l. 1 et II C. de iur. liber. ;

< idque factum est lege Theodosii iunioris, § fi. ut liberti de caetero col. 6. Ius quatuor liberorum refert Suetonius a D. Claudio concessum foeminis cap. 19. Puto autem publice ius trium liberorum tributum, ut parentes a successione debitoue alio liberorum aut cognatorum non arcerentur, d. l. 2 C. de iure liber., non autem ut propterea excusationem talem habeant a muneribus publicis uel praerogatiuam qualem freti re uera liberis, § 1 de excus. tutor. ; l. qui testam. ff. eod.

Je demandais à jouir du droit des pères de trois enfants ;
Ma poésie me l'a fait obtenir
De celui-là seul qui pouvait le donner : adieu, désormais, le mariage !
Le bienfait de mon Prince ne doit pas être perdu.

Mais ce privilège cessa d'être demandé à l'Empereur, parce qu'il avait été octroyé d'office à tout un chacun (loi déjà citée C. 8, 58, 1[1676] et C. 8, 58, 2[1677]).

< Et cela fut réalisé par une loi de Théodose le jeune (*Novelle* 78, chapitre 5[1678]). Suétone rapporte que l'Empereur Claude accorda aux femmes le privilège des quatre enfants (chapitre 19 de sa *Vie* [1679]). Je pense que le privilège des trois enfants a été généralisé afin que les parents ne fussent pas écartés de la succession de leurs enfants ou de leurs proches ou d'une autre chose qui leur était due (loi déjà citée C. 8, 58, 2[1680]), et non afin de leur servir, pour se dispenser des charges publiques, d'excuse ou de privilège fondé, en vérité, sur l'existence d'enfants (*Institutes* I, 25, 1[1681] ; D. 27, 1, 37, pr.[1682]).

1676 Voir ci-dessus note 1674.

1677 *Illam iniuriam, quae contra matrem defuncti uel defunctae prateritis fiebat temporibus, pro iustitiae ratione amputamus et **legitima iura, quae ex Tertulliano senatus consulto ei praestantur, omnimodo eam habere sancimus, licet tres liberos ingenua uel libertina quattuor minime pepererit**.*

1678 *Facimus autem nouum nihil, sed egregios ante nos imperatores sequimur. Sicut enim Antoninus Pius cognominatus, ex quo etiam ad nos appellatio haec peruenit, ius Romanae ciuitatis prius ab unoquoque subiectorum petitus et taliter ex eis qui uocantur peregrini ad Romanam ingenuitatem deducens **ille hoc omnibus in commune subiectis donauit**, et Theodosius iunior post Constantinum maximum sacratissimae huius ciuitatis conditorem filiorum prius ius petitum in commune dedit subiectis, sic etiam nos hoc uidelicet regenerationis et aureorum anulorum ius unicuique petentium datum et damni et scrupulositatis praebens occasionem et manumissorum indigens auctoritate **omnibus similiter subiectis ex hac lege damus**. Restituimus enim naturae ingenuitate dignos non per singulos de cetero, sed omnes deinceps qui libertatem a dominis meruerunt, ut et hanc magnam quandam et generalem largitatem nostris subiectis adiciamus [...].*

1679 *Vie de Claude*, 19 : « Il affranchissait les citoyens des dispositions de la loi Papia Poppaea ; il accordait aux Latins le droit des Quirites et aux femmes les privilèges des mères qui avaient eu quatre enfants. Ces ordonnances subsistent encore aujourd'hui ».

1680 Voir ci-dessus note 1677.

1681 *Excusantur autem tutores uel curatores uariis ex causis : plerumque autem **propter liberos**, siue in potestate sint siue emancipati. **Si enim tres liberos quis superstites Romae habeat** uel in Italia quattuor uel in prouinciis quinque, a tutela uel cura possunt excusari exemplo ceterorum munerum : **nam et tutelam et curam placuit publicum munus esse.***

1682 *Qui testamento tutor datus fuerat, adito praetore **dixit se tres liberos habere** [...].*

Proinde patres facti, ut de republica bene meriti, orbis et coelibibus praeferuntur in honoribus, l. in albo de decurionib. lib. 10 C. >.

Permisit, uideo, lex senum matrimonia, d. l. sancimus C. de nuptiis. Non miror : nec enim lex quiduis illicitum prohibet aut punit, l. at si* § idem Labeo ff. de relig., etsi quando durissima patiatur, ut se ipsum occidere uitae taedio, l. fin. § si quis ff. de bon. eor. qui ant.

< Vel dicam amores senum coniugum non fastidiri, si aequales coierint, ut similier mulieri ac uiro rugas frontis exprobret speculum : sic namque nihil habebit alter quod alteri obiiciat, l. uiro ff. solut. matrimon. ; nam par pari non insultat, l. 4 de recept. arbitr. At, dices, talis erit copulatio senum ut prolem non expectens ; nam licet quinquagenaria anus pepererit, l. si maior C. de legit. haeredib., id tamen rarum est, et in maiore senio impossibile. Atqui nihilominus uerum erit matrimonium in solatium mutuum aetatis, can. nuptiarum, 27 q. 1. Apertius liquet in l. 9 de liber. et posth. ff. >.

Ecquaenam, amabo, durior est seruitus quam seni uiro adolescentula ? lepide profecto Aristophanes :

Δέσποινα γὰρ γέροντι νυμφίῳ γυνή

id est, regina enim mulier est sponso seni.

Denique senilis aetas nec apta nec grata Veneri est. Ideo Tithonus uiuax Aurorae maritus Cephalum adulterum admittere coactus est, ut cui formosissimam puellam potius quam sibi duxerat, consilio plurimum ualuit : quis negat ?

C'est pourquoi, lorsqu'il s'agit de distribuer les honneurs, ceux qui sont pères sont préférés, comme ayant bien mérité de l'État, aux veufs et aux célibataires (C. 10, 32, 9[1683]) >.

Je constate que la loi a autorisé le mariage des vieillards (C. 5, 4, 24[1684]), ce qui ne m'étonne pas, car les lois n'interdisent pas et ne punissent pas tout ce qui est illégitime (D. 11, 7, 14, 13 [1685]), même si elles admettent parfois des actes extrêmement durs, comme le suicide par lassitude de vivre (D. 48, 21, 3, 4[1686]).

< Ou plutôt je voudrais dire que l'amour entre de vieux époux ne me répugne pas, s'il unit des gens du même âge, de sorte que le miroir reproche pareillement au mari et à la femme les rides de leur front ; ainsi, en effet, l'un des deux n'aura rien à reprocher à l'autre (D. 24, 3, 39[1687]), car le semblable ne brave pas son semblable (D. 4, 8, 4[1688]). Mais on me dira : l'union physique entre vieillards ne leur donnera aucun espoir de descendance ; car bien qu'une quinquagénaire ait pu enfanter (C. 6, 58, 12, pr.[1689]), cela reste néanmoins rarissime, et impossible à un âge plus avancé. Néanmoins, il s'agira bien d'un véritable mariage, qui les consolera mutuellement de la vieillesse (*Décret* II, 27, 1, 41[1690]). Cela est encore plus clair en D. 28, 2, 9, pr.[1691] >.

Et existe-t-il, je vous prie, un plus dur esclavage que celui qu'une jouvencelle impose à un vieillard ? Aristophane[1692] dit donc, avec beaucoup d'esprit :

Un vieux mari trouve en sa femme un despote.

Enfin, la vieillesse n'est ni capable d'amour ni bien vue de Vénus. Ainsi le vieux Tithon, marié à l'Aurore, fut-il obligé de consentir à son adultère avec Céphale, qu'il eût été plus sage, indubitablement, de faire épouser à cette ravissante jeune fille.

1683 Voir ci-dessus note 1041.
1684 Voir ci-dessus, note 1672.
1685 Voir ci-dessus note 224.
1686 Voir ci-dessus note 1287.
1687 *Viro atque uxore mores inuicem accusantibus causam repudii dedisse utrumque pronuntiatum est. Id ita accipi debet, ut ea lege quam ambo contempserunt, neuter uindicetur ; **paria enim delicta mutua pensatione dissoluuntur.***
1688 Voir ci-dessus note 896.
1689 *Si **maior quinquagenaria partum ediderit**, si debet huiusmodi suboles suo patri sua constitui et hereditatem eius nancisci, a Caesariana aduocatione interrogati sumus.*
1690 Voir ci-dessus, note 1670.
1691 Voir ci-dessus, note 1671.
1692 *Thesmophories*, v. 413.

Nec tarda senectus
Debilitat uires animi,
quemadmodum Virgilio uidetur et corporis quidem munerum uacatione dignus, non consilii et animi, l. II § quem ita ff. de uacat. muner.
Vere mediusfidius Byblis Ouidiana censuit, lib. 9 *Metamorph.* :
Iura senes norint, et quid liceatque nefasque
Fasque, sit, inquirant, legumque examina seruent.
Conueniens Venus est annis temeraria nostris.

Iuuenes amoribus obsequi praecipit, ut eos a legibus deterreat, cum cupidae iuuentuti *Institutiones* Iustinianus dicauerit, prooem. Inst., et Nerua Iurisconsultus, non ita ab honesto amandi iure abhorrens, XVII aetatis anno de iure publice responderit, l. 1 § initium ff. de postul.

[113]< Sed uidentur senes arceri ab honoribus, adhuc uirenti aetate, l. v annorum*, l. non tantum ff. de decurionib. : *grandes natu,* inquit, *in perpetuum amouentur, non alias seniores, ne seniorum excusatione iuniores onerentur ad omnia munera publica suscipienda soli relicti* ; *neque enim minores XXV annis decuriones adlegi nisi ex* iusta *causa possunt, neque ii qui annum LV excesserunt.*

---

113 1553 : Sed noluit Byblis pictos istos amantes, id est, senes, per imprudentiam frustra ludificari. Eos itaque pro arbitrio delirare sinamus, iamque.

Mais la vieillesse ralentisseuse
N'affaiblit pas les forces de l'esprit,
ainsi que l'estime Virgile[1693], et elle mérite d'être dispensée des charges physiques, mais non pas de celles qui mettent en jeu la prudence et l'intelligence (D. 50, 5, 2, 7a[1694]). C'est ainsi, ma foi, qu'en juge la Byblis d'Ovide, au livre 9 des *Métamorphoses*[1695] :
Laissons à la vieillesse la connaissance du Droit : qu'elle cherche ce qui est permis,
Ce qui est crime ou non ; qu'elle observe les prescriptions légales.
L'amour et ses audaces conviennent à notre âge.

Elle conseille aux jeunes gens de se complaire dans leurs amours, pour mieux les détourner des lois, alors que Justinien a dédicacé ses *Institutes* (voir le *Prélude*[1696]) « à la jeunesse avide de connaître les lois », et que le jurisconsulte Nerva, sans répugner pour autant à l'honorable droit d'aimer, donna des consultations juridiques, en public, à l'âge de 17 ans (D. 3, 1, 1, 3[1697]).

< Mais on constate que les vieillards sont écartés des honneurs alors qu'ils sont encore en pleine forme (D. 50, 2, 6, 1[1698] et D. 50, 2, 11[1699]) : les personnes âgées, dit-il, en sont écartées pour toujours ; néanmoins, elles ne doivent en être excusées qu'en connaissance de cause, de peur que les jeunes gens, restés seuls pour soutenir tous les emplois publics, ne soient surchargés du fait de cette dispense accordée aux anciens ; car les mineurs de 25 ans et les personnes qui ont plus de 55 ans ne peuvent être élus et admis dans l'ordre des décurions que pour une juste raison.

1693 *Énéide* IX, v. 610-611.

1694 *Corporis debilitas eorum munerum excusationem praestat, quae tantum corpore implenda sunt. Ceterum* **quae consilio prudentis uiri uel patrimonio sufficientis in homines obiri possunt,** *nisi certis et receptis probabilibus causis* **non remittuntur.**

1695 Vers 551-553.

1696 Voir, dans l'intitulé du De confirmatione Institutionum, l'expression **cupidae legum iuuentuti.**

1697 *Pueritiam : dum minorem annis decem et septem, qui eos non in totum compleuit, prohibet postulare, quia moderatam hanc aetatem ratus est ad procedendum in publicum,* **qua aetate aut paulo maiore fertur Nerua filius et publice de iure responsitasse.**

1698 *Minores uiginti quinque annorum decuriones facti sportulas decurionum accipiunt ; sed interim suffragium inter ceteros ferre non possunt.*

1699 **Non tantum qui tenerae aetatis, sed etiam qui grandes natu sunt decuriones fieri prohibentur.** *Illi quasi inhabiles rem publicam tueri ad tempus excusantur,* **hi uero in perpetuum amouentur ;** *non alias seniores, ne seniorum excusatione iuniores onerentur ad omnia munera publica suscipienda soli relicti.* **Neque enim minores uiginti quinque annis decuriones allegi nisi ex causa possunt, neque hi, qui annum quinquagensimum et quintum excesserunt.** *Nonnumquam etiam longa consuetudo in ea re obseruata respicienda erit. Quod etiam custodiendum Principes nostri consulti de allegendis in ordine Nicomedensium huius aetatis hominibus rescripserunt.*

Hoc Callistrati responsum perquam durum uidetur, non illo tantum seculo quo uiuaciores fuere homines, sed etiam nostro, praesertim cum senectutem sequatur experientia rerum multarum : ideoque iuuenibus praeferuntur in honoribus, § in ordinationem* de monach. col. 1. Diffuse Doctores in l. cum quid, si cert. petat ff. Cur, quaeso, daemones multa sciunt et praedicunt, nisi quod diutissima uita multarum rerum prudentiam et experimentum calleant, can. sciendum 26 q. 3 ? unde in *Cratylo* Plato δαήμονα sapientem et felicem uocat. Quocirca uerisimile est, in d. l. non tantum, senes remoueri in fauorem sui, id est, non inuitos expelli admittiue, sed excusari si uelint, l. fi. qui aetate se excus. lib. 10 C., idque putat cum Callistratus ait seniores non amoueri [114]*ne* eorum *excusatione iuuenes onerentur.* Seniores enim accipio pro parum senibus, leg. non aliter § fin. de legat. 3. Si non perinde excusatione gaudebunt, sicut nec deliri et repuerascentes, munere fruentur, can. Florentinus 83* dist.

---

114   ne *suppleui //*

Cette réponse de Callistrate paraît fort dure, non seulement en ce temps où les hommes étaient plus vigoureux, mais encore de nos jours, surtout que la vieillesse s'accompagne d'une grande expérience ; c'est pourquoi les vieillards sont préférés aux jeunes gens pour exercer les charges honorifiques (*Novelle* 5, chapitre 9[1700]). Les Docteurs l'ont dit, non sans prolixité, à D. 12, 1, 3[1701]. Pourquoi, je vous le demande, les démons ont-ils tant de connaissances et sont-ils capables d'autant de prédictions, sinon parce qu'au cours de leur très longue vie ils ont accumulé expertise et expérience sur une foule de choses (*Décret* II, 26, 3, 2[1702]) ? C'est pourquoi, dans le *Cratyle*[1703], Platon qualifie le démon de « sage » et « bienfaisant ». Aussi, dans la loi déjà citée D. 50, 2, 11[1704], selon toute vraisemblance, les vieillards ne sont-ils écartés des charges que dans leur propre intérêt, c'est-à-dire qu'ils ne sont pas acceptés ou rejetés malgré eux, mais dispensés uniquement s'ils le veulent (C. 10, 50, 3[1705]), et c'est ce que pense Callistrate quand il dit que les vieillards ne doivent pas être écartés de telle sorte que les jeunes gens soient surchargés du fait de cette dispense. Je comprends en effet « les plus anciens » au sens de « personnes d'âge mûr » (D. 32, 69, 1[1706]). Si par conséquent il ne leur plaît pas d'être dispensés, ils peuvent exercer leur charge, à condition de n'être ni fous ni gâteux (*Décret* I, 84, 6[1707]) >.

1700 *Ordinationem uero abbatum, si quando contigerit egere monasterium abbate,* **non per ordinem reuerentissimorum fieri monachorum,** *nec omnino eum, qui post primum est, mox abbatem fieri, nec qui post illum secundus est, neque tertium aut reliquos (hoc quod etiam lex nostra alia dicit), sed Deo amabilem locorum episcopum percurrere quidem consequenter per omnes (non enim exhonorandum est omnino tempus et ex eo ordo), et* **eum, qui apparuerit prius optimus inter monachos constitutus et dignus praesulatu eorum, hunc eligere, eo quod humana natura talis est et neque omnes per ordinem inter summos neque rursus omnes inter nouissimos constituti sunt** [...].

1701 Voir ci-dessus note 1464 : en l'espèce, pour exécuter un contrat de prêt, il n'est pas question de rendre du vin récent pour du vin vieux, qui a davantage de valeur.

1702 [...] *Accessit etiam demonibus* **per tam longum tempus, quo eorum uita protenditur, rerum longe maior experientia, quam potest hominibus propter breuitatem uitae peruenire** [...].

1703 *Cratyle,* 398 b : ὅτι φρόνιμοι καὶ δαήμονες ἦσαν, δαίμονας αὐτοὺς ὠνόμασεν.

1704 Voir ci-dessus note 1699.

1705 *Manifesti iuris est* **maiores quinquaginta quinque annis inuitos ad munera personalia uocari non posse.**

1706 Voir ci-dessus note 1491. Passage ultérieur de la loi : [...] *Ceterum existimari posset iuuenis is qui adulescentis excessit aetatem, quoad incipiat inter seniores numerari* [...].

1707 [...] **Non ergo propter decrepitam senectutem, sed propter sapientiam presbiteri nominantur.**

Sed iam >
redeamus ad iuuentutem uenustissimam, nempe ad XX Nymphas,
quarum mentionem paulo ante fecimus. Harum pulcherrima, Blanira
nomine, ad salices uenire festinans, caeteris subsequentibus, innixa
arcui purissimum amnem uado traiecit, succinctis aurea zona uestibus
crinibusque in nodum legatis, ne aqua madescerent.

< Pleraeque tenui ueste amiciebantur quae nec corpori nec pudori
ferret auxilium >.

In unam Blaniram oculos auide conieceram, cum passer praeteruo-
lans annulum aureum e rostro in ripam demisit, cui non licet aequare
illum quem Nonius, Senator, Strumae Nonii filius, habuit, qui, propter
opalum gemmam, sertertiis uiginti milibus aestimabatur; ob cuius
inuidiam a M. Antonio triumuiro proscriptus est. Substuli ex iussu
Nymphae annulum, deorum, ut ipsa dicebat, munus, cuius aurum
sapphirus inclusus diuidebat, ad amorem non parum conducens, si quis
in laeua ferat, ancisa Cupidinis effigie.
[115] < Multas egi nymphae gratias.

6. Nec me doni[116] paenituit >,
quamuis Atteius Capito, Pontificii priscique iuris imprimis peritus, nefas
esse putauerit deorum formas insculpi annulis, citante Macrobio lib. 7
cap. 13. Idem tradit solis ingenuis ius annulos gestandi fuisse, nisi qui
libertini ius aureorum annulorum exorassent, ex quo instar ingenuorum
haberi incipiebant, illaeso tamen patroni iure, l. fin. ff. de iur. aur. annull.

---

115   1553 : Multas Blanirae acturus eram gratias, nisi uiso ceruo arcum propere tetendisset,
quem a comitibus adiuta in salictum citissima egit, et iure naturali suum fecit § ferae
de rerum diuis. Ceruos mansuefactos olim in delitiis habitos compertum est, § ceruos
eod. titu., quare puella dilecta ceruae in amore comparatur et hinnulo, *Prouerb.* 5 cap.
Demirabar ego interea pretiosum annulum, nec me illius paenitebat.

116   doni *scripsi* : domi *T //*

Mais revenons à la séduisante jeunesse, c'est-à-dire aux vingt Nymphes que nous avons mentionnées un peu auparavant. La plus belle d'entre elles, appelée Blanira, se dépêcha d'atteindre les saules, suivie de toutes les autres, et, en prenant appui sur son arc, elle franchit à gué la rivière aux eaux très pures, après avoir relevé ses vêtements avec une ceinture en or, et noué ses cheveux pour éviter de les mouiller.

< La plupart des Nymphes portaient un vêtement très fin, qui ne protégeait guère leur corps ni leur pudeur >.

J'avais fixé mon regard avec avidité sur la seule Blanira, quand un oiseau, me survolant, laissa tomber de son bec sur la rive une bague en or, incomparablement plus belle que celle du sénateur Nonius[1708], fils de Nonius Struma, dont l'opale était estimée deux millions de sesterces et lui valut d'être proscrit par le triumvir Antoine, dont elle avait excité l'envie. Sur l'ordre de la Nymphe, je ramassai l'anneau, qui était, selon ses propres termes, un cadeau des dieux : un saphir incrusté, qui tranchait sur son or, n'incitait pas peu à l'amour, si on le portait à la main gauche, car l'effigie de Cupidon y était gravée. < Je remerciai chaleureusement les Nymphes.

6. Et je ne fus pas mécontent du cadeau >, bien que selon Macrobe, au chapitre 13 du livre VII[1709], Atteius Capiton, excellent connaisseur du très ancien Droit pontifical, ait estimé sacrilège de sculpter sur les anneaux les effigies des dieux. Le même auteur rapporte que seuls les hommes libres avaient le droit de porter des anneaux, mais que quelques affranchis, ayant imploré le droit de porter des anneaux d'or, commencèrent à en jouir, à l'instar des hommes libres, sans préjudice cependant du droit de leur patron (D. 40, 10, 6[1710]).

1708 Voir Pline, *Histoire naturelle*, XXXVII, 21, 2 : « Aujourd'hui encore existe une opale pour laquelle Antoine proscrivit le sénateur Nonius, fils de ce Nonius Struma que le poète Catulle s'indignait de voir assis sur la chaise curule, et aïeul de Servilius Nonianus que nous avons vu consul. Ce Nonius proscrit fuyait, n'emportant de tout son bien que son anneau, estimé, cela est sûr, 2 millions de sesterces. Singulière cruauté, singulière passion du luxe chez Antoine, qui proscrivait pour une pierre précieuse ; et non moins singulière obstination chez Nonius, qui s'éprenait de la cause de sa proscription, tandis qu'on voit les brutes même s'arracher les parties du corps pour lesquelles elles se savent en péril »

1709 « [...] Atéius Capito, l'un des hommes les plus instruits du droit pontifical. Capito, après avoir établi que la religion défend de sculpter les effigies des dieux sur les anneaux [...] »

1710 *Libertinus si ius anulorum impetrauerit, quamuis **iura ingenuitatis saluo iure patroni nactus sit**, tamen ingenuus intelligitur : et hoc Diuus Hadrianus rescripsit.*

Non enim est aliud hoc ius impetratum quam imago et umbra quaedam ingenuitatis, quare plus efficit restitutio natalium a principe facta, nec sine manumissoris consensu, l. II C. eod.; l. fin. ff. de natal. restitu. Budaeus, in l. fi. ff. de senato., existimat idem esse iure aureorum annulorum donare quod equitem facere. Nemo illi assentietur, quoties hoc ad libertinas personas refertur. Nam et foeminae id obtinent, l. etiam ff. de iur. aur. annul., nec sunt equites, ut Amazones et Penthesilea.

< Ius aureorum annulorum a Principe solebat impetrari in imitationem libertatis naturalis eratque inter beneficia manumissis concessa singulari ratione, l. 1 ff. de iure aureor. annul. Sed id ius omnibus manumissis uulgauit Iustinianus, § 1 ut liberti. de caetero col. 6, ubi frustra Accursius putauit non beneficii sed necessitatis fuisse, ut libertini annulos aureos ferrent; idem asseruit in l. fi. C. de iure aureor., ubi lex probat contrarium et l. etiam de bonis liber. ff., ubi libertus donatur aureis annulis : *uiuit quasi ingenuus, moritur* patroni bono *quasi libertinus*, ideoque principali beneficio impetrato >.

En effet, l'obtention de ce droit n'est rien d'autre qu'une apparence et une ombre de statut d'homme libre, car la restitution de naissance effectuée par le Prince, avec le consentement de celui qui affranchit, est bien plus efficace (C. 6, 8, 2[1711] ; D. 40, 11, 5, 1[1712]). Dans son commentaire à la loi D. 1, 9, 12, pr.[1713], Budé [1714] estime que donner le droit aux anneaux d'or est la même chose que faire quelqu'un chevalier. Mais personne ne sera d'accord avec lui, chaque fois que cela se rapporte à des affranchis. Car les femmes aussi obtiennent ce droit (D. 40, 10, 4[1715]) et elles ne sont pas des « chevalières », comme les Amazones et Penthésilée[1716].

< On demandait ordinairement au Prince le droit aux anneaux d'or pour simuler une naissance libre, et il faisait partie des bienfaits exceptionnellement concédés à ceux que l'on affranchissait (D. 40, 10, 1, pr.[1717]). Mais Justinien accorda ce droit à tous les affranchis : voir la *Novelle* 78, chapitre 1[1718], où Accurse a pensé inutilement que si les affranchis portaient des anneaux d'or, ce n'était pas le résultat d'un bienfait mais d'une obligation ; il a affirmé la même chose en C. 6, 8, 2[1719], où les termes de la loi prouvent le contraire, et en D. 38, 2, 3, pr.[1720], où l'on donne le droit aux anneaux d'or à un affranchi : *il vit comme un homme libre, mais il meurt*, au bénéfice du patron, *comme un affranchi*, parce qu'il a obtenu cet avantage du Prince >.

1711 *Aureorum usus anulorum beneficio principali tributus libertinitatis quoad uiuunt* **imaginem non statum ingenuitatis praestat,** *natalibus autem antiquis restituti liberti ingenui nostro beneficio constituuntur.*

1712 **Patrono consentiente debet libertus ab Imperatore natalibus restitui** ; *ius enim patroni hoc impetrato amittitur. Libertinus, qui natalibus restitutus est, perinde habetur, atque si ingenuus factus medio tempore maculam seruitutis non sustinuisset.*

1713 *Nuptae prius consulari uiro impetrare solent a Principe, quamuis perraro, ut nuptae iterum minoris dignitatis uiro nihilominus* **in consulari maneant dignitate** *[...].*

1714 Voir *Annotationes priores et posteriores Gulielmi Budaei [...] in Pandectas [...],* Lyon, 1562, p. 210.

1715 *Etiam feminae ius anulorum aureorum impetrare et natalibus restitui poterunt.*

1716 Penthésilée, reine des Amazones, vint aider les Troyens après la mort d'Hector.

1717 *Inter ceteros alimenta liberto relicta non idcirco non debentur, quia ius aureorum anulorum ab Imperatore libertus acceperit.*

1718 *Propterea sancimus, si quis manumittens seruum aut ancillam suam ciues denuntiauerit Romanos (neque enim aliter licet),* **sciat ex hac lege, quia qui libertatem accepit habebit subsequens mox et aureorum anulorum et regenerationis ius,** *et non iam ex necessitate hoc a Principibus postulabit neque indigebit omnino ulla scrupulositate, sed libertatis uirtute haec omnia subsequentur.*

1719 Voir ci-dessus note 1711.

1720 *Etiamsi ius anulorum consecutus sit libertus a Principe, aduersus huius tabulas uenit patronus, ut multis rescriptis continetur ;* **hic enim uiuit quasi ingenuus, moritur quasi libertus.**

Non fuit in more positum ueteribus ad ornatum dumtaxat annulos
gestare, sed magis ad signandum, idque liberis et ingenuis solis tributum, quoniam fides signaculo continetur. Iuris aureorum annulorum
originem uerisimile est extitisse a Gn. Flavio, Annii filio et scriba
Appii Claudii Caeci, qui legis actiones populo Romano uulgauit, id est,
solemnes et certas agendi formulas, quae antea penes principes ciuitatis
uiros, maxime penes Appium, religiose seruabantur. Tam gratum id
munus populo fuit, ut, licet libertini filius, tribunus plebis et senator et
aedilis curulis crearetur, in gratiam tanti beneficii, l. II § postea cum
ff. de orig. iur. Porro, quamuis ante Gn. Flauium non fuisset frequens
aureorum annullorum usus, ipse tamen usus est, si Plinio creditur lib.
33, cap. 1, nempe uelut ingenuus et qui ius ciuile in manus populi
misisset et uulgasset.

7. Hinc forte fit, ut Doctores legum aureo donentur annulo, quasi
ius ciuile postmodum interpretaturi publice
< in Italicis Academiis : nam in nostra Tolosarum, insignia clariora
praestantur, attonitae uenerationis plena et nobilem inuestituram redolen-
tia, praetermisso aureo annulo, de quo ad inuestituram[117] apto tractatur in
cap. 3, de iis quae fiunt a maior. part. ; cap. cum olim, de sentent. et re iud. ;

---

117 inuestituram *correxi* : inuestiturae *T* //

Les Anciens n'avaient pas l'habitude de porter des anneaux seulement pour se parer, mais plutôt pour signer, et ces anneaux ne pouvaient être portés que par des hommes libres et nobles, parce que le sceau engage la bonne foi. Il est vraisemblable que le droit aux anneaux d'or a commencé avec Cn. Flavius, fils d'Annius, et secrétaire d'Appius Claudius Caecus[1721], qui divulgua au peuple romain les actions de la loi, c'est-à-dire les formules solennelles et précises pour agir en justice, lesquelles étaient, jusque-là, religieusement conservées entre les mains des notables, et en particulier d'Appius. Ce cadeau fut tellement apprécié par le peuple qu'en récompense d'un si grand bienfait, et quoiqu'il fût le fils d'un affranchi, il fut fait tribun de la plèbe, sénateur et édile curule (D. 1, 2, 2, 7[1722]). Mieux : bien qu'avant Cn. Flavius l'usage des anneaux d'or eût été rare, il en usa lui-même, si l'on en croit Pline, au livre **XXXIII**, chapitre 1*[1723], comme s'il était, effectivement, de naissance noble, parce qu'il avait divulgué le Droit civil et l'avait remis entre les mains du peuple.

7. De là vient peut-être la coutume de donner aux Docteurs en Droit un anneau d'or, comme s'ils allaient ensuite interpréter publiquement le Droit civil

< dans les académies italiennes ; car, dans notre bonne ville de Toulouse, on confère des insignes assez célèbres, qui inspirent une vénération éblouie et qui fleurent bon une glorieuse investiture, mais on n'y trouve pas l'anneau d'or, dont il est question, à cause de sa capacité à conférer l'investiture, dans les *Décrétales de Grégoire IX*, III, 11, 3[1724] et II, 27, 12[1725] ;

1721 Sur ce personnage, voir l'article de Th. Lanfranchi, « À propos de la carrière de Cn. Flavius », *Mélanges de l'École de Rome*, 125-1 | 2013 (consultable en ligne).

1722 *Postea cum Appius Claudius proposuisset et ad formam redegisset has actiones, Gnaeus Flauius scriba eius libertini filius subreptum librum populo tradidit, et* **adeo gratum fuit id munus populo, ut tribunus plebis fieret et senator et aedilis curulis.**

1723 Chapitre 6 : « Il ne paraît pas que l'usage des anneaux ait été commun avant le temps de Cn. Flavius, fils d'Annius. Ce Flavius publia la liste des jours fastes, sur lesquels les citoyens étaient journellement obligés d'interroger un petit nombre de grands personnages. Il était fils d'un affranchi, et il avait été lui-même scribe d'Appius Caecus, sur le conseil duquel il avait recueilli ces jours en consultant continuellement, et en interprétant avec sagacité les réponses. La publication de cette liste lui acquit tant de faveur auprès du peuple, qu'il fut nommé édile curule avec Q. Anicius de Préneste, qui peu d'années auparavant, était ennemi de Rome, à l'exclusion de C. Poetelius et de Domitius, dont les pères avaient été consuls (ans de Rome 428 et 432). Ce ne fut pas tout ; on le fit en même temps tribun du peuple ».

1724 [...] *in signum inuestiturae annulo ei aureo destinato* [...].

1725 [...] *per suum annulum inuestiuit in locum archidiaconi corporaliter illum inducens.*

nec omitto inualuisse quondam, ut patroni causarum annulis honesta-
rentur ; Iuuenalis satyra 7 :
Ciceroni nemo ducentos
Nunc dederit nummos, nisi fulserit annulus ingens >.

Alciatus, libro *Parerg.* 8 cap. 10, alia coniectura nititur, uel quia
equestris bellicaeque uirtutis id insigne sit, uel quia annulo signata responsa Iurisconsulti dare soliti fuerunt, D. Augusti beneficio, l. II § pen.
ff. de origine iur. ; quamquam in hoc est quod addubitem, cum Doctori
ornatus causa detur annulus, at signatorius non est inter ornamenta
referendus, l. signatorius ff. de uerbor. signific. Praeterea signata responsa
accipere conuenit nuda subscriptione, non modo annulo, l. fideiussor §
pater ff. de pign. ; l. pen § 1 eod. ; l. subsignatum ff. de uerbor. signific.

et je n'omets pas le fait qu'autrefois l'usage s'était établi d'honorer les avocats avec des anneaux ; voir la satire 7 de Juvénal[1726] :

À Cicéron personne aujourd'hui ne donnerait deux cents sesterces,
À moins qu'à ses doigts une énorme bague ne jette ses feux >.

Alciat, au livre VIII chapitre 10 de ses *Parerga*[1727], propose une autre conjecture : [selon lui, on remettait un anneau aux Docteurs] soit parce que c'était l'insigne de la vertu équestre, c'est-à-dire martiale, soit parce que les jurisconsultes avaient l'habitude de signer avec leur anneau les consultations qu'ils donnaient par la grâce d'Auguste (D. 1, 2, 2, 49[1728]) : mais il y a là de quoi me laisser dubitatif, parce que l'on donne l'anneau au Docteur à titre de parure, et que l'anneau qui sert de sceau ne doit pas être compté parmi les parures (D. 50, 16, 74[1729]). En outre, il est convenu d'accepter comme consultations signées celles qui le sont avec une simple signature manuscrite, et pas uniquement celles qui le sont avec un anneau (D. 20, 1, 26, 1[1730] ; D. 20, 1, 34, 1[1731] ; D. 50, 16, 39, pr.[1732]).

1726 Vers 139-140.

1727 Le chapitre est intitulé : *Modus creandorum Doctorum.* À propos de l'anneau, Alciat écrit en effet : *annulum* [...] *ordinis equestris signum est et bellicae uirtutis insigne* [...]. *An uerius est annuli eis* [i. e. Doctoribus] *dari quod signandorum responsorum ius acquirant. Pomponius : qui fiduciam, inquit, studiorum suorum habebant, consulentibus respondebant, neque responsa utique signata dabant.* Voir *Alciati Parerga iuris libri VII posteriores*, Lyon, 1544, p. 85. Pour la citation de Pomponius, voir la note suivante.

1728 *Et, ut obiter sciamus, ante tempora Augusti publice respondendi ius non a Principibus dabatur, sed qui fiduciam studiorum suorum habebant, consulentibus respondebant, neque* **responsa utique signata dabant**, *sed plerumque iudicibus ipsi scribebant, aut testabantur qui illos consulebant. Primus Diuus* **Augustus**, *ut maior iuris auctoritas haberetur, constituit ut ex auctoritate eius responderent, et ex illo tempore* **peti hoc pro beneficio** *coepit.*

1729 **Signatorius anulus « ornamenti » appellatione non continetur.**

1730 *Pater Seio emancipato filio facile persuasit, ut, quia mutuam quantitatem acciperet a Septicio creditore,* **chirographum perscriberet sua manu filius eius**, *quod ipse impeditus esset scribere, sub commemoratione domus ad filium pertinentis pignori dandae : quaerebatur, an Seius inter cetera bona etiam hanc domum iure optimo possidere possit, cum patris se hereditate abstinuerit, nec metuere ex hoc solo, quod mandante patre manu sua perscripsit instrumentum chirographi,* **cum neque consensum suum accomodauerat patri aut signo suo aut alia scriptura.** *Modestinus respondit : cum sua manu pignori domum suam futuram Seius scripserat,* **consensum ei obligationi dedisse manifestum est.**

1731 [...] *Respondit, cum conuenisse de pignoribus uidetur,* **non idcirco obligationem pignorum cessare, quod dies et consules additi uel tabulae signatae non sint.**

1732 **« Subsignatum » dicitur, quod ab aliquo subscriptum est** : *nam ueteres subsignationis uerbo pro adscriptione uti solebant.*

An magis est, ut formatus in circulum annulus ambitum et notitiam omnium disciplinarum requiri praesumique in Iurisconsulto facit, sicut catena Homerica ex multis compacta annulis ?

Certe annulum, quo sponsus sponsam oppignerat, ex consuetudine dari suspicor, circulari etiam ratione, quia arctissimum matrimonii foedus perpetuo nec desituro amore nitatur, § 1 de pat. potest., uel quia aeternitas prolis successione quodammodo acquiritur, l. liberorum § fin. ff. de uerbor. signific. Hinc Atteius Capito annum a circuitu temporis putat dictum, quia antiqui « an » pro « circum » usurparunt : unde ambire et Cato in *Originibus*, « an terminum » pro « circum terminum » dixit ; et Aegyptii mundum repraesentantes serpentem pingebant in orbem suam ipsius caudam deuorantem, quia haec figura perfectissima est. Sponsaliorum annulus digitum qui minimo proximus est honore decorat, potissimum propter neruum pertenuem, qui ab eo ad cor tendit et peruenit, ut in apertis humanis corporibus, quas Graeci ἀνατόμας uocant, compertum est, canon foeminae 30 q. 5 ; Aulus Gellius meminit, lib. 10 cap. 10.

N'est-ce pas plutôt que l'anneau, avec sa forme circulaire, représente le périmètre des savoirs de toutes les disciplines qui sont requis et présumés chez un juriste, comme la chaîne d'Homère[1733], formée par l'assemblage de multiples anneaux ?

Je présume que l'anneau de fiançailles était certainement donné, selon la coutume, en raison de cette même forme circulaire, parce que le lien extrêmement serré du mariage est fondé sur un amour perpétuel et incessant (*Institutes* I, 9, 1[1734]), ou bien parce que l'on acquiert en quelque sorte l'immortalité par la succession des générations (D. 50, 16, 220, 3[1735]). C'est pourquoi Atteius Capito pense qu'on dit « année » pour « cercle temporel », car les Anciens utilisaient la préposition *an* pour dire *circum*. D'où le verbe *ambire*, et l'emploi, dans les *Origines* de Caton[1736], de *an terminum* pour *circum terminum*. Et les Égyptiens, pour représenter l'univers, peignaient un serpent replié sur lui-même, qui se mordait la queue, parce que c'est l'image de la perfection. L'anneau des fiancés orne et honore le doigt le plus proche de l'auriculaire, à cause surtout de ce nerf très ténu qui en part pour rejoindre le cœur, comme on le sait grâce aux représentations du corps humain que les Grecs appellent anatomiques (*Décret* II, 30, 5, 7, § 3[1737]) ; Aulu-Gelle le rappelle au chapitre 10 du livre X[1738].

1733 Voir I*liade*, VIII, 18-27.

1734 Voir ci-dessus, note 79.

1735 Voir ci-dessus note 153.

1736 Au témoignage de Macrobe, I, 14, 5 : « C'est pourquoi Atéius Capiton pense que le mot "année" signifie "circuit du temps" ; car les anciens employèrent *an* pour *circum*. Ainsi Caton, dans ses *Origines,* dit *an terminum* pour *circum terminum* (autour de la limite) ; et *ambire* pour *circumire* (aller autour) ».

1737 *Item, quod in primis annulus a sponso sponsae datur fit nimirum uel propter mutuae dilectionis signum, uel propter id magis, ut eodem pignore corda eorum iungantur.* **Vnde et quarto digito annulus inseritur, ideo quod in eo uena quaedam, ut fertur, sanguinis ad cor usque perueniat.**

1738 « Nous savons que les anciens Grecs portaient un anneau à la main gauche, au doigt voisin du plus petit. Le même usage devint, dit-on, général chez les Romains. Voici la cause qu'en rapporte Apion, dans ses *Égyptiaques* : En disséquant les corps humains, selon la coutume égyptienne, la science, appelée par les Grecs anatomie, fit découvrir un nerf très délié, partant de ce seul doigt pour se diriger vers le cœur où il vient aboutir, et l'on accorda cette distinction à ce doigt, à cause de ce lien, de cette espèce de rapport qui l'unit au cœur, la partie noble de l'homme ».

< Obseruat quoque mos uetus, ut annuli non nisi a nuptis ferantur, et inde praesumptio colligatur matrimonii, cap. illud de praesumption. Nec obscurum est sacra facile annulis misceri a magis : inde septem annuli Apollonio donati ab Iarcha sapiente Indo, iuxta numerum septem stellarum, quorum singulos singulis diebus gestaret, teste Philostrato. Nihil uero apud antiquos aptius uisum fuit ad pignora quae sequestro deponerentur uictori tradenda, sponsiones uocat Plinius, lib. 33 cap. 1*, ubi addit nullam arram fuisse uelociorem, ut liquet ex l. si rem tibi § fi. ff. de praescr. uerbis ; l. ex empto § is qui ff. de acti. empt. Atque olim qui haeredes designarent annulum tradebant, ut late describit Valerius, lib. 7 cap. 9, uelut argumento amoris et arrae dominii, quia haeres dominus fit § fi. de haered. qualit.

< Il note aussi un ancien usage, selon lequel ce n'étaient que les gens mariés qui portaient des anneaux, d'où le fait que cela valait comme présomption de mariage (*Décrétales de Grégoire IX*, II, 23, 11[1739]). Et l'on n'ignore pas que les magiciens introduisent facilement des charmes dans les anneaux : d'où, au témoignage de Philostrate[1740], les sept anneaux, comme il y a sept planètes, dont le sage indien Iarchas fit cadeau à Apollonios, pour qu'il en portât un différent chaque jour de la semaine. Et rien ne parut plus convenable aux Anciens pour constituer les gages qui étaient déposés en séquestre, afin d'être remis au vainqueur du litige : Pline, au livre XXXIII, chapitre 1*[1741], les appelle des « arrhes », et il ajoute qu'il n'y en avait pas qui fussent plus rapidement disponibles, comme on le voit clairement en D. 19, 5, 17, 5[1742] ; D. 19, 1, 11, 6[1743]. Et jadis, ceux qui désignaient des héritiers leur remettaient un anneau, ainsi que Valère-Maxime le décrit longuement, au chapitre 9 du livre VII[1744], en guise de preuve d'affection et d'arrhes de propriété, car l'héritier devient propriétaire (*Institutes* II, 19, 7[1745]).

1739 Voir ci-dessus note 1329. Autre passage : [...] *Vir autem nonnisi praedicto instrumento, et quibusdam* **testibus, qui uiderant eam annulos deferentem,** *mulierem ipsam probauit esse uxorem* [...].

1740 *Vie d'Apollonios*, III, 41 : « Damis dit encore que Iarchas fit présent à Apollonius de sept anneaux qui portaient les noms des sept planètes, et Apollonius en mettait un chaque jour, selon le nom du jour ».

1741 Voir ci-dessus note 1723. Fin du chapitre 6 : « L'usage de l'anneau doit avoir pris de l'extension avec l'usure ; ce qui le prouve, c'est l'habitude vulgaire de tirer son anneau en signe d'arrhes, habitude qui remonte sans doute au temps où c'était le gage le plus prompt à trouver ».

1742 *Si quis sponsionis causa anulos acceperit* nec reddit uictori, praescriptis uerbis actio in eum competit [...].

1743 [...] *Si anulus datus sit arrae nomine et secuta emptione pretioque numerato et tradita re anulus non reddatur, qua actione agendum est* [...].

1744 *Faits et dits mémorables*, VII, 9, § 1, 4 et 5 : « Q. Cæcilius devait à l'active sympathie et aux grandes générosités de L. Lucullus le haut rang où il était parvenu et son immense fortune. Quoiqu'il ne cessât de déclarer hautement que Lucullus était son unique héritier, qu'il lui eût même remis ses anneaux en mourant, il adopta par testament Pomponius Atticus et lui laissa tout son héritage [...]. En mourant, il lui remit ses anneaux comme à son unique héritier, et cependant il ne lui laissa pas la moindre part de son héritage [...]. Parmi les nombreuses personnes qui l'entouraient de leurs soins, Gallus fut aussi la seule qu'il jugea digne d'un dernier embrassement et d'un dernier baiser. Popilius fit plus encore : il lui remit ses anneaux. Apparemment il ne voulait lui laisser rien perdre d'une succession qu'en fait il ne devait pas recueillir [...].

1745 [...] *pro herede enim gerere est pro domino gerere* [...].

Consequenter sponsae donari annulus coepit instar arrae sanctissimae ;
plane non proinde ex[118] facili, ut ea reddita uel duplicata contractus
dirimatur instar uenditionis, § 1 de empt., quoniam sacro ligamine
consensus uinctus est in matrimonio, l. 1 de rit. nupt. ff., uel quod annulum tradendo uidetur inuicem transferri dominium, ita ut communicatio
mutua fiat et societas perpetua, l. 1 ff. rer. amotar. Inde Alexander
Magnus in supremis annulum detractum digito Perdiccae suo[119] tradidit,
summam imperii concedens, apud Q. Curtium lib. X >.

---

118   ex *suppleui* //
119   suo *scripsi* : duo *T* //

En conséquence, on commença à donner un anneau à sa fiancée en guise d'arrhe sacré ; mais pas du tout par facilité, pour que le fait de le rendre ou de le restituer au double permît de résilier le contrat, comme en matière de vente (*Institutes*, III, 23, pr.[1746]), puisqu'en matière de mariage, le lien du consentement a un caractère sacré (D. 23, 2, 1[1747]) ; ou bien parce que la remise d'un anneau semble effectuer un transfert réciproque de la propriété, de manière à réaliser un échange mutuel et une communauté de vie perpétuelle (D. 25, 2, 1[1748]). C'est pourquoi, selon Quinte-Curce[1749], Alexandre le Grand, à sa dernière heure, retira de son doigt un anneau pour le remettre à son cher Perdiccas, lui laissant ainsi la totalité de son empire >.

1746 [. . .] *poenitentiae locus est et potest emptor uel uenditor sine poena recedere ab emptione.* **Ita tamen impune recedere eis concedimus nisi iam arrarum nomine aliquid fuerit datum ;** *hoc etenim subsecuto, siue in scriptis siue sine scriptis uenditio celebrata est,* **is qui recusat adimplere contractum, si quidem emptor est, perdit quod dedit, si uero uenditor, duplum restituere compellitur,** *licet nihil super arris expressum est.*

1747 Voir ci-dessus note 61.

1748 Voir ci-dessus note 708.

1749 *Histoire d'Alexandre*, § 5 : « Faisant alors approcher ses amis, car la voix même commençait à lui manquer, il ôta son anneau de son doigt et le remit à Perdiccas, en y joignant l'ordre de faire porter son corps au temple d'Ammon. On lui demanda à qui il laissait l'empire : "Au plus fort", répondit-il ; et il ajouta qu'il prévoyait qu'à l'occasion de ce débat on lui préparerait de grands jeux funèbres. Perdiccas lui ayant encore demandé quand il voulait qu'on lui rendît les honneurs divins : "Au moment, leur dit-il, où vous serez heureux". Ce furent là ses dernières paroles, et peu après il expira ».

OBSERVATA IN CAPUT XVI

1. Tres arbores eximiae ante Cupidinis forum describuntur, < et fax Cupidinis ; affectus quoque ratio jure probata >.
2. Quod si quando nostra ex affectione interest agatur.
3. An in l. si cui fundus de leg. II agatur ex singulari utilitate.
4. Explicatur l. 1 § sed si rem ff. si quid in fraud pa.
5. Quid de l. praetia rerum ff. ad leg. Falc.
6. In lege Aquilia singularis existimationis cessat ratio.
7. Quatenus in amore id quod interest aestimandum.

CAPUT XVI

Nemo mihi persuaserat Athlantis filias auriferam arborem habuisse, donec ad forum Cupidinis ueni, ante cuius ianuam consitae fuerant tres arbores inauditi nominis et nitoris egregii in enodi stipite ; folia cuilibet de smaragdo Natura fecerat, ne uirere desinerent.

1. Quarum arborum prima et maxime procera pomis aureis grauis erat, altera argenteis, tertia unionum similibus, candore etiam uniones rubri maris superantibus, ubi alias nascuntur, l. et si non* § antepen. ff. de aur. arg.

CONTENU DU CHAPITRE 16

1. Description de trois arbres remarquables situés devant le tribunal de Cupidon, < et la torche de Cupidon ; le Droit reconnaît aussi le préjudice d'affection >.
2. Ce qu'il se passe si nous avons intérêt à agir en préjudice d'affection.
3. Est-ce qu'en D. 31, 54, on intente une action fondée sur l'intérêt personnel ?
4. Explication de D. 38, 5, 1, 14.
5. Ce qu'il en est de D. 35, 2, 63, pr.
6. La loi Aquilia, elle, n'admet pas qu'on invoque l'évaluation personnelle.
7. Jusqu'à quel point, en matière d'amour, il faut faire l'estimation de l'intérêt personnel.

CHAPITRE 16

Personne n'avait pu me faire croire que les filles d'Atlas possédaient un arbre aux fruits d'or, jusqu'à ce que je sois arrivé au tribunal de Cupidon, car devant sa porte étaient placés trois arbres dont j'ignorais le nom, mais dont l'éclat était extraordinaire, et le tronc parfaitement lisse. La nature leur avait fabriqué des feuilles d'émeraude, pour qu'ils soient toujours verts.

1. Le premier et le plus grand de ces arbres était chargé de fruits d'or, ceux du second étaient en argent et ceux du troisième semblables à des perles dont la blancheur surpassait même les perles de la mer Rouge, qui est, d'ailleurs, le lieu dont elles proviennent (D. 34, 2, 19, 18[1750]).

1750 *Margaritas autem nec gemmis nec lapillis contineri satis constitisse ibidem Sabinus ait, quia* **concha apud rubrum mare et crescit et coalescit.**

Caeterum huius arboris stipitem hedera lasciuo amplexu occultabat, et ita summa suis, ima alienis frondibus arbor sacra uestiebatur. Hederae folia aliquot carpere iam meditabor, cum quidam e Cupidinis lictoribus, de foro exiliens, id ne auderem praemonuit ; qui non fascem cum securi, sed facem et telum efferens ;

< facis autem nomine, accensam et urenten intellige, l. si seruus § serui in fi. ff. ad leg. Aq. >[120] ;

ac torue admodum me adspiciens : « Nulli, inquit, istud attrectare licet, ne Poëtae quidem, si amet, nisi poto prius helleboro ; an ignoras et pro hereda actionem arborum furtim caesarum competere, l. III ff. arbor. furt. caesar. ? ».

« Adde, inquit lictor, Cupidinem in has arbores peculiari aliqua affectione ferri, ob quam quis nescit te pluris condemnandum, si quid aduersum eas admiseris ?

2. Aucta damni aestimatione ob singularem affectionem Cupidinis, eo magis quod quaeuis trium arborum felices fructus uberrime profert, et Paulus in l. competit ff. quod ui aut clam, interdictum concessit usufructuario pro cypressis et aliis infructuosis arboribus, quae tantum ad amoenitatem et uoluptatem faciunt ; et Passienus Crispus, bis Romanus consul, orator nobilis, ob Neronem priuignum factus clarior, morum in Dianae luco adamauit, osculari et amplecti eam crebro solitus, ac iuxta uinum effundere ;

---

120 *post* efferens *locaui* : *post* caesar. *T* //

Le tronc de cet arbre était dissimulé par un lierre qui l'enlaçait langoureusement, et ainsi l'arbre sacré était revêtu, en hauteur, de ses propres frondaisons, et, en bas, de frondaisons d'emprunt. Je projetais déjà de cueillir quelques feuilles de lierre, quand l'un des licteurs de Cupidon sortit du tribunal et m'avertit de n'en rien faire ; il ne portait pas une hache et des faisceaux, mais une torche et une arme de jet ;

< et quand je dis « torche », comprenez : allumée et brûlante (D. 9, 2, 27, 6[1751]) > ;

et, en me regardant presque de travers, il me dit : « personne n'a le droit d'y toucher, pas même un poète amoureux, à moins qu'il n'ait bu préalablement de l'ellébore ; ignores-tu que l'action relative aux arbres coupés en cachette vaut aussi pour le lierre (D. 47, 7, 3, 1[1752]) » ?

« Ajoute, continua le licteur, que Cupidon porte à ces arbres une affection toute particulière, et qui ne sait que, pour cette raison, il faudrait te condamner plus lourdement, si tu leur avais causé quelque dommage ?

2. L'estimation du dommage serait effectivement augmentée à cause de l'affection exceptionnelle qu'ils inspirent à Cupidon – et d'autant plus que chacun de ces trois arbres porte de beaux fruits en extrême abondance –, puisque Paul, en D. 43, 24, 16, 1[1753], accorde l'interdit à l'usufruitier même pour des cyprès et d'autres arbres improductifs, qui ne servent qu'au décor et au plaisir des yeux ; le Romain Passienus Crispus[1754], deux fois consul et orateur célèbre, rendu plus célèbre encore à cause de son beau-fils Néron, était amoureux d'un mûrier qui se trouvait dans le bois sacré de Diane : il le prenait souvent dans ses bras, lui donnait des baisers et l'arrosait avec du vin ;

1751 Il est très probable que cet ajout de l'édition posthume a été mal inséré par l'imprimeur, et qu'il faut le placer un peu plus haut, juste après la mention de la torche du licteur. La référence au *Digeste* montre qu'en effet le mot « torche » évoque immédiatement des brûlures passibles de la loi Aquilia : *Proinde si* **facem** *seruo meo obieceris,* **et eum adusseris,** *teneberis mihi.*

1752 **Ederae** *quoque et harundines* **arbores** *non male* **dicentur.**

1753 Voir ci-dessus note 1639.

1754 Voir Pline, *Histoire naturelle*, XVI, 91 : « Dans le territoire de Tusculum, près d'un faubourg, sur une colline nommée Corne, est un bois consacré de temps immémorial par le Latium à Diane : c'est un bois de hêtre, qu'on dirait taillé par l'art. De notre temps, un bel arbre de ce bois a été passionnément aimé par l'orateur Passiénus Crispus, deux fois consul, qui dans la suite fut célèbre pour avoir épousé Agrippine et avoir été le beau-père de Néron : il baisait cet arbre, il l'embrassait, il se couchait à son ombrage, il l'arrosait avec du vin ».

< et apud Herodotum Xerxes[121] rex adamauit platanum, eamque aureo monili donauit, lib. 7 > ».

3. « Non me fugit, inquam, istarum affectionum, quae singulariter cuique obueniunt, gratia
[122]< rationem haberi. Bartolus, asper ut serius interpres, actionem dari putat, nedum condemnationem augeri, sed non sine delectu ex affectibus. Actionem quidem dari uult, et si iisdem non adsit comes utilitas : nam augeri condemnationem sed nec agi patitur, nisi in bonaefidei iudiciis.

Putem, ut altius repetam, affectus respectum in iure plurimi fieri in omnibus tractatibus sine compendio, cum ex partium consensu manat negotium, ut cum seruitus constituitur stipulatione, uel testamento, uel iuxta uenditionem praedii, cui est inutilis, puta, aquaeductus alioquin amoenus, l. ei fundo ff. de seruitut. ; l. hoc iure de aqua cotid. ff., uel cum legatur ususfructus statuae uel sterilis agri, atque ita damnosus, sed collibuit ita constituentibus, l. statuae ff. de usufruct., modo iustae causae sint, id est, minimae turpitudinis nec improbatae uoluptatis, l. illud ff. de manumissis uinct.

---

121 Xerxes *correxi* : Xeares **T** //
122 1553 : agi posse. Noui apprime huc spectare.

< et chez Hérodote, au livre VII[1755], le roi Xerxès tomba amoureux d'un platane et lui fit cadeau d'un collier en or > ».

3. « Il ne m'échappe pas, dis-je, que l'on tient compte de ces dispositions affectives, qui sont particulières à chacun.

< Bartole, interprète aussi sérieux que rugueux, est d'avis que l'on doit accorder une action, et à plus forte raison les circonstances aggravantes, mais non sans faire le tri parmi ces motivations affectives. Il veut, assurément, que l'on accorde une action, y compris si ces mêmes motivations ne sont pas assorties d'un avantage, qui permet, effectivement, d'accorder les circonstances aggravantes, mais non pas une action, sauf s'il s'agit d'actions de bonne foi[1756].

Pour reprendre la question de plus haut, je penserais volontiers que le Droit accorde une éminente valeur à la prise en compte des motivations affectives dans toutes les transactions à titre gratuit, quand l'affaire est fondée sur le consentement des parties – comme quand on constitue une servitude par stipulation ou par testament, ou en annexe à la vente d'un fonds auquel elle ne procure aucun avantage, par exemple, le droit d'irrigation, au demeurant plein d'agrément (D. 8, 1, 19[1757] ; D. 43, 20, 3, pr.[1758]), ou quand on lègue l'usufruit d'une statue ou d'un champ stérile, qui par conséquent coûte au lieu de rapporter, mais il en a plu ainsi à ceux qui l'ont institué (D. 7, 1, 41, pr. et 1[1759]) –, pourvu que ces contrats aient une juste cause, c'est-à-dire n'entraînent aucun déshonneur ni aucun plaisir interdit (D. 40, 2, 16, pr.[1760]).

1755 Chapitre 31 : « En suivant cette route, Xerxès trouva un platane qui lui parut si beau, qu'il le fit orner de colliers et de bracelets d'or, et qu'il en confia la garde à un Immortel ».

1756 En effet, la prise en compte de l'*affectus ratio* dans les actions de bonne foi représente une exception au Droit commun, qui veut que l'*id interest* ait nature patrimoniale et exclue donc le préjudice d'affection. Voir D. 17, 1, 54, qui sera cité un peu plus loin. Pour le commentaire de Bartole à D. 43, 24, 16, 1, voir Bartoli […] *commentaria in primam Digesti noui partem*, Venise, 1596, tome V, p. 148 v°.

1757 *Ei fundo, quem quis uendat, seruitutem imponi, etsi non utilis sit, posse existimo ; ueluti si aquam alicui dedere ducere non expediret, nihilo minus constitui ea seruitus possit ;* **quaedam enim debere habere possumus, quamuis ea nobis utilia non sunt.**

1758 *Hoc iure utimur, ut etiam non ad irrigandum, sed pecoris causa* **uel amoenitatis aqua duci possit.**

1759 *Statuae et imaginis usum fructum posse relinqui magis est, quia et ipsae habent aliquam utilitatem, si quo loco oportuno ponantur. 1.* **Licet praedia quaedam talia sint, ut magis in ea impendamus, quam de illis adquiramus, tamen usus fructus eorum relinqui potest.**

1760 *Illud in causis probandis meminisse iudices oportet, ut non ex luxuria, sed ex affectu descendentes causas probent ; neque enim deliciis, sed* **iustis affectionibus** *dedisse iustam libertatem legem*

Quod si quis obiiciat etiam turpes affectiones recipi, ut cum scorto datur, l. affectionis ff. de donation., consideret scortum nihil accipere turpiter, l. 4 in fi. ff. de condict. ob turpem caus.

Praestat insuper affectio, ut contractus probetur, qui alias non probaretur, ut cum miles impune emit praedia paterna in prouincia in qua meret, uel iudex, l. 9 ff. de iure milit.; l. qui officii ff. decontrah. empt.

Tertio affectio interpretatur, ampliat, uel restringit contractum, maxime si amorem spectet, l. obligatione, l. denique ff. de pignorib.; idem fere in legato, l. si domus § pe. de legat. 1.

Quarto rescindit affectio contractum, l. si in emptionem ff. de minorib. XXV.

Quinto facit ut legatum utile sit, quod alioquin superuacaneum uideretur et contractum fructuosum facit >,

Si l'on m'objecte que même des affections déshonorantes sont admises, comme dans le cas d'une donation à une prostituée (D. 39, 5, 5[1761]), que l'on tienne compte du fait qu'en recevant, la prostituée ne fait rien de honteux (D. 12, 5, 4, 3[1762]).

La motivation affective permet, en outre, de faire ratifier un contrat qu'autrement l'on refuserait d'approuver, comme lorsqu'un soldat, ou un juge, a pu acheter impunément les biens-fonds de ses pères dans la province même où il effectue son service (D. 49, 16, 9, pr.[1763] ; D. 18. 1, 62, pr.[1764]).

En troisième lieu, la motivation affective, surtout si elle se rapporte à l'amour (D. 20, 1, 6[1765] et D. 20, 1, 8[1766]), sert à interpréter, à élargir ou restreindre, les dispositions d'un contrat ; c'est presque la même chose en matière de legs (D. 30, 71, 4[1767]).

En quatrième lieu, la motivation affective permet de résilier un contrat (D. 4, 4, 35[1768]).

En cinquième lieu, elle peut conférer de l'utilité à un legs qui, autrement, serait considéré comme sans intérêt, et peut rendre un contrat avantageux >

Aeliam Sentiam credendum.

1761 Voir ci-dessus note 331.

1762 *Sed quod meretrici datur, repeti non potest, ut Labeo et Marcellus scribunt, sed noua ratione, non ea, quod utriusque turpitudo uersatur, sed solius dantis :* **illam enim turpiter facere, quod sit meretrix, non turpiter accipere, cum sit meretrix.**

1763 *Milites prohibentur praedia comparare in his prouinciis, in quibus militant,* **praeterquam si paterna eorum fiscus distrahat** *; nam hanc speciem Seuerus et Antoninus remiserunt* [...].

1764 **Qui officii causa in prouincia agit uel militat, praedia comparare in eadem prouincia non potest,** *praeterquam si paterna eius a fisco distrahantur.*

1765 *Obligatione generali rerum, quas quis habuit habiturusue sit, ea non continebuntur, quae uerisimile est quemquam specialiter obligaturum non fuisse* [...], *proinde de ministeriis eius perquam ei necessariis uel* **quae ad affectionem eius pertineant.**

1766 *Denique* **concubinam filios naturales alumnos constitit generali obligatione non contineri** *et si qua alia sunt huiusmodi ministeria.*

1767 *Cum alicui poculum legatum esset uelletque heres aestimationem praestare, quia iniquum esse aiebat id separari a se, non impetrauit id a praetore :* **alia enim condicio est hominum, alia ceterarum rerum** *; in hominibus enim benigna ratione receptum est, quod supra probauimus.* Voir en effet D. 30, 71, 3, où il est possible, au lieu de remettre l'esclave légué, auquel on est lié par des liens affectifs, d'en donner la valeur pécuniaire.

1768 *Si in emptionem penes se collatam minor adiectione ab alio superetur, implorans in integrum restitutionem audietur,* **si eius interesse emptam ab eo rem fuisse adprobetur, ueluti quod maiorum eius fuisset,** *ita tamen ut id, quod ex licitatione accessit, ipse offerat uenditori.*

l. si cui fundus ff. de leg. II, si uulgo probatam inductionem receperimus. Nam ibi fundus centum nummis dignus legatus erat, si centum haeredi dederit legatarius : opimum esse legatum putat Iurisconsultus, si is cui legatur fundus, confinem habeat, adeo ut legatum fundum acquirere supra iustam aestimationem eius intersit. Hic tamen locus non satis ad institutum pertinere uidetur propius inspicientibus : qui confinem fundum quaerit non tantum singulari affectione nititur, uerum etiam communi utilitate, ut parcatur sumptibus, qui propter uecturas messium aut uindemiae fiunt, ut possessiones propinquas commode substentet, l. II C. de omni agro des. lib. 11 ; Martialis lib. 7 ad Narniam :

Quid Nomentani causam mihi perdis agelli,
Propter uicinum qui pretiosus erat ?

Accedit quod uicinum malum uitare non parua est utilitas, l. quod saepe § fin. de cont. empti., et M. Cato ait : *Si te libenter uicinitas uidebit, facilius tua uendes.* Non praetereo quod inter finitimos fundos quinque pedum spatium interuenire lex Manilia statuit, l. quinq. C. finium reg., idque ad circumagendum aratrum, dum ager colitur, quemadmodum ex Agennio Vrbico Alciatus docuit.

(D. 31, 54[1769]), si nous admettons le raisonnement communément reçu. En effet, ici, on avait légué un fonds évalué à cent sesterces, à condition que le légataire donne cette somme à l'héritier ; mais le jurisconsulte pense que le legs est opulent, si le légataire du fonds possédait une terre limitrophe, de sorte qu'il avait intérêt à acheter le fonds légué au-dessus de son juste prix. Cependant, à y regarder de plus près, ce passage ne semble pas véritablement pertinent pour ce qui nous occupe ; car celui qui cherche à acquérir un fonds limitrophe n'est pas tant mû par une affection particulière que par le sentiment banal de son avantage : il cherche en effet à faire des économies sur les frais de transport occasionnés par les moissons ou les vendanges, de manière à entretenir commodément des propriétés voisines (C. 11, 59, 2[1770]) ; voir Martial, dans le livre VII, à la ville de Narnia[1771] :

Pourquoi m'ôter tout l'agrément de ma villa de Nomente,
Que le voisinage d'un ami me rendait si précieuse ?

À cela s'ajoute le fait qu'éviter un mauvais voisin n'est pas un mince avantage (D. 18, 1, 35, 8[1772]), et Caton affirme[1773] : « si tes voisins te voient d'un bon œil, tu vendras plus facilement tes productions ». Je n'oublie pas que la loi Manilia a imposé un espace de cinq pieds entre des fonds voisins (C. 3, 39, 5[1774]), et cela pour pouvoir faire faire demi-tour à la charrue quand on laboure un champ, ainsi qu'Alciat[1775] l'a enseigné à partir d'Agennius Urbicus[1776].

1769 *Si cui fundus centum dignus legatus fuerit, si centum heredi uel cuilibet alii dederit, uberrimum uidetur esse legatum : **nam alias interest legatarii fundum potius habere quam centum** ; saepe enim confines fundos etiam supra iustam aestimationem interest nostra adquirere.*

1770 *Si quis ab emphyteuticario seu patrimoniali possessore priuati iuris quippiam comparauerit, cuius substantia **alias possessiones sustentare consueuerat**, et succisis quasi quarundam uirium neruis reliqua labuntur, earum possessionum onera subiturus est, quae penes distractores inutiles permanebunt.*

1771 Épigramme 93, vers 5-6.

1772 *Si quis in uendendo praedio confinem celauerit, quem emptor si audisset, empturus non esset, teneri uenditorem.*

1773 Voir *De re rustica*, § 4.

1774 *Quinque pedum praescriptione submota finalis iurgii uel locorum libera peragatur intentio.*

1775 *De quinque pedum praescriptione*, col. 446 ligne 45, in Œuvres, Lyon, 1537 *Ad rescripta principum commentarii*.

1776 Gromaticien (*agrimensor*) romain, à la fois philosophe, rhéteur et juriste, qui écrivit des *Controverses sur les terres*, et vécut sans doute au IVᵉ siècle de notre ère.

Sane hi quinque pedes lucro cedunt eius qui alienum fundum suo coniunxit, nec superuacue de V pedibus ius redditur, cum de uno uel duobus legem tulerit Solon, idque Athenis, l. fi. ff. fin. reg., et seruitus itineris in paucioribus consistit. Quamobrem d. l. si cui fundus de leg. II non recte potest ad id de quo quaeritur accommodari.

[123]< Caeterum, si quis ad rectum examen reuocet affectus, quorum contemplatione uel actio moueri, uel condamnatio augeri potest, nihil distinguet inter contractus stricti iuris et bonae fidei, propterea quod nihil distinxit iurisconsultus, sed tantum inspexit utrum iusta esset affectio uel non, d. l. illud ff. de manumiss. uindict., et in l. si domus § penult. de legat.1. Nam erga hominem hominis piam affectionem admisit lex, non uero erga res alias, l. seruus ea ff. de seruis export., et, in l. qui officii de contrah. emp., affectio militis rem patris uenalem ementis spectatur, non propter contractus bonae fidei naturam, sed quia paterna fuit. Idem enim dicerem in contractu *do ut des* uel *do ut facias*.

Accedit quod iure quae Bartolus induxit nihil iuuant autorem; nam, ut probet in contractibus stricti iuris non expendi affectionem, munitur l. fideiuss. de pactis, ubi *fideiussoris conuentio* de non petendo non prodest *reo, quia* fideiussoris *non interest* : ipse interpretat quia affectio fideiussoris non operatur quicquam;

---

123 1553 : Sane uero quin alibi passim agatur, quin augeatur aestimatio ratione eius quod cuiusque ex singulari affectione interest, dubitare dedecet, tum propter d. l. competit ff. quod ui, tum propter l. cum seruus ff. mand. et l. libertus qui ff. de bon. lib., l. pater ff. de euict., in his uerbis, quod magis paterna affectio inducit quae plus quam manifesta sunt, nisi particula « magis » quicquam ultra affectionem patris adfuisse innuat. Proinde, si defectionem moliatur d. l. pater ab hac sententia, succurret l. obligatione ff. de pigno, l. seruus ff. de seru. export., l. plerumque de aedil. edict., l. uideamus ff. de in lit. iur., l. in fundo de rei uendic. Ecquis non iustissimo consilio, ne dicam affectione, pluris faciet annulum ab amica dono missum, quod per raro accidit, quam emptum ab aurifice ? 4. Diuersae scholae autores trahunt.

Or, bien sûr, ces cinq pieds sont tout bénéfice pour celui qui a réuni au sien un fonds limitrophe, et ce n'est pas rien d'avoir droit à cinq pieds, puisque Solon, à Athènes, a légiféré sur seulement un ou deux (D. 10, 1, 13[1777]), et que la servitude de passage porte sur un nombre de pieds encore plus restreint. Voilà pourquoi la loi déjà citée D. 31, 54[1778] ne peut, en toute rigueur, s'appliquer à notre recherche.

< Du reste, si l'on procède à un examen rigoureux de cette motivation affective dont la prise en compte donne lieu à une action, ou est susceptible d'aggraver une condamnation, on ne fera aucune distinction entre les contrats de Droit strict et les contrats de bonne foi, parce que le jurisconsulte n'en a fait aucune, mais s'est contenté d'examiner s'il s'agissait ou non d'une juste affection (lois déjà citées : D. 40, 2, 16, pr.[1779] et D. 30, 71, 4[1780]). Car la loi a admis exclusivement la pieuse affection d'un être humain pour un autre être humain (D. 18, 7, 7[1781]) ; et si, en D. 18, 1, 62, pr.[1782], on a égard à la motivation affective du soldat qui achète le bien paternel mis en vente, ce n'est pas parce qu'il s'agit d'un contrat de bonne foi, mais parce que ce bien avait appartenu à ses pères. Je dirais la même chose à propos du contrat *do ut des* ou *do ut facias*.

À cela s'ajoute qu'en Droit les inductions de Bartole ne servent aucunement leur auteur : car, pour prouver que dans les contrats de Droit strict on ne s'occupe pas de motivation affective, il s'appuie sur la loi D. 2, 14, 23[1783], dans laquelle le pacte en vertu duquel le répondant s'est fait libérer de son obligation par le créancier ne profite pas au principal obligé, parce que le répondant n'y trouve aucun avantage ; Bartole comprend : parce que la motivation affective du répondant n'a aucun impact ;

1777 *Sciendum est in actione finium regundorum illud obseruandum esse, quod ad exemplum quodammodo eius legis scriptum est,* **quam Athenis Solonem dicitur tulisse** *; nam illic ita est : Si quis maceriem iuxta praedium alienum aedidicet, finem ne excedito ; si murum,* **pedes interuallum esto** *; si aedes,* **pedum duorum** [...].

1778 Voir ci-dessus note 1769.

1779 Voir ci-dessus note 1760.

1780 Voir ci-dessus note 1767.

1781 Voir ci-dessus note 1404.

1782 Voir ci-dessus note 1764.

1783 *Fideiussoris autem conuentio nihil proderit reo,* **quia nihil eius interest a debitore pecuniam non peti.** *Immo nec confideiussoribus proderit* [...]. *Voir* Bartoli [...] *omnia quae extant opera* [...] *in primam Digesti ueteris partem,* Venise, 1590, tome I, p. 84 v°.

debuit exponere, quia fideiussor liberatus nulla iusta affectione mouetur
ut reus similiter liberetur ; quin rem penitus inspicienti apparebit, inter
fideiussorem et reum esse bonae fidei negotium, id est, mandati, l. furti
§ mandat. ff. de iis qui notan. infam.

     Sed forte concitauit Bartolum ad hoc genus distinctionis l. cum
seruus ff. mandati, ubi in bonaefidei iudiciis[124] affectus ratio habetur.
Fateor haberi saepe, sed non sequitur : idem bonaefidei non excludit
strictum ius, l. lecta ff. si cert. petat. Eo magis hoc uerum est quod, in
d. l. cum seruus, in mandato et uenditione, et sic in perspicua bona fide,
affectio non admodum operatur : patris, inquam, uenditoris affectio, qui
iussu serui ac eiusdem filii, procuratori mandantem seruum uendiderat ;
sed potius operatur quod uenditor approbauerat contractum et ratum
habens firmauerat, l. fin. C. ad Macedon.

---

124   iudiciis *scripsi* : iudicii *T* //

il aurait dû plutôt l'expliquer ainsi : parce qu'aucune légitime affection ne pousse le répondant, une fois libéré, à vouloir que le principal obligé soit pareillement libéré ; mieux : si l'on y regarde de plus près, on verra clairement qu'entre le répondant et le principal obligé, il s'agit d'un contrat de bonne foi, c'est-à-dire d'un mandat (D. 3, 2, 6, 5[1784]).

Mais peut-être Bartole a-t-il été incité à faire ce genre de distinction par la loi D. 17, 1, 54, pr.[1785], où il est dit que l'on tient compte de la motivation affective dans les actions de bonne foi. Je reconnais que c'est souvent le cas, mais ce n'est pas une suite nécessaire : car cette même action de bonne foi n'exclut pas le Droit strict (D. 12, 1, 40[1786]). Cela est d'autant plus vrai que, dans la loi déjà citée D. 17, 1, 54, pr.[1787], où il s'agit de mandat et de vente, et donc, manifestement, de bonne foi, la motivation affective n'a pas vraiment d'impact : je parle de l'affection du père vendeur, qui, à l'instigation de l'esclave qui était aussi son propre fils, avait vendu cet esclave qui donnait à son acheteur mandat [de l'affranchir] ; car ce qui a de l'impact, c'est plutôt le fait que le vendeur avait approuvé le contrat [conclu par son fils] et qu'en le ratifiant, il l'avait consolidé (C. 4, 28, 7, pr.[1788]).

1784 *Mandati condemnatus : uerbis edicti notatur non solum qui mandatum suscepit, sed et is, qui fidem, quam aduersarius secutus est, non praestat. Vt puta fideiussi pro te et solui : mandati te si condemnauero, famosum facio.*

1785 *Cum seruus extero se mandat emendum, nullum mandatum est. Sed si in hoc mandatum intercessit ut seruus manumitteretur nec manumiserit, et pretium consequetur dominus ut uenditor et affectus ratione mandati agetur : finge filium naturalem uel fratrem esse : placuit enim prudentioribus affectus rationem in bonae fidei iudiciis habendam [...].*

1786 *[...] Lucius Titius scripsi me accepisse a Publio Maeuio quindecim mutua numerata mihi de domo et haec quindecim proba recte dari kalendis futuris stipulatus est Publius Maeuius, spopondi ego Lucius Titius. Si die supra scripta summa Publio Maeuio eiue ad quem ea res pertinebit data soluta satisue eo nomine factum non erit, tunc eo amplius, quo post soluam, poenae nomine in dies triginta inque denarios centos denarios singulos dari stipulatus est Publius Maeuius, spopondi ego Lucius Titius. Conuenitque inter nos, uti pro Maeuio ex summa supra scripta menstruos refundere debeam denarios trecenos ex omni summa ei heredie eius. Quaesitum est de obligatione usurarum, quoniam numerus mensium, qui solutioni competebat, transierat. Dicebam, quia pacta in continenti facta stipulationi inesse creduntur, perinde esse, ac si per singulos menses certam pecuniam stipulatus, quoad tardius soluta esset, usuras adiecisset ; igitur finito primo mense primae pensionis usuras currere et similiter post secundum et tertium tractum usuras non solutae pecuniae pensionis crescere nec ante sortis non solutae usuras peti posse quam ipsa sors peti potuerat [...].*

1787 Voir ci-dessus note 1785.

1788 *Si filius familias citra patris iussionem uel mandatum uel uoluntatem pecunias creditas acceperit, postea autem pater ratum habuerit contractum, ueterum ambiguitatem decidentes sancimus, quemadmodum, si ab initio uoluntate patris uel mandato filius familias pecuniam creditam accepisset, obnoxius firmiter constituebatur, ita et si postea ratum pater habuerit*

Nam si ualde seruum dilexisset, non expectasset ab alio manumitti seruum, l. quia ff. de condici. instruct.*

4. Tantum rapitur >

in contrariam partem l. 1 § sed si rem ff. si quid in fraud. pat., ubi quaeritur de patrono, in cuius fraudem libertus dicebatur fundum alienasse, quia in eo habebat ille *affectionem, uel opportunitatis, uel uicinitatis, uel coeli, uel quod ibi educatus sit, uel quo*d *parentes in eo sepultos habeat.* Certe non auditur, quia fraus in damno accipitur pecuniario, ut Vlpiano uisum est, qui euidentissime reluctatur interpretationi quam attulimus, in l. si cui fundus ff. de legat. II ; quo in loco uicinitatis et opportunitatis fundorum comitem esse pecuniariam commoditatem ostendimus, et consequenter damnum amittentis uersari. *Mouemur* praeterea, *nescio quo pacto, locis ipsis, in quibus eorum quos diligimus aut admiramur sunt uestigia*, inquit Cicero, lib. 2 de legib. ; l. lex quae C. de administ. tut. ;

Car s'il avait véritablement chéri son esclave, il n'aurait pas remis à un autre le soin de l'affranchir (D. 28, 7, 22[1789]) >.

4. Seule la loi D. 38, 5, 1, 14[1790] va dans le sens contraire : il y est question d'un patron que son affranchi avait trompé, disait-on, en aliénant un fonds, parce que le patron « était attaché à ce fonds, en raison de sa commodité, de son voisinage, ou de son climat, ou parce qu'il avait été élevé là, ou parce que ses parents y avaient leur sépulture ». Certes, sa plainte n'est pas reçue, car la fraude n'est admise qu'en cas de dommage pécuniaire, de l'avis d'Ulpien, qui répugne manifestement à l'interprétation que nous avons proposée en D. 31, 54[1791] : à cet endroit, nous avons montré, en effet, que le voisinage et le bon emplacement des fonds ne vont pas sans avantage pécuniaire, et que par conséquent il y a un dommage pour celui qui le perd. De plus, comme le dit Cicéron au livre II des *Lois*[1792] : « Nous sommes émus, je ne sais pourquoi, par l'aspect des lieux qui gardent les traces de ceux que nous aimons ou que nous admirons » ; voir C. 5, 37, 22, 3[1793] ;

---

contractum, ualidum esse huiusmodi contractum, cum testimonium paternum respuere satis iniquum est. Necesse est enim patris rati habitionem principali patris mandato uel consensui non esse absimilem, cum nostra nouella lege et generaliter omnis rati habitio prorsus trahitur et confirmat ea ab initio quae subsecuta sunt. Et haec quidem de priuatis hominibus sancienda sunt.

1789 *Quia ratio suadet eum qui libertatem dare potest, ipsum debere aut praesenti die aut in diem aut sub condicione dare libertatem nec habere facultatem in casum a quolibet obuenientis libertatis heredem instituere.*

1790 *Sed si rem quidem bona fide uendiderit et sine ulla gratia libertus, pretium autem acceptum alii donauit, uidendum erit, quis Fauiana inquietetur, utrum qui rem emit an uero is qui pretium dono accepit ? Et Pomponius libro octagensimo tertio recte scripsit emptorem non esse inquietandum : fraus enim patrono in pretio facta est ; eum igitur qui pretium dono accepit Fauiana conueniendum.* En réalité, c'est tout autant le paragraphe suivant (D. 38, 5, 1, 15) qui est ici visé, comme le montrent les mots cités (avec un peu d'approximation) : *Et alias uideamus, si dicat patronus rem quidem iusto pretio uenisse, uerumtamen hoc interesse sua non esse uenumdatam inque hoc esse fraudem, quod uenierit possessio, in quam habet patronus affectionem uel opportunitatis uel uicinitatis uel caeli uel quod illic educatus sit uel parentes sepulti, an debeat audiri uolens reuocare. Sed nullo pacto erit audiendus : fraus enim in damno accipitur pecuniario.*

1791 Voir ci-dessus note 1778.

1792 II, 2. Le texte de Cicéron porte *adsunt* au lieu de sunt.

1793 [...] *Nec uero domum uendere liceat, in qua defecit pater, minor creuit, in qua maiorum imagines aut uidere fixas aut reuulsas non uidere satis est lugubre. Ergo et domus et cetera omnia immobilia in patrimonio minorum permaneant, nullumque aedificii genus, quod integrum hereditas dabit, collapsum tutoris fraude depereat.*

l. in fundo ff. de rei uendic. ; l. libertus qui ff. de bon. lib., ubi bonorum possessio contra tabulas eo ipso patrono competit, quia in liberti hae-reditate est praedium, in quo sepulchra maiorum ipsius patroni sunt, uel mancipium, non pretio, sed affectu aestimandum.

Capitalis est haec obiectio, nec dissimulari potest. Tentemus diluere, et dicamus, in d. l. 1 § sed si rem ff. si quid in fraud. pat., non tantum experiri patronum oportuisse in libertum alienatorem fraudulentum, sed et in alium, qui utroque iure potentiori nitebatur, id est, in emp-torem fundi, unde seges illa litis manabat. Scire enim conuenit, re uilius a liberto distracta in fraudem patroni, emptori condicionem deferri, utrum supplere uelit iustum pretium, an ab emptione discedere, l. 1 § si quis in fraudem ff. eod. Itaque cum emptor sit potior, uelut iam possessor per contractum nondum reuocatum, affectionem quamlibet patroni facillime reiiciet et eludet, iustumque pretium ex communi aestimatione faciet, non quantum aduersarius propria affectione, licet non iniusta, metietur.

D. 6, 1, 38[1794]; et D. 38, 2, 36[1795], où la succession prétorienne infirmative du testament est acccordée au patron, parce que la succession de son affranchi contient un fonds dans lequel se trouvent les tombeaux des ancêtres du patron, ou un esclave dont la valeur n'est pas financière mais affective.

Cette objection[1796] est capitale, et ne saurait être dissimulée. Mais essayons d'en venir à bout, en disant que dans la loi déjà citée D. 38, 5, 1, 14[1797], il aurait fallu que le patron fasse valoir son droit non seulement contre l'affranchi qui a vendu en fraude mais aussi contre un tiers qui se fondait sur un droit plus puissant que les deux autres, c'est-à-dire contre l'acheteur du fonds, et c'est de là que découlait ce foisonnant litige. Il faut savoir, en effet, que si l'affranchi avait vendu la chose à l'insu du patron moins cher qu'elle ne valait, l'acheteur aurait été en situation de choisir entre compléter son paiement pour acquitter le juste prix, ou renoncer à son achat (D. 38, 5, 1, 12[1798]). C'est pourquoi, comme l'acheteur a l'avantage, puisqu'il est déjà possesseur en vertu d'un contrat qui n'a pas encore été résilié, il pourra sans difficulté rejeter et éluder n'importe quelle motivation affective du patron, et il fixera le juste prix en fonction de l'estimation commune, non à proportion de ce que son adversaire évalue à l'aune de son affection personnelle, si justifiée qu'elle soit.

1794 *In fundo alieno, quem imprudens emeras, aedificasti aut conseruisti, deinde euincitur : bonus iudex uarie ex personis causisque constituet.* [...] **reddat impensam, ut fundum recipiat, usque eo dumtaxat, quo pretiosior factus est,** *et si plus pretio fundi accessit, solum quod impensum est* **Finge pauperem, qui, si reddere id cogatur, laribus sepulchris auitis carendum habeat :** *sufficit tibi permitti tollere ex his rebus quae possis, dum ita ne deterior sit fundus, quam si initio non foret aedificatum* [...].

1795 *Libertus, qui soluendo non erat, praeterito patrono extrarios relinquit heredes ; quaero, an possit patronus petere contra tabulas bonorum possessionem. Respondit : cum a scriptis heredibus adita est hereditas, patronus contra tabulas bonorum possessionem petere potest,* **quia soluendo hereditas est, quae inueniat heredem.** *Et sane absurdum est ius patroni in petenda bonorum possessione contra tabulas* **aliorum computatione, non iudicio ipsius patroni aestimari** *auferrique patrono, quod modicum uindicaturus est.* **Multi enim casus interuenire possunt, quibus expediat patrono petere bonorum possessionem,** *quamuis aeris alieni magnitudo, quam libertus reliquerit, facultates patrimonii eius excedat, ueluti si praedia sunt aliqua ex bonis liberti,* **in quibus maiorum patroni sepulchra sint et magni aestimat patronus bonorum possessione iura pro parte ea ad se pertinere, uel aliquid mancipium, quod non pretio, sed affectu sit aestimandum** [...].

1796 Retour sur le problème que pose D. 38, 5, 1, 14 (voir ci-dessus, début du § 4).

1797 Voir ci-dessus note 1790.

1798 *Si quis in fraudem patronorum rem uendiderit uel locauerit uel permutauerit, quale sit arbitrium iudicis, uideamus. Et in re quidem* **distracta deferri condicio debet emptori, utrum malit rem emptam habere iusto pretio an uero a re discedere pretio recepto ;** *neque omnimodo rescindere debemus uenditionem, quasi libertus ius uendendi non habuerit, nec fraudemus pretio emptorem, maxime cum de dolo eius non disputetur, sed de dolo liberti.*

< Merito Iustinianus acre iudicis ingenium desiderat in expendendis affectionibus, quia causas originesque earum oportet intueri et quas erga res dirigantur, l. si domus § pe. ff. de legat.1 >.

Adde ad reuocandum alienata in fraudem patroni, alienantis dolum interuenisse necesse esse, d. l. 1 in princip. et § dolum ff. si quid in fraud. Verum libertus, qui aequo pretio distraxit in d. § sed si rem, satis honesto colore comminisci poterat, nescire se patroni affectionem qui fundum confinem optat, adiiciens illud quod Plinius junior lib. 3 *Epistolarum* Caluisio Rufo scribit : *tutius* uideri *incerta fortunae possessionum uarietatibus experiri* ; *habet etiam*, inquit, *multum iucunditatis soli coelique mutatio*, et ipsa *peregrinatio intersit*. Simulabit rursus non incallidus libertus, sepulcra maiorum cotidie uisa maerorem renouare. Proinde, cum damno pecuniario non afficiatur patronus, non esse cur queratur. Caeterum, in l. libertus qui ff. de bon. lib., non aliorum arbitratu, sed proprio patroni affectu, res aestimabatur, cum is qui patronum nihil lucri expectare respondebat, mentiri spendide praesumeretur, cum eam haereditatem adiuisset, quam infructuosam simulabat

< Justinien a raison de vouloir que le juge fasse preuve d'une grande pénétration lorsqu'il apprécie les motivations affectives, car il faut avoir égard à leurs causes, à leurs origines, et à leurs visées (D. 30, 65, 2[1799]) >.

Ajoutons que, pour que l'on puisse révoquer des aliénations faites à l'insu du patron, il est nécessaire qu'elles aient été frauduleuses (D. 38, 5, 1, pr.[1800] et § 4[1801]). Mais l'affranchi qui a aliéné au juste prix, dans la loi déjà citée D. 38, 5, 1, 14[1802], pouvait se défendre, avec les apparences de l'honnêteté, en prétextant qu'il ignorait la motivation affective qui poussait son patron à désirer ce fonds limitrophe[1803], et en ajoutant ce que Pline le Jeune écrit à Caluisius Rufus au livre III de sa *Correspondance*[1804] : « Il me paraît plus sûr de se précautionner contre les caprices de la fortune par la variété dans la situation de nos terres. Ne vous semble-t-il pas aussi qu'il est agréable de changer quelquefois de terrain et d'atmosphère, et que le voyage en lui-même comporte des charmes ? ». L'affranchi, non sans ruse, pourra encore faire semblant de croire que le fait de voir tous les jours les tombeaux de ses ancêtres ne fait que raviver le chagrin de son patron. En conséquence, puisqu'il ne subit pas un préjudice financier, le patron n'a pas lieu de se plaindre. Du reste, en D. 38, 2, 36[1805], si l'estimation se faisait en fonction du sentiment personnel du patron, et non de l'opinion des autres, c'est que celui qui répondait que le patron n'avait à espérer aucun avantage de la succession était présumé superbement mentir, puisqu'il l'avait acceptée, tout en feignant de croire qu'elle n'avait aucune valeur ;

1799 *Si domus fuerit legata, licet particulatim ita refecta sit, ut nihil ex pristina materia supersit, tamen dicemus utile manere legatum ; at si, ea domu destructa, aliam eodem loco testator aedificauerit, dicemus interire legatum, nisi aliud testatorem sensisse fuerit adprobatum.*

1800 *Si quid **dolo malo** liberti factum esse dicetur, siue testamento facto siue intestato libertus decesserit, quo minus quam pars debita bonorum ad eorum quem perueniat, qui contra tabulas bonorum possessionem accipere possunt ; cognoscit praetor et operam dat, ne ea res ei fraudi sit.*

1801 ***Dolum accipere nos oportet eius qui alienauit**, non eius cui alienatum est ; et ita euenit, ut qui fraudis uel doli conscius non fuit, carere debeat re in fraudem patroni alienata, etsi putauit ingenuum nec credidit libertinum.*

1802 Voir ci-dessus, note 1790.

1803 Allusion, dans D. 38, 5, 1, 15, à l'expression *affectionem* [...] *uicinitatis*. Peu après, on trouve l'allusion aux ***parentes sepulti***.

1804 *Lettres* III, 19, 4. Citation légèrement inexacte. Pline écrit : *tutius uidetur incerta fortunae possessionum uarietatibus experiri. Habet etiam multum iucunditatis soli caelique mutatio, ipsaque illa peregrinatio inter sua.*

1805 Voir ci-dessus, note 1795. On notera que la loi emploie le mot *iudicium* [*patroni*] et non pas *affectus*.

et ita Iurisconsultus utilitatem patroni, nedum affectionem, intuetur :
quia, inquit, soluendo uidetur esse haereditas, quae inuenit haeredem ;
adeo affectus ratio ex abundanti adiecta censetur, magis quam ut, ea
cessante, cesset lex, arg. l. quia poterat in fi. ff. ad Trebell. ; l. cum in
fundo § sed et si ff. de iur. dot.

< Sic in l. pater ff. de euictionibus : *quod magis*, inquit Paulus, *paterna
affectio inducit* ; nam remota illa affectione singulari, satis ius commune
parentum iubebat patrem fundi illius emptorem, quem filiae dotalem
fecit, de euictione agere contra uenditorem de qua ipse plerumque
tenetur, l. 1 C. de iure dotium, deinde filiam indotatam alere, funus
ei facere, l. si quis de liber. agnos. ff. ; l. quod si nulla ff. de religiosis ;

et ainsi le jurisconsulte a-t-il égard à l'avantage du patron, et pas seulement à sa motivation affective : parce que, dit-il, « une succession qui trouve un héritier est manifestement solvable » ; ainsi, au lieu de croire que son absence aurait privé la loi de toute signification, il vaut mieux considérer que la motivation affective a été invoquée par-dessus le marché (pour preuves : D. 36, 1, 4[1806] ; D. 23, 3, 78, 2[1807]).

< De même en D. 21, 2, 71[1808] : « ce qui est, dit Paul, plus conforme à l'affection paternelle ». En effet, même si l'on avait écarté cette affection particulière, le Droit commun de la famille aurait été suffisant pour enjoindre au père, acheteur de ce fonds qu'il avait donné en dot à sa fille, d'engager contre le vendeur l'action en garantie d'éviction qui est, en général, opposable au père lui-même (C. 5, 12, 1, pr.[1809]), puis d'entretenir sa fille désormais privée de dot, et de lui assurer des funérailles (D. 25, 3, 5, 1[1810] ; D. 11, 7, 28[1811]) ;

1806 *Quia poterat fieri, ut heres institutus nolit adire hereditatem, ueritus ne damno adficeretur, prospectum est, ut, si fideicommissarius diceret suo periculo adire et restitui sibi uelle, cogatur heres institutus a praetore adire et restituere hereditatem. Quod si fuerit factum, transeunt actiones ex Trebelliano nec quartae commodo heres in restitutione utetur ; nam cum alieno periculo adierit hereditatem, merito omni commodo arcebitur.* **Nec interest, soluendo sit hereditas nec ne ;** *sufficit enim recusari ab herede instituto. Neque illud inquiritur, soluendo sit hereditas an non sit.* **Opinio enim, uel metus uel color, eius, qui noluit adire hereditatem, inspicitur, non substantia hereditatis, nec immerito ;** *non enim praescribi heredi instituto debet, cur metuat hereditatem adire uel cur nolit,* **cum uariae sint hominum uoluntates** [...].

1807 [...] *Sed et si non sit fundi domina, nihilo minus competit dotis actio, ut dimittat a se maritus usum fructum ; nam uel ex empto actione adhuc, ut usum fructum praestet, mulier tenetur,* **aut pretium eius consequi sperat, aut cuiuis magis gratiam praestare quam relinquere apud inimicum ius ad se translatum, licere ei ciuile est.**

1808 *Pater filiae nomine fundum in dotem dedit, euicto eo an ex empto uel duplae stipulatio committatur, quasi pater damnum patiatur, non immerito dubitatur ; non enim sicut mulieris dos est, ita patris esse dici potest* [...]. *Sed uideamus, ne probabilius dicatur committi hoc quoque casu stipulationem :* **interest enim patris filiam dotatam habere et spem quandoque recipiendae dotis, utique si in potestate sit.** *Quod si emancipata est, uix poterit defendi statim committi stipulationem, cum uno casu ad eum dos regredi possit. Numquid ergo tunc demum agere possit, cum mortua in matrimonio filia potuit dotem repetere, si euictus fundus non esset ? An et hoc casu* **interest patris dotatam filiam habere,** *ut statim conuenire promissorem possit ?* **Quod magis paterna affectio inducit.**

1809 *Euicta re, quae fuerat in dotem data, si pollicitatio uel promissio fuerit interposita,* **gener contra socerum uel mulierem seu heredes eorum condictione uel ex stipulatione agere potest** [...].

1810 [...] *Et* **magis puto, etiamsi non sunt liberi in potestate, alendos a parentibus** *et uice mutua alere parentes debere.*

1811 Voir ci-dessus note 682.

ideoque hoc *magis paterna affectio induxit* in d. l. pater, id est, magis
augetur ex paterna affectione ; quod alioquin iure recipi conuenit, tametsi
illa multum possit in l. plerumque ff. de aedilit. edict., ubi nec sola
fuit, sed uoluntati uenditoris cohaerens et rei uenditae naturae ; l. cum
eiusdem ff. eod., ubi utilitas est affectus comes >.

5. In lege Falcidia despicitur affectus ratio, in aestimatione rerum
haereditarium, l. pretia ff. ad leg. Falcid., ubi apertissime demonstratur
iure quodam singulari uti Falcidia : *sed in praesentia*, inquit Paulus, non
quasi *filius alicuius*, sed quasi *homo aestimabitur*, l. in Falcidia eod. tit.
Praeterea eo loco legatarius, qui pluris rem uolebat aestimari, non suum
affectum, sed tertii cuiusdam allegabat, qui magno empturus fuisset,
si haeres uellet distrahere ; quod quidem non est expectandum, potissimum quod haeredibus consuli in Falcidia detrahenda aequissimum
censetur, propter onera haereditaria et detrimenta, si quae accidant, l.
in ratione 2 ff. eod.,

voilà pourquoi la loi déjà citée D. 21, 2, 71[1812] dit que « l'affection paternelle incite plutôt à adopter cette solution », c'est-à-dire, l'affection paternelle lui donne plus de force ; c'est, du reste, la solution qu'on s'accorde à retenir en Droit, même si cette motivation affective a beaucoup de pouvoir en D. 21, 1, 35[1813], car justement, elle n'y intervenait pas seule, mais rencontrait à la fois la volonté du vendeur et la nature de la chose vendue ; voir D. 21, 1, 34, pr. et 1[1814], où la motivation affective est assortie d'un avantage >.

5. La loi Falcidia ne se soucie pas des motivations affectives pour faire l'estimation des successions ; voir D. 35, 2, 63, pr.[1815], où il est très clairement montré qu'on applique là un Droit spécifique : « mais on l'estimera, dit Paul, à sa valeur réelle, non comme le fils d'un tel, mais comme n'importe quel être humain » (voir aussi D. 35, 2, 9, pr.[1816]). En outre, dans ce passage, le légataire, qui voulait que la chose fût estimée plus cher, n'alléguait pas sa propre motivation affective, mais celle de ce tiers qui était prêt à en donner un bon prix, si l'héritier voulait la vendre ; mais, assurément, il ne faut pas s'y attendre, surtout que l'on considère comme très équitable de consulter les héritiers sur le retranchement de la quarte falcidienne, à cause des charges successorales et des pertes qui peuvent survenir (D. 35, 2, 30, pr.[1817]) ;

1812 Voir ci-dessus note 1808.

1813 Voir ci-dessus note 1144.

1814 *Cum eiusdem generis plures res simul ueneant, ueluti comoedi uel chorus, referre ait,* **in uniuersos an in singulos pretium constituatur,** *ut scilicet interdum una, interdum plures uenditiones contractae intellegantur ; quod uel eo quaeri pertinere, ut, si quis eorum forte morbosus uel uitiosus sit, uel omnes simul redhibeantur. 1. Interdum etsi in singula capita pretium constitutum sit, tamen una emptio est, ut propter unius uitium omnes redhiberi possint uel debeant, scilicet* **cum manifestum erit non nisi omnes quem empturum uel uenditurum fuisse,** *ut plerumque circa comoedos uel quadrigas uel mulas pares accidere solet,* **ut neutri non nisi omnes habere expediat.**

1815 **Pretia rerum non ex affectu nec utilitate singulorum, sed communiter funguntur.** *Nec enim qui filium naturalem possidet tanto locupletior est, quod eum, si alius possideret, plurimo redempturus fuisset. Sed nec ille, qui filium alienum possidet, tantum habet, quanti eum patri uendere potest,* **nec exspectandum est,** *dum uendat, in praesentia, non qua filius alicuius, sed qua homo aestimatur* [...].

1816 *In Falcidia placuit, ut* **fructus postea percepti, qui maturi mortis tempore fuerunt, augeant hereditatis aestimationem** *fundi nomine, qui uidetur illo in tempore fuisse pretiosior.*

1817 **In ratione legis Falcidiae** *mortes seruorum ceterorumque animalium, furta, rapinae, incendia, ruinae, naufragia, uis hostium praedonum latronum, debitorum facta peiora nomina, in summa quodcumque damnum,* **si modo culpa legatarii careant, heredi pereunt** [...].

< iuuatque haeres ; suam in seruum haereditarium affectionem, quamuis filium, dissimulare potuit, cum etiam ingenuos filios multi oderint >.

6. Minime omnium obstat l. si seruum ff. ad leg. Aquil., ubi nec patris quidem, cuius naturalis filius seruus occisus est, affectio inspicitur. An forte, quia hoc, ut in Falcidia diximus, peculiare est ? sed cur sit disquiramus. Nempe cum, praeter legis Aquiliae actionem, iniuriarum pater habeat, per quam consequitur quod defuit Aquiliae, l. qui seruum ff. de action. ; l. sed et si § 1 ff. ad leg. Aquil., et actionis naturae seruiendum est, l. sed et partus § fin. ff. de eo quod met. Id manifeste ostenditur in d. l. si seruum uers. : *in lege enim Aquilia damnum consequimur et amisisse dicimur quod aut consequi potuimus, aut erogare cogimur.* Non aliter ac si dicat Paulus alia lege reliquum peti posse, si ex iusto affectu interfuerit,

< et l'héritier y trouve son avantage ; mais il aurait pu dissimuler son affection pour un esclave de la succession, quoiqu'il fût son propre fils, puisque beaucoup détestent même leurs enfants légitimes >.

6. Elle y fait moins obstacle que tout autre, cette loi D. 9, 2, 33, pr.[1818], dans laquelle on n'a même pas égard à l'affection du père dont le fils naturel, un esclave, a été tué. Est-ce parce qu'il s'agit d'un Droit spécifique, comme nous l'avons dit à propos de la loi Falcidia ? Mais cherchons donc pourquoi il en est ainsi. C'est évidemment parce qu'en plus de l'action de la loi Aquilia, le père peut exercer l'action pour lésions injurieuses, qui permet de pallier les lacunes de la loi Aquilia (D. 44, 7, 34, pr.[1819] ; D. 9, 2, 5, 1[1820]), et il faut se conformer à la nature de l'action (D. 4, 2, 12[1821]). Cela apparaît manifestement dans la loi déjà citée D. 9, 2, 33, pr.[1822] : « par la loi Aquilia, nous obtenons la réparation du dommage et nous ne sommes censés avoir perdu que ce qui nous aurait procuré du profit, ou dont la perte nous oblige à dépenser de l'argent ». C'est comme si Paul disait que l'on pourrait réclamer le reste en vertu d'une autre loi, si l'on y avait intérêt en raison d'une légitime affection,

---

1818 *Si seruum meum occidisti,* **non affectiones aestimandas esse puto,** *ueluti si filium tuum naturalem quis occiderit quem tu magno emptum uelles, sed quanti omnibus ualeret.* **Sextus quoque Pedius ait pretia rerum non ex affectione nec utilitate singulorum, sed communiter fungi** *; itaque eum, qui filium naturalem possidet, non eo locupletiorem esse, quod eum plurimo, si alius possideret, redempturus fuit, nec illum, qui filium alienum possideat, tantum habere, quanti eum patri uendere posset.* **In lege enim Aquilia damnum consequimur,** *et amisisse dicemur, quod aut consequi potuimus aut erogare cogimur.*

1819 *Qui seruum alienum iniuriose uerberat, ex uno facto incidit et in Aquiliam et in actionem iniuriarum ; iniuria enim ex affectu fit, damnum ex culpa et ideo possunt utraeque competere* [...]. **Rationabilius itaque est eam admitti sententiam, ut liceat ei quam uoluerit actionem prius exercere, quod autem amplius in altera est, etiam hoc exsequi.**

1820 *Iniuriam autem hic accipere nos oportet non quemadmodum circa iniuriarum actionem contumeliam quandam, sed quod non iure factum est, hoc est contra ius, id est si culpa quis occiderit ; et ideo interdum utraque actio concurrit et legis Aquiliae et iniuriarum, sed duae erunt aestimationes, alia damni, alia contumeliae. Igitur iniuriam hic damnum accipiemus culpa datum etiam ab eo, qui nocere noluit.*

1821 *Iulianus ait eum, qui uim adhibuit debitori suo ut ei solueret, hoc edicto non teneri,* **propter naturam metus causa actionis** *quae damnum exigit* [...].

1822 Voir ci-dessus, note 1818.

< etiam criminaliter persequi ex dolo, l. inde Neratius § si dolo eod. ; perbelle l. 7 § 2 de iniur. ; iuuat l. sinautem § si homo ff. de rei uindicat. ; et haec ideo locum habent, quod in lege Aquilia non admodum culpam seuere uindicamus instar sceleris uel doli. Nam propter aduersarii dolum non est dubium saltem iurari in litem ex affectione, non quia utilitas coniuncta sit, ut putat Bartolus, sed quia dolus, quamuis in stricto negotio, l. 2 ; l. in actionibus in fi. ff. de in lit. iurand.

Tamen affectio iurantis non facit ut, ob haeredis contumaciam, legata res pluris aestimetur, sed facit ut inultus non maneat, et haeres[125] sibi noceat, non aliis, l. cum pater § fi. ff. ad legem Falcid.

---

125 haeres *locaui post* et : *post* ut **T** //

< et même poursuivre au pénal pour dol (D. 9, 2, 23, 9[1823]) ; on le voit magnifiquement en D. 47, 10, 7, 1[1824] ; avec le renfort de D. 6, 1, 27, 2[1825] ; et ces dispositions ont lieu d'être, parce que ce n'est pas exactement une faute, comme l'homicide ou le dol, que nous poursuivons sévèrement en vertu de la loi Aquilia. En effet, il n'est pas douteux que le dol de l'adversaire conduit, pour le moins, à prêter serment en justice sur ce fondement de la motivation affective : non parce que l'on y a également avantage, comme le pense Bartole, mais, quoiqu'il s'agisse d'une affaire de Droit strict, parce qu'il y a dol (D. 12, 3, 2[1826] et D. 12, 3, 5, 3 et 4[1827]).

Cependant, en raison de l'entêtement de l'héritier [à refuser de délivrer le legs], la motivation affective du légataire qui prête serment en justice n'a pas pour résultat de faire estimer plus cher la chose léguée[1828], mais de ne pas le priver d'une revanche, et de mettre l'héritier en position de ne faire du tort qu'à lui-même, et non aux autres (D. 35, 2, 60, 1[1829]).

1823 *Si* **dolo** *seruus occisus sit, et lege Cornelia agere dominum posse constat ;* **et si lege Aquilia egerit, praeiudicium fieri Corneliae non debet.**

1824 [...] *Quid ergo de lege Aquilia dicimus ? Nam et* **ea actio principaliter hoc continet, hominem occisum non principaliter ;** *nam ibi principaliter de damno agitur, quod domino datum est, at in actione iniuriarum de ipsa caede uel ueneno ut uindicetur, non ut damnum sarciatur. Quid ergo, si quis idcirco uelit iniuriarum agere, quod gladio caput eius percussum est ? Labeo ait non esse prohibendum : neque enim utique hoc, inquit, intenditur, quod publicam habet animaduersionem. Quod uerum non est :* **cui enim dubium est etiam hunc dici posse Cornelia conueniri ?**

1825 *Si homo petitus dolo possessoris deterior factus sit, deinde sine culpa eius ex alia causa mortuus sit, aestimatio non fiet eius, quod deteriorem eum fecerat, quia nihil interest petitoris ; sed haec quantum ad in rem actionem :* **legis autem Aquiliae actio durat.**

1826 *Siue nostrum quid petamus siue ad exhibendum agatur. Interdum quod intersit agentis solum aestimatur, ueluti cum culpa non restituentis uel non exhibentis punitur ;* **cum uero dolus aut contumacia non restituentis uel non exhibentis, quanti in litem iurauerit actor.**

1827 § 3. **Sed in his omnibus ob dolum solum in litem iuratur,** *non etiam ob culpam : haec enim iudex aestimat.* 4. *Plane interdum et* **in actione stricti iudicii in litem iurandum est,** *ueluti si promissor Stichi moram fecerit et Stichus decesserit, quia iudex aestimare sine relatione iurisiurandi non potest rem quae non extat.* Voir Bartoli [...] *commentaria* [...] *in secundam Digesti ueteris partem,* Venise, 1596, tome II, p. 35 v°-36 r°.

1828 Allusion manifeste à D. 12, 3, 1 : *Rem in iudicio deductam non idcirco pluris esse opinamur, quia crescere condemnatio potest ex contumacia non restituentis per iusiurandum in litem :* **non enim res pluris fit per hoc, sed ex contumacia aestimatur ultra rei pretium.** Ce qui me fait supposer que le texte est ici un peu altéré (sans doute à cause d'un placement erroné du mot *haeres*) ; au regard des lois citées, je propose donc de considérer qu'il est question d'abord du légataire (qui obtient la condamnation de l'héritier à le dédommager en sus de la valeur de la chose léguée) puis de l'héritier, qui, ainsi pénalisé pour avoir refusé de délivrer le legs, ne peut effectuer le calcul de la Falcidie sur cet excédent, de sorte qu'il ne porte effectivement préjudice qu'à lui-même et non au légataire.

1829 *Legato petito* **cum in litem iuratum est,** *ratio legis Falcidiae* **non eius summae, in quam legatarius iurauit,** *haberi debet, sed eius,* **quanti re uera id fuit quod petitum est ;**

Illud, in d. l. si seruum, animaduertendum est nec utilitatis cuiusque singulariter haberi rationem, sed aliis legibus aestimandum relinqui, sicuti de simplici affectione diximus, siue de actione danda quaeratur, siue de augmento aestimationis, cum inceptum augeri paratius queat quam ab initio fundari, l. fi. C. de Iudaeis, contra quam Bartolus autumauit. Denique si lex sinit ob affectionem aliquam locupletari quem cum aliena iactura, l. in fundo ff. de rei uindic., quare prohibebit petitionis uim augeri? nec ibi agitur de negotio bonae fidei, nec in l. si in emptionem de minorib., ubi potius destruitur bonae fidei uenditio, eo quod res pluris aestimatur affectione solius minoris >.

7. In toto tractatu eius quod ad affectionem cuiusque singularem interest, curare debet is qui iuridictioni praeest, ne uanissimas affectionum rationes nimiumque profusas aestimet,

< l. fi. ff. de ope. seruor., solitas recipiat licet steriles, l. statuae de usufr. >,

Dans la loi déjà citée D. 9, 2, 33, pr.[1830], il faut remarquer ceci : l'on ne tient pas compte de chaque intérêt particulier, mais on laisse le soin de l'estimation à d'autres lois, comme nous l'avons dit à propos de la simple motivation affective, et cela, que l'on s'interroge sur l'action à donner, ou sur l'augmentation du montant estimé, parce que, contrairement à ce qu'a prétendu Bartole, il est plus facile d'accroître ce qui a déjà un début que de partir de rien (C. 1, 9, 18, 1[1831]). Enfin, si la loi permet qu'en raison d'une motivation affective quelqu'un s'enrichisse aux dépens d'autrui (D. 6, 1, 38[1832]), pourquoi interdira-t-elle de donner plus de force à la réclamation ? et il ne s'agit pas ici d'une action de bonne foi, pas plus qu'en D. 4, 4, 35[1833], où l'on va plutôt à l'encontre d'une vente de bonne foi, dans la mesure où l'affection du seul mineur fait estimer la chose à plus haut prix >.

7. En ce qui concerne l'affection particulière de chaque individu, il faut que le président du tribunal veille constamment à n'accorder aucune valeur aux motivations affectives extrêmement futiles et prolixes à l'excès < (D. 7, 7, 6, 3[1834]), tout en acceptant des motifs ordinairement reconnus, même s'il n'y a pas de profit à la clé (D. 7, 1, 41, 1[1835]) >,

---

nam id quod poenae causa adcreuit in legem Falcidiam non incidit.

1830 Voir ci-dessus note 1818.

1831 [...] *praecipimus, ne qua iudaica synagoga in nouam fabricam surgat, fulciendi ueteres permissa licentia, quae ruinam minantur.* Voir *Bartoli* [...] *opera omnia* [...] *in primam Codicis partem*, Venise, 1596, tome VII, p. 25 r°.

1832 Voir ci-dessus, note 1794.

1833 *Si in emptionem penes se collatam minor adiectione ab alio superetur, implorans in integrum restitutionem audietur, si eius interesse emptam ab eo rem fuisse adprobetur, ueluti quod maiorum eius fuisset ; ita tamen ut id, quod ex licitatione accessit, ipse offerat uenditori.*

1834 *Ceterum deductis necessariis impensis fiet aestimatio.*

1835 Voir ci-dessus note 1759.

sed moderamine quodam, iuxta Iustiniani sanctionem, quod uerisimi-
liter iuste petitur, concludat, l. unica uers. in aliis C. de sentent. quae
pro eo, maxime in amoris negotio, in quo amantes in infinitum eunt,
dum sibi inuicem blandientes, aut alter alterum, aut acceptum munus
utrique plurimi facere consueuerunt. Catullus ad Lesbiam suam :
Quare hoc est gratum nobis quoque charius auro
Quod te restituis, Lesbia, mi cupido.

Vnde astuta Thais in comoedia, siue Gnato potius, Thrasonis insania
fruens, donum libenter acceptum fatetur, non tam ipso quidem dono,
ut assentator ait, quam quod a milite magnifico missum fuisset, eoque
nomine Thaida magnas, imo ingentes, agere gratias.

mais à déterminer finalement, avec une certaine modération, conformément à la décision de Justinien, ce qui est, selon toute vraisemblance, équitablement réclamé (C. 7, 47, 1, 1[1836]), surtout en matière d'amour, où les amoureux n'ont aucune limite, car, se flattant mutuellement, ils ont l'habitude d'estimer très cher, soit la personne aimée, soit le cadeau qu'ils en ont reçu; voir Catulle à sa Lesbie[1837] :

Car ce qui m'est cher et plus précieux que l'or,
C'est que tu me reviennes, Lesbie, objet de mes désirs.

C'est pourquoi la rusée Thaïs, dans la comédie[1838], ou plutôt Gnathon, profitant de la folie de Thrason, affirme qu'un cadeau a été reçu avec plaisir, non pas tant pour lui-même, comme le dit le flatteur, que parce qu'il avait été envoyé par un soldat plein de munificence, et c'est à ce titre que Thaïs exprimait de très vifs, et même d'éperdus, remerciements.

1836 **Sancimus** itaque in omnibus casibus, qui certam habent quantitatem uel naturam, ueluti in uenditionibus et locationibus et omnibus contractibus, quod hoc interest dupli quantitatem minime excedere; in aliis autem casibus, qui incerti esse uidentur, iudices, qui causas dirimendas suscipiunt, per suam subtilitatem requirere, ut, quod re uera inducitur damnum, hoc reddatur et non ex quibusdam machinationibus et immodicis peruersionibus in circuitus inextricabiles redigatur, ne, dum in infinitum computatio reducitur, pro sua impossibilitate cadat, **cum scimus esse naturae congruum eas tantummodo poenas exigi, quae cum competenti moderatione proferuntur** uel a legibus certo fine conclusae statuuntur.

1837 CVII, vers 3-4.

1838 *L'Eunuque* de Térence. Gnathon est le parasite de Thrason.

OBSERVATA IN CAPUT XVII

1. Amorem iudicare, et praefecti praetorio munere fungi, nec caecum esse.
2. Magnus magister Galliae olim tres magistratus Romanos sibi conferendos habuit; < quis sit Conestabilis et sententiae praetorianae autoritas >.
3. Non esse mirum oculatum esse Amorem, et si alios caecos efficiat; < et an caecus iudex esse possit, et quid de surdo >.
4. Inuitam amans ad praecipitium damnatur; < poena abolita >.
5. Iurisdictionem optimo titulo Amor habet, et in foro uersatur. Tum quid sit *cauere* in iure.
6. Minor XVIII annis an iudicet; explicatur l. quidam ff. de re iudic.
7. Iudices e magistratibus eligi solitos; < et filios in patris officio aliis praeferendos >.
8. Quid sit perducere ad album praetoris aduersarium, in l. 1 ff. de edendo; < et de ambitu >.

CAPUT XVII

1. Quid cunctamur? ingrediamur Cupidinis forum, et sedentem pro tribunali contemplemur, in hemicyclo de beryllo, gemma Indica de qua in l. fin. § diui de publica.

CONTENU DU CHAPITRE 17

1. L'Amour juge, et exerce les fonctions de préfet du prétoire, et il n'est pas aveugle.
2. Le grand maître de France eut jadis pour équivalents trois magistrats romains ; < ce que sont le connétable et l'autorité de la sentence prétorienne >.
3. Il n'y a rien d'étonnant à ce que l'Amour ait des yeux, même s'il rend les autres aveugles ; < et un aveugle peut-il être juge ? et qu'en est-il pour un sourd ? >.
4. Celui qui aime une femme malgré elle est condamné à être précipité ; < peine qui a été abolie >.
5. L'Amour rend la justice à un excellent titre, et il exerce au tribunal. Et ce que c'est que *cauere* en Droit.
6. Le mineur de 18 ans peut-il être juge ? Explication de D. 42, 1, 57.
7. Les juges sont ordinairement choisis parmi les magistrats < et l'on doit donner la préférence aux fils pour exercer les fonctions de leur père >.
8. Ce que c'est que « traîner son adversaire jusqu'au lieu où est affiché l'édit du préteur », en D. 2, 13, 1, 1. < Et à propos de la brigue >.

CHAPITRE 17

1. Entrons donc, sans hésiter, dans le tribunal de l'Amour, et contemplons-le tandis qu'il le préside dans un hémicycle de béryl, cette pierre précieuse des Indes, dont il est question en D. 39, 4, 16, 7[1839].

1839 Voir ci-dessus note 361. [...] *beryllus* [...].

Magna profecto alati dei maiestas, ingens pulchritudo in molli et aurea coma, in decora et satis tunc seuera facie, in oculis denique cesiis, ac ita uehementibus ut qui eos attentius intuerentur, uelut ad Solis fulgorem, uultum cogerentur submittere : quod et Augusti Caesaris luminibus innatum fuisse Suetonius tradidit. Caeco prorsus animo ueteres exstiterunt, qui caecum Amorem ementiti sunt. Nam si in oculis, pretiosissima corporis parte, pulchritudo consistit, sacrilegium et nefarium est caecum existimare, qui deorum sit pulcherrimus ut antiquissimus, de quo Hesiodus in *Theogonia* :

Ἤτοι μὲν πρώτιστα Χάος γένετ᾽,

et mox :

ἠδ᾽ Ἔρος, ὃς κάλλιστος ἐν ἀθανάτοισι θεοῖσι

id est, ante omnia quidem chaos fuit, atque Amor, pulcherrimus immortalium deorum.

Quod si myopes, id est, lusciosos redhiberi posse, Vlpianus respondit, l. idem ff. de aedil. edict. Quanto magis orbatus oculis, ut uitiosus, reiiceretur Amor, non mediocri Aedilium errore, si is uitiosus iudicaretur, cui qui uacare nequeunt, omnino uitiosi sunt, l. sinautem ff. eod. Nimirum oculus,

< naturae speculum a quibusdam uocatus, quia e diuerso speculum sit artis oculus, quiquidem >

solis splendorem refert et eum talem in corpore illustrando esse, qualis sit in mundo sol Cl. Galenus perhibuit, lib. 3 *De usu partium.*

Elle est bien grande, assurément, la majesté du dieu ailé, et immense la beauté de sa chevelure souple et dorée, de son visage superbe, qui arborait alors un air plutôt sévère, de ses yeux enfin, pers et si flamboyants que ceux qui les regardaient trop fixement étaient obligés de baisser la tête comme devant l'éclat resplendissant du soleil ; Suétone[1840] rapporte que, de naissance, Auguste avait ces yeux-là. Ils ont donc tout à fait manqué de discernement, les Anciens qui ont mensongèrement prétendu que l'Amour est aveugle. Car si la beauté réside dans les yeux, qui sont la partie la plus précieuse du corps humain, il est sacrilège et impie de considérer comme aveugle celui qui est le plus beau aussi bien que le plus ancien des dieux ; Hésiode en parle dans sa Théogonie[1841] :
Au commencement il y eut le Chaos [...]
et peu après :
Puis Éros, le plus beau des dieux immortels.

À la question de savoir si l'on pouvait obliger le vendeur à reprendre les myopes, c'est-à-dire ceux qui ont la vue basse, Ulpien a répondu en D. 21, 1, 10, 3[1842]. Et, à plus forte raison, l'on rejetterait l'Amour pour défectuosité, s'il était privé de la vue ; or les édiles[1843] auraient grand tort de le déclarer défectueux, car ce sont justement ceux qui ne peuvent s'adonner à l'amour qui le sont tout à fait (D. 21, 1, 7[1844]). L'œil,
< que certains appellent miroir de la nature, parce qu'inversement le miroir est un œil artificiel[1845] >,
rappelle assurément la splendeur du soleil et Galien, au livre 3 de *Les fonctions des parties du corps humain*[1846], a dit qu'il est au corps, qu'il illumine, ce que le soleil est au monde.

1840 *Vie d'Auguste*, LXXIX, 3 : « Auguste avait les yeux vifs et brillants ; il voulait même que l'on crût qu'ils tenaient de la puissance divine. Quand il regardait fixement, c'était le flatter que de baisser les yeux comme devant le soleil ».

1841 *Théogonie*, vers 116 et 120. Déjà cité (voir ci-dessus note 27).

1842 *De myope quaesitum est, an sanus esset ; et puto eum redhiberi posse.*

1843 Rappelons qu'à Rome les édiles étaient notamment chargés de la surveillance des marchés, donc des ventes : voir ci-dessus l'allusion à D. 21, 1, 10, 3.

1844 *Sin autem quis ita **spado** est, ut tam necessaria pars corporis et penitus absit, **morbosus** est.*

1845 Sur ce *topos*, voir par exemple *Ludouici Caelii Rhodigini Lectionum antiquarum libri triginta* [...], Lyon, 1560, p. 198 : *ut oculus naturae speculum est, ita speculum artis est oculus.*

1846 Voir la fin du chapitre x, p. 143 de la traduction française, Paris 1659, et p. 91 de la traduction latine de Paris, 1528, consultable sur Gallica : *Oculum, organum lucidissimum, et maxime Solem referens.*

< Nam et Orpheus, in *Hymnis*, Solem appellauit κόσμου ὄμμα, id est, mundi oculum >.

Praeterea constat a mundi origine Cupidinem maxima potestatis luce claruisse, nisi Hesiodo dissidimus, et eundem militem perstrenuum Martisque uictorem ius seuerissime dixisse, nec prouocandi facultate concessa.

2. Quod accedit ad officium Praefecti praetorio, a Romanis Imperatoribus inductum, instar eius magistratus qui antea, Consulum aetate, Magister equitum uocabatur, l. unic. ff. de offic. praef. praet., quemadmodum, ante exactos reges, et nondum annuo consulatu uigente, qui Equitibus praeerat, Tribunus Celerum dictus extitit, qui secundum post Regem obtinebat locum, l. II § quod ad ff. de orig. iur.

< Celerem enim, Festo teste, antiquitas dicebat equites >.

His tribus magistratibus, aequabili autoritate praeditis, uel trium uni, conferendus uidetur, qui nunc[126] Magister equitum in Gallia dicitur, seu Conestabilis,

< quasi stabuli regii comes. Comitem quoque sacri stabuli dixit imperator, in l. unica lib. 12 C. de comitibus et tribunis, ubi, deposita dignitate, Comes stabuli honorabatur instar Comitis Aegypti, licet altiorem non esset sortitus potestatem.

---

126 1553 *adiiciebat* : Magnus Magister uelut.

< Orphée aussi, dans ses *Hymnes*[1847], a appelé le soleil « œil du monde » >.

De plus, à suivre Hésiode, il est établi que depuis l'origine du monde, Cupidon a brillé du suprême éclat de la puissance, et, comme il était aussi un valeureux guerrier, qui vainquit le dieu Mars, il rendait la justice avec une sévérité extrême, sans permettre que l'on fît appel de ses décisions.

2. Et l'on peut rapprocher ses fonctions de celles du préfet du prétoire, magistrat mis en place par les Empereurs à la place de celui qui auparavant, du temps des consuls, était appelé le Maître de cavalerie (D. 1, 11, 1, pr.[1848]), de même qu'avant l'expulsion des rois, et avant la mise en vigueur du consulat annuel, il y eut, pour commander aux chevaliers, le Tribun des Celeres, qui tenait le premier rang immédiatement après le roi (D. 1, 2, 2, 15[1849]).

< En effet, au témoignage de Festus[1850], les Anciens appelaient les chevaliers « Celeres » >.

Il semble que l'on doive le comparer à ces trois magistrats, dotés d'un pouvoir équivalent, ou à un seul d'entre eux, celui que l'on appelle aujourd'hui en France le Connétable,

< autrement dit, le comte des écuries royales. L'Empereur emploie également l'expression « Comte des écuries impériales » en C. 12, 11, 1, pr.[1851], où il est dit que lorsqu'il s'était démis de ses fonctions, le Comte des écuries, s'il n'avait pas été élevé à une dignité supérieure, était honoré à l'égal d'un comte d'Égypte.

1847 Hymne VII : « oeil du monde étoilé, qui meurs et revis chaque jour dans des flammes immortelles ».

1848 *Breuiter commemorare necesse est,* **unde constituendi praefectorum praetorio officii origo manauerit. Ad uicem magistri equitum praefectus praetorio antiquitus institutos** *esse a quibusdam scriptoribus traditum est* [...].

1849 *Isdem temporibus* **et tribunum Celerum fuisse** *constat;* **is autem erat qui equitibus praeerat et ueluti secundum locum a regibus optinebat;** *quo in numero fuit Iunius Brutus, qui auctor fuit regis eiciendi.*

1850 *De significatione uerborum,* III, 48 : « Les Anciens donnèrent ce nom à ceux que nous appelons aujourd'hui chevaliers, de *Celer,* meurtrier de Rémus, qui, dans le principe, fut mis à leur tête par Romulus ; ils furent, dans l'origine, choisis au nombre de dix par tribu ; ils étaient donc en tout trois cents ».

1851 *Praepositos ac tribunos scholarum, qui diuinis epulis adhibentur et adorandi Principis facultatem antiquitus meruerunt,* **inter quos comites etiam sacri stabuli** *et cura palatii numerantur, si primi ordinis comitiuam cum praepositura meruerunt* **et casu ad altiora non peruenerint,** *deposito sacramento inter eos,* **qui comites Aegypti uel Ponticae dioeceseos fuerint, quorum par dignitas est, haberi praecipimus** [...].

Certum est enim magistratus olim fuisse temporarios. Hinc ex praefecto praetorio Leontius Patritius, l. 1 § ideoque de nouo codice faciend.; nec est quisquam fidei in hac re certioris quam Valentinianus Augustus in d. l. 1 de comitibus, utpote qui, Nicomediam ingressus calendis Martiis, Valentem fratrem stabulo cum tribunatus dignitate praefecit, ut Ammianus loquitur lib. 26. Sane praefectum praetorio pleniorem potestatem habuisse quam Magistrum militum, ait Iurisconsultus in l. 1 ff. de offic. praef. praetor.; quod puto non exponendum pro « plena », cum Accursio, sed proprie « pleniorem » dico, eo quod praefectus iuri dicundo grauioribusque negotiis terminandis, ultra rei militaris curam incumbebat, et in judiciis multa habebat singularia : non enim ab eo appellabatur, d. l. 1 de officio praefect. praet. Deinde subdit aduersus sententiam praefecti minores ab alio magistratu non restitui, sed ab ipsomet; quod multum ab appellatione differt, quae ad superiorem it. Sed et appellatio detegit imperitiam iudicis a quo prouocatur, uel iniquitatem, l. 1 ff. de appellat., preces uero oblatae praefecto dolum aduersarii uel errorem proprium continent, l. praefecti ff. de minorib. ;

Il est certain, en effet, qu'on n'était jadis magistrat que pour un temps déterminé. Ainsi ce Leontius Patritius, « ex-préfet du prétoire » (Prélude 1 du Code, § 1[1852]) ; et nul, en la matière, ne fait foi mieux qu'Auguste Valentinus, dans la loi déjà citée C. 12, 11, 1, pr.[1853], car, après être entré à Nicomédie le jour des calendes de Mars, il nomma son frère Valens grand écuyer avec la dignité du tribunat, comme le dit Ammien Marcelin au livre XXVI[1854]. Certes, en D. 1, 11, 1, pr.[1855], le jurisconsulte dit que le préfet du Prétoire avait un pouvoir plus étendu que le Maître de cavalerie ; car je ne pense pas qu'il faille expliquer ce mot, à l'instar d'Accurse, comme s'il y avait « étendu », mais je dis, à proprement parler, « plus étendu », parce qu'en plus des affaires militaires, le préfet était chargé de dire le Droit et de conclure des affaires assez graves, et ses jugements comportaient nombre de particularités ; en effet, on ne pouvait faire appel de ses décisions (D. 1, 11, 1, 1[1856]).

En second lieu, les mineurs ne pouvaient obtenir restitution, à l'encontre de la sentence du préfet du prétoire, d'un autre magistrat que lui-même ; cette procédure, en effet, n'a rien de commun avec l'appel, que l'on forme auprès d'un magistrat de rang supérieur. Car l'appel fait apparaître l'incompétence, ou l'iniquité, du juge dont on conteste la sentence en appel (D. 49, 1, 1[1857]), tandis que les suppliques adressées au préfet du prétoire font état de la fraude dont l'adversaire est responsable, ou d'une erreur que l'on a commise soi-même (D. 4, 4, 17[1858]) ;

1852 [...] *Leontium uirum sublimissimum magistrum militum ex praefecto praetorio* [...].

1853 Voir ci-dessus note 1851.

1854 *Histoire de Rome* XXVI, 4, 2.

1855 Voir ci-dessus note 1847. Fin du passage : *regimentis rei publicae ad Imperatores perpetuos translatis, ad similitudinem magistrorum equitum praefecti praetorio a principibus electi sunt. **Data est plenior eis licentia ad disciplinae publicae emendationem.*** Au mot *plenior*, Accurse glose en effet : *id est plena ; uel plenior quam olim competeret magistro equitum.*

1856 *His cunabulis praefectorum auctoritas initiata in tantum meruit augeri, **ut appellari a praefectis praetorio non possit** [...].*

1857 *Appellandi usus quam sit frequens quamque necessarius, nemo est qui nesciat, **quippe cum iniquitatem iudicantium uel imperitiam recorrigat.***

1858 *Praefecti etiam praetorio ex sua sententia in integrum possunt restituere, quamuis appellari ab his non possit. Haec idcirco tam uarie. Quia appellatio quidem iniquitatis sententiae querellam, in integrum uero restitutio **erroris proprii ueniae petitionem uel aduersarii circumuentionis allegationem continet.***

adhaec bis appellare licet, semel tantum praefecto supplicare, l. si quis
C. de precibus imperatori offer. C.; demum appellatio impedit executionem sententiae, non supplicatio, Auth. quae supplicatio C. eod.,
ubi intra decem dies supplicatio recipitur coram ipso praefecto; quod
si successorem acceperit, tunc etiam intra biennium Imperatori sup-
plicabitur. Sic non obest l. 1 C. de sententiis praefect. praetori, nempe
cum interim praefectus imperium amisit >.

Nec inepte Cupidinem huic contulero, qui in coelo secundum, post
patrem Iovem, honorem iampridem adeptus est, eoque magistratu, deorum Senatu subscribente, fruitur, et ut Praefectus praetorio, amantium
lites dirimit, constitutiones et edicta proponit diuersa a Principis legibus,
si libuerit, modo non sint contraria, l. formam C. de offic. praef. praet.
orie., ubi forma appellatur ex bono et aequo edita sanctio decretumue,
ut l. II ff. de uariis et extraordin. cog.[127]

< Praeterea in d. l. formam, expresse dicitur eam formam solitam
offerri principi, qui, si libuisset, aliud innouabat, aut approbabat; sed
in dubio >

---

127 1553 *adiiciebat* : et //

de plus, on peut faire appel deux fois de suite, alors qu'on ne peut adresser qu'une seule fois sa supplique au préfet (C. 1, 19, 5[1859]); enfin, l'appel est suspensif, non la supplique : voir *Novelle* 119, chapitre 5[1860], où la supplique est reçue dans un délai de dix jours auprès du préfet lui-même; et si quelqu'un lui a succédé dans le poste, on aura même deux ans pour adresser sa supplique à l'Empereur; nonobstant, dans ces conditions, C. 7, 42, 1[1861], lorsque, bien sûr, le préfet, entretemps, a perdu son pouvoir >.

Je n'aurai donc pas tort d'assimiler Cupidon à la divinité qui, dans le ciel, a obtenu le premier rang en dignité après son père Jupiter, et qui exerce cette magistrature avec l'approbation de l'assemblée des dieux; c'est qu'à l'instar d'un préfet du prétoire, il met fin aux litiges entre les amants, et propose des constitutions et des édits, qui peuvent se différencier des lois des Empereurs, pourvu qu'ils ne leur soient pas contraires : voir C. 1, 26, 2[1862], où la décision, ou le décret, inspirée par le bien et la justice, prend le nom d'« ordonnance », comme en D. 50, 13, 2[1863].

< En outre, dans la loi déjà citée C. 1, 26, 2[1864], il est dit expressément que cette ordonnance était régulièrement soumise au Prince qui, à son gré, l'approuvait ou en donnait une nouvelle; mais, dans le doute, >

1859 *Si quis aduersus praefectorum praetorio sententias duxerit supplicandum uictusque fuerit denuo, nullam habebit licentiam iterum super eadem causa supplicandi.*

1860 [...] *Quia enim nostrae leges decernunt, si quando gloriosissimi praefecti sacrorum praetoriorum sententiam protulerint, nullam appellationem aduersus eam offerri, sancimus, quotiens sententia gloriosissimorum praefectorum cuiuscumque regionis profertur, et unus forsan litigantium putauerit se grauari,* **habere eum licentiam petitionem offerre gloriosissimis praefectis qui sententiam protulerunt** *aut eorum consiliariis aut causas introducentibus* **intra decem dierum indutias post prolatam sententiam,** *ut hoc subsecuto non aliter executioni sententia contradatur, nisi prius fideiussiones dignas praebuerit uictrix pars tantae quantitatis quantae fuerit condemnatio* [...].

1861 *Litigantibus in amplissimo praetorianae praefecturae iudicio,* **si contra ius se laesos adfirment, non prouocandi, sed supplicandi licentiam ministramus,** *licet pro curia uel qualibet publica utilitate seu alia causa dicatur prolata sententia (nec enim publice prodest singulis legum adminicula denegari) : ita uidelicet, ut* **intra biennium tantum nostro numini contra cognitionales sedis praetorianae praefecturae sententias,** *post successionem iudicis* **numerandum, supplicandi eis tribuatur facultas.**

1862 *Formam a praefecto praetorio datam, etsi generalis sit,* **minime legibus uel constitutionibus contrariam,** *si nihil postea ex auctoritate mea innouatum est, seruari aequum est.*

1863 [...] *praesidem prouinciae doceri oportere responsum est, ut is secundum rei aequitatem et iurisdictionis ordinem* **conuenientem formam rei det.**

1864 Voir ci-dessus note 1862.

lux tantae dignitatis cuncta ex fide et iuste sancire praesumitur, et ad principem fere accedit, l. 1 ff. de offic. praef. praet. Imperator Alexander, autor d. l. formam, exemplum aptissimum mihi obtulisse uidetur in l. IIII C. locat., quod ad similia generaliter transferri poterit[128].

Sed,

< ut ad superiora redeam >,

est cur caecitatis calumniam Cupido iurisperitus aequiore ferat animo, cum pictores Iustitiam ipsam, quam quisque iudex ante oculos habere debet, l. quod si Ephesi § finali ff. de eo quod cert., oculis clausis pictam crebro proponere soleant, cum sit aspectu acri et formidabili, ut uult Chrysippus in libro primo eorum qui Περὶ καλοῦ καὶ ἡδονῆς inscribuntur, et A. Gellius, lib. 14 cap. 4, et senarius in prouerbio :

Ἐστὶν Δίκης ὀφθαλμὸς ὃς τὰ πανθ'ὁρᾷ

id est : Est iustitiae oculus, qui omnia uidet.

3. Enimuero, inquies, alios caecos efficit Amor. Quid tum ? num est nouum transferre quemquam quod ipse non habeat ? non utique l. non est ff. de acq. rer. dom. ; l. apud filium ff. de manumiss. uind. Nonne Sol, quo magis splendet, eo magis cum periculo luminum aspicitur ?

---

128 1553 *adiiciebat* : Quare caecum eum esse qui credat ? cum nec inferiores magistratus quisquam caecus inire iure possit, licet retinere non prohibeatur, l. 1 § casum ff. de postul. Et constat Amorem eadem semper potestate subnixum fuisse simul atque a Chao emerserit.

on présume que le titulaire d'une aussi éclatante dignité ne prend que des décisions fiables et justes, car son pouvoir se rapproche beaucoup de celui du Prince (D. 1, 11, 1, 1[1865]). L'Empereur Alexandre, auteur de la loi déjà citée C. 1, 26, 2[1866], me semble en avoir donné, avec C. 11, 71, 4[1867], un excellent exemple, qui peut être transposé de façon générale à des cas semblables.

Mais

< pour en revenir à ce que je disais plus haut >,

Cupidon, en tant que juriste, a plus de raisons que d'autres de supporter assez sereinement d'être calomnié sur sa prétendue cécité, puisque les peintres ont l'habitude de représenter fréquemment la Justice elle-même, que chaque juge doit avoir constamment sous les yeux (D. 13, 4, 4, 1[1868]), avec les yeux bandés ; elle est d'ailleurs dotée d'une physionomie sévère et qui inspire la crainte, selon Chrysippe, au livre 1 de son ouvrage *Sur le beau et l'agréable* : voir Aulu-Gelle, livre XIV, chapitre 4[1869], et le sénaire qui est passé en proverbe[1870] :

C'est l'œil de la justice, auquel rien n'échappe.

3. Mais, me direz-vous, on sait bien que l'Amour rend aveugle ! Et alors ? Est-il sans exemple que quelqu'un transmette ce qu'il ne possède pas lui-même ? assurément non : voir D. 41, 1, 46[1871] et D. 40, 2, 18, pr.[1872]. Et nos yeux ne courent-ils pas d'autant plus de risques à regarder le soleil qu'il brille davantage ?

1865 Voir ci-dessus note 1855. Fin du § : *Credidit enim Princeps eos, qui ob singularem industriam explorata eorum fide et grauitate ad huius officii magnitudinem adhibentur,* **non aliter iudicaturos esse pro sapientia ac luce dignitatis suae, quam ipse foret iudicaturos.**

1866 Voir ci-dessus note 1862.

1867 **Congruit aequitati, ut ueteres** *possessores fundorum publicorum nouis conductoribus prae-**ferantur,** si facta per alios augmenta suscipiant.*

1868 [...] *In summa aequitatem quoque ante oculos habere debet iudex, qui huic actioni addictus est.*

1869 « Voici comment s'exprime Chrysippe en parlant de la Justice : On la dit vierge, symbole de la pureté ; on dit qu'elle ne parle jamais aux méchants, qu'elle n'écoute ni douces paroles, ni supplications, ni prières, ni flatteries, ni rien de semblable : par conséquent, on la dépeint sombre, le front tendu et contracté, regardant de travers, afin d'effrayer les méchants et de rassurer les bons, montrant à ceux-ci un visage bienveillant, et à ceux-là un visage hostile. J'ai cru devoir citer ce passage, pour mettre le lecteur à même de l'apprécier et de le juger ; car certains disciples d'une philosophie efféminée me l'entendant lire un jour, prétendirent que c'était là le portrait de la Cruauté, et non de la Justice ».

1870 Voir *Menandri sententiae*, 179 E.

1871 **Non est nouum, ut qui dominium non habeat, alii dominium praebeat** : *nam et creditor pignus uendendo causam dominii praestat, quam ipse non habuit.*

1872 *Apud filium familias magistratum manumitti potest,* **etiamsi ipse filius familias manumittere non potest.**

[129]< Sed tempestiuum est inspicere an caecus iudex esse queat, an magistratum gerere. Accursius, in l. 1 § casum de postul. ff., retinere posse munus scripsit caecum, non autem post caecitatem adipisci, l. uni. de decurion. C. 10, atque ita intellegi l. caecus ff. de iudiciis : *caecus*, inquit Vlpianus, *iudicandi officio fungitur*, nempe fungitur non autem ut dari noue iudex possit ; sic tutor caecus post factus, auctoritatem recte interponit, posse uero tutorem dari nemo dixerit, cum captus sit luminibus, l. 3 C. qui dare tutor. possunt. Nam amouere caecum a publico munere duri esset principis, et calamitati insultantis, maxime cum Appius Claudius caecus, ut in d § casum, publicis rebus et sententiis interfuerit et protulerit salubriter, et C. Drusus domi[130] consulentibus se optime cauerit, caecus dux iis, qui sua non uidebant. Alia exempla cumulat Cicero lib. 5 *Tuscul. quaestionum.*

---

129   1553 : Huc pertinet quod Galenus, lib. 10 *De usu partium*, commemorat Xenophontis
     milites, cum per multam niuem diu ambulassent, magna et splendida luce fuisse partim
     excaecatos.

130   Drusus domi *scripsi* : Drusi domus *T* //

< Mais c'est le moment de rechercher si un aveugle peut être juge, ou magistrat. Accurse, en D. 3, 1, 1, 5[1873], a écrit qu'il peut garder ses fonctions après être devenu aveugle, mais non en obtenir de nouvelles (C. 10, 32, 8[1874]), et c'est ainsi que l'on comprend D. 5, 1, 6[1875] : « un aveugle, dit Ulpien, peut exercer les fonctions de juge », mais non pas les « exercer » au sens de pouvoir être nouvellement nommé juge ; de même, un tuteur devenu aveugle conserve son autorité, mais personne n'admettrait que quelqu'un soit nommé tuteur après avoir perdu la vue (C. 5, 34, 3[1876]). C'est qu'il serait cruel de la part du Prince de priver un aveugle d'une charge publique, et ce serait insulter à son infirmité, surtout qu'Appius Claudius, comme il est dit dans la loi déjà citée D. 3, 1, 1, 5[1877], a utilement participé, quoiqu'étant aveugle, aux affaires et aux décisions publiques, et que Caius Drusus a très bien veillé aux intérêts de ceux qui venaient le consulter à domicile, car, tout aveugle qu'il fût, il savait guider ceux qui ne voyaient rien dans leurs propres affaires. Cicéron énumère d'autres exemples au livre V des *Tusculanes*[1878].

1873 Voir ci-dessus note 808. Autre passage de la loi [...] *Casum : dum* **caecum utrisque luminibus orbatum praetor repellit,** *uidelicet quod insignia magistratus uidere et reuereri non possit* [...]. *Quamuis autem caecus pro alio postulare non possit,* **tamen et senatorium ordinem retinet et iudicandi officio fungitur.** Ce sont ces derniers mots qu'Accurse glose ainsi : *modo ante caecitatem iudex datus fuerit.* En revanche, Ulpien affirme pour finir qu'un aveugle **retinere quidem iam coeptum magistratum posse, adspirare autem ad nouum penitus prohiberi.**

1874 *Infamia, quae tibi abominanda est,* **non etiam amissionis oculorum casus quaesitum adimit honorem.**

1875 **Caecus iudicandi officio fungitur.** Forcadel interprète cette loi conformément à la glose d'Accurse en D. 3, 1, 1, 5 (voir ci-dessus note 1873).

1876 *Luminibus captum curatorem habere falso tibi persuasum est.*

1877 Voir ci-dessus note 1873 : le passage visé est le suivant : *Exstat quidem exemplum eius, qui gessit :* **Appius denique Claudius Caecus consiliis publicis intererat et in senatu seuerissimam dixit sententiam de Pyrrhi captiuis.**

1878 Fin du § 38 pour Drusus ; autres exemples au § 39.

Non me latet aliquem recentiorum existimasse, caecum ad magistratum quidem assequendum non admitti, imo ad iudicandi officium,
ut scilicet iudex delegari a praetore possit, quod d. l. caecus non dicit ;
tantum dicit iudicandi officio fungi, id est, retinere, ut in d. l. 1 §
quamuis ff. de postul. Praeterea is caecus omnino esset, qui caecum
litigantibus daret iudicem, cum nec surdus delegari possit, l. cum praetor
ff. de iudiciis, ubi natura iudex non datur surdus, mutus. In caeco[131]
autem magis est periculi : nam surdus saltem leget acta iudiciorum ;
caecus tantum exaudiet, et decipi poterit a praelegente. Nec innotum
est oculatam fidem aurita potiorem, § 1* de gradibus cognation. Quid,
quod multa ex aspectu diiudicantur, l. 2 ff. de feriis ; l. si irruptione §
fi. finium regundor. ?

---

131   caeco *scripsi* : caeca **T** //

L'un de nos Modernes, je ne l'ignore pas, a estimé que si un aveugle n'est pas autorisé à obtenir une magistrature, il peut très bien en revanche être nommé juge : sans doute pour que le préteur puisse le déléguer comme juge[1879] ! Or la loi déjà citée D. 5, 1, 6[1880] ne dit pas qu'un aveugle peut devenir juge : elle dit seulement qu'il peut exercer les fonctions de juge, c'est-à-dire les conserver, comme en D. 3, 1, 1, 5[1881]. En outre, ce serait faire preuve d'un aveuglement complet que de donner un aveugle pour juge aux parties en litige, alors que l'on n'a pas le droit de déléguer un sourd : voir D. 5, 1, 12, 2[1882], où il est dit que l'on ne peut pas donner pour juge un sourd-muet de naissance. Or il y a plus de danger encore à nommer un aveugle : car un sourd pourra au moins lire les pièces du procès, tandis qu'un aveugle ne pourra qu'en entendre lecture, et risquera d'être trompé par celui qui les lira le premier. Et l'on n'ignore pas que la vue est considérée comme plus fiable que l'ouïe (*Institutes*, III, 6, 9[1883]). Ne juge-t-on pas de beaucoup de choses d'après l'aspect qu'elles présentent (D. 2, 12, 2[1884] ; D. 10, 1, 8, 1[1885]) ?

1879 L'ironie est dirigée contre François le Douaren, qui traite de la question au chapitre 23 du livre I de ses *Disputationes anniuersariae*, publié à Lyon en 1547 (voir *Duareni Disputationum anniuersariarum libri duo*, Cologne, 1573, p. 44-46). Le chapitre est intitulé : ***Caecum posse iudicem dari, aduersus Accursii et aliorum omnium sententiam***. Pour Le Douaren, en effet, *quamuis autem caecus pro alio postulare non possit, tamen et senatorium ordinem retinet, et iudicandi officium fungitur*. Il explique qu'Accurse, trompé par son ignorance de l'Antiquité, n'a pas tenu compte de l'éclairage des *Tusculanes*, et n'a pas vu qu'Ulpien introduisait, de ce point de vue, une nette différence entre juge et magistrat. Or s'il n'y a pas de loi qui empêche un aveugle de devenir juge, alors qu'elle ne permet pas qu'il soit nommé magistrat, c'est que *in iudice priuato nihil aliud quam iudicium, prudentiam, doctrinam, uirtutem requirimus. In magistratu deligendo, praeter haec omnia, decoris cuiusdam et splendoris publici habendam rationem esse sapientissimus quisque semper iudicauit*. Et, s'appuyant sur D. 50, 4, 6, il conclut sur l'argument suivant : *unde quibus apud praetorem non licet postulare, ii nihilhominus apud iudicem priuatum siue pedaneum postulant*. Signalons pour finir que c'est l'opinion de Le Douaren, suivi sur ce point par Doneau, Cujas et, entre autres, Conrad Rittershausen, qui a finalement prévalu.

1880 Voir ci-dessus, note 1875.

1881 Voir ci-dessus note 1873.

1882 ***Non autem omnes iudices dari possunt*** *ab his qui iudicis dandi ius habent ; quidam enim lege impediuntur ne iudices sint, quidam natura, quidam* ***moribus***. *Natura,* ***ut surdus mutus*** [...].

1883 *Sed cum* ***magis ueritas oculata fide quam per aures animis hominum infigitur*** [...].

1884 [...] *aut ut* ***aspectu atrox iniuria aestimetur*** [...].

1885 *Ad officium de finibus cognoscentis pertinet mensores mittere et per eos dirimere ipsam finium quaestionem, ut aequum est, si ita res exigit,* ***oculisque suis subiectis locis***.

Accedit quod surdus testari potest minore solemnitate quam caecus, l. hac consultiss., et l. discretis C. qui testam. facere poss., nisi simul ille mutus fuerit. Quod si postea a functione suscepta morbus acciderit et surdum caecumque praepedierit, ut plene exequi munia iudicantis nequeat[132], aut legere sententias, detur adiutor, ut nimium senecta grauato, can. petisti 7 q. 1. Quoquidem Cupido perspicax admodum non egebat >.

Audiebantur in [133]< huius > praetorio, coram tam formoso et aequo iudice, amantium quaerimoniae; dextra ac sinistra, iurgia et mirandi strepitus excitabantur.

4. Damnatus est ad praecipitium C. Vindimius, non inuenustus iuuenis, Posthumillae Sextiae desiderio perditus : iussus est miser inuitae amator de rupe Leucadia desilire, sequique Cephali infelix fatum, qui captus Ptaolae Deïonei filiae amoribus, de eadem rupe, quae ad sedandum amorem facere ferebatur, se dedit praecipitem; quod Strabo lib. 10 testificatur. Poena huiusmodi legibus nostris alioquin improbatur, l. si diutino in fi. ff. de poen.;

---

132 nequeat *scripsi* : nequeant *T* //
133 1553 : hoc.

À cela s'ajoute le fait que le sourd peut tester avec moins de formalités que l'aveugle (C. 6, 22, 8, pr.[1886] et C. 6, 22, 10, pr. et 2[1887]), sauf s'il est en même temps muet. Et si, postérieurement à son entrée en fonctions, une maladie survient, qui rend le juge sourd et aveugle et l'empêche d'exercer pleinement sa charge ou de lire les jugements, qu'on lui donne un assistant, comme à celui qui est trop accablé par la vieillesse (*Décret*, II, 7, 1, 17[1888]). Mais Cupidon, dont la vue est perçante, n'en avait absolument pas besoin >.

Dans le prétoire d'un juge si beau et si équitable, et en sa présence, on entendait les plaintes des amants ; de tous côtés, s'élevaient des disputes et un stupéfiant vacarme.

4. C. Vindimius, un assez beau jeune homme, qui était fou de désir pour Posthumilla Sextia, fut condamné au précipice : en effet, cet amoureux, qui avait le malheur de n'être pas payé de retour, reçut l'ordre de sauter du rocher de Leucade, et de suivre le triste destin de Céphale, qui épris de Ptaola, la fille de Dionée, s'était jeté du même rocher, réputé calmer le mal d'amour : Strabon en témoigne au livre X[1889]. Nos lois réprouvent d'ailleurs ce genre de peine (D. 48, 19, 25, 1[1890]) ;

1886 *Hac consultissima lege sancimus,* **ut carentes oculis seu morbo uel ita nati per nuncupationem suae condant moderamina uoluntatis,** *praesentibus septem testibus, quos aliis quoque testamentis interesse iuris est, tabulario etiam* […].

1887 *Discretis* **surdo et muto,** *quia non semper huiusmodi uitia sibi concurrunt,* **sancimus,** *si quis utroque morbo simul laborat, id est ut neque audire neque loqui possit, et hoc ex ipsa natura habeat,* **neque testamentum facere neque codicillos neque fideicommissum relinquere neque mortis causa donationem celebrare concedatur** *nec libertatem siue uindicta siue alio modo imponere* […] *2. Sin autem infortunium discretum est, quod ita raro contingit, et surdis, licet naturaliter huiusmodi sensus uariatus est, tamen omnia facere et in testamentis et in codicillis et in mortis causa donationibus et in libertatibus et in aliis omnibus permittimus.*

1888 Le canon est intitulé, en effet : *Senectute grauato coadiutor est dandus, qui morienti succedat.*

1889 X, 2, 9 : « C'est du haut de ce cap, dominé aujourd'hui encore par le temple d'Apollon-Leucate que l'on faisait le saut terrible, qui, suivant une croyance généralement répandue, pouvait seul guérir du mal d'amour […]. Ménandre, on le voit, attribue formellement à Sapho l'origine du saut de Leucade ; mais d'autres auteurs plus versés que lui dans la connaissance des antiquités assurent que ce fut Céphale qui le premier chercha dans cette épreuve un remède à la passion qu'il ressentait pour Ptérélas, le fils de Dionée ». Passage défectueux. C'est Céphale qui est le fils de Dionée. Selon Parrhasius, Stabon voulait écrire que la fille de Ptérélas, amoureuse de Céphale fils de Dionée, avait fait le saut de Leucade. La féminisation de Ptérélas intervint dans la traduction latine de la *Géographie*, Bâle, 1523, p. 316 de *Geographicarum commentarii* : c'est donc ce texte qui est ici la source de Forcadel.

1890 *Non potest quis sic damnari, ut de saxo praecipitetur.*

< sed lege XII Tabularum falsis testibus indicta, ut scilicet saxo Tarpeio deiicerentur, ut notat A. Gellius lib. 20 cap. 1 >.

Puella autem ut infamis de foro Cupidinis eiecta est, idque ei superindictum ex Horatii carmine :

Ingratam Veneri pone superbiam.

Triduo post rem iudicatam, Rutilii Scapuluae deformissimi senis ipsa amore flagrare occepit, qui omnia quidem, quae nolis, habebat, praeter opes, quas solis obibat oculis.

5. De titulo quo iuridictionem suam Amor tueatur disputare necessarium non est, cum prolixitas temporis, cuius non sit memoria nisi sempiterna, iuris dicundi potestatem tribuerit ; quo titulo nullus melior, nullus firmior inuenitur, l. si quis ff. si seru. uend. ; l. fin. ff. de aqua plu. Dant mores notionem et auferunt, l. cum Praetor ff. de iudic. Quid quod uix ullum est forum alicubi, quod non inuadat hic de quo agimus ? Hinc Ouidius :

Et fora conueniunt – quis credere possit ? – amori,
Flammaque in arguto saepe reperta foro est.[...]
Illo saepe loco capitur consultus amore :
*Quique aliis **cauit**, non **cauet** ipse sibi.*

< mais la loi des XII Tables prescrivait, bien entendu, de précipiter les faux témoins du haut de la roche Tarpéienne, ainsi que le note Aulu-Gelle, au chapitre 1 du livre XX[1891] >.

D'autre part, une jeune fille, frappée d'infamie, fut chassée du tribunal de Cupidon, et on lui notifia de plus ce vers d'Horace[1892] :
Dépose cet orgueil qui déplaît à Vénus.

Trois jours après son jugement, elle tomba éperdument amoureuse de Rutilius Scapulva, un hideux vieillard, qui avait, assurément, tout ce dont on ne voudrait pas, sauf les richesses, qu'il devait se contenter de regarder de loin.

5. Il n'est pas nécessaire de débattre sur le titre en vertu duquel l'Amour exerce sa juridiction, dès lors que l'écoulement d'un temps immémorial lui a donné le pouvoir de dire le Droit ; car l'on ne saurait trouver un titre qui soit meilleur ou plus solide (D. 8, 5, 10, pr.[1893] ; D. 39, 3, 26[1894]). La compétence pour juger est conférée ou retirée par l'usage (D. 5, 1, 12, 1 et 2[1895]). Or faut-il rappeler que presque aucun tribunal n'échappe à l'invasion de ce dont nous traitons ici ? D'où Ovide[1896] :
Le tribunal aussi (qui pourrait le croire ?) est propice à l'amour,
Plus d'une flamme a pris naissance au cours des débats judiciaires [...].
Il arrive souvent qu'un avocat tombe amoureux,
Et que celui qui garantit autrui ne sache pas se garantir lui-même.

1891 « Crois-tu, Favorinus, que si la loi des Douze-Tables sur le faux témoignage n'était pas tombée en désuétude, si l'homme convaincu de faux témoignage était encore précipité du haut de la roche Tarpéienne, crois-tu que nous verrions aujourd'hui autant de faux témoins ? ».

1892 *Odes*, III, 10, 9.

1893 *Si quis **diuturno usu et longa quasi possessione ius** aquae ducendae nactus sit, non est ei necesse docere de iure, quo aqua constituta est, ueluti ex legato uel alio modo, sed utilem habet actionem, ut ostendat per annos forte tot usum se non ui non clam non precario possedisse.*

1894 *Scaeuola respondit solere eos, qui iuri dicundo praesunt, tueri ductus aquae, **quibus auctoritatem uetustas daret, tametsi ius non probaretur.***

1895 *Iudicem dare possunt, **quibus hoc lege uel constitutione uel senatus consulto conceditur** [...] **item hi quibus id more concessum est** propter uim imperii [...]. 2. **Non autem omnes iudices dari possunt** ab his qui iudicis dandi ius habent : quidam enim lege **impediuntur** ne iudices sint, quidam natura, **quidam moribus** [...].*

1896 *Art d'aimer*, I, v. 79-80 et 83-84.

« Cauere » namque dicebantur Iurisperiti consultoribus, l. quid de creditore ff. de damno infecto. Cicero « cautiones » uocat responsa Iurisconsultorum, lib. 7 *Epistolarum*, Trebatio iurisconsulto scribens : *itaque*, inquit, quando *uestrae cautiones infirmae sunt, Graeculam tibi misi cautionem chirographi mei.* Hoc modo Budaeus interpretatur « cautiones » in l. quidam ff. de adm. tut. ; l. si sciente ff. ad leg. Pompei ; illic *cautiones* testatorum pro « uafris dispositionibus » explico cum Accursio. Eodem uerbo utitur Cicero in *Topicis* ad Trebatium : *etenim, inquit, cum multis meis multa saepe* **cauisses**, *ueritus sum, ne si ego grauarer, aut ingratum id, aut superbum uideretur* ; idem lib. 3 *Epistol.* :

On disait en effet que les jurisconsultes « garantissaient » ceux qui les consultaient (D. 39, 2, 11[1897]). Cicéron, au livre VII de sa *Correspondance*, quand il écrit au juriste Trebatius[1898], appelle « garanties » les réponses des jurisconsultes : « c'est pourquoi, dit-il, comme vos garanties sont insuffisantes, en voici une grecque, écrite de ma main ». C'est ainsi que Budé[1899] interprète le mot *cautiones* en D. 26, 7, 5, 7[1900] et D. 48, 9, 7[1901] ; dans le premier passage, en accord avec Accurse, j'explique les « garanties prises par les testateurs » comme signifiant leurs « dispositions rusées ». Cicéron utilise le même terme dans ses *Topiques*[1902] dédiés à Trebatius : « en effet, dit-il, vous avez donné à beaucoup de mes proches tant de garanties, que j'aurais craint, en hésitant davantage, d'être accusé d'ingratitude ou d'orgueil » ; de même au livre III de sa Correspondance[1903] :

1897 [...] *Quae species est in contrario latere apud Marcellum agitata, an creditori pigneraticio damni infecti* **caueri** *debeat. Et ait Marcellus inutiliter ei* **caueri** : *idemque etiam de eo* **cauendum** *qui non a domino emit; nam nec in huius persona committi stipulationem. Aequissimum tamen puto huic prospiciendum, id est creditori, per stipulationem.*

1898 *Ad Familiares*, VII, 18, 1. Voir Jefferson Elmore, « The Greek Cautio in Cicero, *Fam.* VII, 18, 1 », *Transactions and Proceedings of the American Philological Association*, vol. 44 (1913), p. 127-131. Les *cautiones* sont des reconnaissances de dettes ; la *syngrapha* ou *chirographa* grecque est une reconnaissance de dette non basée sur la stipulation (voir *Institutes de Gaius*, III, 134). Forcadel comprend le mot *cautiones* dans cette lettre comme renvoyant à des réponses de jurisconsultes. Mais en réalité, Cicéron fait ici de l'humour juridique, en désignant métaphoriquement par ces termes techniques, d'un côté les promesses d'avancement données à Trebatius par César, qui n'ont eu jusque-là aucun effet tangible, et, de l'autre, l'assurance qu'il lui donne personnellement d'un appui sans réserve.

1899 Voir *Annotationes reliquae in Pandectas*, Paris, 1535, p. 40 : *Cauere interdum nec stipulantis est, nec promittentis, sed* **iurisprudentis hominis, qui consultori suo rationem praescribit**, *formulamque dictat paciscendi aut contrahendi* **et monitis consilioque instruit, ne condicionem suam deteriorem faciat**. Et Budé d'enchaîner avec la citation des *Topiques*, moyennant une inexactitude reproduite aussi par Forcadel (voir ci-dessous, note 1902). Enfin, il revient sur le mot *cautionibus* en D. 26, 7, 5, 7 pour l'expliquer ainsi : *id est his formulis testamentorum et conceptionibus uerborum.* **Accursius acute (ut solet plerumque) cautelas interpretatus est.**

1900 [...] *Et ait Iulianus tutores, nisi bonam fidem in administratione praestiterint, damnari debere, quamuis testamento comprehensum sit, ut aneclogisti essent* [...] *et est uera ista sententia;* **nemo enim ius publicum remittere potest huiusmodi cautionibus** *nec mutare formam antiquitus constitutam* [...].

1901 *Si sciente creditore ad scelus committendum pecunia sit subministrata,* [...] *parricidii poena tenebitur qui quaesierit pecuniam quique eorum ita crediderint aut a quo ita* **cauerint.**

1902 Chapitre 1, 4 : la leçon retenue aujourd'hui est *scripsisses* (et non *cauisses*), mais pas dans l'édition de Paris 1549, p. 7 v°, ni dans les *Annotationes* de Budé, qui est manifestement ici la source de Forcadel. La citation comporte une inexactitude : Cicéron écrit *tu mihi meisque* au lieu de *multis meis*.

1903 Lettre 1.

L. Valerium Iurisconsultum ualde tibi commendo, sed ita etiam si non est iuris-consultus; melius enim ei **cauere** *uolo quam ipse aliis solet* : hoc est, melius quam ipse aliis solet de iure respondere.

Mirum est tantum ualere manu et sagittandi peritia Cupidinem puerum, uel adolescentulum, eumdemque scopum pusilli cordis certo ictu ferire.

6. Mirabilius tamen adeo praestare perspicacitate ingenii et iudi-candi solertia, nec minus legibus armari quam armis decorari, ut § 1 prooem. *Inst.*, quamquam minorem XVIII annis magistratu fungi, et idcirco iudicem dari, legibus probatum sit, l. 1 ff. de offic. consul.; l. quidam ff. de re iudic., ubi sic Vlpianus : *quidam consulebant an ualeret sententia a minore uigintiquinque annis iudice data, et aequissimum erit tueri sententiam ab eo dictam, nisi minor decem et octo annis sit. Certe si magis-tratum minor gerit, dicendum est iurisdictionem eius non improbari*; *sed et si forte ex consensu iudex minor datus sit, scientibus iis qui in eum consentiebant, rectissime dicitur ualere sententiam*; *proinde si minor Praetor uel Consul ius dixerit, sententiamue protulerit, ualebit*; *Princeps enim, qui ei*[134] *magistratum dedit, omnia agere decreuit.* Haec ille.

---

134 qui ei *correxi* : ei cui *T* //

« Je vous recommande instamment le jurisconsulte L. Valérius, et même je vous le recommande, jurisconsulte ou non. Car je veux lui apporter une garantie plus efficace que celles qu'il apporte ordinairement aux autres », c'est-à-dire : plus efficacement qu'il ne le fait lui-même pour les autres, d'habitude, en donnant ses consultations juridiques.

Il est étonnant qu'étant un enfant ou un adolescent, Cupidon ait la main si sûre pour lancer des flèches qu'il atteint toujours à coup sûr la même cible minuscule, c'est-à-dire le cœur.

6. Mais il est plus étonnant encore qu'il montre tant de supériorité en pénétration d'esprit et en compétence pour juger, et qu'il soit aussi bien « armé par les lois » que « paré par les armes », comme il est dit au début du Prélude des *Institutes*[1904], même si les lois admettent que le mineur de dix-huit ans exerce une magistrature et, par conséquent, puisse être nommé juge : voir D. 1, 10, 1, 2[1905] et D. 42, 1, 57[1906], où Ulpien s'exprime de la sorte : « On demandait si le jugement rendu par un mineur de vingt-cinq ans était valable, et il sera très équitable de le considérer comme tel, sauf s'il s'agit d'un mineur de dix-huit ans. Mais assurément, si quelqu'un de plus jeune exerce une magistrature, on doit dire que sa juridiction est irrécusable ; et même s'il arrive que l'on se soit mis d'accord pour nommer juge quelqu'un de plus jeune, avec le consentement des parties qui n'ignorent pas son âge, on aura parfaitement raison de considérer le jugement qu'il prononcera comme valable. Par conséquent, si un consul ou un préteur plus jeune a dit le Droit et a prononcé un jugement, celui-ci sera valable. Car le Prince, qui lui a conféré sa charge de magistrat, a décidé qu'il en exercerait pleinement les fonctions ». Fin de citation.

1904 *Imperatoriam maiestatem non solum* **armis decoratam**, *sed etiam* **legibus** *oportet esse* **armatam**, [...].

1905 *Consules apud se seruos suos manumittere posse nulla dubitatio est. Sed* **si euenerit, ut minor uiginti annis consul sit**, *apud se manumittere non poterit, cum ipse sit, qui ex senatus consulto consilii causam examinat : apud collegam uero causa probata potest.*

1906 *Quidam consulebat, an ualeret sententia a minore uiginti quinque annis iudice data. Et aequissimum est tueri sententiam ab eo dictam, nisi minor decem et octo annis sit.* **Certe si magistratum minor gerit, dicendum est iurisdictionem eius non improbari. Et si forte ex consensu iudex minor datus sit scientibus his, qui in eum consentiebant, rectissime dicitur ualere sententiam.** *Proinde si minor praetor, si consul ius dixerit sententiamue protulerit, ualebit ; princeps enim, qui ei magistratum dedit, omnia gerere decreuit.*

Quid uero his uerbis uoluerit breuiter enarremus. Primo dicit ualere sententiam quam dedit maior XVIII annis, quamuis sit minor XXV, aliter non ualere,

< forte quia haec aetas mediocris uisa sit, ut in § fi. quibus ex caus. manumittere, ubi de aduocato nonnihil similiter tractatur. At uero Vlpianus illic >

mox dupliciter excipit, hoc est, duobus modis statuit non infirmari sententiam dictam a minore decem et octo annis : priore, si is magistratum gerat, ante quam judex datus sit ; posteriore, si eum iudicem partes litigantes optauerint, non ignorantes aetatem ;

< qui tamen inuitus cogi non poterat, l. cum lege ff. de recept. arbitr. ; rursus >

in uersiculo « proinde » Ulpianus redit ad minorem XVIII annis fungentem consulari uel praetorio munere, qui iudex deinde datus est legitime, quia quem princeps consulem uel praetorem esse ante permisit, omnia iudicandi officia obire multo facilius decernit, cap. cui licet de reg. iur. in VI. Nimirum scire oportet olim Imperatores summi magistratus honores concessisse adolescentibus quibusdam, nondum XVIII annum attingentibus, propter splendorem sanguinis, ut plerumque fit, uel praematuram industriam d. l. 1 ff. de offic. consul. ;

[135]< l. si rogatus § fi. ff. de manum uind. >.

Erat igitur minor XVIII annis saepissime Consul, Senator, Praetor, ut, hac l. quidam, expresse cognoscitur ;

---

135 1553 : l. apud filium ff. de manum uind.

Expliquons rapidement ce qu'Ulpien a voulu dire. En premier lieu, il affirme que le jugement rendu par quelqu'un qui a plus de dix-huit ans, même s'il en a moins de vingt-cinq, est valable, mais qu'autrement ce n'est pas le cas,

< peut-être parce que cet âge a paru constituer un moyen terme, comme dans *Institutes*, I, 6, 7[1907], où l'on dit quelque chose de similaire à propos de l'avocat. Mais ici Ulpien >,

s'empresse de formuler deux exceptions, c'est-à-dire décide que, dans deux cas, le jugement rendu par un mineur de dix-huit ans n'est pas invalidable : d'une part, s'il exerçait une magistrature avant d'être nommé juge, et d'autre part, si les parties au litige, sans ignorer son âge, l'avaient accepté comme juge ;

< cependant, on n'aurait pas pu l'obliger à juger, s'il s'y était refusé (D. 4, 8, 41[1908]) ; ensuite >,

au paragraphe qui commence par « proinde », Ulpien revient sur le cas du mineur de dix-huit ans qui exerce le consulat ou la préture et qui est, ultérieurement, nommé juge en toute légitimité, car le Prince concède beaucoup plus facilement la possibilité d'exercer toutes les fonctions judiciaires à celui qu'il a précédemment autorisé à être consul ou préteur (*Sexte*, V, règle 53[1909]). Il faut savoir, en effet, que jadis les Empereurs ont accordé les honneurs de la magistrature suprême à certains jeunes gens qui n'avaient pas encore dix-huit ans, en raison, le plus souvent, de leur glorieuse origine, ou de leur talent précoce (loi déjà citée D. 1, 10, 1, 2[1910] ; < D. 40, 2, 20, 4[1911]) >. Il arrivait donc très souvent qu'un mineur de dix-huit ans fût consul, sénateur, préteur, comme on l'apprend expressément par la loi D. 42, 1, 57[1912] ;

1907 [...] *Sed cum libertas inaestimabilis est et propter hoc ante uicesimum aetatis annum antiquitas libertatem seruo dari prohibebat,* **ideo nos, mediam quodammodo uiam eligentes, non aliter minori uiginti annis libertatem in testamento dare seruo suo concedimus, nisi septimum et decimum annum impleuerit et octauum decimum tetigerit.** *Cum enim antiquitas* **huiusmodi aetati et pro aliis postulare concessit,** *cur non etiam sui iudicii stabilitas ita eos adiuuare credatur, ut et ad libertates dandas seruis suis possint peruenire.*

1908 **Cum lege Iulia cautum sit, ne minor uiginti annis iudicare cogatur,** *nemini licere minorem uiginti annis compromissarium iudicem eligere ; ideoque poena ex sententia eius nullo modo committitur* [...].

1909 **Cui licet quod est plus, licet utique quod est minus.**

1910 Voir ci-dessus note 1905.

1911 *Consul apud se potest manumittere,* **etiamsi euenerit ut minor annis uiginti sit.**

1912 Voir ci-dessus note 1906.

< nec ignoratur Germanicum, Caesaris Caligulae patrem, quinquennio ante quam per leges liceret quaesturam et consulatum gessisse, ut tradit Suetonius >.

7. Rursus non est omittendum iudices Romanos in priuatorum controuersiis terminandis, e Senatorum numero, uel Praetorum, uel aliorum illustris dignitatis hominum, dari solitos : itaque si contingat adolescentem Consulem Praetoremue fuisse, non miremur iudicare posse. Senatores iudices datos deinde in priuatorum negotiis exstitisse, ostenditur in l. II ff. de senator.; et lib. 9 *Epistol.* M. Tullii, sic Dolabellae scribentis : *nihil Romae geritur, quod te putem scire curare, nisi forte scire uis me inter Niciam nostrum et Vidium iudicem esse*; pergit Tullius recitare litem pecuniariam ex libro rationum definiendam. Vitruuius, libro de architectura 6, cap. 8*, *nobilibus uero,* inquit, *qui honores magistratusque gerendo praestare debent officia ciuibus, facienda sunt uestibula regalia, alta atria et peristylia amplissima*; rationem subiungit, *quod in domibus eorum saepius et publica consilia et priuata iudicia arbitriaque conficiuntur.* At iudices hos dabat Princeps, uel Senatus, uel alius cui lege concessum erat, l. cum Praetor, de iudiciis; l. 1 § quamuis autem de postul.

< et l'on n'ignore pas que Germanicus, le père de Caligula, exerça la questure et le consulat cinq ans avant l'âge légal, comme le rapporte Suétone[1913] >.

7. Il ne faut pas omettre non plus le fait que les juges romains qui devaient mettre fin aux litiges entre particuliers étaient choisis parmi les sénateurs, ou les préteurs, ou d'autres titulaires d'illustres dignités ; c'est pourquoi, s'il pouvait arriver qu'un jeune homme fût consul ou préteur, ne nous étonnons pas qu'il ait pu être juge. On apprend que des sénateurs ont pu ensuite être nommés juges dans les affaires entre particuliers, grâce à D. 1, 9, 2[1914] et au livre IX de la *Correspondance* de Cicéron, quand il écrit en ces termes à Dolabella[1915] : « Il ne se passe rien à Rome, qui me paraisse capable de vous intéresser, sauf peut-être si vous tenez à savoir que je juge le différend entre Vidius et notre ami Nicias » ; et Cicéron poursuit, en relatant un litige pécuniaire, qu'il fallait éclaircir en consultant un livre de comptes. Vitruve, au chapitre 8* du livre VI de son *Architecture*[1916], dit : « Pour la noblesse enfin, qui, parce qu'elle occupe les grandes charges de la magistrature et de l'État, doit rendre des services à ses concitoyens, il faut construire de magnifiques vestibules, de vastes cours, des péristyles spacieux » ; et il ajoute pour quelle raison : « parce qu'assez souvent c'est chez eux que les affaires publiques se traitent en conseil et que les différends entre particuliers sont réglés par jugement et arbitrage ». Mais ces juges, c'était le Prince qui les nommait, ou le Sénat, ou un autre à qui la loi en donnait l'autorisation (D. 5, 1, 12, 1 et 2[1917] ; D. 3, 1, 1, 5[1918]).

1913 *Vie de Caligula*, I, 1 : « Germanicus, père de Caius César Caligula, et fils de Drusus et d'Antonia, la plus jeune des filles d'Antoine, fut adopté par son oncle Tibère. Il exerça la questure cinq ans avant l'âge permis par les lois, et le consulat immédiatement après ».

1914 *Cassius Longinus non putat ei permittendum, qui propter turpitudinem senatu motus nec restitutus est, iudicare uel testimonium dicere, quia lex Iulia repetundarum hoc fieri uetat.*

1915 *Ad Familiares*, IX, 10.

1916 VI, 5, 2.

1917 Voir ci-dessus note 1895, autre passage : [...] *Lege, sicut proconsuli.* **Is quoque cui mandata est iurisdictio iudicem dare potest** : *ut sunt legati proconsulum. Item hi quibus id more concessum est propter uim imperii, sicut praefectus urbi ceterique Romae magistratus.*

1918 Voir ci-dessus note 808.

Bartolus, ineptissimae opinionis grauis auctor, antiquitatis ignoratione lapsus, secus ac nos explicat, et multo cum fastu. Zazius neuter sibi persuadet minorem XVIII annis recte iudicare, et cum Vlpianus ait : *certe si magistratum minor gerit, dicendum est iurisdictionem eius non improbari* ; non suspicantur de minore dici, qui maior XVIII annis non sit ; male illi quidem, cum in uersiculo *sed etsi* eodem modo, uelit nolit Bartolus, accipiatur, et coactus est fateri Accursius ; nam in maiore XVIII annis, minore uero XXV, consensus litigantium non requireretur, ut dictum est.

< Plurimum autem ualet locorum in hac re consuetudo, uel Principis indulgentia, causae iustae coniuncta, l. non tantum ff. de decurion. Quod si aliquando minor XXV annis non ad iudicandum sed ad decurionatum gerendum[136] promoueatur, quia complures collegas habet, qui idem munus in municipio sustineant, non ille poterit ferre suffragium cum reliquis interea, sed salarii erit particeps, l. spurii § 1 ff. eod. >.

---

136 gerendum *scripsi* : gerendorum *T* //

Trompé par son ignorance de l'Antiquité, Bartole[1919], auteur vénérable, qui exprime ici un avis d'une stupidité totale, l'explique tout autrement que moi, et avec beaucoup de morgue. Zazius[1920], sans prendre parti, se montre convaincu que le mineur de dix-huit ans peut juger en toute légitimité, et il dit, comme Ulpien : « assurément, si un plus jeune exerce une magistrature, on doit dire que sa juridiction est irrécusable » ; mais ces auteurs ne se doutent pas que l'on parle ici d'un jeune de moins de dix-huit ans ; et ils ont tort, puisque le paragraphe commençant par *sed etsi*, donne ce même sens au mot *minor*, que Bartole le veuille ou non, et Accurse est bien obligé de le reconnaître[1921]. Car pour celui qui aurait plus de dix-huit et moins de vingt-cinq ans, l'accord des parties ne serait pas requis, comme il a été dit [au début de la loi].

< Mais en la matière, la coutume locale, ou l'indulgence du Prince, associée à une cause juste, s'avère souveraine (D. 50, 2, 11[1922]). En revanche, s'il arrive qu'un mineur de ving-cinq ans soit nommé non pas juge, mais décurion, il ne pourra pas, avant cet âge, voter avec les autres, parce qu'il a plus d'un collègue qui exerce les mêmes fonctions dans le municipe, mais il recevra le même salaire (D. 50, 2, 6, 1[1923]) >.

1919 Voir *Bartoli* [...] *commentaria* [...] Venise, 1596. *In Primam Digesti noui partem*, tome V, p. 117. Après avoir résumé D. 42, 1, 57 en ces termes : *Maior XVIII annis potest esse iudex delegatus, et ordinarius. Item iudex minor XVIII annis, maior tamen XIV, potest esse, si ex consensu partium delegatur, uel ex certa scientia Imperator eum iudicem dederit,* Bartole s'emploie à commenter D. 5, 1, 12 (voir son § 1 : *Imperator olim eligebat magistratus in urbe, hodie Papa*) et c'est son interprétation que Forcadel récuse vertement ici.

1920 Voir *Dn. Udalrici Zazii* [...] *De re iudicata lectura*, Bâle, 1538, p. 193, § 30 *sq.* Après avoir signalé qu'en la matière, les canonistes ne sont pas d'accord avec les civilistes, Zazius résume D. 42, 1, 57 de son point de vue de civiliste : *Adultus habens XVIII annos iudex ordinarius uel delegatus esse potest ; intra uero eam aetatem, nisi partium consensu delegetur, uel magistratum a Principe habeat, non potest.* Et comme Bartole, il a bien compris qu'après *sed et si forte,* le mot *minor,* employé dans la loi sans complément, désigne quelqu'un qui n'a pas atteint l'âge de dix-huit ans ; voir p. 194 § 40 : *minor XVIII annis, quem textus noster simpliciter nominat minorem, nos intelligimus minorem XVIII annis, is non potest esse delegatus iudex, nisi partes expresse consentiant.* Il en donne même une longue justification grammaticale. Mais il ne prend pas parti sur le premier *minor,* relatif au mineur magistrat.

1921 En effet, la Glose ordinaire explique, peu logiquement, le premier *minor* par *Minor XXV, maior tamen XVIII annos,* et le second par *Minor etiam XVIII annis, dummodo adultus sit.*

1922 Voir ci-dessus note 1699.

1923 Voir ci-dessus note 1698.

Plinius Secundus, lib. 10 *Epistolarum*, Traiano scribit quod non ita a proposito discrepet : *cautum est,* inquit, *Domine, Pompeia lege, quae* a *Bithynis data est, ne quis capiat magistratum, neue sit in senatu minor annis XXX. Eadem lege comprehensum est ut qui ceperint magistratum, sint in senatu. Secutum est dein edictum diui Augusti, qui permisit minores magistratus ab annis duobus et uiginti capere. Quaeritur* ergo *an qui minor XXX annorum gessit magistratus, possit a censoribus in senatum legi.* Et posse Plinius existimat, quoniam lex Senatorem esse uoluisset, qui gessisset magistratum, et quia *melius,* inquit, *honestorum hominum liberos, quam e plebe in curiam* ad*mitti.* Quod consentaneum est iis quae dixi de illustri sanguine, ob quem minores XVIII annis iudices fiunt crebrius, et ob aliquas dotes animi non uulgares.

< Certe iure communi filii praeferri debent aliis, in magistratu patris adipiscendo, l. nemini, l. petitionem C. de aduocat. diuers. iudicior. C. >

[137]In porticu deambulatoria, quae centum amethystinis columnis incumbebat, proposita fuere edicta selectiora Cupidinis, in argentea lamina incisa, tinctis rubrica literis grandiusculis. Eo se perducebant amantes, ut genus actionis, qua quisque experiri meditaretur, ederent,

< quandoquidem notum est uulgo, in albo praetoris edicta fuisse quotannis proposita quae usitatissima et perenni obseruatione digna censerentur, l. si quis id ff. de iuridict. ; nec illud nescitur ex singulis edictorum capitibus sumi consueuisse actionum nomina, ut patet, in l. 1 ff. de condicti. triticar., in actione « si certum petatur » et in omnis generis interdicto : « quorum bonorum », « uti possidetis », « quod ui aut clam ».

---

137 1553 *adiiciebat* : Extra praetorium *ante* in porticu.

Ce que Pline le Jeune écrit à Trajan, au livre X de sa *Correspondance*[1924], ne nous éloigne pas tellement de notre sujet : « Seigneur, dit-il, la loi Pompéia, donnée à la Bithynie, défend d'exercer aucune magistrature, et d'entrer au sénat avant trente ans. Mais la même loi veut que ceux qui auront été magistrats soient sénateurs de plein droit. Auguste a publié depuis un édit qui permet, à vingt-deux ans accomplis, d'exercer les magistratures inférieures. On demande donc si les censeurs peuvent introniser au Sénat celui qui a été magistrat avant l'âge de trente ans ». Et Pline estime que oui, puisque la loi a voulu que celui qui avait exercé une magistrature devînt sénateur, et parce que, dit-il, « il vaut mieux envoyer au Sénat les enfants de l'élite que ceux de la plèbe ». Cela concorde avec ce que j'ai dit d'une glorieuse origine, qui vaut assez souvent à des mineurs de dix-huit ans d'être nommés juges, et c'est le cas aussi lorsqu'ils sont supérieurement doués.

< Assurément, en Droit commun, on doit préférer les fils pour succéder aux pères dans les magistratures (C. 2, 7, 11, 2[1925] et C. 2, 7, 13[1926]) >.

Sous un portique-promenoir, qui s'appuyait sur cent colonnes d'améthyste, était affichée une sélection des édits de Cupidon, gravés sur une feuille d'argent, en lettres de pourpre assez grandes. Les amoureux s'y rendaient pour notifier le genre d'action que chacun avait l'intention d'intenter,

< puisqu'il est notoire que sur l'album du préteur étaient chaque année indiquées les procédures considérées comme les plus courantes et les plus dignes d'être durablement observées (D. 2, 1, 7, pr.[1927]) ; et, on ne l'ignore pas, c'était des têtes de chapitres de ces édits que les actions tiraient habituellement leur nom, comme on le voit en D. 13, 3, 1[1928] pour l'action *si certum petatur*, et pour toutes les espèces d'interdits : *quorum bonorum, uti possidetis, quod ui aut clam*.

1924 X, 83.

1925 *Iuris peritos etiam doctores eorum iubemus iuratos sub gestorum testificatione depromere, esse eum, qui posthac subrogari uoluerit, peritia iuris instructum ; **filios autem togatorum** excellentiae tuae, qui uel nunc causas agunt uel futuris temporibus actitauerint, ceteris **supernumerariis anteferri**.*

1926 [...] *filiis scilicet statutorum in loco deficientium supernumerariis anteponendis* [...].

1927 *Si quis id, quod iurisdictionis perpetuae causa, non quod prout res incidit, **in albo** uel in charta uel in alia materia **propositum erit**, dolo malo corruperit, datur in eum quingentorum aureorum iudicium, quod populare est.*

1928 *Qui certam pecuniam numeratam petit, illa actione utitur « si certum petetur »* [...].

8. Itaque >

edere est copiam describendi facere, uel in libello complecti et dare, uel dictare. Eum quoque edere Labeo ait, qui perducat aduersarium suum ad album, et demonstret quid dictaturus sit, uel id dicendo quo uti uelit, l. 1 ff. de edend. ; quem locum explicans Alciatus, lib. *Dispunctionum* 2 cap. 29, more suo peruertit, nec perducere aduersarium ad rem pertinere arbitratur, sed *producere aduersaria*, id est, *tabulas rationum tumultuarie confectas*, quas, si memini, breuiarias rationes uocat Scaevola, in l. fin. ff. de pecul. leg. ;

< sed obest ei, atque his indicibus rationum, eorumque probationi l. 2 ff. de fide instr. ; rursus >

aduersarium produci legit idem Alciatus, lib. *Parerg.* 8 cap. 7, in eadem significatione. Ego uero nihil immutandum censeo, sed edere eum intelligo, qui copiam describendi facit aduersario suo, id est reo, uel qui eum perducit ad album, id est, inuitum, Praetoris imperio cogente ducit ;

8. C'est pourquoi >

« notifier son action, c'est donner [à son adversaire] la possibilité d'en prendre copie, autrement dit, c'est l'expliquer dans un écrit et le remettre ou le dicter ; d'après Labéon, on notifie aussi son action en traînant son adversaire jusqu'à l'endroit où est affiché l'édit du préteur, pour lui montrer ce qui lui sera prescrit, ou lui dire de quelle action on va se servir » (D. 2, 13, 1, 1[1929]) ; en expliquant ce passage au chapitre 29 du livre II de ses *Distinctions*[1930], Alciat, à son habitude, le déforme, et ne croit pas qu'il soit pertinent de traîner son adversaire jusqu'à l'édit, mais bien de « produire ses observations », c'est-à-dire « un mémoire confectionné à la hâte », que Scaevola, si je me souviens bien, appelle « de brèves observations » en D. 33, 8, 26[1931] ;

< mais la loi D. 22, 4, 2[1932] dément son opinion, ces prétendus mémoires et la preuve de leur existence ; cependant >,

le même Alciat, au chapitre 7 du livre VIII de ses *Parerga*[1933], donne à nouveau ce même sens à l'expression *aduersarium produci*. Quant à moi, je pense qu'il ne faut rien changer à la leçon originelle, et je comprends que l'on notifie son action quand on donne à son adversaire, c'est-à-dire au défendeur, la possibilité d'en prendre copie, ou qu'on le traîne jusqu'au lieu d'affichage de l'édit, c'est-à-dire qu'on l'y conduit, malgré lui, sous la contrainte du pouvoir du préteur ;

1929 Citation approximative : le texte du *Digeste* porte *quod dictaturus est* au lieu de *quid dictaturus sit.*

1930 Voir *Alciati* [...] *Dispunctionum libri IV*, Lyon, 1543, p. 136-137 : « *Legendum itaque hoc modo est : eum quoque **edere** Labeo ait, **qui aduersaria sua ad album producit**, ut demonstret quid dictaturus sit* [...]. *Sciendum enim est Latine aduersaria **dici tabulas rationum tumultuarie confectas**, quae idcirco conscribuntur, ne res memoria excidant : uulgo dicimus notas uel quinternetos* [...]. *Igitur eum edere Labeo existimauit qui ad album praetoris aduersaria **producat**, et demonstret rationes illas summatim* [...].

1931 [...] *Quaesitum est, an peculio praelegato et centum aurei et usurae eorum debentur, **cum rationibus breuiariis** in aere alieno et sortem et usuras inter ceteros creditores complexus sit* [...].

1932 *Quicumque a fisco conuenitur, **non ex indice et exemplo alicuius scripturae, sed ex authentico conueniendus est** et ita, si contractus fides possit ostendi, ceterum calumniosam scripturam uim in iudicio optinere non conuenit.*

1933 Voir *Alciati* [...] *Parerga iuris libri VII posteriores*, Lyon, 1544, p. 83 : Après avoir renvoyé à son interprétation dans ses *Distinctions*, (voir ci-dessus note 1930), en rappelant que **Aduersariumque pro notula**, *seu, ut uulgo uocant, quinterneto, **intelligendum**,* Alciat répond à ce qu'il a identifié comme les deux principaux arguments de ses contradicteurs.

usus est idem Vlpianus in l. si quis eod. tit. : *aut ad locum*, inquit, *te perducet, aut scriptas rationes dabit.* Terentius in *Andria* :
Qui tum illam amabant forte, ita ut sit, filium
Perduxere illuc secum ut una esset meum.

« Inuitum isse Pamphilum his uerbis significat. *Perducuntur* enim necessitate coacti. Hoc etiam uerbum iudices pronuntiare solent » : hucusque Donatus.

< Iulianus, in l. qui filium ff. ubi pupillus educar. deb., idem usurpat, et perduci ad magistratum dicit eum qui prouocatur iudicio, ut Paulus, l. Titius de act. empt. >.

Praeterea summatim in aduersa charta scriptae rationes parum profecissent in editione quae perspicue et a capite fieri debet, l. argentarius § 1 ff. eod. Non omitto quod in d. l. si quis satis patet, perducere hominem uel instrumenta proferre non idem significare. Quis praeterea nescit aduersarium illum dici, qui in iudicio nobis facit controuersiam, l. 1 C. eod. ; < l. si quis § exigitur ff. eod. ; l. satisque ff. de in ius uoc. >.

le même Ulpien utilise le même terme en D. 2, 13, 6, pr.[1934] : « ou bien, dit-il, il vous entraînera sur place, ou il vous fournira une copie ». Voir Térence, dans son *Andrienne*[1935] :

À cet effet, ses galants d'alors entraînèrent un jour mon fils
Pour souper chez elle en leur compagnie.

« Ces mots veulent dire que Pamphile y était allé à contrecœur. On entraîne en effet ceux que l'on oblige à se déplacer. Les juges aussi ont l'habitude d'user de ce terme » : c'est Donat[1936] qui parle.

< Julien l'utilise aussi en D. 27, 2, 4[1937] : il dit qu'on traîne devant le magistrat celui qui est cité en justice ; de même Paul, en D. 19, 1, 43[1938] >.

De plus, un résumé de l'argumentaire, écrit au verso de l'assignation, aurait été de peu d'utilité pour la notification de l'action, qui doit être faite très clairement et en commençant par le commencement (D. 2, 13, 10, 2[1939]). Je n'omets pas ce que la loi déjà citée D. 2, 13, 6, pr.[1940] fait apparaître de manière assez évidente, à savoir que les expressions « entraîner quelqu'un » et « produire des pièces » n'ont pas la même signification. Qui ignore, de plus, que l'on appelle « adversaire » celui qui nous porte la contradiction au cours d'un procès ? (C. 2, 1, 1[1941] ; < D. 2, 13, 6, 2[1942] ; D. 2, 4, 19[1943] >).

1934 *Si quis ex argentariis, ut plerique eorum, in uilla habeat instrumentum uel in horreo,* **aut ad locum te perducet aut descriptas rationes dabit.** Citation légèrement inexacte : il faut lire *descriptas* et non *scriptas*.

1935 Vers 80-81.

1936 Voir *P. Terentii Comoediae sex* [...] *accedunt Aelii Donati commentarius integer* [...], Leyde, 1657, p. 19.

1937 [...] *is a cognatis et a propinquis pupillae* **perductus** *ad magistratum iussus est alimenta pupillae et mercedes, ut liberalibus artibus institueretur, pupillae nomine praeceptoribus dare* [...].

1938 *Titius cum decederet, Seiae Stichum Pamphilum Arescusam per fideicommissum reliquit eiusque fidei commisit, ut omnes ad libertatem post annum perduceret. Cum legataria fideicommissum ad se pertinere noluisset nec tamen heredem a sua petitione liberasset, heres eadem mancipia Sempronio uendidit nulla commemoratione fideicommissae libertatis facta ; emptor cum pluribus annis mancipia supra scripta sibi seruissent, Arescusam manumisit, et cum ceteri quoque serui cognita uoluntate defuncti fideicommissam libertatem petissent et* **heredem ad praetorem perduxissent,** *iussu praetoris ab herede sunt manumissi.*

1939 *Edi autem ratio ita intellegitur,* **si a capite edatur, nam ratio nisi a capite inspiciatur, intellegi non potest** [...].

1940 Voir ci-dessus, note 1934.

1941 [...] *quod desideras, ut rationes suas* **aduersaria tua** *exhibeat, id ex causa ad iudicis officium pertinere solet.*

1942 *Exigitur autem ab* **aduersario** *argentarii iusiurandum non calumniae causa postulare edi sibi* [...].

1943 *Satisque poenae subire eum, si non defendatur et latitet, certum est, quod mittitur* **aduersarius** *in possessionem bonorum eius* [...].

Idem Horatius :
Casu uenit [...] *illi* [...]
Aduersarius.
Et paulo post
Rapit in ius.
Id est, perducit ad iudicem.

Produci reum in ius, inueni ego a Paulo dictum pro eo quod uulgo dicitur praesentari, l. legis ff. ad leg. Iul. de ui priuat.; l. lege 2* ff. de ui publ.; l. si quis instituatur § fin. de haered. inst.

< Sic a Festo praeside producitur Apostolus Agrippae regi interrogandus post appellationem, *Actorum* cap. 25 >.

Sed perducitur, cum praetore iubente uel nolens sistitur.

< Maxima uero pars eorum qui in Cupidinis territorio magistratum gerebant, coronas gestabant myrteas, non tam quod arbor sit haec sacra Veneri, quam quod, ut Suidas scribit, uetustum fuit magistratus myrto coronari; unde ambitiosi myrtum dicebantur appetere. Sed ibi legi Iuliae de ambitu locus non fuit, cum non populari suffragio sed regio Cupidinis munera publica tribuantur, l. 1 ff. ad legem Iul. de ambit. Solum itaque uiget ea lex in munipiciis ubi etiamnunc decuriones aut defensores ciuitatum eliguntur, ut consules, l. si constet de appellati. >.

De même, Horace[1944] :
Par hasard [...] son adversaire [...] vient à sa rencontre.
Et un peu plus loin :
Il le cite de force en justice.
C'est-à-dire : il le traîne devant le juge.

J'ai trouvé chez Paul les mots « produire le défendeur en justice » à la place de l'expression courante « faire comparaître » (D. 48, 7, 4, pr.[1945] ; D. 48, 6, 8[1946] ; D. 28, 5, 23, 4)[1947].

< Ainsi le gouverneur Festus fait-il comparaître l'apôtre, en appel, devant le roi Agrippa pour qu'il subisse un interrogatoire, *Actes des Apôtres*, chapitre 25[1948] >.

Mais il est traîné en justice quand, sur l'ordre du gouverneur, il comparaît en dépit de sa volonté.

< La majeure partie de ceux qui exerçaient une magistrature sur le territoire de Cupidon portaient des couronnes de myrte, non pas tant que cet arbuste soit consacré à Vénus, que parce que, comme l'écrit Suidas[1949], c'était une ancienne coutume de couronner les magistrats de myrte ; aussi disait-on des ambitieux qu'ils recherchaient le myrte. Mais en l'occurrence, la loi Julia sur la brigue n'avait pas lieu d'être, puisque les charges n'étaient pas attribuées par le suffrage du peuple, mais par la volonté royale de Cupidon (D. 48, 14, 1, pr.[1950]). Cette loi n'est donc en vigueur que dans les villes où, aujourd'hui encore, on élit les officiers et les gardes municipaux, comme ceux qu'on appelle « consuls » (D. 49, 1, 12[1951]) >.

1944 *Satires*, I, 9, v. 74-75 et 77.

1945 *Legis Iuliae de ui priuata crimen committitur, cum coetum aliquis et concursum fecisse dicitur, quo minus quis **in ius produceretur**.*

1946 *Lege Iulia de ui publica cauetur, ne quis reum uinciat impediatue, quo minus Romae intra certum tempus **adsit**.*

1947 *Et ideo ait causae cognitionem adiectam propter eos, qui sine dilatione peregre essent uel aegritudine uel ualetudine ita impedirentur, ut **in ius produci non possint**, nec tamen defenderentur.*

1948 Verset 23 : « Le lendemain, Agrippa et Bérénice arrivèrent donc en grand apparat et firent leur entrée dans la salle d'audience, escortés par les autorités militaires et les principaux personnages de la cité. Sur l'ordre de Festus, Paul fut amené ».

1949 vᵒ Μυρρίνη : Μυρρινῶν, ἀρχῆς ἐπιθυμῶν. μυρρίναις γὰρ στεφανοῦνται οἱ ἄρχοντες.

1950 ***Haec lex in Vrbe hodie cessat, quia ad curam Principis magistratuum creatio pertinet, non ad populi fauorem.***

1951 *Si constet nullo **actu ex lege habito** duumuirum creatum, sed tantum **uocibus popularium** postulatum eisque tunc proconsulem, quod facere non debuit, consensisse, appellatio in re aperta superuacua fuit.*

OBSERVATA IN CAPUT XVIII

1. Leges ad Musicam fert Amor, et edictum in periuros.
2. Declaratur l. II C. de reb. cred. et l. si duo § fi. ff. de iureiur.
3. Iurare per genium principis, uel per salutem, graue est : et quid sit genius.
4. De quo iureiurando agatur in d. l. II C. de reb. cred. et d. § fi. l. si duo.
5. In praxi non puniuntur amantes de periurio.
6. Quid sibi uult quod ait Plato, Veneris iusiurandum non esse.
7. Cur in l. fin. C. de reb. cred. punitur periurus.
8. Explicatur l. quod si deserente ff. de dol. et l. fi. ff. de crim. stellion.
9. Lex XII Tabularum puniuit periuria : quid sit peierare.

CAPUT XVIII

1. Iure more maiorum reddito, legibus rogandis nauabat operam Amor, accersitis prius ex apparitoribus suis quatuor musicae peritis, qui totidem citharas pulsantes concentu mirifico audientium animos permulcerent, et facilius leges latas persuaderent. Nam et eadem ratione *Graecarum urbium multae ad lyram leges decretaque publica recitarunt*, uti accepimus a M. Capella, lib. 9 *De nuptiis Philologiae,*

CONTENU DU CHAPITRE 18

1. L'Amour promulgue ses lois en musique, ainsi que son édit contre les parjures.
2. Élucidation de C. 4, 1, 2 et de D. 12, 2, 13, 6.
3. Il n'est pas anodin de jurer par le génie du Prince ou par son salut ; et qu'est-ce que ce génie ?
4. De quel serment il est question dans les lois déjà citées C. 4, 1, 2 et D. 12, 2, 13, 6.
5. En pratique, on ne punit jamais les amoureux pour parjure.
6. Ce que signifie le mot de Platon, selon lequel un serment d'amour n'a aucune valeur.
7. Pourquoi celui qui se parjure est puni en C. 4, 1, 13.
8. Explication de D. 4, 3, 21 et D. 47, 20, 4.
9. La loi des XII Tables punissait les parjures ; ce que c'est que de se parjurer.

CHAPITRE 18

1. Après avoir rendu la justice selon la coutume ancestrale, l'Amour consacrait tous ses soins à des projets de lois, non sans avoir préalablement fait venir quatre de ses appariteurs, qui étaient musiciens, afin d'adoucir l'âme de ses auditeurs par la merveilleuse harmonie qu'ils élaboraient en jouant ensemble de la cithare, et les persuader plus facilement d'approuver ses lois. Pour la même raison, « Beaucoup de villes grecques faisaient accompagner à la lyre la récitation des lois et des décrets publics », comme nous l'apprend Martianus Capella, au livre IX de ses *Noces de Philologie*[1952] ;

1952 IX, 926.

< et Cretenses iussere filios cum melodia et concentu leges discere, ut ex musicae uoluptate facilius memoria eas complecterentur, ut tradidit Aelianus, lib. 2 *Variae historiae* cap. 39 >.

Sciuit eas leges populus amantium, ac plausu maximo excepit, diem diffundi placuit, et promulgare interim quas ratas habuissent ; e quibus illa fuit, quae uetat potiorem se uxorem ducere, inferiorem iubet eligere, ut ex disparitate fiat par coniugium. Edictum item propositum est de periurio, in hunc modum : Amor ait

In eum eamue, qui quaeue, aduersus pactionem
Diis testibus, uel per Cupidinis genium factam,
Firmatam, fracta fide, doloue malo peierassit, iudicium dabo.

Subiit confestim animum periura nauis Thesei, et Ariadnae destitutae planctus, Iasonis dolus et cum decepta Medea eadem ferme post tot annos passus sum.

2. Et contra utrumque edictum Amoris summopere probaui, etsi uulgo increbuerit opinio, ne alium quam Deum ultorem perierans extimescat, l. II C. de reb. credit.,

< cum is qui detulit de se magis queri debeat, qui tum improbum iudicem elegerit. Nam aduersarium non tantum testem sed etiam iudicem fecit, l. 1 ff. quarum re. actio non dat., adeo ut, quando liquet esse periurium in duobus nimirum sacramentis inuicem repugnantibus, altero scilicet posteriore nihil amplius disquiratur, l. duobus § fi. ff. de iureiur. >.

< et les Crétois obligeaient leurs enfants à apprendre les lois avec l'aide du chant et de l'harmonie instrumentale, pour leur permettre, grâce au plaisir causé par la musique, de les mémoriser plus aisément, ainsi que le rapporte Élien, au chapitre 39 du livre II de ses *Histoires diverses*[1953] >.

Le peuple des amoureux prit donc connaissance de ces lois, et les accueillit avec de grands applaudissements ; mais il fut décidé d'en remettre l'approbation au lendemain, et de promulguer, entretemps, des lois qu'ils avaient déjà ratifiées ; notamment celle qui interdisait d'épouser une femme d'un statut social supérieur au sien, et ordonnait, au contraire, de se marier au-dessous de soi, afin que cette disparité aboutît à une union équilibrée. On avait également proposé un édit relatif au parjure, rédigé en ces termes (c'est l'Amour qui parle) :
Celui ou celle qui, après avoir pris les dieux à témoin d'un pacte amoureux,
Ou l'avoir conclu et confirmé par le génie de Cupidon,
Aura violé sa foi et se sera dolosivement parjuré, je l'assignerai en justice.

Aussitôt, je pensai au navire du perfide Thésée et aux plaintes d'Ariane abandonnée, puis à la félonie de Jason car une trahison, presque semblable à celle dont souffrit Médée, me fut infligée après autant d'années.

2. Et, en réaction, j'approuvai hautement ces deux édits de l'Amour, même si l'opinion s'est communément répandue que celui qui se parjure ne doit craindre que la vengeance divine (C. 4, 1, 2[1954]),

< puisque celui qui a déféré le serment devrait plutôt s'en prendre à lui-même, pour s'être choisi à ce moment-là un juge malhonnête. Car il a fait de son adversaire non seulement un témoin, mais aussi un juge (D. 44, 5, 1, pr.[1955]), de sorte que lorsque deux serments parfaitement contradictoires font clairement apparaître qu'il y a eu parjure, on ne cherche pas plus loin que le dernier en date (D. 12, 2, 28, 10[1956]) >.

1953 Κρῆτες δὲ τοὺς παῖδας τοὺς ἐλευθέρους μανθάνειν ἐκέλευον τοὺς νόμους μετά τινος μελῳδίας, ἵνα ἐκ τῆς μουσικῆς ψυχαγωγῶνται, καὶ εὐκολώτερον αὐτοὺς τῇ μνήμῃ παραλαμβάνωσι· καὶ ἵνα μή, τι τῶν κεκωλυμένων πράξαντες, ἀγνοίᾳ πεποιηκέναι ἀπολογίαν ἔχωσι.

1954 **Iurisiurandi contempta religio satis Deum ultorem habet.** Periculum autem corporis uel maiestatis crimen secundum constituta Diuorum parentum meorum, etsi per Principis uenerationem quodam calore fuerit periuratum, inferri non placet.

1955 Iusiurandum uicem rei iudicatae optinet non immerito, **cum ipse quis iudicem aduersarium suum de causa sua fecerit deferendo ei iusiurandum.**

1956 Item cum ex hac parte iusiurandum et actionem et exceptionem inducat, si forte reus extra iudicium actore inferente iurauerit se dare non oportere et actor reo deferente dari sibi oportere, uel contra,

Sed *Iurisiurandi contempta religio*, inquit Imperator, *satis Deum ultorem habet. Periculum autem corporis, uel maiestatis crimen, secundum constituta diuorum parentum meorum, et si per Principis uenerationem quodam calore fuerit perieratum, inferri non placet. P. P. VI calend. April. Maximo II et Aeliano Coss.* Dissentit Vlpianus in l. si duo § fin. ff. de iureiur. Nam peierantem iure *pecuniaria*, qui *per genium Principis* iurauerat, *fustibus* castigatum dimitti, ex Imperatoris sui rescripto respondit, *eique superindici* προπετῶς μὴ ὄμνυε, id est, ne iura temere. Componit hanc litem nec male Accursius ex eo quod, in d. l. II de reb. cred., *calore quodam* fuerat iuratum, et quicquid iracundiae calore dicitur, secuta poenitentia excusationem meretur, l. quicquid ff. de regul. iur. Nam si *ira breuis est furor*, ut placet Stoicis, non potest dici periurium non suae mentis hominis, cum nec pupillus peieret, l. qui iurasse ff. de iureiur. Itaque miseratione dignus est, qui furore Imperatorem laeserit, l. unic C. si quis Imperat. maled.;

< uel dici potest in d. l. 2 non negari quin utcumque puniatur periurus, sed mitius quam cum corporis periculo, quia calor concitauit, qui solet poenas saltem minuere, cum retineri non potuit, l. si adulterium § Imperatores* ff. de adulter.;

Mais, dit l'Empereur[1957], « Dieu suffit à venger le mépris du respect que l'on doit au serment. Et conformément à ce qu'ont décidé mes ancêtres Empereurs, je ne veux pas non plus que l'on inflige une peine corporelle, ni qu'on inculpe pour crime de lèse-majesté, celui qui s'est parjuré, dans le feu de la colère, après avoir prêté serment au nom du respect qu'on doit à l'Empereur ». Ulpien n'est pas du tout de cet avis en D. 12, 2, 13, 6[1958]. En effet, il répond, d'après le rescrit de son Empereur, que celui qui s'est parjuré en justice dans une affaire d'argent après avoir juré par le génie du Prince, doit subir la bastonnade, et que l'on doit de surcroît apposer sur lui la mention : « ne jure pas à la légère ». Accurse résout habilement cette antimomie en faisant valoir que dans la loi déjà citée C. 4, 1, 2[1959], on avait juré *dans le feu de la colère*, et que tout ce que l'on dit dans le feu de la colère, si l'on en demande ensuite pardon, mérite d'être excusé (D. 50, 17, 48[1960]). Car si « la colère est une brève folie », comme le pensent les Stoïciens[1961], on ne peut pas dire que quelqu'un qui n'a pas toute sa tête commet un parjure, puisque le pupille ne se parjure pas (D. 12, 2, 26, pr.[1962]). Aussi est-il digne d'indulgence, celui qui, dans un accès de folie, a insulté le Prince (C. 9, 7, 1, pr.[1963]) ;

< ou alors, on peut dire que, dans la loi déjà citée C. 4, 1, 2[1964], on ne dit pas que le parjure ne doit pas être puni, mais que sa punition doit être moins dure que ne l'est une peine corporelle, parce qu'il a été mû par le feu de la colère, qui, lorsqu'il s'est avéré irrépressible, a généralement pour effet d'au moins diminuer les peines (D. 48, 5, 39, 8[1965]) ;

---

posterior causa iurisiurandi potior habebitur ; nec tamen praeiudicium periurio alterius fiet, quia non quaeretur an dare eum oportet, sed an actor iurauerit.

1957 Loi déjà citée : voir ci-dessus note 1954.

1958 *Si quis iurauerit* in re pecuniaria *per genium Principis* dare se non oportere *et peierauerit uel dari sibi oportere, uel intra certum tempus iurauerit se soluturum nec soluit, Imperator noster cum patre rescripsit fustibus eum castigandum dimittere et ita ei superdici :* προπετῶς μὴ ὄμνυε.

1959 Voir ci-dessus note1954.

1960 Voir ci-dessus note 1606.

1961 Voir Sénèque *De ira*, I, 1, 2 : *breuis insania* ; Cicéron, *Tusculanes*, IV, 36 ; et pour la formule reprise ici, *Ira furor breuis est*, voir Horace, *Épîtres*, I, 2, 62.

1962 *Qui iurasse dicitur nihil refert cuius sexus aetatisue sit ; omni enim modo custodiri debet iusiurandum aduersus eum, qui contentus eo cum deferret fuit ; quamuis pupillus non uideatur peierare, quia sciens fallere non uideatur.*

1963 Voir ci-dessus note 514.

1964 Voir ci-dessus note1954.

1965 *Imperator Marcus Antoninus et Commodus filius rescripserunt : « Si maritus uxorem in adulterio deprehensam impetu tractus doloris interfecerit, non utique legis Corneliae de sicariis*

et hic disquirendum ueniret quae causa fuerit iracundiae in delictis poenitentia aegre eluendis in totum, l. si non conuicii C. de iniur.; et accedit libenter ad d. l. 2 C. de reb. credit., quae est Imperatoris Alexandri Seueri, rescriptum eiusdem Augusti in l. 2 C. ad leg. Iul. maiest.; nec enim sequitur, si iracundo interdum ignoscitur, ergo semper impune cedere eidem periurium >.

Restat nunc disquirere cur caedatur ictu fustium periurus, qui per genium aut uenerationem Principis iurauerat, qui uero per Deum, eiusdem dumtaxat ultionem expectet. Potissimum dubitationem auget, quod quouismodo iuretur per genium salutemue Principis, respectu diuini numinis iuretur, l. qui per salutem ff. de iureiur.; alioquin deterioris conditionis esset Princeps quam priuatus, si nullum numen adesset, cum per eum sacramentum intercedit. Expedita est solutio, ut respondeamus olim talem fuisse Romanis superstitionem, quae diuinitatem Imperatori inesse crederet; quare, ut satis per se pollentem, iusiurandum ad nullum aliud numen referre : non ad Iouem, qui sacramenti protector putabatur et fidei, ut Mercurius periurii. Praeclare Ennius :
O fides alma, apta pinnis, et iusiurandum Iouis.

et ici, il y aurait lieu de chercher pour quelle raison, en matière de délits, la colère dont on se repent n'exonère que partiellement le coupable (C. 9, 35, 5[1966]) ; et à la loi déjà citée C. 4, 1, 2[1967], qui est de l'Empereur Alexandre Sévère, on ajoute volontiers le rescrit du même Empereur en C. 9, 8, 2[1968] ; en effet, si l'on pardonne quelquefois à celui qui s'est mis en colère, il ne s'ensuit pas, pour autant, qu'il puisse toujours se parjurer impunément >.

Reste à se demander maintenant pourquoi celui qui s'est parjuré après avoir juré par le génie du Prince ou le respect qu'on lui doit, subit la bastonnade, tandis qu'on laisse celui qui avait juré au nom de Dieu attendre Sa vengeance. Ce qui, en particulier, accroît l'embarras, c'est que, de quelque façon que l'on jure, par le génie ou le salut du Prince, on jure par le respect que l'on doit à Dieu (D. 12, 2, 33[1969]) ; autrement, le Prince serait moins bien loti qu'un particulier, si aucune divinité ne garantissait le serment qui est prêté en son nom. On peut très facilement résoudre la question, en répondant que jadis, la superstition romaine voulait qu'il y eût du divin chez l'Empereur : et comme sa divinité était censée avoir suffisamment de puissance à elle seule, le serment ne faisait référence à aucune autre : ainsi ne s'adressait-on pas à Jupiter, qui était considéré comme le dieu protecteur du serment et de la loyauté, de même que Mercure était celui du parjure. Ennius a dit admirablement : *O vénérable loyauté, aux ailes tutélaires, et serment par Jupiter.*

---

poenam excipiet ». *Nam et Diuus Pius in haec uerba rescripsit Apollonio :* « *Ei, qui uxorem suam in adulterio deprehensam occidisse se non negat,* **ultimum supplicium remitti potest, cum sit difficillimum iustum dolorem temperare** *et quia plus fecerit quam quia uindicare se non debuerit, puniendus sit. Sufficiet igitur, si humilis loci sit, in opus perpetuum eum tradi, si qui honestior, in insulam relegari* ».

1966 *Si non conuicii consilio te aliquid iniuriosum dixisse probare potes, fides ueri a calumnia te defendit. Si in rixa* **inconsulto calore** *prolapsus homicidii conuicium obiecisti et ex eo die annus excessit, cum iniuriarum actio annuo tempore praescripta sit, ob iniuriae admissum conueniri* **non potes.**

1967 Voir ci-dessus note 1954.

1968 *Alienam sectae meae sollicitudinem concepisti,* **quasi crimen maiestatis sustineres,** *etsi seruo tuo* **iratus** *esse non perseueres, quod semper te facturum* **inconsultius iuraueris.**

1969 Voir ci-dessus note 1261.

Qui igitur ius iurandum uiolat, inquit Cicero, *is fidem uiolat, quam in Capitolio uicinam Iouis Optimi Maximi, ut in Catonis oratione est, maiores nostri esse uoluerunt.*

3. Et quemadmodum qui Ioue teste perierat, fulmen timet, ita et qui teste genio Principis, uindictam, maiusque supplicium [138] < aut certe praesentibus, § 1 de fideicommis. haeredit., ubi non obscure innuitur, in salute Principis obtestata >.

Audiatur Septimus Florens in *Apologetico aduersus gentes,* cap. 28 : *uentum est igitur,* inquit, *ad secundum titulum laesae* [...] *maiestatis, siquidem maiore formidine et callidiore timiditate Caesarem obseruatis, quam ipsum de Olympo Iouem ; etiam merito, si sciatis ; quis enim ex uiuentibus non* quolibet *mortuo potior ? sed nec hoc uos ratione facitis potius quam respectu praesentaneae potestatis ; adeo et in isto irreligiosi erga deos uestros deprehendimini, cum plus timoris humano dominio dicatis ; citius denique apud uos per omnes deos quam per unum genium Caesaris periuratur.* Haec Florens.

Plinius autem iunior in *Panegyrico ad Traianum* : *simili,* inquit, *reuerentia, non apud genium tuum bonitati tuae gratias egi, sed apud numen Iouis Optimi Maximi pateris ; illi nos debere quicquid* tibi *debeamus ; illius quod bene facias muneris esse, qui te dedit.* Ecce quantum numinis et adorationis uetustas stolida Principibus impertiretur ; quod lenire uidetur Theod. in l. si quando C. de statuis. Nam antea principum statuae sacrae uocabantur, l. qui statuas ff. ad leg. Iul. maiest.

138　1553 : Quis miretur, cum hodie nemo non malit per Christum falso iurasse quam per D. Antoninum ? quia hic ignem iaculari fertur, seu morbum, qui gangraena dicitur. Ne amplius ista uidear ementiri,.

« Par conséquent, celui qui viole son serment, dit Cicéron dans les *Devoirs*[1970], viole la Bonne Foi que nos ancêtres ont voulu placer au Capitole aux côtés de Jupiter très bon, très grand, ainsi que nous l'apprend un discours de Caton ».

3. Et de même que celui qui se parjure après avoir pris Jupiter à témoin, redoute qu'il lance sa foudre sur lui, de même celui qui a pris à témoin le génie du Prince craint sa vengeance, et le supplice suprême < ou, en tout cas, ceux qui étaient présents : voir *Institutes*, II, 23, 1[1971], où on laisse clairement entendre que l'on a pris à témoin le salut du Prince >.

Écoutons Tertullien dans son *Apologétique*, chapitre 28[1972] : « Nous en sommes donc arrivés, dit-il, au crime de lèse-majesté humaine, puisque vous craignez et respectez l'Empereur plus que Jupiter dans l'Olympe : et vous auriez raison, si vous agissiez sciemment, puisque le dernier des vivants est préférable à un mort ; mais ce n'est pas là le motif qui vous fait agir. Vous avez plus d'égards pour la puissance impériale, parce que vous l'avez sous les yeux ; aussi êtes-vous véritablement coupables envers vos dieux quand vous éprouvez plus de crainte pour un pouvoir humain. Enfin, on se parjure plus volontiers, chez vous, en jurant par tous les dieux que par le seul génie de l'Empereur ». Fin de citation.

Voir aussi Pline le Jeune, dans son *Panégyrique de Trajan*[1973] : « La même piété, dit-il, vous empêche d'admettre que nos actions de grâces soient adressées à votre bonté au nom de votre génie tutélaire ; vous voulez qu'elles le soient au nom de Jupiter, dieu très bon et très grand ; c'est à lui, en effet, que nous devons tout ce que nous vous devons, et tous vos bienfaits sont l'œuvre de ce dieu qui vous a donné à nous ». Voilà quel caractère divin et quelle adoration étaient accordés aux Princes par une sotte tradition ; Théodose l'adoucit manifestement en C. 1, 24, 2[1974]. Précédemment, en effet, les statues des Princes étaient déclarées sacrées (D. 48, 4, 6[1975]).

1970 *De Officiis*, III, 29. C'est dans ce passage qu'est rapporté le vers d'Ennius.

1971 Voir ci-dessus note 220.

1972 § 3 et 4. Citation presqu'exacte (Tertullien écrit : *et merito*).

1973 Chapitre 52.

1974 *Si quando nostrae statuae uel imagines eriguntur seu diebus, ut adsolet, festis siue communibus, adsit iudex **sine adorationis ambitioso fastigio** [...].*

1975 *Qui statuas aut imagines Imperatoris iam consecratas conflauerint aliudue quid simile admiserint, lege Iulia maiestatis tenentur.*

Plane constat l. II. C. de reb. cre. ab Aurelio Alexandro Seuero editam, cui pro tutore Vlpianus fuit, autor § fin. l. si duo ff. de iureiur. Nam et Vlpianum parentem suum uocare Alexander non dedignatur, l. IIII C. de locat. ; uno casu per principis uenerationem impune peierari permisit, puta calore subito iracundiae : fuit enim bonus et prudens, nec se adorari facile patiebatur ; sed quid agas ? populus Romanus relatum iri in deorum numerum intellexit eum, cui consultus uates responderat

Te manet imperium coeli, terraeque marisque.

Itaque mortuum Alexandrum Senatus in deos retulit, et festiuitatem religiose coluit natalis diei, ac sacerdotes destinauit, qui sodales Alexandrini appellati, ut refert Aelius Lampridius in eius uita.

Iurare per genium Principis uel per salutem differunt, l. si quis maior C. de transact. : immo *salutem omnibus Geniis augustiorem*[139] idem Septimius contendit, cap. 32,

---

139 augustiorem *correxi* : angustiorem *T* //

On sait que la loi C. 4, 1, 2[1976] a été promulguée par Alexandre Sévère, dont Ulpien fut le tuteur, comme nous l'apprend D. 12, 2, 13, 6[1977]. Car Alexandre ne dédaigne pas d'appeler Ulpien son père (C. 4, 65, 4, 1[1978]) ; il a permis de se parjurer impunément après avoir prêté serment par le respect dû à l'Empereur, dans un seul cas, à savoir l'échauffement subit de la colère : il était en effet plein de bonté et de sagesse, et supportait mal de se faire adorer ; mais à quoi bon ? le peuple romain avait compris qu'il serait mis au rang des dieux, puisque l'oracle qu'il avait consulté lui avait répondu[1979] : *Tu possèdes l'empire du ciel, de la terre et de la mer.*

Effectivement, le Sénat plaça Alexandre, après sa mort, au rang des dieux, fit célébrer religieusement son anniversaire, et affecta des prêtres à cette fonction, qu'on appelait les Alexandrins, ainsi que le rapporte Lampride dans le récit de sa vie[1980].

Ce n'est pas la même chose de jurer par le génie du Prince ou par son salut (C. 2, 4, 41, 1[1981]) : mieux, le même Tertullien prétend que « le salut a plus de majesté que tous les génies », au chapitre 32[1982],

---

1976 Voir ci-dessus note1954.

1977 Voir ci-dessus note 1958.

1978 [...] *Qui si maiorem animaduersionem exigere rem deprehenderit, ad Domitium* **Vlpianum** *Praefectum praetorio et* **parentem meum** *reos remittere curabit.*

1979 Voir *Histoire Auguste*, Lampride, *Vie d'Alexandre-Sévère*, XIV : « Lui-même, encore enfant, consultant l'oracle sur ses destinées futures, reçut les deux vers suivants pour réponse : par le premier, / *À toi est réservé l'empire du ciel, et de la terre de la mer,* / on comprit qu'il serait mis au rang des dieux. / *Tu es appelé à commander à l'empire qui commande.* / On comprit par là qu'il deviendrait le chef de l'empire romain ».

1980 *Ibidem*, LXIII : « Le sénat mit Alexandre au nombre des dieux. Un cénotaphe lui fut élevé dans la Gaule, et un tombeau magnifique dans Rome. On lui donna des prêtres qui furent appelés Alexandrins : on établit aussi, en son nom et en celui de sa mère, une fête qui, encore aujourd'hui, se célèbre très religieusement à Rome le jour anniversaire de sa naissance ».

1981 *Eos etiam huius legis uel iactura dignos iubemus esse uel munere, qui nomina nostra placitis inserentes* **salutem Principum confirmationem initarum esse iurauerint pactionum.**

1982 « D'ailleurs nous sommes obligés, par une raison particulière, de prier pour les empereurs et pour l'empire romain : c'est que nous savons que la fin du monde, avec les calamités affreuses dont elle menace tout le monde, est suspendue par le cours de l'empire romain. En demandant à Dieu que cette horrible catastrophe soit retardée, nous demandons par conséquent que la durée de l'empire romain soit prolongée. Si nous ne jurons point par le génie des empereurs, nous jurons par leur vie, plus auguste que tous les génies, qui ne sont que des démons. Nous respectons dans les empereurs les jugements de Dieu, qui les a établis pour gouverner les peuples. Nous savons qu'ils n'ont de pouvoir que celui que Dieu leur a donné. Nous demandons la conservation de ce que Dieu lui-même a voulu ; et c'est là pour nous un grand serment. Quant aux génies, nous les conjurons, pour les chasser du corps des hommes : nous n'avons garde de jurer par eux, pour leur déférer un honneur qui n'appartient qu'à Dieu ».

in quo se non grauate pro Principis salute, omnique imperii statu fatetur orasse ; hoc est quod Gaius dicit *post Calend. Ianuar. uota pro Principis salute suscipi*, l. si calumnietur § 1 ff. de uerb. signific. ; addit idem Septimius genios nihil aliud esse quam daemonas. Genius Nonio est *generis deus*, unde Laberius : *genius generis nostri parens*. Festus notat genium appellari deum, qui uim rerum gerendarum obtineret.

[140] < Et quamuis summa pietate loquendo, nefas uideretur et superstitione plenum, plus genio Principis tribuere quam uero numini, tamen politice et fori obseruatione non reprobat Augustinus iusiurandum Iosephi, qui iurauit per salutem Pharaonis, *Genesis* cap. 42. Indulgebat enim uulgi opinioni, sicuti Chrisostomus, cum aliqui sanctius putant iurari per Euangelia quam per Deum, canon si aliqua, can. mouet 22 q. 1.

Quinimo, penitus consideranti, peierans per Principem non prorsus sine causa acerbius punitur : ideo quod geminam offendit maiestatem humanam, uidelicet Principis, et insuper diuinam, d. l. qui per salutem ff. de iureiur., eo magis quod Reges uenerandos Deus speciatim iniunxit, et pactum generale societatis humanae induxit, ut iis pareamus, can. quae contra 8 distinct.

---

140 1553 : Parum nunc mediusfidius religiosum esset per genium aut per salutem iurare, ad Deum enim solum omnis adoratio pertinet, can. considera 22 quaest. 1. Sane per salutem uetustius et sanctius iurabatur, *Reg.* 2 cap. 11.

dans lequel il reconnaît qu'il n'a pas hésité à prier pour le salut du Prince et pour l'Empire tout entier ; c'est pourquoi Gaius dit qu' « après les calendes de janvier, on formule des vœux pour le salut du Prince » (D. 50, 16, 233, 1[1983]) ; le même Tertullien ajoute que les génies ne sont rien d'autre que des démons. Pour Nonius[1984], « le génie est le dieu de la famille », d'où le mot de Laberius[1985] : « Le génie, père de notre famille ». Festus[1986] note qu'on appelle génie un dieu doué de la faculté de tout faire.

< Et en dépit du fait que, si l'on veut s'exprimer d'une manière parfaitement pieuse, il semble sacrilège et tout à fait superstitieux d'accorder plus de respect au génie du Prince qu'au vrai Dieu, néanmoins, comme il s'agissait de politique et que l'on était au tribunal, Saint Augustin[1987] ne réprouve pas le serment de Joseph, qui jura par la vie du Pharaon : voir *Genèse*, chapitre 42[1988]. Il partageait en effet, à l'instar de Chrysostome, l'opinion commune, qui conduit certains à penser qu'il est plus saint de jurer par l'Évangile que par Dieu (*Décret* II, 22, 1, 11 et 16[1989]).

Mieux : à y regarder de près, ce n'est pas sans raison que celui qui se parjure après avoir juré par le Prince est plus sévèrement puni, puisqu'il offense deux majestés, l'une, humaine, celle du Prince, et, en plus, la majesté divine (loi déjà citée D. 12, 2, 33[1990]), d'autant plus que Dieu a expressément ordonné de vénérer les rois, et a fait de notre obéissance un pacte qui lie l'ensemble de la société humaine (*Décret* I, 8, 2[1991]).

1983 *Post kalendas ianuarias die tertio pro salute Principis uota suscipiuntur.*

1984 Voir Nonius Marcellus, *De proprietate sermonum*, éd. Ch. Plantin, Anvers, 1565, p. 149 : *Genius generis [deus]. Laberius Imagine : Genius Generis nostri parens.*

1985 Sur les questions posées par cette citation de Laberius par Nonius, voir l'édition des *Fragments* de Laberius par Costas Panayotakis, Cambridge, 2010, p. 273-274.

1986 *De uerborum significatione*, vᵒ *Genius*.

1987 Voir *Quaestionum in Heptateuchum libri septem, Quaestiones in Genesim*, I, 139.

1988 Versets 15 et 16.

1989 Canon 11 : *Si aliqua causa fuerit, modicum uidetur facere qui iurat per Deum.* **Qui autem per Euangelium, maius aliquid fecisse uidetur.** *Quibus dicendum est : Stulti, Scripturae propter Deum sanctae sunt, non Deus propter Scripturas.* Canon 16 : [...] *iurare per creaturas, malum est, quia a Deo prohibitum est ; sed seruare quod iuratur, bonum est, ut euitetur peccatum mendacii et dolositatis. §. 1. Sed obicitur,* **quod Ioseph, uir sanctus, per creaturas iurauit, dum dixit fratribus suis :** «**Per salutem Pharaonis, non exibitis hinc.**» *§. 2. Sed sciendum est, quod* **sancti non tam per creaturas, quam per auctorem creaturarum iurabant, nec in creaturis aliud quam creatorem ipsarum uenerabantur, sicut Ioseph,** *qui per Pharaonem iurando hoc in eo ueneratus est, quod Dei iudicio positus erat in infimis.*

1990 Voir ci-dessus, note 1261.

1991 Voir ci-dessus note 953. Autre passage : [...] *Sicut enim in potestatibus societatis humanae* **maior potestas minori ad obediendum preponitur,** *ita Deus omnibus.*

Ideo quamuis diuinam quam humanam maiestatem offendisse sit deterius, Auth. Gazaros C. de haereticis, tamen patet periurio per genium Principis una Deum offendi, quia bonus angelus sit offensus personae mirificae ; sic enim genium cuiusque uocare libet, cum *Actorum* 12 dubitaretur utrum D. Petrus pulsaret fores, an angelus eius. Inde Christiani Caesares Theodosius et Valentinianus iunior, numen sibi arrogarunt pro iusto terrore populi, et diuinum oraculum, l. 2 C. de petitio. honor. sublat. lib. X ; l. 1 C. de contractib. Iudicum >.

4. Si quaeratur de quo iureiurando agatur in l. II C. de reb. cred., non negabo de eo, quod litem definit, agi ; sed puto etiam de illo, quod dicunt promissorium, quia calore fuerat peieratum ; atqui cum pars parti id defert, repentinum calorem causari impudentis esset, cum licuerit considerare iuret an referat. Similiter, in d. l. si duo § fin., de utroque agitur : de priore, cum quis iurauit dari sibi oportere, uel contra nihil debere ; de posteriore, cum iurauit intra certum tempus se soluturum, nec soluit, poenas luit, ut et edicto Cupidinis suprascripto iussum est.

Ainsi, bien qu'il soit pire d'offenser la majesté divine que la majesté humaine (Extrait de la *Novelle* de l'Empereur Frédéric *De statu et consuetudine*, § *Gazaros*, inséré à la suite de C. 1, 5, 10)[1992], néanmoins il est clair que, lorsque l'on se parjure après avoir juré par le génie du Prince, on offense Dieu en même temps, parce que l'on a offensé l'ange gardien d'une personne considérable ; c'est en effet le nom qui est donné au génie de chacun quand, par exemple, au chapitre 12 des *Actes des Apôtres*[1993], on se demande si c'était Saint Pierre qui frappait à la porte, ou son ange gardien. De là vient que les empereurs chrétiens Théodose et Valentinien le Jeune se dotèrent de la divinité, ainsi que d'un oracle divin, pour inspirer au peuple une juste terreur (C. 10, 12, 2, 2[1994] ; C. 1, 53, 11[1995]) >.

4. Si l'on se demande de quel serment il s'agit en C. 4, 1, 2[1996], je ne nierai pas qu'il s'agisse de celui qui met fin au litige, mais je pense qu'il peut s'agir aussi de celui qu'on appelle promissoire, parce qu'il avait été prononcé dans la chaleur de la colère ; or, quand l'une des parties défère le serment à l'autre, il serait impudent de sa part d'alléguer un échauffement subit, puisqu'elle a eu la possibilité de peser son choix entre jurer et déférer. De même, dans la loi déjà citée D. 12, 2, 13, 6[1997], il est question à la fois des deux serments : du premier, quand quelqu'un a juré qu'on devait lui donner, ou, au contraire, qu'on ne lui devait rien ; du second, quand il a juré qu'il s'acquitterait dans un certain délai, et ne l'a pas fait ; et il est également puni en vertu de l'édit de Cupidon que l'on a reproduit ci-dessus.

1992 [...] *cum longe grauius sit aeternam quam temporalem offendere maiestatem* [...].

1993 Versets 13 à 16.

1994 *Pari forma res etiam ciuiles et ad ius publicum pertinentes ab omni petitione muniendas esse censemus, scilicet nec pragmatica iussione* **uel sacra adnotatione uel quolibet oraculo diuino** *seu mandatis, si qua contra hanc sanctionem nostram fuerint impetrata, quodcumque roboris habere ualituris.*

1995 *Quicumque administrationem in hac florentissima urbe gerunt, emere quidem mobiles uel immobiles res uel domus extruere non aliter possint,* **nisi specialem nostri numinis hoc eis permittentem diuinam rescriptionem meruerint.**

1996 Voir ci-dessus note 1954.

1997 Voir ci-dessus note 1958.

5. Quod tamen desuetudo abrogauit uelut tacito consensu amantium, 1. de quibus in fi. ff. de legib. ; an quia plerumque furere solent, § nouimus quibus mod. nat. effic. leg. col VI, et fere semper calore nihil non spondent, quiduis iurant ? proinde in praxi seruatur, quod Tibullus admonet :

Nec iurare time, Veneris periuria uenti
Irrita per terras et freta summa ferunt.

Horatius tradit Barynen suam periuriis fidei pulchriorem quotidie.

6. Et Xenarchus apud Atheneum, lib. 10,
Ὄρκον δ᾽ ἐγὼ γυναικὸς εἰς *ὕδωρ [οἶνον] γράφω
id est, iusiurandum ego mulieris in aqua scribo.

< Idem lib. 12 cap. 1*, perierationem amantum uenia dignam censet, tanquam puerorum qui nondum sunt rationis compotes, qui iure ciuili fructum iurisiurandi sui capiunt, nec tamen peierasse creduntur, 1. qui iurasse ff. de iureiur. Scio utique unam mulierem fidam esse, sed ea non inuenitur. Certe >

Plato in *Symposio* uni iuranti a diis paratam esse ueniam, si amet, asserit :
ἀφροδίσιον γὰρ ὅρκον οὔ φασιν εἶναι
id est, uenereum enim iusiurandum negant esse :

5. Lequel fut néanmoins abrogé pour désuétude, par une espèce de consentement tacite des amoureux (D. 1, 3, 32, 1[1998]) ; est-ce parce que, la plupart du temps ils sont dans un état de délire (*Novelle* 74, chapitre 4, pr.[1999]), et que, généralement, il n'est rien qu'ils ne promettent en s'échauffant, car ils jurent tout ce que l'on veut ? aussi adoptent-ils la conduite qui leur est conseillée par Tibulle[2000] :

Et ne crains pas de faire des serments : les vents emportent
Par les terres et les crêtes des flots les parjures impunis de Vénus.

Horace[2001] rapporte que ses parjures embellissent chaque jour sa Bariné.

6. Et Xénarque, chez Athénée, au livre X[2002], déclare :
Pour moi, j'écris sur l'eau le serment d'une femme.

< Le même, au chapitre 1* du livre XII[2003], estime que les parjures des amoureux méritent l'indulgence, comme ceux des enfants qui ne sont pas encore raisonnables, et qui, en Droit civil, tirent profit de leur serment, mais ne sont pas censés se parjurer (D. 12, 2, 26, pr.[2004]). Je suis sûr qu'il existe au moins une femme digne de confiance, mais elle est introuvable. En tout cas >

Platon, dans *Le banquet*[2005], affirme que les dieux se montrent pleins d'indulgence pour le parjure dans un seul cas, s'il est amoureux :
Car on dit qu'un serment d'amour n'existe pas,

1998 [...] *rectissime etiam illud receptum est, ut **leges non solum suffragio legis latoris, sed etiam tacito consensu omnium per desuetudinem abrogentur.***

1999 Voir ci-dessus note 321.

2000 *Élégies* I, 3, v. 21-22.

2001 *Odes*, II, 8, v. 5-7 : « En même temps que tu engages par des vœux ta tête perfide, tu resplendis beaucoup plus belle ».

2002 *Deipnosophistes*, X, 441 e. La leçon retenue par Remacle est « dans du vin ».

2003 *Ibidem*, XII, 4 (citation du *Philèbe* de Platon, 65 c-d) : « Le plaisir est le mensonge personnifié. Et on a coutume de dire que, dans les grâces de l'amour – la plus éminente de toutes les voluptés – les dieux sont infiniment enclins à l'indulgence, les plaisirs étant considérés comme des enfants écervelés ».

2004 Voir ci-dessus note 1962.

2005 183 b : « Et ce qu'il y a de plus merveilleux, c'est qu'on veut que les amants soient les seuls parjures que les dieux ne punissent point ; car on dit que les serments n'engagent point en amour ».

perinde ac dicat nihil ualere, uti M. Ficinus transtulit; ut l. non sunt ff. de statu hom., ubi non sunt liberi, qui prodigiosi nascuntur, id est, pro non liberis haberi debent et non est quod esse non decet, l. si pignus ff. de pig. act.;

[141]< et cum iudicatum est die feriato, magis est, ut iudicatum non sit; id est, perinde habeatur ac si non esset prolata sententia, l. si feriatis ff. de feriis; l. uideamus § deferre ff. de in litem iurando, ubi cum alius praeter iudicem defert iusiurandum id nullum est, et nulla religio >.

Frustra igitur Platonis sententiae nonnihil deesse Erasmus coniecit in 2 chiliad. cent. 4.

7. Inuenitur iure ciuili species, in qua periurium non inultum dimittitur, ea est in l. fin. C. de reb. cred., ubi si quis petierit ab haerede legatum ex testamento, quod forte non apparet, amissis casu tabulis, iuretque sibi relictum, postquam haeres conditionem iurandi detulerit; comperto deinde testamento, detectoque periurio, auocatur legatum exolutum.

---

141 1553 : Ausonius : Non est diues, opum diues.

autrement dit, n'a aucune valeur, comme l'a traduit Marsile Ficin[2006] ; voir D. 1, 5, 14[2007], où les enfants qui sont monstrueux de naissance n'existent pas, c'est-à-dire ne doivent pas être considérés comme des enfants ; et ce qui ne mérite pas d'exister n'existe pas (D. 13, 7, 37[2008]) ; < et quand un jugement a eu lieu pendant un jour férié, c'est plus encore que si ce jugement n'avait pas existé, puisque c'est comme si l'on n'avait pas rendu de jugement du tout : voir D. 2, 12, 6[2009] et D. 12, 3, 4, 1[2010], où, quand le serment est déféré par quelqu'un d'autre que le juge, il est nul, et il n'y a donc pas d'engagement sacré >.

C'est donc inutilement qu'Érasme[2011], à la 2ᵉ chiliade, 4ᵉ centurie, conjecture qu'il manque quelque chose à la formule de Platon.

7. En Droit civil, on trouve un cas dans lequel le parjure n'est pas laissé impuni, c'est en C. 4, 1, 13[2012], où, si quelqu'un a demandé à l'héritier un legs testamentaire dont on ne trouve pas trace parce que le testament a été malencontreusement égaré, et s'il jure, après que l'héritier lui a déféré le serment, qu'on lui avait bien fait ce legs, mais si, par la suite, on retrouve le testament, ce qui fait découvrir son parjure, on lui reprend le legs qu'on lui avait délivré.

2006 Voir *Diui Platonis operum omnium quae extant ex latina Marsilii Ficini uersione*, Genève, 1592, tome II, p. 356 : **uenereum quippe iusiurandum nihil ualere aiunt.**

2007 **Non sunt liberi**, *qui contra formam humani generis conuerso more procreantur, ueluti si mulier monstrosum aliquid aut prodigiosum enixa sit* [...].

2008 *Si pignus mihi traditum locassem domino, per locationem retineo possessionem, quia antequam conduceret debitor, non fuerit eius possessio, cum et animus mihi retinendi sit et conducenti non sit animus possessionem apiscendi.*

2009 *Si feriatis diebus fuerit iudicatum, lege cautum est,* **ne his diebus iudicium sit** *nisi ex uoluntate partium* [...].

2010 *Deferre autem iusiurandum iudicem oportet ; ceterum* **si alius detulerit iusiurandum** *uel non delato iuratum sit,* **nulla erit religio nec ullum iusiurandum.**

2011 *Adages* II, 4, 90 : *Venereum iusiurandum.* Ἀφροδίσιος ὅρκος οὐκ ἐμποίνιμος, *id est Venereum iusiurandum non punitur. Sensus est amantium iusiurandum irritum esse neque ad deos quicquam pertinere tamquam iocosum.* [...]. Après avoir cité le passage du *Banquet* mentionné ci-dessus (voir note 2005 : Ἀφροδίσιον γὰρ ὅρκον οὔ φασιν εἶναι), Érasme ajoute en effet : *In uerbis Platonis uidetur deesse uocula* ἐμποίνιμον : οὔ φασιν εἶναι ἐμποίνιμον.

2012 *Cum quis legatum uel fideicommissum utpote sibi relictum exigebat et* **testamento forte non apparente pro eo sacramentum ei ab herede delatum est et is religionem suam praestauit,** *adfirmans sibi legatum uel fideicommissum derelictum esse, et ex huiusmodi testamento id quod petebat consecutus est,* **postea autem manifestum factum est nihil ei penitus fuisse derelictum,** *apud antiquos quaerebatur, utrum iureiurando standum est, an restituere debet hoc quod accepit* [...]. *Nobis itaque melius uisum est repeti ab eo legatum uel fideicommissum nullumque ex huiusmodi periurio lucrum ei accedere,* [...].

Haec l. fin. reluctatur aperte d. l. II eod.; l. non erit § dato ff. de iureiur.;
l. seruus tuus § fin., cum l. quod si ff. de dolo; si, inquit Paulus, persuaseris mihi nullam societatem fuisse tibi cum eo cui haeres sum, et
ob id absolui te passus sim a iudice, de dolo agam; subdit Vlpianus,
d. l. quod si, secus esse, si me deferente iuraueris, quia hoc casu tecum
transegisse uideor.

Superabimus hunc cliuum, in quo Doctores aestuant, si diligenter
expenderimus, in d. l. fin. C. de reb. cred., non uideri transegisse cum
legatario peierante, eum qui inuitus quodammodo ad deferendum
prosiluit. Nam quoties ex eo testamento, quod non apparet, legatum
aut fideicommissum petitur, haeres iurare uel soluere cogitur, l. fin. C.
de fideicommiss.; § fin. Inst. eod.;

Cette loi C. 4, 1, 13[2013] est, de toute évidence, en complète contradiction avec la loi déjà citée C. 4, 1, 2[2014], avec D. 12, 2, 5[2015] et avec D. 4, 3, 20, 1[2016], à laquelle il faut joindre D. 4, 3, 21[2017] : « si tu m'as persuadé, dit Paul, que tu n'avais aucune relation avec celui dont je suis l'héritier, et si pour cette raison j'ai accepté que le juge t'acquitte, je pourrai intenter contre toi l'action de la mauvaise foi » ; mais Ulpien, dans la loi déjà citée D. 4, 3, 21[2018], laisse entendre que c'est bien différent si tu as juré après que je t'avais déféré le serment, parce que, dans ce cas, je suis censé avoir transigé avec toi.

Nous surmonterons cette antinomie, qui fait suer aux Docteurs sang et eau, si nous avons soigneusement noté que, dans la loi déjà citée C. 4, 1, 13[2019], celui qui s'est dépêché, en quelque sorte malgré lui, de déférer le serment, n'est manifestement pas censé avoir transigé avec le légataire parjure. C'est que, chaque fois que l'on réclame un legs ou un fideicommis aux termes d'un testament introuvable, l'héritier est contraint soit de prêter serment, soit de s'acquitter du legs demandé (C. 6, 42, 32, pr.[2020] ; *Institutes*, II, 23, 12[2021]) ;

2013 Voir note précédente.

2014 Voir ci-dessus note 1954.

2015 *Dato iureiurando **non aliud quaeritur, quam an iuratum sit**, remissa quaestione an debeatur, quasi satis probatum sit iureiurando.*

2016 *Si persuaseris mihi nullam societatem tibi fuisse cum eo, cui heres sum, et ob id iudicio absolui te passus sim, **dandam mihi de dolo actionem** Iulianus scribit.*

2017 *Quod si **deferente me iuraueris** et absolutus sis, postea periurium fuerit adprobatum, Labeo ait de dolo actionem in eum dandam ; Pomponius autem per iusiurandum transactum uideri, quam sententiam et Marcellus libro octauo Digestorum probat ; **stari enim religioni debetur.***

2018 Voir note précédente.

2019 Voir ci-dessus note 2012. Pour la bonne intelligence de la suite, rappelons qu'un serment est déféré quand un plaideur a consenti à ce que la cause soit décidée par le serment de la partie adverse, et qu'un serment est référé quand celui à qui il avait été déféré refuse de le prêter, et qu'alors la partie qui l'a déféré a la faculté de le prêter elle-même pour mettre fin au litige.

2020 [...]*sancimus, si sine scriptura et praesentia testium fideicommisso derelicto fideicommissarius elegerit iuramentum heredis* uel forsitan legatarii uel fideicommissarii [...] *necesse habere heredem* uel legatarium uel fideicommissarium, prius iureiurando de calumnia praestito, *uel sacramentum subire et omni inquietudine sese relaxare uel, si recusandum existimauerit sacramentum* aut certam quantitatem manifestare fideicommissario derelictam noluerit [...], *omnimodo exactioni fideicommissi subiacere et eum ad satisfactionem compelli*, cum ipse sibi iudex et testis inuenitur [...]. Le premier mot de la loi est ainsi glosé : Haec lex non denegat **iusiurandum quod fideicommissarius debet heredi referre**, sed recusari posse.

2021 [...] *si testator fidei heredis sui commisit, ut uel hereditatem uel speciale fideicommissum restituat et neque ex scriptura neque ex quinque testium numero, qui in fideicommissis legitimus esse noscitur,*

nec hoc iusiurandum recte referri solet, ut uult utrobique Accursius, quamobrem haeres, praeuidens sibi iurandum esse, in re dubia metu religionis perculsus, l. quae sub ff. de condic. inst., mauult statim petentem legatum iurare ;

[142]< itaque ille necessitate aliqua iurandi conditionem offert, remedio > facilius iuuatur, arg. l. admonendi ff. de iureiur.; l. si fideiiussor § pe. ff. qui satisd. cog.

< Sed et hoc aperte docemur ex l. fi. ff. de in lit. iur. : ibi enim peieranti ex necessitate succuritur, ergo et deferenti >.

Accedit illud quod, d. l. fin. C. de reb. cred., haeres eo magis non sponte defert, quia timet repelli ab haereditate, quam adiuit non apparente testamento aliquo ; hoc enim ei minatur perspicue l. fin. in fi. C. de fideic., puta lucri amissionem.

142　1553 : quod quidem multum abhorret a transactione, quae parum tute fit, nisi inspectis uerbis testamenti, l. de his ff. de transact. Ergo necessario pene iurandi potestatem faciens.

mais ce serment, d'ordinaire, n'est pas correctement référé, ainsi que le veut Accurse dans ces deux passages, parce que l'héritier, prévoyant qu'il lui faudra prêter serment, et animé de scrupules religieux parce qu'il s'agit d'une affaire douteuse (D. 28, 7, 8, pr.[2022]), préfère que ce soit celui qui réclame le legs qui prête immédiatement serment ;

< voilà pourquoi il est en quelque sorte contraint de proposer à son adversaire de prêter serment, mais, en compensation, >

il lui est plus facile d'être avantagé ; pour preuves : D. 12, 2, 31[2023] et D. 2, 8, 7, 1[2024].

< Nous en sommes aussi très clairement instruits par D. 12, 3, 11[2025] : ici, en effet, on est indulgent pour celui qui s'est parjuré après avoir été contraint de prêter serment ; il en est donc de même pour celui qui défère le serment >.

À cela s'ajoute le fait que, dans la loi déjà citée C. 4, 1, 13[2026], l'héritier défère d'autant moins spontanément le serment au légataire qu'il craint de perdre l'héritage qui lui est revenu en l'absence de tout testament ; et c'est en effet une menace sérieuse (C. 6, 42, 32, 2[2027]), c'est-à-dire qu'il risque une perte de gain.

---

res possit manifestari [...] **si heres perfidia tentus adimplere fidem recusat,** *negando rem ita esse subsecutam, si fideicommissarius iusiurandum ei detulerit, cum prius ipse de calumnia iurauerit,* **necesse eum habere uel iusiurandum subire, quod nihil tale a testatore audiuit, uel recusantem ad fideicommissi uel uniuersitatis uel specialis solutionem coartari,** *ne depereat ultima uoluntas testatoris fidei heredis commissa* [...]. Le mot *coartari* est glosé ainsi : *Nota propter contumaciam non iurantis eum condemnari.*

2022 Voir ci-dessus note 35.

2023 [...] *(solent enim saepe iudices in dubiis causis exacto iureiurando secundum eum iudicare qui iurauerit) ; quod* **si alias inter ipsos iureiurando transactum sit negotium, non conceditur eandem causam retractare.**

2024 *Si necessaria satisdatio fuerit et non facile possit reus ibi eam praestare, ubi conuenitur, potest audiri, si in alia eiusdem prouinciae ciuitate satisdationem praestare paratus sit.* **Si autem satisdatio uoluntaria est,** *non in alium locum remittitur, neque enim meretur qui ipse sibi necessitatem satisdationis imposuit.*

2025 **De periurio eius, qui ex necessitate iuris in litem iurauit, quaeri facile non solere.**

2026 Voir ci-dessus note 2012.

2027 *Cum autem is, qui quid ex uoluntate defuncti lucratur, et maxime ipse heres, cui summa auctoritas totius causae commissa est, dicere compellitur ueritatem per sacramenti religionem, qualis locus testibus relinquatur uel quemadmodum ad extraneam fidem decurratur, propria et indubitata relicta ? cum et in leges respeximus, quae iustis dispositionibus testatorum omnimodo heredes oboedire compellunt et sic strictius causam exigunt,* **ut etiam amittere lucrum hereditatis sanciant eos, qui testatoribus suis minime paruerunt.**

8. Atqui in d. l. quod si ff. de dol. et locis similibus, nulla uerisimilis necessitas ad deferendum impulerat, sed potius dolus praecedens aduersarii. Ideo non retractatur quod iuratum est, sed de periurio agi mox poterit, ut subiungit Paulus post d. l. quod si : *nam sufficit*, inquit, *periurii poena* ; refert enim se ad suum § fin. l. si seruus tuus, de dolo. Accursius poenam huius periurii solam diuini numinis uindictam esse arbitratur in d. l. nam sufficit. Ego non perinde arbitror :

[143]< puto ad huiusmodi sacramenta pertinere l. 1 C. de reb. cred., cum dicitur periurii praetextu non retractari causam consensu definitam, *nisi*, inquit, *specialiter hoc lege excipiatur*, nempe, lege si seruus tuus de dolo, uel nisi excipiatur lege imposterum promulganda, qualis est d. l. fi. C. de reb. credit., longe posterior D. Antonini sanctione. Non omitto id quod uulgo scitur, d. l. fi. C. de reb. credit. : eiusmodi esse iusiurandum, ut simile transactioni esse nequeat, cum esset factum aduersus naturam transactionis, scilicet, non inspectis uerbis testamenti[144], l. de iis ff. de transact.

---

143 1553 : sed perpetuam elicio regulam, quae habet.
144 testamenti *scripsi* : testamentis *T* //

8. Et pourtant, dans la loi déjà citée D. 4, 3, 21[2028] et d'autres passages semblables, celui qui avait déféré le serment n'avait, selon toute vraisemblance, été poussé à le faire par aucune nécessité, mais bien plutôt par la mauvaise foi dont son adversaire avait fait preuve auparavant. Aussi ce qui a été juré ne fait-il pas l'objet d'une rétractation, mais on pourra rapidement intenter une action pour parjure, comme Paul l'ajoute dans la loi qui suit, D. 4, 3, 22[2029] : « en effet, dit-il, il suffit de réclamer la peine qui sanctionne le parjure » ; il se réfère à sa loi D. 4, 3, 20, 1[2030]. Accurse, en D. 4, 3, 22[2031], pense que la seule peine infligée à ce type de parjure est la vengeance divine. mais je ne suis pas de cet avis :

< je pense que ce type de serments relève de C. 4, 1, 1[2032], où il est dit que l'on ne peut remettre en cause, sous prétexte de parjure, un litige auquel on a mis fin d'un commun accord, « à moins, dit-il, qu'une exception ne soit spécialement stipulée par une loi » – or c'est bien le cas de la loi D. 4, 3, 20, 1[2033] –, ou à moins qu'elle ne le soit par une loi promulguée ultérieurement, comme la loi déjà citée C. 4, 1, 13[2034], qui est de beaucoup postérieure à la décision de l'Empereur Antonin. Je n'omets pas ce qui est notoirement connu (loi déjà citée C. 4, 1, 1[2035]), à savoir qu'il s'agit d'un serment qui ne saurait être assimilé à une transaction, dès lors qu'il avait été prêté en contrevenant à la nature même de la transaction, c'est-à-dire sans un examen attentif des mots du testament (D. 2, 15, 6[2036]).

2028 Voir ci-dessus note 2017.
2029 *Nam sufficit periurii poena.*
2030 Voir ci-dessus note 2016.
2031 Voir ci-dessus note 2029.
2032 *Causa iureiurando* **ex consensu utriusque partis** *uel aduersario inferente delato et praestito uel remisso decisa* **nec periurii praetextu retractari potest, nisi specialiter hoc lege excipiatur.**
2033 Voir ci-dessus note 2016.
2034 Voir ci-dessus note 2012.
2035 Voir ci-dessus note 2032.
2036 *De his controuersiis, quae ex testamento proficiscuntur,* **neque transigi** *neque exquiri ueritas aliter potest quam* **inspectis cognitisque uerbis testamenti.**

Haec enim est praecipua uis sacramenti, ut sit species, id est, similitudo transactionis super lite instituta, l. 2 ff. de iureiur. Quod si quis refragetur, ex eo quod iusiurandum firmum stat, transactio autem recipit poenitentiam, l. cum proponas 2 C. de pactis, nec nisi ex implemento agi permittat, l. cum mota C. de transactio., solutionem habebit ex d. l. 2 ff. de iureiur., in qua dicitur maiorem esse uim iurisiurandi quam rei iudicatae, quae inuitum afficit, l. inter § 1 de uerbor oblig. At deferens iusiurandum sua sententia sponte condemnatur, l. 1 ff. quar. rerum actio. Proinde >

quoties is qui iurauit dolo fecit ut sibi deferretur, id quidem de quo actum est non repetitur, sed de periurio agere licet ; quod patescit ff. de dolo, ex dictis tribus contiguis legibus. Huc spectat l. fin. de crimin. stellionat. : in stellionatu enim dolum inesse exploratum est, l. III ff. eod. Agitur uero ob periurium his casibus, quia dolo inductus ad delationem iusiurandi non prorsus transegisse uidetur, quippe cum, dolo interueniente, mera transactio imperfecta reddatur, l. in summa ff. de condic. indeb.

Car ce qui fait principalement la force du serment, c'est qu'il est une apparence, c'est-à-dire un simulacre, de transaction, qui intervient en cours de procès (D. 12, 2, 2[2037]). Et si quelqu'un n'est pas de cet avis, au motif que le serment reste immuable, tandis que la transaction admet le repentir (C. 2, 3, 16[2038]) et qu'il n'est permis d'intenter une action que pour la faire exécuter (C. 2, 4, 6, 1[2039]), il aura la solution grâce à D. 12, 2, 2[2040], où il est dit que l'autorité du serment est plus grande que celle de la chose jugée, parce que celle-ci affecte le justiciable même contre sa volonté (D. 45, 1, 83, 1[2041]), alors que celui qui défère un serment accepte volontairement d'être condamné en vertu de sa propre sentence (D. 44, 5, 1, pr.[2042]). Par conséquent >,

chaque fois que celui qui a juré s'est frauduleusement débrouillé pour qu'on lui défère le serment, on ne revient pas sur ce qui a été fait, mais on peut intenter une action pour parjure ; ce qui, dans le titre du *Digeste* relatif au dol, ressort clairement des trois lois consécutives déjà citées[2043]. C'est ce que vise D. 47, 20, 4[2044], car on sait très bien que le dol est inhérent au stellionat, (D. 47, 20, 3[2045]). Mais on agit dans ces cas-là pour parjure, parce que celui que l'on a dolosivement conduit à déférer le serment n'a manifestement pas transigé du tout, pour la bonne raison que le dol est cause de nullité en matière de simples transactions (D. 12, 6, 65, 1[2046]).

2037 **Iusiurandum speciem transactionis continet** *maioremque habet auctoritatem quam res iudicata.*

2038 *Cum proponas filios testamento scriptos heredes rogatos esse, ut qui primus rebus humanis eximeretur, alteri portionem hereditatis restitueret, quoniam precariam substitutionem* **fratrum consensu remissam** *adseris, fideicommissi persecutio cessat.*

2039 Voir ci-dessus note 236.

2040 Voir ci-dessus note 2037.

2041 *Si Stichum stipulatus de alio sentiam, tu de alio, nihil actum erit. Quod et in iudiciis Aristo existimauit ; sed hic magis est, ut is petitus uideatur, de quo actor sensit.* **Nam stipulatio ex utriusque consensu ualet, iudicium autem etiam in inuitum redditur** *et ideo actori potius credendum est ; alioquin semper negabit reus se consensisse.*

2042 Voir ci-dessus note 1955.

2043 À savoir D. 4, 3, 20 (voir ci-dessus note 2016), D. 4, 3, 21 (voir ci-dessus note 2028) et D. 4, 3, 22 (voir ci-dessus note 2029).

2044 Voir ci-dessus note 200.

2045 **Stellionatum autem obici posse his, qui dolo quid fecerunt,** *sciendum est, scilicet si aliud crimen non sit quod obiciatur ; quod enim in priuatis iudiciis est de dolo actio, hoc in criminibus stellionatus persecutio* […].

2046 *Et quidem quod transactionis nomine datur, licet res nulla media fuerit, non repetitur ; nam si lis fuit, hoc ipsum, quod a lite disceditur, causa uidetur esse.* **Sin autem euidens calumnia detegitur et transactio imperfecta est, repetitio dabitur.**

Adde etiam, dolo persuasum ui coacto similem esse, l. 1 § persuadere ff. de seruo corrup.

< Atqui Lysander, Laconum dux, dicebat pueros talis falli, sed uiros iureiurando, l. si legatarius ff. de dolo >.

Non immerito lege XII Tab. sic fuit constitutum : *periurii poena diuina exitium, humana dedecus* est ; hoc est : etiam ex periurio sequitur peierantis infamia, l. si quis maior C. de trans.

9. Periurium in lege XII Tab. et in edicto Cupidinis peierandi uerbum accipio non modo cum promissa iurata non praestantur, sed etiam cum aliud pro alio asseritur, ut in iuramento, quo lis terminatur, cum quis se nihil debere, aut sibi aliquid deberi deierat, l. si duo § fin. ff. de iureiur. M. Tullius, lib. 3 *Officiorum*, non putat peierari, si falsum iuretur, sed id, inquit, periurium est, si id non facias, quod ex animi tui sententia iuraueris.

Ajoutons encore que persuader dolosivement, c'est comme contraindre par la violence (D. 11, 3, 1, 3[2047]).

< Pourtant Lysandre, le général lacédémonien, disait[2048] que l'on amuse les enfants avec des osselets, et les adultes avec des serments (voir D. 4, 3, 23[2049]) >.

C'est à raison que la loi des XII Tables avait disposé que « contre le parjure, la peine édictée par les Dieux est la mort, par les hommes c'est l'infamie » [2050], c'est-à-dire que le parjure entraîne aussi le déshonneur de celui qui se parjure (C. 2, 4, 41, pr.[2051]).

9. Je comprends le mot « parjure » dans la loi des XII Tables et le « fait de se parjurer » dans l'édit de Cupidon en un double sens : non seulement quand les promesses avec serments ne sont pas tenues, mais également quand on affirme une chose pour une autre, comme dans le serment qui met fin au litige, lorsque quelqu'un jure qu'il ne doit rien, ou au contraire qu'on lui doit quelque chose (D. 12, 2, 13, 6[2052]). Cicéron, au livre III des *Devoirs*[2053], ne pense pas que jurer faussement soit se parjurer : on ne se « parjure », selon lui, que si l'on ne fait pas ce que l'on a délibérément « juré » de faire.

2047 *Persuadere autem est plus quam compelli atque cogi sibi parere* […].

2048 Voir Plutarque, *Apophtegmes des Lacadémoniens* 229 b. « Il répondit à ceux qui le blâmaient d'avoir violé le serment qu'il avait fait à ceux de Milet : Τοὺς μὲν παῖδας τοῖς ἀστραγάλοις δεῖ ἐξαπατᾶν, τοὺς δὲ ἄνδρας τοῖς ὅρκοις ».

2049 *Si legatarius, cui supra modum legis Falcidiae legatum est, heredi adhuc ignoranti substantiam hereditatis ultro iurando uel quadam alia fallacia persuaserit, tamquam satis abundeque ad solida legata soluenda sufficiat hereditas, atque eo modo solida legata fuerit consecutus, datur de dolo actio.*

2050 Voir Cicéron *Lois*, II, 9.

2051 Voir ci-dessus note 117, suite de la loi : *Si quis maior annis aduersus pacta uel transactiones nullo cogentis imperio libero arbitrio et uoluntate confecta putauerit esse ueniendum* […] *non solum inuratur infamia, uerum etiam actione priuatus, restituta poena quae pactis probatur inserta, et rerum proprietate careat et emolumento, quod ex pacto uel transactione illa fuerit consecutus.*

2052 Voir ci-dessus note 1958.

2053 Chapitre 29 : *Quod enim ita iuratum est, ut mens conciperet fieri oportere, id seruandum est ; quod aliter, id si non fecerit, nullum est periurium.*

Videamus ne nimium proprietati uocis studuerit : nam promiscue usurpant Iurisconsulti d § fin. 1. si duo; 1. quod si ff. de dol.; 1. de die § pen. qui satisd. cog. Martialis lib. 6 :

Iurat capillos esse quos emit suos
Fabulla; numquid illa, Paule, peierat?

Refert Macrobius, lib. 5 cap. 19, in Sicilia fuisse lacum aramque Deorum Palicorum, perquorum numen si quis falso iurasset, uitam in lacu amittebat;

< quocirca, inquit Aristoteles in *Libro Mirabilium*, fideiussorem accipit sacerdos, qui iusta numinis uindicta sacrum execrandumque, si peierauerit, asportet. Non absimilis omnino fuit aqua sacrificii ob maritum zelotypia percitum oblati, *Numer.* cap. 5, qua pota mulier rea adulterii interna labe computrescebat >.

Voyons s'il ne s'est pas trop attaché au sens propre du terme : car les jurisconsultes l'utilisent indistinctement dans les deux acceptions (voir la loi déjà citée D. 12, 2, 13, 6[2054] ; D. 4, 3, 21[2055] ; D. 2, 8, 8, 5[2056]). Et Martial, au livre VI[2057] :

Fabulla jure que les cheveux qu'elle achète sont à elle.
Fait-elle un parjure, Paulus ? Non pas.

Macrobe rapporte, au chapitre 19 du livre V[2058], qu'il y avait en Sicile un lac et un autel des dieux Paliques : et si quelqu'un avait mensongèrement prêté serment par ces divinités, il perdait la vie dans ce lac ; < selon Aristote, dans le *L'exploration des Merveilles*[2059], c'est pour cette raison qu'on remettait au prêtre un garant capable de purifier, en cas de parjure, celui qui avait attiré sur sa tête la juste vengeance de la divinité. Cela n'était pas sans ressemblances avec l'eau de ce sacrifice exigé par la jalousie du mari, au chapitre 5 des *Nombres*[2060] : après l'avoir bue, la femme, si elle était coupable d'adultère, pourrissait de l'intérieur >.

2054 Voir ci-dessus note 1958.

2055 Voir ci-dessus note 2017.

2056 [...] *Sic autem iurare debet qui in municipium remittitur « Romae se satisdare non posse et ibi posse, quo postulat remitti, idque se non calumniae causa facere » ;* **nam sic non est compellendus iurare** *« alibi se quam eo loco satisdare non posse »,* **quia** *si Romae non potest, pluribus autem locis possit,* **cogitur peierare.**

2057 Épigramme 12.

2058 § 19-20 : « Non loin de là sont des lacs de peu d'étendue, mais d'une immense profondeur, et où l'eau surgit à gros bouillons. Les habitants du pays les appellent des cratères, et les nomment Delloï. Ils pensent que ce sont des frères des dieux Paliques : ils les honorent d'un culte solennel, à cause d'une divinité qui manifeste sur leurs bords, relativement aux serments, sa présence et son action. En effet, lorsqu'on veut savoir la vérité touchant un larcin nié ou quelque action de cette nature, on exige le serment de la personne suspecte ; celui qui l'a provoquée s'approche avec elle des cratères, après qu'ils se sont lavés tous deux de toute souillure, et après que l'inculpé a garanti par une caution personnelle qu'il restituera l'objet réclamé, si l'événement vient à le condamner. Invoquant ensuite la divinité du lieu, le défendeur la prenait à témoin de son serment. S'il parlait conformément à la vérité, il se retirait sans qu'il lui fût arrivé aucun mal ; mais s'il jurait contre sa conscience, il ne tardait pas à trouver dans les eaux du lac la mort due au parjure ».

2059 Pseudo-Aristote, *Mirabiles auscultationes*, LVIII : voir l'édition bilingue de J. Beckmann, Göttingen, 1786 p. 115-117.

2060 Versets 14 à 31 : « un esprit de jalousie s'empare de l'homme et il devient jaloux de sa femme qui s'est rendue impure ; ou bien un esprit de jalousie s'empare de l'homme et il devient jaloux de sa femme alors qu'elle ne s'est pas rendue impure. Dans l'un ou l'autre cas, l'homme amènera sa femme au prêtre [...]. Le prêtre fera approcher la femme et la placera devant le Seigneur. Il prendra de l'eau sainte dans un vase d'argile, il prendra de la poussière qui se trouve sur le sol de la Demeure, et la mettra dans l'eau [...]. Le

Vereor tamen ne Palici dii amantibus metuendi non fuerint.

Je crains cependant que les Dieux Paliques n'aient inspiré aucune crainte aux amoureux.

---

prêtre fera prêter serment à la femme et lui dira : "Si aucun homme n'a couché avec toi, si tu ne t'es pas mal conduite et rendue impure en trompant ton mari, sois innocentée par cette eau amère qui porte la malédiction!" [...] Alors le prêtre fera prêter serment à la femme, un serment imprécatoire ; il lui dira : "Que le Seigneur fasse de toi un objet d'imprécation et de serment au milieu de ton peuple, qu'il fasse dépérir ton flanc et gonfler ton ventre! Que cette eau qui porte la malédiction pénètre tes entrailles pour faire gonfler ton ventre et dépérir ton flanc!" Et la femme dira : "Amen! Amen!" [...]. S'il se trouve qu'elle s'est rendue impure, si elle a été infidèle à son mari, l'eau qui porte la malédiction entrera en elle pour la rendre amère, son ventre gonflera et son flanc dépérira. Alors la femme deviendra un objet d'imprécation au milieu de son peuple ».

OBSERVATA IN CAPUT XIX

1. In eam, quam quisque amare desiit, de dolo agere nequit, cum sit eius libertus; < et an plus sapiens quam mandatum sit obliget >.
2. Quid sit bonae fidei mentio in l. non debet ff. de dolo; < et an uxor furti accusetur >.
3. *Pacta conventa* quaenam sint; < quid de l. auia C. de iure dot. >
4. Repudiari futura quomodo possint in l. 1 ff. de cur. bon.
5. [145]< Paridis iudicium iniquum : an litteras nesciens possit esse iudex, et quid de amante amicoue >.
6. Pro rosariis[146] caesis agetur < arborum furtim caesarum > et pleraque ad rosas, et ius pertinentia, et de Paridi iudicio.
7. Arbores *germinales* cur sic dicantur Papiniano.

CAPUT XIX

1. Hoc iure utimur, ne aduersus eam, quam quis amauerit, amareque desierit, de dolo praeterito agere liceat, sed actionem in factum uerbis temperet, ut assolet cum aduersus patronam libertus uult intendere, l. non debet ff. de dol. Nam cum aliquis amare cessat, magis libertinus dici meretur, quamdiu in eo statu est, quam ingenuus, ut et alibi a nobis scriptum est, propter pristinam seruitutem, quam uere amando pertulit. Hinc Barynen sic alloquitur Horatius lib. 2 *Carminum* :

---

145 1553 : Propter Helenium stirpem caesam, arb. furtim caes. agi non potest.
146 1553 *adiiciebat* : tamen.

CONTENU DU CHAPITRE 19

1. On ne peut intenter l'action de mauvaise foi contre celle que l'on a cessé d'aimer, puisqu'on est alors son affranchi ; < et engage-t-on sa responsabilité lorsque l'on outrepasse son mandat à bon escient ? >.
2. Ce que c'est que la bonne foi mentionnée en D. 4, 3, 11, 1 ; < et peut-on accuser son épouse de vol ? >.
3. Ce que sont les *pacta conuenta* ; < ce qu'il en est de C. 5, 12, 6 >.
4. Comment on peut refuser des événements futurs en D. 42, 7, 1.
5. L'injuste jugement de Pâris : on se demande si un illettré peut être juge, et ce qu'il en est pour l'amant ou l'ami.
6. Pour les rosiers coupés on aura l'action < des arbres coupés en cachette > ; et l'essentiel de ce qui concerne les roses et le Droit ; et au sujet du jugement de Pâris.
7. Pourquoi Papinien nomme certains arbres *germinales*.

CHAPITRE 19

1. Notre Droit ne permet pas d'intenter *a posteriori* l'action de mauvaise foi contre celle que l'on a cessé d'aimer, mais seulement, par euphémisme, l'action expositive du fait, comme il est d'usage quand un affranchi se retourne contre sa maîtresse (D. 4, 3, 11, 1[2061]). En effet, quand quelqu'un cesse d'aimer, il mérite, tant qu'il reste dans cet état, d'être considéré comme un affranchi plutôt que comme un homme libre, ainsi que nous l'avons écrit également ailleurs, en raison de ce véritable esclavage qu'il a subi auparavant, du fait qu'il était amoureux. D'où les paroles qu'Horace adresse à Baryné, au livre II des *Odes*[2062] :

2061 *Et **quibusdam personis non dabitur**, ut puta liberis uel libertis aduersus parentes patronosue, **cum sit famosa**. Sed nec humili aduersus eum qui dignitate excellet debet dari : puta plebeio aduersus consularem receptae auctoritatis, uel luxurioso atque prodigo aut alias uili aduersus hominem uitae emendatioris. Et ita Labeo. Quid ergo est ? **In horum persona dicendum est in factum uerbis temperandam actionem dandam, ut bonae fidei mentio fiat.***

2062 *Odes*, II, 8, vers 17-20.

Adde, quod pubes tibi crescit omnis
Seruitus crescit noua, nec priores
Impiae tectum dominae relinquunt
Saepe minati.

Scite perseuerantiam obstinatorum amantium in seruili labore describit. Nimirum, ut serui a seruando dicti sint, quod olim bello capti hostes seruarentur, non occiderentur, et mancipia, quia manu caperentur, § 1* de iur. pers., sic praetextu blandientis uitae, et uoluptatis delenificae, seruantur amantes ad mellitum supplicium, manu capti, id est, oculis, qui manus longae usu funguntur, l. pecuniam ff. de solut. ; uel quod manu corripere, premere, amoris et fauoris signum usitatum est, praesertim si pollex comprimatur, Plinius lib. 28 cap. 2 ; et Acron idem sensisse uisus est, cum notat συνεκδοχικῶς, pro utraque manu sumi, illud :

Fautor utroque tuum laudabit pollice ludum.

Quantum insuper amoris seruitus urgeat, ex eo liquet quod seruis adigit parere dominas, l. 1 C. de senatusc. claud. Nam et Faustina, quae M. Antonini Philosophi Imperatoris uxor fuit, et Diui Pii filia, gladiatoris amore furens non ante leuari restituique potuit, quam eius occisi sumpto sanguine, ex Chaldaeorum consilio, ut Iulius Capitolinus tradit ;

Ajoute qu'on ne devient pubère que pour toi :
De nouveaux esclaves grandissent, sans que les premiers,
Sous le coup de fréquentes menaces,
Ne quittent le toit de leur maîtresse impie.

Le poète décrit admirablement la persévérance des amoureux, qui s'obstinent à rester en esclavage. Assurément, de même que les esclaves tirent leur nom du verbe « réserver », parce que jadis on laissait en vie, au lieu de les tuer, les ennemis faits prisonniers de guerre, et qu'on les appelle aussi *mancipia*, parce qu'ils étaient pris « avec la main » (*Institutes*, I, 3, 3[2063]), de même, sous le prétexte d'une vie pleine de charmes et d'une séduisante volupté, les amoureux sont « réservés » à un supplice doux comme le miel, parce qu'on les prend « avec la main », c'est-à-dire les yeux, qui font office de tradition de longue main (D. 46, 3, 79[2064]) ; ou encore, parce que saisir et serrer la main constitue habituellement un signe de faveur et d'amour, surtout si l'on presse le pouce : voir Pline, livre XXVIII, chapitre 2*[2065] ; et Acron[2066] semble bien avoir été de cet avis, quand il glose avec le mot συνεκδοχικῶς, c'est-à-dire « en prenant à deux mains », ce vers d'Horace[2067] : *En signe d'approbation, il applaudira des deux mains à ton jeu.*

De plus, on mesure parfaitement l'énorme pression qu'exerce l'esclavage amoureux au fait qu'il contraint les maîtresses à obéir à leurs esclaves (C. 7, 24, 1[2068]). En effet, même Faustina, qui fut la femme de l'Empereur Marc-Aurèle, le philosophe, et la fille d'Antonin le Pieux, et qui était follement amoureuse d'un gladiateur, ne put se débarrasser et se guérir de sa passion avant d'avoir, sur le conseil des Chaldéens, bu le sang de cet homme, une fois qu'on l'eut mis à mort, ainsi que le raconte Julius Capitolinus[2069] ;

2063 **Serui** *autem ex eo appellati sunt, quod Imperatores captiuos uendere iubent ac per hoc* **seruare** *nec occidere solent ; qui etiam* **mancipia** *dicti sunt, quod ab hostibus* **manu** *capiuntur.*

2064 Voir ci-dessus note 1477.

2065 *Histoire naturelle* XXVIII, 5, 3 : « Quand on veut marquer de la faveur, le proverbe nous ordonne de nous presser les pouces ».

2066 Scholiaste d'Horace.

2067 *Épîtres*, I, 18, 66.

2068 Voir ci-dessus note 24.

2069 *Histoire Auguste, Biographie de Marc-Aurèle, (Vie de Marc-Antonin le Philosophe)*, chap. 19 : « Faustine, fille d'Antonin le Pieux et femme de Marc-Aurèle, ayant vu, un jour, passer des gladiateurs devant elle, conçut pour l'un d'eux le plus violent amour ; et cette passion l'ayant rendue longtemps malade, elle en fit l'aveu à son époux. Des Chaldéens, que Marc-Aurèle consulta, dirent qu'il fallait, après avoir tué ce gladiateur, que Faustine se baignât dans son sang, et couchât ensuite avec son mari. Ce conseil ayant été suivi, l'amour de l'impératrice s'éteignit en effet ; mais elle mit au monde Commode, qui fut

de ea in l. si augustae ff. de leg. II. Idem dominos ancillarum incendit desiderio, l. si collactaneus ff. de manumiss. uindict. Accedit illud ex elegia :

Thessalus ancillae facie Briseïdos arsit.
Serua Mycenaeo est Phoebas amata duci.

< Scite mediusfidius Dionysius Halycarnasseus, lib. XI, ait Appium Claudium iudicem amore puellae perditum, in l. 2 § initium ff. de orig. iuris, in seruitutem magis fuisse tractum quam Virginii filiam, forma excellentem, quam ipse falso serua natam pronunciauit, agente M. Claudio cliente subornato. At serui moribus, ut mulieres, prohibentur iudicare, non quia iudicio careant, l. cum praetor de iudiciis; ille igitur et seruus et amens fuit, et causam praestitit ut Virginius morti potius quam stupro filiam ingenuam subiiceret et ut secum Decemuiri omnes imperium et uitam amitterent, non aliter quam uiolata per Tarquinium Lucretia >.

il est question d'elle en D. 31, 57[2070]. Ce même amour fait brûler les maîtres de désir pour leurs servantes (D. 40, 2, 13[2071]). C'est à quoi se rapportent les vers suivants de l'élégie[2072] :

Le héros de Thessalie a brûlé d'amour pour la belle Briséis, sa servante.
Elle était son esclave aussi, la prêtresse d'Apollon dont s'éprit le roi de Mycènes.

< Ma foi, Denys d'Halicarnasse a parfaitement raison d'affirmer, au livre XI[2073], qu'en étant tombé éperdument amoureux d'une jeune fille (voir D. 1, 2, 2, 24[2074]), le juge Appius Claudius avait été bien plus réduit en esclavage que la très belle fille de Virginius, qu'il avait lui-même faussement déclarée de naissance servile, en réponse à l'action intentée par son client Claudius, qu'il avait suborné. Mais s'il est d'usage d'interdire aux esclaves, comme aux femmes, de devenir juges, ce n'est pas parce qu'ils manqueraient de discernement (D. 5, 1, 12, 2[2075]) ; or Appius, lui, était tout à la fois esclave et privé de raison, car il fut cause que Virginius préféra vouer sa fille, de naissance libre, à la mort plutôt qu'à la débauche, et que tous les décemvirs perdirent, en même temps que lui, le pouvoir et la vie, exactement comme cela s'était passé après le viol de Lucrèce par Tarquin >.

---

plutôt un gladiateur qu'un prince, puisqu'étant empereur, il donna au peuple, comme on le verra dans sa vie, le spectacle de près de mille combats de gladiateurs ».

2070 *Si Augustae legaueris et ea inter homines esse desierit, deficit quod ei relictum est, sicuti Diuus Hadrianus in Plotinae et proxime* **Imperator Antoninus in Faustinae Augustae persona** *constituit, cum ea ante inter homines esse desiit, quam testator decederet.*

2071 [...] *si matrimonii causa uirgo uel mulier manumittatur* [...].

2072 Ovide, *Amours*, II, 8, v. 11-12.

2073 *Antiquités romaines*, XI, 5-6.

2074 [...] *Initium fuisse secessionis dicitur* **Verginius quidam, qui cum animaduertisset Appium Claudium contra ius, quod ipse ex uetere iure in duodecim tabulas transtulerat, uindicias filiae suae a se abdixisse et secundum eum, qui in seruitutem ab eo suppositus petierat, dixisse captumque amore Virginis omne fas ac nefas miscuisse**; *indignatus, quod uetustissima iuris obseruantia in persona filiae suae defecisset* [...] *et* **castitatem filiae uitae quoque eius praeferendam putaret**, *arrepto cultro de taberna lanionis filiam* **interfecit** *in hoc scilicet, ut morte uirginis contumeliam stupri arceret, ac protinus recens a caede madenteque adhuc filiae cruore ad commilitones confugit. Qui uniuersi de Algido, ubi tunc belli gerendi causa legiones erant, relictis ducibus pristinis signa in Auentinum transtulerunt* [...].

2075 Voir ci-dessus note 1882. Fin de la loi : [...] *Moribus feminae et serui, non quia non habent iudicium, sed quia receptum est, ut ciuilibus officiis non fungantur.*

Citantur commode et eleganter ab Ouidio ad rem ipsam Achilles atque Agamemnon, alter Graeci exercitus praesidium, alter dux, ambo reges maximi, qui obnixe Briseidi seruierunt, puellae bello captae, ex quo prima origo seruitutis est, l. ex hoc ff. de iust. et iure, et eius causa magnam sibi simultatem, suis perniciem et dolorem, si Homero credimus, induxerunt, l. si uxor ff. de adult. Satis euitatur leuiter amor, fugatur difficilime, Lucretius lib. 4 :

Nam uitare, plagas in amoris ne iaciamur,
Non ita difficile est quam captum retibus ipsis
Exire, et ualidos Veneris perrumpere nodos.

Quare prudentis est ab iis se immunem praestare quae amandi praebent illecebras, ne sero petatur remedium, l. fi C. in quib. caus. in integ. ; l. 1 C. quand. lic. unic. Eodem modo satius puto ingenuitatem custodire, quam amissam libertatem reposcere, quia, ut Catullus ait : *Difficile est longum subito deponere amorem.*

< Sed obiiciet quispiam seruitutem esse contra naturam, ex definitione sua, l. 4 ff. de statu hom., amorem uero esse naturalem et connubia, l. 1 § ius naturale ff. de iustitia et iure. Fateor utique iustum et temperatum amorem naturae congruere, non pernimium, d. leg. 1 C. de senatusc. Claudian., § 1 de incestis nupt. col. 2.

Ovide[2076] mentionne avec élégance et justesse, à ce propos, Achille et Agamemnon, qui étaient, l'un, le meilleur défenseur, et l'autre, le général en chef de l'armée grecque ; or ces deux très grands rois se firent obstinément les esclaves de Briséis, une jeune captive de guerre, car la guerre est à l'origine de l'esclavage (D. 1, 1, 5[2077]), et, pour l'amour d'elle, à en croire Homère[2078], ils s'engagèrent personnellement dans une féroce rivalité, et attirèrent sur leurs proches malheurs et douleur (D. 48, 5, 14, 1[2079]). C'est que l'amour est assez facile à éviter, mais très difficile à fuir ; voir Lucrèce, au livre IV[2080] :

Car éviter de se jeter dans les rets de l'amour
S'avère plus facile que d'en sortir, une fois pris,
En rompant les nœuds robustes de Vénus.

Aussi est-il prudent de se soustraire à celles qui offrent les séductions de l'amour, pour ne pas chercher à s'en guérir quand il est trop tard (C. 2, 40, 5, 1[2081] ; C. 3, 27, 1, pr.[2082]). De la même façon, je pense qu'il vaut mieux préserver son statut d'homme libre que de revendiquer sa liberté perdue, parce que, comme le dit Catulle[2083] :

Il est difficile de renoncer subitement à un amour invétéré.

< Mais on objectera que, par définition (D. 1, 5, 4, 1[2084]), l'esclavage est contre nature, alors que l'amour et les relations sexuelles sont tout naturels (D. 1, 1, 1, 3[2085]). Je reconnais qu'assurément un amour légitime et modéré est conforme à la nature, mais ce n'est pas le cas de celui qui est excessif (C. 7, 24, 1[2086] ; *Novelle* 12, chapitre 1[2087]).

2076 Voir *Héroïdes*, III (lettre de Briséis à Achille, quand Agamemnon eut exigé qu'il la lui cédât).

2077 Voir ci-dessus note 948.

2078 Voir l'*Iliade*, I, 184 ; I, 322-390 ; XIX, 246 *sq.* ; XIX, 282 *sq.* ; XXIV, 676.

2079 Voir ci-dessus note 416.

2080 v. 1146-1148.

2081 [...] **Melius** etenim **est intacta iura** eorum **seruari, quam post** causam uulneratam **remedium quaerere** [...].

2082 [...] **Melius enim est occurrere in tempore, quam post exitum uindicare** [...].

2083 LXXVI, v. 13.

2084 *Seruitus est constitutio iuris gentium, qua quis dominio alieno **contra naturam** subicitur.*

2085 Voir ci-dessus note 29.

2086 Voir ci-dessus note 24.

2087 Voir ci-dessus note 37.

Qui enim excedit praescriptos terminos, aliud facere creditur, l. diligenter
ff. mandat., ubi non id facit sed aliud quam mandatum sit, qui pluris
uel minoris emit domum quam iussus sit ; sane intra pretium, quo
iussus est emere, tenetur, l. 3 et 4 ff. eod., ultra uero non ; ut si, iussus
emere decem, ipse duodecim emerit, decem tantum consequeretur, duo
residua perdet. Martinus contra sensit, si utiliter excesserit ; Accursius
negat, fretus aliorum interpretum autoritate et leg. si pro te ff. eodem,
quae nihil iuuat ipsum, cum ibi pro uetante utiliter gestum est negotium ; nos de tacente loquimur, qui non debuit locupletari gratuita
procuratoris diligentia et pecunia, si appareat rem emptam uaenalem
fore, l. nisi ff. de rei uindicat.

En effet, celui qui franchit les limites prescrites est censé faire tout autre chose : voir D. 17, 1, 5, pr. et 1[2088], où celui qui achète une maison plus ou moins cher qu'on ne lui en a donné l'ordre ne fait pas ce pour quoi on l'a mandaté, mais tout autre chose ; car il est évidemment tenu de rester dans la limite du prix auquel on lui a donné l'ordre d'acheter, sans aller au-delà (D. 17, 1, 5, 2[2089] et D. 17, 1, 5, 3[2090]) ; par exemple, s'il a reçu l'ordre d'acheter à dix, et qu'il a acheté à douze, il n'obtiendra que dix et il perdra la différence. Martinus n'était pas de cet avis dans le cas où l'on avait dépassé le prix à bon escient ; mais Accurse refuse de le suivre, en s'appuyant sur l'autorité d'autres interprètes et sur la loi D. 17, 1, 40[2091], qui néanmoins ne le conforte en rien, puisqu'ici c'est au bénéfice de quelqu'un qui s'y était opposé que l'affaire a été conclue à bon escient, alors que nous parlons, nous, de quelqu'un qui n'avait rien dit, et qui n'aurait pas dû s'enrichir aux dépens de son chargé d'affaires, qu'il n'aurait dédommagé ni de sa diligence ni de ses frais, s'il venait à apparaître qu'il revendrait ce qu'il avait fait acheter (D. 6, 1, 29[2092]).

2088 *Diligenter igitur fines mandati custodiendi sunt* 1. **Nam qui excessit, aliud quid facere uidetur** *et, si susceptum non impleuerit, tenetur.*

2089 *Itaque* **si mandauero tibi, ut domum Seianam centum emeres** *tuque Titianam emeris longe maioris pretii, centum tamen aut etiam minoris,* **non uideris implesse mandatum.** Ce sont les mots *usque ad pretium* de la loi D. 17, 1, 4 qu'Accurse glose ainsi : *sed an pro eo quod est ultra si utiliter fecit ? Martinus sic ; nos, secundum Io. Bulg.,* **contra.** Et il commence par citer, à l'appui, D. 17, 1, 40.

2090 *Item* **si mandauero tibi, ut fundum meum centum uenderes** *tuque eum nonaginta uendideris et petam fundum, non obstabit mihi exceptio, nisi et* **reliquum mihi, quod deest mandatu meo, praestes** *et indemnem me per omnia conserues.*

2091 *Si pro te praesente et* **uetante** *fideiusserim, nec mandati actio nec negotiorum gestorum est ; sed* **quidam utilem putant dari oportere ; quibus non consentio,** *secundum quod et Pomponio uidetur.*

2092 Cette loi (et le raisonnement par analogie qu'elle autorise ici) se comprend à la lumière de D. 6, 1, 27, 5, où l'on envisage le cas du possesseur qui a fait des dépenses sur la chose qu'on lui demande de restituer. En règle générale, il ne sera pas dédommagé pour les frais que lui a occasionnés l'éducation d'un esclave, sauf (et c'est précisément l'objet de la loi 29) si le demandeur avait l'intention de le revendre, car le talent que lui a fait acquérir le possesseur lui permettait d'en tirer un meilleur prix : **Nisi si uenalem eum habeas et plus ex pretio eius consecuturus sis propter artificium.**

Igitur plus aequo amans si moderationem adhibuerit, se adderit in libertatem, uel duram seruitutem salubriter uertit in obsequia. Sunt qui putent nimio amore perditum ius legitimum interim temperati amoris non amittere, quod magis est, l. si is cui ff. quemadmodum seruit. amittat. Sic non curret contra ipsum praescriptio >.

Adde etiam, si qui peramauit offensam superbientis puellae passus sit, nec, uti dicere institueram, ipsam magis expresse doli actione conueniet quam parentem aut patronam, l. non debet ff. de dol., ubi Vlpianus sic temperandam uerbis de dolo actionem suadet, ut bonae fidei mentio fiat.

2. Quem locum non explico cum Accursio, ut *bonae fidei* mentio fiat, id est, *non malae, per abnegationem*, sicut grande damnum pro non minimo, l. pen. ff. de minor. Nec enim astringendus est libertus dicere fidem malam abesse, ut fere constat ex l. aduersus C. de crim. expil. haered. ;

< idque patet ex ratione subiecta in d. l. non debet cum l. seq. Sic uerba leniunt uim conuicii, l. 1 § 1 ad Turpili. ff. >.

Par conséquent, si celui qui aimait à l'excès a su modérer ses sentiments, il redeviendra libre, ou transformera salutairement son dur esclavage en simple déférence. Selon certains, en effet, celui qui se livre à un amour effréné ne perd pas entretemps, parce qu'il en fait plus, son droit légitime à un amour raisonnable (D. 8, 6 11, pr.[2093]). Ainsi, le délai de prescription ne courra pas du tout contre lui >.

Ajoutons encore que, comme je l'avais dit en commençant, si l'amoureux fou a été offensé par une jeune fille arrogante, il ne pourra pas intenter expressément contre elle l'action de la mauvaise foi, pas plus que cela n'est possible contre un père ou un patron : voir D. 4, 3, 11, 1[2094], où Ulpien conseille d'euphémiser l'action de mauvaise foi en faisant mention de la bonne foi.

2. Mais je n'explique pas ce passage comme Accurse, qui dit : « on mentionne la bonne foi, c'est-à-dire, le contraire de la mauvaise, par négation », de la même façon que l'on parle de dommage « considérable » pour un dommage « non négligeable » (D. 4, 4, 49[2095]). En effet, l'affranchi n'est pas non plus contraint de dire qu'il n'y a aucune mauvaise foi : c'est quasiment évident en C. 9, 32, 4, pr.[2096] ;
< et la raison en est clairement donnée par la loi déjà citée D. 4, 3, 11, 1[2097] et celle qui la suit (D. 4, 3, 12[2098]). Ainsi les mots adoucissent-ils la violence de l'accusation (D. 48, 16, 1, pr.[2099]) >.

2093 Raisonnement par analogie encore, cette fois avec les servitudes. *Is cui uia uel actus debebatur, ut uehiculi certo genere uteretur, alio genere fuerat usus : uideamus ne amiserit seruitutem et alia sit eius condicio, qui amplius oneris quam licuit uexerit, magisque hic plus quam aliud egisse uideatur [...]. Ideoque in omnibus istis quaestionibus seruitus quidem non amittitur, non autem conceditur plus quam pactum est in seruitute habere.*

2094 Voir ci-dessus note 2061.

2095 *Si res pupillaris uel adulescentis distracta fuerit, quam lex distrahi non prohibet, uenditio quidem ualet, uerumtamen si grande damnum pupilli uel adulescentis uersatur, etiam si collusio non intercessit, distractio per in integrum restitutionem reuocatur.* Accuse cite en effet notamment cette loi pour appuyer sa glose à D. 4, 3, 11, 1 : *bonae fidei, quasi dicat non malae fidei, et sic per abnegationem.*

2096 Voir ci-dessus note 1051.

2097 Voir ci-dessus note 2061.

2098 *Ne ex dolo suo lucrentur.*

2099 *Accusatorum temeritas [...] : aut enim calumniantur aut praeuaricantur aut tergiuersantur.*

Alioquin quomodo ageret contra re uera dolosum ? Num permittent iura actorem sibi ipsi repugnare ? non, utique l. II § 1 ff. quand. appel. sit. Aget igitur deceptus, facta bonae fidei mentione, id est, laesae bonae fidei. Hoc fere modo,

[147]< ni Glancippen plus me ipso oculisue meis peramarem, bonam fidem ab ipsa laesam assererem. Idem in parente, iuxta Haemonis astum apud Sophoclem in Antigone, Creontem obiurgantis :

Ni pater esses, te dicerem parum bene sapere.

Quod iam uenit in prouerbium iis qui libere potiores non audent increpare, et interim dicunt satis aperte quod sentiunt, ut in l. de pupillo § siquis ipsi, de operis noui nunciat., cui lux ex superioribus affertur ; uel sic aget is Glaucippen amicam antea parum ex bona fide fecisse aio >,

quia cumulata meis muneribus summa simulatione amoris, me aduersum pacta conuenta fefellit. Dignae enim sunt puellae insidiae dissimulatione. Tibullus :

Rumor ait crebro nostram peccare puellam,
Nunc ego me surdis auribus esse uelim.

< Nec aliud uidetur sensisse Bartolus in l. infamem de publicis iudici., cum ait bonae fidei non conuenire locupletari cum iactura filii, idque exprimendum actione in factum.

---

147   1553 : Glaucippen amicam antea parum ex bona fide fecisse aio.

Sinon, comment pourrait-on intenter une action contre la véritable mauvaise foi ? Le Droit permet-il que le demandeur se contredise ? assurément non (D. 49, 4, 2, 1[2100]). Celui qui a été trompé intentera donc une action en faisant mention de la bonne foi, c'est-à-dire de la bonne foi qui a été trahie. C'est à peu près comme dire :

< si je n'aimais pas Glaucippè plus que moi-même, ou : si elle ne m'était pas plus chère que la prunelle de mes yeux, je dirais qu'elle a attenté à la bonne foi. Il en est de même, s'agissant d'un père, ainsi que le dit habilement Hémon, quand il adjure Créon dans l'*Antigone* de Sophocle[2101] :

Si tu n'étais pas mon père, je dirais que tu déraisonnes.

Ce qui s'applique proverbialement à ceux qui n'osent blâmer en face les puissants, tout en exprimant assez ouvertement leur pensée, comme en D. 39, 1, 5, 7[2102], qui s'éclaire par les lois précédentes ; ou bien il intentera une action en ces termes : je dis que Glaucippè, ma bien-aimée, s'est comportée précédemment avec trop peu de bonne foi >,

parce qu'alors que je la comblais de cadeaux, tant elle simulait l'amour à la perfection, elle m'a trompée, à l'encontre du pacte que nous avions conclu. Les perfidies des filles méritent, en effet, d'être dissimulées ; voir Tibulle[2103] :

Le bruit court que ma maîtresse est bien souvent en faute.
Je voudrais, pour ma part, être sourd.

< Bartole semble bien avoir été de cet avis, en D. 48, 1, 7[2104], quand il dit qu'il n'est pas compatible avec la bonne foi qu'un père s'enrichisse aux dépens de son fils, et qu'il faut recourir à une action expositive du fait.

2100 […] *dicendum est secunda die appellare eum debere, quia uerum est eum suam causam defendere. Contrarium ei est, si dicat idcirco sibi licere intra triduum appellare, quia uidetur quasi alieno nomine appellare, quando, **si uelit causam suam alienam uideri, semet ipsum excludit**, quia in aliena causa ei qui iudicio expertus non est appellare non liceat.*

2101 Vers 755.

2102 **Si quis ipsi praetori uelit opus nouum nuntiare, debet, ut interim testetur non posse se nuntiare** ; *et si nuntiauit postea, et quod retro aedificatum erit destruendum erit, quasi repetito die nuntiatione facta.*

2103 III, 20, v. 1-2.

2104 *Infamem non ex omni crimine sententia facit, sed ex eo, quod iudicii publici causam habuit. Itaque ex eo crimine, quod iudicii publici non fuit, damnatum infamia non sequetur, nisi id crimen ex ea actione fuit, quae etiam in priuato iudicio infamiam condemnato importat, ueluti furti, ui bonorum raptorum, iniuriarum.* Voir *Bartoli* […] *commentaria* […] *in secundam Digesti noui partem*, Venise, 1602, tome VI, p. 141 v°.

Quod si iudex pateretur infamiae actione a filio pulsari patrem non excipientem, puta, doli uel furti, ut in l. si quis uxori § 1 ff. de furt., nihilomagis pater efficeretur infamis, doli uel furti condemnatus, quia ius repellit infamiam ; nisi quod apud bonos uiros hoc esset patri indecorum, leg. 2 ff. de obsequiis. Idem dicerem in uxore furtum commitente, uel haereditatem expilante, contra quam, in honorem praeteriti coniugii, accusatio compescitur, mutato intentionis nomine, l. 1 ff. rerum amot. ; d. l. aduersus C. de crimi. expilatae haeredit. Ergo actio furti in patrem sine effectu est criminaliter, leg. hi tamen ff. de accusati. >.

Nemini improbetur quod bonam fidem laesam esse subintelligo, < in d. leg. non debet >, cum in l. fin. ff. de crimin. stellionat. uerbo « iurauit », « male et falso iuratum » addamus, et in l. sed si uir § pen. ff. de don. inter uir., donatio dicatur esse, nempe quae reprobrata est. Sic, *Prouerbiorum* 11 cap., qui abscondit frumenta maledicetur, benedictio autem super caput uendentium, id est, qui abscondit ut annonam flagellet, et qui uendunt mediocri pretio. Adde

Car si le juge admettait que le fils, par le biais d'une action infamante, poursuive son père qui n'exciperait pas, par exemple, de dol ou de vol, comme en D. 47, 2, 52, pr.[2105], le père, s'il était condamné pour dol ou pour vol, ne serait pas davantage frappé d'infamie parce que le Droit, dans ce cas, refuse l'infamie, mais il serait perdu de réputation auprès des gens de bien (D. 37, 15, 2, pr.[2106]). Je pourrais dire la même chose de l'épouse qui commet un vol, ou qui pille une succession : afin de sauver l'honneur de son défunt mari, il est impossible d'intenter contre elle une accusation en ces termes, et l'on doit modifier la formulation (D. 25, 2, 1[2107] ; C. 9, 32, 4, pr.[2108]). Par conséquent, l'action de vol que l'on intenterait contre son propre père, ne saurait prospérer au criminel (D. 48, 2, 11, 1[2109]) >.

Personne,

< dans la loi déjà citée D. 4, 3, 11, 1[2110] >,

ne me désapprouvera de sous-entendre, après « la bonne foi », les mots « qui a été trahie »,

puisqu'en D. 47, 20, 4[2111], nous sous-entendons, après le verbe « il a juré », les mots « abusivement et faussement », et qu'en D. 24, 1, 31, 8[2112], où l'on dit qu'il y a donation, il s'agit évidemment d'une donation interdite. Ainsi, au chapitre 11 des *Proverbes*[2113], « que soit maudit celui qui cache le blé, et que soient bénis au contraire ceux qui le vendent », c'est-à-dire, celui qui cache le blé pour l'accaparer, et ceux qui le vendent à prix modique. Ajoutons

---

2105 *Si quis uxori res mariti subtrahenti opem consiliumue accommodauerit,* **furti tenebitur.**

2106 *Honori parentium ac patronorum tribuendum est, ut, quamuis per procuratorem iudicium accipiant,* **nec actio de dolo aut iniuriarum in eos detur** *; licet enim uerbis edicti non habeantur infames ita condemnati,* **re tamen ipsa et opinione hominum non effugiunt infamiae notam.**

2107 Voir ci-dessus note 708.

2108 Voir ci-dessus note 1051.

2109 *Liberi libertique non sunt prohibendi suarum rerum defendendarum gratia de facto parentium patronorumue queri, ueluti si dicant ui se a possessione ab his expulsos, scilicet* **non ut crimen uis eis intendant, sed ut possessionem recipiant.** *Nam et filius non quidem prohibitus est de facto matris queri, si dicat suppositum ab ea partum, quo magis coheredem haberet,* **sed ream eam lege Cornelia facere permissum ei non est.**

2110 Voir ci-dessus note 2061.

2111 Voir ci-dessus note 200.

2112 Voir ci-dessus note 748.

2113 *Proverbes* 11, 26.

[148] < accusationem non esse inultam, id est, falsam, l. si cui de accus. ; nam uera laudatur, leg. iubemus C. ad leg. Iul. repet. >.

3. Pacta uero conuenta in intentione huius deplorati actoris insita, tam contractus ipsos amatorios accipimus, quam pactiones, quae ex continenti apponuntur et legem principali negotio dant, ut conuenit Aufidius adolescens cum Glaucippe amicitiam sempiternam fore : ecce contractus ; mox adiectum est, uti ille per noctem ad fores huius citharam quateret, illos et illos flores postibus necteret, illa e triclinio spectante.

Talia pacta seruari congruit, et inter bonos bene agier, l. juris gentium § quinimo ff. de pact. ; l. pacta conuenta ff. de cont. empt., quamquam hic de pactis agitur, quae ex interuallo facta contractui aliquid detrahunt, quo casu ualent, aliter si adderent. Caeterum, ut proposui, ipse etiam contractus « pactum conuentum » uocatur, ut pignus, quod solo consensu perficitur et nomen elegans obtinet, l. 1 § fi. ff. de pact. ; id liquet in l. grege § et in ff. de pign. ; < l. contrahitur eod. tit. > et l. tres fratres ff. de pact.

---

148 1553 : malae fidei contractus, in l. si fraude C. de praes. long. temp., pro contractibus qui malam fidem oderunt.

< qu'en D. 48, 2, 7, pr.[2114], l'accusation qui ne reste pas impunie, c'est la fausse accusation ; car l'accusation véridique fait l'objet d'un éloge en C. 9, 27, 4[2115] >.

3. Sous le nom des « simples pactes » qui figurent dans la requête de ce malheureux demandeur, nous entendons aussi bien les contrats amoureux eux-mêmes que les pactes qui y sont immédiatement ajoutés et qui règlent les modalités d'exécution de la convention principale, comme par exemple : le jeune Aufidius convient qu'il aimera éternellement Glaucippè ; voilà le contrat lui-même ; et immédiatement, on a ajouté [dans un pacte] que, la nuit, il jouerait la nuit de la cithare à la porte de la belle, et qu'il attacherait des monceaux de fleurs aux battants, pendant qu'elle regarderait depuis la salle à manger.

On a jugé bon de respecter de tels pactes, et de bien se comporter entre gens de bien : voir D. 2, 14, 7, 5[2116] et D. 18, 1, 72, pr.[2117], quoiqu'il s'agisse ici de pactes qui, conclus postérieurement au contrat, en ôtent quelque chose, et, dans ce cas, ils sont valides ; il en irait autrement si, à l'inverse, ils ajoutaient quelque chose au contrat. Du reste, comme je l'ai exposé, le contrat lui-même est appelé « simple pacte » : ainsi le contrat de gage, que le consentement suffit à parfaire, et qui obtient un nom élégant (D. 2, 14, 1, 4[2118]) ; cela apparaît clairement en D. 20, 1, 13, 3 [2119] ; < D. 20, 1, 4[2120] > ; D. 2, 14, 35[2121].

2114 *Si cui crimen obiciatur, praecedere debet crimen subscriptio. Quae res ad id inuenta est,* **ne facile quis prosiliat ad accusationem, cum sciat inultam sibi accusationem non futuram.**

2115 [...] *si quis scit uenalem de iure fuisse sententiam, si quis poenam uel pretio remissam uel uitio cupiditatis ingestam, si quis postremo quacumque de causa improbum iudicem potuerit approbare, is uel administrante eo uel post administrationem depositam in publicum prodeat, crimen deferat, delatum approbet, cum probauerit,* **et uictoriam reportaturus et gloriam.**

2116 Voir ci-dessus note 113 : *Quin immo interdum format ipsam actionem, ut in bonae fidei iudiciis : solemus enim dicere* **pacta conuenta inesse bonae fidei iudiciis.** *Sed hoc sic accipiendum est,* **ut si quidem ex continenti pacta subsecuta sunt, etiam ex parte actoris insint ; si ex interuallo, non inerunt, nec ualebunt, si agat, ne ex pacto actio nascatur** [...].

2117 *Pacta conuenta, quae postea facta detrahunt aliquid emptioni, contineri contractui uidentur ;* **quae uero adiciunt, credimus non inesse.**

2118 *Sed conuentionum pleraeque in aliud nomen transeunt, ueluti in emptionem, in locationem, in* **pignus uel in stipulationem.**

2119 *Et in superficiariis legitime consistere creditor potest aduersus quemlibet possessorem, siue* **tantum pactum conuentum** *de hypotheca interuenerit, siue etiam possessio tradita fuerit, deinde amissa sit.*

2120 Voir ci-dessus note 1493.

2121 *Tres fratres Titius et Maeuius et Seia communem hereditatem inter se diuiserunt instrumentis interpositis, quibus diuisisse maternam hereditatem dixerunt nihilque sibi commune remansisse*

[149]< Nam in edicto praetoris pacta conuenta seruantur, modo ne sint contra leges publicas; nec prudentis esset putare, praetorem locutum de pactis assessoriis tantum contractui principali additis, non de ipsis contractibus, in l. juris gentium § praetor*, de pact.; l. pe. C. eod., maxime cum pacti nomine ueniat quilibet contractus, l. traditionibus C. eod. tit., et cum nusquam pacta suspecta legibus magis tolerentur quam tunc cum uicina sunt et incontinenti addita bonis contractibus, l. si uenditor in fi. ff. de seruis export.; l. fi. C. de pact. inter emptor. >.

Ne imposterum, cum nonnullis, negemus contractus pacta conuenta censeri,

[150]< sicut sunt saepe pacta sola de non petendo, l. et haeredi. § 1 ff. de pact.; l. si unus § pactus uers. idem eodem tit.; et adhuc quod pactum conuentum sit mera stipulatio; nec moueor quod dicamus pactum conuentum et stipulationem, l. 2 ff. de trans., quia etiam dicimus hominem et filium, l. pretia ad legem Falcid. ff.; addo >

---

149   1553 : et solum pactum de non petendo conuentum appellabitur merito, l. et haeredi § 1
        ff. eod., quia conuentiones uerbum late patet, l. 1 § 1 eod., sicut pacti, l. iuris gentium
        § praetor ait ff. eod., et l. traditionibus C. eod. titul.
150   1553 : nec stipulationem.

< En effet, il est dit, dans l'édit du préteur, que l'on doit respecter les pactes, pourvu qu'ils n'aillent pas à l'encontre des lois communes ; et il ne serait pas raisonnable de penser qu'en D. 2, 14, 7, 7[2122] et C. 2, 3, 30, 3[2123] le préteur ne parle que des pactes accessoires, annexés au contrat principal, et non des contrats eux-mêmes, surtout quand n'importe quel contrat peut prendre le nom de pacte (C. 2, 3, 20[2124]) et que les pactes dont on suspecte l'illégalité ne sont jamais mieux tolérés que lorsqu'ils sont à proximité, c'est-à-dire immédiatement annexés à des contrats parfaitement valides (D. 18, 7, 6, 1[2125] ; C. 4, 54, 9[2126]) >.

Dès lors, ne nions pas, comme le font quelques interprètes, le fait que les simples pactes sont censés être des contrats,

< ainsi que le sont souvent, même isolés, les pactes de non récla-mation (D. 2, 14, 21, pr.[2127] ; D. 2, 14, 27, 2[2128]) ; ne nions pas non plus que le simple pacte soit une pure stipulation ; et je ne m'émeus pas de ce qu'en D. 2, 15, 2[2129], nous disons à la fois « pacte » et « stipulation », puisque nous disons à la fois « être humain » et « fils » en D. 35, 2, 63, pr.[2130] ; j'ajoute >

---

cauerunt. Sed postea duo de fratribus, id est Maeuius et Seia, qui absentes erant tempore mortis matris suae, cognouerunt pecuniam auream a fratre suo esse substractam, cuius nulla mentio instrumento diuisionis continebatur. Quaero an post pactum diuisionis de subrepta pecunia fratribus aduersus fratrem competit actio. Modestinus respondit, si agentibus ob portionem eius, quod subreptum a Titio dicitur, **generalis pacti conuenti** *exceptio his, qui fraudem a Titio commissam ignorantes transegerunt, obiciatur, de dolo utiliter replicari posse.*

2122 Voir ci-dessus note 125.
2123 Voir ci-dessus note 307.
2124 Voir ci-dessus note 124.
2125 *Nobis aliquando placebat non alias* **ex uendito** *propter poenam homini irrogatam* **agi posse**, *quam si pecuniae ratione uenditoris interesset, ueluti quod poenam promisisset ; ceterum* **uiro bono non conuenire credere uenditoris interesse, quod animo saeuientis satisfactum non fuisset**. *Sed in contrarium me uocat* **Sabini sententia**, *qui utiliter agi ideo arbitratus est,* **quoniam hoc minoris homo uenisse uideatur.**
2126 Voir ci-dessus note 1374.
2127 Pour comprendre ce paragraphe, il faut remonter à D. 2, 14, 17, 7 : **Filius seruse si paciscantur, ne a patre dominoue petatur** [...] ; puis à D. 2, 14, 19, pr. : **Adquirent exceptionem.** [...]. D. 2, 14, 21, pr. : *Et heredi patris uiuo filio : post mortem uero filii nec patri nec heredi eius, quia* **personale pactum est.**
2128 [...] *Idem dicemus et in bonae fidei contractibus, si pactum conuentum totam obligationem sustu-lerit, ueluti empti : non enim ex nouo pacto prior obligatio resuscitatur, sed* **proficiet pactum ad nouum contractum.** *Quod si non ut totum contractum tolleret, pactum conuentum intercessit, sed ut imminueret,* **posterius pactum potest renouare primum contractum** [...].
2129 *Transactum accipere quis potest non solum, si Aquiliana* **stipulatio** *fuerit subiecta, sed et si* **pactum conuentum** *fuerit factum.*
2130 Voir ci-dessus, note 1815.

l. sed et si quis § fi. ff. si quis caut., ubi agitur de promissione in iudicio sisti, ergo de stipulatione, l. 1 § 1 de Praet. stipulat. ff.; neque enim ibi de nuda conuentione quaeritur, ex qua sine dubio actio non oritur, tamen pactum conuentum nominatur. Quod si alicubi pacta conuenta et stipulationes legamus, id fieri arbitremur eadem ratione, qua genus plerumque cum specie sua ponitur ex abundanti, uel ut apertius pateat, l. item apud § ait Praetor ff. de iniur.; l. si seruus § cum eo, ad leg. Aquil.

< Nec dubium est quin pactum conuentum sit stipulatio in l. duo ff. pro socio, et in l. cum dos ff. de pactis dotalib., ubi Pomponius : *cum dos*, inquit, *filiae nomine datur, optimum est pactum conuentum* fieri a genero *cum utroque generum facere* (id est, cum patre et filia), *quanquam initio dotis dandae legem quam uelit, etiam citra personam mulieris, is qui dat dicere possit.* Legem stipulatione uallatam ibi intelligit Accursius, propterea quod pater dotans ex officio suo filiam, non creditur in repetenda dote innouare actionem filiae et sibi communem, l. 2 § 1 ff. solut. matr., ut ait l. auia C. de iure doti.

D. 2, 11, 4, 5[2131], où il s'agit d'une promesse de comparaître en justice, donc d'une stipulation (D. 46, 5, 1, 3[2132]) ; car il n'est pas question ici d'un convention nue, dont il ne fait aucun doute qu'elle ne génère pas d'action, et pourtant on parle de « simple pacte ». Donc si nous lisons quelque part « simples pactes et stipulations », pensons que c'est pour cette même raison qui fait que, la plupart du temps, on mentionne le genre en même temps que l'espèce qui lui correspond, par redondance, autrement dit pour plus de clarté (D. 47, 10, 15, 2[2133] ; D. 9, 2, 27, 15[2134]).

< Et le simple pacte est indubitablement une stipulation en D. 17, 2, 71, pr.[2135], et en D. 23, 4, 7[2136], où Pomponius dit : « quand un père donne la dot au nom de sa fille, le gendre a intérêt à conclure un simple pacte avec les deux, c'est-à-dire le père et la fille, bien qu'au moment de la constitution de la dot, celui qui la donne puisse imposer ses conditions sans faire intervenir la femme ». Accurse comprend ici que la stipulation sert de rempart aux conditions imposées, parce que le père qui dote sa fille, comme c'est son devoir, n'est pas censé, en redemandant la dot, changer l'action qu'il a en commun avec sa fille (D. 24, 3, 2, pr.[2137]), ainsi que l'affirme C. 5, 12, 6[2138].

2131 *Item quaeritur, si quis, **cum iudicio sistendi causa satisdare non deberet, satisdato promiserit**, an fideiussoribus eius exceptio detur. Puto interesse, utrum per errorem satisdato promissum est an ex conuentione ; si per errorem, dandam fideiussoribus exceptionem ; si ex conuentione, minime dandam […].*

2132 **Communes sunt stipulationes, quae fiunt iudicio sistendi causa.**

2133 *Ait praetor : « Qui **aduersus bonos mores conuicium** cui fecisse cuiusue opera factum esse dicetur, quo **aduersus bonos mores conuicium** fieret, in eum iudicium dabo.*

2134 *Cum eo plane, qui uinum spurcauit **uel effudit uel acetum fecit** uel alio modo uitiauit, agi posse Aquilia Celsus ait, quia etiam **effusum et acetum factum** corrupti appellatione continentur.*

2135 *Duo societatem coierunt, ut grammaticam docerent et quod ex eo artificio quaestus fecissent, commune eorum esset ; de ea re quae uoluerunt fieri **in pacto conuento societatis** proscripserunt, deinde inter se **his uerbis stipulati sunt** […].*

2136 *Cum dos filiae nomine datur, optimum est **pactum conuentum** cum utroque generum facere, quamquam initio dotis dandae **legem quam uelit** etiam citra personam mulieris is qui dat dicere possit. **Si uero post datam pacisci uelit, utriusque persona in paciscendo necessaria est,** quoniam iam adquisita mulieri dos tum esset. […]. Accurse glose en effet le mot legem ainsi : stipulatione uallatam.*

2137 *Quod si in patris potestate est et dos ab eo profecta sit, ipsius et filiae dos est : denique **pater non aliter quam ex uoluntate filiae petere dotem nec per se nec per procuratorem potest** […].*

2138 *[…] Nec enim eadem causa est patris et matris paciscentium, quippe matris pactum actionem praescriptis uerbis constituit, **patris dotis actionem** proficiaciae nomine competentem **conuentione simplici minime creditur innouare.***

Sed ipse arbitror, in d. l. cum dos, pactum conuentum fuisse nudum, sed roboratum cohaerentia contractus dotis et eo legem datam, ut in l. 1 § si conuenit ff. deposit., si modo pactum tempestiue fiat a patre, cum dos promittitur; nec desideratur stipulatio plus pacto incontinenti, ut patet in d. l. cum dos et l. cum a socero C. de iure dotium; nec obest d. l. auia, quia loquitur in dubio cum pater dotem sibi reddi simpliciter conuenit, quia censetur pacisci sibi et filiae ex abundanti, non ut filiae actionem communem auferat, l. qui mutuam ff. mand. ; nec, secundum me, obest dictio « sibi », ad patrem relata, filiae, uel dictio « mihi », l. si ita § qui filio ff. de bonor. poss. secund. tab. ; secus est si pater expressim pacisceretur sibi soli, non filiae, reddi : nam eo modo prouocaretur ad ampliorem dotem dicendam, ideoque in d. l. auia Imperator ait patrem nudo pacto nihil credi innouasse, scilicet uulgari praesumptione contra quam excellit semper ueritas, l. 24 ff. de probati. >.

Pour ma part, en revanche, je pense que dans la loi déjà citée D. 23, 4, 7[2139], le pacte est nu, mais qu'il est renforcé par le contrat de dot auquel il est annexé, et qu'il lui impose ses conditions, comme en D. 16, 3, 1, 6[2140], pouvu que ce pacte soit conclu par le père immédiatement après la promesse de dot ; et on n'exige pas plus une stipulation qu'un pacte immédiat, comme on le voit clairement dans la loi déjà citée D. 23, 4, 7[2141] et en C. 5, 12, 7[2142] ; nonobstant la loi déjà citée C. 5, 12, 6[2143], parce que, dans le doute, on parle du moment où le père avait fait une convention simple de restitution de la dot, car il est censé avoir conclu le pacte pour lui et, par redondance, pour sa fille, et non pour enlever à sa fille une action qui leur est commune (D. 17, 1, 56, pr.[2144]) ; car, selon moi, le mot *sibi*, qui se rapporte au père, n'exclut pas la fille ; on peut en faire abstraction, comme du mot *mihi*, en D. 37, 11, 8, 1[2145] ; il en irait autrement si le père concluait expressément un pacte pour que la dot lui soit rendue à lui tout seul, et non à sa fille : car de cette manière il serait incité à déclarer une dot plus importante, et c'est pourquoi, dans la loi déjà citée C. 5, 12, 6[2146], l'Empereur dit que le père n'est pas censé avoir modifié le contrat avec un pacte nu, en vertu, sans doute, d'une présomption très répandue, mais dont la vérité triomphe immanquablement (D. 22, 3, 24[2147]) >.

2139 Voir ci-dessus note 2136.

2140 *Si conuenit, ut in deposito et culpa praestetur, rata est conuentio ;* **contractus enim legem ex conuentione accipiunt.**

2141 Voir ci-dessus note 2136.

2142 *Cum a socero tuo pro uxore dos tibi daretur,* **si ea in stipulationem deducta non est sub tempore dationis, sed postea,** *socer tuus tecum* **paciscendo,** *si id non ex uoluntate filiae suae fecit, condicionem eius laedere non potuit. Quandoque enim sola de dote experiens* **id pactum** *non debere ad sui dispendium operari de iure defenditur.*

2143 Voir ci-dessus note 2138.

2144 Voir ci-dessus note 695.

2145 *Qui filio impuberi substituitur ita : « Si filius meus moriatur, priusquam in suam tutelam ueniat, tunc Titius* **mihi** *heres esto », sicut hereditatem uindicat,* **perinde ac si uerbum hoc « mihi » adiectum non esset,** *ita bonorum quoque eius possessionem accipere potest.*

2146 Voir ci-dessus note 2138.

2147 *Si chirographum cancellatum fuerit, licet* **praesumptione debitor liberatus esse uidetur,** *in eam tamen quantitatem, quam* **manifestis probationibus** *creditor sibi adhuc deberi ostenderit, recte debitor conuenitur.*

Quantum pertinaces frequenter adolescentes sint in retinendis aut redintegrandis amoribus, ostendit Samson toties a Dalila illusus, et Palesthinis crebro proditus, *Iudicum* cap. 16, et Terentianus Phaedria, qui multum et diu quaestus de Thaidis leuitate et perfidia, Parmenonem suum, quo magis seruus erat, tandem consulit qui, facta pace, rursus ab ea diligatur, licet renuntiasse in perpetuum amori uisus esset, inquiens : *Exclusit ; reuocat : redeam ? non si me obsecret.*

4. Quae uerba, sane quam magnifica, repudiationem perfectam continent, adeo ut, quamuis futura, quae nisi in conditionis euentu non debentur, et in sola spe consistunt, repudientur frustra, l. si ita scriptum § 1 ff. de leg. II, si non pacto et conuentu remittatur, l. et haeredi § filia ff de pact., tamen, cum res sub conditione praestanda, sic repudiatur, ut etiam si conditio euenerit, nolle se quis dixerit, ualet repudiatio, l. 1 ff. de cur. bon. dan. : *Si sub conditione haeres institutus est, cogendus est conditioni parere si potest, aut si responderit se non aditurum, etiam si conditio extiterit, uendenda erunt bona defuncti.* Nugantur, puto, Doctores, in l. 1 C. de pact., cum fingunt in d. l. 1 ff. de cur. bon. repudiatum fuisse in iudicio,
[151]< insigni diuinatione ; caeterum >

---

151   1553 : Nihil minus sed.

La fréquente obstination des jeunes gens à retenir ou à retrouver leurs amours apparaît bien dans le cas de Samson, tant de fois trompé par Dalila, et fréquemment trahi par les Palestiniens (*Juges*, chapitre 16[2148]), et dans celui du Phédria de Térence, qui, après s'être plaint abondamment et longuement de la légèreté et de la déloyauté de Thaïs, finit par demander à son esclave Parmenon – mais il était plus esclave que lui ! –, comment faire sa paix avec elle et regagner son amour, alors qu'il semblait avoir pour toujours renoncé à l'amour, quand il disait[2149] : *Elle m'a chassé ; elle me rappelle : et j'y retournerais ? non, dût-elle m'en supplier.*

4. Ces mots, absolument superbes, sont une parfaite expression du refus. En effet, bien que ce soit en vain que l'on refuse des choses futures, qui ne sont dues qu'à la réalisation d'une condition, et n'ont qu'une réalité virtuelle (D. 31, 45, 1[2150]), si l'on n'y renonce pas formellement par un pacte et une convention (D. 2, 14, 21, 3[2151]), néanmoins, quand on refuse la chose qui doit être remise sous condition en disant expressément que l'on n'en voudrait pas même si la condition se réalisait, le refus est valable ; voir D. 42, 7, 1[2152] : « Si un héritier est institué sous condition, il doit être contraint d'obéir à la condition si cela lui est possible, ou bien, s'il a répondu qu'il n'accepterait pas la succession même si la condition était réalisée, les biens du défunt devront être vendus ». Je pense que les Docteurs disent des balivernes, en C. 2, 3, 1[2153], lorsqu'ils imaginent que, dans la loi déjà citée D. 42, 7, 1[2154], le refus avait été exprimé devant le tribunal

< – quelle remarquable capacité de divination ! – ; du reste >,

---

2148 Versets 4 à 21.

2149 *L'Eunuque*, v. 49.

2150 *Si sub condicione uel ex die certa nobis legatum sit,* **ante condicionem uel diem certum repudiare non possumus** *; nam nec pertinet ad nos, antequam dies ueniet uel condicio exsistat.*

2151 *Filia familias* **pacisci potest, ne de dote agat,** *cum sui iuris esse coeperit.*

2152 **Si quis sub condicione heres institutus est,** *cogendus est condicioni parere, si potest, aut,* **si responderit se non aditurum, etiamsi condicio extiterit,** *uendenda erunt bona defuncti.*

2153 *Condicionis incertum inter fratres non iniquis rationibus conuentione finitum est. Cum igitur uerbis fideicommissi petitum a patre tuo profitearis, ut, si uita sine liberis decederet, hereditatem Licinio Frontoni restitueret,* **pactum** *eo tempore de sextante Frontoni dando, cum liberos Philinus non sustulerat,* **interpositum non idcirco potest iniquum uideri,** *quod facta, sicut placuit, diuisione diem suum te filio eius superstite functus est.*

2154 Voir ci-dessus note 2152.

qui repudiat nunc, quantumuis in posterum conditio obtigerit, iam bis repudiat, et futurum uelut praesens contemnit.

Sed quid faceret Phaedria, qui non ex animi sui sententia, se non amplius amaturum iactabat, licet obsecraret Thais ? uerum, ut recte Parmeno :

Haec uerba me Hercule, una falsa lacrumula
Quam oculos terendo misere, uix expresserit
Restinguet.

Et potuit Phaedriam poenitere, potissimum cum pars aduersa consenserit, arg. l. ab emptione ff. de pact., et forte ipsa lacrymis beneuolentiam prodiderit[152] aut finxerit. Lacrymae enim mulierum arma non ab re dici solent, l. 1 § potuisse ff. ad Syllan., et quemadmodum Claudianus admonet in nuptiis Honorii Imperatoris et Mariae :

Quod flenti tuleris, plus sapit osculum.

Dixerat antea :

Iam nuptae trepidat sollicitus pudor.
Iam produnt lacrymas flammea simplices.

Ferunt Helenam a Paride raptam, in insula stupratam, quae etiamnum in Attide Helena dicitur, P. Mela, lib. 2 *De situ orbis* cap. 7 ; uim passa scilicet lacrymis maestitiam testata est, ex quibus nata herba quae inde Helenium nominatur, praesens in serpentum ictus remedium, et inde forte illi nomen, quia prima Helena usa sit, sicut etiam ius Papyrianum uocitatum fuit, quia Papyrius Romuli leges in unum composuerit, etsi nihil in illo libro suo Marte adiecerit, l. II ff. de orig. iur.,

---

152 prodiderit *scripsi* : prodierit *T //*

celui qui oppose présentement son refus, même si la condition devait se réaliser dans le futur, refuse deux fois, et méprise l'avenir autant que le présent.

Que ferait donc Phédria, qui se vantait, sans avoir réfléchi, de ne plus jamais aimer, même si Thaïs l'en suppliait ? en vérité, comme le dit bien Parmenon[2155] :

Tous ces mots enflammés, j'en jure par Hercule, une seule petite larme menteuse,
Qu'elle s'arrachera à grand'peine à force de se frotter les yeux,
Suffira pour les éteindre.

Et si Phédria a pu revenir sur sa décision, c'est surtout parce que la partie adverse y a consenti (voir, pour preuve, D. 2, 14, 58[2156]), et que peut-être, en pleurant, elle a manifesté, ou feint, de la bienveillance. Car les larmes des femmes sont ordinairement, et à bon escient, considérées comme des armes (D. 29, 5, 1, 28[2157]), et, de même, Claudien fait remarquer, dans les *Noces de l'Empereur Honorius et de Marie*[2158] :

Le baiser a plus de saveur, que vous aurez dérobé à ses larmes.
Voilà que sa pudeur inquiète fait trembler la mariée,
Et que son voile cache mal ses larmes naïves.

On raconte qu'Hélène, enlevée par Pâris, fut violée sur une île de l'Atthide, qui, aujourd'hui encore, porte son nom : voir Pomponius Mela, *Description de la terre*, livre II, chapitre 7[2159]. Après avoir subi cette violence, elle témoigna sans doute de sa tristesse par des larmes, qui donnèrent naissance à une herbe, appelée, pour cette raison, « Helenium » : c'est un remède efficace contre la piqûre des serpents, et peut-être reçut-elle ce nom parce qu'Hélène fut la première à l'utiliser, de même que le Droit papyrien fut ainsi nommé parce qu'un certain Papyrius avait codifié les lois de Romulus, bien qu'il n'eût rien ajouté de son cru dans ce volume (D. 1, 2, 2, 2[2160]),

---

2155 *L'Eunuque*, v. 67-69. Omission de *ui* après *uix*.

2156 *Ab emptione uenditione, locatione conductione ceterisque similibus obligationibus quin integris omnibus* **consensu eorum, qui inter se obligati sint, recedi possit,** *dubium non est* […].

2157 Voir ci-dessus note 823.

2158 Voir *In nuptias Honorii Augusti et Mariae Fescennina* XIV, v. 13 et 3-4.

2159 Chapitre intitulé *Îles de la mer Méditerranée* : « Dans l'Atthide est Hélène, témoin de l'adultère d'Hélène ».

2160 Voir ci-dessus note 459. Autre passage : […] *Is liber, ut diximus,* **appellatur ius ciuile Papirianum, non quia Papirius de suo quicquam ibi adiecit,** *sed quod leges sine ordine latas in unum composuit.*

et Mutiana cautio, qua conditiones de non faciendo repraesentantur, quoniam primus Q. Mucius illa uti persuasit, l. II C. de ind. uidu. ; l. Mutianae ff. de cond. et demonst.

5. Crescit passim Helenium in siccioribus et aeditioribus Veneris agris : frutex est uerius quam herba, serpillo similis et tenerior quam ut arborum furtim caesarum eius nomine agi possit, l. certe ff. arb. furt. caes.

6. De rosariis secus sentio, exemplo salicis et arundinis, l. uitem ff. eod. Nusquam odoratior flos, nec in Pesto quidem Calabriae oppido, in quo quotannis bis nascuntur rosae, hinc Virgilius :
Biferique rosaria Pesti.
Sed hic illud mirabile, quod roseta pleraque sine spinis fuerunt, ut ante Adami labem, si D. Basilius, in *Hexamero,* uerum scribit. Rosae Veneri sacrae sunt, maxime illa quam tinxit suo sanguine, dum Adonidi opitulatura accureret, quem Mars necare destinarat ; inde, quia ῥόδον, rosa est, Rhodinus color pro roseo et purpureo capitur, l. Vellera de uestib. holou. 11 C.

et la caution Mucienne, qui sert à garantir le respect des conditions qui consistent à ne pas faire, porte ce nom parce que Q. Mucius fut le premier à conseiller de l'utiliser (C. 6, 40, 2, pr.[2161] ; D. 35, 1, 7, pr.[2162]).

5. La plante Helenium pousse çà et là dans les champs de Vénus les plus secs et les plus élevés ; c'est un arbuste plutôt qu'une herbe, qui ressemble au serpolet et qui est trop tendre pour que l'on puisse intenter à son propos l'action des arbres coupés en cachette (D. 47, 7, 4[2163]).

6. Je suis d'un autre avis en ce qui concerne les rosiers, à l'instar des saules et des roseaux (D. 47, 7, 3, pr., 1 et 2[2164]). Nulle part cette fleur n'est plus parfumée, pas même dans la ville de Paestum, en Calabre, où chaque année les roses fleurissent deux fois, d'où le vers de Virgile[2165] : *Et les roseraies de Paestum, qui fleurissent deux fois.*

Mais ce qu'il y avait de merveilleux en ce lieu, c'est que les rosiers y étaient pour la plupart sans épines, comme avant la Chute, si Saint-Basile dit vrai dans son *Ouvrage des six jours*[2166]. Les roses sont consacrées à Vénus, surtout celle qu'elle a teinte de son sang, quand elle accourait pour porter secours à Adonis, que Mars avait décidé de tuer ; ainsi, parce que ῥόδον signifie la rose, on dit « couleur de rose » pour le rose et le pourpre (C. 11, 9, 3[2167]).

2161 Voir ci-dessus note 1249.

2162 Voir ci-dessus note 309.

2163 *Certe non dubitatur, si adhuc adeo **tenerum** sit, ut herbae loco sit, **non debere arboris numero haberi**.*

2164 Voir ci-dessus note 1752 pour le lierre. *Vitem arboris appellatione contineri plerique ueterum existimauerunt.*1. *Ederae quoque et **harundines arbores non male dicentur**. 2. **Idem de salicteto dicendum est**.*

2165 *Géorgiques* IV, 119.

2166 5ᵉ *Homélie*, § 6 : « [...] la rose était sans épine : l'épine a été ajoutée depuis à la beauté de cette fleur, afin que la peine, pour nous, soit près du plaisir, et que nous puissions nous rappeler la faute qui a condamné la terre à nous produire des épines et des ronces ».

2167 *Vellera adulterino colore fucata in speciem sacri muricis tingere non sinimus nec tinctum cum **rhodino** prius sericum alio postea **colore** fucari* [...].

Anni gaudium inuictae aduersus omnem uim semper hae Rosae testabantur, excepto quod eis cantarides saepe innascuntur, Plinius lib. II cap. 35*, quas qui alii edendas dedit, lege Cornelia de sicariis plectitur, l. III § alio ff. de sicar. ; erodunt enim et ulcerant, ut ibi iurisconsultus ait, hi uermes, aduersus quos remedio esse dicit Dioscorides, lib. 6, rosaceum et irinum medicamenta, quae pariter unguenta uoluptati conducentia sunt, l. in argento § 1 ff. de aur. leg. : illud ex rosa sit, hoc ex iri, herba odoratissima, quae a castis legi gaudet, geniturae in commoda ;
    [153]< ita ibi non frequens.

Libanius sophista scribit Venerem rosis coronatam ad Paridis tribunal uenisse in montem Idam ; Nicander in *Alexipharmacis* myrto coronatam discessisse uictricem, magno iudicis malo, quem alii arbitrum uocant, ut Papinius,

---

153 1553 : ideo hic infrequens. Libanius sophista Graecus narrat non illepide Venerem rosis coronatam ad Paridis tribunal iuisse, neglectis aliis floribus. Ita, ni fallor, factum est ut Iunoni et Palladi praelata sit, faciente litem suam agresti iudice per imprudentiam, l. fin. ff. de uar. cog. Quod nisi accidisset, extaret Troia, olim clara opibus, clade postea notior, non esset Roma, cui Troianus profugus dedit exordium, § 1 ut praepon. nom. imper. col. V. Porro quid est quod iudicantis religionem citius peruertat quam immoderatus amor, can. quatuor II quaest. 3, l. 2 § initium ff. de orig. iur., ubi Appius Claudius Virginis amore incensus, cum esset e decemuiris unus, quo facilius potiri ea posset, seruam falso pronuntiauit. Meminit T. Liuius. Quare Paridi iudici a Ioue delegato, tanquam pastori facilius ignoscendum, cuius fabula innuitur liberum arbitrium homini relinqui, adiuto tamen Dei gratia, can. placuit, de consecr. distinct. 4. Virtutem an uoluptatem potiorem habere malit, diiudicet. Proinde Iouem nihil de trium dearum lite iudicasse : id ad opilionem satis ignarum retulisse. Non longe ab his discrepat Placiades lib. 2 *Mythologicon*.

Ces roses, invulnérables, témoignaient de la joie d'un printemps éternel ; mais souvent elles servent de berceaux aux cantharides (Pline, livre II chapitre 35*[2168]) ; et celui qui en donne à manger à autrui est condamné en vertu de la loi Cornelia sur l'assassinat (D. 48, 8, 3, 3[2169]) ; ces vers, en effet, rongent et ulcèrent, comme le dit ici le jurisconsulte, et Dioscoride, au livre VI[2170], dit qu'il existe pour s'en guérir des antidotes à la rose et à l'iris, qui sont aussi des onguents utilisés pour l'agrément (D. 34, 2, 21, 1[2171]) : l'un est fabriqué à partir de la rose, et l'autre de l'iris : cette fleur extrêmement parfumée se plaît à être cueillie par des femmes chastes, car elle incommode celles qui sont enceintes[2172] ; [2173] < aussi n'était-elle guère répandue en ce lieu.

Le sophiste Libanios[2174] écrit que Vénus arriva couronnée de roses au tribunal de Pâris, sur le mont Ida ; et Nicandre, dans ses *Contre-poisons*[2175], assure qu'elle repartit victorieuse avec une couronne de myrte, pour le plus grand malheur du juge, que d'autres appellent arbitre, comme Stace,

---

2168 *Histoire naturelle*, XXIX, 30 : « ingérées, elles sont un poison causant particulièrement de violentes douleurs de vessie [...]. Les cantharides naissent d'un petit ver, principalement sur le fruit spongieux qui se forme à la tige de l'églantier [...] ».

2169 *Alio senatus consulto effectum est, ut pigmentarii, si cui temere cicutam salamandram aconitum pituocampas aut bubrostim mandragoram et id, **quod lustramenti causa dederit cantharidas, poena teneantur huius legis.***

2170 Chapitre 1 (intitulé *Cantharides*).

2171 Voir ci-dessus note 1185.

2172 Voir Pline, XXI, 19, 3 : « On recommande surtout d'être, pour le récolter, en état de continence ».

2173 Tout le long passage ajouté qui va d'ici jusqu'à la référence à D. 1, 2, 2, 24 (voir ci-dessous note 2207) a été manifestement inséré par erreur, dans l'édition de 1595, à la fin du § 4. Je l'ai inséré à sa véritable place, dont l'édition de 1553 fournit suffisamment la preuve (voir ci-contre la note 151 au texte latin). Et du reste, l'expression *Sed regredior ad rosaria* (« Mais j'en reviens aux roseraies ») signale clairement la fin d'une digression.

2174 La source de Forcadel est ici Ange Politien citant lui-même Libanios (voir *Mélanges*, 1re centurie, XI), dont ce texte n'a effectivement été remis au jour qu'en 1823, par Giacomo Leopardi. Son attribution à Libanios a été contestée par Foerster, et plus récemmment (en 2009) par Eugenio Amato, à l'avantage de Chorikios de Gaza (voir l'article de L.-A. Sanchi, « Diffusion et réception de Libanios à la Renaissance », in *Libanios, le premier humaniste*, colloque Montpellier 2010, Alexandrie, 2011, p. 19-31 ; spécialement p. 25-26).

2175 Il s'agit en fait d'une affirmation du scholiaste de Nicandre sur les derniers vers du poème : voir *Nicandri Theriaca et Alexipharmaca*, édition bilingue Paris, 1557, p. 201 de la traduction latine. Le scholiaste fait remarquer qu'à cet endroit (voir ibidem, p. 173), en évoquant le jugement de Pâris, Nicandre évoque le myrte et le remède que l'on en tire, mais sans nommer expressément la plante. Il précise : *Nam cum Venus Iunonem et Palladem secum de forma contendentes uicisset, praeter aureum pomum, myrtea etiam corona ornata est, quo factum est ut semper fuerit Veneri gratissimus myrtus, et eius dicata numini.*

lib. 2 *Achileidos*, ut et Seneca in *Agamemnone*; sic enim ille :
Nauigat iniustae temerarius arbiter Idae;
hic uero :
Idea cerno nemora; fatalis sedet
Inter potentes arbiter pastor deas.

Non quod esset arbiter ex dearum compromisso, sed delegatus a Ioue, ut ex bono et aequo iudicaret, ut quidem passim in iure sumitur, l. si soror C. de collati.; l. si sonor.* ff. de re iudic.; quod miror non intellectum uulgo in § 2* de actionib. At uoto[154] Paris Palladem et Iunonem, id est, sapientiam et regna opesque postposuit Veneri et deliciis.

Sunt qui magis increpent Iouem, quod agrestem iudicem literas nescientem tam arduae liti dederit, tametsi non ignorent iuris expertem iudicare posse, non in militaribus tantum causis, l. certi C. de iudic.; l. penult. C. de iurisdiction., sed etiam in aliis.

---

154 uoto *scripsi* : ueto **T** //

au livre II* de son *Achilléide*[2176], et Sénèque dans son *Agammemnon*[2177] ; le premier dit en effet :
L'arbitre audacieux et injuste de l'Ida navigue sur les flots ;
et le second :
J'aperçois la forêt de l'Ida ; le berger maudit y arbitre
Entre de puissantes déesses.

Non qu'il fût un arbitre désigné d'un commun accord par les déesses, car il avait été délégué par Jupiter pour juger conformément au Bien et à l'équité, selon l'expression que l'on trouve çà et là dans les textes de Droit (C. 6, 20, 8[2178] ; D. 42, 1, 20[2179]), et je m'étonne que cela n'ait pas été compris, en général, dans les *Institutes*, IV, 6, 20[2180]. Mais, en décidant ainsi, Pâris fit passer les délices de Vénus avant Pallas et Junon, c'est-à-dire avant la sagesse et avant le pouvoir, associé aux richesses.

D'autres préfèrent blâmer Jupiter, pour avoir confié un litige aussi délicat à un juge fruste et illettré : ils n'ignorent pas, cependant, que l'on peut être juge tout en ignorant le Droit, et pas seulement dans les procès militaires (C. 3, 1, 17[2181] ; C. 3, 13, 7, 1[2182]), mais également dans les autres.

2176 Livre I, vers 67.

2177 Vers 730-731.

2178 [...] *Idem est et si **arbitro dato** diuisio celebrata est.*

2179 [...] *quod et in persona mulieris **aequa lance seruari aequitatis suggerit ratio**.*

2180 [...] *in quibus tribus iudiciis **permittitur iudici rem** alicui ex litigatoribus **ex bono et aequo adiudicare** [...].*

2181 ***Certi iuris est, quod concessa est militaribus hominibus iudicandi facultas.*** *Quid enim obstaculi est homines, qui cuiusdam rei peritiam habent, de ea iudicare ? cum scimus et **militares magistratus** et omnes tales homines per usum cottidianum iam esse approbatos, ut et audiant lites et eas dirimant et pro sui et **legis scientia** huiusmodi altercationibus fines imponant.*

2182 *Quapropter iubemus huiusmodi hominibus nec cuiuslibet militiae seu cinguli uel dignitatis praerogatiuam in hac parte suppetere, sed eos, qui statutis in quacumque militia connumerati sunt uel fuerint seu dignitatem aliquam praetendunt, **sine quadam fori praescriptione his iudicibus tam in publicis quam in priuatis causis oboedire compelli, ad quorum sollicitudinem professionis seu negotiationis, quam praeter militiam, ut dictum est, exercent,** gubernatio uidetur respicere, ita tamen, ut ipsis nihilo minus iudicibus, sub quorum iurisdictione militia seu dignitas eorum constituta est, procul dubio respondeant.*

Ideo comparati erant assessores consiliarii, qui praesidibus prouinciae id quod iuris esset ostenderent, l. 1 ff. de officio assessor. et l. fi. eod. tit. ; et in l. 5 ff. de manumiss. uindicta et d. l. certi C., de iudice aperte in milite iuris ignaro sed iudicante desiderat iuris scientiam, nempe per alium consultum et hoc maxime habeat locum in praeside prouinciae, qui rei militari et aliis negotiis occupabatur, l. 2 § in bonorum ff. quis ordo in bonor. possess. ; secus dicerem in senatore et aliis maioribus iudicibus, iuri dicundo tantum addictis, § 1 de iudicibus col. 6. Quilibet uero[155] iudicum tenetur scire litteras, id est, scire scribere. Nam etsi magnus iudex per alium sententiam recitare possit, l. 2 et 3 C. de sententiis, ex breuiculo tamen, non manu assessoris sed suamet, tenetur subscribere, l. 2 C. de assessoribus. Accedit quod subscribens nisi relegat, facile circumuenitur, l. fin. C. plus ualere quod agitur.

---

155 uero *scripsi* : uiro **T** //

C'est pourquoi l'on nommait des conseillers assesseurs, qui informaient les gouverneurs des provinces sur les points de Droit (D. 1, 22, 1[2183] et D. 1, 22, 6[2184]); et en D. 40, 2, 5[2185], comme dans la loi déjà citée C. 3, 1, 17[2186], où il s'agit de juger, le jurisconsulte souhaite ouvertement qu'un militaire ignorant en matière juridique, mais qui exerce les fonctions de juge, soit bien informé du Droit, sans doute en consultant quelqu'un d'autre, et cela vaudrait particulièrement pour le gouverneur de la province, qui s'occupait, entre autres, d'affaires militaires (D. 38, 15, 2, 2[2187]); je ne dirais pas du tout la même chose s'il s'agissait d'un sénateur ou d'autres hauts magistrats, qui se consacrent uniquement à dire le Droit (*Novelle* 82, 1, 1[2188]). Mais tout juge est tenu de connaître ses lettres, c'est-à-dire de savoir écrire. En effet, bien qu'un haut magistrat puisse faire énoncer son jugement par un autre (C. 7, 45, 2[2189] et C. 7, 45, 3[2190]), il est cependant tenu d'en signer de sa propre main un bref résumé, et non de la laisser signer à son assesseur (C. 1, 51, 2[2191]). À cela s'ajoute le fait qu'il est facile de tromper celui qui signe un texte sans l'avoir relu (C. 4, 22, 5[2192]).

2183 *Omne **officium adsessoris**, quo iuris studiosi partibus suis funguntur, in his fere causis constat : in cognitionibus postulationibus libellis edictis decretis epistulis.*

2184 ***In consilium curatoris rei publicae** uir eiusdem ciuitatis **adsidere** non prohibetur, quia publico salario non fruitur.*

2185 *An apud se manumittere possit **is qui consilium praebeat**, saepe quaesitum est. Ego, qui meminissem Iauolenum praeceptorem meum et in Africa et in Syria seruos suos manumisisse, cum consilium praeberet, exemplum eius secutus et in praetura et consulatu meo quosdam ex seruis meis uindicta liberaui et quibusdam praetoribus consulentibus me idem suasi.*

2186 Voir ci-dessus note 2181.

2187 *In bonorum possessione, quae pro tribunali datur, illud quaeritur, si sedit quidem praetor pro tribunali, sed postulationibus non dedit ; potest dici tempus ad bonorum possessionem non cedere, **cum praeses aliis rebus aut militaribus aut custodiis aut cognitionibus fuerit occupatus**.*

2188 *[…] Quia uero competens est esse etiam maiores iudices aliquos dignitate prouectos < et > experimento causarum multarum aut plurimi temporis exercitio magnis cingulis aut multitudine horum exercitatos, qui etiam nostrae obseruant pietati […].*

2189 *Si **arbiter datus a magistratibus**, cum sententiam dixit, in libertate morabatur, quamuis postea in seruitutem depulsus sit, **sententia ab eo dicta habet rei iudicatae auctoritatem**.*

2190 *Praeses prouinciae non ignorat definitiuam sententiam, quae condemnationem uel absolutionem non continet, pro iusta non haberi.*

2191 ***Praesides non per adsessores, sed per se subscribant libellis.** Quod si quis adsessori subscriptionem inconsultis nobis permiserit, mox adsessor qui subscripsit exilio puniatur ; praesidis uero nomen ad nos referri iubemus, ut in eum seuerius uindicetur.*

2192 *Si **falsum instrumentum** emptionis conscriptum tibi, uelut locationis quam fieri mandaueras, subscribere, **te non relecto**, sed fidem habente, suasit, neutrum contractum in utroque alterutrius consensu deficiente constitisse procul dubio est.*

At uerisimile est Paridem neque examen ullum, neque subscriptionem adhibuisse sententiae ; ideo uetus Tragicus apud Ciceronem libro primo *De diuinatione* ait :
Eheu, uidete, iudicabit inclytum iudicium
Inter deas tres aliquis ; quo iudicio Lacedemonia
Mulier, furiarum una, adueniet.

Quatuor enim potissimum iudicia corrumpunt, timor, merces, odium, amor, can. quatuor XI quaest. III ; l. seruo § cum praetor ff. ad Trebellian., ubi[156] Interpres ait amoris incitamento iudicatum ualere, sed mox rescendi. Idem Accursius in leg. uenales C. quando prouocare non est necess., ubi ostendit inimicitiae causa latam sententiam retractari ; sed ibi condemnatus quaestus erat de suborta inimicitia arbitri ante quam iudicaret[157]. Ipse puto, cum quaeritur an Amore iudicium rescindatur, considerandum dupliciter amorem capi : pro honesto et pro uenereo.

Priore modo cum amicitiam significat, non puto facere ad rescisionem sententiae, cum filius in causa patris et pater in filii, iudex recte detur, leg. in priuatis ff. de iudiciis ; patre uero nemo est amicior, leg. fin. C. de curator. furios. ; praeterea amicus syncerus non iuuat amicum in mala causa : unde Pericles Athenis rogatus ut pro amico falsum deieraret, inquit :

---

156 ubi *locaui post* Trebellian. : *post* quaest III *T* //
157 iudicaret *scripsi* : iudicare *T* //

Mais il est vraisemblable que Pâris n'examina ni ne signa son juge-
ment ; aussi un ancien auteur de tragédies dit-il, chez Cicéron, au livre I
du *Sur la divination*[2193] :
Hélas, voyez ! parce qu'un jour, en présence de trois déesses,
Quelqu'un rendra un jugement mémorable, il fera surgir,
Telle une furie, une femme de Lacédémone.

Quatre éléments surtout vicient les jugements : la crainte, la vénalité,
la haine et l'amour ; voir *Décret* II, 11, 3, 78[2194] et D. 36, 1, 67, 2[2195], où
l'Interprète dit qu'un jugement inspiré par l'amour est valide, mais il
est bientôt cassé. Voir aussi C. 7, 64, 7[2196], où le même Accurse montre
qu'un jugement motivé par l'inimitié est annulé ; mais ici celui qui
avait été condamné s'était plaint de ce que l'arbitre avait manifesté
de l'inimitié avant d'avoir jugé. Pour moi, je pense que, lorsqu'on se
demande si un jugement inspiré par l'amour doit être cassé, il faut
considérer que l'amour est pris en deux sens, l'un d'« honorable » et
l'autre de « passionnel ».

Dans le premier sens, quand il désigne l'affection, je ne pense pas
qu'il conduise à la rescision de la sentence, puisque l'on peut valablement permettre à un fils de juger son père et à un père de juger son
fils (D. 5, 1, 77[2197]) ; or personne n'est plus affectueux qu'un père (C. 5,
70, 7, 1[2198]) ; de plus, un ami sincère ne soutient pas son ami quand sa
cause est mauvaise ; c'est pourquoi Périclès[2199], à qui l'on demandait, à
Athènes, un faux témoignage en faveur d'un ami, répondit :

2193 § 50.
2194 **Quatuor modis humanum iudicium peruertitur : timore**, *dum metu potestatis alicuius
ueritatem loqui pertimescimus ;* **cupiditate**, *dum premio animum alicuius corrumpimus ;* **odio**, *dum
contra quemlibet aduersarium molimur ;* **amore**, *dum amico uel propinquo prestare contendimus.*
2195 *Cum praetor, cognita causa per errorem uel etiam* **ambitiose**, *iuberet hereditatem ut ex fideicommisso
restitui, etiam publice interest restitui propter rerum iudicatarum auctoritatem.* Le mot *ambitiose*
est ainsi glosé en relation avec C. 7, 49, 2 : *non obstat,* **quia ibi non dicit scilicet quod non
ualeat sententia lata per gratiam** et C. 7, 64, 7 (voir note suivante) : *item non obstat, sed
ibi fuit plus, quia pretium in arbitrio* […].
2196 **Venales sententias**, *quae in mercedem a corruptis iudicibus proferuntur, et citra interpositae
prouocationis auxilium* **iam pridem a Diuis Principibus infirmas esse decretum est.**
Accurse glose en effet le mot *uenales* ainsi : *Nam inimicitiarum etiam causa retractatur
sententia.*
2197 *In priuatis negotiis* **pater filium uel filius patrem iudicem habere potest.**
2198 *Quis enim talis adfectus extraneus inueniatur, ut uincat paternum ?*
2199 Voir Aulu-Gelle, *Nuits attiques*, I, 3.

Δεῖ μὲν συμπράττειν τοῖς φίλοις, ἀλλὰ μέχρι τῶν θεῶν,
id est, *oportet me succurrere amicis, sed usque ad deos.*

Imputetur atque condemnato cur ante sententiam de amicitia iudicis non fuerit questus, ut in textu Accursiano, leg. non distinguemus, § cum quidam ff. de receptis arbitr., uel cur post non appellauerit, aut denique ostendat aperte iudicem corruptum nimio fauore; sic accipitur gratia, in d. § cum praetor et leg. praeses C. de transaction.

Secundo si amor refertur ad Venerem, quia iudex deperit mulierem litigantem, tunc ipso iure nulla est sententia, potiusque in d. leg. uenales, ubi pretio erat corruptus, quia nihil amoris furore uehementius, § illud quibus modis natural. effici. legit. col. VI, ubi Accursius conferri dicit amantem ebrio, § fin. de successionibus ex senatuscons. Claudiano; sed ibi plus dicitur et confertur mulier amans furenti et dicitur bacchata amore; id est, furens, ut in Bacchi orgis, leg. 1 § fi. ff. de aedilit. edict.; si iudex, leg. 2 § initium ff. de origine iur. >.

Il faut porter secours à ses amis, mais dans la limite du respect dû aux dieux.
Et l'on pourrait reprocher à celui qui a été condamné de ne pas s'être plaint, avant le jugement, de la partialité du juge, comme dans la glose d'Accurse à D. 4, 8, 32, 14[2200], ou de n'avoir pas, ensuite, fait appel, ou enfin on pourrait lui demander de prouver à l'évidence que le juge a été corrompu par un excès de faveur ; ainsi comprend-on la « complaisance » en D. 36, 1, 67, 2[2201] et en C. 2, 4, 12[2202].

Dans le deuxième sens, si l'amour se rapporte à Vénus, parce que le juge aime éperdument la femme qui est partie au procès, la sentence est nulle de plein Droit, et à plus forte raison dans la loi déjà citée C. 7, 64, 7[2203], où le juge avait été corrompu par de l'argent, parce que rien n'est plus violent que la fureur d'amour : voir *Novelle* 89, chapitre 9[2204], où Accurse dit qu'un amoureux ressemble à un homme ivre (*Institutes* III, 12, 1[2205]) ; mais ici on va plus loin, en comparant la femme amoureuse à une folle, et on l'appelle « bacchante » par amour, c'est-à-dire « en délire », comme dans les orgies de Bacchus : voir D. 21, 1, 1, 10[2206] ; et, dans le cas d'un juge, voir D. 1, 2, 2, 24[2207] >.

2200 **Cum quidam arbiter** *ex aliis causis* **inimicus manifeste apparuisset,** *testationibus etiam conuentus, ne sententiam diceret, nihilo minus nullo cogente dicere perseuerasset, libello cuiusdam id querentis imperator Antoninus subscripsit posse eum uti doli mali exceptione. Et idem, cum a iudice consuleretur, apud quem poena petebatur, rescripsit, etiamsi appellari non potest, doli mali exceptionem in poenae petitione obstaturam. Per hanc ergo exceptionem quaedam appellandi species est, cum liceat retractare de sententia arbitri.* Accurse glose en effet les mots *ex aliis causis* ainsi : *id est superuenientibus post ; alioquin, secus esset* [...].

2201 Voir ci-dessus note 2195.

2202 *Praeses prouinciae aestimabit, utrum de dubia lite transactio inter te et ciuitatis tuae administratores facta sit, an* **ambitiose** *id, quod indubitate deberi posset, remissum sit. Nam priore casu ratam manere transactionem iubebit, posteriore nocere ciuitati* **gratiam** *non sinet.*

2203 Voir ci-dessus note 2196.

2204 Voir ci-dessus note 52.

2205 Voir ci-dessus note 322. Accurse glose en effet le mot *bacchata* ainsi : *id est capta, uel decepta ;* **ut enim uino quis capitur, uel Baccho, ita et amore.** *Item furore amoris nihil uehementius inuenitur* et il cite à l'appui la *Novelle* 89, chapitre 9.

2206 Voir ci-dessus note 325 et 328 pour des citations partielles. *Idem Viuianus ait, quamuis aliquando quis* **circa fana bacchatus sit** *et responsa reddiderit, tamen, si nunc hoc non faciat, nullum uitium esse, neque eo nomine, quod aliquando id fecit, actio est, sicuti si aliquando febrem habuit ; ceterum si nihilo minus permaneret in eo uitio,* **ut circa fana bacchari soleret** *et quasi demens responsa daret,* **etiamsi per luxuriam id factum est,** *uitium tamen esse, sed uitium animi, non corporis, ideoque redhiberi non posse, quoniam aediles de corporalibus uitiis loquuntur ; attamen ex empto actionem admittit.*

2207 Voir ci-dessus note 2074.

< Quae de Paridis iudicio feruntur quidam[158], quorum est Suidas, transferunt ad uirum eruditum, qui orationem in Veneris laudem scripserit eamque caeteris deabus praetulerit >.

Sed regredior ad rosaria, quae pro sepibus erant in locis minimum fertilibus, floribus, aliis in totum hiscentibus, aliis uix germinantibus, hoc est, calyce adhuc erumpentibus.

7. Sic germinales arbores, quae succisae a radice uel stirpe tenue germen emittere incipiunt, l. diuortio § si fundum ff. sol. mat. Quidam legunt gemmales arbores, ut Interpres, quia gemma est in arbore oculus, qui se primo uere trudit, ex qua germen efficitur, sumpta similitudine a gemma annuli, can.[159] nunquam de consec. distinction. 5. Prior lectio uerior est in d § si fundum, ubi germina arborum in fructu sunt, forsitan ligni loco, leg. ligni § Offilius ff. de legat. III : de gemmis idem nemo responderit.

---

158 quidam *scripsi* : quidem **T** //
159 can. nunquam de consec. distinction. 5 *locaui post* annuli : *post* Interpres **T** //

[2208] < Ce que l'on raconte à propos du jugement de Pâris, certains, dont Suidas[2209], l'appliquent à un érudit qui aurait écrit un panégyrique de Vénus, dans lequel il lui aurait donné la préférence sur toutes les autres déesses >. Mais j'en reviens aux roseraies, qui tenaient lieu de clôtures aux endroits les moins fertiles, et dont les fleurs étaient, les unes totalement épanouies, et les autres à peine en train d'éclore, c'est-à-dire encore en train d'émerger de leur calice.

7. Il en était de même des « arbres à rejets » qui, coupés depuis la racine ou à ras de la souche, se mettent à faire de petits rejets (D. 24, 3, 7, 12[2210]). Certains lisent « arbres à gemmes », comme l'Interprète, parce que la gemme, ainsi nommée à cause de sa ressemblance avec le chaton d'une bague, est un bourgeon qui pousse sur un arbre au début du printemps et donne naissance au rejet : voir *Décret* III, 5, 33[2211]. La première leçon semble plus véridique dans la loi déjà citée D. 24, 3, 7, 12[2212], où les rejets d'arbres sont comptés au nombre des fruits, sans doute parce qu'ils servent à faire du bois (D. 32, 55, 1[2213]) : car personne n'aurait donné une semblable réponse à propos de bourgeons.

2208 Cet autre passage ajouté, qui conclut manifestement la digression sur le jugement de Pâris, a été placé par erreur, dans l'édition de 1595, à la fin du § 7. Je l'ai réinséré à sa place logique.

2209 vº Πάριον. Suidas explique comment le lieu prit son nom d'Alexandre, que son père Priam avait envoyé là pour y faire ses études, et qui, au bout de plusieurs années, maîtrisa effectivement la culture grecque : « il écrivit un discours à la louange d'Aphrodite, disant qu'elle était supérieure à Pallas et à Héra [...] ; d'où la légende selon laquelle Pâris jugea entre Pallas, Héra et Aphrodite, et donna à Aphrodite la pomme, c'est-à-dire la victoire ».

2210 *Si fundum uiro uxor in dotem dederit isque inde arbores deciderit, si hae fructus intelleguntur, pro portione anni debent restitui (puto autem, si **arbores caeduae fuerunt uel [germinales] gremiales** [c'est la leçon retenue aujourd'hui, « arbres dont on fait des fagots »], **dici oportet in fructu cedere**), si minus, quasi deteriorem fundum fecerit, maritus tenebitur [...].* En dépit de l'allégation de Forcadel, Accurse lit bien ici *germinales* et glose : *quae a stirpe aliorum nascuntur fultae et densae, ut granum nascitur ; quae alias dicuntur pedamenta [...] **est alias germinales, alias gremiales, et idem est sensus**.* Voir Antonio Agustín, *Emendationum et opinionum quatuor libri*, Lyon, 1559, qui ignore totalement cette leçon *gemmales* au livre III, chapitre 7, p. 153 : *uterque locus mendosus in omnibus libris habetur, in Norico tamen minus male, **cremia et cremiales**, quam in ceteris **germina et germinales**, quamquam Accursius ueram quoque scripturam referat.*

2211 Voir ci-dessus note 350. Allusion à un autre passage de ce canon : *Inserantur fructuosae arbores uel **gemmis**, uel surculis, ut paruo post tempore laboris tui dulcia poma decerpas.*

2212 Voir ci-dessus, note 2210.

2213 *Ofilius quoque libro quinto iuris partiti ita scripsit : cui ligna legata sunt, ad eum omnia ligna pertinere, quae alio nomine non appellantur, ueluti uirgae carbones nuclei oliuarum, quibus ad*

OBSERVATA IN CAPUT XX

1. Musicae uis in Amore praecipue et Laeda ab adulterio excusatur ;
   < iuris et musicae similitudo : choro legato an singuli debeantur
   et praetor ius dicens >.
2. Theatrum, et qui in eo essent, describuntur.
3. Explicatio l. unic. de Atlet. XI C.
4. Sacra certamina in iure quae fuerint, et quot numero, eorumque
   origo.
5. Declaratio l. pe. ff. de annuis leg.
6. Quae sint *commoda praemiorum* in l. commodis de re iud.
7. Aurum coronarium [160]< quid sit, et an necessitate daretur.
8. An mulier possit esse pugil, iudex, postulatrixue in foro.
9. Explicatur l. fi. C. de religios. et cur amissum alea repetatur >.
10. [161]<10 >. Quis sit *desultor* Vlpiano, et desultorii ludi ratio.
11. [162]<11>. Quae sint apud eumdem *picturae* in vestibus, quid
    babylonicae.
12. [163]<12>. Disci ludo occisus Hyacinthus & mortis fortuito facta poena.

CAPUT XX

Magnam quidem cepi uoluptatem oculis inter roseta flo-
rentia, maiorem auribus, ob dulcem et suauem sonum, qui me
festinantiorem solito reddidit, melius enim progressu meo exaudiebatur ;

---

160 1553 : quid significauerit, et interpretatio l. fi. C. de relig. et sumpt. funer.
161 1553 : 8.
162 1553 : 9.
163 1553 : 10.

CONTENU DU CHAPITRE 20

1. La musique est particulièrement puissante pour inspirer de l'amour, et excuse Léda de son adultère ; < affinités du Droit et de la musique ; quand un chœur fait l'objet d'un legs, doit-on remettre au légataire chacun de ses membres ? et le gouverneur dit le Droit >.
2. Description du théâtre de l'amour, et de son contenu.
3. Explication de C. 10, 54, 1.
4. Ce qu'étaient, en Droit, les combats sacrés, leur nombre, et leur origine.
5. Exposé de D. 33, 1, 24.
6. Ce que sont les *commoda praemiorum* en D. 42, 1, 40.
7. L'or coronaire : < de quoi s'agit-il, et était-on obligé de le donner ?
8. Une femme peut-elle être pugiliste, juge, ou demanderesse au tribunal ?
9. Explication de C. 3, 43, 1 ; et pourquoi l'on peut récupérer ce que l'on a perdu au jeu de dés >.
10. Ce qu'Ulpien entend par *desultor* et la raison de l'épreuve du saut dans les Jeux.
11. Ce que sont, chez le même jurisconsulte, les *picturae* sur les vêtements, et les couvertures babyloniennes.
12. Mort d'Hyacinthe au jeu du disque ; et la peine qui est infligée pour une mort accidentelle.

CHAPITRE 20

Je retirai assurément un grand plaisir visuel des rosiers en fleurs au milieu desquels je me trouvais, mais je ressentis un plaisir auditif plus grand encore, à l'écoute d'un son doux et suave, qui me fit me hâter, car plus j'avançais et mieux je l'entendais ;

---

nullam aliam rem nisi ad comburendum possit uti ; sed et balani uel si qui alii nuclei.

tunc certe anima, uelut repetita memoria illius musicae cuius in caelo, ex quo descendit, fuit conscia, quae ex Sphaerarum iugiter uolubilium motu conficitur, mero gaudio gestiuit.

1. Sed quis miretur musicam in Cupidinis regno in pretio haberi, cum nihil sit illa paratius, nihil ad persuadendum puellae ingenuae mentis efficacius? non alia, opinor, ratione, Iupiter Ledam Cygni falsa sub imagine conuenit, quam ut se moriturum fingens mellitum cantum ederet; nam cecinit et potitus est; iustusque fuit amor Ledae in eius a quo diligebatur conditione errantis, cum potior esset Iupiter quam tunc uidebatur, can. 1 § pen. et fi. 29 quaest. 1, et ipsa apud maritum Tyndarum excusanda benigne uenit. Vt enim uim passam adulterii non damnat lex Julia, l. si uxor § si quis ff. de adult., sic merito hanc excipit, quae uiolentia carminis et cantionis persuasa est, l. 1 § persuadere ff. de seru. corr.

Quid enim non cogit musica, si Orpheus, ex promontorio Serrio canens, nemora ad se traxisse creditur? quod quidem est in Thracia, teste Pomponio Mela, lib. 2 cap. 2, si etiam Eurydicen uxorem ab inferis deduxit,

Threicia fretus cithara fidibusque canoris.

Obierat namque Eurydice Aristaeum pastorem, a quo amabatur, fugiens, cum in serpentem casta incidisset.

sans nul doute, mon âme exulta alors sous l'emprise d'une joie pure, comme à la réminiscence d'une musique qu'elle avait connue au ciel dont elle est originaire, celle qui provient de la révolution des sphères.

1. Mais comment s'étonner que le royaume de Cupidon attache beaucoup de prix à la musique, puisqu'il n'est rien de plus commode ni de plus efficace pour influencer l'esprit d'une jeune fille bien née ? Si Jupiter aborda Léda sous la fausse apparence d'un cygne, c'était, à mon sens, dans le seul but d'émettre, en feignant d'être à l'agonie, un chant doux comme le miel ; et de fait, après avoir chanté, il la posséda ; or Léda n'eut pas tort d'aimer celui sur l'identité duquel elle faisait erreur (*Décret* II, 29, 1, § 4 et 5[2214]), puisque Jupiter était bien plus puissant qu'il ne paraissait l'être à ce moment-là ; aussi obtint-elle la bienveillante indulgence de son mari Tyndare. Car la loi Julia, de même qu'elle ne condamne pas pour adultère la femme violée (D. 48, 5, 14, 7[2215]), fait également, et à juste titre, bénéficier d'une exception, celle qui a été persuadée par la force de la musique et du chant (D. 11, 3, 1, 3[2216]).

Quelle n'est pas, en effet, la force contraignante de la musique, puisqu'Orphée, en chantant depuis le cap Serrium, en Thrace, est censé avoir attiré jusqu'à lui des forêts, ce dont atteste Pomponius Mela, au chapitre 2 du livre II[2217], et puisqu'il ramena même des Enfers sa femme Eurydice

Par la vertu de sa cithare thrace et de sa lyre mélodieuse[2218] ?

Car la chaste Eurydice était morte, pour être tombée sur un serpent, alors qu'elle fuyait les avances amoureuses du berger Aristée.

2214 [...] *Quod autem error personae nonnullos excuset, illa auctoritate probatur, qua soror uxoris utroque inscio, sorore uidelicet et marito, in lectulum eius iisse, et a uiro suae sororis cognita perhibetur, que cum sine spe coniugii perpetuo manere censeatur, ille tamen, qui cognouit eam per ignorantiam, excusatur.* [...] **Error fortunae et qualitatis non excludit consensum**, *ueluti si quis consentiret in prelaturam alicuius ecclesiae, quam putaret esse diuitem, et illa esset minus copiosa, quamuis hic deciperetur errore fortunae, non tamen posset renunciare prelaturae acceptae.* [...].

2215 [...] *quae uim patitur, non est in ea causa, ut adulterii uel stupri damnetur.*

2216 Voir ci-dessus note 2047.

2217 « Viennent ensuite le cap Serrium et la ville de Zone, près de laquelle les arbres suivaient, dit-on, Orphée et sa lyre ».

2218 *Énéide* VI, vers 120.

< Tametsi non ignoro Orphei harmoniam nihil magis comprehendisse, quam leges rudibus populis arbore et saxo quouis durioribus datas : quibus eos permulsit et composuit ut l. 2 ff. de legib. Adeo conuenit lex et musica : mores utralibet instituit, efferatos mitigat et minus relictis mentibus moderamen adhibet ; magno similiter est in pretio si non sit uenalis : uirtutem merces conuenta foedare solet utrobique, l 1 § bestias ff. de postuland. ; l. 1 § proinde ff. de uariis et extraord. cogn. >.

Asclepiades praeterea expertus est phreneticis symphoniam sanitatem conferre, quorum morbus penetrat ad animum, l. 1 § interdum ff. de aedil. edict., quo fit ut suspicer amorem certis numeris musicis leuari ac incendi posse ; tanta prorsus affinitas corporum et animorum est, cum cantu et tibiis, ut Theophrasto et Democrito placuit, quos citat A. Gellius lib. 4. cap. 13 ; adeo eadem res et iuuare et obesse potest, l. quod saepe § ueneni ff. de contrahen. empt.

Me utique affecit ac rapuit uocum dissimilium concentus, tum lyrae, citharae et tibiae multiplex sonus, maxime tandem cum ad theatrum perueni, in quo symphoniaci cum thymelicis citra notam ignominiae spectatores oblectabant.

< Je n'ignore pas, pour autant, que la musique d'Orphée avait, en tout et pour tout, donné des lois à des peuples encore frustes, et plus durs encore qu'un arbre ou un rocher : ce qui permit de les apprivoiser et de les faire cohabiter, comme en D. 1, 3, 2[2219]. Tant il y a d'affinités entre la loi et la musique ! Toutes deux ont institué les bonnes mœurs, adoucissent la sauvagerie et modèrent les esprits plus civilisés ; elles sont pareillement très prisées à condition de n'être pas vénales : c'est que, partout, en général, convenir d'une rémunération aboutit à déshonorer la vertu (D. 3, 1, 1, 6[2220] ; D. 50, 13, 1, 5[2221]) >.

De plus, Asclépiade se rendit compte que la musique concertante guérissait les frénétiques, dont la maladie atteint l'esprit (D. 21, 1, 1, 9[2222]), ce qui me fait supposer que l'amour pourrait bien être soulagé ou attisé par certains rythmes musicaux, tellement le corps et l'esprit ont d'étroites affinités avec le chant et les flûtes, comme l'ont pensé Théophraste et Démocrite, cités par Aulu-Gelle, au chapitre 13 du livre IV[2223] ; et tant une même chose peut être aussi bien salutaire que nocive (D. 18, 1, 35, 2[2224]).

L'harmonie des différentes voix, ainsi que les sons variés de la lyre, de la cithare et de la flûte, me touchèrent et me ravirent, surtout lorsqu'enfin j'arrivai au théâtre, où, sans encourir le déshonneur, des choristes, accompagnés par des musiciens de théâtre, faisaient la délectation des spectateurs.

2219 Voir ci-dessus note 67.

2220 [...] *Bestias autem accipere debemus ex feritate magis, quam ex animalis genere ; nam quid si leo sit, sed mansuetus, uel alia dentata mansueta ?* **Ergo qui locauit solus notatur, siue depugnauerit siue non** ; *quod si depugnauerit, cum non locasset operas suas, non tenebitur ; non enim qui cum bestiis depugnauit, tenebitur, sed qui operas suas in hoc locauit* [...].

2221 Voir ci-dessus note 703.

2222 Voir ci-dessus, note 323. Le passage visé précisément ici est le suivant : *Interdum tamen, inquit,* **uitium corporale usque ad animum peruenire et eum uitiare**.

2223 « J'ai lu tout dernièrement, dans Théophraste, qu'on guérit aussi les morsures de la vipère par les sons que tirerait de son instrument un habile joueur de flûte. Démocrite rapporte à peu près la même chose dans son traité de la peste et des maladies pestilentielles. Dans beaucoup de maladies, dit-il, les sons de la flûte ont été un remède souverain ; car chez l'homme, l'affinité qui existe outre le corps et l'âme est si grande, que les mêmes remèdes guérissent les maladies de l'un, corrigent les vices de l'autre ».

2224 [...] *de his uero quae mixta aliis materiis* **adeo nocendi naturam deponunt, ut ex his antidoti et alia quaedam salubria medicamenta conficiantur**, *aliud dici potest*.

Illi sunt cantores Vlpiano, l. sed etsi* ff. de usuf., hi citharoedi, l. Athletas
ff. de iis qui notant. infam., ex eo dicti, quod θυμέλη locus theatri est,
in quo tibicines, citharistae, ac canentium chori peculiariter residere
consueuerant, ut Iulius Pollux innuit lib. 3* cap. 9* ; § quintum de
consul. col. IIII.

   < Inde Virgilius in cantu Syrenarum :
Illarum Musa mouebat
Omnia quae thymele carmina dulcis habet.

   Chorum autem uocant iurisconsulti cantorum turbam in unum, ex multis
corpus coactam. Ita si chorus alicui legetur, non liceat ullum cantorum
repudiare et alios accipere, non magis quam ex grege, lex grege de legatis
secund. Insuper, cum chorus est uenditus, si unus cantor redhibeatur, una
omnes redhiberi necesse est, ne corpus separetur, l. cum eiusdem ff. de aedil.
edict. ; nec obest l. si chorus ff. de leg. 3, ubi chorus aut familia legetur :

Les premiers sont, pour Ulpien, des chanteurs (D. 7, 1, 15, 1[2225]), les seconds des joueurs de cithare (D. 3, 2, 4, pr.[2226]), qui tirent leur nom d'un endroit, à l'intérieur du théâtre, où les joueurs de flûte, de cithare et les chœurs avaient tout spécialement l'habitude de se tenir, comme Julius Pollux l'a indiqué, au chapitre 9* du livre III*[2227] ; voir aussi *Novelle* 105, chapitre 1[2228].

< D'où ces vers de Virgile, sur le chant des Sirènes[2229] :
L'inspiration leur faisait émettre
Tous les chants dont résonne un orchestre harmonieux.

Les jurisconsultes appellent chœur un groupe de chanteurs qui, à partir d'une multitude de corps, en constituent un seul. De sorte que si un chœur faisait l'objet d'un legs, il ne serait pas permis au légataire de refuser l'un des chanteurs en acceptant les autres, pas plus que de choisir parmi les bêtes d'un troupeau (D. 31, 6[2230]). De plus, quand un chœur a ait l'objet d'une vente, si l'un des chanteurs est restitué au vendeur, il faut lui restituer également tous les autres, pour ne pas compromettre la cohésion de l'ensemble (D. 21, 1, 34, pr.[2231]) ; et cela, nonobstant D. 32, 79, pr.[2232], où il est question du legs d'un chœur ou d'un groupe d'esclaves en ces termes :

2225 *Mancipiorum quoque usus fructus legato non debet abuti, sed secundum condicionem eorum uti ; nam si librarium rus mittat et qualum et calcem portare cogat, histrionem balniatorem faciat, uel de* **symphonia** *atriensem, uel de palaestra stercorandis latrinis praeponat, abuti uidebitur proprietate.*

2226 [...] *Et generaliter ita omnes opinantur et utile uidetur, ut* **neque thymelici** *neque xystici neque agitatores nec qui aquam equis spargunt ceteraque eorum ministeria, qui certaminibus sacris deseruiunt,* **ignominiosi habeantur.**

2227 *Iulii Polllucis Onomasticon* (Première traduction latine, Bâle 1541), IV, 19, 2 (*De partibus theatri*) : *Et scaena quidem, histrionum proprie est, sed orchestra chori, in qua et* θυμέλη *est, quae aut tribunal quoddam est, aut ara.*

2228 [...] *Si enim hoc adinuentum est ut spectacula ad animi uoluptatem agantur populo, haec autem a nobis determinantur in circensibus et bestiarum spectaculis et* **thymelae** *delectatione, nullo horum noster priuabitur populus* [...].

2229 Pseudo-Virgile. Il s'agit en réalité de Rufus Festus Avienus, *Carmina minora*, II, *De cantu Sirenum*, vers 3-4. Dans l'*Anthologia latina, pars prior, fasciculus II*, recension d'Alexander Riese, Leipzig, 1870, p. 88, ces vers sont répertoriés sous le n° 637, et le titre Euphorbii *De Sirenis* ; de plus le texte porte la leçon *monebat* au lieu de *mouebat.*

2230 **Grege autem legato non potest quaedam sperni, quaedam uindicari, quia non plura, sed unum legatum est** [...].

2231 Voir ci-dessus note 1814.

2232 *Si* **chorus** *aut* **familia** **legetur, perinde est quasi singuli homines legati sint.**

perinde est ac si singuli homines legati essent, quia hoc uerum quoad hoc, ut ii qui supersunt legatario debeantur, cum in residuis nomen chori manere etiamnum uideatur, sicut collegii, licet omnes sodales fato ad unum reciderint, l. sicut § fi. ff. quod cuiusque uniuersit.

Sed in diuersum nititur l. quid tamen § fi. ff. quibus mod. ususfru. amitt., ubi si quadrigae ususfructus legetur, uno equo mortuo, in reliquis ius intercidit; plane ratio est in quadriga, quoniam habet nomen ex numero, sicut biga, triga, quo nihil perfectius aut rigidius; chorus quidem, familia, collegium, arbitrario numero constant, nemo uero, ne numine quidem, praestare poterit ne in quadriga quatuor iumenta desiderentur, et ne bis duo faciant quadrigam; ideo alibi lex ait : *quadrigae legatum equo postea mortuo* interire, *si equus ille* interierit, *qui demonstrabat quadrigam,* l. peculium § 1 ff. de legat. 2; nec expono, « demonstrabat quadrigam » cum Accursio, id est, erat princeps seu magister quadrigae, cum olim bini equi iungerentur in quadriga; itaque quilibet equus eiusdem, facit ad quadrigae demonstrationem, nisi acciderit ut testator ex equitio uel polia, ut alibi uocatur equinum armentum, consuesset quotidie alios equos substituere, l. 37 § fi. ff. de aedilit. edict. ;

« c'est comme si on léguait chacun des membres à titre individuel »,
car ce n'est vrai que jusqu'à un certain point, dans la mesure où l'on
doit remettre au légataire tous ceux qui sont encore en vie, puisque la
dénomination de « chœur » semble rester attachée aux individus res-
tants, comme celle de collège le resterait, même si la mort avait réduit
le nombre des membres à un unique individu (D. 3, 4, 7, 2[2233]).

Mais D. 7, 4, 10, 8[2234] va en sens inverse, en disant que lorsqu'on
lègue l'usufruit d'un quadrige, et que l'un des chevaux est mort, le droit
d'usufruit s'éteint également pour les autres ; cela s'explique parce que
le quadrige, comme les attelages à deux ou trois chevaux, tire son nom
du nombre même de ses composantes, et rien n'est plus rigoureusement
immuable ; en revanche, un chœur, une troupe d'esclaves, un collège,
sont constitués d'un nombre de membres arbitraire, tandis que personne,
même s'il le voulait, ne pourrait faire que quatre chevaux ne soient pas
nécessaires pour composer un quadrige et que deux fois deux chevaux
ne fassent pas un quadrige ; c'est pourquoi la loi dit ailleurs : « le legs
d'un quadrige s'éteint après la mort de l'un des chevaux, si le cheval
qui est mort contribuait à l'existence du quadrige » (D. 31, 65, 1[2235]) ;
et je n'explique pas *demonstrabat quadrigam* comme Accurse, c'est-à-dire
était le dirigeant ou « le maître du quadrige », puisqu'autrefois les chevaux étaient attelés deux par deux dans le quadrige ; aussi n'importe
quel cheval du quadrige contribue-t-il à l'existence du quadrige, sauf
si, d'aventure, le testateur avait eu l'habitude de leur substituer tous
les jours d'autres chevaux, en les prélevant d'un haras ou d'une *polia*,
comme l'on nomme ailleurs un élevage de chevaux (D. 21, 1, 38, 14[2236]) ;

2233 *In decurionibus uel aliis universitatibus* **nihil refert, utrum omnes idem maneant an pars**
maneat uel omnes immutati sint. Sed si uniuersitas ad unum redit, *magis admittitur*
posse eum conuenire et conueniri, **cum ius omnium in unum recciderit et stet nomen**
uniuersitatis.

2234 *Quadrigae usu fructu legato si unus ex equis decesserit, an extinguatur usus fructus quaeritur.*
Ego puto multum interesse, equorum an quadrigae usus fructus sit legatus ; nam **si equorum,**
supererit in residuis, si quadrigae, non remanebit, quoniam quadriga esse desiit.

2235 **Quadriga legatum equo postea mortuo perire** *quidam ita credunt,* **si equus ille decessit**
qui demonstrabat quadrigam [...]. *Accurse glose le mot* demonstrabat *ainsi : quia erat*
magister quadrigae ; imo demonstrabat, quia erat de substantia quadrigae factae a testatore ; secus
si legasset quadrigam conficiendam ex equis testatoris non nominatis : quia genus non potest perire
[...] *sed cur aliud in peculio ?* [...] *respondeo quia quadriga desinit uno mortuo.*

2236 [...] *si tamen nondum sint paria constituta, sed simpliciter quattuor mulae uno pretio uenierint,*
unius erit mulae redhibitio, non omnium ; nam et **si polia uenierit,** *dicemus unum equum qui*
uitiosus est, non omnem **poliam** *redhiberi oportere* [...].

cum autem sola quadriga perseuerat, propter unum equum amittitur
numerale nomen et effectus legati ; quod in peculio, choro, uel familia
tantum minui censeretur, d. l. peculium in princ. >.

2. Theatrum diutius circumspexi, opus omnium excellentissimum
quae unquam humana uis potuit efficere. Scena ei triplex, in qua
marmorum colores et genera difficile enumeraui in infinita uarietate ;
columnae omnes auro purissimo oblitae ; media pars scenae ex eo
lapide prorsus constitit, qui colorem habet coelo matutino autumnali
similem, uulgo turcicus appellatur, a doctis aërizusa, inaudito genere
luxuriae ; pars ante scenam, quod « proscenium » nominatur in l. si qua
de spectacul. lib. 11 C. ; l. de pollicitationibus ff. de pollicit., tum etiam
pulpitum in eo collocatum, de topazio structa, fuere illi prope simili,
ex quo Arsinoë reginae, Ptolomaei Philadelphi uxori, statuam factam
accepimus. Nunquam tam prodigae mentis fuit theatrum illud quod
olim Romae M. Scaurus in aedilitate sua praebuit, licet 360 columnis
marmoreis incumberet.

mais quand il y a constamment un seul et même quadrige, la mort d'un seul cheval lui fait perdre son nom, qui est tiré du nombre de ses composantes, et enlève tout effet à un legs qui serait seulement censé être diminué, dans le cas d'un pécule, d'un chœur ou d'une troupe d'esclaves (loi déjà citée D. 31, 65, pr.[2237]) >.

2. J'examinai assez longtemps le théâtre : c'était l'ouvrage le plus achevé que l'homme ait jamais eu la force de réaliser. J'eus du mal à dénombrer, dans leur infinie diversité, les couleurs et les variétés du marbre qui recouvrait sa triple scène ; toutes ses colonnes étaient dorées à l'or le plus fin ; luxe inouï, le milieu de la scène était fait de cette pierre qui a la couleur d'un matin d'automne[2238], appelée communément turquoise, et dont le nom savant est aërizuse ; la partie qui est devant la scène, et qu'on appelle *proscenium* en C. 11, 41, 4, 1[2239] et D. 50, 12, 8[2240], ainsi que l'estrade qu'on y avait placée, faites de topaze, évoquaient la statue de la reine Arsinoé, la femme de Ptolémée Philadelphe[2241], qui était, dit-on, sculptée dans cette même pierre. Le fameux théâtre que, jadis, à Rome, M. Scaurus avait fait construire quand il était édile, n'était pas conçu avec autant d'opulence, bien qu'il fût soutenu par trois cent soixante colonnes de marbre[2242].

2237 Voir ci-dessus note 2235. Autre paragraphe de la loi : *Peculium **legatum augeri et minui** potest, si res peculii postea esse incipiant aut desinant. Idem in familia erit, siue uniuersam familiam suam siue certam (ueluti urbanam aut rusticam) legauerit ac postea seruorum officia uel ministeria mutauerit. Eadem sunt lecticariis aut pedisequis legatis.*

2238 Voir Pline *Histoire naturelle*, XXXVII, 37, 2 : « Les Grecs ont donné à chacune de ces espèces < de jaspe > des noms appropriés. Le quatrième est nommé par eux Borée ; il ressemble au matin d'un jour d'automne, et c'est celui qu'on nomme aërizuse ».

2239 Il y est question des portraits de l'Empereur : *In aditu uero circi uel in theatri **proscaeniis** ut collocentur, non uetamus.*

2240 [...] *Probe faciet Statius Rufinus, si opus **proscaeni**, quod se Gabinis exstructurum promisit, quod tandem adgressus fuerat, perficiat* [...].

2241 Voir Pline, *Histoire naturelle*, XXXVII, 32, 2 : « Juba prétend que l'île Topaze est dans la mer Rouge, à un jour de navigation du continent ; que, entourée de brouillards et souvent cherchée par les navigateurs, elle a pris de cette circonstance le nom qu'elle porte ; qu'en effet topazin signifie chercher, en langue trogolyte ; que de là Philémon, préfet du roi, eu fit venir pour la première fois, et le donna à la reine Bérénice, mère de Ptolémée II, et qu'elles plurent beaucoup à cette princesse ; qu'ensuite on fit avec cette pierre, à Arsinoé, femme de Ptolémée Philadelphe, une statue de quatre coudées, qui fut consacrée dans le temple appelé temple d'Or ».

2242 Voir Pline, *Histoire naturelle*, XXXVI, 2 : « Du temps de l'édilité de M. Scaurus, on vit porter trois cent soixante colonnes pour décorer un théâtre temporaire, destiné à servir un mois tout au plus ».

Designatores sacri certaminis solum croco sparserant, arenae loco, ut mollius caderetur. Hic sese exercebant amantes uirtutis gratia et honestae uoluptatis. Spectabat eos Sappho Lesbia, quae amores suos prima uersibus expressit, dein Anacreon Teius Poëta, et in gradu editiore Celsus adolescens iurisconsultus ac Nerua filius, et Septitia, Attica mulier, quae thymelicis praemia dedit, l. Septicia ff. de pollicit. Nominatim omnes referre prolixum uideretur. Praetor qui summus in ea regione habebatur, et iuri etiam dicundo praeerat, ludos eximios edi curabat, ut et Romae, l. si ut § interdum ff. commod. ; Macrob lib. 1 *Saturn.* cap. 17, < expressim in l. non est ff. de manumiss. uindict. ; l. praetor § fin. de iniuriis ff. >.

Celebrabant uero tunc Agonetae sacrum certamen in honorem Caelestis Veneris : uictorum alii coronas ex rosa et myrto capiebant, alii tauris albis donabantur, quorum cornibus torquibus aureis uincirentur, alii pretiosis annulis. Adde quod Iurisconsultus ait Athletas sacris certaminibus coronatos excusari a tutelis, l. Athletae ff. de excusat. tutor.

3. Imperator Alexander, in l. unic de Athlet. 11* lib. C., sic rescripsit : *Athletis ita demum, si per omnem aetatem certasse, coronis quoque non minus tribus certaminis sacri (in quibus uel semel Romae, seu antiquae Graeciae) merito coronati, non aemulis corruptis ac redemptis probentur, ciuilium munerum tribui solet uacatio.*

Les organisateurs des jeux sacrés avaient répandu du safran sur le sol, en guise de sable, pour amortir les chutes. Les amoureux s'y livraient à l'exercice, juste pour le mérite et un honorable plaisir. Ils étaient contemplés par Sappho de Lesbie, qui la première mit ses amours en vers, avant le poète Anacréon de Téos, et, plus haut dans les gradins, par le jeune jurisconsulte Celsus, et par Nerva le fils, ainsi que par Septitia, une femme de l'Attique qui fonda des prix pour les musiciens de théâtre (D. 50, 12, 10[2243]). Mais il serait trop long de les désigner tous par leur nom. Le gouverneur de cette région, qui présidait aussi le tribunal, prenait soin de donner, comme à Rome, des jeux magnifiques : voir D. 13, 6, 5, 10[2244] ; voir aussi Macrobe, au chapitre 17 du livre I des *Saturnales*[2245] ; < c'est expressément dit en D. 40, 2, 7[2246] et D. 47, 10, 7, 8[2247] >.

À ce moment-là, des lutteurs célébraient un jeu sacré en l'honneur de la Vénus céleste ; certains des vainqueurs recevaient des couronnes de roses et de myrtes, d'autres des taureaux blancs dont les cornes étaient entourées de guirlandes dorées, d'autres encore des anneaux de prix. Ajoutons que le jurisconsulte déclare dispensés de tutelle les athlètes qui ont été couronnés lors de jeux sacrés (D. 27, 1, 6, 13[2248]).

3. L'Empereur Alexandre est l'auteur, en C. 10, 54, 1[2249], du rescrit suivant : « Il est d'usage d'exempter des charges civiles les athlètes qui donnent la preuve qu'ils ont concouru toute leur vie et qu'ils ont mérité des couronnes au moins trois fois dans des combats solennels (dont une fois à Rome ou dans la Grèce antique), sans avoir corrompu ni acheté leurs rivaux ».

2243 [...] *Polliceor et dedico certamen quarto quoque anno celebrandum de denarium triginta milibus, sortem ipsa retinens cautione idonea decem primis exhibita solutum iri ex more triginta milium usuras,* [...] **Procedent autem usurae in praemia (artificum) thymelicorum sic ut de unoquoque spectaculo ordo statuet** [...]. Entre parenthèses, j'ai placé la leçon aujourd'hui retenue pour la traduction du grec ; Forcadel, lui, lisait *thymelicorum*.

2244 [...] *uel si quis* **ludos edens praetor** *scaenicis commodauit* [...].

2245 Au chapitre 17, il est question des jeux en l'honneur d'Apollon.

2246 [...] *cum* [...] **ludorum gratia** *prodierit praetor* [...].

2247 *Atrocem autem iniuriam aut persona aut tempore aut re ipsa fieri Labeo ait.* [...] *tempore, si* **ludis** *et in conspectu* [...].

2248 *Vlpianus libro singulari de officio praetoris tutelaris ita scribit :* **athletae habent a tutela excusationem, sed qui sacris certaminibus coronati sunt.**

2249 Voir ci-dessus note 45. La loi est ici intégralement et exactement retranscrite. Accurse glose en effet les mots *in quibus* par *coronis* et *uel* par *pro saltem.*

Accursius ita uult hoc intelligi, ut unam de tribus coronis Romae, uel in antiqua Graecia, quaesitam esse oporteat. Quid si dicamus tres coronas simul diuersis tamen ludis sacris acceptas requiri ad ius uacationis munerum, nisi si coronetur aliquis uictor semel Romae, uel in antiqua Graecia, quae propter celebritatem loci et concursum certantium plus iuris habent, et plus ideo transferunt? Ratio ponitur in l. sed et* si § Romae ff. de excus. tut.; § haec autem prooem. ff.; arg. l. si is qui tres § eum qui ff. de excus. tutor. Sane per « omnem » aetatem certasse Athletas desideratur in d. l. unic. de Athlet., pro eo quod est « praecipua aetatis parte », ut *Prouerbiorum* cap. 5, *ubera eius inebrient te in omni tempore, in amore eius delectare iugiter* : de puella loquitur Sapiens; § omnes uero prooem. Inst.

4. Sacra certamina sunt honori deorum sacrata et initiata. In antiqua Graecia fuere tantum quatuor longe antiquissima : Olympia, Pythia, Isthmia, Nemea, quae singula grauissimos auctores suos habuere.

Olympia in gratiam Iouis Olympii Hercules instituit, iuxta Elidem ciuitatem, tantae claritatis certamina, ut inde Graeci fastos suos complexi sint, per Olympiadas, ut Romani per lustra numerantes. Corona sacra uictori ex oleastro, qui plurimus eo loco crescit, quam et ipse primus detulit.

Accurse veut comprendre qu'il faut avoir recherché l'une des trois couronnes à Rome ou dans la Grèce antique. Mais si nous disions qu'il fallait, pour avoir le droit d'être dispensé des charges, obtenir trois couronnes simultanément, mais à des jeux solennels différents, sauf si l'on remportait la couronne de la victoire une fois à Rome ou dans la Grèce antique, lieux qui, à cause de leur célébrité et de l'affluence des concurrents, possèdent et donc transmettent davantage de droits ? La raison en est donnée par D. 27, 1, 45, 3[2250] et par la *Constitutio Omnem* § 7[2251] ; pour preuve enfin : D. 27, 1, 31, 3[2252]. Assurément, dans la loi déjà citée C. 10, 54, 1[2253], il faut que les athlètes aient concouru « toute » leur vie, ce qui veut dire « la plus grande partie de leur vie », comme au chapitre 5 des *Proverbes*[2254], où le Sage parle d'une jeune fille : « que ses charmes t'enivrent en tout temps, sois toujours épris de son amour ! » ; voir aussi *Institutes, Prélude* § 1[2255]).

4. Les combats solennels sont consacrés aux dieux en l'honneur de qui ils ont été créés. Dans la Grèce antique, il y en avait seulement quatre très anciens : les Jeux Olympiques, Pythiens, Isthmiques et Néméens, qui avaient chacun en propre de très puissants patrons.

Les Jeux Olympiques furent institués par Hercule, près de la cité d'Élis, en l'honneur de Jupiter Olympien : c'étaient des jeux si célèbres que les Grecs en tirèrent leur calendrier, en comptant par olympiades, comme les Romains par lustres. La couronne solennellement remise au vainqueur était en feuilles d'olivier, arbre qui pousse à foison en ce lieu, et Hercule lui-même fut le premier à la décerner.

2250 **Romae datos tutores eos tantum accipere debemus, qui uel a praefecto urbis uel a praetore uel in** testamento Romae confecto uel in continentibus dati sunt.

2251 *Haec autem tria uolumina a nobis composita tradi eis tam in regiis urbibus quam in Berytiensium pulcherrima ciuitate, quam et legum nutricem bene quis appellet, tantummodo uolumus, quod iam et a retro principibus constitutum est,* **et non in aliis locis quae a maioribus tale non meruerint priuilegium** [...].

2252 *Eum, qui pupillum bonis paternis abstinuerat,* **detinendum in quarta tutela existimaui** *quasi deposita illa.*

2253 Voir ci-dessus note 45.

2254 Verset 19.

2255 Voir ci-dessus note 957.

Pythia Apollini dicata ab ipsomet, ut quibusdam placet, post Pythonem occisum, uel, ut Pausaniae uisum est in *Corinthiacis*, a Diomede, cum incolumis Troia rediisset, plerisque aliis tempestate obrutis ; coronam ex mali fronde palestritae capiebant ;

< refert Philostratus lib. 6 cap. 5 *De uita Apollonii* ; in his concertatores inuitari solitos cantu, tibiis, et psalmis, ut qui ad comoedias tragoediasque uocarentur >.

Isthmia [164] < Palaemoni > et diis marinis facta in Isthmo Graeciae, idque quinto quoque anno, coronatis pinu Agonetis ;

< notum est Isthmon esse angustam inter duo maria terram, l. Lucius ff. de seruit. rustic. >.

Nemea, ludi funebres ab Argiuis, ut Strabo scribit lib. 8, in sylua Nemea agitabantur, Archemoro solemnes, coronis de apio praestitutis : ideo, ut conjectura consequor, quod Archemorus Hypsipyles alumnus in apio, quod prope fontem creuerat, depositus, a dracone exesus est, autore Iulio Hyginio ;

---

164 1553 : Neptuno.

Les Jeux Pythiques, selon certains, furent dédiés à Apollon par le dieu lui-même, après qu'il eut tué Python, ou, comme l'a cru Pausanias dans sa *Corinthie*[2256], par Diomède, quand il fut revenu sain et sauf à Troie, alors que la plupart de ses compagnons avaient péri dans la tempête ; les athlètes y recevaient une couronne en feuilles de pommier ;

< Philostrate, au chapitre 5* du livre VI de la *Vie d'Apollonios*[2257], rapporte qu'on y invitait des musiciens – des chanteurs, des joueurs de flûte et de psaltérion –, pour participer à des comédies et à des tragédies >.

Les Jeux Isthmiques étaient célébrés sur l'isthme grec, tous les cinq ans, en l'honneur de Palémon et des dieux marins, et les combattants y étaient couronnés de feuillage de pin ;

< on sait qu'un isthme est une langue de terre entre deux mers (D. 8, 3, 37[2258]) >.

Les Jeux Néméens étaient des Jeux funèbres que les Argiens célébraient dans la forêt de Némée, comme l'écrit Strabon au livre VIII[2259] ; ils avaient été solennellement institués par Archémore, et on y décernait des couronnes d'ache, pour la raison, je suppose, que sa nourrice Hypsipyle l'avait déposé dans l'ache qui poussait près d'une source, et que, selon Hygin[2260], il y avait été dévoré par un serpent ;

2256 *Description de la Grèce*, II, 32 : « Dans l'intérieur de cette enceinte se trouve le temple d'Apollon Épibatérius, que Diomède érigea lorsqu'il eut échappé à la tempête qui dispersa les Grecs au retour de Troie, et ils disent que Diomède célébra le premier les jeux Pythiques en l'honneur d'Apollon ».

2257 VI, 10 : « On dit que Delphes reçoit ses visiteurs avec un cortège de chanteurs et de joueurs de flûte et de cithare, qu'ils leur font fête avec des comédies et des tragédies, et qu'à la fin seulement ils leur donnent le spectacle des combats gymniques ; on dit, au contraire, qu'à Olympie, on rejette comme inutiles et peu convenables au lieu tous les préambules de ce genre, et que l'on n'offre aux spectateurs que les Jeux gymniques, conformément à l'institution d'Hercule ».

2258 [...] *Aquae, quae fluit in lacum a patre meo factum in isthmo, digitum tibi do donoque in domum tuam in isthmo uel quocumque uelis* [...].

2259 Chapitre VI, 20 : « Corinthe, avec le temps, acquit encore de nouveaux avantages. Ainsi, la célébration des jeux isthmiques attirait toujours dans son sein une multitude d'étrangers ». Et 22 : « Signalons encore sur l'isthme même le temple de Neptune Isthmien et le bois de pins contigu au temple, où les Corinthiens célébraient les jeux isthmiques ».

2260 Fable 74 : *Septem ductores qui Thebas oppugnatum ibant deuenerunt in Nemeam, ubi Hypsipyle Thoantis filia in seruitute puerum Archemorum siue Ophiten Lyci regis filium nutriebat ; cui responsum erat ne in terra puerum deponeret antequam posset ambulare ; ergo ductores septem qui Thebas ibant aquam quaerentes deuenerunt ad Hypsipylen eamque rogauerunt ut eis aquam demonstraret ; illa timens puerum in terram deponere ; apium altissimum erat ad fontem, in quo puerum deposuit ; quae dum aquam eis tradit, draco fontis custos puerum exedit. at draconem Adrastus et ceteri occiderunt et Lycum pro Hypsipyle deprecati sunt, ludosque puero*

Plinius lib. 19 cap. 8*, de apio loquens : *honos* ipsi *in Achaia coronare uictores sacri certaminis Nemeae,*

< propterea apium uocatur a Pindaro, ode 6 *Nemeorum*, βοτάνα [...] λέοντος, id est, *herba leonis.* Scilicet Nemei laudabiles fuere hi mores, qui tantos labores, et tantae laudis argumenta herbis et frondibus insigniuerint. Quod in compluribus aliis ludis non est obseruatum, quorum praemia auro argentoque refulsere et quorum similiter > coronae sacrae uocabantur, l. commodis ff. de re iudic.

5. Ergo qui certamine gymnico alibi quam Romae uel in suprascriptis quatuor Graeciae antiquae certaminibus uicerant, nisi ter uicissent, immunes non censebantur, uti explicuimus, d. l. unic. de Athlet. lib. 11 C., quod uerum et aequum est. Nam, ne quis obstrepat, scire necesse est, in aliis plerisque Graeciae urbibus ludos sacros aliquando editos fuisse, ut eos quos Iones Libero patri et Alexandro Philippi dicauerant ; et in l. pen. ff. de annuis leg., legata fuit certa pecunia in quadriennium certaminis Chrysanthiniani danda Reipublicae Sardianorum ; qua in specie Diui Imperatores responderunt in perpetuum quarto quoque anno tantumdem praestandum.

à propos de l'ache, voir Pline, au chapitre 8* du livre XIX[2261] : « En Grèce, cette plante a l'honneur de servir à couronner les vainqueurs dans les combats sacrés de Némée » ;

< c'est pourquoi Pindare, dans sa VIe *Néméenne*, appelle l'ache « l'herbe du lion »[2262]. Assurément, c'étaient des mœurs dignes d'éloges que celles des habitants de Némée, qui récompensaient tant de labeurs et d'admirables exploits par des herbes et des feuillages. On ne faisait pas le même constat dans de nombreux autres Jeux, où les récompenses avaient l'éclat de l'or et de l'argent, et dont, pareillement >, les couronnes étaient appelées sacrées (D. 42, 1, 40[2263]).

5. Par conséquent, ceux qui avaient remporté la victoire dans un combat d'athlètes ailleurs qu'à Rome ou que dans les quatre Jeux de la Grèce antique mentionnés ci-dessus, s'ils n'avaient pas remporté trois victoires, n'étaient pas censés être dispensés de charges, ainsi que nous l'avons expliqué (loi déjà citée C. 10, 54, 1[2264]), ce qui est véritable et équitable. Il faut savoir en effet, pour décourager les objections, que la plupart des autres villes grecques avaient, un jour ou l'autre, institué des jeux sacrés, comme ceux que les Ioniens avaient dédié à Bacchus et à Alexandre, fils de Philippe ; et en D. 33, 1, 24[2265], il est question du legs d'une certaine somme d'argent à la ville de Sardes « pour célébrer tous les quatre ans des jeux en l'honneur d'Apollon » ; or, en l'espèce, les Empereurs ont répondu qu'il faudrait donner, à perpétuité, la même somme tous les quatre ans.

---

funebres instituerunt, qui quinto quoque anno fiunt, in quibus uictores apiaciam coronam accipiunt.

2261 *Histoire naturelle* XIX, 46.

2262 Vers 43-44 : « enfin l'herbe du lion l'a couronné vainqueur au pied des vieilles montagnes ombreuses de Phlionte ».

2263 *Commodis praemiorum, quae propter* **coronas sacras** *praestantur, condemnato placuit interdic: et eam pecuniam iure pignoris in causam iudicati capi.*

2264 Voir ci-dessus note 45.

2265 *Cum erat* **certa pecunia**, *id est centum,* **rei publicae Sardianorum relicta per quadriennium certaminis Chrysanthiani**, *Diui Seuerus et Antoninus rescripserunt uideri perpetuam pensitationem reliquisse testatorem per quadriennium, non in primum quadriennium.*

Est uero Sardis urbs Tmolo monti uitifero contermina, in prouincia Maeonia, id est Lydia, proxima Misiae, de qua in l. III ff. de off. adcess.; unde Sardiana iurisdictio appellatur Plinio lib. 5 cap. 29* ; Strabo, lib. 10*, prodit Sardim terraemotu aetate Tiberii Imperatoris qua ipse floruit, concussam, dein restitutam, florentem ac claram exstitisse. Idem eodem libro scribit Chrysam oppidum Apollinis delubro insigne fuisse. Vnde certamen Chrysenthinianum in d. l. pen. Apollinis honori dicasse Sardianos, uel forte Cereri, quae a Chrysantide primum filiae raptum cognouit, Pelasgi excepta hospitio, teste Pausania in *Atticis*. Dedicatur etiam certamen quadriennale in Graecia a Septicia cum pecunia, ex cuius usuris edatur, in l. Septicia ff. de pollicit., ex qua lege probatur pecuniam numeratam praemium ludorum gymnicorum fuisse ; nisi dicere malimus non uictorum, sed thymelicorum, ut ibi dicitur, id est, musicorum siue tibicinum mercedem fuisse.

La ville de Sardes est limitrophe du mont viticole de Tmolus, dans la province de Méonie, c'est-à-dire la Lydie, voisine de la Mysie, dont il est question en D. 1, 22, 3[2266] ; c'est pourquoi, au chapitre 29* du livre V[2267], Pline l'appelle la juridiction de Sardes ; Strabon, au livre X*[2268], dit que Sardes, démolie par un tremblement de terre sous le règne de l'Empereur Tibère, fut par la suite reconstruite, et se releva florissante et célèbre. Strabon encore, au même livre, écrit que la ville de Chrysa était connue pour son temple d'Apollon[2269]. Voilà pourquoi les Sardes avaient dédié les jeux de Chrysa (voir la loi déjà citée D. 33, 1, 24[2270]) au dieu Apollon, ou peut-être à Cérès, car, selon le témoignage de Pausanias dans *L'Attique*[2271], lorsqu'elle eut bénéficié de l'hospitalité de Pélasgus, c'est Chrysantis qui, le premier, lui apprit le rapt de sa fille. Septicia aussi, en D. 50, 12, 10[2272], fonde des jeux quadriennaux en Grèce, avec des récompenses constituées par les intérêts de la somme donnée, et cette loi prouve que de l'argent en pièces de monnaie était donné en récompense pendant les jeux ; à moins que nous ne préférions dire que cette rémunération n'était pas destinée aux athlètes vainqueurs, mais, selon les mots employés ici, aux *thymelici*, c'est-à-dire aux musiciens ou joueurs de flûte.

2266 *Si eadem prouincia postea diuisa sub duobus praesidibus constituta est, uelut Germania,* **Mysia** [...].

2267 *Histoire naturelle* V, 30, 1 : « La Lydie, arrosée par les retours sinueux du Méandre, s'avance au-dessus de l'Ionie : voisine de la Phrygie au levant, de la Mysie au nord, embrassant au midi la Carie, elle s'appelait auparavant Méonie. Elle est célèbre surtout par la ville de Sardes, placée sur le flanc du mont Tmolus. Ce mont, appelé auparavant Timolus, est planté de vignes, et il donne naissance au Pactole ou Chrysorrhoas, et à la source Tarne ».

2268 XIII, 4, 8 : « on peut même dire qu'elle ne le cédait à aucune des villes voisines, lorsque de récents tremblements de terre la couvrirent encore une fois de ruines. Mais elle a trouvé dans la libéralité de Tibère, l'empereur actuel, un secours providentiel, et s'est vu magnifiquement restaurer par lui, en même temps que plusieurs villes qui avaient partagé son infortune ».

2269 XIII, 1, 47 : « Chrysa possède, non seulement le temple d'Apollon Sminthien, mais aussi le fameux emblème auquel on doit d'avoir conservé le vrai sens de cette qualification ou épithète, à savoir une figure de rat sculptée sous le pied du dieu ».

2270 Voir ci-dessus note 2266.

2271 *Description de la Grèce* I, 14, 2 : « On dit donc que Cérès, lorsqu'elle vint à Argos, fut reçue chez Pélasgus, et qu'elle y apprit de Chrysanthis ce que celle-ci savait de l'enlèvement de sa fille ».

2272 Voir ci-dessus note 2244.

6. Caeterum illud perspicue demonstratur in l. commodis ff. de re iudic. *Commodis praemiorum*, inquit Papinianus, *quae propter coronas sacras prestantur, condemnato placuit interdici et eam pecuniam iure pignoris in causam iudicati capi*. Hoc est, ut placet Accursio, pecunia aliis pignoribus deficientibus capietur ab eo, qui superior in pancratio fuit, uictus tamen in foro ; non si in aliis rebus fieri possit executio, l. stipendia C. de exsecut. rei iudic. ; enimuero dum *commoda praemiorum propter coronas praestari* dicit Iurisconsultus, clare innuit pecuniam pro coronis dari solitam.

< Certe Laërtius, in *Solonis uita*, hunc commemorat athletarum praemia castigasse, ut is qui Olympia uicisset quingentas draghmas, qui uero Isthmia centum acciperet, eademque ratione in caeteris certaminibus, ut ii qui in praeliis pro patria occubuissent potius illustrarentur, tamquam Reipublicae profuturi serio, non ad delicias tantum spectaculi ut in ludis, licet sacris >.

Forsitan uoluit Papinianus interdici commodis praemiorum, et eam pecuniam iure pignoris in causam iudicati capi : hoc est, repetita praecedenti negatione, placuit etiam interdici ne ea pecunia capiatur, ut fulta iure singulari.

6. Du reste, D. 42, 1, 40[2273] l'explique lumineusement : « Il a été décidé, dit Papinien, qu'un homme jugé coupable serait privé du bénéfice des récompenses accordées à ceux qui ont remporté des couronnes aux jeux sacrés, et que cet argent serait saisi pour garantir l'exécution du jugement ». C'est-à-dire, selon Accurse, qu'en l'absence d'autres garanties, on prendra cet argent à celui qui, vainqueur à la lutte, a été néanmoins vaincu au tribunal ; mais ce ne sera pas le cas si l'on peut procéder à l'exécution par d'autres voies (C. 7, 53, 4[2274]) ; effectivement, en parlant du « bénéfice des récompenses accordées à ceux qui remportent des couronnes », le jurisconsulte a laissé clairement entendre qu'on avait l'habitude de donner de l'argent en place de couronnes.

< Certes, Diogène Laërce, dans la *Vie de Solon*[2275], rappelle que ce législateur avait corrigé à la baisse les récompenses accordées aux athlètes, et qu'un vainqueur aux Jeux Olympiques devait recevoir cinq cents drachmes, un vainqueur aux Jeux Isthmiques cent, et ainsi de suite pour tous les autres concours, de manière à distinguer prioritairement ceux qui seraient tombés en combattant pour la patrie, car ils seraient très sérieusement utiles à l'État, au lieu de contribuer seulement au plaisir d'un spectacle, comme c'est le cas dans des jeux, fussent-ils sacrés >.

Mais peut-être Papinien avait-il voulu à la fois interdire de donner des récompenses aux condamnés et de saisir cet argent pour garantir l'exécution du jugement ; autrement dit, avec une négation dont l'effet se prolonge sur la suite de la phrase, cela signifie : il a même été décidé de leur refuser des récompenses, pour éviter que cet argent fût saisi, parce qu'il résultait d'un privilège.

2273 Voir ci-dessus note 2264. Le mot *interdici* est glosé ainsi : *ut sibi scilicet non soluatur, sed uictori [...] et hoc est uerum, cum omnia alia deficiant ; alias nec priuata pactione possunt obligari [...] nec publica.*

2274 *Stipendia retineri propterea, quod condemnatus es, non patietur praeses prouinciae,* **cum rem iudicatam possit aliis rationibus exsequi.**

2275 § 55 : « Il modéra encore les récompenses assignées aux athlètes, ordonnant cinq cents drachmes à ceux qui auraient vaincu aux jeux olympiques, cent à ceux qui auraient triomphé dans les jeux isthmiques, et ainsi des autres à proportion. Il alléguait pour raison qu'il était absurde d'avoir plus de soin de ces sortes de récompenses que de celles que méritaient ceux qui perdaient la vie dans les combats, et dont il voulut que les enfants fussent entretenus aux dépens du public ».

Porro coronae athletarum primum ex certis frondibus esse coeperunt, mox ex aere inaurato. Crassus ille diues primus ludis suis Romae ex argento auroque dedit, folia imitatus. Tandem ad nummum et quasi mercedem itum est, d. l. commodis ff. de re. iudic.

Pecuniam tamen non male explices pro corona ipsa, cum sit lata pecuniae significatio, l. pecuniae ff. de uerb. signific., et certum est tempore legis XII Tabularum coronam ipsam dictam esse pecuniam uirtutis causa dumtaxat quaesitam ; in ea enim sic loquebantur decemuiri : *qui coronam parit, ipse pecuniaue eius, uirtutis ergo arguitur.* Quem locum deprauat magis quam interpretatur Plinius, lib. 21 cap. 3*. Quod si in d. l. commodis pecunia pro corona sumi queat, multo minus mirandum, si ob causam iudicati pignoris iure accipi non deceat. Primam et communem sententiam, quae pecuniam numeratam intelligit, non temere reiiciendam iudico, cum Suetonius de Neronis auaritia in hunc modum loquatur : *reuocauit et praemia coronarum, quae unquam sibi in certaminibus ciuitates detulissent.*

Les couronnes des athlètes furent d'ailleurs, au début, composées avec certains feuillages, mais bientôt fabriquées en bronze doré. Le riche Crassus, lors des jeux qu'il donna à Rome, fut le premier à remettre des couronnes en or et en argent, qui imitaient la forme des feuilles d'arbres[2276]. Finalement, on en arriva à de l'argent monnayé et, quasiment, à une rémunération (loi déjà citée D. 42, 1, 40[2277]).

Cependant, on n'aurait pas tort de considérer que le mot *pecunia* a le sens de « couronne », puisque la signification de ce mot est très étendue (D. 50, 16, 178, pr.[2278]) ; et il est certain qu'au temps de la loi des XII Tables, on disait que la couronne elle-même était une *pecunia* obtenue par le mérite ; car les decemvirs en parlaient en ces termes : « celui qui obtient une couronne, par lui-même ou grâce à sa *pecunia*, fait la preuve de son mérite ». Pline[2279] corrompt ce passage plus qu'il ne l'interprète au chapitre 3* du livre XXI. Et si l'on peut prendre *pecunia* au sens de « couronne » dans la loi déjà citée D. 42, 1, 40[2280], on s'étonnera beaucoup moins que cette *pecunia* ne doive pas servir de garant pour l'exécution du jugement. Mais je pense qu'il ne faut pas rejeter à la légère la première interprétation, la plus répandue, qui consiste à comprendre *pecunia* au sens d'argent monnayé, puisque Suétone[2281] parle en ces termes de l'avarice de Néron : « il récupéra même les récompenses données pour les couronnes que les villes lui avaient un jour décernées dans des concours ».

2276 Voir Pline *Histoire naturelle*, XXI, 4, 1 « Le riche Crassus fut le premier qui, ayant fait faire des feuilles artificielles en argent et en or, distribua de pareilles couronnes lors de ses jeux ».

2277 Voir ci-dessus note 2264.

2278 *« Pecuniae » uerbum non solum numeratam pecuniam complectitur, uerum omnem omnino pecuniam, hoc est omnia corpora ; nam corpora quoque pecuniae appellatione contineri nemo est qui ambiget.*

2279 *Histoire naturelle*, XXI, 5, 1 : « Toutefois, on estima toujours beaucoup les couronnes gagnées même dans les jeux ; car les citoyens, lors de ces jeux, descendaient eux-mêmes dans le cirque pour prendre part au combat, et y envoyaient leurs esclaves. De là cette loi des Douze Tables : "Si quelqu'un gagne une couronne par lui-même ou par sa *pecunia*, qu'elle lui soit donnée à cause de son mérite". [Le texte de Pline porte en effet la leçon : *uirtutis suae ergo duitor ei*]. Il n'est pas douteux que par ces mots, gagnée par sa *pecunia*, la loi n'ait entendu une couronne gagnée par ses esclaves ou ses chevaux. Or quel était l'honneur qu'elle procurait ? C'était qu'après leur mort le vainqueur et ses père et mère avaient le droit d'être couronnés pendant que le corps était exposé dans la maison, ou porté au lieu des funérailles ».

2280 Voir ci-dessus note 2264.

2281 *Vie de Néron*, 32.

7. Nam alioquin aurum hoc, quod coronarium, a corona cuius uice datur, appellari solet; indici a Principe non oportet, sed si offeratur accipi, l. unic. de auro coron. lib. 10 C. Vno casu necessitatis est, non liberalitatis, auri coronarii praestatio, si consuetudo iusserit, d. l. unic. de aur. coron. l. pen. C. de iudae. Alciatus lib. 6 *Parerg.* cap. 4 origo nominis inde ducta, quod Imperatores antiquitus triumphales coronas ex lauro, postea ex auro, tulerunt, quod ob honorem triumphi coronarium coepit uocitari, A. Gellius, lib. 5 cap. 6; idem nomen tenet pecunia honoris causa principibus oblata.

< Vice coronarum aurearum Plinius, lib. 33 cap. 3*, scripsit Hispaniam contulisse Claudio Caesari de Britannia triumphanti coronam auream VII pondo et Galliam Comatam alteram IX pondo. Ne pudeat athletas aureae mercedis, cum eam Principes ambierint, et ex liberalitate in necessitatem transire coegerint.

7. D'ailleurs, cet or que l'on appelle coronaire tire son nom de la couronne à la place de laquelle on le remet ; le Prince ne doit pas l'exiger, mais il peut l'accepter si on le lui offre (C. 10, 76[2282]). Il existe un seul cas dans lequel la remise de l'or coronaire résulte d'une contrainte, au lieu d'être une pure libéralité, c'est lorsque la coutume en impose l'obligation (loi déjà citée C. 10, 76[2283] ; C. 1, 9, 17[2284]). Alciat, au chapitre 4 du livre VI de ses *Parerga*[2285], rapporte l'origine de ce nom au fait que, dans l'Antiquité, les généraux en chef portaient, lors de leurs triomphes, des couronnes de laurier, qui devinrent ensuite des couronnes d'or, et c'est à cause de l'honneur conféré par le triomphe que l'on se mit à appeler cet or « coronaire » (voir Aulu-Gelle, au chapitre 5 du livre VI[2286]) ; l'argent que l'on donnait aux Princes à titre honorifique porte le même nom.

< Pline, au chapitre 3* du livre XXXIII[2287], écrit qu'à la place de plusieurs couronnes d'or, l'Espagne avait apporté à l'Empereur Claude, pour son triomphe sur la Bretagne, une couronne d'or de sept cents livres, et la Gaule chevelue une autre de neuf cents. Que les athlètes n'aient donc pas honte d'être récompensés avec de l'or, puisque les Princes ont brigué cette rémunération, et ont, de force, fait évoluer une libéralité en nécessité.

2282 *Ad collationem auri coronarii placuit neminem absque consuetudine esse cogendum.*

2283 Voir la note précédente.

2284 *Iudaeorum primates, qui in utriusque Palestinae synedriis nominantur uel in aliis prouinciis degunt, periculo suo anniuersarium canonem de synagogis omnibus palatinis compellentibus exigant ad eam formam, quam patriarchae quondam* **coronarii auri nomine postulabant** *; et hoc, quod de occidentalibus partibus patriarchis conferri consueuerat, nostris largitionibus inferatur.*

2285 Alciat y mentionne, entre autres références, les deux deux lois du *Code* indiquées ici par Forcadel. C'est à partir du *In Pisonem* de Cicéron qu'il met l'or coronaire en rapport avec le triomphe romain. *Apparet igitur solere aurum exigi, uel ob triumphum decretum, uel ob uictoriam, uel, ut Accursius ait, etiam ob dedicationem Principalis statuae.*

2286 « Les couronnes triomphales, envoyées aux généraux pour qu'ils s'en parent le jour de leur triomphe, sont d'or ; voilà pourquoi assez souvent on appelle cette couronne *aurum coronarium*. Dans l'origine elle était de laurier ; dans la suite on commença à la faire d'or ».

2287 *Histoire naturelle*, XXXIII, 16 : « Claude, son successeur, triomphant de la Bretagne, indiqua par les inscriptions, parmi les couronnes d'or, une de sept cents livres fournie par l'Espagne citérieure, et une de neuf cents fournie par la Gaule chevelue ».

8. Mulieres autem a sacris ludis maxime ab Olympicis arceri consuetas notat Placidius interpres in lib. 1 *Thebaidos* Papinii :
Teneros, inquit, *caueae dissensus ephebos*
Concitat, exclusaeque expectant praemia matres.

Pausanias tamen in *Laconicis* prodidit Cyniscam, Archidami regis filiam, in Olympicas uictorias uirili animo aspirasse, equos aluisse, primamque coronam ac palmam ex Olympia retulisse. Postea alias mulieres uictrices fuisse ex Macedonia ; sed putem aut Spartanas fuisse, aut Regum filias ; nescio enim, quomodo his plus licet recepto more, mos enim solus in ludis facit, ut aliquid sit turpe uel honorificum, l. 4 ff. de iis qui notant. infam. (D. 3, 2, 4, pr.).

Sic etiam in iudiciis ; nam non putet aliquis defectu iudicii factum ut mulieres non iudicent, sed moribus, quia ea res uirilis uisa sit officii, l. cum praetor ff. de iudic. (D. 51, 12, pr.). Olim uero iudicauit diutissime Debora prophetis, cap. 4 *Iudicum*, et in partibus Gallicanis Regina, atque aliae foeminae praecellentes, ut scribit Pontifex in cap. dilecti de arbitris, ordinariam iurisdictionem habuerunt,

8. Placidus, commentateur de Stace, note, au livre I de *La Thébaïde*[2288], que les femmes étaient ordinairement interdites de jeux sacrés, et surtout de Jeux Olympiques :

Les clameurs contradictoires de l'amphithéâtre excitent les jeunes athlètes,
Et leurs mères, exclues de ces spectacles, attendent qu'ils en reviennent couronnés.

Cependant, Pausanias, dans sa *Laconie*[2289], a raconté que Cynisca, la fille du roi Archidamas, avait eu l'aspiration virile de remporter la victoire aux Jeux Olympiques, qu'elle avait pour cela entretenu des chevaux et qu'elle fut la première à rapporter d'Olympie la couronne et la palme. Par la suite, plusieurs Macédoniennes obtinrent des victoires ; mais je croirais volontiers qu'elles étaient originaires de Sparte, ou filles de rois. Je ne sais pas pourquoi, mais effectivement, les mœurs donnaient davantage de latitude à ces femmes ; or, en matière de jeux, c'est la coutume seule qui décide de ce qui est honorable ou déshonorant (D. 3, 2, 4, pr.[2290]).

Il en est de même en matière de justice : personne n'oserait penser que si les femmes ne peuvent être juges, c'est parce qu'elles manquent de jugement ; c'est seulement parce qu'il est dans les mœurs de regarder cet office comme un métier d'homme (D. 5, 1, 12, 2[2291]). Mais, jadis, Deborah la prophétesse exerça pendant très longtemps les fonctions de juge (voir *Juges*, chapitre 4[2292]), et, en France, la reine ainsi que d'autres femmes de haut rang avaient une juridiction ordinaire, comme l'écrit le Pape (*Décrétales de Grégoire IX*, I, 43, 4[2293]) ;

2288 vers 423-424.

2289 III, 8 : « Archidamos avait aussi une fille nommée Cynisca qui eut l'ambition de concourir aux jeux Olympiques ; elle est la première femme qui ait entretenu des chevaux pour la course des chars, et qui ait remporté des victoires à Olympie. Plusieurs autres femmes, surtout des Macédoniennes, obtinrent depuis des prix à Olympie, mais elle est la plus célèbre de toutes ».

2290 Voir ci-dessus note 2227.

2291 Voir ci-dessus note 2075.

2292 Versets 4 et 5 : « En ce temps-là, Débora, prophétesse, femme de Lapidoth, rendait la justice en Israël. Elle siégeait sous le palmier de Débora, entre Rama et Béthel, dans la montagne d'Ephraïm ; et les enfants d'Israël montaient vers elle pour être jugés ».

2293 *In mulierem singularem tanquam in arbitratricem compromitti non potest ; secus si mulier habet alias iurisdictionem de iure communi uel consuetudine. Nam tunc etiam super rebus temporalibus ecclesiae potest in eam ualide compromitti.*

et licet, propter unam Calphurniam seu C. Affraniam, ut mauult Alciatus, praetor mulieres postulare uetuerit, l. 1 § sexum ff. de postul., tamen lecta est oratio, quam apud Triumuiros habuit Q. Hortensii filia. Alias commemorat Quintilianus, lib. 1 cap. 1, magno sexus honore.

Sed hae forte pro se ipsis postularunt, non pro aliis, ut d. § sexum. In ea re enim pudor naturalis mulierum, l. pe. C. de contrah. stipul., non ita offenditur; multa enim clientem secreto loqui cum aduocato expedit, multa palam fingere, ut mala causa sucum capiat, quae mulieris pudorem onerarent, nisi cum pro se postulet iusto agitata affectu. Idem dicerem si pro suis causam dicat, liberis, parentibus, nepotibus, licet Accursius dubitet in l. 1 § fin. de postula.; utor argumento l. 1 ff. de accusati.; sed et pro cognatis uerecundam mulierem iudex, causa cognita, admitteret postulantem, l. 1 § consequens ff. de suspectis tutorib.; l. foeminas, de procurat ff. >.

et, bien qu'à cause d'une Calpurnie ou, plutôt, comme le veut Alciat[2294], d'une Affranie, le préteur eût interdit à toutes les femmes de se pourvoir en justice (D. 3, 1, 1, 5[2295]), on donna cependant lecture d'un discours que la fille d'Hortensius prononça devant les Triumvirs. Quintilien, au chapitre 1 du livre I[2296], en mentionne d'autres, pour le plus grand honneur de ce sexe.

Mais peut-être ces femmes plaidaient-elles pour leur propre compte, comme il est dit dans la loi déjà citée D. 3, 1, 1, 5[2297], et non pour le compte d'autres personnes. Dans le premier cas, en effet, l'atteinte à la pudeur naturelle des femmes est bien moindre (C. 8, 37, 14, 1[2298]); c'est qu'il est de l'intérêt d'un client de s'entretenir d'une foule de choses, en secret, avec son avocat, et d'en inventer beaucoup d'autres en public, pour donner de la consistance à une mauvaise cause : or tout cela blesserait la pudeur féminine, sauf si, animée d'une juste émotion, la femme plaidait pour son propre compte. Je dirais la même chose si elle plaidait pour ses proches, enfants, parents ou petits-enfants, bien qu'Accurse émette des doutes en D. 3, 1, 1, 11[2299]; mais j'ai pour preuve D. 48, 2, 1[2300]; et, après avoir pris connaissance de la cause, le juge pourrait même autoriser une femme respectable à plaider pour ceux qui lui sont apparentés (D. 26, 10, 7[2301]; D. 3, 3, 41[2302]) >.

2294 Voir *Parerga* II, 37 : fort de variantes dans les leçons des manuscrits, Alciat fait remarquer en effet que l'allusion à Calpurnia, en D. 3, 1, 1, 2 (nom aujourd'hui orthographié Carfania), où elle est jugée responsable de l'exclusion des femmes du prétoire, doit plutôt être remplacée par la mention de la célèbre avocate Caria Affrania. Il invoque aussi le témoignage de Valère Maxime, VIII, 2 : « C. Afrania, femme du sénateur Licinius Buccon, qui avait le goût de la chicane, plaidait toujours elle-même ses procès devant le préteur, non qu'elle manquât de défenseurs, mais parce qu'elle était pleine d'effronterie. À force de fatiguer les tribunaux de cris et pour ainsi dire d'aboiements qui ne sont pas habituels au forum, elle devint le plus fameux exemple de l'esprit de chicane chez les femmes. Aussi, pour flétrir la malhonnêteté chez une femme, on se sert de ce nom d'Afrania ».

2295 Voir ci-dessus note 808.

2296 *Institution oratoire*, I, 1, 6 : « et nous lisons encore un discours de la fille de Q. Hortensius, prononcé devant les triumvirs, qui fait honneur à son sexe et n'en ferait pas moins au nôtre ».

2297 Voir ci-dessus note 808.

2298 Voir ci-dessus note 1109.

2299 *Deinde adicit praetor : « **pro alio ne postulent praeterquam pro parente**, patrono patrona, liberis parentibusque patroni patronae »* [...]. Les mots *ne postulent* sont en effet glosés ainsi par Accurse : *non ut aduocatrix, sed ut **procuratrix mulier admittitur**.*

2300 *Non est permissum mulieri publico iudicio quemquam reum facere, **nisi scilicet parentium liberorumque** et patroni et patronae et eorum filii filiae nepotis neptis **mortem exequatur**.*

2301 *[...] et si qua alia **mulier** fuerit, **cuius praetor perpensam pietatem intellexerit non sexus uerecundiam egredientis**, sed pietate productam non continere iniuriam pupillorum, **admittet eam ad accusationem**.*

2302 ***Feminas pro parentibus agere interdum permittetur causa cognita**, si forte parentes morbus aut aetas impediat, nec quemquam qui agat habeant.*

Quibus ludi generibus uicisse oportuerit in ludis antiquis palaestrita enarratur, l. III ff. de aleae lus. et aleat. : nempe disco, pilo iaciendo, cursu, saltu, lucta[165]. Quapropter Iustinianus in illa constitutione, quae est C. de relig. et sumpt. funer.* in fi., eosdem uel non dissimiles quinque ludos nec amplius probat, nominibus pene barbaris, uti par erat iam illo seculo usurpari, praesertim in urbe Constantinopoli in qua agebat, et in ludis, quibus peregrina saepe induntur nomina, cum multis in locis, tum frequentissime in Gallia ;

< ut permultis aliis rebus barbare usurpatis § coges de mandat. princip. col 3. in Auth. >.

Plane non ad aleam sed ad exercitationem contentionemque uirium spectare quinque hos ludos inde coniicio, quia mox prohibet ne fiant equi lignei, propter imminens periculum quod iis impendebat qui in illis sederent.

---

165   1553 *adiiciebat* : et his quinque tantum ludis indulgere non modo permissum, sed etiam honorificum est.

La loi D. 11, 15, 2, 1[2303], expose dans quelles disciplines des jeux de l'Antiquité il fallait être victorieux : ce sont le disque, le lancer de javelot, la course, le saut, la lutte. C'est pourquoi Justinien, dans la Constitution C. 3, 43, 1, 4[2304], approuve ces mêmes cinq jeux, ou leurs semblables, mais pas davantage ; ils sont dotés de noms presque barbares, comme il était normal d'en utiliser à cette époque, surtout à Constantinople, où l'Empereur vivait, et s'agissant de jeux auxquels on donnait souvent des noms étrangers, en de nombreux endroits, mais particulièrement en Gaule ;

< il en était de même pour une foule d'autres réalités aux noms barbares (*Novelle* 17, chapitre 8, pr.[2305]) >.

Je présume que c'était parce que ces cinq jeux ne faisaient pas miser sur la chance, mais sur l'entraînement et l'effort, puisque, peu après, Justinien interdit les chevaux de bois[2306], à cause du danger imminent qu'ils faisaient courir à ceux qui les enfourchaient.

2303 *Senatus consultum uetuit in pecuniam ludere, praeterquam **si quis certet hasta uel pilo iaciendo uel currendo saliendo luctando pugnando**, quod uirtutis causa fiat.*

2304 *Deinde uero ordinent **quinque ludos** : τὸν μονόβολον, τὸν κονδομονόβολον, καὶ κόνδακα καὶ ῥέπον καὶ περιχυτὴν [...].*

2305 *Coges autem publicos executores in suis desusceptis manifesta facere omnia, in quibus ea dederunt, **zygocephalorum** aut iugorum aut iuliarum aut quolibet modo per regiones nuncupantur [...].*

2306 Voir C. 3, 43, 2 : **Prohibemus etiam, ne sint equi lignei ;** *sed si quis ex hac occasione uincitur, hoc ipse recuperaret, domibus eorum publicatis, ubi haec reperiuntur.* On ne sait pas au juste en quoi consistait ce jeu de hasard, au sujet duquel Justinien ne mentionne pas d'autre danger que celui d'une perte d'argent. Mais Forcadel, de toute évidence, ne fait pas partie de ceux qui le considéraient comme un genre de jeu de dés. Pour une mise au point sur cette question jugée insoluble, voir I. Gibalini [...] *De niuersa rerum humanarum negotiatione tractatio scientifica, utroque foro perutilis* [...], Lyon, 1663, tome II, chapitre 9 (*De ludis*), p. 261 : **quisnam uero esset ille ligneus equus,** *quodue illius genus ludi hactenus **inutiliter quaerunt Interpretes,** ut uidebis apud Antonium Contium* [référence au commentaire du *Code* par Antoine Le Conte, qui cite lui-même Théodore Balsamon, pour l'hypothèse d'une espèce de jeu où il s'agissait d'envoyer des boules dans des orifices du haut d'un ouvrage surélevé par des échelles en bois], *ubi refert aliorum diuersas sententias, ex quibus nihil certi colligi posse sapienter dixit Mornac* [allusion aux *Obseruationes in IV priores libros Codicis* d'Antoine Mornac, voir p. 204 de l'édition de Paris, 1631, où il note que même Cujas n'a pas su expliquer cette expression], **atque adeo meras hic esse tenebras.** Après avoir évoqué l'hypothèse, qui est la plus plausible, d'un jeu de dés, l'auteur cite Nicetas Chôniatès (*Histoire d'Alexis Commène*), qui décrit un ouvrage en bois en disant qu'on l'introduit dans un théâtre (ce qui semble le mieux correspondre à ce que Forcadel a en tête ici), mais la traduction du grec ξυλάλογον par « cheval de bois » est éminemment sujette à caution. Enfin, il poursuit, en suivant Mornac : *Aliqui referunt ad ligneum equum, quem equitationis discendae causa agili pede ita conscendunt, ut ueluti praeteruolent* [...], **estque aliqua alea in huiusmodi exercitatione ; nam nisi perite et industrie agant isti desultores, saepius sibi uirilitatem atterunt.**

Vidi tamen ego duos eiusmodi equos in hac Amoris arena, arte atque industria sic expressos, ut a Dedalo fabricatos crederes. Sane Archytas Tarentinus Philosophus suos dicere non erubuisset, quem Phauorinus refert fecisse περιστερὰν ξυλίνην πετομένην, id est, columbam ligneam uolantem.

9. Non praeteribo quod dicitur in d. l. fin. C. de relig.* : *alearum usum antiquam rem esse et extra operas pugnatoribus concessam*, sic explanari posse, ut pugnatores, milites intelligamus, quibus olim alea ludere in castris permissum fuit, ne torperent otio, ut Acron ait exponens illud ex 2 lib. *Carminum* ad Pollionem :
Periculosae plenum opus aleae
Tractas,
    quamuis, meo iudicio, id metaphoricè dixerit Horatius, sicut et illud paulo ante innuit :
Bellique causas et uitia et modos
Ludumque fortunae.
    Tractas, inquam, o Pollio, ludum fortunae et belli aleam, id est dubium euentum, l. nec emptio ff. de cont. empt. Idem alibi :
[...] *perraro haec alea fallit.*
    < Sed probat Virgilius, lib. 9 *Aeneid.* :
Collucent ignes, noctem custodia ducit
Insomnem ludo >.

Je vis de mes yeux, cependant, deux chevaux de ce genre dans cette arène de l'Amour, réalisés avec tant d'art et d'habileté qu'on aurait cru qu'ils étaient l'œuvre de Dédale. À coup sûr, le philosophe Archytas de Tarente n'aurait pas rougi de les avouer pour siens, lui dont Favorinus rapporte qu'il avait fabriqué une colombe en bois capable de voler[2307].

9. Je n'omettrai pas que ce qui figure dans la loi déjà citée (C. 3, 43, 1, pr.[2308]), à savoir que « le jeu de dés est très ancien, et l'on autorise les combattants à le pratiquer en dehors de l'exercice de leur métier », peut s'expliquer de la façon suivante : on permettait, jadis, aux combattants, c'est-à-dire aux soldats, de jouer aux dés dans les camps, pour qu'ils ne s'abrutissent pas à ne rien faire, comme le dit Acron, en commentant ces vers du livre II des *Odes* adressés à Pollion[2309] :
Tu en traites
Dans un ouvrage plein de hasards périlleux,
    bien qu'à mon sens Horace ait parlé métaphoriquement, de même qu'un peu avant il disait :
Les causes de la guerre, sa perversité et son déroulement,
Le jeu de la Fortune, etc.
    Tu traites donc, dis-je, Pollion, du jeu de la fortune et des aléas de la guerre, c'est-à-dire de son issue douteuse (D. 18, 1, 8, 1[2310]).
    Le même Horace dit ailleurs[2311] :
[…] *c'est une éventualité qui est en général fiable.*
    < Mais Virgile en donne la preuve, au livre IX de l'*Énéide*[2312] :
Les feux brillent partout, et leur nuit sans sommeil
Incite au jeu les sentinelles >.

2307 Voir Aulu-Gelle, X, 12, 8 : « Archytas de Tarente, à la fois philosophe et mécanicien, fit une colombe de bois qui volait. Mais, une fois qu'elle s'était reposée, elle ne s'élevait plus ; le mécanisme s'arrêtait là ».

2308 Voir ci-dessus note 2304. Autre paragraphe de la loi : *Alearum lusus antiqua res est et extra operas pugnantibus concessa, uerum pro tempore prodiit in lacrimas* […].

2309 Horace, *Odes*, II, 1, v. 6-7 et 2-3. Allusion aux *Histoires* de Pollion.

2310 *Aliquando tamen et sine re uenditio intellegitur, ueluti cum quasi alea emitur. Quod fit, cum captum piscium uel auium uel missilium emitur ; emptio enim contrahitur etiam si nihil inciderit, quia spei emptio est* […].

2311 Voir *Satires*, II, 5, v. 50.

2312 Vers 166-167.

Accursius tamen censet arma non impune ludo amitti, l. III § miles
ff. de re milit. Operis uero priuatis et ad aliquem quaestum facientibus
milites uacare non expedit, l. officium § 1 ff. de re milit., nec domi alea
ludere, § commodis d. l. fin. C. de religio.,

< ubi adeo detestatur uetitos ludos Iustinianus, ut in pari causa
turpitudinis repetitionem det non fisco praecipue solum, sed etiam
ei qui in alea perdidit, nisi annorum 50 spatio excludatur; quod est
contra uulgarem regulam possessori fauentem, l. 2 de condict. ob turp.
caus.; et hoc ideo a Iustiniano cautum est, ne alias fraus legis fieret,
lucrante semper retenturo parta uetito exercitio. Nam si quis dicat in
diuersum fisco licuisse extorquere ab eo, qui lucri fecit, sicut solet a
iudice qui accepta pecunia male iudicauit, et impune a litigatore accepit,
l. 2 de condict. ob turp., sed tenetur lege Iulia, l. 3 ff. ad legem Iul.
repetund., considerandum est hoc a Iustiniano sancitum, ut lusores
magis terreantur a flagitio, quo maxime diuina uis offenditur, propter
periuria et blasphemias, ut ipse expressit legislator. Quaedam enim
scelera grauiora sunt caeteris, tum propter se, tum praesertim propter
consequentia, ut alibi uisum est superius in adulterio et l. quoniam C.
ad legem Iul. de ui public. >.

Accurse pense cependant qu'on ne perd pas impunément ses armes au jeu (D. 49, 16, 3, 13[2313]). Mais on ne permet pas aux soldats de se livrer à des occupations privées et qui rapportent de l'argent (D. 49, 16, 12, 1[2314]), ni de jouer aux dés chez eux : voir la loi déjà citée C. 3, 43, 1, 1[2315], < où Justinien montre tant d'aversion pour ces jeux interdits que, dans le cas où l'on s'est livré à une pareille turpitude, et contrairement à la règle ordinaire, qui favorise le possesseur (D. 12, 5, 2[2316]), il accorde le droit de récupérer l'argent non seulement, en priorité, au fisc, mais aussi à celui qui a perdu au jeu de dés, à moins d'une prescription par cinquante ans ; et Justinien prend ces précautions afin que l'on ne contourne pas la loi, parce que celui qui tire profit d'une activité illégale cherchera toujours à conserver son gain. On pourrait dire, en effet, que le fisc, au contraire, aurait dû avoir le droit de reprendre l'argent de force au gagnant, comme c'est l'habitude dans le cas d'un juge qui s'est laissé corrompre pour prononcer un jugement injuste et a reçu impunément de l'argent du plaideur (D. 12, 5, 2[2317]) – et il est alors passible de la loi Julia (D. 48, 11, 3[2318]) – ; mais il faut considérer que Justinien a interdit ce jeu pour mieux empêcher les joueurs de se déshonorer, parce qu'il en résultait les pires offenses pour la puissance divine, à cause des parjures et des blasphèmes qu'il conduisait à proférer, ainsi que le législateur l'a dit expressément lui-même[2319]. Certains crimes, en effet, s'avèrent plus graves que tous les autres, tant par nature que, surtout, par leurs conséquences, comme, par ailleurs, on l'a vu plus haut pour l'adultère ; voir aussi C. 9, 12, 6[2320] >.

2313 *Miles, qui in bello arma amisit uel alienauit, capite punitur* [...]. Accurse glose ainsi le mot *amisit* : *illicite* [...] ; *si autem ad ludum, tunc comprehenditur sub uerbo alienauit.*

2314 [...] *debere eum, qui se meminerit armato praeesse, parcissime commeatum dare, equum militarem extra prouinciam duci non permittere, ad opus priuatum piscatum uenatum militem non mittere* [...].

2315 Voir ci-dessus notes 2305 et 2309. Autre paragraphe de la loi : *Commodis igitur subiectorum prouidere cupientes hac generali lege decernimus, ut nulli liceat in priuatis seu publicis locis ludere neque in specie neque in genere* [...]. Il est fait allusion ensuite au § 2 : *Non obstante nisi quinquaginta demum annorum aliqua praescriptione.*

2316 *Quod si turpis causa accipientis fuerit, etiamsi res secuta sit, repeti potest.*

2317 Voir note précédente.

2318 *Lege Iulia repetundarum tenetur, qui, cum aliquam potestatem haberet, pecuniam ob iudicandum uel non iudicandum decernendumue acceperit.*

2319 Dans un autre passage du pr. de la même loi C. 3, 43, 1 : [...] *Quidam enim ludentes nec ludum scientes, sed nominationem tantum, proprias substantias perdiderunt, die noctuque ludendo in argento apparatu lapidum et auro. Consequenter autem ex hac inordinatione blasphemare conantur et instrumenta conficiunt.*

2320 *Quoniam multa facinora sub uno uiolentiae nomine continentur, cum aliis uim inferre certantibus, aliis cum indignatione resistentibus uerbera caedesque crebro deteguntur admissae, placuit, si forte*

10. Extra theatrum situs erat campus latissimus cum hippodromo, in quo de uelocitate equorum certabatur, § manifestum, de restit. fideicommissi. col. IX. Nec defuere desultores, qui duos equos singuli agitantes pileati, ut inquit Hyginus, perniciter ab altero in alterum equum transiliebant. Origo institutionis desultorii certaminis imitatione Castoris et Pollucis repetitur, qui alternis uiuunt. Nam cum ille ab Ida Apharei filio necatus esset, Pollux frater a deis impetrauit ut alterna morte eum redimeret, unde Romanus desultor ab uno in alterum equum desilit, l. apud ff. de praesc. uerb.

11. Multi adolescentes formosissimi stragulis uersicoloribus equos suos ornarant, quas Babylonicas, *quae equis insterni solent*, dixit Vlpianus, l. argumento ff. de aur. leg. *Colores diuersos picturae intexere Babylon maxime celebrauit, et nomen imposuit. Scutulis* diuisit *Gallia*, inquit Plinius, lib. 8 cap. 48* ; igitur, in l. uestis ff. eodem, « picturas » uestium uarietates colorum accipio, quibus plurimum decoris accessit his ludicris equitibus. Nam et pileo clauis aureis consuto, et

10. À l'extérieur du théâtre, sur un très vaste terrain plat, il y avait un hippodrome, où les chevaux faisaient des courses de vitesse (*Novelle* 159, pr.[2321]) ; on y trouvait aussi une foule de voltigeurs, coiffés d'un bonnet d'affranchi : chacun conduisait à lui seul deux chevaux, comme le dit Hygin[2322], et sautait avec agilité d'une monture à l'autre. Il faut aller chercher l'origine de l'établissement de ces concours de voltige dans l'imitation de Castor et Pollux, qui sont vivants en alternance. En effet, lorsque Castor eut été tué par Idas, fils d'Apharée, son frère Pollux obtint des dieux de le faire resssuciter en partageant sa vie avec lui, et c'est pourquoi le voltigeur romain saute d'un cheval à l'autre (D. 19, 5, 20, pr.[2323]).

11. Nombre de très beaux jeunes gens avaient paré leurs chevaux de couvertures multicolores qu'Ulpien appelle « babyloniennes », en précisant qu'« elles sont ordinairement jetées sur le dos des chevaux » (D. 34, 2, 25, 3[2324]). Selon Pline, au chapitre 48* du livre VIII[2325], « La ville de Babylone mit à la mode les broderies de diverses couleurs, auxquelles elle a donné son nom », et la Gaule inventa les étoffes à carreaux ; par conséquent, dans la loi D. 24, 2, 23, 1[2326], je comprends le mot *picturae* au sens de « variété de coloris » des étoffes qui conféraient une extrême beauté à ces chevaux de spectacle. Il en était de même pour les bonnets, sur lesquels on avait cousu des clous dorés ; et

---

quis uel ex possidentis parte uel eius qui possessionem temerare temptauerit interemptus sit, in eum supplicium exerceri, qui uim facere temptauit et alterutri parti causam malorum praebuit ; et non iam relegatione aut deportatione insulae plectetur, sed supplicium capitale excipiat nec interposita prouocatione sententiam quae in eum fuerit dicta suspendat.

2321 « Un hippodrome » est effectivement mentionné au nombre des biens qui ont été légués.

2322 Fable 80, intitulée *Castor.* Voir le § 5 à propos de Castor : *ideoque dicitur alterna morte redemptus, unde etiam Romani seruant institutum ; **cum desultorem mittunt, unus duos equos habet, pileum in capite, de equo in equum transilit, quod ille sua et fratris uice fungatur.***

2323 Voir ci-dessus note 239. On y voit en effet que le *desultor* utilise non pas un, mais plusieurs chevaux.

2324 *Tapeta uesti cedunt, quae aut sterni aut inici solent ; sed stragulas et **babylonica, quae equis insterni solent**, non puto uestis esse.*

2325 *Histoire naturelle* VIII, 74, 2 : *colores diuersos picturae intexere Babylon maxime celebrauit et nomen imposuit, plurimis uero liceis texere, quae polymita appellant, Alexandria instituit, scutulis diuidere Gallia.*

2326 *Vestimentorum sunt omnia lanea lineaque uel serica uel bombycina, quae induendi praecingendi amiciendi insternendi iniciendi incubandiue causa parata sunt, et quae his accessionis uice cedunt, **quae sunt insitae picturae** clauique qui uestibus insuuntur.*

Virgatis lucent sagulis, tum lactea colla
Auro innectuntur,

ut de Gallis Senonibus ait Vergilius, lib. 8, qui pictis uestibus in tenues uirgas deductis maxime utabantur ; nec est cur Seruius « uirgatas » pro purpureis explicet, testis Diodorus Siculus lib. 6*. Sic Seneca in *Hippolyto* :

Virgatas India Tigres
decolor horret[166].

« Virgatas » pro uersicoloribus posuit[167] ;
et mox,

Poeni quatiunt colla leones
Cum mouit amor.

12. Certabant nonnulli disco ; id *genus ludi* est, *quo iuuenes in agone contendebant,* ut *fortior* iudicaretur, *qui ultra designati spatii finem eum iecisset* : ita Acron ; hoc ludo alioquin licito, d. l. III ff. de ale. lus. ; Phoebus Hyacinthum suum peremit, disco in pueri caput delapso. Hinc Vergil. :

Dic quibus in terris nascantur nomina regum
Inscripti flores.

De Hyacintho flore sentit, in quo leguntur literae, A I, luctum Phoebi referentes ; fuit enim hic in florem transformatus, regis filius.

---

166 horret *correxi* : habet **T** //
167 Virgatas pro uersicoloribus posuit *locaui post* horret : *post* amor **T** //

Ils portent de brillantes casaques rayées
Et à leurs cous blancs comme lait
Ils attachent de l'or,

ainsi que Virgile le dit, au livre VIII[2327], en parlant des Gaulois Sénons, qui portaient des vêtements multicolores à fines rayures ; et Servius n'avait aucune raison de donner au mot *uirgatas* le sens de « en pourpre », témoin Diodore de Sicile[2328] au livre VI*. De même Sénèque, dans son *Hippolyte*[2329] :

L'Indien à la peau noire
Redoute le tigre rayé.

L'auteur a écrit *uirgatas* pour dire « multicolores » ;

et un peu plus loin :

Les lions d'Afrique secouent leur crinière
Quand l'amour les excite.

12. Certains rivalisaient au lancer du disque ; selon la définition qu'en donne Acron[2330], « c'est un genre de jeu, dans lequel les jeunes gens s'affrontaient à l'intérieur d'une enceinte, pour faire désigner comme le plus fort celui qui aurait lancé le disque au-delà de la limite fixée » ; dans ce jeu, par ailleurs licite (voir la loi déjà citée D. 11, 15, 2, 1[2331]), Phébus perdit son cher Hyacinthe, qui avait reçu le disque en pleine tête. D'où ces vers de Virgile[2332] :

Dis dans quelle contrée naissent des fleurs
Sur lesquelles sont écrits des noms de rois.

Il veut parler de la fleur appelée hyacinthe, sur laquelle se lisent les lettres A et I, qui font référence au deuil de Phoebus ; car Hyacinthe, qui était le fils d'un roi[2333], fut métamorphosé en fleur.

2327 *Énéide* VIII, vers 660-661.

2328 *Bibliothèque historique*, V, 30 : « Avec des agrafes, ils < les Gaulois > attachent à leurs épaules des saies rayées, d'une étoffe à petits carreaux multicolores, épaisse en hiver, et légère en été ».

2329 Voir *Phèdre*, vers 345-346 et 348-349.

2330 Forcadel cite ici la scholie au mot *disco*, à propos d'Horace *Odes*, I, 8, 11.

2331 Voir ci-dessus note 2303.

2332 Voir *Bucoliques* III, vers 106-107. Citation inexacte ; le texte de Virgile est le suivant : *Dic quibus in terris inscripti nomina regum / Nascantur flores.*

2333 Dans la version la plus répandue de ce mythe, Hyacinthe était le fils du roi de Laconie Amyclas.

Sic negotia dicimus, licet unicum sit negotium, l. III ff. de neg. gest. Vel duplicem fabulam attigit : nam et Aiax rege Telamone genitus, ipsum eumdemque florem suo sanguine creasse fertur.

Talia homicidia in publicis certaminibus ob uirtutem factis contingentia impunita sunt, l. qua actione § 1 ff. ad legem Aquil. Sed quia graue est hominem uel casu occidisse, Graeci ea uoluntario exilio uindicabant ; adibat exul sponte opulentissimum aliquem exterae gentis hominem ad expiandum facinus, ut uersibus Homericis Claudianus ostendit, l. aut facta § euentus ff. de poen. Diodorus, lib. 5*, narrat Peleum Aeaci filium, qui disci iactu Phocum fratrem substulerat, mox ab Actoro rege purgatum fuisse.

< Philostratus, lib. 6 cap. 3*, scriptum reliquit Memphitas in Aegypto reos fortuiti homicidii exulasse ultro, et ad Gymnosophistas purgatum fuisse piaculum, modo reuersus ad defunctum tumuli sacrificaret.

Ainsi employons-nous au pluriel le mot « affaires », même s'il n'est question que d'une seule affaire (D. 3, 5, 3, pr.[2334]). Ou alors, le poète fait allusion à deux fables mythologiques à la fois ; car l'on raconte aussi que cette même fleur serait née du sang d'Ajax, fils du roi Télamon[2335].

De pareils homicides, qui surviennent dans des combats livrés en public pour le seul mérite, ne sont pas punissables (D. 9, 2, 7, 4[2336]). Mais comme il est très grave de tuer un homme, même par mégarde, les Grecs les punissaient de l'exil volontaire ; l'exilé se rendait spontanément chez un homme très riche, d'une autre famille que la sienne, pour expier son crime, comme Claudius Saturninus[2337] le montre en s'appuyant sur des vers d'Homère (D. 48, 19, 16, 8[2338]). Diodore, au livre V*, raconte que Pélée, fils d'Ajax, qui avait tué son frère Phocus au lancer du disque, avait, peu après, été purifié de ce crime par le roi Actor[2339].

< Philostrate[2340], au chapitre 3* du livre VI, a écrit que les habitants de Memphis, en Égypte, qui étaient coupables d'un homicide fortuit, s'exilaient volontairement et que leur souillure était purifiée chez les Gymnosophistes ; à condition qu'à son retour le criminel fît un sacrifice sur le tombeau du défunt.

2334 *Ait praetor : « Si quis negotia alterius, siue quis negotia, quae cuiusque cum is moritur fuerint, gesserit, iudicium eo nomine dabo ».*

2335 Voir Pausanias, I, 35, 4 : « Les habitants de Salamine disent que la fleur qui porte le nom d'Ajax parut pour la première fois dans leur île lors que ce héros mourut. Cette fleur est d'un blanc tirant sur le rouge, de la même forme que le lys, mais un peu plus petite. Ses feuilles sont aussi moins grandes et elles offrent les mêmes lettres que les Hyacinthes ».

2336 *Si quis in colluctatione uel in pancratio, uel pugiles dum inter se exercentur alius alium occiderit, si quidem in publico certamine alius alium occiderit, cessat Aquilia, quia gloriae causa et uirtutis, non iniuriae gratia uidetur damnum datum.*

2337 Dans son *Liber singularis De poenis Paganorum* (voir l'ouvrage que lui a consacré Roberto Bonini, Milan, 1960) ; les vers d'Homère (*Iliade* XXIII, 85-88) sont traduits en latin et cités en D. 48, 19, 16, 8 (voir note suivante).

2338 *Euentus spectetur, ut a clementissimo quoquo facta, quamquam lex non minus eum, qui occidendi hominis causa cum telo fuerit, quam eum qui occiderit puniat. Et ideo apud Graecos exilio uoluntario fortuiti casus luebantur, ut apud praecipuum poetarum scriptum est : « cum paruulum me adhuc Menoetius ex Opunte ad nostram domum adduxit post funestum homicidium, quo die puerum Amphidamantis interfici imprudens inuitus de talis rixatus ».*

2339 *Bibliothèque historique*, IV, 72 : « Pélée, jouant un jour au disque, tua involontairement Phocus, qui était son frère du côté paternel, mais né d'une autre mère. Banni pour ce meurtre par son père, il se retira à Phthie, dans la partie appelée Thessalie ; il fut purifié de ce meurtre par le roi Actor, et devint le successeur d'Actor qui était sans enfants ».

2340 *Vie d'Apollonios de Tyane*, VI, 5 : « Il a tué involontairement un habitant de Memphis, et les citoyens de cette ville condamnent quiconque est coupable d'homicide involontaire à s'expatrier. Il doit aller trouver les Gymnosophistes ; s'il revient purifié, il peut rentrer dans sa patrie après s'être présenté au tombeau du mort et y avoir fait quelque léger sacrifice ».

Quando autem ludus est illicitus, casus subsequens omnino punitur ut in eo qui equis ligneis a Iustiniano uetitis uel similibus machinis fieret, quia tunc culpa praeuenit casum, cap. Ioannes de homicid. ; l. item si § fi. ff. ad legem Aquil. Item dicerem in ludo licito aut militari exercitatione, quam imperitus supra uires suas institueret, l. idem § 1 ff. eod. ; l. culpa est ff. de regul. iuris. Hodie in ludis hostilibus quos equites iampridem exercent, ualde licito ritu, impunitas casum proculdubio sequeretur. Olim uero non ita usitabantur : nam hasta procul iaciebatur ac eminus in aduersarium, ut refert Lucianus in *Gymnasiis* ; ideoque pili iacti mentio fit in d. l. 3 ff. de aleae lusu : religabatur autem media loro quodam, ut commodius iaculari liceret >.

Amantium plerique uenatione et accipitrio sese oblectabant, nec ibi impune uolabant aues, cum naturali iure capientium fiant, l. 1 ff. de acq. rer. dom.

En revanche, quand un jeu est illicite, l'accident subséquent est puni sans restriction, par exemple celui qui serait causé par les chevaux de bois que Justinien a interdits, ou par des engins similaires ; c'est que, dans ce cas, la faute a précédé l'accident (*Décrétales de Grégoire IX*, V, 12, 23[2341] ; D. 9, 2, 10[2342]). J'en dirais autant dans le cas d'un jeu licite ou d'un exercice militaire que quelqu'un d'incompétent organiserait en outrepassant ses capacités (D. 9, 2, 8[2343] ; D. 50, 17, 36[2344]). Aujourd'hui, dans les jeux guerriers auxquels s'exercent depuis longtemps les chevaliers, et qui sont parfaitement licites, l'impunité serait sans aucun doute assurée en cas d'accident. Mais autrefois, on en usait différemment : en effet, on jetait la lance de loin et de haut contre son adversaire, ainsi que Lucien le rapporte dans ses *Gymnases*[2345] ; c'est pourquoi il est fait mention du lancer de javelot dans la loi déjà citée D. 11, 15, 2, 1[2346] : il était attaché par le milieu, au moyen d'une espèce de courroie, pour pouvoir être lancé plus commodément >.

La plupart des amoureux se délectaient de la chasse au faucon, et les oiseaux ne volaient pas impunément en ce lieu, puisqu'en vertu du Droit naturel, ils deviennent la propriété de ceux qui les attrapent (D. 41, 1, 1, 1[2347]).

2341 Le chapitre est en effet intitulé : **Homicidium casuale non imputatur ei, qui dedit operam rei licitae, nec fuit in culpa.**

2342 *Nam **lusus** quoque **noxius** in **culpa** est.*

2343 Voir ci-dessus note 368.

2344 **Culpa est** *immiscere se rei ad se non pertinenti.*

2345 Lucien, *Anacharsis ou les Gymnases*, 27 : « ils se disputent l'honneur de lancer au loin un javelot ».

2346 Voir ci-dessus note 2303.

2347 *Omnia igitur animalia quae terra, mari, caelo capiuntur, id est ferae bestiae et uolucres, pisces,* **capientium fiunt.**

OBSERVATA IN CAPUT XXI

1. Intellectus l. commodissime ff. de lib. et posth. et l. fi. C. eod.
2. Exponitur l. Titius § Lucius ff. eo < cum multis aliis eiusmodi >.
3. Quid sit *albescens coelum*, in d. l. Titius § Lucius et cur ita legi oporteat.
4. Conciliatio secunda d. l. commodissime, cum l. fi. C. de posth. haered.
5. Decem menses partui olim praestitutos, et quare.
6. Septimo mense partus perfectus est.
7. Infantes nati terram ueterum more attingebant.

CAPUT XXI

Vtinam non cuiusuis uoluptatis taedium mortalibus accideret, nec uerum esset, quod Pindarus in *Nemeis* dixit :
ἀλλὰ γὰρ ἀνάπαυσις ἐν παντὶ γλυκεῖα ἔργῳ· κόρον δ' ἔχει
καὶ μέλι καὶ τὰ τέρπν' ἄνθε' Ἀφροδίσια
id est : enimuero intermissio in omni dulcis est negotio ; satietatem autem habent et mel et amoeni flores Venerei.

Nam nisi praepropere palestritae iucundissimi me aspicientem satiassent, uitassem moestum spectaculum, quod uix tertio ab eis lapide occurrit : nempe Centaurus, superiore sui parte homo sublimis et plane ferox, ilicis fronde coronatus, reliqua dimidia equus alacer quantumque figura promittebat concitatus. Portabat is puellam forma praestantem, quae lamentis aërem, lacrymis sinum implebat et ita se praedam esse fatebatur. Passi capilli et uestis aura leni magis quam uento agitata, multum illius decorem et meam tristitiam augebant :

CONTENU DU CHAPITRE 21

1. Explication de D. 28, 2, 10 et de C. 6, 29, 4, 1.
2. Exposé de la loi D. 28, 2, 25, 1 < et de beaucoup d'autres du même genre >.
3. Ce que c'est qu'*albescens coelum* dans la loi déjà citée D. 28, 2, 25, 1, et pourquoi il faut adopter cette leçon.
4. Deuxième harmonisation des lois déjà citées D. 28, 2, 10 et C. 6, 29, 4, 1.
5. Jadis on comptait dix mois pour une grossesse et pourquoi.
6. Dès le septième mois, l'enfant est parfaitement constitué.
7. Une coutume ancestrale voulait que l'on posât à terre les nouveaux-nés.

CHAPITRE 21

Ah ! si seulement les mortels ne se lassaient pas de tous les plaisirs, et si Pindare avait menti en disant dans ses Néméennes[2348] :
Mais le repos est doux en tout ouvrage : on se dégoûte aussi
Du miel, et des fleurs délicieuses de l'Amour.

Car si je ne m'étais pas rapidement lassé de regarder ces magnifiques athlètes, j'aurais évité un triste spectacle, qui se déroula à moins de trois milles de là : il s'agissait d'un Centaure, qui avait le buste d'un géant plein d'audace, couronné de feuilles de chêne, et le reste du corps d'un cheval pétulant et, à en croire sa silhouette, extrêmement rapide. Il portait une jeune fille merveilleusement belle qui remplissait l'air de ses plaintes et son corsage de larmes, faisant savoir ainsi qu'elle était une proie. Ses cheveux épars et sa robe, que le vent agitait, ou plutôt une brise légère, en contribuaient pas peu à sa beauté et à ma consternation :

2348 *Néméennes*, VII, 52-53.

induebatur enim lino tenui, quod uix auro rependitur in Achaia, byssinum uocat Vlpianus in l. fin. § diui ff. de publican. Ego puellam quouismodo erepturus dextra gladium animose strinxi, leuam cursim inuolui pallio.

« Memineris, inquit tum ille, Nessum Centaurum cuius ego sum soboles, ab Hercule sagitta mortifere uulneratum, mox eam uictoriam ad acerbissimum mortis genus dominum suum adegisse ; per Chironem iuro, non defuturos qui, siue me uiuo, siue me mortuo, istam audaciam ulciscantur. O infausti decem menses qui te tulerint, nisi te hinc sedulo subduxeris ! ».

Dixerat, cum e proximo nemore nouem illi similes Centauri clauis ligneis armati opem contra me allaturi processerunt, quibus aduentatibus ego inuitus discessum fugae parem feci. Recordabar quid mihi proteruus ille Celenus — hoc enim illi nomen erat — minatus pro certo esset : puta poenam siue se uiuo, siue se mortuo.

1. Nec obliuiscebar Pomponium dicere, in l. commodissime ff. de liber. et posthu., ea uerborum conceptione posthumi institutionem integram esse. Accedebant *infausti decem menses*, quos Antiqui iustis partibus a conceptu praestituerunt, ut l. fin. C. de posthum. haer. ; quo loco Iustinianus repugnare uidetur Pomponio.

elle était vêtue, en effet, d'un tissu très fin, qui se vend en Grèce à prix d'or, et qu'Ulpien appelle de la soie en D. 39, 4, 16, 7[2349]. Dans l'intention d'arracher à tout prix la jeune fille à son ravisseur, je tirai courageusement mon épée de la main droite, tout en roulant mon manteau autour de la gauche.

« Souviens-toi, me dit-il alors, que le Centaure Nessus, dont je suis un descendant, mortellement blessé par une flèche d'Hercule, fit passer celui qui l'avait maîtrisé de la victoire à la plus amère des morts ; j'en jure par Chiron, je ne manquerai pas, mort ou vivant, de vengeurs qui te feront regretter ton audace. Ah ! c'est pour ton malheur que ta mère t'aura porté pendant dix mois, si tu ne te dépêches pas de partir d'ici ! ».

Il avait à peine fini quand du bois tout proche surgirent, pour lui prêter main-forte contre moi, neuf autres Centaures, tous armés de massues en bois ; et, à leur approche, je pris, bien qu'à contre-cœur, un départ qui ressemblait à une fuite, car j'avais en tête la menace dont l'impudent Celenus, car tel était son nom, m'avait annoncé à coup sûr la réalisation, c'est-à-dire des représailles, et cela qu'il fût mort ou vif.

1. Je n'oubliais pas non plus qu'en D. 28, 2, 10[2350], Pomponius confère à cette formule le pouvoir d'instituer comme héritier un enfant posthume. S'y ajoutait la mention des « malheureux dix mois », délai que les Anciens avaient fixé, à partir de la conception, pour servir de critère aux enfantements légitimes, ainsi qu'on le constate en C. 6, 29, 4, pr. et 1[2351] ; mais, dans ce passage, Justinien paraît être en contradiction avec Pomponius.

2349 Voir ci-dessus note 361. [...] *opus byssicum* [...].

2350 *Commodissime is qui* **nondum** *natus est ita heres instituitur :* « **siue uiuo me siue mortuo** *natus fuerit, heres esto, aut etiam pure neutrius temporis habita mentione. Si alteruter casus* **omissus fuerit, eo casu qui omissus sit natus rumpit testamentum,** *quia hic filius nec sub condicione quidem scriptus heres intellegitur, qui in hunc casum nascitur, qui non est testamento adprehensus.*

2351 *Quidam, cum testamentum faciebat, his uerbis usus est :* « *si filius uel* **filia intra decem mensuum spatium post mortem meam** *fuerint editi, heredes sunto* », *uel ita dixit :* « *filius uel filia,* **qui intra decem menses proximos mortis meae nascentur,** *heredes sunto* ». *Iurgium antiquis interpretatoribus legum exortum est, an uideantur non contineri testamento et hoc ruptum facere. / 1. Nobis itaque eorum sententias decidentibus, cum frequentissimas leges posuimus testatorum uoluntates adiuuantes,* **ex neutra huiusmodi uerborum positione ruptum fieri** *testamentum uidetur, sed siue uiuo testatore siue post mortem eius intra decem menses a morte testatoris numerandos filius uel filia fuerint progeniti,* **maneat testatoris uoluntas immutilata,** *ne poenam patiatur praeteritionis, qui suos filios non praeteriit.*

Videamus igitur num repugnet in omnibus, hoc magis quia partus ratio amori coniunctissima est, can. omne 27 quaest. 2, adeoque fauorabilis ut Lucina, licet uirgo, parientibus fauere credatur. Vlpianus, in l. 1 § et generaliter ff. de uent. in poss., favorabiliorem esse causam partus quam pueri asseruit. Puto, ut semel dicam quod res est, d. l. commodissime a Iustiniano ex dimidio corrigi, in hunc modum : uult Pomponius filium natum mortuo testatore qui fuerat institutus, si se uiuo nasceretur, pro praeterito haberi, de hoc casu ut incorrecto nihil dicitur in d. l. fin. C. de posth. ; sed si testator posthumum instituat, sub conditione, si se mortuo nascatur, et is uiuo adhuc testatore natus fuerit, Pomponio placuit nihilominus praeteritum esse, Iustiniano displicuit, *ne*, inquit, *poenam praeteritionis patiatur, qui* filium suum *non praeteriit*.

Differentiae ratio illa manifesta est, quia qui filium ita instituit, si se uiuo nascatur, arctasse tempus hoc censetur aliqua ex causa : quod forsitan scit se VIII mensibus ante, operam liberis dare non potuisse, propter aetatem, uel ualetudinem, l. si quis ff. de iniust. testam, et nimis anxius, de uxore dubitare quam de morte propinqua maluit ; ideo uitae suae casum expressit, alterum noluit. At qui filium post mortem nasciturum instituerit, multo magis in uita natum, l. fin. C. de posthum., accersit ut certiorem ;

Voyons donc s'il est en contradiction avec lui sur tous les points, d'autant plus que la question de l'enfantement est extrêmement liée à celle de l'amour (*Décret* II, 27, 2, 10[2352]), et tellement pertinente que c'est Lucine qui, quoique vierge, est censée protéger les parturientes.

En D. 37, 9, 1, 15[2353], Ulpien affirme que la cause de l'enfant à naître est meilleure que celle de l'enfant déjà né. Je pense, pour dire une bonne fois ce qu'il en est, que Justinien a corrigé, pour moitié, la loi déjà citée D. 28, 2, 10[2354], de la manière suivante : Pomponius veut en effet que le fils né après la mort du testateur mais qui avait été institué héritier à condition qu'il naquît de son vivant, soit considéré comme passé sous silence ; or la loi déjà citée, C. 6, 29, 4, pr. et 1[2355], ne dit rien de ce cas, parce qu'elle n'a pas voulu le corriger ; mais dans le cas où le testateur instituait un enfant posthume comme héritier, à condition qu'il naisse après sa mort, et s'il était né alors que le testateur était encore vivant, Pomponius a décidé qu'il serait néanmoins passé sous silence, alors que Justinien est de l'avis contraire, « pour que celui qui n'a pas eu l'intention de passer son fils sous silence, dit-il, ne soit pas pénalisé comme s'il l'avait fait ».

La raison de cette différence est évidente, parce que celui qui a institué son fils comme héritier seulement s'il naissait de son vivant, est censé avoir eu une bonne raison pour vouloir un laps de temps aussi restreint : peut-être parce qu'il savait que, huit mois auparavant, il avait été dans l'impossibilité d'engendrer, à cause de son âge, ou de son état de santé (D. 28, 3, 6, pr.[2356]) ; excessivement inquiet, il a donc préféré douter de son épouse que de sa mort prochaine ; c'est pourquoi il a expressément mentionné l'éventualité de sa vie, en excluant celle de sa mort. Tout au contraire, celui qui a institué comme héritier son fils posthume, a voulu, à plus forte raison, l'appeler à sa succession s'il naissait de son vivant, en considérant que sa légitimité serait encore plus certaine (C. 6, 29, 4, pr. et 1[2357]) ;

2352 Voir ci-dessus note 660 (les trois biens du mariage).
2353 Voir ci-dessus note 1044. Autre passage de la loi : [...] *fauorabilior est causa partus quam pueri ; partui enim in hoc fauetur, ut in lucem producatur* [...].
2354 Voir ci-dessus note 2350.
2355 Voir ci-dessus note 2351.
2356 [...] *nam adgnascendo quidem is rumpit quem nemo praecedebat mortis tempore* [...].
2357 Voir ci-dessus note 2351.

argumento est lex Velleia quae in priore capite nepotes uiuo auo natos inuitat, quos Aquiliana formula eo mortuo in lucem proredituros dixerat, l. Gallus et § nunc de lege ff. eod. Ergo per mortis tumultum et metum factum est ut qui testatur numquam puerum se uiuo edendum crediderit, sic uitae mentionem nullam fecit, § illud de trient. et sem. col. III. Merito hac in parte Iustiniani constitutio, cui, uelut Cassandrae Troianae quamuis uera dicenti fides negatur, reprehendit Pomponium. E contrario accidit, relictum in casum uitae, fortioris rationis iure, morte potius praestari, l. si quis* hac ff. qui sine manumiss. ad libert.,

< cum seruus uaeniit ea pactione ut, uiuo emptore, fiat liber, eo mortuo, illico fit liber, ea ratione quod qui cito uiuo emptore seruum manumitti uoluit, magis idem uoluisse creditur sero post emptoris mortem ; accedit quod ibi non erat condicio ulla, ut in l. commodissime, et quod lex operatur manumissionis effectum, l. eum, qui eod. tit.

In summam, tunc tantum casus uitae in casum mortis uim habet, cum uerisimile est testatorem in casu omisso idem sensisse, licet casus sint prorsus contrarii, modo ad eumdem effectum tendant, ut in l. 1 § idem Labeo ff. de aqua cotidi. :

preuve en est la loi Velleia, qui dans sa première partie appelle à la succession de leur grand-père les petits-enfants nés de son vivant, alors qu'après sa mort, c'est aux termes de la formule Aquilienne qu'ils devront apparaître (D. 28, 2, 29, 11[2358]). Ce qui s'est passé, par conséquent, c'est qu'au milieu du désordre et de la peur que cause l'approche de la mort, le testateur n'a pas du tout imaginé que l'enfant viendrait au monde de son vivant, et c'est pourquoi il n'en a pas fait mention (*Novelle* 18, chapitre 6[2359]). La constitution de Justinien, à laquelle, comme à Cassandre la Troyenne, on n'accorde aucune confiance, bien qu'elle dise la vérité, a donc raison de corriger Pomponius sur ce point. Mais il arrive, au contraire, que la mort provoque, à plus forte raison, la réalisation de ce qu'on avait négligé de faire tant que l'on était vivant : voir D. 40, 8, 4[2360], < où un esclave a été vendu sous la condition que, du vivant de l'acheteur, il serait affranchi : après sa mort, il est aussitôt libre, pour la bonne raison que le vendeur, qui a voulu que l'esclave fût, du vivant de l'acheteur, immédiatement affranchi, est censé avoir voulu, à plus forte raison, qu'il le fût plus tard, après la mort de l'acheteur ; à cela s'ajoute qu'ici il n'y avait aucune condition comparable à celle qui est posée en D. 28, 2, 10[2361], et que c'est la loi qui réalise l'affranchissement (D. 40, 8, 3[2362]).

En résumé, les dispositions prises dans le cas où l'on sera vivant ne sont valables dans celui où l'on sera mort que si, selon toute vraisemblance, le testateur avait eu les mêmes intentions dans le cas qu'il a omis : et peu importe que les deux cas soient tout à fait opposés, pourvu qu'ils tendent au même but, comme en D. 43, 20, 1, 13[2363], où

2358 La formule aquilienne est rappelée dans le prélude de la loi (D. 28, 2, 29, pr.) : *Si filius meus uiuo me morietur, tunc si quis mihi ex eo nepos siue quae neptis **post mortem meam in decem mensibus** proximis, quibus filius meus moreretur, natus nata erit, heredes sunto.* § 11. *Nunc de lege Velleia uideamus.* **Voluit uiuis nobis natos similiter non rumpere testamentum.**

2359 Voir ci-dessus note 822.

2360 *Ei, qui hac lege emptus sit, **ut a uiuo emptore manumittatur, statim mortuo eo competit libertas.***

2361 Voir ci-dessus, note 2350.

2362 *Eum, qui ita uenit, ut intra tempus manumitteretur, cum dies praestandae libertatis uenerit uiuente uenditore et perseuerante in eadem uoluntate, perinde haberi, ac si ab eo, a quo debuit manumitti, manumissus esset ; mortuo autem uenditore, non esse heredum eius uoluntatem explorandam Diuus Marcus cum filio suo rescripsit.*

2363 [...] *etiamsi praetor hoc interdicto de aquis frigidis sentiat, tamen de calidis aquis interdicta non esse deneganda ; namque harum quoque aquarum usum esse necessarium ; nonnumquam enim refrigeratae usum irrigandis agris praestant* [...].

statutum in frigidis aquis militat in calidis, quae tamen uim eamdem irrigandi habent. Sic in l. fi. C. de institutionib. : casus, si non nascatur puer, trahitur ad casum si decesserit postquam natus erit impubes, quia effectu non nascitur, et necari uel mori idem est, l. 1 § sed et si quis ff. de uentre in possess. Atqui in l. si pater ff. de uulgar. substit., casus si post mortem nascatur filius meus, non porrigitur ad casum, si uiuo, quia nasciturum substituerat alteri filio impuberi, nec ulla ratio erat potior, cur posthumum substitueret, si impubere uiuo esset natus, quam si eo mortuo ; quoniam ibi non de nascituro post mortem patris testantis queritur, sed post mortem impuberis, cui sit pupillaris substitutio >.

2. Nonne superioribus quadrat l. Titius § Lucius ff. de liber. et posth., ubi is instituitur qui in utero erat, id est, quem in utero esse testator suspicabatur ?

le statut des eaux froides s'applique également aux eaux chaudes, car elles peuvent aussi, malgré tout, servir à irriguer. De même en C. 6. 25, 10, 1[2364], l'éventualité de la mort de l'enfant avant sa naissance conduit à envisager celle de sa mort après sa naissance, mais avant qu'il ait atteint la puberté, parce qu'en définitive c'est comme s'il ne naissait pas, et que cela revient au même d'être supprimé avant la naissance ou de mourir après (D. 37, 9, 1, 9[2365]). Pourtant, dans la loi D. 28, 6, 26[2366], l'éventualité de « la naissance de mon fils après ma mort » ne fait pas prendre en considération celle de sa naissance « de mon vivant », parce que le père avait substitué l'enfant à naître à un autre enfant impubère, et que, pour effectuer la substitution du posthume, s'il naissait du vivant de l'impubère, il n'y avait pas de motif plus puissant que si cet impubère venait à mourir, puisqu'en l'espèce la question n'est pas de savoir si l'enfant bénéficiaire de la substitution pupillaire va naître après la mort de son père, le testateur, mais après celle de l'impubère >.

2. Ne cadre-t-elle pas bien avec les précédentes, la loi D. 28, 2, 25, 1[2367], où est institué héritier celui qui était dans le ventre de sa mère, c'est-à-dire, celui que le testateur croyait être dans le ventre de sa mère ?

2364 *Nos itaque in hac specie Papiniani dubitationem resecantes* **substitutionem** *quidem in huiusmodi casu,* **ubi postumus natus adhuc impubes uiua matre decesserit, respuendam esse censemus.** *Tunc autem tantummodo* **substitutionem admittimus,** *cum postumus minime editus fuerit uel post eius partum mater prior decesserit.*

2365 *Sed et si quis uentrem exheredasset :* « *qui mihi intra menses tres mortis meae natus erit, exheres esto* », *uel* « *qui post tres menses* », *uenter in possessionem utique mittetur,* **quia aliquo casu suus heres futurus est** *; et sane* **benigniorem esse praetorem in hanc partem oportebit, ne qui** **speratur ante uitam necetur.**

2366 *Si pater filium impuberem heredem scripserit et ei substituerit, si quis sibi post mortem natus erit, deinde* **uiuo fratre postumus natus fuerit, testamentum rumpetur ; post mortem autem** **fratris uiuo patre** *natus solus heres patri suo existet.*

2367 *Lucius Titius cum suprema sua ordinaret in ciuitate et haberet neptem ex filia praegnatem rure agentem,* **scripsit id quod in utero haberet ex parte heredem** *; quaero, cum ipsa die, qua Titius ordinaret testamentum in ciuitate hora diei sexta,* **eodem die albescente caelo,** *rure sit enixa Maeuia masculum, an institutio heredis ualeat, cum, quo tempore scriberetur testamentum, iam editus esset partus. Paulus respondit uerba quidem testamenti ad eum pronepotem directa uideri, qui post testamentum factum nasceretur ; sed si, ut proponitur, eadem die qua testamentum factum est neptis testatoris antequam testamentum scriberetur enixa esset, licet ignorante testatore, tamen institutionem iure factum uideri recte responderi.*

Nam testamentum faciebat in ciuitate hora diei sexta, hoc est, meridie, et iam neptis de qua puerum sperabat, ruri agens enixa erat, albescente coelo, id est, in aurora. Verisimile est eum qui suprema absens ordinarat, maiore plausu natum puerum excepturum fuisse, cuius utique iustior est ratio quam posthumi, l. quod Labeo ff. de Carb. edi. ; et quis non uidet pleraque posse contingere ne solem aspiciat, ne homo fiat is qui in utero est, l. in lege* II ff. ad legem Falcid. ? Ad hoc animaduerti, in d. § Lucius, testantem non sub conditione uterum instituisse, sed facta demonstratione, quae cum in omnibus actibus, tum in his minus urget. Inde aliud est uentrem instituere si posthumus erit,

   < l. posthuma ff. de liberis et posth. quae hoc sensu illustri donata fulgescit >,

   aliud posthumum simpliciter, etiam in odiosis, uel autore Pomponio, l. III § pen. ff. de iniust. testa. ; l. si quis ita § fin. de testam. tutel.

En effet, il faisait son testament en ville à la sixième heure, c'est-à-dire vers midi, alors que sa petite-fille, dont il attendait l'accouchement et qui se trouvait à la campagne, avait déjà donné naissance à un enfant, au moment où le ciel commençait à blanchir, c'est-à-dire à l'aurore. Il est vraisemblable que celui qui avait exprimé ses dernières volontés en l'absence de l'enfant, aurait appelé à sa succession, avec plus de plaisir encore, l'enfant déjà né, dont la cause est meilleure que celle du posthume (D. 37, 10, 9[2368]) ; et qui ne voit que bien des événements auraient pu se produire, qui auraient empêché l'enfant qui est dans le ventre de sa mère de voir le jour et de devenir un homme (D. 35, 29, 1[2369]) ? Sur ce point, j'ai fait remarquer que, dans la loi déjà citée D. 28, 2, 25, 1[2370], le testateur avait institué comme héritier l'enfant à naître non pas sous condition, mais par le biais d'une désignation expresse, ce qu'il est moins nécessaire de faire en matière de testaments que dans tout autre acte juridique.

C'est donc une chose d'instituer comme héritier un enfant à naître, dans l'éventualité où il y aura un enfant posthume :

< voir la loi D. 28, 2, 24[2371], qui devient lumineuse lorsqu'on lui donne ce sens, tout à fait manifeste >,

et c'en est une autre d'instituer tout simplement l'enfant posthume, y compris pour ce qui ne tourne pas à son avantage, et même Pomponius en est le garant (D. 28, 3, 3, 5[2372] ; D. 26, 2, 16, 5[2373]).

2368 [...] *eius, qui adgnitus est ab eo, de cuius bonis quaeritur,* **iustior in ea re causa est quam postumi.**

2369 [...] **partus nondum editus homo non recte fuisse dicitur.**

2370 Voir ci-dessus note 2367.

2371 **Postuma sub condicione heres instituta** *si pendente condicione uiuo patre nascatur, rumpit testamentum.*

2372 Loi d'Ulpien. *Nominatim autem exheredatus postumus uidetur, siue ita dixerit :* « *quicumque mihi nasceretur* », *siue ita :* « *ex Seia* », *siue ita :* « *uenter exheres esto* ». **Sed et si dixerit :** « **postumus exheres esto** », **natus uel post mortem uel uiuo testatore non rumpet.**

2373 Loi de Pomponius. *Si postumis dederit tutores hique uiuo nascantur, an datio ualeat ? Et* **magis est, ut utilis datio fiat etiam si uiuo eo nascantur.**

Neque enim falsa demonstratio cuiquam nocet, l. falsa ff de cond. et demonstr., et l. demonstratio in princip., cum § pen. ff. eod., nec interest utrum per relatiuum fiat demonstratio, ut d. § Lucius, an per adiectiuum, ut d. l. III § pen. de iniust. testam., uti apparet in § huic proxima, Institut. de legat.

< Certe multos fefellit, quod hoc differentiae non perspexerint, utrum conditio an demonstratio adiecta sit ; illa enim imperiosa magis est, neque facile degenerat in contrarium, nisi euidenter liqueat unum e contrariis testatorem expressisse ita, ut alterum potiorem non excluserit. Quod attinet ad demonstrationem impugnamur aperte l. si ita quis § pen. de testam. tut., ubi qui dedit tutorem filiis non creditur dedisse iis quos credit mortuos, nec usus conditione fuerat, sed filiorum demonstratione. Sed respondeo ibi plus erratum fuit quam in demonstratione, quia non putabat filium esse in rerum natura cui non dedit tutorem ; nam et demonstratio fit per aliquam qualitatem adiectam, ibi filiis tantum dederat tutorem, sine adiectione « uiui » aut « nascituri ». Accedit quod in tutela non est magnum detrimentum, ne sit datus tutor ex testamento, cum postmodum a iudice consulto dari queat.

Car une désignation erronée ne cause de préjudice à personne (D. 35, 1, 33, pr.[2374] ; D. 35, 1, 17, pr.[2375] et D. 35, 1, 17, 3[2376]), et peu importe que la désignation soit faite par le biais d'un pronom relatif, comme dans la loi déjà citée D. 28, 2, 25, 1[2377], ou par celui d'un adjectif, comme dans la loi déjà citée D. 28, 3, 3, 5[2378], ainsi qu'on le constate dans les *Institutes*, II, 20, 30[2379].

< Assurément, cela a échappé à beaucoup d'interprètes, parce qu'ils n'ont pas prêté attention à ce qui fait toute la différence, à savoir si l'on a annexé à la disposition testamentaire une condition ou une désignation ; la première est en effet plus impérative, et n'admet pas facilement son contraire, à moins qu'il n'apparaisse de toute évidence que le testateur a exprimé l'un des événements contraires de manière à ne pas exclure l'autre, si c'était lui qui se produisait. Concernant, toutefois, la désignation, nous nous trouvons en contradiction frontale avec D. 26, 2, 16, 4[2380], où celui qui a donné un tuteur à ses fils n'est pas censé en avoir donné un à ceux d'entre eux qu'il croyait morts, et il n'avait pas utilisé de condition, mais avait bel et bien désigné ses fils. Mais je réponds qu'ici l'erreur portait sur bien plus que la désignation, parce qu'il ne pensait pas que le fils à qui il n'avait pas donné de tuteur était encore de ce monde ; en effet, la désignation aussi se fait en précisant une qualité quelconque, or ici il avait donné un tuteur à ses fils sans spécifier s'ils étaient vivants ou à naître. À cela s'ajoute qu'en matière de tutelle, il n'est guère dommageable qu'un tuteur ne soit pas donné aux termes du testament, puisqu'il peut être donné ultérieurement, par recours au juge.

2374 ***Falsa demonstratio*** *neque legatario neque fideicommissario* **nocet neque heredi instituto** [...].

2375 *Demonstratio falsa est, ueluti si ita scriptum sit :* « *seruum Stichum, quem de Titio emi* », « *fundum Tusculanum, qui mihi a Seio donatus est* ». **Nam si constat, de quo homine, de quo fundo senserit testator, ad rem non pertinet, si is, quem emisse significauit, donatus esset, aut quem donatum sibi esse significauerat, emerit.**

2376 **At si condicionaliter concepta sit causa**, *ueluti hoc modo :* « *Titio, si negotia mea curauit, fundum do* » ; « *Titius filius meus, si frater eius centum ex arca sumpsit, fundum praecipito* », *ita* **utile erit legatum, si** *et ille negotia curauit et huius frater centum ex arca sumpsit.*

2377 Voir ci-dessus note 2367. Allusion à l'expression *id quod in utero haberet.*

2378 Voir ci-dessus note 2372. Allusion à l'expression *postumus exheres esto.*

2379 [...] *falsa demonstratione legatum non peremi, ueluti si quis ita legauerit :* « **Stichum seruum meum uernam** *do lego* », *licet enim non uerna sed emptus sit, de seruo tamen constat, utile est legatum ; et conuenienter si ita demonstrauerit :* « *Stichum* **seruum, quem a Seio emi** », *sitque ab alio emptus, utile legatum est, si de seruo constat.* On a en effet successivement (voir les expressions graissées) une désignation faite par le biais d'un adjectif, puis par celui d'un pronom relatif.

2380 *Proinde et si certus fuit filium decessisse, qui supererat, idem erit dicendum ;* **nec enim uidetur ei dedisse, quem obisse credebat.**

Sed superior responsio demonstrationis falsae in filio non obsistentis, ut dixi, liquido probatur in d. l. si ita § pen., ubi posthumo datus est tutor, et tenuit datio in puero nato etiamnum parente uiuo. Voluntatem enim qualemqualem erga eum habebat, non cum putabat mortuum, l. si, cum uel C. de testam. milit. Ergo, inquierat aliquis argutae mentis, in d. l. Lucius, quamuis testator sciuisset neptem circa diluculum peperisse, tamen infans natus eo uiuo succederet ex testamento, cum minime obsit falsa demonstratio. Fateor utique, quia huc me allicit iurisconsultus his uerbis : *licet ignorante testatore*, perinde atque innuat in prudente ac sciente natalem pronepotis magis idem iuris statui >.

3. Quod uero in d. § Lucius *albascente coelo* legimus, suasit uetus lectio et usus peritissimorum autorum. Quintilianus, lib. 8 cap. 3, refert Caecilium dixisse, *albenti coelo*, quod nos pro crepusculo et aurora exponimus. Aulus Hirtius in lib. *De bello Aphrico* : *Caesar in nauibus una nocte consumpta, iam coelo albascente, cum proficisci conaretur.*

Verg., lib. 4 *Aeneid.* :
Regina e speculis ut primum albescere lucem
Vidit.

Et la réponse précédente, selon laquelle la désignation erronée ne cause, comme je l'ai dit, aucun préjudice au fils, trouve une preuve manifeste dans la loi déjà citée D. 26, 2, 16, 5[2381], où un tuteur a été donné à l'enfant posthume, et où cette attribution est restée valable pour l'enfant qui est né quand son père était encore en vie. Car celui-ci avait à son égard les mêmes intentions, ce qui n'était pas le cas lorsqu'il le croyait mort (C. 6, 21, 10, pr.[2382]). Par conséquent, avait fait remarquer quelqu'un d'astucieux, même si, dans la loi déjà citée D. 28, 2, 25, 1[2383], le testateur avait su que sa petite-fille avait accouché à l'aube, l'enfant né de son vivant lui succèderait tout de même aux termes du testament, puisqu'une désignation erronée ne constitue absolument pas un obstacle. J'en conviens, parce que le jurisconsulte m'y incite en employant ces mots : « bien que le testateur l'ignorât », comme s'il voulait dire que dans le cas où le testateur aurait été absolument sûr de la naissance de son arrière petit-fils, la même solution de Droit, à plus forte raison, se serait imposée >.

3. Et si, dans la loi déjà citée D. 28, 2, 25, 1[2384], je lis : « quand le ciel commençait à blanchir », c'est qu'une ancienne leçon, et la pratique des meilleurs auteurs, m'en ont persuadé. Quintilien, au chapitre 3 du livre VIII[2385], rapporte que Cécilius avait dit « Au moment où le ciel blanchissait », ce que nous expliquons comme une manière de désigner le crépuscule et l'aurore. Voir Aulus Hirtius, dans la *Guerre d'Afrique*[2386] : « Comme César, après avoir passé une seule nuit sur les navires, préparait son départ quand le ciel commençait à blanchir » ; voir aussi Virgile, au livre IV de l'*Énéide*[2387] :
Dès que, de son observatoire, la reine eut vu une blanche lueur ;

2381 Voir ci-dessus note 2373.

2382 *Si, cum uel in utero haberetur filia inscio patre milite, ab eo praeterita sit,* **uel cum in rebus humanis eam non esse falso rumore prolato pater putauit,** *nullam eius testamento fecit mentionem,* **silentium huiusmodi exheredationis notam nequaquam infligit.**

2383 Voir ci-dessus note 2367.

2384 Voir ci-dessus note 2367.

2385 *Institution oratoire,* VIII, 3, 35 : « Cécilius attribue à Sisenna le mot *albenti caelo* ».

2386 § 11. Cet ouvrage n'est plus attribué aujourd'hui à Aulus Hirtius.

2387 Vers 586-587.

Iulius Caesar, lib. 1 *De bello ciuili* : *Caesar exploratis regionibus albente coelo omnes copias castris educit.* Cneus Matius apud A. Gellium :
Iam iam albicassit Phoebus et recentatur.

Sed uereor ne in re compertissima modum affectasse satius fuerit quam copiam.

4. Secundo animaduerti reconciliari posse d. l. commodissime ff. de liber. et posth. cum l. fin. C. eod., si dixerimus illic sciuisse testatorem uxorem uterum gerere, ut innuunt illa uerba : *is qui nondum natus erat* ; perinde ac dicat, sed in utero latebat ; plane in proposito uim huius particulae « nondum » esse qualem dixi, dilucide ostendit

< Paulus in l. illud § fin. ff. de bonor. possess. cont. tabul. et Vlpianius aperte, l. 1 de uentre in poss. >

Papinianus, cap. IX ff. ad leg. falc.[168] ; plane in d. l. fin. dubitabatur a testatore essetne uxor praegnans an non, ut l. quod Labeo ff. de carb. edict.

< Quid, quod etiam posthumum ex ea quae pro certo non est praegnans instituimus, l. ideoque ff. de liber. et posth. ? >.

Alioquin quaenam esset dementia scire iam a quatuor uel quinque mensibus mulierem grauidam et ad pueri natiuitatem decem praetera menses adiicere, cum intra solos eos omnes nasci soleant, l. III § post decem ff. de suis et legit. ?

---

168 1553 adiiciebat : l. Statius § fin. de iure fisc.

et encore Jules César, au livre I de la *Guerre civile*[2388] : « Une fois le pays exploré, César quand le ciel blanchit, fait sortir du camp toutes ses troupes » ; enfin, Cneus Matius chez Aulu-Gelle[2389] : « Déjà Phébus commence à blanchir, et déjà se renouvelle [la lumière qui éclaire tous les hommes] ». Mais, comme il s'agit d'une chose notoire, un plus petit nombre d'exemples eût été, je le crains, préférable.

4. J'ai constaté que l'on pouvait harmoniser une deuxième fois la loi déjà citée D. 28, 2, 10[2390] avec C. 6, 29, 4, pr. et 1[2391], en disant que dans la première loi le testateur savait que sa femme était enceinte, comme le laissent entendre les mots « celui qui n'était pas encore né » ; c'est comme s'il disait : « mais qui était encore dans le ventre de sa mère » ;

< Paul montre lumineusement, en D. 37, 4, 4, 3[2392], et >

Ulpien tout aussi clairement en D. 37, 9, 1, pr.[2393], que, dans ce passage, la particule *nondum* a bien le sens que j'ai indiqué ; assurément, dans la loi déjà citée C. 6, 29, 4, pr. et 1[2394], le testateur ne savait pas au juste si sa femme était ou non enceinte, comme en D. 37, 10, 9[2395].

< Mais quoi ? n'allons-nous pas jusqu'à instituer comme héritier l'enfant posthume qui naîtra d'une femme dont il est sûr qu'elle n'est pas encore enceinte (D. 28, 2, 5[2396]) ? >.

Par ailleurs, il faudrait être fou, en sachant une femme enceinte de quatre ou cinq mois, pour compter dix mois de plus jusqu'à la naissance de l'enfant, alors que la plupart des naissances se font dans ce seul intervalle (D. 38, 16, 3, 11[2397]).

2388 Chapitre LXVIII.

2389 XV, 25.

2390 Voir ci-dessus note 2350.

2391 Voir ci-dessus note 2351.

2392 *Si quis eum qui in utero est praetermiserit, etiam* **nondum** *nato eo alius qui heres institutus est bonorum possessionem* contra tabulas *admittere potest* [...].

2393 *Sicuti liberorum eorum, qui iam in rebus humanis sunt, curam praetor habuit, ita etiam eos, qui* **nondum** *nati sint, propter spem nascendi non neglexit.*

2394 Voir ci-dessus note 2351.

2395 Voir ci-dessus note 2368. Passage précédent de la loi : [...] *de eo puto eum uelle intellegi, qui* **post mortem patris familiae, qui se sine liberis decedere credidit,** *filius eius esse dici coepit* [...].

2396 *Ideoque* **qui postumum heredem instituit,** *si, post testamentum factum, mutauit matrimonium,* **is institutus uidetur, qui ex posteriore matrimonio natus est.**

2397 *Post* **decem menses** *mortis natus non admittetur ad legitimam hereditatem.*

Neque Diuus Pius ibi multo post natos, legitimos dici patitur, etsi
D. Hadrianus in non ambiguae pudicitiae foemina aliquando XI mensum
partum a mariti morte admiserit ; sed hoc contemnendum, l. quoniam
ff. de legib. Facit nobiscum idem autor Iustinianus in § unum de restitu.
et ea quae par. col IIII. Accedit et his lex illa Velleia, quae uiuo auo
natos nepotes non respuit, eo quod G. Aquilius cum natum eo mortuo
inuitat ad successionem, decem menses meminit numerandos a morte
filii, d. l. Gallus § nunc de lege ff. de lib. et posth.

  < Omitto intellectum Accursii in d. l. fin. C. de posthum. haeredib., quo uehementer atque inepte uexatur Iustiniani mens, cum ait
Interpres non interfuisse testatoris utrum in uita an post infans nasceretur, per illa uerba : « post mortem », detorta non ad natiuitatem
sed ad institutionem infantis, modo intra decem menses nascatur : ita
utroque casu mortis uel uitae futurus haeres, quasi uero Iustinianus
expenderit quomodo testantis uerba captari possint, non quid senserit,

Et dans cette même loi (D. 38, 16, 3, 12[2398]), l'Empereur Antonin n'admet pas la légitimité des enfants nés beaucoup plus tard, même si l'Empereur Hadrien a un jour accepté, s'agissant d'une femme dont la vertu ne faisait aucun doute, un enfant né onze mois après la mort du mari[2399] ; mais cela n'est pas à prendre en considération (D. 1, 3, 6[2400]). Le même Justinien est d'accord avec nous dans la *Novelle* 39, chapitre 2[2401]. À ces textes s'ajoute la fameuse loi Velleia, qui n'a pas exclu les petits-enfants nés du vivant de leur grand-père, parce que Gallus Aquilius, quand il appelle l'enfant né après la mort de son grand-père à lui succéder, s'est souvenu qu'il fallait compter dix mois à partir de la mort du fils : voir la loi déjà citée D. 28, 2, 29, 11[2402].

< Je ne parle pas de l'interprétation d'Accurse pour la loi déjà citée C. 6, 29, 4, pr. et 1[2403], où ce que Justinien a voulu dire est malmené aussi sottement que brutalement, lorsque l'Interprète dit qu'il importait peu au testateur que l'enfant naquît de son vivant ou après sa mort, parce qu'il a, à tort, appliqué les mots « après ma mort », non à la naissance de l'enfant, mais à son institution comme héritier, pourvu qu'il naisse dans les dix mois : ainsi, dans les deux cas de mort ou de vie du testateur, il serait le futur héritier ; comme si Justinien avait exposé en quel sens pouvaient être compris les mots du testateur, et non son propre sentiment ;

2398 *De eo autem,* **qui centensimo octogensimo secundo die natus est, Hippocrates scripsit** *et Diuus Pius pontificibus rescripsit* **iusto tempore uideri natum,** *nec uideri in seruitutem conceptum, cum mater ipsius ante centensimum octogensimum secundum diem esset manumissa.*

2399 Aulu-Gelle, *Nuits Attiques,* III, 16 : « Une dame connue par la sagesse et la régularité de ses mœurs, et dont l'honneur ne pouvait être mis en doute, donna le jour à un enfant onze mois après la mort de son mari. L'époque de l'accouchement fit croire qu'elle avait conçu depuis la mort de son mari ; et une accusation fut intentée contre elle, en vertu de la loi des décemvirs, qui porte que les accouchements légitimes ne peuvent avoir lieu au delà du dixième mois. Mais l'empereur Adrien, au tribunal duquel la cause fut portée, décida que l'enfantement pouvait avoir lieu au onzième mois. J'ai lu le décret lui-même, dans lequel le prince assure n'avoir pris cette décision que d'après l'avis de philosophes et de médecins fameux de l'antiquité ».

2400 Voir ci-dessus note 43.

2401 [...] *nondum enim completo anno undecimo mense perfecto* < *mulier* > *peperit, ut non esset possibile dicere quia de defuncto fuisset partus ;* **neque enim in tantum tempus conceptionis extensum est** [...].

2402 Voir ci-dessus note 2358.

2403 Voir ci-dessus note 2351. Accurse glose en effet le contenu de cette loi ainsi : [...] *siue uiuo te, siue post mortem tuam intra decem menses computandos a tempore mortis tuae aliquis natus fuerit, maneat uoluntas tua firma* [...] et les mots *non praeteriit* ainsi : [...] *et non refert an* [*illi menses*] *cucurrerint ante mortem uel post : nam et illi menses qui praecedunt mortem, sunt proximi morti, sicut et qui sequuntur.* Enfin il précise bien qu'il n'est question ici que d'institution d'hérédité, en opposition, justement, à D. 37, 9, 1, 9, où il est question d'exhérédation.

et umbram sermonis, non lucem mentis, prioris et potioris, imo etiam dilucide sequi docuerit, contra l. Labeo in fi. ff. de supellecti. leg., sed, quod plus urget, contra l. 1 § sed et si quis ff. de uentr. in poss., ubi illa uerba *post mortem*, adiecta mensibus nascituri posthumi, *aliquo casu*, scilicet mortis, non utroque operantur, et dices ibi de exhaeredatione odiosa quaeri. Produco igitur formulam Aquilianam, l. Gallus de liber. et posth., ubi instituitur nepos qui nascetur intra decem menses proximos morti filii, nec uocatur[169] ea formula natus uiuo filio, sed suppleri oportuit et exprimi d. l. Gallus § nunc de lege et § seq., ubi Velleius addere Gallo Aquilio maluit quam ipsum torquere >.

5. Decem mensium spatium crebrius antiquitas definiuit a conceptione ipsa ad ortum infantis supputans, d. l. fi. C. de posth. ; l. 3 § post decem, de suis et leg., ubi Vlpianus Hippocratis autoritate fretus est. Iocasta in Senecae *Thebaide* sic queritur :
Quod pene uidi per decem mensium graues
Vteri labores.

Ouidius, lib. 3 *Fastorum*, annum olim fuisse ait decem mensium aetate Romuli, seu quia totidem nobis digiti
Seu quia bis quinto foemina mense parit.

---

169 uocatur *scripsi* : uocantur *T* //

et, bien plus, comme s'il avait clairement enseigné à considérer l'apparence des mots, et non la clarté de l'intention, qui les précède et qui pèse plus qu'eux! Ce qui va contre D. 33, 10, 7, 2[2404], mais aussi, ce qui est plus accablant, D. 37, 9, 1, 9[2405], où ces mots, «après ma mort», assortis du nombre des mois dans le délai desquels doit naître le posthume, ne sont suivis d'aucun effet dans «un cas», c'est-à-dire la mort du testateur, et l'on dira qu'il s'agissait, en l'espèce, d'une exhérédation haïssable. Je reproduis donc la formule aquilienne (D. 28, 2, 29, pr.[2406]), qui institue comme héritier le petit-fils qui naîtra dans les dix mois suivant la mort du fils, et comme cette formule n'appelle pas à la succession celui qui est né du vivant du fils, il a fallu, en complément, le mentionner dans la loi déjà citée D. 28, 2, 29, 11 et 12[2407], où Velleius a préféré compléter que déformer ce qu'avait dit Gallus Aquilius >.

5. Cet espace de dix mois, l'Antiquité l'a fréquemment fixé en supputant le temps écoulé depuis la conception elle-même jusqu'à la naissance de l'enfant (C. 6, 29, 4, pr. et 1[2408]; et D. 38, 16, 3, 12[2409], où Ulpien s'est appuyé sur l'autorité d'Hippocrate). Jocaste, dans la *Thébaïde*[2410] de Sénèque, se plaint en ces termes :
Parce que j'en ai presque été le témoin. [*Je t'en conjure*]
Par ce sein qui t'a porté pendant dix pénibles mois.
Ovide, au livre III des *Fastes*[2411], dit que jadis, du temps de Romulus, l'année était de dix mois, soit parce que nous avons dix doigts,
Soit parce que les femmes accouchent à deux fois cinq mois.

2404 Voir ci-dessus note 522.
2405 Voir ci-dessus note 2365.
2406 Voir ci-dessus note 2358.
2407 Voir ci-dessus note 2358. § 12 : *Et uidetur primum caput eos spectare, qui, cum nascerentur sui heredes futuri essent; et rogo, **si filium habeas et nepotem nondum natum tantum ex eo heredem instituas, filius decedat, mox uiuo te nepos nascatur?** Ex uerbis dicendum est non rumpi testamentum, ut non solum illud primo capite notauerit, si nepos, qui eo tempore instituatur, quo filius non sit, uerum et si uiuo patre nascatur : quid enim necesse est tempus testamenti faciendi respici, cum satis sit observari id tempus quo nascitur ? Nam etsi ita uerba sunt . «Qui testamentum faciet, is omnis uirilis sexus, qui ei suus heres futurus erit » et cetera.*
2408 Voir ci-dessus note 2351.
2409 Voir ci-dessus note 2398.
2410 *Les Phéniciennes*, v. 535-536.
2411 Vers 124.

Sed hic numerus in anno ordinando mutatus ab Augusto Caesare fuit, non in partu a natura, l. si qua C. de secund. nupt.

Quid ergo causae est, quare hodie nono mense partum perfectum uulgo iactemus ? Et Varro, teste A. Gellio, lib. 3 cap. 16, tam de nono quam de decimo mense non aliud sensisse comperitur, Nonam et Decimam Parcas a pariendo appellitans. In eandem partem capio quod Ausonius scripsit in *Grypho ternarii numeri* :
Iuris idem tribus est, quod ter tribus : omnia in istis
Forma hominis coepti, plenique exactio partus[170].

Hoc est, ter tribus mensibus fit homo, ita nouem, quibus nouies repetitis et elapsis primum moritur. Nec quisquam, nisi perraro, centum annos absoluit, quamuis a iure praefiniti sint, l. fin. C. de sacrosanct. eccles., nec curae fuit Ausonio has raritates persequi, ut prodigiis adsimiles, et ab Aegyptiis, non a diis praestitutas. Porro Staseas 84 anno humanae uitae terminum diffiniuit, Plato 81, quo ipse postea obiit, quem Ausonius emulatur.

---

170   1553 *adiiciebat* : *Quique nouem nouies fati tenet ultima finis.*

Mais si ce nombre, qui présidait à l'ordonnancement de l'année, fut modifié par l'Empereur Auguste[2412], la nature, elle, ne changea pas celui qui préside à l'enfantement (C. 5, 9, 2[2413]).

Quelle est donc la raison pour laquelle, aujourd'hui, nous prétendons communément que l'enfant est parfaitement constitué au neuvième mois ? Il est sûr en tout cas que Varron, au témoignage d'Aulu-Gelle, au chapitre 16 du livre III[2414], a cru que c'était vrai aussi bien au neuvième qu'au dixième mois, car il fait venir les noms de la Neuvième et de la Dixième Parque du verbe « enfanter ». Je comprends de la même manière ce qu'Ausone a écrit dans son *Énigme du nombre trois*[2415] :
Trois et trois fois trois ont la même vertu : tout est en eux,
La formation de l'être humain, et son achèvement à la naissance.

C'est-à-dire, il faut trois fois trois mois, donc neuf, pour faire un homme, et il ne vit pas davantage que ce même nombre d'années au carré. Car personne, sauf exception, n'a atteint cent ans révolus, même si le Droit a fixé d'avance cette limite (C. 1, 2, 23, 4[2416]) ; Ausone ne s'est pas soucié de ces cas rares, et quasi miraculeux, qui sont garantis par les Égyptiens, et non par les dieux. Staseas[2417] a fixé le terme de la vie humaine au plus à 84 ans, et Platon à 81, mais il vécut davantage, et Ausone rivalise de longévité avec lui.

2412 Voir Suétone, *Vie d'Auguste*, 31 : « Il régla de nouveau le calendrier arrangé par Jules César, où l négligence des pontifes avait introduit une extrême confusion ».

2413 *Si qua ex feminis perdito marito intra anni spatium alteri festinauit innubere (**paruum enim temporis post decem menses seruandum adicimus**, tametsi id ipsum exiguum putemus), probrosis inusta notis honestioris nobilisque personae et decore et iure priuetur atque omnia, quae de prioris mariti bonis uel iure sponsalium uel iudicio defuncti coniugis consecuta fuerat, amittat.*

2414 « Les premiers Romains, suivant Varron, ne regardaient pas comme possibles ces accouchements au huitième mois ; ils pensaient que le neuvième et le dixième mois étaient des époques fixées par la nature, et qu'en dehors de ces deux termes, l'accouchement ne pouvait être naturel. » Le même auteur ajoute que cette opinion fut l'origine des noms qu'ils donnèrent aux trois Parques ; ces noms viennent, en effet, de *parire*, enfanter, et des adjectifs *nonus* et *decimus*. « Parca, Parque, dit Varron, vient de *partus*, par le changement d'une seule lettre ; et Nona et Decima viennent des mois qui sont l'époque ordinaire de l'enfantement. »

2415 Vers 4-5.

2416 *[...] **unum tantummodo terminum uitae suae imponimus, id est centum metas annorum**.*

2417 Cicéron mentionne souvent ce philosophe péripatéticien qui fut son ami, notamment dans le *De Oratore* (I, 22 et 23). Dans ce passage, Forcadel a repris des références données par Censorinus (voir *Censorini De die natali liber*, Leipzig, 1867). Chapitre XIV, p. 25 : *Staseas Peripateticus [...] spatium plenae uitae quattuor et octoginta annorum esse dixit* ; p. 27 : **Plato** *[...] quadrato numero annorum uitam humanam consumari putauit, sed nouenario, qui complet annos octoginta et unum.*

6. Ea autem ratio est, cur alii decimo, alii nono mense partum iustum et usitatum dicant, quia illli inceptum decimum intelligunt, hi nonum exactum, sicuti euenit in partu septem mensium. Nam medicorum princeps Hippocrates, in lib. *De Septimestri partu*, tradit uix unquam compleri, sed incipi mensem septimum : et pars, inquit, septimi mensis etiam mensis est ; idque non est ab Vlpiano praetermissum in l III § fin ff de suis et legit., nec ab Accursio, ibidem, in uerbis « secundo die », ex quo explicatur l. septimo ff. de stat. hom. Philo Iudaeus in libro *Biblicarum antiquitatum* retulit Deum statuisse ut septimo mense partus esset uitalis, propter Isaac tam breui tempore editum ; quod uerum ne sit, haesito, < non minus quam de Pauli neglecta a Triboniano opinione ; is, lib. 4 receptarum *Sententiarum*, tit. de intestatorum successione*, ad nescio quam Pythagorei numeri rationem, septem menses maturi partus retulit >.

7. In more fuit positum priscis seculis, natos infantes protinus in terram statui et quasi cadere, opera obstetricum, l. III C. de posth. haer. Statius, libro primo *Syluarum* :
Tellure cadentem
Accepi, fouique sinu.

6. La raison pour laquelle les uns disent que l'enfant est d'ordinaire parfaitement constitué au dixième mois, et les autres au neuvième, est la suivante : les premiers veulent dire au début du dixième mois, et les seconds à la fin du neuvième, comme c'est le cas pour une grossesse de sept mois. En effet, le plus grand des médecins, Hippocrate, dans son livre sur *L'enfantement à sept mois*, rapporte que le septième mois est rarement complet, mais seulement entamé[2418] ; et, dit-il, toute fraction du septième mois compte pour ce mois ; ce qu'Ulpien n'a pas négligé en D. 38, 16, 3, 12[2419], ni Accurse, dans sa glose sur ce passage, aux mots *secundo die*, et c'est ce qui permet d'expliquer D. 1, 5, 12[2420]. Selon Philon le Juif, dans son livre des *Antiquités bibliques*[2421], Dieu a décidé que l'enfant serait viable au septième mois, à cause d'Isaac, qui fut enfanté dans ce laps de temps restreint ; mais je crains que ce ne soit pas vrai,

< tout comme cette opinion de Paul, dont Tribonien n'a pas tenu compte : en effet, au livre IV de ses *Sentences*[2422], Paul rapporte, pour je ne sais quelle raison tirée d'un nombre pythagoricien, que l'enfant est parfaitement constitué à sept mois >.

7. On avait coutume, dans les temps anciens, de placer immédiatement les nouveaux-nés à terre, en les y laissant presque tomber (C. 6, 29, 3, 1[2423]). Voir Stace, au livre I des *Silves*[2424] :
Je l'ai rattrapée quand en naissant elle tombait à terre
Et je l'ai réchauffée dans mon sein.

2418 Voir le début (p. 48-49 de l'édition des *Opera omnia*, Lyon, 1555) : *Et est tota summa dimidii anni, una cum aliquantula diei parte.*

2419 Voir ci-dessus, note 2398. Accurse glose en effet les mots *secundo die* ainsi : *id est sexto mense et duobus diebus tractis de septimo.*

2420 **Septimo mense nasci perfectum partum** *iam receptum est propter auctoritatem doctissimi uiri Hippocratis, et ideo credendum est eum, qui ex iustis nuptiis septimo mense natus est, iustum filium esse.*

2421 Voir *Libri Antiquitatum*, édition de Bâle, 1527, p. 24 C : **Et dedi ei Isaac, et plasmaui** *eum in metra eius quae eum genuit, et praecepi ei* **ut citius restituens eum redderet mihi in mense septimo** *; et propterea omnis mulier quae pepererit septimo mense, uiuit filius eius, quoniam super eum uocaui gloriam meam et nouum ostendi saeculum.*

2422 IV, 9, 5 : *Septimo mense natus matri prodest : ratio enim Pythagoraei numeri hoc uidetur admittere, ut aut septimo pleno aut decimo mense partus maturior uideatur.*

2423 [...] *si uiuus perfecte natus est, licet ilico* **postquam in terram cecidit** *uel in manibus obstetricis decessit, nihilo minus testamentum corrumpi* [...].

2424 I, 2, 109.

Rectus namque humo accipiebatur, ut coelum iam suscipere inciperet, quod est hominis proprium, ex quo dignissimum et coeleste animal est, l. iustissime ff. de aedil. edict., ubi Accursius ;

[171]< uel forte, ut eo casu tactuque terrae humanae calamitatis primordia libarent. Macrobius, lib. 1 *Saturnaliorum* cap. 12, Bonam deam, eandem Faunam et Fatuam uocatam notat, quod infantes partu editi non prius uocem edant, quam attingerint terram >.

---

171   1553 : De ea re copiose Caelius Rhodiginus, lib. 16, cap. 3.

Et on faisait en sorte que l'enfant arrivât sur le sol tout droit, pour qu'il commençât déjà à regarder le ciel, ce qui est le propre de l'homme et fait de lui un animal d'une suprême dignité, et pour ainsi dire céleste (voir D. 21, 1, 44, pr.[2425], et la glose d'Accurse);

< ou peut-être, c'était pour qu'en tombant et en touchant ainsi la terre, les enfants eussent un avant-goût du malheur humain. Macrobe, au chapitre 12 du livre I des *Saturnales*[2426], note qu'on appelait aussi la Bonne déesse Fauna et Fatua, parce que les nouveaux-nés ne donnaient pas de la voix avant d'avoir touché terre >.

2425 [...] *propter* **dignitatem hominum** [...]. Accurse glose en effet le mot *dignitatem* ainsi : *est enim homo dignissima creaturarum*, en citant à l'appui Ovide, *Métamorphoses* I, 85 (*Os homini sublime dedit coelumque uidere*) et Virgile *Énéide* VI, 730 (*Igneus est illis uigor et coelestis origo*).

2426 « Cette Bonne Déesse est la même que la Terre, et que les livres des pontifes la désignent sous les noms de Fauna, Ops et Fatua. Elle est nommée Bona, comme étant la cause productrice de tout ce qui est bon pour notre nourriture ; Fauna, parce qu'elle favorise (*fauens*) tout ce qui est utile aux êtres animés ; Ops (secours), parce que la vie n'est que par son secours ; Fatua, de *fando* (en parlant), parce que, comme nous l'avons dit plus haut, les enfants nouveau-nés n'acquièrent la voix qu'après avoir touché la terre ».

OBSERVATA IN CAPUT XXII

1. Explanatur Celsi responsum de Hippocentauro loquens < et quod stipulatio rei perquam rarae censetur impossibilis >.
2. Chiron Centaurus legislator aequissimus, et quid sit Phylira Iurisconsulto, < et quod culpa sit immiscere rei ad se non pertinenti >.
3. Pacta cum hoste inita an servanda sint.
4. *Stemmata cognationum* quid sint Paulo.
5. Clypeus et ensis quibus cuncta in amore supperentur, et Amoris insignia.
6. Arbores sericum ferentes et uestes sericae iure solis foeminis olim concessae.
7. Clypeis insignia antiqui pinxerunt, et an pro cujusque arbitrio pingi possint.
8. < Scutorum insignia fidem facere in finium controversiis, et deportatione amitti ; denique > columna loquitur [172] < in extremo >.

CAPUT XXII

Deposita penes suos tam dulci praeda, in eo laborauit Celenus Centaurus, ut me uelocitatis suae fiducia rursus assequeretur ; rediit, et allocutus est.

---

172   1553 : in totius narrationis exitu.

CONTENU DU CHAPITRE 22

1. Explication de la réponse de Celse concernant un hippocentaure < et pourquoi il est impossible de stipuler à propos d'une chose extrêmement rare >.
2. Le Centaure Chiron fut un très équitable législateur ; et ce que c'est que Phylira pour un jurisconsulte ; < et on commet une faute en se mêlant de ce qui ne nous regarde pas >.
3. Les pactes conclus avec un ennemi doivent-ils être respectés ?
4. Ce que Paul entend par *stemmata cognationum*.
5. Le bouclier et l'épée grâce auxquels on obtient tout en amour ; et le blason de l'Amour.
6. Les arbres qui portent la soie ; et les vêtements en soie n'étaient jadis légalement permis qu'aux femmes.
7. Les Anciens ont peint leurs blasons sur leurs boucliers ; et pouvait-on le faire à sa guise ?
8. Ces blasons font foi dans les controverses qui portent sur les limites, et sont perdus en cas de déportation ; enfin, au bout de ce récit, une colonne parle.

CHAPITRE 22

Après avoir remis son charmant butin à ses congénères, Celenus le Centaure, en se fiant à sa célérité, s'employa à me rattraper ; il me rejoignit donc, et m'adressa la parole.

1. Nugas effutire me non pauci clamitabunt, propter Celsi responsum, in l. si ita stipulatus ff. de uerbor oblig. (D. 41, 1, 97, pr.), ubi, si te sisti promiseris, uel Hippocentaurum dari, adiectio haec superuacua est, quae non potest contingere, et te sistere teneris, ne sit ulla nouatio, l. nouatio ff. de nouatio. (D. 46, 2, 1, pr.); nam hunc a Centauro non differre certum est. Accedet Lucretius, lib. 5 (v. 890-891) :
Ne forte ex homine et ueterino semine equorum
Confieri credas Centauros posse, nec esse.

Sunt et alii nobiles autores in eadem sententia, quos omitto, ut qui citantur ab Alciato, lib. 9 *Parerg.* cap. 13 : equites fuisse existimat in Thessalia, qui tauros feros egerint et domuerint iussu Regis Ixionis, ut Palaephatus in libro *De non credendis fabulosis narrationibus* tradidit. Verum Claudius Caesar scripsit Hippocentaurum in Thessalia natum, eodem die interiisse; alium uidit Plinius, lib. 7 cap. 3;

1. Beaucoup s'exclameront que je débite des sottises, à cause de la réponse de Celse, en D. 45, 1, 97, pr.[2427] où, si l'on a promis de comparaître en justice, et, sinon, de donner un hippocentaure, on fait là un ajout inutile, car il porte sur un événement impossible, et l'on est obligé de comparaître, pour éviter la novation (D. 46, 2, 1, pr.[2428]) ; or l'on sait qu'un hippocentaure ne diffère en rien d'un Centaure. Lucrèce en parle au livre V[2429] : *Ne va donc pas croire que du croisement de l'homme avec la race des bêtes de somme, Puissent se former et vivre des centaures.*

D'autres auteurs célèbres, que je ne mentionne pas, sont du même avis : ils sont énumérés par Alciat, au chapitre 13 du livre IX de ses *Parerga*[2430] ; lui-même, à l'instar de Palaiphatos dans son livre des Histoires incroyables[2431], pense qu'il s'agit en réalité de cavaliers, qui, sur l'ordre du roi Ixion, avaient domestiqué et élevé des taureaux en Thessalie. Mais l'Empereur Claude a écrit qu'un hippocentaure était né en Thessalie, et mort le jour même ; un autre a été vu par Pline (voir au livre VII, chapitre 3[2432]) ;

2427 *Si ita stipulatus fuero : « te sisti ?* **nisi steteris, hippocentaurum dari ?** », *proinde* **erit, atque** *« te sisti ? »* **solummodo stipulatus essem.**

2428 *Nouatio est prioris debiti in aliam obligationem uel ciuilem uel naturalem transfusio atque translatio, hoc est cum ex praecedenti causa ita noua constituatur, ut prior peremetur. Nouatio enim a nouo nomen accepit et a noua obligatione.*

2429 Vers 890-891.

2430 Alciat mentionne effectivement Cicéron, Porphyre et Galien, qui dénonce la fable rapportée par Pindare. Il ajoute : *Veritas habet Thessalos equites fuisse pernicissimos bellatores, unde illis nomen, quod equos per summa montium iuga stimularent, sicque poetis et pictoribus data est materia confingendi eos corpore equino, sed superiore parte homines fuisse, et nube genitos ; qua de re apud Palaephatum.*

2431 Voir Περὶ ἀπίστων, 1 (traduction Hugo Bratelli, disponible en ligne) : « La vérité est la suivante. À l'époque où Ixion était roi de Thessalie, un troupeau de taureaux devint sauvage sur le mont Pélion, qui rendait inaccessible également les autres montagnes. En effet, les taureaux descendaient vers les villages ; ils dévoraient les plantes et les fruits, et détruisaient le bétail. Ixion fit alors proclamer que si quelqu'un tuait les taureaux, il le gratifierait de nombreuses richesses. Quelques jeunes gens, qui habitaient au pied de la montagne, en un village appelé Nuée, eurent l'idée d'accoutumer leurs chevaux à la présence d'un cavalier (car autrefois les hommes ne savaient pas monter à cheval, ils utilisaient uniquement les chars). Ainsi, à cheval, ils se dirigeaient vers l'endroit où les taureaux étaient assemblés ; ils s'élançaient parmi le troupeau, et frappaient les bêtes de leurs flèches. Et quand les taureaux les poursuivaient, les jeunes fuyaient, car les chevaux couraient plus vite que les taureaux ; et quand ces derniers s'arrêtaient, revenant en arrière, ils décochaient leurs flèches sur eux ; c'est ainsi qu'ils les tuèrent. D'où leur nom de Centaures, car ils perçaient les taureaux avec des flèches. Rien à voir avec l'aspect du taureau ; les Centaures n'ont vraiment aucun rapport avec la forme des taureaux, mais bien avec celle du cheval et de l'homme. Ils prirent le nom de ce qu'ils avaient fait ».

2432 § 2 : « L'empereur Claude décrit qu'un hippocentaure né en Thessalie mourut le même jour : nous aussi, sous son règne, nous en avons vu un qui lui fut apporté d'Égypte dans

D. Hieronymus in *Pauli eremitae Vita* Antonio apparuisse prodit, eiusque colloquium petiisse in eremo, nisi forsitan is Daemon fuit.

Porro quid mirum Centaurum fuisse, si Hermaphroditi sint, l. quaeritur ff. de stat. hom., si ostenta et monstra gignantur, l. quaeret et l. ostentum ff. de uerb. signifi., si denique natura rebus nouandis studeat, § 1 de instrum. caut. col. VI? Et simile ueri est Poëtas ea saepe uideri finxisse quae aliquando euenissent, ut Dryades et Satyros, et ea sola ratione non consistit Hippocentauri promissio, d. l. si ita, quia deficit consensus conuenientium, qui id ioco adiecisse creduntur, l. 3 in fi. ff. de acti., quamuis Hippocentaurum inueniri postea contigerit fortuito, l. ex iis ff. de legib. Non aliter ac si decem stipuler a te, si stella in coelo per diei lucem fulserit, si forte fulgeat, ut paulo ante meridiem Romae accidit, edente Octauio Augusto ludos Veneris genitricis, M. Antonio et P. Dolabella consulibus; nihil tamen egi, quia si id tu futurum suspicatus esses, non ita promisisses.

Saint Jérôme, dans la Vie de Saint-Paul ermite[2433], rapporte qu'un Centaure apparut à Saint Antoine, et avait conversé avec lui dans son désert : mais c'était peut-être un démon.

Et pourquoi faudrait-il s'étonner qu'il y ait des Centaures, puisqu'il existe des hermaphrodites (D. 1, 5, 10[2434]), qu'on voit naître des prodiges et des monstres, et qu'enfin la nature s'applique sans cesse à innover (*Novelle* 73, pr.[2435]) ? Il est vraisemblable que les poètes ont souvent imaginé voir ces créatures qui étaient apparues quelquefois, comme les Dryades et les Satyres, et si, dans la loi déjà citée D. 45, 1, 97, pr.[2436], la promesse de donner un hippocentaure n'a aucune valeur, c'est pour la seule raison qu'il n'y aucun accord des parties sur ce point, et que l'on pense qu'ils ont ajouté ces mots pour plaisanter (D. 44, 7, 3, 2[2437]), même si, par la suite, il est arrivé par hasard que l'on trouve un hippocentaure (D. 1, 3, 4[2438]). C'est comme si je stipulais que tu me donnerais dix sesterces, si une étoile brillait dans le ciel en plein jour ; et si cela arrrivait, comme ce fut le cas à Rome un peu avant midi, alors qu'Octave donnait des jeux en l'honneur de Vénus génitrice, sous le consulat de Marc-Antoine et de Dolabella[2439], ce serait comme si je n'avais rien dit, car si tu t'étais douté que cela avait une chance d'arriver, tu n'aurais pas fait de promesse en ces termes.

---

du miel ».

2433 Chapitre VI : « Il vit un Homme qui avait en partie le corps d'un cheval, et était comme ceux que les poètes nomment Hippocentaures. Aussitôt qu'il l'eut aperçu il arma son front du signe salutaire de la croix et lui cria : "Holà ! en quel lieu demeure ici le serviteur de Dieu ?". Alors ce monstre, marmottant je ne sais quoi de barbare et entrecoupant plutôt ses paroles qu'il ne les proférait distinctement, s'efforça de faire sortir une voix douce de ses lèvres toutes hérissées de poil, et, étendant sa main droite, lui montra le chemin tant désiré ; puis en fuyant il traversa avec une incroyable vitesse toute une grande campagne, et s'évanouit devant les yeux de celui qu'il avait rempli d'étonnement. Quant à savoir si le diable pour épouvanter le saint avait pris cette figure, ou si ces déserts si fertiles en monstres avaient produit celui-ci, je ne saurais en rien assurer ».

2434 Voir ci-dessus note 1098.

2435 [...] *quanta natura generans innouat* et *legislatoribus nobis praebet causas.*

2436 Voir ci-dessus note 2427.

2437 *Verborum quoque obligatio constat, si inter contrahentes id agatur ; nec enim si per iocum puta uel demonstrandi intellectus causa ego tibi dixero « spondes ? » et tu responderis « spondeo », nascetur obligatio.*

2438 Voir ci-dessus note 1183.

2439 Voir Suétone, *vie de César*, 88, 2 : « Pendant les premiers jeux que donna pour lui, après son apothéose, son héritier Auguste, une comète, qui se levait vers la onzième heure, brilla durant sept jours de suite, et l'on crut que c'était l'âme de César reçue dans le ciel ».

< Ideoque stipulatio poenalis rei perquam rarae censetur impossibilis, ideo uitiatur, nec uitiat principalem obligationem praecedentem, l. 126 § fi. ff. de uerb. oblig., atqui principalis per se impossibilis inficit contagio assessoriam poenalem et perimit, l. si homo mortuus eod.; l. 5 § qui principale ff. de his quae ut indig. Nec pauci Hippocentauri uisi obligationem firmant : nam, ut >

[173]Theophrastus ait, quae semel bisue accidunt a Legislatore contemni, praesertim in generatione animalis, l. antiqui ff. si pars haer. pet.; l. quoniam ff. de legib.; « semel » explico pro eo quod est rarissime, et pene nunquam, ut Asconius Pedianus; illud in II* *Contra Verrem* actione : *semel, ait, se in uita pertimuisse*; ex eodem sensu est, quod semel in uita risisse Crassum scribit Lucilius.

2. Nescio quis Vlpianus Celenum leges docuerat, certe mihi iuris peritissimus uisus est, et multa comiter et diserte de legibus mecum disseruit. Atque earum antiquitatem ad Chironem retulit, a quo Aesculapius medicinam, Herculeus Astrologiam, Achilles citharam et leges in monte Pelio didicerunt. Hinc Germanicus Caesar in *Phaenomenis* :

---

173 1553 *adiiciebat* : et *ante* Theophrastus.

< Voilà pourquoi la clause pénale d'une stipulation qui porte sur un événement rarissime est censée être impossible, et donc nulle, sans pour autant invalider l'obligation principale qui la précède (D. 45, 1, 126, 3[2440]), et pourtant, une obligation principale impossible en elle-même contamine la clause pénale accessoire, et l'invalide (D. 45, 1, 69 [2441] ; D. 34, 9, 5, 14[2442]). Mais les hippocentaures ont été observés en trop petit nombre pour que leur mention puisse consolider une obligation : en effet, comme le >

dit Théophraste, le législateur néglige ce qui n'arrive qu'une fois ou deux, surtout en ce qui concerne la naissance des êtres vivants (D. 5, 4, 3[2443] ; D. 1, 3, 6[2444]) ; à l'instar d'Asconius Pedianus[2445], je comprends le mot « une fois » au sens de ce qui arrive très rarement, et presque jamais ; on trouve dans le *Contre Verrès*[2446] : « il dit n'avoir eu peur qu'une fois dans sa vie » ; c'est le même sens qu'il faut donner à ce qu'écrit *Lucilius*[2447], selon lequel Crassus n'avait ri qu'une fois dans sa vie.

2. Je ne sais quel Ulpien avait enseigné le Droit à Celenus, mais il me parut extrêmement compétent, et il discuta avec moi, aussi aimablement qu'abondamment, d'une foule de sujets juridiques. Il fit remonter la lointaine origine des lois à Chiron, qui, sur le mont Pélion, en même temps que le Droit, apprit la médecine à Esculape, l'astrologie à Hercule, et la cithare à Achille. D'où les mots de Germanicus, dans ses *Phénomènes*[2448] :

2440 *Si ita stipulatus fuero te sisti et, nisi steteris, aliquid dari, quod promittenti impossibile est,* **detracta secunda stipulatione, prior manet utilis** *et perinde erit, ac si te sisti stipulatus essem.*

2441 *Si homo mortuus sit, sisti non potest* **nec poena rei impossibilis committetur,** *quemadmodum si quis Stichum mortuum dare stipulatus, si datus non esset, poenam stipuletur.*

2442 **Qui principale testamentum arguit, et a secundis tabulis repellendus est,** *item a codicillis ad testamentum factis licet non confirmatis. Non idem sequendum est, si secundas tabulas uel codicillos coarguit, quia non utrumque hoc casu improbasse uidetur.*

2443 *[…] Prudentissime iuris auctores medietatem quandam secuti sunt,* **ut quod fieri non rarum admodum potest, intuerentur, id est quia fieri poterat,** *ut tergemini nascerentur […].*

2444 Voir ci-dessus note 43.

2445 Voir *Ciceronis Verrinarum libri septem, with the commentary of A. Pediani,* Oxford, 1831, p. 31, note g ; il cite Lucilius, comme Forcadel ci-dessous.

2446 Cicéron, *Contre Verrès*, Première action, chapitre 2 : « Il dit n'avoir jamais tremblé qu'une fois en sa vie, le jour où je le dénonçai ».

2447 C'est le fragment 140 de ses *Satires* ; voir Cicéron, *Tusculanes*, III, 15, 31.

2448 Vers 421-422. On retient aujourd'hui la leçon *iustissimus* plutôt que *tutissimus* (voir Homère, *Iliade* XI, 832 : Χείρων […] δικαιότατος Κενταύρων).

Hic erit ille pius Chiron tutissimus omnis
Inter nubigenas et magni doctor Achillis.

Nam ferebantur Centauri reliqui, ab Ixione nube geniti, quos ipse Chiron praeceptis legum mansuetiores reddidit et alumnum suum probe educauit :

Monitusque sacrae sub pectore fixit
Iustitiae,

ut inquit Papinius, lib. 2 *Achilleidos*, ex quo demonstratur quam parua sit uis in nomine, ut l. III* § pen. C. de const. pec. et l. III § pen. ff. de adim. leg. Nam χείρων deteriorem significat. Antisthenes tradit e pharetra Herculis sagittam delapsam Chironis pedem uulnerasse, quo ictu mox egit animam et in astra a Ioue relatus ; exstitit Saturni et Philyrae Nymphae filius Chiron

< quem multi aiunt sagitta laetali peremptum quod, post tot egregias disciplinas quos callebat, armis meditaretur excellere quodque culpandus fuerit exercens artem incognitam. Culpa est se immiscere rei ad se non pertinenti, inquit Pomponius, l. 37 ff. de regul. iur., ubi Accursius demiratur, certo sciens aliena gerentem negotia abesse a culpa, et inuitari[174] actione a fonte naturae manante, etsi furiosi negotia gesserit, etsi male gestum desierit, modo consulte inchoetur, l. 3 uers. etsi, de negotiis gest. ; l. sed an § fi. ff. eod. ;

---

174   inuitari *scripsi* : imitari *T* //

Ce sera le bon Chiron, le plus fiable des enfant du ciel
Et le maître du grand Achille.

On disait en effet que les autres Centaures étaient nés de la nuée
d'Ixion, et que Chiron les avait civilisés en leur imposant des lois ; il
éduqua aussi admirablement son protégé :
Et il imprima dans son cœur les préceptes
De la sainte Justice,

comme le dit Stace au livre II de son *Achilléide*[2449], ce qui montre
combien les mots, en eux-mêmes, ont peu d'importance (C. 4, 18, 2,
1 d[2450] ; D. 34, 4, 3, 9[2451]), car « Chiron » signifie « plus mauvais ».
Antisthène[2452] rapporte que Chiron fut blessé au pied par une flèche
qu'Hercule avait tirée de son propre carquois, et qu'il en mourut bientôt,
puis fut placé par Jupiter parmi les constellations ; Chiron était le fils
de Saturne et de la nymphe Philyra ;

< beaucoup disent qu'il fut tué par une flèche parce qu'en plus des
si nombreuses et admirables disciplines qu'il possédait, il ambitionnait
d'exceller dans les armes, et qu'il se rendit coupable en pratiquant un
savoir-faire qui lui était étranger. « C'est une faute, dit Pomponius,
de se mêler d'une chose qui ne nous concerne pas » : voir D. 50, 17,
36[2453], où Accurse s'étonne, sachant de source sûre que celui qui gère les
affaires d'autrui ne commet pas de faute, et qu'il est même invité[2454] à
s'en charger par l'octroi d'une action qui a un fondement tout naturel,
même s'il s'est occupé des affaires d'un fou, et même si sa gestion n'a
pas été une réussite, pourvu qu'il ne l'ait pas entreprise à l'étourdie
(D. 3, 5, 3, 5[2455] ; D. 3, 5, 9, 1[2456]) ;

2449 Vers 449-450.

2450 [...] *qui non sensum, sed **uana nominum uocabula** amplecti desiderant* [...].

2451 [...] *sed **melius est sensum magis quam uerba amplecti*** [...].

2452 Voir *L'Héraclès*, fragment 4, éd. H. Dittmar.

2453 Voir ci-dessus note 2344. Accurse glose en effet : *ergo nemo debet accedere ad gerenda negotia aliena ; **quod falsum est : immo inuitatur quis ut gerat** [...] cum officium homo homini debeat* [...].

2454 La correction que je propose ici est quasi certaine, car elle trouve son origine dans la glose même d'Accurse, que Forcadel a manifestement sous les yeux. Pour le fondement naturel de la gestion des affaires d'autrui, mentionné par Accurse (voir note précédente), voir aussi, ci-après, la note 2458.

2455 ***Etsi furiosi negotia gesserim****, competit mihi aduersus eum negotiorum gestorum actio* [...].

2456 *Is autem qui negotiorum gestorum agit, non solum si effectum habuit negotium quod gessit, actione ista utetur, sed **sufficit, si utiliter gessit, etsi effectum non habuit negotium** [...].

nec uerbum « pertinere », quod *late patet* in l. uerbum ff. de uerbor
signific., ad res alienas porrigitur, quae nostri non sint dominii uel
possessionis praesentis uel speratae. Quamuis hominem affici beneficio
intersit hominis generaliter, l. seruus ea ff. de seruis export., non tamen
recte dicemus id ad nos pertinere, in quod tantum affectu mouemur,
nisi propior cognatio suadeat, l. lege 2 § de partu ff. ad leg. Corn. de
fals. Itaque culpa est se immiscere rei ad se non pertinenti, id est, quae
satagentis non incumbit officio et cuius ipse gerendae imperitus existit.

Propterea Apelles admonuit Alexandrum Magnum, de pictura
liberius in officina disserentem, ut caueret rideri a pueris colores teren-
tibus. Sic Vlpianus, in l. 1 § initio ff. de officio praef. urb., ait quicquid
intra urbem est, et intra centesimum miliarum, ad praefectum urbis
pertinere : non quidem alienatione translatum, ut garrit Accursius, sed
notione concessa, ut scilicet officii tanti magistratus sit, crimina intra
praescriptum similem, coercere, et cavere caeteris ad se pertinentibus
negotiis, l. non licet ff. de contrah. empt. Eodem pacto non pertinuit
ad Chironem teli Herculei tractatio ; at uero Chironis >

[175]mater in φιλυρὰν, id est Tiliam arborem, uersa est, ex qua chartae
conficiebantur, et ex eis libri, l. librorum ff. de leg. III, ubi Philyrae aut
Tiliae fit mentio, nec diuersa sunt, sed alterum Graecum est uocabulum,
alterum Latinum, ut pignus et hypotheca, l. res § fin. pen. ff. de pign.

---

175   1553 *adiiciebat* : cuius *ante* mater.

mais le mot *pertinere*, qui « a un sens très étendu » en D. 50, 16, 181[2457], ne va pas jusqu'à s'appliquer aux affaires d'autrui dont nous n'avons ni la propriété, ni la possession, présente ou future. Quoiqu' « il importe en général à l'être humain qu'un autre être humain soit bien traité » (D. 18, 7, 7[2458]), nous aurons tort si nous disons que ce qui affecte seulement nos sentiments nous regarde, sauf en cas de proche parenté (D. 48, 10, 30, 1[2459]). Par conséquent, c'est une faute de se mêler de ce qui ne nous concerne pas, c'est-à-dire de ce qui n'incombe pas comme un devoir à celui qui s'en occupe assidûment, mais qui s'avère incompétent.

Voilà pourquoi Apelle avait averti Alexandre le Grand, qui, dans son atelier, discourait peinture avec trop de désinvolture, qu'il risquait d'être la risée des petits esclaves qui broyaient ses couleurs[2460]. Ainsi Ulpien dit-il, en D. 1, 12, 1, 4[2461], que tout ce qui est à l'intérieur de la ville et dans un rayon de cent milles, relève du préteur urbain, certainement pas à la suite d'un transfert de propriété, comme le dit sottement Accurse, mais d'une concession de compétence, visant à conférer à un aussi important magistrat le devoir de réprimer les crimes, et de veiller à toutes les autres affaires qui sont de son ressort, à l'intérieur de ce périmètre assigné (D. 18, 1, 46[2462]). De la même manière, Chiron n'aurait pas dû se mêler de manier la flèche d'Hercule >,

lui dont la mère fut métamorphosée en tilleul, bois dont on faisait le papier, et donc les livres : voir D. 32, 52, pr.[2463], où le tilleul est mentionné sous deux noms différents, qui sont en fait le même, l'un des termes étant grec et l'autre latin, à l'instar des deux formes du mot gage (D. 20, 1, 5, 1[2464]).

2457 *Verbum illud « pertinere » latissime patet : nam et eis rebus petendis aptum est, quae domini nostri sint, et eis, quas iure aliquo possideamus, quamuis non sint nostri dominii ; pertinere ad nos etiam ea dicimus, quae in nulla eorum causa sint, sed esse possint.*

2458 Voir ci-dessus note 1404.

2459 Voir ci-dessus note 1438.

2460 Voir Pline, *Histoire naturelle*, **XXXV**, 36, 23 : « Un jour, dans l'atelier, Alexandre parlant beaucoup peinture sans s'y connaître, l'artiste l'engagea doucement au silence, disant qu'il prêtait à rire aux garçons qui broyaient les couleurs ».

2461 *[...] quidquid igitur intra urbem admittitur, ad praefectum urbi uidetur pertinere. Sed et si quid intra centensimum miliarium admissum sit, ad praefectum urbi pertinet ; si ultra ipsum lapidem egressum est praefecti notionem.* Dans sa glose au mot *pertinere*, Accurse se réfère, en effet, à la donation de Constantin.

2462 *Non licet ex officio, quod administrat quis, emere quid uel per se uel per aliam personam [...].*

2463 *Librorum appellatione continentur omnia uolumina, siue in charta siue in membrana sint, siue in quauis alia materia ; sed et si **in philyra aut in tilia** (ut nonnulli conficiunt) aut in quo alio corio, idem erit dicendum.*

2464 *Inter **pignus** autem et **hypothecam** tantum nominis sonus differt.*

Haec ego a Celeno sic fere, uti relata fuere, accepi, qui me ne quid metuerem frequenter admonebat, neue penderem animi, licet illi hostis non multo ante fuissem :

« Abunde, inquit, te ac plus quam optarem miserum puto, si amas ; nec cruciatus iste minimus est, si uere dixit Propertius :
Hostis si quis erit nobis, amet ille puellas.

3. Sed in hostem nonnihil humanitatis exercere ius gentium praecipit, l. fin. ff. de legatio., ex quo plerique conuentiones et pacta cum hoste facta iure ciuili seruanda uoluerunt. Horum sententia, inquit tum Celenus, dextra frontem perfricans, quasi improbam facturus, nec mihi, nec iurisconsultis grata est, et meris legibus nunc labefactanda uenit, idque paucis, cum Florentinus nihil interesse putet dolo *fallacia*ue an aliter quis *potestatem hostium euaserit*, ut ad suos postliminio rediisse uideatur, l. nihil ff. de capt. Quod si quis neget ibi de dolo et fallacia quaeri, quae contra pacta committentur, aderit Pomponius in l. postliminii § fi. eod., qui satis ostendit M. Attilium Regulum,

Voici donc à peu près ce que me dit Celenus, qui m'enjoignait fréquemment de n'être ni craintif, ni anxieux, bien que j'eusse été son ennemi quelques instants plus tôt :

« Si tu es amoureux, me dit-il, je te considère comme bien malheureux, et plus que je ne le voudrais, car, si Properce[2465] dit vrai, ce n'est pas le moindre des supplices :

Si un jour j'ai un ennemi, je lui souhaite d'aimer les femmes.

3. Mais le Droit des gens ordonne de faire preuve d'un peu d'humanité vis-à-vis d'un ennemi (D. 50, 7, 18[2466]), et c'est pourquoi on a voulu, en général, que les traités et les pactes conclus avec l'ennemi fussent respectés aux termes du Droit civil. Cette opinion, continua Celenus, en se frottant le front de la main droite, comme pour le dépouiller de toute honte[2467], ne me plaît pas, ni non plus aux jurisconsultes, et quelques mots, dans les textes de lois, doivent suffire à l'infirmer, puisque Florentinus estime que pour rentrer auprès des siens en bénéficiant du droit de retour (D. 49, 15, 26[2468]), « il importe peu que l'on échappe aux ennemis par la ruse, la tromperie, ou quelque autre moyen ». Mais si quelqu'un objecte qu'il ne s'agit pas ici d'une ruse ou d'une tromperie qui irait à l'encontre des traités, il sera conforté par Pomponius qui, en D. 49, 15, 5, 3[2469], montre à suffisance que Regulus,

---

2465 *Élégies* II, 4, 17.

2466 *Si quis legatum hostium pulsasset, contra **ius gentium** id commissum esse existimatur, quia **sancti habentur legati**. Et ideo si, cum legati apud nos essent gentis alicuius, bellum cum eis indictum sit, responsum est liberos eos manere : id enim iuri gentium conuenit esse* [...].

2467 On considérait que se frotter le front, et, par conséquent, le faire délibérément rougir, visait à empêcher son interlocuteur d'apercevoir toute rougeur de honte, qui l'aurait conduit à se méfier d'un mensonge : l'expression en est donc venue à signifier que l'on se débarrassait de toute moralité (*pudorem deponere*).

2468 ***Nihil interest, quomodo captiuus reuersus est, utrum dimissus an ui uel fallacia potestatem hostium euaserit**, ita tamen, si ea mente uenerit, ut non illo reuerteretur* [...] ; *sed et qui uictis hostibus recuperantur, postliminio redisse existimantur.*

2469 *Captiuus autem si a nobis manumissus fuerit et peruenerit ad suos, ita demum postliminio reuersus intellegitur, si malit eos sequi quam in nostra ciuitate manere. **Et ideo in Atilio Regulo, quem Carthaginienses Romam miserunt, responsum est non esse eum postliminio reuersum, quia iurauerat Carthaginem reuersurum et non habuerat animum Romae remanendi*** [...].

< a Xanthippo, duce Lacedaemonio, captum et ita, ut notat libro primo Polybius, ex consule priuatum et captiuum, qui nisi promisisset hostibus se reuersurum, transfuga uideri poterat, non laude sed supplicio dignissimusm, eo quod, cum posset, ad suos non rediret, l. non omnes, § qui captus de re milit. ff., atque ita pacta hoste priuatim inita sine effectu non sunt. Itaque Regulum >

[176]Carthaginienses Romam ad suos miserant, ut de captiuis permutandis ageret, postquam promiserat iuraueratque se Carthaginem reuersurum, non uideri rediisse postliminio, quia non habebat animum Romae remanendi; igitur peierasse ei, nedum fidem frangere, impune licuisset, si Romae remanere libuisset.

Inde ueteres dolum bonum dixerunt, quem aduersus hostem quis committeret, pro solertia usurpantes, l. 1 § non fuit ff. de dol., et succurret diluetque periurium illud Euripideum in *Hippolyto coronato* :
Ἡ γλῶσσ' ὀμώμοχ', ἡ δὲ φρὴν ἀνώμοτος

id est, *iuraui lingua, mens uero non iurauit*. Nec obstiterit l. nam et Seruius ff. de negot. gest., quo in loco perfidum esse non expedit, non quia militi hosti noceretur, sed quia commilitonibus ciuibusque propriis.

Sane singulis militibus tolerabile est a pactionibus cum hoste initis discedere, ducibus belli et exercitus non item, l. conuentionum ff. de pact.

---

176   1553 *adiiciebat* : quem *ante* Carthaginienses.

< capturé par Xanthippe, le général en chef des Lacédémoniens, et ainsi, comme le note Polybe au livre I[2470], réduit du statut de consul à celui de simple particulier et de prisonnier, aurait pu, s'il n'avait pas promis aux ennemis de revenir, être considéré comme un transfuge, digne, au lieu d'être félicité, de subir la torture, parce qu'il ne revenait pas auprès des siens alors qu'il le pouvait (D. 49, 16, 5, 5[2471]) ; et ainsi, les pactes conclus à titre privé avec l'ennemi ne sont pas sans effet >.

Voilà pourquoi les Carthaginois n'avaient envoyé Regulus à Rome auprès des siens, pour qu'il négociât un échange de prisonniers, qu'une fois qu'il se fut engagé solennellement à revenir : il n'était donc pas censé avoir bénéficié du droit de retour, parce qu'il n'avait pas l'intention de rester à Rome ; par conséquent, il aurait pu, en toute impunité, se parjurer, voire faire preuve de déloyauté, s'il avait voulu rester à Rome.

Aussi les Anciens ont-ils parlé de « mauvaise foi à bon escient », pour désigner la ruse que l'on dirigeait contre des ennemis (D. 4, 3, 1, 3[2472]) ; et nous serons confortés par ce mot d'Euripide, dans son *Hippolyte*[2473], qui nous lave de tout parjure :
Ma bouche a juré, mais pas mon esprit.

Et cela, nonobstant D. 3, 5, 20, pr.[2474], où, si la perfidie n'a pas profité à un soldat, c'est parce qu'elle avait porté préjudice, non pas aux soldats ennemis, mais à ses propres concitoyens et camarades de combat.

Cependant, s'il est assurément tolérable que de simples soldats violent les pactes conclus avec l'ennemi, il n'en va pas de même pour les généraux et les chefs de guerre (D. 2, 14, 5, 1[2475]).

2470 *Histoire générale*, I, 34.
2471 **Qui captus, cum poterat redire, non rediit, pro transfuga habetur** [...].
2472 *Non fuit autem contentus praetor dolum dicere, sed adiecit malum, **quoniam ueteres dolum etiam bonum dicebant et pro sollertia hoc nomen accipiebant, maxime si aduersus hostem latronemue quis machinetur.***
2473 Vers 612.
2474 *[...] cum a Lusitanis tres capti essent et unus ea condicione missus, uti pecuniam pro tribus adferret, et nisi redisset, ut duo pro eo quoque pecuniam darent, isque reuerti noluisset et ob hanc causam illi pro tertio quoque pecuniam soluissent, Seruius respondit aequum esse praetorem in eum reddere iudicium.*
2475 Voir ci-dessus note 166.

< Vt enim regibus nonnihil numinis adesse reuerenter arbitramur, et tacito foedere naturae omnes uni obsequimur, teste D. Augustino, can. quae contra 8 dist., et similiter eorum ducibus, iubente D. Petro *Epistol*a 1 cap. 2, sic regum conuentiones et foedera sanctiora putamus aliis quibuslibet et contractus eorumdem pro publicis legibus habemus, l. pe. C. de donationib. inter uir. Alioquin de toto humano genere pene actum esset, si fides pactis non seruaretur, cum nisi suprema clade pax non fieret ; nullae urbes deditionem facerent nisi subuersae, si non essent induciae, quae conuentione sistunt pugnam in breue tempus, l. 19 § induciae ff. de captiuis.

At in diuersum militem hosti non teneri ratio iubet, uel favore uictoris stipulantis, ne temere credat ei qui se nihil non daturum pro liberatione promitteret, aut certe plus promitteret quam uenditis bonis posset luere. Vnde lex sagax et praecurrens uetat obligationem, ut inhibeat perfidiam aut lubricum periurium, l. 2 C. de indict. uiduit.

< De même, en effet, que nous considérons respectueusement que les rois, et pareillement leurs généraux, selon l'injonction de Saint Pierre, lettre 1, chapitre 2[2476], participent de la divinité, et que nous obéissons tous à un seul homme en vertu d'un pacte naturel tacite, témoin Saint Augustin (*Décret* I, 8, 2[2477]), de même, nous estimons que les pactes et traités conclus par les rois sont les plus sacrés de tous, et nous considérons leurs contrats privés comme des lois de Droit public (C. 5, 16, 26[2478]). Du reste, il en serait quasiment fait de tout le genre humain, si les pactes n'étaient pas loyalement respectés, parce qu'on ne ferait la paix qu'après un carnage général ; aucune ville ne se rendrait avant d'avoir été saccagée, s'il n'y avait pas les trêves, par lesquelles on convient de suspendre les combats pendant un bref intervalle (D. 49, 15, 19, 1[2479]).

Mais, tout au contraire, il ne serait pas raisonnable de vouloir qu'un soldat soit lié par la parole qu'il donne à l'ennemi, et c'est même dans l'intérêt du vainqueur qui stipule avec lui, car cela doit l'empêcher de se fier étourdiment à un homme qui, pour recouvrer la liberté, promettrait de donner n'importe quoi, ou qui, en tout cas, promettrait plus que ne pourrait lui rapporter la vente de tous ses biens. Voilà pourquoi la loi, perspicace et prévoyante, interdit de contracter une obligation, pour ne pas donner libre cours à la déloyauté ou à la tentation du parjure (C. 6, 40, 2, 2[2480]).

2476 Versets 13 et 14 : « Soyez soumis à toute institution humaine à cause du Seigneur, soit à l'empereur, qui est le souverain, soit aux gouverneurs, qui sont ses délégués pour punir les malfaiteurs et reconnaître les mérites des gens de bien ».

2477 *Quae contra mores hominum sunt flagitia, pro morum diuersitate sunt uitanda, ut pactum gentis inter se aut consuetudine ciuitatis, uel lege firmatum, nulla ciuis aut peregrini libidine uioletur.*

2478 *Donationes, quas diuinus Imperator in piissimam reginam suam coniugem uel illa in serenissimum maritum contulerit, ilico ualere sancimus et plenissimam habere firmitatem,* **utpote imperialibus contractibus legis uicem obtinentibus** *minimemque opitulatione quadam extrinsecus egentibus.*

2479 *Induciae sunt, cum in breue et in praesens tempus conuenit, ne inuicem se lacessant : quo tempore non est postliminium.*

2480 Voir ci-dessus note 1249. Autre paragraphe de la loi : *Tale igitur iuramentum conquiescat et lex Iulia miscella cedat* **cum muciana cautione** *super hoc introducta, a re publica separata. Augeri etenim magis nostram rem publicam et multis hominibus progenitis frequentari quam impiis periuriis adfici uolumus,* **cum satis esse inhumanum uidetur per leges, quae periuria puniunt, uiam periuriis aperiri.**

Acccedit quod ui ac metu promisisse praesumitur captiuus, ideo capienti non obligaretur, imo tertio cuipiam. Nescio quid aliqui nugantur de metu futuri mali, quem sibi aliquis persuaserit, a lege neglecto, l. si mulier ff. de eo quod met. caus. Sed illico iustus est metus mortis apud hostem uictoria et odio insolentem; nam et carcer, iure moreque probatus, non facit quin metus ille uitiet obligationem initam cum eo cuius persecutione quis includitur, non cum tertio, ut in foro seruatur ex l. 9 § sed licet ff. de eo quod metus caus., ubi de hostili terrore[177] nominatim quaeritur, iustissime quidem illato, iuregentium bella et uictorias approbante, unde metus iustus et praesens apparet, ita funditus subuertit obligationem. Aliter atque si rex regi promitteret libere; proinde >

[178]Dauidem introduci uideas, in can. noli 23 q. 1, ubi hosti fides seruanda, et Iesum ducem, in can. innocens 22 q. 4. Inhumanum itaque uerbum Atrei regis apud Accium :

Fregistine fidem ?
Neque dedi, neque do infideli cuiquam.

À cela s'ajoute le fait que le prisonnier est présumé avoir promis « sous la contrainte de la violence et de la peur », et que par conséquent il n'a pas d'obligation envers celui qui le capture, mais seulement envers un tiers. Certains disent je ne sais quelles sottises sur la crainte d'un danger à venir, dont on se serait persuadé, mais que la loi n'a pas voulu prendre en compte (D. 4, 2, 21, pr.[2481]). En revanche, sur le moment, il est légitime d'avoir peur de la mort quand on est en présence d'un ennemi que la victoire et l'inimitié rendent arrogant ; car même la prison, qui est admise par le Droit et les mœurs, n'empêche pas cette peur d'invalider l'obligation contractée envers celui dont la poursuite a déterminé l'incarcération, en attendant la comparution devant le tribunal, ce qui ne vaut pas envers un tiers : voir D. 4, 2, 9, 1[2482], où il est expressément question de la terreur suscitée par l'ennemi, assurément à très juste titre, parce que le Droit des gens reconnaît les guerres et les victoires, d'où provient, dans l'instant, une peur parfaitement légitime, qui, de ce fait, invalide l'obligation. Il en serait autrement si un roi avait librement promis à un autre roi ; dans ce cas, >

on verrait mentionner David : voir *Décret*, II, 23, 3, 1[2483], où il faut respecter la parole donnée à l'ennemi, et Jésus notre guide (*Décret* II, 22, 4, 23[2484]). C'est pourquoi le mot du roi Atrée, chez Accius[2485], a un caractère inhumain :

Tu manques à ton serment ?
À quelqu'un qui n'a pas de parole, je n'ai jamais donné ni ne donne la mienne.

2481 *Si mulier contra patronum suum ingrata facta sciens se ingratam, cum de suo statu periclitabatur, aliquid patrono dederit uel promiserit, ne in seruitutem redigatur,* **cessat edictum,** **quia hunc sibi metum ipsa infert.** Allusion à D. 4, 2, 1 : [...] **metus instantis uel futuri periculi** *causa, trepidatione mentis* [...].

2482 [...] *Sed licet uim factam a quocumque praetor complectatur, eleganter tamen Pomponius ait,* **si quo magis te de ui hostium** *uel latronum uel populi* **tuerer uel liberarem, aliquid a te accepero uel te obligauero,** *non debere me hoc edicto teneri, nisi ipse hanc tibi uim summisi ; ceterum si alienus sum a ui, teneri me non debere, ego enim operae potius meae mercedem accepisse uideor.*

2483 [...] **Fides enim, quando promittitur, etiam hosti seruanda est,** *contra quem bellum geritur* [...].

2484 [...] *Iesus tamen pacem, quam dederat, reuocandam non censuit, quia firmata erat sacramenti religione, ne, dum alienam perfidiam redargueret, suam fidem solueret* [...].

2485 Dans sa tragédie d'*Atrée* ; voir Cicéron, *De Officiis*, III, 28.

Cautius et melius Romani, qui Hostilium Mancinum, quia turpe foedus cum Numantinis percusserat, hostibus dediderunt : quod non fecissent, si fidem duci uiolare iure permitteretur, l. fi. ff. de legation.

[179]Ideo *miles turbator pacis capite punitur,* l. fin. ff. de re milit., quia, uelut membrum, sui capitis, id est ducis, iura subsequi debuit.

Merito ius gentium, quo bella inducta sunt, postmodum inducias, pacem et legationum securitates excogitauit, l. ex hoc ff. de iust. et iur.; d. l. fi. ff. de legatio., sicut post seruitutem manumissiones inuenit, uelut remedia post aegritudinem, l. IIII ff. de iustitia et iure ;

< § liceat*, quib. mod. naturales effici. legitimi col. 6 >.

Dolum dumtaxat eum a duce militiae arceo, qui in perfidia uersatur, quemcumque alium non uitupero, nam :

Dolus an uirtus quis in hoste requirat ?

Proinde licebit fugam fingere, exercitum ad insidiosa loca perducere, can. utilem 22 quaest. 2. Huius vafritatis artifex Hannibal, nauali proelio contra Eumenem certans pro rege Prusia, ad quem rebus fractis confugerat,

---

179 1553 *adiiciebat* : Nam aliter dicentibus : quis belli finis esset, nisi pacto pax fieret, unde nomen habet, l. 1 ff. de pact., l. non dubito, ff. de captiu. ? *ante* Ideo.

Les Romains agirent avec plus de prudence et de moralité, quand ils livrèrent aux ennemis Hostilius Mancinus, qui avait conclu avec les Numantins[2486] un traité déshonorant; ils ne l'auraient pas fait, si un général en chef avait le droit de se montrer déloyal (D. 50, 7, 18[2487]). Voilà pourquoi « un soldat qui compromet la paix est puni de mort » (D. 49, 16, 16, 1[2488]), parce qu'à l'instar d'un membre du corps, il doit suivre le sort de la tête, c'est-à-dire, son chef.

C'est avec raison que le Droit des gens, en vertu duquel on déclare la guerre, a organisé ensuite les trêves, la conclusion de la paix et les garanties pour les ambassadeurs (voir D. 1, 1, 5[2489]; et la loi déjà citée D. 50, 7, 18[2490]), de même qu'après l'esclavage, il a créé l'affranchissement, comme autant de remèdes à une maladie (D. 1, 1, 4[2491]);

< voir aussi la *Novelle* 89, chap. 9, § 1[2492] >.

Je refuse donc aux généraux en chef seulement le genre de ruse qui fait manquer à sa parole, mais je ne blâme personne d'autre d'en faire usage, car :

Ruse ou bravoure ? qui s'en soucie, face à un ennemi ?[2493]

Il leur sera donc permis de prendre la fuite, ou de conduire l'armée ennemie jusqu'à des endroits-pièges (*Décret* II, 22, 2, 21[2494]). Hannibal pratiqua ce genre de ruse, lorsqu'il livra, aux côtés de Prusias, chez qui il s'était réfugié après ses malheurs, un combat naval contre Eumène :

2486 Voir Cicéron *De Officiis*, III, 30 : « Bien des années après, C. Mancinus agit de même : ayant conclu un traité avec les Numantins, sans l'aveu du sénat, il soutint la loi proposée par L. Furius et Sex. Atilius, en vertu d'un sénatus-consulte ; elle fut votée, et on le livra en conséquence à l'ennemi ».

2487 Voir ci-dessus note 2466. Fin de la loi : *Id autem maxime quaesitum est in Hostilio Mancino, quem Numantini sibi deditum non acceperunt ; de quo tamen lex postea lata est, ut esset ciuis Romanus, et praeturam quoque gessisse dicitur.*

2488 *Miles turbator pacis capite punitur.*

2489 Voir ci-dessus note 948.

2490 Voir ci-dessus note 2466.

2491 *Manumissiones quoque iuris gentium sunt* [...].

2492 [...] *Vna namque hoc modo omnes huiusmodi naturae digressiones et opiniones in his qui legitimos non habent filios* **curamus**, *sic breui solacio tantum impetum naturae* **corrigentes**.

2493 *Énéide* II, 390.

2494 *Vtilem simulationem et in tempore assumendam, Ieu regis Israel nos doceat exemplum* [...]. *Nec mirum quamuis iustos homines tamen aliqua simulare pro tempore ob suam et aliorum salutem, cum et ipse Dominus noster, non habens peccatum, nec carnem peccati, simulationem peccatricis carnis assumpsit, ut, condempnans, in carne peccatum, nos in se faceret iusticiam Dei* [...].

in fictiles lagenas magnam serpentium uim inclusit, quas in naues hostium proiecit, ac uicit, autor Iustinus lib. 32.

< Sic Deus Iosue iussit, ut insidias urbi hostili a tergo collocaret, *Iosue* cap. 8, et Solon sapiens[180] dux contra Megarenses multos hostium necauit armis eorum induens suos, teste Aeliano[181] >.

Hoc forsitan modo accipitur l. 1 § non fuit ff. de dol. Sic e maioribus meis Nessus, Ixione genitus, Herculis sagitta confixus, moriens eandem Hydrae sanguine infectam, sciens prudensque Deianirae tradidit, simulans amori profuturam, si quando Herculis uestem intingeret. Accepit illa credula et ita uirum ad teterrimum finem impulit. Sed, heu me, moestum Nessi mei fatum etiamnum luctum excitat ; huius nobilissimo stemmate licet mihi gloriari : quis illi currendo pugnandoue ex Centauris praeualuit ?

4. Caeterum stemma uoco seriem et coronam imaginum et gentilitii nominis, ut Paulus in l. pe. ff. de grad. cognat. : *stemmata*, inquit, *cognationum directo limite in duas lineas separantur, quarum altera superior est, aliena inferior.*

---

180 sapiens *scripsi* : sapiensis *T* //
181 Aeliano *scripsi* : Adriano *T* //

il fit enfermer une grande quantité de serpents dans des cruches de terre, pour les jeter sur les navires ennemis, et il remporta la victoire ; Justin le raconte au livre XXXII[2495].

< De même, Dieu ordonna à Josué de piéger une ville ennemie par l'arrière (voir *Josué*, chapitre 8[2496]), et, au témoignage d'Élien[2497], le sage Solon, qui commandait une armée contre les Mégariens, tua une foule d'ennemis en faisant revêtir leurs armes à ses propres soldats >.

C'est peut-être de cette façon qu'il faut comprendre D. 4, 3, 1, 3[2498]. Ainsi, mon ancêtre Nessus, le fils d'Ixion, après avoir été blessé par une flèche d'Hercule, se montra-t-il savant et avisé, quand il remit à Déjanire, au moment de mourir, cette même flèche, imprégnée du sang de l'Hydre, en lui faisant croire qu'elle lui garantirait l'amour, si elle en teignait un jour la tunique d'Hercule. Elle fut assez crédule pour la prendre, et poussa ainsi son époux vers une mort affreuse. Mais, hélas, le malheureux destin de mon cher Nessus fait encore couler mes larmes ; je peux néanmoins me glorifier, grâce à lui, d'une illustre généalogie : car lequel des Centaures l'a jamais surpassé, que ce soit à la course ou au combat ?

4. J'appelle arbre généalogique la série des portraits et des noms des ancêtres, disposés en couronne, que Paul mentionne en D. 38, 10, 9[2499] : « Un arbre généalogique, dit-il, est clairement délimité par deux lignes, l'une supérieure, l'autre inférieure ».

2495 *Abrégé des Histoires philippiques de Trogue-Pompée*, XXXII, 4, § 6-7 : « Comme Prusias avait été vaincu sur terre par Eumène, et avait transféré la lutte sur mer, Hannibal fut l'auteur de la victoire grâce à un plan original : en effet, il ordonne de faire entrer toutes sortes de serpent dans des cruches d'argile et, au milieu de la bataille, il les envoie sur les navires des ennemis. Les Pontiques se moquèrent d'abord de voir leurs ennemis combattre avec des cruches, en hommes qui ne pourraient pas combattre à l'épée, mais quand les navires commencèrent à être pleins de serpents, circonvenus par un double péril, ils abandonnèrent la victoire à l'ennemi ».

2496 Verset 2 : « Dresse une embuscade derrière la ville ».

2497 *Histoires diverses*, VII, 19 : « Dans une guerre que les Athéniens entreprirent au sujet de Salamine, Solon, qui commandait leur armée, s'empara de deux vaisseaux mégariens : aussitôt il y fit embarquer des capitaines athéniens, avec ordre aux soldats de se revêtir de l'armure des ennemis. À la faveur de cette ruse, Solon entra dans leurs ports, et fit égorger un grand nombre d'habitants qu'il trouva désarmés ».

2498 Voir ci-dessus note 2472.

2499 La citation est exacte, à l'exception du mot *est*, ajouté après *superior* par Forcadel.

Deductum nomen a uerbo στέφω, id est, corono, quia sueuerant Romani
qui splendorem sanguinis ostentabant in atriis maiorum suorum imagines cereas plerumque disponere in speciem coronae, lineis quibusdam
cognationum gradus significantibus. Iuvenalis :
Stemmata quid faciunt ? quid prodest, Pontice, longo
Sanguine censeri, pictosque ostendere uultus
Maiorum ?

Ab eodem uerbo στέφω descendit dulce nomen tuum, Stephanos, id
est, corona. Non debuit miles impius seruum suum Stephanum nuncu-
passe, l. Imperatores ff. de manumiss. testam. si iuste Athenienses decreto
publico sanxerunt ne quis nomina fortissimorum iuvenum Harmodii et
Aristogitonis seruis inderet, cum illi pro recuperanda omnium libertate
Hippiam tyrannum occidere tentassent,

< teste A. Gellio, lib. 9 cap. 2 ; nefas enim esse duxerunt nomina
libertati patriae dicata seruili[182] contagio inquinari >.

Alciatus, ut ad propositum redeam, de more literam inuertit, in
d. l. pen. de grad. cognat., nec stemmata sed schemata legi oportere
uult, lib. *Parerg.* 2 cap. 30, eo quod schema imago et figura est, ut ego
quidem comperi usurpari.

---

182 seruili *correxi* : senili T //

Le mot vient du verbe grec « couronner » parce que les Romains qui faisaient étalage de la splendeur de leur sang avaient l'habitude de disposer dans leurs entrées, en forme de couronne, les portraits en cire de leurs ancêtres, en indiquant les degrés de parenté au moyen de certaines lignes ; voir Juvénal[2500] :

Que me font les arbres généalogiques ? À quoi te sert, Ponticus,
D'être réputé issu d'une antique lignée, de pouvoir montrer des portraits d'ancêtres ?

De ce même verbe est tiré ton prénom, Stéphane[2501], c'est-à-dire, le couronné. Il n'aurait donc pas dû, ce soldat impie évoqué en D. 40, 4, 52[2502], nommer son esclave Stéphane, si les Athéniens interdirent à juste titre, dans un décret officiel, que l'on donnât à des esclaves les noms de ces valeureux jeunes gens, Harmodion et Aristogiton, qui avaient tenté d'assassiner le tyran Hippias pour rendre à tous la liberté, au témoignage d'Aulu-Gelle, livre IX, chapitre 2[2503] : ils pensaient en effet qu'il était sacrilège de souiller, au contact de la servitude, des noms désormais associés à la liberté de leur patrie >.

Mais, pour en revenir à mon propos, Alciat, à son habitude, change une lettre en D. 38, 10, 9[2504], et veut lire *schemata* au lieu de *stemmata* (voir ses *Parerga*, livre II, chapitre 30[2505]), dans la mesure où un *schema* est une image et une figure, ainsi que je l'ai moi-même trouvé employé en ce sens.

2500 *Satire* VIII, v. 1-3. Le texte de Juvénal porte *pictos* et non *pictosque*.

2501 Forme grecque d'Étienne (Forcadel).

2502 On y cite en effet des testaments de soldat, dont cet extrait : **Stephanum seruum meum liberum esse uolo.**

2503 « Les Athéniens, mes ancêtres, défendirent par un décret public de donner à des esclaves les noms d'Harmodius et d'Aristogiton, qui, pour rendre la liberté à leur pays, avaient tenté d'immoler le tyran Hippias : ils eussent craint de souiller par le contact de la servitude des noms consacrés à la liberté de la patrie ».

2504 Voir ci-dessus note 2499.

2505 Alciat s'y montre conscient d'avoir semblé trop novateur à ses pairs en proposant cette correction, et se défend en renvoyant notamment au passage de Pline cité plus loin par Forcadel. Il continue : *Nec dubium est dictionem esse graecam, unde inspiciendum, quomodo ea Graeci utantur, et ubique uidetur stemma pro corona accipi* [...] ; *pro imagine uero et facie quadam schema* [...]. *Hinc Latinis quoque schema pro forma accipitur.* Et il s'appuie longuement sur le prélude de l'*Amphitryon* de Plaute.

Vitruuius, lib. 9 cap. 1, figuram pictam exemplumque subiecturus
oculis lectorum schema appellauit. Vtitur Iustinianus, § natura et § si
quis ergo*, quib. mod. natur. eff. sui col. VII.

Vereor ne [183]< non sit tutum > a uera uulgataque lectione discedere,
cum nusquam non eodem uerbo clarissimi quique scriptores usi fuerint;
atque eo loco, ubi si schema pro imagine acciperes, superflue faceres.
Seneca, lib. 3 *De beneficiis* : *qui*, inquit, *imagines in atriis exponunt, nomina
familiae suae longo ordine ac multis stemmatum illigata flexuris, in parte prima
aedium collocant, noti magis quam nobiles sunt*; ecce quo modo imagines
flexuris stemmatum illigantur, non imaginum. Idem fere Plinius,
lib. 35 cap. 2. Suetonius, in *Nerone*, obiectum refert Cassio Longino
Iurisconsulto ac luminibus orbato, quod in uetere gentili stemmate
C. Cassii percussoris Caesaris imagines restituisset.

5. Caeterum, o Stephane, tu, nisi coniectura fallor, a me abire cupis,
meliora forte auditurus. Dii tuum optatum bene fortunent, quos tibi
propitios spera, praesertim Venerem et Cupidinem, si semitam ad
laeuam ingrediare nullis sentibus impeditam, refertam floribus. Illa
te in uallem amoeniorem perducet, consitam arboribus, quarum poma
nunquam degenerant, neque prioris succi obliuiscuntur; pleraeque
etiam serici feraces sunt.

---

183   1553 : stultum sit //

En effet, Vitruve, au chapitre 1 du livre IX[2506], appelle *schema* une figure illustrative, et un exemple destiné à être mis sous les yeux du lecteur. Justinien utilise aussi ce mot dans la *Novelle* 89, chapitres 1 et 8[2507].

Mais je crains qu'il ne soit risqué de s'écarter d'une leçon attestée et communément reçue, dès lors que tous les auteurs les plus célèbres ont partout employé le même mot ; et à cet endroit[2508], il est absolument inutile de lire *schema*, au sens de portrait. Sénèque dit, au livre III, chapitre 28 du *Des bienfaits*[2509] : « Ceux qui exposent dans leur vestibule les portraits de leurs ancêtres, et placent à l'entrée de leur demeure une longue série de noms liés entre eux par les lignes sinueuses des arbres généalogiques, sont plus connus que nobles ». C'est effectivement de cette manière que les portraits sont reliés, par les sinuosités des arbres généalogiques, et non par celles des portraits ! Pline dit quasiment la même chose au chapitre 2 du livre XXXV[2510]. Dans sa *Vie de Néron*[2511], Suétone rapporte que « l'on fit un crime au jurisconsulte Cassius Longinus, qui était aveugle, d'avoir laissé subsister, dans un ancien arbre généalogique de sa famille, le portrait de C. Cassius, l'un des meurtriers de César ».

5. Mais, Stéphane, si je ne m'abuse, tu désires me quitter, peut-être dans l'intention d'entendre de meilleurs propos. Que les dieux exaucent ton souhait : tu peux espérer qu'ils te seront favorables, surtout Vénus et Cupidon, si tu prends, sur la gauche, un chemin dégagé et jalonné de fleurs. Il te conduira dans un délicieux vallon, planté d'arbres dont les fruits ne s'abîment pas et ne perdent jamais leur saveur primitive ; car, pour la plupart, ils produisent de la soie.

2506 *De l'architecture*, IX, 1, 5 : Vitruve renvoie, pour illustrer son propos, à une figuration géométrique (exactement ce que nous appellerions aujourd'hui un schéma). Au paragraphe suivant, il évoque le *schema trigoni*, la forme de triangle formée par trois lignes sécantes.

2507 Chapitre 1 : *Bella uero et lites atque libidines et concupiscentiae causam deposuerunt ad aliud* **schema** ; chapitre 8 : *copulari in concubinae* **schemate**. On peut y ajouter une occurrence au chapitre 3 : *secundum hoc* **schema**.

2508 C'est-à-dire D. 38, 10, 9 (voir ci-dessus note 2504). Forcadel ridiculise la proposition d'Alciat en montrant que dans la citation de Sénèque, les portraits (*imagines*) des ancêtres ne sauraient être reliés entre eux par des portraits (*schemata*), mais bien par les lignes des arbres généalogiques (*stemmata*).

2509 Citation légèrement approximative : le texte de Sénèque porte *atrio* et non *atriis*, et le mot *et* devant *nomina*.

2510 § 4 : « Les arbres généalogiques (*stemmata*) étaient reliés par des lignes aux portraits (*imagines*) ».

2511 Chapitre 37.

Stat in medio columna aurea, proportione et helicibus conspicua, exaratis in ea gestis Cupidinis ac triumphis. Talem in fano Iouis Triphylii positam fuisse commemorauit perantiquus autor Euhemerus, qui fuit ex ciuitate Messana, in qua Iupiter gesta sua descripsisset. In eadem columna clauo adamantino haeret fatalis clypeus ille persimilis, quem Appius Claudius Iurisconsultus, qui Romae consul cum Seruilio fuit, in aede Bellonae honori maiorum suorum posuit primus, anno urbis 259, teste Plinio. Sinopi Pontica rubet ac fulget auro Amoris clypeus, in quo dei insignia depicta uisuntur, tela duo cum accensa face, secundum Accursium in l. unic. de Senatusc. Claud., uerbo « capta » ; ea pinxit Parrhasius penicillo ex ipsius Amoris pennis concinnato ; pretiosior utique hoc Clypeo is extitit, quem totum ex auro Craesus Amphiarao donauit, ut Herodoti *Clio* recitat, at hic arte clarior.

Au milieu se dresse une colonne d'or, remarquable par ses proportions et ses volutes, sur laquelle ont été gravés les exploits et les triomphes de Cupidon. Évhémère, un très ancien auteur originaire de la ville de Messène, rapporte qu'il y avait dans le sanctuaire de Jupiter Triphylien une colonne semblable, sur laquelle Jupiter lui-même avait gravé ses exploits[2512]. À cette même colonne est fixé, par un clou d'acier, un bouclier sacré, semblable à celui qu'au témoignage de Pline[2513], le jurisconsulte Appius Claudius, qui fut consul à Rome en même temps que Servilius, déposa le premier, en l'honneur de ses ancêtres, dans le temple de Bellone, en l'an 259. Il rutile de la sinopis du Pont[2514] et il est tout brillant d'or, ce bouclier du dieu de l'Amour, sur lequel est représenté son blason, deux javelots avec une torche allumée, selon Accurse en C. 7, 24, 1, pr.[2515], au mot *capta*; c'est Parrhasius qui le peignit, avec un pinceau qu'il s'était fabriqué en empruntant les plumes de l'Amour lui-même; ce bouclier est moins luxueux que celui, en or massif, dont Crésus avait fait cadeau à Amphiaraüs, ainsi que le raconte Hérodote, au livre I[2516], mais il lui est esthétiquement supérieur.

2512 Voir Lactance, *Institutions divines*, I, 11 : « On nous demandera sans doute sur quoi nous fondons cette interprétation : nous répondrons que c'est sur d'anciens mémoires. Évhémère nous les fournira; c'est un auteur digne de foi, et qui vivait il y a plusieurs siècles. Il a écrit l'histoire de Jupiter et des autres dieux, et il l'a composée des inscriptions et des autres monuments sacrés, qui se voyaient de son temps dans de vieux temples, et particulièrement dans celui de Jupiter Triphyllien, où l'on lisait sur une colonne les exploits glorieux de ce roi du ciel. Il paraissait même par l'inscription qu'il se l'était lui-même dressée pour conserver la mémoire de ses belles actions, et les faire passer jusqu'à la postérité la plus éloignée ».

2513 Voir *Histoire naturelle*, XXXV, 3 : « Le premier qui établit l'usage de dédier les écussons des siens en son nom privé, dans un lieu consacré ou dans un lieu public, fut, à ce que je trouve, Appius Claudius, qui fut consul avec P. Servilius l'an de Rome 259 : il plaça ses aïeux dans le temple de Bellone; il voulut qu'ils fussent en un lieu élevé, pour être vus, et que les titres de leurs dignités fussent inscrits ».

2514 Voir Pline, XXXV, 13 : « La sinopis a d'abord été trouvée dans le royaume du Pont : le nom quelle porte lui vient de la ville de Sinope [...]. Il y a trois espèces de sinopis : la rouge, la rouge-pâle, et l'intermédiaire [...]. On s'en sert, soit pour peindre au pinceau, soit pour colorer le bois » ; et ibidem 32 : « C'est avec quatre couleurs seules, le mélinum pour les blancs, le sil attique pour les jaunes, la sinopis du Pont pour les rouges, l'atrament pour les noirs, qu'Apelle, Échion, Mélanthius, Nicomaque, ont exécuté des œuvres immortelles ».

2515 Voir ci-dessus note.

2516 Chapitre 52 : « Quant à Amphiaraüs, sur ce qu'il apprit de son mérite et de ses malheurs, il [Crésus] lui consacra un bouclier d'or massif, avec une pique d'or massif, c'est-à-dire dont la hampe était d'or ainsi que le fer. De mon temps on voyait encore l'un et l'autre à Thèbes, dans le temple d'Apollon Isménien ».

Ex eodem clauo pendet argenteus et insignis ensis, omni gemmarum genere, tum in capulo, tum in uagina illustratus. Quod si clypeum refixeris, si ensem diuinum quaesiueris – nihil uero facilius – quiduis superabis hoc, nihil non illo propulsabis, quod amori senties obfuturum. Ito igitur optimis auibus et felix utere, uale.

6. Iui maturissime tantisper dum ueni ad arbustum mihi antea incognitum, in quo arbores aspectu laetae folia habebant obducta tenui et pretiosa lanugine, nos sericum uocamus, et nema sericum, id est, filum sericum iam netum, l. fin. § diui, de publican., ex quo fiunt uestes sericae deliciis foeminarum olim expetitae, quae ingenti pretio petebantur a populis remotissimis in Oriente, hi Seres uocantur, unde Sericum dicitur. Alciatus, lib. *Parerg.* 6 cap. 25, seres etiam uermiculos fuisse arbitratur, quorum semen, ouis piscium simile, in Graeciam allatum Constantinopolim a monachis nescio quibus ex Serinda, Indiae ciuitate, sub Justiniano Imperatore, ut tradit Procopius.

Au même clou, est suspendue une magnifique épée en argent, dont la poignée et le fourreau sont ornés de toutes sortes de pierres précieuses. Si tu détaches ce bouclier et si tu prends cette divine épée – et il n'y a rien de plus facile –, tu vaincras tout ce que tu voudras avec l'une, et il n'est rien que tu ne repousseras avec l'autre, si tu sens que cela pourra nuire à ton amour. Va donc, sous les meilleurs auspices, et bonne chance. Adieu ».

6. Je partis donc en hâte, jusqu'à ce que je parvienne à un bosquet que je n'avais pas encore vu, et dans lequel des arbres à l'aspect riant avaient les feuilles couvertes d'une laine fine et précieuse, que nous appelons soie, et tissu de soie (D. 39, 4, 16, 7[2517]), dont on fait les vêtements en soie, importés autrefois pour le plus grand plaisir des femmes ; on les faisait venir à grand prix de chez des peuples orientaux extrêmement lointains, appelés les Sères, d'où le nom du tissu. Alciat, au chapitre 25 du livre VI de ses *Parerga*[2518], pense que les sères étaient aussi des vermisseaux, dont la semence, semblable à du frai de poisson, fut importée de Sérinda, une ville située en Inde, jusqu'en Grèce et à Constantinople, sous le règne de Justinien, par je ne sais quels moines, ainsi que le rapporte Procope[2519].

2517 Voir ci-dessus note 361. [...] *uestis serica uel subserica* [...].

2518 [...] *Erant et alii uermiculi pretiosiores, qui Seres dicuntur, unde serica uestis : quorum semen, ouis piscium non absimile, scribit Procopius, sub Iustiniano imperatore in Graeciam a monachis quibusdam perlatum ex Serinda, Indiae cuitate ; indeque propagatos unidique uermiculos arbitror, quibus ubique nunc textrinas suas induunt mulieres* [...].

2519 *Histoire*, VIII, 17, 1 : « Dans le même temps certains moines arrivèrent des Indes, qui ayant su que Justinien était en peine d'empêcher à ses sujets d'acheter de la soie des Perses, l'allèrent trouver, et lui dirent qu'ils savaient le moyen de saire en sorte que ses sujets n'en achetassent plus à l'avenir, ni de ses ennemis ni des autres étrangers. Qu'ils avaient long temps demeuré dans la Serinde, qui est la contrée la plus peuplée qu'il y ait aux Indes, et qu'ils y avaient appris comment la soie se faisait. Qu'elle était filée par de petits vers, auxquels la Nature en avait enseigné le métier, et qu'elle y faisait travailler sans relâche ; qu'il était impossible d'apporter de ces vers sur les terres de l'Empire ; mais qu'il était aisé d'en apporter des œufs, et de les faire éclore, en les couvrant avec du fumier, en leur donnant un certain degré de chaleur. Justinien les excita, par de grandes promesses, à exécuter cette entreprise. Ils retournèrent donc aux Indes, en rapportèrent des œufs de vers à soie, et en firent éclore d'autres vers, qu'ils nourrirent de feuilles de mûrier ; ainsi ils établirent la manufacture de la soie dans l'Empire ».

< Monachorum serici semen adferentium meminit Zonaras, lib. 3, in *Vita Iustiniani* >.

Fuere alii quoque clari autores in hac sententia[184] ; assentitur Iulius Pollux, lib. 7 cap. 17, sed testimoniis credens, non testibus ; nam ita se accepisse scribit, Seres Indiae populos ex certis animalibus telas suas colligere. Seruio Grammatico idem uidetur in illis uersibus 2 *Georg.* :
Quid nemora, Aethiopum molli canentia lana,
Velleraque ut foliis depectaue tenuia Seres ?

Sed hi uersus ex solis foliis uellera depecti sine uermium ministerio indicant, ut et Seneca in *Hippolyto* :
Quae fila ramis ultimi Seres legunt.

Plinius apertissime tradidit folia apud Seres, lanicio syluarum nobiles, caniciem eam parere foeminis duntaxat ornandis paratam, lib. 6 cap. 17. Ecquis putat Romanos tanta incuria laborasse, ut uermes illos non cognoue-rint, quos posteris proderent, maxime cum propter sericum barbarorum commercia frequentarint multis saeculis, l. II C. quae res uen. non poss. ?

---

184 1553 *adiiciebat* : et hi tam multi, ut me pudeat dicere quod uerius est.

< Au livre III, en racontant la vie de Justinien, Zonaras[2520] s'est souvenu de ces moines qui apportèrent de la semence de soie >.

D'autres célèbres auteurs ont partagé la même opinion ; au chapitre 17 du livre VII, Pollux[2521] est d'accord avec eux, mais sur la foi de témoignages, et non de témoins[2522] ; car il écrit avoir appris que les Sères, un peuple de l'Inde, fabriquaient leurs tissus à partir de certains animaux. Le grammairien Servius semble du même avis, à propos de ces vers[2523] du livre II des *Géorgiques* :

[Te parlerai-je] *Des bois des Éthiopiens qui blanchissent sous un mol duvet ? De la façon dont les Sères enlèvent aux feuilles, à coup de peignes, leur menue toison ?*

Mais ces vers, en mentionnant la toison enlevée à coups de peigne, ne font allusion qu'aux feuilles, et non au travail des vers, comme Sénèque dans son *Hippolyte*[2524] :

Les fils que les Sères, au bout du monde, cueillent sur les feuilles des arbres.

Au chapitre 17*[2525] du livre VI, Pline parle très clairement de feuilles chez les Sères, célèbres pour la laine de leurs forêts, en disant que ce duvet blanc est remis aux mains des femmes jusqu'à ce qu'il soit prêt à leur servir de parure. Qui peut croire que les Romains aient souffert d'incurie au point d'ignorer l'existence de ces vers, et de ne pas en informer la postérité, surtout que, pour se procurer de la soie, ils ont commercé avec les Barbares pendant des siècles (C. 4, 40, 2[2526]) ?

2520 Voir *Annales* XIV, 9, édition de Lyon, 1560, troisième partie, p. 27 H. Zonaras y paraphrase en effet le récit de Procope.

2521 Chapitre intitulé : *De byssinis. Sunt etiam nonnulli qui Seres ab aliis quibusdam animalibus telas suas colligere tradant.*

2522 C'est-à-dire le contraire de ce qu'il faudrait faire. Allusion à D. 22, 5, 3 : *Idem Diuus Hadrianus Iunio Rufino proconsuli Macedoniae rescripsit* **testibus se, non testimoniis crediturum.**

2523 Vers 120-121.

2524 Voir *Phèdre*, vers 389.

2525 *Histoire naturelle*, VI, 20, 2 : « Les premiers hommes qu'on y connaisse sont les Sères, célèbres par la laine de leurs forêts ; ils détachent le duvet blanc des feuilles, en l'arrosant d'eau ; puis nos femmes exécutent le double travail de dévider et de tisser. C'est avec des manœuvres si compliquées, c'est dans des contrées si lointaines qu'on obtient ce qui permettra à la matrone de se montrer en public avec une étoffe transparente ».

2526 **Comparandi serici a barbaris** *facultatem omnibus, sicut iam praeceptum est, praeter comitem commerciorum etiamnunc iubemus auferri.*

Iulius Solinus, in *Polyhistore* cap. 53*, attestatur Seres uellera ex arboribus aquae adminiculo carpere : hoc, inquit, est sericum, in usum publicum damno seueritatis admissum, et quo ostentare potius corpora quam uestire primo foeminis, nunc etiam uiris persuasit luxuriae libido.

Ex his liquet uerum esse quod elicit Accursius, ex l. 1 et II de uestib. holou. lib. 11 C., uiriles sericas uestes prohiberi iure, non muliebres : huic enim sexui delicatiores magis conveniunt, l. unic. § nulli C. null. ilic. in fren. eod. lib., sed et interdictum est mulieribus ne serico purpureo passim utantur propter eximium colorem, principe solo dignum, l. pen. C. de uestib. holou.

Sericum usus loquendi magister uocat, quod uermiculi mori foliis enutriti nent, ut Accursius, an quis alius, in l. plenum uerbo « foliis » ff. de usu et habit., quamuis parum apte, cum ibi nihil de serico.

Solin, au chapitre 53* de son *Recueil de faits remarquables*[2527], atteste que les Sères cueillent sur leurs arbres une toison en l'aspergeant d'eau : c'est, dit-il, la soie, dont l'usage est admis pour tous, au grand dam des gens austères, et que le désir de luxe a persuadé les femmes d'abord, mais à présent les hommes aussi, d'utiliser pour faire étalage de leur corps plutôt que pour le vêtir.

Ces textes donnent raison à Accurse, qui conclut, à partir de C. 11, 9, 1[2528] et de C. 11, 9, 2[2529], que les tissus de soie étaient interdits aux hommes, mais pas aux femmes : car c'est à leur sexe que conviennent les parures les plus raffinées (C. 11, 12, 1, 1[2530]) ; mais il est également interdit aux femmes d'utiliser de temps en temps de la soie pourpre, parce que seul le Prince est digne d'arborer cette couleur de prestige (C. 11, 9, 4, pr. et 1[2531]).

L'usage, qui régit le langage, fait nommer soie ce que filent des vermisseaux nourris de feuilles de mûrier, comme Accurse, ou un autre commentateur, le note en D. 7, 8, 12, 1[2532], au mot « feuilles », quoique ce soit hors de propos, puisqu'ici il n'est pas question de la soie.

2527 *Polyhistor*, chapitre 51. En réalité, Solin reprend ici le texte de Pline (voir ci-dessus note 2525), en l'assortissant de considérations moralisatrices plus marquées : « Sur cette plage, du côté de l'orient d'été, les Sères sont le premier peuple que l'on connaisse ; les feuilles de leurs forêts sont couvertes d'un duvet d'une grande délicatesse, qu'on ne peut employer qu'en l'imbibant d'eau, et dont on fait des tissus. C'est ce que l'on nomme le tissu sérique, admis à notre honte dans nos usages, et qui sert à montrer les corps plutôt qu'à les vêtir ; employé d'abord par les femmes, il a été ensuite adopté par les hommes : triste effet de coupables penchants ! ».

2528 *Auratas ac **sericas** paragaudas auro intextas **uiriles** priuatis usibus contexere conficereque prohibemus et a **gynaeciariis tantum nostris** fieri praecipimus.*

2529 ***Nemo uir auratas** habeat aut in tunicis aut in lineis paragaudas, **nisi ii tantummodo, quibus hoc propter imperiale ministerium concessum est.** Non enim leui animaduersione plectetur, quisquis uetito se et indebito non abdicauerit indumento.*

2530 *Nulli praeterea priuatorum liceat (exceptis scilicet ornamentis matronalibus et tam muliebrium quam uirilium anulorum habitu) **aliquid ex auro et gemmis quod ad cultum et ornatum imperatorium pertinet** facere [...].*

2531 *Temperent uniuersi, cuiuscumque sint sexus dignitatis artis professionis et generis, ab huiusmodi speciei possessione, **quae soli principi eiusque domui dedicatur.** 1. Nec pallia **tunicasque** domi quis **sericas** contexat aut faciat, quae **tincta conchylio** nullius alterius permixtione subtexta sunt.*

2532 *Praeter habitationem quam habet, **cui usus datus est** deambulandi quoque et gestandi ius habebit. Sabinus et Cassius et lignis ad usum cottidianum et horto et pomis et holeribus et floribus et aqua usurum, non usque ad compendium, sed ad usum, scilicet non usque ad abusum : idem Nerua, et adicit stramentis et sarmentis etiam usurum, sed neque **foliis** neque oleo neque frumento neque frugibus usurum [...].*

Suspicor idem nomen ob utriusque serici similitudinem suffectum, arg. l. filiae § fin. ff. de cond. et dem.

Sic, in l. 1 C. quae res uen., muricis et purpurae color in serico idem censetur, cum planum sit differre, sed uterque alteri similis est, hic semper melior. Gentis nomen in singulari dixit Sidonius Appollinaris :
Assyrius gemmas, Ser uellera, thura Sabeus,

Diuersae sententiae scriptoribus, ut Pausaniae et aliis, *sèr* uermis est. Sed consentit Sidonio Ausonius in *Monosyllabis* :
Iam pelago uolitat mercator uestifluus Ser.

7. Repebant per huiusmodi arbores atque humi multae cochleae aureis tectae calycibus. Rei nouitas et legendi studium effecere ut sensim in locum descenderem, qui ad hanc usque diem αἴγκος ἔρωτος nominatur, id est, uallis Cupidinis, in qua omnia uidi, quae mihi Celenus praedixerat ; quorum potissimum insignia eius dei me in admirationem singularem traxere, manifesto Alciati errore, qui nouitium inuentum esse putat ea clypeis inserere in antiquitatis nobilitatisque testimonium, lib. *Parerg.* 5 cap. 13.

Je soupçonne que l'on a donné son nom à la soie, en raison de l'homonymie des deux *ser* : pour preuve D. 35, 1, 28, 1[2533].

De même, en C. 4, 40, 1[2534], la couleur du murex et de la pourpre dans les tissus de soie est censée être la même, alors qu'il est clair qu'elles diffèrent, mais chacune des deux ressemble à l'autre, quoique la seconde soit toujours de meilleure qualité. Le nom du peuple a été employé au singulier par Sidoine Apollinaire[2535] :

L'Assyrien [apporte] *des pierres précieuses, le Sère des tissus, et le Sabéen de l'encens.*

Pour les auteurs qui sont d'un autre avis, comme Pausanias et d'autres, *ser* est un vermisseau. Mais Ausone est d'accord avec Sidoine Apollinaire, dans son *Monosyllabe*[2536] :

Déjà il vole sur la mer, le marchand Sère au vêtement flottant.

7. Dans les arbres de cette variété, et sur le sol, rampait une multitude d'escargots aux coquilles dorées. Le désir de ramasser ces créatures insolites me fit descendre insensiblement jusqu'à l'endroit que, de nos jours encore, on appelle le vallon de l'Amour, où je vis tout ce que Celenus m'avait annoncé : et le blason du dieu, surtout, me plongea dans un prodigieux étonnement, à cause de l'erreur manifeste d'Alciat, pour qui le fait de graver les armoiries sur les boucliers, afin de témoigner de l'ancienneté de sa noblesse, est une invention récente (voir ses *Parerga*, livre V, chapitre 13[2537]).

2533 « *Attia uxor mea optato Philargyrum puerum, Agatheam ancillam, qui mei erunt cum moriar* » : *is qui testamentum fecit Agatheam, quam testamenti tempore habuit, uendidit et postea ancillas emit, ex his uni Agatheae nomen imposuit : quaesitum est, an haec legata uideretur. Respondit legatam uideri.*

2534 *Fucandae atque distrahendae purpurae uel in serico uel in lana, quae blatta uel oxyblatta atque hyacinthina dicitur, facultatem nullus possit habere priuatus. Sin autem aliquis supra dicti muricis uellus uendiderit, fortunarum se suarum et capitis sciat subiturum esse discrimen.*

2535 Voir le *Panégyrique prononcé en l'honneur de Jullius Valerius Maiorianus Auguste*, v. 43.

2536 Voir *Technopaegnion, Idylles*, XI, *De uere primo*, v. 6.

2537 Alciat commence en effet par faire remarquer que ni Bartole ni son contradicteur Valla n'apportent d'exemples de cette pratique dans l'Antiquité. Il poursuit : *Nec enim arbitror insignium horum* [*Antiquorum*] *usum apud eos fuisse, sed ex militia primum ea inualuisse, deinde a priuatis quoque passim accepta, tamquam nobilitatis antiquitatisque familiae testimonium.* Il accumule ensuite les références aux insignes des corps d'armées, des villes et même ces empereurs, qui sont de Droit public. Pour les particuliers, il évoque les marques ces artisans, dont la propriété exclusive est controversée.

Bartolus *Tractatum de insignibus* ludens coniecit, quo innuit peruetere more increbuisse clypeis et scutis animalia, montes et flores pingere, ut stirpis et familiae cuiusque notam et indicium, cui subscribo. Zenodotus prodidit Adrastrum, Argiuorum regem, oraculo monitum ut apro et leoni filias in matrimonium locaret : is Polynici Thebano et Tydeo Calydonio eas despondit, quia in clypeo alter Apri, alter Leonis habebat effigiem ; [185] < filiabus Argiae et Deipylae nomen fuisse scribit Iulius Hyginus. A re militari bellique gloria originem sumptam uerisimile est, ut quid quisque gessisset cuiusque nomine gestum fuisset, figura aliqua significaret. Ideo iurisconsultus statuit poena falsi coerceri eum, qui se pro milite gessisset, et illicitis insignibus usus fuisset, l. eos, qui § fi. ff ad leg. Corn. de falsis. Alcibiades, dux forma et uiribus egregius, scutum habuit auro eboreque confectum, in quo erat insigne, Amor qui fulmen flexerat, ut tradit Atheneus, lib. 12 cap. 16* ; idem alibi scribit de Asophico ab Epaminonda adamato, quod in scuto habuerit Leuctricum trophaeum. Adeo uero res erat haec curae Antiquis, ut pro arbitrio non liceret quiduis in scuto pingere, nec sine causa. Nam et qui nondum aliquid dignum laude gessissent albo clypeo uti cogebantur, ut tyrones imperiti, a probatis militibus discreti, sicuti ait Seruius, lib. 7 *Aeneidos*, explicans illud :

---

185 1553 : Diodorus Siculus lib. 6 meminit Gallos brachatos in scutis animalium aereas formas paulo eminentiores tulisse antiquitus, tum ornatus, tum defensionis gratia. Quintilianus, lib. 6, cap. 4, de imagine Galli in scuto cimbrico loquitur. Nescio utrum de gallo aue sentiat, an de homine, quia et hominis imago clypeis pingebatur, Plin. lib. 35, cap. 3, et hoc nomine clypeum fuisse in pictoris pergula reor apud Vlp., l. si uero § pe. ff. de iis qui deie. Talia insignia et symbola nutu et cuiusque arbitrio eligebantur, tametsi ab alio ante usitata fuissent, arg. § possunt. de testa., nisi materia seditionis praeberetur, quia ad alterius aemulationem facta, l. opus ff. de oper. pub., uel si falsum inde committeretur, ut similes alterius legionis insignibus usus stipendium indebitum accepisset, uel mutuam pecuniam, l. eos § fin. l. quid sit ff. ad leg. Corn. de fals.

Bartole, qui s'est amusé à composer un *Traité des emblèmes*, est d'avis, lui, que c'est en vertu d'un très ancien usage que l'on avait multiplié sur les boucliers les figures peintes d'animaux, de montagnes et de fleurs, pour représenter symboliquement sa lignée. Et j'y souscris. Zénodote[2538] a rapporté qu'Adraste, le roi des Argiens, se vit conseiller par un oracle de marier ses filles à un sanglier et à un lion : il leur fit épouser Polynice le Thébain, et Tydée le Calydonien, parce que l'un portait sur son bouclier l'effigie d'un sanglier, et l'autre celle d'un lion ; < d'après Hygin[2539], ses filles se nommaient Argia et Deipyle.

L'origine des armoiries est vraisemblablement à chercher dans le domaine militaire et dans la gloire obtenue par les armes, parce que, de la sorte, chacun pouvait faire connaître par quelque représentation figurée ses exploits, et le nom de leur auteur. Aussi le jurisconsulte a-t-il décidé que celui qui se serait fait passer pour un soldat et aurait utilisé des décorations auxquelles il n'avait pas droit serait inculpé de faux (D. 48, 10, 27, 2[2540]). Alcibiade, qui était un général d'une beauté et d'une vigueur extraordinaires, portait, sur son bouclier en or et en ivoire, l'emblème de l'Amour lançant la foudre, comme le raconte Athénée, au chapitre 16* du livre XII[2541] ; le même auteur écrit ailleurs[2542], à propos d'Asopichos, l'amant d'Épaminondas, que sur son bouclier figurait le trophée de Leuctres. Et les Anciens prenaient cela tellement au sérieux qu'il était interdit de représenter à sa guise, sur son bouclier, l'emblème de son choix, sans avoir pour cela une bonne raison. Ainsi, ceux qui n'avaient encore rien accompli qui fût digne de louanges étaient-ils forcés d'arborer un bouclier tout blanc, comme, à l'armée, les nouvelles recrues, que l'on distinguait des soldats expérimentés, comme le dit Servius, au livre VII de l'*Énéide*, en expliquant ce vers[2543] :

2538 Scholiaste d'Homère.

2539 Fable 69, intitulée *Adraste*.

2540 ***Qui se pro milite gessit uel illicitis insignibus usus est*** *uel falso duplomate uias commeauit, pro admissi qualitate **grauissime puniendus est**.*

2541 *Deipnosophistes*, XII, 47 : « Quand il fut commandant d'armée, il tint à sauvegarder une mise élégante, portant sur lui, par exemple, un bouclier fait d'or et d'ivoire, sur lequel figurait l'emblème d'Éros lançant la foudre à la manière d'un javelot ».

2542 *Deipnosophistes*, XIII, 83 : « Théopompe, dans son traité sur les *Trésors pillés à Delphes*, dit qu'Asopichos, le mignon d'Épaminondas, avait fait graver sur son bouclier le trophée de Leuctres, une cité où il avait été échappé à maints dangers. Il dit encore que ce bouclier fut ensuite consacré dans le portique de Delphes ».

2543 vers 796.

Et picti scuta Labici
   et alibi :
Parmaque inglorius alba.

Sed dum quisque maiorum suorum uirtute nobilis uideri studuit uere aut simulate, caepere homines insignia sibi ementiri, ac pro arbitrio fingere; quod mos[186] iniquus recepit et uidetur admisisse in anulis signatoriis Iustinianus, post Papinianum, in § possunt de testam. et in his hodie plerique sua incidunt insignia, ut D. Augustus olim Alexandri magni effigie signauit, gemma annuli notam tam nobilem praeferente, cum antea sphinge signasset. Verum licuit mutare notam semel acceptam sine fraude, l. 1 C. de mutatio. nominis, quippe cum sphingem plerique sugillarent quasi aenigmata diplomatis traderet et edictis.

Quod dixi in libertate cuiusque situm qualem figuram incidat anulo uel insignibus scutorum, non putarem habere locum, si quis a Principe impetrasset notam, exemplo Bartoli Leonem rubrum sibi et posteritati a Carolo IV Imperatore impetrantis, ne uanum reddatur Principis beneficium, l. unic. de thesauris lib. 10 C. ;

---

186 mos *scripsi* : nos *T* //

Les Labicans, avec leurs boucliers peints ;
et ailleurs[2544],
Et [il portait], *sans gloire, un bouclier blanc.*

Mais quand chacun, à tort ou à raison, revendiqua la noblesse en arguant de la valeur de ses ancêtres, on commença à se doter de fausses armoiries et à s'en créer à sa guise ; l'usage, quoiqu'injustifié, s'en répandit, et Justinien, à la suite de Papinien, semble avoir admis qu'on les fît figurer sur les anneaux qui servaient de sceaux (*Institutes* II, 10, 5[2545]) : et de fait, aujourd'hui, la plupart des gens y font graver leurs armes, de même que, jadis, l'Empereur Auguste signait avec l'effigie d'Alexandre le Grand : en effet, le chaton de sa bague portait cet illustre sceau, alors qu'auparavant il avait signé avec la figure d'un sphinx[2546]. Mais il était permis de modifier, sans être passible de fraude, le sceau que l'on avait adopté pour commencer (C. 9, 25, 1[2547]) ; or, précisément, [l'entourage d'Auguste] cachetait le plus souvent avec un sphinx, comme pour lui faire proposer des énigmes au travers des documents officiels et des édits.

J'ai dit que chacun avait la liberté de choisir la représentation figurée qu'il ferait graver sur son anneau ou comme emblème sur son bouclier : mais, selon moi, cette liberté n'aurait pas lieu d'être, si l'on avait reçu un emblème du Prince, à l'exemple de Bartole, qui obtint de l'Empereur Charles IV un lion rouge pour lui et pour ses descendants, car l'on ne saurait faire fi d'un bienfait impérial (C. 10, 15, 1, 1[2548]) ;

2544 *Énéide* IX, 548.

2545 *Possunt autem testes omnes et uno anulo signare testamentum (quid enim, si septem anuli una sculptura fuerint ?) secundum quod Pomponio uisum est ; sed et alieno quoque anulo licet signare.*

2546 Voir Pline, *Histoire naturelle*, XXXVII, 4, 2 : « L'empeereur Auguste, au commencement, cachetait avec un sphinx. Il en avait trouvé deux parfaitement semblables parmi les bagues de sa mère. Pendant les guerres civiles ses amis employèrent, en son absence, un de ces sphinx pour cacheter les lettres et les édits que les circonstances obligeaient de donner en son nom, et ceux qui les recevaient disaient assez spirituellement que ce sphinx apportait des énigmes. [...] Dans la suite, Auguste, pour éviter les sarcasmes touchant son sphinx, cacheta avec une figure d'Alexandre le Grand ».

2547 *Sicut initio nominis cognominis praenominis recognoscendi singulos imposito priuatim libera est, ita **horum mutatio innocentibus periculosa non est**. Mutare itaque nomen siue praenomen sine aliqua fraude licito iure, si liber es, secundum ea quae saepe statuta sunt minime prohiberis, nulli ex hoc praeiudicio futuro.*

2548 *[...] ut superfluum sit hoc precibus postulare, quod iam lege permissum est, et **imperatoriae magnanimitatis** uideatur praeuenire liberalitas postulanda.*

et quod publicum est Rex uni potest concedere, l. 2 § si quis a ff. nequid
in loco publico.

Secundo non licet alterius insignum aut imaginem clypeo depictam
assumere, si constaret partam laude maiorum ipsius aut uirtute propria,
ut ita reliqui imposterum ad res bene gerendas prouocentur, l. 2 § fi. ff.
de operib. public., idque magno Reipublicae bono; quocirca lex prisca
uetuit, ne imagines uirorum fortium et hostium spolia refringerentur
a limine aedium uenditarum, ut inspecta cotidie exprobrarent emptori
intrare ipsum in alienos triumphos, teste Plinio lib. 35, cap. 2.

Tertio cum imago notaue alicui generi hominum publice est praes-
tituta uel approbata, ut ab aliis secernatur, ut tyronibus et fabris olim,
l. 3 de fabriensib. lib. XI C. Igitur nec fabri notam insculptam gladiis[187],
loricisue, imitari liceret, qua peritia sit artifex, demonstrantem; nam
deterior imitator noceret perito et Reipublicae, propter eos qui opus
fabrefactum empturiunt, et falso signo facile decipiuntur; impostor
autem falsi crimine tenetur, ut qui alienam manum scribendo imitatur uel signum tabellionis, l. quid sit ff. de falsis et § 1 § sed et si de
instrumen. fide col. 6.

---

187 gladiis *scripsi* : gladii **T** //.

et un roi peut parfaitement concéder à une personne privée un élément qui ressortit au Droit public (D. 43, 8, 2, 16[2549]).

En second lieu, il est interdit de s'approprier l'emblème d'autrui, ou l'image peinte sur son bouclier, s'il l'a indubitablement acquis grâce à la gloire de ses ancêtres, ou à sa propre valeur : ainsi ses descendants seront-ils incités à se comporter honorablement (D. 50, 10, 2, 2[2550]), et cela pour le plus grand bien de l'État ; et à ce propos, au témoignage de Pline, livre XXXV, chapitre 2[2551], une très ancienne loi interdisait de faire disparaître du seuil des maisons vendues les portraits des hommes valeureux et les trophées remportés sur l'ennemi, pour qu'en les voyant tous les jours, l'acheteur se sentît honteux de profiter comme un intrus des triomphes d'autrui.

La même interdiction vaut, en troisième lieu, quand une image ou un emblème ont été officiellement accordés ou confirmés en faveur d'une catégorie sociale, afin de la distinguer des autres, comme on le fit, jadis, pour les nouvelles recrues militaires et pour les ouvriers des arsenaux (C. 11, 10, 3[2552]). Il ne serait donc pas permis d'imiter la marque, destinée à faire valoir les compétences de l'artisan, qu'un fondeur aurait gravée sur des épées ou des cuirasses ; car une contrefaçon porterait préjudice à l'artisan habile et aussi à l'État, dans la mesure où ceux qui ont envie d'acheter un ouvrage bien fait risqueraient d'être trompés par une fausse marque ; l'imposteur est donc passible du crime de faux, à l'instar de celui qui imite l'écriture d'autrui, ou le sceau d'un notaire (D. 48, 10, 23[2553], et *Novelle* 73, pr. et chapitre 2[2554]).

2549 *Si quis a principe simpliciter impetrauerit, ut in publico loco aedificet,* non est credendus sic aedificare, ut cum incommodo alicuius id fiat, neque sic conceditur, nisi forte quis hoc impetrauerit.

2550 *Ne eius nomine, cuius liberalitate opus exstructum est,* eraso aliorum nomina **inscribantur et propterea reuocentur similes ciuium in patrias liberalitates,** praeses prouinciae auctoritatem suam interponat.

2551 § 4 : « au dehors et autour du seuil étaient d'autres images de ces hommes héroïques, dans les dépouilles ennemies qui y étaient suspendues, sans qu'il fût permis à un acquéreur de les déplacer ; et les maisons même triomphaient encore après avoir changé de maître. C'était la une stimulation puissante, et les murs reprochaient chaque jour à un possesseur lâche son intrusion dans le triomphe d'autrui ».

2552 *Stigmata, hoc est* **nota publica fabricensium brachiis ad imitationem tironum infligatur,** *ut hoc modo saltem possint latitantes agnosci (his, qui eos susceperint uel eorum liberos, sine dubio fabricae uindicandis) et qui subreptione quadam declinandi operis ad publicae cuiuslibet sacramenta militiae transierunt.*

2553 Voir ci-dessus note 503.

2554 Pr. : *Nouimus nostras leges quae uolunt ex collatione litterarum fidem dari documentis, et quia quidam imperatorum, superexistente iam malitia eorum qui adulterant documenta, haec talia*

Quarto si materia praeberetur seditionis aemulatione picturae, l. opus de operibus public. ff., ut si quis sacra Gallorum lilia sibi appinxerit. Diodorus, lib. 6*, memorat Gallos in oblongis scutis aereas animalium formas eminentes ornatus[188] et defensionis gratia tulisse. Quintilianus, lib. 6 cap. 4*, meminit imaginis Galli in scuto Cimbrico, nescio utrum auem an hominem intelligat, quia nec ratio picturae illius mihi est explorata. Sicut Lacon is, apud Plutarchum in *Apophthegmatis*, qui insigne clypei muscam[189] habuit : ridiculus, donec dixit se ire solitum tam prope aduersus hostes ut ab ipsis perspicue cerneretur. Mirificam utilitatem asserunt sculpta insignia dominis castellorum agrorumue, ut limites eorum probent. Quia illius in dubiis esse praesumuntur agri seu territorium, cuius titulis et inscriptionibus terminus ostentatur, l. fi. de operib. public. ff. ; l. in finalibus ff. finium regund.

---

188 ornatus *scripsi* : ornatas *T* //
189 muscam *scripsi* : musicam *T* //

En quatrième lieu, l'interdiction vaudrait si la reproduction d'une image fournissait matière à sédition (D. 50, 10, 3[2555]), par exemple si quelqu'un s'appropriait l'emblème des lys sacrés de France. Diodore, au livre VI*[2556], rappelle que les Gaulois portaient en bosse sur leurs boucliers ovales des images d'animaux en bronze, dans un but à la fois ornemental et défensif. Quintilien, au chapitre 4* du livre VI[2557], mentionne l'image d'un *Gallus* sur un bouclier cimbre : je ne sais s'il veut parler de l'animal ou de l'homme, parce que je n'ai pas approfondi les motifs qui avaient présidé au choix de cette image. C'est comme ce Lacon qui, sur son bouclier, portait l'emblème d'une mouche (voir Plutarque dans ses *Apophtegmes*[2558]) : il était la risée de tous, jusqu'au jour où il dit qu'il avait l'habitude de s'approcher assez des ennemis pour qu'elle leur fût clairement visible. Les armoiries sculptées sont prodigieusement utiles aux propriétaires des châteaux et des fonds de terre, pour marquer les limites de leurs propriétés. En effet, dans le doute, on présume que tel fonds de terre ou tel espace appartient à celui qui en affiche les limites en y inscrivant son blason (D. 50, 10, 7, 1[2559] ; D. 10, 1, 11[2560]).

---

prohibuerunt illud studium falsatoribus esse credentes, ut ad imitationem litterarum semet ipsos maxime exercerent, eo quod **nihil aliud est falsitas nisi imitatio ueritatis** [...]. Chapitre 2 : *Sed et si quis aut mutui instrumentum aut alterius cuiuspiam faciat et noluerit hoc in publico conficere (quod et in deposito definiuimus),* **non ex ipso uideatur credibile quod scribitur super mutuo documentum, nisi etiam testium habeat praesentiam** *fide dignorum non minus trium* [...].

2555 *Opus nouum priuato etiam sine principis auctoritate facere licet,* **praeterquam si ad aemulationem alterius ciuitatis pertineat uel materiam seditionis praebeat** *uel circum theatrum uel amphitheatrum sit.*

2556 V, 30 : « Ils ont pour armes défensives des boucliers aussi hauts qu'un homme, et que chacun orne à sa manière. Comme ces boucliers servent non-seulement de défense, mais encore d'ornement, quelques-uns y font graver des figures d'airain en bosse, et travaillées avec beaucoup d'art ».

2557 Chapitre 3, § 38 : « il montra du doigt la figure hideuse d'un Gaulois peinte sur un bouclier cimbre, qui servait d'enseigne à une boutique ».

2558 *Apophtegmes lacédémoniens*, 234 c-d : « Un Lacédémonien avait mis pour enseigne à son bouclier une mouche de grandeur naturelle. On lui disait, en le raillant, qu'il l'avait fait pour se cacher. Au contraire, dit-il, c'est pour mieux me faire connaître ; car j'approcherai les ennemis de si près, qu'ils pourront discerner mon enseigne. »

2559 *Si quis opus ab alio factum adornare marmoribus uel alio quo modo ex uoluntate populi facturum se pollicitus sit,* **nominis proprii titulo scribendo** : *manentibus priorum titulis, qui ea opera fecissent, id fieri debere senatus censuit* [...].

2560 Voir ci-dessus note 929.

Constat demum insignia et titulos inscriptos scutis, quippiam ciuile esse in arbitratu licito ciuium constitutum, ideoque admitti deportatione, bonis consequenter publicatis, l. quidam* ff. de poenis; in relegatione aliud est, l. deportatorum C. eod., nisi ea sit relegatio quae benigne imminutae maiestatis reo instigatur, l. eorum ff de poenis; solet enim acrius coërceri >.

8. Cogitanti mihi et circa insignia Cupidinis uersanti, columna solida de auro obryzo, longa pedes XV, nutare uisa est, ac sic, uix credibile, pronuntiare :
χρὴ δὲ πρὸς θεὸν οὐκ ἐρίζειν,
hoc est, non oportet aduersus Deum contendere, ut sensit Pindarus in *Pythiis* hymno II.

Quis enim contra illum pugnet, cui omnis debetur uictoria, l. II C. de offic. praef. praet. Aphr. ? Quorsum uero haec dicerentur ignorabam, loqui autem columnam tam facile ducebam quam, lingua penitus euulsa, illustres quosdam homines quos se ex Aphrica uidisse Iustinianus testatur, l. 1 C. eod. et Argo nauis celeberrima, apud Valerium Flaccum, in *Argonoticis* lib. 9, uectoribus suis :

Enfin, on sait que les armoiries et les noms inscrits sur les boucliers relèvent du Droit civil, qu'ils sont composés selon le bon plaisir de chaque citoyen, dans la limite de la légalité, et qu'ils sont donc perdus en cas de déportation, puisque les biens du condamné sont vendus alors aux enchères (D. 48, 19, 17, 1[2561]); il en va autrement en cas de relégation (C. 9, 47, 8[2562]), à moins qu'il ne s'agisse de la relégation qui est infligée, par bienveillance spéciale, à celui qui est s'est rendu coupable du crime de lèse-majesté (D. 48, 19, 24[2563]), lequel est, d'ordinaire, plus sévèrement réprimé >.

8. Pendant que je réfléchissais, en contemplant le blason de Cupidon, il me sembla que la robuste colonne en or fin, haute de quinze pieds, s'inclinait et, chose à peine croyable, me disait :
Il ne faut pas combattre contre un dieu,
    selon l'avis de Pindare dans sa deuxième *Pythique*[2564].
    Qui, en effet, oserait combattre celui à qui l'on doit toute victoire (C. 1, 27, 2, pr.[2565])? J'ignorais dans quel but on me disait cela, mais je pensais qu'il n'était pas plus difficile de parler pour une colonne que pour certains illustres personnages, à qui l'on avait arraché la langue et que Justinien atteste avoir vu en Afrique (C. 1, 27, 1, 4[2566]), ou encore pour la célébrissime nef Argo qui, chez Valerius Flaccus, au livre IX de ses *Argonautiques*[2567], s'adresse à ses rameurs :

2561 [...] *in insulam **deportati**, ut ea quidem, quae iuris ciuilis sunt, **non habeant**, quae uero iuris gentium sunt, habeant.*

2562 *Deportatorum in insulam ab eo, cui id faciendi ius erat, bona fisco uindicantur, relegatorum autem non nisi sententia specialiter adempta fuerint.*

2563 *Eorum, qui relegati uel deportati sunt ex causa maiestatis, statuas detrahendas scire debemus.*

2564 Vers 88.

2565 Voir ci-dessus note 885. Justinien insiste avec une anaphore : ***Per ipsum enim*** *imperii iura suscepimus, **per ipsum** pacem cum Persis in aeternum confirmauimus, **per ipsum** acerbissimos hostes et fortissimos tyrannos deiecimus, **per ipsum** multas difficultates superauimus* [...].

2566 *Vidimus uenerabiles uiros, qui **abscissis radicitus linguis**, poenas suas **mirabiliter loquebantur*** [...].

2567 Vers 109-110. Ce livre IX est apocryphe. Il fut composé par l'humaniste, poète et philologue de Bologne Giovan Baptista Pio (1460-1540), et figura pour la première fois dans l'édition de Valerius Flaccus qu'il publia à Venise en 1523 (*C. Valerii Flacci Argonautica. Io. Baptistae Pij carmen ex quarto Argonauticon Apollonij. Orphei Argonautica innominato interprete*, Venetiis, in aedibus Aldi et Andreae Asulani soceri, mense maio 1523). La préface de cette édition aldine explique que, pour permettre au lecteur de connaître la fin de l'histoire, on a ajouté un dernier livre, que J.-B. Pio a traduit des *Argonautiques* d'Apollonios de Rhodes, modèle de Valerius Flaccus. Voir *Argonauticon liber nonus, ex*

Venturos canit errores, canit et Iouis iras
Vocibus humanis, stellati conscia coeli.

[190] < Taceo quod > asina diuinitus concitata dominum suum filium Beor, ariolum alloquitur, et clara uoce sessorem obiurgat iterum, *Numer.* 22 cap.

Quamobrem, complosis in coelum manibus, numen huic ualli peculiare obsecrans, placare occepi ; rursus dextram ensi pretiosissimo adhibui ; nondum dimidium uagina eduxeram, sane quam splendidum, cum repente columna de coelo tacta est, et plurimae circum arbores huius ictu fulminis deflagrarunt.

Times adhuc, ô Hephaestion, quae tua est in me beneuolentia, ne quicquam mihi acciderit ; uerum me sic Deus eripuit, ut tibi nuperrime recitaui.

FINIS

190　1553 : quin etiam.

Elle chante les épreuves à venir, elle chante aussi les colères de Jupiter
Avec des accents humains, elle qui connaît à fond le ciel étoilé.

< Sans parler de > l'ânesse qui, sous l'impulsion de la divinité, parle à son maître, le fils du devin Béor, et même, une deuxième fois, adjure son cavalier à haute voix (*Nombres*, 22[2568]).

C'est pourquoi, après avoir battu des mains en direction du ciel, je commençai par me concilier, en lui adressant des prières, la bienveillance de la divinité à laquelle était consacré ce vallon ; puis je tendis la main vers l'épée très précieuse ; je ne l'avais pas encore à moitié sortie de son fourreau – comme elle était splendide ! –, quand soudain la colonne fut touchée par la foudre, dont l'impact mit le feu à la plupart des arbres alentour.

Tu as tant d'amitié pour moi, mon cher Héphaïstion, que tu crains encore qu'il ne me soit arrivé malheur, mais, en vérité, Dieu m'a sauvé de là, ce qui m'a permis de te faire le récit que tu viens de lire.

Apollonio, interprete Pio, volume II, p. 230, in *Valerii Flacci Setini Balbi Argonauticon libros octo* [...] edidit N.-E. Lemaire, 2 vol, Paris, 1825.

2568 Verset 28 : « Yahweh ouvrit la bouche de l'ânesse, et elle dit à Balaam : Que t'ai-je fait, que tu m'aies frappée ces trois fois ? ».

INDEX
DES RÉFÉRENCES JURIDIQUES[1]

Loi des XII Tables : XII, 1

CORPUS IVRIS CIVILIS

Institutes

Proemium, intitulé : XV, 5 ; pr. :
XVII, 5 ; § 1 : IX, 6 ; XX, 3
I, 2, 11 : XV, 5
I, 3, 3 : XIX, 1
I, 6, 7 : XVII, 6
I, 9, 1 : I, 7 ; I, 8 ; X, 7 (2 fois) ; XI,
2 ; XV, 1 ; XV, 7
I, 10, pr. : V, 9 (2 fois) ; XI, 1 ; XI,
2 (2 fois)
I, 10, 1 ; IX, 8
I, 22, pr. : VIII, 1 ; VIII, 2
I, 25, 1 : XV, 5
II, 1, 11 : I, 5 ; XII, 6
II, 1, 22 : IX, 5
II, 1, 34 : XII, 2 ; XII, 4
II, 1, 40 : XIII, 7
II, 2 : XIV, 6
II, 5, 1 : XIV, 7
II, 6, 1 : VI, 8
II, 7, 1, 10 : I, 4
II, 10, 3 : VIII, 3
II, 10, 5 : XXII, 7
II, 12, 1 : IV, 2

II, 16, 3 : VIII, 3
II, 19, 7 : XV, 7
II, 20, 30 : XXI, 2
II, 23, 1 : III, 1 ; XVIII, 3
II, 23, 12 : XVIII, 7
II, 25, 3 : III, 6
III, 1, 9 : VII, 3
III, 6, 9 : XVII, 3
III, 9, pr. : XIV, 6
III, 9, 3 : VI, 7
III, 12, 1 : IV, 2 ; XIX, 4
III, 15, 4 : III, 7
III, 23, pr. : XV, 7
IV, 1, 5 : XIII, 2
IV, 2, pr. : V, 5
IV, 4, 12 : XII, 7
IV, 6, 14 : III, 5
IV, 6, 20 : IV, 4
IV, 6, 29 : II, 8
IV, 6, 33 : XII, 6
IV, 6, 37 : XV, 1
IV, 6, 38 : XV, 1
IV, 14, 4 : VII, 1
IV, 15, 6 : X, 9

---

1   Le chiffre romain renvoie au chapitre et le chiffre arabe au paragraphe concerné.

IV, 18, 1 : V, 2
IV, 18, 2 : V, 2

Code

De nouo codice componendo, 1 : XVII, 2
C. 1, 1, 1 : IX, 5 ; IX, 6
C. 1, 1, 4, pr. : IX, 2
C. 1, 1, 8, 8 : IX, 2
C. 1, 1, 8, 14 : IX, 2
C. 1, 2, 21, 2 : XII, 6
C. 1, 2, 23, 4 : XXI, 5
C. 1, 3, 53, 4 : XIV, 5
C. 1, 4, 4 : VIII, 1
C. 1, 4, 3 : V, 5
C. 1, 5, 10 (*Novelle De statu et consuetudine*) : XVIII, 3
C. 1, 9, 6 : X, 5
C. 1, 9, 9 : IX, 2
C. 1, 9, 17 : XX, 7
C. 1, 9, 18, 1 : XVI, 6
C. 1, 14, 12, 5 : VI, 2
C. 1, 17, 1, 9 : XIII, 1
C. 1, 17, 1, 13 : VI, 2
C. 1, 17, 2, 19 : V, 6
C. 1, 17, 2, 23 : IX, 1
C. 1, 18, 13 : VIII, 2
C. 1, 19, 5 : XVII, 2
C. 1, 24, 2 : XVIII, 3
C. 1, 25, 1 : III, 6
C. 1, 26, 2 : XVII, 2 (3 fois)
C. 1, 27, 1, 4 : XXII, 8
C. 1, 27, 2 : IX, 2 ; XXII, 8
C. 1, 39, 1 : VII, 3 ; XI, 1
C. 1, 51, 2 : XIX, 4
C. 1, 53, 1 : XVIII, 3
C. 2, 1, 1 : XVII, 8
C. 2, 2, 2 : XI, 2
C. 2, 3, 1 : XIX, 4
C. 2, 3, 16 : XVIII, 8
C. 2, 3, 19 : VI, 3
C. 2, 3, 20 : II, 3 ; III, 5 ; XIII, 4 ; XIII, 7 ; XIX, 3 (2 fois)
C. 2, 3, 30 : III, 7
C. 2, 3, 30, 3 : XIX, 3

C. 2, 4, 5 : II, 4
C. 2, 4, 6, 1 : III, 3 (2 fois) ; III, 5 ; III, 6 ; XVIII, 8
C. 2, 4, 11 : VI, 3
C. 2, 4, 12 : XIX, 4
C. 2, 4, 18 : V, 2 ; V, 3 ; V, 5 (2 fois)
C. 2, 4, 28, pr. : III, 3
C. 2, 4, 41, pr. : II, 3 ; XVIII, 8
C. 2, 4, 41, 1 : XVIII, 3
C. 2, 7, 11, 2 : XVII, 7
C. 2, 7, 13 : XVII, 7
C. 2, 20, 4 : III, 5 ; III, 6
C. 2, 20, 6 : III, 6
C. 2, 20, 8 : III, 6
C. 2, 40, 5, 1 : XIX, 1
C. 2, 42, 3, 4 : X, 5
C. 2, 44, 2, pr. : VIII, 2
C. 3, 1, 17 : XIX, 4 ; XIX, 4
C. 3, 13, 7, 1 : XIX, 4
C. 3, 24, 1 : IV, 8
C. 3, 27, 1, pr. : XIX, 1
C. 3, 28, 2 : II, 9
C. 3, 28, 27 : XV, 1
C. 3, 28, 29, 1 : VII, 3
C. 3, 32, 1 : XIII, 5
C. 3, 39, 5 : XVI, 3
C. 3, 43, 1, pr. : XX, 9
C. 3, 43, 1, 1 : XX, 9
C. 3, 43, 1, 4 : XX, 8
C. 4, 1, 1 : XVIII, 8 (2 fois)
C. 4, 1, 2 : XVIII, 2 (4 fois) ; XVIII, 3 ; XVIII, 4 ; XVIII, 7
C. 4, 1, 13 : XVIII, 7 (4 fois) ; XVIII, 8
C. 4, 3, pr. : III, 6
C. 4, 6, 3 : X, 1 ; XIII, 4 (2 fois) ; XIII, 5 ; XIII, 8
C. 4, 7, 2 : VII, 6
C. 4, 7, 4 : VII, 6
C. 4, 18, 2, 1 d : XXII, 2
C. 4, 22, 5 : XIX, 4
C. 4, 24, 9 : XIII, 8
C. 4, 28, 7, pr. : XVI, 3
C. 4, 29, 2 : VIII, 2

C. 7, 39, 8, pr. : III, 1
C. 7, 42, 1 : XVII, 2
C. 7, 45, 2 : XIX, 4
C. 7, 45, 3 : XIX, 4
C. 7, 46, 4 : II, 9
C. 7, 47, 1, 1 : XVI, 7
C. 7, 53, 4 : XX, 6
C. 7, 64, 7 : XIX, 4 (2 fois)
C. 7, 75, 5 : VII, 1
C. 8, 11, 21 : X, 6
C. 8, 16, 19, pr. : III, 4
C. 8, 17, 12, 6 : XV, 4
C. 8, 27, 12 : XIII, 9
C. 8, 34, 1 : XIII, 9
C. 8, 34, 3, 1 : XIII, 8; XIII, 9
C. 8, 37, 14, 1 : X, 9; XX, 8
C. 8, 53, 27, pr. : IV, 5
C. 8, 53, 35, 5b : VII, 6; XIII, 4
C. 8, 55, 10, pr. : X, 1 (2 fois); XIII, 4
C. 8, 57, 2 : I, 7; VII, 5; X, 4; XV, 4
C. 8, 58, 1 : XV, 5 (2 fois)
C. 8, 58, 2 : XV, 5 (2 fois)
C. 9, 2, 7 : IV, 9
C. 9, 7, 1, pr. : V, 7; XVIII, 2
C. 9, 8, 2 : XVIII, 2
C. 9, 9, 4, pr. : V, 3
C. 9, 9, 9 : V, 4
C. 9, 9, 10 : V, 5; IX, 3
C. 9, 9, 18, pr. : XI, 1
C. 9, 9, 23, 1 : V, 5
C. 9, 9, 28 : VII, 1 (2 fois)
C. 9, 9, 29, 2 : VI, 4
C. 9, 9, 29, 4 : V, 4 (2 fois)
C. 9, 9, 33, pr. : VI, 4
C. 9, 12, 6 : XX, 9
C. 9, 13, 1, pr. : V, 5
C. 9, 13, 1, 1 : X, 9
C. 9, 13, 1, 1a : X, 9
C. 9, 13, 1, 2 : XI, 4
C. 9, 13, 1, 3c : V, 5
C. 9, 18, 1 : IV, 5
C. 9, 18, 4, pr. : IV, 1
C. 9, 22, 5 : V, 7
C. 9, 22, 7 : V, 6

C. 9, 23, 1 : IV, 9
C. 9, 25, 1 : XXII, 7
C. 9, 27, 4 : XIX, 2
C. 9, 32, 4, pr. : X, 5 (2 fois); XIX, 2 (2 fois)
C. 9, 35, 5 : XVIII, 2
C. 9, 40, 1 : IV, 8
C. 9, 42, 2, pr. : V, 2
C. 9, 42, 2, 1 : V, 5 (2 fois)
C. 9, 42, 3, 1 : V, 2 (2 fois)
C. 9, 42, 3, 2 : V, 2 (2 fois)
C. 9, 47, 8 : XXII, 7
C. 9, 47, 17 : II, 5
C. 9, 47, 22, pr. : IV, 6
C. 9, 47, 22, 1 : IV, 8
C. 10, 12, 2, 2 : XVIII, 3
C. 10, 15, 1, 1 : XXII, 7
C. 10, 19, 8 : X, 5
C. 10, 32, 8 : XVII, 3
C. 10, 32, 9 : X, 4; XV, 5
C. 10, 32, 26, pr. : IV, 4
C. 10, 36, 1, 3 : VII, 1
C. 10, 50, 3 : XV, 5
C. 10, 54, 1 : I, 4; IX, 6; XX, 3 (2 fois); XX, 5
C. 10, 76 : XX, 7 (2 fois)
C. 11, 9, 1 : XXII, 6
C. 11, 9, 2 : XXII, 6
C. 11, 9, 3 : XIX, 6
C. 11, 9, 4, pr. et 1 : XXII, 6
C. 11, 10, 3 : XXII, 7
C. 11, 12, 1, 1 : XXII, 6
C. 11, 41, 4, pr. : XII, 5
C. 11, 41, 4, 1 : XX, 2
C. 11, 43, 4 : X, 3
C. 11, 43, 5 : X, 2 (2 fois)
C. 11, 43, 6, 2 : X, 3
C. 11, 59, 2 : XVI, 3
C. 11, 71, 4 : XVII, 2
C. 11, 75, 4, 2 : X, 5
C. 11, 78, 2, pr. : IV, 1
C. 12, 11, 1, pr. : XVII, 2 (2 fois)
C. 12, 35, 12 : VIII, 1

D. 2, 15, 6 : XVIII, 8
D. 2, 15, 8, 25 : V, 6
D. 3, 1, 1, 3 : XV, 5
D. 3, 1, 1, 5 : VIII, 3 ; XV, 5 ; XVII,
   3 (3 fois) ; XVII, 7 ; XX, 8 (2 fois)
D. 3, 1, 1, 6 : XX, 1
D. 3, 1, 1, 11 : XX, 8
D. 3, 2, 4, pr. : XX, 1 ; XX, 8
D. 3, 2, 5 : V, 5
D. 3, 2, 6, 3 : V, 2 (2 fois) ; V, 5
D. 3, 2, 6, 5 : XVI, 3
D. 3, 2, 11, pr. : XV, 4
D. 3, 3, 2, 1 : XIII, 9
D. 3, 3, 41 : XX, 8
D. 3, 4, 7, 2 : XX, 1
D. 3, 5, 3, pr. : XX, 12
D. 3, 5, 3, 5 : XXII, 2
D. 3, 5, 5, 14 : III, 1
D. 3, 5, 9, 1 : XXII, 2
D. 3, 5, 20, pr. : XXII, 2
D. 3, 5, 38 : X, 1
D. 3, 6, 1, 3 : V, 2
D. 3, 6, 9 : V, 6 (2 fois)
D. 4, 2, 9, 1 : XXII, 3
D. 4, 2, 12 : XVI, 6
D. 4, 2, 13 : III, 1
D. 4, 2, 21, pr. : XXII, 3
D. 4, 3, 1, 3 : XXII, 3 (2 fois)
D. 4, 3, 5 : III, 5
D. 4, 3, 6 : III, 6
D. 4, 3, 7, 8 : III, 6
D. 4, 3, 8 : III, 3
D. 4, 3, 9, 3 : III, 6
D. 4, 3, 11, 1 : XIX, 1 (2 fois) ; XIX,
   2 (2 fois)
D. 4, 3, 12 : XIX, 2
D. 4, 3, 20, 1 : XVIII, 7 ; XVIII,
   8 (3 fois)
D. 4, 3, 21 : XVIII, 7 (2 fois) ; XVIII,
   8 (3 fois)
D. 4, 3, 22 : XVIII, 8 (3 fois)
D. 4, 3, 23 : XVIII, 8
D. 4, 4, 9, 1 : II, 9
D. 4, 4, 9, 6 : XI, 2 ; XIII, 8

D. 4, 4, 16, 4 : XII, 6
D. 4, 4, 17 : XVII, 2
D. 4, 4, 35 : XVI, 3 ; XVI, 6
D. 4, 4, 49 : XIX, 2
D. 4, 6, 19 : XIV, 6 (2 fois) ; XIV, 7
D. 4, 6, 35, 9 : XV, 5
D. 4, 7, 8, 3 : XIII, 6
D. 4, 8, 4 : IX, 2 ; XV, 5
D. 4, 8, 17, 6 : I, 5
D. 4, 8, 31 : III, 6
D. 4, 8, 32, 14 : XIX, 4
D. 4, 8, 41 : XVII, 6
D. 5, 1, 6 : XVII, 3 (2 fois)
D. 5, 1, 12, 1 et 2 : XVII, 5 ; XVII, 6
D. 5, 1, 12, 2 : XVII, 3 ; XIX, 1 ;
   XX, 8
D. 5, 1, 57 : XI, 2 ; XII, 2
D. 5, 1, 61, 1 : VI, 7
D. 5, 1, 76 : XII, 1
D. 5, 1, 77 : XIX, 4
D. 5, 2, 4 : XII, 4
D. 5, 2, 27, pr. : III, 3
D. 5, 3, 25, 6 : VI, 8
D. 5, 3, 25, 11 : X, 1 (2 fois)
D. 5, 3, 30 : VII, 6
D. 6, 1, 5, 1 : I, 4
D. 6, 1, 9 : XIII, 5
D. 6, 1, 23, 3 : XII, 3 (2 fois)
D. 6, 1, 23, 4 : XII, 3
D. 6, 1, 27, 2 : XVI, 6
D. 6, 1, 29 : XIX, 1
D. 6, 1, 38 : XVI, 4 ; XVI, 6
D. 6, 1, 62, pr. : III, 1
D. 6, 1, 77 : XIV, 3
D. 6, 2, 13, 1 : XIV, 7
D. 7, 1, 3, pr. : II, 3
D. 7, 1, 15, 1 : XX, 1
D. 7, 1, 41, pr. et 1 : XVI, 3 ; XVI, 7
D. 7, 1, 74 : XIII, 5
D. 7, 2, 8 : VII, 3
D. 7, 4, 10, 8 : XX, 1
D. 7, 7, 6, 3 : XVI, 7
D. 7, 8, 12, 1 : XXII, 6
D. 8, 1, 9 : II, 9

D. 16, 3, 1, 6 : XIX, 3
D. 16, 3, 6 : II, 4
D. 16, 3, 31, pr. : XV, 5
D. 16, 3, 32 : III, 6
D. 17, 1, 2, 6 : X, 1
D. 17, 1, 5, pr. et 1 : XIX, 1
D. 17, 1, 5, 2 : XIX, 1
D. 17, 1, 5, 3 : XIX, 1
D. 17, 1, 12, 8 : X, 1
D. 17, 1, 40 : XIX, 1
D. 17, 1, 54, pr. : XVI, 3 (2 fois)
D. 17, 1, 56, pr. : VII, 4 ; XIX, 3
D. 17, 2, 9 : VII, 8
D. 17, 2, 14 : II, 9
D. 17, 2, 31 : II, 2
D. 17, 2, 52, 10 : XIII, 5 ; XIII, 7 ; XIII, 9
D. 17, 2, 63, pr. : XV, 1 (2 fois)
D. 17, 2, 71, pr. : XIX, 3
D. 18, 1, 2, 1 : XIII, 9
D. 18, 1, 8, 1 : XX, 9
D. 18, 1, 9, pr. : VIII, 5
D. 18, 1, 10 : VIII, 5
D. 18, 1, 11, pr. : XIV, 5
D. 18, 1, 11, 1 : VIII, 5 ; XI, 7
D. 18, 1, 24 : XIII, 6
D. 18, 1, 32 : XIV, 7
D. 18, 1, 35, 2 : XX, 1
D. 18, 1, 35, 8 : XVI, 3
D. 18, 1, 46 : XXII, 2
D. 18, 1, 62, pr. : XVI, 3 (2 fois)
D. 18, 1, 72, pr. : XIX, 3
D. 18, 1, 74 : IX, 2 (2 fois)
D. 18, 1, 79 : XIII, 7
D. 18, 2, 16 : III, 6
D. 18, 3, 3 : XIII, 5
D. 18, 5, 1 : II, 3
D. 18, 5, 2 : XV, 3
D. 18, 7, 6, pr. : XIII, 6
D. 18, 7, 6, 1 : XIX, 3
D. 18, 7, 7 : XIII, 6 ; XVI, 3 ; XXII, 2
D. 19, 1, 3, 2 : III, 6
D. 19, 1, 11, 6 : XV, 7
D. 19, 1, 13, pr. : III, 6

D. 19, 1, 13, 8 : III, 3
D. 19, 1, 13, 29 : III, 1 ; V, 3
D. 19, 1, 21, 2 : VIII, 5 (2 fois)
D. 19, 1, 21, 4 : XIII, 4 ; XIII, 7
D. 19, 1, 43 : XVII, 8
D. 19, 2, 22, 1 : II, 4
D. 19, 2, 29 : IV, 1
D. 19, 4, 1, 2 : III, 2
D. 19, 5, 5, pr. : III, 3
D. 19, 5, 5, 1 : III, 4
D. 19, 5, 5, 2 : III, 2 ; III, 4 (2 fois) ; III, 6 (3 fois)
D. 19, 5, 5, 3 : III, 3 (2 fois) ; III, 4 ; III, 6 (5 fois)
D. 19, 5, 5, 4 : III, 3 ; III, 4 ; III, 6
D. 19, 5, 6 : XIII, 9
D. 19, 5, 7 : III, 6
D. 19, 5, 15 : III, 3 ; III, 5 ; XIII, 9
D. 19, 5, 16, 1 : III, 6
D. 19, 5, 17, 5 : XV, 7
D. 19, 5, 20, pr. : III, 3 ; XX, 10
D. 20, 1, 4 : XIV, 4 ; XIX, 3
D. 20, 1, 5, 1 : XXII, 2
D. 20, 1, 6 : XVI, 3
D. 20, 1, 8 : XVI, 3
D. 20, 1, 13, 3 : XIX, 3
D. 20, 1, 26, 1 : XV, 7
D. 20, 1, 34, 1 : XV, 7
D. 20, 5, 7, 2 : XIII, 8 ; XIII, 9 (2 fois)
D. 21, 1, 1, 7 : II, 4
D. 21, 1, 1, 9 : IV, 2 ; XX, 1
D. 21, 1, 1, 10 : IV, 2 (2 fois) ; XIX, 4
D. 21, 1, 7 : XVII, 1
D. 21, 1, 10, 3 : XVII, 1
D. 21, 1, 14, 3 : XV, 4
D. 21, 1, 17, 14 : XIV, 8
D. 21, 1, 19, 2 : II, 3
D. 21, 1, 23, 3 : XII, 6
D. 21, 1, 31, 21 : VIII, 2
D. 21, 1, 34 : XVI, 4 ; XX, 1
D. 21, 1, 35 : XI, 2 ; XVI, 4
D. 21, 1, 38, 14 : XX, 1
D. 21, 1, 44, pr. : XXI, 7
D. 21, 1, 48, 3 : XIII, 4 ; XV, 3

D. 24, 2, 23, 1 : XX, 11
D. 24, 3, 1 : VII, 3 ; X, 4 (2 fois) ;
  XIV, 3 ; XV, 4 (2 fois)
D. 24, 3, 2, pr. : XIX, 3
D. 24, 3, 7, 6 : VII, 1
D. 24, 3, 7, 12 : XIX, 7 (2 fois)
D. 24, 3, 14, 1 : XV, 1
D. 24, 3, 17, 1 : XV, 1
D. 24, 3, 22, 6 : VI, 8
D. 24, 3, 39 : XV, 5
D. 24, 3, 40 : VII, 3
D. 24, 3, 47 : VII, 1 ; VII, 7
D. 24, 3, 48 : VII, 3 ; VII, 4 (2 fois)
D. 25, 2, 1 : VII, 5 (2 fois) ; X, 5 (2
  fois) ; XV, 1 ; XV, 7 ; XIX, 2
D. 25, 2, 2 : X, 5
D. 25, 2, 24 : XIII, 5
D. 25, 3, 5, 1 : XVI, 4
D. 25, 3, 5, 7 : VII, 3
D. 25, 3, 5, 12 : VII, 3
D. 25, 3, 5, 14 : VII, 3
D. 25, 3, 8 : II, pr.
D. 26, 1, 1, pr. : II, 4
D. 26, 2, 16, 4 : XXI, 2
D. 26, 2, 16, 5 : XXI, 2 (2 fois)
D. 26, 2, 30 : VI, 2
D. 26, 5, 12, 2 : IV, 9
D. 26, 7, 5, 7 : XVII, 5
D. 26, 7, 55, 1 : III, 5
D. 26, 8, 1 : XIII, 6
D. 26, 10, 1, 2 : X, 4 ; X, 6
D. 26, 10, 7 : XX, 8
D. 27, 1, 6, 13 : XX, 2
D. 27, 1, 18 : VIII, 3
D. 27, 1, 31, 3 : XX, 3
D. 27, 1, 37, pr. : XV, 5
D. 27, 1, 45, 3 : XX, 3
D. 27, 2, 4 : XVII, 8
D. 27, 9, 3, 6 : X, 1
D. 27, 9, 7, 1 : IV, 9
D. 27, 10, 1, pr. : IV, 9
D. 27, 10, 10, pr. : IV, 9
D. 27, 10, 15, pr. : VII, 6
D. 28, 1, 18, pr. : IV, 9 (2 fois)

D. 28, 1, 20, 6 : VIII, 3
D. 28, 1, 20, 10 : VIII, 3
D. 28, 2, 5 : XXI, 4
D. 28, 2, 6, pr. : XV, 4 (2 fois)
D. 28, 2, 9, pr. : XV, 5 (2 fois)
D. 28, 2, 10 : XXI, 1 (3 fois) ; XXI, 4
D. 28, 2, 24 : XXI, 2
D. 28, 2, 25, 1 : XXI, 2 (2 fois) ; XXI,
  2 (2 fois) ; XXI, 3
D. 28, 2, 28, 3 : V, 9
D. 28, 2, 29, pr. : XXI, 4
D. 28, 2, 29, 11 : XXI, 1 ; XXI, 4
  (3 fois)
D. 28, 2, 29, 12 : XXI, 4
D. 28, 3, 3, 5 : XXI, 2 (2 fois)
D. 28, 3, 6, pr. : XXI, 1
D. 28, 3, 6, 7 : VI, 2 ; XII, 6 (trois fois)
D. 28, 3, 17 : XIII, 5
D. 28, 4, 3 : IX, 2
D. 28, 5, 23, 4 : XVII, 8
D. 28, 5, 71 : VI, 3
D. 28, 5, 72, pr : VI, 2 ; VI, 3
D. 28, 5, 72, 1 : VI, 3
D. 28, 5, 78 : VIII, 3
D. 28, 6, 26 : XXI, 1
D. 28, 7, 8, pr. : I, 3 ; XVIII, 7
D. 28, 7, 10, 1 : III, 6
D. 28, 7, 20, 2 : VI, 3
D. 28, 7, 22 : XVI, 3
D. 28, 5, 72, pr. : VI, 3
D. 29, 1, 1 : XII, 6
D. 29, 1, 24 : VIII, 3
D. 29, 1, 41, 1 : IV, 2 ; VI, 4
D. 29, 1, 43 : IX, 8 ; XV, 5
D. 29, 2, 20 pr. : XIV, 7
D. 29, 2, 84 : XIII, 4
D. 29, 5, 1, 1 : IX, 1
D. 29, 5, 1, 17 : IV, 5
D. 29, 5, 1, 28 : VIII, 3 ; XIX, 4
D. 29, 5, 3, 25 : VIII, 3
D. 29, 5, 3, 28 : VI, 3
D. 29, 6, 1 : VI, 4
D. 29, 6, 3 : VI, 4
D. 30, 1 : I, 4

D. 37, 9, 1, 9 : XXI, 1 ; XXI, 4
D. 37, 9, 1, 15 : X, 4 ; XXI, 1
D. 37, 10, 9 : XXI, 2 ; XXI, 4
D. 37, 11, 8, 1 : XIX, 3
D. 37, 15, 2, pr. : XIX, 2
D. 38, 1, 1 : XV, 1
D. 38, 1, 48, pr. : VII, 8 ; XIII, 1
D. 38, 2, 3, pr. : XV, 6
D. 38, 2, 4, 2 : V, 4
D. 38, 2, 14, 4 : V, 7
D. 38, 2, 36 : XVI, 4 (2 fois)
D. 38, 2, 41 : XIII, 8
D. 38, 5, 1, pr. et 4 : XVI, 4
D. 38, 5, 1, 12 : XVI, 4
D. 38, 5, 1, 14 et 15 : XVI, 4 (3 fois)
D. 38, 5, 9 : IV, 2
D. 38, 10, 9 : XXII, 4 (2 fois)
D. 38, 15, 2, 2 : XIX, 4
D. 38, 16, 3, 11 : XXI, 4
D. 38, 16, 3, 12 : XXI, 4 ; XXI, 5 ;
     XXI, 6
D. 38, 16, 13 : XI, 1
D. 38, 20, 1 : XV, 1
D. 39, 1, 5, 7 : XIX, 2
D. 39, 2, 9, 2 : IX, 3
D. 39, 2, 11 : XVII, 5
D. 39, 3, 26 : XVII, 5
D. 39, 4, 11, 2 : V, 6
D. 39, 4, 16, 7 : IV, 6 ; VIII, 4 (2 fois) ;
     XI, 6 ; XI, 7 ; XIII, 4 ; XVII, 1 ;
     XXI, pr. ; XXII, 6
D. 39, 5, 1, pr. : X, 1
D. 39, 5, 5 : IV, 2 ; VII, 5 ; VII, 6 ;
     XII, 1 ; XVI, 3
D. 39, 5, 34, 1 : VII, 5
D. 39, 6, 30 : XIII, 5
D. 39, 6, 35, 1 : II, 3
D. 39, 6, 35, 4 : XII, 6
D. 39, 6, 37, 1 : XIII, 5
D. 40, 2, 5 : XIX, 4
D. 40, 2, 7 : XX, 2
D. 40, 2, 13 : XIX, 1
D. 40, 2, 16, pr. : XVI, 3 (2 fois)
D. 40, 2, 18, pr. : XVII, 3

D. 40, 2, 20, 4 : XVII, 6
D. 40, 4, 52 : XXII, 4
D. 40, 8, 3 : XXI, 1
D. 40, 8, 4 : XXI, 1
D. 40, 10, 1, pr. : XV, 6
D. 40, 10, 4 : XV, 6
D. 40, 10, 6 : XV, 6
D. 40, 11, 5, 1 : XV, 6
D. 40, 12, 1, pr. : XI, 2 ; XV, 1
D. 40, 15, 3 : IX, 2
D. 41, 1, 1, 1 : XX, 12
D. 41, 1, 9, 1 : XII, 4
D. 41, 1, 43, pr. : XIV, 7
D. 41, 1, 46 : XVII, 3
D. 41, 1, 48, 1 : XIV, 7 (3 fois)
D. 41, 1, 50 : IX, 4
D. 41, 1, 65, 4 : IX, 5
D. 41, 1, 136, 1 : II, 9
D. 41, 2, 1, pr. : XIV, 3 ; XIV, 4
D. 41, 2, 1, 1 : XIV, 6 (2 fois) ; XIV,
     7 ; XIV, 8
D. 41, 2, 1, 3 : XIV, 6 (3 fois)
D. 41, 2, 1, 4 : VII, 5 (2 fois) ; XIV,
     3 ; XIV, 6
D. 41, 2, 1, 20 : VII, 5
D. 41, 2, 1, 21 : XIV, 3
D. 41, 2, 3, pr. et 1 : XIV, 4
D. 41, 2, 3, 3 : XIV, 7
D. 41, 2, 3, 6 : XIV, 3 ; XIV, 4
D. 41, 2, 3, 13 : III, 6
D. 41, 2, 8 : XIV, 3
D. 41, 2, 16 : VII, 5
D. 41, 2, 17, 1 : XIV, 3
D. 41, 2, 18, pr. : XIV, 3
D. 41, 2, 18, 1 : XIV, 4
D. 41, 2, 18, 2 : XIV, 3
D. 41, 2, 23, pr. : XIV, 6
D. 41, 2, 23, 1 : XIV, 6 ; XIV, 8
D. 41, 2, 29 : XIV, 7
D. 41, 2, 44, pr. : XIV, 6
D. 41, 2, 44, 2 : XIV, 3
D. 41, 2, 49, pr. : XIV, 6
D. 41, 2, 49, 1 : XIV, 6
D. 41, 3, 1 : II, pr.

D. 47, 20, 3 : XVIII, 8
D. 47, 20, 4 : II, 9; XVIII, 8; XIX, 2
D. 47, 21, 2 : VII, 1
D. 47, 22, 4 : XII, 7
D. 48, 1, 2 : V, 2
D. 48, 1, 7 : XIX, 2
D. 48, 2, 1 : XX, 8
D. 48, 2, 7, pr. : XIX, 2
D. 48, 2, 11, 1 : XIX, 2
D. 48, 3, 3 : IV, 8
D. 48, 4, 1, 1 : VI, 6
D. 48, 4, 5, 1 : VIII, 3
D. 48, 4, 6 : XVIII, 3
D. 48, 4, 11 : IV, 8
D. 48, 5, 6, 1 : V, 5
D. 48, 5, 10, 2 : XIV, 3
D. 48, 5, 12, 12 : II, 6
D. 48, 5, 14, 1 : V, 1; V, 9; XIX, 1
D. 48, 5, 14, 2 : VII, 1
D. 48, 5, 14, 3 :V, 9
D. 48, 5, 14, 4 : V, 9 (2 fois)
D. 48, 5, 14, 5 : V, 4
D. 48, 5, 14, 6 : V, 9; XI, 2
D. 48, 5, 14, 7 : XX, 1
D. 48, 5, 14, 10 : V, 9
D. 48, 5, 23, 4 : VII, 5; VII, 6; XII, 2
D. 48, 5, 24, pr. : VI, 5
D. 48, 5, 30, pr. : V, 2
D. 48, 5, 30, 2 : V, 2
D. 48, 5, 30, 4 : V, 2
D. 48, 5, 33, pr. : V, 3
D. 48, 5, 39, 8 : XVIII, 2
D. 48, 5, 40, pr. : XII, 5
D. 48, 6, 5, 1 : XIV, 6 (2 fois)
D. 48, 6, 5, 2 : V, 5
D. 48, 6, 8 : XVII, 8
D. 48, 7, 4, pr. : XVII, 8
D. 48, 8, 1, 1 : IV, 8
D. 48, 8, 1, 5 : V, 7
D. 48, 8, 3, pr. : IV, 1
D. 48, 8, 3, 2 : IV, 1; IV, 6
D. 48, 8, 3, 3 : XIX, 6
D. 48, 8, 3, 5 : V, 4
D. 48, 8, 13 : IV, 3

D. 48, 9, 7 : XVII, 5
D. 48, 10, 1, 6 : V, 6
D. 48, 10, 1, 13 : V, 6
D. 48, 10, 8 : V, 6
D. 48, 10, 15 : V, 7
D. 48, 10, 23 : V, 6; XXII, 7
D. 48, 10, 27, 2 : XXII, 7
D. 48, 10, 30, pr. : V, 7; VI, 6
D. 48, 10, 30, 1 : XIII, 9; XXII, 2
D. 48, 11, 1, pr. et 1 : VII, 5
D. 48, 11, 3 : XX, 9
D. 48, 13, 1 : XIII, 3
D. 48, 13, 8, 1 : VI, 6 (2 fois)
D. 48, 13, 9 : IV, 8
D. 48, 14, 1, pr. : XVII, 8
D. 48, 16, 1, pr. : XIX, 2
D. 48, 16, 1, 3 : V, 7
D. 48, 16, 6, pr. : II, 4; V, 2
D. 48, 16, 12 : X, 5
D. 48, 16, 13 : V, 2 (2 fois)
D. 48, 18, 5 : V, 4 (2 fois); IX, 8
D. 48, 19, 1, 3 : VII, 1
D. 48, 19, 2, 1 : X, 8
D. 48, 19, 5 : V, 2; VI, 4
D. 48, 19, 8, 9 : XII, 6
D. 48, 19, 11, 2 : IV, 5
D. 48, 19, 16, 8 : XX, 12
D. 48, 19, 16, 10 : XIII, 2
D. 48, 19, 17, 1 : XXII, 7
D. 48, 19, 24 : XXII, 7
D. 48, 19, 25, pr. : IV, 7 : IV, 8 (3 fois)
D. 48, 19, 25, 1 : XVII, 4
D. 48, 19, 28, 10 : XIII, 2
D. 48, 19, 28, 12 : IV, 6
D. 48, 19, 38, 5 : IV, 1; V, 5
D. 48, 19, 38, 7 : VI, 3; VIII, 3
D. 48, 19, 38, 12 : XII, 6
D. 48, 20, 3 : X, 9
D. 48, 20, 7, pr. : XV, 5
D. 48, 20, 7, 2 : IV, 8
D. 48, 20, 7, 3 : I, 5
D. 48, 21, 1 : V, 2
D. 48, 21, 3, pr. : IV, 8
D. 48, 21, 3, 1 : XII, 5

22, 43 : I, 6
22, 44, 7 : X, 7
39, pr. : X, 4
39, 2 : XXI, 4
47, pr. : XIII, 1
73, pr. : XXII, 1 ; XXII, 7
73, 2 : XXII, 7
74, 4 : IV, 2 ; IV, 4 ; XVIII, 5
78, 1 : XV, 6
78, 5 : XV, 5
82, 1, 1 : XIX, 4
89, 6 : X, 4
89, 9 : I, 4 ; XIX, 4
89, 9, 1 : XXII, 3 ; XXII, 4
89, 9, 8 : XXII, 4
94, 2 : XII, 2
97, pr. : VI, 2

105, 1 : XX, 1
113, 3 : XII, 4
115, 3 : XI, 1 ; XI, 2
117, 10 : XV, 3
117, 15 : V, 5 ; VI, 4
118, 4 : XI, 2
119, 5 : XVII, 2
120, 1, 1 : X, 5
123, 41 : XII, 2
128, 20 : V, 6
134, 10, 1 : V, 5
143, pr. : XI, 4
159, pr. : XX, 10

Sentences de Paul
II, 19, 2 : XI, 2

CORPUS IVRIS CANONICI

Décret de Gratien
I, 1, 7 : I, 1
I, 2, 7 : II, 9
I, 8, 1 : IX, 2 ; IX, 3
I, 8, 2 : IX, 2 ; *XVIII, 3*
I, 8, 2, 2 : IX, 5
I, 35, 8, 6 : VII, 1
I, 40, 9 : VIII, 2
I, 84, 6 : XV, 5
II, 1, 1, 29 : XII, 1
II, 2, 1, 20 : XII, 2
II, 7, 1, 17 : XVII, 3
II, 7, 1, 41 : IX, 5
II, 9, 3, 17, pr. et 1 : IX, 2 ; IX, 6
II, 11, 3, 78 : XIX, 4
II, 11, 3, 93, 1 : XI, 2
II, 12, 1, 1 : VII, 3
II, 13, 2, 29 : I, 7
II, 15, 1, 9 : IV, 5 ; IX, 8
II, 20, 2, 2 : XI, 1

II, 22, 1, 11 et 16 : XVIII, 3
II, 22, 2, 21 : XXII, 3
II, 22, 4, 23 : XXII, 3
II, 22, 5, 12 : II, 1
II, 23, 3, 1 : XXII, 3
II, 23, 5, 9 : XII, 2
II, 23, 5, 9, 5 : XII, 6
II, 23, 5, 11 : XII, 5
II, 23, 5, 12 : XII, 6
II, 26, 5, 14, 1 : IV, 2
II, 26, 5, 14, pr. : VI, 4
II, 27, 1, 2, 2 : I, 8
II, 27, 1, 41 : XV, 5 (2 fois)
II, 27, 2, 2 : XI, 2 (2 fois)
II, 27, 2, 3, 1 : X, 7
II, 27, 2, 10 : VII, 3 ; X, 4 ; X, 5 ;
    XV, 4 ; XXI, 1
II, 27, 2, 19 : XV, 4
II, 27, 2, 26 : XV, 3 (2 fois)
II, 29, 1, 2 : VIII, 5

II, 29, 1, 4 et 5 : XX, 1

II, 29, 2, 4 : XII, 7

II, 30, 5, 1 : XI, 2

II, 30, 5, 7 : X, 5

II, 30, 5, 7, 2 : XIV, pr.

II, 30, 5, 7, 3 : XV, 7

II, 30, 5, 8 : V, pr.

II, 32, 1, 12 : X, 4

II, 32, 2, 1 : IX, 2

II, 32, 2, 2, 2ᵉ partie : I, 3

II, 32, 2, 6 : XV, 4

II, 32, 2, 12 : XI, 1 ; XI, 2

II, 32, 2, 13 : XI, 1 ; XI, 2

II, 32, 2, 14 : XII, 2

II, 32, 4, 2 : XV, 4

II, 32, 4, 5 : VI, 8

II, 33, 2, 9 : V, 4

II, 32, 4, 5 : I, 3

II, 32, 5, 12 : XIV, 3

II, 32, 7, 15 : XIV, 1

II, 32, 7, 16 : V, 3

II, 33, 3, 2, 30 : I, 3

II, 33, 5, 7 : X, 4

II, 33, 5, 12 : X, 5

II, 33, 5, 14 : V, 4

II, 33, 5, 15 : X, 5

II, 35, 10, 2 : I, 5

II, 36, 1, 3 : XI, 3 ; XI, 4

II, 36, 2, 9 : XI, 4

III, 1, 5 : XII, 2

III, 5, 33 : IV, 4 ; V, 8 ; XV, 1 ; XIX, 7

Sexte

1, 19, 9 : XIV, 5

2, 14, 2 : IX, 6

3, 12, 3 : I, 7

3, 20, 2 : IX, 2

5, 53 : XVII, 6

Décrétales de Grégoire IX

I, 4, 11 : IV, 8

I, 43, 4 : XX, 8

II, 1, 13 : IX, 2

II, 23, 11 : XII, 7 (deux fois) ; XV, 7

II, 27, 12 : XV, 7

III, 11, 3 : XV, 7

IV, 19, 6 : X, 5

IV, 19, 8 : X, 5

V, 12, 5 : IV, 3

V, 12, 23 : XX, 12

V, 17, 6 : XI, 4

V, 17, 7 : XI, 4

V, 18, 3 : VII, 1

V, 19, 14 : II, 9

V, 33, 6, 1 : IX, 2

V, 33, 6, 4 : IX, 2

V, 40, 3 : III, 2

V, 40, 10 : II, 1

V, 40, 11 : II, 7

DROIT FÉODAL

Livre des Fiefs, II, 23 : X, 1 ; II, 56, 1 : IX, 3

Extravagantes I aux *Consuetudines Feudorum,* IX, 5

DOCTRINE

ACCURSE

I, 2; I, 3; II, 4 (2 fois); II, 6; II, 8
(2 fois); III, 1; IV, 1; IV, 8; IV,
9; V, 4; V, 9; VI, 3; VI, 5; VII,
1; VII, 3 (4 fois); VII, 5; VIII,
3; VIII, 5; IX, 2 (2 fois); IX,
8 (2 fois); X, 7; X, 9; XII, 7;
XIII, 2; XIII, 9; XIV, 3; XIV,
4; XV, 4 (2 fois); XV, 6; XVII,
5; XVII, 7; XIX, 1; XIX, 2;
XIX, 3; XIX, 4 (3 fois); XX,
1; XX, 3; XX, 6; XX, 8; XX,
9; XXI, 4; XXI, 7; XXII, 2;
XXII, 5; XXII, 6 (2 fois)

ALCIAT

*Annotationes in tres posteriores libros
Codicis* : X, 2 (2 fois)

Commentaire au *De uerborum
significatione*, livre IV : XI, 7;
XIV, 7; XIV, 8

De quinque pedum praescriptione : XVI, 3

Dispunctionum libri IV : XVII, 8

Parerga, II, 10 : IV, 7; II, 37 : XX, 8;
V, 9 : XII, 2; VI, 4 : XX, 7; VIII,
10 : XV, 7; VIII, 7 : XVII, 8; IX,
13 : XXII, 1; II, 30 : XXII, 4;
VI, 25 : XXII, 6; V, 13 : XXII, 7

Paradoxa, V, 8 : V, 4

Ad rescripta Principum commentarii :
V, 6

AZON

Summæ Aureæ Pars Altera In
Institutiones, Digestum Vetus,
Infortiatum, Digestum Nouum,
Nouellas seu Authent., XV, 1

BARTOLE

XIII, 9; XIV, 6; XV, 4 (2 fois);
XVI, 3 (3 fois); XVI, 6; XVII, 7
(2 fois); XIX, 2; XXII, 7 (2 fois)

BUDÉ

Annotationes priores et posteriores [...]
in Pandectas : V, 9; XV, 6

Annotationes reliquae in Pandectas :
IV, 7; XVII, 5

FORCADEL

Sur la science cachée du Droit : IV, 3

JASON

IV, 9

MARTINUS

VII, 3; XIX, 1

ZAZIUS

De re iudicata : XVII, 7

INDEX
DES RÉFÉRENCES LITTÉRAIRES

INDEX THÉMATIQUE

TABLE DES MATIÈRES

L'AMOUR JURISTE

TEXTE ET TRADUCTION

IMPRIM'VERT®

Achevé d'imprimer par Corlet Numérique,
à Condé-sur-Noireau (Calvados). Nᵒ d'impression : 145385
Imprimé en France